新时期教育史纲

(1978—2018)

侯怀银　主编

图书在版编目（CIP）数据

新时期教育史纲：1978—2018 / 侯怀银主编. —福州：福建教育出版社，2020.9
ISBN 978-7-5334-8506-1

Ⅰ.①新… Ⅱ.①侯… Ⅲ.①教育史－中国－1978—2018 Ⅳ.①G529.7

中国版本图书馆CIP数据核字（2019）第287444号

Xinshiqi Jiaoyu Shigang（1978—2018）

新时期教育史纲（1978—2018）

侯怀银　主编

出版发行	福建教育出版社
	（福州市梦山路27号　邮编：350025　网址：www.fep.com.cn
	编辑部电话：0591-83779615
	发行部电话：0591-83721876　87115073　010-62027445）
出 版 人	江金辉
责任编辑	江金辉　周　敏
装帧设计	季凯闻
印　　刷	福州华彩印务有限公司
	（福州市福兴投资区后屿路6号　邮编：350014）
开　　本	787毫米×1092毫米　1/16
印　　张	54
字　　数	1028千字
插　　页	2
版　　次	2020年9月第1版　2020年9月第1次印刷
书　　号	ISBN 978-7-5334-8506-1
定　　价	130.00元

如发现本书印装质量问题，请向本社出版科（电话：0591-83726019）调换。

前　言

《新时期教育史纲》以改革开放40年为时空坐标，以改革开放40年中国教育学学科发展与教育改革为内容，抓纲写史，以史成纲，具有重要的学术价值和现实意义，不仅有助于对40年来教育学的发展形成清晰认识，起到承上启下的作用，以促进教育学更好地发展，而且通过对40年来中国教育改革的梳理，总结教育改革中的成就和不足，有助于推动教育改革，使中国教育更好地发展。

有鉴于此，本书旨在对改革开放40年来教育学各二级学科的发展以及教育改革进行全方位的研究，梳理教育学学科发展历程和教育改革历程，阐述学科建设的进展和改革成就，展望各学科和教育改革在未来的发展和改革方向。

《新时期教育史纲》分为上编和下编两部分。

上编为教育学学科发展史。主要根据教育学各二级学科，即教育学原理、课程与教学论、教育史、比较教育学、学前教育学、高等教育学、成人教育学、职业技术教育学、特殊教育学、教育技术学、教育经济学和教育管理学，形成十二章的内容。依托中国知网、全国报刊索引、出版的相关书籍等编制相关索引，在此基础上，根据标志性研究成果等分别梳理改革开放40年各二级学科发展的历程，阐述各学科取得的进展，并展望各学科在未来的进一步发展方向。

下编为教育改革史。分学前教育、义务教育、高中教育、高等教育、成人教育、职业教育、特殊教育、农村教育、社区教育、师范教育、少数民族教育、留学教育，形成十二章内容。依托改革开放40年来颁布的重要方针政策、改革性文件、节点性事件或标志性事件，加之《中国教育报》《中国教育年鉴》等相关资料，对40年来不同教育门类的改革历程进行梳理，总结改革中的成就，并进行反思。

本书的写作确立了以下八方面的指导思想。

第一，研究的时限，统一划定在1978—2018年间，不向前、后延伸。研究中把握好重大时间节点。考虑到有的学科发展问题本身的连续性，适当向前延伸，但有一定限度。各章撰述范围，限于改革开放以来教育学各学科及教育改革。

第二，因各二级学科、教育改革的发展与改革现状以及已有研究基础不同，承担各二级学科和教育改革写作任务的作者，根据实际情况采取了相应的撰写方式。但本书大体按历史分期的方式叙述。发展阶段的划分尽量按本学科内在发展逻辑以及教育改革中的重大事件进行，不完全拘泥于社会历史分期。同时，参照已有教育学二级学科、教育改革的研究并结合标志性事件进行合理分期。无论上编，还是下编，每一章都大体按历程、进展（成就）和反思三方面去写。

第三，本书坚持"以史为主，史论结合"。研究在梳理清楚基本事实基础上，作出准确的分析和正确的评价。书中所阐述的史实必须经得起各个时代、各类读者的推敲和质疑。在写作中避免拿历史和现实"比附"。

第四，充分掌握国外教育学科的发展历史，充分掌握国内外研究的最新动态，使自己的研究有一个高的起点。研究方法上以历史法和文献法为主。

第五，坚持广博与精深的结合。一方面，全方位呈现自己所写学科的发展进程和教育改革历程；另一方面，写作中抓住重点，对于学科发展和教育改革的主要方面，浓墨重笔，深入研究。避免史料文献的盲目堆砌，在撰写中对于还不成熟的资料与推理不做介绍。

第六，梳理学科发展史、教育改革史应既见人又见事，对于对学科发展、教育改革做出突出贡献的代表人物及其思想，在写作时有明确体现。

第七，各学科的40年发展史和40年的教育改革史，如果是前人没有或少有涉及的，树立明确的标杆意识，写作应该体现当代中国研究者的最高水平；如果学术界已有先期成果，那就要有明确的超越意识，建立新的高度；如果作者曾有过相应成果，那就要有明确的创新意识、突破意识，寻找新的角度，进行新的思考，突破自己，避免重复、克隆。

第八，在注意关键性事件、合理分期的同时，注意"史纲"不同于"通史"，需要突出"纲"，即纲要、要点，以纲带目，使脉络清晰。对于学科发展重大环节、重要学说、重大事件，可以适度展开；而对于次要的内容，加强综述，提炼观点，加强概括性，注意言简意赅。本书以"史"为基础，更加突出"纲"。尽可能地查阅大量第一手资料，并比较详细地去编制改革开放40年教育学学科发展和教育改革大事记、索引、参考文献。以改革开放40年为时间背景，以改革开放40年中国教育学学科发展与教育改革为内容，紧密结合史料，突出重要时间、重要理论、重大学说、重要环节、重要事件、重大改革政策举措，并进行判断定位、重点梳理与总结反思。

在具体写作时，我们注意做到以下两点。

第一，抓纲写史。强调"纲"，突出重要的时间、重大学说、重要环节、重大改革政策举措，"改革史"注重重大改革举措方面，大事记中的内容突出重大事件。重要事件怎么判断，重要理论怎么定位，重大举措对改革有什么影响，要梳理好政策文本，尤其注重十一届三中全会以来重要文献的梳理。

第二，写作时细心，对于史料的来源一定亲自查阅，获得第一手资料，并需要了解最新的学术动态；对教育学学科和教育改革要有情怀，有学科和改革自信。

《新时期教育史纲》由侯怀银任主编，具体编写人员如下。

上编：第一章，教育学原理学科发展史，山西大学侯怀银、郭建斌；第二章，课程与教学论学科发展史，山西大学朱文辉；第三章，教育史学科发展史，山西大学李艳莉；第四章，比较教育学学科发展史，山西大学侯佳；第五章，学前教育学学科发展史，山西大学王福兰；第六章，高等教育学学科发展史，山西大学侯怀银、王耀伟；第七章，成人教育学学科发展史，山西大学侯怀银、王晓丹；第八章，职业技术教育学学科发展史，山西大学侯怀银、西南大学许丽丽；第九章，特殊教育学学科发展史，太原市晋泽中学穆鹏莉；第十章，教育技术学学科发展史，山西大学高苗苗；第十一章，教育经济学学科发展史，浙江师范大学陈星、山西大学侯怀银；第十二章，教育管理学学科发展史，山西大学李旭。

下编：第十三章，学前教育改革史，山西大学王福兰；第十四章，义务教育改革史，东北师范大学时益之、山西大学侯怀银；第十五章，高中教育改革史，太原学院陈耀玲；第十六章，高等教育改革史，山西大学刘泽、侯怀银；第十七章，成人教育改革史，山西大学王晓丹、侯怀银；第十八章，职业教育改革史，西南大学许丽丽；第十九章，特殊教育改革史，山西农业大学信息学院温双燕；第二十章，农村教育改革史，太原师范学院焦佩婵；第二十一章，社区教育改革史，山西大学尚瑞茜；第二十二章，师范教育改革史，山西大学李秧、侯怀银；第二十三章，少数民族教育改革史，山西大学马丽娅、侯怀银；第二十四章，留学教育改革史，山西大学张卓远。

本书十分重视研究已有相关著作、论文、重要方针政策、改革性文件、节点性事件或标志性事件，以及《中国教育报》《中国教育年鉴》等相关资料，对于引用、借鉴的资料、文献，书中已一一注明，在此我们表示感谢！

由于水平有限，时间有限，编写人员多而统稿难度大，本书难免有不少不足之处，敬请读者批评并赐教。

侯怀银

2019 年 5 月 16 日

目　　录

上编　学科发展史

第一章　教育学原理学科发展史/3
　　第一节　教育学原理学科发展的历程/3
　　第二节　教育学原理学科建设的进展/14
　　第三节　教育学原理学科发展的反思/29

第二章　课程与教学论学科发展史/33
　　第一节　课程与教学论学科发展的历程/33
　　第二节　课程与教学论学科建设的进展/43
　　第三节　课程与教学论学科发展的反思/48

第三章　教育史学科发展史/56
　　第一节　教育史学科发展的历程/56
　　第二节　教育史学科建设的进展/66
　　第三节　教育史学科发展的反思/74

第四章　比较教育学学科发展史/81
　　第一节　比较教育学学科发展的历程/81
　　第二节　比较教育学学科建设的进展/88
　　第三节　比较教育学学科发展的反思/101

第五章　学前教育学学科发展史 /104
第一节　学前教育学学科发展的历程 /104
第二节　学前教育学学科建设的进展 /114
第三节　学前教育学学科发展的反思 /122

第六章　高等教育学学科发展史 /127
第一节　高等教育学学科发展的历程 /127
第二节　高等教育学学科建设的进展 /137
第三节　高等教育学学科发展的反思 /145

第七章　成人教育学学科发展史 /155
第一节　成人教育学学科发展的历程 /155
第二节　成人教育学学科建设的进展 /164
第三节　成人教育学学科发展的反思 /172

第八章　职业技术教育学学科发展史 /181
第一节　职业技术教育学学科发展的历程 /181
第二节　职业技术教育学学科建设的进展 /191
第三节　职业技术教育学学科发展的反思 /200

第九章　特殊教育学学科发展史 /205
第一节　特殊教育学学科发展的历程 /205
第二节　特殊教育学学科建设的进展 /208
第三节　特殊教育学学科发展的反思 /215

第十章　教育技术学学科发展史 /218
第一节　教育技术学学科发展的历程 /218
第二节　教育技术学学科建设的进展 /225
第三节　教育技术学学科发展的反思 /233

第十一章　教育经济学学科发展史 /240
第一节　教育经济学学科发展的历程 /240
第二节　教育经济学学科建设的进展 /247

第三节　教育经济学学科发展的反思/254

第十二章　教育管理学学科发展史/261
　　第一节　教育管理学学科发展的历程/261
　　第二节　教育管理学学科建设的进展/272
　　第三节　教育管理学学科发展的反思/278

下编　教育改革史

第十三章　学前教育改革史/287
　　第一节　学前教育改革的历程/287
　　第二节　学前教育改革的成就/297
　　第三节　学前教育改革的反思/303

第十四章　义务教育改革史/308
　　第一节　义务教育改革的历程/308
　　第二节　义务教育改革的成就/312
　　第三节　义务教育改革的反思/322

第十五章　高中教育改革史/327
　　第一节　高中教育改革的历程/327
　　第二节　高中教育改革的成就/331
　　第三节　高中教育改革的反思/338

第十六章　高等教育改革史/343
　　第一节　高等教育改革的历程/343
　　第二节　高等教育改革的成就/354
　　第三节　高等教育改革的反思/362

第十七章　成人教育改革史/369
　　第一节　成人教育改革的历程/369
　　第二节　成人教育改革的成就/381
　　第三节　成人教育改革的反思/392

第十八章　职业教育改革史/402
　　第一节　职业教育改革的历程/402
　　第二节　职业教育改革的成就/411
　　第三节　职业教育改革的反思/417

第十九章　特殊教育改革史/423
　　第一节　特殊教育改革的历程/423
　　第二节　特殊教育改革的成就/431
　　第三节　特殊教育改革的反思/436

第二十章　农村教育改革史/441
　　第一节　农村教育改革的历程/441
　　第二节　农村教育改革的成就/449
　　第三节　农村教育改革的反思/456

第二十一章　社区教育改革史/462
　　第一节　社区教育改革的历程/462
　　第二节　社区教育改革的成就/467
　　第三节　社区教育改革的反思/475

第二十二章　师范教育改革史/481
　　第一节　师范教育改革的历程/481
　　第二节　师范教育改革的成就/486
　　第三节　师范教育改革的反思/494

第二十三章　少数民族教育改革史/500
　　第一节　少数民族教育改革的历程/500
　　第二节　少数民族教育改革的成就/510
　　第三节　少数民族教育改革的反思/512

第二十四章　留学教育改革史/517
　　第一节　留学教育改革的历程/517
　　第二节　留学教育改革的成就/535

第三节 留学教育改革的反思/537

参考文献/541
附录1 教育学学科发展大事记/632
附录2 教育改革大事记/678
索引/842

表目录

表 1.1　2001—2018 年出版的教育学原理方面的著作和教材 / 12
表 1.2　国内研究者编写的 14 本教育学原理著作和教材的章节内容统计 / 17
表 1.3　教育基本理论专业委员会历届学术研讨会基本情况 / 19
表 3.1　1978—1987 年中国教育学会教育史研究会历届学术研讨会基本情况 / 57
表 3.2　1996—1999 年中国教育学会教育史研究会历届年会和主题 / 61
表 3.3　2000—2018 年中国教育学会教育史研究会（分会）历届年会和主题情况 / 64
表 4.1　新时期比较教育学科研究的主题 / 94
表 6.1　成型阶段学者编写的高等教育学著作、教材 / 131
表 6.2　成型阶段学者编写的高等教育学分支学科首部著作 / 131
表 6.3　发展阶段学者编写的高等教育学分支学科首部著作 / 134
表 6.4　我国高等教育学博士学位授予权单位一览表 / 135
表 7.1　2017 年成人教育学专业研究生招生单位一览表 / 162
表 7.2　20 世纪 80 年代至 21 世纪初期中国成人教育学科体系统计 / 168
表 8.1　我国职业教育学科培养体系建立过程 / 188
表 8.2　改革开放以来职业技术教育学科体系的主要内容 / 196
表 9.1　特殊教育领域期刊文献发表机构统计 / 207
表 9.2　2006—2012 年全国教育科学规划特殊教育立项课题总数与立项率 / 215
表 9.3　特殊教育立项课题的主题内容分类统计 / 215
表 11.1　1978—1984 年国内主要教育经济学著作（含译著）一览表 / 241
表 11.2　1978—1984 年国内主要教育经济学译文一览表 / 242
表 11.3　1992—2007 年国内教育经济学代表性研究成果 / 244
表 11.4　1992—2007 年国内探索教育经济学学科体系建设的主要书目 / 245
表 12.1　1978—1985 年教育管理学期刊论文内容的分布 / 262
表 12.2　1986—1992 年教育管理学期刊论文内容的分布 / 264
表 12.3　1993—1999 年教育管理学期刊论文内容的分布 / 266

表 12.4　2000—2018 年教育管理学期刊论文内容的分布 / 269

表 12.5　2000—2018 年全国教育管理学科专业委员会历届学术研讨会基本情况 / 270

表 12.6　21 世纪初教育管理学学科体系的主要内容 / 275

表 17.1　成人中学（职工部分）基本情况一览表 / 370

表 17.2　1980—1983 年全国独立设置成人高校专本科毕业生统计 / 371

表 17.3　1998—2000 年全国高等教育学生人数统计 / 377

表 18.1　我国职业教育法律制度框架 / 405

表 21.1　上海市社区教育课程分类一览表 / 470

表 24.1　1992—2000 年公费和自费留学人数 / 527

表 24.2　2000—2011 年公费和自费留学人数 / 530

表 24.3　2012—2017 年公费和自费留学人数 / 533

图目录

图 6.1　首部《高等教育学》（上册）原版目录 / 129
图 6.2　首部《高等教育学》（下册）原版目录 / 130
图 7.1　1978—2018 年成人教育课题研究数量变化趋势图 / 163
图 17.1　1986—1990 年参加岗位培训人数条形图 / 373
图 17.2　1992—2000 年我国高等教育毛入学率趋势柱状图 / 377
图 17.3　电大毕业生在同期全国高校毕业生中所占比例饼状图（1982—2006）/ 380
图 17.4　电大毕业生在同期成人高校毕业生中所占比例饼状图（1982—2006）/ 380
图 17.5　我国成人教育结构体系图（一）/ 384
图 17.6　我国成人教育结构体系图（二）/ 384
图 17.7　2011 年成人教育各类学校经费来源条形图 / 390
图 17.8　2007—2011 年国家财政性教育经费占总经费比例折线图 / 390
图 18.1　1976—1995 年中职在校生数占高中阶段在校生比例 / 403
图 18.2　1997—2005 年中等职业教育经费投入情况 / 406
图 18.3　1997—2005 年高职在校生和招生数分布图 / 407
图 24.1　1992—2018 年中国出国留学人数折线图 / 536
图 24.2　1999—2017 年来华留学人数折线图 / 539

上编　学科发展史

第一章　教育学原理学科发展史

"以史为鉴，可以知兴替"。1978年改革开放以来，教育学人借助国内外良好的环境，积极推进教育学的建设和发展，取得了可喜的成绩。教育学原理学科是教育学一级学科之下的一个二级学科，其发展关乎教育学其他二级学科和研究方向的发展。有鉴于此，我们拟在梳理教育学原理学科发展历程的基础上，分析教育学原理学科取得的进展，对新时代背景下教育学原理学科的发展进行反思。

第一节　教育学原理学科发展的历程

教育学原理学科是教育学一级学科之下的一个二级学科，这在今天的学界已达成共识。但在教育学史上，教育学原理学科的出现则晚得多。教育学原理学科伴随着教育学的引进被引入中国，并逐渐形成教育学原理学科建设的中国特色、中国风格和中国气派。1903年，教科书辑译社（东京）出版了日本学者尺秀三郎和中岛半次郎著的《教育学原理》（季新益译）一书。1904年，日籍教师波多野贞之助讲述、颜可铸编辑的《教育学原理》一书成为湖北速成师范讲义。1933年，桑代克（E. L. Thorndike）和盖茨（A. L. Gates）合著的《Principles of Education》一书被译成中文。1950年，《人民日报》译载了冈察洛夫著的《教育学原理》的"序言"，这标志着冈察洛夫的《教育学原理》开始在中国引进。同年，《人民教育》第4期上发表了4篇文章来阐述苏联教育学界讨论冈察洛夫著的《教育学原理》一书的经过、总结及教训等。[①] 1951年，人民出版社出版了郭从周等译的冈察洛夫的《教育学原理》一书。

伴随着教育学原理著作、教材的引进和出版，教育学原理成为师范专业的必

---

① 这4篇文章分别是：凯洛夫著、罗荣渠译《冈察洛夫教授〈教育学原理〉一书讨论》；冈察洛夫著、张醒石译《我所犯的错误之本质与其原因》；张全民《拥护布尔什维克的批评与自我批评——冈察洛夫教授〈教育学原理〉一书讨论总结》；印希《讨论冈察洛夫教授〈教育学原理〉一书的几个教训》。

修科目。教育学原理作为一门教学科目存在于教育学学科群中。除了教育学原理著作和教材的出版，国内研究者也发表了相关的学术论文，在此不一一列举。

实际上，20世纪上半叶，教育学原理在国内就得到长足的发展。除了上述直接以"教育学原理"命名的著作和教材的出版之外，教育学原理学科的知识积累也出现在以"教育学""教育概论""教育原理"等命名的著作和教材中。叶志坚的《中国近代教育学原理的知识演进——以文本为线索》一书将20世纪上半叶教育学原理学科的发展分为四个时期，即蓬勃期（1899—1911）、回旋期（1912—1919）、转向期（1920—1927）、深化期（1928—1948）。[①] 具体内容参见该书。

中华人民共和国成立后，中国教育学界首先对旧中国教育学进行改造，继而全面学习苏联及探索教育学的中国化。[②] 在这个过程中，我国的教育学学科体系几乎与苏联的完全一致，教育学的分支学科仅仅有教育学、教育史、教育心理学、各科教学法等学科。教育学原理被包含在"大教育学"中。

改革开放后，中国教育学进入再建阶段。教育学的学科建制和学科制度不断走向规范。教育学原理学科成为教育学学科群中的一个重要二级学科。研究者认为教育学原理是教育学科体系中的一门基础性学科，它以研究教育基本理论问题、探求教育一般原理、为教育理论发展和教育实践改革提供综合性研究指导为鹄的。[③] 教育学原理学科之于教育学学科发展的重要性由此可见一斑。一定意义上，可以说在中国，教育学原理学科在教育学学科群中获得合理地位是改革开放之后确立的。以改革开放后教育学原理学科发展的重要节点为标志，可以将改革开放以来教育学原理学科的发展历程划分为三个阶段。

一、第一阶段（1978—1990）

改革开放之后，国务院、教育部、国家技术监督局等对各个学科规划了学科建制，分门别类，划分了学科门类、一级学科和二级学科。从教育学学科建制的情况来看，这一阶段，教育学原理学科的学科建制尚未出现在相关的文件中。

教育学原理与教育原理、教育概论、教育基本理论、教育通论等混淆在一起。从国家文件来看，1981年，国务院批准的《首批硕士学位授予单位及其学

[①] 叶志坚. 中国近代教育学原理的知识演进——以文本为线索［M］. 杭州：浙江大学出版社，2012.

[②] 侯怀银. 建国后十七年中国教育学科体系建设和发展的基本历程初探［J］. 山西大学学报（哲学社会科学版），1998（3）：78-82.

[③] 柳海民，邹红军. 教育学原理：历史性飞跃及其时代价值——纪念改革开放40周年［J］. 教育研究，2018（7）：4-14.

科、专业名单》及《首批博士学位授予单位及其学科、专业名单》中，没有教育学原理学科，而有教育基本理论学科。如北京师范大学的学位点即是教育基本理论学科。1988 年，《普通高等师范院校本科专业目录（征求意见稿）》中将教育基本理论等同于教育概论。① 从学位授予点来看，1978 年，曲阜师范大学就设立了教育基本理论方向的硕士点，而无教育学原理硕士点；1981 年，经国务院学位委员会批准，北京师范大学、华东师范大学获批教育基本理论二级学科博士学位授予权，北京师范大学、华东师范大学、东北师范大学、山东师范大学获批教育基本理论二级学科硕士学位授予权，而无教育学原理学位授予点。从高校教育学专业课程设置来看，同样也存在这样的混乱。据胡德海先生回忆，"文革"结束之后，北京师范大学教育系恢复讲课，教师们仍按照苏联教育学的"四大块"来讲，即教育总论、教学论、教育论、学校管理与领导，当时的教育总论就是教育基本理论。胡德海先生当时就认为不应该叫"教育基本理论"，而应该叫"教育学原理"。他认为教育学原理是一门理论课，可以把整个教育在理论上统率起来。他认为这门课也不能称之为"教育概论"，因为教育概论如同专题讲座一样，是一个个孤立的、不衔接的问题。胡德海先生在 20 世纪 80 年代给研究生上课时，就给研究生开设了"教育学原理"课，而不是"教育基本理论"课。但是，国内很多高校开设的依然是教育基本理论课，或者教育概论课。②

教育学原理、教育基本理论、教育概论、教育通论等混淆在一起，在 20 世纪 30 年代就出现了。桑代克（E. L. Thorndike）和盖茨（A. L. Gates）合著的《Principles of Education》一书，被翻译成中文时，不同的研究者使用了不同的中文对应名称。雷通群将该书翻译为《新教育的基本原理》（新亚书店，1933），熊子容将该书翻译为《教育学原理》（世界书局，1933），陈衡玉将该书翻译为《教育概论》（大东书局，1933），宋桂煌将该书翻译为《教育之基本原理》（商务印书馆，1934），贡志容将该书翻译为《教育原理》（大东书局，1934），王丏萍将该书翻译为《教育之根本原理》（中华书局，1934）。③

由于学科称谓的混乱，该阶段少有专门的教育学原理著作和教材出版，④ 也

---

① 柳海民，邹红军. 教育学原理：历史性飞跃及其时代价值——纪念改革开放 40 周年[J]. 教育研究，2018（7）：4-14.

② 胡德海，李虎林，刘旭东，郝文武. 潜心学术 穷根究底 开拓创新 构建体系——访胡德海先生[J]. 当代教师教育，2018（3）：1-7.

③ 侯怀银. 中国教育学发展问题研究——以 20 世纪上半叶为中心[M]. 太原：山西教育出版社，2008：237.

④ 据笔者目力所及，该阶段仅有一本教育学原理的著作，即 1987 年出版的江苏省、市教育学院联合编写的《教育学原理》。

未有教育学人以教育学原理作为自己的研究方向。但不可否认的是，该阶段也有一些教育学原理方面的学术论文发表。如高德建的《教育学体系之我见》，对教育学的学科体系和教材体系分别进行了阐述，并提出了特色问题；① 王志平的《当代西方学者对教育学性质的讨论》；② 洪祥生的《教育学科学体系的逻辑起点刍议》；③ 刘晖、王箭的《"传播"是教育学理论体系的逻辑起点》；④ 刁培萼、吴也显的《教育学逻辑起点新探》；⑤ 张晓鹏、张启航的《教育学体系问题初探》；⑥ 班华的《教育学功能初探》；⑦ 刘继武的《论教育学的学科性质及其发展方向》；⑧ 鲁洁的《建设具有中国特色的社会主义教育学管窥》；⑨ 陈桂生的《教育学的迷惘与迷惘的教育学——建国以后教育学发展道路侧面剪影》；⑩ 吴康宁的《简析教育学发展的影响因素》；⑪ 裴文敏的《教育学理论研究中的几个问题》；⑫ 等等。

纵观以上研究概况，教育学原理学科在该阶段的发展特征主要有：

第一，教育学原理学科发展尚处于滥觞期。滥觞期的教育学原理学科，一方面学科名称尚未获得合理定位，教育学原理、教育概论、教育基本理论、教育原理、教育通论等混称在一起；另一方面，教育学原理尚未获得国家层面的学科建制，即便是一些文件中将"教育学原理"单独列出，也没有明确教育学原理的研究范畴和学科定位等。

第二，教育学原理研究开始了初探期。由于教育学原理学科属性和研究范畴的不确定，加之我国教育学研究处在一个新的历史时期，教育学原理研究者多对一些教育学原理的基本问题进行初探。这些问题多包括教育学的逻辑起点、教育学的体系、教育学的功能、教育学的学科性质、教育学的方法论、影响教育学的

---

① 高德建. 教育学体系之我见 [J]. 天津师范大学学报，1984（5）：30-34.
② 王志平. 当代西方学者对教育学性质的讨论 [J]. 外国教育研究，1986（1）：1-6.
③ 洪祥生. 教育学科学体系的逻辑起点刍议 [J]. 安徽教育学院学报（社会科学版），1986（2）：13-18.
④ 刘晖，王箭. "传播"是教育学理论体系的逻辑起点 [J]. 教育理论与实践，1987（1）：42-45.
⑤ 刁培萼，吴也显. 教育学逻辑起点新探 [J]. 教育研究与实验，1987（4）：1-5.
⑥ 张晓鹏，张启航. 教育学体系问题初探 [J]. 教育理论与实践，1987（3）：17-20.
⑦ 班华. 教育学功能初探 [J]. 教育评论，1988（5）：8-11.
⑧ 刘继武. 论教育学的学科性质及其发展方向 [J]. 山东师范大学学报（人文社会科学版），1988（6）：1-4.
⑨ 鲁洁. 建设具有中国特色的社会主义教育学管窥 [J]. 教育评论，1988（1）：1-5.
⑩ 陈桂生. 教育学的迷惘与迷惘的教育学——建国以后教育学发展道路侧面剪影 [J]. 华东师范大学学报（教育科学版），1989（3）：33-40.
⑪ 吴康宁. 简析教育学发展的影响因素 [J]. 教育评论，1989（1）：16-18.
⑫ 裴文敏. 教育学理论研究中的几个问题 [J]. 杭州大学学报，1990（2）：73-79.

发展因素等。① 研究者对这些问题的探索也较为小心、谨慎，多在发表的论文题目中用了"初探""管窥"等字眼。

二、第二阶段（1991—2000）

1990年10月，国务院学位委员会和国家教育委员会颁布的《授予博士、硕士学位和培养研究生的学科、专业目录》中开始出现"教育学原理"称谓，其学科代码为040101。以此为标志，教育学原理学科在中国的发展进入第二个阶段。

教育学原理学科在这一阶段获得了合法的学科建制。除了1990年10月国务院学位委员会和国家教育委员会颁布的《授予博士、硕士学位和培养研究生的学科、专业目录》之外，1992年，国家技术监督局发布的《学科分类与代码国家标准》中，将教育学划分为19个二级学科：教育史（包括中国教育史和外国教育史）、教育学原理、教学论、德育原理、教育社会学、教育心理学、教育经济学、教育统计学、教育管理学、比较教育学、教育技术学、军事教育学、学前教育学、普通教育学（包括初等教育学、中等教育学）、高等教育学、成人教育学、职业技术教育学、特殊教育学、教育学其他学科；1997年，国务院学位委员会办公室和国家教育委员会研究生工作办公室制定了新的学科专业目录，教育学一级学科之下包括10个二级学科：教育学原理（包括教育学原理、德育原理、教育科学研究方法）、课程与教学论、教育史、比较教育学、学前教育学、高等教育学、成人教育学、职业技术教育学、特殊教育学、教育技术学。

随着教育学原理学科建制的合法化，教育学原理学科博硕士授予点、著作和教材等逐渐增多。就教育学原理学科的博硕士点来说，一些高校的教育基本理论学科被教育学原理学科所取代，如华东师范大学等，一些高校增设了教育学原理学科的博硕士授予点。在教育学原理二级学科之下，各个高校设立了不同的三级学科，或者称之为研究方向。目前，在教育学原理学科之下设立的研究方向大体有：教育基本理论、教育哲学、德育原理、教育伦理学、教育人类学、教育经济学、教育社会学、基础教育改革、学校变革与发展、教师教育等。教育学原理学科之下的研究方向呈现了繁荣的局面。各个研究方向基本上都有本专业的全国性学术委员会，定期召开相关的会议，研究者出版相应的书籍，招收本研究方向的硕士研究生和博士研究生。就教育学原理著作和教材的出版来看，这一阶段，以

---

① 具体参见：侯怀银，王霞. 改革开放以来中国教育学研究之路 [J]. 中国教育科学，2013（1）：43-60.

"教育学原理"命名的著作和教材数量骤升,共有 8 本。① 在这些著作和教材中,需要特别指出的是胡德海的《教育学原理》。

20 世纪 80 年代,胡德海先生给西北师大的研究生开设了"教育学原理"课程,但当时并未有现成的教育学原理著作和教材,胡德海先生便在已有研究的基础上,对教育理论问题进行了深入而系统的反思,最终形成了《教育学原理》,并于 1998 年 12 月由甘肃教育出版社出版。② 在所有的教育学原理著作和教材中,胡德海先生的《教育学原理》独树一帜,在内容体系上,包纳了教育学概论、教育基本理论、教育活动、教育事业四编内容。四编内容几乎囊括了教育学的所有基本理论问题,正如作者在前言中所说的,"我在讲课时,曾把教育学原理这门课比作一幅'导游图'"。③

随着教育学原理学科建制的合法化,教育学原理学科的研究较上一阶段显得繁荣和深入。从繁荣程度上来说,这一阶段,教育学原理的研究者逐渐增加,研究的问题也更加宽泛。除了上一阶段提到的教育学的逻辑起点、体系、功能等问题之外,研究者的研究还涉及教育科学的历史分期、西方关于教育学理论性质的研究动向、教育学的研究对象、教育学史、教育学研究范式、教育学研究的方法论、中国特色教育学、元教育学、教育学的范畴、教育学的语言等等。从研究的深度方面来看,这一阶段研究者研究得也更加深入。一方面,研究者注重对国外研究成果的及时传播和吸纳;另一方面,研究者不再以初探和管窥的方式进行研究和写作,而是深入地探索。一些研究者试图构建教育学史学科,对教育学从历史的角度,整体上进行把握。一些研究者的研究不再仅仅探索某一问题,而是对研究该问题的方法和方法论进行研究。

纵观这一阶段教育学原理学科的发展,呈现如下特点。

第一,教育学原理学科获得合法建制。这一阶段,教育学原理学科的具体研究虽然仍与教育基本理论、教育概论、教育原理等杂糅在一起,但是从国家层面的文件以及高校教育学博硕士点授予权的设置来看,教育学原理已获得合法的建

---

① 成有信. 教育学原理[M]. 郑州:河南教育出版社,1993. 张君,康丽颖. 教育学原理[M]. 沈阳:东北财经大学出版社,1995. 漆书青,何齐宗. 新编教育学原理[M]. 南昌:江西高校出版社,1997. 胡德海. 教育学原理[M]. 兰州:甘肃教育出版社,1998. 王道俊,扈中平. 教育学原理[M]. 福州:福建教育出版社,1998. 丁瑜,何东亮. 教育学原理[M]. 上海:上海交通大学出版社,1998. 成有信. 教育学原理[M]. 广州:广东高等教育出版社,1999. 傅道春. 教育学情境与原理[M]. 北京:教育科学出版社,1999.

② 胡德海. 读书、教书、著书:我的教育生涯和人生感悟[J]. 中国教育科学,2018(2):62-78.

③ 胡德海. 教育学原理[M]. 兰州:甘肃教育出版社,1998:前言 1.

制。一些研究者栖居在教育学原理学科之中，进行研究和培养人才。一些著作以"教育学原理"命名出版，一些学生报考教育学原理方向的硕士研究生和博士研究生。研究者开始在教育学原理学科之下研究教育学的基本问题，如教育学的研究对象、教育学的逻辑起点、教育学的体系等。①

第二，教育学原理研究的深入和国际化。这一阶段，教育学原理研究者有了学科归属，有了学科规训，有了学科问题域，其研究不再是简单的初步探索，而是思考问题背后的原因及方法论，一些观点也出现了争鸣的局面。一些研究者还对这些问题的基本概念进行了澄清式的研究，如有研究者对"教育学体系"的概念进行了辨析。② 特别需要指出的是，这一阶段，研究者自觉地运用马克思主义哲学指导教育学原理的研究。一些研究者还试图构建中国特色的教育学以及马克思主义教育学。除此之外，这一阶段，教育学原理研究者更加注重对国外教育学原理研究成果的传播和吸纳。

第三，教育学原理研究出现了反思。历史的车轮滚滚向前，人类即将进入一个新的历史纪元。伫立于新世纪的窗口，中国教育学人对教育学在中国的发展历程进行了回顾与反思，教育学原理学科的发展也在反思之列。瞿葆奎先生对建国后教育学教材建设的反思、③ 陈元晖对中国教育学七十年的回顾与反思、④ 王坤庆对教育学研究范式的历史演变进行研究、⑤ 张乐天对教育学元科学研究进行了回顾、⑥ 谢兰荣对"教育学"进行了词源学的分析、⑦ 周峰等对20世纪中国教育学的发展进行了分析、⑧ 侯怀银对建国后中国教育学科体系建设和发展进行了反思、⑨ 孙喜亭对中国教育学近50年的发展进行了回顾，⑩ 等等。特别需要指出的

---

① 具体参见：侯怀银，王霞. 改革开放以来中国教育学研究之路[J]. 中国教育科学，2013（1）：43-60.
② 张晓鹏. "教育学体系"概念辨析[J]. 中国教育学刊，1992（3）：24-27.
③ 瞿葆奎. 建国以来教育学教材事略[J]. 华东师范大学学报（教育科学版），1991（3）：67-76.
④ 陈元晖. 中国教育学七十年[J]. 北京师范大学学报（社会科学版），1991（5）：52-94.
⑤ 王坤庆. 论教育学研究范式的历史演变[J]. 教育研究与实验，1991（4）：32-37.
⑥ 张乐天. 教育学元科学研究的回顾与前瞻[J]. 教育研究与实验，1993（1）：17-20.
⑦ 谢兰荣. 从"教育学"一词的演变看教育学的发展[J]. 教育研究与实验，1996（3）：21-26.
⑧ 周峰，张雪林. 本世纪我国教育学的发展趋势与存在问题[J]. 广东教育学院学报，1997（4）：11-14.
⑨ 侯怀银. 试论建国后十七年中国教育学科体系建设和发展的历史启示[J]. 高等师范教育研究，1997（5）：70-75.
⑩ 孙喜亭. 中国教育学近50年来的发展概述[J]. 教育研究，1998（9）：19-28.

是瞿葆奎对整个 20 世纪中国教育学的发展进行了回顾与反思。① 这些成果或者对整个 20 世纪中国教育学的发展进行反思，或者对中华人民共和国成立之后的中国教育学发展进行反思，或者对教育学整体进行反思，或者对某一问题的研究进行反思。总体而言，这些研究为 21 世纪中国教育学的发展奠定了良好的基础。

三、第三阶段（2001—2018）

进入 21 世纪，中国教育学发展进入了一个新的历史阶段，教育学原理学科的发展也进入了一个新的时期。所谓教育学原理的新时期主要体现在两个方面：一方面，教育学原理学科发展极度繁荣，主要表现为教育学原理学科之下的研究方向的繁荣，教育基本理论、教育哲学、教育社会学、教育伦理学、教育经济学、教育管理学、教育法学、教育政策学、德育原理、教育研究方法等都属于教育学原理研究；各个高校不断增设教育学原理硕博士点，有不少教育学原理的著作和教材出版。另一方面，在教育学原理学科发展繁荣的背后，也表现出了一些凄凉，主要表现如教育学原理学科之下的研究方向逐渐增多，使得教育学原理似有徒具虚名之嫌，一些教育学原理的问题域被教育学元研究所代替，但二者显然是有区别的。

21 世纪初的 5 年，叶澜先生主编的《中国教育学科年度发展报告》中对教育学原理学科做了每一年的发展报告。2001 年的教育学原理学科发展报告中，呈现了"新世纪新教育视野中的教育性质和功能再探讨""教育学学科的发展及其机制：在对原创性的追寻中进行对话和理论与实践关系的转化""校本研究与课堂研究：深入学校与回到课堂""教师专业发展：从萌芽到成熟""办学体制多元化：民办教育""中国教育问题：走向本土化的教育研究"等主题。② 2002 年的教育学原理学科发展报告中涉及的主题主要有"教育转型研究全面展开""教育政策研究紧扣热点""教育法学研究凸显实力""'人''生命''儿童生存状态'深受关注""教师专业发展研究逐渐拓展""教育学科的发展及其机制研究走向深化"。③ 2003 年的教育学原理学科发展报告中则对"对'教育'本身的研究""教育理论元研究""教育中的'人'之研究"三个主题进行概括。④ 2004 年的教育

---

① 这些成果以"中国教育学百年"上、中、下三篇文章发表于《教育研究》，而后合成为一本书《中国教育学百年》（教育科学出版社，2002 年版）。
② 叶澜. 中国教育学科年度发展报告 2001［M］. 上海：上海教育出版社，2002：11-30.
③ 叶澜. 中国教育学科年度发展报告 2002［M］. 上海：上海教育出版社，2003：9-26.
④ 叶澜. 中国教育学科年度发展报告 2003［M］. 上海：上海教育出版社，2004：10-27.

学原理学科年度发展报告主题有"教育理论发展研究""'教育'变革与发展研究""教育活动中的主体关系研究"。① 2005年的教育学原理学科年度发展报告涉及"教育学理论元研究""对教育本身的研究""教育视野下的教师考察"。② 需要指出的是《中国教育学科年度发展报告》中，将教育学原理学科与教育哲学、教育社会学、教育经济学、德育原理、课程论、教学论、教育管理学、中国教育史、外国教育史、比较教育等学科并列去写。

2016年人民教育出版社出版康永久教授的《教育学原理五讲》，该书涉及"教育的概念与理想""教育的历史发展""人的发展与教育""教育与社会发展""历史情境与教育学"。作者在"导论"一开始便说，"原来计划的课程内容很多，包括教育学的演变轨迹、教育的概念、教育的历史发展、人的发展与教育、教育与社会发展、教育目的的理论与实践、作为社会组织的学校、知识与课程、教学的理论与实践、道德教育"，又说"这在某种意义上也不是很可取的"。③ 至于为什么不可取，作者没有说明。

纵观这一阶段教育学原理学科的发展，研究者出版的教育学原理著作和教材骤增，但是内容体系基本趋同。关于教育学原理具体领域的研究，则分化为教育学元研究、教育哲学、教育社会学、教育人类学、教育研究方法等等。教育学原理的研究对象似乎等同于教育基本理论研究。但是在学科建制上，教育基本理论则属于教育学原理学科之下的研究方向，与教育哲学、教育社会学、教育伦理学等并列。这一阶段的教育学原理学科又回到了与教育基本理论、教育概论、教育原理、教育通论等混为一体的局面。栖居在教育学原理学科中的教育研究者一般都有自己的研究方向，或者是教育基本理论，或者是教育哲学，或者是教育社会学、教育法学、教育伦理学等等。一定意义上，可以说教育基本理论、德育原理、教育哲学、教育社会学等学科的发展即是教育学原理学科的发展。萌生于20世纪80年代的元教育学，历经20世纪90年代的正式提出和发展高潮之后，在21世纪则进入缓升期，正面构建的力作少之又少，内容多为反面批判或回顾反思类成果。④

这一时期，教育学原理学科的发展特征主要表现在以下几个方面。

第一，教育学原理的著作和教材骤增。这一阶段，有教育学专业的高校课程

---

① 叶澜. 中国教育学科年度发展报告2004[M]. 上海：上海教育出版社，2005：7-25.
② 叶澜. 中国教育学科年度发展报告2005[M]. 上海：上海教育出版社，2006：16-39.
③ 康永久. 教育学原理五讲[M]. 北京：人民教育出版社，2016：1.
④ 赵康. 我国元教育学研究发展述评[J]. 浙江教育科学，2015（6）：3-9.

体系中,无论是本科生还是研究生,教育学原理都在其课程表之列。再加上教育学原理学科成为考研必考的科目,一些研究者编著了教育学原理方面的著作和教材。据笔者目力所及,该阶段出版的以"教育学原理"命名的著作和教材主要有:

表1.1 2001—2018年出版的教育学原理方面的著作和教材

作者	书名	出版社	出版年份
李勇,许红梅	教育学原理	哈尔滨工业大学出版社	2001
柳海民	现代教育学原理	东北师范大学出版社	2002
姚俊,杨兆山	教育学原理	辽宁师范大学出版社	2003
郭瑞英	教育学原理	长征出版社	2004
王国英	教育学原理	长征出版社	2004
杨兆山	教育学原理	东北师范大学出版社	2005
杜春华	教育学基本原理	吉林人民出版社	2005
杨兆山	教育学原理简明教程	东北师范大学出版社	2005
邹群,王琦	教育学原理	辽宁师范大学出版社	2006
王道俊,扈中平	教育学原理	福建教育出版社	2007
汪刘生	教育学原理	浙江大学出版社	2007
成有信	教育学原理	辽宁大学出版社	2007
叶澜	教育学原理	人民教育出版社	2007
姚俊	教育学基本原理	沈阳出版社	2008
扈中平,等	教育学原理	人民教育出版社	2008
黄欣祥	教育学原理	海南出版社	2009
陈理宣	教育学原理——理论与实践	北京师范大学出版社	2010
徐书业	教育学原理与应用	华东师范大学出版社	2010
罗玉莲	教育学原理	教育科学出版社	2010
汪刘生	教育学原理	浙江大学出版社	2010

续表

作者	书名	出版社	出版年份
杨兆山	教育学原理	东北师范大学出版社	2010
蒲蕊	教育学原理	武汉大学出版社	2010
邹群	教育学原理	辽宁师范大学出版社	2010
朴泰洙，金哲华	教育学原理	科学出版社	2011
易连云	教育学原理	西南师范大学出版社	2011
柳海民	教育学原理	高等教育出版社	2011
罗玉莲	教育学原理	教育科学出版社	2012
柳海民	现代教育学原理导论	高等教育出版社	2012
郝文武，龙宝新	教育学原理	北京师范大学出版社	2012
齐梅，马林	教育学原理	清华大学出版社	2012
张忠华	教育学原理	世界图书北京出版公司	2012
丁西省，魏文君	教育学原理	西北工业大学出版社	2013
钟海青	教育学原理研究	广西师范大学出版社	2013
纪国和，李朝辉	教育学原理	东北师范大学出版社	2014
王逢贤	教育学原理	教育科学出版社	2015
王作亮，张典兵	教育学原理	中国矿业大学出版社	2015
姜德君，等	教育学原理	清华大学出版社	2016
康永久	教育学原理五讲	人民教育出版社	2016

这些教育学原理著作和教材的内容体系渐趋同质化，基本上涉及教育概述和教育学概述、教育与社会、教育与人、教育目的、教育制度、教育规律、教育形态、教育活动、教育过程、教育内容、教育评价、教师与学生、课程、教学、德育、智育、体育、美育、劳动技术教育、学校、课外校外教育、班级及班主任工作等。

第二，教育学原理学科不断分化。在这一阶段，教育学原理二级学科之下的研究方向多而杂，除了传统的教育基本理论、教育哲学、教育社会学、德育原理等之外，这一阶段的教师教育、教育思想与制度、教育改革与教育政策等皆放在教育学原理学科之下。有一个奇怪的现象，即一些研究方向先是设在教育学原理学科之下，随着学科的发展壮大，则有独立之势，最为明显的即是教师教育。教育学原理学科被这些研究方向"掏空"。

第三，教育学原理研究进入教育学元研究的时代。受"元"概念引入教育学以及元教育学的影响，这一时期的教育学原理研究基本上是对教育学进行元研究，其"原理"性表现有所不足。进入教育学元研究的时代，一些研究者认为作为舶来品的教育学，不符合中国的实际，不能很好地指导中国教育实践。在20世纪80年代研究教育学中国化、本土化的基础上，这一时期，一些研究者着力构建中国教育学，如"生命·实践"教育学。以往教育学原理之下的研究内容，如教育学的逻辑起点、教育学的体系等问题较少受到关注，教育学的性质尚未有新的突破。

第二节　教育学原理学科建设的进展

改革开放40年，教育学原理学科经历了三个发展阶段，这样的发展历程展现了教育学原理学科从学科建制的意义上存在到发展的繁荣，进而出现了教育学原理学科的逐步分化。教育学原理学科取得的进展主要表现在以下几个方面。

一、教育学原理的概念及研究对象

概念是学科理论体系构建的基石。教育学原理学科的发展离不开研究者对教育学原理概念的明晰。改革开放40年间，研究者对"教育学原理"的概念形成了不同的认识，概括起来有以下几种。

从学科研究对象角度进行的界定：

陈桂生先生认为教育学原理应以教育学为研究对象，而将包括教育学、教育概论、教育原理、教育哲学、教育社会学、德育原理、教育经济学等研究的理论教育学等同于教育学原理，是用词不当的。他认为一种非以教育现象为研究对象而以教育理论为研究对象的学科——元教育理论——才是名副其实的"教育学原理"。[1]

冯建军认为教育学原理表示的是"教育学"的原理，"教育学原理"应当以"教育学"为研究对象，而不是以"教育"为研究对象……教育学原理应该是对

---

[1] 陈桂生. 教育原理[M]. 上海：华东师范大学出版社，1993：序.

教育学的陈述，而不是对教育的陈述，它应该属于元教育理论。①

刘晓琴认为教育学原理是关于教育学观、教育学思想的学问，是对人类教育学知识、教育学实践、教育学理论研究所得出的结果，是基于一定的哲学世界观理论和某些相关基础学科的成果所作的理论概括和总结。②

从学科性质角度进行的界定：

胡德海先生将教育学原理比作一幅教育学的"导游图"，认为教育学原理是关于教育观、教育思想的学问，是人类教育知识、教育实践、教育理论研究的成果，是基于一定的哲学世界观理论和某些相关基础学科的成果所作的理论概括和总结。③ 基于这样的认识，他的《教育学原理》中既包括了教育学概论，还包括教育基本理论、教育活动和教育事业。

柳海民和邹红军认为教育学原理是教育科学体系中的一门基础性学科，它以研究教育基本理论问题、探求教育一般原理、为教育理论发展和教育实践改革提供综合性研究指导为鹄的。④

从学科研究内容的角度进行的界定：

齐梅和柳海民认为教育学原理学科是研究人类社会传承自己的珍贵知识文化资源的科学原理，它把教育视为可以解释、预测和操控的对象。⑤

十二院校编的《教育学基础》认为教育学原理学科是研究教育现象、总结教育经验、揭示教育规律、指导教育实践的学科，它的存在依赖于人类教育实践需要。⑥

叶澜先生认为，"随着教育学的学科分化和分支学科的涌现，作为阐述教育原理，或从总体上研究教育、从理论上阐明教育现象的分支学科，常以'教育学原理''教育概论''教育基本理论'等名称命名"；它们"是教育学科中最为基础的学科"；又"由于和最初诞生的学科'教育学'的关系最为直接和深厚，故

---

① 冯建军. 关于"教育原理"学科称谓与内容现状的研究 [J]. 教育理论与实践，2007（4）：1-4.
② 刘晓琴. 教育原理和教育学原理的思考 [J]. 吉林省教育学院学报，2010（2）：96-97.
③ 胡德海. 教育学原理 [M]. 兰州：甘肃教育出版社，2006：35.
④ 柳海民，邹红军. 教育学原理：历史性飞跃及其时代价值——纪念改革开放 40 周年 [J]. 教育研究，2018（7）：4-14.
⑤ 齐梅，柳海民. 教育学原理学科的科学性质和基本问题 [J]. 教育研究，2006（2）：28-32.
⑥ 全国十二所重点师范大学联合编写. 教育学基础 [M]. 北京：教育科学出版社，2011：25.

也常常依然称为'教育学'"。① 有研究者对此进行解读，认为在叶澜先生看来，"教育学原理"与"教育基本理论""教育原理""教育概论"，甚至"教育学"等，只是名称不同，实质却是一致。如此处理，虽不免有"难得糊涂"之嫌，却因其能包容历来的"用词不当"，反倒是显得"务实"。②

从以上几种对教育学原理的界定中，我们不难看出研究者的主要分歧在于教育学原理的研究对象是什么。一种观点认为教育学原理的研究对象是教育，一种观点认为教育学原理的研究对象是教育学，不同的观点导致教育学原理著作和教材中的内容出现差异。也正是研究者对教育学原理概念认识的不明晰，导致了教育学原理与教育基本理论、教育概论、教育原理、教育通论等出现了混淆。

学科的研究对象内含于学科的概念之中。从研究者对"教育学原理"概念的界定来看，大致有三种认识：胡德海先生对"教育学原理"的认识表明教育学原理的研究对象一方面是教育学自身，其任务是理顺教育学体系本身的一些概念及其理论关系，如教育学的研究对象、范围、体系、性质，教育学的基础以及教育学和其他学科的关系等；另一方面是教育学原理以教育为研究对象，也就是教育学原理要以人类社会的全部教育现象为研究对象，其任务是要阐明教育学的基础理论、基本方法和教育现象的普遍规律。③ 陈桂生、冯建军和刘晓琴的认识则表明教育学原理的研究对象是教育学，而不是教育。齐梅、柳海民等对教育学原理的认识表明教育学原理的研究对象是教育基本理论。

二、教育学原理学科的体系

教育学原理学科的体系通过以教育学原理命名的著作和教材的体系表现出来。虽然研究者对教育学原理的概念以及教育学原理学科的研究对象未形成统一的认识，但是改革开放40年，国内研究者对教育学原理学科的体系却形成了大体一致的认识。

---

① 叶澜. 二十世纪中国社会科学·教育学卷[M]. 上海：上海人民出版社，2005：55.
② 叶志坚. 中国近代教育学原理的知识演进——以文本为线索[M]. 杭州：浙江大学出版社，2012：5-6.
③ 胡德海. 教育学原理[M]. 兰州：甘肃教育出版社，2006：36.

表 1.2 国内研究者编写的 14 本教育学原理著作和教材的章节内容统计[①]

作者、年份	教育学概述	教育概述	教育与社会	教育与人	教育目的	教育制度	教育规律	教育形态	教育活动	教育过程	教育内容	教育评价	教师与学生	课程	教学	德育	智育	美育	体育	劳动技术教育	学校	课外校外教育	班级及班主任工作	自我教育	他人教育
王道俊、扈中平 1998	√		√	√	√				√	√															
柳海民 2002	√	√	√	√	√								√	√	√	√					√				
姚俊、杨兆山 2003	√	√	√	√	√	√	√						√												
郭瑞英 2004	√	√	√	√	√								√						√						
杨兆山 2005	√	√	√	√	√			√					√	√	√	√	√	√							
邹群、王琦 2006	√	√	√	√	√								√										√		
成有信 2007	√	√	√	√	√						√	√	√		√	√	√	√				√			
姚俊 2008	√	√	√	√	√	√	√						√	√	√										
扈中平 2008	√	√	√	√	√								√	√	√										
黄欣祥 2009	√	√	√	√									√											√	√
蒲蕊 2010	√	√	√	√	√				√	√											√				
柳海民 2011	√	√	√	√	√								√												
张忠华 2012	√	√	√	√								√													
姜德君 2016	√	√	√	√	√				√		√	√											√		

由表 1.2 可知，已有的教育学原理著作和教材中，教育学概述、教育概述、教育与社会、教育与人、教育目的是每一本著作和教材几乎都会涉及的内容。教育制度、教师与学生、课程、教学、德育是比较常见的章节，个别著作和教材没有涉及。教育本质、教育规律、教育形态、教育活动、教育过程、教育内容、教育模式、教育评价、智育、体育、美育、劳动技术教育、学校、课外校外教育、

[①] 本书从改革开放 40 年来研究者出版的教育学原理著作和教材中选择了 14 本进行分析。

班级及班主任工作、自我教育、他人教育仅有个别著作和教材涉及。由此可见，教育学原理学科包含的内容包括教育学概述、教育概述、教育与社会、教育与人、教育目的、教育制度、教师与学生、课程、教学、德育。

除了以上提到的教育学原理著作和教材之外，尚有两本教育学原理著作和教材呈现了不一样的章节内容，一本是俄国弗·弗·克拉耶夫斯基的《教育学原理》（教育科学出版社，2007）。该书涉及四个章节，分别是教育学是科学、教育科学与实践的相互关系、教育学与其他学科的联系、教育学方法论和教育研究的方法。另一本是胡德海先生的《教育学原理》（甘肃教育出版社，2006）。胡德海先生的《教育学原理》共分四编二十章，第一编为"教育学概论"，涉及教育学的对象、性质、任务、体系、基础、发展史、教育科学研究；第二编为"教育基本理论"，涉及教育的起源、存在和发展、形态和本质、自我教育、功能、教育对人的作用、教育对社会的作用；第三编为"教育活动"，涉及教育者、受教育者、教育目标和内容、教育形式和手段；第四编为"教育事业"，涉及教育事业及其目的与结构、教育与社会、教育事业的管理、教育事业管理的法制化、教育评价。之所以将这两本书单列出来，是因为这两本书的特殊之处。克拉耶夫斯基的《教育学原理》一书紧紧围绕教育学而展开，胡德海先生的《教育学原理》几乎囊括了表1.2中所有的内容。

三、教育学原理学科主要领域的进展

教育学原理学科是教育学一级学科之下的一个二级学科，这无论是在国家文件中，还是在各个学校的招生目录中皆为共识。但是教育学原理学科已不像教育学一级学科之下的其他二级学科那样单纯，教育学原理学科之下的研究方向，抑或是三级学科设立繁多，比较有代表性的有教育基本理论、教育哲学、德育原理、教育社会学、教育人类学、教育美学等。

（一）教育基本理论的进展

教育基本理论是对教育的基本问题进行根本回答，其生产的知识既是教育理论发展的基础，又是教育实践开展的依据。教育基本理论既是教育学原理学科较早设立的研究方向，也是教育学原理学科常设的研究方向。目前，几乎所有的教育学原理学科硕博士点都有教育基本理论研究方向。

1. 教育基本理论专业委员会历届学术研讨会

1985年，全国教育学研究会教育基本理论专业委员会成立，并召开了首届学术会议。此后，该委员会定期召开学术会议，截至2018年，已召开了十六届学术年会。

表 1.3 教育基本理论专业委员会历届学术研讨会基本情况

届次	时间	地点	年会主题
第一届	1985 年 7 月	北京师范大学	改革传统教育思想和方法问题；教育和经济的关系问题；普通教育与职业教育的关系问题；教育研究的方法论问题
第二届	1989 年 5 月 24 日至 28 日	华中师范大学	教育与人
第三届	1990 年 8 月 17 日至 22 日	内蒙古师范大学	教育·社会·人
第四届	1993 年 10 月 8 日至 12 日	四川大学	教育学研究的方法论；教育与市场经济
第五届	1995 年 11 月 1 日至 5 日	张家界	教育与文化的关系
第六届	1997 年	华中师范大学	邓小平教育思想及"中国社会主义现代化与教育改革的深化"
第七届	1999 年 11 月 22 日至 24 日	华东师范大学	教育理论的世纪回顾与展望
第八届	2001 年 10 月 27 日至 30 日	广西师范大学	教育与交往
第九届	2003 年 9 月	东北师范大学	教育理论的新视域
第十届	2005 年 8 月	内蒙古师范大学	教育学的学科立场
第十一届	2007 年 10 月 12 日至 14 日	陕西师范大学	教育与幸福
第十二届	2009 年 11 月 28 日至 30 日	华南师范大学	教育与人性
第十三届	2011 年 9 月 25 日至 26 日	北京师范大学	教育与生活
第十四届	2013 年 9 月 21 日至 22 日	西南大学	教育与国民性
第十五届	2015 年 9 月 19 日至 20 日	山西大学	教育学的传统与变革
第十六届	2017 年 9 月 23 日至 24 日	南京师范大学	儿童成长与教育变革

2. 教育基本理论著作的出版

虽然多数研究者以教育基本理论为自己的研究方向，但是国内出版的以教育基本理论命名的著作和教材却不多。据笔者目力所及，改革开放 40 年出版的教育基本理论著作共有 9 本：

吉林省教育学院《教育基本理论教程》编写组编：《教育基本理论教程》，吉林教育出版社 1987 年版。

瞿葆奎、郑金洲：《教育基本理论之研究（1978—1995）》，福建教育出版社

1998年版。

王枬:《教育基本理论与实践》,广西师范大学出版社1999年版。

王坤庆:《教育基本理论研究》,安徽教育出版社2008年版。

张淑清:《教育基本理论》,中国社会出版社2008年版。

王澍:《教育基本理论的知识论立场研究——改革开放以来教育基本理论研究的反思》,东北师范大学出版社2010年版。

靳玉乐、易连云:《教育基本理论问题专题研究》,西南师范大学出版社2012年版。

冯建军:《教育基本理论研究20年(1990—2010)》,福建教育出版社2012年版。

尹艳秋、唐斌:《教育基本理论专题(讲义)》,苏州大学出版社2013年版。

3. 教育基本理论的研究范畴

不同的著作呈现不同的内容体系,比较有代表性的是瞿葆奎和郑金洲1998年出版的《教育基本理论之研究(1978—1995)》一书,内容包括:毛泽东教育思想、教育起源、教育本质、教育规律、教育功能、教育价值、教育与人的发展、马克思主义人的全面发展理论、教育目的、教育与生产劳动结合、社会主义初级阶段教育理论、市场经济与教育、传统教育与现代教育、元教育学研究。

吉林省教育学院《教育基本理论教程》编写组1987年编写出版的《教育基本理论教程》分三篇:教育学篇包括教育的本质和作用、我国的教育目的、学校教育制度、教师与学生、教学、德育、体育卫生、美育、劳动技术教育、课外教育活动;心理学篇包括心理学概述、培养学生学习动机和自觉积极的学习态度、学生掌握知识过程的心理分析、技能的形成和能力的培养、品德及其形成、学生心理发展的年龄特征、教师心理、学校领导心理;教育管理篇包括管理工作要按管理科学办事、学校管理的一般原理和方法、学校各项工作管理、学校领导者的素质、地方教育行政管理。

王枬1999年出版的《教育基本理论与实践》一书分五个主题阐明教育基本理论:主题一是"教育是什么——教育本质的探讨",主题二是"教育为什么——教育目的、价值、功能的追问",主题三是"谁有资格当教师——教师专业化的研究",主题四是"教育理论走向何方——教育理论与实践关系的分析",主题五是"教育如何成为可能——教育改革的实践"。

王坤庆于2008年出版的《教育基本理论研究》一书,分教育学史研究、教育哲学研究、教育价值研究、精神教育研究、人文教育研究几个部分。

张淑清2008年出版的《教育基本理论》一书,内容包括教育本质、教育功能、教育与人的发展关系、新世纪教师的素质及角色、教育目的、教育与生产劳动相结合的理论与实践、中国学校教育制度演变及发展、教育平等、闲暇教育、终身教育、教育机制、教育与现代化。

冯建军 2012 年出版的《教育基本理论研究 20 年（1990－2010）》内容包括：教育学元研究，教育本质，教育目的，教育功能，教育主体，教育与人的发展，教育与生活，时代发展与教育，市场经济与教育，教育公平与均衡发展，教育研究方法（论）。

尹艳秋、唐斌 2013 年出版的《教育基本理论专题（讲义）》内容包括：教育学的产生及其"范式"的演变，教育的本质与规律，教育的功能与价值，教育目的，当代教育基本理论的主要"话语"。

（二）教育哲学的进展

教育哲学在 20 世纪上半叶就被引进，在新时期，较早地成为教育学原理之下的研究方向。党的十一届三中全会之后，对教育哲学学科的研究和教学工作重新启动，重建教育哲学成为当务之急。1978 年，曲阜师范大学教育学原理学科硕士点所设的方向就有教育哲学；1981 年，北京师范大学、华东师范大学所设的教育学原理博士点也有教育哲学。这一时期，中国教育哲学学科建设获得了真正的发展，开始进入 20 世纪以来的第二个高峰期。[1]

教育哲学首先以作为一门教育学专业的课程方式出现。1978 年，教育部将教育哲学作为一门选修课列入教育系课程计划之中。在 1979 年的全国教育科学规划会议上，教育部提出重新开设"教育哲学"一科，[2] 并委托北京师大与华东师大两校编写教材[3]。1980 年始，我国高等院校教育系陆续重开教育哲学课。[4] 至此，教育哲学重新在高等院校的课程体系中设立，为教育哲学学科的重建奠定了基础。

全国教育哲学专业委员会自成立以来共召开了 18 次学术会议，分别就"当代教育观念的更新与教育哲学理论构架""教育现代化、人的主体性与主体教育、现代教育与人文精神""教育与教育哲学的建设和发展、教学改革的哲学视界、

---

[1] 陆有铨，迟艳杰. 中国教育哲学的世纪回顾与展望[J]. 教育研究，2003（7）：3-10.

[2] 石中英. 20 世纪中国教育哲学的回顾与展望[J]. 教育研究与实验，2000（5）：1-7.

[3] 1982 年，北京师范大学出版社出版了黄济编著的《教育哲学初稿》一书，于 1985 年修订再版后成为教育哲学一科的教材。此后，1986 年，华东师范大学由傅统先、张文郁编著的《教育哲学》由山东教育出版社出版。

[4] 金林祥. 20 世纪中国教育学科的发展与反思[M]. 上海：上海教育出版社，2000：259.

教育理论与实践的关系""教育民主""教育哲学的未来：全球视野"等问题进行了广泛讨论。

一门学科的确立在于拥有自己相对独立、别的学科所不能取代的研究对象。教育哲学的研究对象也是研究者争论比较大的一个问题。不同的研究者给出了不同的认识。代表性的有：教育哲学研究教育中的根本问题、总括性问题，研究教育的普遍规律及其一般应用；① 教育哲学的研究对象为教育的普遍规律及其一般应用；② 教育哲学是"一门以教育中的基本的、总括性的问题为研究对象的学科"；③ 从教育哲学的学科性质及其在教育理论中所处的地位出发，有研究者对已有的观点进行了概括，认为已有的教育哲学是一种演绎的学问，其演绎的形式主要是对哲学研究对象的演绎、对哲学研究方法的演绎、对哲学体系的演绎及对哲学观点的演绎。④

改革开放以来，国内研究者翻译和撰写的教育哲学方面的著作共有71本。基于对教育哲学的不同认识，研究者出版的教育哲学著作体系也不尽相同，对教育哲学的性质和研究方式也见仁见智。

陈友松主编的《当代西方教育哲学》（教育科学出版社，1982）共八章：前言，教育哲学导论，哲学与教育，西方教育哲学近二十五年发展趋势，如何评价杜威，分析的教育哲学，存在主义教育哲学的理论与实践，教育哲学（辞目释义）。

黄济著的《教育哲学初稿》（北京师范大学出版社，1982）分为三编，分别为：中国传统教育哲学思想，现代西方教育哲学流派，教育哲学的基本问题。具体包括：教育的社会职能，人的发展与教育，教育目的论，知识论与教学，道德论和道德教育，美和美育，教育哲学与教育科学的发展。

王坤庆著的《现代教育哲学》（华中师范大学出版社，1999）共十章，分为上下两编。上编为教育哲学概论，主要包括教育哲学历史沿革、教育哲学学科性质、教育哲学研究对象、教育哲学基本问题四部分；下编为教育价值论，主要包括价值和教育价值、教育价值分类、教育价值观、教育职能价值观、教育目的价值观、知识教育价值观六部分。

此外，还有石中英著的《教育哲学》（北京师范大学出版社，2007），主要对

---

① 唐荣德. 论教育哲学的研究对象[J]. 广西师范大学学报（哲学社会科学版），1999（3）：54-59.
② 田玉敏. 当代教育哲学[M]. 天津：天津社会科学院出版社，1991：6-7.
③ 崔相录. 二十世纪西方教育哲学[M]. 哈尔滨：黑龙江教育出版社，1989：2.
④ 刘庆昌. 教育者的哲学[M]. 北京：中国社会出版社，2004：4.

什么是教育哲学，以及人生、知识、理性、自由、民主与教育的关系进行了探讨。

（三）德育原理的进展

在我国的教育目的中，德育在"五育"中是排在第一位的。德育原理也是教育学原理学科之下的一个重要的研究领域。自从1978年以来，改革开放不仅给我国经济带来了新的生机，而且也给我国教育注入了新的活力。伴随着经济社会的转型，人们的思想观念和价值观念均发生了变化。其中，德育研究亦开始重新进入研究者的视野，如雨后春笋般不断涌现。与此同时，为了满足学生修习德育原理的需求，德育原理从教育学中分离出来，成为具有自主性的独立学科。中国教育学会教育学研究会主编的《新时期的道德教育》于1982年由人民教育出版社出版，则为德育原理恢复学科身份奠定了基础，提供了基石。

1985年，由华东师范大学和西南师范大学等八所院校编写的《德育原理》在北京师范大学出版社付梓出版，并于1989年再版。这是新中国成立之后我国学者编写的第一本德育原理的书籍，这本教材的出版，标志着德育原理作为一门学科成为教育科学研究的一个重要分支学科从教育学中分化出来，德育原理有了学科地位。①

全国德育学术委员会自1985年6月成立以来，共召开了27届学术年会，基本上是每年召开一次，分别对"儒家文明与道德教育""文化变迁与德育、德育原理与德育实务""新时期我国德育的困境与出路""多元文化与学校德育改革""道德教育与中国人的精神基础重建""时代精神与道德教育、德育理论与实践问题、中小学德育问题研究"等进行了研讨。

关于德育原理的研究对象，研究者也是见仁见智，莫衷一是，概括起来有如下观点：第一，德育现象及其规律说。在胡守棻看来，"德育原理就是研究德育的本质，德育在社会现代化中的作用，德育与人的发展的关系，德育的目标、内容、过程以及如何实施德育等问题。简言之，德育原理也就是研究德育现象及其规律的学科"。②刘惊铎亦指出："德育学研究的对象必须反映德育的特殊的矛盾性，即通过德育现象的广泛深入的研究，提示德育过程内在的、固有的、本质的联系及其发展的必然趋势。换言之，德育学就是研究德育现象及其规律的科

---

① 张忠华. 我国新时期德育原理学科发展探析[J]. 教育科学研究，2008（1）：48-53.
② 胡守棻. 德育原理[M]. 北京：北京师范大学出版社，1989：3.

学。"① 此外，赵瑞祥②及刘秋梅③也持这一观点。第二，德育规律说。华中师范大学等六院校编写的《德育学》提出："德育学是研究德育规律的科学。德育学作为一门科学，它应当全面研究德育规律，既要研究思想教育规律、政治教育规律，又要研究道德教育规律，不能有所偏废。德育学研究的对象既包括德育规律，也包括品德形成规律。"④ 第三，德育问题说。在胡厚福看来，德育学的研究对象为德育问题。他认为德育原理从根本上说研究的是整个德育领域中最一般的问题，德育的共同本质和一般规律问题，是最基本的德育理论问题。⑤

德育原理学科体系也因为研究者的不同认识而有所区别。通过分析研究者出版的德育原理方面的著作和教材，可以看到有关德育本质、德育过程、德育原则和德育方法的研究较为丰富，而对德育原理学科的研究对象与方法、德育目标、内容、品格修养与评价等方面的研究尚显不足。

（四）教育社会学的进展⑥

作为教育学与社会学交叉而成的教育社会学，是教育学原理的又一个主要研究方向。教育社会学不断地将社会学的理论和方法运用于教育研究，不断滋养和丰富着教育学，而且不断分化，形成了课程社会学、教学社会学等细化的研究方向。

1989年，中国教育学会教育学分会教育社会学专业委员会成立并召开首届年会，此后每两年召开一次学术会议，至今已召开了十五届学术年会，分别对"教育问题的社会学分析、学科理论自身的建设和针对自身特点的研究""社会转型与教育改革""教育社会学学科发展、教育与社会可持续发展""教育社会学研究的反思、面向和谐社会的教育问题""教育质量与教育公平、教育社会学的过去与未来"等进行了研讨。

对什么是教育社会学这一问题的研究，陶孟和最早进行了回答："我更希望读者注意两种活的问题：一种是现在实际的社会问题与教育的关系，一种是实际的教育问题与社会的关系。"教育社会学姓"社会"还是姓"教育"，在20世纪80年代后仍有争论，学者群中同意教育社会学姓"社会"的比例要大得多。这

---

① 刘惊铎，权利霞. 德育学教程［M］. 西安：陕西师范大学出版社，1992：2.
② 赵瑞祥. 学校德育学概论［M］. 桂林：广西师范大学出版社，1992：3.
③ 刘秋梅. 学校德育论［M］. 北京：文化艺术出版社，1997：1.
④ 华中师范大学教育系等. 德育学［M］. 西安：陕西人民教育出版社，1986：1-2.
⑤ 胡厚福. 德育学原理［M］. 北京：北京师范大学出版社，1997：2-7.
⑥ 该部分参见：侯怀银，王晋. 20世纪中国学者对教育社会学学科建设的探索［J］. 华东师范大学学报（教育科学版），2008（3）：1-9；王晋，侯怀银. 21世纪初教育社会学学科建设的原创性探索［J］. 中国人民大学教育学刊，2013（2）：72-81.

种争论永远不会有结论。教育社会学这个"孩子"跟谁姓并不重要,重要的是它的"父母"是教育学和社会学,① 只能得出这样的结论:"把教育社会学作为教育学科的一门分支学科,或作为社会学的一门分支学科都是允许的,不能用一个来否定另一个。"② 故而,目前在学界,社会学和教育学下面都有教育社会学的研究以及专业学术团体。

裴时英编著的《教育社会学概论》认为教育社会学即是把学校和社会联系起来,以教育学科和社会学之间的一种科际性的研究为目的的边缘学科。马和民著的《教育社会学研究》一书认为,"一般来说,其研究内容多来自教育领域,而理论方法则多借助于社会学"。吴康宁著的《教育社会学》认为教育社会学是教育学的基本学科;教育社会学是社会学的特殊理论学科;教育社会学是教育学与社会学的中介学科。关于教育社会学的学科性质已有"交叉学科论""边缘学科论""中介学科论""基础学科论""综合学科论""剩余学科论"等观点。诸种学科论可再进一步细分为三类。

第一类:"关系"学科论,包括"交叉学科论""边缘学科论"以及"中介学科论",它们均强调教育社会学与教育学、社会学两大学科的关系。

第二类:基础学科论,即认为教育社会学同教育哲学和教育心理学一道是教育学的基础学科,教育学的发展有赖于教育社会学的发展,尽管教育学的发展也会多少修正一些教育社会学理论。

第三类:"大杂烩"学科论,包括"综合学科论"与"剩余学科论"两种,认为教育社会学事实上正在扮演"收容所"的角色,研究别的学科之"未想"和"未及"。

改革开放以来,教育社会学研究对象的确定体现了中国学者的学术自主性。学者们对研究对象的表述更多地体现了自身的学科背景。基于教育学立场的学者将研究对象表述为"社会与教育的规律",基于社会学立场的学者则表述为"教育与现代性的关系"。问题在于后现代思潮对规律的解构,"社会与教育的规律"的提法似乎有失公允,"教育与社会的关系"可能是一种稳妥的提法,但又面临不太深入的指涉。考虑到研究对象对学科的规定性,"教育与现代性的关系"似乎不能作为教育社会学单独的研究对象,教育哲学、教育文化学以及教育政治学

---

① 此处并不是指必须先有社会学和教育学的进步,教育社会学才能发展;而是指教育社会学的研究对象脱胎于教育与社会的关系。同时顺便说明的是教育社会学有"反哺"的功能,它的发展可以在某种程度上修正社会学理论和教育学理论。

② 厉以贤. 试谈教育社会学的学科性质和研究对象 [J]. 北京师范大学学报(社会科学版),1985(2):83-88.

均以"教育与现代性的关系"作为一个研究领域。"现代性就是一个框,什么都能往里装"的观点是不对的。再者,现代性理论对于解释西方国家的发展具有一定的适切性,该理论对中国社会进程的解释力度尚有待社会科学大家族的共同探讨。邓正来曾把建构中国学术自身的自主性分为两个紧密相关的向度,第一个是学术自主性的国内向度,第二个向度是学术自主性的国际向度。在第一个向度方面需要警惕一种非知识本身逻辑的学科生产与再生产,在第二个向度方面需要注意自主于西方社会科学场域"文化霸权"的问题。[①] 结合教育社会学研究对象的表述不难得出结论:中国大陆教育社会学的自主性之路在国内外向度两方面尚很复杂和漫长,教育社会学学者尚需风雨兼程。

(五)教育人类学的进展

作为教育学和人类学的交叉学科,教育人类学的学科属性尚未定性。目前我国有两个教育人类学专业学术委员会,一个是教育学会下面的学术委员会,全称为"中国教育学会教育学分会教育人类学专业学术委员会",另一个是人类学会下面的专业委员会,全称是"中国人类学民族学研究会教育人类学专业委员会"。两个委员会定期召开相关的会议,但是会议主题明显不同。

20世纪80年代研究者就编写出版了教育人类学的著作和教材。目前比较有代表性的著作有:冯增俊和何瑾译的《教育人类学》(海南人民出版社,1988),冯增俊的《教育人类学》(江苏教育出版社,1991),李政涛的《教育人类学引论》(上海教育出版社,2009),滕星的《教育人类学的理论与实践——本土经验与学科建构》(民族出版社,2009)等。

李政涛对教育人类学的本体性问题如"教育人类学面向的群体是谁,何为教育人类学的学科价值,需要以及主要解决什么问题"等进行了思考和答复。[②] 李复新认为,教育人类学是将人类学的概念、理论和方法应用到教育领域,从宏观和微观、现实和观念等方面来描述和解释教育现象、教育事实、教育问题,以揭示教育与人、教育与社会文化、社会文化与人之间相互影响和相互作用的应用性边缘学科。[③] 冯增俊认为,教育人类学(Educational anthropology)是一门应用

---

① 邓正来. 学术自主性问题:反思和推进——《学术与自主:中国社会科学研究》自序[J]. 社会科学论坛(学术评论卷),2007(11):38-41.

② 李政涛. 回到原点:教育人类学的本体性问题初探[J]. 民族教育研究,2014(5):5-9.

③ 李复新. 西方教育人类学研究的历史透视[J]. 华东师范大学学报(教育科学版),1990(4):71-84.

人类学的基本原理和研究方法来研究教育现象与教育行为的新兴学科。①

纳日碧力戈教授认为教育人类学是一门美美与共的学问；教育人类学对弱势群体持有人文关怀，以语言和文化的中层相对主义呼应国家治理、市场运行的高层普遍主义，能够以形、气、神统观的立场，沟通国家治理和社群需要之间的利益诉求，达到"致中和"的效果。②

对于教育人类学学科的性质，一方面，有研究者认为教育人类学属于教育科学知识的分类体系，是一门把人类学的概念、理论和方法应用到教育领域，描述和解释教育现象、教育事实和教育问题，揭示教育与人、教育与社会文化、社会文化与人之间相互作用的应用型边缘学科。③另一方面，还有研究者明确指出教育人类学应是人类学的一个分支学科，更准确地说是文化人类学的分支学科。④

（六）教育美学的进展

改革开放后，中国思想界复苏，教育美学在人们对美学的广泛研究中受到关注。研究者们开始把教育美学作为学科论述，形成了自觉研究教育美学的意识，相较于上一阶段，教育美学发生了质的变化。据笔者目力所及，1983年，戴树英在福建师范大学学报（哲学社会科学版）发表的《师范教育工作者与教育美学》一文最早将教育美学列入了教育科学。戴树英在文中指出"教育科学中美学的研究对象就是教育美学，教育美学应作为产生于教育实践中的部门美学"。⑤1987年，程晗发表《什么是教育美学》，他是最早将教育美学作为一门学科而提出的研究者，⑥区分了广义与狭义的教育美学。孙章在《提倡研究"教育美学"》一文中提到在城市交通学院为上海铁路局举办的校长研讨班上给现代管理研究所开设过教育美学课程，⑦这是最早提及开设教育美学课程的相关文献。

1989年叶学良出版《教育美学》专著，这是最早以教育美学命名的专著。同年韩寿根、石振泉、张美生主编的《学科大全》认为教育学和美学相互渗透逐步产生了教育美学，⑧并对教育美学的具体内容进行了解释。李冀主编的《教育

---

① 冯增俊. 教育人类学未来发展展望[J]. 华南师范大学学报（社会科学版），2006(2)：98-103、110、160.

② 纳日碧力戈. 教育人类学：美美与共的学问[J]. 民族教育研究，2014(4)：5-8.

③ 李复新，瞿葆奎. 教育人类学：理论与问题[J]. 教育研究，2013(10)：3-13.

④ 钱民辉. 当代欧美教育人类学研究的核心主题与趋势[J]. 北京大学学报（哲学社会科学版），2005(5)：206-213.

⑤ 戴树英. 师范教育工作者与教育美学. 福建师范大学学报（哲学社会科学版），1983(4)：143-149.

⑥ 程晗. 什么是教育美学[J]. 四川教育，1987(10)：16.

⑦ 孙章. 提倡研究"教育美学"[J]. 铁道师院学报，1987(1)：27-28.

⑧ 韩寿根，等. 学科大全[M]. 沈阳：沈阳出版社，1989：215.

管理辞典》和倪文杰、陈亮主编的《边缘学科大辞典》也对教育美学进行了论述。前者把教育美学作为教育管理的相关学科来解释,后者认为教育美学是教育学和美学相互结合形成的一门边缘学科,并简述了教育美学的五方面研究内容。1990年,安徽人民出版社出版的《当代学科大全》也对教育美学进行了解释。专著的出现及"教育美学"被几部辞书的收录,标志着作为学科的教育美学已经初步建立。

进入20世纪90年代后,教育美学进入了相对平稳的学科发展阶段。教育美学的学科成果更加丰富,研究队伍不断壮大。从中国知网检索到1991年至2014年关键词或标题中含"教育美学"的期刊论文有107篇,硕、博士学位论文5篇,论文的数量较上一阶段明显增加。这一时期还出现了一批教育美学的著作,数量明显增加。此外,教育美学还散见于一些著作的章节中,如《社科论集:感性教学论》。

教育美学到底是什么,研究者莫衷一是。有研究者提出,教育美学不是研究美学本身,而是研究如何发现、鉴赏和利用教育实践中美的因素,提高教育质量,取得最佳效果,从而达到教育的艺术化。[①] 有的研究者则认为,教育美学是研究教育中美学的现象及规律的科学,是在美学的一般原理应用于研究教育中美学现象和规律的基础上产生的一门新学科,并且提出狭义和广义的教育美学。[②] 很显然,前一种观点还停留在对教育美学的外在价值和目的的追求上,后者则开始注意到教育美学自身的规律和问题。教育美学发展到21世纪又有了新的内涵,有研究者认为教育美学是对于教育的审美教育,即通过这种教育使原有的教育变得"美起来",是教育的"诊断学",是来美化教育自身的。[③]

目前关于教育美学的研究对象可概述为三种观点:第一,教育美。教育本身所具有的美的特性是教育美学的研究对象,也是教育美学作为一门新兴学科之所以能建立的内在根据。[④] 有的研究者则直述教育美学的研究对象是教育美。第二,教育领域的美学现象或美学问题、心理学问题。教育美学的研究对象就是教育领域的美学问题,教育美学是运用美学理论研究存在于教育领域的美的现象及

[①] 戴树英. 师范教育工作者与教育美学. 福建师范大学学报(哲学社会科学版),1983(4):143-149.

[②] 程晗. 什么是教育美学[J]. 四川教育,1987(10):16.

[③] 周义. 教育美学引论[M]. 天津:天津教育出版社,2010:16-27.

[④] 郑钢. 关于建立教育美学的构想[J]. 湖南师范大学社会科学学报,1987(2):28-31.

其发展规律的科学。① 教育领域的美学问题、心理学问题即是教育美学的研究对象。② 第三，教育的审美规律。21世纪的教育美学以教育的审美规律为其研究对象，它所关注的是美对教育的本质规定。③ 这三种观点既有不同也有相互融合的地方。观点二所论述的教育环境美、教育内容美、教育活动美等内容正是观点一中教育美的基本形态问题，观点一的提出正是对教育自身的美的关注。观点三的提出是为了提醒研究者不要停留于形而下的"工具水平"研究，而要注重教育自身的美，与前两种观点在出发点、认识层次以及表述上存在不同，但无实质冲突。因此，教育美是目前多数学者比较认同的观点。

教育美学既是一门交叉学科、边缘学科，也是一门新兴学科。20世纪80年代后期，美学、教育学以及其他学科研究兴起，各种边缘学科、交叉学科层出不穷，教育学和美学相互渗透结合形成教育美学。教育美学虽然不能脱离开教育学和美学来发展，但它不是对教育学和美学的简单混合或者是任何一门学科的附属品，它有自身的独立性。此外，教育美学兼有基础理论学科和应用学科的特点：一方面，它是一门基础理论学科，不仅最初是以教育哲学的下位概念出现，而且发展过程中也无法脱离哲学、美学等人文科学；另一方面，教育美学是美学理论在教育领域的应用和落实，如何用美学的原理和方法去指导具体的教育实践是教育美学研究的重要课题，因此它又是应用学科。

目前，关于教育美学的研究内容主要包括教育美学的基本理论问题、教育美与教育美的形态问题、教育美学观等价值观层面问题等。教育美学中古老而经典的话题需要研究者们去思考，还有很多关于教育美学的问题没有被发掘或没有得以解决，如教育美学如何发挥作为应用学科的作用，教育美学的研究内容将来必然会不断丰富。

第三节　教育学原理学科发展的反思

通过梳理改革开放40年教育学原理学科发展的历程和取得的进展，概括教育学原理学科发展取得的成就和存在的问题，我们对改革开放40年教育学原理学科的发展做如下反思。

---

① 何齐宗. 对教育美学几个问题的探讨 [J]. 江西师范大学学报（哲学社会科学版），1993（4）：76-80.
② 贾永生. 教育美学新论 [J]. 河北师范大学学报（教育科学版），2002（6）：9-12.
③ 张永昊. 教育美学的理论建构与当代使命 [J]. 临沂师范学院学报，2002（2）：14-18.

一、明确概念：夯实教育学原理学科发展的基础

学科的基本概念就像是学科的细胞一样，是每一个学科发展的基石。"教育学原理"自身概念的模糊性，直接导致了教育学原理与教育学、教育原理、教育基本理论、教育概论、教育通论等的混淆。"教育学原理"概念的模糊也直接导致了教育学原理学科研究对象的不明确，进而导致教育学原理之下的研究方向的混杂。教育学原理与教育基本理论、教育概论、教育原理等混淆使用，直到当前，还有研究者未做很好的区分。如有研究者认为"教育学原理"与教育基本理论、教育原理、教育概论，甚至教育学等，只是名称不同，实质确是一致。如此处理，虽不免有"难得糊涂"之嫌，却因其能包容历来的"用词不当"，反倒显得"务实"。①

从词源学上分析，"教育学原理"是由"教育学"和"原理"两个词组成的。学界目前对教育学较为一致的认识是教育学是研究人类教育现象、揭示教育规律的一门学科。② 实际上，人类知识的创造进入以学科为领域的专业化阶段后，教育学就是教育知识学科化的结果。③ "原理"一词在《辞源》中是分开来讲的，"原"有"水源、根本和推其根源"之意，"理"有"纹理、条理、道理和法则"之意。④ 根据这两个词的意思，"教育学原理"应该是教育学的原理，是教育学的根本道理、根本法则等。目前，研究者对教育学原理多从其研究对象角度进行界定，分歧主要在于教育学原理学科的研究对象是教育学还是教育，抑或是包含教育学和教育。若将教育纳入教育学原理的研究视域中，必然导致教育学原理与教育学、教育基本理论、教育原理等的混淆。教育学原理学科的研究对象就是教育学，它主要研究学科发展的基本原理，但并不是对学科本身的反思。

二、划界而思：理清教育学原理学科的问题域

当一个研究领域走向成熟之后，才能被称为一个学科。既然是学科，就要遵循学科之为学科的标准。学科之为学科的第一个标准就是得有明确的研究对象，也就是要在教育学的大家庭中找到教育学原理学科的边界。所谓理清教育学原理学科的边界就是要明确教育学原理学科的问题域。

---

① 叶志坚. 中国近代教育学原理的知识演进——以文本为线索［M］. 杭州：浙江大学出版社，2012：3-4.
② 柳海民. 教育学原理［M］. 北京：高等教育出版社，2011：2.
③ 刘庆昌. 教育知识论［M］. 太原：山西教育出版社，2008：233.
④ 辞源（第一册）［Z］. 北京：商务印书馆，1979：440.

已有教育学原理著作和教材中呈现的内容基本上包括教育学概述、教育概述、教育与社会、教育与人、教育目的、教育制度、教师与学生、课程、教学、德育，仅个别著作和教材没有涉及。教育本质、教育规律、教育形态、教育活动、教育过程、教育内容、教育模式、教育评价、智育、体育、美育、劳动技术教育、学校、课外校外教育、班级及班主任工作、自我教育、他人教育等等，客观而言，这些实际上是教育学原理与教育原理、教育基本理论等混淆的结果。

教育学原理的研究对象是教育学，但是研究教育学的并非仅有教育学原理一个学科。那么问题来了，教育学原理研究教育学的什么？从已有的教育学原理著作和教材中对教育学的研究来看，教育学原理的范畴涉及教育学的产生及发展、教育学的研究对象、教育学的性质、教育学的范围、教育学的体系、教育学的基础、教育学的价值、教育学的基本问题、教育学的发展趋势、教育学的研究方法论等内容。客观而言，以上所列各项内容基本上属于教育学概论的范畴，而不是教育学原理的范畴。教育学概论是对教育学从整体上进行介绍概述。教育学原理是对教育学的根本道理、根本法则的研究。因此，教育学原理的范畴包括：教育学的逻辑、教育学的性质、教育学的体系、教育学的范围、教育学的方法论、教育学的发展、教育学的追求、教育学的价值等。

三、规范分化：理顺教育学原理学科的研究方向

"一本书"的大教育学时代的确已经过去了，现在的教育知识领域可谓学科林立。[①] 改革开放以来，教育学不断走向分化，已有的"教育学"名称使用于不同的情形。作为学科门类的教育学，作为一级学科的教育学，作为大学系科名称的教育学等都是教育学名称使用的情形。教育学原理也如此。教育学原理学科虽然是教育学一级学科之下的一个二级学科，但随着学科的分化，其显然已成为一个包含多个三级学科，或者研究方向的学科群。目前，教育学原理学科之下的研究方向有：教育基本理论、教育哲学、教育社会学、教育伦理学、德育原理、教育法学、教育美学、教育研究方法、教育人类学、教育改革与教育政策、马克思主义教育思想、教师教育、农村教育、教育政策学、教育思想与制度、教育政治学、教育发展与教育政策分析等等。随着这些研究方向的发展，教育学原理似乎已被"掏空"，各个研究方向的教育学研究者辛勤耕耘于本领域的田地，却很少抬头看看本方向之上的教育学原理发展得如何。或许这一问题并非仅仅是教育学原理学科发展引发的问题，而是教育学本身发展过程中，或者说是教育学长期分

---

① 刘庆昌. 教育知识论[M]. 太原：山西教育出版社，2008：268.

化所必然产生的问题。该问题必然产生,但并不是合理的,需要研究者去解决。

教育学原理学科目前的研究方向划分存在极大问题。将教育基本理论放在教育学原理学科之下,显然是不合适的。教育学原理学科的研究对象是教育学,而教育基本理论是对教育基本问题的根本回答。理论研究是教育学的核心成分,这是教育学可以称之为"学"的基本保证。[①] 研究者认为教育学中的理论研究应该包括教育哲学研究和教育科学研究。[②] 按照这个逻辑,教育基本理论是不可以放在教育学原理之下的,教育基本理论与教育哲学也不是并列的关系,而是隶属关系。

鉴于此,教育学人要对教育学的范围从学科内部层次的角度重新进行认识和划分,形成教育学中"上帝的归上帝,凯撒的归凯撒"的局面。这样不仅有助于教育学学科的发展,也有助于教育学原理学科的发展,更有助于研究者区分教育学原理、教育原理、教育基本理论、教育概论、教育通论等基本概念。

---

① 刘庆昌. 教育知识论 [M]. 太原:山西教育出版社,2008:271.
② 刘庆昌. 教育知识论 [M]. 太原:山西教育出版社,2008:271.

第二章　课程与教学论学科发展史

自 1978 年开始，我国课程与教学论展开了新的发展篇章。回顾这一发展历程，在学科发展过程中，由于学习与借鉴的对象发生了转变，课程与教学论研究的体系也随之而变。通过梳理改革开放以来我国课程与教学论发展的基本脉络，总结改革开放以来我国课程与教学论所取得的进展，进而对我国课程与教学论该如何更好发展这一问题进行反思，将对我国今后课程与教学论发展及课程与教学改革有所助益。

第一节　课程与教学论学科发展的历程

自 1978 年开始，我国课程与教学论已走过了四十个春秋。在这一历程中，我国课程与教学论学科经历了学习苏联的大教学论体系和学习美国的大课程论体系两个阶段，在学习与借鉴之中，不断促进自身的发展。

一、学习苏联：大教学论的全面统治（1978—1985）

随着"文化大革命"的落幕与十一届三中全会的召开，身处于水深火热的教育迎来了新的生机，结束了当时全国各地基础教育课程的混乱局面，重新建立起统一的课程制度，恢复教育教学秩序。如此，在新的历史阶段，课程与教学论进入了新的发展时期。

（一）大教学论的重现：学习凯洛夫式教育学

1. 凯洛夫《教育学》框架的沿袭

20 世纪 70 年代末，我国教育由于在"文革"期间受到重创，教育领域各方面处于百废待兴之中。然而，教育在还没有认真审视自身的问题的境遇下，便迅速重新回到了"文革"前的苏联教育学模式。我们仅仅在"要不要教育"的问题上形成统一的肯定回答，但是在"要什么样的教育"以及"什么样的教育才是更好的教育"等问题上却并未进行新的思考。比如，以凯洛夫主编的《教育学》为蓝本，在"改革开放以后出版的'似曾相识'的近200本《教育学》著作中，差不多都将课程置于教学论之中；而在诸多版本的《教学论》中又几乎无一不用一二章或几章的篇幅论述课程问题"。① 从关于教育学的教材内容结构的千篇一律，可以说明我国教育学体系依然遵循凯洛夫《教育学》的框架。

2. 大教学论学科研究体系的建立

在凯洛夫的教育学思想中，他认为"学生的共产主义世界观的建立是其对科学原理的透彻理解，唯有通过教学这一过程，才能使教育得以实现，培养出具有高教养的人"，② 且"教学是教育的基本途径"。③ 由此，他对教学的作用作了高度的评价，将课程表现为教学计划、教学大纲和教科书。于是，在这一思想下，教学包含了课程，课程被当作了教学内容，作为了教学论中的一部分。由于我国对凯洛夫《教育学》框架的沿袭，致使我国课程与教学论的发展重新走入了大教学论体系之中。而这一选择具有其必然性。一方面是大教学论的体系与我国长久以来所形成的教学思想或是教学意识具有一定的相近性，有利于我国借鉴与学习。另一方面，考虑到这一时期的教育现状，大教学论体系有助于我国教育事业的快速恢复与发展。因此，这一时期课程与教学论思考的起点不是关于教学什么的问题，而是如何教学的问题。当我们以这样的逻辑开始思考的时候，便决定了课程与教学论学科的走向——大教学论。

3. 课程论与教学论关系的其他观点

（1）教学论属于课程论。在斯宾塞的《什么知识最有价值》、博比特的《课程论》以及杜威的《儿童与课程》等著作的影响下，使得研究的关注点从如何教学的问题转移至教学什么这一问题，不仅促进了研究者对课程论领域的关注与研究，而且转变了学者对课程与教学所研究的思维起点——不以研究如何教学为起点，而是以课程为起点，对课程与教学进行研究。如学者提出"教育进程是课程的本质，作为教育进程的课程则包括了教学这一过程"，④ 教学成了实现课程的手段。在这一关系下，课程的价值不再仅仅局限于对教学范围的规定，而是教育改革中的关键因子。

---

① 施良方. 课程理论——课程的基础、原理与问题[M]. 北京：教育科学出版社，1996：259.

② 凯洛夫. 教育学：上册[M]. 沈颖，南致善，等译. 北京：人民教育出版社，1953：15.

③ 凯洛夫. 教育学：上册[M]. 沈颖，南致善，等译. 北京：人民教育出版社，1953：56.

④ 黄甫全. 大课程论初探——兼论课程（论）与教学（论）的关系[J]. 课程·教材·教法，2000（5）.

（2）课程论与教学论相互独立。这一关系判定的关键依据就在于认为它们所研究的问题不同。课程论研究的是"教学什么"，而教学论则研究的是"如何教学"。因此，课程论与教学论应视为两个独立研究系统，各自进行着自我大厦的建设。这一观点，虽然有助于课程论与教学论各自领域的细化研究，推动课程论与教学论各自的发展，但长此以往，课程论与教学论就像两个不能咬合的齿轮，无法带动教育整体向前发展。原因就在于：一方面，教学内容是教师与学生进行对话与学习的工具，教学方式方法的选择如若脱离了教学内容，则易使教师机械地使用教学方法，导致教学质量的下降。就如医者只知道药方的配置原理，但不知其要治愈何症一般。另一方面，课程系统如若不通过教学这一手段，则也只能是理想的蓝图，失去了实践的价值。

（3）课程论与教学论是有所交叉的。"课程主要关注的是学生及其学习的范围，而教学则主要关注的是教师的教学行为，二者的关系不是平面的或是单向的，而是相互交叉的，即二者不可能在彼此独立的状态下进行操作"。[①] 因此，这一观点既承认课程论与教学论的独立性，但又不认为在两者中，其中一个应该是另一个的子集，它强调课程与教学二者有着共通的部分，期许以一种平衡的方式来发展课程与教学论。

（4）课程论与教学论是二元循环联系模式。这种观点首先承认课程论与教学论具有相互独立性，其次二者之间是一种循环的关系，即课程先于教学，教学又会反作用于课程，通过这种相互作用，促进课程与教学的发展。

（二）两次教育改革："文化大革命"前模式的复归与修补

在这一时期，在大教学论体系下，我国先后实施了两次教育改革，目的在于通过两次教育改革，尽快恢复教育教学的正常秩序，促进基础教育的不断发展。

在1978年至1980年，我国开始自新中国成立以来的第五次教育改革。在改革中，主要的措施体现在1978年颁发的《全日制十年制中小学教学计划（试行草案）》这一文件中。该文件作出了如下内容规定：一是仍然采用"文革"期间的分科课程这一模式及当时所规定的一些主要课程；二是颁布了一套教学大纲并在全国使用，该大纲重新确定了中小学各门学科的性质和任务；三是人民教育出版社进行新的全国中小学教材的统一编写。

第五次教育改革的实施，将"文革"时期教育教学不正常的秩序进行调整，对教育的进一步发展发挥了积极的作用。从改革中的具体措施可以看出，在所实施的课程的结构当中，分科课程仍然居于主要的位置，在教学管理中实行中央集

---

① 洪明. 课程论与教学论关系的历史嬗变［J］. 教育评论，2007（1）.

权式的管理制度,规定教学的统一性和标准性。这一集权式的管理方式除了受大教学论体系的影响,还受制于现实因素。因为在"文革"时期,统一的教育教学规定不复存在,存在着的仅仅是各地所自编的生活式教材,"革命"成为了教育教学的主调。因此,这种集中式的管理成为了课程与教学改革的共识。

1981年至1985年,我国开始了第六次教育改革。在这一期间,教育部出台了《全日制五年制中学教学计划(修订草案)》和《全日制五年制小学教学计划(修订草案)》以及《关于全日制六年制小学教学计划的安排意见》。其主要措施为:(1)将各科课时数进行了调整,政治课更名为思想品德课。此外,还重新恢复和增设了一些课程,如:历史、地理和劳动课。(2)在中学阶段,重视文化知识科目的教学,适当增加了一些学科的课时,如音乐、美术这样具有浓郁艺术美感的学科。(3)选修课程进入了这一次的改革当中,并且还新增加了劳动技术课。(4)对城市和农村小学分别制定了教学计划,加强"双基"训练,强调减轻学生课业负担。(5)再次重新编写和使用一套新的教材。

第六次教育改革与第五次教育改革的不同之处表现在:在课程结构方面,必修课程与选修课程相结合,增强了课程选择的灵活性与自主性;对城市与农村采用了不同的教学计划,以促进学生的发展;在教学内容上,降低教学内容的难度。不难看出,此次改革修补了第五次改革的不完善之处。但两次教育改革实施时间较短,在一定程度上也说明这两次教育改革缺乏更深入的整体设计。

通过两次教育改革,可以看出,在大教学论下,课程与教学呈现出以下特点:(1)在教学目标上,以知识教育为主。受赫尔巴特的影响,苏联教育学体系强调传统教育中三中心论的教学实践。凯洛夫也认为"知识居于主要地位。学生自愿主动地掌握知识的这一过程是学习"。[①] 因此,教师的任务便在于传道授业解惑,研究如何将知识教给学生,进而,在教学目标的设定上以知识的掌握为主。(2)在课程结构上,分科课程占比较大,课程编制以学科本位为中心,一是为了保证知识的科学性与系统性,二是有利于教师教学,有效传递知识。(3)在教学内容上,表现为"繁、难、偏、旧"。(4)较为注重对教师的教学方式的研究,较为缺乏对学生学习方法和方式的关注,依旧采用接受式学习和机械记忆。(5)强调常模测验,重在个人与个人之间的比较,突出教学评价的选拔功能。(6)在教学管理体制方面,采用中央高度集权式的管理方式,由国家统一制定和颁布相关文件,并且由国家进行统一的管理。

---

① 仲玉英. 传承与变革:20世纪我国课程本质观的百年历史影像——基于教育学经典教材的视角[J]. 课程·教材·教法, 2013(10).

(三)大教学论下课程与教学论学科的发展概貌

教育改革不仅仅反映我国具体教育实践的发展,而且也反映出我国在这一时期课程与教学学科研究的一些基本内容与基本范围,但这并不能充分反映出我国在这时期的课程与教学论学科的发展全貌。因此,除此之外,我国课程与教学论学科发展还体现在以下几个方面。

第一,教学论学科的独立。在大教学论研究体系的影响下,我国于1981年将教学论建立为一门独立学科,对教学中产生的问题进行学术研究。然而对于课程论学科发展方面,在这一时期的课程研究停留在重建阶段,并没有作为一门独立学科进行发展,课程论的发展滞后于教学论的发展。

第二,教学论学会的成立。由于教学论学科的独立促进了教学研究人员力量的集中与学科共同体的形成,因此,在1985年,我国成立了全国教学论委员会,定期开展学术研讨。同年,黑龙江省举办了第一届全国教学论专业委员会学术年会。学会的成立与学术年会的举办,标志着教学研究群体形成了一个正式的学术组织,为开展教学论研究搭建了学术交流的平台,促进与加强了教学论研究人员之间的学术交流与讨论,也为课程与教学论学科的进一步发展提供了动力。

第三,专业著作的出版及论文的发表。如,在这一时期,"相继出版了郑其龙的《论教学规律》、车文博的《教学原则概论》、游正伦的《教学论》、董远骞的《教学论》以及王策三的《教学论稿》等一些教学论专著"。[①] 游正伦的《教学论》主要针对教学的过程、教学中的原则、教学中的方法及教学组织与环节等方面进行了阐述。董远骞所著的《教学论》特色在于对教学规律进行细致的探讨,例如教学相长、循序渐进以及教学的教育性等。此外,书中还加入了一章课程论内容,对课程论进行研究。在王策三所写的《教学论稿》一书中,除了对教学的概念、教学组织形式等进行阐述以外,还对教学论的科学化进行了探讨。此外,本书也对课程论进行了研究,分别对课程的历史、课程的本质与结构以及课程设计进行了阐述。在论文发表方面,研究者大多是对苏联一些学者的教学思想进行阐释与研究,反映出我国在这一时期对苏联的教学的着重关注和大教学论体系的遵循。例如,在这一时期,李定仁有《赞科夫的教学论思想与凯洛夫教育学》、张定璋有《凯洛夫和赞科夫教学思想评述》等文章发表。此外,在教学改革、教学理论、教学原则等方面都有论文发表。虽然在这一时期教学论开始迅速成长,但是并不代表我国关于课程的研究就此停止,也有一些著作和文章出现,例如,陈侠的《课程研究引论》、史国雅的《课程论的研究范围及指导原则》

---

① 谭细龙. 20世纪中国教学论学科发展回顾[J]. 培训与研究(湖北教育学院学报),1997(3).

等等。

第四，研究机构的成立。1981年，《课程·教材·教法》这一课程与教学论专业学术期刊创办，为课程与教学研究提供了交流与传播的平台。1983年，课程教材研究所建立，与人民教育出版社合署办公，主要针对中小学基础教材进行研究。还有高师院校教学论教研室的建立，如北京师范大学、西北师范学院、西南师范学院等高校都建立了教学论教研室。此外，一些高校还建立了课程教材教法研究所，如华东师范大学、东北师范大学。这些研究机构的成立，促进了课程与教学的理论与实践研究及课程与教学论学科的发展。

第五，课程与教学论专业硕、博士点的建立。1981年，我国开始实施学位制度后，教学论学科获准具有博士学位和硕士学位的资格。表现为：在1981年，"西北师范大学教学论学科被批准获得博士点，这是我国首个具有招收教学论博士研究生资格的大学。同时，华东师范大学、北京师范大学等一些高校拥有了招收教学论专业硕士研究生的资格。在1984年，西南大学获得具有招收教学论专业博士研究生的资格，浙江大学（原杭州大学）、华中师范大学等高校获得具有培养教学论专业硕士研究生的资格"。[1] 从中可以看出，获得培养教学论硕、博士研究生资格的高校在不断增加，意味着教学论专业的研究生开始有所增多，同时，这也反映出，在这一时期，教学论学科在一些高校得以建立并不断地趋于成熟，教学论研究力量逐渐加强。在课程论方面，虽然此时课程论并没有成为一门独立的学科，但是在1984年，"史国雅开始在山西大学招收课程论专业的研究生"。[2]

二、效仿美国：大课程论的显露头角（1986—2018）

自1986年开始，在大课程论的影响下，课程论研究开始快速提升，课程论学科独立意识逐渐增强，许多教授开始招收课程论专业的研究生，对其进行培养。而这一时期的课程与教学的改革与课程与教学学科的发展是密不可分的，在一定程度上是课程与教学论理论研究的实践映照。于是，在1986年，我国开始了第七次基础教育改革，大课程论的思想在这一改革中始见端倪，使得大教学论的研究体系逐渐松动，直至第八次基础教育课程改革，大课程论观点显露无遗。

（一）第七次基础教育改革：大教学论的松动

在1986年至2000年期间，由1985年出台的《中共中央关于教育体制改革

---

[1] 吉标. 改革开放以来我国课程与教学论学科建制的历程［J］. 西南大学学报（社会科学版），2016（1）.

[2] 侯怀银，谢晓军. 20世纪我国学者对课程论学科建设的探索［J］. 课程·教材·教法，2008（1）.

的决定》与1986年通过的《中华人民共和国义务教育法》，开启了第七次教育改革。这期间，《义务教育全日制小学、初级中学教学计划（试行草案）》《九年义务教育全日制小学、初级中学课程计划（试行）》相继颁布。其措施包括：（1）地方可结合本地实际情况和需要，开设地方课程，调整了我国的课程结构；（2）基础教育课程变为"义务教育—高中"两阶段统一设计；（3）学科课程和活动课程构成了全部课程；（4）更新了课程内容，降低了难度；（5）"全国中小学教材审定委员会组织建立，教材为审定制，采用竞编和选用的方法，形成了一纲多本"。①

从第七次课程改革举措中可以看出，此次改革突出点在于：（1）改善了教育体制僵化的问题，集权式不再占有绝对统治的地位，在决策的声音中加入地方的声音，赋予地方一定的权力，使教材符合国家制定的标准，适用于地方教育的发展。（2）课程结构更加多样化。多样化的课程结构的背后隐含了课程价值取向的多元化，也反映出课程论逐渐走进了人们的视野。（3）从教学计划改为课程计划的改变中，反映出我国把学习的对象指向了英美国家，大课程论的思想已在这一时期泛起涟漪。此次课程改革已经开始着手改善由于沿袭苏联的大教学论所导致的僵化问题。

（二）透视新课程改革：大课程论的显露头角

美国的统一标准课程改革是其长久以来大课程论的映照。基于美国的统一标准的课程改革，我国进行了一轮新的基础教育改革。在此次改革中，我国对课程改革从整体上进行了全方位的设计，采取先进行试验再进行全国推广的方式，"2001年在我国38个国家级实验区最先试行。2002年，在省级试验区开始试行，进行过渡性实验。2005年，我国绝大多数的中小学的起始年级进入到此次改革中"。② 目前，我国新课程改革已步入深水区。

此次改革实现了课程与教学的关系转变，将课程从静态的知识体系解放，使其成为实践状态，成为生成状态，凸显了课程改革的多种转变。主要在以下六个方面有了突破。

（1）在课程功能方面，由"重智"转向"重质"。在大课程论体系下，课程的价值被延展，不再是作为教学的静态知识体系而存在，而是成为了影响人的身体与心智的，现在与未来的因子。因此，这次改革强调要改变大教学论体系下过于注重知识的特征，更为注重学生整体素质的协调发展，使课程功能由过于注重

---

① 顾明远. 中国教育大百科全书［M］. 上海：上海教育出版社，2012：1948.
② 王蓓，彭泽平. 新中国基础教育课程改革60年：历程与经验［J］. 教育与教学研究，2015（10）.

学生智育的发展走向了重视学生的素质教育。

（2）在课程结构方面，由"单一化"转向"多样化"。在大课程论的影响下，由于课程观发生了改变，因而课程结构也随之而动，一方面体现在对以往的课程结构进行改善，另一方面则是加入新的元素，优化课程结构。在前七次的教育改革中，课程类型主要是以分科课程为主，课程取向以学科本位为主，而在此次，综合课程的实施成为改革的亮点。一方面，它改善分科课程自身的局限性，使学生形成整体的知识观，培养知识迁移能力；另一方面，它整合了一些学科科目。此外，此次改革对课程的种类和课时的比例进行全面规定，以使学科和活动、分科与综合、必修与选修等课程类型达至平衡状态，增强课程的选择性和综合性。

（3）在课程内容方面，由"重知"到"重生"的转变。此次改革强调要改变以往所形成的"繁、难、偏、旧"的痼疾，注重知识与学生生活和时代之间的关联度。这一转变既体现了杜威"教育即生活"的教育信条，亦还以知识的情境性，又体现了知识的与时俱进性。此外，此次课程改革仍然关注学科知识的基本概念、基本原理与基本方法，强调以学生身心发展规律为基础，使课程内容保持在学生的最近发展区之内。

（4）在学习方式方面，由注重"他教"转向注重学生自身主动地学。在大课程论的影响下，课程知识观发生了改变。"课程知识不再被视为是可以灌输的客观的东西，它不独立于学习个体，也不应强行给予学习个体，而是被视为一种动态的探究过程，一种建构个体人生意义的活动过程。"① 因此，在这次改革中，改变了大教学论强调教师教的方式，对学习方式进行改变，让学生能够自觉自愿地学习，促进学生学习能力的提高，使学生由重在教师教授向重在自我学习转变。

（5）在课程管理体制方面，由集权转向集权与分权共存。新课程改革改变了以前中央集权式课程管理的模式，进一步实行三级课程管理体制，通过权力下放，赋予地方和学校适当的权力，增强课程的弹性。如此，既达到国家课程所规定的统一要求，又能在统一性中实现地方、学校的差异性。

（6）在课程评价方面，从强调甄选功能转向以发展为着眼点。"在应试教育的背景下，选拔性质的评价使学校教育的功能发生扭曲，成为课程改革的一种阻碍，因此，在评价方面需要以发展为指向。"② 在大课程论中，课程为教育目的服务，因此，此次改革强调要改变以往的课程评价功能，要发挥其发展功能以及

---

① 陈志刚，张紫屏. 课程改革的难题：凯洛夫教学模式的遗留［J］. 全球教育展望，2013（6）.
② 钟启泉. 走向人性化的课程评价［J］. 全球教育展望，2010（1）.

激励功能，以发展的眼光评价教师与学生。

（三）大课程论下课程与教学论学科发展概貌

这一时期，在大课程观的影响下，我国课程与教学论学科的发展步入了一个新的阶段，不仅可以从课程改革中看到我国课程与教学论研究的一些基本内容，还可以从以下几个方面进一步全面概览这一学科的发展。

第一，课程与教学论学科的确立。在这一时期，在教学论学科方面，"不仅出现了教学逻辑学、教学管理学等众多分支学科，而且正在形成子学科群。此外，还形成了教学论课程体系，包括了本科层次和研究生层次的教学论课程"。[①] 在课程论方面，随着研究者将学习的对象转移至美国，受其大课程观的影响，课程论得到进一步发展。终于，在20世纪80年代末，课程论得以确立为一门学科，开始培育后备人才和进行学术研究。在1997年，国家正式确立课程与教学论作为一门学科，成为了教育学的二级学科。这一确立，进一步说明了课程论在这一时期迅速发展，也说明了在课程研究者们的不断努力下，课程论的地位得以提升，与教学论并驾齐驱。

第二，课程论学术会议与教学论学术会议的举办。在课程论方面，1997年，全国课程论专业委员会成立，并于广州举行了首届全国课程论学术会议，以此，促进课程论领域的研究与交流。根据课程论学术年会主题的设定，可以看出，学术年会主要就课程改革进行了过去—现在—将来式的讨论和课程理论与实践的关系的探讨。在教学论方面，至2018年为止，教学论学术年会举办了15届，对这15届学术年会主题进行分析可以看到，首先学术年会主题存在重复性，其次学术年会在理论方面对教学体系、研究方法、学科建设、学科发展走向、教学基本理论、本土教学思想进行了交流与探讨，在实践方面重视教学改革、教学质量和教学的发展，对教学理论与教学实践的关系如何加强也进行了研究。此外，我国在这一时期也重视与港澳台地区高校进行学术交流以及国际学术交流，如华东师范大学承办了第一届世界课程大会。这些学术组织和学术会议主题研究不断深入，在不断丰富着我国课程与教学研究成果的同时，也促进了研究者们在这一学术方面的交流，创造了良好的研究环境。它们是课程与教学论学科趋向成熟的表现，同时也是推动这一学科发展的良好助力。

第三，著作的出版及论文的发表。在课程论著作方面，主要有陈侠的《课程论》、钟启泉的《现代课程论》和廖哲勋的《课程学》、史国雅的《课程论》、靳玉乐的《现代课程论》等等。这些著作的出版，使得课程论的学科地位进一步提

[①] 金林祥. 20世纪中国教育学科的发展与反思［M］. 上海：上海教育出版社，2000：247.

升。在教材方面,"添加了新的内容。在以前的课程论教材中,主要对课程的本质、课程的基础、课程的编制、课程的类型、课程的实施以及课程的评价等方面加以阐述,而在这一时期教材在原有的内容上,添加了课程的历史、课程的管理、课程改革等内容。此外,还在一些研究方面上不断丰富,如关于课程论基础,篇幅由刚开始的章,再到编,最后成为书";[1] 在课程论研究论文发表方面,仅在"1978年至1988年发表了97篇,而后发展到1989—1998年的255篇课程论文发表"。[2] 由此可以看出,在这一时期,课程研究受到更为广泛的关注,课程论快速发展,同时也说明了课程与教学论学科确立的必然性。

21世纪以来,课程与教学论学科的专著仍在不断地增加,如:丛立新的《课程论问题》,黄甫全、王本陆主编的《现代教学论学程》,张楚廷的《课程与教学哲学》,裴娣娜编写的《现代教学论》,丁念金的《课程论》,杨小微的《现代教学论》,等等。这些著作的出版,不断总结我国课程与教学论取得的一些研究成果,同时,也孕育着课程与教学论新的生发点。

第四,研究机构的增加。一是体现在很多高校设立了基础教育课程研究中心,以加强课程与教学研究和中小学教学实践的联系。有研究显示:"截至2015年,全国各类高校设立的各类基础教育课程研究中心数量已经超过100个",[3] 北京师范大学、华东师范大学、南京大学、山西大学等我国不少师范类高校和综合大学还成立了课程与教学论研究所。这些专门研究所的成立,促进了课程与教学论的学术研究,推动着课程与教学论学科的进一步发展。

第五,课程与教学论硕士点、博士点的不断增多。"1986年,廖哲勋在国内招收课程论硕士研究生。在90年代初,施良方、刘克兰、胡淑珍等也相继开始招收课程论硕士研究生"。[4] 教学论专业方面,湖南师范大学、南京师范大学、天津师范大学等高校获得教学论专业的硕士点。随着课程与教学论专业的确立,华东师范大学、北京师范大学、南京师范大学、湖南师范大学、哈尔滨师范大学等高校相继获得招收课程与教学论专业博士研究生的资格。我国在这一学科的硕、博士点的持续增多,充分说明了在这一时期课程与教学论学科进一步成熟,

---

[1] 孙宽宁,徐继存. 我国课程论教材建设90年:反思与展望[J]. 课程·教材·教法,2012(12).

[2] 和学新,乌焕焕. 改革开放以来我国课程论研究的内容分析[J]. 当代教育与文化,2010(4).

[3] 吉标. 改革开放以来我国课程与教学论学科建制的历程[J]. 西南大学学报(社会科学版),2016(1).

[4] 孙宽宁,徐继存. 我国课程论教材建设90年:反思与展望[J]. 课程·教材·教法,2012(12).

培养了更多的后备人才。

我国对于美国的大课程论的学习，更多的是观念的、思想的学习，是对课程与教学的一种重新的认识与理解，这一学习与借鉴对象的转变，促使了课程论快速发展，成为了今天的课程与教学论学科，课程论与教学论相互独立且相互联系。

第二节 课程与教学论学科建设的进展

从 1978 年改革开放后，我国课程与教学论发展已经历时 40 载，并且一直在前进当中。而在课程和教学理论与实践的不断探索之中，在课程与教学问题总是存在与被解决的过程之中，我国课程与教学论领域在学科基础、学科性质、学科体系、教学实践等方面取得了一定的进展。

一、课程与教学论学科基础不断扩展

多元的学科基础，常常会为一门学科领域的研究带来不同的视角和多元性的理解。在这 40 年的进程中，我国课程与教学论学科基础不断扩展，主要体现在以下两个方面。

一方面体现在原有学科基础的纵深发展。过去，课程与教学论的学科理论基础主要是以哲学、心理学和社会学为主。然而，随着这些学科的不断成熟，为课程与教学论的理论基础积淀了深度与高度。在哲学方面，随着马克思主义哲学、存在主义哲学、后现代主义哲学、实践哲学、过程哲学等哲学思想及流派的发展，为课程与教学问题研究提供了不同的视角以进行阐释。如《基于过程哲学的课程建构：理念、价值与实施》《关注"课程精神"——解释学视角下教师课程理解的合理取向》等文章的发表，反映出哲学本身的发展促进了课程与教学研究。在心理学方面，20 世纪末产生的积极心理学，认知心理学中的具身认知理论发展，学习心理学的应用等，对课程与教学论中的学生与教师、课程内容、教学设计都产生了积极的影响。

另一方面体现在学科基础数量的拓展。随着时代的发展和各类学科的发展，在课程与教学论研究对象的规定下，积极吸收与利用相关学科的研究成果，使得这一学科的理论基础随之不断扩展。因此，除了上述原有的传统学科基础之外，还有自然科学、语言学、未来学、生命科学、历史学、文化学、伦理学、脑科学、人类学等学科理论作为其理论基础。如基于文化学的相关理论，对课堂教学、课程文化、教学文化、教师教学行为等进行了研究；基于未来学的相关认知，对未来课堂教学模式、教学空间等进行了研究；基于脑科学理论，对各科教

学进行尝试建构等。这些学科理论的不断发展及其研究成果的应用，也不断丰富和完善课程与教学论领域的研究成果。不仅如此，随着课程与教学论学科基础的不断扩展，也促进了课程与教学论学科群的形成与发展。

二、课程与教学论学科性质的多维认知

学科性质对学科的发展与定位至关重要。改革开放以来，我国学者对课程与教学论的学科性质进行了不同视角的反思。对于课程与教学论的学科性质探讨，主要形成了应用性学科、理论性学科、兼具理论性和应用性学科这三种认识。应用性学科性质将课程与教学论指向了实践，理论性学科性质将课程与教学论指向了科学之中，兼具理论性与应用性是一种调和论。而且这种学科性质的探讨分为了课程论和教学论。例如：有学者"认同以研究的目的的不同把教育研究划分为三种类型，分别是基础理论的研究、应用研究和外推的理论研究。其中，外推的理论研究是一种以理论研究为重点，同时又注重将理论应用到实践当中，具备了理论与应用性质的一种教育研究类型。对于教学论而言，它应归于外推的理论研究的类型"。[①]

此外，除了上述对于课程论与教学论学科性质的经典讨论，有学者在此基础上，将其进行综合，对学科性质进行阐述。如有学者认为："由于课程与教学论研究对象的科学性、艺术性和人文性，决定了这门学科也兼具这些性质。科学性表现为必须要以科学的方法来探讨和研究课程与教学实践中的各种问题。艺术性表现在它必须要面对不断变化的、多样化的课程与教学实践，各具特色的具体的教育对象，教师要思考复杂的教学要素之间的关系，使其对相互关系获得一种理解。人文性表现在它是一门关于人的学问。"[②] 在此基础上，黄甫全认为"从文化的关系视角看，现代课程与教学论具有综合性、横断性和人文性。综合性是指课程与教学论是应用学科和理论学科的综合体，横断性是指课程与教学论是兼具科学性、社会性和艺术性，人文性是指课程与教学活动实质是人的生命活动"。[③] 研究者们对课程与教学论学科性质的不同角度的认识与探讨，一方面丰富了课程与教学论学科性质，为今后的研究奠基；另一方面，促使课程与教学论学科更加具有科学性和独立性。

---

① 杨小微. 教学论是一门什么样的学问？——兼论教学论与课程论的关系 [J]. 课程·教材·教法，2002（12）.

② 周兴国，段兆兵主编. 课程与教学论 [M]. 合肥：中国科学技术大学出版社，2012：14.

③ 黄甫全主编. 现代课程与教学论 [M]. 北京：人民教育出版社，2014：12-13.

三、课程与教学论学科体系的不断探索

学科体系反映着学科的发展程度。对学科体系的不断探索，一方面反映了学科体系本身还存在一定的问题，另一方面反映了学科发展中出现了新的研究内容。经过 40 年的发展，我国学者在课程与教学论学科体系探索方面取得一些进展。从我国课程与教学论的学科体系探索中，可以看到两种构建：一种是对课程论与教学论分别进行学科构建，另一种是对课程与教学论进行体系的构建。

在课程论与教学论分别进行学科构建方面，就课程论而言，有学者站在文化自觉的视角，提出课程论的学科群应该包括理论课程学、课程学、课程专业技术理论这三个层次；① 还有学者提出，课程论体系应包括课程实体（课程的概念、学习目标等内容）、课程运作（课程的决策、设计、实施以及评价等内容）和课程研究（课程论的发展历史、理论基础以及研究的方法等）。② 就教学论而言，有学者构建了教学论的学科体系，"分别是基础教学论、类别教学论、科目教学论、环节教学论以及边缘教学论五个学科系组"；③ 还有学者提出构建现代教学论学科体系要"'形而上'和'形而下'相统一"；④ 对内而言，对教学的要素进行建构，不断深化对教学诸要素理论及其关系的研究，对外而言，要对教学论和课程论、学习论三者的关系进行构建。⑤ 从这些研究成果中，折射出我国课程与教学论学科不断地扩大，而且在不断地进行着细化研究。

在课程与教学论学科体系研究方面，有学者从课程与教学论研究内容角度构建课程与教学论体系，提出了该学科的体系框架，表现为该体系构建的"逻辑起点应是'课程'和'教学'这两个核心概念，以其本质和发展、规划和设计、组织和实施、改革和评价四部分进行构建。具体而言，该体系包括了该学科研究的对象、学科的发展、该学科的一些基本性的问题、课程与教学目标、课程内容的选择与组织、课程开发与实施、教学过程与教学原则等"，⑥ 这些探索为课程与

---

① 靳玉乐，罗生全. 课程理论的文化自觉[J]. 教育研究，2008（6）.
② 丁念金. 课程论体系结构之探讨[J]. 课程·教材·教法，2005（9）.
③ 卓杰，王续琨. 教学论在中国：称谓演变和学科体系演进[J]. 高等教育研究，2017（5）.
④ 陈君，张姝. 21 世纪以来我国教学论研究历程与学科发展趋势[J]. 西南大学学报（社会科学版），2018（3）.
⑤ 王鉴. 论中国特色的教学论学派[J]. 华中师范大学学报（人文社会科学版），2011（1）.
⑥ 李群. 课程与教学论学科体系建构的思考[J]. 山东师范大学学报（人文社会科学版），2011（4）.

教学论学科体系构建带来了新的启示。

四、多元研究方法及方法论探索

研究方法是学科发展的重要影响因子，一种正确的、合适的研究方法有利于研究成果的高效性和准确性，有利于对某一课程与教学问题进行不同维度的阐述与解释。改革开放至今，由于我国课程与教学论研究者不断地尝试和应用多种研究方法，因此，在研究方法方面取得了一些进展。

一是体现为研究方法的多样化。由于其他学科的发展及课程与教学论研究的需要，课程与教学的研究方法已不再仅仅表现为思辨式的研究方法，而是从其他学科中吸收了一些。如解释研究方法，现象学研究方法以及田野研究方法，等等。此外，随着科技的发展，利用大数据来分析课程与教学中理论与实践的问题也成为一种研究方法。多样的研究方法进一步推动了课程与教学论的发展。

二是体现为方法论的探索。在研究方法多样化的基础上，我国出版了有关课程与教学论研究的方法论著作。如：靳玉乐、黄清的《课程研究方法论》不仅仅从心理学、未来学、社会学和哲学等方面探究了课程研究的方法及其主要成果，并加以评析，而且对课程研究进行展望，提出了形成整体论的方法论理论体系；郝德永的《课程研制方法论》是在课程的本质及其来源和社会变迁中的课程原则观的基础上，从西方与我国两个方面进行分析，构建了人化—整合课程研制方法论范式；朱德全的《教学研究方法论》在教学研究方法论的本质和演进的基础上，对教学的哲学方法、系统科学方法、社会学方法、心理学方法、生态学方法、叙事学研究、统计学研究进行阐述与分析。这些著作的编写，对课程与教学论学科的研究方法有了一个更为根本的理解和研究。此外，研究者们对研究方法和方法论的研究，形成了哲学思辨范式、量化研究范式和质性研究范式。"哲学思辨范式主要从学科起源和发展角度来探究课程与教学论的理论问题；量化范式大部分以数据图表、数学方法、知识图谱等方式对该学科研究中的量进行分析，探索一定的规律；质性范式则是通过分析该学科中的一系列问题，寻找问题的根源，对其中的规律进行探索"。[①]

教学论研究方法多元化，使得多种研究方法得以综合运用，克服了单一研究方法所带来的局限性，取长补短，提升了研究成果的有效性，进一步将理论与实践紧密结合，不断推动课程与教学论的发展。

---

① 吴吉东. 课程与教学论学科研究范式综述［J］. 课程教学研究，2015（12）.

五、学科研究主题的不断丰富

经过 40 年的时间，随着时代的发展、人的需求变化和学科的发展，课程与教学论的研究主题也不断地丰富和深化。

在课程领域，除了对课程论研究范式和方法论、课程论学科基础、课程论范畴、课程结构与类型、课程本质、课程评价等课程基本理论经典主题进行不断探讨与深入研究外，还对课程改革与发展、隐性课程、课程开发、课程领导、课程设计、课程文化、课程管理、课程资源、课程知识、课程决策等众多研究主题进行研究。如：在课程改革与发展方面，许多课程与教学论的教材当中，专门为课程改革与发展单独设一章，对其进行具体的阐述与分析，例如周兴国、段兆兵的《课程与教学论》、徐继存的《课程与教学论》、李方的《课程与教学论》等；在课程资源方面，对课程资源的系统、利用、开发、理念、原则等进行了探究；在课程知识方面，对课程知识的价值、课程知识的转化、课程知识的本质、课程知识的选择等进行细化研究；在课程开发主题下，对校本课程进行了深入的研究以及开发。

在教学领域，经过 40 年的发展，形成了网络教学、教学模式、教学过程、教学美学、有效教学、教学环境、深度教学、教学改革、教学行为、课堂教学、教学评价、理解教学、差异教学、教学论本土化等众多研究主题。在这不断生成的研究主题中，产生了丰富多样的研究成果。如在教学美学主题方面，黄甫全主编的《现代课程与教学论》一书对教学美学的概念和教学艺术风格进行了阐述。除此以外，还有《教学美学》等著作。在有效教学方面，有些课程与教学论的教材中对其进行了论述，如张立昌主编的《课程与教学论》一书中，对有效教学的内涵及有效教学行为的选择与实现进行了阐述。关于这一方面也有相应的专著出版，如《基础教育新概念——有效教学》《课堂教学有效性标准研究》等。此外，这一方面的内容不仅在著作中有所体现，还体现在论文方面，一些论文对其评价标准、策略等方面进行了进一步的细化研究。这些研究主题的不断丰富与深化，不仅推动了课程与教学的理论与实践的结合，而且也彰显了课程与教学论的理论价值。

六、本土教学实践的不断探索

40 年来，研究者们不仅仅在课程与教学理论方面进行探索，在实践中，研究者与一线教师也积极开展本土的课堂教学实践，不断探索和丰富适合于我国本土的课程与教学理论。

首先是关于我国课程与教学理论研究者们所开展的教学实验。例如，卢仲衡教授所开展的"中学数学自学辅导实验"，这一实验从最初的初中发展到整个中学阶段，一改我国传统的教学方式，把"学生自己学习"作为这场实验的重要目的，并且还编制了特定的自学教材。"新基础教育实验"则在叶澜教授的主持下进行，对我国学校的变革具有深刻的影响。该实验以整体的视角对基础教育进行审视，强调要从个体生命为起始点，以人的主动性和健康为本，使每个生命个体能够在教育活动中"活"起来。"生本教育实验"则在郭思乐教授的主持下进行，实验范围较广，对我国各地的教学产生了积极的影响。这一"生本教育实验"宗旨，概括而言就是以学生为重，从学生的角度进行思考，尊重学生，提高学生的主体性，实现学生主动、积极、活泼、健康的发展。"主体性发展实验"由裴娣娜教授主持开展，首先建立主体教育理论框架，而后才开展实验，实验追求的是人的整体素质的提升。此外，还有黎世法教授所开展的"异步教学改革实验"。该实验尝试消除班级授课制下的同步教学弊端，进行教学改革，在全国产生了重要的影响，甚至在国外也具有一定的影响。

其次，我国一线教师在自己的教育教学过程中，也开展了一些成功的教学实验。如，李吉林老师的"情境教学"实验，魏书生老师在教学中不断探索而形成的"六步课堂教学法"，洋思中学的"先学后教，当堂训练"教学实验，杜郎口中学的教学模式，以及通过信息技术，在聚奎中学、昌乐一中等学校开展的"翻转课堂"教学实验，等等。这些本土的教学实践都为我国建设中国特色课程与教学论提供了有价值的经验，进一步促进了课程与教学的理论与实践的沟通。

第三节　课程与教学论学科发展的反思

改革开放以来，我国的课程与教学论理论体系从学习苏联的大教学论转向学习美国的大课程论，而且经历了一共四次教育改革。在学习的过程中，我们从关注自我走向了关注世界——从关注自身课程与教学论的生存阶段走向关注各国课程与教学领域的研究进展，学习视野不断扩大，从中吸收与借鉴优秀的课程与教学理论。在学科发展的过程中，虽然取得了一些进展，但是问题也在不断地形成。因此，学者们意识到通过学习和借鉴方式促进我国课程与教学论的发展并非长久之策，更并非上上之选，我们亟待建设富有中国特色的、本土化的课程与教学论。

一、呼唤本土化探索的原因

（一）教学实践的问题与困境

当我国教育教学实践中出现问题时，我们往往会采用他国的课程与教学理论或是成功的教学实验来解决这些问题。然而，对于他国的课程与教学理论或是教学实践，正如有学者所指出的那样，我们常常表现为"一是复制粘贴式的照搬；二是削足适履，对自己进行改变，以便能够融入别人的话语体系当中，不顾自我传统与特色；三是直接否定我国的优秀教学理论，对国外的理论进行热切追求，把他国的一些课程教学理论与教学模式运用于我国的实践当中"。① 因此，"引入他者的教学理论虽然使理论表面不断丰富，但是还是解决不了教学实践当中的困惑"。② 这就使得我国教学实践中出现了"穿新鞋走老路"的现象与形式之外并无实质的问题，从而使教学实践陷入了进退两难的困境之中。如果前进，教学实践没有有效的教学理论的指导，无法找到有效的教学路径，解决教学问题；若是后退，则只能停留于现阶段的教学实践，进入循环模式，教学中的问题只会在时间的流逝中不断堆积，成为痼疾。因此，为了解决教学实践中存在的问题和困境，构建具有中国特色的课程与教学论是必然之选，也是我们亟待进一步探索的方向，使我们不再依赖于别国的教学理论或是课程理论。

此外，我们还需要对一个问题进行明确，那就是是否教学实践中的问题均是来自于理论的问题，答案应是否定的。这是因为，一方面，教学理论逻辑与教学实践逻辑是不同的；另一方面，在教学实践中出现的问题并不一定是理论本身的问题，而很有可能是教学在实施过程中产生的问题，例如教学的环境、教师、学生等可控因素与不可控因素。有学者指出："现在，在我国基础教育课程实施中很多问题的产生，大部分是由于教师对课程的理解不当，导致了教师在课程实施过程中的精神不振。"③ 因此，对这一问题进行明确，能够使教学理论被更为理性地对待，使得研究者或是教师在本土的语境与情境下，正确地运用我国的课程与教学理论，这不仅可以解决教学实践中的问题，还会增强其对本土课程与教学理论的信任感。

（二）理论建构的自觉与使命

20 世纪初，西方的教育学在我国开始传播，使得教育学在中国得以确立。

---

① 张传燧. 本土课程教学论：实践呼唤与理论自觉 [J]. 课程·教材·教法，2016 (4).

② 张天明. 1980 年以来我国教学理论本土化研究：回顾、问题与展望 [J]. 课程·教材·教法，2014 (1).

③ 徐继存. 课程理解的意义之维 [J]. 教育研究，2012 (12).

同时，因为引进，也快速地建立起教育学学科体系的初步框架。日本、德国、苏联及美国等均在不同时期成为我国教育学发展中学习的对象，课程与教学论学科自然也不例外。然则，在我们借鉴他国课程与教学论中优秀的理论时，由于文化的不同、国情的不同等因素，这些理论在中国的土壤上并未发挥其应有的效用。如此结果，促使我们反思为何构建具有中国特色的课程与教学论及如何才能构建具有中国特色的课程与教学论的价值性问题与方法论问题。但是从历史维度来看，自近代以来，"引进"从有意识趋向于无意识，逐渐成为了一种习惯，进而形成了一种情结。所以，当我们在学习他国的优秀的教育教学理论的同时，也不自觉地对我国本土的文化降低了自信。对于这种外来理论的影响，正如有学者所言："影响本质上是一种影响者和接受者之间的关联域。只有影响者是一个具有优先权的他者，才能对接受者产生影响，而被影响者必须要有足够的回应力，这种影响才能称之为真正意义上的影响。不然对于被影响者，影响会变成其自我的剥夺。"[1] 我们在学习与借鉴他国的教学理论的过程中，便也形成了影响与被影响的关系。因此，我们不能迷失与沉浸在他国的课程理论与教学理论的引进与借鉴之中，我们应积极地、自觉地构建本土化的课程与教学的理论，促进本土教育的发展，以拥有足够的回应力。

如此，我们应该认识到大教学论与大课程论都具有一定的优势与局限性。大教学论的优势在于：（1）教学论得到了集中的关注与研究，极大地加速并丰富了我国教学理论成果。（2）它易融于我国的课程教学的话语体系。话语是思想的外在表达，思想是认识的集中体现。大教学论与当时我国对课程与教学的认识达成了共识。其局限性在于制约了课程论的发展，窄化了课程理论研究的内容，扩大了教学的价值，在实践中易使教师教学思维固化。大课程论的优势在于：（1）教学的自由度提升。在大课程论体系下，课程研究以教育目的为思考起点，形成了教育目的——教学什么——如何教的研究思维。在这样的研究思维下，教学目标有其下限，却不设上限。这样不以具体的行为规定教师教学的实施，以教师的自身素质和其对课程标准的深度解读，实现了教学意义的最大化。同时，有助于激发教师的工作热情，发散教师的教学思维。因此，在课堂教学中，它给予了教师相对更多的教学自由。（2）高度关注人的发展。在大课程论中，"这种研究传统是从培养人和人的发展的需要的角度来研究课程问题"，[2] 课程研究是以培养人为起点。这从一些学者的观点中可以看到，如，斯宾塞所构建的五类课程内容和

---

[1] 侯怀银. 西方教育学在20世纪中国的传播与影响［M］. 长春：东北师范大学出版社，2011：129.

[2] 郭元祥. 教育逻辑学［M］. 北京：人民教育出版社，2002：225.

杜威提出的教育的无目的论,都反映出大课程论以人的需求与发展为中心的价值取向。(3)冲破了静态课程观藩篱。它以一种过程的视角来理解课程,更加强调课程的生成性与过程性,同时也肯定了课程的计划性和结果性。大课程论的局限性在于:(1)课程的泛化与教学价值弱化。将教学纳入课程论中,"使得当代教学论所特有的研究对象、子学科群以及这一学科所具有的实践价值与学术价值被否定"①。而对于课程的价值来讲,有学者提出了这样的疑虑,即"课程与教育是不是具有同样的含义,可以摆在同一个地位",他认为,二者所要解决的特殊矛盾虽有联系,但还是存在一定的差别……二者的关系是整体与部分的关系,即课程被包含于教育当中,教育是课程的上位概念。②(2)忽视了我国的具体国情。长期以来,我国课程与教学论所用的是苏联大教学论话语体系,两种文化经过岁月的沉淀,已经交融在一起。而大课程论是英美国家的话语体系,在课程与教学的关系方面与大教学论的观点截然不同,在新的课程观的指导下,自然会产生两种不同文化之间的冲击,产生适切性的问题。

因此,我们不能在不再故步自封之时,而忘却了对本土课程与教学论的构建。理论自觉不仅是由于他国理论在中国的"水土不服"而被激起,更是对本土课程与教学思想由经验提升为理论,构建符合时代精神与当代价值观的课程与教学论的使命使然。

(三)让世界教育听到中国的声音

课程与教学在我国都有着悠久的历史。"课程"一词最早在孔颖达的《五经正义》中就已经出现,而后在《朱子全书·论学》中也有出现。虽然此时课程含义不及现在丰富,但是它却在我国的历史中早已留下了印迹。而对于教学,则早在《论语》《学记》中就有所阐述,例如,其中所提到的因材施教、循序渐进等观点至今仍然具有科学性和有效性。除此之外,我国不论在古代还是近代,甚至于现代,都有一批优秀的教育家,他们都对我国的教育教学进行了个性化的思考,其思想和实践对我国课程与教学的发展产生了积极的影响。可见,我国在课程与教学领域有着自己独有的经验,有着优秀的教学思想与理论,并且已通过了时间和实践的检验。因此,我们拥有发声的条件和基础,拥有不同于世界其他各国的声音。然而,我们发出的声音是微弱的。一方面是国外理论对我国教学实践的冲击。随着全球化的发展,世界小至成村,越来越多的国外的课程与教学理论进入到我国课程与教学的理论研究和实践视野当中。它们不仅成为了我国课程与教学论发展的重要部分,而且往往还成为了我国开展教学实践的指导理论,如

---

① 廖哲勋. 论当代课程论与教学论的关系[J]. 教育研究,2007 (11).
② 廖哲勋. 论当代课程论与教学论的关系[J]. 教育研究,2007 (11).

此，我国独有的课程与教学方面的声音必然减弱。另一方面，我国课程与教学论的话语权还有待于增强。正如有学者对西方教育学的反思一样："西方的教育学如果表达了人类教育的普遍性的话，那么它也应该包括中国的教育，然而，倘若西方教育学仅仅是为西方教育独有的话语，那么我国教育学也应该从我国的土壤上形成我国独有的话语。"[①] 课程与教学论也是如此，面对世界教育的挑战与趋势，我们应该不断增强自己的话语权，才能使我们发出的声音更加强大。因此，作为世界课程与教学论的重要组成部分，我们必须建立本土的课程与教学论，植根于中国传统文化，保持中国的特色，只有这样我们才能让世界教育听到我国教育的声音，丰富世界教育，同时也能够为世界各国提供可以借鉴的理论与实践经验。

二、本土化探索的路径

（一）以马克思主义为指导和统领

自马克思主义传入我国，便逐渐成为了指导我国不断地向前发展的思想武器，并在历经了时间洗礼与实践的验证之后，不仅证明了马克思主义理论的科学性与坚持马克思主义的必要性，还形成了具有中国特色的马克思主义。在教育方面也是如此，以马克思主义哲学为教育学的理论基础也已是历史证明的命题，其科学的世界观和方法论，不论是学习苏联教育学的时期还是新时期以来所出版的教育学著作，均能看到它的身影。因此，建设具有本土特色的课程与教学论，须以马克思主义为指导和统领，运用马克思主义立场、观点和方法论来指导和发展我国的课程与教学论。我们要坚持从我国教育的实际情况出发，从我国的本土语境出发，将课程教学理论应用于教育实践，发挥其指导和解释教学实践的功能，进而，以实事求是的态度，在教育实践中检验和发展课程理论与教学理论。我们要运用唯物辩证法及唯物史观分析课程与教学中的问题，正如马克思主义所认为一样，教学是一个复杂的实践过程，它要以人的发展为最终旨归，我们要在这一旨归下，正确把握课程与教学中矛盾的普遍性与特殊性，这样才能形成独具我国特色的课程与教学论。与此同时，以马克思主义为指导，当我们在面对国外的课程与教学理论时，可以更加理性地分析与研究，不简单地肯定，也不简单地否定，而是将其与我国的文化相结合，辩证地看待。此外，我们还要有一个清楚的认识，那便是形成具有中国特色的课程与教学论就如罗马并非一天而建成的一般，需要经历一系列发展的过程。在这发展过程中，我们需要始终坚持以马克思

---

① 侯怀银．西方教育学在20世纪中国的传播与影响［M］．长春：东北师范大学出版社，2011：166．

主义为指导，将课程与教学论与中国特色有机结合，而不是将中国特色与课程与教学论进行简单组合，在课程与教学论的共性基础上，将中国特色这一个性融入其中，使得共性与个性相统一，这样才能成为具有中国特色的课程与教学论。

（二）以中国传统文化为积淀和底色

在我国五千年的历史中，已形成了在世界文化中独具特色的中国传统文化。那么，什么是传统文化呢？如学者所言："传统文化是已经形成的文化，它是过去文化的积淀，它是凝固的，是有规定性的。"[①]"课程与教学论作为一种特殊的文化，不仅仅体现在人们所获得和积累起来的关于这一学科领域的专门知识和经验，而且还包括了人们进行课程与教学研究的特殊活动过程。"[②] 因此，构建本土化的课程与教学论，就需要研究者从文化的最初源头寻起，从我国的传统文化入手，从我国的传统文化中寻找课程与教学的优秀思想与实践活动，将其与当代文化相结合，使其一脉相承，进而，将其作为中国特色课程与教学论的基底，以历时性的角度，完整地描绘出我国课程与教学论发展的全貌。同时，语言也是文化的一种表现。基于传统文化，不仅有助于更好地形成适合我国语境的课程与教学论的话语体系，而且有助于教师更好地进行课程实施。故此，构建本土的课程与教学论，一是需要对我国的传统文化进行深入研究，不断地对我国传统文化中的课程与教学的思想进行深入的理解和挖掘，并充分利用已有的研究成果，形成具有我国文化传统的课程与教学体系。正如学者所提出的："我国本土课程与教学论体系主要是以儒家课程与教学论思想为主线，以孔子、孟子和荀子为源，以董仲舒、韩愈、朱熹、王夫之等为流，以王国维、蔡元培、陶行知及陈鹤琴等为变。"[③] 以此，对我国传统文化达到一个完整的认识与理解，将其作为中国特色的课程与教学论的底色。二是采用以古鉴今和以今鉴古相结合的方式，对传统的教学与课程的思想进行充分的把握。一方面，我们要在过去的思想中找寻对现在及未来课程与教学发展的启示，深度反思我国课程与教学当中存在的问题。另一方面，从现在已有思想中，对过去的思想进行审视，对我们的传统文化进行选择与改造，最后将其作为中国特色的课程与教学论的组成部分，为课程与教学论发展提供充分的养料，提供适宜的发展环境。

（三）借鉴和融合世界先进文化

课程与教学论本土化并不完全等同于传统的课程与教学论。诚如学者所言：

---

① 冯加渔. 新课程改革的文化路向 [J]. 当代教育科学，2012（3）.

② 黄甫全. 当代课程与教学论：新内容体系与教材结构 [J]. 课程·教材·教法，2006（1）.

③ 张传燧. 本土课程与教学论：内涵、体系及其特色 [J]. 湖南师范大学教育科学学报，2014（1）.

"本土的不一定就是传统的,只要符合本地性、适应性和原创性这三点,则可称之为本土的。"[①] 此外,本土化不一定要排斥外来文化。在文化学看来,本土化不仅仅只有本土的文化,还有外来文化,它是二者融合形成新的本土文化的过程。因此,我们不能仅仅将眼光投注于我国的传统文化,以此来构建出具有中国特色的课程与教学理论,我们还需要将眼光投向世界先进文化当中,开阔研究的视野,吸收先进的文化。而这一路径,其实早已经过历史中课程与教学理论发展与改革的证明,因此,我们必须承认,我国课程与教学论发展至今,西方的课程与教学理论对我国这一学科的发展来讲是功不可没的。同时,也有一点需要我们承认:随着西方课程与教学理论输入我国,不仅仅是带来了新的理论,同时也把理论背后的文化带到我国,与我国文化相互冲击与融合。因此,构建具有本土化的课程与教学论,我们需要借鉴与学习西方先进的课程与教学理论,这样不但有助于拓宽我国课程与教学论研究的视野,给予我们研究如何构建具有本土化的课程与教学论一些启示,而且有助于我们吸收世界的先进文化,使我国的课程与教学论紧随时代的潮流,能够应对世界的挑战和实践的诉求,形成具有当代性的课程与教学论。此外,我们在学习西方先进的文化的同时,还应该要批判地借鉴西方的先进文化。因为理论所阐释的规律虽然是客观的,但是这种客观性却也存在着发生的条件,因此,我们在借鉴的过程中要对西方的课程与教学理论所阐释的条件进行分析,以避免我国的教育土壤沦为西方各国教学理论的试验场。

(四) 以实践中的问题为出发点和落脚点

中国特色课程与教学论的旨归应是基于本土教育实践问题,经探索与研究,形成课程与教学理论,最后将其运用于教育教学实践中,在实践中发挥理论的解释性与指导性功能,以解决我国教育实践中存在的问题,同时也检验所形成的课程与教学理论的科学性,以提升课程与教学论的理论品性。建立具有本土特色的课程与教学论,须立足于中国的教育土壤,以实践中的问题为出发点和落脚点,研究与解决本国教育实践中的问题。这是因为,在教育实践中出现的问题是形成具有中国特色的课程与教学论的生长点,从问题中既可以透视我国当前课程与教学理论存在的不足之处并加以改善,也可以找到促动新的理论形成的激发点与建立新的价值域,有益于形成具有原创性的课程教学理论。为此,一是要求理论研究者不仅有敏锐的问题意识和创新意识,发现教育实践中的真问题,做真研究,而且要以实践问题为出发点,切不可使理论成为空中楼阁。二是要将归纳法与演绎法相结合。正如有学者所指出:"归纳体系为教学论提供源头活水,演绎体系

---

① 张传燧. 本土课程教学论:实践呼唤与理论自觉[J]. 课程·教材·教法,2016(4).

为教学论构建高楼大厦，二者不可分离。"① 三是研究者和一线教师要提升实践能力和研究能力。研究者要将理论积极地投注于实践中，进行课堂教学实验。一线教师要积极主动地学习课程与教学理论知识，结合自身的教学经验，进行课堂教学研究。四是研究者和一线教师要具有反思意识。研究者需要具有自我否定的意识和精神，从真实的教学实践中反思理论在实施过程中存在的问题；一线教师也须积极对自己的教学进行研究，不断反思总结。这样才能有效促进课程与教学理论与实践的良性发展，形成本土化的课程与教学论。

---

① 王鉴，田振华. 从演绎到归纳：教学论的知识转型［J］. 教育理论与实践，2013（4）.

第三章 教育史学科发展史

教育史学科从 20 世纪初发轫，至今已走过了 110 余年的历程。百余年的发展中，教育史学科从一个新兴学科逐渐成为教育学学科群中的一门老学科和基础学科，经历了研究成果、研究队伍等从无到有、从少到多的发展历程。自教育史学科诞生以来，教育史研究者对教育史学科的发展状况做过一定的回顾与评价，其中，20 世纪 20 年代到抗战前、改革开放以来，是教育史学科发展中的两个关键期。在两个关键期中，尤其是改革开放以后的教育史学科的发展，随着改革开放步伐的不断推进，国内学术界开始解放思想，教育史学科也在思想解放热潮中重新调整，在改革创新中探索学科发展之路，取得了引人瞩目的成就，当然也存在一些问题。回顾改革开放 40 年以来教育史学科的发展历程，有助于更好地推动教育史学科的发展。

第一节 教育史学科发展的历程

改革开放 40 年以来教育史学科的发展历程，可以分为三个阶段，即复苏和重建期（1978—1987）、探索和回顾期（1988—1999）、多元化发展和反思期（2000—2018）。

一、复苏和重建期（1978—1987）

中共十一届三中全会召开以后，社会各方面得到了整顿，秩序逐渐恢复了正常，教育事业也逐步走上正轨，教育史学科也与整个文化界一样，逐步拨乱反正、解放思想并开始步入复苏起步的发展轨道。此阶段，教育史教学、学术活动和研究队伍得以恢复，开始尝试构建具有中国特色的学科体系，这为教育史学科发展提供了良好基础。不容忽视的是，恢复重建期限于各方面条件，教育史学科还缺乏深入的理论探索，研究领域还较为褊狭，对教育史学科"'中国化'的探索,还停留在教材建设阶段,尚未涌现出高品位的学术专著"①。

(一) 对孔子、陶行知、赫尔巴特、杜威等教育思想的重新审视

改革开放以后,针对"文革"中对一些中外教育家教育思想的全盘否定和错误评价,教育史界开始拨乱反正,对此前对教育家教育思想的全盘否定提出了批判,力图形成正确客观的评价和重估,这成为教育史研究和教育史学科恢复和重建的起点。以中国教育史来看,张瑞璠《再评孔丘的"有教无类"》和《孔子教育思想的二重性》、王炳照《论"学而优则仕"》、陈景磐《论孔子的道德教育思想》、周德昌《试论孔子的教学方法》等文对孔子的教育思想进行了重新评价,这也成为中国教育史拨乱反正的起点。此外,中国教育史研究者还对孟子、董仲舒、颜元、陶行知等古代、近代教育家的教育思想进行了重新评价和研究,也开始注重对教育家教育思想的多方位挖掘,涉及教学思想、道德教育、教育心理、教师和学生观等方方面面。以外国教育史来看,张法琨《杜威〈民主主义与教育〉中的批判继承问题》《杜威教育理论的体系及其批判吸取问题》、陈元晖《康德与近代西方教育思想》、谢觉一《赫尔巴特教育思想刍议》、李文奎《试论夸美纽斯的〈大教学论〉》等文,对之前批判为"资修"的赫尔巴特、杜威、夸美纽斯等欧美教育家的教育思想作了重新界定和客观分析。

(二) 全国教育史研究会成立及学术交流和学科体系重建的开展

改革开放以后,教育史学界在拨乱反正、重新认识和评价中外教育家教育思想的同时,也注重搭建学术交流平台,聚集教育史研究者,形成定期的学术讨论,活跃教育史学界的学术研究氛围。

1978 年至 1987 年历届年会基本情况见表 3.1。

表 3.1　1978—1987 年中国教育学会教育史研究会历届学术研讨会基本情况

届次	时间	地点	年会主题
	1979.9.24—25	上海	成立大会暨第一届年会筹备会议
第一届	1979.12.12—18	杭州	通过会章,第一届理事会产生,理事长为刘佛年,副理事长为刘松涛、王越、陈景磐、陈学恂、赵祥麟、滕大春,顾问为陈元晖,秘书长为江铭
	1980.12.12—17	上海	中国教育史学科体系

---

① 李爱萍,单中惠. 二十世纪我国外国教育史学科建设回眸[J]. 教育史研究,2004(3).

续表

届次	时间	地点	年会主题
第二届	1982.5.5—14	西安	以马列主义、毛泽东思想为指导,开展对孔子、陶行知、杜威、赫尔巴特教育思想的评价。 第二届理事会产生,刘佛年为理事长,陈元晖、刘松涛为顾问,陈景磐、王越、任炎、陈学恂、赵祥麟、滕大春为副理事长,江铭为秘书长,韩达、郑登云为副秘书长。
	1983.9	黄山	外国教育史学科体系
第三届	1985.10.15—22	重庆	按照邓小平"三个面向"指示和《中共中央关于教育体制改革的决定》的精神,结合教育史学科的特点,探讨历史上教育发展和改革的经验与教训,为改革与发展我国教育事业提供可资借鉴、参考的资料与佐证。
第四届	1987.6.25—29	武汉	如何以马克思主义的历史唯物主义观点正确地评价中国传统教育与西方文化教育,如何在教育史研究与教学的实际中继续贯彻好"古为今用""洋为中用"的方针,使教育史学科更好地服务于社会主义精神文明建设。

此阶段,教育史学界注重借助本学科的学术年会的平台对中外教育家进行重新评价,也注重开启教育史学科体系重建之门,教育史学科自身发展意识开始萌发,重新思考学科建设中学科体系和研究的方法论等基本问题,着力构建具有中国特色的教育史学科体系。

（三）教育史课程恢复和硕、博士点开始招生,人才培养开始步入正轨

1978年8月28日颁发的《高等师范院校的学校教育专业学时制教学方案（修订草案）》规定,学校教育专业开设中国教育史、外国教育史等必修课。[①] 在该方案的推动和部分院校教育系的恢复重建下,部分学校将教育史作为专业必修课,我国教育史课程开设重新恢复并步入正轨。此外,部分院校硕、博士点设立并开始招生。1978、1979年,杭州大学（今浙江大学）、北京师范大学分别招收了第一批中国教育史专业的硕士生。1983年,教育部批准北京师范大学成立首批中国教育史博士点,陈景磐和毛礼锐教授成为首批博士研究生导师。1984年,华东师范大学教育史被批准为博士点,北京师范大学首设外国教育史硕士点。1986年,杭州大学（今浙江大学）中国教育史被批准为博士点。同年,河北大

---

① 《当代中国》丛书教育卷编辑室. 当代中国高等师范教育资料选（上册）[M]. 上海：华东师范大学出版社,1986：767—770.

学设立外国教育史专业博士点,滕大春为博士生导师。同年,华中师范大学教育史硕士点被批准设立。可以说,各个高校教育史硕、博士点的设立,标志着教育史学科建制的进一步完善,一定程度上缓解了中华人民共和国成立后教育史学科的人才断层问题。

(四)出版教育史教材、著作以满足教育史教学之需

中外教育史课程、专业恢复后,中外教育史教材、著作、史料的出版也被提上日程,一些20世纪60年代编纂完成而因"文革"爆发尚未能出版的教材也开始出版,用以满足高校教育史教育教学和研究的需要。这一时期,六卷本《中国教育通史》是最具代表性的中国教育通史,《中国教育史比较研究》则标志着教育比较史这一新研究领域的开拓。此外,中国教育史的史料、著名教育家的文选、校史等教育史料汇编不断出现,既体现了中国教育史史料建设工作的逐渐推进,也满足了中国教育史研究者教育教学和研究之需。同时,外国教育史的教材、著作、史料集也不断丰富,但外国教育史料与外国教育史著作、教材数量相比,数量明显不足,这也体现了尽管因地域和文字等原因限制,研究者仍重视外国教育史史料建设工作,力图服务于学术研究且实现名著翻译的系列化。外国教育史还涉及了苏联、法国、美国等国教育家教育思想的介绍以及经典的外国教育史著作的翻译和出版,如《杜威教育论著选》《苏霍姆林斯基教育思想概述》《卢梭教育思想述评》和博伊德《西方教育史》等。

可以说,此阶段中国教育史、外国教育史形成了通史、专史、国别史、教育史比较研究、史料汇编等不同类别的研究成果,且外国教育史也考虑到此前教材过多沿用苏联麦丁斯基、康士坦丁诺夫等编的教育史,或是采用苏联几种教材汇编而成,以及教材的陈旧,注重与时俱进更新教材。[①]

(五)教育史论文侧重重评教育家教育思想和学科建设

除开展学术交流和讨论、出版著作和教材外,教育史论文的发表也于此阶段开始呈现一定幅度的增加。教育史论文中,有些涉及了对一些教育家教育思想的重评,这类型论文的数量较多,一定程度上显示了研究者在恢复重建期重视在真理和标准基础上客观评价教育家的教育思想。同时,部分教育史论文还涉及教育史学科的基本问题探讨,指出教育史研究中要坚持历史唯物主义的方法论,正确看待和批判吸收古今中外的教育传统等,这与全国教育史研究会确定的研究主题相呼应。可以说,教育史学科在恢复重建阶段便注重学科发展的基本问题,这也为其后续发展奠定了良好基础。

---

① 赵祥麟. 关于外国教育史学科体系的几个问题 [J]. 华东师范大学学报(教育科学版),1984(2):76.

此阶段，全国教育科学"六五"规划立项重点课题中，教育史课题仅有 1 项，为陈学恂、张瑞璠申请的国家重点研究课题"多卷本中国教育史第一卷"，与其他分支学科课题数相比，教育史立项课题少，仅占总课题数的 2.78%，占国家级课题数的 5.88%。该项课题研究力求"古为今用"，体现了教育史研究水平的提升，也反映了教育史研究者在恢复重建期首先注重研究教育通史的尝试和努力。①

二、探索和回顾期（1988—1999）

进入 1988 年，教育史学科自改革开放以来，已经走过了十个年头，教育史学科已由恢复和重建期开始迈入探索和回顾期。此期间，教育史学科在教育史研究者的努力探索下，发展势头良好，各种著作、教材、论文数量大幅度增加，且研究视域逐渐扩大，并不局限于满足教育教学，注重对学科基本理论问题进行研究和思考，学科自我意识逐渐增强，教育史学理论受到重视。同时，教育史研究者还注重在 20 世纪末期继续回顾教育史学科的发展，借以更好地推动教育史学科的进一步发展。

（一）研究成果丰富，研究领域扩展

此阶段我国教育史著作、教材、论文的数量已蔚为壮观，且研究领域也在不断拓展。就中国教育史的相关成果来看，涉及不同时期的教育思想、教育制度以及各级各类教育、教育通史等，且还开始尝试跨学科研究，注重借鉴其他学科的理论进行中国教育史研究。其中，《中国教育思想通史》、《中外教育比较史纲》、"中国教育近代化研究丛书"、《中国文化与教育》是中国教育史突破已有单一研究范式束缚的代表作，在教育史学界获得了广泛认可。与此同时，中国教育史史料建设也逐渐受到重视，涉及学前教育史、师范教育史、考试、书院、大学校史等史料的整理和出版。其中，《中国近代教育史资料汇编》十卷本，是研究中国近代教育史时不可避开的史料。

就外国教育史学来看，研究主题、研究领域以及研究国别也开始扩大。其中，六卷本《外国教育通史》自 1989 年出版，至 1996 年出齐。各种有代表性的外国教育史经典著作也被翻译和出版，如《世界教育史（1945 年至今）》《二十世纪世界教育史》《发达国家教育改革的动向和趋势》以及联合国教科文组织的相关著作和报告。较之上一阶段而言，外国教育史史料有所增加，这一定程度上显示了外国教育史研究者日益克服语言、地域等限制，注重外国教育史史料

---

① 全国教育科学规划领导小组办公室编. 中国教育科学规划回顾与展望：从"六五"到"十五"[M]. 北京：教育科学出版社，2006：90

建设。

此阶段，教育史研究者依旧注重借助著作、论文等对教育史的学科性质、学科体系、任务、目的和意义、研究对象、研究方法、学科发展历史和未来等进行深入的探讨，指出教育史学科建设中要更新观念，明确学科的性质，学科内容要注重服务现实等。① 不仅如此，教育史学科还注重进行学科回顾，提出了教育史学史研究的设想，并进行了一定程度的探索。《中国教育史研究十年的回顾与展望》《四十年来的外国教育史》《中国教育史学九十年》等论文和著作，就教育史学科初建以及中华人民共和国成立后的教育史学科发展进行了回顾，就教育史学科探讨的主要问题、取得的重大成就进行了深刻分析，也在回顾基础上指出教育史研究今后的努力方向。

可以说，此阶段教育史研究者已不满足于将自己的研究工作仅停留于教材建设上，而是以著作、教材、论文的形式探索新的研究领域，注重突破原有的模式，积极深化研究内容，体现了教育史学科注重探索和以学科自觉意识推动学科建设的努力。

（二）教育史研究会重新召开，注重回顾和探讨学科基本问题

此阶段，中国教育学会教育史研究会于 1996 年重新召开，继续注重搭建学科交流平台，探讨学科基本问题。

1996 年至 1999 年历届年会基本情况见表 3.2。

表 3.2　1996—1999 年中国教育学会教育史研究会历届年会和主题

届次	时间	地点	年会主题
第五届	1996.12.11—16	桂林	①中外教育史的回顾与展望；②中外教育史研究的原则与问题；③中外教育史学科建设问题；④中外教育史学科课程和教学改革问题；⑤深入认识和宣传教育史学科在现时期的作用
	1998.2	北京	第七届雷沛鸿教育思想研讨会
1997 年年会	1998.4.11—15	南昌	外国中等教育的历史与现状
	1998.9.15—17	瑞安	纪念孙诒让先生诞辰 150 周年学术研讨会

---

① 赵卫，等. 关于外国教育史学科建设若干问题的思考［J］. 西北师大学报（社会科学版），1997（3）：58—63.

续表

届次	时间	地点	年会主题
第六届	1998.10.13—18	济南曲阜	①世纪之交：教育史研究的回顾与展望；②社会转型与教育变革；③中外教育历史传统与中国教育和社会的现代化
1999年年会	1999.8.17—19	沈阳	①中国教育传统与当代中国教育的变革；②20世纪的中国教育与教育史学

由此可见，中国教育学会教育史研究会在20世纪90年代主要注重教育史学科发展一个世纪的回顾和反思，也注重在回顾基础上形成展望，以更好地推动教育史学科的发展和繁荣。同时，自1996年起，中国教育学会教育史研究会作为全国教育史研究者的一个学术交流平台和一个学术共同体，其活动一直健康进行，有力地引领了中国教育史的学科建设和研究走向。①

（三）课题数逐渐增加，研究视域逐渐扩展

在这一阶段，全国教育科学规划课题申报也逐渐步入正轨，教育史课题申报数量逐渐增多。"七五"期间教育史立项课题8项，占立项课题总数的5.41%，课题立项单位主要为中国教育史、外国教育史研究实力较为雄厚的高校。不仅如此，就"七五"教育史立项课题的主题来看，革命根据地教育史、断代史、国别史等都进入研究者视野，呈现研究主题逐步扩大的趋势。

"八五"期间，教育史立项课题31项，占立项课题总数的5.88%，较之"七五"期间立项课题数多了23项，实现了数量上的增长。就课题的主题来看，涉及中国教育近代化研究、中国考试史系列研究、教育文化史、比较教育史等，开始注重跨学科研究，更新研究方法，开阔研究视野，提升研究成果的学术价值。此外，立项课题中还关注了少数民族教育史、地方教育史、农业教育史等以往教育史研究中关注较少的研究范畴。不仅如此，在史料搜集和应用上，各课题还注重搜集新史料和扩展史料范围，如"中国考试史"注重搜集中国历史上有关考试的文字、文物、图书资料，范围涉及经、史、子、集，碑刻、书信、报刊、档案乃至回忆录、访问录等。②此外，就课题立项者来看，教育史立项课题负责人的年龄以50—60岁为主，教育史学科发展中的年轻队伍有所增加，但所占比例还较低。同时，"七五""八五"教育史立项课题所属单位还主要集中于浙江大学、

---

① 田正平，潘文鸢. 改革开放40年的中国教育史研究——基于期刊论文和博士学位论文的考察［J］. 教育研究，2019（1）.

② 全国教育科学规划领导小组办公室编. 中国教育科学规划回顾与展望：从"六五"到"十五"［M］. 北京：教育科学出版社，2006：90.

北京师范大学、华东师范大学等研究实力较强的学校。

（四）教育史硕、博士点增加，研究队伍继续壮大

自1988年起，教育史硕、博士点继续增加，1991年，北京师范大学获得外国教育史博士学位授予权，吴式颖为博士生导师。教育史博士点的增加，为教育史学科发展培养了一大批中青年骨干力量。同时，教育史研究队伍的学科背景也不断多元化，具有史学、语言学、心理学等学科背景的研究人员也开始加入，壮大了研究队伍，为学科的纵深发展奠定了良好的人力基础。

（五）《教育史研究》创刊，学科交流平台进一步搭建

1989年，《教育史研究》作为教育史界唯一的专业性权威学术期刊成功创办，专门发表中外教育史研究论文和普及教育史知识的文章，成为广大教师和教育工作者研究和普及教育史知识的重要学术园地，为教育史学科发展提供了良好的学术平台，对推动我国教育史学科建设的规范化和制度化以及深化教育史学科的学术交流发挥了重要作用。不仅如此，《教育史研究》也成为了中国教育学会教育史研究会的会刊。此外，《河北师范大学学报（教育科学版）》于1998年创刊，定期刊发教育史相关论文，也成为教育史学科交流的平台之一。

三、多元化发展和反思期（2000—2018）

进入21世纪，经过前期的不断恢复、重建以及探索、回顾，研究者更加以开拓创新的精神和勇气推动教育史学科的多元化发展，使得教育史学科发展取得了一定成绩。但是，由于高等教育体制和教育科研体制的变革以及学科自身和研究者存在的诸多问题，教育史学科发展面临诸多困难，存在着课时被压缩、选题重复较多、学科生存价值不被认同等问题，教育史学科处于全面的危机之中。[①]对教育史学科危机的认识和讨论在2000年后成为教育史学科发展中的一个重要主题。教育史研究者充满危机意识，直面教育史学科所面临的危机，也注重进行学科反思并探索学科未来多元发展走向。

（一）研究成果翻倍增长，研究视野多维扩展

本阶段，教育史研究者仍然通过教育史著作、教材、论文等对学科体系的建构进行探索，而且研究成果的数量实现大幅度增长，各种著作、教材达百余本，论文达到千余篇。

以中国教育史著作、教材来看，这一时期，中国教育通史类的著作、教材除部分翻版外，如王炳照《简明中国教育史》、孙培青《中国教育史》等，因各院

---

① 张斌贤. 全面危机中的外国教育史学科研究［J］. 高等师范教育研究，2000（4）：40.

校开始积极编纂教材,中国教育史教材数量急剧增加,满足了不同类型院校、学生学习中国教育史的需要。不仅如此,中国教育史的研究视野逐步扩展,将中国教育史研究视野从注重学校教育、知名教育家教育思想扩展为更为广阔的视界,开始关注社会教育以及微观的、下层的、活动主体的教育者和受教育者的教育史实。中国教育史研究者还广泛吸收其他学科知识,加强与其他学科的对话和交流。不仅如此,中国教育史专题性质的著作增多,且向教育学各分支学科自身发展史的研究扩展,呈现研究主题的多元化和研究范围的不断扩展,以中国教育史的方法来探讨教育问题的方方面面,为中国教育史的学科发展增添了新的动力。此阶段,《中国教育制度通史》《中国教育活动通史》相继出版,完善了中国教育通史研究。《中国考试史文献集成》(2003)、《中国古代教育文献概要》(2004)、《中国书院学规集成》(2011)、《民国教育史料丛刊》(2015)等史料也逐渐涌现。

就外国教育史来看,在关注外国教育思想、近代外国教育史研究之外,外国教育制度、美国及其他国家和地区的教育史、古现代外国教育史、外国高等教育史、西方教育史学也受到了研究者的重视,形成了相应的研究成果。

此外,中外教育史经典著作得以出版,有助于了解我国以及国外的经典教育史著作和教育史学理论、方法等。其中,福建教育出版社"二十世纪中国教育名著丛编"中的《中国教育制度沿革史》等以及"西方教育史经典名著译丛"等都是代表作。

同时,研究者面对教育史学科发展中的"危机",积极反思和建构,注重对学科建设基本问题进行探讨。研究者主要就教育史的研究方法、研究对象、分期、发展线索、分支学科建设以及学科体系等进行探讨。

(二)学术年会:回顾、反思及探索学科新视域

2000—2018年教育史研究会(2004年改为教育史分会)历届年会基本情况见表3.3。

表3.3 2000—2018年中国教育学会教育史研究会(分会)历届年会和主题情况

届次	时间	地点	年会主题
第七届	2000.11.5—8	广州	①挑战与应对:教育史学科在新世纪的发展;②血脉相连:台港澳教育发展与祖国教育传统
第八届	2002.9.27—29	昆明	①经验与反思:中国现代学制100年(1902—2002);②借鉴和创新:杜威与现代教育
第九届	2004.10.31—11.2	武夷山	我国教育史学科建设百年回顾与反思

续表

届次	时间	地点	年会主题
2005年年会	2005.10.31－11.2	金华	争鸣与交锋：中国教育史上的思想论争
第十届	2006.10.13－15	西安	①教育交流与中国教育变革；②中国教育在海外的影响；③世界近代教育交流与变革中的赫尔巴特（赫尔巴特教育思想在各国的传播与影响）；④教育交流与美国近代教育发展
2007年年会	2007.11.4－5	芜湖	探索外国教育史研究的新领域和新方法
第十一届	2008.10.9－12	保定	①教育史研究与当代教育改革：视野、观念和方法；②国外教育史学科新进展
	2009.10.24－25	杭州	裴斯泰洛齐教育思想国际研讨会
第十二届	2010.10.12－14	重庆	社会大变革下的教育史研究
第十三届	2012.10.15－18	长沙	①转型期教育史研究的国际化与本土化；②教育史研究的新成果与新问题
第十四届	2013.12.14－16	深圳	学校与教育组织机构的历史变革
第十五届	2014.12.19－21	金华	课程与教学内容的历史变革
第十六届	2015.10.10－11	开封	教师与学生史
第十七届	2016.9.24－25	太原	教育政策与管理史
第十八届	2017.11.24－25	北京	教育史：学科建设与人才培养
第十九届	2018.11.2－4	南京	跨学科视野下的教育史研究

从这一阶段各届中国教育学会教育史分会主题来看，教育史学科密切关注其在新世纪到来后如何更好地发展这一命题。除中国教育学会教育史分会这一学术交流平台外，从2007年开始，由北京师范大学、华东师范大学、浙江大学、厦门大学和台湾师范大学、澳门大学共同发起的海峡两岸教育史论坛，每年召开一次，由上述六所大学轮流主办。海峡两岸教育史学界的这一盛事，为中国教育史研究注入了新的活力。

（三）硕、博士点迅速增加，研究队伍翻倍增长

进入21世纪的短短几年间，教育史学科全国重点学科增加了2个，而博士学位授予单位也增加到10个以上。到2007年，全国教育史硕士点有34个，博士点有12个，北京师范大学、华东师范大学和浙江大学拥有教育史国家重点学科。21世纪以来，教育史获得博士学位的专业人才数，增长了十几倍，且人才培养的连续性使得教育史学科呈现老中青三代共同推动发展的局面。

（四）课题数量翻倍增加，研究主题更加多元化

2000年以来，全国教育科学规划教育史立项课题达百余项，较之上两个阶段来说，教育史立项课题数翻倍增长，研究主题更加多元化。中国教育史、外国教育史研究都涉及了教育思想史、教育制度史的研究。但是相比较而言，中国教育史的研究主题更为全面，有中华人民共和国教育史、地方教育史、日本侵华教育史、民族教育史、商周教育史、《学记》研究、教科书和教育期刊、教育学术团体以及教育史学科建设、科举学、书院等。当然，在中国教育史研究主题中，民国时期这一时间段的教育史可能更受中国教育史研究者关注。就外国教育史研究来看，美国教育史最受研究者关注，而杜威、美国大学的章程、研究型大学等是研究重心。当然，研究者在主要关注美国教育史的同时，其他国家的教育史也随着具有相关留学背景的研究者加入教育史研究队伍而开始增加。

此外，"六五""七五""八五"期间，教育史课题负责人多为50—60岁，"九五"期间至今则多为30—50岁，这意味着教育史学科研究队伍逐渐年轻化，有助于推动教育史学科的持续发展。与此同时，教育史立项课题中，研究者注重探索教育史的理论和方法，积极借鉴其他学科的理论和研究方法，改变了以文献分析、逻辑思辨为主的单一化研究状态。当然，中国教育史立项课题多于外国教育史立项课题，且课题负责人所在单位虽日渐增多，辐射我国各省市地区，一定程度上表明了教育史学科发展空间分布逐渐拓展，但不容忽视的是，立项课题负责人所在单位仍主要集中于发达省市以及211、985院校，教育史学科发展空间分布还不均衡。

第二节 教育史学科建设的进展

纵观改革开放40年来教育史学科的发展历程以及相关研究成果，可以发现教育史学科建设的进展主要为如下几方面。

一、教育史学科的学科基础

教育史学科作为学科群中的学科之一和教育学的基础学科，其产生、发展必然需要教育学、历史学以及其他学科的支撑，以此构建属于自己的学科理论体系。鉴于此，改革开放40年来，教育史学科依旧重视密切与其他相关学科的关系。有研究指出教育史学科必须以马克思主义哲学作为哲学基础，必须树立唯物史观,①"作为教育科学中一门综合性很强的分支学科,教育史研究常常要涉及政治史、经济史和文化史等众多学科"。②因此,田正平、周洪宇等指出教育史学科必须"倡导借鉴社会学、民族学、民俗学、人类学等学科的理论",注重跨学科研究,③以加强教育史学的理论建构和学科建设。④有研究还指出教育史学不是孤立的学科,不仅要与史学沟通,而且要与文学对话。⑤此外,相关研究还指出教育史学科与自然科学密切相关,自然科学研究方法有助于教育史实精确,也有助于揭示教育史实发展趋势。⑥总之,教育史的学科基础较为广泛,需要广泛汲取其他学科的理论养分,这一观点已成为教育史学科发展中的共识。

二、教育史学科的研究对象

教育史学界对教育史学科的研究对象形成了不同的观点,如吴式颖指出,教育史以"人类教育理论与实践发展的历史为研究对象"。⑦王彦力等指出,教育史学科的研究对象最根本是人。⑧张斌贤指出,教育史学科的研究对象是曾经存在的教育现象和教育活动。⑨此外,就中国教育史学科的研究对象来说,孙培青认为中国教育史以研究学校教育为主并兼顾社会教育。这一观点也直接体现在其编写的《中国教育史》一书中。韩达主张"中国教育史还应注重科技教育史、民族教育史、教育制度史"等研究。⑩邓小泉、杜成宪从中国教育史研究对象的重心已经发生变化这一角度出发,指出中国教育史的研究对象已经"由制度史向思想史扩展、由'内部史'向'外部史'扩展、由'上'向'下'的扩展。所谓由'上'向'下'的扩展,主要包括三个方面,由一流教育人物向二三流教育人物扩展,由贵族教育向平民教育扩展,由男性教育向女性教育扩展。"⑪

---

① 吴玉琦. 试论中国教育史学科建设的马克思主义方向[J]. 东北师大学报(哲学社会科学版), 1992 (2): 88.
② 周洪宇. 教育史研究改革管抒[J]. 教育评论, 1991 (2): 65.
③ 田正平, 肖朗. 教育史学科建设的回顾与前瞻[J]. 教育研究, 2003 (1): 36.
④ 周洪宇, 申国昌. 新世纪中国教育史学的发展趋势[J]. 华东师范大学学报(教育科学版), 2007 (3): 84.
⑤ 申国昌, 等. 教育史学呼唤文学[J]. 理论月刊, 2016 (5): 60.
⑥ 杜成宪, 邓明言. 教育史学[M]. 北京: 人民教育出版社, 2004: 264-265.
⑦ 吴式颖. 让过去启示未来——吴式颖八十自述[J]. 教育学报, 2009 (5).
⑧ 王彦力, 李丽丽. 教育史研究的人学探索[J]. 教育研究, 2013 (6).
⑨ 张斌贤. 从"体系时代"转向"问题时代":我国外国教育史学科振兴的路径[J]. 云南师范大学学报(哲学社会科学版), 2017 (6): 83.
⑩ 韩达. 全国教育史研究会会议评述[J]. 中国教育学刊, 1980 (1): 13.
⑪ 邓小泉, 杜成宪. 二十世纪上半期中国教育史研究方法论探析[J]. 河北师范大学学报(教育科学版), 2007 (3): 65-66.

就外国教育史学科的研究对象来看,研究者一致认为外国教育史不是西洋教育史,也不是欧美教育史,而是除我国之外的世界各民族、各国家的教育发展史。当然,外国教育史在研究中还存在过于西方化和美国化的问题,有研究者基于"一带一路"倡议的要求,指出外国教育史要注重沿线国家的教育史研究。① 就外国教育史研究外国教育制度、外国教育思想、外国教育实践三大板块来说,从整体史观出发,外国教育史研究对象和研究领域还需要进一步扩展,可以研究外国教育史人物,将视野由精英扩展到广大民众,也可以研究外国名家经典作品、外国教育文化史、心态史等。② 尽管教育史学界关于中外教育史的研究对象有所分歧,但是研究对象随着研究视野的开拓而日益多元化,研究领域已扩展为学校教育史、家庭教育史、社会教育史、女子教育史、少数民族教育史、高等教育史等。

针对以往教育史学科研究对象"二分法"这一观点,相关研究提出了研究对象"三分法",如周洪宇从教育活动是教育现象得以存在的基本形式等出发,提出教育史学科"研究对象三分论"。此外,教育影像也是教育史学科的研究对象和研究领域,它会提供一个别样的观看教育历史现场的方式、临场的真实感和可视的教育叙事"场域"。③

三、教育史学科的学科性质

早在20世纪20年代,教育史研究者就曾对教育史学科的学科性质进行了研究,王炽昌指出"史之种类有普通史和专门史二种,教育史专论各时代之教育思想、制度及实施状况,故为一种专门史"。④ 改革开放以来,教育史学界一致认为,"教育史学科兼具教育学和历史学的双重品格"。⑤ 教育史学界关于教育史学科性质争论的重心在于教育史学科究竟是属于教育学科还是属于历史学科。部分研究指出,教育史学科是"一门现代教育科学与其他社会科学,特别是历史科学

---

① 冯强."一带一路"与教育史学科建设[J].高教发展与评估,2018(3).
② 史静寰,等.西方教育史学百年史论[M].北京:人民教育出版社,2014:307-308.
③ 毛毅静,丁钢.别样的历史叙事:作为一个研究领域的教育影像[J].教育研究,2013(1):10-15.
④ 王炽昌.新师范教育史[M].上海:中华书局,1923:1.
⑤ 吴玉琦.试论中国教育史学科建设的马克思主义方向[J].东北师大学报(哲学社会科学版),1992(2):88.

相结合的基础性教育理论学科"。① 周洪宇指出教育史学科与教育学科关系很密切，但其"学科主体性"是历史学，② 是历史学科和传统人文学科在教育领域中的扩展。可见，教育史学科是教育学和历史学的一门交叉学科，具有教育学和历史学的双重性质，这已经得到了教育史学界的认同，但是，教育史学科姓"教"还是姓"史"还没有得到教育史学界的统一。

此外，教育史学界还对教育史学科的基础性和实用性、科学属性和艺术属性进行了探究，或认为教育史学科的首要属性是实践性，或指出教育史的学科性质可能更偏向于科学。③

四、教育史学科的学科功能

教育史学界还对教育史学科的学科功能进行了探讨，普遍认为教育史学科具有了解过去史实、促进教育理论创新、提供教育改革依据以及预示未来的作用。肖会平、周洪宇论述了教育史学的学术功能与社会功能。其中，教育史学的学术功能主要为记载、寻真、传承历史文化和发展教育科学四个方面，教育史学的社会功能主要有借鉴、育人、指导和优化四个层面。④ 杜智萍指出教育创新功能是教育史学科的基本功能之一。⑤ 李和平从设定教育史学功能开始，采用功能—结构的思想、方法，讨论教育史学结构问题，从学科功能论上将教育史学的功能归为再现既往的教育事实功能、发现功能和预见功能。⑥ 张斌贤等指出教育史学科的功用观大致有认识功用观、道德功用观、政治功用观、实践功用观、政策功用观。其中，教育史的"认识功用"是教育史学科的本体功用，应当最大限度地发挥其认识功用，使教育史学科健康发展。⑦

---

① 黄明喜. 试论中国教育史研究的学科性质与基本原则［J］. 河北师范大学学报（教育科学版），2005（2）：53.
② 周洪宇. 关于教育史学研究和学科建设的思考［J］. 教育史研究，2017（1）.
③ 郭法奇. 教育史学科建设：新时期、新征程［N］. 中国社会科学报，2018-01-04-05.
④ 肖会平，周洪宇. 教育史学的学术功能与社会功能［J］. 教育学报，2006（3）：85-92.
⑤ 杜智萍. 教育史学科的教育创新功能及其发挥［J］. 太原师范学院学报（社会科学版），2006（5）：166-168.
⑥ 李和平. 教育史学功能及其内在三层次结构论［A］. 纪念《教育史研究》创刊二十周年论文集（1）——教育史学理论及史学史研究［C］. 2009.
⑦ 张斌贤，高玲. 教育史研究的功用［J］. 河北师范大学学报（教育科学版），2013（9）：5-11.

五、教育史学科的学科体系

自改革开放以来，教育史研究者积极尝试构建教育史学科的学科体系。杜成宪对中国教育史的学科体系进行了回顾研究后，指出我国在20世纪20、30年代和80年代就有研究者对这一问题进行了研究，认为"中国教育史学科体系包括实质研究和形式研究，其中实质史包括内部史和外部史"。① 1983年9月，全国教育史研究会在安徽黄山召开了关于"外国教育史学科体系"的研讨会，此次会议指出外国教育史的学科体系的"中心"是存在的，但却是变化的。外国教育史学科体系的主线应以学校教育为主，适当辅以社会教育。② 朱正贵指出理清外国教育史学科体系构建中的时间和地域、思想和实践、史和论三个关系，有助于外国教育史学科体系构建。③

与此同时，杜成宪等认为，教育史学科"作为一门专史，其本身又是一个极广阔的领域，在其主干上生长着许多分支"，其学科体系依据不同的分类标准就会组成多种结果。基于此，教育史学科体系可以依据教育历史发展顺序分为古代教育史、近代教育史、现代教育史，也可以按照受教育者阶级属性分为统治阶级教育史和劳动人民教育史，也可以按照教育实质划分为教育制度史、教育思想史。④ 对于此种教育史学科体系的构建，有研究者指出具有一定局限性，忽视了教育史学理论研究和教育史学史研究等。⑤ 高时良按照低、中、高三层次，对教育史学科体系进行了探究，指出低层次教育史限于教育史内部事实的研究，中层次教育史是教育史与其他学科的交叉，高层次教育史是从哲学思辨的高度对教育史学进行理论探讨，如教育史学方法论等探讨即属于这一层次。⑥ 周洪宇从完善教育史学科体系出发，提出了一种新的教育史学学科体系框架，即将教育史学的学科体系分为具体、抽象的教育史学研究两大部分。前者包括教育活动史、教育制度史、教育思想史研究，后者包括教育史学史、教育史学理论与方法和教育历史哲学研究。⑦ 目前，教育史学科体系如何划分还没有形成定论，但是随着教育

---

① 杜成宪，邓明言. 教育史学［M］. 北京：人民教育出版社，2004：89.
② 安徽省教育史研究会. 外国教育史学科体系论文集［G］. 内部交流，1984：244.
③ 朱正贵. 也论外国教育史学科体系的若干问题［J］. 青海师范大学学报（哲学社会科学版），1985（2）：30-35.
④ 杜成宪，邓明言. 教育史学［M］. 北京：人民教育出版社，2004：70-71.
⑤ 郭娅. 反思与探索——教育史学元研究［M］. 济南：山东教育出版社，2010：86-87.
⑥ 高时良. 时代的呼唤，历史的反思［J］. 教育史研究，1989（2）.
⑦ 周洪宇. 重论教育史学的学科体系［J］. 中国教育科学，2013（2）：133-149.

史研究对象的不断展开，其学科体系会不断充实和丰富。不仅如此，有研究指出教育史学史会成为教育史学科体系中的重要分支。①

六、教育史学科的研究方法

早在 20 世纪 20 年代，王凤喈就指出中国教育史研究需要科学的方法。第一步要有整理和辨别事实的方法，第二步要有分析和综合这些事实的方法，第三步要有分析因果关系的方法。② 这一方法的第一步实际道出了中国教育史研究中最基本的方法——历史文献法，第二、三步则是阐释和处理中国教育史史料的方法。改革开放 40 年以来，教育史学界同样注重对研究方法进行理论探索。张雪蓉指出教育史学科的研究方法要注重借鉴西方世界教育史研究的新方法，整合心理分析的方法、量的统计方法、质的研究方法等，实现对传统研究方法论的新突破。③ 周洪宇则专门构建了教育史学科的"三维系统方法论"，是一个由研究方法的理论基础、一般研究方法、具体研究方法及其相关层次构成的研究系统。④

随着教育史学科与其他学科不断交流和对话，教育史学科的研究方法日益丰富和多元化，主要表现为通过借鉴西方史学研究方法来更新、拓展教育史研究方法。有研究者指出"家庭策略"作为一种新方法、新视角，倡导将宏观社会变迁背景和家庭成员互动结合起来考察，有助于改变传统教育史学的线性思维，也改变教育史学家对"史料"的看法，教区登记、税册、日记以及实物等非文本材料也进入教育史研究范围。当然，"家庭策略"应用中容易忽视日常生活和社会重大事件的关系等，这些是教育史研究应规避的。⑤ 有研究者则提出历史想象作为一种重要的史学研究方法，也可以成为教育史研究方法。⑥ 有研究者则指出口述史学弥补了教育史、高等教育史研究文献资料的不足，且对转变研究范式、拓展研究领域、丰富研究内容等都有重要的意义。⑦ 有研究者还将身体史学、谱系

---

① 郑刚. 教育史学史：中国教育史研究的新兴领域 [J]. 教育研究与实验，2013（2）.
② 王凤喈. 中国教育史大纲 [M]. 上海：商务印书馆，1928：1-2.
③ 张雪蓉. 对教育史研究方法论的思考 [J]. 南京邮电大学学报（社会科学版），2006（4）：43.
④ 周洪宇. 对教育史学若干基本问题的看法 [J]. 河北师范大学学报（教育科学版），2009（1）：12.
⑤ 武翠红. 论"家庭策略"方法在教育史研究中的运用 [J]. 教育学术月刊，2012（1）：86-89.
⑥ 张建东，尚连山. 论历史想象与教育史研究 [J]. 教育研究与实验，2013（4）：36-39.
⑦ 郑刚，余子侠. 高等教育口述史研究的实践与发展路向 [J]. 高等教育研究，2015（8）：56-61.

学、心态史学等引入了教育史研究之中。其中，以身体史学出发，教育史研究应从教育参与者的"身体"出发，分析和阐释其"身体"的生成和改变，实现对教育主体的关注和生命关怀。① 心态史学可以推动教育史研究方法的心理学化。② 此外，"案例研究"作为一种新的研究方法也被应用到教育史研究之中，用以研究和还原具体、单一、微观的教育历史事件。有研究者还提出可以将集体传记法应用到教育史研究之中，并对其运用的可能性与可行性进行初步的探讨。③ 不仅如此，叙事研究法、田野调查等社会学、人类学等学科的研究方法也都被应用在教育史学科的具体研究之中。

七、教育史学科的分期问题

教育史的分期是教育史学科建设中的一个基本理论问题，合理地划分教育发展的历史阶段，"有助于合理地编排教育史课程和教材体系，还有助于人们正确认识和把握教育历史的发展阶段"。④ 改革开放以来，教育史学界对教育史的分期问题进行了探索。

就中国教育史的分期来看，余国华指出教育史可以根据教育目的的变化发展进行分期，分为社会生活教育阶段、官僚教育阶段、以发展能力为中心的掌握科学知识和技能的教育阶段。⑤ 杜成宪总结中国教育史的分期依据大致有"朝代更替、社会形态、时代特征、教育实践、阶级斗争"等多种，但这些分类依据均有不足，根据中国教育史学科的双重性质提出中国教育史应该"以教育实践过程为主，也对历史年代、社会形态等外部因素的变迁有所依傍"。⑥ 高敏贵则尝试"以教育学理论，从教育自身的变化发展，按'原始教育形态'——'古代学校教育形态'——'现代学校教育形态'重新给中国教育史分期"。⑦ 周洪宇指出，

---

① 李艳莉. 身体：重构教育活动的另一可能——身体史视域下的教育活动史研究［J］. 教育学术月刊，2014（5）：14-18.
② 冯永刚，李良方. 论心态史视角下的教育史研究［J］. 山西大学学报（哲学社会科学版），2018（3）：77-83.
③ 孙益，武雅静. 集体传记法与教育史研究：可能性与可行性的探讨［J］. 教育科学，2018（1）.
④ 杜成宪. 20世纪关于中国教育史分期问题的探索［J］. 华东师范大学学报（教育科学版），2000（3）.
⑤ 余国华. 中国教育史分期初探［J］. 社会科学探索，1991（2）：102-105.
⑥ 杜成宪. 20世纪关于中国教育史分期问题的探索［J］. 华东师范大学学报（教育科学版），2000，18（3）：89.
⑦ 高敏贵. 对中国教育史分期的新思考［J］. 广西教育学院学报，2004（6）：9.

中国教育史可以分为原始教育、古代教育和现代教育三大阶段。① 此外，宋建军、李华兴等还对中国近代以来的教育和民国时期的教育进行了分期。

就外国教育史的分期来看，第一种观点认为应采用社会发展史的划分方法划分外国教育史的发展阶段。第二种观点认为，应该采用普通历史的划分方法将外国教育史划分为古代、中世纪、近代和现代四个时期。第三种观点认为，应该按照外国教育史自身发展的特点来划分外国教育史发展的历史阶段。② 此外，周洪宇在"教育史分期三段论"基础上，专门就外国教育史分期进行了探索。③

当然，关于教育史的分期问题，研究者仍未形成统一的观点，而其关于教育史的分期的看法，也融合在各自教材、著作的编写中，有助于教育史分期问题的进一步探索。

八、教育史学科的发展脉络

改革开放以来，教育史学界借助年会、课题、著作、论文等不同方式和途径对中外教育史学科的发展脉络进行了梳理，并在此基础上形成了反思和对未来发展趋势的展望，以更好地推动教育史学科的发展。

就中国教育史学来看，杜成宪等回顾了中国教育史学科的发展历程和研究进展，也思考了教育史学科建设的基本问题。田正平对改革开放30年的教育史学科发展进行了回顾，呈现了教育史学科取得的成绩，也正视了存在的问题，并对教育史学科的未来走向进行了探究。④ 侯怀银等对1901年至2000年中国教育史学的发展阶段及各阶段的特点进行了整理，并系统总结了教育史学界对中国教育史学科性质、研究对象、学科体系等的探索。⑤ 李忠、周洪宇梳理了中国教育史学科的三次研究取向，即在借鉴中形成的包括实用主义、实证主义、问题主义、历史唯物主义为代表的多元取向，新中国成立初期到改革开放之前形成政治主导下的"革命史"取向，改革开放后，在恢复重建中，开始形成以唯物史观为主的

---

① 周洪宇. 文化与教育的双重历史变奏——周洪宇文化教育史论 [M]. 武汉：华中科技大学出版社，2011：178-179.
② 叶澜. 二十世纪中国社会科学. 教育学卷 [M]. 上海：上海人民出版社，2005：306.
③ 周洪宇. 文化与教育的双重历史变奏——周洪宇文化教育史论 [M]. 武汉：华中科技大学出版社，2011：179.
④ 田正平. 老学科 新气象——改革开放30年教育史学科建设述评 [J]. 教育研究，2008（9）.
⑤ 侯怀银，等. 中国教育史学科建设的百年求索 [J]. 陕西师范大学学报（哲学社会科学版），2015（4）：89-102.

现代化、叙事、活动为内容的一元多线取向。[1] 刘来兵则从"什么是教育史"这一学科基本问题出发，以实践唯物主义为研究视域，以不同时期研究者的教育史著述为分析文本，对1901年至2011年这一长时间段的中国教育史学的研究范式进行了梳理。[2]

就外国教育史学来看，贺国庆等回顾外国教育史学科的百年历程，并指出外国教育史学科要充分认识学科价值和意义，强化国际交流等。[3] 王晨对改革开放30年来外国教育史学科的发展阶段以及各阶段的特点进行分析，指出教育史学科要重视学科基础建设、教材和史料建设，提升理论研究水平以及发挥教育史的作用等。[4] 杨捷指出外国教育史学科自20世纪80年代末至21世纪初开启了积极探索学科理论和多元深化发展的时代。[5] 此外，近年来南京师范大学周采及其领导的团队对西方教育史学进行了较为系统的研究，涉及了美、德、英、法、澳大利亚等不同国家的教育史学研究的历史、现状、特征和发展趋势的系统梳理。孙益、沈文钦、林伟、于书娟等也对西方教育史学进行了相关研究，如对德国《教育史年刊》刊载文章的分析，透视了德国教育史学科受到新史学与现代社会科学强烈影响、有意识趋向跨学科研究以及重视史料和反思史学理论等研究特色。[6]

第三节 教育史学科发展的反思

回顾改革开放40年来教育史学科的发展历程，总结其所取得的进展，有助于推动学科的不断发展。

---

[1] 李忠，周洪宇. 中国教育史学科研究取向的三次转换 [J]. 陕西师范大学学报（哲学社会科学版），2015（4）：103-110.

[2] 刘来兵. 视域融合与历史构境：中国教育史学实践范式研究 [M]. 武汉：华中科技大学出版社，2013.

[3] 贺国庆. 外国教育史学科发展的世纪回顾与断想 [J]. 河北师范大学学报（教育科学版），2001（3）：23-27.

[4] 王晨. 从艰难恢复到积极革新——外国教育史研究三十年（1978－2008）[J]. 清华大学教育研究，2008（6）：35-42.

[5] 杨捷. 我国外国教育史学科的发展与回顾探究 [J]. 河北师范大学学报（教育科学版），2015（5）：5-11.

[6] 参见：孙益，等. 20世纪90年代以来的德国教育史研究——以德国教育史学会和《教育史年刊》为核心的考察 [J]. 外国教育研究，2014（8）：11-26. 孙益，李曙光. 20世纪70年代以来的法国教育史研究——以法国教育史服务处、《教育史》杂志为核心的考察 [J]. 清华大学教育研究，2014（2）：83-90.

一、构建体系，吸收但不盲从其他学科

一味的模仿和借鉴终不能使教育史学科走上自主发展之路。教育史学科要发展，必须要构建自身的发展体系，处理好与其他学科间的关系。

一方面，增强自我意识，构建独特的研究范式和学科体系。自 21 世纪初起，对教育史学科处于危机中的探讨，成为学科发展中的一个重要命题。为了走出"危机"，以更好地推动学科发展，教育史学科必须注重学科建设，构建独特的研究范式。通过理清学科建设中的基本问题，教育史学科更能以明确的学科定位、研究目的、研究对象以及多元化的研究方法、史料等，实现不断发展。

另一方面，回归主体，吸收但不盲从其他学科。教育史学科作为教育学和历史学交叉而成的学科，必须注重吸收两门学科的新鲜养分。① 就历史学来看，目前已经涌现了年鉴学派、计量史学、身体史学、情感史学等，历史学中的"身体转向""情感转向"等已经在国际教育史学界出现，② 我国教育史学科同样要紧跟历史学、国际历史学研究趋向，以此更新和拓展教育史研究。就教育学来看，教育史学科还需要拥有教育学的立场，使得教育史研究具有教育学内涵。③ 同时，教育史学科还必须加强与社会学、人类学等学科的对话，但是须严守自己的阵地，避免成为其他学科的附庸。

二、拓展视野，实现对象、方法等多元化

目前，教育史学科的研究视野已逐渐扩展，研究对象、研究方法也日益丰富，史料建设也在层层推进，但是，教育史学科的研究对象还是过于集中，知名教育家的教育思想、学校教育、欧美教育史等仍然是教育史学科的研究重心。研究方法还略显单薄，结合新方法进行研究的研究成果还较少。研究时段也过于集中，近代教育史依旧是教育史学科研究较多的时段。鉴于此，今后教育史学科应注重从以下几方面努力。

第一，就研究领域来说，除继续深化教育思想史、教育制度史研究外，还必须积极推进教育活动史、教育生活史等研究，且在借鉴其他学科关于"身体转向""情感转向"方面的研究成果时，推进教育身体史、教育情感史等新的研究

---

① 周洪宇. 回归主体与主流：中国教育史学的当务之急 [J]. 华东师范大学学报（教育科学版），2016（4）.

② 第 22 届国际历史科学大会在济南开幕 [EB/OL]. （2015-08-23）[2017-07-10]. http://news.xinhuanet.com/local/2015-08/23/c_1116344268.htm.

③ 刘庆昌. 教育史研究的教育学内涵 [J]. 教育科学，2012（2）：90-96.

领域的研究。此外，教育史学科还需要拓宽研究对象、研究国别等，在此基础上，注重理论思维的提升，不能仅仅停留于对具体历史现象的诠释，避免研究选题上的琐碎化。

第二，就研究方法来说，不仅要注重对文献法的运用，还要将考证法、图像史学法、影像史学法、计量史学法、口述史学法、历史人类学的相关方法等加以应用，实现研究方法的多元化。在运用这些研究方法时，还需要避免一味地求"新"求"洋"。

第三，就研究时段来看，教育史学科要重视对古代、远古时期、中世纪、中华人民共和国成立以来等时间段的研究。不仅如此，以年鉴学派布罗代尔的"三时段"理论为标准的话，已有研究成果主要是"中时段"教育史，在此，教育史研究中应注重再现"长时段""短时段"教育史研究。

第四，就教育史料来说，既要注重收集文献资料，还要注重挖掘和使用、整理和出版诸如小说、图像、野史笔记、戏剧、诗歌、民谣、教育器物、档案资料、考古资料等多元化的新资料。① 在应用史料时，也要注意保证其真实性、客观性等。

第五，就研究成果呈现的形式来看，可以用论文、小说、戏剧、教育影像、教育图片汇编集等形式，改变以往以论文为主要呈现形式的单调局面。同时，在保证研究成果的史实真实的基础上，并不完全排斥文学的想象、艺术的夸张，实现科学和艺术的完美结合，最大限度扩大教育史研究成果的受众。②

三、关注实践，提升教育史学科的实用性

"教育史学科应受到重视，教育史工作者应努力为现代教育改革提供借鉴，并应积极直接参与到教育改革之中去，而不要只是等教育改革成为历史陈迹后才去研究它。"③ 长久以来，教育史学科遭受批评最多的就是对教育实践的关注不足，研究成果缺乏实用性和现实性，甚至很多学校因此取消了教育史课程。为了更好地立足、发展，教育史学科必须注重处理好教育史研究的学术性和实用性之间的关系，强化实践关怀意识，提升教育史学科的实用性。

基于此，教育史研究者必须走出书斋，摒弃以往仅关心教育史实、教育史料

---

① 姜胜利. 深入认识史学发展规律 推动中国史学史学科繁荣发展［N］. 人民日报，2019-01-14-09.

② 黄朴民. 告别边缘化的史学研究［N］. 北京日报，2017-05-22-15.

③ 孙培青. 中国教育传统研究与教育改革［J］. 河北师范大学学报（教育科学版），2000（1）：1-6.

等的态度和做法，密切关注当前教育改革实践的进程。教育史学科可以为教育实践改革提供历史借鉴，而当前的教育实践问题同样可以成为教育史研究的问题来源。以研究科举考试为例，科举考试中的"冒籍"考试与当前高考移民有一定的相关性，通过研究古代科举考试如何处理"冒籍"问题，① 可以为当前教育实践改革提供参鉴。因此，教育史学科在研究中要密切关注教育实践进程，从教育实践出发，跟踪最新的教育实践问题，以历史上的具体做法回应当前教育实践中的问题，以此凸显教育史研究成果的实用性，凸显教育史学科的价值和作用。

四、守望经典，坚守教育史学科的本土化

教育史学科作为教育学的分支学科，遵循从引进到本土化再到教育史学科的原创和中国的教育史学科的发展轨迹。在这一发展过程中，教育史学科"西化"程度越来越严重，研究框架、研究方法等有些是西方教育史学的翻版，有些则缺乏中国特色。在此，我们要实现我国教育史学科的本土化，就必须首先寻根溯源，守望经典，继承我国史学、教育史学研究传统，构建教育史学科的中国学术话语体系。②

孙培青先生曾言："我们要立足中国，独立研究，教育史学科建设的责任在肩，外国人无法替代。"③ 毫无疑问，教育史学科发展中，我们自己必须承担起学科发展的重任，而且必须立足我国本土，必须继承我国几千年的优良学术传统，在此基础上结合本土实际和本土传统进行独立研究，这是教育史学科摆脱盲目照搬西方模式、实现教育史学科本土化的根本途径之一。因此，教育史学科必须要接着中国教育学、教育史、历史学研究传统以及学术传统来"接着讲"，④直面中国教育传统和学术传统，扎根本土教育实践，善于继承中国传统史学的思维方式和研究范式，挖掘中国传统学术理论范畴以及吸收中国史学研究方法的精华，⑤ 努力挖掘中国本土的教育史料和教育经典，构筑具有中国特色的教育史研究成果。

---

① 刘海峰，樊本富. 论西部地区的"高考移民"问题——兼论科举时代的"冒籍"现象[J]. 教育研究，2004（10）：76-80.

② 王兆璟，王艳艳. 重返经典：教育史研究的进路与学术旨趣[J]. 教育理论与实践，2016（34）：8-11.

③ 孙培青. 教育史学科未来的几个问题[J]. 河北师范大学学报（教育科学版），2005（1）：69.

④ 侯怀银. 中国教育学领域的"接着讲"[J]. 教育理论与实践，2009（34）：1-5.

⑤ 周洪宇. 论教育史学中国学术话语体系的构建[J]. 河南大学学报（社会科学版），2016（3）：1-10.

五、完善队伍，提升教育史学科队伍的素质

毋庸置疑，无论是教育史学科建设，还是教育史研究成果的不断涌现，均需要教育史研究者的推动。教育史研究队伍的优劣是教育史研究能否顺利开展的关键因素。近年来，随着教育史学科学位授权点，特别是博士学位授权点的增加，教育史学科研究队伍逐渐壮大，且呈现年轻化的趋势，从而为教育史学科的不断发展打下了坚实的人力资源基础。但是，外国教育史研究队伍建设稍显逊色，还需要吸收一些具有教育学、外语等学科背景的研究者加入到外国教育史研究队伍中。另外，在跨学科思维的引导下，教育史学科的研究队伍还可以吸收历史学、社会学、人类学、心理学等学科领域的研究人员，形成一支具有复合、多元学科背景的研究团队。

在教育史学科研究队伍不断壮大，实现研究队伍"量变"的基础上，还必须实现研究队伍的"质变"，注重提升研究队伍的素养。因此，教育史学科必须注重培养敢于追求真理、乐于探索规律、甘于坐"冷板凳"的教育史研究者。同时，教育史学科的研究者还应自觉遵守学术道德和学术规范，从教育史学专业知识、一般基础知识等方面完善自己的知识结构，培养自己发现和选择研究课题的能力、搜集和处理材料的能力、语言文字表达能力等。[①] 通过教育史学科研究队伍"量变"和"质变"的统一，推动教育史学科的不断发展。

六、拓展空间，均衡教育史学科的布局

目前，就教育史学科的发文数量、教育史学科的立项课题等来看，我国教育史学科的分布地区已经较为广泛。以教育史学科的立项课题为例，我国绝大多数省市、地区均有立项课题，但是深入其中的立项院校、省市地区的比例来看，教育史立项课题的地区分布、院校分布较为集中，主要分布在浙江、北京、上海等地以及"211""985"等高等院校。我们应该承认教育史学科发展的中坚力量主要分布于这些地区和院校，也应该承认不同院校间和东、西部地区间教育史研究实力确有差距。但是，在承认地区研究实力差异的同时，不能忽视研究实力相对薄弱的地区和院校教育史学科的发展和学术研究能力的提升、培养。

为此，教育史学科在今后的发展中，要重视拓展教育史学科的发展空间，注重推动偏远地区、其他院校的教育史学科的发展，如在教育史课题立项上可以尝试区别对待，特设西部、一般院校专项课题，增加中、西部地区以及一般院校教

[①] 张斌贤. 以历史责任感推进教育史学科人才培养 [J]. 河北师范大学学报（教育科学版），2017（9）.

育史课题立项,以促进地域间、单位间教育史研究均衡发展。与此同时,在注重拓展、均衡教育史学科空间分布的基础上,还必须形成教育史学科的重点研究基地,如北京师范大学、华东师范大学、浙江大学、华中师范大学、河北大学、南京师范大学等,这些学校教育史学科建立时间早,研究力量较为雄厚,也先后培养出了百余名博士生,有些博士生也成为教育史学科发展中的中坚力量。教育史学科在拓展空间均衡分布的同时,仍需重点扶持和巩固这些已有阵地,实现重点研究基地和学科均衡布局齐头并进的良好局面。

七、走向世界,实现教育史学科的国际化

"历史上一个民族、一个国家的每一次文化高潮的到来,都得益于大量吸收外来文化的精华。"[①] 教育史学科的发展历程表明,它在发展过程中一直借鉴和汲取国外最新知识和相关经验。未来的教育史学科的发展同样需要吸收外来精华,这有助于从世界教育的视野反观中国教育的历史,也有助于形成中国特色的教育史研究。当前,教育史学科对国外教育史的最新进展、使用何种方法开展研究、国外教育史专门刊物、国外教育史研究的代表人物及其观点等还关注不够,这不利于我国教育史学科在中外互动中吸取国外最新研究成果,也难以与国外研究者交流对话。

因此,教育史学科建设在坚守本土化的同时,还必须直面国际的教育传统和国外先进的教育理论,通过加强国际交流,实现教育史研究的本土化和国际化的有效统一和互相促进。就目前教育史学科的国际化来看,我国教育史研究者已经走出国门积极参加国际教育史年会,也积极邀请国外教育史研究者来华讲学,但是努力程度还不够,且教育史研究中"国际表达"和"国际合作"还存在不足。教育史学科必须坚持"国际视野",走向世界,遵循国际通行研究惯例,[②] 且定期参加教育史国际常设会议(The International Standing Conference for the History of Education,简称ISCHE),与各国教育史研究者进行交流和讨论,将中国的教育史研究成果带到国际教育史学界。同时,参会者还需要关注国际会议的会议论文集和摘要集中的研究内容,并将其研究动态通过文章等形式呈现出来,以便国内研究者能及时了解国外教育史的研究动态。此外,我国相关教育学刊物还可以定期约请国外教育史研究者发表相关文章,介绍世界各国教育史最新研究

---

① 孔炽. 坚持教育史研究中的科学的方法论——全国教育史研究会学术研讨会述要[J]. 华中师范大学学报(哲社版),1987(5):137-142.
② 郭法奇. 关于教育史研究"国际化"问题的思考[J]. 大学教育科学,2013(4):85-91.

动态。同时，各大学、研究机构还可以邀请国外教育史研究者来华讲学，加强国内教育史研究者与国外教育史研究者的联系。

总之，教育史学科自诞生之日起便在曲折中不断发展，改革开放 40 年以来，教育史学科也是在危机和挑战中不断发展的。可喜的是，教育史学科的学科建制日益完善，研究成果日益增多，研究队伍日益壮大，中外交流也日益增多。

第四章 比较教育学学科发展史

第一节 比较教育学学科发展的历程

党的十一届三中全会以来,我国教育理论界逐渐开展了比较教育学学科的研究,从其40年的发展来看,比较教育学学科发展史可以划分为三个阶段,分别是拨乱反正与引进吸收阶段(1978—1984)、深化改革与理论探索阶段(1985—2007)、系统转型与学科建构阶段(2008—2018)。

一、拨乱反正与引进吸收阶段(1978—1984)

中国共产党第十一届三中全会召开以后,我国的教育事业走向发展的正轨,而学习借鉴外国教育发展的有效经验,成为我国发展教育事业的必经之路。此前,由于教育领域也受到国家大政方针的影响,外国教育研究呈现出一边倒的状况,在对外国教育进行研究时,以苏联为代表的社会主义国家是主要的研究和学习的对象。1960年代,我国的比较教育研究在原有研究的基础上开始重视对其他国家的教育事业进行研究。1964年,由国务院外事办公室批准许多高等院校设立了外国教育研究机构。[①] 1965年,我国第一本以介绍外国教育为主的期刊——《外国教育动态》创刊,我国比较教育学科的发展呈现出了星星之火可以燎原之势。"文化大革命"时期,《外国教育动态》被迫停刊,此前设立的全国仅有的几所外国教育研究机构被迫停办,不再进行外国教育的研究工作,比较教育研究陷入沉寂。[②] 1977年8月,教育部高教司召开外国教育座谈会,制定了我国比较教育研究工作的三年、五年计划,使我国比较教育学科理论研究再次扬帆起

---

① 侯怀银,李旭. 20世纪比较教育学学科建设的本土探索[J]. 高等教育研究,2010(2):53-60.
② 商继宗. 对比较教育的比较——比较教育及其特点[J]. 上海师范大学学报(哲学社会科学版),1985(4):112-115.

航,比较教育迎来了一个新的春天。1978年以来的教育领域的改革与开放,使国家在各项决策的讨论、制定过程中,尤其注重借鉴和吸收国外的教育经验和先进的教育研究成果,政策上的大力支持为比较教育学科的发展提供了良好的契机,这一阶段比较教育学科的发展呈现出以下特征。

(一)开创性

比较教育学科发展初期,教育理论界对比较教育学科是否可以看作是一门学科并未达成统一的意见。各高校的外国教育研究室主要是介绍一些外国教育的制度与动向,仅仅把比较教育作为一种教育研究方法。1978年拨乱反正,恢复教育秩序后,我国教育学界迫切需要掌握世界教育发展的动向与借鉴经验。开放的政策在很大程度上提高了我国比较教育学者的热情,在开创、探索建立比较教育学科的过程中积极性空前提高。1984年,在研究者的不懈努力下,我国的比较教育学已经具备了作为一门独立的教育学科所需的条件。

比较教育学科地位的确立主要体现在以下几个方面。

第一,外国教育研究机构和学科点建立。1978年以后,中央教育科学研究所和我国主要的师范院校,如北京师范大学、陕西师范大学、华东师范大学、华南师范大学等高等院校均已先后建立了研究外国教育、开展比较教育研究的比较教育或外国教育研究所,组织机构得以进一步健全和完善,科研队伍的建设在进一步加强。[①] 1981年,一些师范类院校的教育系逐步开设了比较教育学课程。除了对师范院校学生开设比较教育学课程外,一些主要的比较教育研究机构也开始招收比较教育专业的研究生。[②] 北京师范大学和华东师范大学于1981年获批比较教育学科硕士点,这也是我国最早的比较教育学科硕士点。1984年,比较教育学专业的博士点又在北京师范大学和浙江大学获批设立,这也说明了比较教育的研究队伍在不断壮大,整体研究水平也在提升。

第二,专业学术刊物创办发行。随着比较教育研究的扩大,比较教育学的专业学术期刊也如雨后春笋般出现,并形成了比较教育的五大期刊,[③] 即《外国教育》《外国中小学教育》《外国教育动态》《外国教育资料》《外国教育研究》。除此之外,其他报刊也开设了比较教育学科的专栏以介绍我国外国教育研究的最新成果。

第三,论著、教材陆续出版。我国学者自主编写的《比较教育》于1982年

---

① 金世柏. 中国的比较教育[J]. 外国中小学教育,1984(3):1-6.
② 李其龙. 我国比较教育科学的发展历程[J]. 外国教育资料,1983(1):12-18.
③ 冯增俊. 建设有中国特色的比较教育学[J]. 华东师范大学学报(教育科学版),1998(2):45-54.

问世，这是新中国成立后第一本国人自主编写的、具有里程碑式的重要意义的一本著作。

第四，比较教育研究会成立。第一届外国教育研究年会于1978年在北京召开，会上讨论了关于成立我国比较教育研究会的问题。1979年10月，中国教育学会外国教育研究会正式宣布成立，后来更名为中国教育学会比较教育研究会。1984年7月，研究会成为世界比较教育学会联合会的一员，我国比较教育开始融入世界比较教育的发展中。

（二）描述性

改革开放初期，我国的外国教育研究机构与国际上各同行机构广泛地建立学术交流关系，进一步拓展了文献资料来源，取得了卓有成效的研究成果。虽然在此阶段我国比较教育学研究热潮不断高涨，但多停留在单纯描述性地介绍美、英、法、德、日、苏等六个发达国家的教育情况。借鉴与吸收是一门学科发展必经的奠基期，我国的比较教育通过对西方教育的研究，总结经验和教训，为我国教育改革与发展提供启示和建议。《美国教育基础》《六国教育概况》《日本的经济发展与教育》《苏联教育的政策法令汇编》等都是这一时期具有代表性的研究成果。比较教育研究工作的逐步深入，使广大比较教育工作者开始意识到简单以介绍发达国家教育情况为比较教育的目标并不是服务我国教育改革的需要的最佳途径。1981年，全国第三次外国教育学术讨论会召开，会上指出了比较教育研究存在的问题，并对未来发展方向进行了探讨，强调要进行系统深入的研究，将研究对象扩展到发展中国家，号召比较教育研究者从我国实际出发，结合我国当前教育改革的实践和教育事业的发展情况进行研究。1983年5月，第二次全国教育科学规划会议制定的"六五规划"，把世界各国教育的比较研究（包括十几个专题和若干国别的研究）列为国家和教育部的重点项目，我国的比较教育面临深层次的改革。[①]

二、深化改革与理论探索阶段（1985—2007）

比较教育学科的重要价值是通过研究和分析形成国内外教育事实与经验，使我国教育立法及教育改革顺应教育发展规律，为教育决策提供理论依据，为教育实践提供可供参考的意见和建议。1985年，在《中共中央关于教育体制改革的决定》中，明确提出要求我国教育研究的机构与专家为国外教育经验的研究提供

---

① 金世柏. 中国的比较教育[J]. 外国中小学教育，1984（3）：1-6.

相应支持;① 1986年召开的比较教育学术年会的主题是"比较教育学科建设"。由此可以看出,这一阶段比较教育不仅在国外教育的研究中有所深化,而且自身也在深化改革,在改革中进行理论建设,不断探索建立本土的比较教育学科理论体系。这一阶段的发展呈现出以下特征。

(一) 转向性

在这一阶段学界"比较"意识得到提升,发生了由外国教育研究向比较教育研究的转向。主要表现在:一方面,机构、期刊改名。许多原来外国教育研究机构和与外国教育相关的期刊纷纷改名,如比较教育研究会的会刊就改名为《比较教育研究》。另一方面,学者不再单纯介绍某一国的教育,而开始尝试将两国或多国的教育进行比较研究,如将发达国家的师范教育、高等教育、中等教育的机构进行有针对性的比较研究,也有对分组教学的比较、考试制度的比较研究。②

(二) 针对性

要对一个国家的教育有比较深入的了解,就要对其教育的发展进行全面研究,才能对本质特点和发展脉络有一个清晰的把握。③ 1985年后,我国的比较教育学科出现重大转型,特定专题研究、国别研究成为了主要内容。围绕着我国初等教育的普及、学校德育、农村教育、职业教育等重要问题,专题研究其他国家相关的经验。国别教育也成为这一时期研究者比较关注的议题。20世纪90年代中后期,学界改变了此前单纯的经验借鉴方向,开始了向理性借鉴的转变。现代教育发展规律的研究成为比较教育研究中的重要研究对象,通过对教育规律的把握,明晰现代教育发展的内在要求,以求更好地借鉴国际教育的经验来促进我国教育的更好发展。④ 许多出版的论著都发生了转向,如在论述世界其他国家或者中国的教育状况时,改变了在低层次上描述性地比较的弊端,站在一定的理论高度上,通过系统总结分析出具有规律性的认识。顾明远与薛理银合著的《比较教育导论:教育与国家发展》在充分吸收了国际比较教育学科发展的优秀成果基础之上,结合中国实际,提出了新的学科观点和学科体系,表明比较教育学科取得了突破性发展。

---

① 高益民. 改革开放与中国比较教育学三十年[J]. 清华大学教育研究,2008(6):28-34.
② 李其龙. 我国比较教育科学的发展历程[J]. 外国教育资料,1983(1):12-18.
③ 顾明远,阚阅,乔鹤. 改革开放30年中国比较教育的重建和发展[J]. 比较教育研究,2008(12):1-6.
④ 马早明,冯增俊. 改革开放以来中国比较教育学的发展与转型[J]. 教育研究,2009(6):3-7.

(三) 国际性

比较教育研究会成立以来，至 2006 年已成功举办了 13 次年会，参会学者基于比较教育学科的存在与认同基础，提出研究中存在的不足，促进比较教育学科的自我发展。与此同时，研究会自身也在迅速壮大，会员人数逐年增加，从几十人增长至几百人。不仅国内的学术交流平台增多，也积极拓展与国外的交流，1987 年我国成为了世界比较教育学会联合会常务成员国之一。中国比较教育与世界比较教育专门组织的交流增多，我国比较教育学开始融入世界比较教育发展中，对世界比较教育的发展发挥越来越重要的作用。1998 年国际性比较教育学会——亚洲比较教育学会第二届年会在北京顺利召开，会议围绕"文化传统与教育现代化"的主题，与会各国的学者和专家展开了研讨。[①]

进入 20 世纪，各会员单位培养了一大批比较教育研究人才。到 2002 年，比较教育硕士学位授予点已有 30 个，博士学位授予点 7 个。这些培养机构为我国培养了 60 多位优秀的学科后备人才，为比较教育研究输送了新鲜血液。2000 年，首批普通高等学校人文与社会科学重点研究基地由教育部进行了评审工作，北京师范大学国际与比较教育研究所和华东师范大学课程与教学研究所（由国际与比较教育研究所发展而来）双双入选，成为我国比较教育研究的前沿阵地，开辟了同一个二级学科当中有两个单位入选国家重点研究基地的先河。[②]

（四）实践性

这个时期的比较教育是与我国新一轮课程改革紧密联系在一起的。2001 年，我国开始第八次基础教育课程改革。为了向新课改提供更多国外相关的教育经验，以钟启泉教授为领导的团队从西方发达国家的教育经验之中汲取精髓，对推动改革进程发挥了重要作用。例如，翻译了许多能为新课改所借鉴的丛书，在课程与教学理论方面，有"世界课程与教学新理论文库"丛书，在国外课程改革方面，有"世界课程改革趋势研究"丛书。进入 21 世纪，上海两次参加 PISA（国际学生评估项目）测试，成绩位列世界之首，一定程度上反映了我国优异的教育质量。这也为我国融入全球化进程以寻求长远发展发挥了一定作用，也是比较教育为我国教育发展做出重要贡献的体现。

（五）批判性

我国比较教育从建立之初就以服务教育事业的发展为己任，而自身的学科理

[①] 侯怀银，李旭. 20 世纪比较教育学学科建设的本土探索 [J]. 高等教育研究，2010 (2)：53-60.

[②] 顾明远. 致中国教育学会比较教育分会第 13 届学术年会的贺辞 [J]. 全球教育展望，2007（1）：10-10.

论建设则没有引起足够重视。1990年召开的中国比较教育研究会第六届年会上，顾明远教授明确指出：近十年出版的比较教育的教科书还没有突破五六十年代比较教育的框架，还不能反映比较教育作为一门教育科学分支学科的现代水平，更谈不上有我们中国比较教育的特色。① 在探索中国特色的比较教育理论过程中，出现了许多新问题，比较教育研究进入了"冷静"反思期。1993年，有学者提出了比较教育的学科危机，比较教育开始不断寻求自身的价值来巩固自身在学术领域的位置。围绕着对本学科内在理论基础的研究，进行反思批判：一是理论建设薄弱。理论建设一方面要用现代理论解决现代教育问题，另一方面也要结合当代教育实践对既有理论进行更加透彻的把握。二是实证研究薄弱。我国的比较教育研究成果虽然在不断丰富，但大部分是简单描述教育现象，没有深入到教育内部探寻本质规律，缺乏指导性。比较教育研究应将实证研究和定性研究相结合。三是本土适应出现水土不服。为了尽快赶上世界教育发展大潮，长期以来我们采用"拿来主义"，忽视了本国国情。在全球化浪潮西方文化盛行下，我们更要增强文化自信，建立自己的比较教育学科体系，增强在国际上的话语权。②

三、系统转型与学科建构阶段（2008—2018）

经过前期的学术引进与学科批判反思，这一阶段比较教育学科开始走上自主建构的道路，创立了以理性借鉴为主导的研究分析框架，重视对教育规律的研究，以对教育实践给予更有效的促进。2008年出版的《当代比较教育学》，对之前的教材体系进行了突破，标志着学科整体框架的转型，比较教育开始走向新的发展阶段。③ 这一阶段比较教育学科的发展呈现出以下特点。

（一）专业化

自2008年开始，比较教育学界研究呈现阶梯式的增长态势，频繁出现以"中国比较教育学"为主题的研究。研究成果的大量涌现，一方面得益于互联网的发展，获取资料更为便捷；另一方面，与比较教育学术年会的召开、课题立项息息相关。"比较教育学科建设"成为年会重要主题，为推动我国比较教育学科建设的进一步发展提供了前提条件。通过回顾之前的比较教育研究成果，对学科建构进行理论探索，尤其表现在立项课题上，教育部正式立项的研究课题就有由王长纯带领的重点研究课题"和而不同取向的比较教育方法论探索"、李文英带

---

① 项贤明. 站在十字路口的中国比较教育学［J］. 比较教育研究，2005（3）：27-32.
② 顾明远. 知识经济时代比较教育的使命［J］. 比较教育研究 2002（S1）.
③ 杨丽茹，张德伟. 2009中国比较教育学科建设研究年度报告［R］. 外国教育研究，2010（6）：1-10.

头的青年专项研究课题"比较教育思想发展研究"和王立娟带头的青年课题"比较教育理论流派研究"。

（二）多元化

为克服学科身份危机，形成学科独特的方法论是必然要求。这一阶段方法论的建设成为学科研究的热点主题。比较教育的研究方法由"一元"转向"多元"，由"单极"转向"多极"。过去的比较教育研究非常重视定量的分析方法与统计技术的运用，此阶段则变成了定量与定性、宏观分析和微观分析的结合运用，① 呈现出多样化趋势。比较教育学是教育的一门分支学科，而教育本就是复杂的，对其研究要运用多种理论进行系统分析才能得出准确的结论。比较教育的研究也是如此，在研究中需要运用其他学科的方法来辅助，从而全面而准确地把握研究对象，提高研究的准确性、应用价值。为此，我国学者提出了"和的模式"和"和而不同"的发展方向，为研究中遇见的问题和困惑提供了新的视野和解决方法。当前，比较教育学科进入范式转型的发展阶段，面对多元的方法论，关键是要选取适合研究对象的具体方法，才能真正促进比较教育学科的发展。

（三）开放化

在研究过程中，比较教育学逐渐拥有了国际视野。顾明远先生认为，国际组织的教育作用及其教育研究成果、国际教育政策、国际教育交往、教育国际化带来的问题等都是比较教育的特有研究领域，要加强研究。② 比较教育还要加大对外国教育的现场研究，进行实地考察，鼓励留学生做田野调查。针对当前我国某些比较教育研究机构的特色消失、国别研究难以深入问题，赵中建教授强调了国别教育研究和区域教育一体化研究，一方面希望各研究机构能形成鲜明特色，如浙江师范大学的非洲教育研究，将国别研究深入开展下去，另一方面，提出了比较教育要进行区域研究的新走向。更重要的问题是，国际上缺乏对中国教育和中国教育研究人员的认识，中国教育成功经验及中国学者的教育研究成果如何输出？我们在吸收引进外国教育的研究成果和优秀的教育经验的同时，也应积极输出我国的教育经验及研究成果，增强我国教育的国际影响力，让世界更加了解中国和中国的教育，形成全球化条件下参与研究合作和竞争的新特色。

---

① 杨丽茹. 2007 中国比较教育学科建设研究年度报告［R］. 外国教育研究，2008（4）：1-9.

② 万秀兰. 比较教育学科的发展战略与建设目标——浙江师大比较教育学科建设研讨会纪要［J］. 全球教育展望，2008（4）：91-96.

第二节 比较教育学学科建设的进展

比较教育学科通过 40 年发展逐步建立了独特的认识论与方法论，在吸收国外成果与本土自主建设相结合的基础上，与其他社会科学相互影响，相互促进，主要取得了以下几方面的进展。

一、从别国理论引进到中外研究探讨

在我国比较教育学恢复重建的最初阶段，主要是以介绍国外教育学的发展和国外教育经验为起点，学者以介绍世界比较教育学会、欧洲比较教育学会等各类国外教育组织与机构的研究成果及各国的教育状况为主要研究内容。包括其后的 10 年，学者研究的内容也是介绍西方比较教育家的著作及其思想。早期的研究包括对法国学者朱利安的《比较教育的研究计划与初步意见》一书的介绍和引进。在此之后，其他国家的比较教育者著作也相继成为学者研究的对象，如英国学者坎德尔的《比较教育》、日本比较教育学者冲原丰的专著《比较教育学》。20 世纪 90 年代后，比较教育学者研究的领域开始拓宽，研究内容有所扩大，如拉美国家的比较教育课程、苏联的比较教育学会，日本比较教育研究的历史与现状也成为学者研究的重要对象。21 世纪以后，我国比较教育学开始重视对国际教育的研究，中国特色的比较教育学科体系建设也提上日程，将中国比较教育学科纳入亚洲宏观背景，作为世界比较教育的分支，以对话方式研究中外教育，探讨全球化背景下我国区域教育研究的现状。此外，开始了对比较教育研究范式的研究、对比较教育某一研究方法的立足点的研究。

（一）独特研究领域发展成独立学科

我国比较教育学恢复发展的最初阶段，还不能算作是一门独立的学科，而更像是一个研究领域。而这个领域难以被其他教育分支学科占领。因此比较教育学学者应在国际比较教育学领域发挥作用，并在研究过程中逐步建设学科体系。[①] 还有一些学者认为比较教育学既非学科亦非领域，实质上，它是一种研究中会运用到的方法或方法论，其方法色彩比较浓厚，远胜于作为一门学科或一个领域的范畴。他们认为，"比较教育学"的概念很难被人理解，而"教育的比较"用于形容它更为恰当，也更加通俗易懂，容易被人们接受。他们倾向于把比较教育学看成是一种研究方法。拥有独特的研究对象是一门学科成立的基本条件之一，而

---

① 王承绪，顾明远. 比较教育［M］. 北京：人民教育出版社，1999：33.

从比较教育学研究的对象上看，它并没有自己特殊的研究对象。比较教育学可以研究"教育的一切领域"或"教育的所有事实"，但很显然，比较教育学不具备一门独立学科的基本条件。

按照一门成熟学科的标准来判断，比较教育学发展的最初阶段的确很难被认为是一门成熟的学科。但经过40年来的不断发展，比较教育学早已成为了大学里学生学习的一门课程；研究成果丰硕；成立了全国比较教育研究会；会刊——《外国教育》成功创办；加入比较教育的世界组织——世界比较教育学会联合会，并成为支委会常务成员国，得到了国际同行机构的认可；中国教育学会比较教育分会会议两年一度定期召开，并于会议上讨论教育领域和学科发展上的理论与实践问题；学者在《比较教育研究》《全球教育展望》等专业学术期刊上发表了众多研究成果。由此可见，比较教育学早已具备了一门成熟的、独立的学科所具备的条件。比较教育学从最初作为一个研究领域存在于教育研究中，经过长期的建设而发展成为一门独立的学科，成为了我国教育学科体系不可或缺的重要一员。

此外，从后现代主义理论中，我们可以对比较教育学身份问题有一个新的理解。"后现代主义以一种新的观点和思维方式来观察世界，从而对启蒙运动以来现代主义的二元对立思维方式进行了消解，对理性至上的思维进行了批判，对科学主义的方法进行了解构，对权威话语的罗格斯中心进行了颠覆。"① 罗伯特·科温指出："不存在一个单一的或统一的比较教育，而存在着多样化的、复数的比较教育。"② 后现代主义如一缕春风迎面而来，改变了此前运用硬性标准对比较教育学进行定义的局面，没有回答比较教育学是一门学科或一个研究领域或一种研究方法，指出了比较教育的特殊性和复杂性。

对于比较教育学到底是一门学科还是一个研究领域，朱旭东提出了自己的观点，他认为比较教育学是一个学科抑或是一个领域并不是相对的两个命题，即"学科"和"领域"并不是两个完全相对、非我即他的概念。学科的相对概念应该是"非学科"。作为一门学科，比较教育学自然是研究某一领域的对象的，离开了研究领域，学科的研究就无法继续；"领域"一词本就是有边界的，比较教育学的研究也是在一定的边界内进行的。关键的问题是，我们如何去限定这个边界。基于民族主义比较教育视野，一个民族国家内的教育如省份间的教育是不能成为比较教育学的研究对象的，但不同民族国家内区域的教育可以。

---

① 朱旭东. 民族国家教育知识和比较教育研究——比较教育学科体系再思考［J］. 比较教育研究，2007，28（3）：22-28.

② 李现平. 比较教育身份危机之研究［M］. 教育科学出版社，2005：53.

（二）比较教育学科性质

比较教育学的学科性质问题也是比较教育学者研究的热点问题之一，虽然对此问题见仁见智，但大多数学者都确认的是，比较教育学是一门正在建设和发展中的学科，是一门经验学科，是教育科学的一个重要分支。尽管国内学者对比较教育学的定义形成多重看法，但一致地认为，比较教育学既是一门理论科学又是一门实践科学，在研究中理论与实践相辅相成，不可偏废。

比较教育学是在各国教育实践过程中逐步发展起来的，是各国进行教育改革的直接产物，是教育实践的产物。既然比较教育学是因实践活动而产生，实践具有多样性、丰富性，比较教育研究范式也不是一成不变而应是多样的，比较教育学的学科属性也随着教育实践的变革在不同时期有所侧重。改革开放以来，在比较教育学科发展的过程中，一直存在着这样的现象，理论发展的过程受教育实践的影响，理论进步又反过来促进教育实践的发展。①

（三）比较教育之"比较"

比较教育学是否足以成为一门独立学科，对这个问题的相关讨论从未断绝。质疑比较教育学是一门独立学科的学者，大都出于对"比较"一词含义的理解。只有在明确解释或区分比较教育学中的"比较"与普通意义上的"比较"之后，才能对此问题有一个清晰的把握。一般的"比较"是指人类一般心理过程，是认识活动中的比较，是自发的和随机性的比较。②而比较教育的"比较"的不同之处在于，此时的"比较"是作为一种社会科学的研究方法，是人有意去发现、创建和发展新的联系，进而促进人类教育的发展，它回答各种教育类的独特问题如对教育的认识、如何兴办教育、教育怎样改革等。"比较"一词在比较教育领域中有了崭新的特质。陈时见教授曾经指出，比较教育的比较法和借鉴法是从单一的工具技术层面向思维方法的提升和转变，由此为比较教育学可以成为一门独立学科提供了有力支撑。

（四）比较教育学的价值取向

从事实认识上升到实践认识，需要一个中介，而价值认识就是这个中介。通过价值认识这个中介，事实认识才有了向实践认识转变的可能，由此理论才有了指导实践的可能。比较教育学也需要这样一个价值取向，完成由理论向实践的转变，即比较教育研究主体进行价值判断并在此基础上，根据所需开展研究时表现

---

① 贾欢，高丽. 比较教育学科身份危机引发的争论 [J]. 内蒙古师范大学学报（教育科学版），2009（7）：55-57.

② 朱成科. 真实的"虚幻"与虚幻的"真实"——论教育改革中国比较教育学的学科边界、价值定位与实践尺度 [J]. 外国教育研究，2005（5）：1-5.

出来的一种价值趋向。它既反映社会的需要，也反映出了研究主体对教育及自身利益的认识水平。

1. 多元性

教育是具有复杂性的，因此决定了比较教育研究主体需求的多样性，价值取向也有了多元性特征。一方面，这是一个多元化的世界，不同民族和国家有不同的传统文化和风俗习惯，处于这样一个多元世界中的教育也具有多样性。文化反映在教育上，便形成了多元化的教育，通过比较研究，我们可以探寻出不同国家和民族教育发展中存在的共性和个性，对教育的本质和教育现象的客观规律进行把握，正确地处理它们之间的关系，推动教育的进一步发展，从而推动人类社会的进步。另一方面，学科的发展与时代的发展有着密不可分的联系，一门学科致力于解决现实问题，自然会发展繁荣。此外，这是一个多元化的时代，不同民族国家的文化发展方向将呈现出"和而不同"的局面，在全球人类的沟通交流和合作的过程中，比较教育应努力发挥其加强不同国家间理解沟通、尊重宽容以求达成互识、互证、互补局面的作用。

2. 本土性

教育研究者具备的一项重要功能是阐释或理解教育。比较教育自然也不例外——通过进行比较描述和分析，揭示研究对象本质的和基本的特征，为人们理解教育提供可对比的反向参照系，由此加深对本国教育的了解和对别国教育的认识。文化的思维是在这个过程中必不可少的，它可以帮助揭示本国的教育或别国教育发展的历史逻辑，进而形成对教育存在深层次的理解。

人类学中最先提出了地方性知识（local knowledge）的概念，社会学、心理学、教育学等社会科学学科的研究中也经常涉及它。它是后现代的一个典型的知识观。[①]"地方性"不是从单纯的地理意义上进行划分，还与知识的生成与辩护中形成的特定情境相关联，它所要求的"深描"（thick description）就是要对本土（local）进行关注和了解。如今，比较教育正面临着不断出现的新的危机，包括自身的学科身份危机以及面临诸多教育的新现象和新问题。在比较教育被重新定位的情形下，地方性知识启发研究者应该在本土语境中，重新审视比较教育，[②]在研究国外教育的同时，还要关注本国教育的发展，对传统的"民族—国家"研究范式进行突破，积极进行理论的创新，不遗余力地寻找新的学科增

---

① 杨丽茹，张德伟. 2009 中国比较教育学科建设研究年度报告［R］. 外国教育研究，2010（6）：1-10.

② 陈时见，袁利平. 论比较教育学的知识形态与价值取向［J］. 教育研究，2010（2）：47-51.

长点。

中国目前基础教育改革的事实说明,比较教育研究中存在着学科边界模糊化、价值取向功利化、实践层面的文化虚无主义等倾向。比较教育研究者应对研究中的"文化虚无主义"保持警惕,对全盘否定中国教育发展的不良倾向作出理性且有力的回应,坚决维护基于中国"本土生长"的教育改革和实践。①

3. 实用性

比较教育学科的实用性是比较教育学者在进行研究过程中不可缺少的一种价值取向,在比较教育的价值组成中一直占据着核心位置。实用性的价值取向应是比较教育始终恪守不变的。无论是为本国教育改革和教育发展的实践提供借鉴,还是间接影响本国的教育决策,加强国与国之间教育的交流,比较教育从来就不是为研究而研究。②

教育科学研究的目的是为教育的发展服务,比较教育学自然也无例外,但它在促进教育发展的过程中具有独特性。一方面是跨学科性,另一方面是国际性。这也决定了比较教育在教育研究过程中发挥的作用是其他学科所不具备的。通过对他国教育状况进行研究,对他国教育发展过程中的经验教训进行介绍和评述,对本国教育实践提供借鉴和启示。此外,通过对国际教育进行研究,了解当前国际教育发展的现状和问题,并力求对推动世界教育的发展贡献力量,使教育这一特殊的社会实践活动对推动人类社会的发展发挥更加重要的作用。

4. 学术性

在新时期,比较教育研究早已形成了多种新的价值取向。其中,学术性价值取向包括对教育概念的全新阐释、新教育理论及知识的形成、教育规律的进一步探索、教育学科体系的完善、批判教育等方面。比较教育学的价值取向是以实用性价值取向为主,但学术性价值取向也是不可缺少的,两者是有机联系的。这是由于:一方面,理论和学科建设的加强为比较教育实用价值的充分实现提供了有力支撑;另一方面,实用性价值取向的实现又增进了加强学科理论建设的需要,成为进一步完善和发展学科理论建设的强大动力。比较教育学科正是在两者的双向互动中得以不断向前发展的。

二、从分支多元认识到学科融合构建

一门学科的发展离不开建立自身的规范概念、范式和方法,进而逐步形成这

---

① 杨丽茹. 2007中国比较教育学科建设研究年度报告[R]. 外国教育研究,2008(4):1-9.

② 褚远辉,陈时见. 论比较教育研究的非实用性价值取向[J]. 外国教育研究,2011(2):15-19.

一学科更加科学的、严格的方法论体系，在学科群中更具权威地位。比较教育学科走向科学化的过程是一个探索的过程，研究领域的扩大、与其他学科研究领域的交叉，使如何清晰认识研究对象变得复杂起来，而运用其他学科分支的方法进行比较分析，合理利用其他领域的工具，使比较教育的知识体系得到不断扩展，学术空间不断扩大。用不同学科的观点和方法来研究比较教育，以达到对比较教育多层面属性的清晰了解和综合把握，是这一时期比较教育学科建设的重要尝试。在这一时期，比较教育学科的自身学科性质与自身的独特价值引起了学者的重视。在与世界教育进行多元融合的基础上，不再局限于国家与国家之间教育的相互借鉴，而重视促进国与国之间的交流合作也是比较教育研究呈现出的新特征。

（一）著作与教材

改革开放 40 年来，我国学者出版的有关比较教育学的著作很多，从侧面表明诸多学者非常关注我国比较教育学的发展。对部分经典著作的前言以及目录进行整理，可以发现学者们研究比较教育皆有自己内在的逻辑结构，侧重点各不相同，或从国别、专题分版块研究，或从理论基础、国际教育、发展教育、时代趋势分版块研究，或从比较教育学的学科发展、学科体系、理论体系分章节叙述。但总体来说，都有共同的特征，即结构体系系统而全面，具有基础性、系统性、原创性、学术性的特征。

改革开放早期以编译为主，如 1979 年由王家通编译的《比较教育学导论》是新时期第一部比较教育学著作；苏联学者索科洛娃编著的《比较教育学》于 1981 年翻译出版；日本学者冲原丰的著作《比较教育学》《比较教育学新论》被先后引进。[①]

1982 年，由王承绪、朱勃、顾明远主编的《比较教育》出版。该著作基于国内外比较教育研究的理论成果，在我国比较教育学科发展史上具有划时代意义，至今仍是比较教育学者重要的参考著作。此书出版之后，国内比较教育学者陆续出版了许多比较教育学著作，如高如峰、张保庆编著的《比较教育学》(1992)、顾明远、薛理银主编的《比较教育导论——教育与国家发展》(1996)，[②] 为我国比较教育研究者之后的研究提供了重要的借鉴和启示。对比较教育学学科自身进行研究的著作也逐渐出版，其中，由商继宗编著的《中小学比

---

① 侯怀银，李旭. 20 世纪比较教育学学科建设的本土探索 [J]. 高等教育研究，2010 (2)：53-60.

② 黎进萍，姜峰. 也谈比较教育学的学科建设问题——一种教材比较的视角 [J]. 外国教育研究，2007 (3)：7-11.

较教育学》（1989）、王承绪主编的《比较教育学史》（1999）等都是具有代表性的著作。

21世纪以来，我国比较教育学者致力于结合当代特色来进行比较教育的研究和创作，如李现平主编的《比较教育身份危机之研究》于2005年正式出版；其他比较教育学专著，有以比较教育学研究方法为方向的，如贝磊、鲍勃、梅森主编，李梅等翻译的《比较教育研究：路径与方法》（2010）。此外，项贤明编著的《比较教育学的文化逻辑》则是从文化教育领域来探讨比较教育学科的认同问题。

（二）比较教育学的研究主题

比较教育学的研究主题是随着时代的发展而不断发生变化的。如今，比较教育学的研究对象总体而言有宏观层面也有微观层面。其中，宏观层面的研究是对国际教育的总体发展状况的研究，是目前比较教育研究中的主体对象。微观层面则是针对不同教育事实开展比较研究。比较教育的研究对象早已不再是对一国教育事实的简单描述，也不是对两国教育事实的比较研究，而是宏观与微观结合，使研究对象得到扩展。因此可以说，教育的多样化发展类型和国际教育的整体性发展成为了比较教育学的重要研究对象。[①]

表4.1 新时期比较教育学科研究的主题

研究主题	数量	百分比
学科基本问题探究	35	12.1%
学科历史发展	10	3.5%
比较教育课程与教学	7	2.4%
研究趋势	11	3.8%
价值论	10	3.5%
高等教育	2	0.7%
师范教育	2	0.7%
职业教育	1	0.3%
中国比较教育学家	7	2.4%
方法论	72	25%

---

① 杨丽茹，张德伟. 2009中国比较教育学科建设研究年度报告［R］. 外国教育研究，2010（6）：1-10.

续表

研究主题	数量	百分比
话语体系	4	1.4%
中国教育	9	3.1%
学科建设	28	9.7%
学位制度与研究生培养	3	1.0%
学科身份认同	15	5.2%
别国比较教育现状	61	21.2%
其他问题	11	3.8%
合计	288	100%

改革开放40年来，我国学者对比较教育学的研究逐渐成熟，其研究也经历了一个变化的过程，从对外国教育的描述性介绍、整理归纳类的描述借鉴再逐渐到研究介绍国外比较教育学会和比较教育的研究状况，再到对国外某些著名人物的比较教育思想的研究，之后过渡到对比较教育学科化的探索，包括学科范式、学科生长点。近十年，比较教育学科的身份危机、学科地位、概念和内涵、学科体系、学科建设、学科性质、学科使命与发展道路以及学科的本土化建设等许多与比较教育学科自身发展相关的议题成为学者关注的焦点和重要的研究对象。

总体而言，比较教育学的研究领域呈现出扩展的趋势，从最初以研究单国教育制度为主，到如今对国际视野下的重大问题研究，比较教育研究对象发生了巨大变化。这一局面的形成并不是一朝一夕所能完成的。最开始，比较教育主要是对各国教育制度及教育状况的简单介绍，慢慢发展为对其影响因素进行深入剖析和对教育的特性进行研究，到21世纪国际教育成为研究的重要对象。对于教育领域内相关问题进行整体性的研究是比较教育最具独特性的体现。在研究的过程中，比较教育涉及的问题并不直接深入某一部分，而是同时对两个或者两个以上的教育实际进行比较研究，且这种研究是处于整体情境之中的。此外，由于比较教育的研究对象与其他学科有所交叉，研究成果自然也会对其他学科有启示或借鉴作用，这也是比较教育的独特性所在。

（三）比较教育学的学科建设

1. 比较教育学位点数量不断增多

学科发展繁荣的一个重要表现是后备人才的培养取得重大突破。改革开放以来，比较教育学的学位点在不断增多，成为比较教育学发展的重要特征之一。1979年，比较教育学专业首次开始招收硕士研究生。1984年，比较教育专业博士学位授予点在浙江大学和北京师范大学正式设立，顾明远教授、王承绪教授成为我国最早的比较教育专业博士研究生导师。[①] 2002年我国比较教育硕士学位授予点已增加到30个，博士学位授予点增加到7个。2016年，硕士学位授予点在全国共有44个，博士学位授予点共有15个。与2002年相比，硕士学位点增加了14个，博士学位点增加了8个。

2. 比较教育学位授予点分布状况

沿海地区和经济发达地区分布的学位点比较多，其他地区则相对较少。全国44所招收比较教育硕士研究生的院校中，北京就有4所，占比为9.1%；江苏、湖南、四川、吉林、辽宁各3所，分别占6.8%；河北、上海、山东、浙江、福建、湖北、重庆、云南、陕西各2所，分别占4.55%；天津、河南、广东、广西、海南、甘肃、黑龙江仅1所。全国共有15所院校设立比较教育博士学位授予点。其中，北京有3所，上海和浙江各有2所，湖北、福建、广东、重庆、四川、甘肃、黑龙江、吉林各1所。由此可以看出，学位授予点的省份分布较集中，区域分布不均。

依据学位点所在区域和省份的划分，可以看出：一方面，硕士学位授予点存在地区分布差异。东部地区数量最多，占比在45%以上；西部地区约25%左右；东北地区和中部地区则相对不足，其中东北地区占15.9%，中部地区仅占13.6%。另一方面，相比而言，博士学位授予点的分布更为集中。15所具有招收资格的高校中，东部地区占比高达60.0%，西部地区仅有3个，东北地区仅2个，中部地区仅有一个。

3. 比较教育研究生的培养方向

在培养方向上，各高校根据自身实际情况为比较教育硕、博士研究生培养单位制定了不同的研究生培养方向，大致分为三大方面：第一是比较教育的理论与方法；第二是教育政策、教育理论与实践的比较；第三是文化与教育比较、国际与发展教育。其中，与"教育政策、教育理论与实践比较"相关的培养方向在各大院校均有设立，在各大培养方向中占的比例最大，是比较教育研究生培养方向的主体，该方向的硕士占82.6%，博士占72.5%。12.8%的硕士培养单位和17.5%的博士培养单位均设有与"国际与发展教育""文化与教育比较"相关的培养方向，"国际教育和发展教育"也是除"教育政策、教育理论与实践的比较"之外，学校开设得比较多的培养方向。

(四) 比较教育学科的研究课题

"十三五"期间（2016—2020）是我国教育改革的转型时期，是建立人力资

[①] 生兆欣. 二十世纪中国比较教育学史[M]. 北京：高等教育出版社，2011：70.

源强国和教育强国的起始阶段。在这一阶段，存在着许多有价值、有吸引力的课题激发学者去思考、去学习、去研究，甚至决定着比较教育学科建设的主攻方向和奋斗目标，影响着学科发展所采取的方法和途径。

1. 中国比较教育理论建设的研究

2001年，通过了国家一般课题"中国比较教育理论建设的研究"，王长纯教授带领的研究团队，以马克思主义思想为指导，吸收了许多如批判理论、接受美学等现代西方哲学的重要成果，基于中外哲学，采取将传统中国哲学和西方当代哲学研究相结合的研究方法，用批判的精神和态度，结合我国已有研究的丰富经验，将人文社会科学与自然科学的研究方法结合运用，理论探索结合实践改革。研究最终得出了以下结论：比较教育理论建设应基于跨文化对话；[1] 和而不同是中国比较教育理论建设的重要主题，将成为比较教育发展的基本方向。课题最终成果为一部30余万字的专著——《和而不同：比较教育的跨文化对话》。

2. 和而不同取向的比较教育方法论探索

2007年，由王长纯带领的研究团队通过了教育部重点课题——"和而不同取向的比较教育方法论探索"。研究对"和而不同"的哲学内涵进行分析，提出在全球化和地方化互动的条件下，进行方法论探索应是比较教育研究不可偏废的重要主题；目的在于建设具有中国文化精神、充分开放的、吸收了包括西方在内的世界比较教育理论精华的多样化的比较教育方法论，推动教育的改革与发展。[2] 其课题成果《"和而不同"：比较教育研究的哲学与方法（论纲）》认为"和而不同"是中国比较教育研究的哲学基础和方法论取向。和而不同取向是当今比较教育研究取得的一个重大突破，它具有很强的中国特色，是中国比较教育研究未来的发展趋势。研究认为，我们要用海纳百川的胸怀和开放的心态肯定不同研究范式和方法的价值，以研究能否创造出有意义的"不同"，超越自身，作为评价研究的基本标准。[3]

3. 比较教育思想发展研究

2007年，教育部通过青年专项课题"比较教育思想发展研究"，用以鼓励青年学者对学科建设进行积极探索。由李文英带领的研究小组，对中外著名比较教育家的思想进行了系统的研究，如汉斯比较教育思想、庄泽宣的比较教育思想、

---

[1] 国家一般课题"中国比较教育理论建设的研究"研究成果述评[J]. 当代教育论坛，2007（3）：5-7.

[2] 王长纯. 和而不同：比较教育的跨文化对话[M]. 北京：人民教育出版社，2007：446.

[3] 王长纯. "和而不同"：比较教育研究的哲学与方法（论纲）[J]. 比较教育研究，2009（4）：1-7.

乌利希的历史与比较结合的思想、冲原丰的比较教育思想。此外，课题还对日本、美国、澳大利亚等发达国家各级各类教育的发展状况进行了研究。

三、从理论借鉴到跨学科研究生成

对比较教育学理论研究的定义进行清晰界定，进一步明确研究对象，采用多元化研究方法开展研究，丰富了比较教育学的分支学科。比较教育学发展到今天，对其学科体系、研究对象、学科性质的认识也必然走向多样化，这对推动学科的内部发展和进步将产生重要作用。作为一门人文社会学科，在新时期发展阶段，比较教育学为探求事物的本质，研究方法也将呈现出这样一种趋势：由多元转向趋同，不同学科的融合、跨学科化发展。随着现象学的理论研究成果运用至比较教育学领域，关注点便转到了观察教育现象本身，研究者融入其中，力求通过对"现象"本身的观察重现现象本身的"质"。随着后现代主义近年来对理论研究产生深刻的影响，它的许多理论都被运用到众多研究之中，也深深地影响了比较教育学的研究，使比较教育学的研究方法呈现出"微""多""跨"的特征，推动着开放性、全面性的比较教育学的建构。人种志理论也被广泛运用到比较教育中，启示比较教育研究者从整体的观点出发进行研究。[①] 科际整合近年来也被比较教育研究者运用到研究中，结合心理学、文化学、历史学、哲学等学科中具有的独特研究视角与方法进行跨学科研究。此外，跨学科人才的培养也成为比较教育学发展的要求。

我国学者进行比较教育研究的方法和研究视角有很多，方法如历史—因素分析法、实证主义分析范式、霍姆斯的问题法、世界体系分析理论、心理学的研究方法等，研究视角有"移植"隐喻视角、叙事重构与异境校验视角、社会心理学视角、后结构视域、身体转向、新马克思主义、历史社会学、现代化理论、民族志方法、批判性逻辑、多元文化主义、生成逻辑等等，都是近年来比较教育研究进行方法创新的成果。

（一）历史—因素分析法

汉斯将其他学者提出的历史法、因素分析法进行整合，创造性地提出了历史—因素分析法。"历史"和"因素"是研究中密不可分的纵、横两个维度。历史法是一种在进行教育问题的研究时，从纵向的、可变的维度出发的一种方法；与历史法不同，因素分析法则是从横向分析的维度出发，来进行研究的方法。纵横两个维度本就是比较教育研究不可缺少的，而将这两者结合运用，则会起到相互

[①] 杨丽茹，张德伟. 2009 中国比较教育学科建设研究年度报告［R］. 外国教育研究，2010（6）：1-10.

补充、相互完善的作用。历史—因素分析法就将两者进行了巧妙融合。该方法在比较教育研究中的运用是比较教育学走向自觉发展的开端，并带来了此后比较教育学科的繁荣发展，其中的合理因素是每一位比较教育学者都不能忽视的。① 在因素分析法中，马林森在既有研究的基础上，比较全面和系统地阐述了以"情感"为内核的"国民性"思想，一定程度上也推动了比较教育的研究和学科的发展，为比较教育的研究提供了一种文化理解的工具和教育改革的解释工具。此外，比较教育学者基于这种思想，在研究时可以将多种因素作为研究的基础，如社会、经济、文化，从而形成多元的分析框架。在全球化向纵深发展的今天，"国民性"思想也面临新的挑战，因为"国民性"是无法进行量化和精确测量的一种特质，对教育的本质规律的揭示就变得不太现实，这是因素分析法存在的不足之处。

（二）实证主义分析范式

比较教育实证分析范式一直以来都是比较教育学最主流的研究范式。实证主义分析范式在长期的发展中，形成了自身独有的特征：对客观假设的强调、对经验感知的倡导、价值中立原则、一元方法论的主张。它有着独特的优势，如较强的客观性、可验证性、可操作性、可预测性等，也有着自身局限性，如片面追求纯科学性、普世视角、对政治及社会和经济效果的过度关注、对自然科学方法的高度推崇等。全面把握实证主义分析范式的优势，努力克服其局限性，可以帮助我们在比较教育研究中充分发挥实证分析范式的优势。诺亚是实证主义分析范式的重要代表人物之一，但其思想中也存在着偏颇之处：过多强调社会科学方法如量化方法的运用；对比较教育与社会研究关系的过分强调，使比较教育与教育社会学之间界限模糊。

（三）霍姆斯的问题法

1965 年，霍姆斯在其发表的著作中，比较全面和系统地阐述了问题法的建构、研究程序、资料分类体系。问题法是学术研究中应用性比较强的一种方法，与其他方法相比，有着独特的优势。问题法于比较教育学的研究而言，意义也是非同寻常的。此方法的提出，使比较教育学有了新的方法论和研究视角，这在比较教育界引发了极大关注，在此之后，问题法在比较教育的研究中就屡见不鲜了。问题法为人们进行比较教育研究方法论的讨论提供了平台，其中包含的许多思想直到现在仍有现实的指导意义。即便如此，也存在着许多不足之处，如：缺乏辩证思想，存在偏颇；程序中缺乏反馈一环；具有一定的主观性和随意性。

---

① 赵明玉. 比较教育中的"历史—因素分析法"——解读汉斯的《比较教育：教育的因素和传统研究》[J]. 外国教育研究，2007（8）：12-16.

(四)世界体系分析理论

20世纪70年代,有学者提出了世界体系分析理论。该理论在创立之后,被研究者广泛应用于社会科学领域各个学科的研究中。世界体系分析理论也迎合了比较教育开展国际教育研究的需要。在运用世界体系分析理论后,比较教育的研究视野和研究领域得以不断拓宽——可以采用该理论的分析框架,对世界各个不同国家的教育及国际教育发展现状展开研究。例如,留学生对发展中国家的影响,发达国家对发展中国家的学校传播的知识的控制和分配,发达国家如何通过教育手段来维护国际不平等。由此成为比较教育研究的重要理论支撑。但它也有着自身的局限性,如对现代化的片面理解、对外部因素过度强调、框架过于宽泛等。①

(五)心理学研究方法的运用

心理学研究方法在比较教育领域的运用,主要是量表的运用。量表可以用来收集比较教育研究中某些具体的资料,例如学生的数学运算能力等,比较适用于微观的、精细化的研究。实验法是心理学研究的重要方法,但由于研究对象的不同,在比较教育研究中很少会使用实验法。但也未必毫无可利用之处。例如,在不同的国家中控制相同的条件,得到不同文化背景下不同的实验结果,再进行比较研究,是具有一定的可行性和意义的。此外,个案法也可运用到比较教育的研究中,研究者可以对异文化中某所学校进行深入的了解和研究,从中得到具有借鉴性的结论或发现。②

在当代,比较教育研究体现出了知识追求价值与政策服务价值并日益突出。比较教育也不断完善和发展着,并形成了严密性与灵活性相结合的研究程序。此外,比较教育研究中的分析单位不断扩展,开始注重对研究对象和资料数据的比较,这与研究方法的不断创新是分不开的。作为一门边缘性、交叉性的学科,比较教育学的许多研究领域与其他学科是紧密联系的,因此比较教育学的研究需要结合多学科的多种方法来进行,以期对研究对象有更全面、更准确、更深入的理解,进而增强研究成果运用于教育实践的可行性,提高比较教育研究的实用价值。

---

① 杨丽茹. 2007中国比较教育学科建设研究年度报告 [R]. 外国教育研究,2008(4):1-9.

② 李建民. 刍议心理学对比较教育的借鉴意义 [J]. 外国教育研究,2007(8):17-21.

第三节 比较教育学学科发展的反思

我国比较教育学科理论研究的确取得了明显的进展，并已呈现出一定的特点，如学科地位逐渐确立、研究领域逐渐拓宽、研究水平逐渐提高、研究人员逐渐增多、研究成果已产生了积极影响并促进了教育实践等。但比较教育学对学科自身展开研究的历程算不上长久，与其他教育学科相比而言，仍是比较薄弱的。想让比较教育学科在未来的发展中取得更大的突破，更好地发挥促进教育的作用，反思改革开放以来比较教育存在的问题和不足是有必要的。

一、进一步探索多元研究方法下比较教育学新特征

随着时代的不断变迁，比较教育学的内涵也在发生着变化。区域比较教育的研究对比较教育研究者来说，是需要关注的重点，尤其是对少数民族地区、西部地区、乡镇地区等方面的研究。"十二五"规划期间，我国高校扩招面临全球化人才的竞争日益加剧，虽然有些学者提出要超越当代教育危机、把握改革，但是在实际研究过程中仍存在重理论不重实践、重描述不重比较、重宏观不重微观的现象。当今时代越来越强调创新的重要性，教育领域自然也强调创新发展这个主题。而为教育改革和发展服务的比较教育学科，自然需要具有创新意识，发现新的教育问题，开拓新的研究领域，探索多元化的研究方法。在理论研究层面，比较教育学者不应囿于解释性和经验性水平的研究，应努力学习西方的实证主义研究，向多元化的方向迈进，采用新的研究方法和多元视角考察中国少数民族地区、西部地区的教育问题，平衡全球化与本土化二者的关系，建立完善的比较教育学科体系。比较教育学科全面进入新时代，互联网＋、大数据变革为我国进一步发展本土的比较教育学科体系提供了不竭动力，在"和而不同"的哲学思想指导下对话与互动，推动学科理论的改革，求得进一步繁荣发展。

二、进一步深入探究比较教育学学科元理论

比较教育基本理论研究关注的问题不够深入，导致学者对比较教育理论问题研究深度不够，进而导致学者的研究重心偏重于对比较教育的研究，而轻视了对比较教育学科本身的理论研究。并且，许多研究在运用相关基本原理时还停留在说明的层面，没有深刻领会和把握相关原理的方法论意义，尤其是大数据对我国比较教育学科新优势的研究成果通常是就事论事，在问题提出、学科发展、研究方法等方面缺乏学理说明，没有做到以事论理。

学者早在 1989 年就指出，"进行比较教育研究不是为研究比较而研究比较，是为了掌握教育规律和发展教育事业。研究比较得愈精深，就愈能深得其益，否则就会流于盲目搬运，劳而寡效"。[①] 比较教育问题的研究要形成自身的认识论，要逐渐建立起一整套比较教育学科理论，形成有逻辑有体系的比较教育学科结构。

同时，比较教育研究一方面要借鉴自然科学的研究方法，另一方面又要坚持自己的国际视野和比较视角，对自身学科的同一性进行深刻反思。[②] 在全球化不断走向深入的今天，对比较教育而言，是空前良好的发展机遇。为进一步促进比较教育学科的发展，最重要的是要加强对学科自身理论的元研究。虽然新的时代为比较教育学提供了良好的发展机遇，但也面临着许多此前从未遇见过的新问题、新挑战。因此，始终坚定学科信念、对学科理论基础进行强化、作出与时俱进的价值判断并在此基础上开展对学科自身的研究，成为比较教育研究者的重要使命。这既体现了新时代比较教育学科发展的必然要求，也反映了研究者对"教育存在"及自身需求和利益的认识水平。[③] 因此，加强学科的元研究是比较教育者所不能忽视的。在比较教育学发展的任何时候，都不应离开对学科理论的建设。

三、进一步加强教育强国背景下比较教育学学科建设

我国开始向教育强国、人力资源强国转变是现阶段我国的基本国情之一。比较教育学无论是作为一门学科，还是一门科学，在这一重要的历史转折时期都将对实现教育强国这一伟大目标产生重要影响。为构建完整的比较教育学科，还需要做出许多方面的努力。在研究范畴上，应包括本体论、认识论、方法论；从研究领域上来讲，师范比较教育、学前比较教育、中小学比较教育、高等比较教育、职业比较教育、特殊比较教育、成人比较教育等多层次、多类型教育的比较都应该包括在内；在研究对象上，应该包括欧美发达国家、新兴崛起的大国、发展迅猛的拉美国家等在历史与地域上具有独特比较价值的研究客体都是不容忽视的。在新的时代背景下，对教育体制背后的政治、经济、文化、历史等统领性问题进行具体问题具体分析，紧跟着时代的步伐，与时代共同进步，在改革过程中发挥自身拥有的独特优势，不断努力地促进比较教育学科理论建设的开展，也重

---

① 马骥雄. 比较教育学科的重建 [J]. 高等师范教育研究，1989（5）：60-63.
② 项贤明. 比较教育学的立足点和方法论 [J]. 比较教育研究，2001（9）：1-8.
③ 陈时见，袁利平. 论比较教育学的知识形态与价值取向 [J]. 教育研究，2010（2）：47-51.

视对提升我国比较教育学者研究水平、促进教育强国的早日实现发挥关键的支撑作用。

四、进一步深化中西融合基础上本土学科建设

我国比较教育学科最初仅是介绍和引进国外教育体制中某一方面，或介绍某一教育学家的理论，研究内容多是机械照搬和套用国外教育现状的理论、方法、体系，可是对教育现象背后的诸多影响因素，例如经济、文化、政治等缺乏深层次的研究。同时，也缺乏基于我国特殊国情、特殊教育规律及本土特色的研究。虽说借鉴国际比较教育理论的研究成果是无可厚非的，因为这些优秀的理论成果为我国比较教育研究提供了重要启示和最初的理论基础，但我国社会与其他国家有许多不同之处，在教育实践过程中应用这些理论难免会出现不适应的情况。面对这一问题，中国比较教育学科的构建一定要在中国特有的教育体制、经济环境、传统文化的土壤之上，结合世界比较教育学发展趋势，在对比分析中外比较教育学科理论的基础上，发现、体会、感悟中国传统教育思想与理论中的精髓，对国外优秀理论进行学习和借鉴，使我国理论存在的不足之处得以弥补。而更重要的还在于立足本国的比较教育理论与实践，促进国际教育的互动与交流、融合与生成，为形成具有中国特色的比较教育学科理论体系打下坚实基础。

第五章　学前教育学学科发展史

学前教育学学科历史并不久远，尚属一门新兴学科，但有关学前教育的思想、实践以及研究内容却可追溯到几千年之前。新中国成立以来，学前教育学得到高度重视和长足发展，特别是改革开放以来，在我国社会主义市场经济发展条件下，学前教育学在教育学界已占据了重要地位，成为一门重要的独立学科，是幼儿师范学校和学前教育本科专业课程设置中的基础学科和关键课程。改革开放40年来，学前教育学得到了相当的重视，也取得了很大的发展，研究和著述等方面的成果颇丰。但是学前教育学仍处于发展之中，还有许多问题尚待解决，许多领域需要今人开拓和研究。本章意在通过梳理学前教育学的学科发展历程、学术研究进展，总结学前教育学研究已取得的成果，分析学前教育学亟待解决的问题，反思学前教育学发展的历程，从而为学前教育学的发展提供理论上的借鉴。

第一节　学前教育学学科发展的历程

改革开放以来，我国学前教育学的发展可以划分为三个阶段，分别是恢复与调整阶段（1978－1995）、探索与提升阶段（1996－2009）、巩固与发展阶段（2010－2018）。

一、恢复与调整阶段（1978－1995）

1903年，我国创办了第一个学前教育机构——湖北幼稚园，这标志着我国学前教育事业的起步，学前教育开始逐步走向正规。一些教育学家致力于建设适合我国当时国情的学前教育体系，学前教育学也在此时开始作为一门学科发展起来。中华人民共和国成立后，随着社会主义教育事业的有序推进，学前教育学的研究步入了一个新的高度。然而在后来的"文革"十年里，我国教育学特别是儿童教育学学术界受到了巨大的冲击与创伤。学术界的动乱、教育事业的停滞，使学前教育学的研究进入了"瓶颈期"。

十一届三中全会召开后,开始拨乱反正,停滞中的科学文化教育事业重新调整起步。学前教育学也不例外,学前教育学的研究摆脱了新中国建立初期"全盘学苏"造成的束缚,逐步从我国实际出发,展开了对本学科的研究对象、学科任务、研究方法、学科体系以及某些特定概念、范畴、规律、观点等自身建设问题的探讨,逐步建设和发展我国的学前教育学学科。但此时我国的学前教育学尚不够成熟,研究成果、文献数量远远不足,在国际交流中仍处于追赶西方发达国家的被动地位。但可喜的是,在国内学术界专家学者的共同努力下,学前教育学于1983年正式列入国务院学位委员会的学科专业目录,学科建设在向制度化方向发展上迈出了关键一步。

(一)我国自编的第一部《学前教育学》教材出版

1989年,由黄人颂教授为主编,在原教育部委托北京师范大学和南京师范大学两校教育系部分教师编写的讲义的基础上,结合20世纪80年代教学实践和学科理论的发展成果,经多次审稿、修改,增删调整改编了一些章节,充实、更新了内容,正式出版了以《学前教育学》命名的教材。这是我国出版的第一本高等师范院校学前教育学教材。《学前教育学》全书内容共十五章,重点阐述了出生至6岁前儿童教育的基本理论,并结合我国教育改革的实际情况,较多地反映了国内外学前教育理论的新成果。此教材主要供高等师范院校学前专业和学前函授班以及幼儿师范学校附设学前大专班使用,也可以供广大学前教育工作者学习参考。《学前教育学》的出版是学前教育学学科建设的一个重要事件。受此影响,1990年,北京师范大学出版社先后出版了由北京师范大学教育系学前教研室编写的《学前教育学》以及由梁志燊编著的《学前教育学》。梁志燊著的《现代学前教育学》也于1993年由教育科学出版社出版。与此同时,在这个时间段出版的教材和著作还有,卢乐山主编的《学前教育原理》(北京师范大学出版社,1991),高岚与申荷永主编的《学前教育学:原理与运用》(中国和平出版社,1991),焦健、任致文、李辉等编著的《学前教育学》(科学普及出版社,1994),王丽璇、刘洪斌主编的《学前教育学》(黑龙江科学技术出版社,1990),王丽璇主编的《学前教育学》(东北师范大学出版社,1994)等,可以说,学前教育学的教材如雨后春笋般涌现,彻底告别了缺教材特别是缺本土教材的现象,客观上也推进了学前教育学的学科体系建设。

(二)陈鹤琴、陶行知、鲁迅、福禄培尔等人的教育思想重新得到重视

"文革"十年期间,许多儿童教育家的教育思想受到批判。改革开放后,学术界开始拨乱反正,一些教育家的学前教育思想被重新研究,学术价值得到肯定与发掘,这对于学前教育学基础理论建设有着重要的推动作用。1982年,《齐鲁

学刊》刊登的夏泳久《陈鹤琴〈家庭教育〉论述》，《幼儿教育》刊登的《幼儿教育的福音——陈鹤琴教授名著〈家庭教育〉(怎样教育小孩)修订重版》等，都是改革开放初期教育学界理论工作者对于陈鹤琴思想的重新审视。与此同时，关于陶行知教育思想的论文如1982年《宁夏教育》刊登的望春的《六个解放——陶行知谈儿童教育》，《父母必读》刊登的言午的《陶行知提出的儿童教育的"六个解放"》等相继亮相，推动了我国教育学者关于陶行知儿童教育思想的研究。我国著名文学家、思想家鲁迅的儿童教育思想也重新受到学界重视，如1982年《渤海大学学报（哲学社会科学版）》刊载的许其端的《"将来是子孙的时代"——谈鲁迅的教育思想》，1982年《教育论丛》刊载的叶忠根的《新中国儿童教育心理学思想的几点浅识》，1984年《益阳师专学报》刊载的陈华栋的《鲁迅的儿童教育观》等论文，深度挖掘了鲁迅的儿童教育思想。此外，对学前教育学从普通教育学中分化出来做出巨大贡献的"幼儿园教育之父"德国教育家福禄培尔思想的研究也重新开展起来，1983年《幼儿教育》刊载的李柏梁的《福禄培尔和幼儿园》、单中惠的《世界上最早的幼儿园》，《小学教育研究》刊载的黄玺的《福禄培尔》等，将研究对象延伸到国外著名教育学家的学前教育思想，拓展了学前教育学的国际视野。

（三）幼儿师范院校及高等学校的学前教育专业设置得到重视和发展

作为学前教育学学科的主要学习阵地——幼儿师范院校与高校学前教育专业的发展得到党和政府及社会各界的重视。在幼儿师范院校方面，1980年10月14日，教育部颁布《幼儿师范学校教学计划试行草案》。这是自1968年后，教育部颁发的第一个幼儿师范学校教学计划。1985年5月6日，教育部颁发了《幼儿师范学校教学计划》。自此，学前教育界常说的"三学六法"结构初步定型。教育部在颁发该计划的通知中明确指示，此教学计划只是提供一个框架，各院校可以根据本校实际有所改变，也可进行修改，进行实验，此计划灵活性很高。这是中华人民共和国成立以来教育部首次对中等幼儿师范学校的课程设置放权。1995年1月27日，国家教育委员会印发《三年制中等幼儿师范学校教学方案（试行）》，对人才培养规格首次做出了详细规定。与此同时，高等学校的学前教育专业也逐渐发展壮大起来。1984年，北京师范大学学前教育专业开始招收和培养硕士研究生，标志着我国（除港澳台外）的学前教育专业研究生教育开始启动。1993年，北京师范大学学前教育专业开始招收和培养博士研究生。1994年，南京师范大学学前教育专业拥有了我国第一个幼儿教育学博士点。高校学前教育专业的快速发展，标志着我国学前教育学科学性、独立性明显加强，学科地位和人才培养的层次明显提高，学前教育学的重要性得到学术界、教育界的一致认可。

（四）学前教育学的科研阵地初步建成，科研工作逐步推进

1978年7月，国务院批准重建中央教育科学研究所，同时设"幼儿教育研究室"，这是我国（除港澳台外）第一个国家级的学前教育研究机构。此后，有关学前教育学的研究逐步开展起来，相关的论文著作也开始陆续发表。自此，可以说新中国学前教育科学研究在"文革"十年后终于重新起步，在调整与恢复中再次探索前进。随着第一次全国教育科学规划会议的召开，学前教育开始纳入国家教育科研规划，从"七五"规划开始，有了独立的学前教育研究课题。1979年11月3日，中国教育学会幼儿教育研究会在南京正式成立并召开第一届年会；1992年2月经民政部批准，更名为中国学前教育研究会，成为国家一级学会。可以说，十一届三中全会以来，经过几年的恢复与调整，学前教育学的学科事业发展开始走向正轨，研究工作全面开展，学科研究任务、研究目的等初步确立，学前教育学的学科框架开始构建。

但是，在改革开放初期的几年，由于"文革"十年刚刚结束，学术界百废待兴，学前教育虽然得到党和政府的高度重视，也初步开启了学科建设的新局面，但学前教育学的发展仍在跌跌撞撞中摇摆前行，此时的学前教育学仍是一门尚未成熟的新兴学科。经过几年的复苏与建设的努力，我国的学前教育由调整与恢复走向了积极发展时期，并且顺应全球化趋势吸收借鉴国外先进经验，学前教育学的学科建设步入正轨，科研水平相比改革开放之初有了很大的提高。1985年5月，北京师范大学成立了中国第一个儿童心理研究所（后于1987年更名为发展心理研究所），并创办了我国第一份公开发行的儿童心理和教育学术杂志《心理发展与教育》。1987年1月，中国教育学会幼儿教育研究会与湖南长沙师范学校联合创办《学前教育研究》（双月刊），作为研究会会刊在全国公开发行，随后的几年里逐渐成为我国重要的学前教育学研究阵地。《学前教育》原名《幼教通讯》，1980年在北京复刊，1984年更名为《学前教育》；《早期教育》创刊于1983年7月。除上述期刊外，《幼教园地》《上海托幼》《教育导刊》等杂志也都是国内比较知名的学前教育杂志，为广大学前教育工作者进行学术和经验交流提供了很好的平台。

（五）学前教育学术交流日益频繁，我国学前教育的国际地位逐步提升

1982—1984年，教育部和联合国儿童基金会合作开展"学前教育师资培训"项目第一期，由南京师范学院承担，这是我国开始与联合国儿童基金会在学前教育领域开展的首次合作。1985—1989年，该项目由北京师范大学等8所高等师范院校的学前教育专业和17所幼儿师范学校分别承担。1988年9月，中国委员以团体会员身份加入世界学前教育组织（OMEP），并同步成立了世界学前教育组织中国委员会。1989年10月，为纪念国际儿童年10周年和联合国儿童基金会与中国合作10周年，国家教育委员会在南京召开"幼儿教育国际研讨会"，这是改革开放以来我国主办的第一次学前教育国际会议，也是海峡两岸学前教育工作者分离三十多年来第一次在一起的聚会和交流。1993年5月，联合国儿童基金会和国家教委在广东江门市联合举办"幼儿教育发展——向90年代挑战"国际研讨会，就中国幼儿教育的问题和对策进行研讨，以促进我国幼儿教育的发展。北京师范大学、南京师范大学、华东师范大学等高等院校也频频举办幼儿教育国际研讨会，以增进国际学术交流。

二、探索与提升阶段（1996—2009）

我国的学前教育学学科建设虽不尽完善，但经过调整与恢复以及改革开放初期的探索与发展，正在逐步向成熟迈进。特别是1996年《幼儿园工作规程》的正式颁布，对幼儿园教育的性质、任务、原则等的具体规定，对学前教育学的学科建设产生了重要影响。进入21世纪以来，2001年《幼儿园教育指导纲要（试行）》的颁布，使社会各界对于学前教育学的认知与理解不断深化，对其重要性的认识不断增加，学前教育学的学科地位得到了明显提升，学科体系建设取得极大发展，学科的独立性、科学性日益提高，在科学研究的层次和成果上，学前教育学也颇有建树，研究课题种类增加，学位论文包罗万象，相关论著不断发表，并开始从大量吸收借鉴国外理论向重视我国本土理论建设转型。

（一）学前教育学教材出版数量明显增加

这一阶段的学前教育学，在自身的体系构建和研究领域都有了较大的发展，表现为有关的教材出版数量明显增多。李生兰著《学前教育学》由华东师范大学出版社在1999年出版，虞永平主编的《学前教育学》由江苏教育出版社和苏州大学出版社在1996年和2001年出版。这个阶段出版的学前教育学教材还有高岚著的《学前教育学》（广东高等教育出版社，2001），刘焱著的《学前教育原理》（辽宁师范大学出版社，2002），刘晓东、卢乐珍主编的《学前教育学》（江苏教育出版社，2004），蔡迎旗著的《学前教育概论》（华中师范大学出版社，2006）。此外，还有阎水金主编的《学前教育学》（上海教育出版社，1998），肖文娥主编的《学前教育学》（河北科学技术出版社，1999），林菁主编的《学前教育概论》（福建少年儿童出版社，2000），潘扬主编的《学前教育学》（河海大学出版社，2001），邱云、林少玉主编的《学前教育学》（福建教育出版社，2001），郑健成主编的《学前教育学》《复旦大学出版社，2007》，傅建明主编的《学前教育学》（中央广播电视大学出版社，2007），魏建培主编的《学前教育学》（科学出版社，

2008)，江东秋编的《学前教育学》（江西高校出版社，2009），董宏建编的《学前教育学》（光明日报出版社，2009）等。综合分析，可以发现这一时期学前教育学教材建设具有以下四个特点：一是学前教育学教材以合著为主，独著为辅；二是学前教育学教材涉及的主题广泛性有余，集中度不够；三是学前教育学教材的学科意识初现，研究有待展开；四是学前教育学教材的学术水平有待提高，学术服务意识需要加强，高等学校学前教育学课程论亟待成为一个被关注和研究的领域。[①]

（二）学前教育学作为一门独立学科在高校中的学科地位凸显

在这个时间段，高校中关于学前教育学的课题研究不断开展，硕、博士学位论文数量增加，学术成果显著，学前教育学的科学性、客观性不断加强，学科体系日益成熟，形成了具有自身特色的理论研究方法。作为一门独立学科，学前教育学的重要性不断显现，成为幼儿师范院校与高校学前教育专业的核心课程。许多升格后的幼儿师范院校以及新成立的本科学前教育专业都把学前教育学列入其基本理论课程的专业主干课程。1997 年 9 月，华东师范大学教育系学前教育专业、心理系特殊教育专业和上海幼儿师范高等专科学校合并成立华东师范大学学前教育与特殊教育学院，成为全国学前教育领域成立的第一个二级学院，学前教育学成为其专业核心课程。同时，原有的高等师范学校本科学前专业也开始重视学前教育学学科学习，并加入培养幼儿教师的行列。幼儿师范学校的转型、原有高等师范学校的加入，再加上地方综合性大学和其他高等学校的参与，各类高校都注意将学前教育学纳入其专业主干课程，使得全国幼儿教师培养的层次、水平和效果快速明显提高。

（三）学前教育学科学研究更加受到重视，课题成果大量涌现

进入新世纪后，学前教育的科研工作更加引起许多教育学界学者的重视，长久以来学前教育界重视实践经验而轻视学术理论的传统局面被重新审视。2002年，庞丽娟、胡娟、洪秀敏在《当前我国学前教育事业发展的问题与建议》一文中强调了学前教育科学研究的重要性。经过多年的持续建设，学前教育学这门新兴学科已取得明显成就。随着研究的进步，学前教育学的相关课题与著作丰富多样，内容涉及高师改革、农村学前教育、师资培养、幼儿教师薪酬、幼儿园教育质量、学前儿童的年龄特点、学前教育政策发展、学前教育改革等多方面。这一时期，学前教育学的科研工作，不但内容有深度，而且数量也十分可观。如关于学前教育师资问题的论文，20 世纪 80 年代可供查阅的相关论文约有 267 篇，大

[①] 夏巍，张利洪. 近二十余年我国学前教育学教材的内容分析[J]. 四川教育学院学报，2012（10）：108-109.

多是关于幼儿教师培养目标、培养方向、培养制度和师范学校管理等方面的问题；至90年代，我国学前教育师资方面的论文数量增加到了1414篇，研究内容延展到幼儿教师素质、幼儿教师智能结构、幼儿教师的儿童观与教育观、幼儿教师的继续教育等方面。新世纪以来，研究我国学前教育师资问题的相关论文自2007年始每年都突破千篇。[①]

（四）国内和国际学术交流推进学科建设的步伐

中国学前教育研究会于1999年举办了"庆祝中国幼教事业开创50周年、中国学前教育研究会成立20周年"的学术研讨会，与会代表达1000人，这一盛会对推动新时期的学前教育发展和研究起到了重要作用。

2003年10月15日至18日，由教育部、民进中央、全国妇联、团中央、少工委等主办，中国学前教育研究会、北京师范大学承办的中国幼儿教育百年纪念暨学术研讨会在北京人民大会堂举行，标志着学前教育学学术研究的重要性跃上一个新台阶。

2008年5月，为落实中国共产党第十七次全国代表大会报告中"重视学前教育"的精神和贯彻国务院领导有关学前教育工作的批示，教育部成立调研组，在全国范围进行学前教育专项调研，为全面提高我国学前教育学学科水平和幼儿园办园质量摸清底数，征求意见，建言献策。

在此期间，国际间的学术交流日益频繁，既包括大量的高校教师、学生等去俄罗斯、美国、欧洲、日本等发达国家留学、访学和交流，引进各种先进的学前教育理论，出席各种国际会议，也有多国幼教专家和相关人士来华进行学术交流，特别是与联合国儿童基金会开展的多项学前教育合作项目，如1996年至2000年在西北、西南11省32个国家贫困县展开的"早期儿童发展"项目，2001年至2005年在沈阳、天津、贵州等省市开展的"早期儿童养育与发展"合作项目，2006年至2010年针对东西部地区、经济发达和欠发达地区的早期教育事业发展开展的"早期儿童发展"项目，学前教育学理论的建构也由此拓宽了国际视野，提高了学术研究水平。

三、巩固与发展阶段（2010—2018）

2010年，随着《国家中长期教育改革和发展规划纲要（2010—2020年）》的颁布以及《国务院关于当前发展学前教育的若干意见》的颁发，学术界开始对学前教育实践中的问题进行深入研究。学前教育学学科也随着实践的发展逐渐发展

---

① 数据来源：中国知网。

起来，呈现出学科体系较为完整，科研成果数量、质量十分可观，可供高校选用的学前教育学教材数量丰富，学术理论的实践性增加等特点，已经开始走向成熟阶段。在国际交流中，我国的学前教育学由原来被动追赶逐步转变为积极主动参与，在学习他国经验的同时也为世界学前教育学的发展贡献了我国的研究成果，主体性不断加强，越来越具有中国特色。学前教育学的研究还在不断进步，还有许多领域等着学前教育工作者的开拓与探索；学前教育学学科建设的道路还很长，至今仍处于不断发展之中。

(一) 教材出版数量继续增加

2011年以来，我国出版或再版了多本《学前教育学》，且多数被列为"十二五"普通高等教育本科国家规划教材和高等院校学前教育专业规划教材。我国目前可供高校选用的学前教育学的教材不但数量可观，还各具特色。如李生兰著的《学前教育学》，重点论述了幼儿园的社会教育、家庭教育指导、幼儿园的游戏活动以及国内外学前教育改革的趋势等。潘华主编的《学前教育学》论述了学前教育环境、学前教育政策与法规等问题。杨晓萍、李静主编的《学前教育学》（西南师范大学出版社，2011）全面阐述了学前教育的基本概念、基本命题、基本历史线索，展现出学前教育学学科比较完整的理论框架。岳亚平主编的《学前教育原理》（高等教育出版社，2014）属于专门为教师教育精品资源共享课立项课程量身定制的配套教材，主要内容包括学前教育导论、学前教育理论的产生与发展、学前教育中的基础关系、学前教育的基本观念、学前儿童的心理特征与教育、幼儿园一日活动的设计与组织、幼儿园教育的衔接与合作、幼儿园教师及其专业发展。郑三元、张建国主编的《学前教育学（高等院校学前教育专业精品教材）》（湖南大学出版社，2015）在扼要介绍学前教育的概念及意义，学前教育事业的产生与发展，学前教育的性质和特点等的基础上，重点阐述了学前儿童体、智、德、美全面发展的内容和实施原则及游戏活动、教学活动、生活活动等实施载体，分类梳理了学前教育环境的作用、构成及特点、创设的原则，系统论述了学前教师角色和专业成长的重要性，以及家园合作、幼小衔接在学前儿童成长中的关键作用，对学前教育评价的内容与原则、模式与方法也进行了简要介绍。黄爽、霍力岩、姜珊珊、杨伟鹏合著的《学前教育学：理论与实践》（华东师范大学出版社，2017）是高等院校学前教育专业必修课教材，重点阐释了有关学前教育理论和实践的基本观点、原则、方法、政策等。姚伟主编的《学前教育学（21世纪学前教师教育系列教材）》（中国人民大学出版社，2018），介绍了学前教育的目标、课程、游戏，幼儿园教育活动、班级管理、环境创设等内容，还包括幼儿教育衔接与幼儿教师专业发展等的相关知识。可以说，这一时期学前教育学的学科建设，呈现出研究范围逐渐扩大、研究成果日益显著的特征。

（二）学前教育学学科自身建设受到重视

2010年以来，学前教育学作为一门发展中的独立学科，其自身建设受到重视，表现在研究范围扩大，研究方法逐渐丰富多样。胎教，早期教育，幼儿园课程，幼儿园游戏活动，幼儿园教学，幼儿园环境创设，幼儿园师资培养，师幼关系，学前儿童家庭教育，幼儿园艺术、健康、科学、社会、语言五大领域教育，学前儿童年龄发展特点，学前教育人才培养，学前教育质量监管体系，学前教育服务有效供给，学前教育基础理论建设，学前教育的目的与任务，学前教育研究方法，学前教育学教材编著，学前教育政策建议，幼小衔接问题，幼儿园游戏活动，社区学前教育，学前特殊儿童教育等各个方面都被列入学前教育学的研究内容，可以说学前教育学的研究不再门庭冷落，学科地位日益重要，在教育学界已稳占一方。

除了研究范围的扩大外，学前教育学也已形成许多基础理论。如在学前教育学的研究内容上，基本确定为儿童观、教育观、学前课程、师资、活动、环境、政策与法规、学前儿童家庭、学前教育的原则和目标等方面。在学前教育学的研究方法上，大致形成了以下几种研究方法：观察法、访谈法、文献法、问卷法、个案研究法、测验法、经验总结法等等。

（三）研究成果日益显著

学前教育学的论著在这一阶段数不胜数，研究成果日益增加。《学前教育》自创刊以来共计刊登各类文章5200余篇，文章主题包括学前儿童个性心理特征、幼儿园管理、幼儿教师、游戏活动等，论文成果丰富，获得"社科双效期刊"的荣誉。1987年至2017年30年间，《学前教育研究》共计刊登文章5447余篇，文章理论成果如幼儿审美发展、幼儿园的小组活动、幼儿消极情绪的认识与回应、幼儿园室内环境布置、幼儿园区域活动指导等，被广泛应用于我国幼儿园实践活动。重点研究幼儿教育的期刊《幼儿教育研究》自1982年创刊以来共计刊发幼儿教育方面的文章27593篇，凭借其理论成果和实践指导意义在中国知网总下载量高达1376940次，学术价值得到社会各界认可。近年来，我国出版的许多学前教育学著作都彰显了学前教育学作为一门学科的独立与成熟。

关于期刊论文，以"儿童"为关键词，在百度和中国知网上搜到的有关儿童研究的论文，通过辨析，剔除不符合要求的和无关论文，共有178篇。1999年以前只有9篇论文，到2010年增加到45篇，到2017年则上升至178篇，数量大幅度增加。特别是最近10年增长最快。在研究内容上，从概括到具体，从整体到分化，范围不断扩大，内容不断丰富。对儿童的研究越来越具体。在研究方法上，从文献法单纯地对前人的成果进行总结到观察法、访谈法、问卷法再到质的研究。研究方向逐步向关注热点问题、与当前实际相结合方向转变。从改革开放到上个世纪末这一阶段中，"学前儿童"的选题没有国家立项的重点项目研究，但是从 2000 年到 2017 年共有 22 项国家立项的重点研究项目。其中，2001－2010 年共有 12 项，2011－2017 年有 10 项。22 项立项课题中，关于儿童心理发展的课题有 12 项，儿童观的 1 项，五大领域的 5 项，特殊儿童的 2 项，0－3 岁早期发展的 1 项，3－6 岁儿童学习与发展标准的研究 1 项。儿童心理依然是课题研究的核心。

关于幼儿园课程研究的理论成果从文献的数量来看，从 1993 年到 2017 年查阅到的期刊论文有 73 篇，其中，1993－2000 年 4 篇，2000－2010 年 22 篇，2011－2017 年 47 篇。从 2006 年到 2017 年的硕士博士学位论文有 55 篇，2010 年前 12 篇，2011－2017 年 43 篇。硕、博士论文的选题关于各级各类高校课程设置的共有 45 篇，对国外课程进行借鉴和比较的 4 篇，其他 6 篇。这表明，随着幼儿园课程改革的推进，相应的高校学前教育专业课程设置如何调整适应成为研究的重要方面，但关于幼儿课程的理论研究数量仍显不足。

幼儿园教师研究成果丰硕。通过对百度和中国知网的论文查阅，剔除不符合要求的论文，从 1982 年到 2007 年共搜集到期刊论文 404 篇，其中，1982－1988 年期间共发表 8 篇，1989－2000 年发表 78 篇，2001－2010 年 168 篇，2011－2017 年 150 篇。仅 2010 年就发表 32 篇，是整个改革开放以来发表论文篇数最多的年度，由此佐证 2010 年是学前教育发展的转折点。从 2006 年到 2017 年查阅到的硕、博士论文共有 84 篇，2006－2010 年 39 篇，2011－2017 年 45 篇，前后变化不大。其中，教师观念与行为的 19 篇，幼儿教师职业认同和职业倦怠的 18 篇，教师专业成长的 8 篇，幼儿教师流动的 5 篇。在最近 10 年间，2010 年是发表数量最高的年度，达到 12 篇。立项的国家级课题集中到 2010 年以后，共有 9 项。

（四）大量借鉴国外学前教育学成果经验，加以改造以适应国情为我所用

随着学术全球化趋势的不断发展，我国大量吸收和借鉴国外优秀的学前教育经验，加以改造和创新，以形成适应我国社会主义特色、符合我国国情的学前教育经验。如 2010 年《学前教育研究》刊载的王晓兰、丁邦平的《美国学前教育师资的培养方式、特点及其启示》，2011 年《教育导刊》刊载的张琴琴的《挪威新订国家学前教育指导纲要述评》，2012 年《早期教育（教师版）》刊载的王春亚的《澳大利亚学前教育课程改革》，2013 年《早期教育（教师版）》刊载的何锋的《德国、意大利学前教育考察所见、所悟与所思》，2014 年《西北成人教育学报》

刊载的西北师范大学教育学院赵辉的《瑞吉欧方案教学的特点及其对我国学前教育课程的启示》，2017年《甘肃教育》刊载的徐平的《芬兰推进早期语言教学》，2018年《管理观察》刊载的刘阳的《日本学前教育管理探析》等，分别借鉴了美国、挪威、澳大利亚、德国、意大利、芬兰、日本等学前教育事业发达国家的优秀学前教育经验，并加以分析和研究，为我国学前教育经验的借鉴提出了相应的方法和理论，使我国的学前教育学更加科学化、现代化、本土化。

（五）重视学前教育学学科建设的中国立场

除了吸收国外先进理论与经验，我国学前教育学也重视中国立场上的学科发展。近年来，我国人民教育家陶行知的《创设乡村幼稚园宣言书》《如何使优质教育普及》《幼稚园之新大陆》等论文都得到了研究者的重视，他的关于教育师资培养的教育思想——"艺友制"（用朋友之道来探讨教学之道）成为近年来制订学前教育师资培养方案的重要依据，如2009年《南京晓庄学院学报》刊载的上海师范大学教育学院陈建华的《论陶行知"艺友制教育"及其启示》，2015年《教育理论研究》刊载的南京晓庄学院耿祝芳的《浅析"艺友制"中的"同伴互助"思想》等文章就专门研究了陶行知先生"艺友制"的实践应用。我国现代著名的学前教育专家陈鹤琴的"活教育"理论（大自然、大社会都是活教材，在做中教、做中学、做中求进步）以及相关的"五指活动"课程也成为当前许多幼儿园活动与课程的重要参考理论和学前教育学学术界的研究热点，如2014年《基础教育》刊载的新疆师范大学周艳的《论陈鹤琴"活教育"思想对幼儿教育的启示》等文章专题研讨了陈鹤琴先生的"活教育"思想。再追溯至古代，诸如王守仁的儿童教育思想、颜之推的儿童教育思想等，都被纳入学前教育学的研究范围。2013年7月9日至13日，世界学前教育组织（OMEP）第65届国际学术会议在中国上海举办，主题是"促进学前教育发展：机会与质量"。这是中国首次主办世界学前教育组织年会，也是我国学前教育学学科建设中国立场的一个重要标志与发展成果。

第二节　学前教育学学科建设的进展

从初建阶段开始，中国学者就重视学前教育学学科自身的建设，具体对以下几方面问题进行了探寻。

一、学前教育学的学科建制

从学科的建制过程看，全国性的学前教育研究会的成立，使学前教育学正式作为教育学科的二级学科被国务院学位委员会列入学科专业目录,在高校直接培养学前教育学专业研究生并开设了学前教育学课程,创办学前教育研究期刊,建立起了学前教育学的图书收藏制度。中国对学前教育的系统研究是以学前教育学的"草创"为始点,然后经由学科设置而使其在事实上成为一门"学科"的。中国学者在不长的时间内,确立了学前教育学在教育学学科大厦中的合法地位,努力使学前教育学作为一门独立学科获得制度上的认可。这对于提升学前教育学的研究水平、研究规范,建立系统的、全面的、严密的学前教育学理论有着积极的指导意义。

二、学前教育学的研究对象

学前教育学的研究对象,牵扯到学前教育学研究边界的问题,是学前教育学不可忽视的基础理论建设的重要部分。我国关于学前教育学研究对象的问题尚未形成公认的定论,对现有通行的学前教育学教材的分析表明,研究者们对学前教育学研究对象的问题在某种程度上形成了一些观点和认识,概括起来,主要有以下几种:潘华、黄人颂等研究者将学前教育规律作为学前教育学的研究对象;[①] 李生兰认为,学前教育是专门研究学前教育现象和学前教育规律的;[②] 蔡迎旗主编的《学前教育概论》中将学前教育学的研究对象表述为学前教育现象及学前教育问题;[③] 傅建明等研究者则指出学前教育现象、学前教育规律、学前教育理论都是学前教育学的研究对象;[④] 2011 年,张利洪、李静提出将学前教育问题作为学前教育的研究对象。[⑤]

除上述之外,还存在着其他各种观点,学前教育学的研究对象一直未能在学前教育学界达成统一认识,有的研究者甚至对此闭口不谈。由此可见,我国研究者对学前教育学研究对象的界定主要经历了"规律说——现象说——现象及规律说——综合说"的发展过程,这与教育学研究对象经历了"教育规律说——教育现象说——教育问题说"的发展轨迹大体一致。[⑥] 不过,需要指出的是,尽管学术界对学前教育学的研究内容存在一些分歧,但在以下方面的认识是一致的,即

---

① 潘华. 学前教育学 [M]. 安徽:安徽教育出版社,2012. 黄人颂. 学前教育学 [M]. 北京:人民教育出版社,2007.
② 李生兰. 学前教育学 [M]. 上海:华东师范大学出版社,2013.
③ 蔡迎旗. 学前教育概论 [M]. 湖北:华中师范大学出版社,2006.
④ 傅建明. 学前教育学 [M]. 北京:中央广播电视大学出版社,2007.
⑤ 张利洪、李静. 学前教育学的研究对象 [J]. 学前教育研究,2011 (9).
⑥ 刘伟芳. 我国教育学研究对象的历时考察与现时探讨 [J]. 当代教育科学,2005 (13).

学前教育学最终都是为学前儿童的发展服务的，研究的都是有关学前儿童各方面的内容，其重要性不言而喻；目的是揭示学前教育的规律，为指导实践提供理论依据。并且，从发展的眼光看，一门学科的研究对象总是随着社会历史的发展进步而不断微调的，研究对象会随着研究的开展而不断变化或扩大，何况学前教育学的研究对象本身也属于学前教育学的研究范围，学术争鸣带来的是学前教育学科学研究的日益兴盛，这本身是一件好事，不需要大惊小怪。

三、学前教育学的学科性质

目前，我国关于学前教育学的科学研究逐渐增加，研究成果日益丰富，学前教育学的学科地位日益上升，其重要性越来越凸显。但是，我国学前教育学存在这样一个问题，即"学前教育"与"学前教育学"的概念模糊不清、边界不明。不少研究者将学前教育学理解为学前教育，将二者混为一谈，这是由于学前教育学学科概念不明造成的。学前教育界多数研究者认为，学前教育学应为一门基础理论学科，如孙晓轲《关于学前教育学历史使命的思考》指出，学前教育学是一门基础理论学科；① 卞红梅也提到学前教育学是学前教育专业的基础理论课；② 王颖蕙也肯定了学前教育学为教育学类理论学科的地位。③ 作为一门基础理论学科和一门专业性较强的学科，作为我国幼师院校和高校学前教育专业的核心主干课程，学前教育学的科学性、独立性尤为重要，因此，学前教育学学科概念必须准确清楚，学科边界必须清晰统一，这对于学前教育学学科体系建设、学科性质的确立、学科研究的深入开展具有重要意义。笔者认为，学前教育学是以开展学前教育理论探究与学前教育实践总结为重点任务的基础学科，是学前教育专业的基础理论课。

四、学前教育学的研究主题

改革开放 40 年来，学前教育学学科经过不断的探索与发展，研究范围逐步扩大，重点表现在研究主题的丰富性上。笔者搜集到的研究主题种类即多达 41 种。在内容上，除研究社会主义条件下学前教育的一般原理外，还包括学前教育的内容、方法、原则、任务等，涵盖了学前教育的各个组成要素，学前教育活动的各个环节。学前教育学的科学研究，既有分化性的研究，又有综合性的研究；

---

① 孙晓轲. 关于学前教育学历史使命的思考［J］. 幼儿教育，2008（7，8）.
② 卞红梅. "学前教育学"教学实践改革的反思［J］. 扬州教育学院学报，2017（4）.
③ 王颖蕙. 关于幼师院校"学前教育学"课程教学改革的思考［J］. 成都大学学报（教育科学版），2008（2）.

既有关于儿童观、教育观、师资、课程、政策法规等学前教育学所涵盖的各个模块的研究，也有对于学前教育学本学科的元研究。刘晶波以251篇博士论文为基础，对学前教育学的研究主题进行分析，发现其中儿童类主题共120篇，占所有研究主题的47.8%，主要包括儿童心理、行为发展、五大领域学习等；教师类主题共40篇，占研究主题的15.9%，主要涉及了教师教育观念、教育智能、专业发展等三个板块，包括幼儿教师儿童观念与心理特点、教育活动及专业发展等；教育教学类主题共32篇，比例为12.7%，主要涉及的是当前幼儿园五大领域的教育活动以及一些开放日、集体教学、启蒙教育等；课程类主题有28篇，主要涉及一些课程模式、课程哲学、课程设计和课程实践等板块；教育政策与事业类主题共有21篇，主要涉及学前教育发展的状况、趋势、政府责任、经费投入、管理等。[①] 从中不难看出，学前教育学的研究主题十分丰富，涵盖面非常广阔。

学前教育学研究范围之广、内容之丰富，对于学前教育学学科体系的确立是一件既有利又有弊的事情。利是内容丰富，可供参考的材料很多，为学科体系确立提供了依据；弊在于范围广、涉及方面繁多，归纳与整理十分复杂棘手，不利于深入开展研究。

五、学前教育学的学科体系

自学科建立之初，中国学者不仅积极从理论上探索学科体系，而且在编写教材的实际操作中，已初步构建了学前教育学的学科体系。

(一) 理论探索

杨明权按照学前教育学的研究对象和基本研究内涵，将学前教育学科学研究分为两个领域，分别为：研究、探讨幼儿培养、成长和办好幼儿园的规律，渗透到各个层次、各类学科、各种形式中的微观学前教育学；研究、探讨如何建设与一定经济社会要求和环境相适应的学前教育制度和体系以及对学前教育进行宏观管理的规律，与不同国家、地区和经济、社会、文化、人口等背景联系的宏观学前教育学。[②] 郭忠玲以学前教育学课程为依据，将学前教育学划分为三部分：第一部分是学前教育学的基本理论，包括学前教育学的研究对象、幼儿教育与社会发展、幼儿教育与儿童发展等；第二部分是幼儿教育的目标、任务和德、智、体、美全面发展教育的内容，这是我国社会主义初级阶段幼儿园的大政方针；第

---

① 刘晶波、王磊、孙永霞. 1996～2006年我国学前教育领域研究选题的状况与分析——基于三所高校硕士、博士学位论文的研究 [J]. 学前教育研究，2007 (9)：6-14.
② 杨明权. 关于加强宏观学前教育学研究的思考 [J]. 陕西教育学院学报，2011 (4).

三部分是幼儿园教育目标实施的途径和手段,包括环境的创设和利用,幼儿园与家庭、社区的合作,幼儿园活动(教学、游戏、一日生活)等。[①] 还有一种普遍观点认为,学前教育学科学研究可以划分为理论基础的研究、实践应用的研究以及政策法规的研究。理论基础方面包括学前教育学的元学科、学前教育的发展、学前教育的目标、学前教育研究方法、学前教育的价值、学前教育儿童观、学前教育观等;应用实践方面包括学前儿童五大领域学习、幼儿教师、幼儿园课程、幼儿园游戏活动、幼儿园的家庭教育等多方面;在政策与法规方面,包括学前教育政策价值取向、学前教育资源供给、农村学前教育政策、学前教育体制改革、城乡学前教育统筹治理、学前特殊儿童权益政策等多种。

(二)实践努力

中国学者对学前教育学学科体系的实践努力,主要体现在学者们编写的学前教育学著作中。就笔者所查阅到的版本来看,中国学者所构建的体系主要有以下几种。

黄人颂主编的《学前教育学》(人民教育出版社,1989)主要内容包括:学前教育学的对象、任务及发展;学前教育与社会的关系;学前教育与儿童身心发展的关系;教育目的与学前教育任务;婴儿教育;幼儿体育;幼儿智育;幼儿德育;幼儿美育;幼儿园的游戏;幼儿园的教学;幼儿园与小学的衔接;托儿所、幼儿园与家庭;学前教师与培训;学前教育的科学研究。

虞永平主编的《学前教育学》(江苏教育出版社,1996;苏州大学出版社,2001):学前教育的历史发展与价值;儿童观、教育观、教师观;生态环境与幼儿教育;学前教育目标;学前儿童体格、体能发展与教育;学前儿童智能发展与教育;学前儿童社会性发展与教育;学前儿童的美感发展与教育;学前课程;学前教育活动;学前儿童的游戏。

梁志燊著的《学前教育学》(北京师范大学出版社,1998):学前教育理论的建立及主要流派;学前教育的社会因素分析;现代社会与学前教育;学前教育与儿童发展;学前教育的新观念;学前各年龄儿童的心理特征与教育要领;托儿所的保育与教育;幼儿园教育;幼儿园的活动;学前儿童家庭教育;学前教育社区化的发展趋势。

刘焱编著的《幼儿教育概论》(中国劳动社会保障出版社,1998):幼儿教育的意义与历史发展;我国幼儿教育制度与基本理论;幼儿的全面发展教育;幼儿教师;幼儿园的环境与制度;幼儿园的教育活动;教育的衔接与合作。

---

① 郭忠玲. 浅谈以实践性为导向的"学前教育学"课程改革[J]. 教育探索,2013(1).

刘晓东著的《儿童教育新论》（江苏教育出版社，1998）：儿童观；教育观；儿童的身体与儿童教育；儿童的哲学与儿童哲学教育；儿童的科学与儿童科学教育；儿童的伦理学与儿童道德教育；儿童的艺术与儿童艺术教育；儿童的语言与儿童语言教育；儿童教育的整体构型。

李生兰著的《学前教育学》（华东师范大学出版社，1999）：导论；学前儿童观；学前教育观；学前教育的课程；幼儿园的社会教育；幼儿园的游戏活动；幼儿园家庭教育的指导；幼儿教师；国外学前教育的改革及启示（二版、三版增加）。

刘晓东、卢乐珍等著的《学前教育专业大学教材·学前教育学》（江苏教育出版社，2004）：引言；百年中国学前教育；儿童与教育；家庭、社区与学前教育；托幼机构的环境和设备；学前教育机构中教师与幼儿的相互作用；学前儿童体育；学前儿童语言教育；学前儿童认知教育；学前儿童社会学教育；学前儿童道德教育；学前儿童审美教育；学前儿童的游戏；学前课程；学前教育研究方法；21 世纪中国学前教育展望。

杨晓萍、李静主编的《学前教育学》（西南师范大学出版社，2011）：总序；前言；学前教育学概述；学前教育价值与价值取向；中外学前教育思想；幼儿教师及其专业发展；学前儿童的发展；学前教育课程与教学；学前与小学的衔接；学前教育机构与家庭、社区的合作。

朱宗顺、陈文华编写的《学前教育学》（北京师范大学出版社，2012）：绪论；学前教育概述；学前教育与儿童；学前教育与社会；幼儿园教师；幼儿园教育的目的与内容；幼儿园生活活动；幼儿园教学活动；幼儿园游戏；幼儿园环境；幼儿园与家庭及社区的合作；幼小衔接。

虞永平、王春燕著的《学前教育学》（高等教育出版社，2012）：学前教育学导论；学前教育学的基础；学前儿童与教师；学前教育的目标；学前儿童的全面发展教育；学前课程；学前教育活动；学前儿童游戏；幼儿园环境；学前教育衔接。

徐旭荣主编的《学前教育学》（人民邮电出版社，2015）：概述；重要的学前教育政策法规；学前儿童全面发展教育；学前教育的基本要素；学前教育课程、游戏和教学；区域活动、日常生活活动与其他形式的活动；幼小衔接与家园共育、社区合作。

王小溪主编的《学前教育学》（东南大学出版社，2016）：导论；学前教育与儿童；学前教育与社会；学前教育政策法规的解读及其案例分析；幼儿园的学前教育；幼儿教师专业发展；家庭、社区与学前教育；幼小衔接；国外学前教育的发展与启示。

郑健成主编的《学前教育学》（复旦大学出版社，2017）：绪论；学前教育概述；教育机构里的学前教育；学前教育的基本要素；学前教育的课程；学前有效教育；日常生活活动；学前儿童游戏；区域活动；学前儿童教学活动；领域与主题活动；其他形式的教育活动；学前儿童班级保教工作管理；学前教育机构与家庭、社区和小学。

通过对以上体系的考察，我们可以得出如下结论：

第一，构建学科体系已成为中国学者发展学前教育学的重要目标指向。虽然学前教育学的学科体系不可能通过一本著作或教材来实现，但是学者们通过自己独特的研究视角，奠定了学前教育学科体系的基本框架。不管是从逻辑起点来构建学科体系，还是以问题系统来建立体系，或者从方法论的角度来建构体系以及从范畴水平来构建体系，学前教育学的学科体系已经基本上得到确立，这对我国学前教育学的发展起到了积极的作用。

第二，学科体系的理论基础还比较薄弱。学者们更多的是谈学前教育的理论基础，很少对学前教育学的学科体系进行理论上的思考。由于缺少学科基本理论研究以及构建学科体系所必要的基础，学者们在构建体系时，根据学前教育实践需要和具体活动而构建，所形成的学科体系经验成分仍然比较大，基本上属于实践体系，距离理论体系还有一定的距离。

第三，学者们编写《学前教育学》的设想基本上就是"供高等师范院校学前专业和学前函授班，以及幼儿师范学校附设学前大专班使用"，"可以用作大、中专层次的幼儿教育、学前教育专业教材，亦可供幼儿园教师职前培训或在职进修、业务培训和高等教育自学考试学员使用"，"高校学前教育专业的教科书，也可用作教育学研究人员和学前教育工作者的参考资料"，等等。学前教育学主要是作为高校的一门课程或教学科目形成和发展起来的，更多地被视为一门课程，而未真正被视为一门学术科目。中国学者所建立的学前教育学体系实际上主要是教材体系而不是学术体系。编写教材已成为学前教育学发展的重要方式。

六、学前教育学的研究范式和研究方法

学前教育学作为一门尚在发展中的学科，是一个复杂的多层次结构的开放系统，需要在研究范式和研究方法上不断探索和创新。学前教育学的研究，有以构建学科体系为目标采用的"体系范式"；有密切联系实际，大力开展应用研究的"实效范式"；还有解决学科归属问题的"文化范式"等。研究范式的演变，体现了学前教育学研究的时代性特征。

关于学前教育学研究方法的问题，学者们形成了两种不同的认识：一是主张学前教育学没有自身独特的研究方法。其理由是学前教育是一个复杂、多层结构的开放系统，必须从不同的学科观点，运用不同的学科方法才能比较全面和深入地理解学前教育。可以借鉴史学、哲学等学科的观点，对学前教育进行全面而深入的研究。二是学前教育学应当有特殊的研究方法。其理由是基于学前教育学特殊的研究对象是 0—6 的儿童，区别于在校的学生，所以研究方法应该适合研究对象，研究方法应该有其特殊性。

七、以学前教育学为主干的学科群建设

作为教育学的二级学科，尽管学前教育学自身还处于逐步趋于成熟完善的过程中，但是面对学前教育实践的现实需要，学前教育学的发展与其他当代科学一样，出现了既分化又综合的发展趋势。作为学前教育学学科群中的一门基本的综合的主干学科，教育学有什么分支学科，学前教育学基本上也有相应的三级分支学科，以至于在 20 世纪 80 年代以后，以学前教育学为主干的学前教育学科群陆续被建立起来。其基本特征主要有：第一，细化。从学前教育学中分化出学前教育原理、学前课程论、学前教育史、比较学前教育等。第二，综合。与相关学科相互交叉，形成了若干交叉学科，如学前教育管理学、学前教育心理学、学前教育评价、学前心理学、学前卫生学等。从教学论学科又分化出分科教学法，如学前儿童健康教育、学前儿童语言教育、学前儿童科学教育（包括学前儿童数学教育和学前儿童科学教育）、学前儿童艺术教育（包括学前儿童美术教育和学前儿童音乐教育）、学前儿童社会教育等，这是在适应现代科学分化和综合趋势的基础上，朝着几个方向同时并行。

学前教育学内容广泛，其学科体系的建立是一个复杂庞大的工程，虽然艰难，但学前教育学学科体系的建设对于学前教育学学科的科学性、独立性的确立具有重要意义，是学前教育学成为一门成熟、独立学科的必要条件，所以，有待于所有学前教育学工作者共同努力做好学前教育学学科体系建设工作。

八、学前教育学学科与学前教育实践的关系

长期以来，由于主客观条件的影响，学前教育学理论与实践脱轨成为一个普遍现象，一时难以解决，成为影响学前教育学学科建设的重要因素。幼儿师范院校的学前教育学课程学习偏向于实践，重视学生教育教学技能的培养，相应地轻视基础理论的学习。而在高校学前教育专业中对学前教育学的学习则与之相反。学前教育专业学生的学前教育学学习主要为基础理论学习，采用传统的课堂模式，学科见习和实习时间相对不足。由此形成了幼儿师范院校学前教育学"重实践，轻理论"和高等学校学前教育专业"重理论，轻实践"的现象，导致学前教育学学科理论与实践应用失衡的局面。理论与实践失衡，一方面造成高校的理论研究无法及时传达到学前教育一线，导致学前教育学实践的时代性、科学性不足；另一方面高校无法及时了解学前教育学实践情况，造成研究理论的应用性不足，对教育实践的指导意义不明显。这样一来加剧了学前教育学理论与实践脱轨的局面。

对此，许多研究者提出要通过平衡院校中学前教育学课程理论与实践学习，以促进实践与理论的结合，密切二者关系。有的学者提出要培养有坚实的基础理论知识和较高的综合实践能力的、与时代特色相适应的应用型人才[①]；有的提出要防止当前学前教育学课程改革出现过度实践化的倾向[②]；有的提到要重视学前教育学的理论价值，加强学前教育学实践[③]；还有的提出当前学前教育学理论与实践脱节的问题，呼吁学前教育学的实践转向[④]。总之，大家都提出要重视学前教育学的实践性。院校中学前教育学理论与实践的合理分配是学前教育学科学研究的一个重要方面，对于学前教育人才的培养具有现实意义。学前教育学既是一门基础理论学科，又是一门应用型学科，如何将理论与实践结合，让理论成为指导实践的依据，将实践作为理论发展的基础，这成为当前学前教育学学科发展的重要问题。

第三节 学前教育学学科发展的反思

经过改革开放40年的努力，我国学前教育学学科建设取得了很大成绩，促进了学前教育学的发展。为了使学前教育学学科更好地发展，走向成熟，还须思考并解决如下几个问题。

一、强化学术意识，完善学前教育学学科体系

学科体系是学科独立性的重要标志，也是学科独特性的重要体现。学前教育学学科自身的逻辑结构还没有形成。加强学科体系的建设，尤其是理论体系的构

---

① 柯亮. 基于应用型人才培养的学前教育专业《学前教育学》课程考核模式改革探究[J]. 陕西学前师范学院学报，2017（8）.
② 卞红梅. "学前教育学"教学实践改革的反思[J]. 扬州教育学院学报，2017（4）.
③ 王颖蕙. 关于幼师院校"学前教育学"课程教学改革的思考[J]. 成都大学学报（教育科学版），2008（2）.
④ 姜勇. 理论困境与学前教育学的实践转向[J]. 学前教育研究，2008（1）.

建，仍然是学前教育学学科建设的重点和难点问题。

作为学科的学前教育学不能一味追求对实践立竿见影的效果，应当从学科自身的特点出发，树立正确的价值取向，尊重学科内在的逻辑，要用综合的、复杂的思维方式，将知识、人、社会等核心概念相互融合，以探寻一种更为科学、合理的逻辑起点，并在此基础上形成逻辑结构，建立学科体系。

同时，要处理好学前教育学和学前教育实践的关系。学科建设和问题研究是学前教育学的双重任务。由于学前教育学没有现成的学术范式可供借鉴，学前教育学的理论原创性工作异常艰难，而热点问题的研究比较容易见"成效"、出"成果"。这导致以热点问题为研究对象越来越成为学前教育学学科发展的主线，从而忽视了以建立学科、构建学科体系为重点的理论研究。所以，要处理好学前教育学和学前教育实践的关系，形成学前教育学的学科累积机制。

学科发展根本动力在实践，学前教育学的学科建设原本就是在学前教育改革与发展的实践推动下进行的。但并不是所有的问题都能成为学前教育学研究的重点，我们要对其进行研究、分析、抽象，从而提炼出真正符合学科内在逻辑、关乎学科发展的重要问题。同时，以学前教育学特有的方式构建起一个由一系列比较稳定的概念、原理、原则等要素组成的具有逻辑性的知识体系，这样学前教育学才更具有生命力，才能对学前教育的实践起到解释、预测、规范的作用。当然还要充分认识学前教育学对学前教育实践的指导功能，进一步开展对学前教育发展规模、学前教育质量、学前教育体制改革、民办学前教育的发展与立法等问题的应用研究，使学前教育学焕发出学科生命的活力。

二、回归自身，不断加强元学科研究

学前教育学作为一门独立学科，改革开放以来发展迅速，科学研究成果也较为显著。在学前教育儿童观、学前教育观、学前儿童家庭教育、学前特殊儿童教育、学前教育原理、学前教育师资、学前教育课程、幼儿园活动等领域都取得相当可观的科研成果。学前教育学的研究领域在不断扩大，研究成果也在不断增加，但是学前教育学对于学科本身的元研究还十分欠缺。学前教育学学科的元研究并不是分化的研究，不是为了增加学前教育学任何具体方面的科学研究成果，而是整体性的、系统的关于本学科的元问题、元理论的科学研究。

学前教育学元研究的进行，有助于为学前教育学各具体领域的研究提供科学的研究方法，发现当前学前教育学领域科学研究中存在的问题，反思学前教育学的发展历程与进展，从而为建设一个成熟、完整的学前教育学学科体系增添助力。学前教育学元研究的发展还有助于学前教育学基础理论的发展，为学前教育学的基础理论科学研究提供指导。学前教育学作为学前教育领域的基础主干课程，学科的科学研究目标并不在于无限扩大研究领域，而是研究学前教育的基本理论，为学前教育实践提供理论依据和策略，保证学前儿童的基本权利，促进学前儿童的全面和谐发展。

学前教育学的元研究，要从学前教育学的科学性出发，从研究方法、研究对象等方面，梳理学科发展历程，列举学科发展成果，分析学前教育学学科发展的进展和演变，探讨学前教育学学科发展中存在的问题，对未来学科发展趋势做出合理推测，从而更好地指导当前的学科发展，增加学前教育学的科学性、时代性、系统性，建立成熟、完善的学科体系，巩固学前教育学在教育学界的重要地位，促进新时期我国学前教育学的学科发展。

三、立足原点，在本土化方向上持续发力

我国学前教育学理论基础多来自于国外各个时期的研究成果，而本土的、立足于我国现实情况的理论较为有限。由于历史和社会原因，我国的现代化学前教育起步较晚，因而我国的学前教育理论多引自英国、美国、德国、瑞士、芬兰等学前教育发展相对先进的国家，蒙台梭利、夸美纽斯、福禄培尔、皮亚杰、维果斯基等人的理论对我国学前教育的理论与实践发展影响颇深，而国内学前教育的理论基础多限于陈鹤琴、陶行知、张雪门等少数学前教育家。我国目前的学前教育学教材，大多是由高校学前教育教师依据国外学前教育基本理论和基本框架编写的教科书。

改革开放以来，随着我国教育"面向世界"趋势的不断加强，国际学术交流的频繁进行，我国的学前教育学已取得很大进展。国外先进的学前教育理论极大地促进了我国学前教育事业的发展，但是教育与民族的文化传统息息相关，紧密不可分。学术无国界，但教育者和受教育者都有祖国，"科教兴国"是国家战略，也是我国学前教育学工作者的重要任务。因此，我国的学前教育事业必须立足于我国基本国情，更好地适应社会主义条件下的中国特色要求。在当前我国的国力逐渐强大、传统文化意识加强、学术研究发展迅速的条件下，新时期学前教育学的学科发展将会越来越多地融入中国特色，根据我国儿童的情况、我国的文化特点和社会现实，汇聚中国学前教育的经验，发展新时期具有中国特色的社会主义学前教育。学前教育学的中国特色化、本土化，将大大提高我国学科体系的完整性，丰富我国的学术领域成果，逐步建立一个具有中国特色的本土化的学前教育学学术系统。

经过改革开放 40 年的努力，我国的学前教育学已经发展到今天相对独立、

完整的局面，研究队伍从小到大，成果理论从少到多，学科性质基本确立，基本理论和研究方法初步形成，拥有了一套学前教育学的逻辑框架。但是从国际范围的视野来看，我国的学前教育学还不够成熟，还鲜有中国特色、本土特色的学前教育学理论，尚未形成中国特色社会主义的具有严密逻辑框架、完整基础理论的成熟学科。要想成为获得国际学术界认可的成熟学科，学前教育学的中国特色化、本土化的加强必不可少甚至迫在眉睫。中国特色社会主义旗帜下学前教育学的新局面，等待着所有学前教育学界工作者共同努力去开创。

四、强大团队，加强学科队伍建设

一个学科体系的建立离不开高素质、高水平专业研究队伍的努力。经过改革开放40年的积累，我国学前教育学虽已吸引了众多教育学界工作者乃至其他领域感兴趣者的参与研究，但不可否认的是，我国目前的学前教育学还缺乏一支比较成熟的研究队伍，学前教育学学术领域"争鸣"不足，理论零散，人才分散，许多高校虽有国家级的研究院所，但难以形成一个独立完整的系统，尚未建设成强大的学术团队。

学术研究的发展与问题的发现和解决密不可分。我国是一个教育大国，拥有庞大的人才基础优势。新时期学前教育学的发展，应改变原先研究队伍零散，学术理论分散的局面。建设强大的研究队伍，研究团队之间应互相借鉴和批判，才更有助于学前教育学的学科发展。目前，学前教育学的研究有许多重复劳动，各研究团队需要理论明确，去除冗杂，避免重复的、无意义的研究。学前教育学科学研究的发展状况清晰，各团队研究成果、研究任务明确，将有助于学前教育学的研究发现问题、改革创新。我国已拥有一批高水平的研究者，而如何建设高素质的队伍，形成高水平的学术学派，则是我国学前教育学学科发展所面临的重要课题。

五、面向世界，加强学前教育学的国际学术交流

由于近代中国社会历史的原因，比较西方发达国家，我国的学前教育起步较晚，基础也比较薄弱。回顾近代以来的学前教育学学科的发展，往往都离不开国外先进理论的影响。因此，在学术全球化的今天，学前教育学更应该打开视野，积极吸收国外的学前教育学研究经验。同时还应该注意到，对国外的学前教育学理论，不加辨别地"照单全收"也是不合适的，还要注意结合我国国情，对国外的理论加以改造，使其本土化、中国特色化，这样才能对我国教育实践的发展具有更加实际的意义。因此，要防止单方面地学习，要加强国际学术交流，在吸收

他国研究经验的同时积极表达自己的意见，做到双方合作，相互学习。

目前，我国学前教育学的国际学术交流趋势良好，前景乐观，但深度广度尚且不足，尤其是单方面学习多而相互交流少。虽然这与我国学前教育学学科尚处于发展之中有关，但在全球化时代，国际学术交流的缺乏将更不利于我国学前教育学的发展。因此，加强国际学术交流在当下显得尤为重要。在交流中发现问题，将经验内化加以改造，才能更好地应用于我国学前教育实践，为学前教育一线输送最科学、最先进的理论方法。

第六章　高等教育学学科发展史

深化高等教育学[①]学科研究，并指导高等教育实践，这是新时期我国高等教育学发展必须解决的两大任务。为完成这两大任务，我们有必要就高等教育学的学科发展历程进行梳理，以发现学科发展中蕴含的内在规律；对学科建设取得的进展进行研究，以探索学科知识的演进逻辑；就学科发展问题进行反思，以更好地指导高等教育学的未来发展。

第一节　高等教育学学科发展的历程

综观新时期高等教育学学科的发展，以具有划时代性的"高等教育学"教材的出版、具有典型性的高等教育研究机构建设与学术交流会议的召开为标志，高等教育学学科发展历程可分为以下三个阶段。

一、初创阶段（1978—1984）

高等教育问题的研究在中国虽早已有之，但在改革开放之前，学者们的研究领域多集中于基础教育，参与高等教育研究的学者少，而且未系统化、成熟化、理论化，理论探索带有自发的性质，还没有形成构建高等教育学的意识，高等教育学作为一门学科并未被建立起来。

改革开放后，解放思想的潮流涌入教育学界，部分学者意识到高等学校的运行离不开理论的指导，关于党领导下的高等教育的研究在我国尚未广泛开展，只关注于中小学的教育学理论并不是完整意义上的教育学理论。由此，很多学者开始着眼于开展高等教育研究，并开始着手高等教育学这门学科的建立工作。

[①] "高等教育学"主要有两义：第一，作为一门高等教育基础学科的高等教育学；第二，作为高等教育学科群总称的高等教育学。本书所用的"高等教育学"一词主要是在前者意义上使用的。本章的"高等教育学"有时也指后义，但文中一般用"高等教育学学科群"来代替，以示区别。

（一）高等教育研究机构的创建与发展

1978年5月27日，厦门大学建立了我国第一个以高等教育为研究对象的专门研究机构——高等学校教育研究室，同年8月更名为"厦门大学高等教育科学研究室"。研究室初建时仅有5位成员，[①]他们俱是为发展中国高等教育事业而来，是高等教育学学科领域的前辈。高教研究室成立之后，潘懋元先生有感于高等教育学学科建立之必要，立足高教研究室平台，呼吁创建高等教育学这门学科，期望教育学界同仁重视学科创建工作，并共同努力。

1979年，上海师范大学（现华东师范大学）高等教育研究会成立。同年，北京大学等高校相继成立了专门的高等教育研究机构。11月，中国第一个地区性高等教育研究组织——上海市高等教育研究会成立，这标志着高等教育在我国成为一个专门的研究领域，高教研究领域的制度化逐步凸显。

1979年10月，全国高等教育研究会第一次筹备会在上海举行。会后发出了号召全国高教系统开展高教问题研究的倡议书，得到全国热烈响应。1980年8月，全国高等教育研究会第二次筹备会在厦门召开，研究会组织建设步骤基本确定。

1983年5月28日，中国高等教育学会成立大会在北京举行，会议通过了《中国高等教育学会章程（讨论稿）》，确定了中国高教学会的基本任务，[②]全国高等教育领域的学者们得以依托学会开展调查研究，相互交流高教办学经验，开展高教实践，取得系列成果。

（二）《高等教育学》的出版

厦门大学高教研究室自成立后，便将《高等教育学》的编写提上日程。1981年4月，在福州召开的全国第二次教育学研究会年会上，学者们讨论了潘懋元先生拟定的《高等教育学大纲》（讨论稿）。1982年1月，潘懋元先生商定编写人员，书稿编写工作全面启动。

1984年7月，由潘懋元先生任主编的中国第一部《高等教育学》（上册）由人民教育出版社和福建教育出版社联合出版。该书目录如下图6.1。

---

① 5位成员分别是：潘懋元、陈汝惠、王增炳、张曼茵、罗杞秀。
② 雷克啸. 中国高等教育学会在京成立[J]. 高教战线，1983（7）：32.

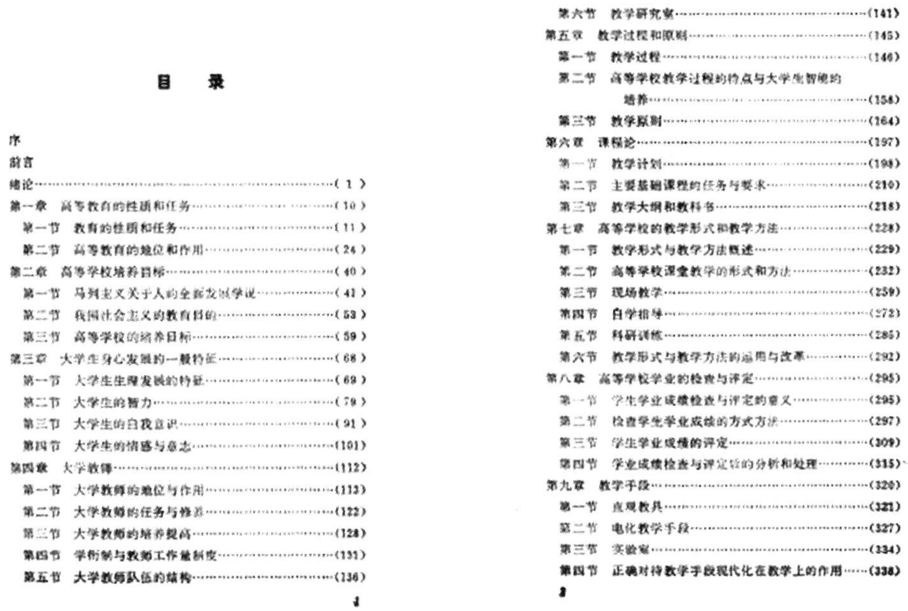

图 6.1　首部《高等教育学》(上册)原版目录

全书逻辑结构清晰完整，较好体现了高等教育学这一新创学科独特的知识体系。至此，我国的高等教育学作为一门独立学科而创建，是以潘懋元先生主编的《高等教育学》的出版为标志的。

（三）高等教育学分支学科的创建

此阶段已有学者开始了对高等教育史、高等教育管理的研究，学者们在高等教育刊物上发表了与之相关的系列文章。至于著作的出版，1982年蔡克勇编写了《高等教育简史》一书，该书的出现标志着高等教育史学科的初步建立。应高等学校运营研究的现实需要，1982年李冀主编了《普通高等学校管理》一书，对高校运行管理进行理论上的探索，高等教育管理学学科初步建立。

关于比较高等教育这一分支学科，虽然在此阶段未有比较高等教育的专著出现，但是已有出版社翻译或出版了研究国外高等教育的丛书，也有学者将国外高等教育办学情况以文章形式介绍发表于刊物中，如1979年人民教育出版社出版了《六国著名大学》，《外国教育资料》刊载多篇美国、苏联、日本高等教育情况的文章等。这些著作的翻译出版、论文的发表已标志着比较高等教育这门分支学科的萌芽。

（四）高等教育学学科人才培养

1981年，厦门大学开始招收高等教育学专业硕士研究生，开高等教育学研究生教育之先例。1983年，国务院学位委员会将高等教育学正式列为教育学的二级学科。北京大学、厦门大学等设立高等教育学硕士点，在制度规范下开始了高等教育学学科人才的培养，培养出的硕士研究生均为学科发展做出了突出贡献。

这一阶段学科发展主要呈现以下特点：

第一，研究机构以高校为主，且较集中。一方面，高等学校是高等教育实践的载体，高校中有从事高等教育的人员，可以有效将高等教育实践转化为理论，进而推动学科的创建工作。另一方面，在高校中建立一支专门化的研究队伍，对高等教育学的发展来说是至关重要的。厦门大学走在了学科发展的前列。

第二，研究成果较少，出版著作较少。这一阶段，高等教育学学科开始起步发展，学者们对学科发展的研究尚不深入，研究投入少，成果较少。

第三，高等教育学分支学科在此阶段已有发展建设，缘起于高等教育实践。

第四，招收研究生，培养人才，直接推动了学科发展。厦门大学招收的一、二批研究生共 4 人，他们的培养方案及学习内容均是为高等教育学学科发展量身定制的，体现出师生共谋学科发展的创新性策略。

二、成型阶段（1985—1991）

这一阶段的高等教育学学科，在顺利开展创建工作的基础上，不论是著作、研究成果的形成，还是研究机构、队伍的建设，均取得了较大的发展。

（一）高等教育学著作、教材的出版

1985 年 2 月，潘懋元先生主编的《高等教育学》（下册）由人民教育出版社出版。下册目录如图 6.2。

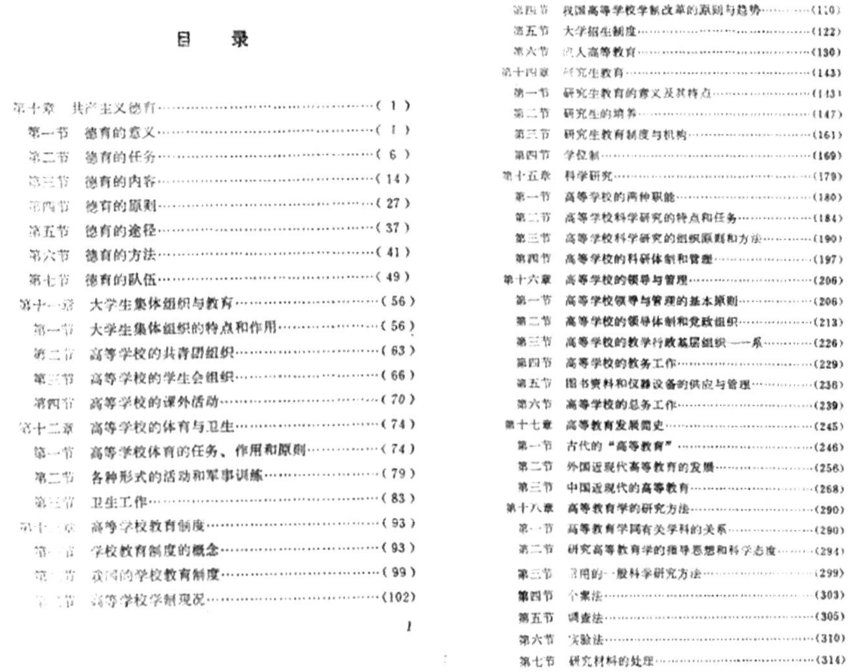
目　录

第十章　共产主义德育……（1）
第一节　德育的意义……（1）
第二节　德育的任务……（6）
第三节　德育的内容……（14）
第四节　德育的原则……（27）
第五节　德育的途径……（37）
第六节　德育的方法……（41）
第七节　德育的队伍……（49）
第十一章　大学生集体组织与教育……（56）
第一节　大学生集体组织的特点和作用……（56）
第二节　高等学校的共青团组织……（63）
第三节　高等学校的学生会组织……（66）
第四节　高等学校的课外活动……（70）
第十二章　高等学校的体育与卫生……（74）
第一节　高等学校体育的任务、作用和原则……（74）
第二节　各种形式的活动和军事训练……（79）
第三节　卫生工作……（83）
第十三章　高等学校教育制度……（93）
第一节　学校教育制度的概念……（93）
第二节　我国的学校教育制度……（99）
第三节　高等学校学制现况……（102）

I

第四节　我国高等学校学制改革的原则与趋势……（110）
第五节　大学招生制度……（122）
第六节　成人高等教育……（130）
第十四章　研究生教育……（143）
第一节　研究生教育的意义及其特点……（143）
第二节　研究生的培养……（147）
第三节　研究生教育制度与机构……（161）
第四节　学位制……（169）
第十五章　科学研究……（179）
第一节　高等学校的两种职能……（180）
第二节　高等学校科学研究的特点和任务……（184）
第三节　高等学校科学研究的组织原则和方法……（190）
第四节　高等学校的科研体制和管理……（197）
第十六章　高等学校的领导与管理……（206）
第一节　高等学校领导与管理的基本原则……（206）
第二节　高等学校的领导体制和党政组织……（213）
第三节　高等学校的教学行政基层组织——系……（226）
第四节　高等学校的教务工作……（229）
第五节　图书资料和仪器设备的供应与管理……（236）
第六节　高等学校的总务工作……（239）
第十七章　高等教育发展简史……（245）
第一节　古代的“高等教育”……（246）
第二节　外国近现代高等教育的发展……（256）
第三节　中国近现代的高等教育……（268）
第十八章　高等教育学的研究方法……（290）
第一节　高等教育学同有关学科的关系……（290）
第二节　研究高等教育学的指导思想和科学态度……（294）
第三节　常用的一般科学研究方法……（299）
第四节　个案法……（303）
第五节　调查法……（305）
第六节　实验法……（310）
第七节　研究材料的处理……（314）

图 6.2　首部《高等教育学》（下册）原版目录

全册著作全面阐述了当时背景下高等学校运行理论，探究了教育内外关系规律，对高等教育主体进行研究，并提出了系列研究方法，初步奠定了这门新创学科的理论基础，引起国内学者的一致好评。

除潘先生的时代巨著外，这一阶段出版的高等教育学教材如下表所示。

表 6.1 成型阶段学者编写的高等教育学著作、教材

著作	作者	出版年份	出版单位
高等教育学	郑启明、薛天祥	1985	华东师范大学出版社
高等教育学选讲	任宇	1986	高等教育出版社
高等教育原理	中央教育行政学院	1987	北京师范大学出版社
高等教育学	田建国	1990	山东教育出版社
高等教育学	眭依凡等	1991	江西高校出版社
高等教育学概论	孙绵涛	1991	华中师范大学出版社
高等教育学概论	杨德广	1991	上海交通大学出版社
简明高等教育学	刘蕴宽	1991	北京师范大学出版社

以上著作，都从不同的角度阐述了作者对高等教育学学科理论的研究。

（二）高等教育学分支学科的发展

这一时期关于高等教育学分支学科的研究逐渐开展，研究成果多以著作和教材形式呈现。有学者出版了相关分支学科的书籍，通过系统介绍各学科的知识，以达到对高等教育学全面而准确的认识，推动高等教育学学科的不断发展。笔者考察这一阶段建立的高等教育学分支学科，篇幅所限，仅列学者编著的首部著作，如下表所示。

表 6.2 成型阶段学者编写的高等教育学分支学科首部著作

分支学科	分支学科首部著作
大学德育	朱江、张耀灿著《大学德育概论》（湖北教育出版社，1986）
大家教学论	陈列等著《大学教学概论》（浙江大学出版社，1987）
比较高等教育	符娟明主编《比较高等教育》（北京师范大学出版社，1987）
大学教育心理学	李山川著《大学教育心理学》（中国科技大学出版社，1991）
高等教育经济学	孟明义主编《高等教育经济学》（教育科学出版社，1991）
高等教育结构学	齐亮祖、刘敬发著《高等教育结构学》（黑龙江教育出版社，1986）
高等教育评价学	杨昇军、庞德谦、邓忠良编《高等教育评价原理与方法》（宝鸡师范学院，1987）

续表

分支学科	分支学科首部著作
高等师范教育学	周复昌等著《高等师范专科教育概论》(浙江大学出版社,1988)
高等工程教育学	王冀生著《高等工程教育概论》(电子科技大学出版社,1989);谢祖钊等著《高等工程教育概论》(北京航空航天大学出版社,1989)
高等职业教育学	叶春生主编《高等职业技术教育概论》(南京出版社,1991)
研究生教育学	李煌果、王秀卿主编《研究生教育概论》(科学技术文献出版社,1991)

由此可以看出,在这一阶段,大学德育等11门分支学科已有学者进行研究,学科已经初步建立起来,并不断发展。

(三)高等教育研究机构的建设

研究机构是推动学科发展的前沿阵地。在此阶段,各地、各行业、各部门的高等教育研究机构纷纷成立,为高等教育学这门学科在中国的扎根提供了有力载体,反映出全国对高等教育事业发展的渴望与高等教育事业发展的紧迫性。在1987年,全国已有七百余个高教研究机构,多数高教研究机构活动阵地为高校,通过出版校内研究刊物,发表自己的观点,研究高等教育学学科进展,汇总高等教育学理论成果,以资借鉴。各级各类高等教育研究机构依托这些高等教育刊物,多是进行当时背景下存在的高等教育问题的研究,直接开展学科理论建设的研究不多。虽然这些刊物转引多、探索少、价值各异、质量不一,但都为学科发展做出了或多或少的贡献。

(四)高等教育学人才的培养

各学科学位点的建设是每一学科发展的重要部分。学位点的多寡、人才培养质量的高低、建设成效的优劣都对学科发展产生重要影响。1986年,厦门大学成为我国首个获得高等教育学博士学位授予权的单位;华东师范大学和华中工学院成为教育学一级学科授权点,意味着可以招收高等教育学专业研究生;北京航空航天大学和北京科技大学开始招收培养教育管理硕士研究生(高等教育方向)。1990年,清华大学获得高等教育学硕士学位授予权,北京大学获批高等教育学博士授权点。次年,北京师范大学获批高等教育学硕士授权点。此后,高等教育学硕、博士研究生的招生规模日益扩大,培养体系逐步完善,学科人才的培养进程逐步加快。这一阶段高等教育学专业研究生的研究方向包括高等教育基本理论、高等教育经济与管理、比较高等教育、高等教育规划与评估等。这些研究方向从一定程度上反映了当时的理论研究主要缘起于高等教育实践,聚焦于高等教育与社会发展等问题。

综观这一阶段的高等教育学学科发展,主要呈现以下特点:

第一，研究队伍不断壮大。一方面，随着高等教育事业的发展进程加快，越来越多的学者关注高等教育实践，扩充了学科研究队伍；另一方面，高校硕、博士学位点的授予推动了学科发展，培养了一批从事高等教育学研究的后备人才。

第二，高等教育学分支学科研究拉开帷幕。有部分研究者结合自己的专业所长，对高等教育学的分支学科开展研究，推动学科发展。

第三，学科发展中注重与高等教育实践的结合。学者们除对高等教育课程、教材教法进行研究外，重点对高等教育体制机制改革和高等教育管理方面进行了研究，包括关于成人高教、专科教育、高等教育自学考试、民办高等教育等方面的研究及高校各部门管理研究、宏微观层面的高等教育战略规划与评估等方面的研究。这些方面研究的开展，推动了学科建设与实践的有机融合。

三、发展阶段（1992—2018）

1992年12月19日至21日，全国高等教育学科建设研讨会在厦门大学召开。会议讨论了"中国高等教育学会高等教育学研究会"的筹备工作，商议于第二次高等教育学科研讨会举办之际成立全国高等教育学研究会。此次会议影响范围广，极大地推动了高等教育学的发展进程，促使高等教育学进入了新的发展阶段。

（一）在学科著作、教材出版方面

至2018年，学者编写出版高等教育学学科著作、教材共74部。这些著作多直接以"高等教育学"命名，或作为高校教师岗前培训用书，或作为高校学生课程用书，或作为学术专著，均有力地推动了高等教育学学科发展。

考察这一阶段高等教育学著作、教材，以侯怀银主编的《高等教育学》为例，可管窥此阶段著作的指导理念、内容体系较之前一阶段已有不同。该书分存在论、本质论、价值论、主体论、活动论和质量论六篇内容，对高等教育的开展与高等学校的举办进行了研究，更注重从高等教育本身出发探讨高等教育理论，研究高等教育问题，较之之前学者而言，更注重理论与实践的结合，更突出高等教育学学科的哲学基础，突出学科本身蕴含的马克思主义传统，立足当代提出高等教育理论，对学科建设具有启发性。

（二）在高等教育学分支学科建设方面

在此阶段，学者撰写了关于高等教育学分支学科的著作与教材，其中新创建的5门分支学科首部著作如下表。

表 6.3 发展阶段学者编写的高等教育学分支学科首部著作

分支学科	分支学科首部著作
高等教育哲学	张楚延著《高等教育哲学》（湖南教育出版社，2004）
高等教育社会学	张德祥、周润智著《高等教育社会学》（高等教育出版社，2004）
高等教育政治学	朱新梅著《知识与权力：高等教育政治学新论》（教育科学出版社，2007）
成人高等教育学	陈慎仪、余小波主编《成人高等教育导论》（湖南文艺出版社，1994）
高等专科教育学	忻福良著《高等专科教育学》（山西教育出版社，1993）

结合前两个阶段，目前高等教育学学科已有 18 个分支学科，学者们已编写出版百余部著作。这些著作通过研究高等教育学及各分支学科知识，推动了学科的发展。

（三）在高等教育研究机构与组织建设方面

中国高等教育学会至 2015 年已有各级下设机构 117 个，高校单位会员 410 个，[①] 可谓规模宏大，对高教事业发展影响深远，有力地推动了高等教育学学科发展。学会风雨历程三十余年，内外部建设日趋成熟。学会自成立始便不断践行高等教育学学科发展使命，积极探索高等教育理论，广泛开展交流，为做好新时期社团组织建设进行了积极探索。中国高等教育学会近年来多次举办关于高等教育学科建设的研讨交流会，如 2016 年举办了"高等教育学学科建设座谈会"，学者们集聚一堂，为高等教育学的未来发展出谋划策，共同应对学科发展的机遇与挑战，为学科发展做出了突出贡献。

2004 年 4 月 22 日，教育部办公厅印发了《教育部办公厅关于进一步加强高等教育研究机构建设的意见》（以下简称《意见》），《意见》对高等教育研究机构所做的工作给予肯定，并为今后工作的顺利开展提出明确意见与建议。《意见》是 1949 年来首份规范高教研究机构运行的国家级文件，足以表明国家教育主管部门对高等教育学学科发展的关心、支持与重视，足以使高等教育研究机构发展再上一个台阶，使高等教育学学科在人文社会学科中的发展更具潜力与活力。

（四）在高等教育学学术交流方面

此阶段，高等教育学学科领域的学者们相互间学术交流频仍，不论志同道合，抑或意见相左，均对学科发展产生了积极影响。

[①] 数据参见中国高等教育学会官网：http://www.hie.edu.cn/.

1993年，高等教育学研究会成立大会暨第二届学术研讨会在华东师范大学举行，会上成立了"中国高等教育学会高等教育学研究会"。① 1995年，全国高等教育学研究会第三届学术研讨会在汕头大学举行。② 两次会议均聚焦高等教育学的理论研究，提出了诸多富有建设性的观点。

1997年、1999年、2001年、2003年四届年会主题均聚焦高等教育理论与实践的融合，反映出学者们更多地开始重视"问题取向"，从改革实践研究出发来推动高等教育学发展。

自2005年起，全国高等教育学研究会改制为中国高等教育学会高等教育学专业委员会，至2017年，共召开了12次学术年会。2016年年会主题"'双一流'建设背景下高等教育学学科发展"明确切合学科本身发展；2011年年会主题"高等教育研究的使命与挑战"理论研究特点鲜明。至于其余年份年会讨论的主题，则依社会发展而不断变化，更多聚焦高等教育实践问题，体现出高等教育学实践性的特征。

（五）在高等教育学学科人才培养方面

自1992年起，高等教育学硕、博士授权点逐步增多。截至2018年，全国高等教育学博士点（不包括有教育学一级学科博士点授权但未招收高等教育学专业的单位）达25个，硕士点（包括教育学一级学科覆盖的二级学科硕士点）达134个，培养研究生以万人计。获批博士学位点的高校如下表所示。

表6.4 我国高等教育学博士学位授予权单位一览表

序号	博士点授权单位	批准时间	序号	博士点授权单位	批准时间
1	厦门大学	1986	8	湖南师范大学	2003
2	北京大学	1990	9	苏州大学	2003
3	北京师范大学	1991	10	西南大学*	2003
4	华东师范大学	1993	11	华南师范大学*	2003
5	华中科技大学	1998	12	华中师范大学*	2003
6	南京师范大学	2000	13	南京大学	2006
7	清华大学	2003	14	东北师范大学*	2006

---

① 王伟廉. 全国高等教育学研究会成立大会暨第二届学术研讨会综述［J］. 高等教育研究，1994（1）：16-17.

② 王伟廉，别敦荣. 全国高等教育学研究会第三届学术研讨会综述［J］. 高等教育研究，1995（3）：6-9.

续表

序号	博士点授权单位	批准时间	序号	博士点授权单位	批准时间
15	西北师范大学*	2006	21	四川师范大学*	2010
16	浙江大学*	2006	22	北京理工大学*	2010
17	上海师范大学*	2010	23	浙江师范大学*	2013
18	陕西师范大学*	2010	24	天津大学*	2017
19	辽宁师范大学*	2010	25	河北大学*	2017
20	河南大学*	2010			

注：*为获批教育学一级学科博士学位授予权。

高等教育学学科硕、博士学位点的增加足以说明高等教育研究者对学科发展的不断探索取得成效，从国家层面已在重视高等教育学学科人才的培养。

这一阶段高等教育学学科发展的特点呈现在如下方面：

第一，学者们对学科发展问题进行了比较全面的探讨。自1992年以来，学者们身负完善高等教育学自身理论的使命，对学科发展开展了广泛而深入的研究，这种研究涉及高等教育学的方方面面，更兼及学科的未来发展问题，对学科发展产生积极影响。

第二，研究成果卓著，学科发展质量逐步提升。突出体现在高等教育学硕士博士学位点建设，及高等教育研究机构的革新、研究队伍的扩充上。学者们针对学科发展问题，形成了一系列理论，从专业、课程、教材建设出发来构建中国的高等教育学，有力地推动了学科发展。

第三，高等教育学理论与高等教育改革实践关系日益紧密。中国学者已开始重视如何有效结合高等教育学理论与实践，既完善高等教育学的学科体系，又追踪中国高等教育实践中的重大问题并提出解决策略，越来越成为中国高等教育学研究者的追求。不论是宏观层面上高等教育事业的大发展，还是微观层面上高等教育主体的教育教学活动，都受到学者的广泛重视。

第四，高等教育学学科群日趋形成。高等教育学学科同教育学学科一样，因与社会系统直接相关，故会分化出一系列分支学科，学者们已认识到这种学科分化的趋势，并加以重视，逐步开展分支学科研究，这对于完善学科群，构建学科体系，具有重要意义。

第二节　高等教育学学科建设的进展①

从初建阶段开始，中国学者就重视高等教育学学科自身的发展，具体对以下几方面问题进行了探寻。

一、高等教育学的学科建制

与西方的"研究领域"不同，"学科建制"是我国高等教育学研究的一大特色。所谓"学科建制"，"它包含学者的职业化、固定教席和培养计划的设置、学术组织和学术会议制度的建立、专业期刊的创办等"。② 学科建制的路线有两条，一条是由内而外、由观念建制到社会建制，一条是由外而内、由社会建制到观念建制。我国高等教育学学科建制走的是一条从外在建制到内在建制的"由外到内"的建设过程。③ 从高等教育学的学科建制过程看，首先在各个高校设立高等教育的研究机构——高等教育科学研究室，成立全国性的高等教育学会，把高等教育学正式作为教育学科的二级学科被国务院学位委员会列进学科专业目录，在高校直接培养高等教育学专业研究生并开设了高等教育学课程，创办高等教育研究期刊，建立起了高等教育学的图书收藏制度。中国对高等教育的系统研究是以高等教育学的"草创"为始点，然后经由学科设置而使其在事实上成为一门"学科"。④ 中国学者在不长的时间内，确立了高等教育学在教育学学科大厦中的合法地位，实现了将高等教育学作为一门独立学科而得到制度上的认可。这对于提升高等教育学的研究水平、研究规范，建立系统的、全面的、严密的高等教育学理论有着积极的指导意义。中国高等教育学学科发展走的是外在建制推动内在建制的路线，目前高等教育学学科建制存在的问题是高等教育学的外在建制已经得到了良性的发展，但是它的概念、知识体系、范畴、规律、本质等基本理论还很不成熟，仍需进行深入研究。换言之，高等教育学学科发展只是在某种程度上完成了学科的外部建制，内部建制还任重道远。其原因主要在于多学科研究的引入

---

① 本节部分内容已在论文发表，参见侯怀银，李艳莉. 21 世纪初高等教育学学科建设的探索［J］. 苏州大学学报（教育科学版），2014（4）：43-49.
② 吴国盛. 学科制度的内在建设［J］. 中国社会科学，2002（3）：81-82.
③ 祝爱武. 我国高等教育学科发展的特点分析［J］. 中国高教研究，2009（2）：52-54.
④ 王建华. 高等教育学的演进——学科制度的视角［J］. 清华大学教育研究，2003（1）：36-42.

还停留在学科性视角层面，方法论视角在高等教育多学科研究中还未受到足够重视。①

伴随着学科建制的完善，我国高等教育学的研究队伍不断壮大、研究成果不断增加、研究环境不断改良，在这些前提的保障下，我国高等教育学受到国家、大学校长、专家等的重视。此外，我国高等教育学的国际影响也在增强。我国高等教育通过学者与国外一些大学交流、举办国际性会议、在国外发表论文等途径提升了自己的影响力。

二、高等教育学的研究对象

关于高等教育学的研究对象，潘懋元在1992年的全国高等教育学科建设研讨会上提出："高等教育学还是应当以全日制普通高等教育的本科教育作为它的主要研究对象。"② 在随后的二十余年的学科发展中，又逐渐形成了"特殊规律说""三层次说""现象说""多维理解说"等观点。

第一，"特殊规律说"。诸多著作、教材中均论及高等教育学的研究对象是高等教育规律。如：高等教育学是一门以高等教育为研究对象，以揭示高等专业教育的特殊规律，论述培养专门人才的理论与方法为研究任务的新学科；③ 高等教育学在一般教育理论的基础上，专门研究高等教育所特有的矛盾，揭示高等教育发展的客观规律；④ 高等教育学的研究对象既不是泛泛的高等教育，也不是高等教育规律的应用，而是高等教育的特殊矛盾和发展规律。⑤ 高等教育学的研究对象是高等教育发展规律。这里的规律既指高等教育的内外部各因素之间关系的研究，也指高等教育学与其他学科之间的关系探讨。⑥ 等等。

第二，"三层次说"。高等教育学要研究高等教育活动、高等教育事业和高等教育观念三个层次的现象。⑦

第三，"现象说"。高等教育学研究的对象是高等教育现象，这一现象具有丰

---

① 陈金江，许晓东. 高等教育多学科研究之反思——从学科性视角到方法论视角的转向[J]. 高等教育研究，2007（12）：72-76.

② 潘懋元. 关于高等教育学科建设的若干问题——在全国高等教育学科建设研讨会上的报告[J]. 高等教育研究，1993（2）：3-8.

③ 潘懋元. 高等教育学（上册）[M]. 北京：人民教育出版社，福州：福建教育出版社，联合出版，1984：2.

④ 郑启明，薛天祥. 高等教育学[M]. 上海：华东师范大学出版社，1985：5.

⑤ 胡建华，等. 高等教育学新论[M]. 南京：江苏教育出版社，1995：5.

⑥ 李晓阳. 高等教育研究：从多学科到跨学科[J]. 辽宁教育研究，2008（10）：33-35.

⑦ 林兆其. 高等教育学[M]. 贵阳：贵州教育出版社，1995：1-2.

富内涵。首先，高等教育现象的主体是普通高等本科教育现象；其次，高等教育现象是人才培养、科学研究和社会服务现象的统一；再次，高等教育现象并非该学科所独有，且集"分离与统一、实体与关系"为一体。①

第四，"多维理解说"。高等教育学应当以全日制普通高等教育的本科教育作为它的主要研究对象。高等教育涵盖了人的发展和现实社会的科技、文化、政治、经济等以及未来社会对人才素质的要求，它是复杂动态的系统，包括各种层次、类型的教育，具有广阔的发展前景。有的学者据此提出要多维地理解高等教育学的研究对象，这既是繁荣和丰富高等教育学理论的动力源泉，也是加速学科成熟的有效途径。②

无论研究者是承续前人提出的观点，还是自己提出新观点，均认识到正是因为高等教育学研究对象的特殊性和独特性，才决定了高等教育学作为一门独立学科的存在。各研究者虽视角不同，观点各异，却充实了高等教育学学科研究对象的观点。

三、高等教育学的学科性质

在高等教育学学科发展中，关于其学科性质的界定至今众说纷纭，学者们对高等教育学学科性质进行的研究与探讨主要是从两方面进行的。

一方面，对高等教育学学科性质的代表性观点进行回顾、反思。

关于高等教育学学科性质的研究，大体可以分为五种观点，即"应用学科说"③"主要是应用学科说"④"应用理论学科说"⑤"应用基础学科说"⑥"基础理论学科说"⑦。在回顾五种观点的基础上，有研究者指出以上五种观点所反映的是高等教育学的学科属性而不是学科的性质，从学科本身的内涵入手得出我国高等教育学的学科性质是"已经是一门比较成熟的制度学科"。⑧ 有研究者指出，高等教育学作为一门新兴的学科，属于社会学科，所以在高等教育学的研究中，

---

① 方泽强. 高等教育学的研究对象和知识体系 [J]. 现代教育管理，2015 (12)：1-6.
② 许庆豫. 对高等教育学对象的再认识 [J]. 教育评论，1994 (1)：48-50.
③ 王冀生. 关于构建有中国特色的宏观高等教育学的思考 [J]. 高等教育研究，1997 (6)：42-44.
④ 潘懋元，王伟廉. 高等教育学 [M]. 福州：福建教育出版社，1995：343.
⑤ 方展画. 对高等教育学学科建设的若干理论思考 [J]. 高等教育研究，1996 (3)：24-30.
⑥ 杨德广. 关于建立现代高等教育学的思考 [J]. 高等教育研究，1996 (2)：23-28.
⑦ 李硕豪. 高等教育学学科性质辨析 [J]. 高等教育研究，2002 (1)：64-67.
⑧ 李志峰. 高等教育学学科研究：反思与批判 [J]. 黑龙江高教研究，2006 (7)：6-9.

应该重视人的研究、历史的研究和个性的研究。① 还有研究者指出高等教育学从学科分类视角看，是综合学科，而非单学科或者交叉学科；从学科群视角看，是基础理论学科，研究的是高等教育一般规律；从创建发展视角看，是应用学科，需要走应用性道路；从学科特点视角看，是开放性较强的现代学科，而非封闭的传统学科。高等教育研究者应用"复杂性认识论"来统合对该学科性质的多元认识。② 纵观已有的研究成果发现，我国学者大多从"高等教育学特有的研究对象及其特殊的矛盾性"着眼，从学科门类这一范畴来认识高等教育学的学科性质，形成了以上不同的认识。

另一方面，从新的视角出发来认识高等教育学的学科性质。

有研究者从高等教育研究兼具有教育的基本属性和自己的独特属性入手，指出高等教育学既是社会科学研究，又是应用科学研究，同时还是综合科学研究。③ 有研究者从高等教育学与教育学学科及其分支学科的关系入手，指出高等教育学学科和其他外部学科是邻居，和教育学学科是母子，又是高等教育学分支学科的母体学科。④ 有研究者从高等教育学的特征入手指出高等教育学作为一门学科，功能分类上具有基础性和理论性、理论来源上具有多科性和开放性、研究内容上具有复杂性和系统性、研究目的具有普适性和践行性，上述特征反映其学科性质。⑤ 有研究者指出，高等教育学更多地是兼具经验科学与规范科学性质，具有两类科学特点的学科。其中，学科的经验性特点所追求的是事实判断，强调的是价值无涉和客观事实，也就是学科研究过程中尽量排除或减少人为（如研究者等）的主观影响；而学科的规范性特点所注重的是价值判断，主张的是彰显价值和形成规范。⑥ 不论研究者的视角为何，可以看出他们均认为高等教育学是一门综合性较强的学科。

在高等教育学学科性质认识上，大多数学者坚持理论性和应用性的统一，强调要把抽象的高等教育学理论通过中介环节转化为可操作性的知识与方法以指导实践。但是，我们不难看出这些观点确实有从功能的角度出发而非从本质出发来

---

① 李文兵. 高等教育学学科属性新探——兼论我国高等教育研究的转向［J］. 教育与现代化，2008（1）：71-76.
② 方泽强. 论高等教育学的学科性质［J］. 现代教育管理，2014（6）：7-12.
③ 王洪才. 论高等教育研究的特性与学科归属［J］. 高校教育管理，2007（2）：6-11.
④ 李晓阳. 高等教育研究：从多学科到跨学科［J］. 辽宁教育研究，2008（10）：33-35.
⑤ 胡钦晓. 高等教育学研究与高等教育研究关系辨析——兼论高等教育学的学科性质［J］. 南通大学学报（教育科学版），2005（2）：5-8.
⑥ 卢晓中. 高等教育学的学科性质及相关问题［J］. 中国高教研究，2016（11）：4-7.

认识高等教育学学科性质的嫌疑。功能与本质不能等同，因此这些观点只可能是在反映高等教育学的学科属性。关于高等教育学的学科性质仍需不断地进行探索和反思，以形成更正确的观点。①

四、高等教育学的逻辑起点

关于高等教育学的逻辑起点，研究者主要形成了高深专门知识的教与学活动、高深学问、知识、办学育才、教师、大学生、课程、媒体或影响（泛指联结师—生的各种材料或关系）、学科、专业、教育基本理论等多种认识。②有的学者从逻辑起点出发，开始了寻找逻辑终点的研究，提出逻辑起点是学生，终点是教育目标。③有的学者则提出高等教育学的逻辑起点是教育基本理论，逻辑终点是高等教育的基本理论，也即是关于高等教育的概念、原理体系，是在高等教育认识领域中对教育基本理论的扬弃和动态发展。④还有研究者指出高等教育学的逻辑起点是高深知识与社会的关系。⑤也有研究者则从知识和人这两个因素入手，认为高等教育学的逻辑起点就是存在于它本身的存在的关系之中的高深学问知识与人二者的共存。从教育起始于人与人、人与知识关系的逻辑起点与高等教育起始于人与人、人与高深知识学问关系的逻辑起点出发，就很容易走进什么是教育，何谓高等教育，教育与高等教育的本质各是什么，教育为何复杂等有关哲学层面的本原问题。⑥

中国学者主要是围绕着三个核心来建立高等教育学的学科逻辑体系。一是以知识为核心，强调学科的知识取向，力图充分反映高等教育学科知识的本来面貌和全部内涵，以构造学科丰富、系统的认识；二是以"人"为本，强调高等教育作为教育的本质追求，体系构建主要成为以人为中心的实践活动体系；三是以社会发展为目的，强调社会发展需要的社会取向。这乃是从高等教育的功能之一出发的，以此构建的体系具有较强的政治性、工具性。中国学者对于高等教育学的

---

① 侯怀银，李艳莉. 21世纪初高等教育学学科建设的探索[J]. 苏州大学学报（教育科学版），2014（4）：43-49.
② 李硕豪. 一种高等教育学理论体系建构说——逻辑起点论述评[J]. 教育理论与实践，2005（4）：9-11.
③ 王伟廉. 全国高等教育学研究会成立大会暨第二届学术研讨会综述[J]. 高等教育研究，1994（1）：16-17.
④ 方展画. 对高等教育学学科建设的若干理论思考[J]. 高等教育研究，1996（3）：24-30.
⑤ 高田钦. 论高等教育学理论体系的逻辑法构建[J]. 高教探索，2007（3）：26-28.
⑥ 田联进. 高等教育本体论的逻辑与演化[J]. 江苏高教，2009（6）：24-27.

逻辑起点，虽然尚未形成共识，但是多样化的观点和角度，却是我国高等教育学学科体系建设走向成熟和深入的重要表现。

五、高等教育学的学科体系

我国高等教育研究一开始就以建立学科为目标指向，建构高等教育学学科逻辑体系是高等教育学成为独立学科的前提，是高等教育学学科建设的一项神圣的任务。因此，它对高等教育学者具有强大的吸引力。[①] 自学科建立之初，中国学者不仅积极从理论上探索学科体系，而且在编写教材的实际过程中，初步构建起了高等教育学的学科体系。通过考察，我们可以得出如下结论。

第一，构建学科体系已成为中国学者发展高等教育学的重要目标指向。

虽然高等教育学的学科体系不可能通过一本著作或教材来实现，但是学者们通过自己独特的研究视角，奠定了高等教育学学科体系的基本框架。总结起来，主要有以下五种方式：一是以逻辑起点来构建学科体系。从逻辑起点出发，层层推导，逐步展开，从抽象到具体，构成严密的逻辑系统。二是以问题系统来建立体系。确立学科的基本问题，通过对问题的表述，引申出与其相关的一系列问题，最终构成一个多层次的、联结高等教育各个方面主要因素的问题系统。[②] 三是从方法论的角度来建构体系。体系应由存在论、本质论、实践论三部分组成。[③] 四是范畴水平论。即先确定高等教育学的范畴，再依据逻辑演绎的轨迹，形成系统的范畴体系。五是实践经验论。摆脱过度思辨的方式，在事实研究的基础上，解释一般原理和规则。[④] 高等教育学的学科体系已经基本上得到确立。

第二，学科体系的理论基础还比较薄弱。

潘懋元先生较早对高等教育学的学科体系进行了理论上的思考，提出高等教育学可能有三种相互联系的不同体系，即理论体系、知识体系和课程体系。由于缺少学科基本理论研究以及构建学科体系所必要的基础，学者们在构建体系时，据高等教育工作体系而构建，所形成的学科体系经验成分仍然比较大，基本上属于工作体系，距离理论体系还有一定的距离。

第三，体系构建方式基本上是"由普通教育学而高等教育学"。

体系大多是从普通教育学移植过来的知识体系，只是根据高等教育的特点有

---

① 祝爱武. 我国高等教育学科发展的特点分析［J］. 中国高教研究，2009（2）：52-54.
② 王伟廉. 学科基本问题与高等教育学的发展［J］. 中国高教研究，1995（2）：38-41.
③ 薛天祥，谢安邦，唐玉光. 建立高等教育学理论体系的思考［J］. 上海高教研究，1994（1）：1-5.
④ 文雯. 高等教育学学科建设研究综述［J］. 高等教育研究，2005（6）：54-59.

所增删，总体内容未离开普通教育学的框架。高深知识的生产与传播有其独特性，对高深知识的研究要摆脱普通教育学的框架，从高等教育实践中获取有益经验，以此来构建高等教育学学科体系，才能体现出高等教育学的独立性与独特性。

第四，已开展元高等教育学的研究。

最早提出将元高等教育学这一概念引入高等教育研究的是朱国仁。随后进入21世纪，研究者对元高等教育学的看法不太统一。有研究者认为高等教育学元研究的哲学基础应定位于实践哲学；① 有研究者指出元高等教育学不直接关注具体的高等教育现象，也不直接提出理论、构建体系，而是以已有的高教理论、体系、方法为研究对象，分析这些理论、体系、方法的正当性、合理性和有效性，在原有学科方法的基础上引进逻辑论证和语言分析的方法，把原来对高等教育学学科零散的反思和研究综合到一个更大的背景框架中，可以随时分析学科理论的缺陷，帮助寻找改进高等教育学学科的路径和发展方向。②

总体而言，学者们普遍重视高等教育学学科体系问题的研究，并自学科创建伊始即已着眼于高等教育学学科群的体系建设。学者们通过高等教育学著作、教材对高等教育学学科体系的建构做了一定探索。这些已有著作大多是教材体系，是被作为一门课程来看待的，更多应称之为高等教育学教材，目的在于培养高等教育学人才。近年来，通过学者的不断探索，已出现了为研究而著的高等教育学著作，如方泽强的《高等教育学的学科建设研究》、刘小强的《学科建设：元视角的考察》等，可以预见关于学科体系建设的研究将走向多元。

六、高等教育学的研究方法

自高等教育学创建起，学界始终关注这门学科有无独特的研究方法这一问题。对这个问题，学者们形成了两种不同的认识：一是主张高等教育学没有自身独特的研究方法；二是高等教育学应当有特殊的研究方法。③

在20世纪90年代，有学者认为高等教育学并没有自己特有的方法，它主要是借用了教育研究的方法，而教育研究方法又是借用了通用的社会科学研究方法以及某些自然科学研究方法。④ 还有学者认为，高等教育学"不是以某种特定的

---

① [美] 布鲁贝克. 高等教育哲学 [M]. 王承绪，等译. 杭州：浙江教育出版社，2001：2.
② 李均. 元高等教育学引论 [J]. 江苏高教，2002 (4)：19-20.
③ 朱国仁. 关于高等教育学的研究对象、体系与方法的思考 [J]. 教育研究，1997 (2)：27-32.
④ 胡建华，等. 高等教育学新论 [M]. 南京：江苏教育出版社，1995：423.

方法来建立的……在高等教育学的研究过程中，为了解决高等教育的基本理论问题和实际问题，往往需要运用到几乎所有其他学科的有关方法"。"简言之，高等教育学本身并没有一种特殊的方法。这一点也可以推演到整个教育科学。教育科学本身是没有一种独特的方法的，它要借助所有其他学科的方法和原理"。①

进入新世纪后，为了突破高等教育学研究方法不足的瓶颈，多数学者认为，高等教育学的研究方法必须从其他学科中广泛吸取。潘懋元先生对高等教育的多学科研究作了独具中国特色的尝试性探索，提出"高等教育学的独特研究方法可能就是多学科研究方法"。② 有的学者提出新制度主义方法论，即将组织理论与制度主义理论结合起来，从内部以及制度环境两个方面来解释高等教育的演变等。还有学者提出高等教育学学科发展的现象学路径的方法论，即从具体的高等教育问题入手，对高等教育具体"实事"进行描述分析，并理解高等教育本质内涵和高等教育主体的意义、情感和兴趣，以及它们之间奠基关系的一种研究取向。现象学具有的自明性的理论品质表现在高等教育研究中，即为"面向高等教育本身"的精神气质、适用于高等教育生活世界的特性和如其所是的描述方式，这有利于高等教育研究摆脱依附，回归高等教育本身。③ 这些方法无疑为我们提升高等教育学的研究品位、拓展高等教育学的研究视阈、深化高等教育学的研究深度提供了有益的借鉴。

有学者提出，在现实中，高等教育学一贯提倡用更科学的方法来研究，实际上却在利用其他学科的研究成果和工具，甚至可以说对于成果与工具的依赖超过了方法和思想本身。仅仅追求所谓的方法，其最终的结果都会被实用主义和功利心态所俘虏，追求成为"更科学""更实用"的高等教育学反而会距离科学越来越远，高等教育学自身的解释力与想象力亦会大打折扣，这也是社会科学诸多学科走过的弯路。④ 在学科发展中，高等教育学研究方法借鉴移植另一学科方法不可避免，但要体现出自身的独特性。高等教育学学科的表达方式需要拥有原创于本学科且具有学理性、专业性的适切的新术语。⑤

七、高等教育学学科群

高等教育学是一门新兴的学科，属教育学的二级学科。高等教育学学科群作

---

① 潘懋元，王伟廉. 高等教育学 [M]. 福州：福建教育出版社，1995：348.
② 潘懋元. 多学科观点的高等教育研究 [M]. 福州：福建教育出版社，2001：4.
③ 刘志忠. 现象学：高等教育学学科建设的方法论突破口 [J]. 高教探索，2017（5）：26-30、100.
④ 李海龙. 高等教育学的常识、传统与想象 [J]. 高等教育研究，2017（10）：39-47.
⑤ 卢晓中. 高等教育学的学科性质及相关问题 [J]. 中国高教研究，2016（11）：4-7.

为具有某种共同属性学科的体系，其组成是一种反映"实然"的过程，若能建立起"应然"的体系，则必将极大地促进高等教育学研究领域的拓展和学科的发展。加强高等教育学学科群的研究，有利于进一步明确高等教育学的学科地位和学科属性；有利于高等教育学学科群的综合效应、交叉效应和横向效应的发挥；有利于"学科"与"领域"、"体系"与"问题"的统合。① 差不多教育学有什么分支学科，高等教育学也有相应的三级分支学科。以高等教育学为主干的学科群，陆续被建立起来。

高等教育学学科群发展的基本特征为：第一，细化。从高等教育学中分化出高等教育原理、高等学校德育论、高等学校美育论、高等学校体育论、高等学校课程论、高等学校教学论、大学生学习论、高等教育史、比较高等教育等。第二，综合。与相关学科交叉互渗，形成了若干交叉学科，如高等教育管理学、高等教育心理学、高等教育社会学、高等教育哲学、高等教育经济学、高等教育系统工程、高等教育结构学、高等教育评估、大学生心理学等。第三，专门化。应用高等教育学来研究各类高等教育所形成的学科，如成人高等教育学、高等职业技术教育、高等工程教育、高等师范教育、高等医学教育、高等农林教育、高等理科教育、高等军事教育、学位与研究生教育、高等教育自学考试等。② 高等教育学分支学科形成的基本特点是：在形成之前，往往以专题、专论研究的形态出现，条件一旦成熟，就向学科化转化。

第三节　高等教育学学科发展的反思③

高等教育学学科自创建始，已走过 40 年历程。回顾 40 年的学科发展之路，既能看到高等教育学学科在教育学之林稳步前进，又能感受到每一位高等教育学人的努力与拼搏。回首过去，是为了更好地发展未来，我们对高等教育学学科 40 年的发展进行反思，发现发展中出现的问题，并相应提出应然走向，探索可供操作的完善与改进策略，以使高等教育学学科进一步走向独立和成熟。

中国的强大离不开人才建设，人才建设离不开高等教育，高等教育离不开高等教育学学科发展，因此，我们应加快高等教育学学科发展前进的步伐。反思学

---

① 陈玉祥. 略论高等教育学科群研究的意义及其演进［J］. 中国高教研究，2007（2）：38-40.
② 高宝立. 中国高等教育研究：进展、问题与前景［J］. 教育研究，2003（7）：26-31.
③ 本节内容整合自作者已发表论文，参见侯怀银，王霞. 高等教育学发展面临的主要问题［J］. 教育研究，2006（4）：28-32；侯怀银. 高等教育学学科未来发展亟待解决的几个问题［J］. 中国高教研究，2016（10）：17-19.

科发展历程，为使学科发展更具紧迫感、更具使命感，这里用六个"亟待"来展现问题，提出期望。即学科发展必须处理好学科、学术、学院、学生和学派彼此之间的关系，使高等教育学学科发展越来越有"学"的风格与气派。

一、高等教育学学科地位亟待提升

高等教育学目前在中国，已经以教育学一级学科下的二级学科的身份独立存在，并进行专业人才的培养，但其学科地位并不突出，究其原因，在于学科发展长期处于相对薄弱状态。相对于活跃的高等教育研究，这一问题愈发突出。一个重要表现是研究高等教育的学者多，但研究高等教育学学科发展的学者并不多。研究者多关注实际的高等教育问题，而对于持续性地发展一门规范的学科的认识不足，存在着将高等教育作为领域来研究的认识，未形成学科意识，且学科建设者不免缺乏系统科学的方法论指导，研究对象模糊，便去研究研究对象，未及研究深入，觉得体系更为重要，又去搞理论体系研究，使学科的发展及学科建设的研究未能深入持续。如此，许多基本问题，如研究对象、理论体系的逻辑起点等至今仍未统一明确，加之高等教育权力博弈等因素影响，造成高等教育学学科地位模糊，在教育学体系中没有显示出其独特之处。

鉴于以上高等教育学学科发展中出现的问题，高等教育学的学科独特地位仍需要在以下几方面进一步提升。

（一）确立高等教育学学科在教育学整个学科体系中的独特地位

目前要进一步改变"由普通教育学而高等教育学"的研究方式，突破普通教育学研究定势的束缚，彻底摆脱高等教育学对普通教育学的依赖，站在高等教育学立场上，以自身问题逻辑为线索进行高等教育学学科的研究和建设，并对普通教育学的传统体系和主要论点提出质疑，进而促进普通教育学的改造和完善，推进教育学一级学科的建设。

（二）确立高等教育学学科在整个社会科学和人文科学中的独特地位

运用多学科观点去研究高等教育学，并构建高等教育学的交叉学科、边缘学科，这是高等教育学学科建设的重要特点。但高等教育哲学、高等教育心理学、高等教育经济学、高等教育管理学、高等教育社会学等学科绝不应是哲学、心理学、经济学、管理学、社会学等学科在高等教育中的应用，而应是高等教育的哲学、高等教育的心理学、高等教育的经济学、高等教育的管理学、高等教育的社会学。高等教育学学科发展有其独特的逻辑，如何在相关成熟学科的背景和滋养中，通过适恰的方式展开独立的制度化的高等教育学的学科建设和发展，这个问题仍没有被我们很好地解决。我们需要进一步改变从其他相关的"母体"学科中摄取、借用、移植相关的概念、范畴、理论、原理及研究方法进行高等教育学学科建设的状况，绝不使高等教育学成为其他学科的"殖民地"，而是要坚持高等教育学成人、培养人的学科立场，在高等教育学与哲学、伦理学、心理学、社会学、政治学、法学、经济学等相关的学科之间，开展跨学科的研究，整合各门学科的研究成果，把与相关学科知识互补作为高等教育学知识产生的重要途径。这种互补的目的是利用其他学科的知识资源，从中获取新的概念、原理、视角和方法，拓展自身的发展空间，使高等教育学成为能够真实地反映高等教育规律、解释高等教育现象并且概念清晰、体系完整而又独立的学科，在整个社会科学和人文科学中保持其独特地位。

（三）确立高等教育学学科在高等学校学科发展中的独特地位

一流大学，必须要有一流的高等教育学学科。高等学校要充分发挥高等教育学学科在学校人才培养、科学研究和社会服务中的作用，而不应把高等教育学学科作为学校的学科负担。

二、高等教育学理论与实践的脱节现象亟待遏止

高等教育学学科自建立以来，大体沿着两条脉络发展：以建立学科、构建学科体系为重点的理论研究；以对改革实际中的问题研究为重点的应用研究。由于没有现成的学术范式可供借鉴，高等教育学的理论原创性工作异常艰难，而热点问题的研究则比较容易见"成效"、出"成果"。这导致热点问题的研究日益成为高等教育学学科发展的主线，而有望生成有创造意义的理论模型的基础研究备受冷落。高等教育实践是我们进行高等教育学学科建设发展的基础和来源，高等教育学的学科发展必须直面实践，把高等教育学的发展与高等教育实际问题的解决紧密结合起来。我们不能仅仅以学科的概念、方法去演绎高等教育实践，而应该根据高等教育实践去组织所需要的解说概念与研究方法，去解释、批判和指导高等教育实践，并形成对高等教育实践的话语权，真正使高等教育学学科成为高等教育实践者所重视并信服的学科。要处理好高等教育学和高等教育实践的关系，加强理论对实践的超前性和指导性，形成高等教育学的学科累积机制，探索建构我国高等教育学科自身国际荣誉和学术尊严的途径。

一方面，重视实践来源，提升"问题"的理论品质。学科发展根本动力在实践，高等教育学的学科发展原本就是在高等教育改革与发展的实践推动下进行的。高等教育学的理论源于三个方面的高等教育实践：前人的实践、他国的实践、当前的与自己的实践。我们要从高等教育史中挖掘前人的实践经验，要从高等教育的比较研究中借鉴其他国家的实践模式。当然，更为直接的是密切关注国

家或地区高等教育改革和发展的一些前沿性问题,如高等教育生存和发展中的具有决定意义的重点、难点;学术与社会关注的热点;高等教育理论与实践中的焦点、被忽视的盲点等。然而,问题具有多样性,并不是所有的问题都能成为高等教育学研究的重点,要对其进行研究、分析、抽象,从而提炼出真正符合学科内在逻辑、关乎学科发展的重要问题。对这些问题的研究也不是简单的现象分析或实用性的问题解决,而要以高等教育学学科特有的方式、特有的视角将其转化为理论思维的课题,追溯其理论内涵,提升其理论品质,使其具有更强的普适性和解释力,并以其构建起一个由一系列比较稳定的概念、原理、原则等要素组成的具有逻辑自洽性的知识体系。这样高等教育学才更具有生命力,才能对高等教育的实践起到解释、预测、指导和规范的作用。

另一方面,强化理论的实践意识,加强应用研究。高等教育学是实践性极强的学科,如果不去接触高等教育实践,理论就会脱离实践,高等教育学最终也难以走向成熟。应充分认识高等教育学对高等教育实践的服务功能,进一步深化对高等教育与科学研究和生产劳动相结合、高等学校人才培养、高等教育发展规模、高等教育大众化、高等教育质量、高等教育体制改革、民办高等教育的发展与立法等问题的应用研究。

应用研究的加强,不仅促使高等教育学关注我国高等教育改革和发展的现实,而且使高等教育学焕发出学科生命的活力。由于高等教育的发展和学科发展的需要,理论研究与应用研究越来越多地表现出交叉和融合的趋势,体现出高等教育学学科发展的规律性。当前高等教育学学科建设,在理论研究方面,必须多学科、多角度地把高等教育的若干基本概念以及高等教育的本质、规律、功能、价值、目的、结构等基本理论的研究推向深入,并进一步探讨学科的自身建设问题;在应用研究方面,必须时刻关注高等教育改革与发展的现实,进一步加强中介理论的研究和建立健全高等教育的中介组织,可借鉴潘懋元先生的观点:"如果基本理论是正确的,要转化为实践,它必须经过这样一些中介环节:基本理论→应用研究(开发研究)→政策(一般指宏观的)→操作性措施→实践,或基本理论→应用研究(开发研究)→操作性措施(一般指微观的)→实践。"[①] 运用新创建的高等教育学理论探讨和解决现实问题,在应用研究中充实和发展高等教育学理论,进而促进高等教育学的学科发展。

---

① 潘懋元. 高等教育理论研究必须更好地为实践服务[J]. 高等教育研究,1997(4):4-7.

三、高等教育学学科发展的中国立场亟待强化

高等教育学是具有中国特色的学科，但在其发展的过程中，随着我国改革开放的推进和全球化进程的加快等，在国际交流中，中国高等教育学受到了国外的渗透与冲击。学术研究虽无国界，但是学术研究有文化的传统。引进国外的高等教育学理论等对中国高等教育学的发展和高等教育实践的推进具有促进作用，但是我们也应看到其渗透与冲击所带来的不利后果。

在高等教育学的学科发展过程中，我们要基于"中国立场"，不论理论体系的构建还是方法的选择等都应基于我国立场，反映我国问题，汇聚我国高等教育学研究经验的学科和学派研究，而不能盲目地简单引进、移植或借用。高等教育学虽然与教育学的"引进式加工"不同，是在中国本土产生与发展起来的，而不是从别国引进的，但不可否认，高等教育学在中国的发展也深受国外影响，特别是美国某些高等教育理论和经验的影响。引进国外的高等教育理论和经验，在一定程度上对高等教育学学科形成产生着消解、分化的作用。

须强调的是，我们强化中国立场，并不意味着完全排斥国外理论。相反，我们要在独立发展的基础上，加大对外的交流与借鉴，为我国的学科发展服务，以此来更加有力地推进中国特色的高等教育学学科建设发展。综观高等教育学的发展，虽然受到国外理论的渗透，但我们的学科建设视野仍狭窄，研究的科学化程度不高，与国际的交流匮乏，受到的国际承认也不足。为此，我们要学习借鉴国外先进的学科发展理论，加强与国外的合作，尤其是培养一批国际一流水平的学科建设人才，以此来推动高等教育学学科发展。

四、高等教育学的学术品质亟待提高

学科群的形成是高等教育学学科成熟的标志。完整的高等教育学科群应覆盖高等教育现象的所有方面和高等教育实践的一切领域。高等教育学学科建设发展的总体目标就是要对高等教育现象进行全方位的理论描述和多角度的系统分析，逐步形成反映高等教育规律的具有内在结构联系的学科群。高等教育学学科在我国虽然形成了以高等教育学为主干的高等教育学学科群，但各分支学科的发展水平、在学科体系中的地位迥异。在众多分支学科中，高等教育学、高等教育管理学、比较高等教育、高等教育心理学、高等教育社会学、高等教育经济学、成人高等教育学是高等教育学科体系中有较强代表性的、主要的分支学科，发展较为迅速，成果也较为显著。但是，一些基础学科，如高等教育原理、高等教育哲学、高等教育史、高等学校课程与教学论，发展较为缓慢，还有一些正在形成的

学科，如高等教育文化学、高等教育政治学等领域的发展还存在着较大的空白。特别是高等教育学学科还没有真正建立起自身的概念、范畴和体系，学术品质需要进一步提升。

当前特别要注意提升高等教育学、高等教育史和高等学校课程与教学论在整个高等教育学学科中的地位。特别要处理好高等教育学的"学"和"术"的关系。高等教育学作为一门学科，在我国的发展基本上是作为"术"而存在的。学者们编写《高等教育学》的设想基本上就是"供综合大学和其他具有培养高等学校教师任务的院校的本科生，特别是研究生学习，也可以供高等学校的教师和干部学习"。① 高等教育学主要作为高校干部、教师和研究生学习高等教育理论的一门课程或教学科目形成和发展起来，没有真正被作为一个学术研究领域而充分受到中国学者的重视。虽然有的学者已提出高等教育学学科发展的努力方向，"应当一方面努力探索如何形成本学科的科学理论体系，另一方面如何编写出符合认知心理与教学原则的课程教材"，② 但高等教育学更多被视为一门课程，而未真正被作为一门学术科目；高等教育学更多是作为"术"，而不是作为"学"来发挥其作用。中国学者所建立的高等教育学体系实际上主要是教材体系，而不是学术体系。编写教材已成为高等教育学发展的重要方式。高等教育学的建设发展主要立足于学科和课程，而高等教育学作为一种知识门类、理论体系、思想领域的研究实际被边缘化了，这是导致高等教育学目前学术品位不高的重要原因之一。

高等教育学要充分认识到自己在高等教育学学科群中所应扮演的角色以及应该起的特殊作用。高等教育学的学科使命不在于建立起一个包罗万象的宏大的高等教育学学科群，而在于强化本学科的基础学科性质，成为高等教育学学科群中最为基础的学科，为高等教育学各分支学科提供理论依据。高等教育学也不必涵盖各种各样的高等教育，而应以高等教育的一般性问题为研究对象，对人类高等教育活动进行高度抽象，在理性层次上对高等教育做出整体的辩证的把握，并对高等教育的发展提出合理的取向和加以理论上的导引。当前高等教育学应继续进行两方面研究，一是如何在高等教育中体现一般教育原理，二是具体研究高等教育的特殊原理。高等教育学要对现存的高等教育概念和原理进行制度化的梳理，多学科、多角度地把高等教育的若干基本概念，高等教育的本质、规律、功能、

---

① 潘懋元. 在《高等教育学》教材听取意见座谈会上的发言［J］. 高等教育研究，1984（1）：20-23.

② 潘懋元. 关于高等教育学科建设的若干问题——在全国高等教育学科建设研讨会上的报告［J］. 高等教育研究，1993（2）：3-8.

价值、目的、结构等基本理论的研究推向深入，并进一步探讨学科的自身发展问题，为人们认识并解决高等教育问题提供一系列由概念、原理、原则、范畴、规律等构成的具有逻辑自洽性的知识体系。

五、高等教育学学科制度建设亟待完善

学科制度，从广义的社会学意义来看是指学科的规范体系，还包括其背后的深层理念支撑。而这里的学科制度，则主要强调学科的发展规范，或学术规范、规则等问题，也就是学科的内在制度。学科的制度精神，作为其重要组成部分，预先地存在并隐含地弥漫在整体的科学共同体中；它同时作为科学活动潜在的制度律令，内化于每个个体研究者的心智结构中，形成一种普遍的规范。学科制度化的过程，也是学科本土化的过程。各级各类高等学校必须重视高等教育学学科制度建设发展，具体而言，包括专业制度建设、组织制度建设、人才制度建设等方面。

在专业制度建设方面，高校依据自身办学条件，设置高等教育学专业，明确高等教育学专业设置目标，尤其重视培养为地方经济社会发展服务的人才；确定高等教育学专业的研究方向，包括高等教育原理、高等教育经济与管理、高等教育考核与评估、高等学校战略规划、研究生教育等，研究方向的设置应与高校自身发展战略相一致；确定高等教育学专业培养方案，包括课程设置、学分设置、实践安排、考核评价等。通过具有可行性、规范性的规章制度，来规范专业建设，从而推动学科发展。

在组织制度建设方面，高校，尤其是办学水平较高的综合大学、师范类大学、应用型大学，不仅要在专业建设上下功夫，更应立足本校，结合学科特色，成立高等教育研究所，搭建高等教育学学科发展平台，吸引学科人才，投入资源支持，从而有效产出高等教育科研成果，成为高等教育学学科发展的重要力量。

在人才制度建设方面，依据不同学历层次形成不同的人才培养体系，并加以规范化、制度化。在本科阶段，重点在教育学、公共事业管理等与高等教育直接相关的专业开设高等教育学课程，引导相关专业学生进行专业基础学习，掌握学科基础知识。在硕士研究生阶段，通过开设高等教育学专业，招收具备高等教育学学科知识的学生，通过实施理论教学与教育实践并行的人才培养方案，为高等学校、企事业单位、政府培养专职人才。在博士研究生阶段，将人才培养的重点放在学科领域一级，通过吸收专业人才直接参与高校高等教育经营与管理，开展高等教育实践，培养实践性人才，从而推动高校及国家高等教育事业的持续发展。

六、高等教育学学派的建设亟待提上日程

学派的形成是理论发展的重要途径,是理论的丰富性和长久生命力的不竭之源。学派的发展,从深层次上探索了学科发展的内在的可能性空间。应当看到,"一门学科内部的学派形成过程,也是这门学科自身发展的过程,学派是一门学科自身结构的重要内容,不论从一个国家来看一门学科,还是从世界范围来看一门学科,如果没有形成几个学派,这门学科就缺乏支撑力量"[①]。高等教育学学科发展至今,虽有研究会、研究所这样的研究机构,但从总体而言仍是一个松散的学术组织,未能真正凝聚一批具有共同志向、共同使命、共同追求的学者,如此造成的后果是高等教育学学科发展方向不明,方法不定,发展前景并不乐观。因此,从学科发展走向高等教育学派的形成,是实现我国高等教育学原创性发展的有效途径,也是时代的必然要求。

(一)以研究者为主体,提高学派群体的自身素质

从根本上来说,学派反映的是一个研究群体的研究倾向、学术观点以及价值取向等,这是学派产生的首要标准。高等教育学学科发展最为重要的是尽快培育学派传人和领袖。学派建设必须有一批优秀的研究者,研究者作为学派的集中代表,应当不断提升自身的研究素质和水平。

第一,要树立正确的价值取向。高等教育是一种价值活动,其理论体系必然体现着研究者的价值取向。近年来,学者们在构建体系的过程中,或是坚持为政策服务的目的;或是以应对实践为直接目标,以大众立场对高等教育提出批评或期望。作为学科的高等教育学,若完全成为意识形态的附庸,就会失去其存在之基础;而一味追求对实践立竿见影的效果,学科的学术价值就会受到质疑。因此,我们应当从学科自身的特点出发,树立正确的价值取向,尊重学科的内在逻辑,以真实、客观反映规律为己任,树立学科的学术尊严。同时,科学的体系是形式和内容的完美结合,研究者不能仅仅追求学科体系的形式和结构,更要致力于探讨和发现具有超越性的高度和深度的高等教育学学科知识,这才是学科重要的内在价值。

第二,要形成复杂性思维方式。高等教育学同时具有自然科学、人文科学和社会科学三重属性,还包括心理学、生理学和社会学等。随着时代的发展,高等教育的现象和问题也日趋复杂、多样,学科的危机也以综合的、整体的方式呈现出来。因此,研究者要形成一种包括多种学科融合的大学科方法论思想,即一种

---

① 叶澜. 关于加强教育科学"自我意识"的思考[J]. 华东师范大学学报(教育科学版),1987(3):23-30.

包含形而上学和科学主义、经验的和逻辑的复杂性思维。复杂的思维方式"并不想排斥区分、分析、孤立等方法，它只想包容它们，不仅把它们包容在一个元系统中，而且还包容在一个动态发生过程中"①。

第三，要形成创造性思维。创造性思维是指在既有的高等教育学知识理论的基础上，在直觉思维、逻辑思维、辩证思维的前提下，进行创造性的思维活动，摆脱原有知识的框架束缚，在纵向思维中求启示，在横向思维中得新知，在相似思维中寻创见，在反向思维中找突破，从学科角度总结新经验，提出新的学术思想，重新组合知识理论，开创新的探索方向，从不同角度、不同侧面、不同层次深入反映学科本质，构筑新的理论框架，从而实现高等教育学的理论原创。

第四，要形成系统的研究方法体系。目前，我国高等教育学的研究方法主要有两类：一类是经验、描述性的，缺少定量分析和因素分析，缺乏理论深度；另一类从经典解释出发，进行逻辑推导、定性分析而缺乏实证研究。总体来看，高等教育学研究方法尚不成熟。高等教育学研究者应依据高等教育问题的特殊性及其方法体系的综合性特点，从研究对象和研究内容出发，综合运用定性分析与定量分析相结合的哲学方法和艺术方法，形成高等教育学系统科学的研究方法体系。

第五，要具有对话和交流的意识。我国的高等教育研究更多意义上还处于追随、模仿发达国家的研究阶段，一些研究者某种程度上丧失了主体意识和批判能力，无法与国外先进理论进行平等的对话。而学派的形成，重要的是一种个体意识，强调通过研究者个体的创造性活动，影响、改造、建构学科群体。因此，高等教育学的研究需要通过研究者之间不断地碰撞、协商、交流与对话，表达出研究者及其共同体的研究信念，凸现出研究者个体精神生命和价值理念，使高等教育学学科不仅是知识和真理的客观表达，而且是凝聚着研究者主体价值的生命和情感的交流与融合。

（二）以理论体系为核心，增强学派的统一性和凝聚力

学派形成的另一关键标准是，有被社会认可的理论创新成果，有经过实践检验的正确的学科理论体系。而这一学科理论体系的原创性范畴、概念、观点和基本理论，要能够达到范畴规范化和逻辑一元化的理论水平。要形成学派，必有一个相当长时期的追求完整理论体系的创造。我们急需致力于理论体系的创新性建设，确立起高等教育学独立自主的研究领域、学术地位、价值体系和方法策略，从而体现出高等教育学学科发展的整体性、系统性和连续性，形成高等教育学的

---

① ［法］埃德加·莫兰. 方法：天然之天性［M］. 吴泓缈，冯学俊，译. 北京：北京大学出版社，2002：416.

知识积淀，为学派的创生提供深厚的底蕴。

　　学科理论体系的形成还需要特定的立场，即"中国立场"。不论理论体系的构建还是方法的选择等都应是基于我国立场，反映我国问题，是汇聚着我国高等教育学研究经验的学科和学派研究，而不能盲目地简单引进、移植或借用。高等教育学虽然与教育学的"引进式加工"不同，是在中国本土产生与发展起来的，但不可否认，高等教育学在中国的发展也深受国外影响，特别是美国某些高等教育理论和经验的影响。引进国外的高等教育理论和经验，对高等教育学的建设和发展起了一定的促进作用，为我国高等教育学学派的创生提供了可资借鉴的参照系和开阔的视野，但也在一定程度上对其形成产生着消解、分化的作用。坚持"中国立场"，这是形成理论体系，增强学派统一性和凝聚力的必要选择。

第七章 成人教育学学科发展史

完善成人教育学的学科发展，并指导成人教育实践，这是改革开放以来我国成人教育学必须解决的两大任务。为了完成这两大任务，我们有必要对改革开放以来我国成人教育学学科发展的历程和已经取得的进展进行研究，并就成人教育学在我国的进一步发展进行反思。

第一节 成人教育学学科发展的历程

科学理论过程研究将科学理论的形成过程分为四个阶段：准科学—前科学—常规科学—后科学。[①] 以此划分为理论依据，纵观改革开放以来成人教育学在中国的发展，经历了以下四个阶段。

一、第一阶段（1978—1986）

十一届三中全会后，从对成人教育实践活动的正确认识与重视态度入手，我国成人教育学开始了它在学科发展道路上的前奏与尝试。在这一阶段，成人教育学处于准科学时期，处在包含科学因素但并不成熟的观点和思想水平中，学科建制初具规模，学科知识体系还未完备，学科发展成果主要体现在以下几方面。

（一）"成人教育"名称统一：促进"成人教育学"的形成

1982年8月16日，教育部设置成人教育司，第一次明确了"成人教育"名称。此后，纷繁复杂的成人教育活动形式有了统一的名称。"成人教育"名称的统一，为学科发展奠定了基础。

（二）设立研究机构：具备学科建设队伍

这一阶段开始设立了一些研究机构，按照其组建主体，可以分为三类：

其一，由官方组建的研究机构。1979年，教育部成人教育研究中心设立。

---

① 胡德海. 教育学原理 [M]. 兰州：甘肃教育出版社，2006：73-74.

此后，全国各地相继设立成人教育研究机构，① 从而形成了从中央到地方完整的研究机构体系。

其二，由高校组建的研究机构。1981年，华东师范大学首设成人高等教育研究室，此后，全国各高校亦纷纷组建。②

其三，由社会群众组建的学术团体。1981年，中国成人教育协会作为社会群众组建的学术团体的先例得以创立。之后，相继设立了中国继续工程教育协会、中国老年教育协会等成人教育学术团体。

（三）实施课题研究活动：开启课题研究开端

20世纪80年代，全国教育科学规划开始实施。成人教育课题研究自1982年开始被纳入到教育科学规划之列，首次被纳入的有：张腾霄的《干部教育问题研究》，王文林、余博的《成人教育概论》。从此，成人教育参与到全国教育科学规划中去，开启了课题研究先端。

（四）创办专业刊物：初创学科交流平台

这一阶段，成人教育专业刊物开始创办。继《成人教育》《北京成人教育》《成人高等教育研究》等首批刊物创办之后，各地研究机构创办成人教育专业刊物的热情高涨，各类成人教育专业刊物潮涌而至。还有一些以地方命名的刊物，如《山西成人教育》《广西成人教育》《新疆成人教育》等。专业刊物的创立，为学科发展奠定了学术交流与讨论的平台。

（五）出版与发表著作和论文：引进与本土探索相结合

这一时期的著作和论文主要表现为两大类。

第一类，引介国外成人教育。研究者聚焦国外成人教育，引进与介绍国外著作。比如：孙世路编著的《外国成人教育》（1982）等。③ 论文多以论文集形式由协会等出版，约有论文集10部，也侧重于介绍国外的成人教育状况。引介国外成人教育，有助于快速了解和把握世界成人教育状况与前沿，为学科发展提供

---

① 中国成人教育协会组编. 中国成人教育改革发展三十年［M］. 北京：高等教育出版社，2008：277.
② 中国成人教育协会组编. 中国成人教育改革发展三十年［M］. 北京：高等教育出版社，2008：277.
③ 同类著作还有：人民教育出版社《外国教育丛书》编辑组编著的《业余教育的制度和措施》（1979年）；国家劳动总局培训局编译的《1960－1976东欧三国培训体制的演变》（1981年）；杨连江与蒙定明编著的《国外企业职工教育》（1983年）；北京成人教育杂志社编著的《成人教育调查报告选》（1984年）；上海第二教育学院与上海市成人教育研究室编著的《外国现代成人教育理论》（1985年）；教育科学出版社编著的《联合国教科文组织成人教育简讯》（1985年）等。

了便捷，引导国人开始了成人教育学的本土化探索。

第二类，思考本土成人教育。以中国本土实践为根基，研究者反思成人教育实践发展，总结经验教训，形成一些立足本土的著作和论文。比如著作有《北京成人教育》杂志社《成人教育调查报告选》(1984)、余博《农民教育初探》(1984)等；论文有余博《中国成人教育的起源问题》(1982)、高学镛《建立成人教育体系的设想》(1982)等。

但整体而言，第一类研究的比重较大，因此，这一时期的成人教育学学科知识主要来自于对国外文献的翻译、引进与借鉴。

(六) 开展国际交流活动：拓宽学科视野

1983年，中国成人教育协会正式加入国际成人教育理事会，并于1884年5月14日在上海联合举办了国际成人教育讨论会。1985年，我国首次参加第四次国际成人教育大会。国际交流活动的开展，拓宽了学科视野，加速学科发展的步伐。

二、第二阶段（1987—1991）

1987年6月23日，国务院批转《国家教育委员会关于改革和发展成人教育的决定》。国家政策的大力支持，使得成人教育实践如雨后春笋般活跃在教育领域，进而催生了研究者对于学科发展的思考。因此，该"决定"促使我国成人教育学的学科发展进入到一个新阶段。这一阶段，成人教育学处于前科学时期，学科建制系统渐趋完善，知识体系渐趋丰富，具有积极开拓的学科特色，学科发展成果主要体现在以下几方面。

(一) 研究机构继续设立：职工教育学术团体出现

受当时职工教育备受重视并开展的影响，开始出现职工教育学术团体，比如中国职工教育协会等。职工教育学术团体的出现，促进了职工教育研究的较早开始。

(二) 课题研究继续开展：从单一向多向开拓

这一阶段共有课题22项，较上一阶段有了明显增长，不论在课题数量上，还是研究主题上，都呈现出逐步扩大的趋势。

在课题数量上，"七五"期间全国教育科学规划的148项课题中，成人教育有7项，仅占总数的4.73%，课题立项单位基本为一些国家级研究机构，高校较少。"八五"期间，总课题527项，成人教育有15项，占总数的2.85%，较之"七五"多了8项，实现了数量上的增长。但在全国教育科学规划总课题占比中，仍然处于较低水平。课题立项单位中，高校占比开始逐步增长。

在研究主题上，成人教育研究进行了多视角、多层次的开拓，按其研究主题可以分为两大类：一是关于成人教育实践的课题研究，主要是涉及函授教育、高中后教育模式、扫盲教育等。比如董明传1987年关于高中后教育模式的课题等。二是关于成人教育学学科建设的课题研究，主要涉及成人教育体系、学科建设的理论研究、当代世界教育科学发展与成人教育研究等。比如关世雄1991年关于学科建设的课题等。

（三）专业刊物与时俱进：出现继续教育刊物

"继续教育"这一概念在1979年被引入我国，1986年"七五"工作规划提出要完善继续教育制度，继续教育被列入政府工作范围。此后，继续教育研究领域得以开拓，随之出现了相应的继续教育刊物。比如，《继续教育》《继续工程教育》等刊物，就是专门研究继续教育的专业刊物，对于丰富成人教育学知识体系、加速学科内交流大有裨益。

（四）著作多样化：从引进向自主原创研究拓展

这一阶段的成人教育著作数目激增，达到200部，年均出产33.3部，是前阶段年均出产著作4.86部的6.85倍，① 著作呈现出类型多样化的特点。

其一，国外著作开始大量引进。译著约13部，如《成人教育：实践的基础》（达肯沃尔德等著，刘宪之译，1986）等。② 译著的出现，便于了解国外成人教育及学科，助力本土学科探索。

其二，本土专著大量出现。出现了带有"学科""总论""概论""概述""通论""基础"性质的理论研究著作。如《成人教育概论》（王文林等，1988），③ 是最早直接以"成人教育"命名并系统论述其理论与实践的专著之一，它标志着中国成人教育学自我意识和学科意识的形成。④ 此后，出现了带有"成人教育学科"的著作，比如《成人教育学科基础》（王茂荣、朱仙顺、李元海，1988），⑤ 这部著作是我国第一部以"成人教育学"命名的著作。

---

① 中国成人教育协会组编. 中国成人教育改革发展三十年［M］. 北京：高等教育出版社，2008：278.

② 同类译著还有：《现代成人教育实践》（诺尔斯著，蔺延梓译，1989）；《成人教育和继续教育社会学》（贾维斯著，贾宗谊等译，1989）；《成人教育的哲学基础》（梅里安著，高志敏译，1990）；《培格曼国际终身教育百科全书》（C. J. 泰特缪斯著，教育与科普研究所编译，1990）等。

③ 同类著作还有：《成人教育概述》（刘国瑜等，1988）；《成人教育》（孙世路等，1989）等。

④ 高志敏. 成人教育学科体系论［M］. 上海：上海教育出版社，2017：62.

⑤ 同类著作还有：《成人教育学科》（秦向阳，1989）等。

其三，出现成人教育工具书。比如《英汉成人教育词汇》（徐学桀，1988）等。①

（五）论文多层次性：数量激增与系统研究相结合

这一时期论文数量激增，在对基本理论展开系统研究的同时，研究者又试图从诸多领域拓展研究。② 这些论文的发表，助力成人教育学分支学科的建立。

其一，在成人教育论文中，有些论文还是侧重于对国外成人教育的引进与介绍，比如孙世路的《北美成人教育研究大会见闻》（1986）等；③ 其二，有的还进行中外成人教育比较研究，比如王辅文等的《外国的成人教育与中国的成人教育》（1989）等；④ 其三，部分对我国成人教育实践进行了理论探讨，比如李世春的《成人教育课程设置研究》（1987）等；⑤ 其四，有的论文还涉及了成人教育学学科的基本问题探讨，注重推动成人教育学学科建设，比如吴遵民的《成人教育学》（1987）等。⑥

（六）继续开展国际交流活动：由参与到独自承办

在继续开展成人教育国际交流活动的过程中，我国成人教育注重发挥本国的主体能动性，在参与的同时也承担承办国际会议的职责。比如，1988年9月9日至14日在新加坡召开的亚太成人教育总会执委会会议上，中国成人教育协会得以正式加入。1989年5月17日至19日，第四届世界继续工程教育大会于我国北京召开，在这次大会上，国际继续工程教育协会（IACEE）正式成立。此后，国际继续工程教育大会都由IACEE负责举办。1990年1月，时任教育部成人教育司司长董明传率团代表中国参加在泰国召开的国际成人教育理事会第三届世界大会。⑦

---

① 同类工具书还有：《成人教育辞典》（关世雄，1990）；《中国成人教育资料索引1985—1991》（房玉琦、李锦玉，1991）等。

② 这一时期涉及的研究领域还有：高中后教育、成人高等教育、继续教育、成人学习心理、成人教育教学、自学考试、成人教育史、干部教育等。

③ 同类论文还有：戴剑梅的《希腊成人教育的管理》（1986）；崔振凤的《关于法国继续教育法规的研究》（1986）；卢岗的《苏联的函授教育》（1987）；赵克林的《苏联高等成人教育系统及其特点》（1987）；王恩发的《苏联成人教育七十年》（1987）；姜秀玉的《芬兰成人教育的几种形式》（1989）；崔跃武的《主要发达国家成人教育立法》（1991）等。

④ 同类论文还有：张一东的《中美两国成人教育发展之比较》（1989）等。

⑤ 同类论文还有：孙世路等的《成人教育的回顾与思考》（1989）；董明传的《我国成人教育的现状和任务》（1989）等。

⑥ 同类论文还有：寒松的《成人教育的艺术和科学——成人教育学》（1989）等。

⑦ 中国成人教育协会组编. 中国成人教育改革发展三十年[M]. 北京：高等教育出版社，2008：263.

三、第三阶段（1992—2001）

1992年11月，成人教育学被列入"学科分类与代码"中，成为教育学的二级学科，代码为88057。从此，中国成人教育学进入常规学科阶段，得以成型，学科发展成果主要体现在以下几方面。

（一）研究机构中出现硕士学位点：学科群体涌现

1993年，华东师范大学设立成人教育学专业硕士学位授予点，系我国成人教育学研究生教育之滥觞，并于1997年，首次把成人教育学列为教育学的二级学科。此后，曲阜师范大学（1998年）等高校也先后建立成人教育学硕士点。河南大学、华中师范大学等校在1990年代后期作为其他教育专业研究方向也招收了成人教育研究生，学科群体得以涌现。

（二）课题研究深入推进：从单学科视域转至多学科视域

这一阶段全国教育科学规划成人教育立项课题数剧增，约88项，研究主题更加多元化。研究者注重探索成人教育学理论和方法，并积极借鉴其他学科理论和研究方法，如历史学、社会学、人类学、哲学等理论和方法，改变了以文献分析、逻辑思辨为主的单一化状态，同时也避免了单纯的应用研究，开始注重学科体系建设的探索，形成了一些重要的研究团队，比如高志敏、杜以德等。同时，课题负责人所在单位虽日渐增多，辐射我国各省市地区，一定程度上表明了成人教育学学科建设空间逐渐拓展，高校研究团队占绝大多数。不可忽视的是，基础理论研究仍然不足，在"九五"全国教育科学规划立项的课题中，基础理论课题只有两项，占成人教育课题总量的5.68%。[①] 在成人教育学学科定义、基本概念、研究范围等方面尚有争议之处，成人教育学学科体系建设重新思考等方面还有待重视。

（三）专业刊物、网络载体的发行与出现：文献载体的丰富

这一阶段，创刊发行了全国性成人教育报刊，如《中国成人教育》《中国成人教育信息报》《中国培训》等。此后，专业刊物渐次走向更新、调整、稳定之路。1998年，开通"中国成人教育信息网"等成教类网站。各类专业刊物、网络载体的发行与出现，为学科发展奠定了丰富的文献载体基础。

（四）著作和论文不断涌现：理论研究开始受到重视

这一阶段，我国成人教育著作和论文不断涌现，在研究内容上也呈现出丰富

---

① 肖力维. 总结与开拓——谈世纪之交的成人教育理论研究［J］. 西北成人教育学报，2001（3）：20-22.

性。著作有 459 部,年均出版近 46 部,比上一阶段年均出版多 13 部。① 此期间,我国高校致力于学科建设展开系列努力,比如"成人教育理论丛书"(1997)②、"成人教育研究丛书"(1999)③ 等。译著有《第三世界的成人教育》(1994)等。工具书有《成人教育大辞典》(齐高岱等,2000)等。这一阶段的成人教育论文以上万篇数量迅速增长,在研究内容方面,以应用研究为主,理论研究开始逐步受到研究者重视。

(五)国际交流活动逐步加强:注重国际合作

1994 年 9 月 15 日至 23 日,董明传(时任教育部成人教育司司长)率团代表中国参加了举办于埃及的国际成人教育理事会第三届和第四届世界大会。1999 年,我国主办了"第三届亚洲扫盲论坛"。

四、第四阶段(2002—2018)

进入 21 世纪后,"构建终身教育体系""终身学习""学习型社会"等重大战略任务,为学科发展提供了新方向。2002 年,全国成人教育科学研究机构工作委员会由中国成人教育协会重新组建,开始就学科建设和研究生培养等问题进行专门交流与合作。以此为标志,成人教育学迈向新的阶段,处在后科学时期,学科发展成果主要体现在以下几个方面。

(一)研究机构中出现博士学位点:研究队伍深化形成

这一阶段,成人教育学硕士学位点不断增长,如表 7.1 所示。2004 年,华东师范大学首设博士学位授予点,此后,北京师范大学等各大高校也设立了成人教育学博士学位点。④ 各学位点的研究方向呈现多样化。⑤ 硕士学位点与博士学位点的渐次设立,使成人教育研究队伍⑥建设得以深化。这些研究队伍进行一些

---

① 中国成人教育协会组编. 中国成人教育改革发展三十年 [M]. 北京:高等教育出版社,2008:279.

② 该套丛书由华东师范大学成人高等教育研究所牵头,组织上海、浙江、重庆等地的成人教育研究、教学和管理人员,共同撰写并出版。

③ 该套丛书由河南大学成人教育研究机构牵头,组织山东、湖北等地成人教育研究者撰写并出版。

④ 这一阶段设立成人教育学博士学位点的高校还有:华中师范大学、浙江大学、东北师范大学、南京师范大学、西北师范大学、华南师范大学、西南大学等。

⑤ 各高校成人教育学博士学位点的研究方向有:成人教育基本原理、终身教育、终身学习与学习型社会、成人教育哲学、成人教育社会学、成人教育心理学、社区教育、继续教育、比较成人教育等。

⑥ 成人教育研究队伍有:政府研究机构的专职研究人员、高等院校研究机构的专兼职研究人员、群众性团体的社会研究力量、广大成人教育实务工作者等。

建制活动：一是组建各自的研究者队伍；二是创办成人教育的专业刊物；三是开展课题研究；四是组织召开国际、国内或行业内的成人教育研讨会。

表7.1 2017年成人教育学专业研究生招生单位一览表

序号	招生单位名称	序号	招生单位名称	序号	招生单位名称
1	华东师范大学	14	云南大学	27	华中师范大学
2	四川师范大学	15	南昌大学	28	南京农业大学
3	曲阜师范大学	16	云南师范大学	29	深圳大学
4	西南大学	17	河北师范大学	30	中央民族大学
5	山西大学	18	广西师范大学	31	北京交通大学
6	河南大学	19	河北大学	32	长江大学
7	福建师范大学	20	广西民族大学	33	内蒙古民族大学
8	福建农林大学	21	湖南师范大学	34	扬州大学
9	陕西师范大学	22	河南师范大学	35	浙江大学
10	南京师范大学	23	华南师范大学	36	中国农业大学
11	江西师范大学	24	宁波大学	37	江西科技师范大学
12	浙江师范大学	25	西北农林科技大学	38	西华师范大学
13	上海师范大学	26	贵州师范大学		

注：2017年成人教育学专业博士点招生单位为华东师范大学、西南大学和南京师范大学。

（二）课题研究继续深入推进：研究内容多向度拓展和深化

该阶段成人教育课题数量大大增加，约210项。在"十五"规划中获得立项的课题达60项，相比之前有了极大的突破。成人教育课题研究量变化趋势如图7.1所示。

这一阶段，课题研究呈现出多元化特点，继续深入推进。成人教育重点问题研究、基本理论研究、学科体系研究、类别研究，以及国外成人教育研究等都取得了新进展。

（三）学术刊物的成熟和网络载体的涌现：学科交流愈加高效便捷

成人教育学术刊物呈现出蓬勃发展的态势，一些学术期刊发行量逐年增加，采稿量大量增加。《中国成人教育》《成才与就业》等学术刊物刊登成人教育方面的论文达上万篇。一些综合性学术期刊，如《河北师范大学学报（教育科学

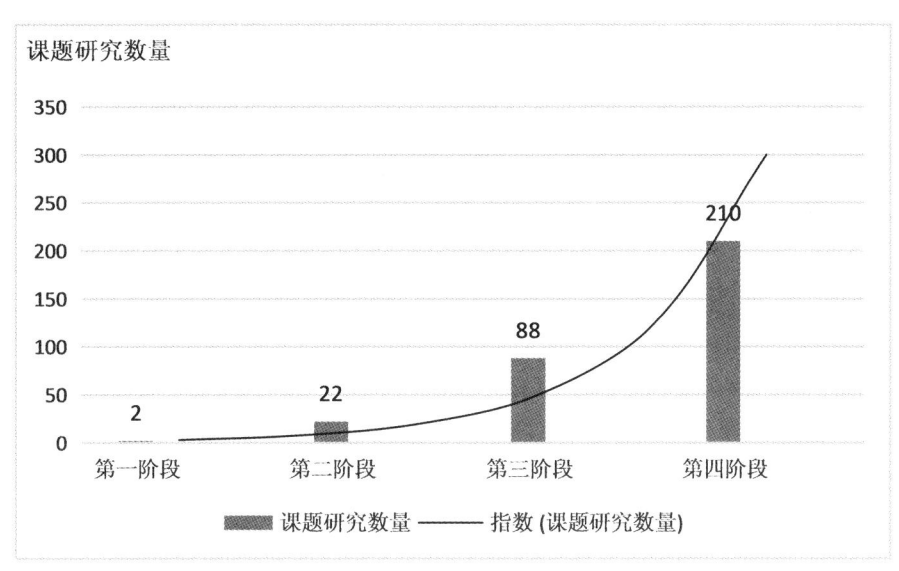

图 7.1 1978—2018 年成人教育课题研究数量变化趋势图

版）》、《江苏技术师范学院学报（职教通讯）》等也开辟专栏刊登成人教育研究的论文。中国人民大学复印报刊资料《成人教育学刊》全文转载成人教育类论文数量逐年攀升。

2003 年，"中国成人教育协会网络中心"开通；2004 年，"社区教育实验网站"出现。此外，中国知网、维普、万方、超星、读秀等网络数据库开始收录成人教育类论文或图书出版物。网络载体的建成与扩大，一方面，使成人教育学学科知识成果的信息量更大，而且愈趋集中；另一方面，使成人教育研究者之间的学术交流变得更加便捷与高效。

（四）著作和论文大量出现：重视学科体系研究

这一阶段，著作与论文数量较上一阶段又有较大的增长。这一阶段的著作和论文围绕一些成人教育重点问题，展开深入研究，比如：成人教育与终身教育体系构建、成人教育与学习型社会构建、成人教育与社会和谐建设、成人教育与创新性国家建设、社区成人教育、成人教育教学手段、成人学校教育转型与创新、成人教育改革与发展研究、教师继续学习需求与有效培训模式、社区学习型自组织与社区学习共同体、成人素质教育、成人教育基本理论和学科建设、成人教育国际比较等。

学科体系问题成为该阶段的重点课题，主要涉及学科体系的前提、建构、基本框架研究。

（五）国际交流与合作不断扩大：国际视野逐步拓展

在此阶段，我国承办并参与了一些国际会议，比如，2003 年 2 月 23 日至 25

日中国成人教育协会承办的"亚太地区成人教育国际合作研讨会";2007年1月6日至20日,中国成人教育协会受邀参加于肯尼亚首都内罗毕举行的国际成人教育理事会第七届世界大会等。除此之外,我国相继开展了大量的国际合作项目:探讨备受国际社会关注的成人教育热点问题,合作编写出版了著作和资料;开展了多种形式和内容的成人教育培训,成果显著。有关项目的国际合作研究有"中国农村远程教育现状和趋势的政策性研究"(2002)等;合作编写出版的成人教育著作有《农村社区学习中心能力建设培训手册》等;合作举办的成人教育人员培训有"农村成人网络技术培训班"等。[①]

第二节 成人教育学学科建设的进展

上一部分我们主要从纵向维度对成人教育学学科发展的基本历程进行了划分,这一部分我们将从横向维度出发,深刻剖析成人教育学的内部学科知识体系进展。

一、成人教育学的研究对象

关于成人教育学的研究对象,最为大家接受的观点是:成人教育。但研究者们又不满于这样笼统而粗略的概括,"成人教育"这一概括化的对象性质,又可以细分出几种不同的观点:

第一,"成人教育现象说"。持有此类观点的研究者认为成人教育学是一门研究成人教育现象,揭示成人教育规律的学科。[②]

第二,"成人教育规律说"。此类观点认为成人教育学的研究对象是成人教育规律,成人教育学在于对成人教育实践的提炼,进而探索出成人教育规律。[③]

第三,"成人教育实际说"。认为成人教育实际是具有物质与精神的双重性质的,同时具有认识性质和客观性质,是成人教育学之研究对象,因而成人教育活动具有主客体的双重性质。[④]

第四,"成人'教''学'说"。持有此类观点的研究者把成人教育学看作是指导成人教与学的科学或艺术,具体包括课程、教学、成人教师、成人学习者、

[①] 中国成人教育协会组编. 中国成人教育改革发展三十年[M]. 北京:高等教育出版社,2008:267-268.
[②] 叶忠海. 成人教育学通论[M]. 上海:上海科技教育出版社,1997:10-16.
[③] 张维. 成人教育学[M]. 福州:福建教育出版社,1995.
[④] 郑确辉. 论成人教育学的规范性[J]. 陕西师范大学继续教育学报,2007(2):12-14.

学习、德育等内容。比如，著作《成人教育学》的目录主要包括：绪论，成人教育的主要形式，成人教育教学过程，成人教育教学原则，成人学习理论，成人学习过程，成人教育评价，成人教育学校管理，成人教育研究。①

第五，"多角度说"。认为成人教育学的研究对象体现在多个角度，如成人教育自身存在的意义、特点和规律；关于经济学科与成人教育结合点的研究；关于成人教育如何为社会经济体制改革服务的研究；关于成人教育对象及其有关学科的研究；关于成人教育之于社会发展服务方面的研究；我国成人教育历史经验以及国际经验研究。②

第六，"'成人'或'教育'说"。看重"成人教育"中"教育"的一方，也就是把成人教育作为教育的下位概念来认识；强调"成人教育"中"成人"的一方，即在对象认知的逻辑顺序上，把"成人"放在优先于"教育"的起点位置。③

尽管学界关于成人教育学的研究对象莫衷一是，但研究对象研究视野的多元化和拓展化以及内外部协调统一研究将是重要的趋势。

二、成人教育学的学科性质

迄今为止，关于学科性质的讨论，可以体现为下述认识：

第一，"纯应用学科说"。此类观点强调成人教育学属于纯应用学科，具有较强的应用性与实践性。这一学科性质的定性最早可追溯到潘懋元教授在1992年12月召开的全国高等教育学科建设研讨会上就教育科学划分为三类分支学科，其中成人教育学是从教育的对象角度入手，属于应用性学科。④

第二，"主要应用学科说"。即成人教育学基本上属于应用性学科，但同时承担一小部分基础理论研究工作，也即大部分的应用学科说和小部分的基础理论学科说。

第三，"应用理论学科说"。此类观点既承认成人教育学的应用性，又承认其基础理论性。与上一观点不同之处在于：基于成人教育学所属教育学分支学科而言，具有应用性；基于成人教育学自身学科进步而言，具有理论研究功能。因而认为成人教育学系应用性与理论性兼备的应用理论学科。

---

① 娄宏毅，宋尚桂. 成人教育学 [M]. 济南：齐鲁书社，2002：目录.
② 张维. 成人教育学 [M]. 福州：福建教育出版社，1995：38.
③ 中国成人教育协会组编. 中国成人教育改革发展三十年 [M]. 北京：高等教育出版社，2008：253.
④ 程艳峰. 对成人教育学学科建设若干问题的当代反思 [D]. 山西大学硕士学位论文，2007.

第四,"基础理论学科说"。① 即认为成人教育学属于基础理论学科,原因有三:一是认为成人教育学的上位学科——教育学,并不能完全兼顾成人教育学的所有理论工作,成人教育学应当完成本学科的理论建构工作;二是当今成人教育学领域出现价值偏向,需要重视成人教育学理论研究工作;三是成人教育实践改革与发展要求理论研究作出新的调整与更新。

第五,"学科性质相对说"。即认为学科性质是相对而言的,对于教育学科而言,成人教育学是一门应用学科,对于其分支学科而言,又具有较强的基础学科特点,具有一定的基础理论指导功能。

目前,学界关于成人教育学的学科性质尚未达成一致的结论,关于学科性质的探讨,将有待继续推进。

三、成人教育学的学科基础

成人教育学的学科基础较为广泛,成人教育学需要从其他学科理论中汲取营养。主要的学科基础观点有:

第一,"单一学科基础说"。这里的单一学科主要是指哲学基础,即成人教育学应以哲学作为其最高原则的世界观与方法论指导,从中汲取养分,扩展并深化自身的学科发展。关于成人教育学的哲学基础,又有不同的观点。有的研究者认为中国成人教育学是引进与发展于西方成人教育学,因此他们开始把视野转向西方哲学流派,比如古典人文主义、永恒主义、要素主义、行为主义、实用主义、激进主义和后现代主义等,从这些哲学流派中寻找成人教育学的理论基础,扩大解释范围。② 有的研究者基于中国本土哲学视域,系统解读和高度概括成人教育学,其中,又以中国化的马克思主义哲学的影响最为深刻。

第二,"多学科基础说"。即强调成人教育学的多学科基础性,认为成人教育对象的复杂性特征决定了成人教育学与多学科的相关性,许多相关学科研究成果均可予成人教育学学科发展以借鉴,因此也有研究者把政治学、经济学、文化学、社会学、心理学、管理学、生态学、人类学、伦理学、人才学等作为成人教育学的学科基础。比如著作《成人教育学》强调了成人教育学的哲学理论基础、管理学理论基础、经济学理论基础、心理学理论基础和社会学理论基础。③

---

① 程艳峰. 对成人教育学学科建设若干问题的当代反思[D]. 山西大学硕士学位论文,2007.

② 中国成人教育协会组编. 中国成人教育改革发展三十年[M]. 北京:高等教育出版社,2008:254-255.

③ 张维. 成人教育学[M]. 福州:福建教育出版社,1995:45-68.

综合已有成果，成人教育学学科基础多元化已达成共识，其与外部相关学科之间的相关性研究，将有助于成人教育学学科理论视野、问题领域、学科理论层级、学科结构等的拓展和优化。

四、成人教育学的逻辑起点

在成人教育学学科发展过程中，研究者们对其逻辑起点进行了研究与探讨，代表性的观点主要有：

第一，"成人学习说"。认为"成人学习"是成人教育学学科体系中最简单、最基本的起始范畴，"成人学习"作为逻辑起点同时也是成人教育及其研究的历史起点。①

第二，"成人生活、精神说"。此类观点认为成人的"生活世界""精神家园"是成人教育学之"源头"和"源点"，成人教育学应当关切、关照、关怀成人生活，回归成人生活与精神世界，使成人教育学成为一门"人的科学""角色科学"与"学习科学""教育科学"，"生活科学""社会科学"与"学习科学""教育科学"相互交织在一起的知识系统。②

截至目前，我国研究者对成人教育学的逻辑起点问题研究还很薄弱，成人教育学的发展离不开对逻辑起点问题的探讨，③需要进一步加强。

五、成人教育学的学科体系

成人教育学学科体系是指，与之相关的成人教育学基本理论、观点、命题和方法等遵循特定的逻辑结构构成的学术框架系统。

关于成人教育学学科体系，研究者们主要呈现了两种研究思路。④ 其一，演绎性的元研究思路，即以教育科学体系为参照演绎成人教育学学科体系；⑤ 其二，批判性的元研究思路，即以批判的态度对我国成人教育学学科体系的历史、

---

① 杜以德. 成人教育学科体系的逻辑起点 [J]. 教育研究，2006（10）：43-45.
② 高志敏. 成人教育学科体系论 [M]. 上海：上海教育出版社，2017：577-632.
③ 全国教育科学规划领导小组办公室. 全国教育科学"十一五"规划学科发展报告 [M]. 北京：教育科学出版社，2011：577.
④ 中国成人教育协会组编. 中国成人教育改革发展三十年 [M]. 北京：高等教育出版社，2008：257-258.
⑤ 代表性研究：关世雄的"八五"规划课题"成人教育体系和成人教育学科建设理论研究"；高志敏的"九五"规划课题"成人教育科学体系的构建与发展研究"；杜以德的"十五"规划课题"21世纪中国成人教育学学科体系结构及其分类研究"等。

结构和框架进行重新审视与重新建构的元研究。①

我国研究者在成人教育学的学科体系建设方面不断地进行着大胆而有益的尝试，本书选取其中被命名为成人教育学、成人教育学原理、成人教育学概论和其他具有代表性的著作共11部，对成人教育学学科体系进行列表统计分析，如表7.2所示。

表7.2　20世纪80年代至21世纪初期中国成人教育学学科体系统计

研究内容 作者	成人教育学科	成人教育概述	成人教育理论	成人教育沿革	成人教育要素	成人教育目的	成人教育任务	成人教育性质	成人教育功能	成人教育结构	成人教育特点	成人教育规律	成人教育制度	成人教育体系	成人教育课程	成人教育教学	成人教育德育	成人教育美育	成人教育管理	成人教育法制	成人教育评价	成人教育科研	成人教育工作者	成人教育对象	成人学习	各类成人教育	国外成人教育	终身教育	未来发展	其他
王文林,余博,宋文举(1988)	1					1/2		1/3			1/3		1			2	1		2				1							17/6
王茂荣,朱仙顺(1988)		1		1/2		1/2	1/4	1/2	1/2				1			3			1				1	1		7		1		3/4
韩宗礼(1995)	1/9	1/9	1	2/3		1			1	1						4	1		3				1			2	1			10/9
陈明欣(1995)			1			1/3	1/2		1	1/2						3	1		2		1									2/3
张维(1995)	2				1/2	1/2	1/2	1/2	1	1/2	1/2								1	1					2		1	1		
叶忠海(1997)	1	1/3			1		1/3	1		1/3			1	1	1									1		5			1	
王北生,姬忠林(1999)	1	1/4		1/4		1			1		1/4		1/2	1/2	1		1						1			4			1	1
唐亚豪(2002)		1/4	1				1/4	1/4		1/4			1	1	5	1			5	1	1	1	1	1						
娄宏毅,宋尚桂(2002)		1/4		1/4				1/4			1/4					2			1		1	1				2	1			
祝捷(2006)		1	1			1	1																							
叶忠海(2015)	2		5																					4		3				
合计	7	3.1	7	3	1	3.5	1.1	2.4	4.5	4	2.2	0.5	0.8	2.5	3	18	6	1	13	1	3	4	6	7	2	20	1	2	2	4.3
百分比(%)	64	28	64	27	9	32	10	22	41	36	20	4.5	7.3	23	27	164	55	9	118	9	27	36	55	64	18	182	9	18	18	39

---

① 代表性研究：高志敏的"十一五"规划课题"成人教育学科体系的批判与重构研究"。

注：(1) 表格所列著作是从 20 世纪 80 年代至 21 世纪初出版著作中选取的 11 部，分别是：①王文林，等. 成人教育概论［M］. 长沙：湖南教育出版社，1988；②王茂荣，朱仙顺. 成人教育学基础（上）［M］. 职工教育出版社，1988；③韩宗礼. 成人教育学［M］. 石家庄：河北教育出版社，1995；④陈明欣，等. 成人教育学［M］. 北京：石油工业出版社，1995；⑤张维. 成人教育学［M］. 福州：福建教育出版社，1995；⑥叶忠海，等. 成人教育学通论［M］. 上海：上海科技教育出版社，1997；⑦王北生，姬忠林. 成人教育概论［M］. 开封：河南大学出版社，1999；⑧唐亚豪. 成人教育新论［M］. 长沙：湖南师范大学出版社，2002；⑨娄宏毅，宋尚桂. 成人教育学［M］. 济南：齐鲁书社，2002；⑩祝捷. 成人教育概论［M］. 长春：东北师范大学出版社，2006；⑪叶忠海. 现代成人教育学原理［M］. 北京：中国人民大学出版社，2015。

(2) 表格中的数字以章为单位，百分比是以 11 为基数中所占的比重。

(3) "成人教育概述"包括成人教育的定义、属性、本质、原则等；"成人教育工作者"也包括成人教育教师，有的著作中以教师为一章；成人教育对象包括成人教育学生；成人教育德育也包括思想政治教育。

基于以上考察，关于成人教育学科体系可以得出如下结论：

第一，在 20 世纪 80 年代至 21 世纪初成人教育学科体系的研究内容中：各类成人教育（182%）、成人教育教学（164%）、成人教育管理（118%）、成人教育学科（64%）、成人教育理论（64%）、成人教育对象（64%）、成人教育工作者（55%）、成人教育德育（55%）、成人教育功能（41%）、成人教育科研（36%）、成人教育结构（36%）、成人教育目的（32%）、成人教育概述（28%）、成人教育沿革（27%）、成人教育课程（27%）、成人教育评价（27%）、成人教育体系（23%）、成人教育性质（22%）、成人教育特点（20%）、成人学习（18%）、终身教育（18%）、未来发展（18%）、成人教育任务（10%）等依次为成人教育学学科体系的主要内容。但是，成人教育要素（9%）、成人教育美育（9%）、成人教育法制（9%）、国外成人教育（9%）、成人教育制度（7.3%）、成人教育规律（4.5%）等还需要进一步深化研究。

第二，各类成人教育是比重最大的部分。研究者们对岗位培训、社区成人教育、农村成人教育、自学考试、职工教育、干部教育、军人教育、文明生活教育、思想政治教育、老人教育、扫盲教育、专业技术人员继续教育、电化教育、现代企业教育、学校形态的成人教育、组织形态的成人教育、社会形态的成人教育等成人教育具体内容进行了研究。研究者们愈加关注不同种类的成人群体，契合市场经济、知识经济、农村经济等时代背景，逐渐扩大成人教育的范围。

第三，从成人教育对象（64%）、成人学习（18%）、终身教育（18%）可以看出，成人教育学科体系愈加关注"成人"，与成人的学习、终身教育等紧密结合，逐渐彰显人文价值。

我国研究者所构建的成人教育学学科体系框架愈来愈呈现出科学性、系统性、综合性和创新性的特点。成人教育学学科体系逐渐从对教育学学科体系的简单模仿走向自主创新，开始融入学科自身特色，提升了理论层面的深入探索。[①]同时也在总体上反映出成人教育学元研究的现实状况与发展趋势，愈来愈倾向于问题框架，着重于热点论题，致力于学科特色。

六、成人教育学学科群

改革开放以来，成人教育学逐渐分化出许多分支学科，形成了自己的学科群。研究者关于成人教育学学科群的认识大致有：

第一，"研究对象说"。以研究对象为切入点，基于成人教育研究对象可以分化为：农民教育学、社区教育学、妇女教育学、老年教育学等。[②]

第二，"内部深化说"。成人教育内部深化而成的学科主要包括成人教育课程论、教学论，以及成人学习论等。

第三，"与其他学科关系说"。以成人教育学与其他学科关系为切入点，前者与后者形成的交叉学科，比如成人教育哲学、成人教育心理学、成人教育管理学、成人教育社会学、成人教育法学、比较成人教育学等。

第四，"学科体系建构时间说"。有研究者把我国成人教育学学科体系建设的发展大致分成了以下七个阶段：萌芽阶段；前学科阶段；主干学科发展阶段；分支学科发展阶段；交叉学科与边缘学科发展阶段；元研究阶段；跨学科、综合学科及科际整合研究阶段。[③]

第五，"知识理论说"。有研究者认为成人教育学学科群包括成人教育学知识范畴和成人教育学原理。[④]

第六，"层次结构说"。把成人教育学学科群分为成人初等教育学、成人中等教育学、成人高等教育学等。[⑤]

第七，"实践说"。形成于本土实践的分支学科，主要包括职工教育学、成人

---

① 桑宁霞，刘丽. 我国成人教育学"自在"走向"自为"的历程——改革开放以来我国成人教育学的"本土化"探索[J]. 中国成人教育，2016（5）：10-14.

② 张品茹. 我国成人教育学科体系构建研究[J]. 中国成人教育，2016（15）：4-6.

③ 李金. 我国成人教育学体系建设研究的回望与前瞻[J]. 中国成人教育，2015（13）：63-69.

④ 王沪宁. 政治的逻辑[M]. 上海：上海人民出版社，2004.

⑤ 韩钟文. 成人教育学科体系的发展脉络[J]. 教育研究，2006（10）：41-43.

高等教育学和农村教育学等。①

第八，"研究方法说"。以具体方法为特点而成分支学科，主要是比较成人教育学。② 此外，在成人教育学学科群形成过程中，关于成人教育学的"单数"与"复数"问题也成为研究者们的讨论焦点。

综上所知，成人教育学学科群渐趋丰富，既有知识体系下分化出来的不同学科，还有成人教育学与其他学科相结合而产生的交叉学科，也有就某个专门问题或领域进行研究而产生的学科。

七、成人教育学的研究方法

成人教育学的研究方法即"以何种路径和手段来达到构建成人教育学这一目的"。③ 改革开放以来，虽然很多研究者致力于学科理论的探讨，但却很少有人对其研究方法进行表述。主要认识有：

第一，"研究方法三观说"。对于研究方法的划分，从宏观、中观、微观三个层面着手。辩证唯物论与历史唯物论属于宏观层面，也即最高的方法论；社会科学方法属于中观层面；成人教育学学科自身特有方法属于微观层面。④ 三观之中，中观层面是使用较多的方法，主要是教育学研究方法。

第二，"两大思维方法说"。有研究者提出了成人教育学的两大思维方法⑤：自下而上的归纳法与自上而下的演绎法。在具体操作中，大多数研究者能够将两种方法进行辩证统一。在结合以上两大思路来构建成人教育学的过程中，研究者们还会经常使用到诸多具有操作性和工具性的研究方法，也就是最为我们熟知的资料法、文献法、历史法、问卷法、调查法、统计法、实验法、访谈法和比较法等。高志敏认为，受科学实证主义的影响，研究者偏重于选择归纳式思维方法，并以调查法、问卷法、访谈法、统计法、实验法等为基本操作方法。传统教育学情结影响下，研究者偏重于选择演绎式思维方法，并以资料法、文献法、历史

---

① 中国成人教育协会组编. 中国成人教育改革发展三十年[M]. 北京：高等教育出版社，2008：256.
② 中国成人教育协会组编. 中国成人教育改革发展三十年[M]. 北京：高等教育出版社，2008：256.
③ 中国成人教育协会组编. 中国成人教育改革发展三十年[M]. 北京：高等教育出版社，2008：253.
④ 杜以德，韩钟文，何爱霞等. 中国成人教育学科体系结构及其分类研究[M]. 北京：高等教育出版社，2006：55.
⑤ 中国成人教育协会组编. 中国成人教育改革发展三十年[M]. 北京：高等教育出版社，2008：253-254.

法、比较法等为基本操作方法。成人教育学的研究方法应该具有丰富性和多样性的特点,通过研究方法创新,促进成人教育学与其他学科研究方法的结合。

第三,"研究方法结合说"。此种观点强调成人教育学应注重多种方法相结合。著作《中外视野下的成人教育》中提出成人教育学研究方法应该讲究五个结合:一是历史研究与现实研究结合;二是国际研究与本土研究结合;三是本体研究与相关研究结合;四是定性研究与定量研究结合;五是常规研究与课题研究结合。① 成人教育学的研究方法要注重实证性,强化实践经验的积累,规避理论研究变为纯理论的演绎和经验性的总结。②

我国研究者对成人教育学研究方法的演绎不断变化,逐渐扩充、深化,由单一方法向多维方法群发展,由简单方法向优质方法提升,由孤立方法向统一方法前进。

第三节 成人教育学学科发展的反思

通过回顾和总结改革开放以来成人教育学学科发展的历程和进展,我们发现成人教育学从其自身逐渐孕育出了一条新的发展脉络,新时代,反思成人教育学学科发展的趋势,对于推动学科的进一步发展具有重要价值。

一、推动队伍建设,提升队伍素质

学科发展需要队伍支持,推动成人教育学学科队伍的建设,提升队伍素质,对于实现成人教育学良性发展、提高学科发展效率大有裨益。

近年来,随着成人教育学硕、博士点的增加,成人教育学学科队伍有所扩充,且不断添进年轻力量。但是,学科队伍目前存在封闭自守的状态,缺少社会视野的融入,学科队伍建设的融通性稍显逊色。③

其一,整合学科研究力量。学科发展需要多方支持,当下我国成人教育学学科队伍在构建思路上要形成一种"政府主导、协会实施、学位点支持、社会参与"的多方联动构建格局。既包括学术层面的研究团体,还包括政府层面的政策制度,也包括社会各界的人员群体。

---

① 桑宁霞. 中外视野下的成人教育[M]. 太原:山西人民出版社,2006:296.
② 王宝琴,许建宝. 我国成人教育学科体系建设的有效策略[J]. 中国成人教育,2018(2):4-6.
③ 丁红玲. 成人教育学科发展评价与建构[J]. 中国成人教育,2011(19):15-19.

其二，整合学科研究成果。[①] 学科队伍人员建设也应包括对其研究成果的整合，以此确保成人教育学已有研究成果的系统性，便于学科发展的传承与创新，为之前工作做好学科总结，为后续研究提供参考与借鉴。整合学科研究成果，是给学科队伍的研究工作予以更加明确的现状认识和未来方向把握，反之，将会造成学科发展资源的浪费，阻碍成人教育学的快速优质发展。

其三，建立学术共同体，打造专业化团队。成人教育学学科队伍在不断扩充，但在队伍结构与学术素养方面尚有待提高。成人教育学不是在故步自封中发展的，而是需要借助其他学科的视野。因此，成人教育学学科队伍不应拘泥于本学科视域，可以吸收具有哲学、社会学、历史学、心理学等学科素养的研究者，丰富学科队伍的多元学科背景。在优化学科队伍结构的同时，应当注重研究者专业化水平的提高。打造高水平、高质量的研究队伍，构建学术共同体，聚焦学科问题，形成学术共识，探索未来方向，提升学科内涵，将会助力成人教育学学科大力发展。高度重视成人教育学学科队伍的建设，整合现有学科研究力量，是成人教育学学科建设的必然途径。

二、回溯本土文化，建设中国学派

改革开放以来，中国成人教育学经历了对西方成人教育学的借鉴、对教育学母体学科架构的模仿以及结合实践进行成人教育学学科性质的探索阶段。新时代，中国成人教育学应当回溯中国本土文化，建设中国成人教育学派。

反观现实，中国鲜有成人教育大家和成人教育学理论学派，鲜有影响中国乃至世界的成人教育理论；中国成人教育学"中国性"的"应然"标准不突出，中国本土成分不鲜明。如果无法凸显成人教育学自身特色，无法与中国本土传统文化相对接，也就无法把脉学科发展的重点，也就失去了成人教育学学科发展的本土根基与动力。

回溯本土文化，建设中国成人教育学派，需要突出特色：

其一，突出成人特色。成人教育学最根本的研究对象是成人，成人是一类特色群体，他们不同于普通教育所面对的人群，成人更多是在社会上扮演不同角色的群体，具有更多的社会经验，且经历过普通教育的熏陶。成人教育学作为一门研究成人教育的学科，就应当从最基本的"成人"这一主体入手，使学科突出成人特色，凸显"成人性"。

---

① 李金. 追问与省思：我国成人教育学科建设的实然与应然［J］. 河北大学成人教育学院学报，2018（1）：20-28.

其二，突出地方特色。目前，成人教育学作为一门学科已经在各地起步，作为一门专业在各大高校相继开设专业课程，硕、博士学位点等，为成人教育学学科建设培养了大批人才，也促进了成人教育理论研究工作的大步进展。学科欲突出特色，得力于学科队伍对学科特色的追求。因此，需要结合地方或区域特色，开展相应的成人教育研究，扩充学科内涵。

其三，突出本土文化特色。文化是学科建设与发展的关键点，而本土文化更是学科的根基和命脉。虽然，成人教育学对于我国来说，是作为"舶来品"的存在，但学科发展最终是立足于中国本土，是为中国实践服务的。我们在学习西方与借鉴西方的同时，应当回溯中国本土文化的命脉，从中找出学科发展的主旋律，挖掘本土文化的精华，创建富有中国特色的中国成人教育学。

我们应构建中国式的成人教育学，解决中国成人教育实际问题；构建中国自己的成人教育学派，形成有中国特色的成人教育理论；扎根本民族文化土壤，放眼世界成人教育背景。剖析中国本土文化的实质所在，发掘中国本土文化的根源之基，促进中国成人教育学科的健康发展，构建中国特色成人教育学科。

三、重塑学科话语，坚守自主范畴

通过对我国改革开放以来成人教育学学科发展的回顾，可以发现成人教育学在一定程度上是参照教育学的学科范式进行单纯模仿，目前尚未形成真正独立的成人教育学学科话语。自成人教育学产生以来，其学科地位就饱受争议，遭受"多余论""兼并论""替代论""萎缩论""淡化论"[1]等观点的挑战，主要源于成人教育学的依附性存在，[2]导致其学科话语的缺失。

成人教育学学科话语缺失主要体现在两个方面：其一，不能正确处理与教育学科关系而产生依附性。成人教育学不能摆脱其母体的窠臼，延续着教育学科的架构模式，导致成人教育学学科体系中充斥着教育学的影子，只不过是教育学与成人的简单相加。[3] 其二，不能正确处理与其他学科关系而产生依附性。对其他学科的理论体系进行简单移植和模仿，很容易形成成人教育学学科体系的"拼盘"，成为每个学科汇集的"园地"，丢失了属于自己的学科独立视域。因此，正确处理与教育学科和其他学科的关系，对于重塑成人教育学学科话语地位至关

---

① 高志敏. 关于成人教育科学的认识论问题[J]. 成人教育，2001（5）：60-65.
② 娄立志. 教育科学学科体系与成人教育学科体系的构建[J]. 成人教育，2002（5）：7-10.
③ 桑宁霞，赵苏皖. 成人教育学研究的矛盾与超越[J]. 中国职业技术教育，2014（36）：90-94.

重要。

在成人教育学学科发展过程中，学科话语是一个关键性问题，有待进一步加强。

第一，正确处理好与教育学学科的关系。成人教育学既要处理好与教育学学科的关系，也要处理好与其他二级学科的关系，既不简单复制，也不截然对立。

第二，正确处理好与其他学科的关系。对于其他学科，成人教育学应当从开阔眼界、博采众长，以开放的科学的研究态度，来广泛研究、借鉴和吸收其他学科的最新研究成果以及方法，拓宽成人教育学的研究视野与领域，强化多学科、多维度的成人教育学学科体系建设，使其他学科为成人教育学所用；同时，成人教育学也应逐渐把自身的优秀研究成果推向其他学科，服务于其他学科的发展。

第三，重视成人教育学学科话语体系的形成。应对学科的基本理论进行深入研究，构建成人教育学学科理论体系，以此强化成人教育学的独立性，形成本学科所特有的话语体系。成人教育学既应加强理论研究，又要形成专有话语，以确保成人教育学的独立地位。学科的特征在于它不依赖于其他学科的独立性、自主性，有其他学科无法取代的、特殊的研究对象与研究范围，这是学科建设的首要条件。以成人教育学为主干的成人教育学学科由于它独特的不可替代的研究对象与研究范围，使它具有不同于普通（儿童）教育学，也不同于高等教育学与职业技术教育学及其衍生的学科，因而可以作为一门或一类独特的学科去构建。

成人教育学学科地位的提升是新时代要求的必然，是"大教育"发展的必然，是现代化建设科学发展的必然。成人教育学对自身话语体系的认识已然开始起步，重视自身话语体系的建构，重视成人教育学学科特色的研究领域与研究范式的形成，把握"终身学习""学习型社会""老年教育""社区教育""成人学习""成人生活"等新时代热点问题，渐趋打造成人教育学科自主场域。

四、坚定躬耕实践，促进理实结合

成人教育实践是成人教育学学科发展的基础、依据与动力，但就学术自身发展的规律来说，这是外在的条件或外在的依据，也是其现实的依据与客观的条件。离开成人教育实践，成人教育学不仅失去依据与条件，成为无源之水，而且会缺乏学科本应具备的活力。[①]

反观当下大部分成人教育学的一些著作和教材，其基本框架还是浮于表面，流于学科形式，缺少对逻辑起点的观照，缺少实质性内容的升华。究其主要原

---

① 杜以德，韩钟文，何爱霞等. 中国成人教育学科体系结构及其分类研究［M］. 北京：高等教育出版社，2006：85.

因，在于对实践缺乏关注。我们可以从一些国内外优秀的成人教育学著作中得到启示。高志敏教授的巨著《成人教育学科体系论》，[①] 能够一反以往学科著作的架构常规，用富有感情色彩的笔调，对成人教育学的学科体系进行了宏大论述，内容涉及古今中外，史料翔实，架构新颖，娓娓道来，字里行间透露着民族自信，也不失对国外优秀成人教育思想的阐述，实为成人教育学的鼎力之作。弗莱雷的著作《作为解放实践的教育》《被压迫者教育学》等以巴西、智利等发展中国家成人扫盲教育与思想解放问题为"题材"，直接影响了拉丁美洲国家的成人教育实践，而且对成人教育理论发展也具有重要意义。"单单靠思想和研究不能产生《被压迫者教育学》。这本书植根于具体的情景，描写了（农村或城市的）劳动者和中产阶级人民的种种反应，我在教育工作过程中对他们进行了直接或间接的观察。"[②]

因此，成人教育学一定要躬耕于实践，理论探索要与实践发展相结合。

其一，注重成人教育学学科理论的深化。我国成人教育学在发展过程中注重以问题为中心展开研究，这样的理论构建风格能够切合实际，但却不具普遍性，问题引发理论的更新，但并不是理论的源泉。因此，成人教育学应注重理论升华。不单单是解释具体的问题，而要致力于批判；不单单是描述现象，而要注重反思。

其二，理论构建要躬耕于成人教育实践。成人教育的问题往往涉及许多深层次矛盾，需要深入调研，不能只进行简单的经验总结和单纯的问题研究，也不能进行"纯粹思辨式"的理论研究。[③]

其三，促进理论与实践的紧密结合与双向促进。唯物史观表明，社会的基本矛盾决定着成人教育学学科发展的社会属性，因此，当前成人教育学理论体系的建构要想凸显时代性，必须紧紧围绕当前社会变革和发展的方向而确定和展开，并随着社会变革和发展的方向的变化而变化。必须高度关注成人教育实践的实际问题，通过对社会热点、难点或疑点等的理性探索，及时给予实践科学指导。最重要的是要以促进转型期社会民众学习需求得以满足为导向和落足点，以成人为本，走进成人的生活世界，开展转型期民情、民生、民意的调查，特别关注对成人学习需求的调查分析，构建独具中国特色的、凸显本土人本关怀的成人教育学科，有力地促进本土成人教育学理论体系的建构。

成人教育学是立足并产生于成人教育实践的学科。社会环境的变化导致成

---

① 高志敏. 成人教育学科体系论［M］. 上海：上海教育出版社，2017：577-632.
② 保罗·弗莱雷. 被压迫者教育学［M］. 上海：华东师范大学出版社，2001：2.
③ 桑宁霞. 中外视野下的成人教育［M］. 太原：山西人民出版社，2006：290.

学习需求的改变，从而影响成人教育，成人教育学学科应当立足于实践领域进行理论研究。改革开放以来，新农村教育、社区教育、现代远程教育、网络教育、老年教育、弱势群体教育、终身教育体系构建、学习型社会建设等新型成人教育实践形式不断出现，成人教育学将如何用自身学科去解释与解决且引领成人教育实践？这是成人教育学的责任，也是其躬耕实践、理论建构的责任。

五、完善学科体系，确定学科框架

完善成人教育学学科体系基本架构有利于将成人教育学研究对象与研究范畴具体化，促进学科体系内部各要素的相互衔接，促进成人教育学学科体系研究空间的立体化。

我们从成人教育学的几本著作中可以发现成人教育学的学科体系存在一些问题：重教而轻学，对成人教学的关注多于成人学习；在文化选择上缺少创意，缺乏对西方文化的批判性合理借鉴和对本土文化的理论重构；学科体系缺乏统一的主旨，体系不完整且杂乱。[①] 关于成人教育学学科体系问题，目前存在两种截然对立的观点：一是"普教化"倾向的成人教育学，即认为成人教育学属于教育学的二级学科，其体系本应该按照教育学的学科体系来进行，成人教育实践亦是属于教育的一个领域，因此，认为成人教育学的学科体系即是从教育学学科体系中依循下来的。这种观点有些绝对化，易导致成人教育学学科独立性的缺失而沦为教育学的"影子"。二是"独立性"倾向的成人教育学，即认为成人教育学是以成人教育为研究对象的，成人教育实践是以成人为主体的，是完全不同于普通教育的教育范畴。因此，成人教育学的学科体系应是体现成人教育特色的体系，而非教育学加上"成人"二字的翻版。

完善学科基本架构是成人教育学学科体系建设的题中之义。成人教育学学科体系应当注重"问题意识""理论意识""学科意识""体系意识"。

其一，创新学科体系建设思路。学科体系的建设不应绝对地抛开教育学的学科架构，也不应成为教育学学科架构的翻版，而是在遵循教育学门类学科体系建设规律的前提下，寻找成人教育学学科体系的特色，真正创新学科体系的建设思路，建构独特的学科体系。

其二，遵循成人教育自身发展规律。成人教育学学科体系应遵循成人教育自身发展规律，适应现代成人教育的发展现状。比如，目前成人教育领域的社区教育、老年教育、农民工培训、终身学习等新形势与新趋势在不断发展，成人教育

---

① 桑宁霞，王晓丹. 我国成人教育学本土化过程中的问题研究［J］. 中国成人教育，2016（1）：4-8.

学学科体系的建设就应该紧密围绕成人教育实践展开，不断更新学科体系，致力于打造与确定能够总结实践、指导实践的学科架构。完善的学科体系建设将不仅仅是学科建设与发展的需要，还是完善成人教育理论与知识体系的需要，也是成人教育实践更好更快发展的需要。

其三，遵循内外基础结合的规律。成人教育学学科体系建设的外在基础主要是成人教育实践的不断深化，成人教育研究的组织、机构、社团的设立，成人教育类的期刊、报纸的创办与成人教育类的论文剧增，成人教育学专业硕士学位以及博士学位授予点的设立，成人教育的教师专业化，等等。成人教育学学科建设的内在基础主要是其自身内在的逻辑。只有将外在基础与内在基础相结合，才能全面正确地建设成人教育学学科体系，才能不断梳理、澄清、系统与完善成人教育学学科体系、理论体系、主要概念、范畴、方法论等等。

从科学学的角度看，任何一种科学理论，总有它独有的思维方式和命题的陈述方式，并且是由一系列相关的概念和范畴构成的逻辑系统。成人教育学要完善自身学科体系，建立属于成人教育学的学科框架。

六、优化研究方法，拓宽研究视野

在成人教育学不断扩充其研究方法进程中，研究方法的优化也是至关重要的问题。方法为学科研究、学科建设服务，如果方法只是为了产出成果、达成某种功利性目的，这些由方法而产出的学科产品将无益于学科的长远发展，也无法使成人教育学有质的突破。

反观成人教育学研究方法的实际应用，表现为几个问题：

其一是"反复"的经验总结，单纯对成人教育实践进行简单的经验总结，缺乏理论的升华，且更多成人教育学研究倾向于以文献法来进行经验总结。通过对已有的研究进行文献综述与加工就可成为对成人教育实践研究的成果，研究的"反复"无益于成人教育学的学科建设，也造成了理论研究的止步不前。

其二是"迎合"的政策诠释，成人教育政策对成人教育学的学科建设大有裨益，但过分"迎合"时事政策，将政策研究与理论研究混淆，甚至于取代理论研究，将使得成人教育学的学科建设浮于表面，没有实质内涵。

其三是"凭空"的理论演绎，成人教育学研究中"管窥研究""临摹研究""一般思辨"盛行，缺少"全景研究""原创研究""深度研究"。①

其四是"随意"的实证统计，受他学科量化研究方法的影响，有的成人教育

---

① 桑宁霞，王晓丹. 我国成人教育学本土化过程中的问题研究［J］. 中国成人教育，2016（1）：4-8.

学研究过分迷信抽样、调查、统计等量化研究方法，在实际操作中简单随意，缺乏科学性，单纯套用量化方法以求得数据，缺少研究的血肉和灵魂。

鉴于上述问题，优化研究方法，拓宽研究视野，对于成人教育学学科建设至关重要。

其一，创新成人教育学研究方法。成人教育学应有属于本学科的特有研究方法，这需要广大成人教育研究者归纳总结，紧紧围绕成人教育学的学科特性和成人特质，创新出本学科的独特研究方法。

其二，客观对待他学科方法。我们承认学科与学科之间研究方法的互相借鉴，但在借鉴他学科研究方法过程中，应当秉持客观的态度，应是改造多于生搬硬套，批判借鉴多于简单模仿。在借鉴他学科研究方法过程中，注重吸取其有利于成人教育学研究的因素，并结合成人教育学学科自身特点，审慎加以选择。

其三，正确对待教育学研究方法。近年来，随着成人教育学学科地位呼声的提高，对于之前成人教育学对教育学母体学科简单移植的批判意识也逐渐上涨。我们不应因过分强调成人教育学学科地位而忽视了教育学母体学科的借鉴价值，教育学的研究方法，对于成人教育学还是具有较大的借鉴意义。正确对待教育学研究方法，有效借鉴，并契合成人教育学学科特性，适当改造为有利于成人教育学研究的方法。

当下中国成人教育学选择的是理论自信、道路自信，成人教育学应该有所作为，在学科地位上坚持学科自信、在研究方法上走向严谨科学，摸索出符合自身特色的方法论体系，在学术价值上融通相关研究成果，发掘成人教育的价值、学习的价值、人才观的价值，使得成人教育学成为引领一批学科成长的动力学科。

七、扩大中西交流，提升国际意识

在日益全球化的今天，成人教育学也面临着国家化问题。成人教育学应当学习西方的成人教育学理论，但其度如何把握，如何把握好中西成人教育学关系，这是成人教育学需要考虑的重要命题。

从成人教育学学科发展历程来看，自其在中国产生以来，就以"舶来品"的身份出现，因而，中国成人教育学身上或多或少有西方成人教育学的影子。最初阶段是翻译、引介西方成人教育学著作，学习西方成人教育学知识，"引进或加工"成中国成人教育学。因此，中国成人教育学也被诟病为西方成人教育思想的"跑马场"、理论的"杂货店"。[①]

---

① 韩钟文，杜以德. 中国成人教育学科发展构想［J］. 中国成人教育，2005（7）：36-37.

成人教育学的国际视野应当具备三个意识：

其一，开放意识。开放意识是应当学习西方，而不是搞民族主义与保守主义，跟进时代发展前沿，去沟通与交流，通过交流学习先进理念，借鉴可供本国成人教育学学科发展的优势点。成人教育学学科建设需要国际视野，需要学习西方，但不是照抄照搬西方。

其二，批判意识。国际视野意味着平等的交流，学习也意味着批判地继承。批判地学习西方优势，结合本土实践，建设真正"为我所用""有益于我"的特色学科。改革开放以来，成人教育研究者们也已经认识到，要真正建设中国特色成人教育学，就应该在国际视野里把握自身主旋律，打造中国成人教育学学科主阵地。

其三，创新意识。在开放与批判学习的前提下，我们还必须自我创新。创新意味着进行中国特色的成人教育学学科建设，打造成为"一种进步、开放、有生命力、创造力、批判力、历史阐释力和具有国际视野的学术域场"。[①]

中国成人教育学应从"引进式"转换为"原创性"，从"依附性"转换为"独立性"。学习借鉴西方成人教育学，批判地吸收，以中国本土实践和优秀文化资源作为学科发展的根基，在中国本土场域建设具有中国特色的成人教育学，并使之不断科学化和正规化。

---

① 颜桂堤，孔苏颜. 文化研究的理论范式转换及中国经验［J］. 新疆师范大学学报（哲学社会科学版），2016（4）：63-69.

第八章　职业技术教育学学科发展史

积极反思学科自身的发展是彰显学科自觉,推进学术共同体建构的重要标志,职业技术教育学亦然。考察职业技术教育学学科40年来的发展史,对于我们总结新时期学科发展的成就,认清学科动态演进中存在的问题,寻求学科的深层次突破,有着重要意义。

第一节　职业技术教育学学科发展的历程

称一门知识为学科,有着严格和认受性的蕴意。[①] 有研究者指出,学科发展大概遵循三个层面的规程:从研究领域层面来说,学科发展表现为内在的理论体系的建构,以及外在的学科训练制度(表现为课程的开设、学生的招收和学位的颁发等)和研究制度(体现为期刊的出版、学会的成立等)的建立,前者即是学科的内在建制,后者即为学科的外在建制;从具体学科层面来说,学科发展主要表现在一级学科下面分支学科的增多,研究问题的不断深入和细化;从学校层面而言,学科发展主要表现为学位点的设置,尤其是一些有影响学科或一流学科的形成。[②] 总体而言,学科发展主要可以体现为学科理论体系的构建、课程设置、学生培养、学位点设置、期刊出版、学会成立、分支学科建设等方面。有鉴于此,对职业技术教育学科发展阶段划分的标志和特点也以此为标准进行。

一、调整复苏阶段(1978—1989)

改革开放之前,由于受到错误思想的误导,人们错误地对职业技术教育进行了批判,职业学校大量停办停招,职业技术教育学的发展受到阻滞。改革开放以后,全社会在解放思想的春天中迎来了新生,职业技术教育也在不断的调整中发

---

① [美] 华勒斯坦,等. 学科·知识·权力 [M]. 刘健芝,等编译. 北京:三联书店,1999:13-14.

② 王建华. 学科、学科制度、学科建制与学科建设 [J]. 江苏高教,2003(3):54-56.

展。邓小平同志于1978年提出要更多兴办中专、技工学校后，国家相继出台系列文件对职业技术教育的发展和建设进行了规范。1979年的第一次全国教育科学规划会议，制定了八年教育科学研究规划，发出了"解放思想、冲破禁区、向教育科学进军"的呼声，[①] 人们开始用科学的态度面对教育研究，职业技术教育亦然。1985年，《中共中央关于教育体制改革的决定》将职业技术教育与高等教育、基础教育并列，将职业技术教育的发展推向了一个新的历史时期。为适应职业技术教育的发展，理论工作者积极响应国家大政方针，参与相关研究，促进了职业技术教育学的调整与复苏。

（一）职业技术教育学学科研究平台得以建立

一般而言，学科发展遵循由内而外和由外而内两条道路。但鉴于我国国情尤其是职教学科发展的实际情况，若采用由内而外的发展路径，必然会走上一条效率相对低下，成效相对迟缓进而导致职业教育实践迟迟没有理论指导的学科发展道路。因此，改革开放初期职教人在学科发展上主要依循一条由外而内的发展道路，通过优化职教学科发展的外部环境来反哺职教学科存在的合理性基础。即通过推进职教学科研究平台的建设为职教学科的发展提供支持和力量。具体表现为：

一是职业技术教育期刊的创办。1980年，新中国第一本公开出版的职业技术教育理论刊物《职业技术教育》在吉林工程技术师范学院创刊。1985年，由江西科技师范学院主办的《职教论坛》以及江苏技术师范学院主办的《职教通讯》也相继创刊。可以看出，在此过程中职业技术师范院校在职业技术教育期刊的创办中发挥着先锋作用，体现出了职教师资培养单位在推进学科发展和人才培养中所特有的学科自觉。

二是国家级科研项目和职教学科组的设立。我国首个职教科研项目于1983年在全国教育科学规划办公室立项，1986年，全国教育科学规划领导小组下设职业技术教育学科组。[②] 自此之后，职业技术教育学人便有了申请全国教育科学规划课题，参与全国教育科学规划课题的平台和机会，职业技术教育科学研究获得了国家基金的支持，开始走向规范化的发展道路，学科发展有了更高的平台。

三是职业技术教育学的相关课程在高校的开设和职业技术教育专业人才培养的开始。1984年，全国首个职业技术教育概论课程在原天津职业技术师范学院开设。3年后，我国第一个职业技术教育学硕士点在华东师范大学设立。通过课

---

① 叶澜. 教育研究方法论初探 [M]. 上海：上海教育出版社，1999：114.
② 周明星，刘晓. 中国职业教育学科发展与建设论纲 [J]. 教育与职业，2008（2）：5-8.

程的开设，这些学校率先为职教学术型专业人才的培养做出了贡献，所培养的研究型职教人才为职教学科的发展提供了坚实的智力支持和人才支持，成为职业技术教育学学科建设的中流砥柱和重要担当，职业技术教育学开始进入正规的学科化的发展轨道。

改革开放后的百废待兴，使得职业技术教育学的学科发展更加强调健全的外在建制、较好的研究平台和足够的研究资源的支撑，这种由外而内的学科发展路径通过创设良好的社会环境，加速了学科内在理智的成熟和发展，避免了学科在没有社会建制情况下的无序和徘徊，① 帮助学科在较短的时间内获取了较为丰富的发展资源，反过来促进和助推了职业技术教育学人对学科的内在建设。

(二) 翻译和编译当代国外职业技术教育学著作

改革开放初期，职业技术教育学在我国的复苏依然离不开西方职业教育的引入。这一时期引进的成果分为两类：一是直接翻译国外职业教育著作。主要有［日］宫地诚哉、仓内史郎编《职业教育》(1981)，［苏］伊万诺夫著、毛健等译的《职业技术教育经济学》(1982)，［苏］巴特舍夫主编、黄一卿、鲁爱珍译《苏联职业技术教育简史》(1989)，［西德］海因茨·G.格拉斯著《职业教育学与劳动教育学》(1985)。二是编译和介绍世界职业教育概况。主要有袁立锟著的《欧美比较职业技术教育》(1978)，中国企业管理协会编的《西德职业教育》(1980)，国家劳动总局培训局编《五国职业技术教育》(1981)，国家劳动总局培训局编《日本、印度、苏联、西德、美国的职业技术教育概况》(1981)，北京师范大学外国教育研究所编译的《苏联普通教育和职业教育法令汇编》(1985)，赵青伟、王长纯主编的《苏联中等职业技术教育简论》(1989)等。这一时期在引进路线上表现出直接翻译与编译相结合的特点，这意味着引进过程中国人主动选择和积极消化的意识初步显现；在引进的目的上，主要服务于熟练技术工人的培养②，以适应改革开放初期社会建设的需要，引进并未直接服务于职业技术教育领域相关理论问题的解答。这些著作和教材的引进和编译，帮助职教人了解了国外职业教育研究的最新进展，通过借鉴他山之石，让国人意识到编写本土化的职业教育著作和教材的重要性，为此，人们开始尝试编著本土化的职业技术教育学著作。

---

① 刘小强. 学科建设：元视角的考察[D]. 厦门大学博士学位论文，2008：30.
② 正如《五国职业技术教育》前言部分所说，"为了迅速培养宏大的熟练技术工人队伍，适应'四化'建设事业的需要，帮助我国从事职业教育和技工培训工作人员了解国外职业技术教育状况，我们编辑了这本《五国职业技术教育》……他们的技术培训经验只能供我们参考，从中汲取有益的东西"。《职业技术教育经济学》同样指出，"这是一部用于从事工人培训工作的工程技术教育人员培训与进修的作品"。

(三) 本土化的职业技术教育学出版物大量涌现

在学习和引进西方职业技术教育研究成果的同时，国人基于我国特殊的国情和职教发展的实际情况，编著了本土化的职教著作、教材及其他出版物。总的来说，这一时期的职教理论著作主要可分为以下两类。

一是职业技术教育通论类著作，重在阐述职业技术教育基本原理问题。代表作如高奇主编的《职业教育概论》（1984），刘鉴农的《职业技术教育学》（1986），门振华的《职业技术教育概论》（1988），李廷和的《职业技术教育概论》（1988），郭高升的《职业技术教育学》（1988），卢鸿德、罗明基主编的《职业技术教育学》（1988），王金波的《职业技术教育学导论》（1989）等。这些通论类著作多为教学所作，对职业技术教育内容、特点和范畴、师资、教学、课程、管理、德育等一般性问题进行了阐释，在写作范式上基本遵循普通教育学的风格，在一定程度上彰显了理论工作者加强职业技术教育学科内在建制的决心和努力。其中，刘鉴农主编的《职业技术教育学》（1986）被认为是我国当代第一本职业技术教育学著作，这标志着我国当代职教学科"职业"与"技术"的融合和理论的重建。

二是关于职业技术教育分支学科类著作。这一类著作主要有陈昭雄、周谈辉编的《工业技术与职业教育》（1978），李建兴著的《技术职业教育的成本与效益》（1978），张天津著的《技术职业教育行政与视导》（1983），陈昭雄著的《技术职业教育教学法》（1984），周谈辉著的《职业教育师资培育》（1985），周谈辉著的《中国职业教育发展史》（1985），于清涟等编著的《职业技术教育管理》（1987），寇金和等主编的《职业教育与培训管理教程》（1989）等。这些分支学科的探究主要出于台湾研究者，大陆关于职业技术教育学分支学科的研究少之又少，仅有《职业技术教育管理》和《职业教育与培训管理教程》，且主要服务于职业技术教育管理活动的开展，对理论化问题的探讨不多。可见，改革开放初期，受时代局限性的影响，职业技术教育学分支学科的建设和发展尚未很好提上日程。

二、基本成型阶段（1990—2000）

学科发展的重要标志在于学位点的设置，只有在大学诸多学位点之中设置了职业技术教育学的学位点，职教学科的发展才算是基本成型。根据《授予博士、硕士学位和培养研究生的学科、专业目录（1990）》可知，"职业技术教育学"于1990年被列入教育学下属二级学科目录中。至此，职业技术教育学的学科发展进入基本成型期。

（一）国家和地方研究所的创建及群众学术团体得以成立

1990年，国家级职业技术教育研究及开发机构——国家教委职业教育中心研究所成立，该机构在职业技术教育研究、咨询、实验等方面发挥着重要的作用，是联合国教科文技术与职业教育国际项目的中国代表。同年，上海、辽宁职业技术教育研究所成立，服务于地方职业技术教育改革与发展的需要。此外，中国职业技术教育学会也在这一时期正式成立。此后，该学会携手国家教委职业技术教育中心研究所、高等教育出版社于1993年共同主办了《中国职业技术教育》期刊，该期刊自创办之初便在宣传职业技术教育方针、推进职业教育学术研究、交流职业技术教育科研成果、推广职业技术教育经验等方面发挥着重要作用。

（二）学科内部出现细化和深化，职业技术教育学教材得以出版

这一时期职业技术教育在我国得到了长足发展，系列职业技术教育学著作和教材的发展让职业技术教育学成为一个更加丰富和充实的学科，职业技术教育学发展已进入一个成型阶段。这一时期，涌现出一批职业技术教育学著作，且这些著作基本形成了较为稳定的学科体系，具体可分为三类成果。

一是原理类，如吕可英等主编的《中国职业技术教育学》（1991）；张福珍等主编的《应用职业技术教育学》（1991），刘春生等主编的《农村职业技术教育学》（1992），纪芝信主编的《职业技术教育学》（1995），杨达生主编的《职业教育概论》（1997），国家教委职教中心研究所编的《职业技术教育原理》（1998）等。这类出版物多为教材，基本服务于师范院校的教学、职业技术教育管理及职业教育其他工作人员的培训，为专业的职业教育教师、管理人才和培训人员的养成提供了学习材料和研究资料。这些教材在职业技术教育专业人才培养和师资培训中都发挥着积极的促进作用。

二是分支学科类，如关于职业教育心理学[①]、职教史[②]、职业技术教育评

[①] 如：黄强等主编《职业技术教育心理学》（1991）；张承芬主编《谋职与就业：职业教育心理咨询》（1992）；刘重庆，崔景贵主编《职业教育心理学》（1998）；白小平主编《职业教育心理学》（1998）；郑日昌，伍新春主编《职业技术教育心理学》（1999）。

[②] 如：吴玉琦著《中国职业教育史》（1991）；张正身，郝炳均主编《中国职业技术教育史》（1993）；李蔺田主编《中国职业技术教育史》（1994）；国家教育委员会职业技术教育司组织编写《中国职业技术教育简史》（1994）。

价①、职业教育管理学②、比较职业技术教育③及农村职业技术教育学④等分支学科的著作的出版。分支研究领域的著作陆续出版，学科内部逐渐分化和完善，职教学科群初步形成。

三是政策法规类，这类出版物主要是借鉴有关国家运用法律手段保障和促进职业教育和培训事业的有益经验，以加快我国职业技术教育和培训立法进程，促进职业教育立法的研究。⑤代表性成果如杨金土、罗宏述主编的《部分国家和地区职业技术教育法规选编》（1990）。此外，还有研究者整理和阐释国家关于职业技术教育的方针政策，提供职业技术教育管理干部和校长培训使用，如吴继宸、高建军选编的《职业技术教育政策法规 1989—1992》（1993）。政策法规类的著作直接构成了职业技术教育学学科建设的制度内容，为职业教育制度建设和职业技术教育学政策研究提供了素材，同时也推进了我国职业技术教育学立法工作的开展，间接地为学科成型提供了好的制度环境和高的发展平台。

（三）相关法律法规⑥的施行为职业技术教育学科发展奠定了政策基础

随着1991年10月17日颁布的《国务院关于大力发展职业技术教育的决定》对职业教育在国民经济和社会发展中地位的肯定以及对职业教育发展各项事业的方向、任务、措施等的规范，职业教育在相当长的时间内获得了长足发展。实践水平的提高和职业教育社会地位的提升，在很大程度上促进了职业教育相关理论研究的提升。5年后颁布的《职业教育法》同样指出了职业教育在国家教育事业和经济社会发展中的重要性。此外，值得注意的是，《职业教育法》还明确提出，国家鼓励并组织职业教育的科学研究，并规定了各级政府机构的权利和义务，这就为职教学科发展提供了法律保障，有效地保障了我国职教理论研究的发展。

---

① 如：陈慎仪，杨福生主编《职业技术教育评价》（1994）。
② 如：邹天幸等主编《职业技术教育管理学》（1992）；邱鸿勋等著《现代职业教育管理学》（1996）；吴畏总主编《成人教育管理、职业教育管理》（1997）；周亚第、郭扬主编《现代化发展与职业教育管理》（1997）；雷正光等主编《面向21世纪的职业教育管理研究》（1999）。
③ 如：周渠主编《中外职业技术教育比较》（1991）；王珍，王宪成主编《中外职业教育比较》（1997）。
④ 如：刘春生，王虹主编《农村职业技术教育学》（1992）。
⑤ 杨金土，罗宏述. 部分国家和地区职业技术教育法规选编［M］. 北京：法律出版社，1990：编辑说明.
⑥ 严格意义上来说，政策法规的颁布并不属于职教学科建设的内容。但正如叶澜在其《教育概论》中所指出的，政治是影响和制约教育的重要因素，政府通过制定和颁布的系列方针政策对教育的领导、规模、目标、内容、方法乃至于学科建设等产生影响。可以说，政策构成了职教学科发展的重要合法性来源。

《职业教育法》的颁布实施是职业教育发展史上里程碑的事件，使得职业教育的改革发展有法可依，也在很大程度上推进了职业教育科学研究的规范开展。

综上，这一时期，国家和地方级研究所的创建以及群众学术团体的成立，较为成熟的具有完备体系的职教著作的出版，分支学科相关著作的陆续出版，职业教育法规选编、职业教育论文集、会议文件汇编和工作手册等的出现，相关法律法规的施行等，都表明职教学科在我国基本成型。

三、长足发展阶段（2001—2018）

2001年，华东师范大学设立了我国第一个职业技术教育学博士点，这同样成为了我国职教学科发展史上的里程碑事件。至此之后，职业技术教育学高端专业研究人才的培养步入正轨，职业技术教育学从此获得了长足的发展。

（一）高质量专著相继出版，职业技术教育学分支学科实现深度发展

21世纪初，研究者继续重视探讨职业技术教育学的学科发展问题，而编写并出版职业技术教育学的著作和教材是主要方式。其中，出版了系列以"职业技术教育学"[①] "职业教育原理"[②] 等命名的著作。此外，21世纪初研究者们还对分支学科进行了深入研究。如职业教育与政策学[③]、经济学[④]、社会学[⑤]、管理

[①] 如：张家祥等《职业技术教育学》（2001）；刘春生，徐长发《职业教育学》（2002）；周明星《职业教育学通论》（2002）；刘合群《职业教育学》（2004）；李向东等《职业教育学新编》（2005）；姜大源《职业教育学研究新论》（2007）；马建富《职业教育学》（2008）；黄尧《职业教育学——原理与应用》（2009）；袁华，郑晓鸿《职业教育学》；李强，贺祖斌《职业教育学》（2012）；陶波《职业教育学》（2013）；马君《职业教育学导论》（2014）；胡斌武《职业教育学》（2015）等。

[②] 如：严全治等《现代职业教育原理》（2004）；徐国庆《职业教育原理》（2007）。以"职业教育论"命名的有：吕育康《职业教育新论：广义职业教育论与中国教育大转变》（2001）；马庆发《当代职业教育新论》（2002）；李守福《职业教育导论》（2002）；米靖《现代职业教育论》（2010）；卢志鹏《现代职业教育新论》（2015）。

[③] 如：黄尧《21世纪初中国职业教育宏观政策研究》（2006）。

[④] 如：牛征《职业教育经济学研究（基本理论）》（2002）；张翌鸣等《职业教育与区域经济发展研究：以江西为例》（2008）；吉利《职业教育经济效能评价分析》（2008）。

[⑤] 如：王清连等《职业教育社会学》（2008）；姚莉等《职业教育与社会和谐发展——关于职业教育改革的探讨》（2008）等。

学①、历史学②、哲学③、心理学④的交叉分支学科,在比较职业教育⑤等都取得一定的成就,完善了职业技术教育学的学科内容。可见,这一时期不仅出版了一批体系完善、内容新颖的职业技术教育学力作,如姜大源的《职业教育学研究新论》(2007),黄尧的《职业教育学——原理与应用》(2009),徐国庆的《职业教育原理》(2007),而且也出现了一些将职业技术教育学发展推向深化和分化的专著,如徐国庆的《职业教育课程论》(2015),《职业教育课程、教学与教师》(2016)。这些专著开始真正立足职业教育的深层内在逻辑,围绕职业教育实践层面的热点问题,展开职业技术教育相关理论的事理论证。

(二)完备的人才培养体系得以建立,职业技术教育学专门人才得以培养

自 1987 年首个职教硕士点设立后,天津大学等相继开展了职教研究生教育,为我国社会主义现代化建设供给了大量的职业教育专业人才。这些专业人才为我国的职业教育实践供给了智力支持,同时也在实践过程中汲取着助推职教学科建设和发展的能量。

表 8.1 我国职业教育学科培养体系建立过程

时间	学位点	学位点单位
1987	首个职业技术教育学硕士点	华东师范大学
2001	首个职业技术教育学博士点	华东师范大学
2007	首个职业技术教育学博士后流动站	华东师范大学

由上表可知,2007 年以后,我国已逐步构建了从学士到博士乃至于博士后的职教学科人才培养体系。2006 年以来先后产生了天津工程师范学院等三个"职业技术教育学"的省市级重点学科。至此,经过多方的长期努力,我国职业

---

① 如:王前新《高等职业教育管理学》(2003);董新伟《高等职业教育学校管理》(2004);贺祖斌《职业教育管理》(2010)等。

② 如:杨建才《中国职业教育历史》(2004);米靖《中国职业教育史研究》(2009);汤大莎《湖南职业教育发展史》(2008);陈英杰《中国高等职业教育发展史研究》(2007);谢长法《中国职业教育史》(2011)等。

③ 如:徐平利《职业教育的历史逻辑和哲学基础》(2010);卢洁莹《生存论视阈中职业教育价值观研究》(2010);曲克敏《通过知识与技能获得解放——关于人力资源与职业教育的哲学思考》(2010)等。

④ 如:杨广兴《职业教育心理学》(2008);刘德恩《职业教育心理学》(2001);王国华等《职业教育心理学》(2004);崔景贵《职业教育心理学导论》(2008);卢红等《职业教育心理学》(2010)等。

⑤ 如:匡瑛《比较高等职业教育:发展与变革》(2006)。职业教育研究方法如:贺祖斌等《职业教育研究方法》(2010)。

技术教育学形成了多层次的人才培养格局，为今后高层次职教人才的培养及我国职业技术教育研究的可持续发展奠定了基础。

然而，由于2010年起国务院学位委员会试行一级学科申报硕士学位授予权，不再接受按照二级学科申报博士学位授予权，职教学科的发展受到了很大的限制。2017年，新一轮学位点授权工作要求"现有二级学科学位授权点在下次学位授权审核结束后将不再保留，符合相关一级学科申请基本条件的，一般应申请新增一级学科学位授权点"。在这样的形势下，职业技术教育学作为教育学的二级学科面临着空前的生存危机。

（三）职业技术教育学研究平台得以完善，理论与实践关系日益密切

根据教育部职业技术教育中心研究所秘书处对全国职业技术教育科研（教研）院所的不完全统计情况来看，全国现有职业技术教育科研（教研）院所200余家，其中，国家级职业技术教育科研机构2所（教育部职业技术教育中心研究所和劳动部职业技能鉴定中心），全国各省、自治区、直辖市等建立职业技术教育科研（教研）机构37家（4个省份尚未建立省级职业技术教育科研机构），地市属职教指导中心、职业技术教育教研室约170家。[①] 其中，我国目前设有独立职业技术教育科研机构的高等院校近60家，在开展职教学术研究、产出职教科研成果、培育职教科研人才方面起到了至关重要的作用。比较有代表性的有北京师范大学职业教育与成人教育研究所、天津大学职业技术教育研究所、华东师范大学职业教育与成人教育研究所等科研机构。这些科研机构均成为推动职教学科发展的强劲之力。

这一阶段职业技术教育学立项课题数与日俱增，研究主题更加多元化，全国教育科学规划职业技术教育立项课题近600项。职业技术教育学在全国教育科学规划课题中的立项逐年稳步增长，政府对职业技术教育研究的资助渐成规模，全国已经逐步建立起日益壮大的职业技术教育学研究团队。深入分析研究者所在地不难发现，全国各地均已培养起一批职业技术教育学研究者，他们积极关注职业教育实践，注重借鉴日本、美国、德国等的职业技术教育研究成果，在研究方法的使用过程中呈现出多元化和跨学科的倾向，尤其注重采用心理学、社会学、生态学、经济学等的研究视角，通过实证的、追踪的、量化的研究方法，提升职业教育的研究水平，推进了职业技术教育学的长足发展。

（四）国际交流加强，为学科发展储备了后备人才

1995年起，根据国家相关规定，我国职业教育陆续开展了形式多样的国际

---

① 全国职业教育科研（教研）机构基本信息（2011）[J]. 中国职业技术教育，2011 (S1): 96-110.

交流与合作，通过学习和借鉴，职教人与境外或国外职教机构一起培养了更多的职教领域的理论工作者。

截至2017年，我国已与30多个国家、10多个国际组织开展了职业教育方面的交流合作，涵盖政策对话、人员互换、校际交流、人员培训、技术培训、课程开发、学校建设和科学研究等众多领域。① 随着职业技术教育学学术成果增多、研究队伍的壮大和研究平台的拓展，职业技术教育学的发展越来越要求研究者们以开放的姿态进行学科研究。2003年3月20日，中国职教学会培训交流部成立，主要负责组织开展职教的跨地区校际合作及国际交流活动。此后，教育部及中国职业技术教育学会培训交流部等部门，不断组织和推进职业技术教育国际交流，为推进职教学科的发展汲取能量。具体表现为：

一是积极引进国外职业教育先进模式。21世纪初，我国引进了澳大利亚的TAFE模式和英国的BTEC模式及德国的行动导向职业教育课程模式，2002年在重庆开展了中澳职业教育与培训项目。

二是职业教育合作办学的开展。教育部相关统计数据显示，2002年底经教育部门审核批准的全国中外合作项目中，无论是学历教育还是非学历教育，职业教育都占了约一半的比重。② 2017年6月29日至30日，第四届全国职业院校国际交流与合作办学研讨会在重庆召开，共建中外职业教育国际交流的桥梁和合作对接的平台。

三是职业教育师资培训与交流的加强，以2004—2006年的"中德职教师资进修项目"和2006年教育部向联合国教科文组织国际职教中心申请的"中国高等职业教育联合革新计划——高职教师教育与培训项目"（JIP-TVET in China）为代表。

四是职业教育国际交流平台的建设，如中德职业教育交流大会，全国职业教育对外合作项目统计平台、全国职业教育对外合作与交流网的成立，为职业教育国际交流搭建了良好的平台。

凡此种种，不一而足，都为职教学科的发展搭建了良好的交流平台。

---

① 谢俐. 奋力推进新时代职业教育实现高质量发展［EB/OL］.（2018-08-07）[2018-11-26]. http：//www. moe. gov. cn/s78/A07/zcs＿ztzl/ztzl＿zcs1518/zcs1518＿zcjd/201809/t20180912＿348455. html.

② 行水. 国际"灰领"国际造——2004北京国际教育博览会关于职业教育中外合作办学的话题［J］. 职业技术教育，2004（24）：50-55.

第二节 职业技术教育学学科建设的进展

海德格尔认为，在学科发展过程中，有一些不可能解决的问题贯穿于学科的始终，学者们通过不断地对这些问题进行探讨和研究，不断地理解和重新提出，进而从根本上推动了学科的发展，这些问题就是学科发展的"基本问题"，在此过程中，学科也借此形成了自身的积淀和传统。这是学术进步的辩证法，也是学科发展的辩证法。① 纵观已有研究成果，职教学科发展的基本问题包括职业技术教育学的概念、学科基础、研究对象、学科定位、逻辑起点、学科体系、研究范式、研究方法。

一、职业技术教育学的概念

概念界定是学科建设的原点和基础，职教学科建设的前提便是对职教学科的概念进行界定。研究者普遍认为，"职业技术教育学是研究职业教育现象，揭示职业教育规律的一门社会科学"，② 属于社会科学的研究范畴，是教育科学的重要分支，在教育科学体系中，它是一门基础理论学科。此外，张福珍等也对职业技术教育学进行了界定，他们认为，"职业技术教育学是对实践的概括和总结"，"其主要任务是指导职业技术教育实践，促进职业技术教育事业的蓬勃发展"。③ 由于其较强的实践性，职教理论必须指导实践，即用科学的理论、正确的思想，去指导职教工作者有效地从事职业教育实践活动。④

二、职业技术教育学的学科基础

马克思主义哲学是职业技术教育学学科发展的重要哲学基础，马克思主义哲学为职教学科的研究提供了正确的世界观和科学的方法论，⑤ 强调在研究中要坚持辩证唯物主义和历史唯物主义。

政治经济学影响着职教学科的发展，可以说，"政治经济学是中等职业技术教育学的重要理论依据"。⑥ 职教的每一步实践都是以国家的政治立场为指标，依据经济发展的要求来进行的，而职业技术教育理论的研究来源于实践，又将指

---

① 汪丁丁．"学术•中心"何处寻？[J]．读书，1997（7）：38-42．
② 周明星．职业教育学通论[M]．天津：天津人民出版社，2002：8．
③ 张福珍，王义智．应用职业技术教育学[M]．天津：南开大学出版社，1991：2．
④ 徐英俊．职业教育学[M]．哈尔滨：东北林业大学出版社，2008：2．
⑤ 刘鉴农，李澍卿，董操．职业技术教育学[M]．济南：山东教育出版社，1986：10．
⑥ 郭高升．中等职业技术教育学[M]．哈尔滨：黑龙江科学技术出版社，1988：7．

导实践，因此，政治经济学也是职教学科发展的重要基础。

职教学科发展建设离不开社会学的支撑，主要表现在理论和方法层面。有研究者指出："社会学为职教人研究人的社会化、社会环境、社会发展，提供理论知识和社会学方法。"①

此外，人才学、心理学和管理学等诸多学科也为职业技术教育学的发展奠定了理论和方法基础。

三、职业技术教育学的研究对象

独立学科的形成必须要有研究对象这一要素，即这门学科研究什么，职业技术教育学也不例外。关于职业技术教育学的研究对象问题直到20世纪80年代才有研究者对其进行了简述，我国研究者对职业技术教育学研究对象的认识主要有以下五种代表性观点。

（一）关系论

职业技术教育学研究的主要对象是："职业教育领域内部各因素之间及职业教育与经济、社会、科技等各个领域间的外部关系。"②

（二）问题论

即认为职业技术教育学是研究职业教育问题的，③ 换言之，科学的职业技术教育学是以马克思主义的立场、观点和方法来分析、研究我们所面临的职业技术教育问题。④

（三）存在论

有研究者认为，职业教育研究对象是"职业教育存在"，即活动形态存在、制度形态存在和理念形态存在三种。前者包括以影响职业发展、职业生活为直接目的的人类实践活动，这是职业教育中最基本的存在；后者是指在职业教育的各种认识活动中形成的有关职业教育的思想和认识层面的成果⑤。

（四）现象论

职业技术教育学作为一门独立的学科，它特有的领域就是客观的职教现象⑥

---

① 刘鉴农，李澍卿，董操. 职业技术教育学[M]. 济南：山东教育出版社，1986：10.
② 刘春生，徐长发. 职业教育学[M]. 北京：教育科学出版社，2002：23-24.
③ 张家祥. 职业技术教育学[M]. 上海：华东师范大学出版社，2001：1.
④ 刘合群. 职业教育学[M]. 广州：广东教育出版社，2004：9.
⑤ 周明星. 职业教育学对象、体系与范式的反思[J]. 职业技术教育，2006（25）：9-12.
⑥ 刘鉴农，李澍卿，董操. 职业技术教育学[M]. 济南：山东教育出版社，1986：4.

及其相关现象的职业技术教育侧面。①

(五) 规律论

职业技术教育学是"以研究一定历史时期职业对人的发展要求和人对职业的需求出发，运用教育手段，以培养社会所需应用性人才和公民对职业之需求的这一特定教育规律的理论著述"。②

四、职业技术教育学的学科定位

(一) 教育学归属说

从理论研究来看，大多数职教人均认为职业技术教育学是教育学的一个重要分支学科，认为应在教育学的语境中展开职业技术教育学的研究。刘鉴农等人指出：职业技术教育学是教育科学体系这一大系统的重要分支。③ 有研究者指出，尽管"突出职业性是职业教育作为一个特殊理论研究的基本要求……但职业教育首先是'教育'，然后才是'职业教育'，所以职业教育学并不应定位为一门技术学科"。④ 王坤庆认为职业技术教育学属于教育学学科的第三系统。他认为，第一系统是在传统教育学大体系中分化出来的不同学科；第二系统是旨在探讨教育领域中某一专门问题的交叉学科；第三系统是对教育实践的某个专门领域进行研究而形成的学科，⑤ 职业技术教育学应归入第三系统。⑥

从实践中看，国人也将职业技术教育学归入教育学的分支学科。作为宏观管理和科技统计的国家标准，国家技术监督局发布的《学科分类与代码》（GB/T13745-92）中，"职业技术教育学"被列为"人文与社会科学"类中的教育学的二级学科。此外，1997年颁布实施的《授予博士、硕士学位和培养研究生的学科、专业目录》中，"职业技术教育学"仍然被划为教育学的一个分支学科。

另外，从研究成果来看，职业技术教育学的研究成果除了见于职业技术教育类的期刊外，其余绝大多数也是见诸于教育学类期刊。

(二) 技术学归属说

有研究者通过探讨职业教育的职业性、技术性、实践性等特性，认为职业教

---

① 徐国庆. 关于职业技术教育学的若干基本问题 [J]. 常州技术师范学院学报，2001 (3)：1-4.
② 国家教委职业技术教育中心研究所编著. 职业技术教育原理 [M]. 北京：经济科学出版社，1998：1.
③ 刘鉴农，李澍卿，董操. 职业技术教育学 [M]. 济南：山东教育出版社，1986：1.
④ 徐国庆. 职业教育原理 [M]. 上海：上海教育出版社，2007：9.
⑤ 王坤庆. 20世纪西方教育学科的发展与反思 [M]. 上海：上海教育出版社，2000：前言.
⑥ 贺祖斌，李强. 职业教育学 [M]. 北京：北京师范大学出版社，2010：2.

育学应作为技术学的分支学科。为此,该学科的研究要从技术学的范式考察职业教育,应立足自身特性,杜绝直接模仿或移植普通教育学的研究范式和成果,而应该与具体的行业、职业、工作结合起来,只有如此才能彰显学科自身的特殊性,否则就会使职业技术教育学黯然失色。①

(三)独立学科说

有研究者认为,19世纪末至"二战"期间,职业教育逐渐从教育学中分离出来,理论成果日趋丰富,且学科知识逐渐系统化,②"日渐成为一个具有'一级学科'地位的'正当的学科领域'"。③职业技术教育学"是涵盖关于职业的研究与教学的综合理论,包括了职业、职业科学和职业教学论的内容。因此,职业技术教育学是我国教育系统中的一个教育类型,其学科构架遵循职业——职业科学——职业教学论——职业教育学这样的形式"。④据此,有研究者认为,教育学难以涵盖职业技术教育学,职业技术教育学是源于教育学但又独立于教育学的一门学科,应该成为与普通教育学平行或同等地位的一级学科。⑤但另一方面,大多数职教人对职业技术教育学缺乏足够的学科自信,对其是否能够成为一门独立的学科尚且缺乏足够的信心。⑥

(四)交叉学科说

职业技术教育学学科从某种程度上来说,是教育学与职业学的交叉学科。⑦

五、职业技术教育学的逻辑起点

(一)职业的逻辑起点观

大多数研究者均认为"职业"是职业技术教育学的逻辑起点。有研究者在对比了几种权威的职业教育定义后指出,是否能够成为基本合格的岗位人员是研究者定义职业教育的逻辑起点。⑧还有研究者通过深入研究不同时期具有代表性的

---

① 马君. 职业教育学导论 [M]. 北京:中国人民大学出版社,2014:113.
② 李向东. 职业教育学的产生与发展 [J]. 职业教育研究,2005(1):110-111.
③ 姜大源. 职业教育学基本问题的思考(一)[J]. 职业技术教育,2006(1):5-10.
④ 姜大源. 基于职业科学的职业教育学科建设辨析 [J]. 中国职业技术教育,2007(11):8-16.
⑤ 黄尧. 职业教育学:原理与应用 [M]. 北京:高等教育出版社,2009:25.
⑥ 徐国庆. 关于职业技术教育学的若干基本问题 [J]. 常州技术师范学院学报,2001(3):1-4.
⑦ 杨念. 高等职业技术教育特色论 [M]. 长沙:湖南师范大学出版社,2005:119.
⑧ 申家龙. 社会学视野下的职业教育——内涵与特征 [J]. 职业技术教育,2003(16):15-18.

职教学科教科书和理论专著，认为从业素质是职教学科研究的逻辑起点。[①] 无论是基本合格的岗位人员，还是从业素质的具备，无不以职业为着眼点。可见，以职业为逻辑起点，是目前职教人关于职教学科逻辑起点的主流观点。

（二）经济发展的逻辑起点观

通过将职业教育与其他教育类型相比，有研究者认为，职业教育的特殊性在于，职业教育与社会经济发展密切相关，职业教育的人才培养、课程开发等均与市场和工作岗位密切相关。因此，经济发展成为了人们研究职业教育的逻辑起点。但有研究者认为这种想法太功利且不是理论逻辑起点。[②]

（三）技术训练的逻辑起点观

要想了解职业教育学的逻辑起点，首先要对什么是逻辑起点，逻辑起点包括哪些进行研究，其次需要严格界定职业教育的属性和功能，只有分别对二者进行深层次剖析，才具备得出职教学科逻辑起点的基础。在此基础上，有研究者将技能训练作为职业技术教育学的逻辑起点。[③] 职教学科逻辑起点的探究，离不开对普职差异的分析，有研究者从普职的形态区别出发，提出职教研究必须建立在应用性和实用性基础上，并以"术科导向"为职业教育学术建设的基点。[④]

六、职业技术教育学的学科体系

所谓学科体系是指某一学科知识结构的内在逻辑关系及其理论框架。通观40年来出版的《职业技术教育学》《职业技术教育学概论》等著作和教材，可以大体勾勒出职业技术教育学的学科体系建设所取得的成果。本书选取其中冠名"职业技术教育学""职业技术教育学原理""职业技术教育学概论"和其他具有代表性的著作21本，对职业技术教育学学科体系进行列表分析。

---

① 刘春生，张宇. 职业教育的问题研究与学科理论建构——兼论职业教育研究的学术规范 [J]. 职教论坛，2006（15）：8-11.
② 徐国庆. 职业教育的研究范式 [J]. 职教论坛，2005（30）：2.
③ 王川. 试论职业教育学的逻辑起点 [J]. 职业技术教育，2005（16）：8-12.
④ 张振元. 论职业教育的术科导向 [J]. 职业技术教育，2005（25）：5-9.

表 8.2 改革开放以来职业技术教育学科体系的主要内容

内容 作者	职业教育概述	职业教育学概述	我国职业教育的发展	国外职业教育的发展	职业教育功能	职业教育目标	职业教育体系	职业学校课程	职业学校教学	职业学校德育	职业学校教师	职业学校学生	职业学校班主任	职业学校校长	职业教育管理	职业学校专业	职业教育评价	职业指导	职业教育研究	职业教育制度	职业资格证书	职业教育发展趋势	其他
刘鉴农、李澍卿、董操 (1986)	1/3	1/3	2	1		2	1	1	6	1	1	1			1			1	1/3			1	
门振华 (1988)	2		1	1																		1	1
卢鸿德、罗基明 (1988)					1			6	1	1/2	1	1/2		1					1				4
张福珍、王义智 (1991)	1	1/4	1/4	2/3		1	1		6	1	1	1	1		1		1	1			1/3	3/2	
孟广平 (1994)	1		1			1			1	1								1	1				2
纪芝信 (1995)	2/3	2/3	1/3	1	1/3	1	1		3	1	1	1			1			1	1				6
郝庭智 (1995)	2	1		1		1	1		7	1	1	1	1	1	1	1	1	1					1
杨达生 (1997)	1/4		1/4	1			1			1/4	1/4					1/4	1/4						7/2
国家教委职教研究所 (1998)					2		1		1	2					1		1						1

续表

内容\作者	职业教育概述	职业教育学概述	我国职业教育的发展	国外职业教育的发展	职业教育功能	职业教育目标	职业教育体系	职业教育课程	职业学校教学	职业学校德育	职业学校教师	职业学校学生	职业学校班主任	职业学校校长	职业教育管理	职业学校专业	职业教育评价	职业指导	职业教育研究	职业教育制度	职业资格证书	职业教育发展趋势	其他
张家祥、钱景舫（2001）	1/2	1/2			2	1	1	1	2	1	1												
刘春生、徐长发（2002）	1/3	1/3		1	4/3	1		4	1	1	1			1	1	1		1				1	2
周明星（2002）	1/4	1	2/3	1/3	1/2	1/4	1	1	1										1	1		1	1
李向东、卢双盈（2005）	1/4	1	1/2	1/2	3/4	1/2		1/2	3		1	1					1/2	1	1	3/2			2
姜大源（2007）		1					1	1							1								
刘德恩、徐国庆（2007）	1				2		2	1	1												1		1
黄尧（2009）	2/3	1	4		1/6	1/6	3	1		1/2		1			1			1/2		2			1
贺祖斌、李强（2010）	1	1			1	1	1		1	1	1						1	1					
郑晓鸿、袁华（2010）	1/2	1	1/6	1/6		1		1	1	1/2	1/2			1	1			1		1	1/6		1

续表

内容\作者	职业教育概述	职业教育学概述	我国职业教育的发展	国外职业教育的发展	职业教育功能	职业教育目标	职业教育体系	职业教育课程	职业教育教学	职业学校德育	职业学校教师	职业学校学生	职业学校班主任	职业学校校长	职业教育管理	职业学校专业	职业教育评价	职业指导	职业教育研究	职业教育制度	职业资格证书	职业教育发展趋势	其他
米靖(2010)	1	1			2			1	2	1													
卢志鹏(2015)	1	1			2			1	2		1												
胡斌武(2015)	1/3		1/6	1/6	1/3			1	2		1	1					1		1				1
合计/章	14.1	11.1	10.3	7.8	15.1	10.3	16	11.5	51.3	12.8	12	9.5	2.5	2	9	7.8	4.3	9.5	3.3	6.5	1	4.5	30
百分比(%)	67.1	52.9	49	37.1	71.9	33.8	76.2	54.8	244	61	57.1	45.2	11.9	9.5	42.9	37.1	20.5	45.2	15.7	31	4.8	21.4	142

注：（1）表格中的分析数据以章为单位，百分比是以21（本书）为基数得出的。（2）职业教育概述包括职业教育的概念、特点；职业教育学概述包括职业教育学的特点、研究对象、研究任务、研究原则等。

第一，改革开放以来，职教学科体系研究中，职业学校教学（244%）成为职教人最重视的职业技术教育学体系中的一部分，篇幅基本在一本职业技术教育学教材、著作中占有一章甚至是六章、七章，教学作为职业教育人才培养和推进学科发展的重要途径，受到了职业技术教育学研究者的重视和青睐，成为构成职业技术教育学学科体系的重要部分。

第二，除其他问题之外，职业教育体系（76.2%），职业教育功能（71.9%），职业教育概述（67.1%），职业学校道德（61%），职业学校教师（57.1%），职业学校课程（54.8%），职业教育学概述（52.9%），我国职业教育的发展（49%），职业学校学生（45.2%），职业指导（45.2%），职业教育管理（42.9%）等依次为职业技术教育学学科发展主要关注度的趋向。人们强调建构完善的职业教育体系，认可职业教育对社会及个人发展的功能，注重职业教育过程中的道德教育，且对职业教育及职业教育学中的基本理论给予了相当的关注。

第三，从表8.2可见，职业技术教育学学科发展还需加强对职业资格证书（4.8%）、职业学校校长（9.5%）、职业学校班主任（11.9%）、职业教育研究（15.7%）、职业教育评价（20.5%）及职业教育发展趋势（21.4%）等的研究。

七、职业技术教育学的研究范式

（一）在批判已有观点的基础上提出新的认识

1. 问题研究范式

有研究者在批判已有职业技术教育学研究范式的基础上提出了新的"问题研究范式"，认为职业教育研究的传统范式基本上分为两种：一种是演绎范式，试图从一般理论中演绎出职业教育理论，这样的范式容易使职业教育在演绎的道路上陷入缺乏自身特色的境地；另一种是经验范式，这样的范式是在经验层面探讨职业教育实践问题，使得职业教育研究的厚重感和理论性不够深刻不够突出。为弥补这两种范式的不足，我们需要突破传统的教育学框架且以问题为中心的"问题研究范式"，这种范式不求体系上的完整，但求以职业教育实践问题为中心，力图在理论建构上有所突破，进而提出真正具有学术价值的真理论和真问题。[①]

2. 技术学范式

有研究者认为，目前职业技术教育理论研究主要是经济学和人才学范式。前者除了产生非常功利的论述外，对职业教育本质的认识并未带来太多的智慧。后者同样有着明显的工具痕迹。因而，职业教育理论要摆脱工具性，回归本体论，重新认识具有技术特性的现代人。职业教育研究需要"技术学范式"。[②]

（二）从新的视角出发提出职业技术教育学研究的范式

职业技术教育学研究范式是指"职业教育研究共同体所共有的研究传统、理论框架、理论和方法上的信念以及对职业教育的根本看法或根本观点"。[③]

1. 工作过程研究范式

有研究者针对职业技术教育培养人才的"动手"特点，提出要遵循工作过程的逻辑对职业教育进行研究，过程中可以采用普通教育研究中所不具备的职业教育研究所特有的任务分析法、功能分析法，这样的范式即被称为"工作过程研究

---

① 石伟平. 现代职业教育研究丛书[M]. 上海：上海教育出版社，2005：前言.
② 徐国庆. 职业教育的研究范式[J]. 职教论坛，2005（30）：2.
③ 南海. 论职业教育研究的基本"范式"[J]. 山西大学学报（哲学社会科学版），2003（6）：83-87.

范式"。①

2. 本土取向研究范式和实践取向研究范式

有研究者认为，可以从研究取向来探讨职业教育的研究范式，即本土取向研究范式和实践取向研究范式。②

3. 科学主义研究范式与人文主义研究范式

有研究者基于职业教育研究的叙述方式认为，现阶段职业教育研究存在科学主义研究范式和人文主义研究范式两种。前者是"对职业教育问题的内容和形式研究的主流追求，是科学技术时代大背景下的必然产物，但不可避免的是，长期依附于科学主义叙述方式很难揭示职业教育的全部真实内涵。基于此，有研究者提出了人文主义研究范式，该范式立足人文主义的叙述方式，呼吁将回归生活世界作为职业教育理论新的生长点"。③

八、职业技术教育学的研究方法

有研究者认为目前职业技术教育学的研究方法是"科学性和多样性相结合"，具体包括比较法、文献法、调查法、观察法、历史法、预测法、实验法等，④但这些并非是职业技术教育独有的研究方法。随着职业技术教育学的不断发展，该学科的研究方法也在不断改进。从职业教育与普通教育的区别出发，有研究者认为应遵循工作过程的逻辑对职业教育进行研究，采用任务分析法、功能分析法，这些是普通教育研究中所不具备的，是职业教育研究中所特有的方法。⑤有研究者鉴于职业教育的研究离不开与职业相关的学科，故而提出跨学科研究或交叉学科研究是职业技术教育学研究的最佳方法。⑥

第三节 职业技术教育学学科发展的反思

回顾 40 年来职教学科发展的历程，梳理职教学科建设所取得的成就，不难发现职教人在推进职教学科建设和发展过程中虽已收获累累硕果，但也存在一些尚可进一步提升的方面。教育是面向现代化，面向未来的，我们站在历史的节点

---

① 肖化移. 职业教育学及职业教育的研究取向 [J]. 职教通讯，2005（7）：26-27、31.
② 肖化移. 职业教育学及职业教育的研究取向 [J]. 职教通讯，2005（7）：26-27、31.
③ 李尚群，夏金星. 职业教育问题的分类阐释 [J]. 职教论坛，2003（17）：5-8.
④ 杨绪利. 现代职业教育学形成的标志 [J]. 教育与职业，2000（7）：6-7.
⑤ 肖化移. 职业教育学及职业教育的研究取向 [J]. 职教通讯，2005（7）：26-27、31.
⑥ 李尚群，夏金星. 职业教育问题的分类阐释 [J]. 职教论坛，2003（17）：5-8.

上回顾学科发展的历史，并不是为了单纯的回首，而是要与历史对话，深入历史寻求一些经验和教训。通过梳理历史上的职教人和职教学科曾经去过哪儿，进而更好地明确未来我们将要走向何方。为了更好地面向未来，我们有必要对40年来职教学科的建设与发展进行深入反思。

一、深度聚焦：加强对职业技术教育中具体的"人"的研究

通过对改革开放以来职教学科发展史的回顾，不难发现，职教学科的研究缺乏人的视角。殊不知，职业技术教育学科的发展以及各项工作的开展均是以"人"为中心开展的，人是职业技术教育学理论与实践的起点，缺乏对人的关注，是职业技术教育学研究的美中不足。职业技术教育学的研究、职业技术教育学科的建设、职业教育的每一个环节每一个过程每一个要素，均与人密不可分。"人"的问题是职教学科发展中的前提性问题和关键性问题，也是职业技术教育学构建自身学科框架过程中不可或缺的核心问题。职业技术教育学的发展亟须加强对"人"的关照。

职教中"人"的概念既是抽象的，也是具体的。要将抽象的人变成具体的人，就需要职业技术教育学研究者通过生动的职业技术教育实践中活生生的个体，不断地推进职业技术教育理论的建构。为此职业技术教育学研究者必须首先深入实践，读懂实践中的真实的具体的个人。职业教育教学活动的开展及其教学论的体系建构，离不开研究人员对职教一线教学课堂与实习工作场所的教师和学生的考量；职业教育管理工作的开展和管理学理论的建构，离不开对职业学校校长及其他管理人员领导力和管理工作的深入考察；职业道德教育理论的建构则与对职业学校班主任工作的了解密不可分。唯有将理论与实践中的个体密切结合，才能够在理论建构中有新的超越。职教人只有深入了解职业教育场域中活生生的职业教育参与者，才能够使职教学科的建构充满生命活力。

二、构建学派：彰显职业技术教育学学科发展的中国气派

历经40年的筚路蓝缕，职业教育学科已经取得了较大的进展，不仅建立了全方位的职业教育人才培养体系，而且业已培养出一大批职教专业人才，这些研究型人才已经成为推动职教学科发展的中流砥柱。但受历史和现实的局限性影响，职教界尚未形成一个有气象的学派，此乃职教学科发展的一大缺憾，当然也成为职教学科建设的未来方向。职业技术教育学研究者可以通过组建跨界团队，攻关前沿重大项目，催生职业技术教育学独特的问题领域，创生自我学科新概念，建构学术框架，打造科学范式，形成标志性、系统的学派成果及代表性著

作；通过加强团队建设，形成团队的轴心人物和核心成员，打造上传下承、日益壮大的研究队伍。经过各方协同努力，打造中国职业技术教育学派，形成中国职业教育的气派。目前，职业技术教育学研究队伍尚处于各自为政开展零散研究的局面。这与我国职业技术教育学研究机制滞后，研究人员自由流动性差，研究经费匮乏，疏于培养学科带头人，特别是缺乏创新团队建设等的状况密切相关。

未来职业技术教育学要加强对人才的培养，强化高校及研究机构中研究团队的建设，充分利用职业技术教育学会和各大职业教育论坛，将零散的职业技术教育学研究力量汇聚成有影响的研究团队，将个体研究者的努力与团队的协同发展相结合，产生标志性的研究成果，组建起高效运行的职教学科学术共同体，生成中国职业技术教育学研究的气派。

三、有选择地借鉴：加强职业技术教育学学科的国际交流

职业技术教育学作为舶来品，在20世纪的发展中，研究者们不断地寻求着足以攻玉的他山之石。为此，职业技术教育学研究者孜孜不倦地引介和借鉴国外职业技术教育学的研究成果和先进经验，通过不懈地学习来更好地推进职业技术教育学在中国的落地生根。一时间学习和引进职业技术教育学著作、教材等在我国可谓蔚然成风。的确，职业技术教育学在20世纪的中国获得了快速的发展。研究者们通过学习和借鉴也逐渐形成了自己对职业技术教育及其学科的一些认识，在此基础上，我们开始通过自己编著职教理论著作、教材等方式推动学科发展。进入21世纪，职业技术教育学的著作数量显著增加，且种类繁多，研究内容也涉及职教学科的方方面面，职业技术教育学获得了长足发展。

新的历史时期对学科发展提出了新的发展任务和目标，这就要求职教人奋发图强努力拼搏，推进职业技术教育学的本土化探索，产出具有我国特色的职教成果和体系，但并不意味着我们要排斥国外职业技术教育学研究的先进成果。相反，只有通过不断地学习，通过与国外职业技术教育学研究者的互动和交流，扩大我国职业技术教育学人的国际影响，才能形成更高水平的具有中国特色的职业技术教育学科和标志性的职业技术教育学研究成果。

四、先行引领：职业技术教育理论要走在职业技术教育实践前面

教育理论与实践的关系是学科建设的永恒话题，无论学科发展到何种水平，理论与实践的关系和联系程度都是学人关注的要点。在学科发展的不同时期，职教理论与实践存在三种关系：职业技术教育理论被动适应、主动跟进、先行引领职业教育实践发展。改革开放以来，职教在国民经济及社会发展中扮演着越来

重要的角色，职教界同仁在推进职业技术教育理论发展的同时，也在力促职业技术教育实践的开展，二者间已逐步建立起越来越密切的联系，职业技术教育理论已逐步摆脱被动适应职教实践发展的问题。当前，我们要在职业技术教育理论主动跟进职业教育实践发展的基础上，指出问题，总结经验，争取让职教理论走到实践前面，先行引领职业教育实践的发展。为此，职教学科的建设不仅需要强化职教理论成果的实践指导力，还需提升职业教育实践的理论含量。

从理论方面来讲，职业技术教育理论研究在沿用固有的研究方法的同时，一方面，要直面职业技术教育实践，主动追求职业技术教育理论与实践的紧密结合，关注职业技术教育实践中的复杂现象，积极推动职业技术教育理论向实践的转化，如可以采用叙事的方式积极推进职业技术教育理论对实践的诠释；[①] 另一方面，还需结合职教实践者的需求适当地将学术话语体系向实践话语方式作及时转换，推进理论研究话语的生活化，以使理论研究成果获得在一线实践场所的话语空间。[②]

从实践方面来讲，要注重提升职业技术教育实践的理论含量，采用多种方式如阅读相关职教理论书目、接受职业技术教育理论培训、邀请职业技术教育理论工作者亲临实践一线进行针对性指导等，帮助职教一线实践者用理论武装头脑，积极学习和运用职教理论研究成果。当然，还要适当提升职业技术教育实践工作者对职业技术教育理论研究的参与度，加强教育理论研究成果在一线实践场合的使用度和可接受度，以此来推进职业技术教育理论与实践的协调发展。

五、学科范式：职业技术教育学学科范式的建立和强化

与教育学长期受到西方范式和苏联范式的困扰不同，职教学科在我国的萌芽和发展主要是基于对普通教育学研究范式的借鉴和模仿。这使得职业技术教育能够在短时间内积累丰富的研究成果，促进了职业技术教育的快速复苏。但是，也因为研究惯性的影响，职教学科长期沿袭普通教育学的范式，而导致了改革开放以来职业技术教育学迟迟没有形成独立的具有自身特色的研究范式。究其根本原因，在于理论研究者不善于从我国长期的职业教育实践和改革中汲取灵感，致使职业技术教育学人在开展学科建设和理论研究时缺少稳定的依托和灵感来源。

职业教育与普通教育和高等教育不同，它跨越了学习场域和工作场域，贯通了学校与企业，这就使得其研究对象具有相当的复杂性，这也使得学科范式的建

---

① 丁钢．教育经验的理论方式［J］．教育研究，2003（2）：22-27．
② 余清臣．教育理论的话语实践——通达教育实践之路［J］．教育研究，2015（6）：11-18．

立成为当前职教学科发展迫切需要直面的问题。为避免"范式"一词运用上的混淆，库恩在《科学革命的结构》中将共同体成员所共有的东西称为"学科基质"，同时总结了学科基质的四种成分种类——"符号概括""形而上学范式""价值"和"范例"。[①] 职教学科这四种成分的形成需要从研究范式、学科范式和理论范式[②]三个方面进行努力。就理论范式而言，职业教育研究者需建立以"问题为中心"的理论取向，积极关注职业教育改革和实践中存在的重点难点问题，强化职业教育理论与实践的双向滋养；就职业技术教育学科范式的重建而言，需树立"多元融合"的学科发展理念，职业教育与经济社会发展密切相关，与心理学、人类学、社会学、经济学等有着天然的联系，在博采众长中做到以我为主，积极借鉴和吸收这些学科的广泛经验，尤其要注重学习和吸收其他学科发展的方法论；在研究范式上，要塑造"回归生活世界"的研究观，深度介入职业教育实践和工作情境中，将职业技术教育学的研究建立在对劳动力市场、企业需求、工作场域等的观照上，在研究中尽可能地"接近"工作内容和职业工作所包含的知识与技术，围绕职业生活情境中切实存在的问题提出研究设想、进行观察与实验，并对这些现象和问题进行"深描"和深入的理性思考。

---

① ［美］托马斯·库恩. 科学革命的结构（第4版）［M］. 金吾伦，胡新和，译. 北京：北京大学出版社，2003：181-182.

② 柳海民，林丹. 困境与突破：论中国教育学的范式［J］. 东北师范大学学报（哲学社会科学版），2007（3）：5-12.

第九章 特殊教育学学科发展史

改革开放之后,我国特殊教育学学科发展经历了筹备与重建、改革转型与建设特色专业发展两个阶段。回顾40年的发展历程,特殊教育学在研究对象、学科性质、学科体系和研究方法等方面取得了相应的成就,并已开始了学科本土化、研究方法和研究队伍建设等方面的研究与探索。

第一节 特殊教育学学科发展的历程

我国的特殊教育学在20世纪初期已处于萌芽起步阶段,当时已提出特殊教育学是教育学的一个分支学科,包括聋童教育学、盲童教育学、智力落后儿童教育学等,但缺乏自成体系的单独论述特殊教育问题的特殊教育学著作。十一届三中全会以后,特殊教育的发展迎来了新的曙光。纵观改革开放以来特殊教育学在中国的发展历程,基本经历了以下两个阶段。

一、筹备与重建阶段(1978—2000)

1980年4月,时任教育部部长蒋南翔在中国盲人聋哑人第三届全国代表大会上讲话指出:"尽快地筹办一所全国性的特殊教育师范学校,为各地新建学校培养特殊教育师资。"之后,我国便开始了筹建特殊师范学校,在师范学校中建立特殊教育研究机构,设立特殊教育专业并招生,开设特殊教育课程和编写特殊教育教材,搭建特殊教育学术交流平台等。

一是建立特殊教育研究机构。高等师范院校纷纷设立特殊教育研究机构。1984年,北京师范大学教育系成立了特殊教育研究室,这是我国大陆最早的专门研究特殊教育的机构。之后,华东师范大学特殊教育研究所,华中师范大学特殊教育研究中心,陕西师范大学特殊教育研究室,东北师范大学特殊教育研究所等均纷纷成立。

二是设立特殊教育专业并招生。为了满足特殊教育事业发展的需要,我国部分部属重点院校陆续建立了特殊教育专业，并开始招生。1986年，北京师范大学在教育学系建立了我国第一个本科层次特殊教育专业，这是我国大陆最早的特殊教育专业。同年，北京师范大学开始招收特殊教育研究方向的硕士研究生，1993年建立了特殊教育硕士学位点。部分部属重点师范大学、地方师范院校、地方大学也陆续建立了特殊教育专业，包括华东师范大学、陕西师范大学、辽宁师范大学、西南师范大学等。

三是开设特殊教育课程与编写特殊教育教材。特殊教育专业设立后，国家教委便开始加强课程计划和教材建设。自1989年起，国家教委先后颁发《中等特殊教育师范学校教学计划（试行）》和中等特殊师范学校盲教育、聋教育、智力落后教育三个专业课教学大纲，组织编写和出版了22门专业课教学用书；1989年10月召开全国高等师范院校特殊教育专业课程方案研讨会，对制订高等师范院校特殊教育专业教学计划提出指导性意见。自此以后，特殊教育学的译著、著作、教材相继问世。比较有代表性的译著有：《智力落后学生心理学》（［苏］鲁宾什坦著，朴永馨译，1983），《特殊儿童的心理与教育》（［美］柯克·加拉赫著，汤盛钦等译，1989），《特殊教育的展望——面向二十一世纪》（［日］山口薰、金子健著，张宁生审校，1996）。比较有代表性的著作、教材有：《特殊教育概论》（朴永馨主编，1994），《特殊教育学》（朴永馨主编，1995年），《当代特殊教育导论》（方俊明编著，1981），《特殊教育概论》（汤盛钦主编，1998），《视觉障碍儿童的心理与教育》（沈家英、陈云英等主编，1993），《弱智儿童的心理与教育》（银春铭主编，1993），《听觉障碍儿童的心理与教育》（张宁生主编，1995）。

四是搭建特殊教育学术交流平台。主要开展基础特殊教育领域理论研究与交流活动的全国特殊教育研究会于1982年在江西成立，这标志着特殊教育的春天到来了，为开展有关残疾人基础教育方面的研究搭建了信息交流、学术合作与人才培养的平台。此外，专门研究特殊教育的期刊也出现了，如1992年创刊的《现代特殊教育》，1994年创刊的《中国特殊教育》（1996年前刊名为《特殊儿童与师资研究》）；还有一些特殊学校主办的特殊教育类期刊，如《南京特教学院学报》《湖南特殊教育》《山东特教》等。

二、改革转型与建设特色专业发展阶段（2001－2018）

在走向21世纪时，特殊教育面临着建立和发展有中国特色特殊教育学学科的任务。

这一时期主要的译著有：《特殊儿童：特殊教育导论（第7版）》（［美］威

廉·L. 休厄德著，孟晓等译，2007），《特殊需要儿童教育导论（第八版）》（［美］威廉·L. 休厄德著，肖非等译，2007），《特殊教育导论（第十一版）》（［美］丹尼尔·P. 哈拉汉等著，肖非等译，2010）等。主要的著作有：《特殊教育导论》（顾定倩著，2001），《特殊教育导论》（刘全礼著，2003），《特殊教育学》（方俊明主编，2005），《特殊教育概论》（刘春玲、江琴娣著，2008），《特殊教育学基础》（盛永进著，2011），《特殊教育需要学生的教育》（马红英、谭和平主编，2011），《特殊儿童心理学》（方俊明、雷江华主编，2011），《特殊教育学基础》（盛永进著，2014）。

多层次人才培养体系逐步形成。2001年，华东师范大学建立了特殊教育学博士学位点。我国特殊教育专业快速发展，逐步形成了本科、硕士及博士多层次人才培养体系，为特殊教育事业培养了大批人才。

学科结构日益完善。特殊教育学在五个学科方向上（教育学原理、教师教育学、学前教育学、高等教育学、课程与教学论）跨界融合，形成包括特殊教育学原理、特殊教育教师教育学、学前特殊教育学、高等特殊教育学、特殊教育课程与教学论五个各具特点的学科结构。

课程设置渐趋多样化。以北京师范大学为例，该校在起步建设阶段的课程设置分必修课和选修课两大类；在建设特色专业阶段的课程设置分为通识教育课程、专业教育课程及教师教育课程，其中专业方向课程分为发展障碍教育、视觉障碍教育、听觉障碍教育三个模块；在试点学院阶段的课程设置上设立通识教育及专业教育两大类课程，其通识教育课程分为学校平台课、相关学科基础课，专业教育课程中又分为教育学科基础课程、教育学科专业课程及实践课程。华东师范大学、西北师范大学等高校为提高学生的综合素养，课程类型正在逐步多样化。整体上，各高等师范院校课程设置日趋符合学生的兴趣与需求，学生选择的自主性增强。

研究队伍不断扩大。上一时期发表文章的机构多为部属重点师范院校，如北京师范大学、华东师范大学、陕西师范大学等，这一时期研究特殊教育的机构分布更广。根据中国知网的统计，特殊教育领域的期刊文献发表机构如下：

表9.1 特殊教育领域期刊文献发表机构统计

排序	机构	发文量
1	华东师范大学	443
2	南京特殊教育职业技术学院	414
3	北京师范大学	387

续表

排序	机构	发文量
4	西南大学	280
5	华中师范大学	275
6	重庆师范大学	263
7	北京联合大学	205
8	南京特殊教育师范学院	193
9	陕西师范大学	184
10	辽宁师范大学	178
11	长春大学	163
12	绥化学院	137
13	中央教育科学研究院	117
14	南京师范大学	94
15	东北师范大学	79

交流平台愈加宽广。2001年春，根据我国基础特殊教育的发展情况和已建立高校特殊教育专业、建立专门招收残疾人的高等院校及系科的情况，朴永馨教授积极倡议成立中国高等教育学会高等特殊教育研究分会，以配合教育事业和学科的发展。2005年中国高等教育学会特殊教育研究会成立。学会宗旨是在高等教育学会的直接领导下，团结和组织承担特殊高等教育的院校师生，开展有关残疾人高等教育、职业教育、教师教育与特教专业人才培养等方面的研究，建立信息交流、学术合作和人才培养的平台，充分利用特教资源，推动中国高等特殊教育和职业教育的发展。2013年10月8日，由北京教育学会特殊教育研究会与中国聋人网主办的"2013特殊教育学术研讨会"在中国残疾人体育运动管理中心召开。2016年10月，全国特殊教育学科发展三十周年研讨会在湖北十堰成功举行，为总结、反思我国特殊教育学科发展提供了良好的契机。

第二节 特殊教育学学科建设的进展

纵观改革开放40年来特殊教育学科的发展历程，可以发现特殊教育学科的进展主要体现在以下几方面。

一、特殊教育学的研究对象

特殊教育学作为一门独立的学科应有其特定的研究对象。朴永馨教授在其《特殊教育学》一书中指出,"特殊教育学是研究特殊教育现象及其规律、原则和方法的科学"。① 在方俊明主编的《特殊教育学》中,他将特殊教育学定义为"研究特殊教育现象和内在规律的科学"。② 他认为,特殊教育学应该是特殊教育活动经验的总结和科学规律的探讨,它涉及特殊教育的意义、内容和方法,不同类型特殊儿童的身心特征,特殊教育的基本原则,特殊教育的管理体制,教育教学方法以及教师教育和家长教育等一系列问题。③ 盛永进教授认为:"特殊教育学是研究特殊教育现象、特殊教育问题和特殊教育规律的科学,目的是深化人们对特殊教育的认识,更新人们的教育观念,并为特殊教育的发展和改进提供理论依据。"④ 雷江华和方俊明就朴永馨教授对特殊教育学的研究对象提出了不同的看法。他们认为,将特殊教育学的研究对象定位为"研究特殊教育现象及其规律、原则和方法",是借鉴教育学的研究对象之结果。严格来说,这一描述尚值得商榷。如果笼统地提"研究特殊教育现象及其规律",显然模糊了特殊教育现象与特殊教育规律之间存在研究对象与研究目的之间的界线,规律是隐藏在现象背后的本质联系,是人们力图认识的对象,也是研究活动最终要达到的目的。因此,他们认为,特殊教育学的研究对象是特殊教育现象,目的是揭示特殊教育规律。特殊教育学是研究特殊教育现象,揭示特殊教育规律的科学。从特殊教育学作为教育学的分支学科来看,特殊教育现象是指发生在特殊儿童(如听觉障碍儿童、视觉障碍儿童、弱智儿童、学习困难儿童、自闭症儿童等)教育场域中的各种现象,足以构成特殊教育学的独特研究领域。⑤

然而,20世纪90年代,全纳教育的兴起意欲打破特殊教育与普通教育的界限,进而拓宽了特殊教育学的研究领域,即将其研究范围延伸到了普通教育领域,特殊教育现象既而变成了受不同教育领域(包括特殊教育与普通教育)研究人员普遍关注与研究的对象。特殊教育现象已成为了一种普遍的教育现象,渗透到教育领域的各个方面,推动着特殊教育与普通教育的改革。尽管特殊教育学的研究场域因特殊儿童安置形式的变化(从特殊学校安置延伸到普通学校随班就

---

① 朴永馨. 特殊教育学 [M]. 福州:福建教育出版社,1995:4.
② 方俊明. 特殊教育学 [M]. 北京:人民教育出版社,2005:3.
③ 方俊明. 特殊教育学 [M]. 北京:人民教育出版社,2005:4.
④ 盛永进. 特殊教育学基础 [M]. 北京:教育科学出版社,2011:20.
⑤ 雷江华,方俊明. 特殊教育学 [M]. 北京:北京大学出版社,2016:5.

读）而拓宽了研究的空间，但是这种变化仍是一种特殊教育现象，是特殊儿童安置在普通学校的特殊班或普通班中接受教育所带来的一种新的、独特的特殊教育现象，更需要加强研究。①

二、特殊教育学的学科性质

"特殊教育学是教育学体系中的一个分支学科。"② 一些高等师范院校，例如北京师范大学、华东师范大学、华中师范大学、西南大学等都将特殊教育专业设置在教育学学科下，就说明了特殊教育学作为教育学分支学科的地位。作为一门独立的学科，特殊教育学是一门"应用学科"，③ 应用性很强，其理论体系正处于构建和完善之中，特殊教育学作为一门独立学科，其体现的应用性与理论性将为学科的建设和发展带来广阔的发展空间。④

除此之外，还有学者认为综合性和应用性是特殊教育学的基本特征。特殊教育学是一门综合性学科。它涉及教育学、心理学、医学、社会学等多学科知识，存在着诸多需要进行综合性研究的问题。并且，相对于教育学这些基础性特点更为鲜明的学科而言，特殊教育学具有很强的实践性，注重对学习者的特殊教育进行诊断、评估，在此基础上开展具体的个别化教学活动。⑤ 与此观点相同的还有方俊明教授，他认为，特殊教育学是由一些相关学科的知识组合起来的交叉学科。文理渗透、医教结合是特殊教育学的特点，与特殊教育学密切相关的学科是普通教育学、心理学、医学和社会学。⑥

三、特殊教育学的学科体系

特殊教育学作为一门独立的学科，应有自身的学科体系，包括教材体系和著作体系。

（一）教材体系

1. 作为一门学科的特殊教育学的教材体系

目前，我国高校使用的特殊教育学教材，其体系一般由两部分组成：第一部分阐述特殊教育的一般认识，第二部分阐述各级各类特殊教育。有的教材体系由三部分组成，包括了前面两部分外，还包括特殊教育的组织和管理，如朴永馨主

---

① 雷江华，方俊明. 特殊教育学［M］. 北京：北京大学出版社，2016：5.
② 朴永馨. 特殊教育学［M］. 福州：福建教育出版社，1995：4.
③ 陈云英. 构建特殊教育理论［J］. 中国特殊教育，2003（1）：1.
④ 雷江华，方俊明. 特殊教育学［M］. 北京：北京大学出版社，2016：7.
⑤ 盛永进. 特殊教育学基础［M］. 北京：教育科学出版社，2011：21.
⑥ 方俊明. 特殊教育学［M］. 北京：人民教育出版社，2005：9.

编的《特殊教育学》。[①] 特殊教育的一般认识主要阐述特殊教育的对象与分类，特殊教育的产生与发展，特殊教育的体系与模式，特殊教育的理论基础等。各级各类特殊教育主要阐述智力落后儿童、听觉障碍儿童、视觉障碍儿童、学习困难儿童、言语和语言障碍儿童、肢体残疾儿童、情绪和行为问题儿童等的心理与教育问题。特殊教育的组织和管理主要阐述特殊教育机构的领导和管理，特殊教育评价等。这些教材体系考虑到了施教者和受教者的认识逻辑，但对特殊教育理论自身的逻辑考虑尚不够深入。

2. 作为一个学科群的特殊教育学的教材体系

作为一个学科群的特殊教育学的教材体系，主要是指根据专业培养目标的需要与依据人才培养的目标而构建的专业教材体系。专业教材体系一般由基础学科、专业基础学科和专业学科三个层次组成。特殊教育专业的基础学科一般包括社会学、教育学、心理学、语言学、医学、特殊教育、管理学、哲学等学科。特殊教育专业基础学科包括特殊教育学、特殊儿童心理学、特殊儿童语言学、特殊儿童病理学、特殊教育史、特殊教育管理学、特殊教育哲学、特殊教育社会学等学科。特殊教育专业的专业学科，从不同的特殊教育对象出发，分别有智力落后儿童教育学、听觉障碍儿童教育学、视觉障碍儿童教育学、学习困难儿童教育学等；从教育的层次来看包括学前特殊教育学、初等特殊教育学、中等特殊教育学、高等特殊教育学；从教育的对象看，有特殊成人教育学和特殊青少年教育学、特殊儿童教育学；从特殊教育的内容看，有特殊儿童心理健康教育、特殊儿童德育、特殊儿童智育、特殊儿童劳动教育、特殊儿童体育。

(二) 著作体系

1. 作为一门学科的特殊教育学的著作体系

作为一门学科的特殊教育学的著作体系，应有严密的逻辑范畴的理论体系。它是通过著作者的认识逻辑而展开的。我们要构建特殊教育学的著作体系，就应找到能揭示特殊教育现象的基本范畴及其逻辑关系。我们可以借鉴相关学科的研究成果，并在此基础上形成特殊教育学的著作体系。如有的学者运用历史与逻辑统一原则从纵向分析了教育现象，指出教育现象的形态依次分为教育活动、教育事业与教育思想（观念）。我们可以将特殊教育的形态依次分为特殊教育活动、特殊教育事业与特殊教育思想（观念）；或借鉴教育管理学将教育管理现象分为活动、体制、机制、观念等，将特殊教育现象分为特殊教育活动、特殊教育体制、特殊教育机制、特殊教育观念等四个范畴。当然，最好能通过对特殊教育现

---

① 朴永馨. 特殊教育学 [M]. 福州：福建教育出版社，1995.

象的逻辑分析，形成特殊教育学特有的理论体系。

2. 作为一个学科群的特殊教育学的著作体系

作为一个学科群的特殊教育学的著作体系，称之为特殊教育学的著作层次体系。所谓著作层次体系是指由严密的学科范畴所组成的体系。学科范畴是指一门学科在其产生和发展过程中，标志着这门学科由低级到高级的发展，从而区分这门学科不同层次发展水平的那些范畴。如西方学者布雷津卡把教育理论分为"教育科学、教育哲学及实践教育学（原称'教育行为学'）"。我国教育学学者陈桂生在三分法的基础上，尝试把教育学的理论划分为教育技术理论、教育科学理论、教育价值理论、教育规范理论四个不同层次。借此逻辑范畴，可将特殊教育学学科看成是由特殊教育技术理论、特殊教育科学理论、特殊教育价值理论、特殊教育规范理论四个不同层次的学科范畴所组成的。

四、特殊教育学的学科方法论

有学者认为，特殊教育学需要以一种开放的心态来看待自身与其他学科的关系，积极而又合理地兼容并蓄其他学科的滋养，促使特殊教育学从狭隘的医学—心理学范式向更具有综合性特征的社会学范式转变。从更加广阔的社会视野来看待特殊教育，使用更具有解释力的社会理论框架来指导特殊教育研究，有利于特殊教育学科的发展，并对特殊教育实践产生深刻的影响。[①]

也有研究者认为，特殊教育学的学科方法论可以分为三个层次：一是哲学方法论，二是一般学科方法论，三是具体研究方法。哲学方法论是从事实材料出发，根据逻辑规律、法则形成概念，作出判断和进行推理，包括比较、分析、综合、抽象、概括、演绎、归纳等。运用哲学的逻辑方法对已有的事实、命题、理论等进行考察可以得到新的、更深刻而全面的知识。一般学科方法论主要包括质的研究方法和量的研究方法。质的研究方法是从大量的社会现象出发，大量占有材料，经过分析和综合，找出其中规律的方法。从特殊教育的大量现象中，抽象出其本质的关系，概括出概念、范畴，进行推理和判断，形成理论，并在实践中加以检验和修正。量的研究方法是对事物和社会现象的存在、发展、变化以及构成事物和社会现象的成分、关系、空间排列等用数量表示其规定性的研究方法。特殊教育学应用量的研究方法可以从特殊教育个体以及群体的诸多身心指标之间的相互关系、相互作用及其构成的数量变化和数量关系，寻找一定的规律。特殊教育学所运用的具体研究方法主要包括观察法、文献法、测验法、调查法、统计

---

① 邓猛，颜廷睿. 社会理论视野下的特殊教育学探讨［J］. 教育学报，2016（6）：62-69.

法、图表法、历史法、比较法、实验法、个案法、行动研究法、人种学研究方法等。

五、特殊教育学的学科理论基础

大多数学者都认为特殊教育学是教育学的一个分支，是研究特殊教育现象及其规律的科学。因此，特殊教育理论基础之探讨可从三种不同的路向来进行。一是从学科的角度来谈理论基础，亦即特殊教育学的理论基础。钱志亮从学科的视角提出特殊教育学科的理论基础包括哲学基础、心理学基础、社会学基础、康复学基础、教育学基础五大理论基础。① 二是从作为特殊教育活动的角度来谈理论基础。卢子洲从特殊教育活动的角度认为，特殊教育培养目标的理论基础包括人道主义基础、科学基础、经济学基础。② 三是从学科与活动的双重视角来谈理论基础。朴永馨从学科与活动的角度探讨了特殊教育的理论基础。他指出，特殊教育作为教育学科的一个分支和作为教育事业的一个组成部分，有两个方面的理论基础，即马克思主义关于教育的理论和唯物辩证法、补偿理论。③

特殊教育学的理论基础需要根据学科的划分从不同的层面探讨。一般认为，哲学是所有学科的基础，是世界观与方法论的概括，因此，所有的学科都可以将最高层次的哲学作为理论基础；第二层次的学科是自然科学与社会科学，特殊教育学同样也关涉自然科学与社会科学；第三层次的学科是自然科学与社会科学中分别分化出现的具体学科，如自然科学中的医学、生理学、工程技术学等，社会科学中的教育学、心理学、社会学等。特殊教育学作为教育学的子学科，谈其学科基础似乎只要从其母学科作为社会科学的出发点来探讨其理论基础，但实际情况并非如此简单。

从学科归属来看特殊教育学的理论基础，特殊教育学作为教育学的分支学科已成共识，但过去特殊教育作为一门专业在高等师范院校的附属地位也给特殊教育学的发展带来了很多问题。例如，有的高校将特殊教育专业设置在教育系（现在的教育学院）中，有的高校将特殊教育专业设置在心理系（现在的心理学院），这样特殊教育专业课程的设置就分别从不同的学科视角构建出自身独特的课程体系。因此，在探讨特殊教育学的理论基础时，有人从特殊教育学所从属的教育学来看其理论基础，甚至将教育学的理论基础移植过来作为特殊教育学的理论基

---

① 钱志亮. 谈盲校课程设置的理论基础——兼探索我国特殊教育学科的理论基础 [J]. 中国特殊教育，1999（1）：15-18.
② 卢子洲. 特殊教育培养目标的理论基础 [J]. 教育研究与实验，1999（4）：37-40.
③ 朴永馨. 特殊教育学 [M]. 福州：福建教育出版社，1995.

础,这样恰恰导致了很多人认为,既然特殊教育学与教育学有同样的理论基础,特殊教育专业也就与教育学原理专业可以合并了,没有存在的必要。因此,如果按照这样的思路来探讨特殊教育学的理论基础,极有可能重特殊教育学与教育学的共性而忽略了特殊教育学的特殊性,进而在实践领域将特殊教育与普通教育(抑或其他教育)混淆起来。就目前我国特殊教育专业的设置情况来看,大体设置在教育学或心理学的下面作为子学科存在,因此,将教育学、心理学的理论基础搬过来作为特殊教育学的理论基础,最后导致了很多人认为特殊教育学没有自己的理论基础,作为一门学科难以扎根生存。这从目前教育学子学科在院系中的设置及其地位中可窥见一斑。在二级学科纷纷成为独立的系或学院的情况下,特殊教育仍然大多作为附属学科附属在其他学科门下,或与其他二级学科联合成立独立的系,其实仍然没有摆脱依附的状况,有的院校特殊教育专业只好无奈地存留于特殊教育研究所。

从独立属性来看特殊教育学的理论基础,需要借鉴教育学(或心理学)比较成熟的子学科的经验,发现属于特殊教育学自身的理论基础,摆脱特殊教育学作为依附地位的状态,既明确自身的学科归属,又能构建属于自身具有特色的特殊教育学的理论基础。也就是说,特殊教育学作为一门学科要探讨其理论基础,必须从过去的附属状态走向独立的状态,吸引更多的专家学者来从事特殊教育的理论研究与实践研究,只有这样才能促进学科充分有效的发展。

独立属性的特殊教育学理论基础与从属属性的特殊教育学理论基础两者之间既有联系也有区别。从属属性的特殊教育学理论基础极有可能将母学科的所有理论基础移植过来作为自身的理论基础,包括学科中的理论,这样会使特殊教育学不"特"而"普";独立属性的特殊教育学理论基础则从特殊教育学的具体实际出发来发现与特殊教育学紧密联系的学科基础,两者的学科基础既可能有共同的学科,甚至是同一学科中的同一理论,也有不同的学科(如医学、康复学等),也会有同一学科中的不同理论。

六、特殊教育学立项课题

全国教育科学规划的立项课题往往反映了某学科研究的现状、热点及发展趋势。对特殊教育学的立项课题进行统计分析与不同层次的梳理,可从中看到特殊教育的发展状况。以2006—2012年为例。[①]

---

① 韩晓梅. 全国教育科学规划课题2006—2012年特殊教育学立项统计分析[J]. 绥化学院学报,2014(1).

表 9.2 2006—2012 年全国教育科学规划特殊教育立项课题总数与立项率

年份	特殊教育立项总数	全国教育科学规划课题立项总数	立项率（%）
2006	3	228	1.32
2007	1	278	0.36
2008	9	342	2.63
2009	13	459	2.83
2010	6	452	1.33
2011	8	402	1.99
2012	10	420	2.38

表 9.3 特殊教育立项课题的主题内容分类统计

主题类别	立项数量	比例（%）
特殊教育师资问题研究	3	6
特殊儿童认知加工机制	22	44
特殊儿童的身心发展研究	10	20
随班就读的研究	4	8
特殊儿童课程及教学研究	3	6
特殊儿童补偿教育及康复训练研究	6	12
特殊儿童的家庭支持系统研究	1	2
特殊儿童的职业教育研究	1	2

从以上两表中不难看出，特殊教育立项课题数量总体呈上升趋势，但波动较大，占教育科学规划立项课题比例较小。除此之外，特殊教育立项内容多集中于特殊教育实践活动，对特殊教育学科建设的探讨为零。

第三节 特殊教育学学科发展的反思

在改革开放 40 年间，我国特殊教育学科已经有了飞跃式的发展。但我国特殊教育起步较晚，基础较薄弱，改革开放以后才逐步开始对特殊教育的学科与概念体系进行探索。独特的历史、文化和国情决定了我国必须走自己的特殊教育发展道路。

一、加强特殊教育学的本土化研究

关于特殊教育学的学科理论体系，我国也有研究者对此进行过探讨，细究之下不难发现，所谓的中国特殊教育学学科理论体系基本源自西方，鲜有中国本土化的理论贡献。就西方特殊教育学学科发展而言，从各类特殊儿童的界定标准，到特殊教育核心概念的内涵外延，从不同教育安置模式及其背后所蕴含教育思想的转变历程，到学科理论基础和方法范式的拓展更新，无一不是根植于西方社会政治经济发展。反观我国特殊教育几十年的发展历程，除却在学科建制上有较大进步外，理论建设方面基本没有重大突破。正因为如此，研究者们在谈到我国特殊教育学学科发展阶段时，都委婉地表示"尚不够成熟"或"处于初级阶段"。① 朴永馨在《努力发展有中国特色的特殊教育学科》一文论及：要处理好"借他山之石"与"发展民族特色"之间的关系，因为没有任何一个其他国家可以为解决中国几百万残疾儿童教育准备好现成"药方"。② 既然已有理论体系难以支撑中国特殊教育学学科的独立地位，那么扎根于我国特殊教育本土实践、促进特色理论创新就应当成为特殊教育学学科发展的重点。③

发展中国特色的特殊教育学学科，并不意味着完全拒绝国际特殊教育发展经验，相反，我们需要秉持"拿来主义"的原则，对于国外的特殊教育理论、概念、话语、方法要有分析、甄别，杜绝生搬硬套，在中国特殊教育改革发展需要的基础上，批判地吸收国际特殊教育经验。④

在特殊教育理论本土化方面，我们一方面要从社会文化的宏观视野分析特殊教育的本质特征，形成扎根于中国特定文化情境与过程之中的、具有独特性的特殊教育本土化解读与理论。⑤ 另一方面要继续引入西方特殊教育环境下产生的各种教育实践方式，例如，特殊学校的创建、特殊课程的调整、特殊教学等技术与策略。

---

① 雷江华. 中国特殊教育学学科论初探［J］. 华中师范大学学报（人文社会科学版），2005（4）：132-136.
② 朴永馨. 努力发展有中国特色的特殊教育学科［J］. 现代特殊教育，2017（12）：3-5.
③ 肖非，刘全礼，钱志亮. 本土化的特殊教育研究——朴永馨教授学术思想探微［J］. 国家教育行政学院学报，2007（5）：3-10.
④ 朴永馨，郝文武，卜凡帅. 融合、共享：本土化特殊教育创新发展——访朴永馨先生［J］. 当代教师教育，2017（4）：1-5、23.
⑤ 朴永馨. 努力发展有中国特色的特殊教育学科［J］. 现代特殊教育，2017（12）：3-5.

除此之外，我们还需要认识到特殊教育实践本土化所面临的巨大挑战。由于我国普通教育长期的精英教育模式，特殊教育在普通学校中只是作为一个"边角料"而存在，残疾儿童在普通学校中被忽略或拒绝的情况严重。在这种情况下，产生于西方文化和教育制度之下的特殊教育实践几乎不可能被复制到中国的教育体制之下。相对于特殊教育理论的本土化而言，特殊教育实践本土化研究的任务更加艰巨。

二、在立足根本的基础上使研究方法多元化

目前，特殊教育学学科的研究视野已逐渐扩展，研究方法也随之增多，医学、心理学等方面的研究都为特殊教育学的发展提供了支持。但是，这也使得特殊教育学的研究方法忘记了其"教育学"的根本立足点。特殊教育学的研究方法要在立足"教育学"根本的基础上，审慎吸收其他学科的研究方法，这就要求在特殊教育学的研究过程中，加强其教育学思考。从教育学本身出发，运用相关的教育研究方法，辅之以医学、心理学等进行研究。

除此之外，特殊教育学是一门具有交叉特点的应用学科，有实证研究的传统，综观关于特殊教育的研究，多集中于实践层面。实践层面的研究为特殊教育的实施提供了一些针对性的建议，但这些针对性的建议与意见缺乏一定的普适性，适用范围小且较为零碎。因此，应注重自上而下的对理论层面的研究。

三、完善研究队伍

毋庸置疑，无论是特殊教育学学科发展，还是特殊教育研究成果的不断涌现，均需要特殊教育研究者的推动。从此出发，特殊教育研究队伍的完善是特殊教育研究顺利开展的关键一环，因此必须加强特殊教育科研人员队伍的建设。首先，要做好特殊教育科研人员的选拔工作。可以根据特殊教育科研人员的素质要求，从高等师范院校的研究生和特殊教育实践工作者中选拔，充实到各级特殊教育科研机构，同时，要注重提高在职特殊教育科研人员的基本业务素质。其次，调动特殊教育教师开展特殊教育科研工作的积极性。再次，开展对在职特殊教育科研人员和特殊教育教师的科研培训。教育行政部门要与高等师范院校合作，有计划、有针对性地对在职特殊教育科研人员和特殊教育教师进行相关的专业培训，普及教育科研知识，提高他们的科研素质，增强其特殊教育科研意识。

第十章　教育技术学学科发展史

教育技术学在我国已有近百年的发展历史。20世纪20年代美国视听教育风起云涌，受此影响，我国开始将幻灯、电影和广播等电化媒体应用到教育中，于是电化教育在我国得到了初步的发展。大体而言，我国的教育技术学是先有电化教育之事，后有电化教育之名，1993年才正式采用教育技术这一名称，随后才有了教育技术学这门学科。从传统媒体到新媒体再到智能技术，到如今进入教育信息化2.0阶段，作为一门新兴学科的教育技术学的发展速度足以令世界瞩目。本章通过研究我国进入新时期以来教育技术学的发展历程，梳理在此期间本学科从电化教育学到教育技术学所取得的进展，以此反思40年来教育技术学所取得的成绩与不足，为建设真正具有国际一流水准的中国特色教育技术学提供参考。

第一节　教育技术学学科发展的历程

改革开放以来，我国的经济、政治、文化都从衰落中迅速发展起来，以邓小平"教育应面向现代化、面向世界、面向未来"的总体思路为指导，教育领域也开始重现生机。教育学一级学科之下的各分支学科包括新兴的教育技术学学科开始重建，教育技术学的前身——电化教育学理论和实践方方面面也都迅猛发展，改革开放40年成为了教育技术学历史上发展最快、最好的时期。基于本学科已有的标志性成就，其发展大体经历了以下几个阶段。

一、初创阶段（1978—1984）

改革开放以后，著名教育家顾明远教授等深感先进的媒体会对教育的发展产生极大的影响，为此特别委托物理学、无线电电子学专业的相关学者开始筹划建立一些关于发展教育技术学的组织机构。1980年，施拉姆教授应邀首次来到中国做学术交流报告，这是我国教育技术学发展史上具有划时代意义的事件，标志着我国教育技术学与国际学者的接轨。1983年，我国正式确立了建立"教育技术"专业的决定，并将其确定为一级教育学科下的二级跨学科学科。此阶段我国理论界对于引进的美国视听教育坚持本国特色，采用了兼具本国特色与美国视听教育特点的"电化教育"，此时学术界也多称之为电化教育学，因而此阶段我国的教育技术学是具有中国特色的。

（一）各类电化教育机构相继建立

经国务院批准，1978年，中央电化教育馆正式在北京成立。随后，全国各省市相继也设立了省级电教馆，共同服务于全国基础教育和职业教育。1979年，经教育部批准，北京师范大学成立了我国第一个专门的现代教育技术研究所，在理论和实践研究上均取得了一系列重大成果，主要表现为大量有影响力的专著、著作的出版和学术论文的发表。华东师范大学也相继成立了现代教育技术研究所。1980年，华南师范大学现代教育技术研究室和学校电教科联合成立了专门从事电化教育研究的学校电教中心。这些学术机构的成立使得独具我国特色的电化教育学大跨步向前迈了一步，使得"文革"后我国的电化教育学初步具备了一定的规模，从而更好地展开了一系列关于本学科的学术研讨与交流。

（二）各类期刊相继创办

学术期刊的创办是一门学科成熟的标志，是推动本学科良好发展的助推力之一。1980年，《电化教育（双月刊）》杂志正式启动并在第二年公开出版发行。同年，由西北师范大学、中国电化教育研究会主办，南国农教授任主编的《电化教育研究》杂志编辑出版，面向国内外公开发行，至今在国内外享有声誉，素有"中国电化教育理论研究基地"之称。1984年，《天津电教》杂志创刊，至此全国已经有100多种电化教育学的相关刊物创办并发行，为开展教育技术学学术研究搭建了良好的学术交流平台，也为本学科的进一步发展提供了充足的动力。

（三）编撰出版了各类电化教育学教材

1984年，南国农教授的《电化教育基础》由甘肃人民出版社出版。高等教育出版社出版了南国农主编的《电化教育学》《电化教育基础》和李运林、李克东合编的《电化教育导论》。1984年3月，由南国农任组长，李运林任副组长的"全国电化教育课程教材编审组"成立，不久由南国农、李运林、李奈任主编的"电化教育丛书"编委会也相继成立，并制定了电化教育专业15门课程和23种丛书的详细编写计划。这批教学用书和教材的出版发行及时填补了我国高校电化教育学科专业教材的空白，解决了专业教学中教材紧缺的问题，为本学科专业的建设与发展做出了极大的贡献。

（四）设置电化教育学专业

专门人才培养方面，各高校积极响应全国范围内掀起的电化教育热潮，开始招收电化教育学专业的学生。1983年，华南师范大学、华东师范大学设立并开始招收电化教育学专业的本科生，这是国内最早获批开设电化教育本科专业的两所学校。不久，经教育部批准，东北师范大学、西北师范大学也相继设立了电化教育学本科教学点，共同致力于培养专门化的电教人才。

（五）课题研究现出雏形

此阶段并没有专门的以"教育信息化"或"教育技术学"等为主题的立项课题，相关课题大多都是分布于其他诸如基础教育、高等教育学科中，且数量极其有限。在"六五"规划的36个课题中，仅有一个高等教育类的课题涉及信息技术。[①]

（六）开始引入西方教育技术学的研究成果

这一阶段，我国学者已经开始关注并研究西方教育技术学，主要表现在对西方教育技术学论文的引入研究。据笔者掌握的资料，1983年，我国学者朱景学等在《教育研究》杂志上翻译发表了美国学者保罗·萨特莱的《教育技术发展史简述》一文，表明此阶段我国教育技术学研究已经将视野拓展到了国际。

从这一阶段教育技术学的学科发展来看，主要呈现出以下特点：

第一，人才培养体系尚不完备。各高校纷纷设立了电化教育学本科专业，而硕士点、博士点的设立却为零。第二，初步具有中国特色。此时我国理论界对于引进的美国视听教育坚持本国特色，采用了兼具本国特色与美国视听教育特点的"电化教育"之称，许多机构、著作仍多以"电化教育学"命名。第三，研究机构与学术期刊等相继创立，著作相继出版，为学科发展提供了良好的平台。第四，初步开始申报相关课题。第五，开始引入西方教育技术学的相关理论成果，研究视野拓展到了国际。

二、系统发展阶段（1985－2004）

作为教育技术学的前身——电化教育学已经初步具有了学科成熟的标志，受国外教育技术学影响，学术界对于是仍旧使用具有中国特色的"电化教育学"抑或结合西方特色使用"教育技术学"展开了激烈的讨论，在此之前对于本学科名称的使用是略带模糊的。1985年，南国农教授在《电化教育学》一书中提出了著名的电化教育"七论"：本质论、功能论、发展论、媒体论、过程论、方法论、管理论。其中以"媒体论"为中心要旨，发展成为了教育技术学理论体系中的"媒体中心理论"，对教育技术学实践领域的发展起到了良好的理论指导作用，这

---

① 全国教育科学规划领导小组办公室编. 中国教育科学规划回顾与展望：从"六五"到"十五"[M]. 北京：教育科学出版社，2006.

无疑是教育技术学学科建设历程中具有里程碑意义的事件，它为教育技术学学科的诞生和中国特色教育技术学的理论框架建构奠定了良好的基础。与此同时，我国学者在诸多著作与论文中对AECT'94定义进行了详细介绍，甚至建议用它来改造甚至重建中国的教育技术学，学科发展由此进入了系统的多元化阶段。

（一）学科名称的成熟化

随着学科的逐渐发展，原有的"电化教育"名称已经不能涵盖其所囊括的学科内容，于是1993年，国家教委颁布普通高等学校本科专业目录，电化教育专业改为教育技术学专业。1995年，我国学术界引入了美国教育传播与技术协会（AECT）1994年对于教育技术的定义（简称"AECT'94定义"），即教育技术（Instructional Technology）是为了促进学习，对有关过程和资源进行设计、开发、利用、管理和评价的理论与实践。该定义明确界定了教育技术研究的五个领域，进一步折射出我国教育技术学这门学科在不断地扩大，并不断地进行一系列细化研究。同年，高利明在《电化教育研究》杂志上发表了《教育技术学的AECT1994定义及启示》一文，以AECT'94定义为核心，对其要义进行了探讨与阐述，随后学界众多学者也发表了围绕AECT1994定义的数百篇文章。可见，此阶段我国已经开始沿用教育技术学的学科名称，更好更快地融入了与国际的交流，进而加速了教育技术学作为一门学科的专门化和成熟化。

（二）学科培养体系的完备

1981年，我国开始在全国高校范围内实施学位制度。1986年，经国务院学位委员会审批通过，教育技术学也获准了硕士学位授予资格。北京师范大学、河北大学、华南师范大学教育技术学科相继获批硕士点，这是我国获批最早的教育技术学专业硕士点。1987年，我国正式将"电化教育"确定为专业名称，并列入学科专业目录。1993年，北京师范大学被批准为教育技术学博士点，与此同时，著名学者何克抗教授正式开始招收教育技术学博士研究生，成为了我国教育技术学学科发展史上第一位博士生导师。学科培养体系的不断完备，意味着教育技术学研究力量得以加强，一定程度上缓解了我国教育技术学学科发展过程中急需高层次人才的问题，为学科发展储备了优质的人力资源。

（三）理论研究成果日益丰富

1996年，高等教育出版社出版了尹俊华教授主编的《教育技术学导论》，该书被列为教育技术学专业的核心课程教材之一。此时，我国学者对于教育技术学的理论研究逐步拓展视野，促进与加强了国内外学者的学术交流与讨论。据笔者所掌握的资料，1992年，张杰夫等人翻译出版了美国学者加涅所著的《教育技术学基础》一书；1999年，乌美娜、刘雍潜教授翻译出版了《INSTRUCTION-

AL TECHNOLOGY：The Definition and Domain of the Field》（《教学技术领域的定义和范畴》）一书。2004年，南国农教授主编的《信息化教育概论》一书由高等教育出版社正式出版。此外，这一阶段我国学者已经开始独立发表探讨分析西方教育技术学的论文，而不再是单纯地引入，如1991年，尹俊华、赵为华联合发表了《教育技术学概述》。

（四）首次独立申报课题，研究方向开始聚焦

进入21世纪，为使研究进一步深化，学者们开始申报有关教育信息技术的相关课题，并零散分布于各个研究领域，据统计此类立项课题有18个，约占总数的2%。总体来看，大量的研究开始关注教育信息技术及其教育应用，教育信息化的概念虽然刚在课题名称中出现，但教育信息化的研究已开始成为事实上的热点。只是从立项课题来看，可以归入教育信息化类研究的课题，对教育信息化的理解和认识还明显不足。2001年，首次独立立项的相关教育技术学学科课题达到了59个，占总课题数的20%。[①] 2002年，中国电化教育协会和中央电化教育馆申报的"信息化进程中的教育技术发展研究"和"基于现代信息技术环境下学与教的理论与实践研究"分别被批准为全国教育科学"十五"规划国家重点课题和全国教育科学"十五"规划教育部重点课题。到2004年，虽然有关教育技术学的课题数量有所减少，但已经开始出现有关"智能"方面的课题研究。

纵观这一阶段我国教育技术学的学科发展，主要表现出以下特点：

第一，形成了从学士到硕士再到博士的完整人才培养体系，办学水平得以大幅度提升，为本学科的建设与发展提供了充足的后备力量。第二，对西方的引入研究进一步深化，开始翻译出版国外著作，并独立发表研究西方教育技术学的论文，加强了国内外学者的交流与合作。第三，研究方向开始聚焦教育信息化，并首次把教育信息技术学科单列出来，作为一个独立的学科展开广泛深入的研究。第四，学术界开始沿用最具专业特色的"教育技术学"这一名称，逐渐趋于专业化和成熟化。

三、深化发展阶段（2005—2018）

随着教育技术学学科的进一步深化发展，学界对于教育技术的研究开始从仅仅关注"教"的研究转变到关注"学"的研究。伴随着这一理念的转变，在信息时代新型技术的大力牵引下，教育信息化的进程日益加快。鉴于此，学界众多学者开始意识到，教育技术学将会引领教育领域的新一轮技术变革，并提出教育技

[①] 全国教育科学规划领导小组办公室编. 中国教育科学规划回顾与展望：从"六五"到"十五"[M]. 北京：教育科学出版社，2006：238.

术学应走向一级学科。2005年，李龙教授鲜明地提出了这一点，并对以教育技术学科为一级学科的二级学科的课程进行了详细规划。① 以此为标志，学界开始探索将教育技术学作为一门一级学科。2013年，南国农教授再次提出"教育技术"应该采用更切合时代的"信息化教育"这一名称，并向一级学科靠拢，我国教育技术学的发展进入了深化发展阶段。

（一）学科专业刊物不断丰富

在学科著作出版和期刊创办方面，我国教育技术学专著数量仍然保持稳步上升趋势，主要研究方向包括了媒体开发与应用、信息技术教育、教育技术理论、教学设计、教育技术方法和远程教育等各个领域，且形式上这些著作不再以单纯的理论研究为主，日趋向多样化发展。就学术期刊来说，目前被公认的教育技术学专业核心期刊主要有《电化教育研究》《中国电化教育》《现代教育技术》《中国教育信息化》《中国远程教育》《现代远距离教育研究》等10多种，这些期刊极大地推动了教育技术学学科建设的发展。

（二）学科研究领域逐渐拓展深化

在研究领域方面，目前最具前沿性的两个领域就是信息技术与课程整合和服务于有效教学的教育大数据，并已成为当代研究的热点，深刻改变着教育技术人才和教育生态系统的社会需求。近年来，可穿戴技术、BYOD自带设备技术、可视化技术、VR（虚拟现实技术）、AR（增强现实技术）等新一代技术频频成为了学者们关注的焦点。基于此类技术，我国学者开始研究信息技术与课程的整合与实施，并在探究式学习、基于概念图的学习、混合式学习和校际协作学习等方面取得了重大的研究进展。此外，中国教育信息化2.0新时期的开始，标志着我国已经基本实现了由教育信息化1.0到2.0的跨越式发展，它以创新为理念，进一步促进了我国信息技术与一线教育教学实践的深层次融合，是新时代背景下我国教育发展的不二选择。

（三）国内外学术交流活动日益频繁

此阶段，有关教育技术学的国内外学术交流活动开始大规模展开。2006年，国际华人教育技术论坛在华南师范大学举行。随后相继举办了中美、中日学术交流论坛，并于2015年在我国山东青岛召开了首届国际教育信息大会，基本实现了从自主化建设到引领国际间协作的大幅度转变。就国内而言，截至2017年，中国教育技术协会信息技术教育专业委员会共召开12届学术年会。从会议主题来看，学界对于教育技术学的研究从仅仅关注"教的技术"转变到了开始关注技

---

① 李龙. 教育技术领域·学科·专业[J]. 中国电化教育，2005（12）：5-10.

术支持下的学习心理研究。通过学术年会这种国际与国内、新手与专家的面对面的对话机制平台为教育技术学寻求新的生长点，研究者们在回顾与反思教育技术学学科发展的同时，也注重研究探索其新的研究领域与研究方法，从而不断推动学科的健康发展。

（四）人才队伍建设不断加强

这一阶段，教育技术学博士点、硕士点激增。截至2008年，全国范围内具备教育技术学硕士研究生招生资格的学校已扩大到了83所；[①] 2010年，经教育部审查，我国新增86所高校为教育学一级学科硕士点，[②] 意味着这些学校同时具有了教育技术学硕士学位授予权。相关数据显示，到目前为止，我国至少有169所高水平大学具备招收教育技术学硕士研究生资格以及相应的学位授予权。[③] 随着我国博士生教育的深化和改革、学位授权审查制度的改革和调整等，我国教育技术学博士课程的数量和规模也从无到有，从有到多，从多到优迅速发展起来。到2010年，国务院学位委员会审核并授予全国各地14所高水平大学以教育学一级学科博士学位授予权。[④] 截至2018年，我国约有24个教育技术学博士点（获得博士学位授权），硕士点大约83个，本科专业点大约189个。教育技术学硕、博士点的迅速增加说明教育技术学作为一门新的学科具有极强的发展态势，越来越多的高校开始重视教育技术学学科高层次人才的培养，这无疑为教育技术学的学科发展乃至作为一级学科的教育学的整体发展注入了一股新鲜的血液。

（五）课题数量持续增加，研究主题多元化

2005年以来，随着信息高速公路的建设，人们更加关注利用信息技术手段来促进教育教学，研究主题更加多元化，关于教育技术学的课题迅猛增加，研究领域从最初单一的多媒体的研究与应用发展到如今关注信息技术与课程的整合、远程教育等，并开始研究一系列有关云计算、虚拟学习、人工智能的教学系统，良好地与信息时代接轨。此外，相关理论研究与实证研究也大幅度展开，开始研

[①] 徐福荫. 教育技术学专业指导性专业规范讨论稿［R］. 2010教育技术国际研讨会，2010.

[②] 教育部关于下达2010年审核增列的博士和硕士学位授权一级学科名单的通知［EB/OL］. ［2013-10-25］. http：//www. moe. edu. cn/publicfiles/business/htmlfile/moe/moe_820/201104/117375. html.

[③] 吴向文. 从我国教育技术学博士点建设看其学科发展［J］. 江苏开放大学学报，2014（1）.

[④] 教育部关于下达2010年审核增列的博士和硕士学位授权一级学科名单的通知［EB/OL］. ［2013-10-25］. http：//www. moe. edu. cn/publicfiles/business/htmlfile/moe/moe_820/201104/117375. html.

究将信息技术运用到新疆等少数民族地区和欠发达地区,关注远程教育资源的均衡分布与利用。再者,教育技术学也开始深入到一些教育学的核心领域,如教育心理、课程教法等,更加彰显了其作为一门交叉学科的特点。

这一时期教育技术学学科发展的特点主要表现在:

第一,研究领域逐渐拓宽,从最初单一的多媒体的研究与应用发展到关注信息技术与课程的整合、大数据教学、深度学习、个性化学习等。第二,教育技术学的学科交叉性特点愈发突出。第三,研究成果显著,学科建设迅猛发展。这一阶段我国教育技术学硕士点、博士点持续增加,相关的研究刊物、研究成果、研究团队等也在数量和质量上取得了重大的突破。第四,教育信息化逐渐实现了由建设到应用的转变,相关的教育信息化基础设施已经能够基本满足一般性的教育教学工作。

第二节　教育技术学学科建设的进展

改革开放以来,我国教育技术学的学科发展在各方面都取得了很大的突破,从电化教育学到教育技术学,从一个领域到一门学科的建设,教育技术学在极短的时间内迅速发展壮大成为教育学的一门二级交叉学科,并体现出其独特的学科前卫性,在众多的学科之中具有了一席之地。概而言之,其进展主要体现在以下几个方面。

一、教育技术学的学科建制

所谓"学科建制"是指学者的职业化、固定教席和培养计划的设置、学术组织和学术会议制度的建立、专业期刊的创办等。[①] 具体而言,学科建制的路线有两条,一条是从内部的观念建制到外部的社会建制的内生路径,一条是从外部的社会建制到内部的观念建制的外生路径,我国教育技术学所形成的就是一种由外而内的外生型学科建制。从其学科发展历程来看,可以说在短时期内,我国教育技术学学科迅速形成了从本科到硕士再到博士的完整的三级培养体系,学科从无到有迅速发展并拥有了众多的博士点、硕士点和本科专业点,拥有了十多种教育技术学核心期刊、CSSCI 来源期刊等多种高度专业、高度权威的杂志刊物,学科专职研究队伍也由最初的寥寥无几发展到超过百万人的团体。

从教育技术学的学科建制来看,我国教育技术学是先有其事,后有其名。首

---

① 吴国盛. 学科制度的内在建设 [J]. 中国社会科学,2002 (3).

先设立了众多相关的研究机构，正式确立了教育技术学作为二级学科的地位，随后被国务院学位委员会列为学科专业目录，并在高校开设教育技术学课程直接培养教育技术学专业人才。全国各高校教育技术学本科专业经过实践和发展，基本确定了教育软件、远程教育、教育技术、信息技术教育、教育媒体技术等五个培养方向，并明确了各个方向的培养目标；同时构建了学校平台课程、专业主干课程、专业基础课、方向核心课程、专业任选课和实践课程的五个课程模块。就教育技术学专业建设来看，南国农教授指出要坚持走具有中国特色的中国道路，许多高校也对教育技术学专业进行了一系列课程改革，更多倾向于选择适应时代变化的、适合社会的、更具生命力的专业课程，如智慧学习资源设计开发与应用研究、信息化与智慧教育理论、智慧教学及其评价研究等课程。由此来看，我国的教育技术学从其"草创"开始，经由学科设置最终在事实上成为一门学科，可以说在极短的时间内，教育技术学迅速发展壮大，并在制度上得到了一定的认可，这对于提升教育技术学的研究水平，建立系统的、全面的、严密的教育技术学理论无疑有着重要的意义。目前教育技术学的外在建制已经得到良好的发展，但是其本质、概念、理论体系和研究范畴尚不明晰，有待进一步研究。因此，因应教育信息化2.0时代的要求，我国教育技术学的发展应该寻求具有自身特色的内生建制，从内部机制着手，立足于学习者，研究如何更好地以教育技术来驱动有效教学的发生，驱动学习者更好地学。

二、教育技术学的研究对象

对于教育技术学的研究对象，目前学界主要有以下几种观点：

第一，以"教育技术（电化教育）现象与规律"为研究对象。这是目前阐述各学科研究对象的一个普遍性的观点总述，诚如南国农教授所指出的，电化教育学是研究其现象和规律的一门学科。[①]

第二，以"过程与资源"为研究对象。该观点由 AECT'94 定义延伸而来，具体分为两种：一种是研究服务于学习一方的学习过程和学习资源，另一种是研究服务于教学一方的教学过程与教学资源。

第三，以"教育技术"与"教育教学实践"为研究对象。"教育技术"说是大多数学者持有的一种观点，区别在于广义与狭义。对此，有研究者认为，教育技术是教育技术学的研究对象，由此，教育技术学是研究教育教学实践的；[②] 而"教育技术"说则认为教育技术学是以开发和设计教学媒体、教学过程为研究对

---

① 南国农. 电化教育学［M］. 北京：高等教育出版社，1985.
② 刘美凤. 教育技术学学科定位问题研究［M］. 北京：教育科学出版社，2006.

象的,① 是狭义的。他们认为狭义上的"教育技术"说将教育技术学的研究对象旗帜鲜明地与其他学科研究对象区别开来,对今后本学科的进一步发展具有极大的借鉴价值。

第四,以"教育软技术"为研究对象。持这种观点的学者是比较少的,这里的软技术是指以知识形式而非物质形式呈现的技术。从技术的角度上讲,应该说是不全面的技术,但是从与教育学其他学科的区别上讲,它不能把教育技术学与其他学科的研究对象区别开来。②

第五,以"教育技术问题"为研究对象。但是,学者们认为由于问题本身所具有的特殊性,实际中必须对问题进行清晰的界定。

第六,以"教育的技术特性"为研究对象。持这种观点的研究者指出:"如果早期'教育技术'是为了使学生更好地学,那么今天的'教育技术'是因为在教育环境中,'技术'已经渗透到各个方面,在教育和教学中必然也存在相关的'技术'问题,因此有必要研究教育的技术特点和相关的规律性问题。"③ 此种观点既明确了教育技术学的研究对象,又指出了教育技术学所研究的内容。

三、教育技术学的学科性质

改革开放以来,我国学界关于教育技术学的学科性质比较通行的观点主要有:其一,教育技术学是一门综合性学科。它综合采用作为一级学科的教育学、传播学、心理学、信息科学的原理与方法来解决教育问题,因而要想发展成为一门独立的学科,必须使这些相关的学科达到真正的融合,形成统一的范式。其二,教育技术学是一门隶属于技术学类的学科。这里主要有两种观点:一方面,有研究者认为归属于技术学层次的教育技术学是与教育学并列的一级学科;另一方面,也有研究者认为考虑到教育技术学的方法论属性,其应该归属于教育科学领域中一门技术学层次的分支学科。④ 其三,教育技术学应该由应用学科提升为科学。持此观点的研究者认为,教育技术学的研究对象要进一步深化拓展,就有必要加强基础理论研究,使教育技术学从"技术"到"科学"实现高层次的转变,"从中国教育技术移植的理论技术"移植开发和应用手册,逐步完善教育技术的本质和发展规律的科学研究,并"创造"教育技术的基本理论,使其尽快适

---

① 汪基德. 中国教育技术学科几个问题的探讨[J]. 教育研究,2006(7).
② 汪基德. 中国教育技术学科几个问题的探讨[J]. 教育研究,2006(7).
③ 刘德亮. 我国教育技术学科建设的现状与发展趋势——访北京师范大学黄荣怀教授[J]. 中国电化教育,2002(10).
④ 尹俊华,等. 教育技术学导论(第二版)[M]. 北京:高等教育出版社,2002.

应教育学科群独立二级学科的地位。① 其四，一些研究者认为，如果说教育技术学是一种纯粹的应用性学科，那么它将导致其理论和实践研究的程序化和机械化，必将会丧失其深度的反思性和批判性，从而走向反理论，因而提出教育技术学是一门具有开发取向的教育理论。②

四、教育技术学的逻辑起点

学界较早对教育技术学的逻辑起点进行论述的是万嘉若和曹揆申，他们指出以媒体为逻辑起点是不系统的，但是并没有提出具体的逻辑起点。此后学界展开了对于教育技术学逻辑起点的广泛讨论，主要有以下几种观点。

（一）以现代教育媒体技术的教育教学和学习为逻辑起点

南国农教授、汪基德教授是这种观点的主要代表。类似地，也有研究者认为"教育技术学的逻辑起点不等于全部技术的总和，仅仅是围绕现代教育思想、教育理论核心指导的'现代教育技术'在教育教学中的应用"。③

（二）以借助媒体的学习教学为逻辑起点

有研究者从媒体和学习两个维度指出，教育技术学理论体系建构的逻辑起点、逻辑归宿分别是"媒体学习"和信息时代的"高绩效学习"。④ 也有研究者将其与教育学相比较得出，教育技术学的逻辑起点就是"媒体教学"。⑤ 也有研究者认为这种观点虽然在一定程度上体现了教育技术学的媒体观，但是它与教育技术学的研究对象并不是一个研究层面的，因而此种表述是不全面的。

（三）以借助技术的教育知识经验共享为逻辑起点

从教育活动的角度，有研究者指出，教育技术学的逻辑起点是"借助技术的教育活动"。⑥ 也有研究者在论证由于"教育中的技术"和"技术中的教育"两个逻辑起点的对立性所带来的局限性的基础上指出，教育技术学的逻辑起点应该是通过技术建立起来的知识经验共享。⑦

（四）以"如何教育"或"教育教学问题"为逻辑起点

有研究者将教育技术学与教育哲学相比较得出，由于教育技术学所研究的核心焦点是"如何教育"，决定了其逻辑起点便是如何教育或"怎样教育"。有研究

---

① 桑新民. 现代教育技术学基础理论创新研究［J］. 中国电化教育，2003（9）.
② 杨开城. 教育技术学——"开发取向"的教育理论探究［J］. 教育研究，2004（5）.
③ 刘瑞德，黄荣怀. 也谈教育技术学的逻辑起点［J］. 电化教育研究，2006（8）.
④ 桑新民. 现代教育技术学基础理论创新研究［J］. 中国电化教育，2003（9）.
⑤ 张有录，许兴龙. 论教育技术学的逻辑起点［J］. 甘肃高师学报，2001（3）.
⑥ 何克抗. 关于教育技术学逻辑起点的论证与思考［J］. 电化教育研究，2005（11）.
⑦ 赵剑. 教育技术学逻辑起点再探［J］. 电化教育研究，2006（6）.

者也指出，教育技术学的逻辑起点应该是基于教育实践中问题的解决来建立自身理论。① 也有研究者不赞同此种观点，认为"如何教育"更偏重于是教育技术学研究的目的与最终归宿，而不是逻辑起点。

（五）以"教育和技术的双重结构"为逻辑起点

李龙教授指出，一方面，教育技术学是作为一级学科的教育学与技术学的交叉整合，其中教育学的逻辑起点是教育，技术学的逻辑起点是技术；另一方面，教育技术学反映了"教育中的技术"的理论、方法和规律，而"教育中的技术"包括了"教育"和"技术"两个要素，因此其逻辑起点应该同时兼具教育和技术的双重性。②

（六）以"传播"和"教育信息的传播"为逻辑起点

有研究者提出，如果说教育技术学具有传播的特质，那么其逻辑起点必然也是传播，主要研究如何使教育信息在教师、学生、教学内容、教学媒体四个要素之间实现双向的互动传播。③ 对此，也有研究者持否定态度，认为传播顾名思义是一种活动，不为教育领域所特有，而教育技术学的研究对象是教育技术（现代教育技术）问题，二者是属于不同范畴的概念。

（七）以"教与学的活动及关系"为逻辑起点

有研究者指出，如果说作为一级学科的教育学的逻辑起点是教与学的活动及关系，那么其相应的二级学科——教育技术学就应该坚持同一个逻辑起点。④ 与其他将教育学与教育技术学置于不同的研究范围来论述其逻辑起点的学者不同，此观点认为教育技术作为一门二级学科，应该具有与一级学科相同的逻辑起点。

此外，学界还存在着其他两种观点：其一，由于教育学的逻辑起点是"知识新人"，因而作为其分支学科的教育技术学的逻辑起点便是"教育软技术创新"；⑤ 其二，立足于以人为本的理念，教育技术学的逻辑起点理应是设计和促进人的生命成长。⑥

---

① 张舒予. "改革创新"与"继往开来"——兼论教育技术的逻辑起点问题［J］. 电化教育研究，2006（4）.

② 李龙. 教育技术学科的定位——二论教育技术学科的理论与实践［J］. 电化教育研究，2003（13）.

③ 章伟民，曹揆申. 教育技术学［M］. 北京：人民教育出版社，2000.

④ 丁钢，王陆. 教育学视角下的教育技术学学科发展［J］. 电化教育研究，2006（8）.

⑤ 陈勇勤. 教育学的逻辑起点和教育技术学的逻辑起点［J］. 电化教育研究，2006（3）.

⑥ 李政涛. 为人的生命成长而设计和发展教育技术——兼论教育技术学的逻辑起点［J］. 电化教育研究，2006（12）.

从已有的研究来看，目前比较普遍的逻辑起点观是"借助教育媒体技术的教育教学和学习"，教育技术学作为一门在信息化时代拥有最先进生产力的学科，理应比其他学科更关注如何使教育者更好地"教"，使学习者更好地"学"，借助现代教育技术来破解难题、创新教育，是它所具有的比其他二级学科更重要的使命。

五、教育技术学的理论体系

从电化教育学到教育技术学，理论研究从最开始的关注媒体，到注重教的研究，再到注重学的研究，发展到现在更加注重于绩效技术的研究，其理论体系愈来愈成熟，愈来愈贴合人类对于教育技术学的发展需求。南国农教授在总结我国现有的教育技术学理论体系时指出："一类主要是基于美国的 AECT'94 定义建立的；另一类主要是基于对国内理论研究和实践经验的不断总结建立的。"[①] 也有研究者将其分为了三类，"一是'要素构成'体系；二是'操作构成'体系；三是将'要素构成'体系和'操作构成'体系有机结合起来"。[②]

1988 年，南国农教授提出了教育技术学的"七论"，并围绕"媒体论"形成了能够代表现代教育媒体的研究和应用的媒体中心理论；1990 年代，学界借鉴美国 1970 年代的理论观点，开始将教育技术定位于教学系统或教学过程，故而形成了系统过程的理论体系，开始由注重媒体转变到注重教的研究，但该理论只是昙花一现，并未对我国的教育技术学的理论体系产生深远影响；1995 年，我国引入了美国教育传播与技术协会（AECT）对于教育技术的定义，至此确立了教育技术学研究的五范畴理论体系：设计、开发、利用、管理和评价。截至目前，我国许多学者认为，五领域理论体系的引入，标志着我国的教育技术学从注重"教"的研究转变到开始注重"学"的研究，是目前公认的教育技术学较标准和较完善的理论体系框架。

21 世纪以后，有研究者指出：教育技术学的理论体系是一个囊括了"基础性探索"和"应用性探索"两个核心的理论体系，其中基础性探索包括学习环境设计与教学设计、哲学文化理论研究和创新性技术三方面的内容，应用性探索包括教育技术在学校教育教学、企业项目培训和终身教育三个领域中的应用，[③] 主要是时下教育技术学所研究的热点——绩效技术在各领域的应用。2010 年，南

---

① 南国农. 教育技术理论体系的重构：路线图 [J]. 现代教育技术，2010（4）.
② 李康. 论我国教育技术学科的形成与发展 [J]. 电化教育研究，2012（1）.
③ 孔维宏，高瑞利. 从领域到学科——教育技术学理论体系的发展 [J]. 现代教育技术，2003（4）.

国农教授在重建我国教育技术学理论体系的"路线图"时强调，应尽可能消除"西方中心和理论依附"。① 在善意的批评之后，南国农教授基于中国传统的"以和为贵"的文化理念，得出了教育技术学的新理论体系六论——总论、基础论、技术论、模式论、方法论、管理论，② 为我国教育技术学学科建设与发展奠定了良好的理论基石。

2013年，何克抗教授从逻辑起点和学科定位出发，认为教育技术学的理论体系包括基础理论知识、应用科学知识和教育技术哲学研究知识三个组成部分。③ 也有研究者以方法论为依据，认为教育技术学具有经验体系和范畴体系两种水平的理论体系，并指出教育技术学理论体系的建构应努力寻求从经验体系向范畴体系的转变。④ 在很大程度上，它们已经发展成了教育技术学至关重要的基础理论研究部分，我国教育技术学理论研究进入了一个相对系统和趋于成熟的阶段，为教育技术学实践领域的发展提供了极大的理论指导。

六、教育技术学的学科定位

一门学科要发展，必须对于本学科有良好的定位，学科定位是学科发展的前提和基础，而从电化教育学到教育技术学，教育技术学究竟应如何定位一直是我国学术界悬而未决和争论不休的问题，归根到底就是教育技术学姓"教"抑或姓"技"的问题。对此，主要有三种观点：其一，教育技术学应定位于"教育"。这是因为教育技术学所研究的对象、范畴和领域均与教育、教学过程及教育、教学资源有关。其二，也有研究者认为教育技术学更偏重于实践，是一种应用性科学，属于方法论范畴，所以它应该定位于"技术"。也有研究者指出"教育技术学具有方法论属性，是隶属于教育科学研究领域中技术层面的一门学科"。⑤ 有研究者认为，如果教育技术被视为是具有独特原理的技术，相应的教育系统被视为是由教育技术的技术化过程所生成的技术性研究成果，那么其学科发展所面临的困境也必将迎刃而解。其三，教育技术学兼具了教育和技术的双重定位。一方面就学科性质而言，教育技术学兼具了教育学学科和技术学学科的双重性质；另一方面就逻辑起点而言，亦是具有双重性的。也有研究者认为教育技术学应定位

---

① 南国农. 教育技术理论体系的重构：路线图 [J]. 现代教育技术，2010（4）.
② 南国农. 信息化教育理论体系的形成与发展 [J]. 中国电化教育，2009（8）.
③ 何克抗. 中国特色教育技术理论体系的建构 [J]. 北京大学教育评论，2013（7）.
④ 钟柏昌，李艺. 中国教育技术学基础理论问题研究——关于理论体系的评述 [J]. 电化教育研究，2014（1）.
⑤ 尹俊华，等. 教育技术学导论（第二版）[M]. 北京：高等教育出版社，2002.

于现代教育思想、教育理论和现代信息技术三者的结合。①

七、教育技术学的学科实践

教育技术学的学科实践，概而言之就是教育技术学的教育信息化实践。2011年底，在中国教育技术协会成立20周年庆祝会暨全国教育信息化展望论坛上，南国农教授指出："当前我们国家的教育信息化可以说是红红火火。教育技术作为一个事业来说，它是红红火火、如日中天，但是作为一门学科来说，它正在逐渐地衰弱，独立生存发展的空间越来越小。"学科发展和学科实践本是相互依存、相互促进的发展关系，实际上却出现了错位，这一错位由此被命名为"南国农之问"。"南国农之问"尽管指出了我国教育技术学学科发展所面临的困境，却也显示出了我国教育信息化实践所取得的卓越成就。这主要体现在：

第一，加速了我国教育信息化硬件与软件的建设。一方面，学科发展为教育信息化基础设施的建设提供了理论指导，为我国打造数字化校园、营造信息化学习环境提供了巨大的理论支撑；另一方面，教育技术学从根源上通过提升教师信息化教学能力来引领、建设中小学信息化基础设施应用，精准化地服务于教育教学。20世纪90年代后期，学科引领的教师信息技术能力培训的项目活动更加具有了普遍性、系统性；自2005年以来，我国开始针对全国范围内的中小学教师实施教育技术能力提升计划，并取得了显著的效果，进一步促使此项工作更加系统化、制度化。学科通过"建队伍"这一抓手，在教育信息化实践中起到了非常重要的引领作用。

第二，信息技术与课程的整合进程进一步加快。其一，极大地丰富了信息化教育资源，如MOOC、微课、翻转课堂、精品课程等在各级学校的广泛应用。其二，极大地改变了教师教的方式和学生学的方式。随着技术的不断变革，许多突破时间、空间限制的新型学与教的方式，如移动学习、混合学习、大数据精准学习以及自适应学习应运而生，不断地改变着学习的可能路径，改变着学习者与课程、与资源之间的关系，重塑了学习的生态系统。其三，学科通过一系列新型技术如人工智能、大数据分析等，逐步建立起以大数据为依托、以智能评估为主要服务形式的教学与学习评价体系，为教师的精准教学、学生的精准学习和管理者的科学决策提供数据支持。

---

① 南国农. 新世纪信息化教育工作者的使命[J]. 电化教育研究，2003（12）.

第三节 教育技术学学科发展的反思

每门学科的发展都不是一蹴而就的,都是在不断产生问题与研究解决问题中逐渐成长起来的,作为一门新兴学科的教育技术学更是如此。改革开放以来,我国教育技术学在不断的审视问题中曲折发展,并以惊人之速取得了巨大的成就。21世纪,在新的时代、新的大教育背景下,信息技术高速发展,当代中国教育研究也在如火如荼地展开,教育技术学作为其中最有活力的一门学科,亦需要在对自身深刻反思的基础上寻求理论与实践的新的生长点。

一、培养模式兼具专业性与特色性

目前,我国高等学校教育技术学专业所直接培养的是面向中小学的信息技术老师,表面上教育技术学专业的学生似乎就业渠道颇为顺畅,然而现实的状况却是大多数师范类毕业生在选择职业时处于尴尬的境地,大多数成为了中小学教辅老师,许多甚至成为了保险公司推销员等,并没有体现出本专业特色,于是所谓的教育技术学高等教育人才培养体系变得极其被动,似乎可有可无。因此,建构专业化的学科人才培养模式最重要的是要明晰教育技术学的培养目标,使之兼具独特性与兼容性,因为一门学科的培养目标直接关系着课程结构的设计、学科体系的建设和专业发展方向。

(一)人才培养顺应信息化时代需求

社会需求是一切教育技术人员分配和教育产品研发的动力源,其与人才培养的持续联系是学科可持续发展的前提,然而社会需求是千变万化的,教育技术开发人员必须极其敏锐地观察分析不断变化的社会需求,并依据社会需求来适时调整教育技术学的培养目标、专业设置以及课程设置等。[①] 时下,在教育信息化2.0和人工智能的新时代背景下,教育技术学的人才培养目标也应该顺应时代需求,在原有人才培养目标的基础上,进一步加强创造性思维能力的培养,尽可能地体现围绕一个核心展开多元的、特色化的培养。

为此,需要注重学生教育技术核心能力的培养,一方面深挖教育技术学的跨学科特性,从而在学科理论建设、研究领域及培养方案上不断完善以设计为内核的学科核心,进一步围绕一个核心开拓出能够体现教育技术学跨学科性的特色发展方向,这些不同方向的延展体现出与信息技术、课程与教学、媒体、数据科学

---

① 吴淑珍. 论教育技术学科的未来发展 [J]. 高等函授学报(哲学社会科学版),2008(3):78-80.

等不同领域的交叉。具有不同跨学科优势的教育技术学科团队，如果都能够在一个核心＋N个特色维度方面发展出各自优势，将形成具有集群优势的跨学科人才培养和研究与实践力量。① 如此才能够不断地拓展、丰富本学科的理论与实践领域，进一步地，我们所培养的教育技术学高级人才队伍才会更好地服务于教育教学，成为教育领域生生不息的后备军。

（二）人才培养目标明确化

纵观我国现有的教育技术学培养模式，可以发现其缺乏切实的、统一化的培养目标，且其学科培养目标过大，导致许多高校在将教育技术学划分院系时也颇为混乱，分布于教育系（学院）、心理系、计算机系（学院）、物理系（学院）、新闻传播系（学院）等情况都有，所设置的课程也相应地繁多而复杂，理论类课程远远多于实践课程，仅有的实践课程也大多流于形式，学生所掌握的各种能力也只是浮于表面，造成了普遍的广泛涉猎却无一精通的"四不像"现象。如划分于教育类必然会从教育的角度进行专业设置，计算机类院系必侧重计算机网络技术等专业技能，物理类必然更加强调理学知识的学习与应用，而教育技术学专业的学生在这些方面的积淀并不足够。而反观名目繁多的求职市场，相较于"术业有专攻"的语数外专业，教育技术学更是不具备学科所赖以生存的"培养目标的独特性与针对性"，从而一度处于劣势地位。

因此，我们需要在兼顾学科培养特色的基础上走方向细化、特色突出、加强应用的道路。此外，基于"AECT'94"定义，教育技术学人才培养的共同目标就是培养能够在新技术教育领域从事教学媒体和教学系统的设计、开发、利用、管理和评价的教育技术学科高级专门人才，具体地包括了各级师范院校和中等学校教育技术学课程教师以及各级电教馆、高等教育和普通教育的教育技术人员。鉴于此，我国各类院校理应在保持本专业主干课程开设统一的前提下，酌情根据各自特色和专业的实际情况，选择能够体现本专业特色和优势的方向，尽可能克服粗放的弊端，确立能够充分体现本专业特色的明确的教育技术学学科培养目标，为教育技术学学科的发展培养兼具理论素养与实践能力的创造性人才。

二、密切教育技术学理论研究与学科实践的关系

教育技术学在发展的过程中不可避免地出现了一些理论与实践失联的问题，突出表现在：其一，许多教育技术学领域的实践者在实践的过程中缺乏良好的理论指导，譬如一线教师在应用教育技术学某类产品的时候对于其原理、方法的掌

---

① 任友群，顾小清. 教育技术学：学科发展之问与答［J］. 教育研究，2019（1）.

握是欠缺的,导致产品被低效率抑或无效率地利用到教学中,造成了教学资源的极大浪费。其二,学科建设人员亦缺乏对于本学科先进理念的贯彻与实施,作为教育学的分支学科,教育技术学专业始终是"学科前卫性"的突出代表,而时下上至博士生的培养,下至本科生的培养,课堂教学仍大多局限于传统的课堂授受模式。除个别学校课程外,本学科课程也几乎落实不了教育技术学科所倡导的"自主型学习、协作型学习、探究型学习"等新型学习方式,教育技术学科所倡导的新媒体、新技术、移动学习等也并未能够引起本学科培养方式的变革,因而尚未起到"学科领头羊"的先锋作用。其三,教育技术学专业的学生教育教学、培训的实践能力有所欠缺。我国现有的学科培养体系特别是本科层级的课程体系,广泛存在理论课占很大比重而实践课较少且流于形式的问题,大部分毕业生亦缺乏相关的教育教学实践培训经验,使得高校所培养的教育技术学专业的学生大多仍是"纸上谈兵"。

事实亦证明,教育技术学学科要想得以健康持续地发展,就必须深入教育教学一线,在实践中发现问题、解决问题。与此同时,理论研究犹如一门学科的灵魂之所在,如若丧失了灵魂,这门学科必然是没有生气的,也难以长久地屹立于学科之林,而实践研究则是支撑这门学科成长与发展的骨骼与躯干,二者缺一不可。因此,教育技术学必须将理论与实践相联系。

(一) 加强学校与企业、政府部门的合作

目前,我国教育技术学专业所谓的教育实习均流于形式抑或局限于各大中小学教学媒体的简易使用,并不能够凸显教育技术学的专业特色,为此我们要将教育技术学置于更宽广的舞台,与政府部门、企业建立联系。

21世纪最重要的是人的智力资源,而作为智力资源"挖掘者"的绩效技术自然备受关注。美国著名学者瑞瑟将教学设计与技术定义为:"教学设计与技术领域包含对学习和绩效问题的分析,以及设计、开发、利用、评价、管理教学和非教学过程和资源,以便提高在多种环境中的学习和绩效,尤其是教育机构和场所。教学设计和技术领域的专家经常用系统化教学设计程序,应用多种教学媒体来达到目标。另外,他们日益关注对一些绩效问题的非教学解决方法。与上述领域相关的研究和理论也是该领域一个重要的组成部分。"[①] 因而教育技术学的研究者理应以此为支撑点,打造产学研相结合的培养模式。一方面,在学科课程的开发和设计中,更加注重企业绩效和学校绩效的分析和改进,注重企业员工培训系统的设计、企业项目的开发、人力资源的开发与利用以及工作环境设计等方面

---

① Reiser, R. A. (2001). A History of Instructional Design and Technology; Part// history of Instructional Design. Educational Research & Technology, V01.49, No.2.

的学习和加强；另一方面，全力打造可供学生实践练习的实习平台。如此学生可以以传统理论知识的学习为依托，开始探索如何将理论更好地应用于实践，并突破教学媒体应用的局限而将其拓宽到企业与政府部门去研究绩效技术，从而使得理论与实践联盟培养"名副其实"的教育技术人才。毋庸置疑，相较于各类专业人才，教育技术学科自身技术能力处于一定的弱势，通过产学研相结合的模式，有助于将理论层面的教育技术学研究成果转化为实践中一系列高效能的产品，促进教育技术学高效地、创造性地发展，全面提升我国教育技术产业的自我创新能力，构建完整和谐的教育技术生态产业链条。[1]

此外，教育技术学的发展应结合学科建设与教育实践中的实际问题，以解决实际问题为目标，并开展基于开放性的跨学科交叉研究，进一步搭建理论研究与实践探究联系的桥梁，推动教育技术学的理论建设。这种开放与创新在创造一种全新模式的同时，也带来了学校、政府、企业等主体与教育技术学各方面之间的共同发展与创新。[2] 教育技术学必须具备能够解决教育教学实践中的问题和矛盾的能力特质，自主引领教育创新化发展，这是本学科最本质的使命和优势。[3]

(二) 注重一线教师的理念培育，"内外兼修"

"教育大计，人才为本"，教育技术学要发展，首先必须加强作为主力的师资队伍的建设。也就是说，在信息化时代，加强一线教师现代教育技术培训，是当前我国教育技术学学科建设与发展的重中之重。

为了尽快地使一线教师与信息化时代的现代教育技术良好地衔接，变被动的学习现代教育技术为主动的学习运用，首先必须从观念上使其认识到现代教育技术极大地促进了传统教育向现代教育转型，只有内外兼修的教师方能在时代的变革中适者生存，同时我们也可以通过课题与论文等形式，使得一线教师能够切身体会到内外兼修对于推广和发展现代教育技术的作用，从思想上自觉学习现代教育技术。其次，适时组织教师进行现代教育技术的相关培训，使其能够熟练掌握运用一系列基本的应用软件，并尽可能地掌握 Authorware、Flash 课件制作、Frontpage 网页制作等。此外，作为教育技术人的一线教师，理应自觉地将教育技术学的新型学习方式譬如支架式学习、协作学习、小组学习等落实到教育教学中，自觉发挥"领头羊"的牵引作用，更好地促进教师的教和学生的学。

---

[1] 陈仕品，张剑平. 政产学研合作：探索我国教育技术发展的新途径 [J]. 电化教育研究，2012 (7)：15-21.

[2] 韩锡斌，程建钢. 教育技术学科的独立性与开放性——斯坦福大学学习科学兴起引发的思考 [J]. 北京大学教育评论，2013 (3)：49-64、190.

[3] 陈丽，王志军，郑勤华. "互联网+时代"教育技术学的学科定位与人才培养方向反思 [J]. 理论探讨，2017 (10).

三、教育技术学研究应具有极强的跨学科性

2017年,自然科学基金新增"教育信息技术"代码,这标志着教育技术学开始大力投入跨学科研究。追根溯源,教育技术学是对具有不同学科背景的多种学科知识进行研究的产物,而且在教育技术学的发展过程中,它一直与周边学科存在着跨学科交流的现象。[①] 具体表现在以下两方面。

(一)研究方法上借鉴其他学科

一套严格系统的方法论体系是一门学科持续健康发展的根本性前提。作为一门高度交叉跨越的学科,教育技术学既不能采用单一的自然科学的研究方法,也不能纯粹地采取社会科学的理论思辨法,即任何一种单一的研究方法都不能够解决教育技术学科复杂的问题。就学科本身的方法论层面而言,教育技术学缺乏一个系统完善的方法论体系。21世纪以来,尽管我国学者也开始了研究方法的探讨,并取得了一定的成果,一定程度上填补了本学科研究方法领域的空白,但是,从学科角度来看,有关教育技术学研究方法的研究还是比较少的,且近年来教育技术学的研究范围不断扩大,而其研究方法却原地踏步、毫无创新,这在一定程度上阻碍了教育技术学的进一步发展。

信息化时代,教育技术学更应该能够适应高速发展的数字知识经济,采取灵活开放的研究思路和研究视角,使之兼具开放性、前瞻性和开创性。[②] 因此,在解决教育教学中的实际问题时,应以系统理论为指导,采用跨学科的研究视角来整合不同学科的知识,不断地发展和完善教育技术学研究的方法论体系,积极地运用教育学、心理学、脑科学、社会学、语言学、人类学、管理学、经济学、数据科学和信息科学等领域的知识来解决教育问题,同时应主动与相关学科专家同行合作,合力解决教育过程中的难点问题。[③] 也可以结合其他学科包括理工学科的研究方法,研究出一套成体系的、适切的教育技术学学科研究方法,更好地适应和促进教育科学。这是研究教育技术学研究方法的根本归宿。

(二)研究内容上更多关注技术支持下学习者的学习心理研究

21世纪,随着信息技术的高速发展和技术环境下学习心理研究的深入,人们更加重视思维能力的培养,教育技术学所研究的领域不再局限于单纯的对于技

[①] 安涛,韩雪婧. 跨学科视野中的教育技术学发展 [J]. 终身教育研究,2019 (1):71.

[②] 韩锡斌,程建钢. 教育技术学科的独立性与开放性——斯坦福大学学习科学兴起引发的思考 [J]. 北京大学教育评论,2013 (3):49-64、190.

[③] 陈丽,王志军,郑勤华. "互联网+时代"教育技术学的学科定位与人才培养方向反思 [J]. 理论探讨,2017 (310).

术的研究和应用，而是更加关注前沿性的对于技术支持下协作性学习环境的创建。为此，我们需要研究技术支持下的学习者的学习心理差异、学习行为和学习心理过程，以及学习者在与技术环境实现交互的方式和过程中的心理影响因素等。

结合教育技术学的学科前沿性可以看出，未来致力于服务学习者的教育技术学研究将更加关注学习者的非智力因素，更加关注社会交往在学习中的作用。在这之中，现代教育技术如人工智能、虚拟现实等将发挥不可替代的作用，且目前这些新型教育技术支持下的学习环境已经成为了人们思维和心理治疗的得力助手，未来它将会对人们的工作、学习、生活产生更大的影响。

四、强化教育技术学的中国立场

我国的教育技术学受启发于美国的视听教育，在其发展初期作为电化教育学，吸收了美国视听教育的先进性并结合中国所独具的国情，在一定程度上尚具备了中国特色。20 世纪 90 年代以后，我国学术界开始大量采用"AECT'94 定义"，随后学术界对于教育技术学学科的名称和重构问题开展了一系列的探讨。诚如南国农教授所阐述的，学界众多的学者将"94 定义"奉为圭臬，视为学科建设的风向盘、构建系统化的学科理论体系的依据，有的教材仅仅围绕"94 定义"一味进行解读，甚至有的学者提出不应再采用教育技术的中国定义，① 这是有失偏颇的。此外，理论界也热衷于引进一些国外教育技术专家的研究成果，并大量地翻译出版国外著名的教育技术理论著作，在名词解释、定义理解等问题上做了过度的探讨，导致"学科定义全盘西化"。

教育技术学理应在借鉴中寻求创新与超越，使得教育技术学具有中国话语。李龙教授指出教育技术学是教育和技术相结合的综合应用学科，而教育又是涉及人的世界观、价值观、文化底蕴和历史背景等诸因素的人文性学科，因此不同国家之间教育技术学科必然不应该是等同的；其次领域与学科是不等同的，教育技术这一领域涉及运用现代技术来解决教育、教学过程中问题的所有研究和实践，即便教育技术学科应该等同，但在不同的国家，"教育、教学问题"的内容和表现形式也是相异的，因而解决这些问题的方式方法和组织形式也就不尽相同，所以不能一概而论。② 为此，建构中国教育技术学必须始终坚持：（1）民族性。在民族性与全球性、继承与发展的关系中寻找适切的平衡点，在借鉴吸收国外优秀的教育技术成果的同时，也要适时地总结我国教育技术学发展过程中的经验和教

---

① 南国农. 教育技术理论研究的新发展［J］. 电化教育研究，2010（1）.
② 李龙. 教育技术领域·学科·专业［J］. 中国电化教育，2005（12）：5-10.

训。(2) 开放性。21世纪教育的国际化是时代发展的显著特征,而我们所要创建的具有时代精神的中国教育技术学就是在传承我国优秀电化教育经验的基础上"面向世界、面向实践"。(3) 系统性。一方面需要处理好教育技术学与其他学科的关系,由于教育技术学研究主体自身所具有的多元性,更加需要与具有不同学科背景的专家和学者共同研究和实践;另一方面要用系统的理论与方法来指导教育教学问题的解决。(4) 组织性。新的时期新的时代教育技术学处于关键发展时期,只有加强组织领导,才能领导教育技术学更好地发展。

第十一章　教育经济学学科发展史

改革开放 40 年来，中国教育经济学发展经历初创、起步、发展和相对成熟四个阶段，关于教育经济学的学科性质、研究对象、研究问题及内容体系、研究方法等问题的认识逐步趋于统一和明确，教育经济学的分支学科、研究队伍和研究成果日渐繁荣，中国教育经济学不断从幼稚走向成熟，为我国的教育发展和经济社会发展做出了重要贡献。中国教育经济学发展当前面临学科地位不高、研究问题偏宏观、内容体系不完善、研究方法使用不规范、学科移植现象明显等问题。中国教育经济学的进一步发展，需要逐渐转向教育学立场，重视微观领域的教育经济问题研究，不断完善学科内容体系，合理使用量化研究，加强本土化建设，继续为中国的教育改革与发展贡献力量。

第一节　教育经济学学科发展的历程

改革开放 40 年来，中国教育经济学大致经历了初创阶段（1978—1984）、起步阶段（1985—1991）、发展阶段（1992—2007）和相对成熟阶段（2008—2018）四个时期的发展，涌现出邱渊、厉以宁、杨葆焜、韩宗礼、王善迈、靳希斌、范先佐、闵维方、袁连生等一大批教育经济学者，形成了许多有代表性的研究成果，为我国的教育发展和经济社会发展提供了坚实的理论基础。

一、初创阶段（1978—1984）

十一届三中全会之后，党和国家的工作重心开始向经济建设转移，改革开放战略逐渐起步实施。在此背景下，国内的一些学者开始积极引进西方的教育经济学并倡导建立我国自己的教育经济学科，中国教育经济学开始进入初创阶段。1978 年开始，国内学界开始关注到教育与经济的关系，介绍国外（以苏联、美国和英国为主）教育经济学的研究成果，建立国内教育经济学组织，我国教育经济学随之产生。1979 年 3 月，全国教育科学规划会议正式提出要建立我国的教育经济学。1979年12月，邱渊教授在《教育研究丛刊》第1期发表《教育经济学的形成、发展及近况》，系统介绍了教育经济学的思想渊源、早期探讨、初步形成、继续发展和现状概况，标志着教育经济学作为一门系统的学科开始在我国落地生根。1980年8月，中央教育科学研究所在北京召开全国教育经济学研究工作交流会，于光远、许涤新、董纯才等著名经济学家和教育家在会上倡导要建立我国的教育经济学。1981年8月，刚成立的教育经济学研究会筹备组在北京举办讲习班，邱渊教授比较详细地讲授了国外教育经济学的产生、发展和基本内容。1984年9月，中国教育经济学会正式成立，我国从此有了专门的从事教育经济学研究的学术团体。①

处于初创阶段的中国教育经济学，坚持以马克思主义为指导和社会主义方向，以批判性地介绍国外教育经济学理论为主，对中国的教育经济学问题进行了初步探索。这一时期，陆续出版了几本教育经济学译著和专著（见表11.1），发表了一系列译文（见表11.2），以及诸多介绍国外教育经济学发展和相关著作的文章，如《〈教育经济学的对象和方法〉一书简介》（晓怡，1978）、《教育研究中的一个新领域——〈国民教育经济学〉概述》（徐长瑞，1981）、《西方教育经济学述评》（梁中义，1981），等等。

此外，在出版的教育经济学著作以及发表的一些教育经济学论文中，邱渊、厉以宁、孟明义、韩宗礼、王善迈等学者对教育与社会主义经济发展、我国教育投资（智力投资）经济效果和教师需求等教育经济问题进行了初步分析，让人们认识到了教育对劳动力培养以及经济社会发展的价值，认识到了建立并发展中国教育经济学的意义和前景，使中国教育经济学得以在此基础上扬帆起航。

表11.1　1978—1984年国内主要教育经济学著作（含译著）一览表

序号	作者	译者	书名	出版社	年份
1	科斯塔年	丁酉成等	教育经济学的对象和方法	教育科学出版社	1981
2	科斯坦扬	孙夏南等	国民教育经济学	吉林人民出版社	1981
3	约翰·希恩	郑伊雍	教育经济学	北京师范大学出版社	1981
4	舒尔茨	曹延亭	教育的经济价值	吉林人民出版社	1982
5	伊万诺夫	毛健等	职业技术教育经济学	长春技工教育编辑部	1982
6	达依诺夫斯基	徐长瑞	高等教育经济学	人民教育出版社	1983

---

① 侯怀银，王雪娟. 20世纪教育经济学学科建设的本土探索[J]. 山西师大学报（社会科学版），2008（6）：99-104.

续表

序号	作者	译者	书名	出版社	年份
7	北京师范大学教育经济学研究组	—	教育经济学讲座	教育科学出版社	1982
8	全国教育经济学研究会筹备组		教育经济学概论	青海人民出版社	1983
9	北京师范大学教育系《教育经济学》研究组	—	教育经济学	北京师范大学出版社	1984
10	厉以宁	—	教育经济学	北京出版社	1984

表 11.2　1978－1984 年国内主要教育经济学译文一览表

序号	作者	译者	论文名称	期刊	时间
1	T. E. 韦锥	邱渊	教育经济学纲要（辞目释义）	外国教育资料	1979（5）
2	长尾信吾	钟启泉	教育经济学概要	外国教育资料	1979（5）
3	约翰·希恩	冯若霓	教育和经济增长	外国教育动态	1980（1）
4	E. 科恩	邱渊	什么是教育经济学	外国教育资料	1982（3）
5	G. 帕查鲁泡洛	曹延亭	发展中国家的高等教育经济学	外国教育研究	1983（3）
6	B. A. 扎明	李丽萍	卡尔·马克思著作中的教育经济学观点	外国教育资料	1983（5）
7	E. 科恩	李兆雄	教育经济学的问题和任务	现代外国哲学社会科学文献	1983（11）

二、起步阶段（1985－1991）

1985 年 9 月，《教育与经济》杂志创刊，北京师范大学等高校陆续开设教育经济学课程，建立教育经济学硕士点和博士点，中国教育经济学开始进入起步阶段。起步阶段的中国教育经济学主要表现出三大特征：一是引进国外教育经济学和探索构建中国教育经济学齐头并进；二是对国内的教育经济问题进行了初步研究；三是重点探讨了教育经济学的学科性质、研究对象和研究方法。

教育经济学肇始于西方，中国教育经济学的起步首先要参考和引进国外教育经济学研究成果。这一时期，国内涌现出一批介绍国外教育经济学研究成果的译著，这些译著主要有：贝克尔的《人力资本》（梁小民译，1987）、马久姆达的《新教育经济学导论》（王铁生译，1987）、马克·布劳格的《教育经济学导论》（韩云等译，1989）、E.科恩的《教育经济学》（王玉昆等译，1989）、舒尔茨的《人力资本投资：教育和研究的作用》（蒋斌、张蘅译，1990）、西方教育经济学论文集（包含部分专著章节）——《西方教育经济学流派》（曾满超等译，1990）、阿特金森的《教育经济学引论》（林荣日等译，1991）。

中国教育经济学在借鉴国外教育经济学的同时积极自主探索构建自己的教育经济学，出版了大量教材和少量专著，为中国教育经济学的学科发展奠定了良好的开端。其中，一些代表性的教材和专著有：厉以宁的《教育经济学研究》（1988）、王善迈的《教育投资与财务改革》（1988）和《教育经济学概论》（1989）、韩宗礼的《教育经济学》（1988）、李建蔚的《教育经济学》（1988）、邱渊的《教育经济学导论》（1989）、杨葆焜的《教育经济学》（1989）、孟明义的《高等教育经济学》（1991）。此外，教育经济学的分支学科开始在中国萌芽，国内陆续出版了教育财政学、高等教育经济学、民族教育经济学和职业教育经济学的相关教材。

与此同时，国内学者应用教育经济学理论对中国的教育经济问题进行了初步研究。邱渊、厉以宁、杨葆焜、王善迈、韩宗礼等对我国教育与社会主义经济建设的关系、教育投资比例、教育经费拨款体制、教育投资的经济效益、教育成本等问题进行了初步研究。这一阶段，中国教育经济学研究在教育的经济价值、教育投资的比例、教育投资的分配和使用、教育收益、教育和经济的相互适应关系方面取得了一定的突破。[①]

这一时期的中国教育经济学开始了对学科性质、研究对象和研究方法的初步探讨。就学科性质而言，主要有教育学性质（以瞿葆奎等为代表）和经济学性质（以厉以宁和王善迈为代表）两种观点。就研究对象而言，这一时期的主流观点认为教育经济学的研究对象是教育与经济的关系以及教育对经济社会发展的作用。就研究方法而言，我国教育经济学以辩证唯物主义和历史唯物主义为方法论，以经济学的研究方法为主，结合其他社会科学的研究方法，形成了较为完整的研究方法体系。

总体来看，我国在这个时期处于市场经济改革（1984年发布《中共中央关于经济体制改革的决定》）和教育体制改革（1985年发布《中共中央关于教育体制改革的决定》）的热潮当中，教育经济学对市场经济改革背景下的教育改革

---

① 杨葆焜. 成绩显著的十年——庆祝中国教育学会教育经济学研究会成立十周年[J]. 教育与经济，1991（1）：4-13.

和教育经济问题展开了热烈的讨论,如对教育与商品经济的关系,市场经济体制机制及其改革与教育体制机制及其改革的关系,利用市场机制和竞争机制筹集、利用教育经费等问题的理论探讨和实证分析,等等。

三、发展阶段(1992—2007)

1992年邓小平南方谈讲话时提出要建立社会主义市场经济体制,《教育研究》杂志开设专栏探讨"社会主义市场经济与教育的关系",国内掀起了教育产业化等问题的讨论,中国教育经济学开始步入快速发展阶段。发展阶段的中国教育经济学主要表现出三大特征。

(一)主动服务教育改革和社会主义经济发展

这一阶段的教育经济学研究紧紧围绕中国教育发展和市场经济改革,对教育与商品经济的关系、教育产业化、教育与市场经济的关系、教育投资、教育成本、教育投入公平、高校扩招等教育问题进行了深度研究,产生了一批有影响力的研究成果(见表11.3),为我国的教育改革和经济发展提供了明确的科学引导。

表11.3 1992—2007年国内教育经济学代表性研究成果

序号	作者	书名	出版社	年份
1	秦宛顺、厉以宁	教育投资决策研究	北京大学出版社	1992
2	厉以宁、闵维方	教育的社会经济效益	贵州人民出版社	1995
3	范先佐	教育投资体制改革的理论与实践问题研究	华中师范大学出版社	1999
4	袁连生	教育成本计量探讨	北京师范大学出版社	2000
5	杜育红	教育发展不平衡研究	北京师范大学出版社	2000
6	丁小浩	中国高等院校规模效益的实证研究	教育科学出版社	2000
7	曲恒昌、曾晓东	西方教育经济学研究	北京师范大学出版社	2000
8	赖德胜	教育与收入分配	北京师范大学出版社	2001
9	闵维方	高等教育运行机制研究	人民教育出版社	2002

(二)学术争鸣浪潮涌现

1992年10月党的十四大之后,中国社会主义改革开放和现代化建设事业进入新的发展阶段,集中精力进行经济建设成为建设中国特色社会主义的中心任务,教育与市场经济的关系成为中国教育经济学研究的焦点问题。在探讨社会主义市场经济与教育改革的关系过程中，教育产业化、教育商品、教育市场、教育经营、教育公平与效率等成为教育经济学界的热门话题，学界围绕教育产业化问题进行了持续争鸣。通过这些问题的争论与讨论，国内涌现出一批具有影响力的教育经济问题学者，出版或发表了许多分析教育经济问题的专著（据不完全统计，1998－2005年间有关教育产业化的著作超过了20本）、教材和学术论文，教育经济学开始引起社会的广泛关注。1999年到2006年间，国内掀起的关于"教育产业化"的讨论是改革开放以来教育学领域最大的学术争鸣热潮之一，此次学术争鸣的背景是市场经济体制建立一段时间后部分人希望通过教育产业化拉动经济增长，解决教育供给不足、教育经费短缺等问题，其核心议题是"教育是不是产业以及能不能产业化"。王善迈、厉以宁、孟明义、张铁明、史秋衡等一批教育经济学者在此次争鸣中勇立潮头，对教育产业化、教育市场化和学校企业化等问题进行了深入分析，王善迈等学者鲜明地指出了教育产业化可能存在的危机，为我国市场经济体制下的教育体制改革指明了方向。

（三）注重构建中国的教育经济学学科体系

发展阶段的中国教育经济学开启了学科体系建设的自主探索之路，先后出版了十多本探索教育经济学学科体系的著作、教材（见表11.4）。在学科体系的探索过程中，国内学者不仅借鉴国外教育经济学的研究成果，明确了教育经济学研究的主要问题，建立了相对完善的学科内容体系，而且对中国教育经济学学科内容体系的构建逻辑进行了积极反思。如朱坚强（2005）以教育经济学原理、教育经济学策略和教育经济学运用三部分对教育经济学的研究问题进行了分类和系统整合。杨克瑞、谢作诗（2007）以教育经济原理为主干，以教育财政和学校效能为实践两翼，以学科概论和教育发展为前后支点，构建了"五位一体"的板块结构体系。刘宝超（2007）则以教育过程与物质生产过程的关系为起点，以教育的经济价值的发挥过程来构建学科内容体系。

表11.4　1992－2007年国内探索教育经济学学科体系建设的主要书目

序号	作者	书名	出版社	年份
1	邱渊	教育经济学导论	人民教育出版社	1995
2	靳希斌	从滞后到超前——20世纪人力资本学说·教育经济学	山东教育出版社	1995
3	杨葆焜、范先佐	教育经济学新编	江苏教育出版社	1995
4	王善迈	教育投入与产出研究	河北教育出版社	1996
5	靳希斌	教育经济学	人民教育出版社	1997

续表

序号	作者	书名	出版社	年份
6	王玉昆	教育经济学	华文出版社	1998
7	范先佐	教育经济学	人民教育出版社	1999
8	王善迈	教育经济学简明教程	高等教育出版社	2000
9	朱坚强	教育经济学发凡	社会科学文献出版社	2005
10	刘宝超	教育经济学	广东高等教育出版社	2007
11	杨克瑞、谢作诗	教育经济学新论	人民出版社	2007

四、相对成熟阶段（2008—2018）

2008年，时值改革开放30年之际，国内教育经济学掀起了回顾、反思和展望的研究热潮。在此过程中，中国教育经济学的学科基本问题进一步清晰，并在学科性质、研究对象、研究问题、研究方法等问题上获得了比较广泛的共识，研究队伍持续壮大，学术活动逐渐繁荣，教育经济学开始进入相对成熟阶段。相对成熟阶段的中国教育经济学发展表现出以下三个特征。

（一）实践取向明显

相对成熟阶段的中国教育经济学已经有了较为成熟的理论和方法，运用教育经济学去解释和解决中国的教育问题和社会问题成为中国教育经济学发展的重要取向。2008年以来，中国教育经济学继续发挥其关注和服务社会的优良传统，紧紧结合我国的重大教育问题，对城乡义务教育均衡发展、义务教育学校布局、中小学绩效工资改革、大学生就业、教育财政体制改革、学前教育普及、中等职业教育免费、西部和民族地区的教育投入、"后4%时代"的教育投入、农民工子女教育、民办教育分类管理等问题进行了深入研究，形成了一批有代表性的理论成果，如《教育投入、资源配置与人力资本收益：中国教育与人力资源问题研究》（闵维方等，2009）、《公共财政框架下公共教育财政制度研究》（王善迈等，2012）、《高校毕业生就业问题与对策研究》（闵维方、岳昌君、丁小浩，2018），等等，极大地促进了许多重大教育问题和社会问题的分析与解决。

（二）研究内容迅速扩展

尽管许多学者呼吁要明确教育经济学的研究内容，努力构建教育经济学的学科内容体系，但教育经济学的研究问题并没有被限定到特定的研究对象和内容体系之中，反而越来越丰富。相对成熟的中国教育经济学，正越来越少地像一个"学科"，而越来越多地表现出"经济学帝国主义"的特质，成为一种被越来越多的人使用的认识和解决教育问题和社会问题的"思维方式"或"分析工具"。2008年以来，新制度经济学、新经济增长理论、公共选择理论、博弈论、行为经济学、实验经济学、演化经济学等经济学的前沿理论及其最新进展被运用到教育问题的分析之中。这些问题不仅包含宏观的教育政策，也包含微观的教育教学活动；既涉及教育问题，也涉及社会问题及教育与经济社会的关系问题；不仅渗透到教育管理学、教育社会学、教育政策学等教育经济学的相近学科之中，而且开始向教育心理学、课程与教学论等和教育经济学似乎不太相关的学科延伸。

（三）量化研究成为主流范式

在社会科学实证主义研究范式盛行和经济学量化研究取向突出的影响下，相对成熟阶段的教育经济学开始注重自己的研究"水准"，侧重于量化研究。2007年以来，《教育与经济》杂志专门开设"教育经济计量研究"专栏，除对一些教育经济前沿问题的探讨、国外教育经济研究介绍和教育制度分析外，多数文章属于基于调研数据和统计分析的定量研究。并且，教育经济学在整个教育类期刊刊发的定量研究中属于中坚力量。此外，统计学和计量经济学成为绝大多数院校教育经济方向研究生培养的必修课程，定量研究甚至已经成为研究生完成学位论文和新生代学者立足于教育经济学界的基本条件。

第二节　教育经济学学科建设的进展

改革开放40年来，中国教育经济学逐渐由借鉴国外转向本土探索，由边缘学科变成有影响力的学科，由幼稚走向成熟，为中国的教育改革和发展做出了重要贡献。经过40年的发展，中国教育经济学的学科性质和研究对象日益明确，研究问题及内容体系日渐丰富，研究方法日渐完善，取得了令人欣喜的成就。

一、学科性质：交叉学科成为主流

国内关于教育经济学的学科性质问题存在三种主要观点。

观点一：教育经济学是经济学的一个分支学科，因为它源于经济学，主要用经济学的理论和方法分析教育中的经济问题。持此观点的人多是从事经济学研究或者具有经济学学科背景的学者，此观点在我国教育经济学的初创和起步阶段曾占据主导地位。王善迈认为，教育经济学是经济学的分支学科。因为：其一，教育经济学发端于经济学中的人力资本理论，是从增长经济学和发展经济学中逐步分化独立出来的经济学分支学科。① 其二，教育经济学研究的是教育领域的经济现象和经济问题，所用的基本工具是经济学的理论与方法。②

观点二：教育经济学是教育学的分支学科，因为它现实的生长土壤是教育学场域，最终解决的是教育问题。持此观点的人多是从事教育学研究的学者，此观点在我国具有现实的实践依据，在我国教育经济学的发展阶段产生了重要影响。从学术团体隶属关系来看，教育经济学分会是中国教育学会下设的一个分会；从国家学位管理看，教育经济学与教育管理学合并而成的教育经济与管理专业的研究生，可申请的学位是教育学或管理学；从研究成果看，教育经济学研究成果更多见于教育类杂志而不是经济类杂志。③ 在一些重大课题申报中，教育经济学也从属于教育学类课题。许多高校的教育经济与管理专业的招生和培养都隶属于教育学院。《中国大百科全书·教育卷》、瞿葆奎均把教育经济学列为了教育学的分支学科。④ 杨克瑞、谢作诗认为，教育经济学表面上具有更多的经济学属性，但其目的是为了分析和解决教育问题，因此，从学科的目的论看，教育经济学实际上属于教育学的分支学科。⑤

观点三：教育经济学是一门独立或相对独立的交叉学科，因为教育经济学是教育学、经济学、管理学等学科相互交叉而成的新兴学科，教育经济学的学科性质是现实的、开放的、多角度的，⑥ 不能将它简单地从属于教育学或经济学。邱渊指出，教育经济学是介于教育和经济之间的边缘学科。⑦ 此处的边缘学科基本等同于交叉学科。厉以宁也认为，教育经济学是教育学和经济学的交叉学科。⑧ 范先佐指出，教育经济学是经济增长和经济发展中孕育出来的一门新兴边缘学科，是一门随着社会发展和自身理论积累而发展起来的独立学科。⑨ 王善迈也认为教育经济学是经济科学和教育科学的交叉学科，因为，"教育经济学的研究对象和方法互相交叉，它研究教育中的现象和问题，也部分地、少量地运用了教育

---

① 王善迈. 教育投入与产出研究 [M]. 石家庄：河北教育出版社，1996：13.
② 王善迈. 关于教育经济学对象与方法的思考 [J]. 北京师范大学学报（社会科学版），2006（1）：28-32.
③ 李桂荣. 中国教育经济学话语演进二十年 [J]. 教育研究，2004（12）：23-31.
④ 唐莹，瞿葆奎. 教育科学分类：问题与框架 [J]. 华东师范大学学报（教育科学版），1993（2）：1-14.
⑤ 杨克瑞，谢作诗. 教育经济学新论 [M]. 北京：人民出版社，2007：12-13.
⑥ 靳希斌. 教育经济学 [M]. 北京：人民教育出版社，2005：2.
⑦ 邱渊. 教育经济学的形成、发展及近况 [J]. 教育研究丛刊，1979（1）：105-124.
⑧ 厉以宁. 教育经济学 [M]. 北京：北京出版社，1984：2.
⑨ 范先佐. 教育经济学 [M]. 北京：人民教育出版社，1999：1.

科学的理论和方法"。①

2008年以来，交叉学科性质逐渐成为中国教育经济学的主流认识，教育经济学研究的多学科参与也愈来愈明显。如，林荣日认为："教育经济学是一门新兴的交叉学科，它主要借助经济学的有关理论、方法和手段，来研究教育领域中的一些经济问题。"② 张学敏、叶忠认为，教育经济学具有多学科交叉性和边缘性特征，这种交叉学科特性不仅反映教育学和经济学两个母体学科的交叉，还渗透着其母体学科本身与其他学科特别是社会科学相交叉的复杂特征。③ 肖昊、刘志民等学者也坚持交叉学科的看法。

二、研究对象：综合论成为共识

国内对教育经济学研究对象的理解大致有四种代表性的观点。

观点一：教育的经济性能或经济效果。教育经济学主要研究教育对经济增长（或经济发展）的贡献及其作用机制。此观点实际上是对早期教育经济学研究内容的概括，是中国教育经济学在初创和起步阶段必然出现的一种看法，在很大程度上体现了教育经济学研究的经济学视角和对西方教育经济学的借鉴。因为，西方教育经济学起源于经济增长中的教育贡献的分析，教育的经济价值也一直是教育经济学研究的核心主题。邱渊指出，教育经济学研究的是教育的经济意义或性能。④ 邱渊进一步指出，教育经济学研究对象的范围是教育与经济交叉领域中以教育的社会功效为主的这个侧面的经济特征，这些特征包括教育的经济功能——即教育社会功效的经济特征，也包括所有社会活动均须依赖的经济条件——主要是教育的特定功能和有关活动方式等相适应的特殊条件。如果把这些经济特征概括地称为经济性能——指教育本身性能的经济侧面，则可把教育经济学的研究对象定义为教育的经济性能。⑤ 厉以宁认为："教育经济学是研究智力投资的社会经济功能和经济效果的科学。"⑥

观点二：教育与经济的相互关系。教育经济学主要研究教育和经济之间的多方面、多层次的关系，包括教育与经济的相互制约和相互作用，教育和经济的联系机制，以及教育发展和经济发展的相互适应和协同发展等。杨葆焜认为："教

---

① 王善迈. 关于教育经济学对象与方法的思考 [J]. 北京师范大学学报（社会科学版），2006（1）：28-32.
② 参见林荣日.《教育经济学（第2版）》[M]. 上海：复旦大学出版社，2008：序言.
③ 张学敏，叶忠. 教育经济学 [M]. 北京：高等教育出版社，2009：9.
④ 邱渊. 教育经济学的形成、发展及近况 [J]. 教育研究丛刊，1979（1）：105-124.
⑤ 邱渊. 教育经济学导论 [M]. 北京：人民教育出版社，1989：9.
⑥ 厉以宁. 教育经济学 [M]. 北京：北京出版社，1984：6.

育经济学是一门研究教育与经济之间的相互关系及其运动规律的科学。"[1] 此外，曲绍卫、靳希斌、王玉昆也支持此观点，认为教育与经济的关系是教育经济学研究的根本。

观点三：教育领域的经济问题和经济现象。教育经济学的研究对象就是教育领域的经济问题，包括教育的投入与产出、教育的成本与收益、稀缺教育资源的配置等。此种观点很大程度上可以看作是西方主流经济学的研究对象在中国教育经济学领域的体现或移植。西方学者布劳格、科恩均持此观点。台湾地区学者高希均也是此观点的支持者。这种观点在国内的代表并不多，多数学者（如韩宗礼、王善迈、靳希斌、范先佐等）都是将其和教育与经济的关系结合起来作为教育经济学的研究对象。

观点四：教育与经济的关系及教育领域内的经济问题与经济现象。此观点可以看作以上三种观点的综合。韩宗礼认为："教育经济学是研究教育与经济的相互作用的规律及教育领域经济现象的规律的科学。"[2] 王善迈认为："教育经济学是研究教育与经济相互关系，阐明教育领域经济运动过程及其规律的科学。"[3] 靳希斌认为，教育经济学主要研究教育与经济相互关系及教育内部经济问题。[4] 范先佐认为，教育经济学既要从宏观角度研究教育与经济的相互关系与相互作用的规律，也要从理论与实际的角度探讨教育与经济相互作用的各个方面，还要研究教育领域发生的经济现象及其规律。[5]

2008年以来，中国教育经济学在学科研究对象上基本形成了共识，即坚持综合论的观点——教育经济学研究教育与经济的关系及教育领域的经济问题。其实，以上四种观点之间的内在冲突并不大，它们之间存在相互交叉、相互包含的关系。比如，教育的经济性能或经济效果是教育与经济相互关系的一个方面；一些学者（如林荣日）将教育领域内的经济问题与经济现象作为教育与经济的关系的一个方面；一些学者（如张学敏、叶忠）则将教育与经济的关系作为教育领域中的经济问题与经济现象的一个方面。

三、研究内容：丰富中不断清晰

研究内容是研究对象在一定时期和一定区域的具体化。研究内容不仅是研究

---

[1] 杨葆焜. 教育经济学[M]. 武汉：华中师范大学出版社，1989：32.
[2] 韩宗礼. 教育经济学[M]. 西安：陕西人民教育出版社，1988：5.
[3] 王善迈. 教育经济学概论[M]. 北京：北京师范大学出版社，1989：1.
[4] 靳希斌. 中国教育经济学理论与实践[M]. 成都：四川教育出版社，2008：1.
[5] 范先佐. 教育经济学[M]. 北京：人民教育出版社，1999：39.

对象在现实问题中的延伸，而且会反过来修正研究对象的边界。教育经济学在中国落地之后，其研究内容不断丰富，研究的主要问题日渐清晰。由于关于研究对象的认识和现实的教育问题在不断变化，中国教育经济学的研究内容在不同的发展阶段也各有其特征。

初创阶段的中国教育经济学在介绍西方教育经济学的同时，对学科的形成与发展、基本理论和基本问题作了细致的探讨，并开始探究中国的教育经济问题，其中最为重要的贡献是对马克思的教育经济思想和中国古代教育经济思想的梳理。在介绍西方教育经济学方面，陆续翻译了一些经典著作和教材，综合国外研究成果编写了一些教材——具有代表性的是全国教育经济学研究会（筹）1983年编写的《教育经济学概论》和北京师范大学教育系 1984 年编写的《教育经济学》。在教育经济学的形成与发展方面，回溯并阐述了先秦和古希腊以来国内外的教育经济思想，比较详细地介绍了教育经济学在国外发展的历程、成就、问题和趋势。尤其对先秦以来的一些思想家和学者——如孔子、墨子、杨贤江、古楳等——的教育经济思想和教育经济研究进行了简要梳理，展示了中国在教育经济学发展中的贡献，为中国教育经济学的后续发展确立了思想源头。在教育经济学的基本理论方面，系统介绍了西方的人力资本理论，在借鉴苏联教育经济学成果的基础上，充分挖掘马克思经典著作，将马克思的社会再生产理论、生产劳动论、劳动价值论、计划经济理论作为我国教育经济学的理论基础，这既是中国对教育经济学发展的贡献，也是中国教育经济学始终坚持的指导思想和发展特色。在教育经济学的学科基本问题方面，介绍了国外教育经济学的定义、学科性质、研究对象、研究问题及内容体系和研究方法，并据此提出了关于教育经济学学科基本问题的多样化观点，在国内引发了关于学科基本问题的持续争鸣。

此外，初创阶段的中国教育经济学迅速开展了对中国教育经济问题的研究和对中国教育经济学内容体系的探索。如，1983 年前后厉以宁等人作了关于教育投资和人均 GNP 之间关系的研究，据此 1993 年的《中国教育改革和发展纲要》提出了到 20 世纪末我国财政性教育经费支出占 GNP 的比例应达到 4% 的政策目标，并规定了教育经费"三个增长"原则，为我国的教育投入增长及其评价做出了重要贡献。少数学者如厉以宁教授开始将自己的研究成果和国外的教育经济学结合起来，探索构建教育经济学的学科内容体系，取得了突破性进展。

起步阶段的中国教育经济学在继续整理国内外教育经济思想和理论的基础上，开始结合中国的实际探索教育与经济的关系以及教育领域的经济问题，积极构建中国教育经济学的内容体系。起步阶段的中国教育经济学非常注重对中国教育经济思想的挖掘，系统阐述了孔子、管仲、孙中山、蔡元培、黄炎培、杨贤江、古楳、毛泽东、邓小平等人的教育经济思想。与此同时，还对马克思、恩格斯、亚当·斯密、李斯特、舒尔茨等西方经济学家的教育经济思想进行了挖掘和介绍。教育投资的经济效益成为这一时期的研究热点，学者们对教育经济效益的概念、计量方法和指标进行了探讨，并结合中国的教育实践进行实证研究，证明了教育的经济价值，为政府和家庭增加教育投资提供了依据。起步阶段的中国教育经济学在短短7年内出版了十多本教育经济学（含高等教育经济学）教材，这些教材观点不一、各具特色，夯实了中国教育经济学的发展基础，为后续中国教育经济学派的形成及其发展奠定了基础。

中国教育经济学研究的主要内容在其发展阶段基本定型，这些主要内容包括：学科的产生和发展，学科的基本问题，学科的基本理论，教育与经济增长，教育与人力资本，教育供给与需求，教育成本与收益，教育投入与产出，教育资源配置，教育财政及其体制，教育与就业，教育与劳动力市场，教育体制与经济体制，教师薪酬，学生资助，教育预测与规划等。需要指出的是，发展阶段人们对中国教育经济学的主要问题仍然存在一些分歧。如，王善迈（1996）将教师的供求、流动及其调节机制列为教育经济学的研究内容或基本问题。① 靳希斌（1997）把教育事业发展规模、速度、规划编制及制定问题作为教育经济学的重要研究问题。②

进入相对成熟阶段后，中国教育经济学的研究内容进一步丰富，开始积极根据研究问题构建自己的学科内容体系。相对成熟阶段的教育经济学的研究内容不断跳出教育经济学的基本问题，大量运用经济学的理论和方法来分析中国不断生发的教育问题，这些问题几乎涵盖了从宏观教育政策制定到微观教学活动的各类教育问题。新增的一些重要研究问题包括：教育消费，教育产权与学校制度，教育规模布局，教育金融，学校选择，教学效率等。

随着教育经济学主要内容的确定和新问题的不断涌现，国内学者开始积极探索构建教育经济学的内容体系，力求用特定的逻辑框架将教育经济学的主要研究内容联系起来。例如，张学敏、叶忠从教育（人的发展）与资源的矛盾入手，认为教育经济学主要回答三个问题：为何为教育投入资源、如何为教育投入资源、如何利用好投入教育的资源。据此，教育经济学主要研究教育的经济价值、为教育提供充足资源和有效运营学校三大板块内容。③ 肖昊从教育利益相关者之间的经济关系入手，认为教育经济学主要研究学生、学生家庭、学校、政府、社会各

---

① 王善迈. 教育投入与产出研究 [M]. 石家庄：河北教育出版社，1996：29-31.
② 靳希斌. 教育经济学 [M]. 北京：人民教育出版社，1997：11.
③ 张学敏，叶忠. 教育经济学 [M]. 北京：高等教育出版社，2009：18-23.

界、劳动力市场之间的经济关系发展变化过程中产生的基本问题，如教育收益、教育消费、教育生产、教育投资、教育资源配置、劳动力市场等，构成了教育经济学的主题。[①] 刘志民从教育与经济的关系入手，认为教育经济学的研究内容可简单概括为从教育投资等经济性输入行为到产生教育的经济性输出，再影响经济社会的发展和教育投入，进而形成教育发展与经济社会发展的良性循环。[②]

经过 40 多年的发展，中国教育经济学的研究主题在丰富中日渐清晰。这些问题主要包括：学科的形成与发展；学科的基本问题（包括学科性质、研究对象、研究方法、研究内容及内容体系等）；学科的基本理论；教育与经济的关系（包括教育与经济的相互关系及其作用机制、教育与经济增长、教育与人力资本形成、教育与就业、教育与劳动力市场、教育与消费，教育体制与经济体制的关系等）；教育供给与需求；教育投入与产出（包括教育投入及其来源、教育资源配置方式、教育投入的充足、效率与公平、教育生产函数等）；教育成本与收益（包括教育成本及其分担、教育的规模经济与范围经济、教育的内外部收益、教育投资风险等）；教育财政（教育经费的筹集、分配、使用、管理与监督，教育收费、教师薪酬、学生资助等）；教育制度与体制（包括教育产权、教育制度与体制改革等）；教育预测与规划（教育发展规划、教育发展战略、学校布局规划等）。

四、研究方法：方法体系日渐完善

教育经济学属于应用学科和多学科的交叉学科，因此，教育经济学的方法既有经济学和教育学的方法，也有其他社会科学的方法。经过 40 年的发展，教育经济学已经形成了涵盖哲学方法论、一般科学方法和具体学科方法三个层次的比较完善的方法体系。

中国教育经济学产生至今一直坚持辩证唯物主义和历史唯物主义的哲学方法论。"辩证唯物论对于所有的科学来说，都是最基本的指导方法。教育和经济都是社会现象，历史唯物论应该是研究教育经济学的基本方法论。"[③] 辩证唯物主义和历史唯物主义是科学的世界观和方法论，它是马克思主义教育科学和经济科学的根本方法，也是马克思主义教育经济学的根本方法。[④]

一般科学方法主要指社会科学研究的一般方式方法。社会科学研究的一般方

---

① 肖昊. 教育经济学 [M]. 武汉：武汉大学出版社，2010：2.
② 刘志民. 教育经济学 [M]. 北京：北京师范大学出版社，2017：26.
③ 邱渊. 教育经济学导论 [M]. 北京：人民教育出版社，1989：13.
④ 王善迈. 教育投入与产出研究 [M]. 石家庄：河北教育出版社，1996：32.

式有质性研究、量化研究和混合研究三类。量化研究倾向于理论检验和演绎逻辑，主张从特定的研究假设出发探讨社会现象之间的数量特征，计算出相关变量之间的量化关系，由此得出相对"科学""客观"的研究结果。质性研究倾向于理论构建和归纳逻辑，强调研究者深入到社会现象之中，通过亲身体验了解研究对象的思维方式，在收集原始资料的基础上建立"情境化""主体间性"的意义解释。混合研究指在一项研究中同时采用量化研究和质性研究，这种同时采用可能仅仅存在于研究的某一个步骤或阶段，或者以一种研究类型为主辅之以另一种研究类型。教育经济学研究主要采用的是量化研究范式，在量化研究的关系性质分析和因素分析阶段教育经济学需要使用定性分析（定性分析主要指对事物概念和关系的质的规定性的研究）。社会科学研究的一般方法有观察法、调查法、文献法、实验法、比较分析法、田野调查、统计分析法等收集和分析资料的方法，其中调查法、文献法、统计分析法是教育经济学研究中使用最为频繁的具体方法。此外，哲学思辨也是教育经济学在进行理论探讨中经常使用的一种方式。

具体学科方法主要指某门学科特有的研究方法。多数学者（如王善迈、范先佐、靳希斌等）在探讨教育经济学的研究方法时，主要借鉴了经济学的研究方法——包括实证分析与规范分析、定量分析与定性分析、静态分析与动态分析、宏观分析与微观分析、弹性分析、边际分析、制度分析等。

其他学科的一些研究方法，如历史学、社会学、人类学等学科的历史研究法、文本分析法、社会网络分析法、田野调查法等，也开始在教育经济学研究中崭露头角。

第三节 教育经济学学科发展的反思

经过40多年的发展，中国教育经济学发展成绩斐然，为世界教育经济学的发展和我国的教育发展做出了重要贡献。目前来看，中国教育经济学的发展面临学科地位不高、研究问题偏宏观、内容体系不完善、研究方法使用不规范、学科移植现象明显等问题。因此，中国教育经济学必须不断奋发向前，加强自身建设，争取用自己最好的姿态去迎接未来教育的挑战。

一、坚持教育经济学学科建设的教育学立场

经过40多年的探索发展，中国教育经济学学科队伍不断壮大，涌现出邱渊、厉以宁、杨葆焜、韩宗礼、王善迈、靳希斌、范先佐、闵维方、袁连生等一批知名学者，出版了80多本教育经济学（含教育财政学、高等教育经济学等教育经

济学的分支学科）教材，形成了一系列高质量的研究成果，学科地位得到迅速提升。但是，由于一些历史原因和认识的束缚，中国教育经济学较多地坚持了经济学的立场，一定程度上导致教育经济学忽视教育学的思维方式和理论的参与以及教育经济学和教育学的交流融合，在经济学和管理学中处于边缘学科地位，在教育学领域也没有被很好地广泛接受和认可。因此，谋求中国教育经济学学科建设的跨越式发展，必须摆脱经济学的分支学科和应用学科的认识束缚，让教育经济学立足于教育学科和教育问题发挥其影响力。

中国教育经济学的学科建设必须坚持教育学立场，把解决教育问题作为最重要的研究目的和发展手段。理论上，教育经济学是一门相对独立的教育学和经济学的交叉学科。但从国内的实际情况看，教育经济问题在经济学中属于边缘问题，教育经济学在经济学中的地位也非常边缘，相反，教育经济学在人才培养、学位授予、学者分布和课题来源方面同教育学走得更近，在教育学中的地位也相对较高。同时，教育经济学研究的是教育领域的经济问题，它对教育与经济问题的研究更侧重于教育对经济发展的作用以及通过教育变革去适应和促进经济发展，所以教育经济学主要解决的是教育问题。

教育经济学学科建设必须坚持教育学立场，以促进人的全面发展为根本目的。受经济学和西方教育经济学的影响，国内的许多教育经济学研究采取了经济学立场，侧重于教育资源配置和教育利益相关者（尤其是国家和家庭）的教育行为选择的研究，忽视了教育资源配置和教育选择行为必须以教育目的和教育规律为前提。一些研究甚至完全套用经济学的理论和方法分析教育问题，没有充分注意教育的特殊性以及人的培养和资源配置的差异，这是教育经济学没有在教育学领域获得话语权的一个重要原因。

教育经济学学科建设的教育学立场要坚持三条原则：（1）始终谨记和关注学生的发展。我国的教育目的是促进学生的全面发展。因此，在进行教育经济研究时，要始终立足学生的发展；在得出结论和提出教育改革建议时，要始终警醒：这么做会不会伤害学生的发展？（2）时刻注意教育问题的特殊性。尽管教育活动和经济活动存在一定的相似性，许多教育问题的解释和解决可以借用经济学的理论和方法，但教育活动毕竟不同于经济活动，教育问题和经济问题各有其特质，教育活动的目的和实践逻辑与经济活动的目的和实践逻辑之间的差别很大，教育教学的规律也不同于经济运行的规律，因此在运用经济学的理论和方法分析教育问题时，一定要充分注意教育的特殊性。（3）在学科建设中注重教育学参与。教育经济学不是经济学的应用学科和分支学科，而是教育学和经济学的交叉学科，这种交叉表现为"研究主体、研究方法、研究对象和理论一体化等方面的交叉",①教育经济学研究离不开教育学的思维方式及其理论和方法的参与。

二、在比较中完善学科内容体系

中国教育经济学从产生之初便致力于建立和完善其内容体系。40年来,国内陆续出版了80多本教育经济学教材,发表了一系列有关教育经济学学科体系建设的论文,中国的教育经济学者也一直在呼吁和探索建立教育经济学的学科内容体系。遗憾的是,经过40多年的发展,中国教育经济学的内容体系依然存在较为明显的移植西方的痕迹,依然没有形成比较公认的学科内容体系,这极大地制约了教育经济学的学科地位和发展水平。

完善教育经济学的内容体系,可以分为三个步骤:第一,明确教育经济学的研究对象和研究的主要问题。内容体系是逻辑推演和经验归纳的双重结果,教育经济学的内容体系既是其研究对象按照一定逻辑的展开,也是研究问题按照一定线索的归纳串联。因此,建立教育经济学的学科体系首先要对教育经济学的研究对象进行细致的定性分析,并系统归纳教育经济学产生以来研究的主要问题。第二,确定逻辑体系构建的起点和框架。构建体系的目的是将看似广泛、零散的问题及其认识,镶嵌于基于特定起点所构建的具有逻辑关系的框架之中,以方便人们系统地掌握知识和分析问题。完善教育经济学的内容体系,必须找到公认的具有普遍性和说服力的假设或矛盾作为逻辑起点,并围绕逻辑起点的发展和解决构建相应的具有内在联系的框架。第三,加强不同内容体系间的交流比较。不同学者构建的学科内容体系是多样化的,需要综合比较不同的内容体系构建方案,进而挑选出比较有说服力的方案作为主流的学科内容体系。

经过40多年的发展,中国教育经济学的研究对象和研究主要问题已经比较清晰,国内涌现出不少教育经济学内容体系构建的方案。未来一段时间内,中国教育经济学内容体系的构建,不仅需要继续探索新的内容体系,更重要的是,要加强各种教育经济学学科体系间的交流比较,力求形成比较有公认度的学科内容体系。

此外,建立中国教育经济学的内容体系要尝试跳出经济学或教育学的内容框架,探索跨学科的内容体系。可以从教育行为的跨学科分析入手,结合经济学、社会学和心理学等人类行为的分析框架,建立微观的个人教育行为分析、中观的个人教育行为互动结果分析、宏观的基于教育制度的教育行为分析三大板块的内

---

① 钱林晓. 具有交叉学科意义的教育经济学方法论研究[M]. 北京:光明日报出版社,2009:69-71.

容体系,将教育经济学以及与教育经济学密切相关的最新研究成果尽量囊括,建立更加丰富、对教育行为与现象更具解释力的内容体系结构。

三、重视微观领域的教育经济问题研究

在 40 年的发展过程中,中国教育经济学取得了巨大的成就,其中许多研究成果,如教育经费占 GNP 的比例、教育规模、教育收益、教育拨款体制、教育经费筹措与成本分担、教育与就业的关系、教育与经济发展的关系等,对国家的宏观教育政策和教育体制改革产生了重大影响。

与此相对的是,教育经济学在微观领域的研究不足,对学校资源分配和教育教学过程的研究不够,这很大程度上制约了教育经济学的影响力。目前来看,教育经济学关于微观教育问题的分析主要体现在五个方面:学校组织与学校管理的经济学分析;学校规模经济与范围经济;学校制度与绩效分析;教育生产函数;教师薪酬。不难看出,教育经济学关于微观教育问题的研究主要体现在学校组织与制度方面,关于教育教学等微观教育问题的研究在教育经济学研究中处于非主流地位。一定时间内国家的教育政策和教育体制是稳定的,有能力和机会影响国家教育政策制定和教育体制改革的学者也是少数,教育经济学要想拥有广泛的市场和影响力,必须注重对学校和教育教学问题的研究,为学校改革、教学改革和师生发展服务。

在重视微观领域的教育经济问题研究的过程中须注意两个问题:

一是教育经济学的学科边界问题。重视微观教育问题的研究,绝不是要跳出教育经济学的范畴,去大肆侵占其他学科的领地,而是要重视教育与经济的关系问题在微观领域的相互作用规律,以及学校经营和教育教学过程中的教育经济学问题。要重视学校的教育理念、人才培养方式、课程设置、教学内容选择与学生及家庭的发展需求、用人单位的人才需求之间关系等微观层面的教育与经济关系的研究,以及学校资源配置与使用、学校绩效(含学校成本效益分析)、学生学习效率和教师教学效率、学校财务管理等微观教育经济问题的研究。

二是运用经济学的理论分析教育问题的适宜性问题。一方面要大胆地运用经济学的理论和方法分析微观层面的教育问题。可以尝试探索的一些思路包括:将经济学的思维方式引入学校管理的分析中;将主流经济学关于人类行为选择的理论引入教师和学生的行为分析中;将新制度经济学的交易费用和制度变迁等理论引入学校制度改革甚至未来新型学校建设的分析中;将博弈论引入学校资源配置、师生关系和教学合作的分析中;将行为经济学的理论引入学生学习、教师专业发展、课程与教学改革的分析中;将演化经济学的理论引入学校变革、学校制

度演化、师生关系演变的分析中。另一方面不能忽视经济学理论和方法的局限性，不能忘记教育经济学研究的教育学立场，要尽快加强教育经济学自身的理论积累，同时小心谨慎地立论和求证，用其他学科可以接纳的方式恰当地表达和传播自己的观点。

四、合理使用量化研究方法

中国教育经济学近年来呈现出青睐量化研究的趋势，这是中国教育经济学不断走向成熟的标志。但一定要认识到，量化研究也有其不足，它绝对不是进行教育经济学研究的标准范式，教育经济学在认识量化研究的价值和运用量化研究方面仍需要继续改进。

第一，客观认识定量研究和定性研究的作用。中国教育经济学研究的定量研究取向在国内长期存在争议："有研究者认为过分借用经济学的定量方法已对教育经济学的研究产生了不良影响，应加大对定性研究方法的运用。也有研究者认为，计量方法是国际教育经济学研究的基本方法，要提高国内教育经济学的研究质量，应加强定量方法的运用。"[①] 定量研究和定性研究在科学研究中各有其价值。定量研究是教育经济学的长处，必须坚持和发扬，但不能因此而否定定性研究的作用。而且，定量研究中的相关关系只有经过逻辑检验才能得出更具解释力和预测力的因果关系。从这个角度看，要形成教育经济现象及其变量之间因果关系的正确认识，必须有效地结合定量研究和定性分析。

第二，科学使用定量研究。目前教育经济学的定量研究受到质疑的主要原因在于定量研究使用不规范，定量研究的技术不够精准、高端。因此，要进一步提升教育经济学定量研究的规范性，提高研究假设的质量，科学进行定量研究的研究设计，做好研究的概念化和操作化，提升定量研究的模型运用和分析技术水平，并审慎得出结论及提出相关的政策建议。

第三，加强定量研究的理论涵养。教育经济学定量研究受到质疑的另一个原因在于，研究的理论性不强，许多研究缺乏理论基础，没有提出有较强解释力的创新性理论。因此，必须加强基础研究，给定量研究找到好问题，作好文献综述，力求提出有思想、有创见的新理论。此外，还要综合教育经济学研究的最新成果，加强教育经济学理论的系统梳理，建立教育经济学"知识库"。这既有利于为教育经济学的定量研究提供理论基础，也能避免定量研究中的重复性和低层次问题。

---

① 贾云鹏，范先佐. 教育经济学研究：回顾、反思及建议——文献分析的视角［J］. 教育研究，2014（2）：66-75.

第四，加强定量研究的数据库建设。数据的来源和数据的缺失是制约教育经济学定量研究水平的重要因素。我国的各类统计年鉴的数据指标和统计口径不一，改革开放以前的教育统计数据缺失严重，许多数据政府和学校不对外公开，以及调研数据的信度和效度不高，严重影响了教育经济学量化研究的水平。为此，有必要加强数据库建设，为教育经济学定量研究奠定坚实的基础。在数据库建设中，不仅要根据统计局的数据和出版的年鉴建立电子数据库，而且要充分调动大学、研究机构甚至公司在教育类数据库建设中的积极性，还要充分发挥互联网、大数据的优势，建立资源共享型的大型教育资源数据库。

五、加强本土化建设

中国教育经济学在发展过程中，不断充实中国元素，逐渐形成了一些具有中国特色的内容。但总体来看，中国教育经济学在话语体系和内容体系上仍然存在明显的移植西方经济学的痕迹，这导致中国教育经济学在国际交流和对话中处于弱势地位，对一些本土教育问题的解释力和解决力不强。因此，必须加强中国教育经济学的本土化建设，形成具有中国风格、中国气派和中国特色的教育经济学。

第一，扎根中国的文化土壤和教育实践。要充分挖掘中国古代的教育经济思想和教育经济话语，理解和传承中国的文化，坚持丰富和贯彻马克思主义和中国特色社会主义的教育经济思想，打造教育经济学的中国风格。尤其要注重将中国特色社会主义经济理论的最新成果，如"使市场在资源配置中起决定性作用""更好发挥政府作用""以完善产权制度和要素市场化配置为重点加快完善社会主义市场经济体制""新常态下的中国经济增长方式转变""供给侧结构性改革""中国式财政分权"等，运用于教育经济学研究问题的分析之中。要立足中国的教育实践，研究具有中国特色的教育问题，在教育实践中形成教育经济学的中国气派。

第二，注重话语体系构建。一方面，要结合经济学的话语和教育学的话语，建立教育经济学的话语。教育经济学的研究范式与话语体系和教育学存在明显的差异：教育经济学的研究范式和话语体系主要基于经济学立场，倾向于定量研究范式和经济学的话语体系；教育学则长期基于哲学思辨、逻辑分析、比较分析、历史分析等非实证研究范式和教育学的话语体系。教育经济学的实证研究范式、统计分析和数学化表达，以及人力资本、社会资本、公共产品、外部性、寻租、市场失灵、劳动力市场分割、财政分权、边际成本、规模经济、范围经济、逆行选择、道德风险、囚徒困境、交易成本、产权等话语体系，甚至是"经济人"的假设和某些教育问题的经济学分析，经常不太容易被一般的教育学者理解并接受，也容易限制教育经济学在教育实践中影响力的发挥。因此，要尽快调整教育经济学的话语体系，让教育经济学更好地在教育领域获得认可并发挥影响。另一方面，要充分理解国外教育经济学的理论和话语体系，创造性地用中国的概念、命题和话语去表达。

第三，抓住时代发展机遇。要高瞻远瞩，紧扣时代发展脉搏，抓住第四次产业革命的契机，直面我国教育发展和经济社会发展面临的挑战，在适应和引领时代的过程中寻求教育经济学的中国特色。未来一段时间内，教育经济学要立足于新时代的社会矛盾——"人民日益增长的美好生活需要和不平衡不充分的发展之间的矛盾"，结合国内教育发展的时代主题，在"努力办好人民满意的教育""教育现代化""普惠性幼儿园建设""城乡义务教育一体化""新高考改革""现代职业教育体系建设""产教融合""双一流建设"等中国教育改革与发展的实践中提升自己的学科建设水平和社会影响力。

第十二章　教育管理学学科发展史

改革开放以来，教育管理学学科历经复苏与重建、成形与发展、稳定繁荣与分化、沉淀与深化四个阶段的发展，学科从内部到外部都得以建制，包括出版了一系列教材和专著、发表相关研究的论文、在大学系科设置了相关专业和课程，培养了一批专门从事教育管理学研究的专业队伍和人员、组建了学会、创办了专门的期刊等。教育管理学学科在学科的研究对象、性质、体系、研究方法、学科群建设几个方面取得了一定的进展。本章对改革开放以来教育管理学学科发展进行回顾和反思，为学科今后的发展提供参考。

第一节　教育管理学学科发展的历程

纵观 1978 年至 2018 年我国教育管理学学科发展的历程，我们可以将其划分为学科复苏与重建、学科成形与发展、学科稳定繁荣与分化、学科沉淀与深化四个阶段。

一、学科复苏与重建阶段（1978－1985）

1978 年十一届三中全会召开后，由于教育改革实践的需要，教育管理正规化和科学化提上了重要的议程。大批的教育管理人员需要进行培训，培训就需要有师资和教育管理教材，进而就带动教育管理学全面恢复。[①]

第一，出版教育管理学方面的教材和著作。如"外国教育丛书"编辑组编著的《教育行政与学校管理》（1982）、王亚朴主编的《高等教育管理》（1983）、北京教育行政学院编著的《我国现代地方教育行政》（1983）、张济正等编著的《学校管理学导论》（1984）、华东七省市教育学院干训部协作编著的《学校管理学基础》（1984）、邓品珊与康尔珪主编的《现代普通教育管理学》（1985）等。这些

---

① 王晓蓓. 中国教育管理学二十年［J］. 现代教育论丛，1999（5）：24-27.

教材的内容主要是从教育工作体系的角度来探讨教育管理的问题，还不是一种理论构建，学科理论基础薄弱。① 此外，这一阶段还注重引进国外著作，比如李兆田翻译的日本学者久下荣志郎著的《现代教育行政学》（1981）、马晓塘、佟顶力译日本安藤尧雄著的《学校管理》（1982）、毛祖桓译美国兰德斯和迈尔斯著的《学校管理》（1983）等。可以看到这一阶段虽然出现了关于"教育管理学"的教材和著作，但这些著作与教材更多地是针对"学校管理"与"教育行政"的内容的阐述，专门论述"教育管理学"的还比较少。

第二，发表学科建设相关方面的论文。在CNKI上以"学校管理学""教育行政学"或"教育管理学"为关键词对这一时期发表的论文进行检索，共检索到29篇文章。比如何宗传的《外国教育行政学简介》（1981）、楼沪光的《要研究教育管理学》（1981）、萧宗六的《学校管理学的教材建设问题》（1983）、张济正的《关于研究学校管理原则的若干问题》（1983）、张复荃的《学校管理学在我国的早期传播初探》（1983）、曹剑英的《试谈学校管理学的研究目的》（1984）、刘问岫的《教育行政学科的由来》（1984）、王晋堂的《它能否称为一门科学——学校管理学的确立》（1985）等。这些文章对学校管理学、教育行政学、教育管理学学科进行了初步的反思和研究。（见表12.1）

表12.1　1978－1985年教育管理学期刊论文内容的分布

研究内容	刊发数量
学科基本概念	10
教育管理学学科特点	3
教材建设	5
研究方法	4

第三，国家以及地方相继成立教育管理学术组织和专业性研究机构。1981年4月，学者们聚集在福州参加了全国教育学研究会第二届年会，在会议举办的过程中，有些学者提出了建立全国学校管理研究会的请求。1982年7月，辽宁教育学院、大连教育学院承办了全国教育学院学校管理学研究会议，会议召开后全国以及地方相继成立了教育管理学术组织和专业性研究机构。1983年10月在西安召开了中国教育学会学校管理研究会的成立大会及首届年会，并出版了《论学校管理》。1984年又创建中国高教学会高教管理专业委员会。同年10月份，全国各省、直辖市、自治区部分小学校长座谈会在河南省安阳市召开，这次会议

---

① 李保强，池振国，刘永福. 改革开放后教育管理学发展的阶段性成就梳理与反思[J]. 教育理论与实践，2009（31）：15-20.

共收集到 63 篇论文，编辑成了《小学校长谈学校管理》。紧接着，1985 年成立了全国高等教育管理研究会。在 1981 年至 1985 年期间，我国相继成立学术组织并召开会议，这些会议的举办意味着我国教育管理学研究平台开始重建，教育管理学学科有了专门的研究机构和组织。

第四，随着一些院校教育系的恢复和重建，高校逐渐开设了教育管理学的学习课程，设立了专业方向和教育管理学硕士点。1983 年，北京教育行政学院首开教育管理专业，教育管理学作为一门课程开始被讲授。1985 年，华东师范大学设立教育管理学硕士点，萧宗六教授招收了建国后第一个教育管理硕士研究生。随着教育管理学课程的开设，以及专业方向和教育管理学硕士点的设立，我国教育管理学的人才培养也开始步入正轨，为学科复苏和发展打下了基础。

第五，创办专业期刊。1978 年《中小学学校管理》创刊，1980 年创办《辽宁教育研究》（2009 年改名为《现代教育管理》），1983 年创办《学校管理》，1984 年创办《教学与管理》。这些专业期刊一方面介绍引进众多国外的先进、新颖的教育管理思想、科研成果，拓宽教育管理者的研究视野，为我国的教育管理实践服务；另一方面创设了教育管理专业的学术平台，给予大家展示研究成果、交流成果的机会。学术期刊作为教育管理学的学术交流的平台，不断发表先进的教育管理思想和成果，促进了教育管理学学科的复苏与重建。

此阶段不再以翻译和解释国外的著作为主，而是出版了我国学者自己编写的相关教材，但这一阶段并没有产生像西方那样具有较大影响力的教育管理学著作，在教育管理领域内基本上也没有形成独特的科学理论，多是实践工作者对教育管理经验的总结，缺乏理论概括，理论水平依然不高。

二、学科成形与发展阶段（1986－1992）

1985 年 5 月，《中共中央关于教育体制改革的决定》出台后要求改革管理体制，教育领域开始进行全面的深化改革。政策的出台引起了实践的变化，推动了教育管理理论研究，从而直接带动了教育管理学学科的发展。此阶段，教育管理研究成果进一步繁荣，学科迎来了成形和发展的新阶段。

第一，出版了大量以教育管理学命名的教材和著作，如陈孝彬的《教育管理学》（1990）、张济正的《学校管理学导论》（1990）、王晓云的《教育管理学》（1991）、王绪池等的《现代教育管理学》（1991）等，这些教材对建立教育管理学学科理论体系起到了奠基作用。值得强调的是，此阶段出版的大批教材中，萧宗六、张济正以及陈孝彬等所著的三本教材被列入国家教委的"高等学校教育类专业教材编选计划"，这三本教材的出版弥补了我国教育管理领域内教育管理学教材的不足，给高校授课提供了资源，也提升了我国教育管理学理论的质量，带动了教育管理学这门学科在大学的发展与传播。其中，1988年萧宗六出版的《学校管理学》在1992年被评为全国高等学校优秀教材，获国家教委二等奖，也是全国第一本高等师范院校通用的学校管理学教材。在借鉴国外教育管理学体系的基础之上，学者们还尝试建构我国本土的教育管理学学科理论体系，比如王晓云将《教育管理学》(1991)分为五大部分：总论篇、教育行政管理篇、普通学校管理篇、成人教育学校管理篇、教育诊断方法篇。① 除以上著作和教材之外，安文铸还主编了《学校管理辞典》(1989)。

第二，此阶段发表论文的数量和质量都有所增长。在CNKI上以"学校管理学"或"教育行政学"或"教育管理学"为关键词共查找到59篇论文，比如何兆华的《我国学校管理学发展概况》(1986)、许晓平的《浅论国家管理教育的职能》(1986)、刘本固的《论教育行政的基本原则》(1986)、刘问岫的《我国教育行政学科的教材建设问题》(1987)、赵康年的《教育行政管理原则浅述》(1987)、江月孙的《教育管理学的发展和当前我国研究的课题》、陈孝彬的《教育管理学研究中的方法论初探》(1987)、陈宝昌的《师范院校应普遍开设学校管理学》(1988)、张复荃的《对学校管理运行机制改革的思考》(1989)、蒋有贵的《学校管理学教材体系之我见》(1989)、黄云龙的《关于学校管理学学科体系的现实思考》(1989)、张静如的《管理教育应实现五大转变》(1989)、张济正的《我国教育管理学科的过去、现在和未来》(1989)、孙灿成的《论建立科学的学校管理方法体系》(1992)、杜伟的《谈教育行政学的教学原则》(1992)、陈孝彬的《教育管理学"误区"初探》(1992)、唐莹编译的《教育行政研究对其知识基础的百年探索》(1992)等。这一阶段学者们已经具有了教育管理学理论研究和学科建设的意识，出现了对教育管理学的教材体系、学科体系、方法体系、实践与改革等各个方面的研究。这些论文的发表直接推进了学科的发展和成形。(见表12.2)

表12.2　1986—1992年教育管理学期刊论文内容的分布

研究内容	刊发数量
学科体系	11
教材体系	6
研究方法	3
现存问题以及改革措施	12

---

① 王晓云. 教育管理学［M］. 南京：东南大学出版社，1991：1-4.

第三，教育管理学术组织定期开展学术活动。1987年9月，全国学校管理研究会第三届学术年会在四川成都市举行并换届，会后出版了《学校管理新论》，并更名为中国教育学会教育管理研究会，这标志着全国性的教育管理研究会建立起来了。从此，中国教育管理研究会作为全国教育管理学研究者的一个学术交流平台，一个学术共同体，其活动一直顺利进行，有力地引领着中国教育管理学的学科建设和研究走向。1991年10月，学者们聚集在华中师范大学参加了中国教育管理研究会教育管理学科专业委员会成立大会，与此同时，也举办了第一届学术年会，年会围绕"教育管理学科的理论体系"的主题就学科建设的基本理论与现实问题进行了深入探讨和研究。1992年11月在广东省珠海市举办了教育管理研究会第三届会员代表大会暨学术年会，主办方将收集到的论文进行了编辑整理，汇编为《教育管理理论与实践的新探索》。中国教育学会教育管理研究会还下设教育管理学科专业委员会，这标志着教育管理学学科得以成形并且地位得到提升。

第四，教育管理学首次获批教育学二级学科，成为教育学之下的研究方向。1987年，教育管理学首次成为北京师范大学教育系教育基本理论专业的研究方向之一，开始招收教育管理学方向的硕士研究生。在1990年10月国务院学位委员会第九次会议批准的《授予博士、硕士学位和培养研究生的学科、专业目录》（以下简称《专业目录》）中，规定教育管理学是教育学的二级学科。《专业目录》规定教育管理学成为教育学一门独立的分支学科，作为教育学之下的研究方向，获得教育管理学硕士学位授予权，并招收教育管理学方向的研究生，这些标志着教育管理学学科的成形。

第五，更多学术期刊创刊，为学术交流搭建平台。如1986年《当代教育科学》和1987年《中小学管理》创刊。专业期刊的创办进一步扩大了学者们进行学术交流、展示研究成果的平台和空间，有利于教育管理理论在学术界进行大范围的传播，促进教育管理学学科理论与实践的深化，寻找到教育管理学学科新的突破点。

由上可知，教育管理学逐渐以一门独立学科的身份出现在人们的研究视野内。教育管理学作为研究方向，首次获批教育学二级学科，直接促进了教育管理学学科的发展与成形。该阶段教育管理学发展迅速，教育管理学专家的理论水平显著提高，在对国家教育方针和政策进行理论分析的同时，注重学术研究和自身话语体系的建构，为日后的学科繁荣奠定了基础。

三、学科稳定繁荣与分化（1993—1999）

为实现党的十四大确定的战略任务，1993年中共中央、国务院发布《中国教育改革和发展纲要》，并提出了20世纪末教育发展的总目标。它的颁布，指明了在新的时期下，我国教育发展的方向与要求。这些政策的提出推动了实践的改革，实践的变化对理论提出了要求，并进一步促使教育管理学学科走向繁荣与分化。

第一，此阶段对教育管理学整体性研究越来越多，并且教育管理的研究领域得到拓展，出版了一批教育管理学的著作。如孙灿成的《学校管理学概论》（1993）、贺乐凡的《学校管理研究》（1993）、黄云龙的《现代教育管理学》（1993）、萧宗六的《学校管理学》（1994）、黄兆龙的《现代学校管理学新论》（1994）、安文铸的《现代教育管理学引论》（1995）、刘文修的《教育管理学》（1996）、萧宗六、贺乐凡的《中国教育行政学》（1996）、陈孝彬的《教育管理学》（1999）、黄志成与程晋宽的《现代教育管理论》（1999）等。除了教育管理学方面的著作，还出版了教育管理学分支学科如教育法学、教育政治学、教育督导学等方面的著作。比如劳凯声的《教育法学概论》（1993）、成有信的《教育政治学》（1993）、黄崴的《现代教育督导引论》（1998）等，这些著作从不同的视野深入研究教育管理问题。分支学科主要是从其他学科汲取理论，拓宽了研究主题，丰富了教育管理学学科理论，促进教育管理学学科进一步发展，并且这些著作的出版标志着教育管理学学科开始分化。

第二，教育管理学学科整体研究的期刊论文数量增加。在CNKI上以"教育管理学"或"教育管理学学科"为关键词找到核心期刊和硕博论文共29篇，涉及硕、博士论文4篇，中文核心期刊共24篇。对这29篇论文进行内容上的分析见表12.3。这一阶段开始有学者对学科历史进行研究，并针对教育管理学的学科理论、思想来源进行反思，以及开展对学科基本理论问题深入的探究，理论研究成果较前一阶段更加丰富。

表12.3　1993－1999年教育管理学期刊论文内容的分布

研究内容	刊发数量
教育管理理论、教育管理流派、教育管理思想	8
学科性质	2
研究对象	5
学科体系	2
研究方法	2
现存问题以及改革措施	5

第三，教育管理学年会定期召开。1991年全国教育管理学科专业委员会成

立后，全国教育管理学学术年会围绕主题定期举行。1993年召开全国教育管理学科专业委员会第二届学术年会，主题为"社会主义市场经济体制与学校管理改革"，对市场经济体制与学校管理改革的理论和实际问题进行了热烈的探讨。代表们提出在处理学校教育和管理与市场经济关系的问题上，要针对不同类别和层次的学校有所不同，学校要积极主动地去适应并促进市场的发展，要密切关注市场经济体制的建立对教育管理的深刻影响，把握其中的机遇和挑战。① 1995年召开的全国教育管理学科专业委员会第三届学术年会，主题为"我国教育管理学科的学科建设和教学改革"，从"我国教育管理学的现状与发展"和"教育管理学科建设"两方面进行探讨。② 1998年召开的全国教育管理学科专业委员会第四届学术年会，主题为"面向新世纪：教育管理的理论与实践"，从"教育管理体制改革""教育管理学的学科建设"和"教育管理的展望"等方面展开讨论。③ 这期间举行的三次年会都提出了新的主题，继续对教育管理学学科建设和教育管理理论与实践进行深一步的探讨，也提出了面对社会经济基础的变化，学校管理如何变革来面对现实状况。这一阶段的教育管理学紧随时代发展的步伐进行变革，而不再仅仅关注教育管理学理论的发展，更加注重实践的发展，教育管理学获得进一步的发展。

第四，教育管理学硕、博士点增加，研究队伍继续壮大。1997年国务院学位委员会将教育管理和教育经济合并为"教育经济与管理"，1998年又在颁布的《授予博士、硕士学位和培养研究生的学科、专业目录》中将"教育经济与管理"从教育学一级学科划到公共管理一级学科之下，归为管理学门类。1998年北京师范大学教育管理学院获得教育管理学博士点，标志着我国已经建立了教育管理学"本科—硕士—博士"培养体系。随后教育管理学硕、博士点不断增加，建立了从本科到博士研究生的培养体系，为教育管理学发展培养专业研究人才发挥了极大的效用。与此同时，教育管理学人才队伍的学科背景也不断多元化，有经济学、管理学、教育学等学科背景的研究人员不断加入，拓展和深化了学科领域。

第五，此阶段除了已创办的五个教育管理学专门性杂志之外，多个教育类杂志都开设了相应的教育管理研究版块，比如1998年创办的《河北师范大学学报（教育科学版）》。期刊作为学术成果呈现的平台，有利于促进教育管理研究者之间的交流，提升教育管理学学科学术研究水平，实现教育管理学学科走向繁荣。

---

① 参见全国教育管理研究会教育管理学科专业委员会简讯1993年第一期总第二期。
② 参见中国教育学会教育管理研究会教育管理学科专业委员会1995年学术年会会刊。
③ 司晓宏. 深化教育管理理论研究，推动教育管理改革实践——全国教育管理学专业委员会第四届年会综述［J］. 教学与管理，1999（5）：3-4.

这一阶段教育管理学学科最显著的特征是学科不断繁荣并出现了分支学科，学科研究领域得以拓展。经济学领域、公共管理学和行政学领域的部分学者也加入到教育管理学术研究中来，致力于教育管理学学科建设和学术交流。随着"借鉴"和"引用"进一步加深，我国开始进入教育管理理论"丛林"阶段，国外许多教育管理理论纷纷被引入我国，如"校本管理理论""学校发展计划""教育证券"等概念，丰富了我国教育管理学术话语。但是，我国教育管理学学科理论"丛林"还比较瘦小、薄弱，并且缺乏原创的理论，还需要进一步的扩大与发展。

四、学科沉淀与深化阶段（2000—2018）

进入21世纪，教育管理学研究者在对之前几个阶段学科建设所取得的成就以及学科发展遇到的问题进行反思的基础上，继续不断加强学科系统化和体系化的建设，并努力在反思中展望未来，寻找到学科发展的突破口。在21世纪初，学者们就齐聚在陕西师范大学参加了全国教育管理学科专业委员会第五届学术年会，就"世纪之交：中国教育管理学的回顾与展望"的主题进行了大讨论，这场2000年举办的学术年会开启了我国教育管理学学科21世纪的征程。学科不断沉淀与深化，成为新世纪以来学科发展的主要特征。

第一，此阶段出版的著作和教材在吸收国内外研究成果与学科反思的基础上，围绕教育管理和教育管理学学科建设的基本问题，如研究对象、学科性质、学科体系、研究范式等进行了较为系统的探讨，提出了不少新观点和新思路。如吴志宏等主编的《新编教育管理学》（2000）、萧宗六的《教育管理研究》（2000）、杨颖秀的《教育管理学》（2002）、黄崴的《教育管理学：概念与原理》（2002）、薛天祥主编的《研究生教育管理学》（2004）、孙绵涛的《教育管理学》（2006）、吴志宏主编的《教育管理学》（2006）、常思亮著的《教育管理学》（2006）、傅树京的《教育管理学导论》（2007）、张新平著的《教育管理学的持续探索》（2007）、陈孝彬、高洪源主编的《教育管理学（第3版）》（2008）、彭虹斌著的《教育管理学的文化路向》（2009）、司晓宏著的《教育管理学论纲》（2009）、王世忠的《教育管理学》（2011）、张新平的《教育管理学的方法体系》（2012）、王钰的《中国近代教育管理学科研究》（2013）、曾天山、褚宏启主编的《现代教育管理学》（2014）等。此外，这一阶段也引进了一些国外教育管理著作，弥补了我国教育管理学发展的不足。比如瑟吉奥万尼等著的《教育管理学（第6版）》（英文影印版）；韦恩·K.霍伊、塞西尔·G.马萨尔著，彭韬注译《教育管理学（第8版）》；伦恩伯格、奥恩斯坦著，朱志勇、郑磊译《教育管理学：概念与实践》等。此外，随着教育管理学学科群的进一步发展，此阶段出版了很多教育管理学分支学科的相关著作,如廖楚晖的《教育财政学》(2006)、孙绵涛主编的《教育政策学》(2010)、叶芸的《教育法学》(2015)等。这一时期著作的数量明显增加,并且有很多著作是在原来的基础上进行不断的修订丰富已有内容。这些著作在吸收前人研究成果的基础上,提出新的思想,创造新的理论,顺应我国21世纪的发展。

第二,发表的论文数量飞速增长,出现了对学科某一基本问题的专门研究,研究范围广泛。在CNKI上以"教育管理学"或"教育管理学学科"为关键词查找的核心期刊论文共有116篇,以"教育管理学"或"教育管理学学科"为主题查找的硕、博士论文有69篇。对这116篇核心期刊论文进行内容上的分析(见表12.4),得出这一阶段研究重点是教育管理学在学科发展中所面临的各种问题以及解决方法。研究以问题为导向,并预测未来的发展方向,以促进教育管理学学科向更好的方向发展。这些研究也涉及教育管理学一些基本理论的探讨,比如教育管理学的研究对象、学科性质、学科体系、研究方法等。这一阶段是在前人研究的基础上进行总结和反思,寻找学科发展的突破口,促进教育管理学学科的体系化和规范化。

表12.4 2000—2018年教育管理学期刊论文内容的分布

研究内容	刊发数量
教育管理学发展的阶段	12
教育管理理论、教育管理流派、教育管理思想	26
学科性质	14
研究对象	8
学科体系	6
研究方法	20
现存问题以及改革措施	30

第三,学术会议定期举行。在2000—2018年间,中国教育学会教育管理分会共举办了7届会议,全国教育管理学科专业委员会也举办到2018年第17届。研究主题主要表现在学科建设、理论建构、教育体制变革、教育治理、学校改进与变革、教育组织变革、教育评价等方面。[①] 每次学术会议都紧跟时代发展的步伐,以学科发展以及学校管理中所面临的重要问题为研究主题,并注重对我国教育管理学学科发展的过去进行总结和反思,关注现实中的问题。(见表12.5)

---

① 何志伟. 30余年教育管理学科的研究取向[D]. 浙江师范大学硕士学位论文,2012.

表 12.5　2000—2018 年全国教育管理学科专业委员会历届学术研讨会基本情况

时间	地点	主题
2000.09	陕西师范大学	世纪之交：中国教育管理学的回顾与展望
2003.12	南京师范大学	教育管理学：历史·现状·未来
2004.08	东北师范大学	变革社会中的教育管理
2005.11	广西师范大学	交流、协作、责任
2007.11	浙江师范大学	面向实践的教育管理研究
2009.11	安徽师范大学	中小学学校改进
2011.10	江西师范大学	新目标、新使命、新问题
2013.09	宁波大学	学校发展：公平、效益与创新
2014.11	湖南师范大学	教育治理体系与治理能力的现代化
2015.10	辽宁师范大学	教育管理的民主化与法制化
2016.11	岭南师范学院	创新人才培养与学校管理变革
2017.11	西南大学	教育现代化背景下的教育管理变革
2018.10	北京师范大学	教育管理研究方法的新探索

第四，硕、博士点迅速增加，研究队伍翻倍增长。进入 21 世纪，教育管理学的硕、博士点快速增加。2000 年，华东师范大学教育管理学学科获得了教育经济与管理专业的博士学位点。2003 年，国务院学位委员会第 20 次会议审批了《第九批博士学位授权学科专业名单》，北京航空航天大学、浙江大学、华中科技大学、华南师范大学教育经济与管理专业获得博士学位授权。2006 年，国务院学位委员会第 22 次会议审批了《第十批博士学位授权学科专业名单》，东北师范大学获得教育经济与管理博士学位授予权，24 个学校获得教育管理学硕士学位授予权，分别是天津工业大学、天津理工大学、山西财经大学、内蒙古工业大学、内蒙古师范大学、大连理工大学、沈阳农业大学、哈尔滨工程大学、黑龙江科技学院、南京航空航天大学、徐州师范大学、杭州师范学院、宁波大学、淮北煤炭师范学院、江西农业大学、山东大学、山东经济学院、河南师范大学、长沙理工大学、广西师范学院、西南交通大学、西南民族大学、昆明理工大学、中国科学院研究生院。

第五，此阶段除了创办一批教育管理研究相关的期刊，还创办了高等教育管理、教育政策等方面的期刊。比如 2002 年创办《当代教育论坛》，2007 年创办《高校教育管理》《中国教育管理评论》等。

第六，关于教育管理研究的立项课题稳定发展，研究走向多元化。"十五"期间，在"教育经济与管理"类目（2001年立项的课题为"教育管理"类目）下的课题共有291项。"十一五"期间，在"教育经济与管理"类目下的课题共有176项。"十二五"期间，在"教育经济与管理"类目下的课题共有191项。其中，"十五"期间，教育管理研究与教育实践紧密结合，重点关注现实社会中出现的热点问题和急需解决的问题，形成了一系列的研究主题。比如转型期中国教育重大政策案例研究、政府在市场经济条件下的教育管理职能转变与管理机制研究、我国教育经费筹措和分配的公平与效率问题研究等，这些都是针对21世纪初的新状况进行的研究目的是解决发展中的难题。"十一五"期间，教育经济与管理学科继续发展，在教育制度、教育政策、教育法律、教育效能、发展战略、大学生就业等方面的研究获得进展。比如博士研究生教育制度创新研究、改革开放以来我国教育政策的发展和调整研究、我国独立设置的财经类院校发展战略与途径选择研究、高校毕业生就业状况监测体系研究等等。"十二五"期间，教育经济与管理研究主要集中在教育评价、教育管理活动、教育法规和政策、教育经济等方面。例如我国县域基础教育政策评估体系的构建研究、全面提升农村教育质量背景下的农村教师结构调整及编制需求研究、城乡统筹背景下教师均衡流动的补偿性政策研究、地方政府统筹城乡教育发展的政策研究、高校财务管理与资金使用效益研究等。2016年的课题有41项，这些研究注重中国与国外进行比较，吸收国外优秀经验，比如我国与发达国家的教育信息化比较和推进战略研究、循证实践视角下美国教师评价政策研究。并且这一阶段对各种各样的教育都有一定的关注，例如艺术教育综合改革研究。随着教育管理学的发展，研究者对教育管理的研究越来越细化，研究的主题也越来越多元化，不再只是针对理论进行思考，更加关注我国教育管理在实践中存在的一些现象和问题，促进我国教育事业向好的方向发展。

21世纪以来，教育管理学科走向自觉反思与积淀，重视对教育管理学自身建设的研究。教育管理学学科领域也不断得到拓展，研究内容不断得以丰富，教育管理学学科体系走向成熟，并形成了一个大的教育管理学学科群。其中，教育法学、教育财政学、教育政策学、教育督导学等学科从不同的角度研究教育管理的问题，给予自己学科理论解释和方法，扩大了理论研究的方向。这一阶段研究队伍也进一步壮大，学术交流的机会和平台也越来越多，教育管理学学科的理论与实践紧密联系，研究成果有了质的提升。

第二节 教育管理学学科建设的进展

一、教育管理学的研究对象

一门学科的研究对象决定了一门学科研究什么的问题，学科研究对象直接影响到这门学科内容体系的构建。教育管理学的研究对象是教育管理学学科的基本理论问题。[①] 目前我国学术界对教育管理学研究对象提出了不同看法，主要集中在教育管理过程、教育管理活动、教育管理现象、教育管理问题等。

一是过程说，即认为教育管理学研究对象为教育管理的过程。如陈孝彬[②]、林昌华[③]等。

二是现象说，黄崴指出"教育管理学的研究对象是教育管理问题或成为问题的教育管理现象"[④]。也有学者提出我们是通过研究教育管理活动的现象来发现教育管理活动中存在的普遍原理与规律。如安文铸[⑤]、孙绵涛[⑥]等。

三是问题说，如黄兆龙认为教育管理学的研究对象是教育管理活动中不同层次的具体问题，即"各级教育行政管理和各级各类学校管理"的科学。[⑦]

四是活动说，如黄志成认为，教育管理学作为教育学与管理学的交叉学科，它的研究对象是教育实践活动，通过对教育系统中存在的管理问题进行研究，来发现和掌握教育管理的规律。[⑧]

五是特殊矛盾说，如张济正认为学校管理学所要研究的对象是有关这一领域内的管理方面的特殊矛盾性。[⑨] 安文铸认为"教育管理活动中所具有的特殊矛盾"构成了教育管理学的研究对象，"这一特殊矛盾主要指的是教育管理资源的有限性与提高教育质量与教育管理效益之间的矛盾"。[⑩]

六是综合说，如吴志宏认为，"教育管理学以各级各类教育组织和机构的管

---

① 黄崴. 教育管理学：概念与原理 [M]. 广州：广东高等教育出版社，2002：13-29.
② 陈孝彬，高洪源. 教育管理学 [M]. 北京：北京师范大学出版社，2008：2.
③ 林昌华. 教育管理原理 [M]. 成都：成都科技大学出版社，1992：1-2.
④ 黄崴. 教育管理学 [M]. 北京：中国人民大学出版社，2009：8.
⑤ 安文铸. 现代教育管理学引论 [M]. 北京：北京师范大学出版社，1995：28-39.
⑥ 孙绵涛. 教育管理学 [M]. 北京：人民教育出版社，2006：53.
⑦ 黄兆龙. 现代教育管理哲学 [M]. 南宁：广西教育出版社，1992：13.
⑧ 黄志成，程晋宽. 现代教育管理论 [M]. 上海：上海教育出版社，1999：1-5.
⑨ 张济正. 学校管理学导论 [M]. 上海：华东师范大学出版社，1990：23.
⑩ 安文铸. 现代教育管理学引论 [M]. 北京：北京师范大学出版社，1995：29.

理现象、管理过程和管理规律为其研究对象"。①

研究对象是一门学科区别另一门学科的标志,也是一门学科得以成功建立的基础。目前,学者们对教育管理学的研究对象进行了深入的探讨。从上面的总结中可以看到,学者对教育管理学的研究对象的认识有多种看法,存在显而易见的分歧,但近几十年来人们对教育管理学研究对象的探讨,与之前相比更加集中,从众说纷纭到逐渐认同几个比较主流的观点,讨论得更深入。②

二、教育管理学的学科性质

学科性质是一门学科的基本理论问题,学科性质不仅影响着教育管理学的学科归属,而且影响着教育管理学学科未来的发展方向。改革开放以来,学术界对教育管理学的学科性质提出了各种各样的看法,比如教育管理学是一门教育学科或者管理学科,教育管理学是一门应用学科或理论学科,教育管理学是一门人文科学或社会科学,等等。学者们对教育管理学的学科性质一直存有较大的争议,但这些不同的观点为教育管理学科与其他学科进行交流提供了语境和条件,有利于教育管理学学科性质的进一步厘清。

一是认为教育管理学属于教育学科或管理学科。比如萧宗六认为:"教育管理学是教育科学的分支学科,它包括教育行政学和学校管理学。"③ 黄崴从学科发展的角度出发论证了教育管理学在根本属性上是一门管理学科。④ 陈红燕、张新平在总结前人研究的基础上提出"教育管理学是一门研究对象和研究内容高度教育化的管理学科"。⑤

二是认为教育管理学属于应用学科或理论学科。比如张济正提出教育管理学是一门应用学科,它从实践中来又要回到实践中去。⑥ 孙绵涛认为教育管理学的重要特征是理论性而不是应用性。⑦ 黄崴根据教育管理学的研究对象是教育管理问题,对问题的种类进行划分,认为教育管理学既是一门理论学科,也是一门应

---

① 吴志宏,冯大鸣,周嘉方. 新编教育管理学[M]. 上海:华东师范大学出版社,2000:18.
② 张伟坤,黄崴. 近十年我国教育管理理论研究的进展与反思[J]. 中国高教研究,2013(2):26-31.
③ 萧宗六,贺乐凡. 中国教育行政学[M]. 北京:人民教育出版社,1996:3.
④ 黄崴. 教育管理学[M]. 北京:中国人民大学出版社,2009:18.
⑤ 陈红燕,张新平. 再论教育管理学的性质:三维审视[J]. 现代教育管理,2013(2):18-23.
⑥ 张济正. 学校管理学导论[M]. 上海:华东师范大学出版社,1990:28.
⑦ 孙绵涛. 教育管理学[M]. 北京:人民教育出版社,2006:5-10.

用学科。①

三是认为教育管理学属于人文科学或社会科学。比如孙绵涛在总结国外教育管理理论时提出教育管理学是一门人文科学。② 司晓宏认为教育管理学是社会科学，因为教育管理活动是一种社会现象。③ 彭虹斌提出因为教育管理学既研究社会层面的问题，又研究价值方面的问题，所以教育管理学具有人文科学与社会科学的双重属性。④

四是教育管理学属于交叉学科、边缘学科或综合学科。比如陈孝彬认为，因为教育管理活动及研究既要遵守教育的规律又要遵守管理的规律，所以教育管理学既是教育学的分支学科又是管理学的分支学科。⑤ 康翠萍从教育管理的实践形态、理论形态、当今对教育管理本质的研究现状三个角度阐述教育管理既姓"教"又姓"管"。⑥ 杨天平认为教育管理学是一门双栖型、交叉型、协同型的综合科学。教育管理学既具有科学的一般属性，又具有很多学科的学科性质。综合性是它的根本性质。⑦

由上可知，学者的划分标准和关注的角度不一样，对教育管理学学科性质的认识也不同。虽然学界对教育管理学的学科性质还没有一个一致的看法，但这些观点的提出提醒研究者要以一个全面的视角来思考教育管理学的学科性质，有利于加深学者对教育管理学这门学科的认识。

三、教育管理学的学科体系

学科体系是对本学科知识、理论体系化和结构化的结果。改革开放以来，我国学者在借鉴国外教育管理学体系和借鉴其他学科理论体系的基础上，逐渐构建起自己的教育管理学学科体系。较早研究教育管理学科体系建设问题的学者包括安文铸⑧、薛天祥⑨、孙绵涛⑩等，他们把已出版的教育管理学论著的体系分为经验体系、理论体系、知识体系、著作体系、教材体系。黄崴教授将我国学者如张

---

① 黄崴. 教育管理学：概念与原理 [M]. 广州：广东高等教育出版社，2002：32.
② 孙绵涛，罗建河. 西方当代教育管理理论流派 [M]. 重庆：重庆大学出版社，2008：3.
③ 司晓宏. 教育管理学论纲 [M]. 北京：高等教育出版社，2009：5-6.
④ 彭虹斌. 教育管理学的文化路向 [M]. 北京：教育科学出版社，2009：40.
⑤ 陈孝彬. 教育管理学 [M]. 北京：北京师范大学出版社，1999：5-6.
⑥ 康翠萍. 教育管理的归属与定位之我见 [J]. 上海教育科研，2001（2）：26-28.
⑦ 杨天平. 论教育管理学的综合性质 [J]. 教育研究，2002（8）：38-42.
⑧ 安文铸. 现代教育管理学引论 [M]. 北京：北京师范大学出版社，1995：39.
⑨ 薛天祥. 高等教育管理学 [M]. 上海：华东师范大学出版社，1997：6.
⑩ 孙绵涛. 教育管理学 [M]. 北京：人民教育出版社，2006：13-16.

济正、萧宗六、刘文修、薛天祥、陈孝彬、吴志宏等出版的教材出现的教育管理学科体系划分为要素体系、经验体系、板块体系、职能体系、工作体系、系统体系和综合体系等。①

我国教育管理学学科体系的内容还比较集中，主要围绕教育管理学基础、教育管理原理、教育管理体制和制度、教育资源管理、教育法规和政策等方面构建学科体系。② 随着时代的发展，学科体系有所拓展，走向多元化。选取 2000 年以来具有代表性的 20 本专著和教材，对这些专著和教材体系的主要内容按出现的频次和比例进行统计，结果见表 12.6。

表 12.6　21 世纪初教育管理学学科体系的主要内容

学科体系框架结构	学科体系内容	频次	比例
教育管理学基础	教育管理思想流派和学科发展；教育管理学研究对象、任务、性质、基础和方法等	17	85%
教育管理原理	教育管理的基本概念；教育管理理论流派	14	70%
教育管理组织、体制和制度	教育制度和学校制度；教育行政体制和制度；学校管理体制和制度；学校领导和领导体制；教育管理组织机构和管理职能等	14	70%
教育资源管理	人员管理；财务管理；教育设施设备管理；时间管理、教育信息管理等	13	65%
教育管理过程	目标、计划、规划、决策、激励、控制等	5	25%
教育管理活动	德育、体育、美育、卫生教育、劳动教育、思想政治教育和课外活动管理；课程、教学和教研管理；教务；总务和后勤；教育管理活动实施要素、价值要素	7	35%
教育法规和政策	教育立法、法规、政策等	10	50%
教育评价	教育视导、督导和评价等	6	30%
学校发展战略和改革	学校发展战略；校本管理；管理创新；学习型、研究型学校组织；后现代主义与教育管理；学校效能与学校改进等	9	45%

---

① 黄崴. 教育管理学科体系：概念、分类与整合［J］. 华南师范大学学报（社会科学版），2004（5）：119-124、148-160.

② 李旭，侯怀银. 20 世纪我国教育管理学学科建设的本土探索［J］. 山西大学学报（哲学社会科学版），2011（6）：117-122.

续表

学科体系框架结构	学科体系内容	频次	比例
学校建筑管理	校址选择、学校用地及总平面布局；教学及教学辅助用房建设；行政和生活服务用房建设	2	10%
教育管理环境	法律政策、学校公共关系；教育公共关系的基本特征、基本职能；教育组织公共关系；学校与社区、社会、家庭的关系	7	35%

根据著作的体系我们可以看到，除了传统的教育管理原理、教育管理组织、教育资源管理、教育管理过程和教育管理环境等部分，教育管理学教材和专著中还出现了学校发展战略、学校建筑管理、教育信息管理、教育公共关系等内容，增加了教育管理学的学科内容，完善了教育管理学的学科体系。总体来说，我国教育管理学学科体系逐渐从教育行政与学校管理的分立走向综合，从经验总结和工作体系走向理论和知识体系，从借鉴工业管理理论到逐渐具有教育管理理论，从借鉴西方学科的体系到逐渐形成具有中国本土特色的学科体系。

四、教育管理学的研究方法

学科的研究方法决定了学科的理论品质与发展的高度。改革开放以来，教育管理学的学者们立足于不同视野提出了不同的研究方法。司晓宏等认为教育管理学的研究方法一般包括调查法、经验总结法、个案法、实验法、质的研究法、行动研究法、叙事研究法等。[1] 张新平认为我国教育管理学的研究方法主要有思辨研究、实证研究和实地研究、历史研究四种。[2] 黄崴将教育管理的研究方法划分为定性研究、定量研究、质的研究、系统研究。[3]

有学者对以往教育管理学的研究方法进行了调查统计，发现教育管理学研究者提倡较多的方法有调查研究、实验研究、历史研究、比较研究和理论研究等。[4] 近年来，实证研究方法在我国较受欢迎，但也有学者在反思实证研究方法的发展中的不足，提出需要运用整体方法，主要有系统方法、信息方法、类比移

---

[1] 司晓宏. 教育管理学论纲 [M]. 北京：高等教育出版社，2009：20-27.
[2] 张新平，陈红燕. 论教育管理学的"两层面三层次"方法体系 [J]. 教育研究，2012（10）：12-18.
[3] 黄崴. 教育管理学 [M]. 北京：中国人民大学出版社，2009：22-34.
[4] 黄崴. 教育管理学：概念与原理 [M]. 广州：广东高等教育出版社，2002：39.

植法、辐集法、臻美法等，来提升教育管理研究的理论水平。①

由于教育管理活动的复杂性，单一的研究方法如思辨研究、量化研究、质性研究已经不能满足研究的需要，研究者提出应选择多种研究方法，目前使用较多的方法有实证研究、实地研究、行动研究、比较研究、案例研究或包括以上两种及以上研究方法在内的混合研究方法。② 也有学者对研究方法背后的范式给予了一定的关注。

总之，改革开放以来，我国教育管理学纯思辨、定性的研究在减少，综合研究方法在增加。③ 教育管理的研究方法逐渐从单一走向多元，由对立走向综合，并朝具有范式意义的方向发展。④

五、教育管理学的学科群

教育管理学不仅是一门学科，作为复数意义，教育管理学可被视为一个学科群的教育管理科学。

学界一直存在教育管理学可以分化为学校管理学和教育行政学的观点和实践。⑤ 改革开放以来，随着研究者对教育管理领域划分得越来越详细，学科的研究领域越来越分化，导致学科自身走向分化。此外，随着社会实践的深化，人们对教育管理问题的认识越来越深入，人们的理性程度也不断提升，研究兴趣越来越广泛，关注教育管理实践的角度也越来越多样化，教育管理学在和别的学科进行交汇、融合之后产生新的理论，学科分化以及新的学科的产生既成为教育管理学学科发展的必然，又成为教育管理学学科繁荣的标志和象征。

在多种因素的共同作用下，教育管理学在分化与融合中逐渐出现了学校管理学、教育行政学、教育法学、教育督导学、教育评价学、教育经济学、教育政策学、教育决策学、教育经济与管理学等学科，成为一个大的学科群，学科基础广泛。学校管理学、教育行政学、教育政策学、教育法学、教育评价、教育决策学等学科作为教育管理学的二级学科从教育管理学中分化和独立而出。

"大教育管理学"在面对学科的分化与融合的过程中，自身的发展也受到了

---

① 黄永军. 发展教育管理理论的方法探究 [J]. 国家教育行政学院学报，2011 (1): 43-46.

② 叶愿愿. 教育管理研究的当前态势 [D]. 上海师范大学硕士学位论文，2015.

③ 张伟坤，黄崴. 近十年我国教育管理理论研究的进展与反思 [J]. 中国高教研究，2013 (2): 26-31.

④ 张波. 库恩的范式理论与我国教育管理学研究范式的转型 [J]. 当代教育科学，2010 (3): 35-37.

⑤ 萧宗六，等. 中国教育行政学 [M]. 北京：人民教育出版社，1996: 15.

一定的影响。一方面，教育管理学的二级学科可以在汲取其他学科的知识、理论和方法的基础上对教育管理学进行研究，从不同的视野出发探究教育管理的问题，加深了学者对教育管理活动的认识和理解，拓宽了教育管理的理论研究范围，拓宽了教育管理学学科领域，不再只是针对教育管理的一些基本理论问题进行研究，而更注重现实中的实践问题，带动了教育管理学学科的发展。① 在拓宽学科基础知识的基础上，也有利于我们培养多学科背景的复合型人才。但另一方面，很多学科之间的融合，大都是从它的一级学科直接照搬照抄理论、方法，受到了一级学科的限制，导致这些二级学科缺乏自身的特色。这些二级学科与一级学科之间、二级学科与二级学科之间缺乏清晰的学科界限，研究对象不明晰，学科的合法性受到一定的质疑，学科地位的独立性也受到人们的怀疑，在众多学科之中难以找到自己的学科归属。面对学科的不断分化，教育管理学学科自身的发展如何得到保障，是否会面临分解，这是学界所担心的。

第三节 教育管理学学科发展的反思

在回顾和总结改革开放以来教育管理学学科发展历程、取得巨大成就的基础上，反思学科发展的困境和问题，对于推动学科的发展有重要价值。

一、重新审视学科设置和分类，解决学科的归属问题

改革开放以来，教育管理学逐渐发展成为教育学之下独立的学科。1997年的《专业目录》中将教育管理和教育经济两个学科合为"教育经济与管理"。从教育学科被划归为公共管理一级学科之下的学科过程来看，其学科建制的政府的行政性取向较为明显。这样的安排，使得所设置的教育经济与管理成为一门偏重于宽口径人才培养，人为地拼合组装在一起的专业，而非学科。② 两门学科合并为一门学科，既缺乏关于学科自身建设的学理上的论证，实践上也难以操作。目前有120所高校设有教育经济与管理专业的硕士点，其中有多半高校把该专业设在教育学系、教育科学学院等教学研究的机构内，只有40所是设置在公共管理学院或管理学院，鲜有将其归于经济学门类的。③

---

① 徐吉洪. 关于教育管理学内容体系建构的研究［D］. 浙江师范大学硕士学位论文，2007.

② 杨天平. 关于教育经济与管理学科设置的几点不同看法［J］. 教育研究与实验，2002（4）：33-36.

③ 姜尚峰. 教育经济与管理专业发展中的问题及对策研究［D］. 大连：东北财经大学硕士学位论文，2016.

由上可知,虽然教育管理学与教育经济学两门学科经历了一个交合和重组的过程,但由于学科间融合的最根本的力量并不是学科自身发展的需求,所以,两门学科的概念、方法、研究视角和思维方式很难达到一致,并实现形成一门新的综合学科或交叉学科的设置初衷。这样造成了教育经济与管理学科有名无实,直接影响了队伍建设和人才培养,并造成了新的混乱与学科发展的困难。因此,为了进一步推进学科发展,需要国家有关部门重新审视和研究教育管理学的学科设置,解决学科归属问题。

二、确定教育管理学的研究对象,夯实教育管理学学科的独立性

教育管理学要成为一门独立的学科,必须要有自己独特的研究对象。关于教育管理学研究对象,目前存在"过程说",即认为教育管理学研究对象为教育管理的过程;"活动说",即认为教育管理学研究对象为教育管理活动;"现象说",即教育管理学针对教育管理活动进行研究;"问题说",即认为教育管理学研究对象是教育管理活动中不同层次的具体问题;等等。学者们对于不同的观点进行了探讨和反思。有学者提出"现象说"存在的根本问题是造成了表象和本质、事实和价值的二元对立,教育管理现象复杂多变,"用二元对立的视野透析教育管理现象,只能遮蔽本真的教育管理现象"。[①] 有学者也对"问题说"提出了质疑,认为尽管"问题说"既满足了科学论证的逻辑,也切合了教育管理学的实践关怀,但是对于什么是教育管理学的基本问题,还没有界定清楚,没有回答某个问题是如何成为或被确定为研究对象的。[②] 此外,将教育管理学的研究对象只定位于"成了问题"的教育管理现象过于狭窄,忽略了非问题性的常规性研究,以及关于教育管理学"存在性"的元研究等。[③]

其实,无论"过程说""活动说"还是"现象说""问题说"等,揭示教育管理学研究对象时均有一个共同之处,即认为教育管理活动为教育管理学学科研究对象。比如,教育管理过程本身就是教育管理活动要素和结构在时空中目的性的展开,所以,"过程说"中的教育管理过程是教育管理活动要素展开和发挥功能的过程。此外,教育管理的问题、现象、规律和特殊矛盾,也均是现实教育管理活动中存在的问题、现象、规律和特殊矛盾。由此可以认为,教育管理学的研究对象是教育管理的活动,即教育管理学是以教育实践活动为其研究对象。教育管

[①] 张新平. 反思与建构:教育管理现象及相关问题研究 [J]. 华东师范大学学报(教育科学版),2002 (6):6-16.
[②] 张新平. 析教育管理问题说及其问题 [J]. 教育理论与实践,2006 (3):15-18.
[③] 孙绵涛. 教育管理学 [M]. 北京:人民教育出版社,2006:59-60.

理活动的实质就是教育管理的目的、管理的主客体、管理的手段等要素构成的结构以过程的方式展开，实现教育管理的功能。教育管理学只有确定了研究对象，围绕包括决策、控制、组织、评价等活动在内的教育管理活动进行研究和理性思考，方可选择适宜的研究方法产出知识和理论，并据此构造学科体系，夯实教育管理学学科之"学"。

三、确立教育管理学学科性质，使学科兼容并包的同时有所坚守

教育管理学学科性质是多重的，这是由教育管理活动本身包括了宏观的教育行政管理和微观的学校管理所决定的。首先，国家层面的教育行政管理与国家对包括政治、经济、文化等在内的社会其他领域的行政管理并无太多区别，其符合公共管理的一般规律。由此，教育管理学的学科性质受到行政管理学、公共管理学的影响。其次，教育管理学理论研究肇始于 19 世纪，借鉴了很多现代企业管理理论。由于教育管理在理论知识来源方面依赖管理学，并且以效率为核心的科学管理的理论充溢在教育管理之中，所以，教育管理学具有管理学的学科性质。此外，企业管理理论注重对产品质量、过程控制等的研究，多采用如系统论、运筹学、博弈论等实证的研究范式。换言之，实证主义是西方教育管理研究中的主流研究范式，教育管理研究也受到实证主义的影响，教育管理学具有科学性。最后，教育管理作为一种比较特殊的教育活动和教育方式，必须符合教育的规律。科学管理取向的实证主义研究范式在引入教育管理领域之后，虽然为教育带来了许多的益处，但却忽视了教育管理本身的教育性和人文性，存在只重事实不重价值的倾向。教育管理活动具有教育性，教育管理的根本目的在于"成人"，而绝非只是追求管理效率和收益。由此，对于教育管理学学科的性质来说，还应具有教育学学科性质，因而具有人文性。

作为一门交叉学科的教育管理学，其学科边界具有不确定性和包容性的特点。但是，教育管理学在接受其他学科的学者以自己学科的研究范式和研究方法（以实证主义研究范式为主）产生的理论知识的同时，仍应坚守自身阵地，这是因为其他学科学者仅注视着学科之间相互交叉的那一部分问题，他们的研究内容、方法等会局限在原来学科的一个范围之中，而不可能关注到整个教育管理活动。所以，只有回到学科原点，面向教育管理活动本身，接受管理学、经济学理论和研究方法滋养的同时，坚持自身的教育性、人文性，教育管理学人才能确定自身在学科群落中的坐标，才能产出教育管理研究领域的理论和知识，才能拥有学科自信。

四、构建中国本土教育管理学学科体系，注重教育管理学在我国的本土化建设

教育管理学科体系是教育管理学科知识或理论体系化的结果。一门学科有了理论体系，标志着这门学科走向成熟。改革开放以来，我国教育管理学科体系经历了根据教育管理工作的需要编写的教育管理学著作、教材体系，到当前很多学者建构的个性化的学科的理论体系。然而，教育管理学研究在我国起步较晚，且长期以来教育管理研究多偏向于思辨议论和经验总结，重"术"而轻"学"。虽然借鉴美国的教育管理学，新世纪之前，我国教育管理学理论已从古典教育管理理论发展到"角色理论""系统理论""过程理论""素质理论"，以及"结构功能主义范式""解释主义范式""批判探究范式"和"女性主义者后结构主义理论范式"等的教育管理理论"丛林"阶段，[①] 但是受技术理性和逻辑实证主义的影响，教育管理学研究主要以微观和具体的教育事件为研究对象，"碎片化"的教育研究因其选题细微、容易出成果和易于模式化的操作而受到追捧的同时，却导致教育管理理论"碎片化"的现状。教育管理学在我国还缺乏对教育管理概念及其本质属性进行深入探讨，还缺乏全面分析教育管理学的基本范畴和体系，还缺乏深入探讨教育管理目的追求、管理伦理和行为规范问题，以及缺乏对学校管理、改进、变革策略等学科原理的探索等。

总之，尽管我国教育管理学已初成体系，但是教育管理学之"学"在我国仍缺乏深厚的基础。因此，要构建中国本土的教育管理学学科体系，需要注重以下几点。

首先，不断丰富和完善教育管理学方法论体系和理论研究规范系统，创造我国的教育管理理论，以建立起我国本土的教育管理学理论体系。教育管理学本身是一门寄生于实践的非纯思学科。尤其从新时期以来，教育管理的研究均是应教育管理实践的需求而推动。我国很多教育管理研究基本处于经验思维的水平，所生产的理论的理性程度有限，往往限于工作经验的总结。此外，我国教育管理研究起步晚，不仅长期走着学日、仿美、照搬苏联的借鉴道路，而且存在着对相关学科的严重依附现象，整体研究水平不高，加上学科边界模糊，导致教育管理学学科主体性迷失。这样的教育管理研究传统直接带来的后果就是教育管理研究在我国没有形成比较好的积淀，并影响了我国教育管理理论研究的进展，既不利于建立教育管理理论自身的学术造型，又不利于建立我国教育管理学学科体系。所以，应提升教育管理理论的理性水平和教育管理研究的专业化程度，以创造我国的教育管理理论，从而建构我国的教育管理学学科体系。

---

① 徐吉洪. 关于教育管理学内容体系建构的研究 [D]. 浙江师范大学硕士学位论文，2007.

其次，教育管理学要全面转变只问"路"而不问"道"的局面，从总结教育之术，转向寻找教育管理之理，以及探索教育管理背后之"道"。从泰勒的科学管理伊始，教育管理就以管理权威主义的面目出现。张新平教授认为，在"权威—依从"的逻辑框架之下，生产的教育管理理论多是以"管"为中心的基本特征，研究得到的更多是规则性和技术性的教育管理之"术"，而在消解了"权威—依从"的伦理原则之后，以民主思想和对话文化行动理论为原则的、以"理"为中心的教育管理研究才转向为管理之"术"寻找人文与科学理据。① 而在将来，教育管理学研究必然转向教育管理之道的追求，向哲学转向。这意味着作为具有学科自觉的教育管理研究，不再以实践改善为其研究的逻辑起点，而是转向以完善教育管理知识为其追求，从而使得教育管理之"思"完全超脱于"做"的领域的需求，转向求知和求真。

最后，提升教育管理学科队伍的素质，促进教育管理学学派的创建。无论是产出原创性的教育管理理论成果，还是进行我国教育管理学学科体系建设，抑或形成教育管理学术争鸣，都需要高度专业的教育管理研究人员。提升教育管理研究者的素养，这直接关系到学科的生存和未来发展。培养一批既受过学术规范训练，具有专业背景和学科情怀，又具有较丰富的实践经验的专业队伍，创立学派，是产出具有原创性的教育管理理论，打破我国教育管理学学科知识和体系的依附性，并建立我国本土的教育管理学学科体系的现实途径。

五、持续规范，实现教育管理学学科研究范式的转型

研究方法和范式是学术走向规范和创新的关键。尽管有学者提出我国教育管理研究范式走过了前实证、实证、后实证范式历程，② 然而我国教育管理研究方法和范式还不成熟，在教育管理学术领域至今还没有出现过对以实证主义、经验主义为理论基础的定量研究方法范式与以现象学、建构主义、解释主义为理论基础的质性研究之间的"范式战争"，以及由前者到后者的方法论转向的现象。③

2018年10月，第十七届全国教育管理学科学术专业委员会年会就以"教育管理研究方法的规范化与多样化"为主题，着重探讨了教育管理学学科的研究方法和多元的研究范式的问题，提倡教育管理研究应该在实际研究的过程中根据研

---

① 张新平. 新世纪国外教育管理学理论的发展趋势［J］. 比较教育研究，2004（3）：48-52.
② 褚宏启. 论教育管理研究范式的转换［J］. 中国人民大学教育学刊，2014（3）：5-22.
③ 李旭. 反思与构建：21世纪初教育管理学学科建设的新选择［J］. 现代教育管理，2012（7）：13-17.

究对象，在多元范式之下，采用综合研究的方法和适切的研究方法来研究教育管理活动，产出教育管理知识，解决教育管理问题。由此可见，研究方法的持续规范和倡导多元的研究范式对于学科今后的发展来说尤为必要，我国教育管理学学科的研究方法和范式仍需要持续规范与转型。

六、打破学科壁垒，建立大教育管理学

新时期以来，随着教育法学、教育政策学、教育评价、教育行政学等教育管理学分支学科的出现和发展，教育管理学学科也获得了进一步的发展。但目前学界对学科群的研究还比较少，这些学科之间的界限还不是很清晰，教育管理学学科群在我国还不成熟，还没有完全建立起来。[①]

但目前学科的分化、交叉和综合是学科发展的必然趋势，我们需要在遵循学科自身发展的内在逻辑的基础上，吸取、引进其他学科的知识和理论以促进学科的分化与综合。并且学科的分化与综合对学科发展至关重要，会直接影响到学科体系的发展，需要研究者厘清这些学科分类与综合的依据。只有厘清了教育管理学与分支学科之间的关系，才不会导致教育管理学学科理论基础的削弱。面对教育管理学学科的分化与综合问题，我们需要采取以下措施：

一是要把握学科分化与综合之间的平衡，避免学科过度分化导致教育管理学学科体系的混乱与崩塌。[②]教育管理学二级学科的发展在不断分化和瓦解着教育管理学的研究领域，会导致教育管理学的研究对象难以确定和学科体系的混乱。所以，我们在面对学科之间的交融时，要考察这些学科的相容性与互斥性，它们之间是否可以建立一种稳定的学科内在逻辑，而不是随便将两门学科进行联合以成为一门新的学科。进行融合时需要遵循学科自身发展的内在逻辑，这才是学科存在的真正原因。

二是教育管理学要不断扩大自己的研究方向和看问题的角度，对其他学科保持一种开放的姿态。黄崴也曾提出过"作为一门管理学的教育管理学既要有自己的独特的理论基础，也需要不断地吸取其他学科的研究成果，向所有的学科开放，也唯有开放才能促使本学科的发展，也唯有开放才能体现本学科的综合性和实践性"[③]。教育管理学本就是一门综合性与交叉性的学科，它的学科性质决定

[①] 李旭. 反思与构建：21世纪初教育管理学学科建设的新选择［J］. 现代教育管理，2012（7）：13-17.

[②] 李旭，侯怀银. 20世纪我国教育管理学学科建设的本土探索［J］. 山西大学学报（哲学社会科学版），2011（6）：117-122.

[③] 黄崴. 教育管理学：概念与原理［M］. 广州：广东高等教育出版社，2002：37.

了它必须对其他学科开放,否则就会在保守中落后,逐渐走向瓦解的境况。

三是要促进各个子学科在"大教育管理学"的学科体系逻辑之下发展与壮大,逐渐形成自己的、稳定的研究领域,发挥各自在不同教育领域的优势,共同解决学科发展难题。① 教育管理学的二级学科与一级学科相比,它的特点在于更加集中关注某一研究领域,它的研究范围更小,更集中。学者集中、深入地研究教育管理中的某个或某几个问题,有利于对问题研究得更深入,更透彻,这样也有利于人们对实践问题的解决,"大教育管理学"是笼统地研究整个教育管理活动的,而活动过程涉及方方面面,我们在研究的过程中可能没办法做到周全,会忽视某一方面,研究结果可能会存在某些偏差。所以,我们要加强对各个子学科的学科建设,以促进大教育管理学的发展。

---

① 李旭,侯怀银. 20世纪我国教育管理学学科建设的本土探索 [J]. 山西大学学报(哲学社会科学版),2011(6):117-122.

下编　教育改革史

第十三章　学前教育改革史

时值改革开放 40 周年，回顾总结我国学前教育改革开放 40 年来的改革历程和取得的主要成就，反思新形势下我国学前教育改革的思路、方向和目标，对于推动我国学前教育事业科学、健康和持续的发展具有重要意义。

第一节　学前教育改革的历程

改革开放以来，我国学前教育改革的历程大致可以分为四个阶段，即改革起步阶段（1978—1988）、改革发展阶段（1989—2000）、改革推进阶段（2001—2009）、改革深化阶段（2010—2018）。

一、改革起步阶段（1978—1988）

1979 年 7 月下旬至 8 月上旬，由教育部牵头，联合其他四个部委级单位在北京召开了全国托幼工作会议，分析了形势，交流了经验，深入剖析了存在的问题，并以五个部门党组的名义形成了会议纪要。这次会议是我国学前教育发展史上的一次十分重要的会议，会议形成的"纪要"建议国务院设立全国托幼工作领导小组，由国务院领导牵头，教育部等 13 个部委级单位的负责人为成员，加强对托幼工作的领导，承担"解决重大问题"等六项任务，明确分工职责，制定发展措施，并在领导小组下面设办公室配备专职干部开展日常工作。"纪要"还就恢复各类托幼组织，提高保教工作质量、幼教队伍师资水平和保教人员的工资待遇等方面提出了具体要求。[①] 这是历经十年"文革"后在中央政府层面开始对学前教育事业有计划有组织的拨乱反正与恢复重建。以此为契机，我国学前教育事业进入恢复重建并初步发展的时期，从改革开放伊始到 80 年代末逐渐恢复发展

---

① 中国妇女研究网. 中共中央国务院转发全国托幼工作会议纪要的通知 [EB/OL]. http：//www. wsic. ac. cn/internalwomenmovementliterature/13005. htm? wd=％E5％9C％B0％E4％BD％8D％E8％B0％83％E6％9F％A5.

起来。

（一）政策层面：颁布政策法规，逐步规范管理

20世纪80年代，我国学前教育在政策层面的改革可以归纳为五个方面的内容。

一是明确管理体制。1979年中共中央、国务院印发的《全国托幼工作会议纪要》对于明确当时学前教育管理体制机制具有重要意义，这是建国以来学前教育事业发展历史上第一次明确由最高行政机关牵头、有关职能部门共同管理的学前教育管理体制。1979年11月，教育部颁布了《城市幼儿园工作条例（试行草案）》，这是改革开放以来我国政府制定的第一个学前教育规范性文件，对教育目标、教育内容和管理制度作出了具体规定，使学前教育事业迅速从前期无序混乱的状态中摆脱出来，开始了正常的幼儿园教育和保育工作。[1] 1982年开始的国务院机构改革撤销了全国托幼工作领导小组及其办事机构，但没有明确该机构撤销后其原先承担的工作任务如何继续落实，实践中造成各个部门对学前教育管理职责不清，甚至在某些方面掣肘制约，阻碍了学前教育事业的有序发展。为此，1987年由国家教委牵头，联合其他八个部委（国家计委、卫生部、劳动人事部、财政部、建设部、轻工业部、纺织部、商业部），在深入调查研究分析总结的基础上，形成了《关于明确幼儿教育事业领导管理职责分工的请示》。1989年9月，国家教委以"第4号令"的形式颁布新中国成立以来第一部学前教育行政法规《幼儿园管理条例》，再次重申明确了实行"地方负责、分级管理"和"各有关部门分工负责"的原则，[2] 确立了学前教育管理体制。

二是明确办园方针。1983年，教育部《关于发展农村幼儿教育的几点意见》，明确提出"坚持'两条腿走路'的幼儿教育发展方针，农村以群众集体办园为主，县镇则应大力提倡机关、厂矿、企事业、街道办园，并支持群众个人办园"。[3] 此后，在这个意见的指导下，我国学前教育事业逐渐形成了部门办园与集体办园"两条腿走路"的办园体制。

三是出台教育纲要。1981年10月，教育部根据各地实际需求，在深入调研的基础上，发出《关于试行〈幼儿园教育纲要（试行草案）〉的通知》，为当时

---

[1] 城市幼儿园工作条例（试行草案）（1979年11月8日）[EB/OL]. https://wenku.baidu.com/view/611a8dd27f1922791688e808.html.

[2] 中华人民共和国国家教育委员会令第4号幼儿园管理条例（1989年9月11日）[EB/OL]. http://old.moe.gov.cn/publicfiles/business/htmlfiles/moe/moe_620/200409/3132.html.

[3] 关于发展农村幼儿教育的几点意见（1983年9月21日）[EB/OL]. https://wenku.baidu.com/view/800195c25fbfc77da269b1f0.html.

全国范围内的幼儿园教育教学提供了重要指导与教学依据，增强了幼儿教育的科学性与规范性，①这为历经"文革"浩劫、百废待兴的幼儿园教育如何开展工作提供了标准化指导。

四是规范幼儿师范教学管理。1980年10月，教育部下发《关于印发中等师范学校教学计划试行草案和幼儿师范学校教学计划试行草案的通知》，一方面积极鼓励创办幼儿师范学校或开设幼师班来保证保教队伍的专业性，另一方面加强课程设置与教学管理，②有效提高了教育质量。1985年，教育部印发《幼儿师范学校教学计划》，主要内容包括调整三年制各类课程的比重，缩减了总教学时数，并且将学前教育"三学六法"结构在该通知中予以定型。③可以说，修订后的幼师教学计划主要是瞄准培养分科教学的幼儿教师而制定的，具有一定的针对性和实用性；该计划同时允许有基础和具备条件的幼师学校自行拟定教学计划。这是新中国成立以来教育部首次对幼儿师范学校的课程设置进行放权，有利于幼儿师范学校根据实际开设专业课程，培养实用型人才。

五是规范幼儿教师队伍建设。1986年5月，当时的中央职称改革工作领导小组转发了国家教委关于中小学教师职务试行条例的实施意见④等文件，明确了幼儿园教师职务设置的条件按照小学教师执行；同年9月，国家教委颁布《中小学教师考核合格证书试行办法》，10月，国家教委发出《关于幼儿园教师考核的补充意见》，⑤为幼儿教师专业化发展提供了政策保障。

上述这些规范性文件的陆续颁行，使我国的学前教育事业开始步入科学化、正规化的道路。这一时期的学前教育改革侧重制度构建，重点在于逐步完善学前教育在师资、教育内容、教育要求、教育形式等方面的制度空白，目的是为构建学前教育事业制度框架打好基础。至此，通过20世纪80年代的建章立制，可以说我国学前教育事业在管理体制、办园方针、教育过程、师资培养、教师待遇、组织管理等各个方面有了初步的政策与制度保障，学前教育事业逐步发展起来。

---

① 幼儿园教育纲要（试行草案）（1981年10月）[EB/OL]. https://wenku.baidu.com/view/62fd5cbefd0a79563c1e7241.html.
② 中国学前教育研究会. 中华人民共和国幼儿教育重要文献汇编[M]. 北京：北京师范大学出版社，1999：132-133.
③ 中国学前教育研究会. 中华人民共和国幼儿教育重要文献汇编[M]. 北京：北京师范大学出版社，1999：208-211.
④ 中国学前教育研究会. 中华人民共和国幼儿教育重要文献汇编[M]. 北京：北京师范大学出版社，1999：223-229.
⑤ 中国学前教育研究会. 中华人民共和国幼儿教育重要文献汇编[M]. 北京：北京师范大学出版社，1999：242.

(二)实践层面:出台课程标准,起步课程改革

《关于试行幼儿园教育纲要(试行草案)的通知》,规定幼儿园课程设置的内容,明确幼儿园每周大中小班各个科目的上课时间与节数,要求各地注意综合运用各种教育手段来开展幼儿园教育工作。① "纲要"及时科学规范了幼儿园课程设置与教育过程。为配合落实这个"纲要",教育部还及时组织专业人员配套编写了全国幼儿园通用教材,共7类9册,这是中华人民共和国成立以来第一次全国"统编"幼儿园教材,进一步规范了全国范围内幼儿园的教材使用。以此为标志,我国学前教育课程设置逐步进入改革探索时期。

20世纪80年代以后,随着国外先进的课程模式逐渐引入我国,对当时国内幼儿园分科的课程设置产生了极大冲击,这既给我国幼儿园课程设置带来了借鉴,也在客观上催生激发了课程改革试验。从1983年到1985年,一些大学和幼儿园通过合作进行幼儿园综合课程改革,使人们重新思考幼儿园教育原有的教学观、课程观、儿童观、教师观,都取得了一些本土化课改成果,在全国学前教育界引起强烈反响。从1985年开始,全国幼儿教育研究会也逐步有组织地、有目标地成立幼儿园课程改革课题组,开展各种类型的课改试验。在这些课程改革试验的影响推动下,各地纷纷跟进,结合实际开展幼儿园教育课程改革,推动了全国范围内的幼儿园课程改革向纵深发展。试验的重点从教育内容、活动过程与教学评价等方面,力求全方位、多角度、立体式把握,在试验的广度、深度、角度和专业性上不断取得突破,课程改革呈现百花齐放的态势。

这一时期的学前教育改革具有以下几个特点:一是恢复重建职能部门和领导机构,加强了对学前教育事业的领导,使学前教育的发展有了较为清晰的发展目标和前进方向。二是颁布政策法规,逐步规范学前教育管理。三是学前教育教师的培养开始受到重视,教师队伍的数量逐步扩大。四是出台课程标准,起步课程改革,改变了改革开放初期分科课程在学前教育课程改革中占主导地位的状况,后期改革则逐步迈向实现幼儿园课程的综合化,具有继承性、开拓性和整合性等特征。

二、改革发展阶段(1989—2000)

以1989年6月5日国家教委发布的《幼儿园工作规程(试行)》为标志,我国学前教育进入改革发展时期。该"规程"规定了国家对幼儿园的基本要求和管理的基本原则,对幼儿园的保教工作作出了全面、系统的规定,体现了新的教育

---

① 中国学前教育研究会. 中华人民共和国幼儿教育重要文献汇编[M]. 北京:北京师范大学出版社,1999:166-195.

观，进一步推动了幼儿园课程和教学改革。① 在总结 6 年试行经验的基础上，1996 年 3 月 9 日正式发布《幼儿园工作规程》，自当年 6 月起施行，指导推动我国学前教育改革稳步向前发展。

（一）政策层面：政策体系开始建构，办园主体逐步社会化

随着学前教育科学理念的传播和国家政策的引导，学前教育事业受到更多的重视。幼儿园的任务，幼儿园工作中的教师资质、教育内容、教育形式和安全问题等幼儿园的各项保教工作在"规程"中作出了规定并形成法规。1989 年 9 月发布的《幼儿园管理条例》，对开办幼儿园的基本条件和审批程序，幼儿园的保教工作、行政事务及奖励处罚等作出明确规定，推动学前教育评估工作在全国全面展开。②《幼儿园管理条例》和《幼儿园工作规程》这两个法规性文件，推动了学前教育的全面改革，学前教育管理逐步走向依法治教的道路。

1995 年 9 月，为适应国家经济体制改革，特别是企业转换经营机制的需求，国家教委等 8 个部门联合下发《关于企业办幼儿园的若干意见》，幼儿园开始脱离国家集体办园的统一指导，企业开始自主办园。为增强幼儿园办学的活力，有效提高办园质量，1997 年颁布的《全国幼儿教育事业"九五"发展目标实施意见》指出，要探索新的办园模式和内部管理机制，逐步推进幼儿教育社会化。③

这一时期的学前教育政策文件主要是在前一阶段已有基础上对政策结构框架的补充完善提高，充实制度内容，构建政策体系，但在具体的政策实施上还处于逐步探索阶段。适应社会主义市场经济体制改革的要求，这一时期国家出台的有关学前教育政策中也明确要求深化改革，特别是综合运用社会力量办园，在学前教育领域中打破公办园一统天下的局面，推动形成了调动全社会力量参与学前教育事业的局面，这些规定加速了幼儿园办学体制的社会化进程，表明自建国以来长期形成的幼儿园公共福利性质开始弱化，开始与市场接轨。

（二）实践层面：注重课程设置的综合性，推进幼儿教师专业化

《幼儿园工作规程（试行）》首次提出"幼儿园教育活动"的概念，把游戏作为幼儿园教育活动的主要形式。"教育活动"这一提法，打破了长期以来学前教育界一直遵循信守的"只有'上课'才算教育"的理念，很大程度上推动了游戏

---

① 中国学前教育研究会. 中华人民共和国幼儿教育重要文献汇编［M］. 北京：北京师范大学出版社，1999：284-287.

② 中国学前教育研究会. 中华人民共和国幼儿教育重要文献汇编［M］. 北京：北京师范大学出版社，1999：299-303.

③ 中国学前教育研究会. 中华人民共和国幼儿教育重要文献汇编［M］. 北京：北京师范大学出版社，1999：467-474.

逐步回归到幼儿园教育活动过程中。① 这一时期国家对学前教育教学过程的关注重点，开始转向从完善五大领域教学活动再到逐渐关注其他层面的教学活动，要求增强学前教育课程的综合性，五育相互渗透，彼此融合，以此服务幼儿的全面发展。1996年修订后的《幼儿园工作规程》提到很多学前教育的先进理念，要求在儿童观、课程观上实现真正意义上的变革，让课程变成活动，让儿童成为学习主体，同时重申幼儿园要以游戏为基本活动方式，进一步确立了游戏在整个幼儿园教育活动过程中的重要性与主导地位。在这个阶段，国家对学前教育的认识可以说有一种从迷茫困惑到拨开云雾、看到曙光的态势，实践中重点强调了课程设置的综合性，要求把握教学活动的完整性和全面性，突出游戏的重要性。

20世纪90年代是学前教育师资加速发展的时期。1993年10月《中华人民共和国教师法》从教师的权利和义务、任职资格和任用、培养和培训、考核、待遇、奖励、法律责任等方面对包括幼儿园教师在内的教师队伍建设提出了完备的要求。② 1996年1月26日，国家教育委员会颁布《全国幼儿园园长任职资格、职责和岗位要求（试行）》，③ 以之作为选拔、任用、考核培训幼儿园园长的基本依据。1996年正式施行的《幼儿园工作规程》中对幼儿园工作人员从师德、专业知识和技能、身体等方面提出了相应的要求。以此为契机，国家从政策层面对园长和教师提出了相应的要求，为幼儿教师向专业化方向发展打下了良好的基础。

这一阶段我国学前教育改革表现出以下特点：政策体系开始建构，办园主体逐步社会化；课程进行综合改革，贯彻"幼儿园以游戏为基本活动"的理念；学前教育教师的素质要求逐渐全面化，包括对心理素质、幼教科研能力和语言表达能力等都有要求，学前教育教师向专业化、综合型方向发展。值得一提的是，20世纪90年代我国政府密集颁发了一批关于学前教育法规政策和规范性文件，注意加强学前教育宣传，推动提高幼儿教师社会地位，保证幼儿教师合法权益的呼声越来越高，客观上有利于学前教育师资全面性、综合性的培养。此外，这一时期开始注重培养幼儿教师的幼儿园实践能力，幼儿教师的专业化水平明显提高。

---

① 中国学前教育研究会. 中华人民共和国幼儿教育重要文献汇编［M］. 北京：北京师范大学出版社，1999：284-287.

② 教育部门户网站. 中华人民共和国教师法（1993年10月31日第八届全国人民代表大会常务委员会第四次会议通过，1993年10月31日中华人民共和国主席令第15号公布，自1994年1月1日起施行）［EB/OL］. http：//old. moe. gov. cn/publicfiles/business/html-files/moe/s6986/200407/2487. html.

③ 中国学前教育研究会. 中华人民共和国幼儿教育重要文献汇编［M］. 北京：北京师范大学出版社，1999：416-419.

三、改革推进阶段（2001—2009）

2001年，国务院颁布《中国儿童发展纲要（2001—2010年）》。同年7月，教育部颁发《幼儿园教育指导纲要（试行）》，以此为标志，我国学前教育进入改革推进时期。

（一）政策层面：关注儿童身心发展，加大政策引导力度

《中国儿童发展纲要（2001—2010年）》汲取了《幼儿园工作规程》的科学理念，强调要重视儿童身心发展特点，依据儿童个性成长规律进行教育，将儿童的教育与社会主义现代化建设紧密联系起来。[1]

《幼儿园教育指导纲要（试行）》，要求学前教育要正视儿童的差异，尊重人格和权利，体现了重视儿童身心健康发展的导向，[2] 这是进入新世纪指导我国学前教育发展的纲领性、规范性文件，有利于我国学前教育事业朝着正确的方向前进。

国务院在2003年3月转发了教育部等10个部门联合制定的《关于幼儿教育改革与发展的指导意见》，[3] 这是继2001年7月教育部颁发《幼儿园教育指导纲要（试行）》后又一个重要的规范性文件。该文件的要点是：完善"地方负责、分级管理"的管理体制；明确了新形势下各部门管理职能的重点工作内容；建立新的学前教育发展模式；保障幼儿教师的合法权益；推进学前教育均衡发展；首次明确在各级政府建立学前教育评价制度。[4]

（二）实践层面：科学规范设置课程，留出自主开发空间

2001年颁布的《幼儿园教育指导纲要（试行）》明确提出幼儿园的教育内容与要求，包括幼儿园教育应设置的领域、幼儿的发展目标、教师的指导要点等，提出了加强幼儿园课程设置优化改革的任务，对教育活动的组织与实践，教育评

---

[1] 教育部门户网站. 中国儿童发展纲要（2001—2010年）（国务院2001年5月22日发布）[EB/OL]. http://www.moe.gov.cn/s78/A06/jcys_left/moe_705/s3326/201001/t20100128_82004.html.

[2] 中华人民共和国教育部. 幼儿园教育指导纲要（试行）[M]. 北京：北京师范大学出版社，2001.

[3] 中华人民共和国中央人民政府门户网站. 国务院办公厅转发教育部等部门（单位）关于幼儿教育改革与发展指导意见的通知[EB/OL]. http://www.gov.cn/zhengce/content/2008-03/28/content_5812.htm.

[4] 庞丽娟. 中国教育改革30年·学前教育卷[M]. 北京：北京师范大学出版社，2009：15-17.

价等也提出了明确要求，① 使学前教育课程设置更加科学合理、更加规范有序，有章可循，标志着经过改革开放20多年来的实践探索，课程管理进入新阶段。文件打破了沿袭半个世纪的分科教学模式，按照包括幼儿园、家长和学前教育工作者等社会各界对儿童综合素质的要求，根据幼儿身心发展规律，把幼儿园教育内容明确界定为健康、语言、社会、科学、艺术五个领域，要求在教育过程中对这五个领域内容要相互渗透，互为促进，融合一体，促进幼儿在情感、态度、方法和知识等方面全面均衡发展。② "纲要"特意冠以"指导"两字，强调是一份指导性文件而非指令性文件，其中对五个领域的教育内容也只是提出供参考的教育目标、教育内容、实施要求以及指导要点，③ 实际操作中的伸缩空间比较大，同时提出各地幼儿园和幼儿教师可以据此创造性地开展教育教学工作，防止简单照搬、机械套用，体现了政策层面的指导性而非指令性，有利于调动学前教育一线工作者教育改革的积极性与主动性。

这一阶段学前教育改革的特点是：政策对学前教育的规范化、科学化的作用越来越明显；理论研究与政策引导同步推进；更加关注儿童身心发展；课程设置方面更加优化并给一线教师留出自主空间；改革的法制化进程加快。

四、改革深化阶段（2010—2018年）

2010年发布的《国家中长期教育改革和发展规划纲要（2010—2020年）》对学前教育专列一章进行部署，说明学前教育成为国家教育计划的重点，明确为未来十年教育事业八大发展任务之一。这是进入21世纪以来我国第一个教育改革发展规划纲要，是指导我国学前教育改革发展的纲领性文件。同年国务院印发《关于当前发展学前教育的若干意见》④，提出学前教育改革和发展的十个方面意见（简称学前教育"国十条"），是一个具有里程碑式意义的文件，表明党和国家对学前教育的高度重视。

---

① 教育部门户网站. 幼儿园教育指导纲要（试行）（2001年7月2日）[EB/OL]. http://old.moe.gov.cn/publicfiles/business/htmlfiles/moe/moe_309/200412/1506.html.
② 教育部门户网站. 幼儿园教育指导纲要（试行）（2001年7月2日）[EB/OL]. http://old.moe.gov.cn/publicfiles/business/htmlfiles/moe/moe_309/200412/1506.html.
③ 教育部门户网站. 幼儿园教育指导纲要（试行）（2001年7月2日）[EB/OL]. http://old.moe.gov.cn/publicfiles/business/htmlfiles/moe/moe_309/200412/1506.html.
④ 教育部门户网站. 关于当前发展学前教育的若干意见（2010年11月21日）[EB/OL]. http://www.moe.edu.cn/jyb_xxgk/moe_1777/moe_1778/201011/t20101124_111850.html.

(一) 政策层面：明确地位性质，制定师资标准

学前教育"国十条"明确了学前教育性质的三个定位，[1] 针对学前教育的重要性提出"三个关系到"。[2] 可以说，"三个定位"是把学前教育的重要性上升到儿童素质提升、国家综合国力增强、社会和谐稳定、中华民族永续发展的层面，上升到了国家战略的高度，这是学前教育事业发展历史上前所未有的表述，进一步深化了人们对学前教育重要性的认知。

2011年12月，教育部印发《幼儿园教师专业标准（试行）》，基本内容构架包含了14个领域，对幼儿教师的教师职业道德、专业要求等做出了具体规定。[3] 2012年9月，教育部联合中编办、财政部、人社部等发布《关于加强幼儿园教师队伍建设的意见》，提出了加强幼儿园教师队伍建设八个方面的具体措施。[4] 2013年1月，教育部印发了《幼儿园教职工配备标准（暂行）》，[5] 要求按照服务类型、教职工与幼儿比例，以及保教人员与幼儿的一定比例规范配备幼儿园教职工[6]。2015年1月，教育部印发《幼儿园园长专业标准》，对园长专业素质提出了基本要求，为各地因地制宜制订园长任职资格条件、明确培训课程、进行考核评价提供重要依据，对推进园长专业发展具有重要指导意义。[7] 上述三个标准，三足鼎立，互相映照，共同支撑起我国幼教师资专业化的框架结构。

(二) 实践层面：明确改革路径措施，重视学前教育内涵发展

1. 学前教育的改革路径与举措

一是实施学前教育三年行动计划。第一个三年行动计划是从2011年开始到2013年结束：以县为单位实施计划，资源快速扩大，财政投入增加，教师队伍

---

[1] 即学前教育是终身学习的开端、国民教育体系的重要组成部分、重要的社会公益事业。

[2] 即关系到亿万儿童的健康成长，关系到千家万户的切身利益，关系到国家和民族的未来。

[3] 教育部门户网站. 幼儿园教师专业标准（试行）[EB/OL]. http://old.moe.gov.cn/publicfiles/business/htmlfiles/moe/s6127/201112/127838.html.

[4] 教育部门户网站. 教育部、中央编办、财政部、人力资源和社会保障部关于加强幼儿园教师队伍建设的意见[EB/OL]. http://old.moe.gov.cn/publicfiles/business/htmlfiles/moe/s3735/201212/145541.html.

[5] 教育部门户网站. 教育部关于印发《幼儿园教职工配备标准（暂行）》的通知[EB/OL]. http://old.moe.gov.cn/publicfiles/business/htmlfiles/moe/s7027/201301/147148.html.

[6] 全日制幼儿园每班配备2名专任教师和1名保育员，或配备3名专任教师。

[7] 教育部门户网站. 教育部关于印发《普通高中校长专业标准》《中等职业学校校长专业标准》《幼儿园园长专业标准》的通知[EB/OL]. http://www.moe.gov.cn/srcsite/A10/s7151/201501/t20150112_189307.html.

建设逐步加强，"入园难"问题初步得到缓解。第二个三年行动计划是从2014年开始到2016年结束：重点任务是扩大资源总量、调整资源结构、健全体制机制、提升保教质量，财政投入持续增加，长期制约改革发展的一些瓶颈问题得到突破，入园率显著提升，"入园难"进一步缓解。第三个三年行动计划是从2017年开始到2020年结束：现在正处于过程中，基本上解决"入园难""入园贵"问题，推动两孩政策落地，重点解决农村学前教育发展的问题。[①]

二是大规模实施幼儿教师国培计划。自2011年起国家启动了"幼儿园教师国家级培训计划"，对幼儿教师和园长实施全员培训，重点关注农村教师、民办幼儿园的教师和园长的培训，特别是针对边远、贫困和民族地区，切实扩大培训受益面，实现对中西部农村幼儿园的全覆盖。同时组织有关专家学者制定了《幼儿园教师国家级培训计划课程标准》，对培训内容、培训方式与效果评估等都进行了具体的规定。此外，还组织开展了多种形式、各级各类的诸如培训者培训、教研员培训、幼教管理者培训等，有效提升了全国幼教师资水平。

三是连续开展学前教育宣传月活动。自2012年以来，教育部启动并逐年举行全国学前教育宣传月活动，确定每年"六一"儿童节前后一个月的时间为活动月，在国家和各省市多层面，利用多种渠道，通过各种形式，向幼儿园教职工、家长和社会进行灵活多样的系列宣传活动，实践中取得明显效果。

每年宣传主题如下。

2012年：快乐生活，健康成长

2013年：学习《指南》，了解孩子

2014年：《指南》让科学育儿知识走进千家万户

2015年：给孩子适宜的爱

2016年：幼小协同，科学衔接

2017年：游戏——点亮幼儿幸福童年

2018年：我是幼儿教师

2. 重视和规范学前教育内涵发展

2012年教育部颁布《3—6岁儿童学习与发展指南》，首次从儿童的角度对学前教育提出了"以儿童良好学习与发展为导向"的教育质量要求，从健康、语言、科学、社会、艺术等方面提出了三个年龄阶段儿童学习的方向，提出了直接

---

① 教育部门户网站. 教育部发改委财政部人社部关于实施第三期学前教育行动计划的意见[EB/OL]. http://www.moe.gov.cn/srcsite/A06/s3327/201705/t20170502_303514.html.

感知、实际操作和亲身体验等特有的学习方式等。[①] 2016年1月，教育部颁布新的《幼儿园工作规程》，[②] 在1996年版的基础上对幼儿园的办园行为规范提出一系列新要求，旨在引领和指导幼儿园保育教育质量的不断提高。新"规程"不仅对幼儿园的性质定位、招生编班、组织管理等工作进行了具体规定，还特别通过单章单列的方式对幼儿园的卫生保健、安全管理、教育教学进行了细致规定，为学前教育科学发展、内涵式发展提供了具体操作指南。2018年7月，教育部印发《关于开展幼儿园"小学化"专项治理工作的通知》。[③] 上述带有顶层设计特征的一系列文件有一个共同点，就是都明确提出要尊重幼儿身心发展的特点，尊重幼儿以游戏为基本活动的学习方式，从观念、内容、形式、途径等方面对学前教育的内涵式发展提出了基本要求。

这一阶段学前教育改革呈现如下特点：一是学前教育政策法规更加完善和规范，从园长到教师，从管理到教学，从硬件到软件都有了专业标准。二是教育内容更加科学、目标更加明确，更加关注儿童学习与发展的整体性，更加尊重儿童发展的个体差异，更加强调理解幼儿的学习方式与特点，更加重视儿童的学习品质。三是明确了发展学前教育的路径和措施。激发社会办学力量发展学前教育事业，大力发展公办园，积极扶持普惠性民办园，提高儿童入园率，使幼儿能够均等地享受同等优质的学前教育。四是教师队伍建设上了新台阶，幼儿园师资队伍总量持续增加，学历持续提升，队伍素质总体提高。

第二节　学前教育改革的成就

改革开放以来，学前教育改革的成就，体现在学前教育有了系列政策的保障，更新了观念，课程改革取得了可喜的成就，幼儿教师逐渐向专业化方向迈进等方面。

一、政策方面的保障

改革开放40年来，国家从明确学前教育的性质地位、基本任务，提升学前

[①] 中国新闻网. 3—6岁儿童学习与发展指南[EB/OL]. http://www.chinanews.com/edu/2012/10-15/4248631.shtml.

[②] 教育部门户网站. 幼儿园工作规程（中华人民共和国教育部令第39号，2016年1月5日）[EB/OL]. http://www.moe.edu.cn/srcsite/A02/s5911/moe_621/201602/t20160229_231184.html.

[③] 教育部门户网站. 教育部办公厅关于开展幼儿园"小学化"专项治理工作的通知[EB/OL]. http://www.moe.gov.cn/srcsite/A06/s3327/201807/t20180713_342997.html.

教育质量，转变学前教育理念，指导幼儿园教育教学改革以及解决实际问题等各个方面出台系列政策文件，全方位为学前教育改革保驾护航，取得了重大成就。

（一）出台政策文件明确学前教育任务，提升学前教育的地位

1989年出台《幼儿园工作规程（试行）》，1996年正式施行，2016年重新修订颁发。

1997年国家教委颁发《全国教育事业"九五"发展目标实施意见》，首次把学前教育纳入国家五年规划。

2001年教育部颁布《幼儿园教育指导纲要（试行）》，为幼儿园教育工作提供了作业规范和操作标准。

2003年十部委发布《关于幼儿教育改革与发展的指导意见》。

2010年5月国务院审议并通过了《国家中长期教育改革和发展规划纲要（2010－2020年）》。

2010年11月国务院印发了《关于当前发展学前教育的若干意见》。

2018年11月7日颁发《中共中央国务院关于学前教育深化改革规范发展的若干意见》。

（二）出台政策文件，提升学前教育质量

规范幼儿园办园行为的政策文件有：

2011年《教育部关于规范幼儿园保育教育工作防止和纠正"小学化"现象的通知》；

2016年《幼儿园工作规程》；

2017年《幼儿园办园行为督导评估办法》；

2018年7月教育部办公厅印发《关于开展幼儿园"小学化"专项治理工作的通知》。

引领保教质量提升方向的政策文件有：

2010年《托儿所幼儿园卫生保健管理办法》；

2012年《3－6岁儿童学习与发展指南》。

促进幼儿教师队伍素质提高的政策文件有：

2011年《教师教育课程标准》；

2012年《幼儿园教师专业标准》《幼儿园教师国家级培训计划课程标准》；

2013年《幼儿园教职工配备标准（暂行）》；

2015年《幼儿园园长专业标准》。

（三）出台政策文件，促进幼儿园教育教学改革

1989年《幼儿园工作规程（试行）》，1996年正式施行；

2001年《幼儿园教育指导纲要（试行）》；

2012年《3—6岁儿童学习与发展指南》；

2016年《幼儿园工作规程》。

二、观念和认识方面的改变

改革开放40年，人们的教育观、儿童观、课程观、教师观、教学观、游戏观、学习观发生了巨大变化。

教育观方面：经历了从托幼服务到学前教育，从"以教师为中心"到"以幼儿为本"的转变，逐渐弱化了幼儿园的托幼服务功能。

教师观方面：对幼儿教师的认识经历了从"保姆""阿姨"到"专业化的教师"的改变，提出了幼儿教师必须具有职业素养、专业知识和专业能力。

儿童观方面：从原来认为儿童是张白纸、一无所知，转变为认为儿童是一个独立的个体，有着自主、主动、创造等个性特征，从对儿童尚未达到充分的尊重到对儿童的完全尊重。从改革开放40年来政府颁布实施的有关文件中，可以清晰地感知到中央高层在顶层设计上真正凸显了对儿童权利和主体地位的尊重，"尊重儿童""以儿童为本"成为学前教育改革的根本出发点。

课程观方面：经历了课程就是学科，到课程是活动，发展到课程是经验，树立起"一日生活皆课程"的大课程观。

教学观方面：原来认为只有集体教学活动才是教学，现在树立了"一日生活皆教学"的理念，建立起一日生活各环节都存在着教与学、通过一日生活进行教学的大教学观。

游戏观方面：从游戏是教学的手段，到游戏既是教学的手段，也是教学的内容，最后发展到游戏也是一种精神，是集方式、内容、精神为一体的存在，从原来的"无游戏"到"假游戏"到现在的"真游戏"。

学习观方面：原来认为只有在集体教学活动中才发生学习，现在树立了"一日生活皆学习"的理念，认为在生活中、在游戏中同样发生着学习，游戏中的学习更有效、更有价值。

三、幼儿园课程改革方面的成就

（一）加强了课程改革顶层设计与宏观指导

原先幼儿园课程没有国家统一的教学大纲，也没有统一的教材。整个课程改革要么模仿西方先进国家，要么自己探索，容易导致引进的盲目性，不考虑本土性，不考虑中国的实际情况，不考虑幼儿的发展水平。《幼儿园教育指导纲要

（试行）》的颁布加强了课程改革顶层设计与宏观指导，使幼儿园课程改革有目的、有方向，有章可循，但又比较灵活，从宏观方面提出了幼儿园课程实施的诸方面。同时"纲要"遵循"规程"精神，将我国长期以来幼儿园课程改革行之有效的经验以法规的形式固定下来，为新世纪幼儿园课程改革奠定了坚实基础。《3－6岁儿童学习与发展指南》重点聚焦儿童学习与发展的领域，为课程改革的内容提供指南。有了这些指导性文件，课程改革的目标更加明确，方向更加坚定。

（二）多元课程模式并存

改革开放以来，幼儿园的课程改革经历了从分科课程、主题综合课程、五大领域课程到主题网络课程再到游戏化课程的发展，形成了从单一的分科模式到多元课程模式并存的新局面。课程模式的建构有三种方式：一种是引进国外先进的学前课程模式，如"蒙台梭利课程""瑞吉欧课程"等；一种是开发国内已有的学前课程模式，如"五指"活动、行为课程等；一种是在借鉴和吸收国内外先进课程模式和课程理论的基础上，自主研发适合国情、地情和园情的学前课程模式，如"幼儿园综合教育课程""幼儿园渗透式领域课程""单元教育课程""生态融合课程模式""田野课程""活动整合课程""发展课程""学前教育创造课程""发展能力课程"等。

（三）探索出课程改革的有效路径

幼儿园课程改革的目的是通过建构最适合儿童的课程最大程度地促进儿童的发展。进入新世纪，在幼儿园以游戏为基本活动的理念支持下，开始探讨"以游戏为基本活动"的课程改革。如何在课程中贯彻这一理念就成为幼儿园课程改革的重要方向、重要内容和重要途径。课程和游戏密不可分。游戏既是课程实施的途径，也是课程的重要内容，游戏中包含着课程要传达的各种经验，包含着幼儿学习的方方面面，课程也可以通过游戏来得以实现。因此课程改革取得的最大成就就是探索出课程游戏化和游戏课程化两种最适合幼儿发展的路径。两种课程改革路径出发点不一样，归宿是一样的，都是让儿童在原有水平上得到最大程度的发展。

课程游戏化的出发点是从课程出发，从课程理念、内容、策略等方面进行全方位探索，把游戏中的主动性、独立性和创造性的精神渗透到课程的每一个环节中。一日活动皆课程，一日活动皆游戏。通过提高课程游戏化实施能力，改造课程游戏化方案，创建课程游戏化环境，建设课程游戏化资源来进行课程游戏化的建设。改变以往课程就是学科，课程就是进行知识传授的旧模式。江苏省在这一方面成为了典范。江苏省课程游戏化建设项目是贯彻落实《3－6岁儿童学习与发展指南》的精神，重视幼儿园的内涵建设和质量提升，对幼儿园课程的一次根本性的改革，对于促进幼儿健康发展和幼儿园有质量的发展探索出一条有效的路径。

游戏课程化是以游戏为出发点，在游戏中发现问题，聚焦问题，把握儿童学习的生长点，形成课程，然后组织教育活动，丰富和提升儿童的经验，再回到游戏中，更好地开展游戏，提高游戏水平，促进儿童发展。这里面课程是动态的，是随着游戏发展而变化的，是为游戏服务的。课程是儿童游戏水平提高的过程，是教师专业作用发挥的过程，更是儿童成长的过程。游戏课程化最大限度地发挥幼儿在游戏中的主动性、独立性和创造性，让幼儿在游戏中表达见解、完善规则、不断挑战，从而超越自我，完成自我实现。其中值得一提的是"安吉游戏"成为游戏课程化的典范。在安吉游戏中，幼儿是游戏的主宰者，所有游戏没有教材，没有教师的介入与指导，游戏的材料全部就地取材，游戏过程因势利导，充分发挥了安吉本土优势。安吉游戏既实现了游戏是幼儿的基本活动，又解放了教师，同时解决了教育和家长的关系问题。这样的课程改革既形成了具有中国特色并走向世界的安吉游戏课程模式，同时也探索出了一条课程改革的有效路径，指引着课程改革从儿童出发，最后又回到儿童。

四、幼儿园教师队伍建设改革的成就

（一）建立起相对完整的政策体系

1979年《全国托幼工作会议纪要》强调了幼教事业发展对于当时国家各方面建设的重要战略意义，提出"必须高度重视建设一支又红又专的保教队伍"的要求。这是改革开放之初，国家对学前教育教师的最初政策规范。

1989年的《幼儿园工作规程（试行）》和《幼儿园管理条例》，首次把对幼教师资队伍建设与专业发展的要求提升到法律法规层面，以更高的规范力度体现国家对幼教师资队伍的管理要求。在这些政策文件中，对幼儿园教师的资格、考核等有详细规定，是改革开放以来国家首次对学前教育教师做出的较为完备的政策规范。

1993年10月31日颁布的《中华人民共和国教师法》，第一次对公办幼儿园教师队伍建设提出要求，同时对公办幼儿园教师权益保障提供了明确的法律依据，首次以立法的形式对教师的权利和义务等做出规定，为学前教育教师专业化发展提出了法律要求与立法保障。

1995年3月18日颁布的《中华人民共和国教育法》重申国家实行"教师资格"和教师"聘任制"，专章规定教师的专业化发展要求，这为学前教育教师队伍专业化发展方向提供了法理依据。

1996年正式施行的《幼儿园工作规程》第三十七条，指出幼儿园教师必须具有幼儿园教师资格，幼儿园教师再也不是传统意义上的"保姆""阿姨"了，而是必须符合法律要求的专业化人员才可以胜任的。在法律的推动下，我国幼儿教师职业准入有了明确的条件，专业素质要求有了法律保障。

为明确幼儿教师专业化发展方向，2001年7月2日教育部颁发《幼儿园教育指导纲要（试行）》，要求"教师应成为幼儿学习活动的支持者、合作者、引导者"。[1] 这是适应尊重儿童、重视儿童身心发展规律的国际潮流，对幼儿教师实现专业化发展的新要求。

在上述法律法规和规范性文件的基础上，为进一步明确幼儿教师专业化目标，2012年教育部印发《幼儿园教师专业标准（试行）》，就教师队伍专业化发展提出了明确的标准。至此，我国幼儿园教师队伍建设的制度规定逐渐完善，日益步入规范化和法律化轨道，逐步形成较为完整的政策法规体系。

（二）建立了幼儿师资培养体系

经过改革开放40年的发展，幼儿师范教育培养模式逐渐灵活、开放，初步形成了以幼儿师范学校为主体，高等师范院校、综合大学、非师范类高等学校共同参与的多渠道、多层次的幼儿师资培养体系，培养层级不断提升。

改革开放后前20年，我国幼儿教师队伍的来源主要是幼儿师范学校和师范类高等学校，当时的幼儿师范教育完全由政府调节，相对封闭，定向培养。1999年中央发布《关于深化教育改革全面推进素质教育的决定》，原有的幼儿教师培养局面开始被打破，出现了多学校、多层次、多渠道培养的格局。[2] 2001年《幼儿园教育指导纲要（试行）》要求幼儿教师在角色定位上做"幼儿学习活动的支持者、合作者、引导者"，[3] 对幼儿教师专业化水平提出了更高要求也带来极大挑战，沿袭多年的传统的中等幼儿师范学校已经不能很好地适应新时代对幼儿教师的新要求，培养层次提升势在必行。在这种形势下，一些中专层次的幼儿师范学校纷纷通过并入高校、独立升格或者实行"三二分段""五年一贯制"专科教育等方式来适应学前教育师资队伍提升层次的需要。一些综合性大学的教育系也逐步开设学前教育专业培养幼儿教师，原有的高师本科学前教育专业也开始加入了培养幼儿教师的行列。幼师转型、原有高师的加入、非师范高等学校和综合性

---

[1] 中华人民共和国教育部. 幼儿园教育指导纲要（试行）[M]. 北京：北京师范大学出版社，2001.

[2] 庞丽娟. 中国教育改革30年·学前教育卷[M]. 北京：北京师范大学出版社，2009：217.

[3] 中华人民共和国教育部. 幼儿园教育指导纲要（试行）[M]. 北京：北京师范大学出版社，2001.

大学的参与，使学前教育师资队伍培养逐步形成层次清晰、结构合理、多元的培养体系。

（三）幼儿教师队伍建设成就显著

改革开放以来，我国幼儿园教师数量不断增长，学历不断提升，专任教师中第一学历是学前教育专业毕业的比例不断提高，幼儿园教师队伍建设取得了显著成就。具体来讲，幼儿园教职工总量快速增长，幼儿园教师学历总体呈现不断提高的趋势，幼儿园专任教师中专科、本科和研究生学历的教师数量呈现不断增加的趋势，但专任教师中学前教育专业毕业的比例仍待提升。①

第三节 学前教育改革的反思

纵观改革开放 40 年来学前教育改革走过的历程，我们发现，学前教育改革中，政策法规是改革的前提，课程设置是改革的核心，教师队伍是改革的主体，科学的儿童观则是所有改革的总依据，因为改革最终是为儿童身心发展创造良好的教育环境和条件。这样的观点，在 2018 年 6 月召开的中国学前教育研究会学术年会上得到了印证。会上，虞永平教授提出"课程变革要从观察儿童、了解儿童、读懂儿童和理解儿童开始，课程变革要想顺利进行，关键是幼儿教师的观念和行为的转变"。② 因此，学前教育需要有质量的发展，而有质量的发展需要有质量的教师。这些观点，是我国学前教育历经改革开放近 40 年的实践探索，思想认识不断深化、课程改革不断深入、专业标准逐步完善、管理规程精准细化后得出的必然结论，也给我们反思改革、展望前景提供了思考的线索。

一、儿童发展是学前教育改革的出发点和归宿

（一）儿童发展是学前教育改革的出发点

儿童观决定课程观、教育观、教学观和学习观。因此，树立正确的儿童观，并能在教育实践中践行正确的儿童观是学前教育发展的核心所在。儿童发展是学前教育改革的出发点。反思学前教育改革，首先就是要了解儿童、读懂儿童。读懂儿童成为学前教育当前改革发展以及以后一段时间里的首要任务。其次是提出了要尊重儿童、理解儿童，最终发展儿童的观点。读懂儿童、走进儿童、了解儿童、支持儿童将会成为每个学前教育工作者的基本素质和专业要求。

---

① 高丙成. 数说学前教育改革开放四十年［J］. 学前教育，2018（12）：10-15.
② 参见中国学前教育研究会网站。

（二）儿童观的变化与学前教育改革紧密相连

改革开放以来，国家出台了许多保护儿童的政策与法律法规，客观上促使人们开始重视儿童，更加科学地看待儿童。改革开放初期在儿童研究、儿童观建构方面的成果比较薄弱，但从中依然可以看到该阶段在儿童观发展中所起的承前启后的作用。上个世纪末期，我国政府在幼儿教育问题的认识上开始转向尊重儿童，正在形成"以儿童为本位"的儿童观。学前教育领域试图从多学科视角（哲学、文化人类学、生物学、心理学等）对儿童观展开逻辑研究、历史研究以及实证研究，从而研究儿童、了解儿童、熟悉儿童，向建构科学的儿童观迈进。进入新世纪，学前教育领域从政策制定和学术思考上对儿童观的研究进一步深入。包括"儿童天性""童心""诗性智慧""童谣""儿童成长"等儿童精神现象在内的主题引起专家的关注和进一步阐释，使人们对儿童观的研究越来越丰富，越来越深入。改革开放的第四个十年，国家出台了与儿童相关的若干政策和法规，更加重视儿童的发展。政策上首次从儿童的角度对学前教育提出了"以儿童良好学习与发展为导向"的教育质量要求，反映出政府在对儿童的认识和发展上，"以儿童为本"的观念已经形成。在这一阶段，整体上更加关注儿童，但实践中的"过度"关注带来的儿童危机和儿童成长危机也引发了理论界的思考。对于儿童的研究开始关注儿童的生活世界、儿童的危机、童年的缺失等，并提出儿童的形象、儿童的视角等一些新概念，开展从儿童本质出发的研究。从改革开放 40 年来政府颁布实施的有关文件中，可以清晰地感知到中央高层在顶层设计上真正凸显了对儿童权利和主体地位的尊重，"尊重儿童""以儿童为本"成为学前教育改革的根本出发点。

而目前的现状是幼儿园"小学化"现象依然明显存在，幼儿承受着其年龄阶段不应该有的压力，给身心发展造成了伤害。尽管儿童观的研究取得了重大的突破，但儿童观的"落地"还需要一定的时间。因此，学前教育的改革发展要遵循学前教育的内部规律，特别是遵循儿童发展的规律，才能真正实现有质量的发展。

二、课程改革是学前教育改革的重要内容

改革开放以来，随着对学前教育认识越来越深刻，随着社会对人才不断提出新的要求，课程改革成为学前教育改革的重要内容。每一次改革的意见，每一次重要文件和政策的出台，都会涉及课程的改革。课程从课程理念、课程理论、课程实践方面都发生了巨大的变化。但课程改革所带来的利弊，使得我们去反思，从而为以后的课程改革提供发展的方向。

(一) 课程改革要以儿童发展为价值取向

对于课程本质认识的变化带来了课程改革价值取向的变化。原来的学科取向逐渐被活动取向和经验取向所代替，课程由原来的以教师为中心开始向以儿童为中心转变，课程改革越来越考虑儿童的发展，考虑儿童经验的建构。课程的实施不再是传递知识经验，而是儿童获得各种有益经验的过程。

虽然在课程改革的过程中提出了课程游戏化和游戏课程化的思路，但也只是少部分幼儿园的改革路径。教师对儿童进行知识与技能传授的现象依然存在，教师控制着整个课程进程，严格按照教师设计好的内容开展活动，不允许儿童有自己的独立想法，整个课程实施单调、乏味、教师高控，儿童不感兴趣。同时不考虑儿童的年龄特点，不考虑儿童的兴趣和需要，教师依然是课程实施的主体，儿童处于被动地位。把游戏仅仅作为巩固教学内容的手段的现象也很普遍，以游戏为基本活动仍然不能很好地实现，游戏对儿童发展的价值远远没有发挥出来。儿童的发展是在情感、态度、社会性、习惯、身体、适应方面获得全面的发展，还要让儿童学会学习，掌握学习的方法，快乐学习，培养他们对学习的浓厚兴趣。所以改革要正确认识儿童的发展，要以儿童发展为最大价值追求，把儿童的发展放在首位，促进儿童在原有水平上最大程度的发展。

(二) 课程改革要向课程内容要质量

课程内容从哪里来？课程来源于幼儿园生活。幼儿园一日生活皆课程。幼儿生活活动中蕴含着课程的内容，如喝水、如厕、吃饭、睡觉等都有教育的成分。幼儿园课程内容的选择要密切关注幼儿生活的方方面面，把幼儿一日生活各环节中具有价值的事件挖掘出来形成课程，这样的课程才具有活力，才是儿童最需要的，才是有质量的。

课程来源于游戏，游戏就是课程的重要组成部分，是课程的重要内容。游戏中蕴含着儿童成长的经验，蕴含着儿童学习的内容，蕴含着儿童发展的方向。游戏是幼儿最喜欢的活动，在游戏中，儿童会运用自己已有的经验作用于人和物，可以把自己已有的经验充分展示出来，通过游戏也可以提升儿童的经验。同时游戏中也可以生成课程，游戏中幼儿遇到的困难和问题，幼儿表现出的兴趣和需要，又可以成为课程的来源，可以建构新的课程。课程的开展又可以支持和丰富儿童的游戏，使儿童的游戏水平越来越高，儿童就会得到更好的发展。"学前课程的编制从一定意义上说是一个广泛的游戏循环的展开，即不断发现幼儿的游戏愿望，不断提供资源，幼儿投入其中，用多种感官去获得经验，实现发展的过程。因此，缺乏了游戏的学前课程是不完美的，没有游戏的学前课程是不合理的。"① 来源于生活、经验、活动、兴趣和需要的课程内容才是有质量的课程内容。

（三）课程改革要以幼儿教师专业成长为保障

课程改革是学前教育改革的重中之重，幼儿教师的专业化水平又是决定幼儿园课程改革成败的关键因素。因此，幼儿教师专业成长成为学前课程改革的重要保障。教师专业化的水平以及观念的转变最终在儿童身上得以体现。教师师德修养不足，专业知识欠缺，专业能力低下，专业化水平低，就不能理解课程改革中的理念，在实践中就会偏离改革的方向，甚至引发在教育过程中出现各种各样的现实问题，因此幼儿教师队伍的专业化水平直接影响到课程改革的成败。

幼儿教师的专业成长需要解放教师。解放了教师就解放了课程，就解放了游戏，最终解放了儿童。"安吉游戏"之所以说是一次游戏革命，就是从解放教师开始，从解放教师的观念开始，把教师从繁杂的文本和单调的教学中解放出来，从原来好为人师开始向儿童学习，"教师在后，儿童在前"，把学习和游戏的权利还给孩子，教师只发挥其"支持者、引导者、合作者"的作用，不再居高临下，这样才能感觉到自己是课程发展的推动力量，感觉到自己在课程建设中和改革中的力量，进而萌发对专业学习的渴望和需求，促进自己在改革中的专业成长，或者说让专业成长成为一种自觉。

三、幼儿教师队伍建设是学前教育改革的重要依托

纵观我国历次学前教育改革，我们可以发现，每次改革的内容中都会涉及教师，每次政策的出台中也少不了对教师的规定。无论是对教师自身的素质还是教师队伍建设以及教师的管理体制、教师的培养和培训等方面都有明确而具体的规定。教育改革经常与教师队伍管理制度的改革、教师的教育观念改革等联系在一起，教师队伍的状况在一定程度上决定教育改革的内容，学前教育改革一定程度上依托教师队伍建设改革。

（一）加强幼儿园教师队伍建设的研究

中国特色社会主义事业进入新时代，随着党中央国务院对学前教育事业的高度重视，当前幼儿园教师队伍总量持续增加但缺口仍然明显，特别是随着我国人口政策的调整，在"全面二孩"政策持续实施、学龄前儿童数量逐渐增加的背景下，在学前教师队伍专业化发展的要求下，可以想见幼儿园教师队伍还将出现数

---

① 虞永平. 学前课程幸福童年［M］. 北京：教育科学出版社，2012：46-47.

量不足、综合素质亟待提升的状况。此外，幼儿园教师资格认证、学历教育、在职培训、业务知识更新等问题依然凸显；幼儿园教师职称问题得不到妥善解决，教师离职倾向明显等问题也影响队伍稳定；编制紧缺、同工不同酬，以及区域之间、城乡之间、不同园所之间发展机会不均等问题依然突出，给队伍建设带来新挑战。从师资队伍来源看，随着中等师范与幼儿师范撤并升格，学生质量参差不齐；高校尽管开设了学前教育专业，生源质量与学前教育高素质要求之间的矛盾也给当前幼儿园教师队伍建设带来隐性挑战。面对如此之多的新问题，在新时代背景下，深入开展学前教育教师队伍研究尤为必要，必须抓住队伍建设的核心问题，以提升学前教育教师队伍质量为目标，最终保证学前教育高质量发展。

（二）强化学前教师教育学学科建设

幼儿园教师专业发展必须从源头抓起，加强幼儿教师教育学学科建设。目前，我国学前教育领域还没有专门的学前教师教育学学科研究，也没有建立起独立的学前教师教育学。从幼儿教师专业化发展的角度以及提高学前教育的质量的角度来谈，有必要着手开始学前教师教育学学科的建设。借鉴教师教育学的已有成果，展开相应的研究，从学科的逻辑起点，到学科性质、学科内容、研究方法等方面进行建构，形成完整的学科体系。坚持问题导向，把握队伍现状，在此基础上，加强教师教育的学科制度建设，集中攻关学前教师教育课程体系建设，培育高水平的学前教师教育学科队伍。这是加强幼儿教师队伍建设、提高幼儿教师队伍水平的很重要的途径，也是学前教育师资研究发展的必然趋势。

（三）提升幼儿园教师培养的质量

当前，我国幼儿园教师培养体系正在逐渐完善，国家出台了幼儿园教师培养的推动性政策，但幼儿园教师队伍的建设还需要各方努力。作为幼儿园教师的重要来源，师范院校承担着重要的责任。一是要提升学前教育师范生生源质量，把好招生关，保证师范院校学前教育生源。生源是决定未来教师质量的重要因素，国家应出台相关政策提升幼儿园教师职业吸引力。二是真正树立儿童为中心的观念，同时加强职业道德教育，做好思想引导，鼓励学前教育学生热爱儿童，愿意从事学前教育工作，打牢从业基础，促进学生成长成才。三是培养科研能力。学前教育专业要开设专门的有关研究方法的课程，并实际参与课题研究。进入幼儿园工作后，也要注意在实践中培养研究能力，带着问题思考，带着课题实践，在实践中发现问题、解决问题，提升专业化水平。

第十四章　义务教育改革史

改革开放 40 年来，我国义务教育领域进行了较为全面、系统的改革，阶段性改革目标不断实现，义务教育改革的宏观管理水平不断提升，城乡义务教育开始了一体化发展。展望新时代的义务教育改革，要发扬敢于啃硬骨头、敢于涉险滩、敢于过深水区的精神，在推进改革中彰显我国义务教育发展的活力。

第一节　义务教育改革的历程

改革开放以来，义务教育经历了准备改革、初步改革、全面改革与深化改革四个阶段。随着教育改革的推进，我国义务教育不断迈向新的发展阶段。

一、准备改革阶段（1978—1981）

改革开放以后，我国调整了工作重心，愈发重视知识和人才培养，对基础知识和基本技能的重视成为基础教育领域的改革取向。1978 年 1 月 18 日，教育部颁发《全日制十年制中小学教学计划试行草案》，指出"要大力加强文化课教学，教育学生为革命而勤奋学习，学好先进的文化科学基础知识，理论联系实际，逐步具有自学能力和分析问题、解决问题的能力，具有一定的工农业生产知识和技能"。[①] 同年 9 月《小学生守则》和《中学生守则》的颁行，以及《关于改进和加强中学政治课的意见》《中等专业学校学生守则（试行草案）》《中等师范学校学生守则（试行草案）》的相继颁布，都预示着我国中小学教育逐渐步入了正轨。随着社会发展和经济发展的需要，我国做出了普及小学教育的决策，并开始向中学教育延伸。1980 年 12 月，我国颁行了《关于普及小学教育若干问题的决定》，提到 80 年代我国要基本普及小学教育，同时结合对实际情况的考虑，如果条件合适，这些地区还可以考虑初中教育的普及。1981 年，教育部颁发《全日制五

[①] 何东昌. 中华人民共和国重要教育文献（1949—1997）[G]. 海口：海南出版社，1998：1593.

年制小学教学计划（修订草案）》，调整了教学时间和课程设置。以上这些举措都为义务教育改革作了准备。

二、初步改革阶段（1982—2000）

1982年12月14日出台的《中华人民共和国宪法》中，以根本大法的形式规定了我国要普及初等义务教育，自此我国开始普及义务教育，也拉开了义务教育正式改革的序幕。这一时期，义务教育改革涉及了管理体制、课程改革、发展素质教育、关注义务教育公平等内容。

1985年颁行的《中共中央关于教育体制改革的决定》中规定，基础教育不再由中央完成，从而确定了分级管理体制，由地方负责与管理基础教育。1986年，《中华人民共和国义务教育法》经过修订并开始执行。其中规定义务教育是国家的教育事业，采用国务院领导、地方负责的分级管理体制。并提出四有新人的培养，国家要保证义务教育的质量，使适龄儿童在品德、智力、体质等方面均获得发展，为提升民族素质打下坚实基础。1986年起，我国对基础教育课程进行了改革。此次课改统一设计了小学和初中课程，根据各学校学制的不同情况，将课程计划中的课程表分为"六三制"和"五四制"两种，并将全部课程分为学科类和活动类两大类，课程表中还留有空间让地方安排课程。1992年颁布的《九年义务教育全日制小学、初级中学课程计划（试行）》将中、小学课程分为国家安排课程和地方安排课程，义务教育阶段地方课程的周课时量占总课时量的6.97%。[①] 这些举措进一步对我国中小学教育课程产生了历史影响。

在这一阶段，义务教育逐步走向基本均衡，承担起素质教育的发展使命。1993年《中国教育改革和发展纲要》的颁布，要求中小学要由应试教育转向素质教育，义务教育要面向全体学生，促使学生在道德、学识、技能、身心素质等方面获得生动活泼的发展，并要求中小学发展要有特色。尤其是1999年《关于深化教育改革，全面推进素质教育的决定》的颁布，其中规定在我国普九地区，实施小学毕业面试就近升学的尝试，并提出这些地区的义务教育要发展素质教育。在义务教育阶段实施素质教育已成为义务教育改革的重要内容。

1994年9月1日，我国出台了《关于在九十年代基本普及九年义务教育和基本扫除青壮年文盲的实施意见》，从而正式拉开普及"两基"的序幕。1995年3月颁布的《中华人民共和国教育法》中规定，我国实行九年制义务教育的制度。同年起，我国启动了"国家贫困地区义务教育工程"等，确保贫困地区义务教育

---

① 彭泽平. 嬗变与超越——中华人民共和国基础教育课程改革史［M］. 北京：华龄出版社，2006：189.

的普及以及青壮年文盲的扫除。2000年3月，国家教育部继续发布关于全国范围内完成"两基"目标的县市名单，并要求全国如期实现"两基"普及的目标。普及九年义务教育与扫除青壮年文盲，对个体发展与社会发展均有重要意义。

三、全面改革阶段（2001—2011）

进入新世纪后，《基础教育课程改革纲要（试行）》与《关于基础教育改革与发展的决定》的颁行，对我国义务教育改革产生了深远影响。

一是推进新一轮基础教育课程改革。2001年，教育部正式颁发《基础教育课程改革纲要（试行）》，进行了新一轮基础教育课程改革。自开始实施以来，先后经历了准备、启动、推进、总结等阶段。[①] 为了贯彻和落实《中共中央国务院关于深化教育改革全面推进素质教育的决定》以及《国务院关于基础教育改革与发展的决定》，教育部印发了《基础教育课程改革纲要（试行）》，推动"新课程改革"的进行。随着《义务教育课程设置实验方案》的颁行，以及义务教育阶段各个学科课程标准的颁布，新课改理念得以行动化、具体化和大众化。此次改革从宏观上对课程改革的目标、课程结构、课程标准、教学过程、教材开发与管理、课程评价、课程管理、教师的培养和培训、课程改革的组织与实施等九个方面进行了规划和设定。并于2001年起开始在全国38个县、区进行义务教育阶段课程改革国家级实验，分层推进，滚动发展。到2008年，全国初中已实行了一轮，有的地区达到二至三轮，小学也接近一轮，2010年全面铺开。

二是农村义务教育管理体制改革。进入新世纪，我国开始改革义务教育管理体制，确立了以县为主的义务教育统筹体制。2001年5月，国务院颁发了《关于基础教育改革与发展的决定》，对农村义务教育管理体制作出了新的规定，即"在国务院领导下，由地方政府负责、分级管理、以县为主的管理体制"，并要求"县（市）人民政府要真正担负起发展本地农村义务教育的主要责任"。这次调整改变了从前农村义务教育实行"以乡为主"的管理体制，使得各级政府在农村地区义务教育管理权限上发生了变化。同时，还改革了义务教育的经费机制，规范了义务教育阶段的办学行为，建立了义务教育新的教师职务制度等。2002年12月28日出台的《中华人民共和国民办教育促进法》中提到国家委托民办教育来承担一定的义务教育任务，并对教育经费的拨付等也作了规定与说明。

三是我国义务教育完成了全面普及。2001年5月，《国务院关于基础教育改革与发展的决定》中提到，完成"两基"普及是这一时期内义务教育发展的重要

[①] 马云鹏. 基础教育课程改革：实施进程、特征分析与推进策略 [J]. 课程·教材·教法，2009（4）：3-9.

工作。2006年我国《义务教育法》新修订完成后，其中提到义务教育阶段要取消收取学杂费，义务教育的均衡发展成为新的发展方向。我国在2007年全部免除农村义务教育的学杂费，2008年普遍推广到全国城乡，党的十七大后也逐步加快了义务教育均衡发展的进程。同年秋季全国农村率先实现了免费义务教育，2009年秋城市也实现了免费义务教育，当年全国1.6亿中小学生全部享受免费义务教育。2011年所有省份通过国家级"普九"验收。至此我国义务教育全面普及。

四、深化改革阶段（2012—2018）

十八大以来，我国进入中国特色社会主义新时代，促进教育公平、提高教育质量、推动人才培养模式转型、加快"互联网＋"时代的教育变革、完善教育治理体系从而提升教育治理能力是义务教育的主要使命，[①] 也是推动义务教育深化改革的重要方向。

一是义务教育领域坚持以习近平新时代中国特色社会主义思想为指导，全面贯彻党的教育方针，落实立德树人根本任务，遵循教育规律，强化教师队伍基础作用，围绕凝聚人心、完善人格、开发人力、培育人才、造福人民的工作目标，发展素质教育，培养德智体美劳全面发展的社会主义建设者和接班人。

二是基础教育课程改革继续推进。2014年3月30日，教育部发布的《教育部关于全面深化课程改革落实立德树人根本任务的意见》，标志着基础教育课程改革进入深化阶段。基础教育课程改革在前一阶段的基础上有所创新，如在课程目标上，从"三维目标"转向"核心素养"的强调，围绕"学科核心素养"修订基础教育课程标准；在课程管理上，我国更加重视对语文、历史、德育等课程的管理，立德树人成为新的教育任务；在课程评价上，加强了学业质量管理和国家统一考试的力度，加强对人才的培养力度。

三是重视义务教育的信息化发展。教育信息化对我国义务教育的快速发展有较大的助推作用。如2016年教育部发布的《教育信息化"十三五"规划》文件等。这些针对义务教育阶段的教育信息化文件，以及间接提到各级各类教育的信息化文件等，对义务教育学校发展以及正在接受义务教育的儿童及其家庭等都产生了积极影响。

四是实现城乡义务教育的一体化发展。推动城乡义务教育一体化发展是一个渐进的过程，完成了由统筹推进县域内城乡义务教育一体化改革发展到推动城乡

---

① 汤林春. 2035教育现代化义务教育的使命与担当[J]. 中国教育学刊，2018（9）：14-19.

义务教育一体化发展的转变。2012年，国务院印发《关于深入推进义务教育均衡发展的意见》，提出全国实现义务教育基本均衡的目标和任务。党的十八大报告中指出，我国的基本公共服务水平和均等化程度明显提高。我国的教育事业迅速发展，城乡免费义务教育全面实现，均衡发展九年义务教育。2017年9月实施的《关于深化教育体制机制改革的意见》中强调要完善义务教育均衡优质发展的体制机制。党的十九大报告进一步指出，推动城乡义务教育一体化发展，高度重视农村义务教育。城乡义务教育一体化发展，体现了社会主义教育的公平性与人民性。

五是我国义务教育改革已越来越重视学校的变革。这方面最具代表性的是华东师范大学叶澜教授及其团队推动的"新基础教育"学校整体转型性变革。[①] 这项改革是由叶澜教授于20世纪90年代初发起并主持的，它以"育生命自觉""成事·成人"为改革价值取向，2012年起进入生态式推进阶段。这在一定程度上丰富了我国义务教育改革实践。

第二节　义务教育改革的成就

回顾我国义务教育40年的改革进程，阶段性改革目标不断实现，体制机制改革不断推进，城乡义务教育开始了一体化发展。总之，在义务教育课程改革、教师队伍改革、德育体系改革、信息化水平的提高上都取得了重要成就。

一、逐渐形成"提质增效、兼顾公平"的发展格局

在建设社会主义现代化征程中，我国不断推进义务教育改革，为国家人才的培养奠定基础。40年来，我国义务教育阶段性改革目标不断实现，实现了义务教育公平而有质量的发展。

一是义务教育事业始终处于重中之重的地位。1977年邓小平同志曾多次强调要抓好科学与教育。1994年党的十四大上指出必须把教育摆在优先发展的战略地位。21世纪后，我国一直重视义务教育的发展与改革。党的十八大以后，我国义务教育取得重要成就。在教育经费投入来看，1979年我国教育投入仅65亿元，2012年国家财政性教育经费首次超过2万亿元，实现占GDP比例4%的目标。2016年国家财政性教育经费支出首次超过3万亿元，占GDP比例连续5年保持在4%以上。从普及与巩固来看，2016年小学学龄儿童净入学率达到

[①] 叶澜. 21世纪社会发展与中国基础教育改革［J］. 中国教育学刊，2005（1）：6-11.

99.92%，超过了中高收入国家平均水平的 94.54%；初中阶段毛入学率 104.0%，超过了中高收入国家平均水平的 95.48%；2017 年九年义务教育巩固率达到 93.8%，接近中等收入国家平均水平。到 2017 年，小学净入学率和初中毛入学率都有显著提升，分别为 99.9% 和 94.9%；小学和初中升学率各自提升到 98.8% 和 94.9%。[①] 可见，我国一直都很重视义务教育的发展，义务教育改革不断取得新的成就。

二是义务教育阶段性目标不断实现。我国义务教育改革历经了"开始普及义务教育—'双基'目标的提出与实现—全面普及城乡免费义务教育—城乡义务教育一体化发展"等几个阶段，大体包含着义务教育"基本均衡—进一步均衡—优质均衡"的阶段性改革要求。目前，我国义务教育正处于努力实现城乡义务教育一体化发展，追求优质均衡的改革阶段。2000 年我国就已基本完成普及九年义务教育和扫除青壮年文盲的任务。2011 年底，我国全面完成普及九年义务教育的战略任务。从 1986 年《义务教育法》颁布算起，我国仅用 25 年的时间全面普及了城乡免费义务教育，可以说是世界义务教育史上的一个壮举。[②] 2017 年党的十九大报告中指出，推动城乡义务教育一体化发展，高度重视农村义务教育。"一体化"的义务教育要求，表明我国重视与保障人民群众共享优质义务教育。

三是国家始终关注义务教育公平。改革开放以来，中央和地方政府通过设立专项资金、制定政策文件、实行工程项目，保障贫困地区义务教育发展水平，实现了从低层次差异状态到优质均衡状态建构的转型。[③] 1983 年中共中央《关于加强和改革农村教育若干问题的通知》、1985 年《中共中央关于教育体制改革的决定》、1986 年《中华人民共和国义务教育法》等文件都体现了我国对农村义务教育的高度关注。2005 年，农村义务教育全面纳入公共财政保障范围，建立中央和地方分项目按比例分担的农村义务教育经费保障机制，惠及 40 多万所农村中小学，5000 多万名农村学生，大量因贫辍学的学生得以重返校园。2008 年全面实行城乡免费义务教育，贫困地区学生、随迁子女、残疾儿童受教育权利得到切实保障。2013 年启动的"全面改善贫困地区义务教育薄弱学校基本办学条件工程"，是我国义务教育学校建设史上中央财政投入最大的单项工程。党的十八大以来，党中央高度重视义务教育改革发展工作，先后印发《关于统筹推进县域内

---

① 教育部. 2017 年全国教育事业发展统计公报 [EB/OL]. (2018-07-19) [2019-07-15]. http://www.moe.edu.cn/jyb_sjzl/sjzl_fztjgb/201807/t20180719_343508.html.

② 陈婷，张辉蓉，宋乃庆. 改革开放四十年我国义务教育改革发展的回眸与反思 [J]. 教育与经济，2018（5）：8-14.

③ 邵泽斌. 改革开放 40 年国家支持农村义务教育的政策经验与反思 [J]. 教育发展研究，2018（20）：1-7.

城乡义务教育一体化改革发展的若干意见》，解决乡村教育短板；增加优质教育资源供给，消除"大班额"；落实学生营养改善计划，让农村义务教育学生吃上了免费营养餐。这些举措推动了义务教育的快速发展。

二、深化体制机制改革，推动义务教育均衡发展

40年来，我国不断推进义务教育体制机制改革，义务教育阶段体制机制逐渐完善，义务教育发展呈现出蓬勃活力。

一是改革义务教育管理体制，完善农村义务教育经费体制。改革开放初期，我国实施以县以上为主的管理体制。这一体制对于克服"文化大革命"时期教育管理体制的混乱，恢复教育秩序、发展教育事业起到了重要作用。[①] 1985年5月发布的《中共中央关于教育体制改革的决定》中强调基础教育的管理权属于地方，我国开始实行地方负责、分级管理的体制。1986年4月通过的《中华人民共和国义务教育法》重申了这一管理体制。1993年2月发布的《中国教育改革和发展纲要》中强调要继续完善分级办学、分级管理的体制，但进行了初步调整。1999年6月发布的《关于深化教育改革，全面推进素质教育的决定》中规定"继续完善基础教育主要由地方负责、分级管理的体制。根据各地实际，加大县级人民政府对教育经费、教师管理和校长任免等方面的统筹权"。2001年5月，随着《关于基础教育改革与发展的决定》的颁布，中央开始实施"以县为主""管办评分离"的义务教育管理体制改革。2002年4月发布的《关于完善农村义务教育管理体制的通知》继续强调实行"以县为主"的管理体制。2003年9月的《关于进一步加强农村义务教育工作的决定》以及2006年新修订的《中华人民共和国义务教育法》强调了义务教育管理体制问题。2010年7月，《国家中长期教育改革与发展规划纲要（2010—2020年）》中指出，"转变政府职能和简政放权为重点"，"形成政事分开、权责明确、统筹协调、规范有序的教育管理体制"。[②] 40年来，农村义务教育管理体制与经费体制，实现两个重大转变：一是把农村义务教育的责任从主要由农民承担转到主要由政府承担；二是把政府对农村义务教育的责任从主要以乡镇为主转到以县为主。

二是改革义务教育办学体制，推动多元主体参与义务教育改革。我国义务教

---

① 范国睿，孙闻泽. 改革开放40年教育体制机制改革的历史与逻辑分析［J］. 教育研究，2018（7）：15-23.

② 廖其发. 论中国基础教育领导管理体制的分类分权改革——以1977年以来的经验教训为依据［J］. 西南大学学报（社会科学版），2017（4）：71-80.

育供给主体与方式由从政府单一供给转向政府、市场和社会协同供给。[①] 1992 年党的十四大报告中指出，大力加强义务教育，国家鼓励进行多渠道、多形式的社会集资办学和民间办学，改变国家包办教育的做法。1993 年的《中国教育改革和发展纲要》提出"改变政府包揽办学格局，逐步建立以政府办学为主体，社会各界共同办学的体制"的改革目标。至此，多元主体办学的体制以法律形式正式确定下来。1997 年 8 月《社会力量办学条例》正式出台，重申国家对社会力量办学予以"积极鼓励、大力支持、正确引导、加强管理"的十六字方针。21 世纪以后，我国义务教育原有的以"决策者（国家）—执行者（学校）"式的二元主体结构逐渐转变为多元教育主体参与的多元格局。[②] 2003 年国家正式出台《民办教育促进法》，确立了民办教育在我国社会主义教育事业中的地位和作用，对民办教育进行积极鼓励、大力支持、正确引导、依法管理，充分发挥民办学校在办好义务教育方面的积极性与灵活性。

三是通过制定与完善义务教育法律法规为义务教育改革提供法治保障。自 20 世纪 80 年代以来，我国先后制定通过了《中华人民共和国义务教育法》(1986)、《扫除文盲工作条例》(1988)、《中华人民共和国未成年人保护法》(1991)、《中华人民共和国义务教育法实施细则》(1992)、《中华人民共和国教师法》(1993)、《中华人民共和国教育法》(1995)、《社会力量办学条例》(1997)、《基础教育课程改革纲要（试行）》(2001)、《关于基础教育改革与发展的决定》(2001)、《教育部关于全面深化课程改革 落实立德树人根本任务的意见》(2014)、《关于深化教育体制机制改革的意见》(2017) 等法律法规。2001 年以来，完成了《义务教育法》《教育法》的修订工作。义务教育法治体系不断健全，为深化义务教育改革提供了法制保障。

三、课程改革日趋深入，形成成熟完备的课程体系

不断推进义务教育课程体系改革，是我国义务教育改革的重要内容。1978 年我国颁布了《全日制十年制中小学教学计划试行草案》，推动课程领域内拨乱反正工作的开展。1981 年颁布的《全日制五年制小学教学计划》《全日制六年制重点中学教学计划（试行草案）》《全日制五年制中学教学计划（试行草案）的修订意见》，1984 年颁发的《全日制六年制城市小学教学计划（草案）》《全日制六

---

① 文少保. 改革开放以来我国义务教育政策变迁的特征、问题及其改进思路 [J]. 中国教育学刊, 2018 (2): 29-33.

② 卜玉华. 新世纪十年中国基础教育改革的进展、问题与趋势 [J]. 杭州师范大学学报（社会科学版），2011 (6): 27-33.

年制农村小学教学计划（草案）》几个文件，使我国中小学课程体系迈向正常轨道。1992年颁布的《九年义务教育全日制小学、初级中学课程计划（试行）》将中、小学课程分为国家安排课程和地方安排课程。

1999年，教育部正式启动了基础教育课程改革工作，对课程改革作了总体部署。教育部对现行义务教育阶段小学语文、数学、音乐、体育、美术等学科，初中语文、数学、英语、物理、化学、生物、地理、历史、音乐、体育、美术等11科教学大纲进行了修订。各教材编写单位依据修订后的大纲，对教材做了相应修改。2000年秋季，小学、初中起始年级的主要学科开始使用新修订教材；2001年秋季，小学、初中所有年级和所有修订的学科都使用了新教材。

2001年6月，教育部印发了《基础教育课程改革纲要（试行）》，调整和改革了义务教育阶段的课程体系、结构、内容，构建符合素质教育要求的新的义务教育课程体系。教育部于2001年确定全国27个省、自治区、直辖市的38个区县为国家基础教育课程改革实验区，进行基础教育新课程的实验工作。2001年11月，教育部颁布了《义务教育课程设置实施方案》，印发了供实验区使用的义务教育阶段18个学科的课程标准（实验稿）。2002年5月印发了《品德与生活》《品德与社会》两科的课程标准（实验稿）。此外，还制定了与课程改革配套的系列文件，如《中小学评价与考试制度改革的指导意见》《地方课程管理与开发指南》《学校课程管理与开发指南》《综合实践活动指导纲要》等。2010年，我国颁发《教育部关于深化基础教育课程改革 进一步推进素质教育的意见》，对课程改革的重要性、主要成就和挑战提出了明确意见。在2014年颁发的《教育部关于全面深化课程改革 落实立德树人根本任务的意见》中，提出制定学生发展核心素养体系和学业质量标准，对课程方案和课程标准进行修订，对中小学德育、语文、历史等学科进行统一编写。2009年和2012年经济合作与发展组织（OECD）国际学生能力测试（PISA）中，上海学生在阅读、数学和科学三大领域连续两次取得全球第一。基础教育的"中国模式"受到世界关注。

40年课程改革体现出以下特征。

（一）注重课程体系改革的整体推进

整体性是一种思维方式。义务教育课程改革的整体性是指用整体性的思维方式对义务教育课程进行改革。我国历次关于义务教育的课程改革都注重整体性设计与推进，在课程改革顶层设计、政策引领、保障机制、课程研究、校本课程开发、课堂教学改革、发展性评价等领域取得了积极的进展。[1]如2001年6月教育

---

[1] 郝志军. 基础教育课程改革反思与推进建议［J］. 西北师大学报（社会科学版），2017（5）：99-104.

部颁发的《基础教育课程改革纲要（试行）》中明确义务教育课程改革的指导思想和改革目标，在内容上涉及义务教育新课程结构、课程标准、教学过程、教材开发与管理、课程评价、课程管理、教师的培养和培训以及课程改革的组织与实施等方面，体现了整体性改革思维方式。又如2014年颁发的《教育部关于全面深化课程改革　落实立德树人根本任务的意见》中，统筹小学、初中以及其他阶段，德育、语文、历史、体育、艺术等各学科，课标、教材、教学、评价、考试等多环节，一线教师、管理干部、教研人员、专家学者、社会人士等力量，以及统筹课堂、校园、社团、家庭、社会等阵地。这些文件均体现了整体性的改革思路。

（二）增强课程体系改革的科学性

第一，从强调学科本位到学生本位的转变。任何改革都需思考原始的核心问题：为谁而教和怎么教。为谁而教是教育的目标和价值取向问题；怎么教是策略、方法和艺术的问题。[①] 义务教育课程改革重视学科知识、社会生活和学生经验的整合，课程改革从过于强调学科本位转向了强调学生本位。无论是《基础教育课程改革纲要（试行）》《教育部关于深化基础教育课程改革　进一步推进素质教育的意见》《教育部关于全面深化课程改革　落实立德树人根本任务的意见》，还是其他类似的文件，都要求根据学生全面发展要求、不同年龄段儿童成长的不同需要与认知规律，按照不同地区、学校实际和学生的不同需求进行设置、调整课程比例，促使学生和谐发展与全面发展。

第二，改革课程管理，课程结构逐渐丰富。我国通过设置供选择的分科或综合课程，提供各门课程课时的弹性比例和地方、学校自主开发或选用课程的空间，丰富课程类型，增强课程对地方、学校、学生的适应性。1986年起，我国第一次将小学和初级中学的课程统一设计，分设学科类和活动类两大类课程类型。2001年《基础教育课程改革纲要（试行）》中强调为保障和促进课程适应不同地区、学校、学生的要求，实行国家、地方和学校三级课程管理。义务教育阶段中开设了"综合实践活动"和"地方与学校课程"，教材开发也确立了"一纲多本"制度。2001年《义务教育课程实验方案》中规定地方与学校课程的课时和综合实践活动的课时共占总课时的16%－20%。2011年颁布的修订后的19门义务教育课程标准中有16门提及了学科素养。2014年《教育部关于全面深化课程改革　落实立德树人根本任务的意见》中指出，学校要重视综合实践活动、技术、音乐、美术、体育等课程开设情况，做好地方课程和学校课程的规范管理和

---

① 叶澜. 基础教育改革深化之路怎么走？[J]. 人民教育，2015（11）：60-62.

分类指导。

第三，改革课程评价制度，增强评价的科学性。2001年《基础教育课程改革纲要（试行）》倡导"学生主动参与、乐于探究、勤于动手"，"改变课程评价过于强调甄别与选拔的功能，发挥评价促进学生发展、教师提高和改进教学实践的功能"。① 2010年《教育部关于深化基础教育课程改革 进一步推进素质教育的意见》中指出，进一步完善综合素质评价的科学方法和基本程序，加强诚信机制建设，确保评价结果的真实性。2014年《教育部关于全面深化课程改革 落实立德树人根本任务的意见》中指出，实施中小学教育质量综合评价改革，鼓励学校积极探索，完善科学多元的评价指标体系，引导树立科学的教育质量观。

（三）素质教育成为课程体系改革的要求

基础教育课程改革是全面推进素质教育的重大举措，② 义务教育逐渐承担起实施素质教育的使命。1993年的《中国教育改革和发展纲要》中提出要由"应试教育"转向全面提高国民素质的轨道。1998年的《面向21世纪教育振兴行动计划》中明确提出实施"跨世纪素质教育工程"，整体推进素质教育。1999年颁布的《中共中央国务院关于深化教育改革全面推进素质教育的决定》，推进素质教育成为国家意志。为贯彻《中共中央国务院关于深化教育改革全面推进素质教育的决定》和《国务院关于基础教育改革与发展的决定》，教育部于2001年颁行《基础教育课程改革纲要（试行）》推进新一轮基础教育课程改革，其中调整和改革了义务教育的课程体系、结构、内容，力图构建符合素质教育要求的新的义务教育课程体系，使我们看到了新世纪"学校再生"的曙光。③ 到后来"核心素养""学科核心素养"的提出，既反映了对"三维目标"的深化，也反映了义务教育中发展素质教育的要求。

四、重视师资队伍改革，形成业务精湛的高素质教师队伍

40年来，我国不断深化师资队伍体制改革，教师待遇不断提高，义务教育阶段师资队伍建设取得重要成就。

第一，我国已基本满足了义务教育阶段师资需求。1985年《中共中央关于教育体制改革的决定》提出，建立一支有足够数量的、合格而稳定的师资队伍是

---

① 何东昌. 中华人民共和国重要教育文献（1998－2002）[G]. 海口：海南出版社，2003：907.
② 崔允漷，汪贤泽. 基础教育课程改革的意义、进展及问题 [J]. 全球教育展望，2006（1）：31-35.
③ 钟启泉. 寻求课程范式的转型——中国大陆基础教育课程改革的进展与问题 [J]. 比较教育研究，2003（1）：6-10.

提高基础教育水平的根本大计。经过30多年的改革发展，目前我国已经基本满足了义务教育阶段的师资需求。有研究认为，从师资配备来看，2015年世界中高收入国家的小学、中学生师比平均值为18.54、14.78；G20国家的小学、中学生师比平均值为18.63、15.54；我国小学、中学生师比平均值为17.05、15.14，我国小学阶段的师资配比优于中高收入国家平均水平，并超过G20国家平均水平，中学阶段师资配比优于G20国家的平均水平。①

第二，师资体制改革不断深化。20世纪90年代中期以来，我国通过严格核定编制，科学设置岗位，严格考核考试，全面推行教职工聘任制；通过建立和完善教育人才市场，形成合理有序的流动机制，促进人才合理流动，调整和优化教职工队伍。1986年，我国对中小学教师管理制度的改革，实行中小学教师职务聘任制或任命制，为教师队伍的长远建设和科学管理奠定了基础。自1993年之后，我国相继颁布了《教师法》《教师资格条例》《〈教师资格条例〉实施办法》等文件，逐步形成了教师资格制度的法律法规体系。从2001年开始，我国正式启动全面实施教师资格制度工作。2001年10月，国务院办公厅下发了《国务院办公厅转发中央编办、教育部、财政部关于制定中小学教职工编制标准意见的通知》，为中小学人事制度改革奠定了基础，有力地促进了中小学教师队伍建设。此外，我国通过实行师范生公费教育、"农村义务教育学校教师特设岗位计划"等显著改善了农村教师队伍结构。

第三，教师待遇显著提高。改革开放初期，国家就在1981年、1985年、1986年、1987年4次提高教师工资。1993年颁布的《中华人民共和国教师法》明确提出"教师的平均工资应当不低于或者高于国家公务员的平均工资水平，并逐步提高"。2006年新修订的《义务教育法》再次重申了教师平均工资水平应当不低于当地公务员的平均工资水平，并提出"特殊教育教师享有特殊岗位补助津贴。在民族地区和边远贫困地区工作的教师享有艰苦贫困地区补助津贴"。2015年4月1日，中央深化改革领导小组通过的《乡村教师支持计划（2015—2020年）》，重点支持中西部老少边穷岛等贫困地区补充乡村教师，建立乡村教师荣誉制度，提高教师补助标准。2018年，中共中央、国务院《关于全面深化新时代教师队伍建设改革的意见》提出，要不断提高教师地位待遇，让教师在岗位上有幸福感、事业上有成就感、社会上有荣誉感。

---

① 田慧生，邓友超. 让十三亿人民享有更好更公平的教育——十八大以来教育质量提升的成就与经验［M］. 北京：教育科学出版社，2017：83.

五、注重德育改革，探索了科学高效的德育工作体系

40年来，我国不断推进义务教育阶段德育改革，德育工作实效明显，义务教育阶段德育改革取得重要成就。

第一，注重德育政策的设计与改革。针对小学德育工作，我国于1982年、1986年分别颁行了《全日制五年制小学思想品德课教学大纲（试行草案）》与《全日制小学思想品德课教学大纲》。针对中学德育工作，1986年我国颁布了《中学思想政治课改革实验教学大纲（初稿）》。1988年12月，中共中央印发《关于改革和加强中小学德育工作的通知》，规定德育工作应被放在中小学教育首要位置。1992年通过《九年义务教育全日制小学思想品德教学大纲（试用）》与《九年义务教育全日制初级中学思想政治课教学大纲（试用）》的颁布，我国为中小学思想政治课制定了国家标准。1993年、1995年，国家教育委员会又分别颁发了《小学德育纲要》《中学德育大纲》。1997年《九年义务教育小学思想品德课和初中思想政治课程标准（试行）》、1998年《中小学德育工作规程》、2014年《完善中华优秀传统文化教育指导纲要》、2017年《中小学德育工作指南》等文件改进了义务教育阶段的德育工作。

第二，注重发挥社会主义德育的育人功能。1979年召开的全国中小学思想政治教育工作座谈会上提出，要结合革命理想和共产主义道德品质教育抓好坚持四项基本原则的宣传教育。1988年召开全国中小学德育工作会议并颁布《中共中央关于改革和加强中小学德育工作的通知》，提出要以爱祖国、爱人民、爱劳动、爱科学、爱社会主义为基本内容，把全体学生培养成为爱国的具有社会公德、文明行为习惯的遵纪守法的好公民。1993年《中国教育改革和发展纲要》提出，要重视对学生进行中国优秀文化传统教育，对中小学生还要进行文明行为的养成教育。1994年，中共中央在《关于进一步加强和改进学校德育工作的若干意见》中强调，德育工作要更好地发挥对青少年学生健康成长和对学校工作的导向、动力、保证作用。党的十八大以来，学校德育"把培育和弘扬社会主义核心价值观作为凝魂聚气、强基固本的基础工程"，坚持立德树人，用中国梦打牢广大青少年的共同思想基础，促进义务教育阶段德育工作的顺利推进。

第三，实施德育的载体、形式日益丰富，逐步构建全员、全程、全方位育人的德育体系。[①] 在课堂教育教学主渠道之外，各级教育部门积极探索德育工作的新形式，德育活动载体日益丰富。为培养学生的创新精神和实践能力，推动素质

---

① 陈子季. 从"穷国办大教育"到"大国办强教育"——改革开放40年我国基础教育发展成就概述[J]. 人民教育，2018（21）：7-12.

教育的全面实施，中央和地方普遍重视中小学社会实践基地和青少年校外活动场所的建设和管理工作。各地积极加强学校社会实践基地的建设，为中小学生的社会实践活动提供了广阔空间。此外，教育部门不断加强与各有关部门的协调配合，动员全社会力量进一步改善社会育人环境，努力形成全社会共同关心青少年健康成长的良好局面。通过建立家长学校、家庭委员会和社区教育委员会等形式，密切学校、家庭和社会的联系，逐步形成教育合力，共同做好青少年学生的教育工作。

六、发展教育信息化，义务教育阶段信息化水平不断提高

信息化是21世纪以来影响义务教育变革的重要内容。进入21世纪后，我国开始重视现代信息技术在义务教育阶段中的应用。2000年，教育部召开全国中小学信息技术教育工作会议，提出用5－10年的时间，在全国中小学普及信息技术教育。2001年颁行的《基础教育课程改革纲要（试行）》中要求大力推进信息技术在教学过程中的普遍应用，促进信息技术与学科课程的整合，逐步实现教学内容的呈现方式、学生的学习方式、教师的教学方式和师生互动方式的变革，充分发挥信息技术的优势，为学生的学习和发展提供丰富多彩的教育环境和有力的学习工具。从2003年开始，为推进中西部中小学现代远程教育工程，中央安排专项资金用于中西部农村中小学现代远程教育试点工作，为中西部农村小学配备相应设备。近年来，我国高度重视教育信息化建设，不断加大教育信息化投入力度，先后实施了数字化校园建设项目、农村中小学现代远程教育工程、国家基础教育资源库建设项目、教学点数字教育资源全覆盖项目、中小学"三通两平台"项目工程，明显改善了义务教育阶段学校教育信息化条件。此外，我国还利用远程教学、在线课堂、慕课等新形式，促使不同区域、城乡、校际间的义务教育能共享优质资源，信息技术与义务教育教学的融合不断加强，山区与贫困地区孩子借助信息化也有了人生出彩的机会，促进了义务教育质量的提升。2018年有调查组对义务教育学校的信息化建设成效进行了调查。基于对全国31省2000余所学校的调查后发现，我国以信息化带动教育现代化，信息技术与教育教学深度融合取得显著成效。[①]

---

① 曾天山，祝新宇，万歆. 义务教育学校信息化建设成效分析——基于全国31省2000余所学校的调查［J］. 教育研究，2018（4）：23-31.

第三节　义务教育改革的反思

经过40年的努力，我国义务教育的改革取得了显著成就。但同时，我们也要看到，当前义务教育改革已进入了深水区与攻坚期，义务教育领域普遍存在一些深层次矛盾和问题。反思这些问题与矛盾，需要进一步科学统筹、协调推进义务教育改革。

一、持续推进改革，推动义务教育向优质均衡发展

进入社会主义新时代，义务教育改革要在优质均衡的发展方向上精准发力。随着社会主要矛盾的转化，义务教育改革面临新的困难与挑战。从总体上来看，我国义务教育的发展还存在着不平衡、不充分的问题，城乡、区域等之间的教育差距仍较大，优质义务教育资源总量不足以及配置不均衡的问题还很突出，义务教育还不能充分满足人民对更优质的义务教育的需要。这些就需要继续大力推动义务教育改革，办具有中国特色、世界水平的现代义务教育，通过发展全民教育、终身教育，建设学习型社会，努力保障每个孩子享有在义务教育阶段"上好学"的机会，让每个适龄孩子都能享有更好更公平的义务教育。

改革实践是一个阶段式的不断推进、突破的过程。[1] 均衡发展的义务教育是我国义务教育改革的重要追求。[2] 现阶段，社会对优质义务教育的渴望、对义务教育公平的关注、对个性化义务教育的需求更加渴望。优质均衡发展的义务教育，不是义务教育的平均发展，也不是低水平发展，而指向公平而有质量的高水平发展，体现一种高位均衡的义务教育发展。虽然经过40年的改革发展，我国在义务教育课程体系、教师队伍建设、德育体系、信息化水平等方面取得重要进展，但也应看到在义务教育发展中还存在问题，义务教育课程体系还不能适应时代与学生发展要求，教师队伍水平还需要进一步提高，信息化水平还有较大提升空间。优质均衡的义务教育，意味着义务教育在课程体系、教师队伍建设、德育体系、信息化水平等方面还需要继续努力。

二、坚持立德树人，构建德智体美劳全面培养的义务教育体系

义务教育改革应树立科学的教育质量观，构建德智体美劳全面培养的义务教育体系，坚持立德树人，引导学生坚定理想信念、厚植爱国主义情怀、加强品德

---

[1] 叶澜. 基础教育改革深化之路怎么走？[J]. 人民教育，2015（11）：60-62.
[2] 翟博. 均衡发展：我国义务教育发展的战略选择[J]. 教育研究，2010（1）：3-8.

修养、增长知识见识、培养奋斗精神以及增强综合素质。素质教育以追求教育质量与公平为旨归，坚持党的教育方针的总要求，关注每个学生的全面发展，是我国育人智慧与特色的时代表达。它兼顾了学生身心综合素质的培养，体现了科学精神与人文精神的结合。① 义务教育改革应重视阶段特征，重视这一阶段学生的身心发展与认知规律，既要把素质教育作为优先发展教育、贯彻落实党的教育方针的任务，改变"运动式"实施方式，使义务教育改革回归育人为本的教育本质上去。在义务教育阶段发展素质教育，是义务教育内涵式发展的必然选择。坚持改革面向全体适龄学生，为他们的全面发展与终身发展而奠基。

进入新时代，义务教育阶段要坚持"五育"并举，全面发展素质教育。第一，坚持德育为先，引导学生爱党、爱国、爱人民、爱社会主义，突出德育实效。加强对学生的社会主义核心价值观、中华优秀传统文化、生态文明等多方面的教育，深化课程育人、文化育人、活动育人、实践育人、管理育人、协同育人。第二，培养学生的认知能力与创新性思维，激发创新意识，提升智育水平。义务教育改革要突出学生的主体地位，保护学生的好奇心、想象力、求知欲，激发学习兴趣，提高学习能力。第三，坚持健康第一，强化体育锻炼，"野蛮其体魄"。学校通过开展体育项目、体育运动、举办运动会等形式，加强义务教育阶段学生身体的养育与保护。第四，增强美育熏陶，教会学生发现美、欣赏美与创造美。引导学生了解国际国内优秀艺术，增强文化理解与认同。第五，充分发挥劳动综合育人功能，加强学生生活实践、劳动技术和职业体验教育，加强劳动教育。教会学生热爱劳动，懂得劳动最光荣，在劳动中发现广阔的天地，在劳动中体现价值、展现风采、感受快乐。

三、推动学校转型升级，提高义务教育阶段教育教学质量

中国基础教育改革的核心任务是在宏观、中观和微观相协调和互动、转化的意义上，形成培养现代新人的教育制度、机制和新的学校实践形态。② 党的十九大报告中提出"努力让每个孩子都能享有公平而有质量的教育"。有论者认为，这种"公平而有质量的教育"包括两类不同的既相叠又相接的公平—质量范型：以社会为中心的均等化为目标的范型与以人为中心的多样化为目标的范型，二者构成了"公平而有质量的教育"的双重结构。公平处在"先行"的位置，而质量

---

① 杨兆山，时益之. 素质教育的政策演变与理论探索［J］. 教育研究，2018（12）：18-29.

② 叶澜. 千舟险过万重山——改革开放 30 年中国基础教育发展研究概述［J］. 基础教育，2009（1）：3-6.

却具有"先在性",对公平起着决定的作用。① 对于义务教育改革,就是要在教育质量上下功夫,发展公平而有质量的义务教育,在尊重学生身心发展规律的基础上,在义务教育课程体系、教师队伍建设、德育体系、信息化水平等方面提高质量。构建"自然""社会"与"学生成长"内在相通的学校综合活动节律,使人人作为自己生命的发展主体,共同创造学校新生活,享受教育活动所特有的生命四季,享受教育独有的尊严、活力与欢乐。②

改革好不好,有效与否,学校是实践与检验改革的最终环节,因此要抓好学校这一改革基础。叶澜教授指出,"尽管我们坚持以'学校'为基本改革单位,但'小学校'却是连着'大中国',我们的学校改革连着整个中国的基础教育改革"。③ 要基于义务教育改革实际,设置合理的义务教育改革目标与内容,建立与完善现代学校制度。优化教学方式,坚持教学相长,注重启发式、互动式、探究式教学的使用。融合运用传统与现代技术手段,重视情境教学。探索基于学科的课程综合化教学,开展研究型、项目化、合作式学习,重视差异化教学和个别化指导。加强教学管理,保证义务教育改革的有效推进。国家要分学科制定课堂教学基本要求,指导学校形成教学管理特色。学校要健全教学管理规程,统筹制订教学计划,优化教学环节,开齐开足开好国家规定课程,做好幼小衔接,完善集体备课制度,认真制定教案。充分利用教育信息化带来的便利,促进信息技术与教育教学融合应用。推进"教育+互联网"发展,建立覆盖义务教育各年级各学科的数字教育资源体系,加快数字校园建设,积极探索基于互联网的教学,服务于教师教学、学生学习与学校管理,通过信息技术的便利缩小城乡教育差距。

四、以"四有好老师"为标准,建设高素质专业化师资队伍

教育大计,教师为本。在义务教育阶段,学生的健康成长要靠教师的指导与培养,尤其是需要优秀的师资来保证义务教育的质量。新时代好老师的标准是要有理想信念、道德情操、扎实学识、仁爱之心。这个标准紧紧围绕"教师是立教之本、兴教之源"的理念,从理想信念、思想道德、学识学养、敬业爱生等方面对新时代义务教育阶段的教师培养提出了新要求。教师要大力提高教育教学能

---

① 杨九诠. "公平而有质量的教育"的双重结构及政策重心转移[J]. 教育研究,2018(11):42-49.

② 叶澜. 探教育之所"是",创学校全面育人新生活——新时期"新基础教育"研究再出发[J]. 人民教育,2018(Z2):10-16.

③ 叶澜. 执着坚持之强 创造发展之功——"新基础教育"三年扎根研究总结交流会发言稿[J]. 基础教育,2012(4):5-9.

力。以新时代教师素质要求和国家课程标准为导向,改革和加强师范教育,提高教师培养培训质量。在教师培训中,要加强对新课程、新教材、新方法、新技术的培训,强化师德教育和教学基本功训练,不断提高教师育德、课堂教学、作业与考试命题设计、实验操作和家庭教育指导等能力,为义务教育事业贡献自己的力量。此外,要提升校长实施素质教育的能力。

一直以来,国家就非常重视义务教育阶段的教师工作,尽最大努力维护教师的合法权益,不断优化教师资源配置,支持优秀教师从事义务教育事业,通过各种措施使得全社会关心与重视教师。义务教育阶段的教师队伍建设,特别需要重视农村义务教育教师队伍的建设,通过采取有效的措施鼓励一批高素质的教师到农村中去,下得去、留得住,提高教师岗位津贴等,更要从心理上让教师感受到作为义务教育教师的尊严与责任。好教师不是一天就成长起来的,而是经过不断打磨而形成的,需要国家不断提供培训机会与各种有力措施,加强现代教师的培养。扩大实施"特岗计划"等,促使教师合理流动,推动区域内教师资源的平衡,为中华民族伟大复兴打造义务教育阶段的高素质教师队伍。

五、深化关键领域改革,着重解决义务教育重点难点问题

目前,义务教育中的"应试教育"倾向还比较严重,抢夺优质义务教育资源的现象还很常见,功利化的追求还很突出。在义务教育课程体系、教师队伍建设、德育体系、信息化水平等方面存在着多种重点难点问题,如"大班额"问题、学业负担等问题是影响义务教育改革发展的"硬骨头"。在我国农村义务教育中面临着"新读书无用论"的冲击,农村地区尤其是贫困地区的适龄儿童辍学提前外出打工的现象并不鲜见。因此,义务教育改革要发扬敢于啃硬骨头、敢于涉险滩、敢于过深水区的精神,科学统筹、协调推进义务教育改革任务的落实,深化关键领域改革,着重解决义务教育重点难点问题,推动义务教育健康发展。

为了实现学生的全面发展和生命质量的提升,以及为了义务教育的健康发展,必须着重解决义务教育改革的重点难点问题,因而,国家要建立科学的义务教育课程方案及课程标准修订、实施、管理办法,加强对地方课程和校本课程开发与实施的监管工作,加强义务教育阶段课程教材建设。推进义务教育学校免试就近入学全覆盖,不以各类考试、竞赛、培训成绩或证书证明等作为招生依据,完善招生考试制度。建立以发展素质教育为导向的科学评价体系。学生发展质量评价突出考查学生品德发展、学业发展、身心健康、兴趣特长和劳动实践等多个方面。加强和改进新时代教研工作,发挥教研支撑作用。推进义务教育薄弱环节的改善,重点加强乡村小规模学校和乡镇寄宿制学校建设,加快消除城镇大班

额，逐步降低班额标准，提升义务教育质量。义务教育改革还有很长的路要走。

六、加强改革保障，为义务教育改革发展营造良好氛围

保障义务教育改革顺利推进，最根本的是坚持党的全面领导。中国共产党是保障我国义务教育沿着社会主义方向发展的根本保证。一直以来，党和政府把办好义务教育作为重中之重，不断完善党的教育方针，确保义务教育以素质教育为导向，通过制定与完善国家课程方案和课程标准来实施教学，统筹谋划政府、学校和社会的关系，确保义务教育改革顺利推进，新时代义务教育改革仍然需要坚持党的全面领导。"基础教育发展是全社会共同的事业，没有旁观者和局外人，尽管各自所应尽之责不同，但人人有责；要形成对儿童青少年健康成长、学校教育健康发展友好的社会生态，这样才能称得上是现代文明社会。这不仅仅是教育部门的责任。"[1] 因此，要重视家庭教育，充分发挥学校主导作用，密切家校联系。家长要树立科学育儿观念，切实履行家庭教育职责，加强与孩子沟通交流，培养孩子的好思想、好品行、好习惯，理性帮助孩子确定成长目标，克服盲目攀比，防止增加孩子过重课外负担。此外，还要营造良好的社会生态。全社会都要关心支持深化义务教育改革，通过营造义务教育持续健康协调发展的良好氛围，发挥义务教育在实现中华民族伟大复兴中国梦中的奠基作用。

---

[1] 叶澜. 深化基础教育改革三题 [N]. 人民日报，2016-05-03（7）.

第十五章　高中教育改革史

在我国，中学一般分为初中和高中，它们都属于中等教育的范围。高中又包含普通高中、职业高中以及中等专业学校等类型。本章所指的高中教育仅指普通高中教育。在我们国家，普通高中属于非义务教育的范畴，学制为三年，学生入学需要缴纳一定的教育费用。

改革开放40年以来，高中教育作为我国教育体系中不可或缺的环节，进行了诸多改革，取得了历史性发展。本章主要从高中教育改革的历程、成就和反思三个方面进行阐述。

第一节　高中教育改革的历程

自十一届三中全会以来，高中教育进行了大量而全面的改革，使得高中教育规模日益扩大，结构调整日趋合理，教学质量不断提高，办学条件普遍得以改善，普及水平全面提高。

一、初步探索阶段（1978—1988）

这一阶段，我国高中教育改革开始逐步展开。国家颁布了一系列高中教育的方针政策，对高中教育体制、经费、师资、课程和教学等多方面进行了初步的探索改革，促使高中教育快速恢复起来。但总体来说，这一阶段我国的教育政策主要倾向于义务教育的发展，对高中教育的关注较少，因而这一阶段的高中教育改革只是处于初步探索阶段。

具体而言，1978年以前，我国高中教育管理体制集中，教育经费十分短缺，办学模式简单单一，学校数量严重不足，学校布点分散，办学效果不佳。从1978年开始，我国逐步开始关注高中教育，从政策上相继出台了一些改革的举措。主要包括：1980年10月颁布了《教育部关于分期分批办好重点中学的决定》，此项"决定"要求各个地方要全面加大对重点中学的关注和支持。1983

年，教育部首次提出要实施高中会考的设想和计划。紧接着在1985年，正式提出要建立会考制度，并在会考基础上进行高考改革。也就在同一年上海市率先实行了高中会考。由此可见，从1983年开始，我国已经有了建立会考制度的设想，并步步得以落实。在本阶段具有重要意义的事件是1985年5月国家召开了改革开放以来的首次全国教育工作会议，并发布了《中共中央关于教育体制改革的决定》。该"决定"强调要调整高中教育结构，并提出对教育要实行分级管理，把发展教育的责任下放给地方。这一政策使得对教育的管理权力逐步从中央下放到地方，从而进一步加大了地方参与教育的积极性，显示出灵活性。

二、结构改革阶段（1989—1995）

这一阶段，我国全面贯彻执行《中共中央关于教育体制改革的决定》《中国教育改革和发展纲要》，高中教育改革比以往有所加强，逐步建立"分级办学、分级管理"的体制，在办学模式、课程结构、教学内容与方法、考试评价制度等方面进行了改革和试验。为了解决普通高中办学体制活力不足，办学模式单一、应试教育的倾向仍然比较严重等共性问题，我国开始对高中教育进行结构调整改革，促使高中教育不断发展。并且在本阶段，教育部开始重视高中教育的定位问题，把实施会考制度改革和强化重点高中作为重要工作来开展。足以看出，这一阶段我国高中教育进入了全面结构改革。

首先，这一阶段我国高中教育更加明确其改革方向，逐渐从初步探索进入全面结构改革阶段。具体来说，1989年的教育部"工作要点"进一步明确了高中教育的性质、任务和培养目标，我国开始重视高中教育的定位问题。并且对教学计划进行修订，形成方案，同时还对普通高中的布局和规划进行研究，提出提升普通高中办学水平的意见。这一工作要点为本阶段的全面结构改革奠定了一定的思想基础。其次，高中教育结构改革重点放在会考改革和示范高中建设。第一，进行高中会考改革。1990年的教育部"工作要点"提出，各个地方要重视会考改革，抓好改革试点，做好逐步推广会考制度的各项工作。接着，1991年的教育部"工作要点"和1993年的教育部"工作要点"都相继提出要继续改革高中教育，进行结构调整；同时召开高中工作会议，积极推行和完善高中毕业会考制度，促使高中教育的会考制度真正建立起来。第二，重点高中建设。1992年的教育部"工作要点"提出加强重点高中的工作，研究重点高中端正办学指导思想问题。1993年，中共中央、国务院发布了《中国教育改革和发展纲要》。此"纲要"明确提出要根据各地的需要和可能适量发展高中教育。1994年的教育部"工作要点"也提出要进一步研究高中的发展方针和办学模式，首次提出了"建设示范性普通高中"的构想。从 1994 年开始，重点高中建设转向为示范高中建设，但其实质内容是一样的。1995 年的教育部"工作要点"提出深化办学和管理体制改革，加大教育结构调整的力度。

值得关注的是，在这一阶段，我国出台了关于普通高中的三项重要政策，这充分表明了我国对高中教育重视程度日渐提高。这三项政策具体是：1990 年，为了有效抑制高中教学片面追求升学率的不良现象，国家教委发布了《关于在普通高中实行毕业会考制度的意见》；1995 年，国家教委在全国首次普通高中教育会议上颁布了《关于大力办好普通高级中学的若干意见》，体现了调整教育结构、适度发展办学规模等基本思路；同一年，国家教委还发出了《关于评价验收 1000 所左右示范性普通高级中学的通知》，进一步强化了办好重点中学的思想。

三、全面改革阶段（1996－2005）

全面改革阶段是国家对高中教育更加重视的一个阶段，也是普通高中改革全面开展的阶段。总体而言，这一阶段我国高中教育改革一是聚焦到规模扩充，二是进行新课程改革。也就是说，本阶段的高中教育改革是从质和量两个方面来不断推进。

为了落实《关于大力办好普通高级中学的若干意见》（1995）和《中国教育改革和发展纲要》实施意见提出的要求和目标，我国将高中教育改革重点转向全面扩大高中教育规模，努力普及发达地区高中教育。至此，我国普通高中教育改革开始走向了规模发展的道路，高中教育改革逐渐从结构改革转向规模改革。1999 年是高中教育扩大发展规模的一年，中共中央、国务院发布了《关于深化教育改革，全面推进素质教育的决定》（中发〔1999〕9 号文件）和《面向 21 世纪教育振兴行动计划》，两个文件都相继提出了扩充高中教育发展规模。此前，国家教委也出台了《关于大力办好普通高级中学的若干意见》的文件，提出要大力发展高中教育，尤其强调要大力发展示范高中，扩大示范高中的发展规模。这些文件的颁布促使高中教育改革进入规模发展的阶段。

2001 年，我国开始进行课程改革，因而也是这一阶段重要的一年。具体说，2001 年，国务院发布了《关于基础教育改革与发展的决定》（国发〔2001〕21 号文件），提出要进一步深化教育教学改革，在"十五"期间，高中阶段入学率达到 60％左右。同年，教育部也发布了《基础教育课程改革纲要（试行）》（教基〔2001〕17 号文件）。"纲要"确定了课程改革在课程的功能、结构、内容、实施、评价以及管理六个方面的具体目标和趋向，提出到 2003 年秋季，广东等四个省份正式成为高中新课程的试验点，到 2007 年，全国中学开始逐步实行新课程。这一"纲要"极大地推动了课程改革的顺利进行。

此外,这一阶段我国还十分重视农村高中教育的改革,并且出台了两个文件。一是在 2003 年,国务院发布了《关于进一步加强农村教育工作的决定》(国发〔2003〕19 号文件)。该文件明确提出要把发展农村教育作为重中之重,并且特别提出要大力发展农村高中教育。二是在 2004 年,教育部制定了《2003—2007 年教育振兴行动计划》,提出全面贯彻国务院 2003 年的"决定",坚持发展农村教育的重要地位,加快发展农村教育,进一步深化农村教育改革。这两个文件在促进农村高中教育发展方面具有重要意义。

四、深化改革阶段（2006—2018）

深化改革阶段主要聚焦高中教育的普及和高中教育的多样化发展两个方面,从纵向和横向两个方面的推进预示着高中教育改革进入了深化阶段。

2006 年开始,随着高中教育结构的调整,高中教育改革呈现出"稳定全部、调整局部"的态势。2007 年底,党的十七大提出了加快普及高中阶段教育的战略目标。同年,国务院也提出了在"十一五"期间,高中阶段教育的毛入学率要达到 80% 左右的具体目标,从而进一步确定了普及高中阶段教育的改革方向。并且普及高中阶段教育均被列入教育部从 2007 年到 2009 年的"工作要点"。这标志着我国高中教育改革进入教育普及的时代。2010 年,《国家中长期教育改革和发展规划纲要（2010—2020 年）》中也强调要加快普及高中阶段教育的进程。2012 年 11 月召开的党的十八大和 2015 年 10 月召开的党的十八届五中全会都强调要普及高中阶段教育。特别是 2017 年更把普及高中阶段教育提到新的高度。具体而言:2017 年 1 月,国务院颁发了《国家教育事业发展"十三五"规划》,把普及高中阶段教育作为这段时期教育改革发展的重要目标;4 月,教育部发布《高中阶段教育普及攻坚计划（2017—2020 年）》,提出到 2020 年全国高中阶段教育要实现毛入学率均达到 90% 以上,这与 2007 年的毛入学率达到 80% 左右相比有较大的提升;10 月,党的十九大把普及高中阶段教育写进报告。这昭示着普及高中阶段教育成为了继全面普及义务教育之后的又一国家重大战略目标。

另一方面,在 2010 年的《国家中长期教育改革和发展规划纲要（2010—2020 年）》中首次提出要推动普通高中多样化发展的思路。在这一发展思路的指导下,全国各地都开始结合本地区的实际情况,因地制宜地提出了各自的多样化建设方案。这表明,"多样化"已逐渐成为我国普通高中发展改革的主方向。在这里值得一提的是,在《国家中长期教育改革与发展规划纲要（2010—2020 年）》中,"高中阶段教育"首次被作为独立部分单独提及,这意味着国家对高中阶段教育的重视程度日益提高，高中教育正逐渐摆脱附属于基础教育的尴尬地位。

第二节 高中教育改革的成就

回顾高中教育 40 年的改革历程，不难发现，我国高中教育的改革基本是以扩大规模、重点建设为主线，以摆脱应试教育、实现素质教育为终极目标，始终在普及与提高、效率与公平、数量与质量之间寻求突破，试图走出一条适合我国特色的改革之路。

一、从外延式改革逐渐过渡到到内涵式改革

1986 年《中华人民共和国义务教育法》的颁布，特别是"普九"的实施和高等教育的扩招，促使高中教育更加快速地进行改革。但由于高中教育改革的动力源于外界的压力，这在一定程度上注定了高中教育走向了外延式改革，更多注重于数量、规模的扩充。因而可以看到，许多衡量高中教育改革成效的指标基本都是以"普及率""毛入学率""在校规模"等量化的词语来表征，相应地，高中教育也基本是沿着"低普及率—部分普及—基本普及—全面普及"的主线在发展。

在外延式改革的同时，由于资源的局限和区域的差异，为了迎合国家建设对各种类型人才发展的迫切需求，在实际改革过程中，高中教育同时也遵循了重点建设的原则。"重点建设"主要是指"重点高中"以及后来的"示范高中"的推进与实施。具体而言，1978 年 1 月，教育部颁发了《关于办好一批重点中小学试行方案》，提出要办好一批重点中学，提高中学的教育质量，并在经费、师资、硬件、生源等方面加强对重点学校的建设，逐步形成从国家到地方层层推进的"微型金字塔"发展格局。1980 年 10 月，教育部《关于分期分批办好重点中学的决定》又要求各个地方在人力、物力、财力上加大对重点中学的支持。接着，1983 年 8 月，教育部在《关于进一步提高普通中学教育质量的几点意见》中也提出重点中学应成为贯彻党的教育方针且办学质量较高的具有示范引领作用的学校，重点中学也应逐步成为进行教育教学研究活动的中心和引领。我们不难发现，从 20 世纪 70 年代末，我国重点中学的改革开始逐步关注其示范性和引领作用。而进入 20 世纪 90 年代后，发展重点高中的政策日渐调整，"示范高中"逐渐取代了"重点高中"的表述。其具体表现为：1994 年《国务院关于〈中国教育改革和发展纲要〉的实施意见》提出每个县都要办好一两所重点中学，从而使

全国建成 1000 所左右具有示范引领作用的高中。1995 年颁布的《国家教委关于评估验收 1000 所左右示范性普通高级中学的通知》中再次提出，我国要在 2000 年之前分期分批建设建成并成功评估 1000 所左右的示范高中。从理论角度来看，重点高中虽然和示范高中一脉相承，其实质并未摆脱重点高中的历史影响。但这一表述的细微变化却也意味着我国高中教育改革的价值取向开始从重视效率转向逐步兼顾公平。在 2005 年，我国高中教育毛入学率超过了 50%，这标志着我国高中教育开始走向大众化阶段，同时也意味着高中改革的价值取向开始由规模扩张向质量提升转变。特别是《国家中长期教育改革和发展规划纲要（2010－2020年）》的颁布，明确提出普通高中要向多样化方向发展。至此，高中教育改革的价值取向由"普及化"转变为"多样化"，高中多样化发展也正式成为当今指导我国普通高中发展的新的价值取向。同时，从"规模扩充"到"多样化发展"的改变，充分说明了我国高中教育改革的价值取向已逐步从外延式改革转变为内涵式改革。

二、管理体制改革由中央到地方再到学校实现权力下移

改革开放 40 年以来，我国高中教育围绕如何深化管理体制和办学体制改革、如何实现权力下放即赋予地方和学校更大的自主权等方面进行了相应的改革。1985 年颁布的《中共中央关于教育体制改革的决定》中提出要简政放权，把基础教育包括高中教育在内的管理权逐渐由中央下移到地方。1993 年，《中国教育改革和发展纲要》提出了要促使普通高中的办学实现多样化，逐步建立以政府办学为主、社会各界共同办学为辅的办学体制。1994 年的《国务院关于〈中国教育改革和发展纲要〉的实施意见》也继续强调多形式、多渠道办学的思路。1998年的《面向 21 世纪教育振兴行动计划》则明确提出了用 3 年至 5 年的时间，基本形成以政府办学为主、社会参与办学为辅的办学格局，进而促使公办和民办教育共同发展。1999 年的《关于深化教育改革，全面推进素质教育的决定》也进一步肯定了这一发展思路。特别是 2002 年 12 月颁布的《中华人民共和国民办教育促进法》，首次从正式的、法律的高度明确了以政府办学为主、社会参与办学为辅的办学思路，从而鼓励、支持和引导民办学校。这些政策都推动了办学主体的多样化和办学模式的多样化，同时也逐步实现了从中央到地方的放权，进而使高中教育管理体制和办学模式日益多样化。

特别是改革开放 40 年来，我国高中教育改革逐步形成了以校长负责制为核心的学校管理体制，这使得高中教育管理权力下放真正落地。1980 年 4 月，学者萧宗六在《人民日报》上发表了《中小学领导体制应当改革，应实行校长负责

制》的文章，首次在理论学说上提出校长负责制是当前学校内部最有效的管理体制，初步引起了人们对校长责任制的关注和重视。1985年中央颁布的《关于教育体制改革的决定》和1993年教育部颁布的《中国教育改革和发展纲要》两份文件，从国家层面上正式确立了校长负责制在高中教育管理体制中的重要地位。1995年颁布施行的《中华人民共和国教育法》也从法律的角度肯定了校长负责制的重要作用，这标志着校长负责制的法定化。而2006年9月1日修订施行的《义务教育法》也同样肯定了校长负责制在学校的法律地位。至此，日益多样的办学体制加之校长负责制为核心的学校管理体制，促使高中教育获得了较大的发展。

三、课程改革从整齐划一到多样选择的转变

改革开放40年以来，我国高中课程在注重共性发展的基础之上，课程的多样化选择趋势日益加强。从1978年的《全日制十年制中小学教学计划试行草案》到2017年的《高中阶段教育普及攻坚计划（2017—2020年）》，高中课程改革经历了从国家课程为唯一课程到各地因地制宜的地方课程再到各个学校因校制宜的校本课程步步凸显。可以说，这40年来，高中教育的课程改革始终围绕着一条主线来进行，那就是从只允许国家统一定制单一课程到逐渐允许各地各校因地制宜、因校制宜地选择课程内容，从而形成地方课程和校本课程，还增加选修课的比例，通过设置如此形式多样的课程来满足学生的不同需求。总而言之，高中教育课程这40年的改革历程就是从整齐划一逐渐转向多样化选择的过程。

（一）课程改革一直是高中教育改革关注的重点

从1978年开始，我国已经开始对高中的教学计划、教学大纲进行编制，形成了全套教材。并且中学学制也延长为6年。1996年，国家教委基础教育司印发了《全日制普通高级中学课程计划（试验）》，继而1997年在两省一市（即江西省、山西省和天津市）开始进行普通高中新课程方案的试验。发展到上个世纪末，我国课程体系有了明显的变化，主要表现在：一是统一且灵活多样的课程体制初步形成；二是课程日益多样化，增设活动课程、选修课程和综合课程；三是开始建立国家课程、地方课程、校本课程三级管理的课程体制。并且，教材的多样化使得更多的出版部门参与教材的编写、出版，教材开始出现多版本化的现象。

2000年，继1996年后教育部又一次印发了《全日制普通高级中学课程计划（试验修订稿）》。此次修订稿对1996年的试验稿进行了较大的修改。一是取消了学科类和活动类的课程分类；二是增加了综合实践活动这一新课型，并把它定

性为必修课；三是增加了课程实施和评价；四是继续沿用课程的三级管理体制。2003年教育部颁布了《普通高中课程方案（实验）》，其中规定了多个学科课程标准（实验）以及配套的多个版本的教材。接着从2004年到2007年三年的时间里，十几个省市陆续进入新课程实验。到2012年全国各地全部进入课程改革。总体来说，从2004年开始的高中课程改革无论在改革目标和改革的内容方面都有较大的突破，并提出了包括课程、教学、评价和管理等六大范畴的改革目标，其改革整体呈现出多样性、灵活性和开放性的特点。2012年，党的十八大提出把"立德树人"作为教育工作的根本任务；2013年，为了进一步落实"立德树人"，受教育部委托，北京师范大学牵头成立了"中国学生发展核心素养"课题组。2014年，教育部印发了《全面深化课程改革，落实立德树人根本任务的意见》。在这一大背景之下，2017年7月国家教材委员会正式成立。同年12月，教育部颁布了《普通高中课程方案和语文等学科课程标准（2017年版）》。这些都足以见得，课程改革一直伴随高中教育改革的始终。

（二）课程改革的主要特点

1. 建立了规范统一的国家课程体系

经过40年的改革，我国探索建立了规范统一的课程体系，从上到下包括课程计划、课程标准、教科书。具体而言，第一层次的课程计划是课程设置与编写的总体计划，具体规定着学校开设的课程种类、开设课程的数量学时。第二层次的课程标准是以纲要的形式对某一具体学科的性质、目标、内容、教学实施与评价等内容进行详细规定和指导。第三层次是以教科书为主的课程资源，是各个学科按照课程计划和课程标准编制的供教师和学生使用的资料。可以说，课程计划、课程标准、教科书构成了规范、全面、统一的课程体系，有效保证了高中教育的基本质量。

2. 确立三级课程管理体制

1993年中共中央、国务院颁布了《中国教育改革和发展纲要》，明确指出，"在中央与地方的关系上，进一步确立中央与省（自治区、直辖市）分级管理、分级负责的教育管理体制"，明确国家负责颁布基本学制、课程设置和课程标准等，各地有权确定本地区的学制、教学计划、选用教材并审定省编教材，并赋予地方和学校一定的课程自主权。1996年《全日制普通高级中学课程计划（试验）》也首次提出"普通高中课程由中央、地方、学校三级管理"，允许省级教育行政部门根据课程计划的精神，按照实际情况"制定本省实施的课程计划，提出有关任意选修学科及活动类课程的实施方案"，学校可以在中央和地方教育行政部门的规定下，"对必修学科和限选学科作出具体安排，合理设置学校的任选课和活动课"。更具突破意义的是，2002 年颁布的《全日制普通高级中学课程计划》规定了地方和学校选修课及其周课时数，同时也规定了国家、地方和学校各自课程管理的职责，这意味着地方和学校具有了自主开发课程的权力。至此，普通高中三级课程管理体制初步确立。

3. 课程结构与形态日趋丰富多样

在规范统一的基础之上，我国的高中教育的课程结构日益丰富，开始满足学生个性发展的需要。课程结构的丰富多样化突出表现在选修课的类型多样上。1981 年，教育部在颁发的《全日制六年制重点中学教学计划（试行草稿）》中就提出在高中设置选修课，并规定了选修课的课时，第一次打破了课程都是必修的封闭状态。1991 年国家教委颁发《关于在普通高中开设选修课的意见》，开始建立规范、系统的选修制度。其对选修课的师资、教材、设备、场所以及实施中的选修课管理等方面的指导更为详尽。同时，选修课程类型愈加多样化，课程设置更加细化。1996 年《全日制普通高级中学课程计划（试验）》将学科类课程分为必修、限定选修和任意选修三种类型，具体选课方式延续了 1991 年关于选修课的开设意见。2000 年《全日制普通高级中学课程计划（试验修订稿）》更加明确了把"综合实践活动课"定为必修课。2003 年出台的《普通高中课程方案（实验）》推动促使课程选择性得到再一次发展。2010 年出台的《国家中长期教育改革和发展规划纲要（2010—2020 年）》与同年颁布的《教育部关于深化基础教育课程改革，进一步推进素质教育的意见》也促使普通高中课程增强开放性和选择性。2017 年 12 月底修订完成的《普通高中课程方案和语文等学科课程标准（2017 年版）》，对课程结构又一次进行调整，调整后既保证了基础性，又兼顾了发展的选择性。而当前正在试行的学分制也使得课程结构变得更为灵活开放。同时，学科课程体系得以丰富和完善，增加了很多新的课程形态，有跨学科、跨学段、跨学校、跨区域、跨行业的学科综合或融合课程。这些日益丰富的课程在一定程度上满足了学生个性发展的需求。

四、逐步形成适应时代发展的教师培训体系

(一) 教育政策是重视教师队伍建设的主推力

1977 年 12 月，教育部发布了《关于加强中小学在职教师培训工作的意见》，指出把现有大多数教师提高到能够初步适应明秋使用新编教材的程度，同时力争在三五年内，经过有计划的培训，使现有文化业务水平较低的高中教师在所教学科方面大多数达到师院毕业程度。1998 年的《面向 21 世纪教育振兴行动计划》提出：实施"跨世纪园丁工程"，大力加强骨干教师队伍建设，发挥骨干教师的带动和辐射作用。1999年，教育部制定《中小学教师继续教育规定》，对中小学教师继续教育的总则、内容、类别、组织管理、条件保障和考核奖惩等内容进行了详细的阐述。2001年国务院《关于基础教育改革与发展的决定》指出：建设一支高素质的教师队伍是扎实推进素质教育的关键。要逐步提高高中教师的学历，健全教师培训制度。实施"跨世纪园丁工程"等教师培训计划，加强骨干教师队伍建设。2002年教育部《关于"十五"期间教师教育改革与发展的意见》提出：国家鼓励其他高等学校特别是高水平的综合大学参与教师培养、培训，或与师范院校联合、合作办学，为中小学教师特别是高中教师来源的多元化做出积极贡献。2010年教育部、财政部实施的"中小学教师国家级培训计划"、2012年国务院《关于加强教师队伍建设的意见》和2013年教育部《关于深化中小学教师培训模式改革　全面提升培训质量的指导意见》都为高中教师队伍建设提供了强有力的政策支持。2018年中共中央、国务院和教育部相继出台的《关于全面深化新时代教师队伍建设改革的意见》和《教师教育振兴行动计划（2018—2022年）》，清晰描绘了全面深化新时代教师队伍建设改革的战略蓝图。这一系列政策有力推动了教师队伍建设。

（二）教师培训改革的特点

40年来，我国愈加重视对高中教师的培训。从培训目标上讲，我国越来越注重提高高中教师的整体素质。从"胜任教学基本工作，进行学历补偿"转向"提高教师教育教学能力和师德素养"上来。培训目标也具有层次性。培训目标一般分为不达标教师的补偿性培训和在合格基础上的再提高培训，针对不同层次的教师群体，有相应的培训目标。可以说，高中教师培训目标从改革开放初期的补偿性培训到继续教育阶段的实施素质教育能力的全面提高，体现了我国教师培训总目标的逐渐提高。同时对高中教师的专业理念、专业知识、专业技能和师德的要求都在日益提高。我国逐步实行教师培训机构资质认证制度，逐渐采用竞争择优的思路选择培训机构，聘请培训者从重视高水平的专家开始日益重视一线的优秀教师。培训对象也从以不合格教师为主，逐步转变为以骨干教师为重点的全员培训。并且培训形式日益多样化，培训学时不断延长，培训经费投入加大，培训考核逐步转化为连续性考核。总之，经过40年的改革，我国初步建立起职前培养与职后培训有机结合的教师培训体系。

值得一提的是，40年来，高中教师待遇得到逐步改善。具体而言，自改革开放以来，我国教师工资制度经历了多次改革，其改革的目的都在于提高教师工资分配的合理性与科学性，以进一步提高教师经济地位和待遇。高中教师的工资待遇经历了职务等级工资制、以职务工资为主的结构工资制、职务岗位等级工制和岗位绩效工资制的发展，特别是岗位绩效工资制的实行，把教师工资水平与教师劳动投入紧密相连、按劳分配，使得高中教师的工资水平得以不断提高。以1978年和2008年工资为例，我国教师平均工资由1978年的554元增加到2008年的30185元，30年间增长54.4倍。2018年教师年平均工资便达到92383元，40年间增长了166.8倍。

五、改革评价制度，从注重结果评价逐步过渡到过程评价

高考改革是教育改革的关键领域。因此，高考制度的改革是各项教育政策关注的焦点与热点。恢复高考40年来，我国高考历经30多次大大小小的改革，其中既有技术层面的改进，也有制度层面的革新。在制度设计上不断趋于完善。以考试科目为例，1977年确定的文科高考科目为语文、数学、史地和政治，理科科目为语文、数学、理化和政治。1978年则增加了外语科目。1981年理工科增加生物并最终固定下来。1989年国家教委印发了《关于试行普通高中毕业会考制度的意见》，就高中毕业会考科目等作出了具体的制度安排，旨在将水平考试和选拔考试分开。1993年国家推行高考"3＋2"方案。1999年，教育部《关于进一步深化普通高等学校招生考试制度改革的意见》提出试行"3＋X"方案。2000年，北京、上海、安徽三地开始试点春季高考。2013年11月，党的十八届三中全会通过《中共中央关于全面深化改革若干重大问题的决定》，明确提出要"探索全国统考减少科目、不分文理科、外语等科目社会化考试一年多考"。2014年国务院《关于深化考试招生制度改革的实施意见》明确了形成分类考试、综合评价、多元录取的考试招生模式。总体而言，经过40年的发展，我国考试招生制度的不断完善，对提高教育质量、提升国民素质、推动社会流动以及服务国家现代化建设等方面都发挥了至关重要的作用。应试教育的桎梏开始被逐步摆脱，教育评价制度也凸显出一些好的特点。

（一）凸显以人为本的评价理念

在40年的考试制度改革当中，我国考试制度越来越凸显以人为本的理念，特别是正在进行的新高考改革，已经开始逐步改变高考评价过于重视分数、强调选拔为主、以分数为本的评价现状，转向重视学生发展，通过评价促进学生发展，努力做到全面而科学地评价学生，从而可以充分展现学生的个性，最终为拥有不同能力的学生创造一定的发展机遇。以人为本的考试评价制度其着眼点是学生，以提高学生素质，提升学生生命质量，促进学生全面、个性化和多样化发展为主要目的。

（二）考试评价制度突出统一性

教育部《关于积极推进中小学评价与考试制度改革的通知》（教基〔2002〕

26号文件)的颁布为学生素质发展制定了统一的目标。该"通知"将学生发展目标分为基础性发展目标和学科学习目标。其中，基础性发展目标包括道德品质、公民素养、学习能力、交流与合作能力、运动与健康、审美与表现等方面，学科学习目标主要是各学科课程标准的学习目标和各学习阶段学生应达到的目标。围绕上述目标，各省市、自治区相继制定了学生基本素质评价方案，并且在评价方案中，评价目标基本统一，评价标准均采用等级制，评价指标也凸显了一致性。

（三）学生评价以形成性评价为主

学生评价更加着眼于学生的成长过程和整体表现，实施动态、全面的评价，注重学生的日常行为表现，将形成性评价与终结性评价有机结合，淡化分数定量评价，重视学生各方面素质等级评价，是近年来各地学生评价改革的主要趋势。普通高中学生综合素质评价工作由学校具体组织实施。学校成立由学校领导、教师和学生、家长代表等组成的领导小组，具体负责评价组织、审定、咨询、申诉受理和申请复议。这种形成性评价的评价周期各地并不相同，有的为一个学期，有的为一年，终结性评价的评价周期则为三年。评价过程实施一般包括数据收集、建立学生成长记录袋、评价结果交流、结果应用等几个环节。

第三节　高中教育改革的反思

改革开放的40年，我国高中教育更多解决的是"发展规模"的问题，而随着高中教育日益普及，高中教育将更应侧重于"质量"的提升。因而高中教育该如何提升质量，走特色发展、内涵式发展道路，如何实现素质引领，如何实现多样化发展，将是我国高中教育改革需要思考的问题。

一、精准定位，凸显高中教育独特性

高中教育是我国教育体系中承上启下的关键环节，同样也是青少年成长的关键时期。因而，高中教育改革的推进及相关政策的制定，首先应厘清高中教育的定位问题，即对高中教育本质、性质、任务等本质问题的追寻。显然，我国不同时期的教育政策曾对高中教育的定位进行过描述。1981年教育部颁发的《全日制六年制重点中学教学计划（试行草案）》就认为"中学教育是基础教育"。1996年，国家教委颁布的《全日制普通高级中学课程计划（试验）》的定位似乎更明确："普通高中教育是与九年义务教育相衔接的高一层次基础教育。"教育部2003年颁布的《普通高中课程方案（实验）》也曾表达了类似观点："普通高

中教育是在九年义务教育基础上进一步提高国民素质、面向大众的基础教育。"粗略看来，教育政策对普通高中教育属于高层次基础教育的定位似乎非常明确且基本一致。但高中作为高层次的基础教育，究竟与义务教育阶段的基础教育有何区别，高中教育如何做好义务教育和高等教育的衔接，如何顺利实现从基础教育向专业教育的过渡，如何在坚持基础性的同时又突出学生的个性发展，又如何实现普通高中教育与中等职业教育的协调发展等这些问题，仍没有明确的定位和认识。

由于没有对高中教育本质、性质、任务等本质问题做出精准定位，高中教育的独特性也没有得到较好的凸显。具体而言，高中阶段教育是学生个性形成与发展的关键时期，它既不是义务教育的简单延伸，也不是单纯的大学预科。因而，高中教育无论对学生个性发展还是国民素养的提高，都具有独特的、不可替代的价值和意义。然而高中教育的这种独特性在政策安排和制度设计中，并没有得到充分的体现和凸显。其具体表现如下：一是高中教育的边缘化。从20世纪80年代开始，"普九"是基础教育乃至整个教育的"重中之重"，因而义务教育就成为了这一时段教育政策的重心。进入90年代中后期，高等教育扩招，提高高等教育质量又迅速成了政策中心。这时的高中教育基本上是迫于义务教育和高等教育的发展而被动发展。二是高中教育的依附性。多年来，高中教育虽然被定性为基础教育，但它毕竟又区别于基础教育中的义务教育，有其独特性。然而高中教育却经常被一般性地纳入基础教育范畴中笼统述之。尤其是当前，我国已经将普及高中教育上升到国家战略的高度，高中教育的独特性应得到更多的重视和充分的体现。

二、走内涵式的特色发展道路

2007年底，党的十七大召开，提出了"加快普及高中阶段教育"的战略任务。同年，国务院批转教育部国家教育事业发展"十一五"规划纲要的通知，提出了在"十一五"期间，高中阶段教育普及程度明显提高，在校生规模达到4510万人，毛入学率达到80%左右的目标，更进一步明确了"普及高中阶段教育"的战略方向。2007年到2009年，"高中阶段教育普及"的目标均列入教育部"工作要点"。到2017年《高中教育阶段普及攻坚计划（2017－2020年）》的发布和"普及高中阶段教育"被写入十九大报告，这昭示着高中教育进入全面普及和攻坚阶段。但这种普及更多是从数量上的普及，却忽视了质量的提升。

一般而言，高中教育的任务包括两个方面：一方面是培养学生的共同基础，这是高中教育的基本要求；另一方面关注学生的个性发展，而促进学生的个性发展是高中教育作为高层次基础教育的内在要求。但众所周知，只有有特色的学校才能培养出有个性的学生。在这里，特色学校是指不仅要具有地域或区域特色，而且要具有本校特色。因而，高中教育应该是多样而有特色的，也理应以培养出富有特色、各具特点的学生为主要目标。但反观我国如今的高中教育，却存在着发展趋同性等问题，这些问题的存在严重阻碍了高中教育的特色化发展和内涵发展之路。虽然，《国家中长期教育改革和发展规划纲要（2010—2020年）》中提到了注重教育发展的内涵，鼓励学校办出特色、办出水平，出名师，育英才。但政策的提倡还未落实于教育实践当中，今日的高中学校仍是"千校一面"，应试教育仍然占据主导地位，学校特色不显、内涵不足是高中教育改革存在的主要问题。因而，高中教育倘若想走上内涵式特色发展之路，尚需不断努力、继续奋斗。

三、注重综合素质、个性发展是高中教育改革的终极目标

《国家中长期教育改革与发展规划纲要（2010—2020年）》第十一条指出：高中阶段教育是学生塑造自我、提高自主性的重要时期，对提高国民素质和培养创新人才具有特殊意义。而如今我国反对应试教育的呼声不断，但应试教育却仍主导着我国的高中教育，高考也仍是各个高中学校的指挥棒和评价的唯一标准。这些都不能完全归结于政策的不足或制度的失误，可以说，应试教育在我国能存在，是有其深厚的土壤和根深蒂固的文化传统的。但我们也应客观地看到，应试教育的土壤正在逐步松动，素质教育推行的现实条件正日益具备：一是高中阶段教育的全面普及；二是高等教育已从大众化逐步走向基本普及。这意味着高中教育也将从以往的精英教育逐步走向大众化的通识性教育，也意味着高中教育"筛选甄别"功能将逐渐淡化，如此一来，应试教育主导高中教育的局面将会逐步改观。伴随着时代的发展以及人们多元化的教育需求，将会不断促使高中教育越来越重视对学生综合素质的培养，进而进一步重视对学生生命质量的提升。例如日本认为，高中教育应使学生富有个性地决定将来的出路，并最终确立个性。芬兰也规定高中教育要培养学生成为综合素质高、个性健康全面发展、有创造力合作精神、能够独立探求知识、热爱和平的社会成员。我国2014年开始的考试招生制度改革也已经预示了这一发展方向，虽然一些政策和制度的推行实施存在一定的困难，但从整体来看，素质引领下的高中教育正在不断努力成为现实。

四、多元化发展是高中教育改革的主要趋势

如今，世界各国的高中教育都进入了多元化发展阶段。大体说多元化的发展

一般包括两个方面：一是办学模式多样化，其涵盖了多种多样的办学形式，包括设置多样类型的高中学校，以及在普通高中内部设置不同的方向系列，设立综合高中、特色高中等。例如美国的高中多是综合高中，其中分为学术的、技术的、普通科三种方向。二是课程设置多样化。德国、法国、日本、韩国等国家都是高一学习公共基础课，高二开设各种选修课。美国高中的选修课丰富多彩，既包括为升大学做准备的学生提供的高级课程，也包括各种时尚、趣味、实用的社会与生活课程。在我国，不同类型的学校可开设不同的课程，学校内部可根据高中会考的要求设置不同系列的课程或同一所学校内设置不同的学习领域和不同的水平等级以供学生选择。特别是2010年7月，《国家中长期教育改革和发展规划纲要（2010—2020年）》在第五章"高中阶段教育"中明确提出要"推动普通高中多样化发展"。在这一鲜明指向的引领下，全国诸多省市在各自地区性的《中长期教育改革和发展规划纲要》中，都着重突出了普通高中的多样化发展，并结合各地区不同的现实状况，提出了建设方案。这表明，"多样化"已逐渐成为我国普通高中发展不可逆转的一个主要趋势。

而反观现实，我国普通高中教育规模虽然经历过几次大规模的调整，但是普通高中的办学模式却依旧较为单一化，形成"千校一面"的现状，追求升学率的现象依然严重。可以说，如今的普通高中教育基本是一种单一的升学预备教育，大多数学校仍以升学作为其办学目标，盲目追求升学率。在这种单一的办学模式之下，所有的学生都上同样的学校，达到同样的标准，忽视了学生个性的自主发展，自然就难以培养出创新性的人才。可以看出，我国高中教育在政策上已经提出多样化的发展，但在实践中却尚未形成多样化发展的土壤。因而，我国高中多样化的发展模式仍有较长的路要走。

五、高中教育法制化建设要不断加强

我国高中教育存在着法制不健全的问题。一方面，普通高中自身发展定位缺乏明确的法律依规。普通高中立法的缺失，使普通高中的内涵、性质、功能、任务、培养目标等基本要素缺乏清晰的法律界定，这导致在实践中学校的办学目标和发展方向容易偏离预期。另一方面，对高中教育的法制建设关注度不够。目前，在法制层面缺少对高中学校、教师、学生等主体的合法地位、权利、职责和义务进行明晰界定的系统，也就是说，由于高中教育缺乏完备的法律制度体系从而导致了高中教育中各主体的合法权益缺乏有效的保障。

因此，高中教育的改革取向需要更加关注教育法制的建设，构建科学、合理、完备的教育法律制度体系。首先，加强普通高中教育立法，明确普通高中发展的基本定位。通过制定"普通高中教育法"等形式从法律的高度明确普通高中教育在教育体系的地位和价值,为高中教育改革提供有力的法制支持。其次,在"普通高中教育法"的基础上制定"普通高中教育法实施条例"等行政法规,进一步明确政府、学校、社会组织、学生等法律关系主体的合法权利和职责范围,使政府职能、财政投入、管理体制、教师待遇、学生管理、社会力量参与、普通高中教育办学等核心问题均有法可依,使高中教育越来越法制化。

第十六章 高等教育改革史

自 1977 年恢复高考以来，我国对高等教育的投入力度逐渐增加，社会大众对高等教育也普遍关注，高等教育在全国教育科学规划中有着举足轻重的地位。十一届三中全会后，我国走上了改革开放之路，高等教育也进行了全面的恢复与改革。改革开放 40 年来，我国高等教育究竟经历了哪些重要时刻，取得了哪些成就，又该如何面向未来？我们有必要对高等教育的改革史进行全面的回顾与反思。

第一节 高等教育改革的历程

我国高等教育的改革大致经历了以下五个阶段。

一、第一阶段（1978—1984）

1978 年，党的十一届三中全会召开，标志着改革的全面展开。在百废待兴的中国大地上，伴随着 1978 年全国教育工作会议的召开，高等教育制度体系在这一刻率先进行了重新建构，由此拉开了我国高等教育改革的序幕。由于前十年的"停滞"发展，高等教育在这一阶段属于调整改革时期。这时期的调整与改革主要体现在高校管理、高校规模、民办高等教育及高校科研体制改革等方面。

（一）初步进行高校内部管理改革，优化高校人员结构

在高校管理方面，1978 年 10 月，教育部试行《全国重点高等学校暂行工作条例（试行草案）》，根据这一条例的相关规定，各高校逐步恢复和理顺了学校内部管理体制。并在此条例的基础上进行完善，主要体现在以下方面。

第一，调整改革高等学校领导班子。拨乱反正之中，高校启用一批"文化大革命"之前的领导干部。然而，大部分领导年龄已超过 55 岁，甚至 60 岁。针对领导班子年龄老化和专业化程度不高的问题，高校陆续进行了领导班子的调整和加强工作。1980 年，中央组织部和教育部党组联合制定颁发了《关于加强高等

学校领导班子建设的意见》和《关于高等学校领导干部管理工作的通知》，明确了高校要选拔40－50岁之间的优秀中青年领导干部并要求相应的专业和学历。在1980－1983年之间连续几次调整，高校领导班子的结构、成员、水平都大为改观。

第二，恢复教师职称评审制度。1978年，国务院转发教育部《关于高等学校恢复和提升教师职务问题的请示报告》，决定恢复执行1960年《高等学校教师职务名称及其确定与提升办法的暂行规定》，[①]恢复教师原已确定了的相关职称。至1981年，全国已有13万多名高校教师提升和确定了职称。同年12月，教育部在北京再次召开高校教师提职工作座谈会并拟定相关草案，1982年正式实施，至此，高校教师队伍的调整逐渐步入正轨，师资结构也趋于合理。同时，1978年来还恢复和加强对教师的培训制度管理，在这期间选派教师出国进修、访问，参加国际会议抑或是充分利用国内资源参加学术会议等都给予大力支持。

第三，恢复和改进校内分配、后勤制度。在1978年教育部颁布的《全国重点高等学校暂行工作条例（试行条例）》中对后勤工作做了相关规定："高等学校的后勤工作，是搞好教学、科学研究的重要保障。"[②]我国高校根据"条例"对后勤工作进行了调整与整顿，普遍在高校设置了后勤机构，且有相关的管理制度、目标和原则，后勤工作更为健全。1979年教育部相继发布《关于高等学校教师职责及考核的暂行规定》和《关于给普通高等学校教学人员增拨升级面的通知》，这两份文件开了恢复和改进高校内部分配制度的先河。至1980年，高校建立基金制度，奖金制度由此推行。

第四，进行高校内部管理体制改革的试点工作。改革开放初期，已有高等教育工作者意识到应给予高校更多的自主权。1978年2月，国务院转发教育部《关于恢复和办好全国重点高等学校的报告》，指出高校的领导体制应根据不同的院校层次、水平及面向地域分别由不同级别的部委管理，这样能够减少国家的管理压力，将权力下放至各省与各地区，增加地方政府的积极性与活力。1980年，以上海交通大学为代表的一批学校率先进行了体制改革试点。至1984年，在原有上海交通大学体制改革的基础上，北京大学、清华大学、复旦大学等6所高校也进行了工资改革试点。[③]

---

① 中国高等教育学会. 中国高等教育发展经验专题研究［M］. 北京：教育科学出版社，2008：306.
② 蔡克勇. 20世纪的中国高等教育：体制卷［M］. 北京：高等教育出版社，2003：390.
③ 王琳明. 我国高校内部管理体制改革20年［J］. 河北师范大学学报（教育科学版），1999（3）：26-28，37.

（二）调整与恢复研究生教育，建立高校学位制度

1977年，国务院批转教育部《关于高等学校招收研究生的意见》，恢复了研究生的培养制度。1979—1980年，教育部和国务院科技干部局联合拟定了《中华人民共和国学位条例（草案）》，建立了学位制度，提出扩大研究生招生规模的方案；1981年底，国务院发布《关于做好学位授予单位审定工作的通知》，同年讨论通过了首批博士、硕士学位授予单位名单。

（三）民办高等教育从无到有，开始兴起

民办教育的兴起是国内需求与国际环境两方面促成的。从国内环境来看，"文革"以后，现有的招生体系无法满足国人对高等教育的强烈需求；从国际背景来看，受"新自由主义"经济思想的影响以及"高等教育市场化"的萌发，民办高校开始兴起。

民办高等学校的起点应是1978年10月湖南长沙中山业余大学创办补习班，还是1982年3月北京创办的中华社会大学，学界对此莫衷一是。目前比较公认的看法是把中山业余大学作为改革开放后民办高等教育的雏形，将1982年创办的中华社会大学作为民办高等教育复兴的标志。但无论是中山业余大学，还是中华社会大学，都并非严格意义上的学历教育，只能称为"助学机构"。但恰恰是这种"助学机构"，为后来我国民办高等学校的发展奠定了基础。①

1982年12月，第五届全国人大五次会议通过的《中华人民共和国宪法》规定："国家鼓励集体经济组织、国家企业事业组织和其他社会力量依照法律法规举办各种教育事业。"② 这一规定为发展民办教育提供了法律依据。此后，全国各地陆续出现了一批以自考助学、文化补习和职业技能培训等为主要办学形式的教育机构。这种机构率先在北京兴起，但在这一阶段数量较少，在校生规模还未形成。

（四）结合教育与科技，进行高校科研体制改革

在高等教育制度相继恢复的同时，邓小平同志多次强调科技与教育的重要性。1978年3月，全国科学大会发出了向科学技术现代化进军的伟大口号，通过了《1978—1985年全国科学技术发展规划纲要（草案）》；同年4月，全国教育工作会议强调高等学校实行教学、科学研究与生产劳动三结合。③ 1982年，教

---

① 刘莉莉. 中国民办高等教育发展的研究［M］. 长春：吉林人民出版社，2002：28-29.

② 王建华. 第三部门视野中的现代大学制度［D］. 厦门大学博士学位论文，2005.

③ 中国高等教育学会. 中国高等教育发展经验专题研究［M］. 北京：教育科学出版社，2008：685.

育部、国家科委等有关部委研究后，同意以"教育事业费"科目为部属重点高校增拨科研经费，断了12年之久的科研经费渠道由此终于恢复，高校研究生培养与基础研究有了稳定的经费来源。这些会议、文件纲要、相关决议都为高校进行科学研究提供了良好的环境。

（五）探索高校毕业生就业制度

1981年国务院批转国家计委、教育部和国家人事局《关于改进1981年普通高等学校毕业生分配工作的报告》，确定在国家统一计划下，对毕业生分配实行"抽成调剂，分级安排"的办法，这一阶段高校毕业生的就业制度属于从"统包统分"到"双向选择"的过渡阶段。

1983年，国务院批转国家计委、教育部、劳动人事部《关于1983年全国毕业研究生和高等学校毕业生分配问题报告》，决定实行学校与用人单位直接见面的就业办法，即"供需见面"。[①]

综观这一时期的高等教育改革，有以下特点：

第一，恢复调整为主。由于"文化大革命"的破坏，这一时期高等教育的改革主要是恢复与调整。恢复高考制度、恢复高校招生、调整学位制度、恢复了"文革"之前相关高校教师的职称、调整了高校内部相关利益的分配制度等，这一系列恢复与拨乱反正，为后期高等教育的改革与发展奠定了坚实的基础。国家对高等教育的积极重视，使国人对高等教育的未来有了十足的信心。

第二，以政府支持为主。在调整恢复的这一阶段，主要由国家对高等教育进行把控，高校的自主权相对较少。同时高校在这一时期也对政府有着极强的依赖性，国家对高校的科研经费进行大力补助支持。

总之，这一时期我国高等教育的改革重在"恢复"与"调整"，稳定高等教育的局面，从恢复高考与招收研究生入手，立足于高等教育管理体制的改革，对高校科研予以重视，出台一系列保障措施及发展纲要，稳定高等教育的发展。

二、第二阶段（1985—1991）

1985年5月《中共中央关于教育体制改革的决定》的发布标志着中国教育体制改革正式启动。"决定"指出要转变政府管得过多的职能，扩大高等学校的办学自主权，激发高校的积极性和创造力。同年，在召开全国教育工作会议时，教育部部长作《关于教育体制改革决定的几点说明》，指出中央有关部门对于一些具体的事务集中过多，不利于地方积极性的发挥，影响了各方力量办学的积极

---

① 曾湘泉，等．变革中的就业环境与中国大学生就业［M］．北京：中国人民大学出版社，2004：27-28.

性。在这样的背景下,拉开了这一阶段对高等教育的深入改革。

(一)深化高等教育管理体制改革,增强高校自主性

根据中共中央和国务院的指示,国家教委于 1985 年 8 月至 9 月期间在天津召开了北京、上海、天津、辽宁、山东、江苏、浙江、广东贯彻《中共中央关于教育体制改革的决定》的情况汇报会;同年 11 月,又在北京召开吉林、黑龙江、河北、山西等 12 省的情况汇报会;次年 2 月,在烟台召开甘肃、宁夏、青海等 9 省的情况汇报会。[①] 并于 1986 年颁发《关于发布〈高等教育管理职责暂行规定〉的通知》,明确了国家部门、省级政府的相关职责。1990 年,国家教委又颁布相关文件对普通高校进行五年一评估,目的是为了增强高等学校主动适应社会需要的能力。

第一,进行校长负责制的试点。根据《中共中央关于教育体制改革的决定》的相关要求,从 1985 年起,部分高校开始进行校长负责制的试点工作。至 1989 年初,全国大约有 200 多所高校试行了校长负责制。

第二,实行教师职务聘任制度。从 1985 年开始,高校便不断健全教师考核制度,将工作业绩作为聘任和晋升教师职务的主要依据,颁布了《高等学校教师职务试行条例》等相关文件。这一举措合理地推动了人才的流动。

第三,建立以岗位责任制为中心的管理制度,试行浮动岗位津贴制。根据《中共中央关于教育体制改革的决定》精神与国务院在 1985 年发布的《关于国家机关和事业单位工作人员工资制度改革问题的通知》等文件,各高校对其教职工进行了人事与分配制度的改革,根据岗位定编定人。与此同时,许多学校还将教职工的工作实绩与劳动报酬相结合,试行浮动的岗位津贴制。

第四,以社会化为改革总目标,推进高校后勤经济承包责任制。根据《中共中央关于教育体制改革的决定》的相关指示,各高校对后勤进行整顿与改革,逐渐由单一的学校行政部门管理向企业化的承包、利润分成的模式转变。

第五,进行高校综合改革和内部管理体制改革的试点工作。为改变高校各方面"单兵独进"的局面,在高校推行相互配套的、全面的综合改革问题提上了学校改革的重要议程。[②] 国家教委分别于 1989、1991、1992 年选择了部分院校进行综合改革,在确保宏观调控的基础上对高校进行简政放权。至 1992 年 11 月,形

[①] 中国高等教育学会. 中国高等教育发展经验专题研究[M]. 北京:教育科学出版社,2008:198.

[②] 吴德刚. 中国教育改革发展报告:改革开放二十年来回顾与展望[M]. 北京:中共中央党校出版社,1999:133-134.

成《关于普通高等学校内部管理体制改革的意见》。①

(二)增加高校类别，改革高校的种类分布

1985年，在明确政府与高校的各自责任后，高等教育得到了多样的发展。在"调整、改革、整顿、提高"的方针指导下，高等教育在这一时期采用多层次、多规格、多种形式办学，先后出现教育学院、广播电视大学、职工大学、农民大学、独立函授学院和管理干部学院等多种学校，1986年后又增加财经、政法、管理、文科类学生的招生人数。

在民办高等教育方面，1984年，第一所国家承认学历的民办高校北京海淀走读大学成立，到1986年，全国民办高等学校迅速发展到370所。②1986年的《义务教育法》中明确指出国家鼓励社会等多种力量按照相应的法律法规举办各类学校。此外，国务院又连续制定多项相关决定确保民办高等教育的合法性，确立了民办高等教育的规章制度。至1991年底，民办高等教育的机构数量增至450余所③，可见这一阶段民办高校数量与规模增速之快。

然而，在20世纪80年代末90年代初，社会关于"姓社姓资""姓公姓私"的争论异常激烈，民办高等教育的存在受到争议，但仍在曲折中发展着。

(三)调整高校毕业生就业制度

这一阶段高校毕业生的就业制度属于从"计划分配"向"社会选择"就业制度的探索阶段。根据《中共中央关于教育体制改革的决定》的精神，为增强高等学校主动适应经济和社会发展需要的活力与动力，调动广大学生的积极性，国务院于1989年批转"中长期改革方案"，决定逐步将毕业生计划分配就业制度改为社会选择就业制度，1989年以后入学的学生实行一定范围的双向选择、择优录取方案。

总之，在这一阶段高等教育改革的重要转折点便是1985年《中共中央关于教育体制改革的决定》的颁布。根据此决定的精神，高等教育在各个领域、体制进行了改革，不再局限于对以前旧方案与体制的盲用，而是有针对性的、适合社会经济发展的、促进高等教育的积极改革，面向社会，使高等学校与学生积极与社会融为一体，不再做"象牙塔"里"两耳不闻窗外事"的教师与学生。

---

① 国家教育委员会人事司. 高等学校内部管理体制改革的实践与探索[M]. 北京：北京师范大学出版社，1994：2-6.
② 国家教育发展研究中心. 2001年中国教育绿皮书[M]. 北京：教育科学出版社，2001：134.
③ 教育部发展规划司，上海市教育科学研究院. 2002年中国民办教育绿皮书[M]. 上海：上海教育出版社，2003：7.

三、第三阶段（1992—1998）

1992 年，邓小平同志南方谈话与十四大的成功召开，标志着改革开放和现代化建设进入了新的阶段。邓小平同志勇敢地为改革开放事业保驾护航，他指出"胆子更大一点，步子更快一点"，作出了许多振聋发聩的论断，为我国更加快速地走向现代化、与世界接轨打下了坚实的基础，抚慰了人心，打破了人们对改革的质疑。在这样的大背景下，高等教育事业也积极进行改革与试点，并取得了一系列成就，这一阶段算是我国高等教育的第一次腾飞。

（一）全面深化教育管理体制改革，高校自主性扩大

1993 至 1994 年，中共中央、国务院正式印发《中国教育改革和发展纲要》与《国务院关于〈中国教育改革和发展纲要〉的实施意见》。这两份文件指出要促进多种形式的联合办学，改变"条块分割"办学的弊端，1997 年底，全国大部分高校积极进行了以"共建""联合""合并""转制""协作"等五种形式为主的管理体制改革，长期存在的条块分割、自我封闭、服务单一的管理模式有所改变。至 1998 年，我国 91 所普通高校实现省部共建共管，大部分成人高校转为地方管理。

与此同时，高等学校内部管理改革也有巨大的进展：

第一，深化教师职务制度改革。1993 年《中华人民共和国教师法》的颁布，标志着我国教师队伍建设和管理进入法制化、规范化的轨道。1995 年《教师资格条例》的颁布使教师资格制度开始建立起来。1996 年 4 月《高等学校教师培训工作规程》颁布，这是国家首次以法律形式规范高等学校教师培训行为，标志着我国高等学校教师培训工作开始走向规范化、制度化的道路，具有里程碑式的意义。高校教师由此开始有了技能保障。

第二，深化校内分配制度改革。国家教委在《关于普通高等学校内部管理体制改革的意见》中，规定"在依靠国家改善教职工待遇的同时，实行校内津贴，形成国家工资为主、校内津贴为辅的双轨运行机制……将学校基金开支的奖酬金纳入校内津贴，使收入分配规范化"。[①]

第三，深化后勤体制改革。1993 年《关于普通高等学校内部管理体制改革的意见》对高校教职工住房进行改革，并出台相关文件，为高等学校后勤体制改革提供了前提性保障。

---

① 国家教育委员会人事司. 高等学校内部管理体制改革的实践与探索 [M]. 北京：北京师范大学出版社，1994：2-6.

（二）优化高等教育结构与层次，高校种类丰富多样

1993年，中共中央、国务院颁布《中国教育改革和发展纲要》，强调高等教育要积极探索改革发展的新路子，使规模和结构更加优化与合理，质量和效益有明显提高。这一阶段，《教师法》《教育法》《高等教育法》等相关法令确立，高等教育稳步发展，专科生、本科生、研究生的规模相较上一时期均有较大提升。

民办高等教育方面，1993年，具有我国特色的学历文凭考试开始试行。1994年，国家教委首次受理和审批了民办黄河科技学院、上海杉达学院等6所民办学校。① 此后，全国民办高校急剧增加。这一阶段民办高校发展呈现出学校数量多、办学层次丰富、举办单位类型多样、办学人员以年富力强的中青年为主的特点。② 从全国来看，1994年全国共有民办高校880所，至1995年已发展到了1209所，这一年时间几乎每天成立一所民办高校。可见当时民办高校兴办热情之高涨。由于数量过多，为规范民办高校的管理与办学质量，1997年国务院颁布《社会力量办学条例》，这是新中国成立后第一部民办教育行政法规。这一条例的颁布标志着我国民办高校进入了规范化时期，对民办高校开始进行合理的管理，是一个不小的突破。

（三）改革并确立高校毕业生就业制度

这一阶段高校毕业生就业处于"双向选择、自主择业"的阶段。这一就业办法的直接诱因是十四大关于建立社会主义市场经济体制的决议。1993年是大范围执行"中期改革方案"的第一年，《中国教育改革和发展纲要》规定了这一时期原则上仍由国家负责在一定范围内安排就业，推动毕业生与用人单位之间的双向选择。随着改革的推进，除对特殊专业进行一定范围的定向就业外，大部分毕业生应在政策方针的指导下，通过人才劳务市场，进行"自主择业"。此后，在1994年、1995年和1997年又逐渐对就业政策进行调整和改革，使得"双向选择，自主择业"的模式逐渐确立。

（四）高水平大学及重点学科建设

1. "211工程"的提出与实施

国家教委于1993年7月发出《关于重点建设一批高等学校和重点学科点的若干意见》，设立"211工程"重点建设项目，旨在面向21世纪，迎接世界新技术革命的挑战，力争在21世纪初建设100所左右的高等学校和学科、专业接近

---

① 孙丰鑫. 我国民办高等职业教育研究——以青岛地区为例［D］. 青岛理工大学硕士学位论文，2011.

② 李维民. 民办教育的创新与发展［M］. 西安：陕西人民出版社，2005：327.

或达到国际一流大学的水平。① 1995年10月，国家计委、国家教委和财政部联合发布《"211工程"总体建设规划》。至此，"211工程"作为我国教育战线唯一的国家重点建设项目，列入国家经济和社会发展中长期规划和第九个五年计划，正式开始实施。② 1996年，首批通过"211工程"立项审核的高校共27所，由此拉开了建设高水平大学的序幕。

2. "985工程"的提出

随着"211工程"的初见成效，作为我国创建世界一流大学的世纪工程——"985工程"也逐渐拉开帷幕。随着科教兴国战略成为我国的基本国策，1998年5月，江泽民出席北京大学建校100周年校庆时明确提出我们要建设世界一流大学的目标。同年，我国政府决定，从1998年5月份起，抽出若干经费支持若干所大学进入国际先进行列。这一举措为"985工程"的实施奠定了物质基础，提供了经费支持。

综合来说，这一时期我国的高等教育改革成效显著，相关法律条令的颁布、民办高校的规范整理、高校毕业生的自主择业等都意味着我国高等教育进入了新的发展时期。尤以"211工程"的实施和"985工程"的提出，表明我国的高等教育开始迈向世界，与国际接轨，建设高水平的世界一流大学。

四、第四阶段（1999—2009）

1999年，即将面临世纪之交之际，我国召开了第三次全国教育工作会议，做出了加速发展高等教育的决定，这标志着我国高等教育改革迈向了新阶段。在经历前三个阶段的悉心恢复、改革与取得阶段性成果的基础上，这一阶段可以算是高等教育的第二次腾飞。

（一）优化高校管理体制改革

第一，1999、2000年对部分院校进行管理的调整。经过这几次的调整，国务院直属管理的高校仅剩120所左右，地方管理为主的高校达896所。这一数据的变化，表明我国原有的高等教育体制已发生历史性的变化，中央和省级政府两级管理、以地方统筹为主的高等教育管理体制框架基本确立。

第二，精简机构。1999年实施《关于高等学校人事制度改革的若干意见》，对原有高校内部机构偏多、人员冗余、效率低下等问题进行改革，使高校内设机

---

① 康宏. 建设世界一流大学：政策回顾与矛盾分析[J]. 黑龙江高教研究，2006（5）：12.

② 张春浩. 中日韩建设世界一流大学政策比较研究[D]. 东北师范大学硕士学位论文，2003.

构与人员更加优化与精简。这一系列相关举措，使得高校教师岗位与机构的设立更加优化，效率更高。

第三，建立教育职员制度，完善收入分配制度。根据《高等教育法》中"高等学校的管理人员，试行教育职员制度"的相关规定，1999年教育部制定《高等学校职员制度暂行规定》，并率先在武汉大学、华中科技大学等5所大学进行试点工作。2002年，在试点院校取得成绩和经验的基础上，教育职员制度在普通高校中开始推广。此外，明确工资的分配应以岗定薪、按劳分配，到2004年，绝大多数高校都建立了岗位津贴制度。

（二）高等教育规模扩大，开展教育振兴行动计划

自上个世纪末开始，我国的高等教育进入了规模急剧扩大的发展阶段，从1999年至2003年，高校招生年均递增30%以上；2003年起，稳定增长，年递增5%，18—22岁的高等教育毛入学率达到17%。[①] 这也标志着我国大众化高等教育开始启动。其后陆续出台的《1998—2002年教育振兴行动计划》和《2003—2007年教育振兴行动计划》为加速高等教育的发展提供了政策保障。这一阶段，高等职业教育、普通高等学校、普通专科院校的在校生都在逐年增加。

民办高等教育方面，经历了上一阶段的快速发展以及1997年的规范之后，这阶段的民办高等教育基本定型，逐渐依法稳步发展。2002年《中华人民共和国民办教育促进法》及2004年《中华人民共和国民办教育促进法实施条例》的颁布，标志着我国民办高等教育进入了依法办学、依法管理的新阶段。

（三）微调并完善高校毕业生就业制度

这一阶段主要是完善高校毕业生的"双向选择，自主择业"就业制度。2000年，教育部将毕业生就业"派遣证"改为"报到证"，标志着"双向选择，自主择业"的就业制度确立。

由于高校扩招带来就业压力的增大，这时期的毕业生就业主要以市场为导向，政府加强宏观调控，鼓励毕业生到基层和艰苦地区工作，也鼓励高校毕业生积极自主创业、灵活就业。2003年，国务院发布《关于做好2003年普通高等学校毕业生就业工作的通知》，初步形成了新时期高校毕业生就业工作的政策框架，同年，国家开始实施大学生志愿服务西部计划，并给予相关的政策优惠支持。这一就业模式沿用至今。

（四）高水平大学及重点学科建设

1. "211工程"的继续实施

---

① 黄藤，周国平. 我国高等教育大众化阶段的质量政策研究[J]. 江苏大学学报（高教研究版），2004（4）：13-19.

上一阶段在"211工程"提出与实施后,27所高校率先进入此项工程,其后在1997、2001、2003和2005年又分别入选了若干高校。截至2005年,进入该工程的高校总数已达107所。

2."985工程"的实施

上一阶段仅是提出要建设"985工程",其重点仍在建设"211工程"。这一阶段重点在于"985工程"的实施。1999年《面向21世纪教育振兴行动计划》的颁布意味着中国高校建设世界一流大学的行动正式开始。1999年上半年,教育部决定建设北京大学、清华大学、南京大学等9所大学,使其迈向世界知名大学行列,"985工程"第一期共包括34所大学,其后又有5所大学先后入选。截至目前已有39所高校入围"985工程",向世界一流大学迈进。

综观这一时期,高等教育的实力大步提升,我国也立足国情,积极主动地求变,重点建设与平均发展,各项改革均进入完善阶段。不论是高校内部改革,还是高校毕业生择业模式,都充分考虑国情,积极适应社会变化,面向世界发展。

五、第五阶段(2010—2018)

至此阶段,我国已在政治、经济、文化等领域取得了极大的突破和进展,随着全球化的格局愈演愈烈,21世纪的竞争除了硬实力的经济,更重要的是文化、科技、教育的竞争。值此之际,2010年7月,国务院颁布了《国家中长期教育改革和发展规划纲要(2010—2020年)》,提出了"加快从教育大国向教育强国、从人力资源大国向人力资源强国迈进"的战略目标,这是指导我国新时期教育改革和发展的纲领性文件,[①] 也标志着我国高等教育新的改革方向。

(一)政府简政放权,高校自主办学

2008年,根据教育部《关于"十一五"期间普通高等学校设置工作的意见》和《独立学院设置与管理办法》的有关要求,教育部首次委派全国高校设置委员会专家组对提出转设为独立设置的民办普通本科学校的5所独立学院进行了考察、评议。高评委会议讨论、评议通过了东北大学东软信息学院转设为大连东软信息学院等4所学校的转设申请。独立学院转设是一项新的制度设计,此次工作成功地探索了转设工作的基本原则和政策要点,为今后转设纳入常规高校设置评审积累了经验,奠定了良好基础。

2013年,中国共产党第十八届中央委员会第三次全体会议通过了《中共中央关于全面深化改革若干重大问题的决定》,进一步扩大了省级政府教育统筹权

---

① 杨尊伟. 改革开放40年我国高等教育管理体制改革的回顾与前瞻[J]. 河北师范大学学报(教育科学版),2018(5):13-19.

和学校办学自主权。

(二)扶持中部大学,支援西部大学

2012年,为全面提升中西部的高等教育质量,进一步缩小中西部与东部高等教育发展水平之间的差距,教育部、国家发改委、财政部联合研究制定了《中西部高等教育振兴计划(2012—2020年)》,"计划"针对制约中西部高等教育发展的薄弱环节和突出问题,整合政策资源,出台一系列支持中西部高等教育改革发展的政策措施。

与此同时,启动实施中西部高校基础能力建设工程,支持中西部高校提升综合实力工作。"十二五"期间,中央财政投入60亿元,在没有教育部直属高校的13个省区和新疆生产建设兵团各选择1所地方高水平大学进行重点建设,改善其办学条件,提高中西部高校对区域经济社会发展的支持率和贡献度。[①]

(三)建设"双一流"大学

2017年,教育部、财政部和国家发改委印发《统筹推进世界一流大学一流学科建设实施办法(暂行)》,明确继"211工程"和"985工程"之后又建设"双一流"高校。同年,公布双一流建设高校的学科和名单。2018年,三部委又联合发布《关于高等学校加快"双一流"建设的指导意见》,这份"意见"从人才培养、内涵建设、深化改革等对高校加快"双一流"建设提供了全方位的指导,对引导高校"双一流"建设意义重大。"意见"指出"双一流"高校应坚持特色一流、内涵发展、改革驱动、高校主题的原则,积极为建设世界一流大学和世界一流学科而努力。

综观这一时期的高等教育改革,在维持原有冲进世界一流高校目标的基础上,国家显然已将政策向中西部倾斜,大力扶持中西部高校的建设,以缩小高校之间的差距,有利于提高我国整体的高等教育水平和布局。

总体而言,经历了五个阶段的改革,中国高等教育从最初的缓慢恢复直到今天的蓬勃发展、走向世界,与国家的决策、政府的方针是密不可分的。经过这五个阶段的发展,基本奠定了我国高等教育发展的总体态势:高速发展,不断完善,走向世界。

第二节 高等教育改革的成就

改革开放40年来,中国高等教育的改革生机勃勃,如火如荼;中国高等教

---

① 《中国教育年鉴》编辑部. 中国教育年鉴(2013)[M]. 北京:人民教育出版社,2014:264.

育事业也取得了一系列标志性的成果。这一切其实都立足于思想的解放,市场的开放,祖国的包容。我们有必要对其已有成功经验和成就进行梳理。40年来,我们在高等教育理念的转变、高等教育法制的确立、高等教育管理体制的改革、高等教育教学的改革、高校毕业生就业制度的完善、民办高等教育的规范、高校科研体制的加强等方面都取得了不同程度的成就,这些经验都是我国高等教育发展的宝贵财富。

一、高等教育理念更加注重以人为本

思想的解放、观念的变革是中国高等教育改革发展的关键和先导。改革开放40年来,我国高等教育思想的解放与成就主要体现在以下方面。

(一)高等教育价值观:从社会本位向社会发展和个人发展相统一转变

1. 高等教育功能深化

"文革"之后,改革开放、解放思想一时成为社会的主旋律和时代的主题。与1978年之前过分强调高等教育的社会功能相比,改革开放以来,国家以及人民都更多地开始关注高等教育的个体功能。同时,对于高等教育的社会功能,人们也有了更加全面的理解,不再是片面刻意地追求经济功能。1985年《中共中央关于教育体制改革的决定》指出,"教育必须为社会主义建设服务",首先是为经济建设服务,同时为政治服务,还有为文化建设服务,它们是相互联系的,综合体现为高等教育为建设高度的社会主义物质文明和精神文明服务。

2. 社会发展与个人发展相结合

改革开放以来,国家强调高等教育要为社会主义现代化建设服务。这就是说高等教育必须首先培养出一批为社会主义现代化建设服务的优秀人才,而这批优秀的人才应是全面发展的人才,既不能因为强调社会的发展而忽视个人,也不能因为只顾个人的发展而忽略社会。总之,改革开放以来,高等教育思想兼顾社会发展和个人发展,树立了科学的高等教育价值观。

(二)高等教育发展观:从急功近利向追求可持续发展理念转变

1. 与时俱进,高等教育发展观走向可持续发展理念

改革开放以前,中国高等教育受制于计划体制,在发展理念中主动性与自主性不够,更多的是"被动性""限制性"。改革开放后,尤其在1993年的《中国教育改革和发展纲要》中,明确提出高等教育要将"规模、结构、质量、效益"相互协调。但在具体执行上仍存在一些偏差,例如大规模的扩招但相应的基础设施却不健全等。这一现象直到20世纪90年代末,可持续发展观引入中国才得以改观。随着社会可持续发展理念的提出,高等教育也明确了要将可持续发展的理

念作为指导思想。

在中国高等教育发展战略的指导上，改革开放 40 年来，我国坚持"科教兴国"和"教育优先发展战略"，这一实质与可持续发展的理念是相通的。与此同时，在高等教育大众化阶段，我国大力支持高校多渠道筹措教育经费，积极兴办民办高等教育，实行公办高校与民办高校优势互补、共同发展的办学体制，从而促进我国高等教育事业的可持续发展。

2. 高等教育质量观：从片面知识观向素质主导的多元化质量观转变

传统教育质量观是"知识质量观"，是以知识的多寡、深浅为主，甚至被看作唯一的质量标准。在 20 世纪七八十年代，高考刚恢复的一段时间，一批"知青"上大学，如饥似渴地读书求学。直到 20 世纪 80 年代中后期，随着高等教育改革，"能力比知识更为重要"的说法出现。再到 20 世纪 90 年代以后，"素质"的概念才逐渐得到社会的普遍认可，并在高校逐渐推广，培养具有高素质的高等教育人才成为标准。20 世纪末 21 世纪初，高等教育扩招，这一决策又对高等教育质量观提出了质疑，但在新时期高等教育大众化阶段实行的是多元化的高等教育质量观，适应社会多方面、多层次的需求，避免同质化。总而言之，高等教育质量观一直与时俱进，根据时代的变化和要求不断提出更高的要求。在现代社会，只有树立以"素质"为基础的多元化质量观，才能保证人才培养的质量。

二、高等教育法制体系更加完善

（一）确立高等学校及其师生的法律地位

《高等教育法》的颁布使高等学校具有独立法人地位，高校从招生到培养学生、服务社会的整个体系程序化和规范化，高等学校的办学自主权已经成为具有法律意义并受到法律保护的法人权利。

改革开放之初，在计划经济体制下，高等学校的师生相当于"干部"与"准干部"。随着高等教育法制建设的推进，对高校教师的权利和义务有了明确规定，高校学生的法律地位也逐步得以明确，学生权利的保障日益受到重视。随着教育部依法取消了大学入学年龄的限制，明确高校在学生管理中要遵循法律保留、程序正当等法制原则，建立了学生行政申诉制度，使学生的法定权利在教育管理过程中进一步得到确认和保护。

（二）规定高等教育投入的法定渠道，高等教育办学结构发生显著变化

改革开放之初，高等教育的投入只有单一的政府渠道。1997 年国务院颁布的《社会力量办学条例》促进了我国民办高等教育的发展。1998 年颁布的《高等教育法》确立了以财政拨款为主、其他多种渠道筹措高等教育经费为辅的体

制，逐步建立起高等教育成本分担机制。2003年施行的《民办教育促进法》使民办高等教育的发展有了进一步的法律保障。此后高等教育的快速发展，与投入体制上的重大变化有很大的关系，特别是民间资本进入高等教育领域，为高等学校的发展注入了新的动力。目前，民办高等教育已经成为我国高等教育事业的重要组成部分，高等教育领域初步形成多元化的办学结构。

（三）形成保障高等教育健康发展的制度体系

《学位条例》《教师法》《教育法》《职业教育法》《高等教育法》《民办教育促进法》《社会力量办学条例》《民办教育促进法实施条例》《中外合作办学条例》《普通高等学校学生管理规定》等规范高等教育的法律、法规和规章中所确立的学位制度、高校教师管理与聘任制度、高等教育管理体制与政府职责、高等学校法律地位及其治理机制、高校办学自主权及其保障机制、规范民办高等学校发展法律制度、高校学生权利保障机制以及高等教育自学考试制度等，形成了我国高等教育法律制度的框架和制度体系，为我国高等教育管理中的依法行政和高等学校的内部治理奠定了制度基础，也为高等教育体制适应信息化、终身教育的要求，进一步转型和改革发展奠定了法制基础。

三、高等教育投资体制更加多元

改革开放40年来，我国的高等教育投资体制进行了深刻的变革，特别是在20世纪80年代至90年代，在高等教育体制改革方针的引领下，高等教育财政也逐步给予地方和高等院校更多的自主权，历经多年，收效显著。

（一）高等教育投资体制与经费多元化的发展格局

改革开放初期，我国高等教育体制依然沿用高度集权的体制，依然还是单一的依赖政府财政投入的免费的高等教育。在1978—1987年间，我国高等教育机构的经费来源90%以上来自政府的拨款，只有不到10%属于院校自筹。20世纪80年代末，我国开始逐渐探讨多途径的高等教育经费体制。1998年《高等教育法》将建立以国家财政拨款为主、其余多种渠道为辅的高等教育经费筹措方式写入法律。到目前，在多元化的高等教育经费筹措中，主要有"财、税、费、产、社、基、科、贷、息"等多种途径的筹措方法。随着高等教育规模的扩大，这些举措无疑极大地减轻了政府的压力，也发挥了地方高等院校的积极性和主动性，为高等学校的发展注入了活力。

（二）高等教育投资体制改革促进高等教育学校类型和结构的多元化

高等教育投资体制改革促进了高校经费来源的多样化和高等教育结构的多元化。

这一多元化主要表现在：第一，除了省会城市之外，一些经济发达地区、地级中心城市举办的高等学校也在逐渐增多，高等学校的布局逐渐下移；第二，改革促进了办学主体的多元化，以政府为主体举办的高校、民办高校、混合型高校等，其办学主体除了国家与个人之外，还有企业、境外投资者等。改革开放以来，我国民办高等院校的数量从无到有，由小到大，至今已成为我国高等教育布局中不可缺少的一部分。种种举措都极大地促进了高等教育迈向大众化阶段。

（三）高等教育投资体制改革促进高等教育入学机会的公平

1998—1999年高等教育扩招以来，在我国高等教育事业迈向教育大众化阶段期间，由于高校招生规模数量的不断增加，学校中家庭经济困难的学生也迅速增加。在扩大高校经费筹措来源的同时，保障了有关部门与高校建立、完善高校学生的资助体系，以使家庭经济困难的学生也能享受高等教育。

1999年，国家率先在8个城市进行国家助学贷款政策的试点工作，到2000年底，这一政策已在全国范围内全面推行，所有普通高等学校的学生均有资格申请助学贷款。2001年至2007年间，国家对助学贷款的政策方案不断地进行完善与调整。2007年国务院《关于建立健全普通本科高校、高等职业学校和中等职业学校家庭经济困难学生资助政策体系的意见》实施，中国至此已形成国家奖学金、国家励志奖学金、国家助学金、国家助学贷款和勤工助学等多种方式并存的资助体系。

由此可见，高等教育筹资体制多元化的改革中，经费的增多使得高等教育规模获得了空前的发展，相应地许多经济条件不好的学生有机会接受高等教育，高等教育的入学率有了显著的增长，在一定程度上促进了高等教育入学机会的公平。

四、高等教育管理体制更加合理

高等教育管理体制改革的成果通过《教育法》和《高等教育法》以法律的形式加以确定，形成了高等教育管理体制的法律制度，改变了原有的中央部门都办高等教育、条块分割的体制，许多高等学校通过资源的整合和优化，成为了门类齐全的综合性大学。这一变化对促进高等教育的协调发展和人才培养质量的提高，正在产生重大的影响。

（一）政府简政放权，高校自主办学

从高等教育整体的管理政策体制改革来说，改革开放40年来，不断地转变政府的职能，扩大高等学校的办学自主权，使高等学校积极面向社会，与市场经济体制相结合，促进自身积极融入社会的发展。从传统的计划经济体制到社会主

义市场经济体制的转变，是一次革命性的变革。政府在这次改革之后，便逐渐由直接管理向间接管理转型，由微观管理向宏观调控转变。在1998年颁布的《高等教育法》中明确指出"高等学校应当面向社会，依法自主办学，实行民主管理"。随后20世纪末的一系列法规都明确高校需要面向社会，加强自主办学的权力；进入21世纪，在自主办学的基础上又强调了其自律性和自我约束性。

(二) 高等学校内部结构合理，水平提升

从高等学校内部管理体制来说，改革开放40年以来，其改革主要集中于机构与组织模式、人事与分配、后勤管理体制等方面。在机构与组织管理模式的改革上，确立了高校的办学自主权，推动了高校管理干部队伍的建设，推动管理科学化和制度化。自20世纪90年代，高校自主权不断扩大，推动高校内部管理人员队伍专业化建设成为改革的重点；在高校内部人事、分配制度上，改革开放以来，为激励高校教师的积极性，我国不断地将教师的薪酬与其业绩相挂钩，并进行完善与改革。

目前为止，我国已经建立起相应的高校职员制度，在收入分配方面也有相应的措施和法律保障，但依然处于不断改进和摸索的状态。在后勤体系的管理上，改革开放初期，我国高校后勤主要存在两个问题：一是庞大的人员机构、低下的效率占用了高校的大量资源，影响高校的发展，也占用学校管理的相当精力；二是以"供给"为基本思想的高校后勤，无法保障高校教学科研的需要。针对这两个方面的突出问题，40年来，我国主要在后勤管理体制改革上取得了以下成效：一是建立了责任制度，提高了运行效率。高效的运行机制，减轻高校的负担，为科研工作提供支持，这是高校后勤改革的最初目标。二是尝试建立企业化的经营运行机制，开始对高校后勤机构进行分类管理，推动经营实体的建立。三是建立后勤社会化体系，这一举措大大精简了各高校机构，为高校的扩招提供了保障。

五、高等教育教学改革更加优化

(一) 人才培养目标更加注重素质教育

高校教育教学改革的根本目的是提高人才培养质量，而人才培养质量与高等教育人才培养目标紧密相联。1978年以来，我国高等教育的人才培养目标几经转变，其目的都是为了使学生发展得更好。改革开放40年，在高等教育人才培养目标的改革和发展上，我们主要经历了以下变化，并取得进步：从注重知识到注重能力，再到如今注重全面素质教育的人才培养目标。改革开放初期，我国围绕培养知识丰富的高级专门人才为目标进行教育教学改革；20世纪80年代中期，"加强基础、发展智力、培养能力"成为高校教学改革的指导原则；20世纪

90年代以来,社会主义市场经济建立,全球化格局加快,培养全面发展的综合素质人才成为高等教育的目标。至此,素质理念、可持续发展理念应用至今,成为高等教育人才培养目标领域的一大改革成就。由此可以看出,在不同时期高等教育追求的人才培养目标各不相同,且高等教育人才培养目标的制定愈来愈合理,符合现代化可持续发展理念,为高等教育人才培养引航。

(二) 形成产学研合作的教育理念

产学研合作教育是以培养学生的综合素质和综合能力为重点,利用学校、企业、科研单位等多种不同的教育环境和教育资源,充分发挥各自在人才培养方面的优势,将以课堂传授知识为主的学校教育与直接获得实际经验、创新能力和实践能力为主的生产、科研实践有机结合的教育模式。[1]

1985年《中共中央关于教育体制改革的决定》指出,要"加强高等学校同生产、科研和社会其他各方面的联系",促进教育同经济、科技的密切结合,其后的1991、1997年颁布的相关文件都是在此文件的基础上,加强产学研合作机制和教育。经过多年的实践与改革,我国目前形成了各具特色的产学研合作的人才培养模式,主要有三明治型,工学交替型,教学渗透型,教学适应型。[2]

(三) 教学管理制度优化升级

第一,打破了"苏联模式"下的教学管理格局。"文革"之后,国家教育行政部门推出了一系列教学改革措施,目的在于消除"苏联模式"下高校教学管理体制过于集中、控制过多的弊端。1985年开始,国家将制订教学计划和教学大纲的权限下放给各个高校,因此,高校在选择教材以及制订教学计划上拥有了更多的自主权。同时在改革中,高校紧紧围绕"专才教育"与"通识教育"相结合的目标,促进了中国高校课程与教学改革的深入。

第二,高校内部实行学院制教学管理体系。随着我国高等教育对外开放力度的加强和高等教育体制改革的深化,学科的范围扩大与综合化愈演愈烈。校、系、室三级管理体制逐渐不适应时代的发展需要,越来越多的高校开始组建学科群,建立学院,实行校、院、系三级管理,20世纪90年代后,建立学院或推行学院制的高校数量激增。[3] 这种管理模式一直沿用至今,是高等教育改革的一大成果。

---

[1] 钟秉林. 深入开展产学研合作教育,培养具有创新精神和实践能力的高素质人才[J]. 中国高等教育,2000 (21):17-18、9.

[2] 陈谟开. 高等教育与生产劳动相结合新论 [M]. 长春:东北师范大学出版社,1995:210-213.

[3] 陈学飞. 中国高等教育研究50年(1949—1999)[M]. 北京:教育科学出版社,1999:510.

第三，建立"弹性"和"服务性"的教学管理制度。改革开放以后，各高校开始注重教学计划的灵活性，将学生作为教学管理的"服务"对象，相继实行选修制度、主辅修制度、导师制和双学位制等充满人文关怀的管理制度，改变了以往控制过多、灵活性不足的局面。[①]

（四）学位与研究生教育稳步提升

改革开放40年来，在学位与研究生教育方面也取得了不小的成就。在改革开放初期，便以立法的形式从制度上保证学位与研究生教育工作健康发展，其后的法令都是在此基础上不断进行的修改。40年间，对研究生教育的学科专业目录进行了适时的调整，2006年建立了比较规范而又灵活的学科专业设置和管理机制；开辟多样化的研究生培养渠道，积极进行学位与研究生教育的国际交流与合作，主要包括留学生互派，教师学者互派，名誉博士学位、学历和学位的国际互认，中外合作办学等举措；持续重视研究生的教育科学研究工作，1984年创办《学位与研究生教育》杂志，1994年在北京成立"中国学位与研究生教育学会"，1999年成立"全国学位与研究生教育发展中心"，创办《中国研究生》杂志等，均表明学位与研究生教育的工作取得了一系列的成就，使学位与研究生教育发展更加合理。

六、高校毕业生就业自由性逐渐加强

高校毕业生是国家的宝贵财富。如何最大限度、最为公平地使每位高校毕业生都能够尽其用、尽其才是国家政府一直思考并致力于解决的难题。尤其在面临高等教育大众化的现阶段，就业压力陡增。从改革开放40年来对高校毕业生就业政策以及制度的改革来看，取得了一些成就。正如在本章第一节所说，高校毕业生就业制度的改革历经四个阶段，到目前为止，我国依然实行的是2000年以来的"双向选择、自主择业"的毕业生就业模式。所不同的是，国家以及相关部门一直致力于此制度的完善，目的是让更多的高校毕业生能够公平地凭借自己的能力去获取与自己相适宜的工作。从改革开放初期的"统包统分"到后期的"双向选择"，无疑是改革开放40年间探索出来的适合我国国情的就业模式。

此外，民办高等教育改革、高等学校科研体制等的改革也取得不同程度的成就和成效。总之，高等教育全方位、多途径的改革无疑使我国高等教育事业的发展迎来了快速发展的春天。

---

① 杜勤，睢行严. 北京大学学制沿革（1949—1998）[M]. 北京：北京大学出版社，2000：180-183.

第三节 高等教育改革的反思

追溯历史，抚今追昔，我们的目的是为了更好地给今后高等教育改革以启示，使高等教育的改革更有针对性，使我国高等教育事业实现从大国向强国的转变，从而服务于中华民族的伟大复兴，为实现新时代中国特色社会主义事业发展的奋斗目标提供有力支撑。具体而言，我国的高等教育改革仍需在以下几个方面做出努力。

一、推动高等教育法制建设的完善

（一）进一步推动高等学校依法治校

改革开放40年来，我国高等教育法制建设取得了一系列的成就，尤其是《高等教育法》的颁布，然而，在高等学校依法治校的进程中，仍有很长的一段路要走。目前我国高等学校在法制建设过程中存在着一些问题：重行政管理，轻依法治校；重视对学生义务履行的监督，轻视对学生权益的保障；重实体，轻程序；注重管理的效果，轻视管理的权限；还有学校规章制度的合法性及合理性的问题。[①] 推动高等学校依法治校，重在积极推动大学章程的建设。大学章程是高校根据法治原则和依法治校的要求进行自主办学、自主管理、自我约束和接受监督的重要依据，对学校内部的机构活动具有确定的规范性。在未来高等教育的发展中，积极推动大学章程的建立与完善是必要的，应及时更新观念，树立新的学生观，完善尊重学生权益的学校管理制度；平衡大学生管理之中的法制刚性与人文柔性的关系，推动学生法律素质的提升和学生申诉体制的健全。加强学生权利的保护，是贯彻法治原则和依法治校的重要内容。总之，在推动高等教育依法治校的实施过程中，既要加强大学章程的建设，也要保证广大学生权益的实现。

（二）进一步完善高等教育法律制度

我国高等教育法律制度从无到有，从初具规模到基本形成一定的框架。目前为止，我国先后颁布了《学位条例》《教师法》《教育法》《职业教育法》《高等教育法》《民办教育促进法》，这些文件的颁布初步奠定了我国高等教育的法制基础。但由于立法时间不长，我国高等教育法律仍缺乏锤炼与修正，随着高等教育市场化、大众化、终身化及高等教育办学主体的多元化，时代的快速发展与实践的广泛要求对高等教育的法制体系提出了更高的要求。在2003—2007年教育立

---

① 高武军，刘先锋.高等教育管理法制化建设反思[J].陕西师范大学继续教育学报，2006（4）：82-85.

法规划上，教育部明确指出"力争用五至十年的时间形成比较完善的中国特色教育法律法规体系"，实现这一目标，我们需要加强教育立法的调研，集中教育行政部门、教育立法者、教育工作者和法律研究人员等各方力量，深入调研，科学求证，提高法律的适用性和可操作性。

二、推动高等教育管理体制的完善

（一）理顺政府、社会与学校的内在关系

1978年以来，我国高等教育管理不断转变政府职能，促进高等学校面向社会依法自主办学，取得了不小的成就。在坚持"两级管理，以省为主"总体思路的基础上，我们仍应注意一些细节。一方面，如何能在确保高等学校扩大自主权的同时，又能保证政府的宏观调控，两者的关系一直以来都是高等教育管理面临的问题，在今后的工作中也不例外。另一方面，在提升高等学校综合发展能力、进行院校合并工作之时，首先应重点关注学科建设，合并高校的关键是学科重组，在学科重组的过程之中，我们应注意保护原有的特色学科，积极发展新兴交叉学科，以学科群建设为基础探索学校发展的新型特色，注重学科建设与社会经济发展的结合。同时，高等学校的合并工作需要有科学的论证与规划，要"科学论证，设计周密。"① 还要进行分层考虑，一般来说，高水平研究性大学的学科面要宽，要注重交叉学科与新兴学科的发展，实行通才教育；而一些教学型的专门学院，专业面可以适当地窄一些，进行专才教育。高等教育管理体制需要在实践中不断进行完善，从而更有效和健全。

（二）高等学校内部改革的目标应立足于建立现代大学制度

现代大学制度的核心作用是在政府的宏观调控下，大学面向社会，依法自主办学，实行民主管理。② 面向社会指要增加大学的开放度，将大学的发展置身于整个社会背景下，面向社会的可持续发展。实行民主管理意味着要真正保障教职工、学生民主管理和自觉监督的权利，形成高等学校自我约束、自我管理的机制。目前我国高等学校在民主管理层面所做的服务还不够。

高等学校内部管理改革的思路就是建立现代大学制度的思路。实现这一思路需要重新定位政府的角色，由原来的举办方转向协调者，优化资源配置；还要简

---

① 左春明. 一场深刻的历史性变革：教育部发展规划司司长纪宝成谈高校合并[N]. 中国教育报，2000-05-25.

② 袁贵仁. 建立现代大学制度，推动高等教育改革和发展[N]. 人民日报，2000-02-23.

政放权，建立政府、学校、社会之间的对话关系。① 改善高校内部资源配置机制、优化动力机制、完善监督机制将是内部管理的重点。

（三）优化高等学校资源配置

高校资源配置的关键在于学术权力的发挥、市场机制的引入。而这两点作用的发挥核心在于对人力资源配置、物质资源配置和财力资源配置、时间资源配置和信息资源配置的改革。人力资源配置体现在人事制度改革上，在新时代的高等教育发展中，人力资源体制一方面应体现竞争性，另一方面还应尊重并调动起学术人员的积极性和创造性，做到科学、合理地利用人才资源。一方面要树立正确的人才观和知人善任的用才观及不拘一格的选才观，另一方面应使人才在高等学校的内部合理流动。

（四）优化竞争激励机制

在高校建立竞争激励机制，需要完善教师考核制度。对于教师的考核应立足于两个方面：一方面是对其教学业绩的考核，这应是考核的首要任务与基本任务，同时也是新时代全国高等学校本科教育工作会议"四个回归"的主要方面；另一方面是对教师科研业绩的考核，考核的方式与标准是重点。

在建立竞争机制、对教师进行考评时，要把握考评不是最终目的，竞争只是手段，发展与质量提高才是目的，不能为评而评，为竞争而竞争，使得教师疲于应付各种考核，迎合各类指标，最终失去了对教学和科研的兴趣，丧失了独立思考和创新能力。在教师聘任方面，国家虽已明确"逐步下放专业技术职务评审、聘任权限"，但实际的执行方面并未完全落实；学校也长期以来因人设事，按人定岗，没有进行真正的聘任竞争，聘任竞争成为一句空话，这仍需要在今后改革与完善。②

（五）完善高等学校内部的监督机制

我国高校内部管理中缺乏有效的监督机制，因此完善监督机制将是未来高等学校内部管理改革的重点与难点之一。高校监督机制主要包括党政系统的监督和教代会的民主监督。③ 如何真正地发挥这两个监督机构的作用是今后高校内部改革的重点工作之一，为此，应积极推行"校务公开"，重大决策公开、财务公开、热点问题公开。应积极朝着这一方向去努力，这样才能促进民主决策和科学决策，也使得高校内部管理人员之间更加融洽，共同推动高校内部管理的完善。

---

① 李江源. 论我国大学制度变迁的"路径依赖"[J]. 高教探索，2004（2）：10-13.
② 杨荣昌. 高校人事制度改革问题的再思考[J]. 黑龙江高教研究，2005（8）：35-37.
③ 毕宪顺. 权力整合与体制创新：中国高等学校内部管理体制改革研究[M]. 北京：教育科学出版社，2005：129-130、127-189.

三、完善高等教育投资体制

改革开放以来,我国高等教育经费由国家承包的情况逐渐改变,多种渠道的学校自筹经费在高校经费投入结构中比例上升,① 减轻了国家的财政负担。多样化的高校筹措经费模式一直沿用至今,已基本成型。在新时代的高等教育投资体制中,我们仍需坚持多样化的经费筹措制度,同时还要面对一些困难和挑战。

首先,应充分认识其他渠道筹措高等教育经费面临困境的时候,只有加强各级政府对高等教育的投资力度,坚持"以财政拨款为主,其他多种渠道筹措高等教育经费为辅"的体制。否则,高等教育的发展势必会受阻碍。

其次,当前我国高等教育还面临成本结构不良的状况,主要体现在高校行政和后勤的运行成本过高,成为高校可持续发展的沉重包袱,其资金并未充分应用到教学与科研的"刀刃"上。

最后,政府的拨款制度亟待改革。如何平衡各院校之间的分配比例,使政府的经费能够投入到真正有所需求的高校之中,是国家政府面临的一大难题。

四、全面提升学位与研究生教育

40年来,我国研究生教育虽然取得了巨大进展,但与研究生教育强国相比,仍需努力。具体而言,第一,深化研究生教育体制改革,转变政府职能,进一步扩大研究生培养单位的办学自主权。这主要包括培养单位自主招生的权利,培养单位自主设置学位点的权利,学校为主授予学位的权利。第二,进一步优化研究生教育结构,分类指导,稳步、有序地发展我国研究生教育。我国目前研究生的硕博比例不够协调,硕士比例相较于发达国家比例略低。此外,随着我国专业学位教育的发展,目前的专业硕士学位比例不能满足人才培养的需求。在学位的区域结构方面,仍然存在着东西部地区结构失衡严重的现象,只有不断给予中西部一定的"政策优惠",才能确保其在研究生教育方面不至于落后太多。第三,树立以创新能力为核心的研究生教育质量观,从经费筹措、学科专业设置、研究生教育评估等方面为提高研究生教育质量提供支持和保证。积极开展"产学研合作",实施交叉学科研究生教育。第四,面向世界、立足国内、自主发展,在借鉴的基础上进一步形成具有中国特色的学位与研究生教育体系。积极开展研究生国际交流合作,实现经验的相互借鉴与创新以及资源的优势互补。

---

① 张岩峰. 我国高等教育投资体制改革的问题与政策选择[J]. 科技导报,2001(3):3-6.

五、兼顾高等教育事业数量与质量的统一

改革开放以来，我国高等教育规模与事业发展快速。1978 年，我国普通高校仅 598 所，发展至如今，全国普通高校已有 2000 多所。速度之快、规模之大，令人难以想象。自 20 世纪末 21 世纪初，我国实现了高等教育大众化以来，高等学校的入学率及招生率一直攀升，在给国人带来高等教育大众化的喜悦的同时，却也带来了学生的整体质量下降、学校设施跟不上学生的数量等问题。因此，高等教育事业与规模面临着"规模、质量、结构、效益"的协调发展问题。如何能有效地平衡这些问题必定是高等教育事业发展今后的一大重点课题。

（一）办人民满意的高水平大学

高等教育应坚持满足经济建设和社会发展的需要，还应尽可能满足人民群众接受高等教育的需求。高等教育担负人才培养、科学研究、社会服务的三大职能，因此，高等教育规模和质量的好坏决定了其培养人才的质量高低，从而影响着经济的发展和社会的进步。为了能培养数量更多的同时又有质量的高等人才，在今后，高等教育的发展首先应有一定的规模，但不是无节制的扩张，而是将社会外部条件与自身的内部条件相结合而有序地扩大，积极与社会教育相联系，使高校与社会积极进行优势互补，了解人民群众的需要，办国家满意、人民满意的高水平大学。

（二）高等教育质量应逐渐"精英化"

高等教育应由大众化逐渐走向精英化。历史经验表明，当高等教育规模增速过快时，若办学条件跟不上其增速，部分学校的教育质量便可能下滑。当要求教育质量的时候，规模也可能会受影响。因此需要处理好两者的辩证关系。就目前来看，一些水平、层次过低的院校可以撤离。如今的"双一流"建设便立足于精英教育，向着世界一流大学迈进。我国高等教育应致力于先冲出一批屹立于世界的一流高校，以此带动更多高校的发展。

（三）优化高等学校布局与层次

除了规模与速度，结构的合理化也是将来高等教育改革的主要方向之一。目前我国高校的类型主要集中于综合院校、理工院校和师范院校，其他类型的大学还有待加强；而就地域而言，高水平的大学几乎聚集于东部，中西部的高水平大学甚少。因此，对于高校类型和高水平大学的布局，对中西部高校的扶持也将会是未来高等教育改革的重点之一。

除此之外，我们应采取"升""降""平移"的方法对民办高校进行改革。具体来说，将那些基础设施好、硬件条件好、信誉度高的民办非学历高等教育机构

"升格"为民办普通高校;将那些基础设施差的、办学信誉不好的学校"降格"为培训机构;"平移"是指建立短期大学,指除了前两者之外类似美国两年制大学的高校。同时,民办高校应积极拉拢企业或私人办学,政府也应给予一定的经费支持,保证民办高校的稳定发展。

六、加强高等教育的国际交流与合作

在日新月异的时代里,没有合作、没有交流,研究、人乃至国家是不能发展的。中国高等教育处于经济全球化的大背景下,势必要参与国际交流并与其他国家合作,以谋求自身的进步与发展。然而在相互交融之际,如何能保持自身不受西方敌对势力渗透,需要我们去反思。为此,在今后的高等教育国际交流中我国的高等教育应该做到以下几点。

(一) 改变高等教育中外交流中的非均衡状态

有研究者以北京大学和清华大学为例,分析了中美高等教育中的不平衡现象:[①] 从中国留学生流出与回归的比较来看,中国赴美留学的人数很多,但回国人数相比却很少,人才流失比较严重;从留学目标看,赴美国的中国留学生都是要攻读学位的硕士生和博士生,而到中国来留学的美国人大多是短期的进修生;从研究领域而言,留学美国攻读人文和社会科学的华人留学生在做博士论文的时候,更多的是选择研究中国的题目,也就是说在西方从事东方的研究。如何去改变这种高等教育国际合作交流的非均衡状态,是一个沉重而又迫切的课题,需要我们不断地努力研究和实践。为此,我们需要在推进国际交流中,既要学习发达国家先进的科学技术,又要保持和发展本民族的优秀文化,既要借用西方力量为我国培养高级人才,又需要避免大量的智力流失。[②]

(二) 制定我国高等教育交流合作的国际战略

随着我国高等教育与世界接轨,制定相关的战略布局就显得十分有必要了。这首先体现在对外教育合作交流的目的性、计划性、预见性和创造性,同时还应突出全局性和博弈性。全局性指的是在进行国际交流合作之时要有长期和全局的谋划,博弈性是指要选择最佳的方式与其他主体周旋、竞争和较量。有了这样的战略,我们就可以在高等教育的国际交流合作中有更高层次的系统性、主动性和长远性。

---

① 田玲. 中国高等教育对外交流现象研究:北京大学与清华大学个案分析 [M]. 北京:民族出版社,2003.
② 陈学飞. 高等教育国际化:跨世纪的大趋势 [M]. 福州:福建教育出版社,2002:2.

（三）将能力建设作为高等学校国际交流与合作的核心取向

积极推动国际间的学生流动，并自觉抵御西方敌对势力的渗透。将能力建设引申至高等学校的国际交流与合作，需要我们积极引进外籍教师、外籍教学管理人员、外国优质教育资源，时刻以能力建设为导向，而不是空喊口号、为了交流而交流。交流合作之中我们需要取长补短、吸收消化，不断研究先进课程、教育思想、理念，思考其先进所在；同时积极推动学生"走出去"与"引进来"，大力支持交换生的学习与互鉴；最后，我们在进行高等教育国际交流与合作的时候，要有维护国家教育主权、意识形态安全和民族优秀文化传统的任务意识。

改革开放40年来，高等教育的进步是巨大的，成果是丰富的。新时代下，我国的高等教育研究将继续加大开放力度，尽可能地吸收世界各国高等教育研究的优秀理论，理性选择、判断、批判、改造、创新并本土化，取其精华。

十九大报告中指出："建设教育强国是中华民族伟大复兴的基础工程，必须把教育事业放在优先位置，深化教育改革，加快教育现代化，办好人民满意的教育。"新时代高等教育将更加注重以德为先、全面发展、面向人人、终身学习、因材施教、知行合一、融合发展、共建共享。办好高等教育，对于提升我国的国际地位、文化软实力均有重要作用。我们应坚持党的领导，坚持中国特色与教育优先发展的战略，为实现中华民族的伟大复兴贡献力量。如今"双一流"学校颁布，建设"一流学校""一流学科"，这是我国在高等教育领域实行的又一重点工程计划。总而言之，高等教育的改革不是一蹴而就的，它需要我们总结过去，面向未来。

第十七章 成人教育改革史

改革是当今教育的主题,是指改变旧制度、旧事物,通过进行结构、观念上的调整,以促进教育更好地发展,以改革统帅发展是教育工作的中心。[①] 成人教育改革亦是如此,回顾改革开放 40 年成人教育改革的历程和成人教育改革取得的成就,反思成人教育在新时期改革的方向和思路,将对成人教育发展大有裨益。

第一节 成人教育改革的历程

纵观我国 40 年的成人教育改革历程,经历了以下四个阶段。

一、第一阶段(1978—1986)

十一届三中全会后,随着整个教育事业的拨乱反正,成人教育也逐渐恢复。为了适应改革新时期,教育战线认真贯彻落实"调整、改革、整顿、提高"的方针。1978 年 4 月 22 日,邓小平同志在全国教育工作会议开幕式上指出:"必须造就庞大的又红又专的工人阶级知识分子队伍。"[②] 邓小平同志的讲话,为恢复成人教育扫清了思想障碍,为成人教育的恢复和发展指明了方向。这一阶段主要进行了以下几方面改革。

(一)成人教育管理机构逐步形成

1980 年 1 月,教育部工农教育局成立。1982 年 8 月 16 日,教育部原工农教育司改为成人教育司,专门管理全国成人教育。成人教育司的设立,促进了成人教育管理体制的改革,使得我国成人教育在国家教育管理体制中设置有相对独立的领导管理机构。1984 年 8 月,教育部增设高等教育三司,管理成人高等教育

---

① 袁振国. 教育改革与教育发展的关系 [J]. 上海高教研究,1992(3):17-22.
② 邓小平. 在全国教育工作会议上的讲话//邓小平文选(第二卷)[M]. 北京:人民出版社,1994:104.

业务。

(二) 恢复职工教育

恢复成人教育，首先从恢复职工教育开始。1980年中央设立了全国职工教育管理委员会，[①] 对职工教育进行专门管理。1981年2月20日《关于加强职工教育的决定》发布，提出要对青年职工进行教育的指示。

这一时期，一系列有关促进职工教育发展的重要会议召开，政策、文件相继出台，使得职工教育颇受重视，职工教育得以恢复和开展，取得了令人瞩目的成绩，如表17.1所示。改革特点主要体现在：其一，党和国家的高度重视；其二，职工教育领导体制和办学体系的健全与完善；其三，为以后"岗位培训"、职业资格证书制度的出台奠定了基础；其四，具有明显的补偿教育倾向。职工教育对于提升职工素质、提升工作效率、提升企业发展质量乃至生产力水平都有重要的影响。

表17.1　成人中学（职工部分）基本情况一览表[②]

单位：所、万人

年份	学校数（所）	毕业生数	招生数	在校生数	教师数	兼任教师数
1979	20864	40.89	141.86	290.65	1.16	7.48
1983	47723	306.65	486.76	644.52	7.78	16.14

(三) 恢复扫盲与农村成人教育

1978年据一些地区的调查，在少年、青年、壮年中，文盲、半文盲占30%—40%，边远地区和少数民族地区达50%以上，[③] 全国2.2亿文盲中92%在农村。[④] 面对这种严峻的情况，改革扫盲与农村成人教育迫在眉睫。1978年11月6日《关于扫除文盲的指示》发布，提出"一堵、二扫、三提高"的扫盲基本方针，并对脱盲人数进行了规定。1983年5月，《关于加强和改革农村学校教育若干问题的通知》发布，对扫盲与农村成人教育进行了新的部署，使得扫盲与农村成人教育得以恢复。

一系列改革扫盲与农村成人教育的重要会议召开，政策、文件相继出台，使得扫盲与农村成人教育得以迅速发展。由于党中央、国务院的高度重视和积极推

---

① 唐亚豪. 成人教育新论 [M]. 长沙：湖南师范大学出版社，2002：176.
② 中国成人教育协会组编. 中国成人教育改革发展三十年 [M]. 北京：高等教育出版社，2008：152.
③ 董明传，毕诚，张世平. 成人教育史 [M]. 海口：海南出版社，2002：138.
④ 中国成人教育协会组编. 中国成人教育改革发展三十年 [M]. 北京：高等教育出版社，2008：112.

动,全国农村教育和扫盲农村成人教育取得了很大进展。比如农村成人教育的网络建设、农村教育综合改革、"三教统筹"以及"农科教结合"等,使农村基础教育、职业教育、成人教育发展趋于协调,农业、科技、教育加强沟通结合,逐步形成合力,有力地推动了农村经济社会的发展。

(四) 恢复成人高等教育

1980年9月5日,《关于大力发展高等学校函授教育和夜大学的意见》发布,提出"积极恢复、大力发展"的方针。此后,普通高校函授教育和夜大学逐步恢复,成人高等教育进行了一系列改革。1984年,增设专管成人高等教育的高等教育三司,设立了自学考试制度,实施"双补"教育,调整成人高等教育本专科生比例。

1. 建立自学考试制度

1981年1月,《关于〈高等教育自学考试试行办法〉的报告》及《高等教育自学考试实行办法》发布,对自学考试制度进行了肯定,并提出了新的要求。自学考试制度的建立,是我国改革开放以来教育制度上的创新,促进了高等教育机会均等,激发了广大人民群众学习的热情,提高了全民族的文化素质,为促进社会稳定产生了深远影响。

2. 实施"双补"教育

此期间,成人高等教育进行了"双补"教育改革,即对青壮年职工进行思想政治与文化技术教育。1980—1983年全国独立设置成人高校专本科毕业生人数如表17.2所示。

表17.2 1980—1983年全国独立设置成人高校专本科毕业生统计

年份	毕业生人数(万人)
1980	31.62
1981	27.85
1982	36.40
1983	21.35

3. 调整成人高等教育本专科比例

这一时期,成人高等教育本科和专科生的比例也有比较大的调整。1980年我国本科和专科学生的比例是1:1.16,到1985年调整到1:2。当时,有些地区有些行业已提出了新的问题,专科比例大,本科生较少,并在发展中进行了调整。国家急需的、过去薄弱的一些学科,比如财经、政法、管理等学科和专业,开始进行了新的改革和提升,新增加的专业人员中大部分也是通过成人教育培养的。成人高等教育的改革，使整个高等教育体系的层次和专业结构调整得更趋合理。

（五）鼓励社会力量办学

为鼓励、支持社会力量办学并加强管理，1979年12月，北京市工农教育办公室设立社会教育处，把社会力量办学纳入教育行政部门管理范围。全国其他省、自治区、直辖市相继制定了社会力量办学的地方性法规或行政规章，对社会力量办学管理提出了具体要求，并建立了相应的管理机构，有力地促进了社会力量办学的发展。由于国家的积极鼓励和支持，社会力量办学总的发展情况是健康的，采取了各种各样的形式，创办了各种类型学校和补习、培训、助学班，这部分教育对于满足社会青年的学习要求，满足社会各种不同层次的劳动者提高文化、科学知识水平的需要，起到了积极的作用。

这一阶段，由于一系列改革措施的调整和恢复，以及"被耽误的一代人"的"大学梦"的渴求，促发了改革开放以来的"第一轮成人教育热"。

二、第二阶段（1987—1991）

经过"第一轮成人教育热"，成人教育进入了"低谷期"，原因在于人们的"大学梦"经过"第一轮成人教育热"已得到满足，以及成人教育入学门槛高、普教化倾向等因素制约了人们的学习积极性。成人教育由"热"至"冷"的转变，促发了成人教育的一系列改革。1987年6月23日，国务院批转了国家教育委员会《关于改革和发展成人教育的决定》（后简称《决定》），对成人教育各个方面做了规定，承上启下，继往开来，对成人教育改革产生重要的影响。这一阶段我国成人教育开始了恢复之后的探索之路，主要进行了以下几方面改革。

（一）改革成人教育管理体制

1987年6月23日，《决定》进一步确立了成人教育的管理体制，主要是从管理、协调、配合的原则出发，加强政府的宏观管理，各有关部门分工负责，充分发挥社会各方面的积极作用，切实为基层的成人教育工作服务。

1. 成人教育管理体制改革内容

《决定》规定的成人教育管理体制主要从五个方面，对各级政府、各类团体和各人群进行了成人教育工作规定，切实明确了成人教育管理体制。

2. 成人教育管理体制改革特点

成人教育管理体制改革有三个特点：其一，简政放权。给予地方和基层单位充分的自主权，在"宏观指导"和"监督检查"的同时，克服"政出多门、行政干预过多"的弊病。其二，中央各部门综合协调。一个地区的成人教育部门也要加强行业、企业之间的联系，调查研究本地区经济社会发展的趋势，比如产业结合、构成和变化，使得人才的需求和人才培养协调，增加办学效益。其三，团结社会力量。重视发挥社会力量举办成人教育。

（二）改革成人教育管理机构

管理体制的改革导致了管理机构的改革。1987年，国家教育委员会成立成人教育司，统管成人初等、中等和高等教育，审批成人高等学校的设置。1988年，国务院各部委根据"转变职能、下放权力、调整结构、精简人员"的方针进行机构改革。同年12月，成人教育司由三司合并而成。

（三）建立岗位培训制度

为了解决"入学门槛高""普教化""学用脱节""工学矛盾"等成人教育现状，岗位培训制度出现。1987年《决定》中指出，今后一个时期要"把开展岗位培训作为成人教育的重点"。1989年12月27日，《关于开展岗位培训若干问题的意见》发布，《意见》对开展岗位培训工作的指导思想、目的要求，岗位培训的实施、考核与发证、宏观管理和分工以及相应的政策措施进行了全面部署。在一系列岗位培训制度的改革措施指导下，岗位培训进行了大幅度改革。据统计，"七五"期间全国职工参加50学时以上学习和培训的有1.4亿人次，其中参加岗位培训的有1.1亿人次。岗位培训人数逐年增多，比重逐年增加，如图17.1所示：1986年参加人数是1770万人，1987年是1779万人，1988年增加到2349万人，1989年增加到2481万人，1990年增加到2800万人。从1986年到1990年增长了58%左右。

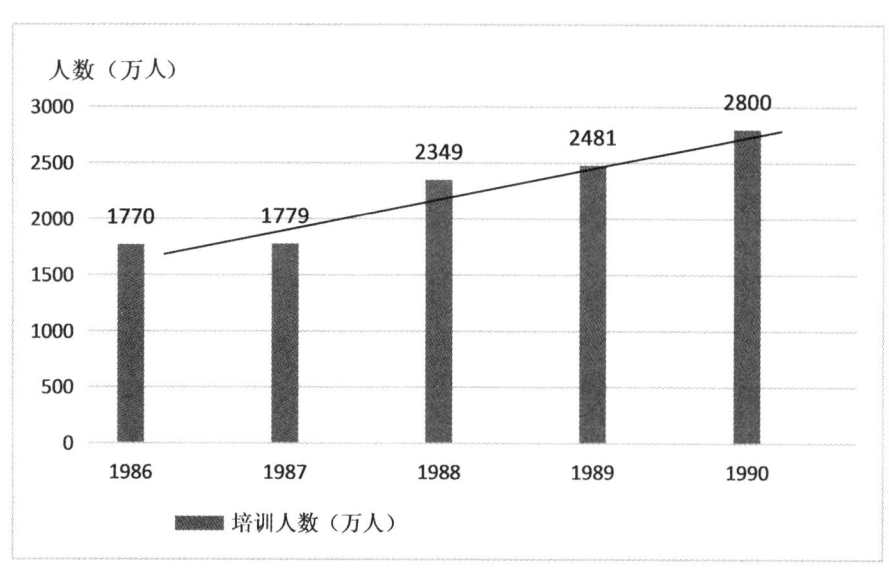

图17.1　1986—1990年参加岗位培训人数条形图

(四) 建立继续教育制度

受世界形势影响，这一时期国家注重继续教育，建立了继续教育制度。1987年党的十三大报告指出加强在职继续教育。同年12月，《关于开展大学后继续教育的暂行规定》发布，强调专业技术人员的继续教育。1988年1月21日，《吉林省专业技术人员继续教育暂行规定》发布，这是我国第一部地方性继续教育法规颁布实施。此后，各地区、各行业也渐次制定了继续教育规定。1989年5月，第四届世界继续工程教育大会于北京召开。

(五) 深化改革扫盲与农村成人教育

这一阶段的扫盲与农村成人教育改革有了一定的深入推进，颁布了一系列政策文件。其中不乏一些改革亮点。

1. 推动扫盲教育与国际接轨

这一阶段，联合国教科文组织亚太地区总办事处举办了多次"大众教育计划扫盲人员培训教材编写研讨班"以及扫盲人员培训班，编写了《大众教育计划扫盲人员培训教材》《大众教育计划继续教育人员培训教材》，在我国成都举办了地区培训班。我国先后举办多期国家级培训班，多次参加联合国教科文组织和亚洲文化中心共同举办的扫盲教材编写培训班和教材评奖活动。在此期间，联合国大会确定1990年为"国际扫盲年"，同年1月，国家教委在北京召开迎接"国际扫盲年"全国电话会议，中国代表团参加了同年召开的世界全民教育大会。同年3月，中央十部委联合成立全国扫除文盲工作协调小组，并发出联合开展扫盲工作的通知。

2. 试行农村成人教育改革试验区与"燎原计划"

为了贯彻《决定》精神，1987年2月，国家教委与河北省人民政府在涿州市召开河北省农村教育改革试验区工作会议，国家教委与河北省人民政府决定共同在阳原县、完县（现改为顺平县）和青龙县建立"河北省农村教育综合改革实验区"。1988年8月，国家教委在河北省南宫市召开实施"燎原计划"工作会议，并于11月发出《关于印发有关"燎原计划"两个文件的通知》。此后，各地相继设立"燎原计划"示范乡和农村教育综合改革实验县，推动农村成人教育又上新台阶。

(六) 治理整顿成人高等教育

20世纪80年代是我国成人高等教育迅速发展的时期，但是，各类成人高等学校的发展很不平衡，暴露出一些不容忽视的问题，比如"乱办学、乱收费、乱发文凭"等。由此，国家从提高办学效益和质量入手，开始对成人高等教育进行治理整顿。

1. 改革成人高等学校培养规格：三种证书制度

这一时期，对成人学校的培养规格进行了调整，实行三种证书制度，包括：毕业证书、单科及格证书、专业证书。

2. 改革成人高等学校教学：理论与实践结合

《决定》对成人高等学校教学提出了新要求，强调理论与实践结合，实施适合成人特点的教学。[①]

3. 改革成人高等学校办学方式：联合办学

1990年6月，《关于普通高等学校成人教育治理整顿工作的若干意见》发布，并成立成人高等教育治理整顿工作协调小组，针对办学"三乱"现象进行管理和改革。成人高等教育自身也采取了系列改革措施，如下放普通高校函授、夜大学的办学审批权限等。

这一阶段，着重针对成人教育现状问题展开了对策性改革。由"成人教育低谷期"促发的改革契机从另一方面激发了成人教育的质变与提升，从现状问题着手，"对症下药"，解决问题，促进成人教育质的提高，初步形成了包括初等、中等、高等不同学历层次，学历教育与非学历教育并行，办学和教学形式多样并与普通教育衔接的成人教育体系。

三、第三阶段（1992－2001）

1992年初，邓小平南方谈话发表后，掀起了各级政府和教育部门对成人教育重要性的认识，进一步推动了改革浪潮。1992年10月党的十四大召开，"积极发展成人教育"成为重要方针。上海等地开始了"紧缺人才培训工程"，由此引发我国"第二轮成人教育热"。这一阶段是我国成人教育改革的重要阶段，主要进行了以下几方面改革。

（一）明确成人教育制度法律地位

1993年2月，《中国教育改革和发展纲要》对成人教育进行了规定，第一次提出："成人教育是传统学校教育向终身教育发展的一种新型教育制度"，"国家建立和完善岗位培训制度、证书制度、资格考试和考核制度、继续教育制度"。1995年3月，《中华人民共和国教育法》规定："促进各级各类教育协调发展，建立和完善终身教育体系"，"国家实行职业教育制度和成人教育制度"，明确了成人教育制度的法律地位，推动改革进程。

---

① 中国成人教育协会组编. 中国成人教育改革发展三十年［M］. 北京：高等教育出版社，2008：625.

（二）改革管理体制为"两级管理，分类负责"

1992年8月，国家教委《关于进一步改革和发展成人高等教育的意见》首次明确提出要"建立分级管理、分级负责的管理体制，形成科学的管理、调控制度"。

"意见"分门别类地对成人学历教育和非学历教育进行了权责规定，权力给地方，逐步下放部分权力。1993年2月，《中国教育改革和发展纲要》肯定了成人教育"分级办学，分级管理"的管理体制。1998年，"职业教育与成人教育司"设立，成人教育司被"分解"，引发了成人教育机构撤并。1999年6月，中共中央、国务院《关于深化教育改革全面推进素质教育的决定》发布，指出要"进一步简政放权"，"地方各级人民政府要加强对职业教育和成人教育的统筹"。[①] 因此，成人教育的管理体制逐步由"一级管理"体制转变为国家、省部"两级管理，分类负责"体制。

（三）渐趋形成继续教育体系

1995年11月1日，《全国专业技术人员继续教育暂行规定》发布，对专业技术人员继续教育做了说明。1998年人事部专业技术人员管理司成立，专门负责专业技术人员的相关业务，其中包括继续教育业务。举办主体主要有企业、高校、社会机构，继续教育体系渐趋形成。

（四）突破性改革扫盲与农村成人教育

在这一阶段，我国扫盲与农村成人教育进行了突破性改革，基本扫除青壮年文盲，乡镇成人文化技术学校取得较大发展。1993年2月《中国教育改革和发展纲要》等都对扫盲教育与农村成人教育提出了新要求。

1. 基本扫除青壮年文盲成为"重中之重"

1993年，《中国教育改革和发展纲要》颁布，基本扫除青壮年文盲从此列入教育"重中之重"目标。1993年，《扫除文盲工作条例》，对扫盲措施进一步明确。1994年，全国扫除文盲工作部际协调小组成立。扫盲工作进入了分区规划、分步实施的阶段；扫盲教育列入教育督导评估内容，分级验收、分级督导评估的制度日益完善。

2. 县、乡、村三级成人教育培训网络

《中国教育改革和发展纲要》提出，要大力发展农村成人教育，全面提高农村从业人员素质。1995年《示范性乡镇成人文化技术学校规程》发布，对成人文化技术学校进行了相关规定。后续还颁布了各项方针政策，比如《中共中央关

[①] 桑宁霞. 中外视野下的成人教育［M］. 太原：山西人民出版社，2006：195-196.

于农业和农村工作若干重大问题的决定》等，促进形成县、乡、村三级成人教育培训网络，"燎原计划""星火计划""丰收计划""绿色证书工程"等大力开展。

（五）重在提高质量的成人高等教育改革

1992年8月，国家教委《关于进一步改革和发展成人高等教育的意见》发布。该时期的成人高等教育改革措施有：全国统一招生考试；设立成人专科教育改革试点，实行教学质量抽考制度；加强对毕业证书的管理等。成人高等教育改革促进了成人高等教育的大力发展，如图17.2所示。

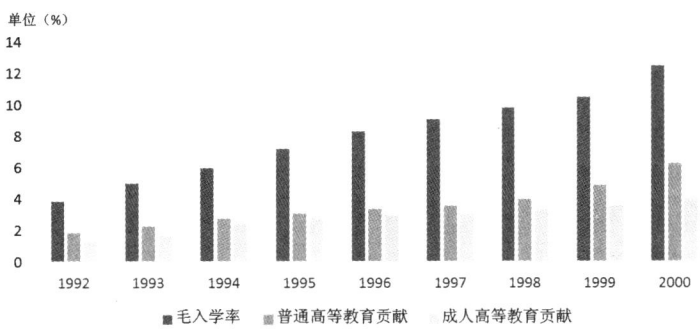

图17.2　1992—2000年我国高等教育毛入学率趋势柱状图

表17.3为1998—2000年我国高等教育学生人数统计表，可以看出成人高等教育的人数增长较快，且在全国高等教育中占有相当的比例。

表17.3　1998—2000年全国高等教育学生人数统计

年份	在校生总规模（万人）	研究生（人）		普通本专科（人）		成人本专科（人）	
		博士	硕士	本科	专科	本科	专科
1998	642.99	14962	57300	653135	439492	113197	888179
1999	742.27	15519	71847	936690	611864	207508	998476
2000	939.86	25142	102923	1160191	1045881	312580	1248900

这一阶段，在延续上一阶段改革步伐中更加侧重对成人教育制度体系的建设，政府及教育主管部门对成人教育的支持力度空前加大，全国成人高等教育工作会议、党的十四大的召开和《中国教育改革和发展纲要》《扫除文盲工作条例》的颁布，促发"第二轮成人教育热"的改革热潮。

四、第四阶段（2002—2018）

2002年11月，党的十六大提出了"形成全民学习、终身学习的学习型社会，促进人的全面发展"的奋斗目标。新世纪，我国在继续发展各类成人教育的同时，树立了成人教育的新理念，主要进行了以下几方面改革。

（一）政策导向继续教育

从 2002 年开始，政策开始导向继续教育。这意味着我国开始与国际接轨，也意味着成人教育任务的阶段性变化，同时意味着构建终身教育体系的目标导向。

2002 年，党的十六大报告首次用"继续教育"这一名称来代替"成人教育"。2004 年，《2003－2007 年教育振兴行动计划》发布，首次将继续教育从成人教育中剥离。2010 年《国家中长期教育改革和发展规划纲要（2010－2020 年）》出台，继续强调继续教育。2012 年教育部发布《关于加快发展继续教育的若干意见》，明确继续教育的政策定位。2015 年，《教育法》以"继续教育"取代"成人教育"。这是我国教育基本法律制度的重大变革，也是成人教育转型的标志。[①] 党的十七大、十八大、十九大均用"继续教育"来代替"成人教育"。

（二）实效化改革扫盲与农村成人教育

这一阶段，扫盲与农村成人教育的改革更加实效化，切实为实现扫除文盲与建设社会主义新农村而奋斗，改革更加切合实际，关注弱势群体。

1. 加大扫盲教育支持力度

进入 21 世纪，政府进一步加大了开展扫盲工作的力度，继续扫除剩余文盲。其一，政策力度加强。出台有 2002 年《关于"十五"期间扫除文盲工作的意见》、2004 年《国家西部地区"两基"攻坚计划》、2007 年《关于进一步加强扫盲工作的指导意见》、2007 年《北京宣言》等。在 2007 年 12 个部门联合印发的《关于进一步加强扫盲工作的指导意见》中，明确了扫盲教育改革的思路，并对加强扫盲教育的机构和队伍建设提出了具体要求。其二，加大财政对扫盲教育的投入。从 2007 年起，中央财政加大了对扫盲教育的支持力度，财政部与教育部联合颁发《扫盲教育中央专项资金管理暂行办法》，着力提高扫盲经费的使用效益。其三，加强对扫盲教育的研究和指导。2007 年 3 月，教育部成立了扫盲教育专家组并召开了专题会议。其四，加强扫盲教材开发工作。2007 年 5 月，教育部在重庆召开了全国扫盲教育教学材料开发交流会议，提出了今后扫盲教育教材编写的改革思路，要求针对文盲群体的学习需求，增强教学材料的多样性。其五，积极参与联合国教科文组织的扫盲活动，切实履行《达喀尔全民教育行动纲领》《中国全民教育行动计划》等。我国扫盲教育获得联合国教科文组织颁发的野间扫盲奖、克鲁普斯卡娅奖和世宗王扫盲奖等大奖。

---

① 周芳. 终身教育体系下成人教育法律地位之思考［J］. 求索，2016（7）：39-43.

2. 农村成人教育注重农民培训

2003年,《关于进一步加强农村教育工作的决定》发布,提出大力发展成人教育,深化农村教育改革,实行"三教统筹"等。2004年,《农村劳动力转移培训计划》发布,对转移培训提出了明确规定。阳光工程、农村劳动力转移培训工程、农村实用人才培训工程等大力实施。

(三) 大力支持社区教育

随着社会的发展进步,尤其是学习型社会的提出,社区已成为成人教育活动的重要领域,社区教育受到政府大力支持得以大幅度改革:由点到面,社区教育体系渐趋完善,更加注重与民生工程相结合。

1. 注重社会治理

2004年12月,《关于进一步推进社区教育工作的意见》发布,对社区教育工作展开了明确部署。2007年6月,社区教育被正式列入中华人民共和国国家标准。2014年,教育部等七部门《关于推进学习型城市建设的意见》发布,对社区教育提出了新要求,将社区教育作为学习型城市、学习型社会建设以及社会治理的一种重要途径。

2. 关注民生工程

2004年《关于进一步推进社区教育工作的意见》提出,要建立健全以城带乡、城乡一体的社区教育协调发展机制。社区教育更加关注民生工程,参与社会治理,面向弱势群体。

3. 设立基地开展实验

2015年《关于批准第二批国家开放大学社区教育实验中心(基地)的通知》提出,大力开展社区教育实验,是为贯彻落实党的十八大提出的关于"完善终身教育体系,建设学习型社会"指示精神,拓展国家开放大学办学领域和服务功能,实现教育服务和谐社会建设的一项基础性工作。2016年教育部等九部门提出《关于进一步推进社区教育发展的意见》,加强社区教育实验区和示范区建设。

(四) 创新改革远程教育

1999年1月,《面向21世纪教育振兴行动计划》提出实施现代远程教育工程。新世纪,远程教育开始创新改革。

从早期广播电视授课发展到广播、电视、基于网络的多媒体相结合的多样化的开放式教育;创建中央电大开放式人才培养模式;构建了"天地网结合、三级平台互动"的网络教学环境;实行学历教育与非学历教育相结合;建设了专门化的教学队伍;形成了分工合作的学导结合教学模式;完善了系统运作教学管理模式;建立了远程开放教育一体化运行机制;形成了具有中国特色的远程开放教育理论基本框架;覆盖范围从城市逐步扩展到广大农村,有效地促进了教育公平。图 17.3、17.4 为电大毕业生在全国高校和成人高校中的比例。

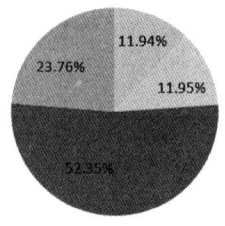

图 17.3 电大毕业生在同期全国高校毕业生中
所占比例饼状图 (1982—2006)

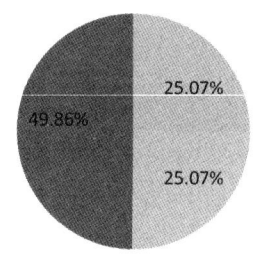

图 17.4 电大毕业生在同期成人高校毕业生中
所占比例饼状图 (1982—2006)

(五) 逐步重视老年教育

发展老年教育,使老年人老有所教,老有所学,学有所得,学有所乐。我国的老年教育在新世纪实现了较大改革。

1. 政策支持力度加大

2012 年,《老年人权益保障法》修订版出台,其中明确规定了继续受教育是老年人应有的权利,终身教育和社区教育体系的构建都应将老年教育纳入其中,国家鼓励社会发挥作用将各类老年学校办好,老年教育应在老年人扩展学识、充实生活、保障健康、陶冶情操、融入社会中提供服务。2014 年,教育部等九部门出台《关于加快推进养老服务业人才培养的意见》,加快推进养老服务相关专业教育体系建设。2016 年出台《全国老龄办关于推进老年宜居环境建设的指导意见》。同年,国务院出台《老年教育发展规划(2016—2020 年)》,这是我国第一部老年教育专项规划。2017年,《"十三五"国家老龄事业发展和养老体系建设规划》发布;12个部门联合出台我国第一个以老年健康为主题的专项国家规划——《"十三五"健康老龄化规划》。2017年党的十九大报告中更是将社区治理体系建设明确提出,老年教育的成功一定程度上应该是社区老年教育的成功。

2. 扩大老年教育群体

老年教育对象从一开始面向离休干部,后来扩展到退休干部、退休工人,现在面向全社会的老人。教育对象极其广泛,差异性也很大;教育内容丰富多彩,课程设置向全方位拓展;教育更加开放自由。

3. 改革老年教育资源供给渠道

2016年国务院《关于印发老年教育发展规划（2016—2020年）的通知》等一系列政策措施,对老年教育全面改革给予了全方位指导。老年教育资源供给渠道进行了多样化改革;其一,建设老年大学;其二,依托社区开展老年教育;其三,推动各级各类学校开展老年教育。

这一阶段,成人教育改革加入了诸多新的元素:政策导向于继续教育、社区教育、老年教育、远程教育、农民培训等。新时代,构建学习型社会,必须围绕学习型组织、学习型社区及终身教育体系的构建进行。

第二节 成人教育改革的成就

在各项改革措施的推动下,成人教育改革取得了可喜的成就。总结40年改革历程,其基本成就主要体现在以下几个方面。

一、教育对象趋向包容:由个别群体至多元群体

成人教育对象是接受成人教育的人。成人教育对象是成人教育活动的直接接受者和受益者,任何成人教育活动都是为成人教育对象而展开。因此,不同阶段的成人教育决定了不同种类的成人教育对象群体。改革开放40年,成人教育在一系列改革措施下不断发生变化,其对象亦趋向包容化发展,实现了从个别群体向多元群体的转化。

改革开放初期,成人教育领域的恢复和调整着重体现在职工教育、扫盲教育、干部教育、学历补充教育上,此时的成人教育对象多是一些企业职工、不识字的文盲以及亟待需要提高学历教育的人。初期的政策文件多围绕这些群体而展开,比如1981年2月20日,中共中央、国务院《关于加强职工教育的决定》;1983年5月18日,教育部等部门《关于成立管理干部学院问题的请示》;1988

年2月5日,《扫除文盲工作条例》；1988年3月3日,《高等教育自学考试暂行条例》等。

1987年6月23日，国务院批转国家教委《关于改革和发展成人教育的决定》，对成人教育对象进行了细致的规定，成人教育对象群体渐趋拓宽。2004年12月,《关于进一步推进社区教育工作的意见》发布，成人教育对象延伸至广大社区居民。2014年，教育部等九部门《关于加快推进养老服务业人才培养的意见》出台，成人教育对象扩展至老年群体。党的十九大报告提出，"办好继续教育，加快建设学习型社会，大力提高国民素质"，强调了成人教育中的继续教育在建设学习型社会、提升国民素质中的重要作用，同时也可见成人教育对象群体的广泛性。

随着改革开放的不断深入，成人教育对象从主要关注在职人员，特别是中年、壮年在职人员，包括工农、军人、干部、科技工作者等，逐渐延伸到了青年成人群体、老年成人群体、广大社区居民。在终身教育理念的指导下，成人教育对象开始包容广大弱势群体，如孤独的老年人、失业的下岗职工、生活贫困的人、农民工、残疾人、女性弱势群体等，关注他们的生存、生活和生命，满足他们学习的权利和自由。①

二、结构体系渐趋丰富：由单层至立体转化

成人教育结构体系是由若干门类、若干层次、若干因素组成，并以一定的方式联系而构成的有机的整体。② 改革开放以来，在一系列改革措施的推进下，我国成人教育结构体系渐趋丰富，从单层向立体发展，日益完善。

改革开放初期，我国成人教育还主要限定在扫盲教育、职工教育、岗位培训工作上，成人初等、中等、高等教育有"补充教育"的倾向。从国家相关法律政策即可看出：1982年12月4日发布的《中华人民共和国宪法》第十九条提出，"国家发展各种教育设施，扫除文盲，对工人、农民、国家工作人员和其他劳动者进行政治、文化、科学、技术、业务的教育，鼓励自学成才"。1987年6月23日，国务院批转国家教委《关于改革和发展成人教育的决定》的通知，提出成人教育与基础教育、职业技术教育、普通高等教育同等重要，成人教育从此真正开始在国民教育结构体系中确立起自己的地位。其中就成人教育的主要任务进行了条分缕析的详细说明，从"岗位培训""基础教育""在职文化和专业教育""继续教育""社会文化和生活教育"这五个层面展现了成人教育的主要结构体系，

---

① 桑宁霞. 成人教育哲学［M］. 太原：三晋出版社，2018：95.
② 武志刚. 试论成人教育结构体系［J］. 科技资讯，2009（2）：252.

较之于之前的体系进一步完善。

此后,相关成人教育政策文件不断与时俱进,添加成人教育新内容,着重强调与时代相应的成人教育体系。1994年7月3日,国务院关于《中国教育改革和发展纲要》的实施意见中提出,"大力发展以扫盲和岗位培训及继续教育为重点的成人教育",强调成人教育中的扫盲教育、岗位培训和继续教育。1999年,国务院批转教育部《面向21世纪教育振兴行动计划》的通知,在行动计划的主要目标中提及:"到2000年,全国基本普及九年义务教育,基本扫除青壮年文盲,大力推进素质教育;完善职业教育培训和继续教育制度,城乡新增加劳动力和在职人员能够普遍接受各种层次和形式的教育与培训","成人教育要以岗位培训和继续教育为重点","开展社区教育的实验工作,逐步建立和完善终身教育体系"。"计划"强调了成人教育中的继续教育和岗位培训,同时新增了社区教育和终身教育体系。

1999年,中共中央、国务院关于《深化教育改革全面推进素质教育的决定》中提出,实施素质教育应当贯穿于幼儿教育、中小学教育、职业教育、成人教育、高等教育等各级各类教育中,在成人教育体系中增加了素质教育。2006年,国务院关于印发《全民科学素质行动计划纲要(2006—2010—2020年)》的通知在农民科学素质行动、城镇劳动人口科学素质行动、领导干部和公务员科学素质行动以及在基础工程中的农村成人文化技术学校等方面都体现了成人教育体系涵盖的范围。21世纪后,政策文件中成人教育多与学习型社会建设、终身教育体系构建相联系,并单列文件突出成人教育部分体系的重要性:社区教育、继续教育、老年教育等。

经过一系列改革,成人教育结构体系日趋丰富,贯通初等教育、中等教育、高等教育,横跨农村教育、职业教育、义务教育、民族教育、终身教育等。因此,成人教育结构体系可以按照不同的标准,如成人教育对象、成人教育内容、成人教育功能、成人教育办学形式、成人教育区域差异、成人教育机构性质、成人教育历史演进脉络等进行划分。在此,我们列举比较有代表性的两种划分,以此呈现改革开放40年来成人教育结构体系的改革成就,如图17.5、17.6所示。

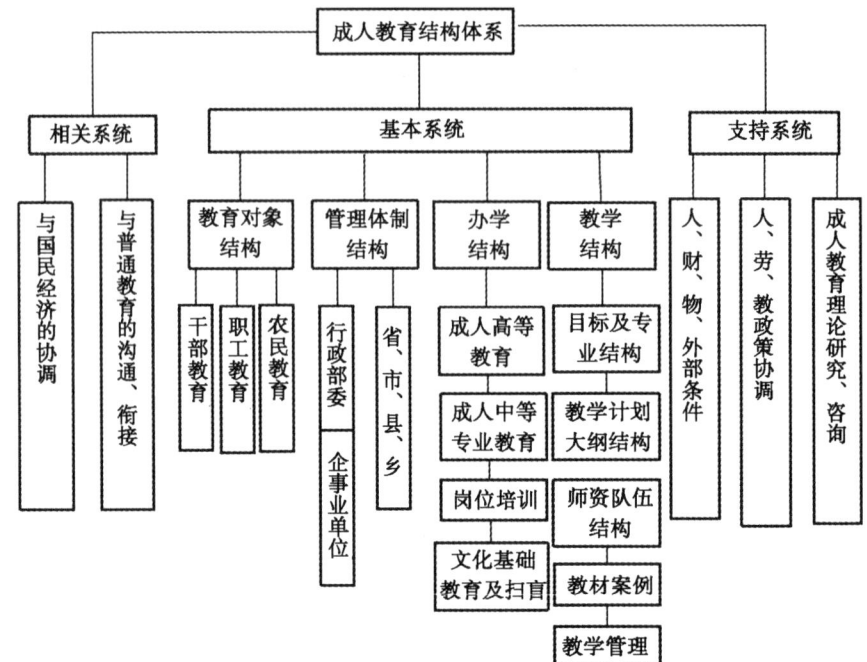

图 17.5 我国成人教育结构体系图（一）①

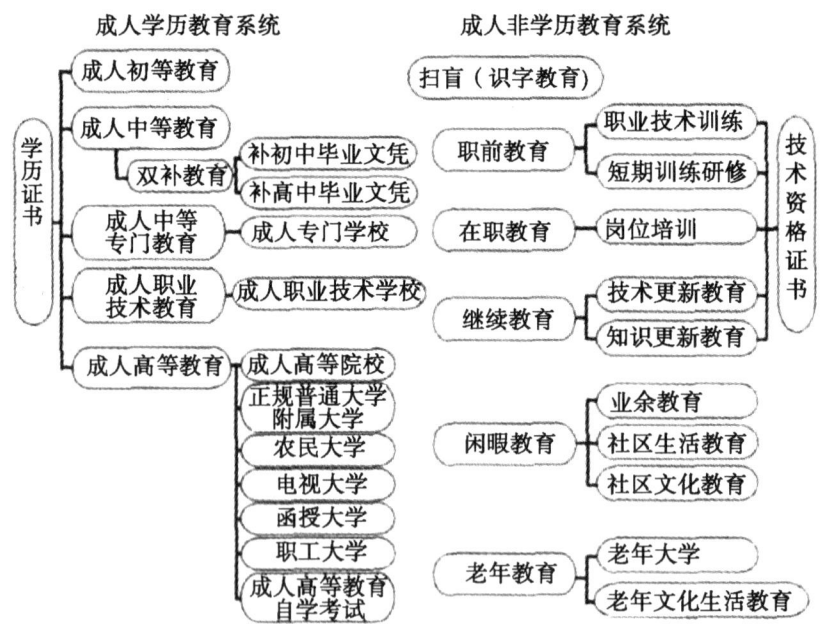

图 17.6 我国成人教育结构体系图（二）②

---

① 张维. 成人教育学 [M]. 福州：福建教育出版社，1995：122.
② 吴遵民. 现代中国终身教育论 [M]. 上海：上海教育出版社，2003：213.

三、法制建设与时俱进：由国家至公民转向

成人教育法制建设即制定成人教育相关法律。改革开放40年，我国成人教育法制建设渐趋丰富，能够与时俱进及时更新法制建设，发生了强调国家诉求至强调公民诉求转向的变化，从无到有产生了一系列法律制度。

改革开放初期，伴随着整个教育事业的拨乱反正，成人教育领域的法制建设也有明显的体现国家诉求的政治意味。1979年1月11日，国务院批转教育部、中央广播事业局《关于全国广播电视大学工作会议的报告》的通知，提出"加速培养大量又红又专的人才，是一项极为迫切的任务"。1981年2月20日，中共中央、国务院《关于加强职工教育工作的决定》指出，"建设四个现代化的社会主义强国，需要一支广大的有社会主义觉悟、有科学文化知识、有专业技术和经营管理经验的职工队伍，需要有一大批又红又专的专门人才"。此时的成人教育法制建设具有明显的政治意味，1987年开始转向经济社会发展的诉求。

1987年6月23日，国务院批转国家教委《关于改革和发展成人教育的决定》，提出："成人教育是当代社会经济发展和科学技术进步的必要条件"，"使经济和社会的发展具有更加坚实可靠的人才基础"。此后，成人教育的法制建设体现了经济社会发展的诉求。

1993年2月13日，《中国教育改革和发展纲要》提出，"成人教育是传统学校教育向终身教育发展的一种新型教育制度，对不断提高全民族素质，促进经济和社会发展具有重要作用"。党的十六大提出形成"学习型社会""促进人的全面发展"的目标。2003年12月26日，中共中央、国务院《关于进一步加强人才工作的决定》提出，"以能力建设为核心，大力加强人才培养工作"，并把成人教育作为加快终身教育体系、促进学习型社会形成的重要途径。2014年，教育部等七部门《关于推进学习型城市建设的意见》中提出，"发挥职业教育和继续教育在提高社会成员素质以及满足终身学习需求中的核心和骨干作用"。2017年党的十九大提出"办好继续教育，加快建设学习型社会，大力提高国民素质"。

经过成人教育法制建设的改革，目前我国成人教育取得了一定的法制建设的成就。我国现行的成人教育法律有：

其一，宪法中的有关成人教育的规定。《宪法》规定："国家发展各种教育设施，扫除文盲，对工人、农民、国家工作人员和其他劳动者进行政治、文化、科学、技术、业务的教育，鼓励自学成才。"宪法是成人教育法制建设的最根本保证。

其二，教育法律和其他法律中的有关成人教育的规定。目前，我国还没有专

门的成人教育法。1995年3月18日颁布的《中华人民共和国教育法》是我国成人教育法制建设的基础和依据。涉及成人教育内容的其他单行法有《义务教育法》《职业教育法》《教师法》《学位条例》《高等教育法》《劳动法》《全民所有制工业企业法》《妇女权益保障法》等。

其三，成人教育行政法规。行政法规主要有《扫除文盲工作条例》《高等教育自学考试暂行条例》《残疾人教育条例》《关于印发老年教育发展规划（2016—2020年）的通知》等。法规性文件有《关于大力发展高等学校函授教育和夜大学的意见》《关于改革和发展成人教育的决定》等。决定和指示有《中国教育改革和发展纲要》《关于加强职工教育工作的决定》等。

其四，成人教育行政规章。如《乡（镇）农民文化学校暂行规定》《关于开展大学后继续教育的暂行规定》《成人高等学校设置的暂行规定》《关于社会力量办学的若干暂行规定》《关于做好普通高等学校函授、夜大学教育评估工作的通知》《关于进一步推进社区教育发展的意见》等。

其五，成人教育地方性法规。如《北京市职工教育条例》《深圳经济特区成人教育管理条例》等。[①] 2005年制定的《福建省终身教育促进条例》，是我国制定的第一部地方终身教育法规。2014年《河北省终身教育促进条例》《宁波市终身教育促进条例》相继出现。

四、内涵建设明显提升：由数量到质量拓展

成人教育内涵建设即在已有教育条件基础上，提高成人教育内在质量和水平。[②] 内涵建设属于成人教育发展的一个层次，在成人教育改革过程中，以改革开路，改革带动发展。因此，成人教育改革的历程，决定了成人教育发展的水平。成人教育的发展可以包括两种方式：内涵式和外延式，外延式基于数量和规模的扩张，内涵式不单纯依靠数量增长，还在于效率和质量的提升。[③] 改革开放40年，成人教育领域内的一系列改革措施，逐渐引导成人教育由关注数量到关注质量，内涵建设取得明显提升。

改革开放开始了成人教育领域的拨乱反正与恢复调整，改革开放初期，一系列改革措施更侧重于关注成人教育的数量和规模的扩张，关注外延建设。比如，体现在职工教育上的"补偿教育"倾向，迫切依靠提高职工学历素质来为经济社

---

① 唐亚豪. 成人教育新论［M］. 长沙：湖南师范大学出版社，2002：222-225.
② 李鹤飞. 学习型社会视域下成人教育内涵建设刍议［J］. 继续教育研究，2017（9）：50-52.
③ 袁振国. 教育改革与教育发展的关系［J］. 上海高教研究，1992（3）：17-22.

会的恢复调整服务；体现在扫盲教育上的指标，1978年11月6日国务院颁发的《关于扫除文盲的指示》提出"一堵、二扫、三提高"，要求青壮年脱盲人数达到85％以上；体现在成人高等教育上的"积极恢复、大力发展"方针，实施自学考试制度、"双补"教育，积极恢复和扩大成人高等教育规模；并大力鼓励社会力量办学，实现成人教育数量上的扩张。由此，改革开放初期的外延建设引发了"第一轮成人教育热"，但也伴随着质量的下降而产生了"成人教育低谷期"，由此促发了关注质量的改革措施。

1987年6月23日，《关于改革和发展成人教育的决定》提出"改革成人学校教育，提高办学效益和质量"。"决定"对于改变成人教育单纯依靠外延建设的弊端有所改善，但其中就"充分调动地方和企业事业单位举办成人教育的积极性"而提出的"发展成人教育，是一种周期短、见效快的智力开发"，还是把成人教育看作单纯的智力开发工具，还没有充分认识到成人教育丰沛的内涵。

1993年2月，《中国教育改革和发展纲要》第一次提出："成人教育是传统学校教育向终身教育发展的一种新型教育制度，对不断提高全民族素质，促进经济和社会发展具有重要作用。""纲要"开启了对成人教育内涵建设的全新认识，与终身教育体系相联系，赋予成人教育新的意义。1999年6月3日，《关于深化教育改革全面推进素质教育的决定》提出"实施素质教育应当贯穿于幼儿教育、中小学教育、职业教育、成人教育、高等教育等各级各类教育"，赋予成人教育素质教育的内涵。

2002年，中共十六大报告首次用"继续教育"这一名称来代替"成人教育"，将继续教育与职业教育视为"构建终身教育体系"的重要方式，体现了成人教育的新时代内涵。2013年4月13日，中国成人教育协会第五次会员代表大会在京召开。教育部部长袁贵仁指出，继续教育特别是成人教育，是终身学习体系的重要组成部分。新时期，成人教育改革更加注重继续教育、培训、社区教育、老年教育、学习型组织、终身教育等内容，内涵建设不断得以与时俱进，开拓创新。

经过一系列改革，我国成人教育内涵建设取得明显提升，由单纯关注数量到重视质量的转变，主要成就体现在：

其一，成人教育内容丰富化。成人教育愈加重视人的学习需求，从之前的识字教育、生产培训、学历补充，蜕变为融合知识更新教育、职业生涯教育、闲暇生活教育等具有终身教育性质的体系。

其二，成人教育层次不断提高。成人教育改变了之前的扫盲教育、文化补习教育等低层次水平，发展到现在的为不同需求的人提供不同的教育服务。不再单纯发展学历教育，非学历教育飞速发展。开始把触角伸至广大弱势群体中去，致力于发挥构建终身教育体系和实现学习型社会的独特作用。

其三，成人教育渠道多样化。成人教育学习网络逐步形成，学习型团体的互动模式多元，各类教育相互沟通，终身教育体系和终身学习氛围逐步形成。

五、工作队伍渐趋专业：由单维至多维转移

成人教育工作者泛指所有专职和兼职的，直接和间接地从事成人教育教学、科研和行政管理的人员。[①] 成人教育工作者的数量、素质和能力直接影响我国成人教育的改革和发展进程。改革开放40年，我国成人教育工作者经历了一系列改革措施的调整，实现了从单维群体向多维群体的转移，并不断向专业化迈进。

改革开放初期，我国成人教育工作者不论在数量还是质量上都比较欠缺，由此国家采取了改革措施加以不断调整。1981年2月20日，《关于加强职工教育的决定》提出，"建立一支以专职教师为骨干、与兼职教师相结合的教师队伍"，"选调那些能胜任教学的职工和技术人员，担任专职或兼职教师"。

1987年6月23日，国务院批转国家教委《关于改革和发展成人教育的决定》，提出"成人教育的师资队伍应以专职教师为骨干，专职与兼职相结合"，"要从社会的各个方面动员和争取更多热爱成人教育的同志参与成人教育的工作"。成人教育工作者开始趋向于多维群体。

2006年2月6日，《全民科学素质行动计划纲要（2006－2010－2020年）》提出，"加强教师队伍建设，培养一支专兼结合、结构合理、素质优良、胜任各类科学教育与培训的教师队伍"。2011年5月，《上海市终身教育促进条例》规定："从事终身教育工作的专职教师应当取得相应的教师资格"，并对成人教育兼职教师资格作出了相应的规定。

2012年10月12日，《成人教育培训服务术语》《成人教育培训工作者服务能力评价》《成人教育培训组织服务通则》等三项教育服务类国家标准发布，并于2013年2月1日实施。这是我国第一组成人教育培训国家标准，标志着我国成人教育质量监控制度文化的建立，标志着我国成人教育培训服务在法制化进程中迈出了重要一步，对于成人教育工作者的专业化建设大有裨益。[②] 该标准还对成人教育培训工作者做了其他方面的要求。改革的系列推进，我国成人教育工作者逐渐由改革开放初期的数量少、质量低、单维群体转向数量多、质量高、多维

---

① 张维. 成人教育学[M]. 福州：福建教育出版社，1995：292.
② 丁红玲，孙景昊.《成人教育培训服务三项国家标准》价值分析[J]. 职教论坛，2014（36）：49-51.

群体。

新时代，我国成人教育工作者专业化水平不断提升，建设了一支由多维群体组成的成人教育工作者队伍。重视对成人教育工作者的专业化培训，组织成人教育工作者（特别是青年教师）深入生产、工作第一线，向实践学习，在实践中增长才干。这些将对成人教育工作者专业化水平的提升大有裨益。

六、管理体制简政放权：由集权至分权转变

成人教育管理体制是有关机构设置、隶属关系和权限划分的制度，它是国家教育管理体制的重要组成部分。[1] 改革开放以来，我国进行了一系列成人教育管理体制的改革，实现了从集权向分权的转变。

改革开放初期，成人教育管理体制属于"一级统管"体制。1982年8月16日，教育部原工农教育司改为成人教育司，专门管理全国成人教育。1984年8月，教育部增设高等教育三司，管理成人高等教育业务。1985年6月18日，国家教育委员会设立。1986年，开始实行全国成人高教统一入学考试，使这种"一级统管"体制走向巅峰。1987年，国家教育委员会成立成人教育司，统管成人初等、中等和高等教育，审批成人高等学校的设置。

1992年8月，《关于进一步改革和发展成人高等教育的意见》中首次提出"建立分级管理、分级负责的管理体制，形成科学的管理、调控制度"。自此，成人教育管理体制开始逐渐进行分权改革。

1993年2月，《中国教育改革和发展纲要》提出，"进一步改变政府包揽办学的状况，形成政府办学为主与社会各界参与办学相结合的新体制"。1999年6月，《关于深化教育改革全面推进素质教育的决定》提出"进一步简政放权"。2016年，教育部《关于办好开放大学的意见》中提出，"逐步完善学校自主办学、自主发展、自我管理、自我约束的制度框架"。2016年5月9日，李克强总理在《政府工作报告》中提出"放管服"改革。

改革开放40年，成人教育管理体制改革逐渐从集权向分权转化，着重于管理体制的"简政放权"，不断适应社会主义市场经济体制，注重"以人为本"，更加市场化。成人教育办学范围不断延伸，出现了民办公助、公办民助等多种形式，如图17.7、17.8所示。全球化的不断深入和产业结构、就业结构的调整，对成人教育如何提供有竞争力的教育产品提出新挑战，成人教育管理体制的"市场化"分权改革将是适应经济社会发展的系统性改革措施。

---

[1] 桑宁霞. 中外视野下的成人教育[M]. 太原：山西人民出版社，2006：189.

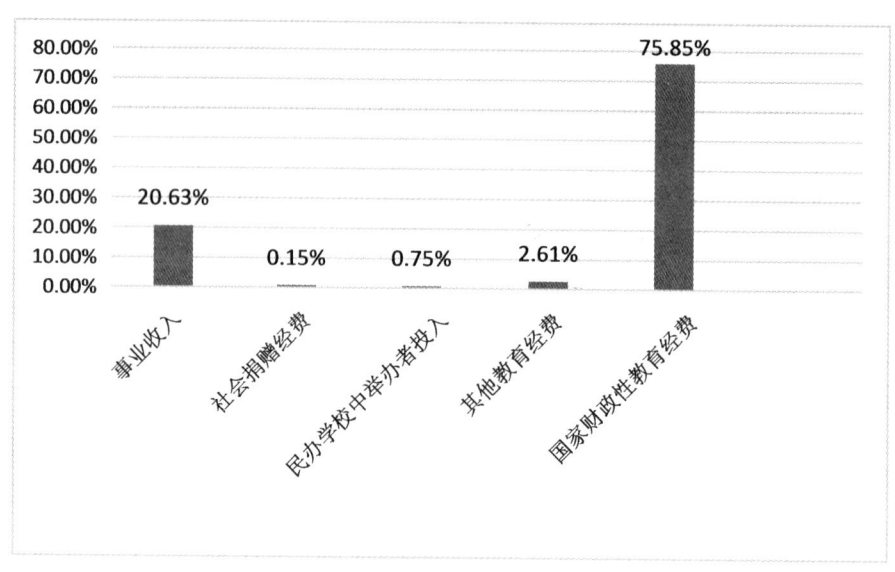

图 17.7　2011 年成人教育各类学校经费来源条形图

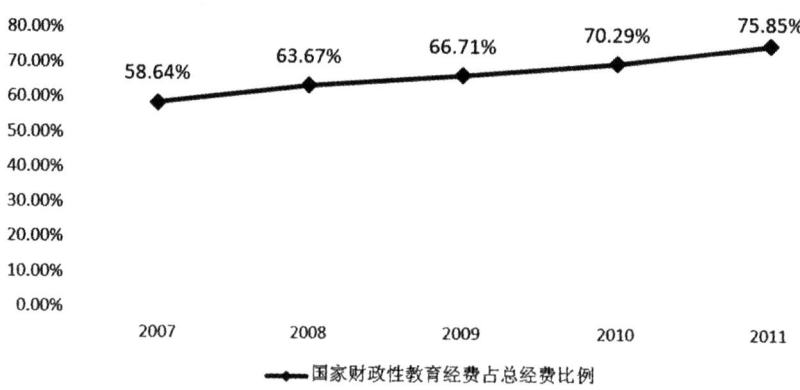

图 17.8　2007—2011 年国家财政性教育经费占总经费比例折线图

七、对外开放崭新布局：由参与至合作开展

改革开放以来，我国成人教育改革也迎来了国际化的趋势，对外开放迎来了崭新的布局。成人教育由之前单纯学习国际经验到开始主动承办、承担国际成人教育活动，与国际成人教育交流合作，其改革的国际视野渐趋拓宽。

改革开放初期，我国成人教育改革还主要面向国内，较少关注国际或与国际进行交流合作。初期的对外开放主要体现在扫盲教育的开展，1986年以后，联合国教科文组织亚太地区总办事处举办了多次"大众教育计划扫盲人员培训教材编写研讨班"以及扫盲人员培训班，编写了《大众教育计划扫盲人员培训教材》《大众教育计划继续教育人员培训教材》，在我国成都举办了地区培训班。我国先后举办多期国家级培训班，多次参加联合国教科文组织和亚洲文化中心共同举办的扫盲教材编写培训班和教材评奖活动。在此期间，联合国大会确定1990年为"国际扫盲年"，同年1月，国家教委在北京召开迎接"国际扫盲年"全国电话会议，中国代表团参加了同年召开的世界全民教育大会。同年3月，中央十部委联合成立全国扫除文盲工作协调小组，并发出联合开展扫盲工作的通知。

1987年10月27日，《企业科技人员继续教育暂行规定》提出，"开辟国际学术交流和出国考察、进修渠道"。1987年12月15日，《关于开展大学后继续教育的暂行规定》提倡继续教育与国际接轨。1999年1月13日，《面向21世纪教育振兴行动计划》提出"21世纪，国家的综合国力和国际竞争能力将越来越取决于教育发展"，提出了教育在国际竞争中的作用。

2002年11月21日，教育部《关于进一步加强农村成人教育的若干意见》强调农村成人教育国际化的趋势。新时期，我国不断加强与国际成人教育的交流和合作。2008年11月25日，亚欧会议终身学习论坛在北京举行。2012年，继续教育城市联盟、继续教育大学企业联盟签约成立，并宣读了倡议书。

2013年，首届国际学习型城市大会于北京召开，开启了谱写将成人教育融入各国城市创新与发展的华章。[①] 2013年10月21—23日，联合国教科文组织发布《建设学习型城市北京宣言》。同年，我国在约旦推进终身教育培训班。2015年，联合国教科文组织制定了《教育2030行动框架》，此后，我国制定并实施了《中国教育现代化2030》。

改革开放40年，在"构建人类命运共同体""一带一路"对外开放政策引导下，我国成人教育对外开放取得了一定的成就：

---

① 陶孟祝，高志敏. 国际成人教育发展趋势透析 [J]. 河北师范大学学报（教育科学版），2019（1）：90-98.

其一，汉语国际教育。设立华文学院、创办孔子学院、对外汉语教师和志愿者选拔培训、境外本土汉语师资培训及汉语言水平测试推广等活动，使汉语国际教育形成了从非学历教育、本科学历教育到研究生学历教育的层次全面的教育格局。在办学形式上也囊括了全日制教育、函授教育和短期培训等各种办学形式。

其二，国际合作办学。拓宽办学思路，与国际高校合作办学，建立实践教学基地，搭建联合项目平台。

其三，文化艺术传播。1999年12月28日，东盟十国与中日韩三国领导人共同发表的《东亚合作联合声明》中，双方就文化艺术方面加强合作与交流达成一致，以进一步促进东亚人民之间在文化方面的相互理解。

其四，教师、科研工作者等互访交流。

其五，国际培训。包括教师国际化培训、政府官员国际化培训、援外培训。

其六，校企共育国外人才。借助国外企业的平台优势将自己学校的专业特色和培训优势推广出去成为成人教育"走出去"的亮点。

其七，其他方面合作。比如科技合作等。

第三节 成人教育改革的反思

新时期，反思成人教育改革的历程和成就，需要注重的改革方向有以下几个方面。

一、贯彻改革的基本理念，进一步注重面向人人

改革开放40年，成人教育服务对象趋向包容，渐趋多元化，能够以多样化群体为服务对象，实施相应的成人教育活动。成人教育的主体是人，是为人服务的，在"以人为本"理念下，成人教育能否契合成人需要？能否深入到广大群体内心深处的诉求？能否切实满足人们更高的精神需求以及关怀生命实在的状态？这些将是成人教育改革在新时代应当思考的问题。

现实中，我国成人教育改革对于人的关注还很浅显，一些措施并不深入具体，具体问题表现如下：

一方面，没有关注人更高层次的需要。在建设学习型社会背景下，终身学习已成为人们的普遍诉求，学习不单单是极个别人的权利，而是广大群体的诉求；人们的需求也从简单的生存和知识传授转至对文娱、精神、生命、自我的关注，成人教育改革的力度还没有上升到这样的层次。

另一方面，没有引领人更高层次的价值转向。经济的快速发展使人们的生活

发生了翻天覆地的变化,当代社会的文化越来越呈现出明显的大众化、世俗化、网络化、虚拟化趋势。人们在功利化的世俗熏染中,不再关注人的尊严、个性、理想、自由、精神、信仰、人格,取而代之的是娱乐、消费、金钱、物质、利益、网络、攀比。这些深层次的精神弊病,需要成人教育发挥价值引领作用。成人教育是传播文化的教育,是苏醒意识的教育,是启迪灵魂的教育。成人教育应该向社会、个人发挥它独特的文化引领作用。在当代社会文化大众化、世俗化、网络化、虚拟化的趋势下,成人教育更应该扭转当下的文化趋向,引领先进、高层次的文化倾向,传播精神。

因而,成人教育改革应当贯彻面向人人的基本理念,以人为中心。

一方面,改革应切实跟进成人的学习需求。坚持以人为本,从成人实际需要出发,有针对性地推进成人教育活动,实现成人教育的"春风化雨"。改革应当引领成人教育对人更高层次需要的关注,切实加大改革力度,深化改革措施,将人的需求、对人的服务写成条例,做成工作细则。给成人关切和关怀,直面生活、向往,施以生命意义。①

另一方面,改革应回归成人教育文化属性。成人教育自其产生就有重要的文化属性,在启迪民智、苏醒灵魂方面发挥着不可磨灭的作用。成人教育以其丰富多样的教育形式为依托,以教育对象的广泛性为基础,在全社会向全员实施广泛的教育活动,宣传新的政治理论与观念,传播主流文化的思想精髓,提高民众的政治意识,推进政治民主建设的进程。成人教育作为文化传播的主要渠道,具有文化选择、文化传承、文化创新的优势,以丰富多样的教育形式有目的地将社会的先进文化精髓传播给民众,适当地加以文化选择与文化创新,发挥教育的导向、延续、普及等文化功能,提高民众的整体文化素养。② 因此,中国当代成人教育在其实施过程中应关注成人教育的文化属性,关注成人教育的文化引领价值,使成人教育成为为人类灵魂服务的"工程师",成为提升民众精神高度的"价值食粮"。③

二、明确改革的奋斗目标,进一步实现终身教育

新时期,就整个教育体系而言,都应是互相衔接、向终身教育体系靠拢的状

---

① 高志敏. 成人教育学科体系论 [M]. 上海:上海教育出版社,2017:668.
② 曾青云,卢雯璨. 中国成人教育视域下的文化创新 [J]. 中国成人教育,2013 (23):5-8.
③ 桑宁霞,赵苏皖. 成人教育学研究的矛盾与超越 [J]. 中国职业技术教育,2014 (36):90-94.

态,作为终身教育体系重要部分的成人教育体系而言,更应该把完善终身教育体系作为改革的奋斗目标。

反观改革开放 40 年我国成人教育,在结构体系内部以及与外部教育体系的衔接上稍显不足,主要体现在以下两个方面:

一方面,成人教育结构体系内部侧重不均衡问题。改革开放 40 年,渐趋丰富了成人教育的结构体系,由单层次向立体化转化,但是近几年的发展状况,还是有些发展不均衡的问题。比如,过于侧重学历教育、正规教育,忽视非学历教育和非正规教育;① 成人教育内部各结构体系封闭,单线发展,衔接不畅。

另一方面,成人教育与外部其他教育体系的衔接不畅问题。虽然改革使成人教育有了与初等、中等、高等教育,扫盲、职业、农村教育等的相互衔接,但从现实改革实施状况来看,更多沦为政策文件的形式,落实还不是很到位。成人教育更多是把其他教育体系纳入自身体系,还是与外部其他教育体系之间缺乏有效沟通,各教育体系"各人自扫门前雪",一定程度上造成了教育资源的浪费。

新时期,我国成人教育要解决内部和外部存在的衔接不畅问题,需采取搭建"立交桥"的措施,沟通成人教育内部的衔接以及成人教育与外部教育体系的衔接。出现问题的关键在于改革理想与实际脱节,在于改革没有真正落实。因此,成人教育改革应当以进一步完善终身教育体系为奋斗目标:

其一,要转换机制,衔接成人教育内部体系。建立成人学历教育与非学历教育的合作与互通,成人学历教育也可以承担非学历教育的内容,非学历教育亦可以为学历教育的实施提供平台。实施学分通存通兑机制,② 使学习更自由与灵活,满足成人学习自由选择的需求。成人非学历教育也应该依靠一些学历教育机构来进行,充分利用学历教育资源的优势。

其二,打破各教育壁垒,完善终身教育体系。建立学习成果认证、积累和转换制度,促进不同教育体系的衔接和沟通,搭建终身学习立交桥,建立"学分银行"。③

其三,做好成人教育系统与广大社会系统的有效衔接。成人教育除了内部联系以及与外部其他教育体系联系外,还要扩充自身视野,充分利用社会资源优势。搭建各教育体系相互衔接的"立交桥",促进各教育之间、教育系统与其他

---

① 朱建文. 搭建"立交桥"完善终身学习体系——欧盟成人教育制度建设的经验借鉴[J]. 继续教育,2010(11):62-64.
② 朱建文. 搭建"立交桥"完善终身学习体系——欧盟成人教育制度建设的经验借鉴[J]. 继续教育,2010(11):62-64.
③ 谢国东. 国际成人教育共识与我国成人教育的改革和发展[J]. 教育研究,2013(4):10-81.

系统之间的纵向衔接、横向沟通，建立成人教育学分积累与转换制度，实现不同类型学习成果的互认和衔接。充分利用自身和外部优势进行改革发展。在终身学习背景下，搭建"立交桥"、促进教育系统的互通有无、完善终身教育体系实为必要，成人教育结构体系的融会贯通将是成人教育改革的重要力量。

三、坚守改革的根本战略，进一步健全法制建设

改革开放40年，我国进行了一定的法制建设，也有文件提到成人教育立法的问题。依法治教是成人教育改革的前提，法制建设是成人教育现代化的标志，是成人教育改革的根本战略。

目前，我国成人教育法制建设不够健全，缺乏必要的法律支持和保障。在四大教育体系中，其他三种教育体系——基础教育、高等教育、职业教育均有了自己的法律，唯独没有《成人教育法》。虽然《中华人民共和国宪法》《中华人民共和国教育法》以及一些单行法中会多少涉及成人教育的内容，但内容零散，不具系统的执行力。就好比成人教育作为一个完整的体系，被其他各教育体系所分割，其内容零散见于其他各教育法中，而不成其整体而存在，没有一部整体的单行法律文件去"发号施令"。改革开放40年，成人教育法律建设能够与时俱进，渐趋丰富，却多是集中于一些行政法规和地方性法规文件中，而这些法规文件多是就成人教育的某一部分进行立规说明，专门针对成人教育完整体系的法规少之又少。缺乏必要的法律支撑，将是阻碍成人教育改革发展的巨大阻力。

新时期，健全成人教育法制建设实为必要，需要努力的方向如下：

其一，明确成人教育在《宪法》中的地位。成人教育作为终身教育体系的重要组成部分，对学习型社会建设和完善终身教育体系具有相当重要的作用，《宪法》中应当写入成人教育，明确成人教育的重要性，为成人教育的立法工作提供最为根本的依据。

其二，尽快建立《终身学习法》。以《终身学习法》为主体，推进成人教育工作在学习型社会中的具体环节。完整的《终身学习法》将对成人教育工作具有系统、明确的指示和规划，将是各项成人教育活动的基本依据，使成人教育有法可依。

其三，完善成人教育行政法规。目前有关成人教育的行政法规多是就成人教育某一方面设立的，应该多加完善行政法规对成人教育的统一性规定，并针对不同区域、不同类型成人教育施以不同的说明，确保法规的具体可行性。

其四，结合地方特点鼓励建立地方性法规。地方性法规具有针对地方特点的及时针对性，因而对于指导地方成人教育具有最直接的政令安排。在健全完善各

层次法律法规基础上，应当加强各层次法律法规的衔接性和灵活性，理顺法律关系，避免法律规定上的混乱，影响法律的执行力。①

成人教育的法制建设任重而道远，肩负着成人教育改革的使命，肩负着终身教育体系完善的重任，也肩负着学习型社会实现的美好夙愿。

四、聚焦改革的重要任务，进一步提升内涵质量

改革开放40年，我国成人教育内涵建设由关注数量增长到关注质量，开始注重内涵式发展模式，注重改革的效率和质量，以改革带动发展。《成人教育培训服务三项国家标准》的出台，对成人教育质量有了国家标准的要求。构建资格认定制度，更应当加快推进。因此，内涵建设将是成人教育实现改革带动发展的重要途径，也是成人教育改革的重要任务。

反观目前我国成人教育的内涵建设，诚然在改革措施的带动下具有了一定的长进，但是依然存在成人教育实践对成人教育内涵建设的忽视，存在"重外在形式，轻内在涵养；重规模扩大，轻质量发展；重经济效益，轻社会效益；重理论教育，轻实践教育；重证书文凭，轻素质内涵"② 以及重因循守旧、轻与时俱进的弊端。内涵建设是成人教育改革最根本的生命线。但是当前成人教育缺乏较为清晰的思路以及针对性的规划，对市场动态把握不平衡，盲目追求市场或脱离市场，造成人才质量不高。

一方面是因为重视普通教育而忽视了成人教育改革；另一方面是由于成人教育定位不清，依然把成人教育作为学历教育的补充进行改革，忽略了成人教育在新时代的新定位。在建设学习型社会与终身学习背景下，成人教育已然成了建设终身教育体系的重要一环，成人教育不单单是一种教育活动，还添加了公益性的成分，更多地与民生工程、成人生活与成人学习相衔接，因而，成人教育内涵已然发生变化，而成人教育改革措施却跟不上内涵发展的趋势。许多成人教育改革措施仍然沿用老路子来指导成人教育走老路，不能紧跟时代潮流。

新时期，成人教育改革应当培养一种质量文化，建立成人教育质量认证体系和评价监督制度，制定成人教育办学机构资质认定标准、师资资格认证标准和成人教育质量标准，③ 真正引领成人教育向更深的内涵建设发展，将内涵建设作为改革的重要任务聚焦实施：

---

① 张师伟. 中国成人教育法制化思考［J］. 菏泽学院学报，2014（6）：60-64、121.
② 郝克明. 我国继续教育的发展与制度建设［J］. 管理学刊，2010（2）：1-6.
③ 谢国东. 国际成人教育共识与我国成人教育的改革和发展［J］. 教育研究，2013（4）：10-81.

一方面，改革应贯穿时代意识。新时代，是建设学习型社会的时代，在党的十九大报告中明确提出，"办好继续教育，加快建设学习型社会，大力提高国民素质"。正确认识成人教育在建设学习型社会中的重要作用，切实推进有效的改革措施引领成人教育内涵转向。兼顾扫盲教育、农村成人教育、职工培训、社区教育、老年教育、弱势群体教育、农民工培训、成人高等教育、函授教育、继续教育等内涵，同时注重结合新时代成人教育在建设学习型社会中的职责，更加关注民生工程，转向社会公共事业。这些转向，需要国家推行相应的改革措施予以支持。

另一方面，改革应注重质量的提升。从之前的改革经验中可以得出，质量是改革中至关重要的一环，只关注数量和规模的增长，忽视质量和潜力的变化，将浪费大量的人力、物力、财力资源。因此，成人教育改革关注质量的提升至关重要。一是要正确处理好质量与速度的关系。改革中要树立质量意识，坚持速度与质量相协调，质量提升是关键。二是要注重提升质量的品牌建设。目前，在社区教育建设过程中的特色课程、精品活动、社区学习共同体等，将提升改革质量。成人教育应当紧契时代潮流，紧跟成人需求，创建品牌，提升内涵。

五、提升改革的途径方式，进一步加强队伍建设

改革开放 40 年，成人教育工作者队伍改革由单维群体向多维群体转移，意识到专业化建设的重要性。在新时代，终身学习已成为时代的潮流，终身教育已被人们所接受，成人教育的内涵将得以系统更新。作为成人教育的主导者，工作者队伍的专业化尤为必要。

诚然，改革措施对于提高成人教育工作者队伍素质有了一定的成就，但是在改革推进过程中，仍是有一些不容忽视的问题：

其一，成人教育工作者的"边缘化"存在。成人教育工作者相对于其他教育领域工作者，不被社会所认同和接受，社会认可度较低，因而影响成人教育工作者的工作热情，影响他们在更新专业知识、提高专业技能、培养专业情感上的积极性，无法进行专业自我的转化，进而阻碍专业化的提升。

其二，成人教育工作者自身素质不足以应对成人教育对象的复杂性。新时代成人教育结构体系愈加丰富，内涵愈加提升，成人教育对象已由之前的个别群体转至现在的广大群体，教育对象的复杂性就越需要成人教育工作者有较高的专业素养，而目前的成人教育工作者在专业素养上还有待提高，还不足以引领成人走向较高层面的学习境界。

其三，成人教育工作者自身素质不足以应对学习型社会的要求。2012 年 11

月，党的十八大作出了"建设学习型社会"的战略决策，终身学习、学习型社会逐渐成为新风尚，成人教育在学习型社会背景下，应当有更高的使命精神，发挥巨大的引领作用。然而，成人教育工作者还不足以应对学习型社会对成人教育的较高要求。

因此，成人教育工作者队伍素质的提升至关重要，需要加强专业化建设，提升成人教育改革的途径方式：

其一，从源头起，重视培养专业人才。在我国成人教育学专业硕、博士研究生点的培养进程中，重学科建设与理论研究的多，忽视对成人教育实践的关注，硕、博点所培养的学生在学校进行成人教育理论研究，缺乏实践背景，而他们毕业以后从事成人教育工作的少之又少，造成了人才的浪费。因此，应该重视成人教育专业人才的培养与转化，提升培养中理论与实践的结合，提升人才转化到成人教育领域中去。

其二，在进程中，重视工作者培训。成人教育工作者应该在"职前"与"职中"接受定期培训与考核，不断更新专业知识与技能，提升专业能力，适应新时代成人教育的新要求。

其三，从制度上，构建资格认定机制。我国于 2013 年 2 月 1 日出台了《成人教育培训服务三项国家标准》，是我国成人教育工作者专业化建设的有力范本。构建资格认定制度，更应当加快推进。立法规定成人教育工作者准入的资格要求，划分等级，有法可依。比如日本设有终身学习局和终身学习审议会，设立专业组织，形成涵盖全国的成人教育网络。欧洲国家初步建成成人教育专业准入标准。①

六、夯实改革的保障措施，进一步优化管理体制

改革开放 40 年，我国进行了成人教育管理体制的"放权式"改革，对于指导成人教育发展起了一定的作用。新时期，多种政策文件也明文规定要进行成人教育管理体制的改革，适应学习型社会和终身教育体系的发展状况。

我国成人教育管理体制的改革，诚然在简政放权的方向上前进，但是这种管理体制更多是为了"管严学历教育""搞活职教、岗培"，"管好高等教育""放开基础教育"，虽然在放权，但是在执行上依然具有中央集权式的"有市场的计划体制"。我国目前已处在社会主义市场经济大背景中，与之相应的成人教育管理体制也应进行对应性变革。这种具有明显"计划体制"色彩的成人教育管理体

---

① 朱丹霞. 成人教育工作者专业化建设路径研究［J］. 无锡商业职业技术学院学报，2019（1）：100-103.

制，缺乏与市场的有效沟通，提供的成人教育产品不能与市场需求较好适应，自身定位仍然更多是"补充教育"的规模扩张，对政府具有较大的依赖性，在迈进市场化和特色化的路途中举步维艰。① 针对我国成人教育管理体制的弊病，相应出现了一系列放权措施，但是随着权力的下放，问题更加复杂，形成了"一统就死、一死就放、一放就乱、一乱就收"②的恶性循环。

管理体制依靠成人教育的法制化建设，在健全成人教育法制建设的同时，设立专门的成人教育管理机构，实行自成体系的成人教育多级管理系统。"更加注重改革的顶层设计和总体规划"，应是成人教育管理体制改革中应当坚持的模式，具体改革措施有：

其一，成人教育管理体制顶层设计要坚持"社会引导与政府主导同行"的模式。③ 顶层设计如果只限于政府层级的发号施令，会产生政令与实际工作相脱节的现象，导致资源的浪费，调动不起基层工作的积极性。因此，顶层设计的管理体制在坚持政府主导的前提下，应当在决策的过程中关注社会需求，让社会力量参与决策设计，引导社会力量加入到顶层设计过程中，实现社会力量与政府主导的有机结合。

其二，成人教育管理体制顶层设计要坚持市场与公益并重的"特殊性社会服务教育"④ 模式。成人教育属于一种准公共产品，既能满足人们提高学历的需求，又能为人们日益增多的学习需求提供相应的服务，为民生工程服务，体现了较大的公益性，在当下学习型社会建设过程中发挥着举足轻重的作用。因此，成人教育管理体制的顶层设计应最大化坚持市场与公益并重的模式，既要采用市场化的方法，扩大成人教育渠道，拓宽成人教育资源；又要坚持成人教育的公益性特征，避免陷入市场化可能带来的功利主义倾向。

其三，成人教育管理体制顶层设计要坚持优化权力结构和管理层级。在坚持顶层设计的模式中，应当注意优化成人教育管理体制的扁平化结构，避免顶层设计所产生的集权现状和职能膨胀，优化管理层次，充分发挥各管理层级的创造性和主动性。

其四，成人教育管理体制顶层设计要坚持科学化。借鉴管理学的科学管理思

---

① 邱立民，钟宇红，田地. 市场经济背景下的成人教育改革研究［J］. 科教文汇（下旬刊），2017（1）：139-140.
② 桑宁霞. 中外视野下的成人教育［M］. 太原：山西人民出版社，2006：198.
③ 曾青云，郑玉双，许伶军. 中国成人教育改革顶层设计的思考［J］. 中国成人教育，2014（1）：10-14.
④ 曾青云，郑玉双，许伶军. 中国成人教育改革顶层设计的思考［J］. 中国成人教育，2014（1）：10-14.

想，结合成人教育特点，注重成人教育管理体制的科学化。

七、开创改革的国际格局，进一步改革开放

2018年3月11日，《宪法修正案》中提出，"推动构建人类命运共同体"。改革开放40年，我国成人教育的对外开放水平展开全新布局，不断由参与到合作，通过国际交流，提升了我国成人教育的改革力度与措施，促进了我国成人教育的快速发展。继续教育城市联盟、继续教育大学企业联盟以及《中国教育现代化2030》的实施，都体现了我国对外开放、与国际教育沟通合作、深度参与国际教育治理、发展中国意志和中国特色、以教育现代化支撑国家现代化的决心。

联合国教科文组织分别于2009年、2013年及2016年出版了三期极具关注度和影响力的《成人学习与教育全球报告》，旨在综览与评析世界范围内成人教育的实践态势。除此，该组织还于2015年颁布了《关于成人学习与教育建议书》，以监测全球成人学习与教育的发展进程，并通过发布《改变我们的世界：2030年可持续发展议程》《教育2030：仁川宣言和行动框架》以及《实现可持续发展目标的配套行动框架》等一系列重要文献，以期为今后成人教育的实践指明方向。第六届国际成人教育大会对即将出版的第四期《成人学习与教育全球报告（2019年）》及即将召开的第七届国际成人教育大会（2021年）提出了新的期待和要求，比如持续提高全球成人识字水平，坚定维护弱势群体学习权利，拓展应用现代学习技术，深化改善成人教育治理成效以及全面指向可持续发展目标方面。①

中国成人教育取得了一定的改革成就，但是在紧跟国际成人教育趋势的前提下，改革的国际格局仍需进一步开创，本土特色化改革仍需进一步加强，品牌意识仍需进一步强化。美国的社区学院、美国化教育，北欧的学习圈，日本的公民馆等，这些成人教育形式无不是针对本土民情而实施的成人教育特色典例。成人教育的发展不是因循守旧、故步自封，也不是全盘西化、极端肯定，而是深深扎根本土实践与传统土壤的。

中国传统文化中有许多成人教育的优秀思想与实践精华。夏商西周与春秋、战国时期私学的兴起打破了教育的阶级壁垒，教育开始冲出贵族的藩篱触及广大平民，广施智慧与知识的种子于民间。儒家学派的先驱——孔子，强调教育要"有教无类"，提倡教育对象的广泛性。齐国的稷下学宫，既是战国百家争鸣的中心和缩影，也是当时教育的重要创造，广罗社会人才，不论身份贵贱，学术自由，教育平等。书院是中国成人高等教育的雏形。北宋、明朝、清朝时期的书院

---

① 陶孟祝，高志敏. 国际成人教育发展趋势透析[J]. 河北师范大学学报（教育科学版），2019（1）：90-98.

发展繁荣，如著名的岳麓书院、白鹿洞书院、东林书院、嵩阳书院等，产生了朱熹、程颐、陆九渊等著名的书院教育思想，闪耀着成人教育思想的光辉。

成人教育本身是教育自觉完善的产物，是教育不断革除旧的、落后的、封建的因素，吸取新鲜的、先进的、科学的因素，不断更新与发展而来的。一方面，传统与现代相适应是中国成人教育"瞻前顾后"的回归与顺应。回归中国成人教育的传统与实践，吸取我国成人教育的思想精华；顺应目前成人教育的现实背景，适当改造、继承而有所创新。另一方面，本土与西方相融合。我国成人教育的改革离不开世界这个宏观大背景，这就必然要求我们参照国外的成人教育实践与智慧，学习西方的优秀成果与范例，积极参与国际合作，形成中国与西方成人教育的对话，发展既迎合时代潮流，又具中国特色的中国成人教育。

历程回顾，中国成人教育改革扬帆起航，经历了恢复、调整、探索、深化的历史进程，披荆斩棘，曲折前进。

进展梳理，中国成人教育改革在多个领域有重大突破，发挥出不可替代的重要价值功能。

思考未来，中国成人教育改革仍需进一步紧跟基本理念、奋斗目标、根本战略、重要任务、途径方式、保障措施、国际格局，继续开创改革新高度。

第十八章 职业教育改革史

改革开放以来职业教育的发展，是职业教育同仁砥砺前行的 40 年，是职业教育改革与发展浓墨重彩的 40 年。党的十八大提出要办人民满意的教育；此后，习近平总书记曾指出：要把改革方案的含金量充分展示出来，让人民群众有更多的获得感；在党的十九大又提出要"努力让每个孩子都能享有公平而有质量的教育"。可以说，改革开放以来，职业教育的改革和发展就是朝着"办人民满意的教育""让人民有更多获得感的教育"和"公平有质量的教育"努力的。回首这 40 年来职业教育改革的筚路蓝缕，不仅是必要的也是重要的。

第一节 职业教育改革的历程

根据《辞海》的解释，"改革"一词意味着变换、革除，常指改变旧制度、旧事物。改革对应的英文 reform，作为一个动词，意味着 make or become better。目前虽无对"改革"一词的确切定义，但根据已有文献，改革是一种政府行为，是国家实体通过政策的调整兴利除弊，以达到新制度取代旧制度或修正完善已有制度的目的。因此，改革的突出特点即以政府的政策来推动。有鉴于此，对于职业教育改革史的阶段划分，主要以重要法律、政策或文件的出台为标志，如 1996 年《职业教育法》的颁布与出台。

一、第一阶段（1978—1995）

改革开放之前，由于受到错误思想的误导，人们错误地对职业教育进行了批判，职业学校大量停办停招。改革开放以后，全社会在解放思想的春天中迎来了新生，职业教育也在不断的调整中提高和发展。

（一）职业教育管理由中央统筹地方负责

1978 年，技工学校的综合管理工作由教育部划到国家劳动总局。5 年后，《关于改革城市中等教育结构、发展职业技术教育的意见》要求职业教育的管理要多部门协同发挥作用；1985年的《中共中央关于教育体制改革的决定》提出，中职主要划归地方负责，同时地方也需要积极协调和配合中央相关部门办的这类学校。1991年，国务院《关于大力发展职业技术教育的决定》要求各级政府及有关部门要对职业教育分工负责，提出发展职业教育的主要责任在地方，关键在市县。1993年，《中国教育改革和发展纲要》指出，中等及以下教育由地方政府在中央的支持和指导下实行统筹和管理。1994年，国务院《关于〈中国教育改革和发展纲要〉的实施意见》指出，中央和地方教育行政部门对职业教育负有统筹、协调和宏观管理的责任。总体而言，这一时期职业教育管理遵循中央统筹地方负责的原则。

（二）关注中等职业教育数量结构调整

1978年，邓小平在全国教育工作会议上指出，要更多兴办中专、技工学校，使各级各类教育协调发展。1980年颁布的《关于中等教育结构改革的报告》提出要以高中教育的改革为核心对中等教育结构进行改革。1983年颁布的《关于加强和改革农村学校教育若干问题的通知》也提出了相应的政策方针，要求力争到1990年，农村各类职业技术学校在校生数至少要与普通高中齐平。随后，以教育部为代表的多个部门联合发出《关于改革城市中等教育结构发展职业技术教

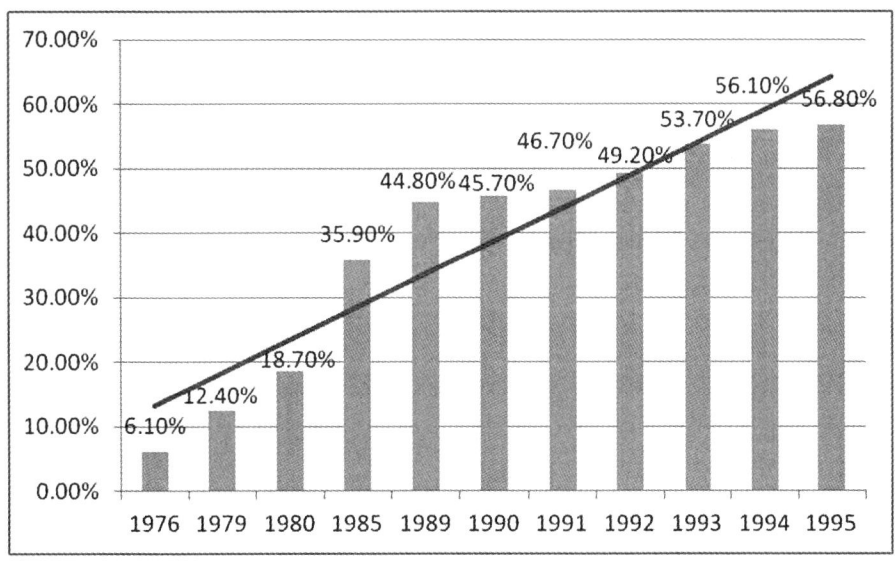

图18.1　1976—1995年中职在校生数占高中阶段在校生比例①

---

① 中华人民共和国国家统计局. 关于1989年国民经济和社会发展的统计公报[J]. 中国统计，1990（3）：5-11.

育的意见》，对普职比例进行了规定，要求各类职业学校与普通高中在校生数的比例到 1990 年实现大体相当。经过各方不断努力，1990 年底，高中阶段各类职业技术学校和普通高中的招生数接近 1∶1。① 如图 18.1 所示，1976 年，中职在校生数为 91 万人，1979 年中职在校生数为 183.8 万人，1980 年为 224.2 万人，1985 年增加到 415.6 万人，1989 年为 580.7 万人。在此后的几年，中职在校生占高中阶段在校生的比例逐年上升，占到高中阶段在校生数的半壁江山，国家关于中等职业教育数量调整的举措成效显著。

（三）开始关注高等职业教育的改革与发展

1980 年，教育部批准金陵职业大学等 13 所职业大学成立，在此后的五年，教育部批准各地兴办了 120 多所职业大学。1985 年颁布的《中共中央关于教育体制改革的决定》，提出逐步建立一个从初级到高级、行业配套、结构合理又能与普通教育相互沟通的职业教育体系。② 值得注意的是，这是官方首次规范地表述高等职业教育这一概念。③ 这表明，政府在以中等职业教育发展为重点的同时，也开始关注高等职业院校的发展。1986 年 7 月 2 日至 6 日，国家教委等召开了改革开放后第一次全国职业技术教育工作会议，此次会议规定高等职业学校、部分广播电视大学、高等专科学校等都应该属于职业性的高等教育。1987 年颁布的《关于改革和发展成人教育的决定》要求，职工大学等要结合实际需求适时举办高等职业教育。1993 年，深圳职业技术学院正式挂牌，这是我国第一所独立设置的高职院校。至此，在各项政策的支持下，高等职业教育率先在我国东南沿海及一些经济发达地区发展起来。

二、第二阶段（1996—2005）

以 1996 年《职业教育法》的颁布为标志，我国职业教育改革进入了有法可依依法治教的规范化制度化发展新阶段。与前一阶段不同，职业教育内部结构有所变化，高职有序提升，中职略显下降，民办职业教育和农村职业教育也得到了一定程度发展。除了结构性变化，职业教育的内涵建设得到了有效提升。

（一）职业教育依法治教的制度框架基本形成

1996 年 5 月 15 日，以宪法、教育法、劳动法等为依据，以国务院《关于大

---

① 国务院《关于大力发展职业技术教育的决定》（国发〔1991〕55 号）.
② 《中国教育年鉴》编辑部. 中国教育年鉴（1982—1984）[M]. 北京：中国大百科全书出版社，1985：5.
③ 朱永新. 中国教育改革大系·职业教育卷 [M]. 武汉：湖北教育出版社，2016：118-119.

力发展职业技术教育的决定》等相关政策规定为基础而制定的《中华人民共和国职业教育法》公布，当年 9 月 1 日开始施行。至此，政府从国家法律法规的层面正式确立了职业教育的地位和合法性。作为我国第一部关于职业教育的法律，该法的颁布标志着职业教育从此进入了有法可依的新时代，是我国职业教育迈入法制化和正规化的重要标志。此后，随着职业教育相关法律、行政法规、相关部门规章和地方法规的完善，以及各省（自治区、直辖市）等结合所在地区的特色和职教实际情况，制定的具有特色的地方职业教育条例出台，职业教育依法治教的制度框架基本形成。

表 18.1　我国职业教育法律制度框架①

宪法	1982 年《中华人民共和国宪法》
基本法律	1995 年《中华人民共和国教育法》、1994 年《中华人民共和国劳动法》
相关法律	1996 年《中华人民共和国职业教育法》、1998 年《中华人民共和国高等教育法》、1993 年《中华人民共和国教师法》、2002 年《中华人民共和国民办教育促进法》、2008 年《中华人民共和国就业促进法》等
行政法规	1994 年《教学成果奖励条例》、1995 年《教师资格条例》、2004 年《中华人民共和国民办教育促进法实施条例》、1991 年《关于大力发展职业技术教育的决定》等
部门规章和地方性法规等	

（二）随着高校扩招，中等职业教育发展相对放慢

这一阶段国家在政策上依然保持对中职教育的积极支持和倡导。1999 年 6 月，第三次全国教育工作会议上，印发的中共中央、国务院《关于深化教育改革全面推进素质教育的决定》，提出发展包括高中水平的职业教育在内的高中阶段教育的决定；2003 年 8 月，国务院《关于大力推进职业教育改革与发展的决定》指出要积极支持中等职业教育的发展。这些政策依然延续着以往支持中等职业教育发展的精神。但政府作为一个大的治理主体，因国家治理局面的庞大，难以兼顾和落实各项规划和愿景。经过第一个阶段的快速增长和飞速发展后，受高校扩招、职业教育自身与市场适应性不足等多方面因素的影响，1996—1998 年，我国中等职业教育招生数占到整个高中阶段教育招生的 50% 以上，2000 年中等职业学校招生数仅占到高中阶段教育招生数的 44.8%，中等职业教育规模占高中阶段教育的比例有所下降。此外，结合中等职业教育的经费投入情况，发现尽管

---

① 朱永新. 中国教育改革大系·职业教育卷 [M]. 武汉：湖北教育出版社，2016：154.

这一阶段，国家财政性教育经费对中等职业教育的投入以平稳的态势不断增长，但是深入分析后，相比普通中学的经费投入，中职所受的重视程度有所下降。尤在2005年达到最低值，中等职业教育经费投入仅占国家财政性教育经费的11.36%。这也从另一个侧面反映了中等职业教育在政策体系中相对位置的变化，由此可见中等职业教育的发展有所放慢。

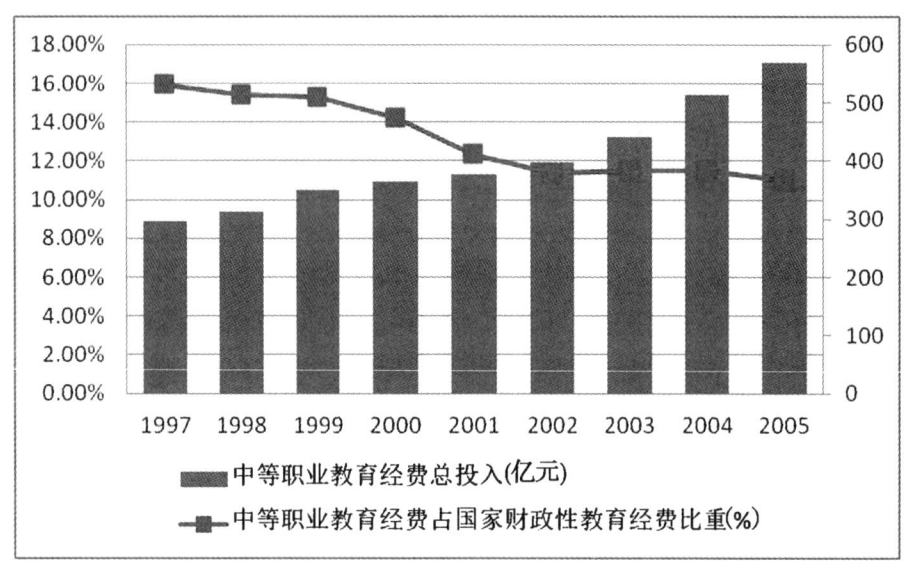

图18.2　1997—2005年中等职业教育经费投入情况①

（三）高等职业教育改革有序进行，成为高等教育的半壁江山

1999年，中共中央、国务院《关于深化教育改革全面推进素质教育的决定》首次从政策层面提出大力发展高职教育，指出了高职教育在高等教育中的重要地位。其后的一年，国务院办公厅颁布《关于国务院授权省、自治区、直辖市人民政府审批设立高等职业学校有关问题的通知》，国务院授权省、自治区、直辖市人民政府面向地方和社区经济建设和社会发展，适应市场实际需要，通过一定的申请报批程序可自行审批设立高等职业学校。② 2002年7月28—30日，全国职业教育工作会议如期召开，会议明确提出要扩大高职教育规模的要求；8月24日印发的《关于大力推进职业教育改革与发展的决定》再次强调了该要求。由此，高等职业教育开始了扩大规模的发展时期，由下图可以看出这一时期高等职

---

① 数据来自中国教育经费统计年鉴1997—2005。
② 国务院办公厅关于国务院授权省、自治区、直辖市人民政府审批设立高等职业学校有关问题的通知［EB/OL］．（2000-01-14）［2018-11-26］．http：//www.gov.cn/gongbao/content/2000/content_60637.html．

业教育在我国规模扩大的过程。

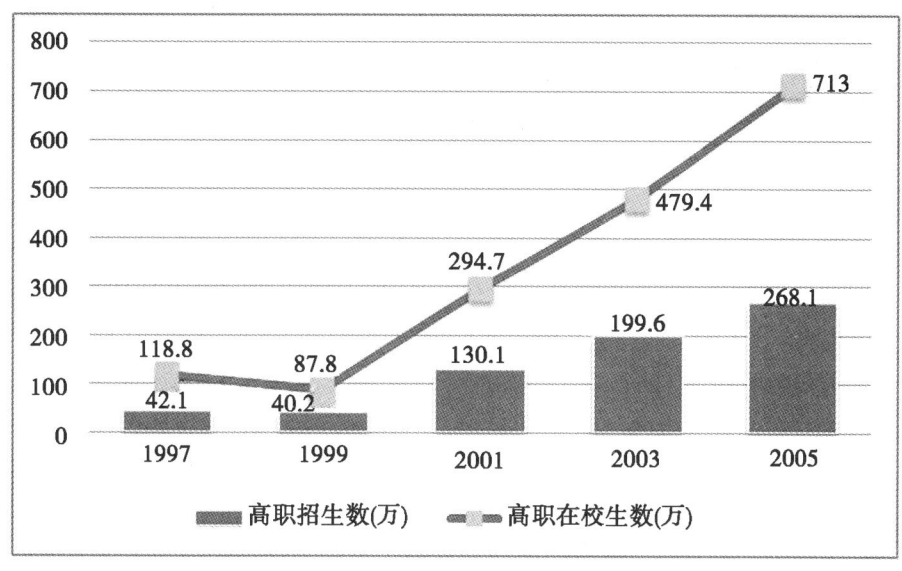

图 18.3　1997—2005 年高职在校生和招生数分布图①

此外，为了在规模扩大基础上提高高等职业教育的办学水平和发展质量，教育部启动了示范性高等职业院校建设工程，该工程也被称为"高职 211"。2005 年，国务院《关于大力发展职业教育的决定》做出了加强示范性院校建设的决策部署，要求重点建设 100 所示范性高等职业院校，以引领全国高等职业院校的改革与发展，带动高等职业教育整体质量的提升。作为高职发展的典范，这些院校在教学改革、课程建设、师资队伍、培养模式等方面都有较高发展水平，引领着我国高职院校整体发展水平的提升。在各项政策支持和各级政府推动下，2005 年高职招生数 2680934 人，在校生数为 7129579 人，占到了高等教育体系的 53.14%，超过普通高等教育，真正成为中国高等教育的半壁江山。②

（四）加大对农村职业教育发展的支持，职教统筹与公平理念凸显

1998 年 2 月，国家教委印发《关于加快中西部地区职业教育改革与发展的意见》明确指出，中西部地区尤其是西部的职业教育发展相对较为滞后，直到 1996 年，西部地区仍有 6 个省市的中职占普通中学教育比例不足 50%，经费投入不足，忽视职业教育的现象还不同程度存在。为此，提出三教统筹，鼓励东部与中西部地区进行多层次合作与交流；提出通过有关金融机构增加对中西部地区

---

① 数据来自教育官网 1997—2005 年教育统计数据。
② 庞丽. 我国高等职业教育政策的演变及其价值取向 [D]. 广西师范大学硕士学位论文，2008：26-27.

的职业教育专项贷款数额。2002年国务院颁布的《关于大力推进职业教育改革与发展的决定》，明确提出要对民办职业教育的发展给予鼓励和支持，允许其享受举办社会公益事业的有关优惠政策，且对举办民办职业教育有突出贡献的单位和个人予以表彰奖励。"决定"还将农村和西部地区职业教育作为今后一段时期职业教育发展的重点，扶持农村、西部、少数民族和贫困地区职业教育的发展，加强职业教育发达地区对不发达地区职业院校的对口支援。通过中央财政增加职业教育专项经费，对农村及中西部职业师资培训进行资助。可以看出，在这一时期，经过中等职业教育和高等职业教育的数量扩张以后，政府开始积极关注职业教育的公平问题，强调农村与城市、落后地区与发达地区职业教育间的协同共进。

（五）积极推进职教教学改革，力争提高职业教育质量和办学效益

1997年11月6日召开的职业教育教学改革座谈会，为我国职教领域教学改革拉开了序幕；1998年2月印发的《面向二十一世纪深化职业教育教学改革的原则意见》，要求各地各部门根据实际情况制定可行的职业教育教学改革计划和推进措施，提出了以能力为本位的教学观念，倡导产教结合，推行两种证书制度，积极发挥行业作用等指导意见；1999年11月8日，第一次全国高职高专教学工作会议在京召开，确定了高等职业教育教学改革和建设工作的基本思路和任务，启动了教学改革与建设项目；2000年3月21日印发的《关于全面推进素质教育深化中等职业教育教学改革的意见》对中等职业教育的教学改革进行了部署，《关于制定中等职业学校教学计划的原则意见》也同样对教学改革进行了部署；2002年7月28日，第四次全国职业教育工作会议召开，会后颁布了《国务院关于大力推进职业教育改革与发展的决定》《关于进一步发挥行业、企业在职业教育和培训中作用的意见》等文件，要求强化企业在职业教育中的作用；2004年印发的《关于以就业为导向深化高等职业教育改革的若干意见》，明确对高职人才培养的目标，对教师队伍建设以及教学改革的开展等进行了规范。职业教育教学改革的开展，突出了职业教育的特色，强化了产教融合工学结合的理念，两种证书制度的提出、双师型教师队伍的建设及订单式人才培养模式的推行，都在很大程度上提升了职业教育的内涵建设。

三、第三阶段（2006—2018）

2006年，教育部印发了《关于全面提高高等职业教育教学质量的若干意见》，要求适当控制高等职业教育招生增长幅度，相对稳定招生规模，切实把工作重点放在提高质量上来。此后，职业教育的发展逐步由数量的扩张转向更加关注内涵的建设，由关注发展速度转向更加重视统筹公平发展，这是职业教育改革中的重大转向。在新的时代背景下，职业教育在国家建设中的战略位置凸显，国家加大了对职业教育的投入，职业教育质量和吸引力逐渐增强，真正成为面向人人的教育和公平有质量的教育。

（一）注重发挥职业教育在政治、经济、文化、社会和生态文明建设五位一体战略构建中的重要作用

这一阶段我国职业教育改革聚焦农村职业教育，在改革过程中不断强调优质与均衡的发展理念，注重发挥职业教育在精准扶贫、乡村振兴方面的重要作用，着重建设公平有质量的职业教育，职业教育成为满足人民对美好生活需要的重要组成部分。在这一阶段，政府从宏观层面陆续提出了"创新型国家'三步走'""供给侧改革""一带一路"的国家战略，从中观层面提出了"中国制造2025""工匠精神"以及"扶贫先扶智，扶智靠教育"的"精准扶贫"的发展战略，从微观层面提出了"'双创'教育""现代职业教育体系"和"现代学徒制"的战略方针。无论是宏观的国家战略，中观的国家战略，还是微观的教育方针，无不需要实用型的技术技能型人才的支持，这也就在很大程度上都强化了职业教育在"五位一体"国家战略框架中的重要作用。作为技术技能型人才的主要供给者，职业教育在国家战略发展中的重要地位越发突出。

由于职业教育在国家战略中的突出位置，国家对职业教育的支持力度不断加大，以近十年来国家财政经费对中等职业教育的支持为例便可见一斑。2008年，全国中等职业学校生均预算内教育事业费支出为3811.34元，全国中等职业学校生均预算内公用经费支出为911.71元，比上年增长26.98%；2017年全国中等职业学校教育生均一般公共预算教育事业费支出为13272.66元，全国中等职业学校各级教育生均一般公共预算公用经费支出为4908.30元。[①] 无论是职业教育的生均公共财政预算教育事业费用支出还是生均公用财政预算公用经费支出，都保持持续增长，尤其是生均公共财政预算教育事业费支出，近年来的增速呈现高速攀升的状态，这与职业教育在国家理想和国家战略中重要性的凸显是一致的，既是重要性凸显的表征，也是重要性凸显的结果，还是重要性凸显的源头。

（二）加大职业院校贫困学生资助力度，强调职业教育公平发展

2006年7月24日，《中等职业教育国家助学金管理暂行办法》指出为帮助贫困学生顺利接受中等职业教育，促进教育公平，中央财政设立中等职业学校国家助学金。此后，国家相继颁布《财政部、教育部关于完善中等职业教育贫困家庭

---

① 数据来自中华人民共和国教育部门户网站2008—2017年全国教育经费执行情况统计公告。

学生资助体系的若干意见》等多项政策，①逐步扩大中等职业教育乃至高职的学生资助力度，构建起中职学生资助体系，帮助贫困学生完成学业，促进教育公平，增强职业教育吸引力，完善职业教育支持政策，完善家庭经济困难学生资助政策。

仅 2012 年，中央财政下达中职免学费补助资金就达到 80 亿元，惠及 1244 万名学生，中职国家助学金资金预算达 56 亿元，惠及 555 万名学生。② 根据教育部发布的《2016 年中国学生资助发展报告》，在国家中职免学费政策基础上，福建、山东、广西、山西、新疆等省（自治区、直辖市）进一步扩大免学费覆盖范围。截至 2016 年底，全国已有 28 个省（自治区、直辖市）对戏曲类表演专业学生实行免除学费政策，22 个省（自治区、直辖市）实现中职学生全部免学费，建立了以免学费、国家助学金为主，学校和社会资助、顶岗实习为辅的资助政策体系。

职业教育的发展切切实实在落实党的十九大提出的"努力让每个孩子都能享有公平而有质量的教育"的目标和精神。通过政府宏观的政策调控和各地各层次职业院校的努力，职业教育公平问题的解决收到了一定的效果。但值得注意的是，在中东西三大地域之间，东部地区作为发达地区，享受免学费的学生比例反而最高，中部次之，西部最小，这可能与各地区经济发展水平所导致的经济资助能力有关，但也从另一个侧面透露出职业教育公平仍然任重而道远。

（三）建设职业教育教学资源库，力促教育资源的流通和共享共用

职业教育教学资源库的建设是职业教育适应与运用"互联网＋"新时代优势的体现，也是信息化手段在职业教育中的深化，有利于优质教学资源的共享和职业教育资源的统筹。据统计，目前国家层面已立项建设 100 个专业教学资源库、11 个民族文化传承与创新资源库子库；建成各类多媒体资源 272 万余条，资源总量达到 51TB，注册学员 334 万余人，资源库累计访问量超 5.6 亿人。③ 国家专

---

① 代表性的文件如《国务院关于建立健全普通本科高校、高等职业学校和中等职业学校家庭经济困难学生资助政策体系的意见》《关于中等职业学校农村家庭经济困难学生和涉农专业学生免学费工作的意见》《关于扩大中等职业学校免学费政策覆盖范围的通知》《中等职业学校免学费补助资金管理办法》等。

② 中华人民共和国教育部门户网站. 完善家庭经济困难学生资助体系［EB/OL］.（2013-03-27）［2018-11-26］. http：//www. moe. gov. cn/jyb＿xwfb/moe＿2082/s7081/s7244/201303/t2013032 7＿149326. html.

③ 谢俐. 奋力推进新时代职业教育 实现高质量发展［EB/OL］.（2018-08-07）［2018-11-26］. http：//www. moe. gov. cn/s78/A07/zcs＿ztzl/ztzl＿zcs1518/zcs1518＿zcjd/201809/t20180912＿348455. html.

业教学资源库的建立，为职业教育资源的共享和流通提供了重要的平台。

（四）多项制度督促质量提升，职业教育由外延式走向内涵式发展

进入新的发展阶段以来，职业教育已经建立了职业教育督导制度、职业教育年度质量报告制度、职业院校教学工作诊断与改进制度、职业教育教学标准体系等。就职业教育督导制度来说，截至2012年12月，江苏、云南、贵州毕节、湖南等地建立了对县级人民政府职业教育工作的督导评估制度。其中，湖南建立了职业院校学生专业技能抽查制度。此外，部分地区还开展了由第三方机构进行高职质量评价的探索。[①] 就职业教育质量年度报告而言，自2012年开始已经逐步形成了国家、省、市的三级质量年度报告，且在2018年已形成中等职业教育年度质量报告。其中，《中国高等职业教育质量年度报告》于2013年开始加入高职学生毕业半年后的就业率、月收入、自主创业比例、理工农医专业相关度、母校总体满意度等5项关键指标来反映高职培养效果。而职业教育教学标准体系框架，经过持续完善已基本建成中职、高职2个专业目录及其专业设置管理办法，230个中职专业教学标准和410个高职专业教学标准；9门中职公共基础课教学大纲、9门中职大类专业基础课教学大纲；136个专业（类）顶岗实习标准，19个专业仪器设备装备规范以及60个行业人才需求预测与职业院校专业设置指导报告等。[②]

这些制度的建立和施行，表明职业教育已经走出了单纯的规模扩展式外延发展，迈向了通过建立健全制度强化质量和吸引力的内涵发展阶段。与此相应，近年来职业教育越来越关注职业教育满意度、职业教育吸引力、职业教育公平感、职业教育幸福感、职业院校学生及教师工作满意度、职业教育学生的获得感等研究主题，这些都表明职业教育已逐步迈向内涵式发展的轨道。

第二节 职业教育改革的成就

在各项政策的推动下，职业教育改革取得了可喜的成就。无论是在职业教育体系的建设上，还是在校企合作、教师队伍建设上，抑或是在职业教育的国际交流方面，都实现了重大突破。

---

① 中华人民共和国教育部门户网站. 深入推进教育体制改革试点工作 完善职业教育国家制度体系［EB/OL］.（2013-02-19）［2018-11-26］. http：//www. moe. gov. cn/jyb_xwfb/moe_176/201302/t20130219_147661. html.

② 谢俐. 奋力推进新时代职业教育 实现高质量发展［EB/OL］.（2018-08-07）［2018-11-26］. http：//www. moe. gov. cn/s78/A07/zcs_ztzl/ztzl_zcs1518/zcs1518_zcjd/201809/t20180912_348455. html.

一、贯通衔接立交融合：职业教育体系的立体化构建

改革开放以来，市场经济的快速发展，对人才类型和层次提出了更高的要求。1985年《中共中央关于教育体制改革的决定》明确了我国教育分流从中学开始，初中毕业生一部分升入高中，一部分接受高中层次的职业教育；高中毕业生一部分升入大学，一部分接受高等教育层次的职业教育也就是高等职业技术教育，勾勒出了一个普职沟通、中高职衔接的职业教育"立交桥"雏形。值得强调的是，1996年颁布的《职业教育法》正式以法律的形式明确提出要将职业学校教育与职业培训并举，建立健全职业教育体系。从1997年开始，国家教委在北京、上海等10个省、直辖市开展招收应届中等职业学校毕业生举办高等职业教育试点工作，这是职业教育体系建立中的一次突破性举措，国家首次就高等院校招收中等职业学校毕业生单独发文，为中职毕业生的升学给予了政策支持。[①] 尤其是随着"中国制造2025""大国工匠"等战略的提出，职业教育作为技术技能型人才的主要提供者，多层次、多类型、多形式的发展成为必需。2013年"加快现代职业教育体系建设"被写入《中共中央关于全面深化改革若干重大问题的决定》，纳入了党和国家教育事业发展的战略全局中。改革开放40年来，中央通过出台多项政策，对现代职业教育体系进行立体化的顶层设计。

经过教育部职业技术教育中心研究所作为第三方评估牵头单位，组成10个调研组对全国31个省（自治区、直辖市）的实地调研发现，截至2015年底，教育规划纲要确立的职业教育发展目标基本实现，现代职业教育体系建设正在加快推进，科学合理的人才结构逐步建成，技术技能人才资本积累不断增加，现代职业教育体系框架基本形成。[②] 2017年，全国共有职业院校1.25万所，招生950万余人，2700万在校生，830万毕业生，5000多万非学历教育注册生，开设1000多个专业，近10万个专业点，每年培训上亿人次，基本覆盖国民经济的各个领域。[③] 随着我国现代职业教育体系的逐步完善，从中等职业教育到高等职业

---

① 国家教育行政学院. 职业教育法律法规文件选编（1996—2009）[M]. 北京：中央文献出版社，2010：222-224.

② 中华人民共和国教育部门户网站. 教育规划纲要中期评估职业教育专题评估报告显示——现代职业教育体系框架基本形成[EB/OL].（2015-12-03）[2018-11-26]. http：//www. moe. gov. cn/s78/A07/zcs _ ztzl/ztzl _ zcs1518/zcs1518 _ yw/201512/t20151207 _ 223527. html.

③ 谢俐. 奋力推进新时代职业教育 实现高质量发展[EB/OL].（2018-08-07）[2018-11-26]. http：//www. moe. gov. cn/s78/A07/zcs _ ztzl/ztzl _ zcs1518/zcs1518 _ zcjd/201809/t20180912 _ 348455. html.

教育再到应用型本科乃至硕士、博士层面的贯通、衔接、立交、融合的现代职业教育体系正在逐步建立，职业学校的学生升学的渠道正在逐步扩展，职业教育为人们"升学有渠道"提供了越来越多的可能性。调查显示，高等职业教育业已成为农村学子接受高等教育的重要途径，近年来高职院校中的农家子弟的比重已达53%。毫不夸张地说，职业教育为很多学子提供了上大学的通道。

现代职业教育体系的建构贵在打通职业教育与其他教育之间的通道，让职业学校的学生升学有道，就业有路，当然更多地指向于为职业学校学生继续接受教育建立直通车，固然这是增强职业教育吸引力的重要举措。然而，值得反思的是，如果通过增加学生的升学来提升职业教育办学质量，是否已背离"以就业为宗旨，以就业为导向"的职业教育办学方针，是否在逐渐丢弃职业教育自身的特色？职业教育应追求"职业前景"还是"升学前景"？如果在职业教育体系建构的同时不葆有职业教育自身特色，那么所谓"大国工匠"的培养，"行行出状元"也只能成为一种情怀而难以落地。①

二、校企合作工学结合：人才培养模式新图景的勾勒

人才培养是职业教育安身立命的根本所在，人才培养的质量在很大程度上就是职业教育的质量。传统的职业教育更多的是学校职业教育，仅仅以教材和课堂为中心，与市场所需相脱节。改革开放以来，由于国家和社会对技术技能型人才需求的增大以及职业教育人才培养与企业市场的脱节，我国日益认识到校企合作工学结合的重要性。1985年的《中共中央关于教育体制改革的决定》正式提出了校企合作的问题。自此之后，国家出台多项政策，召开多次会议，强调校企合作、工学结合的重要性，高屋建瓴地对职业教育的校企合作问题进行了宏观性的指导。其中，在2007年12月召开的高职教育校企合作工学结合论坛暨示范院校建设周年成果展示会上，高职院校与5009家企业签订合作协议，在企业帮助下建立了5334个校外实习基地，且从相关企业聘得兼职教师5036人，与高职院校合作的部分企业接收就业学生35262人；2011年2月，教育部积极推进职业教育的校企合作，与多家企业签订校企合作协议，其中，企业捐助金额超过1亿元人民币，为汽车运用与维修专业、数控技术应用专业的师资培训、设备捐赠、教材开发及奖学金设立等活动募得了资金支持。

经过多方努力，教育部指导成立了56个囊括国民经济行业分类所有部门的行业职业教育教学指导委员会，组建1406个职教集团，参与的企业总数已达

---

① 石伟平. 新时代我国中等职业教育发展若干重大问题再思考[J]. 中国职业技术教育，2018（19）：16-20.

24369个，这些企业中包含了全国500强中的147个企业；此外，教育部还分两批布局了政府、行业、院校牵头的364个现代学徒制试点，值得注意的是，这些试点覆盖5万余名学生和600多个专业点。① 通过工学结合校企合作，我国中等职业教育累计培养了1.2亿毕业生，高等职业教育累计培养了3500万毕业生，为国家输送了1.5亿多名高素质劳动者和技能型专业人才。②《2015年中国高等职业教育质量年度报告》显示，在产教融合方面，高职院校创新"政行企校"合作机制，提升校企合作的有效性。高职院校合作企业近16万家，校均超过120家。③

无论是官方数据还是第三方调查结果，均显示校企合作有着良好的成效。成绩是需要肯定的，但也不能忽视校企合作过程中潜藏的问题：一是校企合作的成效是否主要以东部发达地区的职业院校为主，中西部地区的职业院校校企合作情况如何呢？二是校企合作依然存在表面化和形式化的问题，学生多被当作免费或廉价劳动力，而无真正的成长可言。三是企业与学校合作的动机何在？企业为学校提供实训实习场所，是否毕业生能够为企业所用，是否存在人才流失的现象，社会如何建立健全各种机制保障企业的利益，以激发和保持企业与学校合作的动力？四是企业与学校合作的深度嵌入问题。只有深度的嵌入，才能保障校企合作的成效，也才能保障职业学校学生工学结合的效益。

三、双师型教师：职业教育师资队伍建设

深化职业院校教学改革，课程设置、人才培养和实习实训等的实施效果，在很大程度上取决于职业学校教师的专业素养，换言之，双师型教师的素质和水平是职业教育办学质量的重要表征。为提高职业教育师资队伍的质量，1979年，培养职业教育师资的天津职业技术师范学院成立，从此职业院校有了专门的师资培养基地。此后，中央、国务院及各部委相继出台多项政策，支持和规范职业教育师资队伍的建设，双师型教师队伍建设在各项政策的支持下不断推进。前期的政策侧重于指出职业教育师资队伍存在的严重问题，如难以适应社会主义市场经

---

① 谢俐. 奋力推进新时代职业教育 实现高质量发展[EB/OL]. (2018-08-07) [2018-11-26]. http：//www. moe. gov. cn/s78/A07/zcs_ztzl/ztzl_zcs1518/zcs1518_zcjd/201809/t20180912-348455. html.

② 教育部职业技术教育中心研究所. 中国特色职业教育发展之路[M]. 北京：高等教育出版社，2012.

③ 中华人民共和国教育部门户网站.《2015中国高等职业教育质量年度报告》发布[EB/OL]. (2015-07-23) [2018-11-25]. http：//www. moe. gov. cn/jyb_xwfb/s5147/201507/t20150723_195187. html.

济发展的需要；中后期的职教师资队伍建设政策着重于描绘蓝图，明确目标，并提出具体举措。除此之外，1989 年后，国家教委又先后批准天津大学、浙江大学、湖南农学院、河北农业技术师范学院、四川大学、西安交通大学、同济大学、东南大学等八所高校设立职业技术教育学院或农村职教培训中心，作为"职业技术教育培训基地"开展职业教育师资培养。① 1995 年《教师资格条例》的颁布，为职业教育师资队伍的建设提供了法律依据。2013 年，《中等职业学校教师专业标准（试行）》的颁布，是我国第一个针对中职教师制定的专业标准，是国家对合格中等职业学校教师专业素质的基本要求。

在中央、地方政府、职业学校及社会各界的共同努力下，职业院校双师型教师队伍建设成效显著，2015 年有 9 万中高职教师参加了职业教育教师素质提高计划，9000 余名职教教师深入企业实践。② 中职专任教师拥有本科及以上学历的占 90.8%，高职院校双师型教师比例提高至 39.1%，中职学校双师型教师比例提高至 29.5%。2017 年的数据显示，我国已在 22 个省份建立 641 个双师型教师培养培训基地，18 个行业指导委员会建立 114 个双师型教师培训基地，147 所国家示范高职院校制定双师型教师标准，认定 74564 名双师型教师，全国中等职业学校专任教师为 83.9 万人，本科及以上学历教师比例为 91.6%，双师型教师比例为 30.0%，比上年提高 0.5 个百分点，③ 专兼结合的教师培养培训制度不断完善。广州铁路职业技术学院打破管理体制限制，通过校企合作，共建了以企业技能大师与学校教学名师共同冠名的"双师工作室"，培养出了 10 多名在行业企业具有影响力的高职专业领军名师及多个专业教学团队。④

四、走出去与引进来：职业教育国际交流新格局

改革开放以来，我国在经济全球化的背景下深刻地认识到开展国际交流与合

---

① 朱永新. 中国教育改革大系·职业教育卷 [M]. 武汉：湖北教育出版社，2016：330.
② 中华人民共和国教育部门户网站. 中国教育的时代选择——党的十八大以来教育改革发展成就述评·提高质量篇 [EB/OL]. （2017-10-17）[2018-11-26]. http://www.moe.gov.cn/jyb_xwfb/moe_2082/zl_2017n/2017_zl48/201710/t20171017_316492.html.
③ 中华人民共和国教育部门户网站. 中国教育概况——2017 年全国教育事业发展情况 [EB/OL]. （2018-10-18）[2018-11-26]. http://www.moe.gov.cn/jyb_sjzl/s5990/201810/t20181018_352057.html.
④ 中华人民共和国教育部门户网站. 高职创新发展扬帆起航 行动计划落实后程可期——《高等职业教育创新发展行动计划（2015-2018 年）》2016 年执行情况综述 [EB/OL]. (2017-6-14) [2018-11-26]. http://www.moe.gov.cn/s78/A07/zcs_ztzl/ztzl_zcs1518/zcs1518_zcjd/201706/t20170613_306783.html.

作的重要性。尤其是与社会经济发展比较密切的职业教育，要想充分地发挥其在国家建设中的重要战略作用，必须通过借鉴他山之石，吸收外来养分，提升职教质量。为此，我国政府通过制定一系列鼓励职业教育对外合作与开放的政策，为职业教育对外开放和国际交流打开了新的空间，切实地促进了我国职业教育的发展。

德国的职业教育处于世界领先水平，我国职业教育的国际交流首先选择德国为学习和借鉴的对象。1983年，南京市教育局与德国汉斯·赛德尔基金会合作建立南京建筑职教中心，拉开了中德职业教育的合作序幕。1988年，在苏州等六个城市更大规模地开展"双元制"试点工作。进入20世纪90年代后，随着《国务院关于大力发展职业技术教育的决定》(1991)、《关于加强职业教育领域合作的声明》(1994)、《中华人民共和国政府和德意志联邦共和国政府关于加强职业教育领域合作的联合声明》(1994)、《中外合作办学暂行规定》(1995)、《职业教育法》(1996)等大批政策文件的出台，职业教育国际交流与合作得到了快速的发展，合作的形式更加多样，合作的内容更加丰富，合作也更加有深度。我国开始积极与德国、英国、韩国、澳大利亚、欧盟等开展师资培训、课程及教材的联合开发、人才的联合培养等深层次的交流与合作。此外，最初的职业教育对外合作与交流主要是将德国、澳大利亚、英国等国的职教模式和专家"引进来"，以此来助推我国职业教育发展水平的提高，指导我国职业教育教学工作和人才培养的进行，随着国际交流的深入和我国职业教育发展水平的提高，"走出去"已然成为我国职业教育对外交流与合作的重要特征。2001年《埃塞俄比亚联邦民主共和国教育部与中华人民共和国教育部关于职业技术教育合作的协议》的签署，2003年教育部在天津工程师范学院挂牌成立"教育部教育援外基地"等，表明我国已经开始迈向"走出去"的阶段，积极向其他国家提供职业教育援助。2007年，我国援建的埃塞俄比亚职业学校项目竣工并正式移交使用，该校成为埃塞俄比亚国内最大的职教机构，而且，该机构在教学和管理过程中主要采用中国职教模式。

具体而言，我国职业教育的国际交流与合作表现为以下几个方面：

一是积极引进国外职业教育先进模式。21世纪初，我国引进了澳大利亚的TAFE模式和英国的BTEC模式及德国的行动向导职业教育课程模式，2002年在重庆开展了中澳职业教育与培训项目。这些模式的引进在很大程度上更新了我国职业教育的理念，使得我国在较短的时间内能够接触和本土化众多的职业教育先进理念和前沿的发展模式，为我国职业教育的发展注入了新鲜的血液。

二是职业教育合作办学的开展。1995年的《中外合作办学暂行规定》指出，

"国家鼓励在职业教育领域开展中外合作办学"。据教育部2002年底统计，全国中外合作项目中经教育部门审核批准的达712个，学历教育中，中职和高职占了50.27%，非学历教育项目中，也有大量属于职业教育的范畴。[①] 2005年，教育部批准中德联合培养职业教育学硕士项目。我国2018年的《高等职业教育质量年度报告》显示，高职院校2017年招收全日制国（境）外留学生11500人，比上一年增长65.2%，特别是面向"一带一路"沿线国家留学生的吸引力增强。

三是职业教育师资培训与交流的加强。以2004—2006年的"中德职教师资进修项目"和2006年教育部向联合国教科文组织国际职教中心申请的"中国高等职业教育联合革新计划——高职教师教育与培训项目"（JIP-TVET in China）为代表，《2018中国高等职业教育质量年度报告》显示，我国有876名专任教师在国外组织担任职务，开发国外认可的专业教学标准和课程标准1806个。

四是职业资格证书的引进与合作。如1994年中英职业资格证书合作项目的启动、1999年中德职业资格证书合作项目的启动、2005年中国劳动和社会保障部与英国开展职业资格证书SQA-HND合作项目的开展，使得我国职业教育人才培养和职业资格证书与国际接轨，且有利于促进职业资格证书的多边互认，对于向国外输出劳务意义重大。

五是职业教育国际交流平台的建设。如中德职业教育交流大会，国际职业技术教育大会在我国的召开，"全国职业教育对外合作项目统计平台""全国职业教育对外合作与交流网"的建立，为职业教育国际交流搭建了良好的平台。

第三节 职业教育改革的反思

回首40年来职业教育改革的历程，成就斐然，但教育发展是面向未来的，我们有必要在回首历史的基础上，深入反思职业教育改革，以更好地寻求下一步发展的方向。

一、深度嵌入开展合作，校企合作的共建共赢

2008年，教育部职业技术教育中心研究所通过对北京、天津、广州等地的135家企业进行校企合作的实地调查发现，仅有不足25%的企业进行了深度的校企合作，其余75%的企业在校企合作中处于相互参观、提供实习岗位等浅层次的合作，甚至有的企业都没有进行过校企合作。此外，有70%的企业认为当前

[①] 行水. 国际"灰领"国际造——2004北京国际教育博览会关于职业教育中外合作办学的话题[J]. 职业技术教育，2004（24）：50-55.

校企合作缺乏长效的保障机制，缺乏硬性的管理和约束。① 企业参与校企合作的主要形式是接受职业学校的学生顶岗实习，接受职业学校的教师到企业学习和参观。其他真正行之有效的如派遣员工到职业学校授课，在职业学校设置工作坊等校企合作的措施，则不够普遍。② 近三分之一的学校没有在职业培训上花时间，只有14%的学校把职业指导教师任命为部门主管，75%的三年级学生、28%的四年级学生和52%的五年级学生根本没有接受过职业指导教育。③ 可见，校企合作任重而道远。

当前，无论是国家还是地方的职业教育校企合作法制建设都很薄弱，除了《职业教育法》以外，其他的均为地方性法规或国务院部门规章，力度不够，可操作性也不够。校企合作的管理监督机制尚不健全，多是提出鼓励性的口号，但是对于具体如何实施，实施后的成效如何检验，谁来监督，谁来监测等均无规定。固然，我国治理体系庞大，且国家在校企合作方面的政策制定尚处于初期的摸索阶段，适当的留白为地方制定相应的政策留下足够的空间，对于诸多事项的规定不可能做到事无巨细，但是这也在一定程度上导致了职业院校和企业在开展合作过程中表现出摸不着头脑，注重形式忽视实质的问题。且校企合作监督和管理的缺失，使得校企合作没有约束力，开展合作也可以，不开展也并非不可。在没有充足的合作动力之下，企业和职业院校对校企合作的热情自然不高。此外，大部分的职业院校在办学过程中依然秉持传统的教育观念，忽视职业教育不同于普通教育之处，对于与企业开展校企合作的必要性认识不足，大部分的校企合作尚处于"貌合神离"的阶段。

未来校企合作的开展，一是职业院校要强化现代学徒制的教育理念，充分认识职业教育人才培养之于普通教育的不同，职业教育需要不断强化在工作场所的学习，工作本位学习，要强调基于工作情境的学习。真正将工匠精神的培养融于职业教育的日常教学过程中，仅仅基于职业学校课堂的学习是难以养成大国工匠的。二是增强关于校企合作的动机的激励、校企合作过程的管理、校企合作结果的监督，通过制定可操作性的实用的规章制度，规范校企合作，提升校企合作的实效。基于中央和地方角色的不同，中央侧重于制定宏观性的指导意见和配套法规，从高位对校企合作的激励、规划、管理和监督进行顶层设计，地方政府则可

---

① 王文槿. 关于校企合作的企业调查报告［J］. 中国职业技术教育，2009（2）：23-25.
② 赵蒙成. 校企合作质量：现状、问题与提升策略——基于苏州市的调查［J］. 职教论坛，2016（28）：49-56.
③ ［英］威利斯. 学做工：工人阶级子弟为何继承父业［M］. 秘舒，凌旻华，译. 南京：译林出版社，2013：117.

以通过实地调研，制定适应本地实际情况的校企合作规章，建立权责明晰的校企合作制度体系，以此促进职业教育校企合作走向"深度嵌入"的深层次合作。

二、深层建设双师型教师，优化职业教育师资队伍

40年来，在中央和各级部门出台的相关政策支持下，职业院校师资队伍得到了较好的优化。但深入职业教育一线和职业院校的教师队伍中进行实地调研后，有研究者发现，职业院校双师型师生比平均为55.51∶1，即平均55.51个学生能够接受1位双师型教师教学。[①] 可以看出，职业院校双师型教师之稀缺。这影响了职业教育教学的开展和职业教育吸引力的提升。此外，职业院校双师型教师的比例离国家规定的专业基础课50％和专业课70％的标准相差甚远，且这些双师型教师中青年教师比例偏低，主要以50岁以上的教师为主；高职称教师的比例偏低，不利于职业院校教师开展校本化的职业教育课程开发和教学标准建设。除此之外，职业院校双师型教师主要是"校门"到"校门"的培养模式，近八成来自职业技术师范学校，来自企业的教师低于5％，[②] 从"校门"到"校门"的教师在教学实操中的能力无可置疑，但却难以与来自企业和生产一线的技工、技术员、工程师相比。为此，今后职业教育师资队伍建设要注意以下几个问题。

一是要调整职业学校教师的结构，适当减少非专业课教师，提升专业课教师比例，减轻专业课教师的教学压力；大力支持职业院校引进国家紧缺专业的双师型教师，可适当从企业、生产一线引进兼职的技术技能型人才，多元化双师型教师的来源，避免单一地从职业技术师范学院和工科高校引进人才，规避职业学校双师型教师主要靠"考证"来获得的局限；适当支持一部分职业院校教师开展科学研究，引领职业院校开展课程与教学建设。

二是要强化职业院校师资队伍建设的社会责任，分散政府在双师型教师建设中的重担。当然，这并不是说政府就可以忽略其在职业教育师资队伍建设中的重要角色，纲要性的指导和规划性的意见依然是必要的，着重激励和强调企业、行业和社会在双师型教师队伍建设中的必不可少。职业院校与企业要联合制定双师型教师认定、考核和监督的相关制度，使双师型教师的养成建设成为一种动态的考核机制。

三是关注职业院校不同科目的老师的异质性和区别度。公共课、专业课、实

---

① 周如俊. 关于中职"双师型"教师队伍建设的调查报告——以Y市为例 [J]. 职教论坛，2012（24）：83-87、91.

② 王孝斌，夏勇子. 高职院校"双师型"教师队伍建设现状——基于湖北省16所高职院校的调查与分析 [J]. 职业技术教育，2015（30）：49-52.

习指导老师的教学任务是不同的,与此相应,对他们的素养要求自然也就不同,不能泛泛而谈双师型教师,此处的"双"应该在不同的教师身上有不同的体现,或者至少有不同的侧重,要求公共课的老师也具备较高的技术技能操作能力显然是不现实的,也是不合理的。有研究者提出对于公共课教师,应注重提升学生的人文素养和优化学生专业能力;对于专业课教师,则重在培养学生的理论素养和扩大学生的实践能力;对于实习指导老师,则重在训练学生的职业习惯和增强学生职场能力。[①] 值得借鉴和思考。在职业教育师资队伍建设过程中,要着重考察职业院校不同岗位的教师所需的素养,基于此在政策中制定职业学校教师的核心素养和具体要求,有针对性地提出职业教育师资队伍建设的目标,以使职业技术师范学院在师资培养中有的放矢,也便于职业院校对教师进行针对性考评。

四是建立动态稳定的双师型教师共同体。按照一定的比例,将适当数量的文化课教师、专业课教师和实习指导教师编排为一个教师团,整体的力量大于部分之和,将零散的一个个教师整合为一个教师团,不仅可以充分发挥多个教师的合力,还可充分发挥团队的监督和督促功能,构建职业教师的学习共同体,共同监督共同进步。

三、坚守生命逻辑,主动迎接工业 4.0 时代挑战

我们的教育行动永远不只是对过去发生的事情的重复,而是始终对未来彻底开放的……未来能够致力于这样的开放性,并且以教育的方式致力于它。[②] 近年来,互联网、人工智能、物联网、区块链等新技术的发展都表明工业 4.0 时代已然到来。人工智能等新技术在各个行业的引入,在给通信、金融、服务业、传媒等行业带来诸多便利的同时,也给这些行业带来了颠覆性的革命,这些新技术不仅改变着人们的生活方式,同时也不断革新着人们的思维方式。尽管到目前为止,新技术尚未对教育领域带来革命性的改变,但我们不得不思考,在新技术快速发展,信息技术日新月异的情况下,职业教育该何去何从?随着新技术的发展和各行各业的智能化,是否会危及到职业教育的存在?职业教育所培养的人才如何能与智能化机器人媲美?

一是要注重以人工智能等促进职业教育的发展。信息化技术在职业教育中的主要体现即职业教育专业教学资源库的建设,未来还要积极运用新技术,搭建更

---

① 李树峰. 从"双师型"教师政策的演进看职业教育教师专业发展的定位 [J]. 教师教育研究,2014(3):17-22.

② [荷] 格特·比斯塔. 教育的美丽风险 [M]. 赵康,译. 北京:北京师范大学出版社,2018:183.

好的智能化实习场所和实训基地，在学生实习、教师培训、教育监督和评价、专业辅导等方面发挥人工智能的先进性。

二是坚守职业教育的"生命逻辑"。我们需要关注人类生命本身，尤其是人类思维在技术进步过程中的巨大作用，新技术先是精神的建构，之后才是物质的建构。[①] 坚守生命的逻辑，要求我们不能因为新技术带来的诸多便利，而忽视了教育的本真，忽视了人的思维和能动。新技术将成为未来教育发展中必须要考虑的重要元素，未来职业教育的发展离不开技术，但绝不是唯有技术。我们既需要适应新技术所带来的职业教育变革，又需警惕人工智能等新技术可能导致的职业教育发展中的风险。不可过度依赖智能化教学条件，不可过多依赖大数据的分析和评价结果，关注学生的生命成长和个性化需求，始终将学生的职业素养提升和职业能力培养作为职业教育发展的重点。

三是积极培养人工智能等新技术运用的高端技术技能型人才，注重发展不易被智能机器所替代的专业和学科。根据产业结构的变化，及时调整职业院校的专业设置，推进职业学校的人才培养与市场需求的对接。在人工智能面前，要做到积极应对，通过培养能够研发、运用和管理人工智能机器的人才为着眼点，主动适应甚至引领人工智能与职业教育深度融合的进度。

四是关注学生学习能力和职业素养的培养，养成学生能够随时随地学习新技术的适应能力，形成学生的生涯发展观念。培养学生具备接受新知识、新技能的开放心态和能力，规划、设计自己的学习并寻找到适合自己的学习机会的能力，[②] 以变化来适应变化才是工业 4.0 时代背景下职业教育学生需要掌握的关键理念。

四、提高职业教育质量，增强职业教育吸引力

作为一种"低门槛"的"人人教育"，职业教育旨在使无业者有业，使有业者乐业。所谓职业教育的吸引力强的表现即人们愿意接受职业教育。调查显示，分别仅有 2% 和 2.5% 的父母同意孩子上高职和中职，分别仅 5% 和 2% 的学生和家长将高考的目标定位为高职高专。[③] 不仅学生不愿意报考职业院校，家长更不愿意自己的孩子接受职业教育。可见，在我国职业教育的吸引力不强，职业教育

---

① [美] 布莱恩·阿瑟. 技术的本质：技术是什么，它是如何进化的 [M]. 曹东溟，王健，译. 杭州：浙江人民出版社，2017：17-18.
② 徐国庆. 职业教育课程论 [M]. 上海：华东师范大学出版社，2015：60-61.
③ 余祖光，陈光. 增强职业教育吸引力的问题研究 [J.] 中国职业技术教育，2009（34）：15-30.

是人们"不得不"的无奈选择，被人们视为"差生教育""平民教育"，长期处于"国家很重视，企业离不开，社会看不起"的窘境。① 尽管这一现状是多种因素相互作用的结果，单纯谈某一方面某一主体，都难以真正改变职业教育在我国的尴尬处境。但我们还是提出这样的殷切期盼，希望在未来的职业教育改革中将职业教育质量的提升作为重心，以此来提升职业院校学生和家长的满意度和认同度，进而提高职业教育的获得感。

优化职业院校招生制度和就业准入制度势在必行。改革和完善职业学校的招生制度，让学生和家长有机会基于兴趣和爱好对普通教育和职业教育进行均等选择。当前的考试招生制度基于分批选择分批录取的原则，职业院校的生源主要是普通教育系统选择后剩下的学生，高职的学生约50%来自普通高考落榜的学生，还有50%来自于中职毕业生，前者普遍被认定为高考失败者，后者则被认定为中考的失败者。② 从理论上来讲，职、普是两种不同的教育类型，二者只是培养目标不同，不存在教育层次和教育等级的差异，无论普通教育毕业还是职业教育毕业的学生都应受到社会的尊重。但现实却是，职业院校毕业生在就业、升职、待遇等方面较普通高等教育毕业生均处于劣势。③ 公务员系统、企业招聘大多要求是本科文凭，重学历轻技能的现象普遍存在。④ 为此，制定切实可行的技能型人才评价与管理制度势在必行。

当然，最为关键的是职业院校自身质量的提升，尤其是职业教育的教学条件，教学水平、教师素养的提升。正如前文所述，通过职业教育校企合作的强化，提升职业教育教学质量，优化职业教育师资队伍结构，完善双师型教师成长的路径，积极运用人工智能等新技术，服务职业教育的人才培养。只有职业教育质量的实质性强化，才能迎来职业教育吸引力的提升。

---

① 人民网. 为高职院校支撑一片天［EB/OL］. （2017-09-14）［2018-11-26］. http：//edu. people. com. cn/n1/2017 0914/c1053-29535329. html.

② 人民网. 为高职院校支撑一片天［EB/OL］. （2017-09-14）［2018-11-26］. http：//edu. people. com. cn/n1/2017/0914/c1053-29535329. html.

③ 陈胜. 浅析职业教育公平的现状、原因及对策［J］. 河南科技学院学报，2011（12）：16-19.

④ 中国社会科学网. 职业教育：从"能就业"到"就好业"［EB/OL］. （2018-03-05）［2018-11-26］. http：//www. cssn. cn/jyx/jyx_zdtj/201803/t20180305_3866326. shtml.

第十九章　特殊教育改革史

改革开放 40 年，中国特殊教育经历了一系列改革发展。为更好地总结历史经验和成就，反思新时期特殊教育改革，本章通过政策文本分析和实践成果分析，主要就改革开放 40 年以来我国特殊教育改革的历程和成就进行梳理和反思。

第一节　特殊教育改革的历程

在介绍新时期特殊教育改革历程之前，我们有必要对我国改革开放前特殊教育的历史做一简略回顾。

我国特殊教育学校的创办经历了外国人来华办学到国人民间办学，再到公办的半个世纪的历程。"瞽叟通文馆"位于北京东城甘雨胡同，是英国长老会牧师威廉·穆瑞于 1874 年创办的第一所盲校（1920 年该校迁址到北京西郊八里庄，并改名为"启明盲目院"）。时隔 31 年后的 1905 年，山东师范学堂教习时克荫与刘冠三在济南创办了第一所民间"盲哑学堂"。1927 年 10 月 3 日，我国近代第一所公立特殊教育学校——南京市盲童学校成立（后改名为南京市立盲哑学校，1942 年改隶教育部，名为教育部特设盲哑学校）。

从 1874 年我国第一所特殊教育学校创建至改革开放前，我国特殊教育经历了国外教会及民间办学为主体阶段（1874—1926）、国人创办公私特殊教育学校并存发展阶段（1927—1949）、公办特殊教育为主体发展阶段（1950—1966）、特殊教育停滞阶段（1967—1977），我国特殊教育在曲折中前进，同时也为改革开放新时期下特殊教育的发展奠定了基础。

1978 以来，我国特殊教育进入新时期，沐浴着改革开放的春风，开启了快速改革的征程，经历了恢复重建阶段（1978—1988）、稳步推进阶段（1989—2005）、深入推进阶段（2006—2013）和全面提升阶段（2014—2018）。

一、恢复重建阶段（1978—1988）

我国特殊教育改革的恢复重建阶段经历了特殊教育课程的恢复重建、特殊教育研究机构的恢复重建、特殊教育体系的恢复重建、特殊教育改革的初次尝试、特殊教育相关法律的颁布等过程。

(一) 特殊教育课程的恢复重建

我国特殊教育首先从课程恢复重建,标志着我国特殊教育伴随改革开放的号角吹响进入恢复重建阶段。1979年教育部下发适用于城市的《全日制八年制聋哑学校教学计划(征求意见稿)》,对特教学校课程及课外活动进行了规范。该教学计划课程包括:思想品德、语文、数学、常识、律动、体育、图画、手工劳动和职业技术;课外活动包括:体育活动、课外小组活动以及校班团队活动。[①]

(二) 特殊教育研究机构的恢复重建

在课程恢复重建的同时,特殊教育研究机构也开始了恢复重建。上世纪80年代以来,相继成立的特殊教育研究室(会、中心)等研究机构,为我国特殊教育恢复重建提供了一定的智力保障。1982年1月,北京师范大学在教育系成立了我国第一个特殊教育理论研究基地——特殊教育研究室。1982年,我国第一所专门培养特殊教育师资的学校——南京特殊教育师范学校(该校2002年6月升格为南京特殊教育职业技术学院)成立。1982年11月11日,中国教育学会特殊教育研究会在江西南昌成立。1988年10月13日,国家级特殊教育科研机构北京师范大学特殊教育研究中心正式成立,同年召开了全国第一次特殊教育工作会议。

(三) 特殊教育体系的恢复重建

师范大学特教专业的设置、残疾学生就读普通师范学校、大学特教部的成立、普通高等学校招收残疾学生、残疾人职高的创办等迈出了我国中高等特殊教育恢复重建和残疾人接受高中、普通高等学校教育的步伐。

1985年,南京特殊教育师范学校正式向全国招生。1986年,北京师范大学开始招收特殊教育专业本科生。1986年9月,北京第四聋校中学毕业生杨军辉被保送到北京西城区师范学校,学习4年普师。这是师范学校首次招收聋人学生并为聋校定向培养聋人教师。1987年9月,吉林省长春大学成立特教部,这是我国第一所专门招收盲、聋、肢残学生的特殊教育学院,开创了我国视障、听障和肢体残疾人接受高等教育的先河。1988年,北京第三聋校创办残疾人职业高中,招收聋、肢残青年,设有美工、服装、电脑打字等专业,学制3年。

从建国初到20世纪80年代中期,特殊教育学校一直是我国实施特殊教育的主要形式。

---

① 参见《全日制八年制聋哑学校教学计划(征求意见稿)》。

（四）特殊教育改革的初次尝试

我国特殊教育改革伴随我国改革开放后的教育体制改革而发展。

1985年5月27日，《中共中央关于教育体制改革的决定》颁布，提出"在实行九年制义务教育的同时，还要努力发展幼儿教育，发展盲、聋、哑、残人和弱智儿童的特殊教育"。首次从国家层面明确了特殊教育对象包括盲、聋、哑、残疾和弱智儿童。

（五）特殊教育相关法律的颁布

1982年12月颁布的《中华人民共和国宪法》第四十五条规定"国家和社会帮助安排盲、聋、哑和其他有残疾公民的劳动、生活和教育"，使特殊教育事业有国家根本大法保障。

1986年4月22日实施的《中华人民共和国义务教育法》规定，"地方各级人民政府为盲、聋、哑和弱智儿童少年举办特殊教育学校（班）"，将特殊教育列入国家义务教育范畴。法律规定，无论是残疾儿童还是普通儿童，同样接受义务教育；将弱智（智力落后）儿童纳入特殊教育的教育对象；普通学校有权开设特殊班；再次明确由地方人民政府负责，是政府行为。

二、稳步推进阶段（1989－2005）

我国特殊教育改革稳步推进阶段经历了特殊教育普及工作的提出、特殊教育体系的建设、相关法律政策的实施等。经过这一阶段的改革，特殊教育入学率显著提高。

（一）特殊教育普及工作的提出

在总结了1988年全国第一次特殊教育工作会议经验的基础上，1989年3月2日，国家教委、国家计委、民政部、财政部、人事部、劳动部、中国残疾人联合会印发了《关于发展特殊教育的若干意见》。首次明确提出了发展特殊教育要贯彻普及与提高相结合，以普及为重点的原则，把残疾少年儿童教育切实纳入普及义务教育的工作轨道；着重抓好初等教育和职业技术教育，积极开展学前教育，逐步发展中等教育和高等教育；提出了普通学校附设特教班和残疾儿童在普通班级随班就读的形式。

"随班就读"政策是我国儿童少年特殊教育普及工作的一项重要举措。《关于残疾儿童少年随班就读工作试行办法》中提出，"随班就读就是让具有一定能力的视障、听障、弱智等残疾儿童少年就近进入普通学校同普通学生一起学习、一起活动，共同进步"。1989年，国家教委委托北京等八省市开展随班就读实验，并先后在无锡、昌平、石家庄、昌乐、佳木斯召开现场会或研讨会。1994年5

月,国家教委在江苏盐城召开"全国残疾儿童少年随班就读工作会议",颁布了《关于开展残疾儿童少年随班就读工作的试行办法》,我国"随班就读"政策逐步得到完善与实施。

(二) 特殊教育体系的建设

我国特殊教育体系的建设为我国特殊教育普及与提高奠定了基础。1993年中残联与国家教委在南京试办聋人普通高中。1994年7月3日国务院《关于〈中国教育改革和发展纲要〉的实施意见》提出:残疾儿童与普通儿童同步实施义务教育;鼓励城市和经济发展程度较高的农村发展残疾人高、中级职业教育;鼓励社会力量参与残疾人职业教育,对残疾人进行实用技术的培训;全国逐步建成30所省级残疾人职业教育中心。1995年全国特殊教育学校发展到了1379所,在校学生29.559万人。截至2000年底全国有特殊教育学校1539所,在普通学校特教班就读及随班就读学生23.93万人,在校学生总人数为37.76万人。截至2005年底全国有特殊教育学校1593所,在校学生总人数为36.44万人,在普通学校随班就读和附设特教班就读的残疾儿童招生数和在校生数分别占特殊教育招生总数和在校生总数的61.34%和63.13%。[①]

2002年12月28日,全国第一所特殊教育高等学校——南京特殊教育职业技术学院在南京举行揭牌典礼。

(三) 特殊教育法律、政策的颁布

残疾人相关法律、法规、条例的配套为我国特殊教育普及工作奠定了法律基础。1990年12月28日,第七届全国人民代表大会常务委员会第十七次会议通过并颁布了我国保障残疾人权利的第一部专门法律——《中华人民共和国残疾人保障法》,并于1991年5月15日施行。其中,第三章第十八至二十六条从国家职责、发展方针、办学渠道、特殊和普通教育方式、成人教育、师资等方面对特殊教育进行了规定。1991年,国家教委、中残联等8个相关部门下发了《关于残疾人教育事业进展情况和"八五"期间的任务》的文件,要求各地搞好特殊教育工作,随即国家各有关部门制定了配套的16个实施方案。1991年5月19日,举行了第一个法定的全国助残日活动。1994年8月23日,国务院颁布《残疾人教育条例》。1995年3月18日,第八届全国人民代表大会第三次会议通过《中华人民共和国教育法》,其中规定"国家、社会、学校及其他教育机构应当根据残疾人身心特性和需要实施教育,并为其提供帮助和便利"。1998年12月,教育部令第1号颁布《特殊教育学校暂行规程》。

---

① 数据来源于教育部网站。

此阶段，特殊教育入学率显著提高。

三、深入推进阶段（2006－2013）

2006年我国《义务教育法》修订，立足于促进义务教育均衡发展和保障残疾儿童少年接受义务教育，从政府责任、教育形式、教师待遇、经费投入和法律责任五个方面做出相关规定，大大充实了有关特殊教育的规定。我国特殊教育改革进入深入推进阶段。

（一）党和国家高度重视特殊教育工作

2007年，中共十七大报告明确提出关心特殊教育。教育统计数据显示，2007年特殊教育学校1618所，在校学生41.93万人。2011年公布的《国民经济和社会发展"十二五"规划纲要》提出要"关心和支持特殊教育"，"改善特殊教育学校办学条件，逐步实行残疾学生高中阶段免费教育"。2013年11月9日至12日在北京召开的党的十八届三中全会，强调要"推进特殊教育改革发展"。

《中国教育年鉴2014》显示，"2013年9月2日，中共中央政治局委员、国务院副总理刘延东在考察北京市盲人学校时强调，特殊教育是一项神圣的事业，要大力促进教育公平，使残疾孩子享受公平良好的教育。各级党委政府和社会各界要关心支持特殊教育发展，为残疾孩子的健康成长、全面发展，更有尊严地生活工作、实现梦想提供保障。刘延东指出，特殊教育是促进残疾人全面发展、帮助残疾人更好融入社会的基本途径，是推进教育公平、改善民生的重要领域和体现社会文明的重要标准。要进一步加大支持力度，特教特办，努力完善特殊教育体系，健全保障机制，改善办学条件，不断满足残疾学生的学习需求。要深化课程教材改革，创新教育手段和方式，有针对性地进行缺陷补偿和潜能开发，提高残疾学生综合素质。要结合社会需求，加强面向残疾人的职业教育培训，帮助他们掌握一技之长，提高就业创业能力。要动员全社会力量关心特殊教育，支持和推动特殊教育事业加快发展。刘延东强调，特殊教育教师常年坚守在特教岗位一线，播撒爱心，无私奉献，倾心育人，值得全社会学习和尊敬。要加大对优秀特教教师的宣传力度，强化培养培训，落实好工资待遇倾斜政策，鼓励和吸引更多优秀人才投身特殊教育事业。在与盲人学生互动交流时，刘延东鼓励他们树立崇高理想，锤炼意志品质，积极面对人生，练就过硬本领，成为生活的强者，努力谱写精彩人生，在个人圆梦的过程中为实现中国梦做出积极贡献。刘延东要求，各地各校要认真做好开学各项工作，组织好中国梦主题教育活动，全面落实教育教学计划安排，着力解决师生实际困难，确保教学活动有序开展和校园和谐稳定"。①

（二）各级政府政策保障持续加强

各级政府特殊教育规划、标准、文件等的制定为我国特殊教育均衡发展提供了政策保障。2007年9月24日，教育部、国家发改委下发《关于印发〈"十一五"期间中西部地区特殊教育学校建设规划（2008－2010年）〉的通知》。2010年2月25日，教育部发布了《义务教育阶段盲校教学和医疗康复仪器设备标准》等三个特殊教育行业标准的通知。

2010年7月第四次全国教育工作会议召开，中共中央、国务院印发了《国家中长期教育改革和发展规划纲要（2010－2020年）》，首次将特殊教育单列一章，作为八大教育改革发展任务之一，纳入国家教育事业改革和发展大局，将特殊教育作为促进公平的重点领域。

2012年9月20日，教育部、中央编办、国家发改委、财政部、人力资源和社会保障部印发了《关于加强特殊教育教师队伍建设的意见》，提出加快推进特殊教育发展，大力提升特殊教育水平，切实保障残疾人受教育权利。

残疾人法律、条例的修订为残疾人权益提供了法律保障。2008年4月24日，第十一届全国人民代表大会常务委员会第二次会议修订通过了《中华人民共和国残疾人保障法》，2008年7月1日起施行。2009年，国务院将《残疾人教育条例（修订草案）》列入修订议程。经过多年努力，现行法律法规和政策已为残疾学生公平接受教育提供了坚实的法律保障。

2013年，全国共有特殊教育学校1933所，在校生36.81万人。

（三）特殊教育学校建设不断完善

在学校硬件设施方面，2011年1月，住房和城乡建设部、国家发改委批准发布由教育部组织编制的《特殊教育学校建设标准》，标准制定了特殊教育学校建设规划与建设项目构成、布局选址、校园规划与建设用地、校舍建筑面积等内容，为特殊教育学校建设提供了依据。

在师资队伍建设方面，2003年6月首届全国特殊教育教育教学论文大赛在全国范围展开。2003年8月4日至8月23日，由辽宁师范大学特殊教育系和南京爱德基金会联合举办的首届"全国聋人教师培训班"在辽宁师范大学隆重开班。这是中国聋人教师第一次集中进行的教育学科类培训，也是我国聋人社会高层次聋人间的一次面对面交流。来自我国各地的39位聋人教师会聚一堂，大家

---

① 《中国教育年鉴》编辑组. 中国教育年鉴2014 [M]. 北京：人民教育出版社，2015.

学习了《教育学》《教育心理学》《聋人社会学》《聋校双语双文化教育专题》《国际特殊教育发展趋势和聋教育的课程改革》《美国聋教育介绍》和《挪威聋教育介绍》，并列席了联合国儿童基金会的"第三届双语双文化经验交流会"，还到大连盲聋学校交流见习。辽宁师范大学的张宁生教授、爱德基金会的吴安安主任、上海复旦大学的龚群虎教授、《现代特殊教育》副主编沈玉林老师、南昌大学的聋人博士唐英老师等先后为培训班学员作了精彩的讲演和授课。2012年9月20日，教育部、中央编办、国家发改委、财政部、人力资源和社会保障部印发了《关于加强特殊教育教师队伍建设的意见》。

四、全面提升阶段（2014－2018年）

2014年1月8日，教育部联合七部委发布《特殊教育提升计划（2014－2016年）》，提出全面推进全纳教育，使每一个残疾孩子都能接受合适的教育，明确了今后三年我国特殊教育改革发展的总体目标、重点任务和主要措施，要求进一步提升特殊教育普及水平、经费保障能力和教育教学质量，标志着我国特殊教育改革进入全面提升阶段。

（一）特殊教育普及水平的提升

2014年1月27日，全国特殊教育工作电视电话会议在京召开。李克强总理作出重要批示，指出"办好特殊教育，对于保障残疾人平等参与社会的权利、增加残疾人家庭福祉和促进社会公平正义具有十分重要的意义，也是教育现代化的重要内容"。刘延东出席会议并讲话，强调以改革创新推动特殊教育发展，提升特殊教育水平，进一步保障残疾人受教育权利。

2014年3月26日，教育部办公厅、中国残联办公厅联合印发《关于编制特殊教育提升计划实施方案的通知》，对省级教育行政部门编制特殊教育提升计划实施方案提出了明确要求。4月10日，教育部印发《关于学习贯彻李克强总理等国务院领导同志有关特殊教育重要批示和讲话精神的通知》，要求教育战线认真学习贯彻。4月17日，教育部和中国残联在石家庄联合召开特殊教育提升计划省级实施方案编制工作推进会，就进一步做好特殊教育提升计划实施方案编制工作进行研究部署。8月，国务院学位委员会首次批准有关高校设置面向视障人员的中医硕士专业学位授权点。

2017年1月，《国家教育事业发展"十三五"规划》提出了我国特殊教育的新理念、目标和保障。"以新理念引领教育现代化"，"教育公平取得重要进展"，"残疾学生受教育权利得到更好保障，中西部地区特别是农村学生接受优质高等教育的机会明显增加"。

（二）特殊教育经费的大力投入

2014年，"提升计划"确定的各项政策举措加快落实，特教学校预算内生均公用经费从平均2000元提高到4000元以上；中央财政投入资金12.1亿元，实施特殊教育改善办学条件项目和特殊教育学校建设二期项目；加强特殊教育内涵发展，推进三类特殊教育学校课程标准和教材建设。截至2014年12月30日，上海、黑龙江、福建等27个省（自治区、直辖市）先后出台了"提升计划"省级实施方案；广东省推动实施残疾学生15年免费教育；山西省将特教教师岗位津贴提高到基本工资的50%；陕西省建立200所特殊儿童随班就读康复资源中心，积极探索学前特殊教育模式。

2018年8月27日，国务院办公厅印发《关于进一步调整优化结构 提高教育经费使用效益的意见》，对教育经费投入、使用、管理提出明确要求。在教育经费使用方面，"意见"强调要重点保障义务教育均衡发展。

（三）特殊教育制度的逐步健全

2015年4月21日，颁布了《残疾人参加普通高等学校招生全国统一考试管理规定（暂行）》，这是第一次从国家层面为残疾人参加普通高考而专门制定的管理规定。

2015年，国务院办公厅印发《国务院2015年立法工作计划》，进一步明确为了进一步完善残疾人教育法律制度，推动残疾人教育事业发展，修订《残疾人教育条例》。

2016年1月，教育部印发《普通学校资源教室建设指南》，要求"资源教室所附基础设施要符合《无障碍环境建设条例》《无障碍设计规范》《特殊教育学校建筑设计规范》中有关规定"。

2016年11月25日，教育部发布实施《盲校义务教育课程标准（2016年版）》《聋校义务教育课程标准（2016年版）》《培智学校义务教育课程标准（2016年版）》。

2017年1月11日，国务院第161次常务会议修订通过的《残疾人教育条例》，自2017年5月1日起施行。2017年7月17日，七部门印发了《第二期特殊教育提升计划（2017—2020年）》。

各级政府相继出台相关配套文件推动第二期特殊教育提升计划。如《浙江省第二期特殊教育提升计划（2017—2020年）》提出了"融合教育常态化、特殊教育学校建设标准化、特殊教育服务优质化、特殊教育管理智能化"的特殊教育提升目标。① 2017年8月22日，上海市教育委员会印发了《上海市教育委员会关于印发〈上海市特殊教育学校图书馆建设指南（试行）〉的通知》。

2017年9月，中共中央办公厅、国务院办公厅印发《关于深化教育体制机制改革的意见》，指出"要完善特殊教育融合发展机制，改进特殊教育育人方式，强化随班就读，建立健全融合教育评价、督导检查和支持保障制度"，"改进特殊教育学校教师管理制度"，"进一步完善特殊教育教师工资保障机制"，强调要"完善教育标准体系，研究制定从学前教育到高等教育各学段人才培养质量标准，完善学校办学条件标准。要建立健全教育评价制度，建立贯通大中小幼的教育质量监测评估制度，建立标准健全、目标分层、多级评价、多元参与、学段完整的教育质量监测评估体系，健全第三方评价机制，增强评价的专业性、独立性和客观性"。

（四）特殊教育体系的逐步完善

习近平总书记说："全面建成小康社会，残疾人一个也不能少。""共同富裕路上，一个不能掉队。"《国家中长期教育改革和发展规划纲要（2010—2020年）》提出"加快发展残疾人高中阶段教育"，一期、二期"特殊教育提升计划"以及《高中阶段教育普及攻坚计划（2017—2020年）》提出"加快发展以职业教育为主的残疾人高中阶段教育"。2018年7月，教育部、国家发改委、财政部、中国残联联合发布了《关于加快发展残疾人职业教育的若干意见》。文件指出，"近年来，我国残疾人职业教育得到较快发展，规模明显扩大，保障条件逐步得到完善。但总体来看，残疾人职业教育整体水平有待提高，办学水平偏低、师资力量薄弱、布局不合理等问题依然比较突出，与整体职业教育发展水平和广大残疾人接受职业教育的迫切需求存在较大差距。各地要充分认识发展残疾人职业教育的重大意义，高度重视并采取切实措施加快发展残疾人职业教育"；"以中等职业教育为重点不断扩大残疾人接受职业教育的机会"；"大力发展残疾人中等职业教育，让完成义务教育且有意愿的残疾人都能接受适合的中等职业教育"。为加快残疾人职业教育发展、提升残疾人受教育水平、促进教育公平提供了依据和保障。

第二节 特殊教育改革的成就

改革开放40年来，党和国家高度重视特殊教育，我国已基本形成以普通学

---

① 章金魁. 明确新目标 打造新高度 办好新特教——《浙江省第二期特殊教育提升计划（2017—2020年）》解读[J]. 现代特殊教育，2018（4）：7.

校随班就读和附设特教班为主体,以特殊教育学校为骨干,以送教上门为补充的特殊教育发展格局。2018年,全国共有特教学校2152所,在校学生约66.59万人。我国特殊教育政策保障显著加强,投入力度持续增加,办学条件不断改善,特教体系不断完善,师资队伍建设成效初显,特殊教育质量显著提升。

以下根据2015年国家教育体制改革领导小组对《国家中长期教育改革和发展规划纲要(2010—2020年)》五年实施情况进行的总体评估结论、《〈国家中长期教育改革和发展规划纲要〉中期评估特殊教育专题评估报告》,结合《特殊教育提升计划(2014—2016年)》《第二期特殊教育提升计划(2017—2020年)》的推进情况和2018年国家教育统计数据,总结我国特殊教育改革所取得的主要成就。

一、政策保障显著加强

党和国家非常重视特殊教育,各级政府出台相应配套文件,对特殊教育的政策保障能力不断加强。《国民经济和社会发展"十二五"规划纲要》提出要"关心和支持特殊教育,改善特殊教育学校办学条件,逐步实行残疾学生高中阶段免费教育"。党的十八大明确提出要"支持特殊教育",十八届三中全会强调要"推进特殊教育改革发展"。党的十九大报告提出,要"办好特殊教育,努力让每个孩子都能享有公平而有质量的教育"。

2014年1月,国务院办公厅转发教育部等七部门编制的《特殊教育提升计划(2014—2016年)》,文件要求进一步提升特殊教育普及水平、经费保障能力和教育教学质量,确定了三年内三类残疾儿童少年义务教育入学率从72%提高到90%以上、特教学校预算内生均公用经费从平均2000元提高到6000元以上的重要目标。

2017年7月17日,教育部、国家发改委、民政部、财政部、人力资源和社会保障部、卫生计生委、中国残联联合印发了《第二期特殊教育提升计划(2017—2020年)》,文件要求到2020年,各级各类特殊教育普及水平全面提高,残疾儿童少年义务教育入学率达到95%以上,非义务教育阶段特殊教育规模显著扩大。

全国各省、自治区、直辖市出台的"十三五"规划纲要及教育规划纲要都将发展特殊教育列入任务要求,全国各地出台的"第二期特殊教育提升计划"以及相关配套政策为落实《国家中长期教育改革和发展规划纲要(2010—2020年)》提供了强有力的支撑,各地制定并实施相关政策与措施,有力促进了特殊教育事业的大发展。

二、投入力度持续增加

教育部、国家发改委、中国残联等部门从 2008 年开始启动实施了中西部特殊教育学校建设项目。2008 年至 2011 年，安排中央预算内经费 47 万元，支持新建和改扩建 1182 所特殊教育学校，基本覆盖中西部地区的地市级和 30 万人口以上的县，基本满足了残疾儿童少年接受九年义务教育的需求，特殊教育学校布局趋于合理，办学条件明显改善，普及程度显著提高；2012 年开始实施特殊教育学校建设二期项目，累计下达资金 24.42 亿元，重点支持了 61 所残疾人中高职院校和高等特殊教育师范院校建设，用于加强特殊教育学校基础设施建设及购置教学康复实验设备；2014 年起，中央财政特殊教育专项补助经费提高到每年 4.1 亿元，重点倾斜中西部地区，支持特殊教育学校改善办学条件、建设特殊教育资源中心（教室）等。

不断完善融合教育的支持保障体系。指导地方在招收 5 人以上残疾学生的普通学校设立资源教室，配备专兼职资源教师，推动提高随班就读质量；中央特殊教育补助专款用于普通学校特殊教育资源教室（中心）建设并配备必要的特殊教育和康复设备，提高教育和康复服务能力。

特殊教育保障能力切实加强，普遍提高义务教育阶段特殊教育学校生均公用经费基准定额，从 2014 年起，各地将义务教育阶段特殊教育学校公用经费单列，年生均标准达 4000 元，2016 年达到不低于 6000 元，纳入义务教育经费保障机制，中央和地方按比例分担，其中，西部地区 8∶2，中部地区 6∶4，基本保障了特殊教育学校的日常运转。随班就读、特教班和送教上门的义务教育阶段生均公用经费也逐步得到同标准落实。

三、办学条件不断改善

至 2018 年，我国义务教育阶段特殊教育学校达 2152 所，基本实现了 30 万人口以上且残疾儿童较多的县都有 1 所独立设置的特殊教育学校的目标。

教育部、财政部共同实施特殊教育改善办学条件项目，中央特教专项补助经费从 2011 年的 2500 万元提高到 2014 年的 4.1 亿元，四年里累计投入 5.4 亿元，资助范围由中西部地区扩大到除京津沪以外的全国所有省份，基本实现全覆盖，支持的内容扩展至重点支持普通学校建立资源教室、特殊教育学校配备设备设施以及开展区域"医教结合"实验等，特殊教育学校少、破、旧、陋等状况加快改变，办学条件得到明显改善。

教育部指导地方依托特殊教育学校或普通学校建立了特殊教育资源中心，北京市海淀区、上海市长宁区、江苏省南京市等地已建立了特殊教育资源中心，为普通学校随班就读提供了专业支持。

四、特殊教育体系不断完善

据2007年中国残疾人统计年鉴，2006年全国高等特殊教育学院录取残疾学生986名；达到普通高等学校录取分数线的残疾学生4371名，4148名学生被录取，其中本科2159人（盲145人、聋254人、肢体残疾1760人），高职专科1989人。高校毕业的残疾学生累计数万人。还有部分国内高校毕业的聋、盲等残疾青年到国外留学深造，获得硕士、博士学位。

2015年，教育部、中国残联联合印发《残疾人参加普通高等学校招生全国统一考试管理规定（暂行）》，对各级招生考试机构为残疾人参加高考提供平等机会和合理便利做出明确规定。

党的十八大以来，布局合理、学段衔接、普职融通、医教结合的特殊教育体系初步形成。教育部会同相关部门，做好义务教育阶段特殊教育的同时，切实指导各地大力发展特殊儿童学前教育，加快发展以职业教育为主的残疾人高中阶段教育，稳步发展残疾人高等教育。

此外，残疾人还可以参加社会的其他教育方式接受教育，如成人教育、高等教育自学考试、中央广播电视大学特殊教育学院等。作为公办教育的补充和教育的组成部分，很多地方建立了民办的特殊教育训练机构。

至2018年，特殊教育学校达2152所，在校生66.59万人。普通小学、初中特殊教育在校生30.4万人，占特殊教育招生总数的51.1%，占特殊教育在校生总数的52.52%。

改革开放以来，残疾人特殊教育已初步形成了从残疾幼儿教育到盲、聋、肢残等残疾青年高等教育的体系。该体系与普通教育紧密联系又相对独立，包括从幼儿到高等教育各层次，招收各类残疾人，彻底改变了过去残疾人只能接受小学教育、只能从事简单手工劳动的状况，是实现残疾人人权和教育公平、全民平等受教育的又一体现。

五、教师队伍建设成效初显

1994年，人事部、国家教委《关于印发高等学校、中小学、中等职业学校贯彻〈事业单位工作人员工资制度改革方案〉三个实施意见的通知》规定，中小学特殊教育津贴为基础工资加职务工资和的15%。符合条件的特殊教育教师还享受中小学教师基本工资标准提高10%的工资倾斜政策，体现了国家对特教教师的重视。2018年1月印发中央4号文件提出完善教师收入分配激励机制，有效体现教师工作量和工作绩效，绩效工资分配向班主任和特殊教育教师倾斜。

上世纪80年代起，高校开始设置特殊教育专业，以培养在相关机构从事特殊教育实践、理论研究和管理工作的复合型人才。2012年，教育部会同国家发改委、中国残联启动实施"特殊教育学校建设二期"专项，中央财政投入12.5亿元，重点支持25所高校特殊教育专业建设。2013年，教育部批准华东师范大学开办全国第一个"教育康复"专业，推动培养特殊教育相关服务人员。高校开办特殊教育师范专业数量明显增加，人才培养规模持续加大且师范生培养增加了融合教育相关内容。2015年6月南京特殊师范学院实现专升本。教育部印发的《教师教育振兴行动计划（2018－2022年）》规定：择优选择师范类院校和其他高校增设特殊教育专业，进一步扩大特殊教育专业招生规模；启动特殊教育专业认证工作，实施卓越教师培养计划2.0，推进特殊教育教师培养模式改革，提高培养质量；鼓励高校师范类专业开设特殊教育课程。截至2018年，全国已有64所高校开设特殊教育专业，在校生10694人，为国家培养了大批特殊教育人才，基本满足了社会需求，对促进教育公平、提高教育质量，具有重要作用。

2014年，教育部启动"特殊教育卓越教师培养计划改革项目"，确定了华东师范大学、重庆师范大学等5所师范院校为实验学校，着力培养富有爱心、素质优良、具有复合型知识技能的卓越特殊教育教师，重点探索师范院校与医学院校联合培养机制、特殊教育知识技能与学科教育教学融合培养机制，坚持理论与实践结合，促进学科交叉，不断加强康复人才培养，已建立了从中职、高职到本科、硕士、博士等一整套完整的康复专业人才培养体系。

六、特殊教育质量显著增强

近年来，我国特殊教育年限不断延长，教育质量得到显著提升，已有一些省份颁发文件延长特殊教育免费年限。福建省教育厅等八部门联合印发了《福建省第二期特殊教育提升计划（2018－2020年）》(以下简称《计划》)，明确福建省今后一段时期特殊教育改革发展的总体目标。其中一大亮点就是，将特殊教育免费年限从12年扩展到15年。《计划》明确从2019年起，特殊学校和普通学校附设特教班学前至高中阶段残疾学生财政生均公用经费参照执行，从现行普通高中的8倍，到2020年逐步提高到10倍。此外，在实行特殊教育学生"四免两补"政策（免学杂费、教科书费、作业本费、住宿费，补助生活费、交通费）的基础上，将免费教育年限从12年扩展到15年，即增加3年免费学前教育。

特殊教育年限的增加和教育质量的提高，国家关于特殊教育的改革最终是使特殊群体适应现代化社会的发展，使特殊群体与普通群众一起共享改革发展的成果。

第三节　特殊教育改革的反思

党的十九大作出中国特色社会主义进入新时代的重大判断，开启了加快教育现代化、建设教育强国的新征程，这是我国发展新的历史方位。理念是行动的先导。习近平同志指出："在实践中，我们就教育改革发展提出一系列新理念新思想新观点，主要有以下几个方面，坚持党对教育事业的全面领导，坚持把立德树人作为根本任务，坚持优先发展教育事业，坚持社会主义办学方向，坚持扎根中国大地办教育，坚持以人民为中心发展教育，坚持深化教育改革创新，坚持把服务中华民族伟大复兴作为教育的重要使命，坚持把教师队伍建设作为基础工作。"这九个坚持是我国新时代教育工作的使命，也是我国新时代特殊教育的使命。特殊教育是国家教育事业的重要组成部分。党和国家高度重视特殊教育工作，党的十九大提出"办好特殊教育"，"努力让每个孩子都享有公平而有质量的教育"。

目前，特殊教育的主要矛盾转化为特殊儿童日益增长的高质量教育需求与优质教育资源短缺且发展不均衡之间的矛盾。"要解决这个矛盾，特殊教育机构必须走内涵发展的道路，通过扩大优质资源、优化资源配置、增强有效供给，提高特殊教育发展的效益和质量，充分保障作为公民的特殊儿童的教育权益"。[①] 为了我国特殊教育更快更好地发展，对我国特殊教育改革做如下反思。

一、特殊教育现代化建设任务迫切

2018年9月全国教育大会召开，教育现代化成为我国教育改革与发展的主旋律。习近平在全国教育大会上作了重要讲话，提出了优先发展教育事业、加快教育现代化、建设教育强国的重大部署。教育现代化是人的现代化、国家现代化的基础性工程。特殊教育现代化是特殊群体现代化进而适应国家现代化发展的步伐并服务于国家现代化建设的过程。特殊教育现代化建设任务迫在眉睫。

（一）特殊教育理念现代化

改革发展依赖于科学的理念，特殊教育理念的发展对我国特殊教育事业的改革发展起着至关重要的作用。根据特殊教育形势变化，在立足我国特殊教育实际情况、总结实践经验的基础上，2017年5月1日正式实施了新修订的《残疾人教育条例》（国务院令第674号，以下简称《条例》），《条例》提出"国家保障残

---

① 雷江华. 坚持内涵发展，深化特教改革［J］. 现代特殊教育，2018（3）：1.

疾人平等接受教育的权利，禁止任何基于残疾的教育歧视"，强调"残疾人教育应当提高教育质量，积极推进融合教育，优先采取普通教育方式"。从残疾人教育的发展目标和理念、入学安排、教学规范、教师队伍建设以及保障和支持等方面对残疾人教育制度做了进一步完善，进一步强化保障残疾人受教育权利，推进残疾人教育事业健康可持续发展。吸纳国外相关实践研究成果，结合我国特殊教育事业的特点，运用现代特殊教育理念，加快我国特殊教育现代化建设的步伐。《条例》的修订，顺应国际特殊教育发展趋势，积极贯彻符合人权观和教育发展需求的融合教育，结合我国实际履行国际公约，保障残疾儿童少年享受教育权利，为全面保障我国残疾人平等受教育权利和积极推进残疾人融合教育提供了法律支持。《条例》规定，发展残疾人教育事业应当"保障义务教育，着重发展职业教育，积极开展学前教育，逐步发展高级中等以上教育"，持续突出融合教育理念。

（二）特殊教育目标的现代化

一方面，特殊教育目标是对特殊教育培养对象质的规定性，培养能够适应现代化发展需要的现代残障人士，培养具有现代理念、公民意识、创新精神、批判思维、实践能力、合作交流、自主发展、信息素养等核心素养的现代人。

另一方面，教育普及水平是教育现代化的重要衡量指标，我国未来特殊教育现代化的重要任务就是以实现教育公平为目标，提升特殊教育普及水平和特殊人群受教育程度。高水平地普及适龄儿童九年义务教育，加快将特殊教育向学前教育和以职业教育为主的高中阶段教育普及，提高特殊人士接受高等教育的比例，切实提高特殊人群的高等教育水平。

特殊教育目标现代化的实现需要政府相关法律政策的保障，放宽民间办学的权限，加大特殊教育学校的财政投入，完善学校办学条件，大力培养特殊教育师资，提高特殊教育教学质量，落实随班就读政策，探索融合之路，构建特殊教育安置体系。同时，也少不了社会以及特殊人群自身价值观念的转变。今后特殊教育改革的目标应站在国家、社会和特殊群体真正关切的具体问题上，以教育公平为目标价值，以"现代人"为目标导向，积极促进我国特殊教育事业的发展。

（三）特殊教育内容的现代化

特殊教育内容的现代化依赖于课程的现代化，课程要集中体现目标所规定的核心素养方面的核心目标，将核心目标体现在课程标准中，科学深入地体现在课程、教材中，落实到现代高效能课堂教学中。

创新课程内容，建构现代特殊教育课程体系。特殊教育课程体系的建构要以三类特校课程标准的正式颁布为契机和依据，从我国特殊教育的实际出发，根据时代发展和现代化的要求，坚持育人为本的素质教育和德智体美全面发展的价值取向,突出学生创新能力、实践能力和社会责任感的培养,注意将素质教育的共性要求与遵循残疾学生身心发展的特点结合起来,注意将潜能开发与缺陷补偿结合起来,注意将发挥学生学习主动性、自觉性与尊重学生个体差异、因材施教结合起来,注意将品德的提高、知识的学习与生活能力、职业能力的培养结合起来,整体建构具有中国特色的现代特殊教育课程体系。①

(四) 特殊教育方式、手段的现代化

现代特殊教育需要通过现代教育方式、手段加以实现,无论是特殊教育教师对现代特殊教育方式、手段的掌握,还是特殊群体学生作为现代人所应具备的核心素养,都需要在信息技术、大数据等现代科技革命的先进成果中开展系统学习,以适应现代社会飞速发展的需要。2018年4月18日,教育部印发了《关于印发〈教育信息化2.0行动计划〉的通知》,指出"人工智能、大数据、区块链等技术迅猛发展,将深刻改变人才需求和教育形态。智能环境不仅改变了教与学的方式,而且已经开始深入影响到教育的理念、文化和生态。我国已发布《新一代人工智能发展规划》,强调发展智能教育,主动应对新技术浪潮带来的新机遇和新挑战","教育信息化2.0行动计划是充分激发信息技术革命性影响的关键举措。经过多年来的探索实践,信息技术对教育的革命性影响已初步显现。教育信息化具有突破时空限制、快速复制传播、呈现手段丰富的独特优势,必将成为促进教育公平、提高教育质量的有效手段,必将成为构建泛在学习环境、实现全民终身学习的有力支撑,必将带来教育科学决策和综合治理能力的大幅提高。以教育信息化支撑引领教育现代化,是新时代我国教育改革发展的战略选择,对于构建教育强国和人力资源强国具有重要意义",提出了八项实施行动,即数字资源服务普及行动、网络学习空间覆盖行动、网络扶智工程攻坚行动、教育治理能力优化行动、百区千校万课引领行动、数字校园规范建设行动、智慧教育创新发展行动、信息素养全面提升行动。

二、不断优化特殊教育生态环境

特殊儿童教育是特殊儿童学校教育、家庭教育、社会教育的合力,持续优化特殊教育生态环境,力促我国特殊教育事业快速发展,从而培养适应现代化建设发展的现代人才。在此,特殊儿童家庭教育和社会教育并不是特殊儿童学校教育的补充,而是具有同等重要地位的"生物链"中的重要一环,起到相得益彰的作用。

(一) 特殊儿童学校教育方面

我国特教学校发展整体上不均衡,中西部地区特教学校在软硬件方面的建设

---

① 程益基. 以生为本,构建聋教育课程新体系 [J]. 现代特殊教育,2007 (4): 4-9.

均显不足,不能适应现代社会培养现代特教人才的目标。随着国家、各级政府、研究人员等对特殊教育事业的重视和研究,我国特教学校或随班就读资源中心建设开启了标准化建设模式,特教师资专业培养、职前岗前培训、职后培训、终身学习、行动研究等具体措施将有效缓解我国特教学校"软件升级",为我国特教人才培养的主阵地提供必备的适应培养现代特教人才的软硬条件。

(二) 特殊儿童家庭教育方面

特殊群体家庭成员特殊教育理念的更新、方法的掌握,对于特殊群体来说至关重要。特殊儿童家长通过自学、专业培训操作等方式均可获得有利于特殊儿童发展的适切的理念、素养和方法等,为特殊儿童在家通过日常生活接受特殊教育提供了必要条件。

(三) 特殊儿童社会教育方面

社会教育是教育生态系统的一个方面,是特殊群体儿童践行和深化核心素养的一个途径。社会相关组织可以为特殊群体家庭成员提供专业的理念和实操的培训,有效提升特殊群体家庭教育的效能,从而逐步提升特殊群体在生活、学习和工作方面的适应性。同时,社会为特教学校提供了各种教育教学资源。

三、进一步完善残疾人教育法律体系

加快特殊教育立法,建立与国家教育法律体系相配套的特殊教育法律体系。根据中央依法治国的总体思路和具体部署,抓紧论证和建设,及早出台《残疾人教育法》,逐步依法建立现代特殊教育制度,依法保障残疾人平等接受高质量教育的权利。

四、持续完善特殊教育体系

残疾人接受学前教育和高中及高等教育人数有待持续增加。系列教育改革为残疾学生创造了更多接受教育的机会,尤其是高等教育方面,教育部会同中国残联印发了《残疾人参加普通高等学校招生全国统一考试管理规定(暂行)》,通过允许听力残疾考生佩戴助听器,盲人考生使用盲文试卷等支持和服务残疾考生参加普通高考,普通高校扩大招收残疾学生并落实"单考单招"等措施,努力保障残疾学生接受高等教育。截至2017年底,全国在校残疾高中生达3.86万人,在校残疾大学生达到2.84万人。但相对于我国残疾学生总量而言,还应加强政策保障,持续扩大残疾人接受学前教育、高中教育和高等教育的规模。积极发展学前特殊教育,进一步支持普通幼儿园接收残疾儿童;在特殊教育学校和有条件的儿童福利机构、残疾儿童康复机构增加学前部或开设幼儿园;有条件的地区设置专门招收残疾儿童的特殊幼儿园。

五、持续加大融合教育支持力度

针对普通学校随班就读中存在的主要问题,开展有关残疾儿童少年随班就读的实施对象、评估和鉴定、教育安置、教育和教学、支持保障、师资培训等各环节的研究,研制相关规定,为完善融合教育支持保障体系、残疾儿童接受融合教育提供政策支持。

不断提升普通教师的融合教育素养。建议综合性院校和普通师范院校的师范专业试点开设特教课程,培养师范生的融合教育理念和指导残疾学生随班就读的教学能力,教师资格考试中安排有关特殊教育的相关内容,加强教师培养培训和资格认证。

强化融合教育督导评估。对各级人民政府履行教育中有关"残疾儿童少年义务教育入学率""区县特殊教育学校建设情况"和"普通学校设置特殊教育资源教室情况"等进行督导评估,不断发展和完善残疾人融合教育。

六、深入推进"医教结合"特殊教育模式

反思总结"医教结合"试验区经验并推广,为各地开展医教结合工作提供借鉴和参考。如深入推进医教结合,全面构建特殊教育支持保障体系的上海模式;集学前教育、义务教育、高中教育、职业教育为一体的盲聋儿童医教结合的福建泉州综合康复教育模式;坚持"以学生为本位、以校本为内涵、以融合为特色、以创新为载体"的云南昆明五华医教结合特殊教育模式;将医教结合融入送教上门和随班就读服务体系,提升特殊教育整体水平的天津模式等。

持续加大教育康复人才培养培训力度。在各级培养培训中,将医教结合相关内容纳入特殊教育教师和随班就读教师培训课程中,努力培养更多教育与康复治疗"双师型"教师,提高特殊教育教师对残疾学生的教育康复能力。

探索学校、医院、康复机构资源共享的医教结合特殊教育模式,提高残疾学生教育康复水平,提升特殊教育质量。

七、关注贫困地区特殊教育

贫困地区特殊教育学校分布不均,需要摸清适龄残疾儿童少年人数,让贫困地区适龄残疾儿童(特别是重度和多重残疾儿童)接受"一人一案"等多种形式的义务教育,持续加大对此类残疾儿童的康复医疗等费用的支持力度。

第二十章 农村教育改革史

改革开放 40 年来,我国教育事业取得了巨大的发展和进步,农村教育改革也成就斐然。本章以农村教育改革的历程、成就和反思为主线,梳理农村教育改革的脉络,分析农村教育改革的内容与形式,总结农村教育改革的成就与经验,反思农村教育改革的问题与教训,以为农村教育的健康发展提供历史经验。

第一节 农村教育改革的历程

改革开放 40 年来,我国农村教育改革大致经历了三个阶段。1978—1983 年是农村教育改革的准备阶段,主要任务是拨乱反正,恢复农村教育的正常秩序,实施初等义务教育。1984—1999 年是农村教育改革的启动和逐步推进阶段,主要任务是改革教育管理体制,调整农村教育结构,建立普及义务教育制度。2000—2018 年是农村教育改革深化阶段,主要任务是完善农村义务教育管理体制,建立农村义务教育经费保障机制,促进义务教育均衡发展,全面提高农村教育质量。

一、"拨乱反正"背景下的农村教育改革准备阶段(1978—1983)

1978 年党的十一届三中全会召开后,中国确立解放思想、实事求是的思想路线,对"文化大革命"期间的错误政策进行整顿,整个社会进入全面的拨乱反正时期,社会主义各项事业开始恢复重建。与此相应,教育领域实施恢复高考制度、收回被占校舍、整顿教学秩序、重编教材、改革学制等措施,中国教育事业呈现出新的生机和面貌。

在"拨乱反正"的大背景下,作为国民教育的重要组成部分,农村教育也受到高度重视,《关于普及小学教育若干问题的决定》《关于加强和改革农村学校教育若干问题的通知》《关于筹措农村学校办学经费的通知》等一系列有利于农村教育发展的政策相继出台。在这些政策的指导下,1978 年至 1983 年中国农村教育，在恢复农村中小学正常教学秩序的前提下，重点围绕调整教育结构、实施初等义务教育、加强成人教育等方面进行改革。

（一）调整农村教育结构

这一阶段，农村教育结构的调整主要包括两个方面：（1）调整小学、初中、高中的学校结构比例。针对"文化大革命"中盲目发展中学的现状，教育部提出"充实加强小学、调整提高初中、调整改革高中"的方针，农村教育减少高中校数，大队小学附设的初中班合并到公社中学，农村中学和小学的比例渐趋合理。（2）调整普通教育与职业教育的结构比例。1983年《关于加强和改革农村学校教育若干问题的通知》指出："改革农村中等教育结构，发展职业技术教育，是振兴农村经济、加速农村现代化建设的一项战略措施。各地要根据本地区的实际需要与可能，统筹规划，有步骤地增加一批农业高中和其他职业学校，除在普通高中增设职业技术课，开办职业技术班，把一部分普通高中改办为农业中学或其他职业学校外，还要根据可能，新办一些各类职业学校。"[①] 随后，以上政策精神在农村教育实践中得到贯彻落实，农村教育结构逐步合理化。

（二）普及农村初等义务教育

1980年12月，中共中央、国务院颁发《关于普及小学教育若干问题的决定》，其中指出："由于工作上的种种失误，特别是'文化大革命'的破坏，我国目前五年制小学教育尚未普及，新文盲继续大量产生。这种情况，同经济发展对人才培养的要求很不适应，同建设现代化的、高度民主、高度文明的社会主义强国的要求很不适应。"[②] "决定"认为：小学教育是整个教育体系的基础，要提高教育质量，提高全民族的科学文化水平，必须从小学抓起。"决定"由此明确20世纪80年代在全国范围内基本普及小学教育的任务要求。1983年5月，中共中央、国务院发布《关于加强和改革农村学校教育若干问题的通知》，其中将普及初等教育作为农村教育改革的基本目标，并要求将普及初等教育的规划和措施落实到县、区乡、社队，强调改进农村初等教育办学形式，加强教学内容与农村生产、生活实际的联系等。贯彻国务院关于普及初等义务教育的要求，各省（自治区、直辖市）结合本地实际，因地制宜，制定普及初等教育规划，部署初等教育的进度和步骤，实施评估验收，全面促进农村初等义务教育的普及。

（三）加强农村成人教育

这一阶段的农村成人教育包括扫盲教育和农业技术教育。1980年12月，教

---

① 刘英杰. 中国教育大事典 1949—1990（上）[M]. 杭州：浙江教育出版社，1993：1747.

② 何东昌. 中华人民共和国重要教育文献[M]. 海口：海南出版社，1998：1877.

育部印发《全国农民教育座谈会纪要》，其中就扫盲教育提到："据一些地区调查，少年青年壮年中，文盲、半文盲一般占 30%－40%。有的边远地区、山区和一些少数民族地区，少年青年壮年中的文盲达到 50%以上。"[①]"纪要"就农业技术教育提到：由于 1978 年后农村经济形势发生了较大变化，引发了广大农民学习农业技术的强烈需求。针对这两种情况，1982 年至 1983 年，教育部、农牧渔业部、农村经济部和国务院办公厅先后发文，要求各县（区）开展扫盲教育和开办农民技术学校。农村成人教育开始轰轰烈烈开展起来。

总体来讲，1978 年至 1983 年，在各项事业"拨乱反正"的背景下，我国致力于农村教育思想和教育政策的拨乱反正，着力建立与农村社会发展相适应的教育体系，为下一阶段农村教育改革发展做好各方面的充分准备。这一阶段的农村教育改革政策具有"补课"性质，未对体制、结构、经费等进行系统建设，农村教育政策体系尚不完善。

二、经济体制改革背景下的农村教育改革启动与推进阶段（1984－1999）

1984 年至 1999 年，是中国经济体制进行全面改革的重要阶段，是中国由计划经济向市场经济转轨的重要时期。1984 年 10 月，《中共中央关于经济体制改革的决定》颁发，确定改革开放的总体思路，明确改革的基本任务是建立起具有中国特色的、充满生机和活力的社会主义经济体制。1993 年 11 月 11－14 日，党的十四届三中全会通过《中共中央关于建立社会主义市场经济体制若干问题的决定》，其中明确提出"在本世纪末初步建立起新的经济体制，是全党和全国各族人民在新时期的伟大历史任务"，同时也指出：要把地方财政包干制改为建立在中央与地方事权合理划分基础上的分税制，建立中央税收和地方税收两级体系，实行分税制财政体制。

随着分税制财政体制的建立，教育体制改革也成为亟待解决的战略性任务，农村教育改革也随之进入到逐步推进的阶段，《中共中央关于教育体制改革的决定》《中华人民共和国义务教育法》《国务院关于积极实行农科教结合、推动农村经济发展的通知》《中国教育改革与发展纲要》等重要的农村教育改革政策相继出台。在这些政策的指导下，1984 年至 1999 年，我国农村教育主要聚焦于教育管理体制、普及九年义务教育、教育综合改革等几个方面进行改革。

（一）改革农村教育管理体制

1985 年 5 月，《中共中央关于教育体制改革的决定》颁布，其中指出："实

---

① 刘英杰. 中国教育大事典 1949－1990（上）[M]. 杭州：浙江教育出版社，1993：1651.

行九年制义务教育，实行基础教育由地方负责、分级管理的原则，这是发展我国教育事业、改革我国教育体制的基础一环。"[①] "地方负责、分级管理"的义务教育管理体制由此得以确立。这是一份具有里程碑意义的纲领性文件，也是改革开放后中国基础教育改革启动的标志性文件，对中国农村教育改革具有深远的影响。

1986年4月，《中华人民共和国义务教育法》正式颁布，其中规定：在国务院领导下，义务教育实行地方负责、分级管理的体制。同时也对义务教育经费投入与经费筹措作出具体规定，以法律形式明确了"地方负责、分级管理"的管理体制。

1987年6月，国家教委、财政部联合发布《关于农村基础教育管理体制改革若干问题的意见》，其中提到从实际出发，科学划分地方各级政府管理基础教育的权限与职责，重点划分好县、乡两级政府的权限职责，特别要扩大乡镇一级管理农村学校的权限与职责。

1993年，中共中央、国务院颁布《中国教育改革和发展纲要》，其中提到"县乡两级政府要把教育纳入当地经济、社会发展的整体规划，分级统筹管理基础教育、职业技术教育、成人教育，统筹规划经济、科技、教育的发展"，[②] 要求农村中等及中等以下教育实施"县、乡、村三级办学，县、乡两级管理"的管理体制。

1994年6月，在分税制改革的背景下，国务院发布《关于〈中国教育改革和发展纲要〉的实施意见》，其中提到：县级政府对义务教育实施负有主要责任，包括教育经费的筹措、中小学校长和教师的调配管理、中小学教育教学工作的指导等。同时也指出：在经济发展程度较高的地区，义务教育经费可仍由县、乡共管，发挥好乡财政的作用。"意见"的发布，在实施"县、乡、村三级办学，县、乡两级管理"投资体制的基础上，突出强调县级政府的主要责任，在政策上保证了教育经费的稳定来源。

（二）建立普及义务教育制度

1986年4月，《中华人民共和国义务教育法》由六届人大四次会议正式通过，其中指出："国家实行九年制义务教育。省、自治区、直辖市根据本地区的经济、文化发展状况，确定推行义务教育的步骤。"同时，对义务教育的培养目

---

① 中共中央关于教育体制改革的决定［EB/OL］.（1985-05-27）［2019-01-20］. http://www.jyb.cn/china/zhbd/200909/t20090909_309252.htm.

② 中国教育改革和发展纲要［EB/OL］.（1993-02-13）［2019-01-20］. https://baike.so.com/doc/6742823-6957350.html.

标、管理体制、经费投入与筹措、入学要求、实施条件等方面进行了规定，初步建立了普及义务教育制度。这是新中国历史上颁发的第一部专项教育法，也是改革开放后颁发的第一部教育法，它标志着我国义务教育法制化的开端，也为农村有步骤地实行九年制义务教育提供了法律支持与保障。

1992年10月，党的十四大确定了"到本世纪末，基本普及九年义务教育，基本扫除青壮年文盲"（简称"两基"）的目标，并将其作为20世纪90年代我国教育事业发展的重要战略目标。农村教育工作的目标也随之转向"两基"，各省（自治区、直辖市）按照国家部署，制定"两基"规划，开展"两基"督导评估，"两基"成为此后十多年中国农村教育发展的目标和重点。

（三）开展农村教育综合改革

1. 建立农村教育综合改革实验区

1987年2月，国家教委在河北阳原、完县、青龙三县建立农村教育综合改革实验区。旨在探索农村教育与经济协调发展的路径，促进普通教育、职业教育、成人教育统筹发展态势的形成（简称"三教统筹"）。

1989年5月，国家教委颁发《关于在全国建立"百县农村综合改革实验区"的通知》，农村教育综合改革实验范围进一步扩大。1990年7月，国家教委发布《全国农村教育综合改革实验区工作指导纲要（试行）（1990－2000年）》，对农村教育综合改革实验的指导思想、实施原则、目标任务、措施条件、领导评价等方面做了规定，以此作为农村教育综合改革实验的重要依据。1995年6月，国家教委又提出"点上深化、面上推广"的农村教育综合改革行动策略。

2. 实施"燎原计划"

1988年5月，国家教委发布《关于组织实施"燎原计划"的意见》，开始在农村实施"燎原计划"。"燎原计划"是农村教育综合改革的重要行动计划，其主要任务是："在做好普及义务教育工作的基础上，充分发挥农村各级各类学校的智力、技术的相对优势，积极开展与当地建设密切结合的实用技术和管理知识的教育，培养大批新型的农村建设者。并积极配合农业和科技等部门，开展以推广当地实用技术为主的实验示范、技术培训、信息服务等多种形式的活动，促进农业的发展。"[①] 1995年12月，国家教委组织实施"燎原计划百、千、万工程"，在全国范围内选择上千个乡、上万个村，推广上百项农业实用技术。经过不断扩展，从建立示范乡开始，进而扩展到县、乡，"燎原计划"逐步得到全面落实，在农村形成燎原之势。

---

① 中国教育年鉴（1989）[M]．北京：人民教育出版社，1989：769．

3. 推进"农科教结合"

1989年8月,农业部、国家教委等单位联合下发《关于农科教结合,共同促进农村、林区人才开发与技术进步的意见(试行)的通知》,提出农业、科技与教育相结合的任务要求。1992年2月,国务院颁发《关于积极实行农科教结合、推动农村经济发展的通知》,明确了农科教结合的目的与任务。1994年4月,国务院正式成立全国农科教结合协调领导小组,作为领导全国农科教结合工作的主要机构。

20世纪80年代中期至90年代末期,"三教统筹""燎原计划""农科教结合"等计划统筹实施,使我国农村教育综合改革不断向前推进,形成了农村教育改革的新面貌,体现了农村教育改革的新进展。

总体来讲,1984年至1999年,在经济体制改革的背景下,我国确立"地方负责、分级管理"的农村教育管理体制,实施"县、乡、村三级办学,县、乡两级管理"的投资管理体制,建立普及义务教育制度,确定普及九年义务教育的目标和"两基"的世纪目标,实施农科教综合改革,使农村教育改革稳步、逐步向前推进,农村教育得到长足发展。

三、新农村建设背景下的农村教育改革深化阶段(2000—2018)

2000年10月,党的十五届五中全会提出了推进社会主义现代化建设和"全面建设小康社会"的奋斗目标,中国社会发展开始进入新的历史阶段,农村社会发展政策也随之进入调整阶段。2005年12月,中共中央、国务院《关于推进社会主义新农村建设的若干意见》发布。2006年3月,《国民经济和社会发展第十一个五年规划纲要》颁发,将建设社会主义新农村作为推进社会主义现代化建设和全面建设小康社会的战略举措。2008年10月,《中共中央关于推进农村改革发展若干重大问题的决定》颁发,再次要求把建设社会主义新农村作为战略任务,要求加快形成城乡经济社会一体化新格局。在此大背景下,从2001年至2010年间,《国务院关于基础教育改革与发展的决定》(2001)、《关于完善农村义务教育管理体制的通知》(2002)、《国务院关于进一步加强农村教育工作的决定》(2003)、《关于进一步推进义务教育均衡发展的若干意见》(2005)、《中华人民共和国义务教育法》(2006年)、《国家中长期教育改革与发展规划纲要(2010—2020年)》(2010)等一系列农村教育改革政策相继出台。在这些政策的指导下,2000年至2018年,我国农村教育主要围绕着义务教育管理体制、义务教育经费保障机制、教育均衡发展等几个方面进行改革。

(一)明确农村教育重中之重的地位

2003年9月,国务院召开全国第一次农村教育工作会议,颁发《国务院关于进一步加强农村教育工作的决定》，其中提到："我国农村教育整体薄弱的状况还没有得到根本扭转，城乡教育差距还有扩大趋势，教育为农村经济社会发展服务的能力亟待加强。""农村教育在全面建设小康社会中具有基础性、先导性、全局性的重要作用。""在新的形势下，要增强责任感和紧迫感，将农村教育作为教育工作的重中之重，一手抓发展，一手抓改革，促进农村各级各类教育协调发展，更好地适应全面建设小康社会的需要。"① "决定"是我国农村教育改革史上的又一个里程碑文件，它确立了农村教育重中之重的地位，农村教育的地位被提高到前所未有的高度，这对整个农村教育改革和发展具有重大的意义。

（二）完善农村义务教育管理体制

2001年，《国务院关于基础教育改革与发展的决定》指出："基础教育实行在国务院领导下，由地方政府负责，分级管理，以县为主的体制"②（简称"以县为主"的体制）。2002年5月，国务院办公厅下发《关于完善农村义务教育管理体制的通知》，要求建立农村义务教育经费保障机制，明确各级政府职责，逐步落实各级政府保证农村义务教育投入的责任，确保2002年全面实施新的义务教育管理体制。"以县为主"的管理体制的建立，是1985年农村义务教育管理体制改革以来的又一次新改革和历史性跨越，是我国农村义务教育由"农民办"向"政府办"的一个重要转变，对保障农村教育健康发展具有重要意义。

2006年，新修订的《中华人民共和国义务教育法》明确规定：加大中央和省级政府对农村义务教育的财政投入与转移支付力度，分地域按比例落实各级政府的相应职责。2010年，《国家中长期教育改革与发展规划纲要（2010—2020年）》指出："进一步加大省级政府对区域内各级各类教育的统筹。统筹管理义务教育，推进城乡义务教育均衡发展，依法落实发展义务教育的财政责任。"③ 农村义务教育管理体制体现"省级统筹"的特点。

（三）建立农村义务教育经费保障机制

2005年12月24日，国务院颁发《关于深化农村义务教育经费保障机制改革的通知》，要求建立中央和地方分项目按比例分担的农村义务教育经费保障机制，将农村义务教育全面纳入公共财政保障范围。"通知"的主要内容包括：农村义务教育阶段学生学杂费全部免除，贫困家庭学生教科书全部免费提供，对贫困学

---

① 国务院关于进一步加强农村教育工作的决定［N］．中国教育报，2003-09-21．
② 国务院关于基础教育改革与发展的决定［EB/OL］．（2001-06-14）［2019-01-20］．http://news.sina.com.cn/c/277396.html.
③ 国家中长期教育改革与发展规划纲要（2010—2020年）［EB/OL］．（2010-07-29）［2019-01-20］．http://www.gov.cn/jrzg/2010-07/29/content_1667143.htm.

生补助寄宿生生活费；提高农村义务教育阶段学校公用经费保障水平；建立农村义务教育阶段学校校舍维修改造长效机制；巩固和完善农村义务教育阶段教师工资保障机制。2006年6月，新修订的《中华人民共和国义务教育法》正式实施，其中规定"实施义务教育，不收学费、杂费"，将义务教育经费保障机制纳入法制化轨道。2007年7月，教育部颁发《关于进一步做好农村义务教育经费保障机制改革有关工作的通知》，要求做到：进一步严格规范农村义务教育阶段学校收费行为，禁止各种变相收费；细化农村中小学预算工作，确保"一补"政策落实到位；依法保障义务教育阶段教职工合理收入，做好"普九"债务清理化解工作。

农村义务教育经费保障机制的建立，对于促进城乡义务教育的均衡发展，保障义务教育的公益性、公共性和公平性具有重大意义，对促进农村义务教育的健康发展也具有深远的影响。

（四）推进农村义务教育均衡发展

2004年，教育部发布《2003—2007年教育振兴行动计划》，要求深化农村教育改革，为2010年全面普及九年义务教育和全面提高义务教育质量（简称"两全"）打好基础。农村义务教育发展目标由"两基"向"两全"转变。

2005年5月，教育部颁布《关于进一步推进义务教育均衡发展的若干意见》，提出要把推进义务教育均衡发展摆在重要位置，要求加强农村学校师资队伍建设，提高农村学校教育质量，保障农村学生受教育权利的实现。

2006年，新修订的《中华人民共和国义务教育法》核心在于推进教育公平，促进义务教育均衡发展。它的颁布和实施是义务教育发展的一个新里程碑，对义务教育均衡发展具有深远的历史意义。

2012年9月，《国务院关于深入推进义务教育均衡发展的意见》颁发，其中从多个方面对农村教育做了专门规定，包括：加大对农村地区教育投入的支持力度；改善农村教育条件，按照国家标准和本省标准，为农村中小学配齐教学设施设备，改善农村学生宿舍、生活设施；吸引优秀高校毕业生和志愿者到农村学校或薄弱学校任教，对农村教师在工资和职称方面实施倾斜，维护农村教师的社会保障权益。"意见"的颁发，有力促进了农村学校办学条件的标准化建设，对改善农村学校的办学条件发挥了积极作用。

2016年7月，《国务院关于统筹县域内城乡义务教育一体化改革发展的若干意见》颁发，其中提到：努力办好乡村教育，合理布局农村义务教育学校，办好必要的乡村小规模学校，提高农村教育资源的使用效益，开展城乡对口帮扶和一体化办学，优质高中招生分配指标向乡村初中倾斜，补齐乡村教育短板；统筹城乡师资配置，合理核定编制，实行教职工编制城乡统筹和动态管理，着力解决乡村教师结构性缺员问题；改革乡村教师待遇保障机制，实行乡村教师的收入分配倾斜政策，完善乡村教师职业发展保障机制，建立乡村教师荣誉制度；加强留守儿童的关爱保护等。"意见"在城乡一体化发展的思路下，重点解决农村教育的持续发展问题，对农村学校教育的健康发展具有重要意义。

同时，从2004年起，针对西部农村义务教育发展不均衡的状况，国家实施"西部地区'两基'攻坚计划""国家贫困地区义务教育工程""东部地区对口支援西部贫困学校工程""危房改造""农远工程"等项目，以促进全国义务教育的均衡发展。同时，国家和省、市政府不断推出保障农村流动儿童在城市享受同等义务教育的政策，农村留守儿童的教育政策等，以此保障农村儿童受教育权利的实现，促进城乡义务教育的均衡发展。

总体来讲，2000年至2018年，在建设社会主义新农村的背景下，我国完善农村义务教育管理体制，建立农村义务教育经费保障机制，推进农村义务教育均衡化，发展农村成人教育，多方面深化农村教育改革，促进了农村教育持续发展。

第二节 农村教育改革的成就

1978年至2018年，中国农村教育改革在恢复的基础上逐步推进，在推进的过程中不断深化发展，诸多影响农村教育发展的关键问题在改革中得到有效解决，有力促进了农村教育的发展。总结分析40年的农村教育改革，其主要成就体现在以农村义务教育为核心的相关改革上，包括教育制度、教育管理机制、教育经费保障机制、教师队伍建设、教育结构调整等方面。在义务教育制度方面，从1986年《中华人民共和国义务教育法》颁发，到2006年新修订的《中华人民共和国义务教育法》实施，从普及小学到普及九年义务教育，从"两基"到"两全"，从"普九"到义务教育均衡发展，义务教育法制化、制度化建设取得明显成就；在义务教育管理体制和经费保障机制方面，从"人民教育人民办"到"地方负责、分级管理"，再到"地方负责、分级管理、以县为主"，再到"省级统筹"，在改革中，农村教育的权责主体不断上移，政府的主体责任不断被加强，农村教育经费的保障机制不断完善；在义务教育教师队伍建设方面，从提高补助待遇到建立保障机制，从《中华人民共和国教师法》到《教师资格条例》等系列政策的实施，从培养机制到培训计划，农村教师队伍建设的法制化、专业化水平不断提高；在教育结构方面，从扫盲型成人教育到就业型成人教育，从建立职业技术教育学校到农村教育综合改革,农村普通教育与职业教育、初等教育与中等教育之间的结构调整不断推进,满足农村社会发展需要的功能不断增强。40年里农村教育改革获得了巨大进步。

一、义务教育法制化制度化,农村义务教育分阶段逐步推进

分析改革开放40年间义务教育政策的变化,梳理农村义务教育改革的发展轨迹,发现农村义务教育改革有两大特点,即:在经历了提出、立法、修法的过程后,我国义务教育制度得以确立,义务教育逐步走上了法制化轨道,为农村教育发展提供了制度保障;在普及小学、"两基"(基本普及九年义务教育、基本扫除青壮年文盲)、全面"普九"、均衡发展四个阶段的发展中,农村义务教育逐步推进,不断提高,体现了由低到高、由单一到综合的发展轨迹。这两个方面既体现了义务教育发展的轨迹与特点,又反映了农村义务教育改革40年间取得的巨大成就。

1980年,在"拨乱反正"的背景下,针对"文化大革命"中小学教育遭受严重破坏的现状,中共中央、国务院颁发《关于普及小学教育若干问题的决定》,其中提到:20世纪80年代在全国范围内基本普及小学教育,"1990年前我国农村地区基本普及初等教育"。1983年,为了贯彻落实《关于普及小学教育若干问题的决定》,为了解决农村普及小学教育中的突出问题,中共中央、国务院发布《关于加强和改革农村学校教育若干问题的通知》,要求各省(自治区、直辖市)结合本地实际,因地制宜制定普及初等教育规划,部署普及初等教育进度和步骤。1985年,《中共中央关于教育体制改革的决定》提出"有步骤地实施九年义务教育",义务教育年限延长为9年。1980年到1985年,国家主要是制定义务教育的相关政策,并未对义务教育进行立法。

1986年4月,六届人大四次会议正式通过《中华人民共和国义务教育法》,其对农村教育改革的意义表现在两个方面:一是提出"国家实行九年制义务教育",明确了农村义务教育发展的新目标;二是对义务教育的培养目标、管理体制、经费投入与筹措、入学要求、实施条件等方面进行规定,初步建立了普及义务教育制度。《中华人民共和国义务教育法》是新中国历史上颁发的第一部专项教育法,也是改革开放后颁发的第一部教育法,它标志着我国义务教育法制化的开端,也为农村有步骤地实行九年制义务教育提供了法律支持与制度保障。

20世纪90年代,为推进"普九"目标的落实,国家确定了"两基"的义务教育目标。1992年,党的十四大提出"到本世纪末,基本普及九年义务教育,基本扫除青壮年文盲"的目标,"两基"由此也成为农村教育工作的基本着眼点

和目标；1994年，国务院发布《关于〈中国教育改革和发展纲要〉的实施意见》，指出：到本世纪末，要将"两基"放在重中之重地位。"两基"是"普九"在90年代的战略选择，是中国农村义务教育发展的关键阶段，"两基"的实施为农村义务教育全面"普九"提供了充分的准备。

2000年至2011年是普及九年义务教育攻坚阶段，重点对未实现"普九"的省（自治区、直辖市）进行攻坚。这一阶段，国家一方面启动西部"两基"攻坚计划，在全国范围内对农村义务教育实施"两免一补"政策，重点突破"普九"中的难点和薄弱环节；另一方面，根据形势的需要，修订《中华人民共和国义务教育法》，2006年，新修订的《中华人民共和国义务教育法》正式实施，新法在教育公平理念的引领下，确立"以县为主"的义务教育管理体制，建立义务教育经费保障机制，为全面实施免费义务教育提供了法律保障。攻坚计划和新《义务教育法》的颁发，促进了农村义务教育的全面普及。2011年，全国所有省（自治区、直辖市）全部通过了"普九"验收，农村义务教育也由"基本普及"进入到了"全面普九"和"巩固提高"的新阶段。

2011年至2018年，在城镇化不断发展和促进社会公平的背景下，农村义务教育发展又呈现出新的特点，学生向城镇流动，学校规模减小，留守儿童问题突出等，农村义务教育改革又朝着均衡化的方向发展，均衡发展也成为今后一段时间内农村义务教育发展的重要任务。

总之，从1980年提出"1990年前我国农村地区基本普及初等教育"，到1986年《中华人民共和国义务教育法》颁发，以立法形式将义务教育制度化，再到2006年从教育公平的理念出发对《中华人民共和国义务教育法》进行修订完善，义务教育制度经过40年的改革和实践，逐步实现了法制化和制度化，普及初等教育、"两基"达标、全面"普九"、均衡发展等不同阶段的义务教育目标在改革中不断调整，逐步推进并得到实现。

二、完善管理体制和保障机制，农村教育权责主体上移

改革开放后，我国义务教育管理体制经历了"以乡为主""以县为主"到"省级统筹"的改革过程，政府办学的责任不断加强，教育政策权责主体不断上移。与管理体制改革相应，建立义务教育经费保障机制，教育经费承担主体也随之上移。这一改革过程有效解决了农村教育经费困难的问题，实现了农村义务教育完全免费的目标。

改革开放初期，在"人民教育人民办"方针指导下，我国主要实施"两条腿走路"的教育资金筹措方针，在国家为办学主体的同时，充分调动社会各方面力

量办学的积极性，鼓励民众通过各种合法途径自筹经费办学。1984年国务院《关于筹措农村学校办学经费的通知》提出："乡人民政府可以征收教育事业费附加"。农村教育主要依靠群众集资办学和征收教育费附加来筹措教育资金。

1985年至2000年，《中共中央关于教育体制改革的决定》和《关于农村基础教育管理体制改革若干问题的意见》，确定了"地方负责、分级管理"的管理体制，实施"县、乡、村三级办学，县、乡两级管理"的投资管理模式，以县级和乡级政府统筹农村基础教育的资金投入，教育费附加和群众集资办学成为农村教育经费的主要来源，农村义务教育经费投入表现出"农民办教育"的鲜明特征。"以乡为主"的模式调动了基层政府的办学积极性，在一定程度上有助于教育经费的筹措，但因权责主体重心偏低，也导致农村教育经费严重不足，并引发学校乱收费、拖欠教师工资等问题。

2001年，国务院《关于基础教育改革与发展的决定》提出："实行在国务院领导下，由地方政府负责、分级管理、以县为主的体制。"2005年，《关于深化农村义务教育经费保障机制改革的通知》颁发，提出建立中央和地方分项目按比例分担的农村义务教育经费保障机制，要求将农村义务教育全面纳入公共财政保障范围，农村教育权责主体上移到"以县为主"。2006年新修订的《中华人民共和国义务教育法》、2010年《国家中长期教育改革与发展规划纲要（2010－2020年）》两个文件的颁发，使农村基础教育管理体制权责主体进一步上移到"省级统筹"。

从改革开放初期的"以乡为主"，到后来的"以县为主"，再到当前的"省级统筹"，我国农村基础教育管理和经费投入的权责主体呈现上移趋势。这一改革为农村基础教育发展提供了坚实的保障和基础，使长期困扰农村基础教育发展的经费问题得到有效解决，农村教育由此逐渐进入良性发展的轨道。随后，国家从2007年春季开始免除农村义务教育学杂费，2008年秋开始全国城市义务教育阶段全部免除学杂费，义务教育（包括农村义务教育）彻底实行免费。免费义务教育是义务教育管理体制改革的结果，在中国具有划时代意义，是中国改革开放40年来农村教育改革的重要成就。

随着农村教育管理和经费投入权责主体的上移，农村公共教育投入也不断增加，农村教育经费由"农民办"转向"政府办"。2017年，国家实施统一城乡义务教育"两免一补"政策，统一城乡义务教育学校生均公用经费基准定额，统一中央与地方经费分担机制，中央和地方对城乡义务教育实行统一的分项目、按比例分担机制。农村教育经费进一步得到有效保障，一直困扰农村教育的经费问题得到了根本解决。

三、适时调整教育结构，满足农村社会发展需要

1978年至1984年，在恢复农村中小学正常的教学秩序的同时，我国也对农村教育结构进行了适时调整。一方面重视扫盲教育，对农村扫盲教育进行全面部署，恢复成人教育，另一方面调整农村中等教育结构。1983年5月，《关于加强和改革农村学校教育若干问题的通知》颁发，其中提出改革农村中等教育结构、发展农村职业技术教育的意见，要求各地根据本地区的实际需要，统筹规划，有步骤地增加一批农业高中和其他职业学校。此后，一批农业中学和职业学校重新兴办，农村教育结构单一化的局面开始得到改观。

1985年至2000年，伴随农村基础教育管理体制改革的推进，农村教育结构也随之得到调整。（1）改革农村中等教育结构。一方面，增设农村职业中学，农村职业中学与普通中学并行发展；另一方面，普遍设立县、乡镇两级职教中心和成教中心，依托这些机构全面开展农村职业技术教育和成人教育。（2）开展农村教育综合改革。20世纪80年代中后期，国家教委在河北农村建立综合改革实验区，促进农村普通教育、职业教育和成人教育的"三教统筹"发展。20世纪90年代，国家教委在总结实验区经验的基础上，制定"燎原计划""农科教结合"等计划与行动方略，深入推进农村教育综合改革。农村教育综合改革是这一时期农村教育结构调整的有益探索。

进入新世纪，在社会主义新农村建设背景下，国务院发布《关于进一步加强农村教育工作的决定》，农村教育结构改革也表现出新的方向，主要表现在：发展以就业为导向的农村职业教育和以农民培训为重点的农村成人教育；对农村职业中学采取支持性政策扶持，启动"农村实用技术人才培训工程"和农村劳动力转移培训"阳光工程"；实施绿色证书培训、新型农民科技培训素质工程、"百万中专生计划"等项目，对农村劳动力广泛开展专业培训和实用技术培训，发展农村成人职业教育。

40年间的农村教育结构改革，既是我国农村社会政治、经济制度变迁状况的折射，更是对农村社会政治、经济制度变革需求的满足，是农村教育对宏观社会变迁的适应。1978年至2000年，农村教育结构的调整与农村经济体制改革相呼应，突出为农村经济建设服务的价值取向；进入21世纪后，农村教育结构改革服务于社会主义新农村建设，突出科学发展观、"以人为本"的价值取向。40年的农村教育结构改革，既是农村教育改革的内容和成果，也是促进农村教育发展的重要基础。经过改革，农村普通教育和职业教育结构趋于合理化，农村职业技术教育得到长足的发展，为社会主义新农村建设奠定了良好基础。

四、改革培养机制和人事制度,突破农村教师队伍建设难点

改革开放40年间,我国农村教师队伍建设出现过数量不足、学历偏低、拖欠教师工资、民办教师等难点问题。针对这些难点,国家改革教师培养机制,实施资格认证、工资改革、聘任制、特岗计划等人事制度改革措施,有效突破了农村教师队伍建设的难点问题,促进了农村教师队伍的建设,为农村教育的健康发展提供了师资保障。

(一)农村教师队伍建设专业化和法制化

改革开放40年间,国家一直重视农村教师队伍的建设,通过改革培养机制、制定法律、解决民办教师问题等措施,提高农村教师的专业化水平,促进农村教师队伍管理的法制化。

20世纪80年代,我国农村教师队伍建设的重点是数量发展和学历提升。1983年,《关于加强和改革农村学校教育若干问题的通知》中指出:"建设一支稳定、合格的教师队伍,是办好农村学校的重要关键。"与此相应,80年代教育部颁发文件,一方面恢复、建立教育学院和教师进修校,建立广播、电视、函授等多种培训渠道,解决农村在职教师的学历教育问题;另一方面,有计划有步骤地新建若干师范学校,加强新教师培养,为农村学校培养合格师资。

20世纪90年代,我国农村教师队伍建设法制化和专业化并行。就法制化而言,1993年国家颁发实施《中华人民共和国教师法》,1995年颁发实施《中华人民共和国教育法》,标志着我国师资建设开始走向法制化轨道。就专业化而言,1995年12月12日,国务院颁布《教师资格条例》,随之国家教委下发《教师资格认定的过渡办法》等,教师资格制度在全国范围内全面实施。教师资格制度的实施,既标志着我国教师专业化道路的正式开始,也标志着我国教师管理正逐步走向法制化。农村教师队伍建设也从此走向专业化和法制化。

同时,20世纪90年代,农村教师队伍建设的另一个重点是解决民办教师问题。民办教师数量大是改革开放后农村教师队伍结构的特点,严重影响着农村教师队伍的专业化水平。1992年,国家教委《关于进一步改善和加强民办教师工作若干问题的意见》中指出:统筹解决民办教师问题,是我国农村教育改革中一项紧迫的任务,要按照"减少数量,提高质量,改善待遇,加强管理,统筹解决"原则,采取"关、招、转、辞、退"等具体措施,多渠道减少民办教师的数量。1997年《关于解决民办教师问题的通知》提出"到20世纪末基本解决民办教师问题"的目标。到2000年底,全国大部分地区民办教师问题都得到了基本解决。民办教师问题的解决,在一定程度上提高了农村教师队伍的专业水平。

2000年后，农村教师队伍建设的重点是专业培训，国家通过实施向农倾斜培训计划，提高农村教师专业化水平。2004年，教育部《关于加快推进"全国教师教育网络联盟计划"，组织实施新一轮中小学教师全员培训的意见》及《2003—2007年中小学教师全员培训计划》颁发，国家启动贫困地区中小学教师培训计划。2010年，教育部、财政部联合启动中小学教师国家级培训计划（简称"国培计划"），"计划"包括"中小学教师示范性培训项目"和"中西部农村骨干教师培训项目"两项内容，2014年底完成对640多万中西部农村教师的新一轮培训。党的十八大以来，国家通过统一城乡中小学教职工编制标准、开展中小学教师资格考试和定期注册制度、推进交流轮岗、深化"县管校聘"改革等措施，引导优秀校长、教师向乡村和薄弱学校流动。以上计划的实施，使农村教师的专业化水平得到较大的提升。

（二）建立农村教师经济待遇保障机制

1978年到2000年，中国农村教师经济待遇出现了诸多困难和问题。如农村教师经济待遇低，民办教师工资待遇得不到保障，严重拖欠和克扣教师工资等。这些问题严重影响农村教师工作的积极性，进而影响农村学校的办学水平。因此，从20世纪80年代开始，国家在不同历史时期，制定相应政策，解决农村教师待遇问题，提高农村教师待遇。

20世纪80年代，国家重点解决农村民办教师待遇问题，实施农村教师待遇倾斜政策。1981年，教育部颁布《关于增加中、小学民办教师补助费的办法》，调整和增加民办教师工资。1983年，国务院颁发《关于加强和改革农村学校教育若干问题的通知》，实施诸多民办教师优惠政策，如：对在农村尤其是老、少、边、穷地区任教的教师，给予荣誉激励、增加生活补贴、保留城市户口的优待；实施民办教师工资社队统筹制，建立民办教师福利基金。1984年12月，国务院颁发《关于筹措农村学校办学经费的通知》，提出对农村中小学公办教师、民办教师全部实行工资制。

20世纪90年代，国家重点通过立法保障农村教师工资待遇。这一阶段，在"地方负责、分级管理"的义务教育管理体制下，农村义务教育阶段教师工资由乡镇财政负责，出现了严重的拖欠教师工资的现象，立法保障是解决拖欠教师工资问题的有效策略。1993年，《中华人民共和国教师法》颁发，其中明确指出"教师平均工资应当不低于或者高于国家公务员平均工资水平，并逐步提高"；1994年，国务院在《关于〈中国教育改革和发展纲要〉的实施意见》中提出公办教师、民办教师要"同工同酬"。这一阶段，虽然国家制定了诸多政策，但拖欠教师工资的问题并未得到根本解决。

进入21世纪后，伴随着农村义务教育管理体制改革的深化，农村教师经济待遇保障机制才得以建立。2002年国务院下发《关于完善农村义务教育管理体制的通知》，其中提到"确保按时足额、统一发放教职工工资"，要求将农村中小学教职工的工资发放权由乡收归到县，设立"工资资金专户"，由财政部门通过银行直接拨入教师在银行开设的个人账户，保障农村教师工资的顺利发放。至此，拖欠教师工资问题得到根本解决，农村教师工资待遇保障机制确立。同时，国家继续采取措施实施乡村教师生活补助制度。2013年开始，对在连片特困地区工作的乡村教师实施生活补助，使农村教师经济待遇不断改善。

第三节 农村教育改革的反思

改革开放40年，我国农村教育改革成绩显著，在诸多方面取得了巨大进展和成就。总结农村教育40年改革的历程，我们既要充分认识改革的积极影响与功效，也需要认识和反思改革存在的不足和缺陷，以及可能存在的非积极影响，为农村教育改革的推进提供参考。

一、农村教育改革政策仍需继续完善

通观开放40年中国农村教育改革历程，我们可以看到，任何历史阶段的农村教育改革，都源于国家教育改革政策的驱动，教育改革政策决定着农村教育改革的目标、任务、内容和方式。从这个意义上看，回溯和反思农村教育政策无疑具有重要的意义。

（一）政策形成模式："问题推动型"走向"目标导向型"

回顾分析40年间的农村教育改革政策发现，农村教育改革政策的出台，大多都是顺应国家宏观政治经济改革而做出的调整，或者是为了解决农村教育实践中引起社会和民众关注的突出问题而采取的应对之策，即"问题推动"是农村教育改革政策的形成模式。如：为了解决分税制实施中出现了乡级财政税源短缺问题，由此出台教育费附加政策；为了改变税费改革影响下基层政府教育经费短缺的局面，由此实施教育管理体制改革；为解决民众反映强烈的教育乱收费现象，由此实施"一费制"政策和教育收费公示制度等。虽然教育改革要反映社会政治经济的变革需要，但教育发展有其自身特殊的规律，如果改革政策滞后于问题的产生，缺少足够的预测性和前瞻性，或仅仅停留于对问题的堵截层面，则会不利于农村教育的健康发展。尤其是对于基础薄弱的农村教育，更需要国家系统完备的政策支持保障体系和长久持续的发展规划。因此，农村教育改革要着眼于调整

政策的形成模式，由"问题推动型"转型为"目标导向型"，突出科学目标引领下的改革政策制定，以促进形成独立、稳定、系统、长效的农村教育改革政策体系。

可喜的是，进入21世纪后，决策层已经在有意识地进行调整。《关于基础教育改革与发展的决定》《2003—2007年教育振兴行动计划》《国家中长期教育改革与发展规划纲要（2010—2020年）》等政策精神，都已表现出一定的"目标导向"特点。

（二）政策价值取向：强化"以人为本"的价值取向

改革开放40年，农村教育改革价值取向经历了两个阶段。1978年至2000年，农村教育主要是为社会经济发展服务，体现工具性价值取向；2001年至2018年，农村教育开始关注为农村人口的幸福生活服务，"以人为本"的价值取向初露端倪。

1983年5月，中共中央、国务院颁发的《关于加强和改革农村学校教育若干问题的通知》中指出："农村学校的任务，主要是提高新一代和广大农村劳动者的文化科学水平，促进农村社会主义建设。一定要适应广大农民发展生产，劳动致富，渴望人才的要求。"[1] 80年代末到90年代开展的农村教育综合改革，其目标指向农村教育为当地培养人才，教育和引导学生爱农村、爱劳动、爱家乡，建设好家乡。总之，20世纪八九十年代，农村教育坚持为农村经济社会发展服务的方针，以培养"未来农民"为目标，体现了"工具性"的价值取向。

2003年9月，国务院《关于进一步加强农村教育工作的决定》中指出："发展农村教育，办好农村学校，是直接关系8亿多农民切身利益，满足广大农村人口学习需求的一件大事；是提高劳动者素质，促进传统农业向现代农业转变，从根本上解决农业、农村和农民问题的关键所在；……是加强农村精神文明建设，提高农民思想道德水平，促进农村经济社会协调发展的重大举措。"[2] 2012年，习近平总书记指出：人民对美好生活的向往，就是我们的奋斗目标。2017年，党的十九大报告指出，"必须把教育事业放在优先位置，深化教育改革，加快教育现代化，办好人民满意的教育"。这些政策，开始关注农村人的幸福生活，关注农村人的素质发展，关注弱势群体的就学问题，使农村教育政策增添了"人文性"的因素。但总体来看，这些政策首先强调的是新农村建设和社会主义现代化建设，工具性价值依然占据主导地位，"以人为本"的价值取向还处于次要地位，

---

[1] 何东昌．中华人民共和国重要教育文献［M］．海口：海南出版社，1998：3176．
[2] 关于进一步加强农村教育工作的决定［EB/OL］．（1983-05-06）［2019-01-20］．http://www.gov.cn/zhengce/content/2008-03/28/content_5747.htm.

未走到中心地位。

当前，在城乡一体化发展和城乡教育一体化的背景下，更需要把农村教育与农村人民的幸福生活联系起来，使农村教育服务于农村人民需要层次的提升和精神世界的丰富。为此，需要认识到：（1）农村教育不仅仅是培养"未来农民"的工具，更是以促进农村人民自身发展为前提的教育，尊重教育对象，促进农村人民的幸福、自由、尊严等生命价值的提升，这将成为农村教育的最高宗旨。（2）农村教育将更加重视农村人民发展的整体性，以促进农村人民全面、协调的发展为目标。（3）农村教育将更关注农村人民自我教育能力的形成，关注农村人民主体意识的发展，关注农村人民终身学习与可持续发展能力的提升。

（三）政策执行：强化主动执行和有力监督

改革开放40年，农村教育改革政策还存在着诸多薄弱环节和问题，其中最为突出的有两大问题：一是被动执行政策，存在严重的形式化倾向。新的政策出台后，执行层面更关注形式主义的层层学习、层层传达和层层表态，主动式的理解内化、因地制宜落实则远远不够。二是政策执行监督不力。与政策的严谨规划不同，我国农村教育改革政策的执行监督却比较疲软，政策执行的追责制度也未真正建立，导致很多政策执行不力。因此，新时期农村教育改革，既要科学制定农村教育政策，建立政策落实的机制，增强基层执行政策的主动性，又要建立农村教育政策执行的监督机制，扎实致力于农村教育改革政策的执行，保障农村教育的持续发展。

二、农村教育改革服务方向尚需调整

回顾分析改革开放40年农村教育改革的服务方向，发现存在着政策导向与改革实践的矛盾冲突。在农村教育改革的政策导向上，主张农村教育应服务于农村社会发展，农村学校教育的内容、形式和管理均应结合农村社会而开展，表现出明显的"农村教育乡土化"方向。20世纪80年代到90年代，我国大力推行的"农村教育综合改革实验""星火计划""燎原计划"等，都是"农村教育乡土化"服务方向的具体体现。改革开放后，国家一直大力推动"农村教育乡土化"，"向农教育"是农村教育改革政策的突出特点。然而，从农村教育实践来看，无论是农村人的愿望，还是农村学校的现实追求，都更倾向于"农村教育城市化"。

农村学校实际上服务于学生未来进入城市生活和发展的需要，为学生进入城市打基础，"离农教育"已成为农村学校教育的基本态势。农村教育改革政策导向与农村教育实践存在着明显的不一致。

农村教育改革的服务方向应如何定位？"向农"还是"离农"？对这一问题的

回答需要从社会发展背景的角度分析。目前，我国社会正处于传统社会向现代社会转型的现代化进程中，城镇化是社会发展的大趋势，城镇化背景下的社会发展必然走城乡一体化的道路。与城乡一体化发展的社会方向相一致，农村教育改革既不可能走"向农教育"的道路，也不能实施绝对的"离农教育"，必然呈现出"城乡教育一体化发展"的方向。即：农村教育一方面要发挥社会流动"传送带"作用，为农村学生将来进入城市工作和生活打下基础；另一方面，农村教育要传承农村"地方性文化"，培育能为农村建设服务的人才。当然，在城乡一体化发展的背景下，农村教育和城市教育都可为农村培养建设人才，农村建设可由"城市人""农村人"同力实施。因此，国家在制定农村教育改革政策时，要明确"城乡教育一体化发展"的政策导向，建立城乡教育一体化发展机制，尤其在培养目标、课程改革、教师配置等方面向农村倾斜，大力推动城乡教育一体化发展，进而促进农村教育的健康发展。

目前，城乡教育一体化发展，在国家政策层面已得到一定程度的体现。2016年，国家提出"统筹推进县域内城乡义务教育一体化发展"，要求加快推进县域内城乡义务教育学校建设标准统一、教师编制标准统一、生均公用经费基准定额统一、基本装备配备统一和"两免一补"政策城乡全覆盖。"城乡一体化发展"将成为新时期农村教育改革的新方向。

三、农村义务教育均衡发展任重道远

40年的农村义务教育改革历程，是教育公平理念不断加强的过程。

1978年至2000年，国家在制定农村教育政策时，秉承"教育平等"的理念，强调城乡适龄儿童平等接受教育的权利和义务。1986年《中华人民共和国义务教育法》颁发，要求国家、社会、学校、家庭依法保障所有适龄儿童和青少年接受义务教育；20世纪90年代，国家提出"基本普及九年义务教育，基本扫除青壮年文盲"的目标，并重点推进普及农村义务教育和"两基"攻坚计划，保障农村儿童和青少年受教育权利。但这一时期，因"效率优先"发展理念的影响，农村中小学在硬件设施、师资水平、资金保障等方面同城市中小学存在较大差距，城乡教育发展严重不均衡。

进入21世纪，中央明确提出"教育公平""教育公正"的理念，着手解决教育资源配置不均衡的问题。2003年全国农村教育工作会议之后，国家加快中西部农村"两基"攻坚计划，调整农村义务教育投资管理体制，加大中央政府对农村义务教育的投入，完善义务教育经费保障机制。2006年开始，先后对西部农村全面实施"两免一补"、招聘特岗教师等政策，以此补充西部地区农村学校师

资，实施农村中小学校舍改造工程等项目，改善农村教育的资源条件，促进教育的均衡化发展。2012年，国务院《关于深入推进义务教育均衡发展的意见》颁发，明确提出了我国推进义务教育均衡发展的时间表与任务书，即：到2015年，全国义务教育巩固率达到93%，实现基本均衡的县（市、区）比例达到65%；到2020年，全国义务教育巩固率达到95%，实现基本均衡的县（市、区）比例达到95%。随后，教育部启动教育均衡发展督导评估验收工作，并通过教育经费向农村倾斜、建立弱势群体助学体系、改善农村办学条件、加强农村教师队伍建设等措施，推进义务教育均衡发展。

然而，近十年来，伴随农村城镇化进程的加快，以及农村人对享受优质教育的追求不断加强，农村大量学龄儿童涌入县镇上学，引发县镇"巨班大校"现象，导致农村小规模学校大量增加，使县域内教育不均衡现象加剧，农村义务教育发展遇到了新的困难和矛盾。一方面是农村学校，校舍场地、设施设备、图书资料等办学条件不断改善，农村学校师资条件不断优化；另一方面是农村学校的生源越来越少，办学规模越来越小，农村学校的教育资源不能得到充分利用，教育资源浪费现象严重。这种现象值得我们反思，在城镇化迅速发展的背景下，如何促进县域内义务教育均衡发展，国家政策应做怎样的调整？目前，国家在促进义务教育均衡发展方面，主要采取教育经费向农村倾斜、建立弱势群体助学体系、改善农村学校办学条件、加强农村义务教育教师队伍建设等措施。未来，在继续推进这些措施的基础上，要关注两个方面：一是把提升农村教育质量作为促进教育均衡发展的着力点，通过提高质量建立农村人对农村教育的信心；二是要促进城乡一体化发展，构建"城乡统筹、协调发展"的教育格局，在城乡教育共建共融的前提下促进教育均衡发展。

四、农村基础教育质量提升空间巨大

改革开放40年间，在不同的发展阶段，农村教育改革的重点各不相同。1978年至1998年，发展教育规模是农村教育改革的实质追求，实现"普九"目标是农村教育的重点。1999年，中共中央、国务院《关于深化教育改革，全面推进素质教育的决定》颁布，以素质教育为目标的教育改革全面启动。2001年，《基础教育课程改革纲要（试行）》颁发，素质教育背景下的基础教育课程改革启动，中国开始了提高基础教育质量的步伐。2011年，全国所有省（自治区、直辖市）通过国家"普九"验收，农村教育改革才真正逐步向提升教育质量的方向转变。

全面"普九"与城乡免费义务教育目标的实现，从根本上解决了适龄儿童少年"有学上"的问题，为提高全体国民素质奠定了坚实基础。但随着城镇化的快速发展，农村教育出现了寄宿制学生和留守儿童增加、教师数量不足、临时代教数量增多、教师专业化水平和学校管理水平不高等突出问题，基础教育的发展状况跟不上农村教育发展的需要，人民群众不断增长的对优质教育的需求与供给不足的矛盾也日益突出，农村基础教育质量问题成为当前突出的矛盾。因此，提升质量将成为未来一定阶段内农村教育改革的重要任务，这就需要做到：（1）转变教育质量观，改变传统的质量观，不再把成绩作为重要追求，而把提高学生的综合素质作为农村教育的根本追求；（2）农村教育与城市教育同步，全面进入"核心素养"背景下的课程改革，以课程改革推动农村教育质量的提升；（3）在教育均衡化的背景下，着力推进农村学校和薄弱学校的课程改革。提升农村学校教育的质量，既是我国基础教育改革的重点，也是农村教育发展的方向。

第二十一章　社区教育改革史

我国社区教育作为一新兴事物,相较其他教育类型(如学校教育、家庭教育等)的发展而言还较为青涩。随着人们对终身教育理念的逐渐认可,国家愈来愈关注社区教育的发展,下发了一系列政策推动社区教育的改革。基于此,本章主要对改革开放以来社区教育改革的历程进行梳理,对社区教育改革的成就进行概括,在此基础上,对我国社区教育改革进行反思。

第一节　社区教育改革的历程

改革开放以来,我国社区教育的改革大致经历了三个阶段,分别为:兴起阶段(1986—1992)、探索阶段(1993—1998)及发展阶段(1999—2018)。

一、兴起阶段:支援学校教育发展(1986—1992)

我国社区教育的兴起与学校教育的开展密切相连,其主要是基于解决中小学校的校外教育问题而兴起的。随着改革开放大潮的涌动和现代化建设的诉求,我国对于人才的需求愈来愈旺盛。中小学是培养人才的基础场所,在这种时代背景下,中小学教育工作引起了人们广泛的关注,各地纷纷开始投入到建设中小学的教育工作中。[1] 教育行政部门和学校都认识到,要开展青少年学生的教育工作,仅仅依靠学校自身的力量是不够的,加强学校教育与社会的联系,使其共同完成育人的任务逐渐被人们所认同,城市的社区教育因此应运而生。社区教育兴起的标志是建立了社区教育委员会,该机构最早出现在1986年,建立于上海。当时,在真如中学的牵头下成立了"真如中学社会教育委员会"。这是一种地域性学校与社区共建教育的模式,它的出现成为中国现代社区教育实践的开端。[2] 这一事件标志着社区教育改革的兴起,综观这一阶段社区教育,呈现出以下特点。

---

[1] 刘宗锦. 我国城市社区教育协同治理研究[D]. 天津大学博士学位论文,2017.
[2] 侯怀银. 社区教育[M]. 北京:北京师范大学出版社,2015:43.

(一) 以推动学校教育发展为旨归

兴起阶段的社区教育是作为学校教育的第二课堂存在的，它通过为学校教育提供健康的外部环境、改善学校的办学条件、为学校教育提供经费保障等，共同帮助青少年养成良好的道德品行与支持学校教育的发展。由此可知，兴起阶段的社区教育还未具有与学校教育同等独立的社会地位，而是作为学校教育的补充而兴起的。

(二) 以青少年为主要对象

这一阶段社区教育受主要任务的影响，它的辐射人群还较为单一，主要集中于学校的青少年。随着后期人们对社区教育定位的转变，它才成为面向全员的一种教育类型。

(三) 成立了社区教育自治组织

继1986年9月成立了"真如中学社会教育委员会"后，有的城市开始建立街道一级的社区教育委员会，如上海于1988年3月由闸北区共和新路街道和彭浦新村街道合作成立了"街道社区教育委员会"。① 同年，这种以"社区教育"命名的组织形式开始在全区普及。4月，由长宁区政府牵头，成立了区一级的社区教育委员会，即"长宁区社区教育委员会"。自此之后，初步形成了以"区—街道—学校"三级为社区教育组织体系的模式。

(四) 政府发挥着举足轻重的作用

社区教育的兴起与政府这一主体息息相关。政府下发的政策文件以及建立的相关部门为社区教育的兴起起到了助推作用。1985年中共中央下发了《关于教育体制改革的决定》，第一次提出正规的学校教育要与校外的社区教育相结合，使社区教育更好地为学校德育服务。② 以此为契机，社区教育在政策的支持下逐步兴起。除此之外，一些先进地区的政府部门还成立了专门的科室管理社区教育的相关事务，如上海闸北区教委在1989年成立了社区教育管理科，专门管理社区教育。

由此可知，这一阶段社区教育在政府部门政策的推动下兴起，不过它的定位、对象以及组织机构等还并不完善，此时学校在社区教育中仍起主导作用，社区教育的本质并未充分显现出来，这一阶段的社区教育充其量只是中小学教育的

---

① 祁海芹. 我国社区教育运行体系研究 [D]. 华东师范大学硕士学位论文，2004.
② 侯怀银，尚瑞茜. 改革开放四十年来社区教育政策的回顾与展望 [J]. 终身教育研究，2018 (3)：3-10.

社会化。^① 但"社区教育委员会"的建立却具有标志性的意义,它为后来社区教育管理模式的形成提供了宝贵经验。

二、探索阶段:面向社区居民开展(1993—1998)

1993年2月,中共中央、国务院印发了《中国教育改革与发展纲要》,其中提出了一些开展社区教育的建议,如支持和鼓励中小学同社区合作,共同推进社区教育的发展。同时,在该"纲要"中,社区教育的范围开始得以扩展,由特指青少年的校外教育扩展到成人教育。同年,全国首届社区教育工作研讨会在北京召开,并成立了中国社区教育学会。通过此次会议,社区教育工作者们进一步明确了社区教育的对象应面向全体社会成员。这一阶段社区教育呈现出以下特点。

(一)将推动社区可持续发展和服务社区全体成员作为其发展目标

在社会迅速变革和发展的新形势下,越来越多的人脱离了狭隘的学校教育观,树立了大教育观,注重学校和社区的结合,关注社会全体成员的教育问题,显现出全民学习和终身学习的特征。同时,社区教育也呈现出以社区为依托、整体育人、提高全民素质的新格局,逐步将其发展目标定位于服务社区及其全体成员上。

(二)教育对象由青少年拓展到全体成员

随着社区教育目标的转移,它的教育对象也发生了变化。上一阶段为了支援学校教育的发展,社区教育的对象以青少年为主;而这一阶段,社区教育更加独立,充分发挥了自身在教育体系中的独立作用,将自身的定位提升至整个社区,从而面对的教育对象是社区的全体成员。

(三)教育内容由校外德育扩展到职业教育和国民精神文明教育

这一阶段,为了满足社区成员终身发展的需求和弥补社区的社会问题治理的不足,各社区街道开始逐步深入开展各类社区教育活动。活动内容涉及生活的方方面面,如科普教育、老年教育、职业教育、青少年道德教育等;活动范围辐射各类人群,如青少年与老年、在职员工与未就业人员等,呈现出多元化和全面性的特征。在该阶段,职业教育与国民精神文明教育已成为社区教育开展的两大核心板块,社区教育的内容已不仅是学校教育的辅助,还扩展到国民精神教育方面。

(四)出现实施社区教育的专门机构

为了保证社区教育更好地发展,全国各地纷纷建立了如社区学院、社区学

---

① 王波. 青岛市李沧区社区教育现状、问题及发展对策研究[D]. 山东师范大学硕士学位论文,2006.

校、市民学校等各种实施社区教育的专门机构,至此社区教育形成了社区学院、社区学校及其教学点的三级社区教育网络体系。社区学院作为实施社区教育最高层次的专门机构,以1994年成立于上海的金山社区学院最为著名,它也是全国首家社区学院,它的成立标志着社区学院在我国开始发展起来,并且迈向社区主导的阶段。之后,各地相继出现了以社区学院命名或不以社区学院命名但实质上是社区学院的一些教育机构,成为实施社区教育的专门机构。

(五)社区教育试点工作初步展开

开展社区教育试点工作是我国探索社区教育的特有形式,在相关政策的指导下我国社区教育的实验区工作逐步展开。以20世纪90年代初民政部下发的《关于听取对"社区建设"思路的意见的通知》为标志,社区教育的试点工作正式展开,该"意见"确立了天津市河北区与杭州市下城区为全国社区建设试点单位。随后又出台了一系列推进社区教育试点工作的政策文件,例如1996年教育部制定的《全国教育事业"九五"计划和2010年发展规划》,其中提出要积极进行社区教育试点工作,"社区教育"的概念也首次出现在教育部的政策文本中。[①]

综上所述,这一阶段的社区教育较之上一阶段目标定位更加准确,辐射范围更加广泛,教育内容更为丰富,组织机构更加完善,试点工作初步开展,且成为教育体系中重要的一环。

三、发展阶段:全面开展社区教育实验工作(1999—2018)

进入21世纪后,随着人们对终身教育理念的认可,建设学习型社会与学习型城市成为大势所趋。在这种大趋势下,我国社区教育实验工作得以全面展开,正式进入社区教育发展的实验推广阶段,这与政府的大力推行是密切相关的。1999年1月,国务院批转教育部《面向21世纪教育振兴行动计划》,要求开展社区教育的实验工作。[②] 2000年4月,教育部职业教育与成人教育司下发了《关于在部分地区开展社区教育实验工作的通知》,明确了开展社区教育实验的目的和要求,并专门发文确定了8个城区为首批社区教育实验区。[③] 以此为标志,社区教育实验工作全面展开,社区教育正式被纳入教育行政管理范畴。正是由于政府部门的全面介入,使得社区教育工作取得了巨大进展与成就。到了2008年2月,

---

① 侯怀银,尚瑞茜. 改革开放四十年来社区教育政策的回顾与展望 [J]. 终身教育研究,2018(3):3-10.

② 朱鸿章. 社区教育政策与公民学习权保障的研究 [D]. 华东师范大学博士学位论文,2012.

③ 李佳萍. 我国社区教育管理的问题与对策研究 [D]. 东北师范大学博士学位论文,2014.

教育部在全国开展社区教育实验取得初步成果的基础上，公布了首批 34 个全国社区教育示范区名单，① 这也表明了我国社区教育工作在某些先进实验区取得了一定成效。截至目前，社区教育已呈现出由点到面的格局，形成了"以京、津、沪等大城市为龙头，东部沿海发达地区为主干，中西部地区为重点"的发展体系。② 综观这一阶段的社区教育，呈现出如下特点。

（一）目标更加多元与深化

这一阶段的社区教育目标相较上一阶段的目标更加多元与深化，尤其在终身教育理念与学习型社会建设的指导下，力图实现社会成员的终身学习与提升、推动区域经济的发展以及社会的稳定和谐。③ 该目标已超越了只立足于区域发展，而将视野上升至更高的层次，即将全社会及其全体成员的终身教育作为旨归。

（二）体系愈加完善与系统

社区教育的发展是一项系统的工程，从指导思想、发展目标到具体实施、保障措施等都需要系统的规划与研究。④ 这一阶段社区教育非常注重自身的制度化与体系化发展，主要体现在以下方面：从宏观层面而言，在快速发展城市社区教育的同时，开始培育开发新农村社区教育领域；在关注社区教育发展的同时，也注重社区教育与其他教育类型的关系，这意味着平衡城乡社区教育差距，构建一体化、综合性的教育体系成为该阶段关注重点，并且将社区教育纳入体系建设规划中。从中观层面而言，社区教育从开展到评估形成了一系列较为完善的体制与制度，如形成了"党委领导、政府统筹、教育主管、部门协作、社会支持、社区运作"的体制模式，⑤ 启动了社区教育管理体系的监督评议和反馈系统，建立了社区教育工作联席会议制度等。从微观层面而言，这一阶段社区教育在整合各类资源、健全培训网络、壮大教师队伍、创新筹资路径以及开展教学活动等方面都取得了显著成效。

（三）形式趋向多样与全面

这一阶段的社区教育在教育形式上更加多样化，不仅关注社区教育与学校教

---

① 张会霞. 社区教育发展的反思［J］. 中国成人教育，2017（21）：152-154.
② 朱鸿章. 社区教育政策与公民学习权保障的研究［D］. 华东师范大学博士学位论文，2012.
③ 侯怀银，尚瑞茜. 改革开放四十年来社区教育政策的回顾与展望［J］. 终身教育研究，2018（3）：3-10.
④ 侯怀银，尚瑞茜. 改革开放四十年来社区教育政策的回顾与展望［J］. 终身教育研究，2018（3）：3-10.
⑤ 刘宗锦. 我国城市社区教育协同治理研究［D］. 天津大学博士学位论文，2017.

育、家庭教育等类型的结合，而且注重社区教育的信息化与网络化建设。[①] 在2011年国务院办公厅印发的《社区服务体系建设规划（2011—2015年）》中，指出应强化社区服务体系和信息化建设。同年，由中国成人教育协会社区教育专业委员会下发的《全国"十二五"推进数字化学习社区建设规划》中明晰了新型社区——数字化学习社区的建设情况，并明确了其发展目标。[②] 由此可知，社区教育的信息化和网络化成为其发展的新形式。

（四）突出社区教育的本土化特色

社区教育具有较强的地域色彩，特色是社区教育生存和发展的关键。各省（自治区、直辖市）均在各自制定的教育发展规划纲要中明确提出要大力发展社区教育，积极探索与各地实际相契合的社区教育建设和运作模式，[③] 进而创建具有鲜明特色和个性的社区教育。在2016年教育部等九部门下发的《关于进一步推进社区教育发展的意见》中也明确指出，到2020年时要基本形成具有我国特色的、在社区上具有不同特点的社区教育体系。[④]

（五）成立了民间性的研究社区教育发展的组织

这一阶段不仅有社区教育专业委员会，还出现了一些民间性、群众性、区域性的研究社区教育发展的组织，如"长三角社区教育发展论坛""环渤海地区社区教育协作组织"等，这说明了社区教育越来越受到重视。

总体而言，发展阶段的社区教育以终身教育为指导思想，以社区全体成员的全程教育为主要内容，以建立特色鲜明的社区教育为旨归，朝着更高的目标进发，无论是在目标引领上，还是在具体实施上都实现了全面发展。

第二节 社区教育改革的成就

社区教育经过30余年的改革，在众多方面都取得了成就。本节从其内部本身与外部关系两方面出发，探究社区教育改革取得的成就。就其内部本身而言，社区教育朝着推进内涵建设、提升能力发展的方向前进。内涵建设主要体现在

[①] 侯怀银，尚瑞茜. 改革开放四十年来社区教育政策的回顾与展望 [J]. 终身教育研究，2018（3）：3-10.

[②] 侯怀银，尚瑞茜. 改革开放四十年来社区教育政策的回顾与展望 [J]. 终身教育研究，2018（3）：3-10.

[③] 黄河. 城市社区教育资源建设的相关问题与对策 [J]. 继续教育研究，2012（1）：93-95.

[④] 侯怀银，尚瑞茜. 改革开放四十年来社区教育政策的回顾与展望 [J]. 终身教育研究，2018（3）：3-10.

"思想观念的深化"与"社区特色的凸显";能力发展主要包括服务能力、推进能力与整合能力三方面,服务能力主要体现在社区教育的课程与教师的质量上,推进能力主要体现在社区教育的管理与团队建设上,整合能力主要体现在社区教育的平台和资源建设方面。① 就其外部关系而言,社区教育与终身教育体系以及国外社区教育的关系如何,取得了哪些进展都是值得我们深究的话题。具体而言,社区教育改革取得的成就如下。

一、内涵建设:思想观念得以深化与社区特色得以凸显

(一) 思想观念得以深化

第一,治理理念显现。自1978年改革开放以来,随着市场经济的发展,我国法律体系日益完善,法治理念逐渐为人们所接受。在改革获得显著成效的同时,社会经济结构及其利益分配结构等也发生了巨大的改变。单位制瓦解、市场经济蓬勃发展、社会阶层不断分化整合成为一种必然趋势。在这一社会转型过程中,社会问题日益复杂,矛盾凸显,例如生态环境被破坏、道德败坏、公平正义缺失等,国家和社会的安全与稳定形势越发严峻。② 教育在解决这些社会问题上发挥着重要作用,尤其社区教育,因其受众的全面性与具有的积极参与、人际互动、价值引领、心理引导、舆情分析等的功能,使其在社会治理当中发挥着举足轻重的作用。社区教育虽在出现伊始,承担着丰富正规学校教育内容、为学校教育提供一个优良德育环境的任务,但在新的历史时期,它的观念定位也在与时俱进,发挥治理功能成为其新时期的重要任务。

第二,注重人的发展。社区教育作为社会教育的突破点,它的实施主体与教育对象等都与人密切相连。在社区教育改革的进程中,也愈来愈重视人的作用。改革开放40年来,我国社区教育以服务社会发展为取向。前期兴起时,社区教育服务于学校教育,而后又服务于地方经济发展和建立学习型社会等。随着社会经济的发展和公民自我意识、权利意识的增强,国家也逐渐开始关注人民群众的切身利益诉求,希望通过彰显社区教育的公平正义性,使每个个体都能接受到与自身需求高度匹配的教育内容。③ 在2005年国务院印发的《关于大力发展职业教育的决定》中,明确要求大力发展社区教育,以满足人民日益多元化的教育需

---

① 张永. 社区教育内涵发展论 [M]. 上海:上海教育出版社,2018:11.
② 侯怀银,尚瑞茜. 社会治理创新视域下的社区教育新发展 [J]. 终身教育研究,2017(6):12-17.
③ 侯怀银. "社区教育"解析 [J]. 山西大学学报(哲学社会科学版),2017(1):133-139.

求；2006年，在有关解决农民工问题的政策文件中，国务院又将社区教育作为保障外出务工人员子女平等享有教育权利的重要途径和手段。与此同时，社区教育除了有助于解决外出务工人员子女的教育问题外，失业者、老年人、家庭妇女等弱势群体的教育问题也得益于社区教育的发展。由此可见，我国社区教育的改革与发展正在成为帮助弱势个体、群体发展的重要途径和手段。[①]

（二）社区特色得以凸显

提及社区教育，美国的社区学院、日本的公民馆、北欧的民众教育已成为国家社区教育的特色代表。每个国家都根据自己的实际情况举办与实施着社区教育，随着政府及社会对社区教育的重视与推进，我国也将构建有特色的社区教育提上日程，并且实践中也有一些社区教育实验区正在努力探索着符合自身地域特色的社区教育模式。由于我国区域间存在巨大差异，因此在社区教育的发展过程中，因地制宜，促进带有地域性特征的社区教育发展就成为一种必然，搞社区教育实验区就是我们在探索社区教育特色化的过程中的一项创举。社区教育特色具体表现为场域特色、产业特色以及文化特色等。在我国社区教育的实践中，特色化发展已初见成效，尤其是场域特色和作为文化特色载体的课程特色，例如上海的"社区学院—社区学校—居村委的学习点"三级网络、四川的"院落学习室"等场域特色已成为其社区教育的代表，由中国成人教育协会社区教育专业委员会2009年启动的首批社区教育课程特色建设也在如火如荼地进行，从评审情况来看，多数单位重视社区教育课程建设，共申报了特色课程296门。同时，越来越多的社区教育实验区正在努力地探索着适合自身发展的社区教育模式。

二、服务能力：课程建设迅速发展与师资构成日趋多元

（一）课程建设迅速发展

1. 课程开发工作全面优化升级

社区教育课程是实现社区教育功能的重要途径和基本载体，随着社区教育的发展，课程开发工作已从全面发动转入优化升级的攻坚阶段，[②]包括开发主体的建设、开发内容的多样、课程编制的初探以及开发模式的系统化。

第一，开发主体建设。根据现代课程开发理论，社区教育课程应当是由社区

[①] 侯怀银，尚瑞茜. 改革开放四十年来社区教育政策的回顾与展望[J]. 终身教育研究，2018（3）：3-10.

[②] 蔡廷伟，钱旭初，施苏苏. 社区教育课程开发现状与对策思考——以常州市为例[J]. 终身教育研究，2017（6）：57-61.

教育管理者、教师和学习者三方共同合作开发的。①但目前我国的社区教育课程开发主体主要是社区教育管理者和教师，学习者作为主体参与课程开发尚处于缺失状态。

第二，开发内容多样。综观全国社区教育课程开发情况发现，其开设的社区教育课程内容上比较契合当地居民的教育需求，类型上非常广泛与多样。下表是上海市已开发的社区教育课程，将其分为6大系列，共44类。通过表格可知，上海市的社区教育课程内容比较丰富多样。不过也有很多地区的社区教育开展情况不太理想，课程的内容没有与当地社区居民的教育需求相对接。

表21.1 上海市社区教育课程分类一览表

系列	类
市民教育（6类）	思政教育、法律教育、科普教育、国防教育、生命教育、家庭教育
艺术修养（11类）	乐器、声乐、戏剧、曲艺、舞蹈、表演、书法篆刻、绘画、工艺画、手工艺、建筑
文化素养（7类）	文学欣赏、国学、民俗文化、地方介绍、历史、收藏鉴赏、礼仪礼节
健康养生（3类）	健康生活、中医养生、心理健康
实用技能（12类）	农作物栽培、畜牧养殖、水产养殖、语言学习、投资理财、信息技术、思维训练、艺术设计、摄影摄像、中西烹饪、维修养护、就业创业
体育身体（5类）	棋牌技艺、拳操健身、球类运动、休闲体育、休闲旅游

第三，课程编制初探。近年来，一些地区（如北京、上海等）已经开始着手进行社区教育课程大纲的编制工作。2012年，上海市出台了《上海市社区教育课程建设标准》。2014年，辽宁沈阳出台了《沈阳市社区教育课程指导纲要》。从中可以发现，在某些地区已先行实施社区教育课程建设标准，虽然该课程标准相比于其他处于正规学校体系中的课程标准类型而言尚不成熟，但其在本领域，仍具有开创与示范意义。

第四，开发模式系统化。一些社区教育先进地区已形成了一套开发社区教育课程的模式，如上海市原闸北区"社区教育课程开发的研究"项目组所设计的以社区教育课程观为核心的社区教育课程开发模式。②该模式的基本流程为：社区

---

① 李婷. 终身学习视域下我国社区教育课程建设转型研究［J］. 职教通讯，2015（22）：55-57，66.

② 黄健. 成人教育课程开发的理论与技术［M］. 上海：上海教育出版社，2002：150-151.

教育课程观构建—需求调研—需求决策—目标转换—课程设计—课程准备—课程实施。①

2. 课程实施工作正在稳步推进

社区教育课程的实施工作正在各地稳步推进。目前，社区教育课程实施的一般环节包括教师申报、课程发布、社区选课、教师上课；实施的方式也多种多样，既有授课、讲座、研讨等现场教学方式，又有通过社区大讲堂、社区学习沙龙等活动形式进行。

3. 社区教育课程研究工作逐步开展

早在世纪之交，我国已经开始了社区教育课程的研究工作，包括通过举办会议进行研讨、通过编写著作进行研究等，这对提升我国社区教育课程质量和理论深度具有重要贡献。1999年4月，首届北京市成人教育课程、教材、教学研讨会在北京教科院成功召开。研讨会的召开说明成人教育课程研究的重要性成为学界共识。不久之后的2002年，成人教育课程研究专著《成人教育课程开发的理论与技术》一书正式出版发行，标志着成人教育课程研究正式成为成人教育领域一门独立的分支学科。②《成人教育课程开发的理论与技术》一书就成人教育课程开发的理论、技术、实践三个层面的诸多问题展开了分析和探讨。

（二）师资构成日趋多元

2004年教育部《关于推进社区教育工作的若干意见》中提及：各地政府部门要加强社区教育队伍建设，不仅要关注专职人员的培养，还要注重兼职人员和志愿者等队伍的发展。当前，全国的社区教育已基本形成了由专兼职教师队伍和志愿者队伍构成的社区教育师资体系。③ 不过当前的教师队伍中仍存在着很多不足，如各地对于教师的称呼有所不同，并没有形成统一的名称：有些地区将社区教育师资队伍中的专职人员称为"社区教育专职教师"，如北京市崇文区与石景山区、天津市南开区、上海市徐汇区等；有些地区将其称为"社区教育辅导员"，如重庆市渝中区、成都市武侯区、江苏省仪征市、上海市静安区等。这样易导致社区教育教师缺乏归属感与认同感；在职称评定中，缺失专业技术职务评比标准，导致教师的专业化建设进展缓慢。④

---

① 仲红俐，董农美. 论社区教育课程开发流程构建［J］. 云南开放大学学报，2016（1）：5-10.

② 张永. 成人教育课程研究的回顾与前瞻［J］. 当代教师教育，2011（2）：90-93.

③ 罗殷. 教师专业化背景下社区教育专职工作者培养：基于制度学的视角［J］. 河北大学成人教育学院学报，2018（4）：47-52.

④ 邵晓枫. 中国当代社区教育改革发展研究：总结、反思与前瞻［J］. 职教论坛，2018（1）：105-113.

三、推进能力：管理体系日益健全与团队建设逐渐兴起

（一）管理体系日益健全

1. 社区教育的政策日益完善

社区教育的发展离不开政府颁布的一系列制度与政策的支持。在社区教育发展的 30 多年中，我国颁布了一系列的政策来推动社区教育的发展。笔者整理了我国改革开放 40 年来教育部网站与社区教育网站发布的对社区教育发展产生重要影响的政策，并将之列入社区教育改革大事记中。综览社区教育改革大事记可知，政府对社区教育的发展非常关注，每年都会下发推动社区教育发展的意见、通知等部门性的规章、地方性的条例等。从我国社区教育目前的立法状况看，尚无任何一部法律法规对社区教育的目的、性质、主体间权利与义务、管理与保障等作明确的规定，[①] 已发布的，均是一些部门规章或地方性法规，其法律效力既不如全国人大或全国人大常委会表决通过的法律，通常也不如国务院颁布的行政法规。由此可见，我国的社区教育在法律和行政法规层面的规范性尚处于缺失状态。[②] 不过近些年来，我国的社区教育政策已取得了巨大成就：社区教育政策从不独立、不明晰，即零星散见于宏观教育或学校教育政策中，到单独制定并下发关于社区教育发展的专门文件；从覆盖面单一，即初兴时只明确了社区教育的目的（校外教育）及组织形式（社区教育委员会），到后期对参与主体、基本任务、保障措施、质量评估等方面都进行了系统的规定；从只关注学校教育的发展拓展到关注每个个体的终身教育，并且非常注重与其他教育类型（如家庭教育、农民工教育、老年教育、职业教育等）的结合。

2. 社区教育的模式趋向多元

目前我国社区教育已经不再是单一的政府主导模式，多元化发展渐成形势。在 30 多年的锐意进取中，我国的社区教育主要形成了三种发展模式：其一，以街道、社区为中心的联动型社区教育。此种模式重点将街道办事处和社区居委会作为发展社区教育的核心，由其专门负责社区教育的实施、监督和协调等任务，向社区民众提供职业、文化、娱乐等教育内容。其二，以学校为中心的辐射型社区教育。这种类型的社区教育发展模式主要以辖区内的中小学教育机构为中心，其职责为向社区教育者提供优越的教育资源，开展诸如技能培训、健康咨询、科

---

① 侯怀银，尚瑞茜. 社会治理创新视域下的社区教育新发展［J］. 终身教育研究，2017（6）：12-17.

② 侯怀银，尚瑞茜. 改革开放四十年来社区教育政策的回顾与展望［J］. 终身教育研究，2018（3）：3-10.

学普及等一系列校外活动。其三，以辖区内社区学院为中心的社区教育。此种模式主要是以辖区内社区学院为中心实施社区教育的一种综合型社区教育发展模式。①

3. 社区教育的组织不断扩大

教育部明确要求社区教育管理的体制是"政府统筹领导，教育部门主管，有关部门配合，社会积极支援，社区自主活动，群众广泛参与"的模式。② 由这一模式可知，社区教育的组织机构至少包括政府相关部门、社区教育委员会和社会各部门等主体。但是在社区教育发展的初期，其组织尚不完善，管理的形式主要为政府统筹领导、教育部门及各有关单位分工协作。在方式上，主要尝试通过建设实验区、示范点开展。后期，随着政府职能的转变和个体开始从单位人走向社会人，社区教育的发展也就不再仅仅依托原有的政府、教育部门及各单位，个人、社会组织等主体也逐渐参与到社区教育的管理工作中。③

(二) 团队建设逐渐兴起

近些年来，中国成人教育协会社区教育委员会为推进社区教育由粗放式向内涵式方向发展，采取了很多措施，如加强社区教育的特色课程建设、推动社区教育实验项目的进展、大力投入数字化学习资源的建设等。④ 这些措施在实践中能否真正落到实处，关键还在于是否存在一批从事社区教育工作的人，他们是否结成了团队，团队的运作、管理与监督是否到位等都影响着社区教育的发展。目前，随着改革开放的不断深入，我国已出现越来越多的社区教育团队，如社区的老年协会、残疾人协会、计划生育协会、红十字会等组织，以及读书、书画、合唱、摄影、舞蹈、武术等群众团体。这些组织在丰富社区居民的文体娱乐活动和方便社区居民的生活方面发挥了积极作用。

四、整合能力：平台建设逐步推行与资源不断进行整合

(一) 平台建设逐步推行

社区教育平台是指以信息技术为载体的公共学习平台，即网上学习平台。目前，各地都非常重视社区教育平台建设，正在逐步推进中，但是因我国网络教育

---

① 姚宏伟. 国外社区教育发展模式及其借鉴 [J]. 郑州航空工业管理学院学报（社会科学版），2014 (1): 185-189.
② 杨志坚. 中国社区教育发展报告（1985－2011 年）[M]. 北京：中央广播电视大学出版社，2012: 16.
③ 汪丽娟. 广州市萝岗区社区教育管理研究 [D]. 华南理工大学硕士学位论文，2015.
④ 孙国华. 社区教育团队管理的策略与思考 [J]. 北京宣武红旗业余大学学报，2015 (4): 18-21, 27.

资源技术发展不平衡，导致社区教育平台建设水平参差不齐，有的平台建设较为完善，有的尚处于筹组或门户网站模式的初步建设阶段。以铁岭市信息化建设为例，为了紧密配合铁岭市信息化建设，加快城市信息基础设施的建设工作，铁岭市广播电视大学作为社区教育试点建设单位，正在积极推进"终身教育体系网络平台建设的实验"项目。该项目主要建设了三个网络平台，即社区教育网络平台、数字化学习平台和数字化综合管理平台。

(二) 资源不断进行整合

社区教育资源整合有两层含义：一是对原有的教育资源进行再开发，使其得到充分利用，提高利用效率；二是开发潜在的资源，使其为社区教育所用，实现社区资源的教育化。① 在我国，各地都非常重视社区教育资源的整合工作。如上海市徐汇区广泛利用社区公共设施、区域人才的优势，协调利用社区内的人文科学等各种学习资源，利用区内图书馆、文化馆、博物馆、学校、科研单位设施和人才，同时充分发挥图书馆、文化馆、博物馆在构建学习型社区中的带头作用，为社区居民学习打开了方便之门。②

五、外部关系：纳入终身教育体系与借鉴国外社区教育经验

(一) 纳入终身教育体系

党的十七大报告明确提出了"发展远程教育和继续教育，建设全民学习、终身学习的学习型社会"的要求，③ 这为社区教育的发展指明了方向，提出了更高的要求。终身教育体系指的是以现代综合教育观为基础形成的教育形态与体制。它包括正规教育、非正规教育，是学校教育、家庭教育和社会教育等多个教育子领域的有机联合体。在教育部拟定的《教育中长期规划——继续教育专题规划（草案）》中，社区教育被纳入了继续教育的范畴。这就意味着继续教育和正规的学校教育一样处在并列的位置。④ 换句话说，既有的成人教育、职业教育与社区教育都被统一纳入继续教育的范畴。至此，未来正规的学校教育与非学校的继续教育将成为我国终身教育体系的两大支柱。因此，学校教育与继续教育就能真正实现功能上的互动和联结。这对打破各类教育间的纵向割裂与横向错位局面具有

---

① 李福岭. 社区教育资源整合研究——基于上海市虹口区的调查 [D]. 华东师范大学硕士学位论文，2011.

② 袁媛，张云领. 我国成人教育法律政策综述 [J]. 成人教育，2007（3）：29-31.

③ 赵淑莉，闫厚军. 终身教育理念与我国学习型社会的构建 [J]. 成人教育，2011（1）：50-51.

④ 吴遵民. 我国当代社区教育的历史回顾与展望 [J]. 远程教育杂志，2011（3）：9-13.

重要价值。

（二）借鉴国外社区教育经验

具有国际视野的比较是社区教育研究和实践的基本方法。社区教育在欧美发达国家起步较早，美国、日本等国家都已形成了各具特色的社区教育发展模式，我国无论在研究还是实践中都在积极借鉴国外的社区教育经验。迄今为止，国内研究者的社区教育比较研究涉及美国、日本、英国、德国、加拿大、澳大利亚、丹麦、冰岛、挪威、芬兰、菲律宾等众多发达国家和发展中国家，为我国今后如何发展社区教育提供了经验与借鉴。在实践中，我国因与其他国家的社区教育具有一定的相似性，从国外的社区教育中也受到了很多启示。如美国以具体的实施机构——社区学院为载体，具体实施社区教育，已形成了较为完备的社区教育体系，我国借鉴美国社区学院的经验，也在积极构建像社区大学、社区学院等专门的社区教育培训基地，[①] 并让社区内的高校、中小学承担部分社区教育的功能，以此丰富社区教育。日本的社区教育设施比较完善，随处分布有图书馆、博物馆，这为开展各类社区教育活动提供了保障，而且社区与高校之间往往存在较为密切的关系，如高校大多会设立专门研究社区教育理论的机构和社区教育专业，并且向社会开放。我国也积极吸取经验，努力构建完善的社区教育公共资源，实施共建共享等。

第三节 社区教育改革的反思

社区教育经过30多年的改革，无论是其内部建设，还是与外部的关系，都在逐步完善中，但通过对社区教育改革的成就进行概览后发现，其在一些方面仍存在完善的空间。我们有必要在明晰这些不完善之处的基础上，对社区教育改革进行反思，为今后社区教育的改革引领方向。

一、深化完善法规制度，保障运行机制体系改革

目前，我国社区教育尚处于发展阶段。从我们梳理的社区教育改革取得的成就中能够看出，虽然我国社区教育的制度在不断健全，但是要想迈向科学化、制度化、规范化以及常态化的运行轨道还有很多的阻碍，如社区教育缺乏长远规

---

① 郝美英. 北欧、美国、日本和新加坡社区教育理念探析［J］. 成人教育，2010（12）：95-96.

划,现行社区教育政策法规不完善,社区教育政策执行不力。① 面对当前社区教育制度政策存在的不足之处,应注意从以下方面改善:一是根据社区教育的发展规划,以终身教育思想为指导,制定社区教育条例,把学校、家庭、社会以及工作与闲暇时间中的一切教育因素统筹考虑,使教育实施的对象覆盖全社区的每个成员和人生的每个年龄段;② 二是补充完善现有社区教育政策,并统筹规划,制定出系统全面完善的社区教育政策体系,包括制定出非正规教育组织的相关规定政策,制定教育投入政策,根据社区的实情制定重要岗位规范、岗位培训政策,并与用人、用工规定相配套等;③ 三是监督社区教育政策的实施环节,保证其顺利推进。

为实现社区教育的健康持续发展,还需要一套成熟有效的机制作为保障,包括政策保障机制、协商决策机制、监督评价机制以及资源共享机制。政策保障机制是社区教育稳步推进的前提,它在法律层面上应对社区教育的地位、功能、含义、任务、程序、方式等进行明确的规定;在微观层面应以各社区教育主体的行为作为边界,依法赋予他们相应的权利与义务;在经费使用上,需改变传统直接划拨经费的方式,通过政府采购招标,保障社区教育经费的合理、高效使用。协商决策机制是通过制定一系列的规则来合理协调各相关主体的矛盾与冲突,使社区教育能够符合多数人的利益,按照多数人的想法推进。监督评价机制主要是发挥督导和评价的目标导向、问题诊断、分等鉴定的功能,以保证社区教育的质量;建立社区教育的督导评价机制,需注意该机制不是封闭的,而应是开放的,不仅仅局限于社区教育内部的管理和效益,还包括对社区政府领导、社会各组织的合作以及相关法律、法规政策的效用等进行评价。资源共享机制是为实现资源效益最大化而整合搭建起的平台,需注意的是,该机制整合的不仅仅是已有的显性资源,还包括一些潜在的,可通过开发加以利用的显性和隐性资源。④

二、发挥利益主体参与热情,全面推进社区教育改革

社区教育经过30多年的发展,虽已在理念、师资、课程、管理及其资源等

---

① 侯怀银,尚瑞茜. 社会治理创新视域下的社区教育新发展[J]. 终身教育研究,2017(6):12-17.

② 谢学仁,邵凤伦. 社区教育发展的可行途径[J]. 中国农村教育,2009(12):31-32.

③ 邱建新,查永军. 我国社区教育发展的有效运行机制[J]. 成人教育,2001(6):24-25.

④ 侯怀银,尚瑞茜. 社会治理创新视域下的社区教育新发展[J]. 终身教育研究,2017(6):12-17.

方面取得了巨大成就,但是仍存在很多不足之处,如在社区居民以及社会机构的参与度不高,社区居民参与社区教育的热情较低,社会中介机构在社区教育管理中所发挥的力量不足等;在师资队伍的质量上依然存在着无法满足社区居民的需求以及参差不齐的问题;在课程的编写与评估上,还无法制定出合理的标准。这些问题的暴露,与承担社区教育任务的实施者——相关利益主体密不可分。为了推动社区教育的稳定健康发展,需要重构政府角色,合理定位政府、社会、市场三者之间的关系,建立多元主体协同治理体系,激发相关利益主体的参与热情,共同推进社区教育的实施工作。

在历史上,我们十分重视政府的作用,且早已习惯服从行政命令的管理。但政府的力量是有限的,尤其在面对当前出现的"城市社区病"时,单靠政府的力量已无法解决这些问题,所以我们要从单纯重视政府作用、轻视社会主体作用、排斥市场基础作用的传统思想中解放出来,树立政府主导、社会主体、市场基础的理念,从一元独进向多元合作转变。政府主导,是指政府要发挥目标导向、政策引领、法律保障、统筹规划、监督服务等作用,并不是单纯地主宰活动的进行。具体而言,各级政府要把原先负责社区教育管理权、事务权的不同部门优化组合,使其摆脱各自为政的局面,形成可以统筹社区教育事务的新管理系统,为社区教育的理念创新、政策下发、监督评价等提供法律保障,同时应将部分的办学权、具体事务管理权让渡给社会与市场两大主体。社会主体,是指社会力量成为社区教育发展的主体力量,而非一般性的社会参与和被动参与。社区居民与社会团体是社区教育的参与主体,社区教育的开展理应坚持需求取向,只有充分地尊重参与主体的意志,才能激发他们的参与热情与活力,进而推动社区教育的勃兴。市场基础,是指社区教育要按照市场发展的规律来开展活动,找到与市场的契合点,合理推进社区教育的发展。企业作为市场的主体,似乎与公益性的社区教育格格不入,但"人"这一主体将两者紧紧地联系在一起,社区教育可以承担起企业职工的培训任务,企业可以为社区教育提供人财物资源的支持,适时开展社企合作,可以使两者共享资源,实现双赢。[①]

三、加快专业化发展进程,提升社区教育的质量

社区教育作为全面建设小康社区、形成全民学习和终身学习的学习型社会的重要举措,近些年已在我国很多地区取得了阶段性的成功,但在社区教育专业化发展的道路上,目前还存在着观念淡薄、队伍零散、课程内容单一、组织制度不

---

① 侯怀银,尚瑞茜. 社会治理创新视域下的社区教育新发展[J]. 终身教育研究,2017(6):12-17.

健全等困境。① 为了解决这些问题，推进社区教育专业化的进程，提升社区教育的教育质量，需树立专业化的社区教育理念，将社区教育作为一种重要的终身教育形式，应像基础教育和高等教育一样被赋予"正式"的地位，建立规范的管理体系和经费来源渠道等；② 应培养起一批专业化的社区教育队伍；构建起专业化的社区教育内容以及营造起专业化的社区教育环境。

在加快社区教育专业化的发展进程中，针对我国目前开展的具体的社区教育领域境况，提升不同社区教育领域的教育质量和专业化水平也是目前亟须解决的问题，主要包括老年教育、弱势群体的教育、高素质人群的教育以及公民教育等。

第一，老年教育。人口老龄化是个世界性的发展问题。我国从2000年起已步入了老龄化发展阶段。老年人口的急剧增加为社区教育的发展带来了极大的压力，但也提供了强大的发展动力。老年人因生理原因，生活中的很多时间都处于闲暇阶段，随着空余时间的增多，他们的精神层面则容易空虚，为了填补老年人的精神空虚，社区教育将老年教育作为其重要的组成部分，为老年人提供内容丰富、形式多样的教育服务，真正为提升老年人的生活品质服务。

第二，弱势群体的教育。随着社会的不断发展，尽管地区的经济在高速提升、人们的受教育质量在快速发展，但是受教育缺乏的弱势群体也不少。社区教育自兴起之时，便是为了解决青少年的德育问题，而后又上升至为了每一个社会成员的发展。只有每位社会成员的素质得以提升，社区教育才完成了其使命。社会的弱势群体因为某些能力的缺乏，致使其无法在生活中获取一定的资源或得到精神满足感。社区教育基于自身发展使命，应在加快专业化发展进程的同时，兼顾对弱势群体的教育与关怀。

第三，高素质人群的教育。社区教育是面向全体成员的全程教育，由于每个个体的受教育水平、家庭背景、社会资源等因素的不同，致使他们的素质水平有所不同，有弱势群体，就必然存在高素质人群。当前我国社区教育开展的一些活动大都以社会经济需求为导向，其课程具有较强的实用性，易于满足居民物质生活的需要，尚无法很好满足较高的精神文化需求。③ 而随着社会的发展，人们必然要求接受更高质量的教育和更专业化内容的教育，所以提升社区教育的专业化水平是大势所趋。

---

① 王鹏. 社区教育专业化的现实困境与出路[J]. 教育探索，2010（12）：83-84.
② 梁新潮，刘丹. 社区学院在福建省社区教育体系形成中的作用[J]. 教育评论，2008（6）：102-105.
③ 张欣. 香港、澳门社区教育发展的新趋势[J]. 职教通讯，2016（22）：61-65.

第四，公民教育。公民教育指培养个人作为公民行使义务与权利的教育活动，其主要内容为民主、契约、法律等。我国目前正处于法治完善期，对公民进行法制教育，使他们懂法、知法、守法，能够为我国推动法治社会建设提供重要的保障，因此，社区教育应将提升公民教育的专业性作为未来的发展大势。并且，随着城镇化进程的推进，城乡之间的流动加大，大量农民从农村向城市转移，由此引发了很多社会管理问题，通过公民教育能够帮助这些人员了解相关的社会制度，使其尽快融入当地社会。

四、整合优化教育资源，完善社区教育发展网络

教育资源是开展社区教育的物质基础，社区教育的开展和推进必须有丰富的社区教育资源作为保障。从资源系统来看，社区教育的资源系统可分为学校、行业和社会教育资源系统。学校教育资源系统为基石，行业教育资源系统为羽翅，社会教育资源则为阵地，它们是我国社区教育发展的支撑。只有充分开发利用这些资源，从整体上统筹协调它们，社区教育的功能才会越来越突出。为此，应从以下方面入手：一是政府要强化对社区教育资源整合的统筹领导，包括建立整合社区教育资源的部门，明确各部门对社区教育资源开发整合的任务，对各类支持社区教育资源开发的政策加以规范，鼓励个人与组织参与到社区教育资源的开发与共享中来等；二是分类推进政府、社会、市场对社区教育资源的投入，包括对社区教育资源三大系统人、财、物等可量化资源的投入，以及对它们隐性资源的投入，如精神文化、历史传统资源等；三是要探索建设各参与主体合作的大社区教育发展平台。该平台的建设要根据不同社区的特质、不同资源的特点以及不同社区居民的信息而定，要在满足社区居民需求的基础上，遵循共建共享的原则来构建，还要充分重视与现代信息技术的融合。①

要让社区教育充满生机与活力，就必须创新社区教育的实践方式，构建完善的社区教育网络。社区教育网络包括众多，可以说任何合作的两者之间（学校与社区、企业之间，教育机构之间等）甚至单独的个体内部（社区内部、学校内部、企业内部等）都需构建起社区教育网络，以方便社区居民便捷地获取信息。为完善社区教育发展网络，目前我国需依托现有的一些社区教育实体或成立新的教育实体，像社区教育学院、社区教育中心以及电大教育网络等，这些实体承担着社区教育的主要任务，为推动社区教育发展起着不可或缺的作用。唯有政府高

---

① 侯怀银，尚瑞茜. 社会治理创新视域下的社区教育新发展 [J]. 终身教育研究，2017 (6)：12-17.

度重视社区教育实体，社区教育才能成功开展，社区教育网络才能不断完善。[①]

五、立足国际视野与平台，发展中国特色社区教育

当前，一提及社区教育，美国社区教育的灵活与开放、英国社区教育的规范与高效、加拿大社区教育的人性与灵活等都浮于我们脑海，成为其社区教育的独特特点。要进一步提升我国社区教育的整体水平，必须放开眼界，立足国际视野与平台，结合我国自身国情和文化特点，对世界上一些发达国家社区教育的先进理念和做法采取科学的"拿来主义"态度，做到大胆引进、科学分析、有效利用。[②]

依托现有的教育实体或成立新的教育实体，使之成为社区教育的龙头，承担社区教育的主要任务，这是社区教育成功开展的国际经验，如美国的社区学院、北欧的民众中学、日本的公民馆等。[③] 我们知道，社区学院并非我国内生性事物，而是在借鉴国外经验的基础上根据我国实际教育情况应运而生的一类事物。虽然它生于我国，发展在我国，但是却未能创办出自己的特色。作为社区教育的重要载体之一，创办出富含中国特色的社区学院势在必行。但是就我国目前社区学院发展的态势来看，其办学理念还不够明确、管理体制依然不完善、保障机制也不太健全、经费不充足。可见，我国在创建社区学院体系的道路上障碍重重，要推动社区学院建设，首先必须排除这些障碍，再结合社区实际情况走出自己的特色之路。社区学院的特色发展，只是我国走中国特色社区教育之路的一条路径。除了推动社区学院的发展，我们还能创建特色的学习型组织、构建特色的社区文化等。通过发展独具中国特色的社区教育，使我国走出一条具有中国特色、中国气派与中国风格的教育改革之路。

---

① 侯怀银，尚瑞茜. 社会治理创新视域下的社区教育新发展［J］. 终身教育研究，2017（6）：12-17.

② 熊绍高. 信息化环境下社区教育的发展趋势探析［J］. 天津电大学报，2015（1）：56-58.

③ 杨永明，何晓颖，雷雪艳，等. 国家社区教育示范区建设：问题诊断与优化策略［J］. 职业技术教育，2017（33）：35-39.

第二十二章 师范教育改革史

教育的发展是不能够回避改革这一主题的。作为培养师资的专门教育，我国师范教育自改革开放以来，进行了一系列的改革。基于此，本章内容就改革开放以来师范教育改革历程进行梳理，并对师范教育改革的具体内容进行回顾和总结，在此基础上，对我国师范教育改革进行反思。

第一节 师范教育改革的历程

自改革开放以来，我国师范教育改革也经历了 40 年的历程，大致可以划分为四个阶段，初步探索阶段、深入探索阶段、全面改革阶段与创新阶段。1978年至 1984 年是师范教育改革的初步探索阶段，经过这一阶段的探索，师范教育大致恢复到了 20 世纪五六十年代的水平；1985 年至 1992 年是师范教育的深入探索阶段，在初步探索阶段的基础之上，师范教育的各个领域都进行了深入改革，取得了显著的成果；1993 年至 2000 年是师范教育的全面改革阶段，这一阶段的师范教育进行了全面的改革，表现出了与前几个阶段都不相同的特点；2001 年至 2018 是师范教育创新阶段，师范教育进入了崭新的阶段——教师教育阶段。

一、初步探索阶段（1978－1984）

"文化大革命"结束之后，全国各个领域都处于一个亟待发展的局面，而教育，对于恢复发展的要求尤为迫切。为了尽快培养社会主义建设所需要的人才，1978 年 10 月 12 日，教育部出台《关于加强和发展师范教育的意见》，强调师范教育的重要性。其中也提出了要大力发展师范教育，鼓励各地兴办师范教育，强调师资队伍对于提高教育质量的重要性。第四次全国师范教育工作会议中，提出将师范教育确立为整个教育事业的"工作母机"地位，明确了师范教育的战略地位。①

师范教育在初步探索时期取得了显著的成绩。师范院校借此机会开始在数量及规模上进行扩增。1978 年增设师范院校 77 所,占恢复总数的 45.56%。②

师范院校数量的增加与规模的扩大,使得培养人数增多,这也为基础教育培养师资提供了前提条件。另一方面,师资队伍培养目标较为明确,质量也得以加强。国家对当时的教学计划、大纲等作出了统一部署,使师范院校的规模与教学秩序等方面得到了一定的恢复,能够基本恢复到"文化大革命"前 60 年代初的水平。

这一时期师范教育改革的特征主要体现在:

(一)确立了师范教育优先发展的战略地位

"文化大革命"结束后,面对师范教育百废待兴的局面,大力提高教育质量,培养社会主义建设所需要人才成为了教育工作的重点,而要想实现这个目标,就需要一支师资队伍来作为基础,培养人才。因此这一阶段,培养师资队伍就成为了教育工作的重点。其目标是建设一支"又红又专"的师资队伍。

师范教育作为各项教育事业的"工作母机"及基石,承担着教育事业发展的重大责任,是教育发展充满活力和生机的源泉。教育部颁布了一系列相应的法律法规,将师范教育工作视为社会事业发展的基础建设事业,为此促进教育的进一步发展,使得师范教育改革进入了新的时期。

(二)具备明确的培养目标

具备明确的培养目标是师范教育迅速发展的前提。而在初步探索阶段,总体的培养目标是"建设一支'又红又专'的师资队伍"。

这一培养目标对两方面内容进行强调:一方面对教师的思想方向进行强调,重视教师的思想,强调教师一定要拥护党的领导;另一方面强调要具备专业知识。这两方面内容也构成了师范教育的培养目标。只有在明确以及正确的培养目标指引下,才能够实现师范教育迅速发展。

就具体的培养目标而言,高等师范院校主要培养高中、中师以及师范专科师资;师范专科学校培养初中师资;中等师范学校和幼儿师范学校分别培养小学和幼儿园师资。③

---

① 何东昌. 中华人民共和国重要教育文献(1976—1990)[M]. 海口:海南出版社,1998:1852.
② 金长泽,等. 师范教育史[M]. 海口:海南出版社,2002:151.
③ 姚云. 改革开放以来中国师范教育的发展及未来挑战[J]. 大学(研究与评价),2008(6):11-19.

（三）恢复和建立三级师范教育体系

"文化大革命"之后，我国教育面临着教师严重不足、教学质量下降以及师资培养结构混乱等颓势。为了能够尽快扭转这一颓势，加速师范教育发展，提升教育质量，国家开始恢复和建立师范教育体系，建构了"三级两类"的师范教育体系。"三级"主要指的是高等师范本科教育和研究生教育、高等师范专科教育以及中等师范教育。"两类"指的是师范院校和教育学院，包括教师进修学校。其中，师范院校和教育学院分别承担教师的职前培养与职后培训。

这种"三级两类"的师范教育体系加快了合格教师的培养速度，在一定程度上改善了中小学教师数量缺口大、质量低的局面。

（四）延续封闭型、定向式的师范教育体制

在这一阶段，我国继续延续了建国以来的封闭型、定向式的师范教育体制。

改革开放以后，我国继续沿用这种封闭型、定向式的师范教育体制，原因有两点。一方面在于高度集中的政治制度影响。师范教育对于公民素质的提高有着巨大的影响。另一方面，我国基础教育师资队伍发展存在困境。这一阶段，我国基础教育急需大量合格的师资，为了缓解这一矛盾，就需要实行封闭式的教育体制，在学生政策方面采取一系列的强制措施，确保师范生能够及时补充到师资队伍当中。

二、深入探索阶段（1985—1992）

1985年5月，《中共中央关于教育体制改革的决定》发布。自此，我国师范教育进入深入探索阶段。这一阶段，我国师范教育在各方面都进行了一系列的改革，取得了初步的成效。其中包括提出将建设教师队伍作为教育发展的重要战略举措，并且要求建立一支稳定、合格、数量足够的师资队伍。

这一阶段，教育各个领域都处于加速发展时期。而社会对于师资的要求与日俱增，师资长期供不应求，进而在办学思想、课程、招生等方面都做了一些改革，也取得了一些成效。

这一阶段的主要特征体现在：

（一）加强师范生的道德教育，培养热爱社会主义事业的人民教师

20世纪80年代末90年代初，国家提出"师范院校落实德育为首，全面提高教育质量"的办学方针，要求师范院校必须坚持社会主义的办学方向，把德育放在学校工作的首位，培养学生确立坚定正确的政治方向，愿意为人民服务。国家要求必须加强师范生的道德教育，提升教育质量。师范院校也开始注重对于师范生的思想建设和道德教育，开设政治理论课程作为思想政治教育的主要渠道，渗

透思想政治教育的内容。

（二）初步尝试开放性的师范教育体制

中华人民共和国成立以来，我国一直以独立封闭型的师范教育体制为主。这种封闭型的教育体制的优势在于培养目标明确，有利于国家对师资培养数量的控制与定向的要求。但也存在着一定的弊端，例如较为封闭单一，院校缺乏活力与竞争力。为了缓解这些弊端所产生的问题，1985年5月27日，中共中央颁布了《关于教育体制改革的决定》，对开放性师范教育培养模式进行初步尝试。[①] 国家开始鼓励非师范院校同师范院校一起承担师资培养的任务。此后，一部分非师范院校开始承担中等学校的师资培养任务。

（三）加强师范专科学校建设，提高中等教育师资培养质量

这一阶段，中等教育师资的数量严重缺乏，且存在师资的文化素质与社会需求不适应的问题。因此，国家加强了对于师范专科学校的建设，扩大师范生的招生规模，缩短学制，以满足中学对师资的需求。

三、全面改革阶段（1993—2000）

在这一阶段，党和国家对师范教育展现了前所未有的重视。这一阶段也是我国师范教育转型的重要时期。

1993年，《中华人民共和国教师法》颁布。我国开始实行教师资格制度，以国家法律的形式强制要求教师必须具备教师资格才能承担专门的教育教学工作。这一文件的颁布，也表明师范教育进入了全面改革时期，我国不仅仅强调对师范教育的重视，同时对教师的资格作出了要求。除此之外，还规定了教师待遇和社会地位，教师的地位在逐步提升。

1996年把实施"科教兴国"战略确定为经济和社会发展的重要方针，再次强调把教育提到了一定的战略高度。同时，教育事业也呈现了健康发展的良好态势，教育改革进一步深化。1999年初，《面向21世纪教育振兴行动计划》出台，推出了一系列振兴教育的重大举措。这一阶段在体系、目标、模式上，都进行了深刻的改革，呈现出了全新的特点，取得了辉煌的成就。

这一阶段的主要特征体现在：

（一）初步形成开放性的师范教育体制

1978年以后，我国师范教育体制仍是封闭型、定向式的，由国家支持，师范院校承担起培养中小学师资的教育教学任务。随着我国高等教育结构的变化与

---

① 苏林，张贵新. 中国师范教育十五年［M］. 长春：东北师范大学出版社，1996：265.

调整，国家开始鼓励综合性大学成立师范专业，鼓励多渠道地培养师范人才。自此，具有我国特色的师范教育体系初步形成，由师范院校承担起培养中小学教师的任务，其他教育机构共同参与。这种开放性的师范教育体制，改变了原有的单一师范院校培养人才的体系，扩大了人才培养范围，使人才培养从"专向技能型"逐步转向"综合型"。

（二）师范教育结构转变

1999年教育部规定逐步取消中等师范教育院校。此后，中等师范院校开始在院校数量和规模上骤减。就院校数量而言，2002年，中等师范院校减少到383所，相较于1998年，减少了三分之二；而在招生人数方面，2002年招生的人数相较于1998年的人数减少了一半多，为17.2万。[①]

中等师范院校数量和招生规模的减少，表明我国师范教育的结构开始发生转变，逐步由原有的三级师范结构向二级师范结构转变。这种转变，使学校的办学方向指向更加清晰，人才的质量也在不断地提升。

四、创新时期——教师教育阶段（2001－2018）

2001年，国务院颁布《关于基础教育改革与发展的决定》，其中提出完善"以现有师范院校为主体、其他高等学校共同参与、培养培训相衔接的开放的教师教育体系"[②]。

这是我国首次在教育政策文本中出现"教师教育"概念。以"教师教育"概念代替长期使用的"师范教育"概念，是一种研究话语的转变。从某方面讲也彰显了我国对师范教育的重视以及对师范教育可持续发展的注重。同时也成为了强调职前教育与职后培训一体化的前兆。

这一阶段主要的特点有：

（一）研究话语："师范教育"向"教师教育"转变

从"师范教育"过渡到"教师教育"，其中不仅仅体现出一种话语的转变，更多的是一种教育理念的转变。相较于"师范教育"，"教师教育"更多地强调了一种对于教师职前培养与教师职后培训相结合的过程，其涵盖的范围要广于"师范教育"，更能体现出一种师范教育的职业化和专业化的特点。教师的培养与培训本身就是一个一体化的过程。因此，将职前培养与职后培训相结合，才能够在

[①] 林奇青. 我国高等教育大众化与教师教育改革［J］. 高等师范教育研究，2003（4）：14-21.

[②] 何东昌. 中华人民共和国重要教育文献（1998－2002）［M］. 海口：海南出版社，2003：890.

理论层面上充分体现出教师培养的连续性和发展性，在实践层面有机统一，实现教育质量的提升。

（二）办学目标："学术性"与"师范性"相融合

20世纪90年代以来，我国高等教育结构在不断地变化与调整，高等教育院校的布局结构也在不断发生变化。这一转变使得师范教育原有办学目标在"学术性"与"师范性"的博弈中有了一个融合的趋势，也在发展过程中拓展了学生的视野，有利于增强学术性与师范性。未来的趋势仍然是将"师范性"与"学术性"统一起来，以至融合。

（三）课程设置："专狭性"向"综合性"转变

传统上，我国师范教育的课程设置就是将学科课程与教育课程简单地相结合，比较单一。而在不断的改革过程中，也形成了"学术性"与"师范性"相博弈的局面，无论"学术性"与"师范性"谁"占上风"，都会导致师范教育的质量下降，影响师范教育的发展。

新时期的师范教育课程更多地体现了一种为了满足社会与时代需求所呈现的课程体系。社会所需要的是综合性的人才。因此，课程设置也从"专狭性"向"综合性"调整与发展。

第二节　师范教育改革的成就

一、教师资格制度

教师资格制度是一种主要发出者为国家，对象针对于承担教育教学工作的教师的一种职业许可制度。[①] 换句话说，教师资格制度是公民获得教师工作的基础和前提。[②]

只有具备了相应级别的教师资格证，才能够从事专门的教育教学工作。因此，教师资格是奠定整个教育发展以及提升教育质量的基石。教师资格的规范化与制度化是师范教育专业化顺利进行的重要保证。

（一）改革历程

任何事物的发展都不是一蹴而就的，我国教师资格制度的形成也是一个不断探索和完善的过程。我们可以将其历程主要划分为几个阶段：

---

① 李士萍. 改革开放以来教师教育历史发展的研究［D］. 河北大学硕士学位论文，2006.

② 《教育政策法规》编写组. 教育政策法规［M］. 西安：西北大学出版社，2011：236.

1. 恢复阶段（1978—1985）

改革开放初期，我国整个社会都处于一个恢复发展阶段。这个阶段的教育事业也是如此。当时教育领域存在着教师队伍数量严重缺乏的问题，数量与规模尚不能满足当时教育发展的需要。因此这一阶段，主要的目标在于迅速补充师资队伍，也就尚未建立起教师资格制度。

1985年《中共中央关于教育体制改革的决定》中，对教师的资格作了初步的要求，其中提出只有具备了合格的学历或者取得考核证书的，才具备有教师资格，可以承担教育教学工作。"决定"的下达表明了我国开始对教师资格制度有了一个初步的想法与建构，并开始为实施做准备。

2. 初步尝试阶段（1986—1992）

1986年4月12日，《中华人民共和国义务教育法》颁布。其中对义务教育作出了要求，还对承担义务教育教学工作的教师提出了要求，规定要建立教师资格考核制度。这虽然是在义务教育层面的教师资格制度，但是实质上是对全面实施教师资格制度的奠基。

3. 制度建立阶段（1993—2018）

1993年10月31日，《中华人民共和国教师法》颁布。其中规定实行"教师资格制度"。

自此，就理论层面而言，我国教师资格制度已初步建立，以国家法律的形式强制要求教师必须具备相应资格才能承担专门的教育教学工作。除此之外，对教师资格制度的标准、内容、考核、审定等方面作出了明确的要求。教师资格制度的建立，明确了我国对教师资格的要求，使教师资格更加制度化与规范化。

为了进一步推进素质教育发展，促进教师发展水平的提升，教育部还对教师资格的考核与注册进行改革，将中小学教师资格考试和定期注册的工作纳入计划当中。

(二) 基本特点

1. 标准的不断规范与提升

为了确保教师资格制度的实施与完善，国家下发了一系列的文件与办法来推进，从内容、考核方式到证书的认定、管理等都制定了相应的规章，从而促进了教师资格制度的完善，教师资格标准方面得到了不断的规范与提升。

2. 重视道德标准

教师的道德品行是教师素养的核心内容之一，教师的职业道德规范也逐渐成为了考核教师资格的一项标准。只有具备了道德规范与师德素养，才能够培养出高素质、高水平的人才。习近平总书记也不断强调了师德师风建设的重要性，将师德建设提升到战略高度，对道德建设和标准进行强调。教师道德标准的建设与师德师风的提升，有助于高素质人才的培养。

3. 由"双轨"向"单轨"转变

改革开放后，我国的师范教育体系逐渐变成开放的、非定向型的，即非师范类高校同师范类院校共同承担起培养、培训中小学教师的工作。因此，我国教师资格获得共有两种途径，一种是针对师范专业的学生，毕业前可直接获得教师资格；另一种是针对非师范专业的学生，非师范专业的学生无法直接获得教师资格，须通过考试。2013 年后，国家规定获得教师资格需要参加全国范围的教师资格考试并通过。这也就是说自 2013 年后无论是师范专业学生还是非师范性专业人员，都需要参加全国性统一教师资格考试，才能够获得教师资格证书。这一举措，体现了教育公平，促进了教育质量的提升，满足了开放型教师教育体系建设的需求。

4. 由"终身化"向"定期认证"过渡

在教师资格制度实施初期，其有效期默认是终身的，但是这也存在了一定的弊端。例如，由于教师资格的终身制，导致部分教师丧失了竞争意识，对旧有知识内容教学因循守旧，难以跟随时代的步伐，更新教育教学方法；而教师资格制度中的认定机制也相当于形同虚设。这些都阻碍了教育质量的提升。因此，自 2013 年起，部分省市开始作为教师资格证注册试点，试行教师资格五年定期认证制度。

自此，我国教师资格制度开始从"终身制"向"定期认证"过渡，对教师的资格任免提出了更高的要求。

二、师范教育政策

改革开放以来，我国在师范教育政策方面进行了一系列的改革，其中最为明显的是"师范生免费政策"的实施。

（一）基本内容

2007 年 5 月 9 日，《教育部直属师范大学师范生免费教育实施办法（试行）》颁布。其中明确规定自 2007 年起，恢复实行师范生免费教育，要求在师范生毕业后，需要返回生源所在省份任教 10 年以上。

（二）改革历程

我国师范生免费政策的实施并不是一帆风顺的，主要包括三个阶段：

1. 第一阶段：免费阶段（1977—1996）

1977 年，停滞了十余年的高考制度开始恢复。此时国家对于培养的师范人才,是全覆盖的免费资助。随后,资助的范围不断扩大。1983年对师范生的资助,不仅仅包含了助学金,还增加了奖学金以及资助出国留学项目等等。这一举措吸引了一些贫困的优秀生源,加大了师范教育发展力度,促进了师范教育发展。这一举措使得这一阶段,师范教育的发展也是较为迅速。然而,1996年的文件中,对于免费师范生的资助政策制定了一些限制,包括毕业后需要任教5年。

2. 第二阶段:收费阶段(1997—2006)

1997年,师范专业开始实施试点收费。2000年之后,师范专业进入了全面收费阶段。自此,师范生免费就学政策彻底结束,进入全面收费时代。

全面收费时代的来临,表明师范生不再享受原有特殊待遇,从某种层面上来讲,抑制了我国师范教育的发展,也对一定时期我国的师范教育产生了一定的影响,阻碍了我国师范教育的进步。

3. 第三阶段:免费政策回归阶段(2007—2018)

2007年师范教育免费政策的改革与回归,具有一定的成效与意义。首先,有利于改善当前师范教育发展的局面,对师范院校要求其凸显师范教育特色,对于综合院校要求其明确标准定位;其次,免费师范生有利于吸引一些较为贫困的优质生源报考师范专业,对现有不合理教师队伍结构进行优化,加快师资质量的提升;再次,在义务教育均衡的基础上有利于促进义务教育优质均衡,改善当前农村地区优秀教师匮乏的局面,共享优质资源;最后,有利于推进新时期师范教育的改革。

总而言之,师范生免费教育政策的回归,肯定了师范教育在教育事业发展中的重要战略地位,充分响应和落实了教育优先发展战略,促进了师范教育的发展,推动了师范教育的改革与创新。

(三)基本特点

1. 从满足社会的需求到实现个人的价值

通过分析近40年来的师范教育政策文本,我们可以发现师范教育改革在初步探索和深入改革阶段,教育工作的重心在于为经济服务,注重社会需要;而在师范教育的全面改革阶段以及创新阶段,开始注重平衡社会与个人的需求,着重于对高素质教师队伍的建设。新时期的师范教育政策更多地体现了一种"以人为本"的原则,注重教师对于培训与提升的需求,在平衡社会需求的基础上,彰显了一种重视个人需求的特点。

2. 从数量的扩增到注重质量的提高与保障

40年来,师范教育政策改革所取得的成效是显著的,其第二个特点为注重质量的提高与保障。在师范教育改革的初步探索阶段，师范教育发展更多地体现一种对数量的增加，满足当时社会的需求，培养社会主义事业所需要的人才。而进入全面改革时期和创新时期，师范教育更多地体现出对质量的提高与保障。经过一系列师范教育政策的颁布与实施，教师队伍不断壮大，改善了当时数量严重不足的局面，进而对教师队伍的质量有了更高的要求。

3. 从外延式发展到注重内涵建设

不同的时代，我国制定和采取的师范教育政策是不尽相同的。根据不同的时代要求，加以适当的调整和变化，以期更好地实现其政策的指引与导向作用，必要情况下以法律、法规的权威形式加以保障。

改革开放初期，师范教育政策更多体现的是一种外延式的发展。主要原因在于在"文化大革命"十年动荡结束之后，师范教育首先需要解决的问题是要恢复原有的师范教育结构、规模。而这种外延式发展能够更好地促进师范教育的恢复，并在此基础上发展、壮大。当师范教育外延式发展已经形成显著性的效果后，内涵建设的问题日益凸显。因此，师范教育政策的第三个特点为从外延式发展到注重内涵建设。国家开始在宏观的角度，制定科学的师范教育政策，对师范教育加以引导，促进师范教育健康、有序、可持续发展，使师范教育能够更好地适应社会变革，满足社会需求，实现个人价值。

综上所述，教师教育政策在这 40 年的过程中，彰显了从满足社会需求到实现个人价值、从数量的扩增到注重质量的提高与保障、从外延式发展到注重内涵建设三个显著性的特点，使得师范教育的目的更加明确，师资队伍质量不断提高、结构更加合理，促进了师范教育的持久发展。

三、师范教育体制

师范教育体制体现了一个国家的师范教育是如何发展以及发展的形式是怎样的。因此，师范教育体制如何改革也是人们对师范教育改革的关注点之一。

（一）改革历程

40 年来师范教育体制的改革历程可以划分为两个阶段。

1. 第一阶段：封闭型、定向式师范教育体制

改革开放以来，我国为了迅速恢复"文化大革命"时期被破坏的教育秩序，在师范教育体制方面决定继续沿用自高等师范教育建立以来就实施的封闭型、定向式的师范教育体制。这种封闭式的师范教育体制有助于国家对培养师资数量及

目标要求的控制，促进师范教育迅速恢复与发展。①

2. 第二阶段：开放型、非定向式师范教育体制

到了 20 世纪 90 年代末，随着社会的发展，封闭型、定向式的师范教育体制开始暴露出一系列的弊端，例如师范院校学科狭窄，专业水平不高等问题。为了将这些问题更好地解决，我国开始鼓励非师范类学校参与中小学的教师培养工作。由此，我国师范教育体制由封闭型、定向式转向开放型、非定向式的师范教育体制。师范教育体制的转变，有利于对师资的培养，加快教育质量的提升。

(二) 基本特点

1. 从"封闭型"逐渐走向"开放型"体制

我国师范教育改革从封闭型、定向式的师范教育体制逐渐走向开放型、非定向式的师范教育体制。改革开放初期，为了迅速恢复教育秩序，适应社会的发展，满足社会的需求，采取的是封闭型、定向式的体制。而到了 20 世纪 90 年代末，逐渐转向开放型、非定向式体制，更多地体现了一种适应世界发展的趋势。这种转变是一种从数量的满足到提高质量的转变，前期的"封闭"是为了后期的"开放"。

2. 从借鉴模仿到本土化探索

从封闭型到开放型的师范教育体制转变体现了从借鉴模仿到本土化探索的特点。我国封闭型的师范教育体制延续了传统的师范教育体制。这种师范教育体制是借鉴日本的定向型师资培养模式。这一模式对明确师范教育人才的培养目标及数量控制具有一定的积极意义，然而不可否认的是，也存在着一定的弊端。至 20 世纪 90 年代末，我国探索出了具有我国特色的开放型师范教育体制，由师范院校与非师范院校共同承担起培养师资的任务。

这一开放型的师范教育体制，迅速地充实了我国师资队伍，并提升了师范教育质量，促进了教育的发展。

四、师范教育课程

师范教育课程指的是教育对于师范生传授内容的总和。师范教育的目标要依赖于师范教育课程的实施，师范教育的课程体现着师范教育的培养目标，因此师范教育课程是师范教育的核心。

(一) 改革历程

根据现有资料，改革开放以来师范教育课程发展可以分为三个阶段。

---

① 刘新玲. 我国高等师范教育体制演变的历史回顾与思考 [J]. 高等师范教育研究，2002 (1)：10-16.

1. 第一阶段：沿袭原有课程设置

改革开放后至20世纪90年代初期，无论是教育还是别的领域，最主要的目标就是要恢复"文化大革命"时期被破坏的内容。因此，就师范教育的培养方面，在培养目标、模式方面基本沿袭了新中国成立初期的课程设置。在中等师范教育课程设置上，重点是对原有教学计划作进一步的修订与完善，要求课程将必修与选修课相结合，对教学计划、教材等进行统一统筹，并且增加了教育实践的课程与学时。

2. 第二阶段："学术性"与"师范性"相结合

20世纪90年代中后期，由于原有的师范教育体制产生了较大的变革，构建了较为开放的师范教育体系，从而师范教育课程也产生了相应的变化。

1997年，打破了原有国家统一制定教学计划的局面。教育部规定国家不再制定统一的教学计划，而是规划构建统一的课程标准。国家鼓励在政府监督的前提之下，由各级各类学校对师范教育课程进行改革，实现师范教育课程的自主发展，凸显学校特色。这一举措使得师范教育课程将学术性与师范性相结合，促进了师范教育的发展。

3. 第三阶段：教师课程标准化

2005年，教育部为了改善师范教育课程的不足，启动了"教师教育改革工程"。这一工程计划将师范教育的课程设置、内容方面进行标准化与规范化，使师范教育在培养过程中，保障师范教育课程的专业化、标准化与制度化。

2011年，我国出台了第一部关于师范教育课程的国家标准——《教师教育课程标准（试行）》。这份课程标准提出了新时期国家对于师范教育课程改革的要求，也是对师范教育课程方案的制订、教材的编写以及教学活动评估的重要依据。[①]

（二）基本特点

1. 以培养人才为目标

教育课程体现培养目标。自改革开放以来，我国的师范教育课程就在不断进行调整，这也彰显着我国师范教育的培养目标是在不断进行调整的。虽然课程在不断调整，但是其主要内容仍是以教育学、心理学、教学法的学科知识为基础，以相应的学科专业知识作为核心。课程的调整促进了我国师范教育质量的提升，加快了我国教育事业的发展。

2005年，教育部启动实施的"教师教育改革工程"，其目的是为了改善当时

---

① 赫兴无. 教师教育课程设计研究［J］. 教师教育论坛，2016（7）：16-20.

师范教育课程不足的局面。在改革过程中,将师范教育的课程门类进行丰富,并且通过将理论与现实问题相结合,在现实中验证理论,在理论中感受现实,将课程内容进行充实,增强了教师的实践体验,使师范教育课程从对理论的关注转向理论与实践的有机统一。

2. 重视教育实践

自20世纪90年代中后期开始,师范教育课程设置开始注重教育实践。①

教育实践环节的增加与实施,有助于师范生将学习到的教育理论、教学方法与学科知识运用于教育实践环节当中,在实践环节当中检验理论的正确与否。同时,师范生也可以在实践环节中研究教育理论,促进教育质量的提升。

3. 师范性与学术性相博弈

在师范教育课程的历史变革中,师范性与学术性相博弈的特点是较为突出的。改革过程中,对于学科专业课、教育专业课以及公共基础课的相互调整与改变,其最终目的在于促进师范教育课程的逻辑结构合理化,更好地促进师范教育的发展。

改革开放后沿用新中国成立时的师范教育课程体系,教育专业课程与学科专业课程相结合,但学科课程仍作为主导模式存在,这是学术性的体现。进入20世纪90年代后,对师范课程进行了一系列的调整,各院校有了自主设置课程的权力,这一点能够凸显出师范性的特点。在课程结构调整过程中,当学科专业课程所占比例大于教育类课程所占比例时,会造成师范生知识结构不合理的局面;而若是"师范性""压制"了"学术性",也就是说当学科专业课程所占比例小于教育类课程所占比例时,会导致师范生学科知识不足、与理论相脱节的局面。因此在师范性与学术性的博弈过程中,无论是哪种局面,都会阻碍师范教育的发展。

综上所述,师范教育课程的设置需要厘清相关概念,平衡好"学术性"与"师范性"的关系,也就是说在师范教育课程的设置、调整与改革过程中要权衡好学科知识与教育理论知识的关系,实现二者的合理布局,从而促进我国师范教育和谐可持续发展。

---

① 何东昌. 中华人民共和国重要教育文献(2003—2008)[M]. 北京:新世界出版社,2010:1434.

第三节　师范教育改革的反思

一、理念上明确师范教育的战略地位

师范教育的曲折发展背后反映出的关键问题在于对师范教育在整个教育发展过程中的重视不够，对师范教育在国家和民族发展中的重要战略地位的认识不够明确。师范教育作为"工作母机"，应当被置于教育发展中的重要地位。随着我国高等教育结构的变化，非师范类院校也承担起了师范教育的一部分。而在这个过程中，师范院校逐渐综合化，师范院校专属的师范教育受到削弱，难以凸显自身特色。因此，要明确师范教育的战略地位。

习近平总书记在同北京师范大学师生代表座谈的讲话中强调了建设教师队伍的重要性，将教师队伍的建设视为教育事业的基础工作，通过提高教师培养、培训的质量来探索、实现师范教育改革的突破口和着力点。[①] 这一讲话明确了师范教育的重要性，同时强调了师范教育培养师资的关键性，对于探索理论与实践的新道路，推动师范教育的发展，提高师范教育的质量具有重大意义。

二、理论上完善师范教育的过程要求

目前我国师范教育体系正在逐步建立和完善，师范教育体系结构不断优化，未来师范教育改革需要更加注重完善师范教育的改革理论，主要体现在以下四方面。

（一）过程上：教师职前培养与职后培训相结合

从理论层面来讲，培养师资的师范教育就培养过程而言应是将教师的职前培养与教师的职后培训相结合，从而加强自身教育教学能力，进一步提升教育质量。然而，目前我国师范教育的职前培养与职后培训体系是不关联的，也就是说这两个体系是相互分离、互不干涉的。因此，这种脱节也造成了学习的内容与实际教学环节相脱离，职前培养所学习的教育理论无法运用于实际的教育教学环节等问题。随着人们对教育的要求不断提高，这样的矛盾也越来越突出，既造成了人力、物力与时间的浪费，又阻碍了师范教育质量的提升。因此，未来的师范教育改革，就理论层面而言，在过程上要注重对师范教育职前培养与职后培训相结合，整合和优化师范教育资源，提升师范教育质量，加强师资队伍的素质提高。

---

① 黄正平. 论我国教师教育理论的缺失与建构［J］. 南京社会科学，2017（5）：134-139、149.

一方面，在职前培养阶段，主要的任务在于对道德素质的培养，对理论知识无论是教育理论还是学科知识的学习，加强教育理论与学科知识的整合，并且掌握一定的教学技能，能够进行相应的教育教学工作，形成基本的教师素养；另一方面，在职后培训阶段，主要是实践学习，将职前培养所学习到的理论知识与教育实践相融合，并对实践工作进行总结和反思，形成具有自身特色的教育教学方法与教学设计。

除此之外，从宏观角度而言，国家可以制定实施相应的政策，统筹规划、科学引导，使师范教育职前培养与职后培训能够相互配合，提升教师队伍素质。

（二）模式上：多元化发展师范教育模式

20世纪90年代之前，我国师范教育培养模式一直是单一模式——以师范院校主导的师范教育培养模式。这种培养模式最大的优点就是培养目标明确，易于国家对师资培养数量的控制与要求。

进入90年代之后，我国形成了开放型、非定向式的培养模式，国家鼓励综合大学办师范教育。对此，我们应该以积极的态度面对这种改变，多元化发展师范教育培养模式。

（三）课程上：优化现有课程结构

目前的师范教育重教学理论知识学习，轻教育教学实践的现象严重。即使是接受过四年师范教育的毕业生，在进入教育岗位后依然面临教学基本功薄弱、教学节奏安排不当、教学效果低效等问题。因此，对于目前的课程结构需要进行一定的改革。现有的课程结构可以考虑在以下方面进行改善：第一，可以考虑对教育理论课程的比重略微减少，而适当增加教育技能与实践类课程的比重。理论知识与实践环节相脱离是现有师范教育课程结构最大的矛盾问题，因此，增加实践环节的比重，略微减少理论课程，让学生在实践环节中感受理论知识的运用是优化现有课程结构的一大举措。研究发现，教育理论与技能课的比重约30％为宜，实践类课程比重约30％为宜。第二，优化教育内容。对现有的教育理论课程以及实践课程的教育内容进行优化。可以考虑将一些研究方法、德育等课程内容融入教育知识的学习当中，丰富教育理论知识。至于方法与技能课则应该注重与当前课程改革的一致性，根据时代热点问题，保证教育内容能够紧跟时代步伐。第三，实践类课程除原有实习、见习等内容外，还需要增加教学设计的训练、教学反思的体验、教育技能的培训等内容。

（四）师资上：进一步促进教师的专业化发展

随着社会的不断发展与进步，无论是社会还是广大人民对于教师的要求越来越高，因此，如何能够培养出满足社会与人民要求的优秀教师就成为了未来师范教育改革的一大重点。换句话说，教师的专业化发展就成为了社会发展对教师、对教育提出的必然要求，这也成为了未来师范教育改革在师资建设方面最重要的目标及要求。

而在师范教育的专业设置上，鼓励教师实现专业化发展，改变原有的单一的教育专业，从而转向多方向发展，促进教师教学水平和研究能力的提升，实现新时期社会对教师的高要求，提升教育质量，满足社会对各类人才的需求。

三、实践上重视师范教育的课堂教学

近年来，无论是师范院校还是综合类院校都开始注重教育实践环节，有一些院校师范专业还实施了师范生"顶岗支教"制度，其初衷是为了提升教师教育实践素养。然而就具体而言，从事师范教育的学科课程与教学论的教师之中，大多数并没有中小学教学实践的经历，这是非常值得我们关切和注意的。

为了解决现有矛盾和困境，无论是师范院校还是综合类院校的师范专业都需要做好以下两方面工作。一方面在于打破现有的僵化的教师聘任制度，聘请一定数量的具有教学实践经验的基础教育一线教师作为学科课程与教学论的主讲教师或兼职教师。另一方面是以定期和轮换方式把学科课程与教学论教师派往基层，在执教具体学科的过程中不断提升实践素养。当然，这种改革方案的实施需要基层学校的鼎力配合，更需要地方教育主管部门的政策协调。

通过对教育理论的学习，将教育理论运用到教育教学实践，在教育教学实践环节中验证理论是否正确，并从当中发现问题，进行反思，总结经验，再将总结的经验运用至教育教学当中进行再检验，成功的经验就可以融入教育理论当中，如此不断地反复循环，螺旋上升，不断地促进教育教学实践工作的进行与改进，促进教育质量的提升。总之，通过行动研究，培养教育教学工作的"反思性实践者"，是师范教育人才培养模式改革的方向之一。

就学生而言，为了提高师范生的教学实践能力，师范教育不仅需要传授师范生基本的教育教学专业知识，提高师范生的职业道德水平，还需要师范生进入真实的课堂，真实的教育教学实践环节。首先，师范生可以与有经验的一线教师进行直接接触，既可以通过听他们的课，学习教学技能和教学方法，也可以通过练课，从他们的点评中认识到自己在教学实践中存在的不足，进行针对性的提高。其次，师范生可以与真实的教学对象接触，"教"是为了"学"，对于师范生而言，只有真实地面对学生，他们才能够认识和了解到学生群体的认知特点以及心理发展情况。通过与学生直接接触，才能够学习到如何处理师生关系以及学生事务，如何根据学生认知特点开展课堂教学，如何根据学生发展特点帮助他们

成长。

四、实施上优化师范教育的培养场所

我国师范教育自改革开放以来发展是比较迅速的。师范教育作为各项教育事业的"工作母机",能够迅速地推动教育的改革和发展。然而,随着我国高等教育结构的不断调整,现在已由原有的精英化迈向了大众化阶段,因此带来的就是高等教育的院校布局结构调整。师范院校进行转型发展,通过合并或改办成为综合性大学;对于综合院校而言,通过组建教育学院或者教师教育学院来实现师资的培养,参与师范教育工作。在经历了不断调整和改革后,构建出具有多样性、开放型特点的师范教育体制,在一定程度上提高了办学层次和学术水平。

因此,在师范教育改革中,实施上要强调对于师范教育的培养场所的优化。根据师范教育在各项教育事业中"工作母机"的地位,对不同类型的院校进行不同层次分层培养。对于师范院校而言,要凸显特色,发挥本身原有的师资培养优势和作用,加强对于校本课程的设计与开发;对于综合院校而言,要鼓励综合性大学找准定位,注重内涵,满足社会对于"全面型"人才培养的需求。

(一)师范院校:凸显特色

师范教育改革是一项系统工程,事关我国基础教育发展的大局,师范院校需要在现有基础上,发挥自己的能动性。根据师范院校自身的办学实际,研究与开发校本教材,凸显师范院校师范教育办学特色。在改革过程中,师范院校要强调明确师范专业定位,强化师范教育特色。一方面,师范院校之间应该进行分工与合作,办学实力较强的师范院校发挥其原有优势带动实力较弱的师范院校,基于社会与教育发展的需要,强调对人才的培养。另一方面,创新人才培养模式,注重对实践教学环节的培养与投入。除此之外,还可以考虑对师范教育的教学计划进行统一,平衡学科专业间"学术性"与"师范性"的矛盾。除此之外,各师范院校应加强对各校校本教材的设计与开发,凸显本校师范教育特色。

总而言之,师范教育需要师范院校重视学术水平的同时,发挥原有自身师范教育的特色和优势,提升教育质量。

(二)综合院校:找准定位

有些综合院校为了填补学科空白,组建教育学院来培养师资。然而,综合院校由于对师范教育改革了解甚少,同时也缺乏从事师范教育教学的经验,导致综合院校无论是在对师范教育课程、教学内容、师资队伍等方面,还是在教师教育的教学研究和实践经验积累方面都相对欠缺。

因此,在未来发展过程中,我们需要进行反思,重视综合性院校的师范教育工作。一方面,适当调整综合性院校的师范教育政策,时刻关注师范教育改革的热点。综合性院校要响应改革的号召,与现代社会发展相适应,根据教育发展的特征,找准自己的定位,突破原有师范教育管理体制与传统培养模式进行创新,与师范院校相配合,承担起师范教育的任务,形成多元化师范教育体制的格局。另一方面,综合性大学需要加强对师范教育课程的重视。借鉴师范院校师范教育课程的经验以及课程改革的内容,明确师范教育培养目标,发挥师范教育育人功能。在师范教育课程中不仅仅重视基础理论的学习,同时也要对学科知识进行一定的把握,体现新时期社会对师范教育的育人新视角与新理念,从而更好地与师范院校相结合,培育社会所需要的人才。

五、机制上构建师范教育的保障机制

教育的发展,离不开构建相应的保障机制。师范教育的发展,需要建立健全相应的保障机制作为基石,保障师范教育的正常运行与发展。在这过程中,既要能够保障以政府资助为主的公费体制的优点,又应当体现多元、开放的师范教育体系发展需求。

首先,健全师范教育教学质量保障机制。目前虽然师范教育的发展形势一片大好,但是在教育的质量保障方面仍然需要健全相应的机制来保证教学质量。教师资格制度实行定期注册与监督,对从事教育教学的专业人员起到了一定的监督作用,但是仅仅有这方面的保障是不够的。未来仍需要健全师范教育教学保障机制来促进师范教育的发展。

其次,建立师范教育专项经费拨款机制。建立一种师范教育专项经费拨款机制,来确保教师人才培养的顺利进行,并保证质量。当前,我国也设立了相应的项目来作为对教师人才培养的支持,例如"国培计划""免费师范生政策"……但是尚未形成具有法律形式的长效拨款机制,难以保证不因政策、人事变动等影响因素改变当前状况,影响师范教育的质量,阻碍师范教育的可持续发展。

再次,构建师范教育培养培训协同机制。目前,我国师范教育的人才培养是由师范院校和综合院校共同承担的,然而现有师范教育人才的职前培养和职后培训是相分离的,未来师范教育改革需要注重职前培养与职后培训的一体化,构建师范教育培养培训的协同机制,系统设计课程和培养方式,形成适合教师职业发展特质的教师人才培养机制。

最后,探索师范教育师资供需平衡机制。现有师范教育培养人才与社会需求相脱节,培养人才与社会需求的供需难以平衡是目前师范教育人才培养的主要矛盾,因此,未来需要构建师范教育师资供需平衡机制。政府部门、师资需求方、

师资培养方等三方面相互协同配合，分工合作，根据社会与教育的发展需求来确定师范教育人才培养的规格。建立师资需求、师资编制、师资培养培训基本平衡的师资供需机制。

第二十三章　少数民族教育改革史

改革开放至今，我国已经走过了 40 年的历程，少数民族教育在党和国家的高度重视下，已经取得了很大的进展和突破，但是还存在着许多不容忽视的问题。本章将深入总结分析我国新时期少数民族教育改革的历程和成就，反思历史的教训及实践的经验。这对于推进民族教育的现代化进程，完成少数民族教育的历史使命，具有深远的意义。

第一节　少数民族教育改革的历程

十一届三中全会以后，我国各项事业取得了卓越的成就，尤其是对少数民族教育方面进行了方方面面的改革，极大地提高了我国少数民族地区的教育质量，为我国少数民族地区培养了大批高素质、高水平的人才，确保了少数民族学生能够适应主流社会文化的发展，在一定程度上保障了本民族的文化习俗及传统。在少数民族教育改革历程中，1985 年颁布的《中共中央关于教育体制改革的决定》起到了至关重要的作用，为我国少数民族教育的发展提供了依据，我国少数民族教育发展进入崭新的历史阶段。

一、恢复改革阶段（1978—1991）

"文化大革命"中，我国的教育事业受到严重的破坏，尤其是本身就远远落后于我国整体教育水平的民族教育，更是遭受了重创，奄奄一息。所以，本阶段我国民族教育需要调整之前行之有误的方针，最大程度地作出努力，根据发展的时代背景和需求，逐步建立和完善适合我国国情的少数民族教育政策。1979 年，国家民委、教育部印发了《关于民族学院工作的基本总结和今后方针任务的报告》，指出要着力调整民族学院的指导思想和中心任务，将培养政治干部为主要目标任务，转变为培养适应现代化、能为少数民族地区建设提供服务的政治干部和专业技术人才。即使这个报告仅仅提出了民族学院的发展方向，但是对于民族教育其他方面的改革也具有重要的示范作用，认识到民族教育改革势在必行。1980年正式颁发了《关于加强民族教育工作的意见》，"意见"提出"调整、改革、整顿、提高"要在少数民族教育中大力贯彻学习和落实，并在尽快恢复的基础上，积极稳妥地发展并进行必要的调整。

1981年，第三次全国民族教育工作会议对之前30年的民族教育工作进行了经验性的总结和研究，对我国少数民族教育所要应对的形势和任务进行讨论，提出在我国的当前和未来中，清除"左"的错误影响成为民族教育的重要任务，明确表明我国民族教育要持续稳定地不断发展。① 1982年颁布的《中华人民共和国宪法》在深刻总结新中国成立以来教育发展的积极经验和消极影响的基础上，规定了中国教育发展的基本原则，对制定新的民族教育法律法规具有十分重要的借鉴价值。1984年通过了《中华人民共和国民族区域自治法》，系统地规定和统筹了中国社会主义民族关系的原则，从某种意义上来说，也对我国民族教育政策指明前进的方向。②

1985年颁布的《中共中央关于教育体制改革的决定》提出了有关民族教育发展的各项事务，在国家的大力帮助和支持下，少数民族地区要快速发展本民族的教育事业，在适应大时代发展潮流的同时，不能忽视本民族的传统教育文化事业。③ 1986年颁布实施了《中华人民共和国义务教育法》，指出国家补贴经济困难的地区进行义务教育的实施；国家鼓励各种社会力量和个人捐款支持贫困地区学校的开办；面对师资和财政的缺乏，我国进行财政上的补贴和政策上的帮助。《义务教育法》极大程度地促进了我国对少数民族地区教育的扶持力度，推动了民族教育政策的发展。这些法律和文件的颁布实施，使我国少数民族教育政策进一步完善，有利于民族教育朝着法制化方向发展，我国民族教育得到了全面的恢复和发展，与此同时，也发展中国的国民教育和国民教育政策。④

我国新时期民族教育工作发展中存在着独特的实施环境以及工作性质，有鉴于此，在这一时期内，建立与实际大环境背景相符合的、有利于发展我国少数民族教育的政策就显得十分必要，我国民族教育政策制定者以及工作者对此做出了大量的努力。在民族政策恢复发展的这一阶段内，我国所采取的改革举措主要有以下几个方面。

（一）招生政策改革

在少数民族入学考试中，对少数民族采取了适当的放宽措施。1978年，在

---

① 王铁志. 新中国民族教育政策的形成与发展（上）[J]. 民族教育研究，1998（2）.
② 国家民委. 中华人民共和国民族政策法规选编[R]. 北京：中国民航出版社，1997.
③ 国家民委. 国家民委文件选[R]. 北京：中国民航出版社，1996.
④ 国家民委. 中华人民共和国民族政策法规选编[R]. 北京：中国民航出版社，1997.

高校招收学生时，规定的相关考试科目中，对于少数民族学生可以酌情予以优待，尤其是成绩优异的边疆少数民族的学生，分数线或录取分数段可以适当进行调整，使优秀的少数民族学生可以进入高等院校进行学习，有利于提高少数民族学生的学术水平，培养高质量的少数民族学生。在恢复高校统一招生考试的背景下，少数民族学生进入高等院校学习的比例大幅度下降，面对这种情况，1981年，在高等院校招收学生时，进一步规定在边境地区聚集居住的少数民族学生，可以适度地对他们降低录取分数线，使他们可以入读高等院校；对于散居在汉族地区的少数民族学生，根据具体情况，在他们与汉族学生同等的分数和条件下，优先录取少数民族学生，以此来快速壮大少数民族接受高等教育的人数，促进少数民族教育的发展。对于高等院校的少数民族教育，也采取了有力的举措，针对降低分数录取、基础较为薄弱的少数民族学生开设专门的少数民族班，使他们达到与汉族学生相同的学业水平。这个少数民族班重点招收的是新疆、西藏等少数民族地区的少数民族学生。[1]

在民族教育的招生政策方面，还提出了招生按比例分配名额的方法，受到社会各界的广泛关注。1980年，提出在民族自治区域的高考招生过程中，少数民族学生的录取比例不能低于少数民族总人口比例。由此，内蒙古地区、新疆地区对少数民族单独划分了录取分数线，出台了新的规定措施：内蒙古地区的高等院校招生的蒙古族学生要高于总人口比例，新疆地区少数民族的招生比例要高于50%。[2]

虽然招生按比例分配名额的方法缓解了少数民族就读高等院校的压力，但是在实施过程中仍然存在许多问题，需要我们不断完善和改正。1981年7月，教育部和国家民族事务委员会发布了《关于高等教育机构入学率是否基于少数民族人口入学少数民族学生的比例的答复》这一文件，表明这一政策是十分正确的，但在实施中，由于受到经济水平等各方面因素的制约和影响，民族高等院校每年招收的学生都必须以少数民族学生为主，从高校发展需求来看，这样的要求也是不现实的。因此，我国相关部门需要根据民族地区不同的现实情况，对招生按比例分配名额这一方法进行有效的调整，努力做到既要对少数民族进行招生优待和适当的照顾，也要选取优秀的学生进入高校，保证高校的教学水平和学术支持。一部分的少数民族学生有着良好的学业基础，可以做到这二者的兼顾，但是这样

---

[1] 滕星，马效义. 中国高等教育的少数民族优惠政策与教育平等[J]. 民族研究，2005(5).

[2] 国家教委民族教育司. 民族教育文件选编[R]. 呼和浩特：内蒙古教育出版社，1991.

的学生毕竟是少数。在一些民族地区，中小学的基础教育很差，应该采取一些特殊措施，来保证少数民族进入高等院校学习的比例。

(二) 师资队伍的改革

在师资队伍改革这一方面，最突出的改革举措是使少数民族地区的民办教师转变为公办教师，提高少数民族地区教师的福利待遇，保证少数民族地区的教师数量和教师质量。1979年，少数民族地区的民办教师和职工参加统一的教师考试，考试合格后，民办教师可以转为公办教师，通过考试的大概有8万多人，基本保障了少数民族地区的师资队伍。1980年再一次强调了少数民族公立教师队伍的建设，进一步规范民办教师转公办教师的实施程序，提出在3年至5年的一段时间内，给教师安排固定的劳动指标，并以此为依据，经过考试，将民办教师转为公办教师。建议在3年到5年内逐步安排劳动指标，将考试合格的民办教师转变为公立教师。这一政策的实施，使少数民族地区公办教师的人数迅速增加，超过了教师总人数的70%。

与此同时，我国也开始重视少数民族师范学校的建设，为少数民族地区提供教师后备力量。1980年，提出有必要在少数民族人口数量较多的地区建立教学质量高、办学规范性强的民族师范院校，逐步实现少数民族小学能够拥有优秀的民族教师进行课堂教授。[①]

此外，为加强对少数民族教师的培训，提升少数民族教师的整体素质和教学水平，一些少数民族地区成立了少数民族教师培训中心。如1985年，兰州地区充分考虑到了少数民族师资问题，大力建设了西北少数民族教师培训中心。教师培训中心广泛招收少数民族地区的学生，如新疆、甘肃、青海、宁夏、陕西等省区的少数民族学生，对部分高中、中等师范学校和高校的少数民族教师进行培训。在招生录取时适度降低录取分数，对于优惠录取的少数民族学生先上一年的民族预科班，在本科毕业后，所有少数民族学生返回本地区工作，服务于本地区民族教育的发展。

(三) 民族班的设立

1980年，我国开始采取一些手段来快速培养少数民族的高质量人才。重点放在高等院校民族班的设立，逐步在一些高等院校设立民族班，尤其是国家重点培养高校，为少数民族提供专门的高质量的教学，使少数民族学生在不丧失本民族文化传统的情况下，能够顺利地适应主流社会文化。与此同时，还提出对学习基础不好的少数民族学生进行高考培训，使他们能够适应高考，帮助他们在高考

---

① 陈立鹏. 改革开放30年来我国民族教育政策回顾与评析 [J]. 民族研究，2008 (5)：16-24、108.

中取得较好的成绩。在国家和民族地区的共同努力之下，多开办民族班，加强了少数民族考生的高考竞争力。随着越来越多民族班的开办，对其进行管理和规划显得十分必要。1985年，国家出台相应的政策对民族班进行规范和调整，在政策法律方面保障民族班教学的顺利开展，避免了不规范的办学行为，发挥了民族班制度应有的效用。这种办学形式开展得如火如荼，甚至一些成人高等院校以及中等专业学校也对民族班建设给予重视，在相应政策的指导下，也开办民族班，为少数民族学生提供专门的教育。①

（四）民族语言文字教学及教材建设

1981年1月，教育部副部长臧伯平进一步强调了双语教学的重要意义。他在报告中明确指出，对少数民族教育要实行特殊的教育方式，不能笼统用普遍的方式进行教学。在对少数民族教育过程中，要结合本民族的语言对其进行现代化的教育，学习本民族的语言，有利于发展少数民族的初等教育和中等教育，提高教学质量，也有利于普及初等教育和发展中等教育。由此，20世纪80年代有了新的规定：要尊重少数民族的传统语言文化，鼓励少数民族学习自己的语言，在把握本民族语言的基础上，加强汉语的学习。这样一来，既能保证少数民族语言文化的不流失，也为适应社会主流文化做了相应的准备。《中华人民共和国宪法》及《中华人民共和国民族区域自治法》等法律也都载入了使用民族语言教学的有关规定，进一步确定了这一行为的正确性。

20世纪80年代，我国开始重视民族教材的评审工作，加强少数民族教材的出版和评审。1986年，我国对藏文、朝鲜文、蒙古文等少数民族语言文字的教科书进行审查和评定，逐渐完善少数民族教科书的审查工作，保证少数民族教科书的质量和内容能够满足少数民族学生的学业需要，最大程度地追赶普通汉族学生的学业水平，为少数民族学生顺利进入高校作前期准备工作。同时，对于少数民族教科书的思想内容作出明确的规定，确保少数民族教科书的内容与我国社会主义社会发展相适应。以维护祖国统一、民族团结为基准，规定国家民族政策的实施以及国家民族优秀文化遗产的发展和继承，必须符合学生的心理特点和学习方式，民族教科书需要反映民族特色和地域特色。要适当关注少数民族地区中小学国家教科书的建设，与教育发展较快的省市地区进行合作，提高民族教材的编写质量，着重解决民族教材出版的现实问题；在国家统一的教学标准和目标下，要充分结合少数民族地区的特点，教学内容要符合少数民族的实际。

---

① 陈立鹏，李娜. 我国少数民族教育60年：回顾与思考［J］. 民族教育研究，2010（1）：5-13.

（五）民族教育经费改革

民族教育的发展离不开财政的支持，经费的充足是民族教育顺利改革和发展的保障。1980 年，我国对此出台相应政策，提出保证少数民族教育经费，按照一定的比例对少数民族地区的教育进行补贴，快速提高少数民族落后的教育水平。1986 年，《中华人民共和国义务教育法》规定对经济困难的地区实行义务教育补贴，尤其在少数民族经济落后的地区。由于在少数民族地区教育发展过程中的实际困难，1990 年起，中央政府每年拨款 2000 万元作为民族教育专项补助费，以支持少数民族地区教育发展。[①]

（六）双语教学改革

1986 年，国家重视并实施少数民族的双语教学，规定在少数民族学校教学过程中，可以使用本民族语言进行学习，以适应少数民族学生特殊的学习情况。由于少数民族特殊的情况，实现普通话教学具有一定的难度，因此可以适当变革，先学习民族语言，加强民族语言教学。在基础教育阶段，把重点放在民族语言教学上；在学好民族语言的同时，注重汉语的学习，逐步培养学生学习和使用汉语。在高中毕业时，要能做到两种语言兼备的程度。在这一时期也强调了少数民族学生学习汉语的重要性，双语教学成为少数民族学习汉语和适应社会的过渡性手段，运用双语教学，使少数民族学生学习汉语和基础知识。[②]

在我国民族教育的恢复阶段，民族教育政策逐步建立并发展起来，民族教育水平和质量也有了很大的进步，基本建立起民族教育的整体框架，完成了民族教育的恢复发展工作。

二、快速改革阶段（1992—2001）

在 20 世纪 90 年代初，由于种族问题，世界上许多国家都动荡不安，种族矛盾成为国际的重要矛盾，我国也越来越重视民族关系问题，加大力度建设我国的民族教育事业。1992 年 1 月的中央民族工作会议提出了中国民族工作的五项任务，为我国的民族教育改革指明基本方向，使民族教育问题成为社会发展的重要议题。1992 年 3 月的第四次全国民族教育工作会议，对我国的民族教育工作进行了全面的总结和深入的分析，尤其是改革开放以来的民族教育实践，同时也明确了我国民族教育下一步工作的重点，对民族教育的发展目标、重要任务进行了清晰的界定。这次会议之后，我国民族教育进入到崭新的发展阶段，民族教育整

---

① 舒松. 新中国发展少数民族教育的政策回顾 [J]. 民族教育研究，2013（2）：42-47.
② 万明钢，刘海健. 论我国少数民族双语教育——从政策法规体系建构到教育教学模式变革 [J]. 教育研究，2012（8）：81-87.

体上得到了全面的发展。会议颁布的《关于加强民族教育工作若干问题的意见》提出了民族教育的指导原则、方针任务,"意见"是这一阶段指导我国民族教育及民族教育政策工作的重要文件。①

这一阶段的改革进展主要有:

(一) 指明少数民族教育的发展任务和指导方针

我国进入20世纪90年代之后,各项事业蓬勃发展,我国教育得到前所未有的发展,民族教育方面也有了可喜的进展,最重要的是确定了我国少数民族教育发展的主要任务和基本方针。1992年,提出了在这一历史时期发展民族教育的主要任务:民族教育的发展要打好基础,在数量和质量上都要得到进一步的发展和提高,促进少数民族教育整体发展水平;同时要在改革开放的各项政策的指引下,不断明确各级各类少数民族教育的发展方向,提供政策上的引领和支持,促进少数民族教育持续向前发展,使其服务于少数民族地区的经济建设;要加大少数民族地区教育的扶持力度,使其达到国家教育整体发展水平,而且民族地区教育发展应适应少数民族传统文化和民族地区的经济社会发展状况。②

(二) 明确了民族地区教育发展的基本原则

第四次全国民族教育工作会议对民族教育发展的基本原则进行了深入讨论,李铁映指出:我们发展民族教育要清楚地认识到民族教育政策的重要指导性作用,在民族教育改革的过程中,我们要做到将民族地区的教育政策与党和国家的大教育方针结合在一起,认识到少数民族教育发展的特点和现实,努力发展我国的少数民族教育事业。

(三) 提倡不同民族合校合班

在民族教育政策实施的过程中,针对一些问题,1992年,提出了让不同民族的学生合校或合班进行教学,尤其在中等教育和高等教育阶段。这样一来,可以加强不同民族的交流与理解,也非常有必要使汉族学生了解和学习不同地区少数民族的语言、文字、艺术、历史、医学等。不同民族的学生共同学习,交流情感,有利于民族团结和国家统一。同时,在少数民族地区开办高质量高水平的民族学校,主要为民族地区的建设发展服务,当地的汉族学生有需要也可入学,进行混合编班,有利于彼此的学习和交流,也是增强民族团结的重要举措。

(四) 坚持少数民族地区特色办学

少数民族地区的发展有其独特的发展模式,民族传统文化也不同于汉族地

---

① 王铁志. 新中国民族教育政策的形成与发展(下)[J]. 民族教育研究,1998(3):3-13.
② 王鉴. 我国民族教育政策体系探讨[J]. 民族研究,2003(6):33-41、107.

区，因此，有必要结合当地少数民族的特点，发展具有民族特色的教育。第四次全国民族教育工作会议提出：要根据少数民族地区独特的发展特点，在国家统一政策的支持下，开办具有少数民族特色的学校，并确定教育的发展规划、政策和办学形式。实际上，通过长时间的不懈努力，我们已经逐步走出了与本地区相适应的办学道路。在国家的大力支持下，着重发展少数民族教育中的基础教育，制定和落实加强基础教育的相关政策，在此基础之上，广开就学渠道，努力发展多种形式的职业教育和成人教育。国家教育委员会所属的高等学校有计划地继续招收少数民族学生，进行配套培训。

（五）助学金制度改革

由于少数民族地区经济发展落后，许多少数民族学生很难支付足够的教育和生活费用。因此，1992年出台相应政策提出，义务教育阶段的各类学校招生，要充分重视少数民族儿童的相关招生工作，对于因为经济原因入学困难的少数民族学生，可以给予适当的经济照顾，减免部分的学杂费用。学校也要充分照顾到少数民族不同的风俗习惯、宗教信仰等问题，尤其是对饮食有特殊要求的少数民族学生，应为其设立专门的食堂，最大程度地解决他们的就学问题。与此同时，提高少数民族的奖助学金的标准，从1993年9月1日起，将少数民族的民族专业奖学金标准在原奖励标准的基础上加以提高，一等奖学金提高到每人每年600元，二等奖学金提高到每人每年550元，三等奖学金在原助学金标准的基础上，每人每年增加200元。至1996年，一些拥有国家专业奖学金的高校学生免收学费，例如农林、师范、体育、航海、民族等专业。

（六）重视民族教育对口支援工作

1993年颁布相关政策提出，要把民族地区的对口支援落在实处，教育发展水平较高的地区要有意识地主动帮扶教育水平落后的少数民族地区，实现教育的共同发展。第四次全国民族教育工作会议也强调了对口支援工作的迫切性，要帮助和扶持少数民族贫困地区教育的发展，实现教育水平的共同提高。对口支援取得了显著的成效，尤其是新疆、西藏少数民族地区与内地的对口支援工作，隶属于24个部委的54所高校平均每年招收新疆民族班学生800余人，为民族地区的发展培养了大批的高质量人才。

21世纪后，对口支援改革工作越发受到重视，并且进一步加强和完善。2000年，提出了实施"东部地区学校对口支援西部贫困地区学校工程"和"西部大中城市学校对口支援本省（自治区、直辖市）贫困地区学校工程"。随后，教育部、国务院扶贫开发领导小组等部门印发了《关于东西部地区学校对口支援工作的指导意见》，对这两个"工程"进行具体的规划和建设，明确到实施的范围和重点。

2001年，北京大学、清华大学等十多所重点高校对西部少数民族重点建设高校以一对一的方式进行全方位的援助和教育技术的支持，最大程度地配合和落实少数民族地区的教育对口支援工作，帮助少数民族地区高等教育在短时间内迅速发展。

在此阶段，我国少数民族教育得到了迅速的发展，尤其是少数民族教育建设实施方面，有了很大的进展。同时，我国少数民族院校的教学质量有了明显的提高，教学方式也有了很大的变化，促进了我国少数民族人才的培养，提高了我国少数民族整体的教育质量和教育水平。

三、全面改革阶段（2002—2018）

20世纪初以来，国内和国外的形式迅速发生变化，我国民族教育面临着充满更多不确定性的新局势，也产生了新的问题和新的挑战。面临这种充满挑战的国际和国内的新局势，我国少数民族教育更应该加快自身的改革，适应时代发展的需求。因此，2002年7月，国务院提出了"民族教育跨越式发展"的思想①。"民族教育跨越式发展"思想的提出，表明我国民族教育改革进入新的阶段，也是民族教育法制化的开始。之后，第五次全国民族教育工作会议针对这个思想进行总结讨论，加强思想认同，逐步完善落实方案。

这一阶段内，我国开始逐步进行《少数民族教育条例》起草工作，从法律形式上确立少数民族教育的重要地位。并且，抽调政府相关部门以及各大高校的专业人员，组成了专业的小组为条例的起草提供相关调研和顾问工作，对条例的起草起到了非常重要的作用。经过各方的支持和努力，如今已经成为较为完善的法律条例。2006年修订颁布了《中华人民共和国义务教育法》，这项法律有多处提到了民族教育的改革政策，包括民族教育的办学方式、少数民族教育的财力支撑、少数民族教师工资及福利保证等等，确保了民族教育发展的重要地位。

（一）加强对民族教育的引导和领导，依法治教

在这一阶段内，民族教育健康平稳地向上发展，少数民族教育的法律法规不断修订完善，引领少数民族教育紧跟大时代发展的步伐，为少数民族教育的发展实践指明正确方向。用民族教育法律来发展促进民族教育实践，逐步实现民族教育法制化。

（二）加大民族地区教育的扶持力度

国务院出台相关文件指出，扶持少数民族办好自己的教育、建立少数民族的

---

① 国家民委. 国家民委文件选编［R］. 北京：中国民航出版社，1996.

教育体制是十分有必要的。在发展少数民族基础教育的同时，不能忽视中等教育和高等教育的发展，对民族地区的高等学校及民族院校的学位建设和研究生招生予以政策上的特殊扶持，着重资助一批西部少数民族地区的重点院校，以中央民族大学为中心进行重点建设，培养少数民族专业人才，使我国民族教育事业发展呈良性循环。2003年以来，重点培养少数民族专业人才，在少数民族高等院校着力培养硕、博士人才。

（三）重视民族教育中的汉语学习

2001年，我国政府已经认识到少数民族学习汉语的重要性，为加强少数民族的汉语学习，出台了《全日制民族中小学汉语教学大纲（试行）》《关于在有关省区试行中国少数民族汉语水平等级考试的通知》等一系列文件，明确了少数民族基础教育的汉语学习的具体要求和标准以及教学的相关目的、内容等问题，极大地推动和规范了少数民族学生对汉语的学习。尤其是在了解少数民族学习汉语的特点的情况下，专门设计了一个全国性的标准化考试，对非汉语少数民族汉语学习者的汉语水平进行科学的测试。[①]

（四）大力促进少数民族现代远程教育的发展

国务院的相关文件指出，对于西部少数民族教育资源落后的地区要合理地运用现代教育远程技术，最大程度地缩小时空差距，使优秀的教育资源实现共享。同时，建设了少数民族地区的远程教育网络，建立市、县、乡远程教育网络体系，在校园内建设远程教育局域网，培养专业的培训教师和管理人员来对远程教育进行系统的管理。大力开发少数民族数理化、汉语教学、学校管理等数据库，并且建立专门机构进行管理和建设。对少数民族的信息教育也十分重视，建设了一批中小学语言教研室及计算机室，使少数民族教育最大程度地追赶时代发展的脚步。

（五）进一步加强少数民族教育政策的支持

这一阶段，我国制定的民族教育政策，除《国务院关于深化改革加快发展民族教育的决定》外，还有《全日制民族中小学汉语教学大纲（试行）》《关于在有关省区试行中国少数民族汉语水平等级考试的通知》《关于进一步做好民族地区寄宿制中小学管理工作若干问题的意见》《普通高等学校少数民族预科班、民族班管理办法（试行）》《全日制民族中小学汉语课程标准（实验稿）》等一系列文件，极大地完善了少数民族教育的政策法规，是民族教育做到"有法可依"的基础。

---

① 李儒忠. 中国少数民族双语教育历史进程综述［J］. 新疆教育学院学报，2009（1）：1-8.

在这一阶段，面对国内外的压力，我国教育面临着巨大的挑战，特别是在国家教育的政策和法制建设方面，从法律层面上保证了国家教育工作的具体实施，加大了我国民族教育的工作力度。

第二节　少数民族教育改革的成就

自从改革开放以来，在党和政府的高度重视和领导下，通过全国各族人民不懈坚持和积极配合，我国民族教育体系基本建立和完善，少数民族教育规模不断扩大，极大地提高了我国少数民族的科学文化水平，改善了少数民族的生活、生存条件，为民族地区的经济社会发展做出了重要贡献。

一、民族教育政策体系的建立

新中国成立后，中国少数民族教育主要针对政治干部的培养，为少数民族建立专项的补贴资金，建立民族教育专业化管理机构，招收少数民族入学实行优惠待遇，重视少数民族语言的研究和应用，发展各种形式的少数民族教育。"文化大革命"期间，各项政策中断，民族教育政策迅速瓦解。

1978年后，我国逐渐恢复了之前行之有效的少数民族教育政策，并且，根据新的形势进行相应的调整，使恢复的少数民族政策适应当前时代发展的需要，使民族政策可以在新时代背景下得以顺利实施。如民族班、预科班的设立，教育的对口支援帮助，国家奖助学金的增加等等一系列措施，都是为民族教育适应大时代发展潮流所作出的努力。[1]

二、逐步形成了少数民族教育法律法规体系的雏形

40年来，制定了许多有关少数民族教育的政策、文件及法律，包括了民族教育的方方面面，尤其是《国务院关于深化改革加快发展民族教育的决定》的颁布和《少数民族教育条例》的颁布和实施，极大地促进了我国民族教育法律体系的发展，为之后民族教育法律法规的起草和颁布提供了重要依据。当前，我国民族教育实践已经有了法律层面上的理论依据，我国正在民族教育法制化进程中继续前进。[2]

---

[1] 王鉴. 我国民族教育政策体系探讨 [J]. 民族研究，2003（6）.
[2] 丁增辉. 新时期我国少数民族教育立法研究 [J]. 边疆经济与文化，2008（5）：76-78.

三、培养了一大批少数民族高层次人才

一直以来,我国非常重视高质量、高水平少数民族人才的培养。2006年,我国推出并且实施少数民族高层次骨干人才培养计划,使国家重点大学为少数民族培养优质人才,在最短的时间内最大限度地培养大批的少数民族优秀骨干人才。2006年,全国68所重点高校共计招收860多名少数民族学生,其中硕士研究生640多人,博士研究生220多人。2009年招收4700名少数民族学生,其中硕士生3700人,博士生1000人。短短三年间,少数民族的招收名额大幅度增多,提供越来越多的机会让少数民族学生在国家重点院校进行学习,逐步提高了少数民族整体的教育水平。

四、师资队伍建设得到加强

经过近40年的发展,不断壮大并发展了少数民族的师资队伍,各级各类学校的少数民族专职教师不断增加,在保证教师队伍数量增加的情况下,也提高教师的多方面的素质。在提高教师素质方面,形成了少数民族教师培训体系。除各地区师范院校承担的少数民族教育教师培训外,还有以培养少数民族教师为主的22所专科学校,并在西北地区建立了少数民族教师培训中心。

五、少数民族学校双语教学不断推进

双语教学是我国民族教育顺利开展的关键环节,同时,它也是我国实现民族教育健康发展的必不可少的重要举措。双语教育对于提高少数民族教育质量,保障少数民族教育公平公正,继承和发展少数民族特色文化具有重要作用。改革开放以后,双语教学开始受到越来越多的关注和重视,面对不同的少数民族和差异较大的民族地区的具体情况,研究了多种双语教学模式,双语教学已经有了较为成熟的理论和实践。当前,我国使用民族语言开展双语教学的中小学共有1万多所,其中,接受双语教育的少数民族学生有600多万。不仅如此,少数民族文字教材的编辑、审定、出版和发行工作也取得较好的成果,每年编译出版少数民族文字教材3500多种,总印数达1亿多册,推动了双语教学的顺利实施。[①]

[①] 万明钢,刘海健. 论我国少数民族双语教育——从政策法规体系建构到教育教学模式变革[J]. 教育研究,2012(8):81-87.

第三节 少数民族教育改革的反思

改革开放 40 年来，我国少数民族教育经历了巨大的变化，成果斐然，教育水平得到了巨幅提升。但与之相对立的、不得不面临的现实是，由于起步较晚，我国少数民族的教育水平还是被沿海经济发达的地区远远抛在后面，而且这样的差距可能会慢慢地变大；同时纵观全国，我国少数民族的教育水平也始终在拖全国教育的平均发展水平的后腿。那么是什么阻碍了少数民族教育改革的步伐？换一句话说，是什么妨碍了少数民族教育赶超全国教育发展的平均水平？我们一般会认为，妨碍民族教育改革的主要因素可能有办学的硬件设施差、优秀的教师资源匮乏、国家财政力量投入不足等，然而这并不是民族教育薄弱的根本问题。为了有力推进我国少数民族教育快速稳步地实现改革发展，我们需要对其进行反思。

一、加强民族教育立法

法律是法治国家一切行为或行动的基本原则。如果一个事业的发展没有得到法律的正确引导和规范，那么其前进的道路不会是四平八稳的阳关大道，只会是艰难的羊肠小路，其前进的目标也是不清晰的。在我们建设社会主义法治国家的过程中，第一步就是要遵守法律，通过法律约束并指导人民的行为，使其循规有据，遵守法律是人民的义务，少数民族教育也不例外。但是事实并非如此，我国少数民族教育的立法工作还不是那么完善，在保障和促进少数民族教育方面还没有发挥应有的作用。其主要表现为：一是民族教育法律法规水平太低，直到现在还没有颁布针对性的民族教育法律、行政法规；二是地方上的民族教育立法工作拖泥带水，不能满足民族教育发展的需要；三是少数民族教育法律及行政法规的执法监督力量尚未形成。

要彻底改变我国少数民族教育滞后的现状，完成少数民族教育跨越式发展的目标和计划，必须采取非常规措施，来推进少数民族教育立法的相关工作。当前以及未来，我们应该把重点放在以下几个方面：

一是通过新闻媒体、知识竞赛、专项培训等多种推广方式和宣传渠道，全面而广泛地宣传少数民族教育立法的必要性和特殊性，通过民族平等的理念，使全社会认识到少数民族的风俗文化的差异，认同基本的少数民族教育的理论与立法，并能够摆正对少数民族教育的态度和认识，尤其是在职的各层领导干部（不仅是少数民族地区的干部）。各层领导干部要具有广阔的视野，要能够深刻地意识到少数民族教育立法在我国的民族教育事业甚至是全国教育事业和推进社会主义教育现代化发展中的独特作用和重要分量，要充分理解我国少数民族教育任务的艰巨性和少数民族教育事业发展时间的紧迫性；意识到少数民族教育的立法建设对改变少数民族教育发展滞后的现状以及推进我国教育立法和国家立法的重要性，努力发现和认识到少数民族教育立法的理论与现实的相互不适应性，以此来建立和强化少数民族教育立法必须要优于传统立法的观念和意识。

二是少数民族教育立法的理论研究总体上还比较薄弱，尚未形成完整的少数民族教育立法理论体系，这也是少数民族教育立法实践落后的重要原因。为此，应密切关注民族地区及少数民族的实际情况，处理少数民族教育立法的内容、基础、原则、特点、程序和意义、立法的预测和规划、民族教育法律制度等基本理论问题。应对少数民族教育、中央立法与地方立法的关系、国外民族教育立法等，进行深入研究。通过研究，探索少数民族教育立法的基本原则和规律，以及实现少数民族教育非常规立法的措施和策略等等。

为了促进少数民族教育立法的理论研究，应当设立少数民族教育立法理论研究专项基金，设立国家重点研究课题，组织有关领域的专家学者到国家教育行政部门任职，共同解决关键问题。与此同时，要因地制宜，充分了解本地区的实际发展情况，积极引导和支持各地区的研究工作。当前及未来，不能一味地强调民族教育立法的普适性，也需要往深处挖，加深对民族教育立法的理论研究。应注重民族教育领域的基本内容和一些迫切需要的内容的立法研究，尽快推动一批重要法律法规的颁布。

三是尽快制定目前正缺失但必要的《少数民族教育法》《少数民族高等教育促进法》《少数民族教育经费保障法》等一系列法律法规。相对的，在1998年，台湾的"立法院"审议通过了台湾《原住民族教育法》。《原住民族教育法》颁布实施后，台湾社会对原住民有了充分的理解，对有关民族教育的法律意识得到了极大的提升，极大地推动了台湾民族教育的发展进程。民族教育法律法规能够发挥其他法律法规无法替代的重要作用，我们可以台湾为参考依据，大力发展我国相关的法律及行政法规，推进我国民族教育的立法进程。

从台湾民族教育的经验来看，彻底改变我国民族教育立法落后的局面是十分必要的，完善民族教育的法律制度，有关少数民族教育的基本和重要的法律法规需要我们抓紧制定颁布。特别是《少数民族教育法》的颁布，对我国民族教育立法发展进程而言将是一个里程碑，为我国少数民族教育事业和少数民族教育立法工作进程开辟崭新的时代。但是，从国家有关部门的规定来看，《少数民族教育法》没有单独列为法律的一项，仅仅体现在行政法规层面。这种立法水平的降低不利于少数民族教育立法的向前发展,也不可能充分发挥民族教育法律规范在保护和促进少数民族教育事业中的作用。因此,对于少数民族教育立法的不当方面应尽快作出改变,使少数民族教育法律法规真正成为客观现实的需要。

四是加强少数民族教育的执法监督。加强执法监督可以保证民族教育法律法规的有效实施,同时可以避免少数民族教育领域中权力的缺失或滥用,所以我们必须加强对民族教育执法的监督,这对人民群众对民族教育的认识是一个极大的提高,能树立民族教育法律法规的尊严。当前,我国的少数民族教育执法监督相对来说还比较落后,特别是一些地方和部门,少数民族教育领域执法不严、执法不查的混乱现象较为普遍。所以,在我国民族教育领域,要特别加强民族教育执法监督。

二、加强少数民族教育政策的评估

政策评估是一种分析政策实施中的价值因素和事实因素的方法,它针对特定的政策以科学的方法和技术,基于价值标准和事实标准,分析政策实施的影响因素。其目的是分析现有的政策,总结并修改旧政策的不足,并对新政策的未来方向做出指导和判断。在我国政策分析中一直对政策评估不够重视,而少数民族教育的政策评估一直在政策分析中是匮乏的。政策评估的缺乏不仅影响现有政策的实施效果,而且影响新政策的制定、出台等一系列流程。当下,少数民族教育政策评估中存在的主要问题有:一是评价主体不能很好地理解少数民族教育政策评估;二是没有专门的政策评估的机构体系;三是没有系统、明确、有效的评价标准。①

所以,通过借鉴其他领域政策评估的经验,加强少数民族教育政策评估,当前,我们应该做好以下三个方面的工作:

一是要认识到少数民族教育政策评估的重要性。要使少数民族教育政策评估的重要性引起全社会的关注,需要让政策评估成为一个必不可少的环节。政策评估不仅可以使政策部门意识到有关政策的特点、优缺点以及有效性,而且对于开发政策资源、提高政策的有效性起着积极的作用,从而在思想上和实践上予以重视。进一步来讲,纠正教育政策评价的指导思想,在一定程度上改变"评价"作为"卓越评价"和"功绩表扬"的观念,正视评价的评判性作用,发挥其应有的作用。

二是积极开展少数民族教育政策评估活动,建立相应的政策评估组织。在政

---

① 王鉴. 试论我国少数民族教育政策重心的转移问题 [J]. 民族教育研究,2009(3):18-25.

策评价工作开展良好的西方国家,有相对完善、独立的政策评价机构。政府和私营部门拥有大量独立工作的专业政策评估师。面对我国政策评估机构缺失的现状,可以从两个方面考虑:一是使政府政策评估机构或相应的组织活动尽量地规范和完善;二是大力推动建立民间的政策评估机构,使其成为民族政策评估的主体。此外,还应设立专业评估机构,使政策管理部门和专业评估机构的职能分工明确,各部门依法履行其职责,不得有隶属关系。

三是加强对少数民族教育政策的评估,重视科学理论和技术的作用。教育政策评价研究的不足,除了受主观因素的影响外,还有客观原因,如教育目标的具体化、教育政策的确定,特别是具体教育政策的有效性、教育政策的多样化和科学性等等。要解决这些问题就要依靠对教育政策的评估。因此,可以鼓励学者申请少数民族教育政策的研究项目和建立少数民族教育政策研究中心,并组建一定的期刊交流平台,方便学者们相互讨论,也可以在级别高的综合性教育期刊上设立"民族教育"专栏。从另一个角度来说,要明确我国民族教育的基本国情和独特特点,同时要大力介绍西方国家教育政策评价的研究成果,在吸收和借鉴国外民族教育的经验教训基础上,使之为我国民族教育政策的评估服务。

三、更新和明确少数民族教育的目标

当前,我国少数民族教育目标存在的主要问题是:在我国少数民族教育中,以少数民族学生能掌握主流文化为重点,赋予了学生在主流社会生活的能力和习惯,然而却没能因材施教,忽视了对少数民族文化的继承和发展。在我国当前民族教育政策中,关于继承和维护少数民族传统风俗和文化的内容是十分匮乏的,重点大多放在关注少数民族学生对汉语的学习,以及对主流社会文化的掌握程度上,如少数民族语言民族中小学应逐步从小学一年级开始开设汉语课程,制定了《全日制民族中小学汉语教学大纲》《全日制民族中小学汉语课程标准》等一系列规定。少数民族学生对于其母语的使用和写作就慢慢遗忘了。语言是文化的载体,民族语言的丧失将导致民族文化的消失。①

少数民族教育目标不应该仅局限于提高少数民族学生的汉语水平以及其适应主流社会的能力,更多地应该保留和传承少数民族独特的优秀文化,使少数民族学生学习认同本民族的文化传统。具体来说,当前的少数民族教育目标应突出以下两点:

第一,少数民族学生应该自由而全面地发展身心。少数民族教育发展过程中

---

① 滕星,马效义. 中国高等教育的少数民族优惠政策与教育平等[J]. 民族研究,2005(5).

存在一定的特殊性，对比其他类型的教育发展具有滞后性，即使这样，我们在教育实施过程中也不能对少数民族学生降低标准，对少数民族学生的学术学习也要严格要求，使他们达到与普通学生相同的水平。当然，由于种种原因，许多民族地区的少数民族教育以及普通地区的少数民族教育都存在发展严重落后的现象，这表明少数民族学校教育的重要性。要实现教育公平的目标，就要更加重视发展滞后的少数民族教育，采取各种措施扶持其发展，来实现每一个少数民族学生可以接受高质量的教育。为此，在少数民族教育实践过程中，加大寄宿制民族中小学的建设力度，以支持和完善特色民族班、预备班的相关法规政策，要大力关注民族院校的建设，加强对少数民族学生的优先教育和学习指导。

第二，将目光转向少数民族文化的传承与发展方面。在漫长的生产生活实践中，我国各少数民族创造了多彩灿烂的民族文化，百花齐放，多种多样的民族文化是中华文化的宝贵财富。鉴于少数民族传统文化日益受到冲击、弱化的趋势，我们应该有意识地传播少数民族文化，并认识到这是我们一代代中华民族儿女的责任和使命。少数民族教育的义务不仅是将国家主流社会文化和价值观灌输给学生，同时也要继承我国少数民族优秀文化，使其薪火相传，不断发展。尤其是在当前少数民族文化持续流失的形势下，更应该突出继承和发展少数民族文化的重要性。作为少数民族学校不能逃避继承和发展少数民族优秀文化的责任和使命，应当对其重视并采取有效措施加以落实。少数民族的学校除了教授少数民族的语言外，不能忽视民族历史、体育和艺术等的学习和传授。

第二十四章 留学教育改革史

第一节 留学教育改革的历程

一、留学教育恢复、发展阶段（1978—1991）

（一）留学教育改革概况

1. 留学教育的恢复

中共中央召开的第十一届中央委员会第三次全体会议标志着中国新时期的到来。面对"文革"对整个社会和国家造成的影响，邓小平同志提出要搞好教育和科技，并认为教育和科技是改革开放的突破口。在邓小平的努力下，我国恢复了高等学校的招生工作，从根本上推进了中国的高等教育。邓小平在会议中多次指出：要快速提高我国高等教育，"一定要吸收世界先进的东西，洋为中用。要派留学生出去，请人来讲学"。[①]

邓小平的正确决策给予留学教育事业足够的重视，由于早年的留学经历，邓小平对留学教育和我国现代化建设的关系有切身的感受。他意识到要搞建设离不开人才，而且要想科学技术取得进步就必须在教育方面实现对外交流，对外开放。

1978年6月23日，邓小平在听取了清华大学的工作报告后，指示要扩大海外留学生人数："赞成留学生的数量增大，要成千上万地派，不是只派十个八个，一方面要努力提高自己的大学水平，一方面派人出去学习，这是加快人才培养速度，提高我国水平的重要方法之一。"[②] 要通过国家公费派遣的形式送出留学生，

[①] 中共中央文献研究室. 邓小平年谱一九七五——一九九七（上）[M]. 北京：中央文献出版社，2004：169.

[②] 江波. 认真学习邓小平关于出国留学工作的思想[J]. 中国高校社会科学，1998（2）：36-40.

尽管当时我国社会百废待兴，国家外汇储备十分有限，但是他却认为这样做是值得的。

我国留学教育在很大程度上受到我国外交政策和国际形势的影响，而新时期留学教育的恢复，更是在一系列外交事务和外交政策的推动下实现的。邓小平在与美国国家安全顾问布热津斯基的会谈中讨论了我国派出留学生去往美国的事务。时任美国总统的卡特十分支持这一设想。美国总统科技顾问兼科技政策办公室主任普雷斯表示美国欢迎中国代表团到美国进行实地考察，并且可以接收500名中国留学生。

1978年10月，李琦教授和周培源教授率领的中国教育代表团到美国进行访问。他们与美国国家科学基金会主任理查德领导的小组进行了谈判，达成了互派留学生的计划。在代表团返回中国后，教育部立即开始组织对在美国学习的学生进行评估和选拔。两个月后，首批52名国家公派访问学者抵达美国，成为我国改革开放后的第一批留学生，开启了新时期的留学教育改革事业。

2. 留学教育的发展

留学教育继续发展后，中国留学教育基本呈现稳定的增长态势。以公派出国留学教育为例，1979年，留学生人数为1277人；1981年这一人数达到2925人；到1985年，中国公派出国留学的学生人数已超过3000人，达到3246人。①

单位派出也是这一阶段的重要公派出国留学方式，并且呈现出更加迅速的增长态势：1987年，国家公派出国留学人数为3707人，单位派出留学人数为6569人；1988年，国家公派出国留学人数为3786人，单位派出人数为3535人；1990年，国家公派出国留学人数为2792人，单位派出人数则达到5500人。②

与此同时，自费出国留学逐步发展，《关于出国留学人员工作的若干暂行规定》明确规定，自费出国留学同样是培养国家建设人才的渠道，应该给予支持。在1978年前，以自费方式出国留学的人数几乎为零。1978年我国正式开放自费留学申请时，整个上海只有8个人申请。1979年以后，申请自费出国的人数每年都不少于1000人。③

在20世纪80年代末，自费出国留学的高潮并没有退去。1984年12月，国务院颁布了《关于自费出国留学的暂行规定》，规定通过适当的法律程序获得外

---

① 陈学飞. 留学教育的成本与收益：我国改革开放以来公派留学效益研究 [M]. 北京：教育科学出版社，2003.
② 皮书数据库. 中国留学事业的回顾与展望——中国人才发展报告 [M]. 北京：社会科学文献出版社，2004：411-434.
③ 王辉耀. 中国留学人才发展报告 [M]. 北京：机械工业出版社，2009：前言.

汇资金或外国奖学金的公民，得到入学许可的学生均可自费出国学习，不论其学历、年龄和工作年限，这一规定开始打开自费留学之门。1986年，中国首次发布了关于出国留学政策要求的第107号文件，这标志着中国留学政策走向法制化的趋势。在1986年至1990年的五年间，自费出国学习人数超过13万人。1987年，中国成为国际学生人数最多的国家，共有42481人。1988年，美国新闻总署发布的美国高等教育年度调查显示，在美国有29040名中国学生，1990年有超过56000名中国学生到美国学习。

在留学教育不断发展的过程中，公派和自费留学的规模迅速扩大，也暴露出一些问题。单位派出留学方面出现"照顾出国""轮流派遣"等现象，不少单位在组织选拔留学人员时带有盲目性，不考虑派出人员的层次、学科和派往国的选择，导致当时我国公派留学人员青年人员比例过大，学科分配不合理，而且派往国也非常集中，主要集中于美国等发达的欧美国家。此外，还出现公职人员出国不归的现象。

自费出国留学的问题是，一些人才交流机构都开始办理出国手续的业务，这种现象导致了出国渠道的混乱，也为一些人出国赚钱或移民到其他国家提供了捷径。还有一些国内外的组织和个人，公开刊登广告招收留学生，设立考场，更有甚者通过提供自费出国留学咨询而谋取利益，而留学生所进入的国外高校水平参差不齐。这些现象导致我国留学生质量下降，也导致国内一些家庭为了送孩子出国留学多方筹款，非法买卖外汇，用来支付高额的留学费用。然而，在学生出国后，由于缺乏资金，他们无法专心学业，这在国际高等教育界造成了不良影响。

（二）留学教育政策改革

考虑到我国改革开放初期百废待兴的局面，在我国留学教育恢复时期，国家的留学工作方针是"广开渠道、力争多派"。出国留学的主要方式是向国外派遣留学，包括单位派遣出国留学。留学回国后的大学生工作由国家统一分配。

为了鼓励海外留学教育的发展，中国留学教育发展的早期阶段，出国留学政策相对宽松，1981年，国务院批转了教育部等七部门《关于自费出国留学的请示》，明确规定自费留学是我国留学教育改革工作不可或缺的一部分，是为我国培养人才的重要途径。这是中国政府首次承认自费留学是合法的出国方式。同年7月，国务院批转了教育部等六部门发布的《关于出国留学人员管理工作会议情况报告的通知》。出国留学的原则仍然是"力争多派"，但同时也需要"突出重点，统筹兼顾，保证质量"，"通知"第一次明确表示，单位也可以向国外派出留学人员，使出国留学派遣工作向着多样化、多渠道发展。在留学人员的学科选择方面，"通知"建议继续关注自然科学，适当提高管理科学和社会科学的比例。

在自然科学领域，技术科学是主流，因此，工程技术和管理方面应该得到更多的关注。

为了进一步推进留学教育的发展，我国鼓励受教育者以自费的方式出国留学，接连发布了有利于自费留学的政策。1984年12月26日，国务院颁布了《关于自费出国留学的暂行规定》，重申了认可自费留学的相关政策：通过适当的法律程序获得法律援助或外国奖学金并已完成入学许可的个人可以自费申请出国留学。1985年，我国对于自费出国的留学生不再进行资格审查。这种完全开放的自费出国留学政策导致全国"留学热潮"迅速升温。

1986年12月13日，国务院批转了国家教育委员会《关于出国留学人员工作的若干暂行规定》，规定出国留学的政策是：按需派遣，保证质量，学用一致；出国留学必须适应中国社会主义现代化建设，必须有利于国内生产建设，符合我国科研发展和人才培养所需；解决科研和生产中的重大问题，提高培养高级人才的能力，出国留学还应坚持学习各国优势的原则；出国留学的学科应该兼顾基础学科和应用学科，以应用学科为主，并注意在中国发展职业技术教育的需要。

随着留学教育的不断发展，20世纪80年代中后期，留学教育的问题出现后，我国及时地调整了留学政策，加强了留学教育的政策法规建设。1987年8月21日，国家教育委员会和公安部联合发布《关于国内外组织和个人不得擅自在我国招收自费出国留学人员的通知》，规定任何符合国家规定的自费出国留学都应予以支持。"任何国内外的组织和个人均不得在我国承办联系和安排自费出国留学业务"。[①] 中国政府审查并整顿了私自在中国为国外学校招收学生、联系和安排自费留学的机构。"通知"还规定，国内组织可以设立非营利、服务型的海外留学咨询机构，为中国学生提供海外学习辅导服务；任何在国内注册的国内外组织或个人，在我国国内为外国及香港、澳门的学校招生，必须经过国家教育委员会批准。同年12月30日，《关于进一步贯彻中央出国留学人员工作的通知》强调：公派出国留学应坚持"少派、精派"的原则；出国留学的学生不得过分集中在某些国家，并宣布公职人员出国有义务按时返回中国。

考虑到留学教育中出现的这些问题，我国留学政策在20世纪90年代初期一度锁紧，公派留学在继续贯彻"按需派遣，保证质量，学用一致"方针的同时，强调了选派工作要突出"按我之需，取人之长，精选精派，定人定向，力争保质保回"等原则。对于自费出国留学，国家教委规定经过5年本科或研究生毕业，经用人单位同意，得到当地省、自治区、直辖市教育委员会的审批后，可以申请

---

① 国家教委，公安部. 关于国内外组织和个人不得擅自在我国招收自费出国留学人员的通知［Z］. 1987.

自费留学。自 1991 年以后，公派出国留学人员采用了配额录取方式，实行"限额申报，专家评议，择优录取"的办法。

1990 年 1 月 25 日，国家教育委员会发布了《关于具有大专和大专以上学历人员自费留学的补充规定》，实行"对具有大专以上学历的自费出国留学人员，进行资格审核并收取高等教育培养费"[①] 制度，强调大专以上毕业生应完成服务期，然后才可以申请自费出国留学。

（三）留学教育管理改革

1. 留学生选拔

1978 年 7 月 11 日，教育部向中央提交了一份关于增加国际学生人数的报告，指出应在中国建立一批国际学生短期培训基地，主要目的是为了提高出国人员的外语水平。1978 年 8 月 4 日，教育部向国务院提交了《关于加大选派留学生数量的报告》，并决定于 1978 年 9 月 5 日进行全国外语考试，但实际上这场考试在 9 月 15 日才正式举行。"报告"提出：出国留学生的选拔主要来自大专院校教师，科研机构研究人员，科技管理干部和企业科技人员；所选拔的出国留学人员需要扎实的理论基础，高水平的专业知识，一定的外语水平，以及两年以上的专业工作经验。在政治方面，在满足出国条件的基础上，重点考察申请人的政治表现。

第一批在美国留学的学生都是两年制的留学生。政治坚定，良好的专业素质，合格的外语和健康的身体是此次选派留学生的标准，也就是所谓的"四脚落地"。出国留学人员的选择取决于派遣单位的初选，国家外语考试，省级高等教育行政部门审查和教育部的审查。外语实行全国统一考试，考试由教育部统一命题，由省级高等教育行政部门组织。考试分为两部分：书面测试和口试。由于经过"文革"之后，我国学生外语水平普遍不高，因此，在第一次考试之后，并没有足够的人员达到标准，为此降低了外语水平的标准，并且特别规定，即使外语考试不符合标准，但拥有较高专业基础，且在科研、教学方面取得显著成果的人员，也可以考虑录取。同时，即使外语水平很高，但缺乏足够专业知识的人员也不宜录取。

留学教育步入正轨后，外语选拔也逐渐正规化，并与国际接轨。1981 年 12 月，美国开始在中国举办托福（TOEFL）考试，托福考试全名为"检定非英语为母语者的英语能力考试"（The Test of English as a Foreign Language）。1981 年，北京、上海、广州三地同时开考，我国 732 名考生第一次体验了听力考试、机读答卷和美国标准化考试。从那以后，托福考试成为了中国留学生赴美国、加

---

① 国家教委. 关于具有大专和大专以上学历人员自费留学的补充规定[Z]. 1990.

拿大等地的留学生外语水平考试。

1989年，雅思（IELTS）考试设立，并开始在中国举办，雅思考试全称为国际英语测试系统（International English Language Testing System），是著名的国际英语标准化测试之一。雅思考试是一项考查听力、口语、阅读和写作四种英语沟通技巧的考试。适用于希望在英语为主要语言的国家或地区学习或工作的人。

2. 留学生管理

1979年，教育部、国家教育科学委员会和外交部联合发布通知，试行"出国留学人员管理教育工作的暂行规定"。1986年12月13日，国务院批转了国家教育委员会《关于出国留学人员工作的若干暂行规定》。该文件详细规定了国外留学的指导原则、组织和管理，以及海外留学生的选拔，并对从事国外"博士后"研究或实习任务、公派出国留学人员回国及其配偶出国探亲和自费出国留学等事宜进行了规定。

该"规定"规定：留学生在出国留学期间必须遵守国家有关法律、法规和规章，遵守留学所在国的有关法律，尊重当地群众的习俗和宗教信仰。在国务院的领导下，国家教育委员会根据我国派遣留学生的指导方针和政策，管理出国留学人员工作。教育系统以外的海外留学生派遣以及他们返回国家后的工作分配计划，由国家科学技术委员会和国家经济委员会按照统一的指导方针和政策办理。出国人员的派遣单位应当指定专门机构，或委托专门人员与留学人员保持联系，积极配合并协助外国驻华使领馆管理海外留学生。国家教育委员会派出的驻大使馆和领事馆的教育部门（团体）干部在大使馆和领事馆的领导下，负责海外留学生的具体管理。

从这一规定可以看出，我国政府在政治条件、专业技能、外语水平和身体条件等方面考查了出国留学的条件并提出。并提出公派留学人员和访问学者的选派，实施单位建议、学术组织、技术部门考核、人事部门审核、领导审批等方法。

为了更好地帮助和管理留学生，国家教育委员会设立了专门的留学生管理部门——留学司。中国于1989年4月1日成立了中国留学服务中心，该中心主要负责出国留学、留学人员回国和国外学生来华留学，以及教育和国际交流与合作工作。

（四）留学教育改革特征

1. 受教育者年龄偏大

改革开放后，第一批52名在美国留学的中国学生中有6名女性。52人中，13人来自北京大学，9人来自清华大学，12人来自中国科学院。这三个主要单位共有 34 人，占总人数的近三分之二，充分体现了他们在中国大学和研究机构中的重要地位。在 52 人中，4 人来自上海，4 人来自天津，其余人员在北京工作。① 他们的平均年龄为 41 岁，是教学和研究的中坚力量，以访问学者身份出国，主要专业为自然和应用学科。

1979 年后，我国留学生的平均年龄逐渐下降；1980 年规定以研究生和进修人员为主；1981 年以培养高等学校师资和科技人员为主；1982 年我国提出选拔出国攻读博士学位研究生的试行政策，该政策鼓励中青年骨干教师和学科带头人进行短期进修，适当选派攻读博士学位的研究生，少派攻读硕士学位的研究生。

2. 专业以自然、应用学科为主

当时，我国派遣留学生的方针是：派我所需，学对方所长。主要是在自然科学方向派遣留学生，并优先考虑国外新兴的科学及其周边学科。在前往美国的第一批 52 人中，29 人选择了理科专业，18 人从事工科研究，2 人从事医学研究，1 人从事农业科学研究。从当时的学科分配足以看出当时重理轻文的状况以及时代的局限，将人文科学与自然科学分开，这种忽视人文科学的做法甚至影响了人文科学的地位。

1979 年后，留学教育发展阶段的专业选择仍然以自然、应用学科为主。以 1981 年的留学生为例，出国留学的 3416 名学生中，以自然科学为专业的学生有 3076 人，占比 90%；而以社会科学为专业的学生只有 186 人，占 5.4%；其他 154 人，占 4.6%。

3. 国家公派为主要留学方式

在中国留学教育的发展阶段，国家公派留学、单位派遣和自费出国留学为三种主要的留学方式。其中，国家公派 1979 年 1277 人，1980 年 1862 人，1981 年 2925 人，1982 年 2801 人，1983 年 2821 人，1984 年 2913 人，1985 年 3246 人，1986 年 3678 人，1987 年 3707，1988 年 3786 人，1989 年 2987 人，1990 年 2792 人，1991 年 2440 人，共 37235 人。②

1977—1984 年间，自费出国人员总数约为 7000 人；1985—1988 年间，自费人员总数达 1.6 万人；1989 年获得签证的自费人员总数为 7898 人；1990 年自费出国留学人员总数高达 1.8 万人。③ 从以上数据可以看出，该阶段，国家公派出

---

① 钱江. "首航者"身后，留学潮涌——记改革开放首批 52 名中国学者赴美留学 [J]. 留学生，2010（6）：14-15.

② 陈学飞. 改革开放以来大陆公派留学教育政策的演变及成效 [J]. 复旦教育论坛，2004（3）：12-16.

③ 陈昌贵. 1978—2006：我国出国留学政策的演变与未来走向 [J]. 高教探索，2007（5）：30-34.

国为主要的留学方式，同时自费留学也在迅速发展。

二、留学教育改革的稳定阶段（1992—1999）

（一）留学教育改革概况

在经历了20世纪90年代初短暂的调整后，我国留学教育进入了相对稳定、成熟的时期。尽管上一阶段末期出现很多公派留学未能如期返回的现象，也有很多人开始质疑当下留学工作的效果，但是我国政府决定仍然坚持发展留学教育。这一时期，改革开放的深入使留学政策更加宽松，中国提出了12个字的出国留学政策："支持留学，鼓励回国，来去自由"。这一方针对留学教育改革事业产生了广泛的影响，促进了留学教育的成熟发展，在鼓励公民出国留学接受教育的同时，它还表示希望留学生尽快回归中国，为祖国做出贡献。1993年，《关于自费出国留学有关问题的通知》的发布澄清了留学生的权利和义务。这表明，自费出国留学已成为受国家法律保护的公民行为，也标志着中国自费出国留学渠道的全面开放。

在此阶段，中国的公派出国留学开始注重培养"跨世纪人才"和"顶尖人才"。1993年，国家教委实施《跨世纪优秀人才培养计划》，设有优秀青年教师出国留学专项基金。1998年12月24日，教育部在《面向21世纪教育振兴行动计划》中明确指出加强国际学术交流的目标："除按现有留学制度继续派遣短期访问学者外，由国家资助，选拔大学系主任和研究所、实验室骨干作为高级访问学者，有针对性地到国外一流大学进行研修交流。"[①]

我国留学教育的不断改革，不仅受益于中国深化改革开放的决心和政策支持，也受益于国际形势和各国人才和经济战略的支持。20世纪90年代，国际形势稳定，各国坚持和平发展战略，为国外留学教育提供了稳定的国际环境。1995年，欧盟通过的《中欧关系长期政策报告》具有重要的历史意义。它不仅是欧盟制定的第一份中国综合政策文件，也是欧盟把中国放在重要位置，调整中国政策的重要标志。这在一定程度上为广大留学生提供了一个安全、和谐的学习环境。此外，以美国为代表的发达国家在国际人才市场上争夺优秀人才的同时，也看到了其中的经济效益，将留学教育看作经济增长的"无烟市场"。在留学市场上，留学生输入国不仅可以向国际学生收取学费和杂费，还可以通过学习期间的学生消费刺激当地经济，增加国家的财政收入。据美国媒体披露，美国高等教育接收国外留学生获取的利益已成为美国第五大海外获利产业，仅次于军火、电子等行

---

① 教育部. 面向21世纪教育振兴行动计划［Z］. 1998.

业。在以上因素的刺激下，许多国家开始打着教育国际化的旗帜，实行开放的留学政策，进一步促进了我国留学教育的发展。

在经历了上一阶段后期的短暂调整后，我国各类出国留学总人数不断上升。其中，1992 年出国留学总人数共 6540 人，1993 年出国留学总人数共 10742 人，1994 年出国留学总人数共 19071 人，1995 年出国留学总人数突破 2 万人，达到 20381 人，1996 年出国留学总人数共 20900 人，1997 年出国留学总人数共 22410 人，1998 年出国留学总人数共 17622 人。[①]

（二）留学教育政策改革

1992 年 8 月，国务院办公厅发布了《关于在外留学人员有关问题的通知》，以回应前一阶段出国留学生未按时返回中国的现象。该通知表达了国家对滞留于海外的留学人员的具体政策，从此确立了"支持留学，鼓励回国，来去自由"的总方针。国家公派留学根据这一总体政策，实施了一系列改革。"博采各国之长，按我之需，取人之长，精选精派，定向定人，力争保质保回"成为这一阶段我国公派出国留学政策的核心。

同时，自费出国留学政策进一步调整和开放，促进了自费留学的发展。1993 年，国家教育委员会颁布了《关于自费出国留学有关问题的通知》，进一步放宽了出国留学的政策。这极大地满足了学生自费出国留学的愿望，并促使自费留学生人数急剧增加。同时，"通知"还规定"具有大专以上学历人员（包括归国华侨，国外华侨，香港、澳门、台湾同胞和外籍华人的直系、非直系亲属）在国内服务一定年限或偿还高等教育费后均可申请自费出国留学"。[②] 这项措施限制了自费出国留学的人数和申请，以防止大量人才流失和留学生滞留的情况。此外，为了进一步支持自费留学教育，我国首次开辟了自费留学中介市场，以帮助更多的自费留学人员做出选择和申请国外高校，并同时对自费留学中介市场实施一定的预警和监管。

1999 年，教育部、公安部、国家工商行政管理局共同发布了《自费出国留学中介服务管理规定实施细则（试行）》，该细则认定留学中介为"教育服务性机构"，规范了中介服务机构的申办程序、资格认定和运营模式，并规定了中介服务机构的监督、检查和处罚条例。

在回国政策方面，鼓励回国的政策体系也在改革中不断得到完善。我国政策从"鼓励回国工作"逐渐转为"鼓励海外留学人员以多种形式为国服务"，有效地吸引了一批回国人员，取得了较为显著的成效。1996 年，我国政府拨出专项

---

① 数据来源：国家统计局 2008 年社会统计数据研究生和留学生数。
② 国家教委. 关于自费出国留学有关问题的通知［Z］. 1993.

经费，用以支持在外留学人员回国服务的计划——1997年实行的"春晖计划"。该计划对海外留学归来人员产生了广泛的积极影响，激励了一大批具有爱国热情的留学人员。仅1997、1998两年，该计划就资助了1100多名在外留学人员短期回国工作。

（三）留学教育管理改革

1. 留学生的选拔

围绕"支持留学，鼓励回国，来去自由"的总方针，国家公派留学选派管理体制实行了一系列改革，改变了由单位推荐派遣人选的办法，改为通过全国性的考试择优选派，根据国家经济建设和社会主义发展的需要，在政府计划宏观指导下实施"个人申请、专家评审、平等竞争、择优录取、签约派出、违约赔偿"的政策。公派留学的这一改革，更好地实施了"公开、公平、公正"的原则，使得国家公派留学在市场经济的条件下走向了法制化，恢复了公派留学制度应有的权威，增强了国家选派留学人员与吸引留学生学成回国的可控性和操作性。

2. 留学生的管理

针对部分留学生滞留国外，不能按期回国的现象，邓小平在南方谈话中表示"希望所有出国学习的人回来"，广大留学人员是我们国家的宝贵财富。当时的中国最需要的就是留学生这样的建设性人才，如果留学生滞留在外不归，无疑将是我国现代化建设的一大损失。因此，必须激发广大留学人员的爱国热情和建设祖国的愿望，增强国外滞留人员的回国意向。

1995年"国家留学基金管理委员会"的建立，规范了出国与来华留学生的招生、选拔和管理制度，推进了留学教育的改革。国家留学基金管理委员会的成立进一步规范了公派出国留学人员的管理工作，使得我国公费留学不再接受国家资助，而改为基金资助，采用更加科学的"签约派出，违约赔偿"做法，留学事务的管理走向法制化。

（四）留学教育改革的特征

1. 自费留学发展迅猛

从国家公派出国的人数来看，1992年为2489人，1993年为2938人，1994年为2071人，1995年为2154人，1996年为1905人，1997年为2110人，1998年为2639人，1999年为2661人，2000年为2808人。[①]

---

① 陈学飞. 留学教育的成本与收益：我国改革开放以来公派留学效益研究［M］. 北京：教育科学出版社，2003：前言.

表 24.1　1992－2000 年公费和自费留学人数

年份	留学总人数（人）	国家公派留学人数（人）	自费留学人数（人）	自费留学比例（％）
1992	6540	2489	4051	61.94
1993	10742	2938	7804	72.64
1994	19071	2071	17000	89.14
1995	20381	2154	18227	89.43
1996	20900	1905	18995	90.88
1997	22410	2110	20300	90.58
1998	17622	2639	14938	85.02
1999	23749	2661	21088	88.97
2000	38989	2808	36181	92.79

虽然我国公派留学人员数量基本呈稳步上升趋势，但是公派留学人员在所有出国留学人员中的比例却大大下降，这说明这一阶段我国留学教育的受教育者很大一部分是自费出国留学人员。1981 年国家公派人员占当时各类留学人数的 93％。但进入新世纪后，2000 年国家公派留学人员的比例降到了 7.2％。

2. 专业选择符合国家需要

从公派出国的专业来看，这一阶段主要是资助国家重点学科、专业建设发展急需的学科和专业，主要涉及理工、农业、医学等领域，比例达到 85％，社会科学和人文学科只占到 15％。① 这一阶段留学生专业选择的结构和比例符合上世纪末我国经济建设的实际需要，有利于我国国民经济的发展和结构的优化。

3. 输入国集中于欧美大国

从公派出国的派往地区看，美洲、西欧、大洋洲所占比例最大，达到 50％左右；其次是中欧和东欧地区，达到 20％；亚洲占 15％；其余为拉丁美洲和非洲，约 15％。② 由于我国派出留学的主要目的就是要学习国外的先进管理经验和科学技术，因此，美国和西欧国家自然成为主要的留学生输入国家。

---

① 牧晓波，魏毅. 浅谈出国留学生教育中存在的问题及对策 [C]. 首届农林院校教育管理类研究生学术论坛论文集，2009.
② 牧晓波，魏毅. 浅谈出国留学生教育中存在的问题及对策 [C]. 首届农林院校教育管理类研究生学术论坛论文集，2009.

三、留学教育的爆发阶段（2000—2011）

（一）留学教育改革概况

进入新世纪以后，中国的留学教育蓬勃发展，中国高等教育国际化进入了爆发式发展阶段。在"国家建设高水平大学公派研究生项目"的推动下，我国这一阶段的留学教育工作在坚持"支持留学，鼓励回国，来去自由"整体思维的前提下，提出了"三个一流"的目标，"旨在选拔一流的学生，派往一流的学校，师从一流的导师，努力培养高层次、创造型人才"。[①]"三个一流"符合国民经济建设和人才社会发展的需要，也成为公派留学努力的方向。

此外，为了进一步吸引海外学生，聚集国内需要的稀缺人才，2007年，我国通过了《关于进一步加强引进海外优秀留学人才工作的若干意见》、"长江学者奖励计划"和"春晖计划"，目的在于吸引在海外留学或工作的高层次人才回国发展，建设祖国。

与此同时，在中国留学的学生人数也迅速增加。2007年有195503名国外留学生在中国的544所高等学校和科研机构留学深造，他们在中国学习的专业几乎涵盖了所有学科领域。各种迹象表明，中国的留学教育改革正在进入一个新时期，对出国留学政策法规的调整和完善正变得越来越迫切。

这一阶段我国留学工作的蓬勃发展离不开安全的国际形势和我国国际地位的提升。新世纪初，美国通过了《对华永久性正常贸易关系法案》，加强了中美两国的信任和贸易往来；在911事件后，中美两国就反对恐怖主义的愿望达成共识，它为改善中美关系提供了机遇，实现了中美之间的深入合作。2001年7月，中俄共同签署了《中俄睦邻友好合作条约》。欧盟也十分重视中国在全球和地区安全及全球经济稳定等方面的作用，在2001年再次强调了在新亚洲战略中加强与中国关系的重要性。2001年12月11日，中国正式加入世界贸易组织，标志着中国市场化改革正式化，加入世界市场经济，参与世界竞争。在经济与国际接轨的同时，我国教育也逐渐与世界市场接轨，留学教育在中国加入WTO后出现了明显的增长。

从1978年到2000年，中国留学生总数约为34万。进入21世纪后，中国留学生数量呈爆炸性增长。2000年我国出国留学总人数为3.9万人，2001年为8.4万人，2002年为12.5万人，2003年为11.73万人，2004年为11.47万人，2005年为11.85万人，2006年为13.4万人，2007年为14.4万人，2008年为17.98

---

① 佴永锦. 我国现行公派出国留学政策述评［J］. 江苏高教，2001（5）：101-104.

万人，① 2009年为22.93万人，2010年为28.27万人，2011年为33.97万人。②

随着在华留学生人数的增加，特别是自费留学生人数的增加，庞大的留学市场导致了海外留学机构的大规模扩张和发展。留学中介主要是针对"那些已经完成高级中等教育或者是高等教育后申请自费出国留学的我国公民，其服务内容主要是提供信息和法律咨询、代办入学申请和签证、组织安全教育、帮助联络和安排等"。③ 关于留学市场的规范，1999年，我国颁布了《海外留学中介服务管理条例（试行）实施细则》。但是留学市场仍然存在很多问题，且这一阶段没有进一步通过法律政策来规范留学中介市场。虽然大多数代理机构帮助自费留学生出国实现梦想，他们在促进中国海外教育方面发挥了关键作用。但是，中介市场存在很多问题：推荐学生入学的境外高校资质不良，中介机构发布虚假广告，为申请者伪造申请材料，乱收费等。这些行为对我国留学教育市场造成了非常不良的影响，更给自费留学人员造成了经济和时间的损失。

（二）留学教育政策和管理改革

国家留学基金管理委员会2000年设立了"重点大学系主任和研究所/实验室骨干国外培训项目"。2002年，根据国家经济建设的发展和中国加入WTO后对人才的需求，信息、生物技术、经济和法律等专业的资助有所增加，随后，"高级研究学者"类别的设立又大大增加了资金支持。

中国加入WTO后，我国简化了自费出国留学的审批，不再向申请自费出国留学的高校在校生和各类人员收取"高等教育培养费"，取消对上述人员的"自费出国留学资格审核"。

2003年起，我国开始严肃对待一些出国留学中介的违规现象和国外机构在我国的虚假宣传、非法招生情况，因为这些留学中介和境外机构的行为违反了国家有关政策和法规的规定，扰乱了出国留学服务市场的正常秩序，侵害了当事人的合法权益。教育部建立了出国留学预警系统，并建立了教育涉外监管信息网络清单，并公布了省、市教育部门注册的自费留学中介服务机构项目清单，对违规的中介机构、境外招生机构和高校进行通报预警。2003年至2011年，教育部共发布50期留学预警，有效地保障了自费留学人员的权益，规范了我国留学教育市场。

在这个阶段，公派留学教育政策做出了两项重要改革。一是确定了重点支持的七大领域：符合"入世"要求的能源、环境、材料、信息、农业、生物科学、

---

① 王辉耀. 中国留学人才发展报告 [M]. 北京：机械工业出版社，2009：前言.
② 王辉耀，苗绿. 中国留学发展报告 [M]. 北京：社会科学文献出版社，2012/2013/2014/2015/2016/2017.
③ 曾明. 留学中介，游走在是与非的边缘 [J]. 中国防伪报道，2005（4）：29-33.

人文科学和社会科学（金融等）。二是调整留学生类型，新立"高级研究学者"，将传统的"一般访问学者"和"高级访问学者"合并为"访问学者"。

2002年人事部设立"新世纪百千万人才工程"，同年，国家自然科学基金设立了"国家杰出青年科学基金"。2003年成立了"留学回国工作办公室"，同时加大了吸引留学生重返祖国或以各种形式服务国家的力度。建立了中国留学网、国家留学网等网站，创办了期刊《出国留学工作研究》以及《神州学人》，为研究吸引留学生回国的政策和实施相关政策措施，促进留学教育的改革，做出了重要贡献。

（三）留学教育改革特征

1. 留学人数爆发式增长

2001年中国加入WTO后，教育改革逐渐向国际标准靠拢，中国留学生人数急剧增加。"2000年，留学生人数为39000人，2011年，留学生人数为33.97万人，占全世界留学生总数的14%，是2000年留学生人数的8.7倍"。[①]

2. 自费留学成为绝对主力

进入21世纪后，国家公派留学人数只占全部人数的一小部分，且增长幅度不大，而自费出国留学的人数则逐年猛增。2000—2011年，中国海外留学生总数为191.13万人，自费留学人数约占91.3%，达到174.57万人。2001年自费留学比例达到90.48%，2002年自费留学生比例达到93.63%，2003年达到93.00%。[②]

表24.2　2000—2011年公费和自费留学人数[③]

年份	留学总人数（万人）	国家公派留学人数（万人）	单位公派留学人数（万人）	自费留学人数（万人）	自费留学比例（%）
2000	3.90	0.30	0.40	3.20	82.05
2001	8.40	0.30	0.50	7.60	90.48
2002	12.50	0.35	0.45	11.70	93.60
2003	11.73	0.35	0.46	10.92	93.00
2004	11.47	0.35	0.69	10.43	90.93

---

① 王辉耀，苗绿. 中国留学发展报告［M］. 北京：社会科学文献出版社，2012：前言.
② 王辉耀，苗绿. 中国留学发展报告［M］. 北京：社会科学文献出版社，2012：前言.
③ 王辉耀. 中国留学人才发展报告［M］. 北京：机械工业出版社，2009：前言；陈学飞. 留学教育的成本与收益：我国改革开放以来公派留学效益研究［M］. 北京：教育科学出版社，2003：前言.

续表

年份	留学总人数（万人）	国家公派留学人数（万人）	单位公派留学人数（万人）	自费留学人数（万人）	自费留学比例（％）
2005	11.85	0.40	0.80	10.65	89.87
2006	13.40	0.56	0.77	12.07	90.07
2007	14.40	0.89	0.61	12.90	89.58
2008	17.98	1.14	0.68	16.16	89.88
2009	22.93	1.20	0.72	21.01	91.63
2010	28.47	1.20	1.27	26.00	91.32
2011	33.97	1.28	1.21	31.48	92.67

3. 留学大众化

麦可思公司曾对中国大学毕业生社会需求与培养质量进行调查，调查显示，2009年之后，出国留学的大学毕业生中，有85%以上学生受其父母的资助。与这项调查有关，自费留学人员中的工薪家庭比例日益增加。2009年普通工薪家庭出国留学人员只占2%，仅仅在一年之后，就有34%左右的普通工薪家庭学生选择出国留学。①

4. 留学低龄化

根据美国国土安全局的统计数字，2005年，仅有65名中国中学生到美国读中学；而2010年，就有6725名中国学生到美国去读中学。人数在五年内增长了100倍。② 除了美国，接收中国中学留学生的国家还包括加拿大、澳大利亚和欧洲各国。

四、留学教育的理性阶段（2012—2018）

（一）留学教育改革概况

2012年，具有划时代意义的中共十八大召开，为留学教育的进一步改革指明了方向。为了总结我国教育的发展状况和特征，更好地促进留学教育的改革，中国社科院、全球化智库（CCG）于2012年开始，逐年发布"留学发展报告"，总结我国留学教育的各项指标，客观分析中国留学教育改革的成就与不足，为家长和留学人员的理性选择提供帮助，已成为中国留学教育改革的指南针。在"留

---

① 中国留学生输出居世界之首［N］. 人民日报海外版，2012-9-18（4）.
② 邵乐韵，王嘉瑶. "低龄留学"众生相［J］. 新民周刊，2012（31）：26-31.

学发展报告"的总结和指导下,中国的留学教育已进入理性发展阶段。在这一阶段,我国留学教育的一大特征是多元化,不仅表现为留学目的地和所选专业的多元化,还表现为留学方式的多元化。

习近平总书记描绘的中国梦,为留学人员的梦想增添了新的动力;在坚持我国留学政策的基础上强调"发挥作用",成为我国留学政策的画龙点睛之笔;在此指引下,我国留学工作为中国梦的实现做出更大的贡献。同时,习总书记还鼓励留学生要胸怀大志,刻苦学习,可堪大任;提出本土人才、海归人才,要"并用并重"。

全球化智库(CCG)《中国留学发展报告(2017)》研究显示,截至2016年,中国仍然是澳大利亚、韩国、加拿大、日本、美国、英国等国家的最主要留学生源国。这一阶段,我国出国留学人数不断递增,2012年各类出国留学总人数39.96万人,2013年各类出国留学总人数41.39万人,2014年各类出国留学总人数45.98万人,2015年各类出国留学总人数52.37万人,2016年各类出国留学总人数54.45万人,2017年各类出国留学总人数60.84万人。

虽然我国留学人数一直居高不下,留学教育不断发展,但是出国留学接受教育的质量却有下降的趋势。在我国的留学史中,派出的留学生都被认为拥有"勤勉""认真"的特质,然而由于一些留学生的学术不端行为对中国留学生的整体形象造成了负面影响,引起了国际高等院校的重视。根据中国留学发展报告记录,2016年,我国留学生因学术表现差而被劝退的占全部劝退学生的39.86%,学术不诚信的占32.57%,且较2015年有上升趋势。[①]

随着英美工作和移民政策紧缩,我国赴英美留学的人员数量出现下降和增幅下降的趋势,相反,来到中国学习的国际学生人数正在上升。根据美国国际教育协会研究数据显示,在2016—2017学年和2016—2017学年,世界八大留学目的国接收高等教育国际学生总数达3533999人,较2015—2016学年,增幅下降了10.04%。[②] 相比之下,中国、澳大利亚和加拿大的国际学生人数继续增长。中国继续保持其作为第三大留学国家的地位。2017年与上一学年相比,增长率提高了5.9个百分点。[③] 可以看出,近年来,世界留学主要输入国如美国和英国,国际学生的增长速度有所减缓,而中国、澳大利亚和加拿大已加入留学生输入大国行列。

---

① 王辉耀,苗绿. 中国留学发展报告[M]. 北京:社会科学文献出版社,2017:前言.
② 王辉耀,苗绿. 中国留学发展报告[M]. 北京:社会科学文献出版社,2017:前言.
③ 王辉耀,苗绿. 中国留学发展报告[M]. 北京:社会科学文献出版社,2017:前言.

（二）留学教育政策改革

2014年12月12日至13日，全国留学工作会议在北京举行。习近平为这次会议作出了重要指示。他强调，在新形势下，出国留学应适应国家发展大势和党和国家工作大局，统筹规划留学教育改革；全面利用国内外资源，培养和吸引更多优秀人才；"努力开创留学工作新局面，为实现'两个一百年'奋斗目标，实现中华民族伟大复兴的中国梦不断做出新的更大的贡献"。①

（三）留学教育管理改革

这一阶段，留学生的安全问题成为留学教育组织和管理的重心。"章莹颖事件"把留学生安全问题带到公众的视野，随着这一阶段留学低龄化的发展，以及国际形势的变化，留学安全问题逐渐成为我国留学管理的重中之重。外交部领事司的数据显示，我国留学生向中国驻外使领馆和领保中心提出的保护和协助申请逐年增加，"案件总数量从2012年的3.68万起提升至2016年的10万余起，涉及的留学生数量也从2014年的932人增长到2015年的6185人"。②

（四）留学教育改革特征

表24.3　2012－2017年公费和自费留学人数③

年份	留学总人数（万人）	国家公派留学人数（万人）	单位公派留学人数（万人）	自费留学人数（万人）	自费留学比例（％）
2012	39.97	1.53	0.98	37.45	93.70
2013	41.39	1.63	1.33	38.43	92.84
2014	45.98	2.13	1.55	42.30	91.99
2015	52.37	2.59	1.60	48.18	91.99
2016	54.45	3	1.63	49.82	91.49
2017	60.84	3.12	3.59	54.13	88.97

1. 留学人数增长速度放缓

由于国外形势的变化、国外留学含金量问题、国外安全问题，以及国际学校与中外合作办学的快速发展的影响，国内家长和留学人员都开始理性地对待出国留学，我国留学人数在这一阶段的增长速度放缓。但此阶段我国仍然是最主要的留学生输出国。我国留学生占澳大利亚、美国、新西兰、加拿大等国留学生的比

---

① 习近平. 适应国家发展大势和党和国家工作大局，培养更多优秀人才开创留学工作新局面［N］. 人民日报，2014-12-14（1）.
② 王辉耀，苗绿. 中国留学发展报告［M］. 北京：社会科学文献出版社，2017：前言.
③ 王辉耀，苗绿. 中国留学发展报告［M］. 北京：社会科学文献出版社，2017：前言.

例超过30%，占日本和韩国留学生的比例更高达半数以上。《中国留学发展报告（2016）》研究显示，"2015年我国出国留学人员总数为52.37万人，同比增长13.9%。2000—2012年间，我国留学人员数量平均每年以18.9%的增长率不断增长。但这一增长速度在2013年以后有所放缓，2014年留学人数同比增长11.1%，2015年增长13%，2016年降到了3.97%，较2015年增速下降约9个百分点"①。

2. 留学目的地多元化

这一阶段我国海外留学生广泛分布于100多个国家。其中，绝大多数分布在澳大利亚、加拿大、美国、法国、日本、韩国、英国、新加坡、德国等发达国家。除了这些国家，西班牙、爱尔兰、荷兰、阿根廷、意大利等国家和一些东盟国家也受到中国留学生的青睐。自此，我国留学生的分布呈现"大集中、广分散"的局面。

纵观国外留学的整体情况，呈现出与往年不同的新趋势：特朗普当选为美国总统和英国退欧事件，对英国和美国这两个传统目的地产生了强烈影响，导致英国和美国的国际学生人数下降。在此阶段，一部分留学生继续前往美国、英国、澳大利亚、日本、韩国、加拿大、新西兰、新加坡、法国和俄罗斯，马来西亚、西班牙、意大利、荷兰、爱尔兰、波兰、印度、阿根廷等国家也逐渐受到更多关注，这些国家逐渐成为留学新热点。《中国留学发展报告（2017）》的调查显示，学校声望和申请成功率是中国留学生在做选择时最关注的两个问题，其次才是学校所在地。

3. 低龄化趋势进一步加强

全球化智库（CCG）研究编写的《中国留学发展报告（2017）》指出，我国有大量中学生选择出国留学，其占比在全世界居高不下。根据IIE《全球流动青年》报告数据，2016年来自中国的中学留学生达到33275人，占该年美国国际中学生总量的41%，这一数量较2012学年增长了48%。②

---

① 王辉耀，苗绿. 中国留学发展报告［M］. 北京：社会科学文献出版社，2017：前言.
② 王辉耀，苗绿. 中国留学发展报告［M］. 北京：社会科学文献出版社，2012/2013/2014/2015/2016/2017.

第二节　留学教育改革的成就

一、坚持"支持留学，鼓励回国，来去自由"的总体思路

在"支持留学，鼓励回国，来去自由"的总体思路的指导下，我国留学教育改革取得了巨大的成就。

1980年10月，《关于出国留学人员管理工作会议情况的报告》明确了"突出重点，统筹兼顾，在保证质量的前提下争取多派一些，并在最近几年内保持派遣数量相对稳定"的方针。

1986年12月，《关于出国留学人员工作的若干暂行规定》提出"按需派遣，保证质量，学用一致"的方针。

1992年8月，《关于在外留学人员有关问题的通知》明确把"支持留学，鼓励回国，来去自由"作为我国出国留学工作的总方针。此后，这一方针就成为我国留学教育改革的总体思路。并在之后的20年内一直发挥重要的作用。

2013年10月21日，习近平总书记在欧美同学会成立100周年的庆祝大会上发表了重要讲话，习总书记肯定了大批留学人员对"索我理想之中华"的贡献，体现了我国青年对民族复兴梦想的追逐，见证了我国从封闭到开放、从贫穷到富强的发展历史。大量的留学人员在学成之后回到祖国怀抱，投入中华民族伟大复兴当中，在历史上留下了精彩的篇章。习总书记回顾了改革开放以来我国留学教育的改革史，认为党中央和邓小平同志在改革开放初期派遣留学生的决策是推动我国教育发展、推动我国经济发展、促进改革开放的战略性决策。就在这次讲话中，习近平总书记提出了"支持留学，鼓励回国，来去自由，发挥作用"的方针。习总书记指出，"尊重劳动、尊重知识、尊重人才、尊重创造，是党和国家的一项长期方针"，[①] 留学人员工作是科教兴国战略和人才强国战略实施的首要任务，要以更大力度推进"千人计划""万人计划"等人才引进政策，更加大力改善和提高留学人员回国服务的生活保障，为留学回国人员创造良好的条件，使他们报国有门。

习近平总书记提出的上述十六字方针，较之1993年11月召开的中共十四届三中全会通过的《中共中央关于建立社会主义市场经济体制若干问题的决定》中提出的"支持留学，鼓励回国，来去自由"十二字方针，增加了"发挥作用"四

---

① 习近平. 在欧美同学会成立100周年庆祝大会上的讲话（2013年10月21日）[J]. 中国人才，2013（21）：5-7.

个字,突出了留学工作的归结点和关键点,为留学工作画龙点睛,促进了留学教育改革的进一步发展。

二、留学人数不断上升

在留学教育的改革历程中,我国留学人数呈现出不断上升的趋势,尤其是1992年之后,留学人数突飞猛进。1977年到1991年,我国各类出国人数虽缺乏详细的分类统计,但总数不到9万人。从1992—2018年中国出国留学人数折线图中可以看出,我国出国留学人数累计达513.11万人,而且留学人数逐年上升。

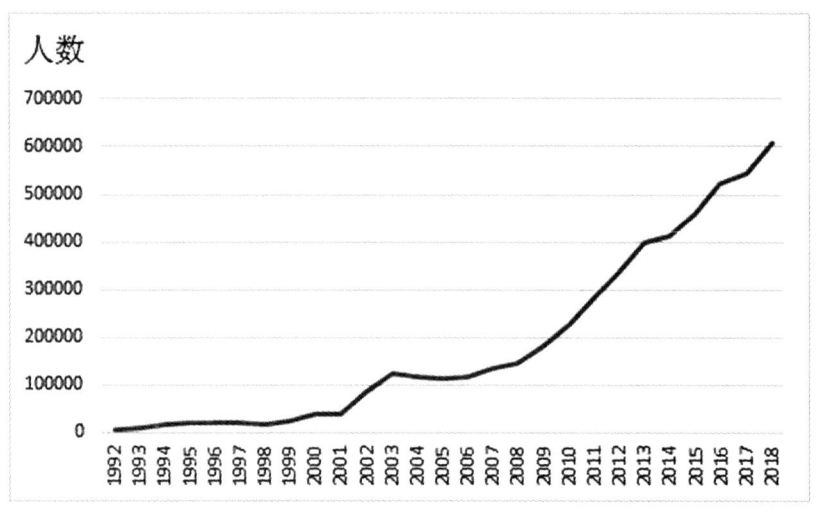

图 24.1　1992—2018 年中国出国留学人数折线图[①]

三、留学选择逐渐多元化

我国留学教育改革的多元化倾向不仅表现为留学目的地的多元化,还表现为留学专业的多元化,以及留学方式的多元化。

在我国留学教育改革初期,留学目的地主要是美国。20世纪八九十年代,我国留学人员的目的地主要是美国、加拿大、英国、法国、德国等欧美发达国家以及日本。进入新世纪以后,我国留学目的地的选择32.1%在美洲,27.9%在欧洲,25.2%在亚洲,14.2%在大洋洲。同时,在澳大利亚、韩国、新加坡及北

---

① 数据来源:王辉耀. 中国留学人才发展报告[M]. 北京:机械工业出版社,2009;陈学飞. 留学教育的成本与收益:我国改革开放以来公派留学效益研究[M]. 北京:教育科学出版社,2003;王辉耀,苗绿. 中国留学发展报告[M]. 北京:社会科学文献出版社,2012/2013/2014/2015/2016/2017.

欧的留学生人数不断增加，还有一些留学生选择印度、阿根廷等新兴国家。①

21世纪以来，留学人员的专业从以理工科为主转向以经济管理和人文学科为主。2005年，一项对国内海归人士的调查分析表明，46%的海归在海外学习的专业为理工专业，27%为经济或工商管理，12%为法律或其他人文专业，还有9%为医疗卫生专业，其他的专业为6%。② 2017年，《中国留学发展报告》显示，我国留学生选择工程科学和工程技术、计算机与信息科学、数学与统计学、社会科学的比例下降，外国语言文学和教育学专业和工商管理学专业的选择人数保持增长。③

在留学方式方面，我国留学教育从起初只有国家公派留学，增加单位派出留学，自从自费留学开始后，我国自费留学人数大幅上升，进入21世纪后，随着教育全球化的发展，许多国际学校在我国开设，增加了"国内出国"的方式。

第三节 留学教育改革的反思

一、转变留学"赤字"现象

纵观我国留学教育改革的历程，可以看出，留学生输出、输入和回归问题一直是留学教育改革的重点。在努力推进留学教育改革的同时，我国留学生输出人数不断增加，但是输入人数远远落后，出国留学人数远大于来华留学的人数。在我国高等学校中，国际学生的比例依旧很低，来华学生质量与输出学生相比，学术水平较低，且来华学生大都选择文科专业，我国输出学生大都选择理工专业。我国的大量留学生在国外结束学业后，选择滞留国外，或直接移民，不仅造成了我国人才的严重流失，也造成了我国高等教育领域的贸易逆差。我国今后的留学教育改革要解决这一现象，一方面需要大力提高国内高等教育和经济发展水平，一方面继续实施和推进吸引人才的政策。

从1978年到1996年，我国出国留学人员人数总计约27万余人，但是学成回国的人数仅9万人，总回归率低至33%。其中国家公派留学人员回归率为84%，单位公派回归率为56%，自费留学回归率为3%。2000年我国留学人员总

---

① 数据来源于教育部留学服务中心2005年的统计。
② 王辉耀. 中国留学人才发展报告[M]. 北京：机械工业出版社，2009：前言.
③ 王辉耀，苗绿. 中国留学发展报告[M]. 北京：社会科学文献出版社，2017：前言.

回归率不到 38%，① 2006 年我国留学人员回归率为 31%，2008 年的回归率则只有 28%。

在进入留学教育的理性阶段后，这一现象有所改善，归国热潮方兴未艾，2011 年回归率上升到了 54.81%，2014 年回归率达到了 79.33%，2015 年回归率为 78.11%。② 年度出国/回国人数比从 2006 年的 3.15∶1 下降到了 2015 年的 1.28∶1。2016 年，我国留学回国人员达到 43.25 万人，回归率超过 80%。可以看出，虽然人数差距仍然存在，但回归人数与出国留学人员数量之间的差距有所减缓，留学人员的回国热潮方兴未艾。

二、鼓励支持"国内留学"

纵观我国留学教育改革史，可以看出，我国留学教育的方式基本是出国留学。然而，全球化时代背景下的留学教育不仅限于出国的形式，一些国际名牌大学与各个国家的合作办学为"国内留学"提供了便利的条件，使得莘莘学子可以不出国门就享受到国际化的教育。

随着教育全球化不断推进，国际学校与中外合作办学发展迅速，为我国留学教育的改革提供了新选择。于是，通过就读国际学校，接受国际化教育，并增加进入世界名校的机会，也成为一种新的"国内留学"方式。截至 2017 年底，已经有 550 所英语国际学校在我国建立，这使得我国成为全世界开设国际学校数量最多的国家之一。

我国的国际学校最早出现于 20 世纪中期，当时主要是为了解决使馆工作人员子女的上学问题。1995 年，我国政府允许在外资机构和外籍人员聚居的地区自行办学，于是大量国际学校在这一时期涌现出来，包括京西国际学校、北京顺义国际学校、耀中国际学校、哈罗国际学校等。这些国际学校在建设之初原则上只能接收居住在中国的外籍人员及港澳台人员的子女，但随着国际学校的发展、家长和学生对国际化教育的渴望，以及出国留学低龄化现象引起的一系列问题，国际学校也逐渐变成了中国家长和学生的选择之一。这些国际学校从最初只招收外籍学生，或持有外国绿卡的学生，随后逐渐放开招生政策，开始招收中国籍学生，将"国内留学"推向高潮。

---

① 陈学飞. 改革开放以来大陆公派留学教育政策的演变及成效［J］. 复旦教育论坛，2004（3）：12-16.
② 王辉耀，苗绿. 中国留学发展报告［M］. 北京：社会科学文献出版社，2017：前言.

三、大力推进来华留学

1979年1月8日至19日召开的外国留学生工作会议是新中国成立后第二次全国性的关于来华国际学生工作的会议。会议规定了今后接收外国留学生的方针：坚持标准，择优录取，创造条件，逐步增加。把好接收关和汉语关，安排好专业教学，严格执行教学管理制度，建立学位制度，解决好教学工作中存在的问题。

与出国留学相比，来华留学教育发展相对较为缓慢，1999年来华留学人数为29179人，在此之前，来华留学人数不详，但随着近年来我国国力、国际地位以及高等教育水平的提升，来华留学教育改革也取得了较大的成就。据《中国留学发展报告（2017）》调查，2016年，来华留学生数量达到44.3万，较2015年增长11.3%；2017年来华留学人数达到48.92万，再次达到两位数增长，与2004年的11.1万相比，增加了299%。来华留学工作在我国起步较晚，改革过程中存在许多障碍，来华留学人员的数量和质量都与出国留学人员相去甚远，加剧了我国留学"赤字"现象。

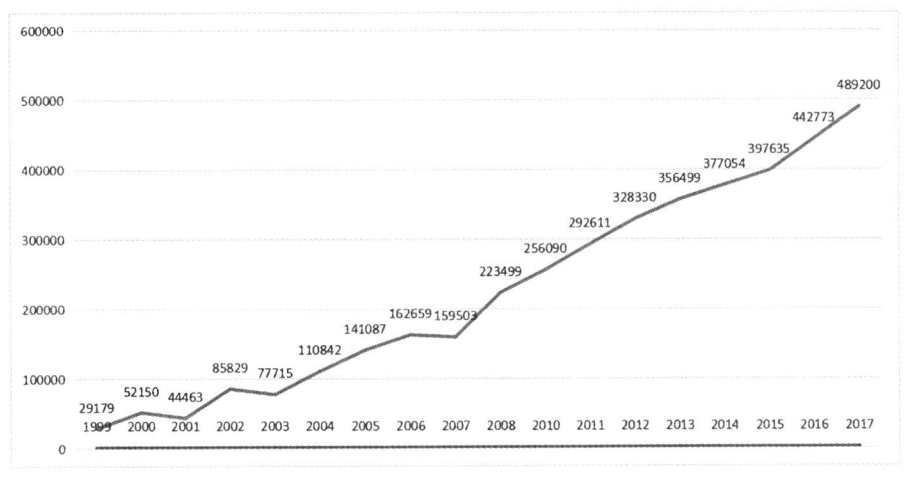

图24.2　1999—2017年来华留学人数折线图①

但是，随着"一带一路"沿线项目的不断进展，沿线国家的许多学生选择来华留学，我国接收的国际学生数量不断增长。其中，泰国、印度、印度尼西亚、巴基斯坦等国来华留学生人数增长最快，且都属于"一带一路"沿线国家，这些国家的来华留学生平均增长速度超过20%。"一带一路"沿线国家的来华留学生

---

① 魏礼庆，胡燕华.改革开放40年出国留学与来华留学事业回顾与展望[J].河北师范大学学报（教育科学版），2018（3）：20-27.

人数增加不仅为"一带一路"提供了人才支持，也促进了中国文化和汉语的传播，使汉语和中国文化实现"走出去"，被全世界接受。在我国经济不断发展和国际影响力不断提升的同时，"汉语热"在全世界风靡起来，很多人为了个人的发展和商业合作开始学习汉语，还有许多国家都将汉语列为战略语言。

参考文献

一、中文著作类

1. 21世纪初中国高等教育的发展战略和结构布局课题组. 21世纪初中国高等教育的发展战略和结构布局［M］. 沈阳：辽宁大学出版社，1997.

2. 21世纪的中国高等教育研究课题组，全国高等学校教学研究中心. 21世纪的中国高等教育［M］. 北京：高等教育出版社，2001.

3. 当代中国丛书教育卷编辑室. 当代中国高等师范教育资料选（上册）［M］. 上海：华东师范大学出版社，1986.

4. 国家教育行政学院. 职业教育法律法规文件选编（1996－2009）［M］. 北京：中央文献出版社，2010.

5. 《中国教育年鉴》编辑部. 中国教育年鉴（1982－1984）［M］. 北京：中国大百科全书出版社，1985.

6. 安徽省教育史研究会. 外国教育史学科体系论文集［G］. 安徽省教育史研究会，1984.

7. 安晓敏. 义务教育公平指标体系研究［M］. 北京：教育科学出版社，2012.

8. 北京师范大学教育经济学研究组. 教育经济学讲座［M］. 北京：北师大教育系，1982.

9. 蔡克勇. 高等教育学引论［M］. 北京：首都师范大学出版社，1996.

10. 蔡迎旗. 学前教育概论［M］. 湖北：华中师范大学出版社，2006.

11. 陈大克. 高等教育改革与实践［M］. 重庆：重庆大学出版社，2001.

12. 陈桂生. 中国德育问题［M］. 福州：福建教育出版社，2006.

13. 陈红涛. 中国民族教育发展途径探讨［M］. 北京：中央民族学院出版社，1990.

14. 陈吉庆. 教育美学［M］. 长沙：湖南师范大学出版社，2013.

15. 陈建翔. 有一种美，叫教育：教育美学思想录［M］. 成都：四川教育出版社，2006.

16. 陈乃林，张志坤. 社区教育课程的理论与实践［M］. 北京：高等教育出版社，2012.

17. 陈乃林. 现代社区教育理论与实验研究［M］. 北京：中国人民大学出版社，2006.

18. 陈庆云. 公共政策分析研究［M］. 北京：北京大学出版社，2006.

19. 陈时见. 比较教育学［M］. 重庆：西南师范大学出版社，2012.

20. 陈孝彬，高洪源. 教育管理学［M］. 北京：北京师范大学出版社，2008.

21. 陈孝彬. 教育管理学［M］. 北京：北京师范大学出版社，1999.

22. 陈学飞. 留学教育的成本与收益：我国改革开放以来公派留学效益研究［M］. 北京：教育科学出版社，2003.

23. 陈永明，朱益明，胡章萍. 教师教育研究［M］. 上海：华东师范大学出版社，2003.

24. 陈永明. 国际师范教育改革比较研究［M］. 北京：人民教育出版社，1999.

25. 陈友松. 当代西方教育哲学［M］. 北京：教育科学出版社，1982.

26. 陈云英. 中国特殊教育学基础［M］. 北京：教育科学出版社，2010.

27. 陈振明. 公共政策分析［M］. 北京：中国人民大学出版社，2003.

28. 陈振明. 公共管理学［M］. 北京：中国人民大学出版社，1999.

29. 成有信. 教育学原理［M］. 广州：广东高等教育出版社，1999.

30. 成有信. 教育学原理［M］. 郑州：河南教育出版社，1993.

31. 冲原丰. 比较教育学［M］. 台北：水牛出版社，1991.

32. 褚宏启. 中国教育管理评论（第 2 卷）［M］. 北京：教育科学出版社，2004.

33. 崔士民. 职业教育学概论［M］. 成都：电子科技大学出版社，2008.

34. 崔运武. 中国师范教育史［M］. 太原：山西教育出版社，2006.

35. 代光英. 特殊教育学［M］. 重庆：西南师范大学出版社，2012.

36. 邓小平. 在全国教育工作会议上的讲话//邓小平文选（第二卷）［M］. 北京：人民出版社，1994.

37. 丁钢. 历史与现实之间：中国教育传统的理论探索［M］. 北京：教育科学出版社，2002.

38. 丁钢. 声音与经验：教育叙事探究［M］. 北京：教育科学出版社，2008.

39. 丁晓禾. 中国百年留学全纪录［M］. 珠海：珠海出版社，1998.

40. 董辉. 中国义务教育择校的政策研究［M］. 北京：教育科学出版社，2014.

41. 董明传，毕诚，张世平. 成人教育史［M］. 海口：海南出版社，2002.

42. 杜成宪，崔运武，王伦信. 中国教育史学九十年［M］. 上海：华东师范大学出版社，1998.

43. 杜成宪，邓明言. 教育史学［M］. 北京：人民教育出版社，2004.

44. 杜成宪，丁钢. 20世纪中国教育的现代化研究［M］. 上海：上海教育出版社，2004.

45. 杜希民，梁克荫. 高等教育学新探［M］. 西安：西安电子科技大学出版社，2009.

46. 杜晓利. 教师政策［M］. 上海：上海教育出版社，2012.

47. 杜以德，韩钟文，何爱霞，等. 中国成人教育学科体系结构及其分类研究［M］. 北京：高等教育出版社，2006.

48. 杜育红，孙志军，等. 中国义务教育财政研究［M］. 北京：北京师范大学出版社，2009.

49. 杜作润，廖文武. 高等教育学［M］. 上海：复旦大学出版社，2003.

50. 范国睿. 教育政策的理论与实践［M］. 上海：上海教育出版社，2011.

51. 范先佐. 教育经济学［M］. 北京：人民教育出版社，1999.

52. 范先佐. 教育经济学新编［M］. 北京：人民教育出版社，2010.

53. 范先佐. 三尺书桌何处寻：流动人口子女教育困难与破解［M］. 南京：江苏教育出版社，2011.

54. 方俊明. 特殊教育学［M］. 北京：人民教育出版社，2005.

55. 方泽强. 高等教育学的学科建设研究［M］. 广州：广东高等教育出版社，2014.

56. 冯大鸣. 教育管理前沿译丛［M］. 上海：上海教育出版社，2002.

57. 冯惠敏，刘予嵩. 实用高等教育学［M］. 武汉：武汉测绘科技大学出版社，1994.

58. 冯建军. 教育基本理论研究20年（1990－2010）［M］. 福州：福建教育出版社，2012.

59. 冯建军，等. 教育哲学［M］. 武汉：武汉大学出版社，2011.

60. 冯增俊. 当代比较教育学［M］. 北京：人民教育出版社，2015.

61. 冯增俊. 教育人类学［M］. 南京：江苏教育出版社，1991.

62. 傅道春. 教育学情境与原理［M］. 北京：教育科学出版社，1999.

63. 傅建明. 学前教育学［M］. 北京：中央广播电视大学出版社，2007.

64. 傅禄建，汤林春，等. 义务教育均衡发展程度测评［M］. 上海：华东师范大学出版社，2013.

65. 傅树京. 高等教育学［M］. 北京：首都师范大学出版社，2007.

66. 傅树京. 教育管理学导论［M］. 北京：原子能出版社，2002.

67. 高等师范教育体制改革项目研究小组. 中国教师教育的新境界［M］. 北京：北京师范大学出版社，2001.

68. 高如峰，张保庆. 比较教育学［M］. 上海：上海外语教育出版社，1992.

69. 高水红. 社会学视角下的中国教育改革［M］. 北京：教育科学出版社，2016.

70. 高文超，吴嬗婷. 教育美学论稿［M］. 香港：中国国际教育出版社，2004.

71. 高志敏. 成人教育学科体系论［M］. 上海：上海教育出版社，2017.

72. 耿金声，崔斌子. 中国少数民族教育史（当代卷）［M］. 长春：吉林教育出版社，1995.

73. 顾定倩. 特殊教育导论［M］. 大连：辽宁师范大学出版社，2001.

74. 顾建民. 高等教育学（修订版）［M］. 杭州：浙江大学出版社，2014.

75. 顾明远，檀传宝. 2004：中国教育发展报告——变革中的教师与教师教育［M］. 北京：北京师范大学出版社，2004.

76. 顾明远. 教育大辞典（增订合编本）［M］. 上海：上海教育出版社，1998.

77. 顾明远. 中国教育大百科全书［M］. 上海：上海教育出版社，2012.

78. 关世雄. 成人教育辞典［M］. 北京：职工教育出版社，1990.

79. 郭高升. 中等职业技术教育学［M］. 哈尔滨：黑龙江科学技术出版社，1988.

80. 郭卫东. 中国近代特殊教育史研究［M］. 北京：高等教育出版社，2012.

81. 郭娅. 反思与探索——教育史学元研究［M］. 济南：山东教育出版社，2010.

82. 郭元祥. 教育逻辑学［M］. 北京：人民教育出版社，2002.

83. 国家教委职业技术教育中心研究所. 职业技术教育原理［M］. 北京：经济科学出版社，1998.

84. 国家教育发展研究中心. 2003年中国教育绿皮书——中国教育政策年度分析报告［M］. 北京：教育科学出版社，2003.

85. 国家教育委员会师范教育司. 师范教育工作资料汇编（1988－1995年）［M］. 长春：东北师范大学出版社，1996.

86. 国家教育委员会师范教育司. 师范教育工作资料汇编（1996－2000年）［M］. 长春：东北师范大学出版社，2001.

87. 国家教育委员会外事司. 中国教育概览［M］. 北京：北京师范大学出版社，1997.

88. 国家教育委员会政策法规司. 改革开放以来重要教育文献选编［M］. 北京：教育科学出版社，1992.

89. 国家统计局. 中国统计年鉴2004［M］. 北京：中国统计出版社，2004.

90. 韩延明. 高等教育学新论［M］. 济南：山东人民出版社，2012.

91. 韩钟文. 先秦儒家教育哲学思想研究［M］. 济南：齐鲁书社，2003.

92. 韩宗礼. 教育经济学［M］. 西安：陕西人民教育出版社，1988.

93. 郝文武，龙宝新. 教育学原理［M］. 北京：北京师范大学出版社，2012.

94. 郝文武. 教育哲学［M］. 北京：人民教育出版社，2006.

95. 郝新生，靳国庆. 高等教育学［M］. 长春：吉林人民出版社，2003.

96. 何东昌. 中华人民共和国重要教育文献（1976－1990）［M］. 海口：海南出版社，1998.

97. 何东昌. 中华人民共和国重要教育文献（1991－1997）［M］. 海口：海南出版社，1998.

98. 何东昌. 中华人民共和国重要教育文献（1998－2002）［M］. 海口：海南出版社，2003.

99. 何东昌. 中华人民共和国重要教育文献（2003－2008）［M］. 北京：新世界出版社，2010.

100. 何齐宗. 教育美学［M］. 重庆：重庆出版社，1995.

101. 和学新，徐文彬. 教育研究方法［M］. 北京：北京师范大学出版社，2015.

102. 河北省教师教育专家委员会. 高等教育学［M］. 石家庄：河北人民出

版社，2007.

103. 贺国庆. 教育史研究：观念、视野与方法——中国教育学会教育史分会第十一届学术年会论文集［M］. 保定：河北大学出版社，2009.

104. 贺祖斌，李强. 职业教育学［M］. 北京：北京师范大学出版社，2010.

105. 侯怀银. 20世纪中国教育学发展问题研究［M］. 北京：北京师范大学出版社，2011.

106. 侯怀银. 高等教育学［M］. 太原：山西人民出版社，2007.

107. 侯怀银. 教育研究方法［M］. 北京：高等教育出版社，2009.

108. 侯怀银. 社区教育［M］. 北京：北京师范大学出版社，2015.

109. 侯怀银. 西方教育学在20世纪中国的传播与影响［M］. 长春：东北师范大学出版社，2011.

110. 侯怀银. 高等教育学［M］. 太原：山西人民出版社，2014.

111. 胡弼成. 高等教育学［M］. 长沙：湖南师范大学出版社，2015.

112. 胡德海. 教育学原理［M］. 兰州：甘肃教育出版社，1998.

113. 胡德海. 教育学原理［M］. 兰州：甘肃教育出版社，2006.

114. 胡厚福. 德育学原理［M］. 北京：北京师范大学出版社，1997.

115. 胡建华，等. 高等教育学新论（新世纪版）［M］. 南京：江苏教育出版社，2006.

116. 胡守棻. 德育原理［M］. 北京：北京师范大学出版社，1989.

117. 扈中平主编，人民教育出版社组编. 教育学原理［M］. 北京：人民教育出版社，2008.

118. 华中师范大学教育系，等. 德育学［M］. 西安：陕西人民教育出版社，1986.

119. 黄甫全. 现代课程与教学论［M］. 北京：人民教育出版社，2014.

120. 黄焕山，郑柱泉. 社区教育概论［M］. 武汉：武汉出版社，2005.

121. 黄济. 教育哲学［M］. 北京：北京师范大学出版社，1985.

122. 黄健. 成人教育课程开发的理论与技术［M］. 上海：上海教育出版社，2002.

123. 黄培森. 中国特殊教育史略［M］. 成都：西南交通大学出版社，2015.

124. 黄人颂. 学前教育学［M］. 北京：人民教育出版社，2007.

125. 黄仁贤. 中国教育管理史［M］. 福州：福建人民出版社，2003.

126. 黄崴. 教育管理学：概念与原理［M］. 广州：广东高等教育出版社，2002.

127. 黄向阳. 德育原理［M］. 上海：华东师范大学出版社，2000.

128. 黄新宪. 中国留学教育的历史反思［M］. 成都：四川教育出版社，1991.

129. 黄新宪. 中国留学教育问题［M］. 长沙：湖南教育出版社，1995.

130. 黄尧. 90年代中国教育改革大潮丛书［M］. 北京：北京师范大学出版社，2004.

131. 黄尧. 职业教育学：原理与应用［M］. 北京：高等教育出版社，2009.

132. 黄云龙. 社区教育管理与评价［M］. 上海：上海大学出版社，2000.

133. 黄志成，程晋宽. 现代教育管理论（第2版）［M］. 上海：上海教育出版社，2001.

134. 纪芝信. 职业技术教育学［M］. 福州：福建教育出版社，1995.

135. 贾勇宏. 农村中小学校布局调整与教育公平［M］. 北京：知识产权出版社，2015.

136. 姜德君，孔锴，贾春明. 教育学原理［M］. 北京：清华大学出版社，2016.

137. 教育部法制办公室. 中华人民共和国教育法律法规规章汇编（下）［M］. 上海：华东师范大学出版社，2010.

138. 教育部计划司. 中国教育成就（1949－1983）［M］. 北京：人民教育出版社，1985.

139. 教育部人事司. 高等学校教师岗前培训教材·高等教育学（修订版）［M］. 北京：高等教育出版社，1999.

140. 教育部师范司. 教师专业化的理论与实践［M］. 北京：人民教育出版社，2003.

141. 教育部师范司. 落实科学发展观推进教师教育改革创新——全国师范大学联席会议文集第三辑［M］. 北京：高等教育出版社，2010.

142. 教育部职业技术教育中心研究所. 中国特色职业教育发展之路［M］. 北京：高等教育出版社，2012.

143. 金林祥. 20世纪中国教育学科的发展与反思［M］. 上海：上海教育出版社，2000.

144. 金一鸣. 教育人类学［M］. 南京：江苏教育出版社，2010.

145. 金一鸣. 教育社会学［M］. 石家庄：河北教育出版社，1996.

146. 靳希斌. 从滞后到超前——20世纪人力资本学说·教育经济学［M］. 济南：山东教育出版社，1995.

147. 靳希斌. 教师教育模式研究［M］. 北京：北京师范大学出版社，2009.

148. 靳希斌. 教育经济学（第四版）［M］. 北京：人民教育出版社，2009.

149. 靳希斌. 教育经济学建构与教育改革创新［M］. 北京：人民教育出版社，2015.

150. 靳希斌. 教育经济学［M］. 北京：人民教育出版社，1997.

151. 靳玉乐，易连云. 教育基本理论问题专题研究［M］. 重庆：西南师范大学出版社，2012.

152. 柯佑祥. 教育经济学［M］. 武汉：华中科技大学出版社，2009.

153. 雷江华，方俊明. 特殊教育学［M］. 北京：北京大学出版社，2016.

154. 冷余生，解飞厚. 高等教育学［M］. 武汉：湖北人民出版社，2006.

155. 李光辉，徐仲传. 高等学校形势政策教育论要［M］. 重庆：重庆出版社，2001.

156. 李桂生. 教育管理的研究与实践［M］. 北京：开明出版社，2001.

157. 李剑. 比较教育学——民族国家、东西方文化、境内少数民族［M］. 民族出版社，2016.

158. 李军. 义务教育阶段就近入学政策分析［M］. 上海：学林出版社，2009.

159. 李均. 中国高等教育研究史［M］. 广州：广东高等教育出版社，2005.

160. 李少梅. 学前教育原理［M］. 北京：高等教育出版社，2016.

161. 李生兰. 学前教育学［M］. 上海：华东师范大学出版社，2013.

162. 李惟民. 社区教育课程开发研究与指南［M］. 上海：上海社会科学院出版社，2012.

163. 李喜所. 中国留学通史·新中国卷［M］. 广州：广东教育出版社，2010.

164. 李现平. 比较教育身份危机之研究［M］. 北京：教育科学出版社，2005.

165. 李政涛. 教育人类学引论［M］. 上海：上海教育出版社，2009.

166. 厉以宁. 教育经济学［M］. 北京：北京出版社，1984.

167. 厉以宁. 教育经济学研究［M］. 上海：上海人民出版社，1988.

168. 厉以贤，毕诚. 教育社会学引论［M］. 哈尔滨：黑龙江教育出版社，1989.

169. 厉以贤. 社区教育原理［M］. 成都：四川教育出版社，2003.

170. 梁志燊. 学前教育学［M］. 北京：北京师范大学出版社，1998.

171. 梁忠义，罗正华. 世界教育大系·教师教育［M］. 长春：吉林教育出版社，2000.

172. 辽宁省高等学校师资培训中心. 高等教育学［M］. 沈阳：辽宁师范大学出版社，2007.

173. 林荣日. 教育经济学（第2版）［M］. 上海：复旦大学出版社，2008.

174. 林雪. 留学大调查［M］. 上海：文汇出版社，2006.

175. 林兆其. 高等教育学［M］. 贵阳：贵州教育出版社，1995.

176. 刘宝超. 教育经济学［M］. 广州：广东高等教育出版社，2007.

177. 刘步俊，王保生. 高校管理的理论探索［M］. 北京：中国广播电视出版社，1990.

178. 刘春玲. 特殊教育概论（第2版）［M］. 上海：华东师范大学出版社，2016.

179. 刘春生，徐长发. 职业教育学［M］. 北京：教育科学出版社，2002.

180. 刘芳，等. 中国义务教育发展报告（2012）［M］. 北京：教育科学出版社，2013.

181. 刘复兴. 教育政策的价值分析［M］. 北京：教育科学出版社，2003.

182. 刘合群. 职业教育学［M］. 广州：广东教育出版社，2004.

183. 刘鉴农，李澍卿，董操. 职业技术教育学［M］. 济南：山东教育出版社，1986.

184. 刘捷，谢维和. 栅栏内外：中国高等师范教育百年省思［M］. 北京：北京师范大学出版社，2002.

185. 刘来兵. 视域融合与历史构境：中国教育史学实践范式研究［M］. 武汉：华中科技大学出版社，2013.

186. 刘良华. 教育研究方法专题与案例［M］. 上海：华东师范大学出版社，2007.

187. 刘美凤. 教育技术学学科定位问题研究［M］. 北京：教育科学出版社，2006.

188. 刘庆昌. 教育者的哲学［M］. 北京：中国社会出版社，2004.

189. 刘全礼. 特殊教育导论［M］. 北京：教育科学出版社，2003.

190. 刘善槐. 农村学校布局调整决策的科学化、民主化与道义化研究［M］. 北京：教育科学出版社，2014.

191. 刘铁芳. 走向生活的教育哲学［M］. 长沙：湖南师范大学出版社，2005.

192. 刘同兰. 世博会与来华留学生教育［M］. 上海：同济大学出版社，2005.

193. 刘小强. 学科建设：元视角的考察——关于高等教育学学科建设的反思［M］. 广州：广东高等教育出版社，2011.

194. 刘晓东，卢乐珍. 学前教育学［M］. 南京：江苏教育出版社，2004.

195. 刘晓东. 儿童教育新论［M］. 南京：江苏教育出版社，1998.

196. 刘晓东. 儿童文化与儿童教育［M］. 北京：教育科学出版社，2006.

197. 刘焱. 幼儿教育概论［M］. 北京：中国劳动社会保障出版社，1998.

198. 刘英杰. 中国教育大事典 1949－1990（上）［M］. 杭州：浙江教育出版社，1993.

199. 刘泽云. 教育经济学［M］. 上海：华东师范大学出版社，2008.

200. 刘正伟. 规训与书写：开放的教育史学——纪念中国教育近代化研究 25 周年［M］. 杭州：浙江大学出版社，2013.

201. 刘志民. 教育经济学［M］. 北京：北京师范大学出版社，2017.

202. 柳海民. 现代教育学原理导论［M］. 北京：高等教育出版社，2012.

203. 柳海民. 现代教育学原理［M］. 长春：东北师范大学出版社，2002.

204. 娄宏毅，宋尚桂. 成人教育学［M］. 济南：齐鲁书社，2002.

205. 卢晓中. 比较教育学［M］. 北京：人民教育出版社，2014.

206. 鲁洁，王逢贤. 德育新论［M］. 南京：江苏教育出版社，1994.

207. 鲁洁. 教育社会学［M］. 北京：人民教育出版社，1990.

208. 鲁洁. 德育社会学［M］. 福州：福建教育出版社，1998.

209. 陆炳炎. 一体化师范教育改革的思考与实践［M］. 上海：华东师范大学出版社，2000.

210. 罗玉莲. 教育学原理［M］. 北京：教育科学出版社，2010.

211. 马国贤，赵宏斌. 我国农村义务教育财政政策：现状与思考［M］. 镇江：江苏大学出版社，2011.

212. 马君. 职业教育学导论［M］. 北京：中国人民大学出版社，2014.

213. 梅新林. 聚焦中国教师教育［M］. 北京：中国社会科学出版

社，2008.

214. 梅新林. 中国教师教育 30 年［M］. 北京：中国社会科学出版社，2008.

215. 孟明义. 高等教育经济学［M］. 北京：教育科学出版社，1991.

216. 孟燕. 高等教育学教程［M］. 西安：西北工业大学出版社，2011.

217. 缪建东. 家庭教育社会学［M］. 南京：南京师范大学出版社，1999.

218. 南国农. 电化教育学［M］. 北京：高等教育出版社，1985.

219. 欧亿容. 高校教育成本核算与高等教育筹资政策研究［M］. 长沙：湖南科学技术出版社，2007.

220. 潘华. 学前教育学［M］. 安徽：安徽教育出版社，2012.

221. 潘懋元，王伟廉. 高等教育学［M］. 福州：福建教育出版社，2013.

222. 潘懋元，王伟廉. 高等教育学［M］. 福州：福建教育出版社，1995.

223. 潘懋元. 高等教育大众化的理论与政策［M］. 福州：福建教育出版社，2004.

224. 潘懋元. 高等教育学的若干问题［M］. 武汉：华中师范学院高校干部进修班，1982.

225. 潘懋元. 现代高等教育思想的演变：从 20 世纪至 21 世纪初期［M］. 广州：广东高等教育出版社，2008.

226. 潘懋元. 高等教育学（下）［M］. 北京：人民教育出版社，1985.

227. 潘懋元. 新编高等教育学［M］. 北京：北京师范大学出版社，2009.

228. 潘懋元. 新编高等教育学［M］. 北京：北京师范大学出版社，1996.

229. 潘懋元. 高等教育学（上）［M］. 北京：人民教育出版社，福州：福建教育出版社，联合出版，1984.

230. 潘懋元. 高等教育学的若干问题（第 2 册）［M］. 武汉：华中师范学院高校干部进修班，1984.

231. 潘懋元. 高等教育学讲座（增订本）［M］. 北京：人民教育出版社，1985.

232. 潘懋元. 高等教育学讲座［M］. 北京：人民教育出版社，1983.

233. 潘懋元. 高等教育学讲座［M］. 北京：人民教育出版社，1993.

234. 潘懋元. 潘懋元文集·卷1·高等教育学讲座［M］. 广州：广东高等教育出版社，2010.

235. 潘懋元. 潘懋元高等教育学文集［M］. 汕头：汕头大学出版社，1997.

236. 潘一. 特殊教育学基础［M］. 北京：高等教育出版社，2006.

237. 庞丽娟. 中国教育改革 30 年·学前教育卷［M］. 北京：北京师范大学出版社，2009.

238. 裴娣娜. 教育科学研究方法［M］. 沈阳：辽宁大学出版社，1999.

239. 彭红斌. 教育管理学的文化路向［M］. 北京：教育科学出版社，2009.

240. 彭人哲. 回眸与超越——社区教育的理论与实践之探究［M］. 北京：中国发展出版社，2017.

241. 彭世华，伍春辉，张晓春. 义务教育均衡发展目标与标准研究［M］. 北京：教育科学出版社，2012.

242. 彭正梅. 现代西方教育哲学的历史考察［M］. 上海：上海教育出版社，2010.

243. 朴胜一. 中国少数民族教育发展与展望［M］. 北京：北京教育出版社，1990.

244. 朴永馨. 特殊教育学［M］. 福州：福建教育出版社，1995.

245. 戚万学. 冲突与整合：20 世纪西方道德教育理论［M］. 济南：山东教育出版社，1995.

246. 戚万学. 高等教育学［M］. 济南：山东人民出版社，2010.

247. 戚万学. 教育研究论丛（第三辑）［M］. 济南：山东人民出版社，2012.

248. 戚万学，等. 现代德育论［M］. 济南：山东教育出版社，1997.

249. 齐梅. 教育研究方法［M］. 北京：高等教育出版社，2015.

250. 祁型雨. 利益表达与整合——教育政策的决策模式研究［M］. 北京：人民出版社，2006.

251. 钱林晓. 具有交叉学科意义的教育经济学方法论研究［M］. 北京：光明日报出版社，2009.

252. 钱宁. 留学美国：一个时代的故事［M］. 南京：江苏文艺出版社，1996.

253. 邱渊. 教育经济学导论［M］. 北京：人民教育出版社，1995.

254. 瞿葆奎，上海市社会科学学会联合会. 社会科学争鸣大系（1949－1989）：教育学卷［M］. 上海：上海人民出版社，1992.

255. 瞿葆奎，郑金洲. 教育基本理论之研究（1978－1995）［M］. 福州：福建教育出版社，1998.

256. 曲恒昌. 西方教育经济学研究［M］. 北京：北京师范大学出版社，2000.

257. 曲铁华，周晓红. 教师学与教学论［M］. 长春：东北师范大学出版社，2006.

258. 曲铁华. 教师劳动价值论［M］. 长春：东北师范大学出版社，1999.

259. 全国教育经济学研究会筹备组. 教育经济学［M］. 西宁：青海人民出版社，1983.

260. 全国教育科学规划领导小组办公室. 全国教育科学"十一五"规划学科发展报告［M］. 北京：教育科学出版社，2011.

261. 全国教育科学规划领导小组办公室. 中国教育科学规划回顾与展望：从"六五"到"十五"［M］. 北京：教育科学出版社，2006.

262. 全国普通高中毕业会考工作协作会. 中国高中会考十年［M］. 南昌：江西人民出版社，2000.

263. 任宇. 高等教育学选讲［M］. 北京：高等教育出版社，1986.

264. 桑宁霞. 社区教育概论［M］. 北京：中国社会科学出版社，2002.

265. 桑宁霞. 社区教育有效性诊断研究［M］. 太原：三晋出版社，2015.

266. 桑宁霞. 中外视野下的成人教育［M］. 太原：山西人民出版社，2006.

267. 桑新民. 当代教育哲学［M］. 昆明：云南人民出版社，1988.

268. 邵宏. 社区教育新视野［M］. 杭州：浙江人民出版社，2006.

269. 邵宗杰. 义务教育的理论与实践探索［M］. 杭州：浙江教育出版社，1993.

270. 沈光辉. 转型发展中的社区教育问题研究［M］. 北京：中央广播电视大学出版社，2016.

271. 生兆欣. 二十世纪中国比较教育学史［M］. 北京：高等教育出版社，2011.

272. 盛永进. 特殊教育学基础［M］. 北京：教育科学出版社，2011.

273. 施良方. 课程理论——课程的基础、原理与问题［M］. 北京：教育科学出版社，1996.

274. 石伟平. 现代职业教育研究丛书［M］. 上海：上海教育出版社，2005.

275. 石中英. 教育哲学的责任与追求［M］. 合肥：安徽教育出版社，2007.

276. 史静寰,等. 西方教育史学百年史论[M]. 北京：人民教育出版社,2014.

277. 司晓宏. 教育管理学论纲[M]. 北京：高等教育出版社,2009.

278. 傅林. 四川省高校教师岗前培训丛书之二·高等教育学[M]. 北京：高等教育出版社,2014.

279. 宋乃庆,李森,朱德全. 中国义务教育发展报告（2013）[M]. 重庆：西南师范大学出版社,2014.

280. 宋嗣廉,韩力学. 中国师范教育通览（上卷）[M]. 长春：东北师范大学出版社,1998.

281. 宋嗣廉,韩力学. 中国师范教育通览（下卷）[M]. 长春：东北师范大学出版社,1998.

282. 宋嗣廉,韩力学. 中国师范教育通览（中卷）[M]. 长春：东北师范大学出版社,1998.

283. 宋友荔,饶玲. 高等教育学[M]. 南昌：江西高校出版社,2011.

284. 苏林,张贵新. 中国师范教育十五年[M]. 长春：东北师范大学出版社,1996.

285. 苏民,刘瑞丽. 社区教育[M]. 北京：当代中国出版社,2003.

286. 眭依凡,等. 高等教育学[M]. 南昌：江西高校出版社,1991.

287. 孙华. 高等教育学概论[M]. 北京：高等教育出版社,2012.

288. 孙俊三. 教育过程的美学意蕴[M]. 长沙：湖南师范大学出版社,2006.

289. 孙绵涛. 教育管理原理[M]. 广州：广东高等教育出版社,1999.

290. 孙绵涛. 教育政策论——具有中国特色的社会教育政策研究[M]. 武汉：华中师范大学出版社,2002.

291. 孙绵涛,等. 高等教育学概论[M]. 武汉：华中师范大学出版社,1991.

292. 孙绵涛. 教育管理学[M]. 北京：人民教育出版社,2006.

293. 孙培青. 中国教育史[M]. 上海：华东师范大学出版社,2008.

294. 孙若穷. 中国少数民族教育学概论[M]. 北京：中国劳动出版社,1990.

295. 檀传宝. 德育美学观[M]. 太原：山西教育出版社,1996.

296. 檀传宝. 美学是未来的教育学：德育世界的探寻[M]. 上海：华东师范大学出版社,2015.

297. 唐淑，钟昭华. 中国学前教育史［M］. 北京：人民教育出版社，1993.

298. 唐玉光. 教师专业发展与教师教育［M］. 合肥：安徽教育出版社，2008.

299. 滕星. 在田野中成长——教育人类学田野日志［M］. 北京：民族出版社，2015.

300. 滕星. 教育人类学的理论与实践——本土经验与学科建构［M］. 北京：民族出版社，2009.

301. 田建国. 高等教育学［M］. 济南：山东教育出版社，2006.

302. 田小红. 知识的境遇：中国比较教育学的学术生态［M］. 北京：高等教育出版社，2011.

303. 万文涛，王云兰，张意忠. 高等教育论：高等教育管理若干问题研究［M］. 北京：中国社会科学出版社，2007.

304. 汪萍. 义务教育均衡化初探［M］. 长春：吉林大学出版社，2013.

305. 王北生. 成人教育概论［M］. 开封：河南大学出版社，1999.

306. 王炳照. 中外教育管理史［M］. 长沙：湖南师范大学出版社，2000.

307. 王策三. 教学实验论［M］. 北京：人民教育出版社，2000.

308. 王承绪，顾明远. 比较教育［M］. 北京：人民教育出版社，1999.

309. 王道俊，扈中平. 教育学原理［M］. 福州：福建教育出版社，1998.

310. 王定华. 全面推进义务教育均衡发展［M］. 北京：人民教育出版社，2012.

311. 王凤喈. 中国教育史大纲［M］. 上海：商务印书馆，1928.

312. 王汉澜. 教育实验学［M］. 开封：河南大学出版社，1992.

313. 王沪宁. 政治的逻辑［M］. 上海：上海人民出版社，2004.

314. 王辉耀. 中国留学发展报告［M］. 北京：社会科学文献出版社，2012.

315. 王辉耀. 中国留学人才发展报告［M］. 北京：机械工业出版社，2009.

316. 王冀生. 宏观高等教育学［M］. 北京：高等教育出版社，2000.

317. 王建华. 高等教育学的建构［M］. 广州：广东高等教育出版社，2009.

318. 王坤庆. 20世纪西方教育学科的发展与反思［M］. 上海：上海教育出版社，2000.

319. 王坤庆. 教育基本理论研究[M]. 合肥：安徽教育出版社，2008.

320. 王坤庆. 教育哲学——一种哲学价值论视角的研究[M]. 武汉：华中师范大学出版社，2006.

321. 王明达. 中国教育科学研究概况[M]. 北京：教育科学出版社，1995.

322. 王善迈. 教育经济学简明教程[M]. 北京：高等教育出版社，2000.

323. 王善迈. 教育投入与产出研究[M]. 石家庄：河北教育出版社，1996.

324. 王善迈. 教育经济学概论[M]. 北京：北京师范大学出版社，1989.

325. 王伟廉. 高等教育学[M]. 福州：福建教育出版社，2001.

326. 王卫东. 高等教育过程公平的社会学分析[M]. 北京：知识产权出版社，2015.

327. 王文科. 特殊教育导论[M]. 台北：五南图书出版股份有限公司，2013.

328. 王小溪. 学前教育学[M]. 南京：东南大学出版社，2016.

329. 王晓云. 教育管理学[M]. 南京：东南大学出版社，1991.

330. 王绪池，等. 现代教育管理学[M]. 成都：四川科学技术出版社，1991.

331. 王学义，程黎阳. 高等教育学[M]. 哈尔滨：黑龙江人民出版社，2002.

332. 王雪萍. 当代中国留学政策研究——1980－1984年赴日国家公派本科留学生政策始末[M]. 北京：世界知识出版社，2009.

333. 王彦. 高校教师岗前培训教材·高等教育学实用教程[M]. 桂林：广西师范大学出版社，2011.

334. 王懿. 教育美学基础[M]. 兰州：甘肃人民美术出版社，2003.

335. 王玉昆. 教育经济学（第二版）[M]. 北京：华文出版社，1998.

336. 王枬. 教育基本理论与实践[M]. 桂林：广西师范大学出版社，1999.

337. 王长纯. 和而不同：比较教育的跨文化对话[M]. 北京：人民教育出版社，2007.

338. 王长纯，王建平. 中国比较教育学科研究史[M]. 北京：人民教育出版社，2016.

339. 王作亮，张典兵. 教育学原理[M]. 徐州：中国矿业大学出版

社，2015.

340. 魏晨明，耿建民，程辉. 当代社区教育管理新视野［M］. 北京：中国社会科学出版社，2017.

341. 邬大光. 中国高等教育大众化问题研究［M］. 北京：高等教育出版社，2004.

342. 吴宝瑞. 高等教育学［M］. 石家庄：河北人民出版社，2009.

343. 吴德刚. 中国义务教育研究［M］. 北京：教育科学出版社，2011.

344. 吴洪富. 高等教育学［M］. 开封：河南大学出版社，2016.

345. 吴建涛. 义务教育均衡发展路在何方：社会主义的视角［M］. 北京：世界图书出版公司，2015.

346. 吴秋凤，徐建华，吕彬江. 当代高等教育学［M］. 哈尔滨：黑龙江教育出版社，2007.

347. 吴式颖. 外国教育史教程［M］. 北京：人民教育出版社，1999.

348. 吴志宏，冯大鸣，魏志春. 新编教育管理学（第2版）［M］. 上海：华东师范大学出版社，2010.

349. 吴志宏，等. 新编教育管理学［M］. 上海：华东师范大学出版社，2000.

350. 肖昊. 教育经济学［M］. 武汉：武汉大学出版社，2010.

351. 谢安邦，谈松华. 全国义务教育学生质量调查与研究［M］. 上海：华东师范大学出版社，1997.

352. 谢安邦. 高等教育学［M］. 北京：高等教育出版社，1999.

353. 谢启晃，孙若芳. 中国民族教育战略抉择［M］. 南宁：广西教育出版社，1989.

354. 谢启晃. 中国民族教育史纲［M］. 南宁：广西教育出版社，1989.

355. 谢长法. 中国留学教育史［M］. 太原：山西教育出版社，2006.

356. 徐光兴. 跨文化适应的留学生活［M］. 上海：上海辞书出版社，2000.

357. 徐国庆. 职业教育课程论［M］. 上海：华东师范大学出版社，2015.

358. 徐国庆. 职业教育原理［M］. 上海：上海教育出版社，2007.

359. 徐继存. 教育学的学科立场——教育学知识的社会学考察［M］. 北京：北京师范大学出版社，2014.

360. 徐小洲. 高等教育理念与现实［M］. 青岛：中国海洋大学出版社，2009.

361. 徐旭荣. 学前教育学［M］. 北京：人民邮电出版社，2015.
362. 徐英俊. 职业教育学［M］. 哈尔滨：东北林业大学出版社，2008.
363. 许家成. 特殊教育概论［M］. 北京：中央广播电视大学出版社，2016.
364. 薛瑞丰，等. 高等教育学·工科［M］. 西安：西北工业大学出版社，1993.
365. 薛天祥. 高等教育学［M］. 桂林：广西师范大学出版社，2001.
366. 杨葆焜，范先佐. 教育经济学新编［M］. 南京：江苏教育出版社，1995.
367. 杨葆焜. 教育经济学［M］. 武汉：华中师范大学出版社，1989.
368. 杨斌. 教育美学十讲［M］. 上海：华东师范大学出版社，2015.
369. 杨德广，谢安邦. 高等教育学［M］. 北京：高等教育出版社，2009.
370. 杨德广. 高等教育学概论（修订版）［M］. 上海：华东师范大学出版社，2010.
371. 杨德广. 高等教育学概论［M］. 上海：上海交通大学出版社，1991.
372. 杨汉清. 比较教育学［M］. 北京：人民教育出版社，2015.
373. 杨金土，罗宏述. 部分国家和地区职业技术教育法规选编［M］. 北京：法律出版社，1990.
374. 杨军红. 来华留学生跨文化适应问题研究［M］. 上海：上海社会科学院出版社，2009.
375. 杨克瑞，谢作诗. 教育经济学新论［M］. 北京：人民出版社，2007.
376. 杨孔炽，中国教育学会教育史分会. 百年跨越——教育史学科的中国历程［M］. 厦门：鹭江出版社，2005.
377. 杨念. 高等职业技术教育特色论［M］. 长沙：湖南师范大学出版社，2005.
378. 杨树勋. 现代高等教育学［M］. 北京：化学工业出版社，1999.
379. 杨小平. 高等教育学［M］. 重庆：重庆出版社，2006.
380. 杨小微. 教育研究的理论与方法［M］. 北京：北京师范大学出版社，2008.
381. 杨晓萍，李静. 学前教育学［M］. 重庆：西南师范大学出版社，2011.
382. 杨志坚. 中国社区教育发展报告（1985－2011年）［M］. 北京：中央广播电视大学出版社，2012.

383. 叶澜. 二十世纪中国社会科学·教育学卷［M］. 上海：上海人民出版社，2005.

384. 叶澜. 教育研究方法论初探［M］. 上海：上海教育出版社，1999.

385. 叶澜. 教育研究及其方法［M］. 北京：中国科学技术出版社，1990.

386. 叶澜. 教育学原理［M］. 北京：人民教育出版社，2007.

387. 叶立群. 成人教育学［M］. 福州：福建教育出版社，1995.

388. 叶学良. 教育美学［M］. 成都：四川人民出版社，1989.

389. 叶忠海. 21世纪初中国社区教育发展研究［M］. 青岛：中国海洋大学出版社，2006.

390. 叶忠海. 成人教育学通论［M］. 上海：上海科技教育出版社，1997.

391. 叶忠海. 社区教育学基础［M］. 上海：上海大学出版社，2000.

392. 叶忠海. 社区教育学研究［M］. 上海：同济大学出版社，2011.

393. 叶忠海. 现代成人教育学原理［M］. 北京：中国人民大学出版社，2015.

394. 易连云. 德育原理［M］. 武汉：武汉大学出版社，2010.

395. 易连云. 教育学原理［M］. 重庆：西南师范大学出版社，2011.

396. 尹俊华，等. 教育技术学导论（第二版）［M］. 北京：高等教育出版社，2002.

397. 于富增. 改革开放30年的来华留学生教育［M］. 北京：北京语言大学出版社，2009.

398. 于伟. 教育哲学［M］. 北京：教育科学出版社，2015.

399. 虞国庆，漆权. 高等教育学［M］. 南昌：江西高校出版社，2008.

400. 虞永平，王春燕. 学前教育学［M］. 北京：高等教育出版社，2012.

401. 虞永平. 学前教育学［M］. 苏州：苏州大学出版社，2001.

402. 虞永平. 学前课程 幸福童年［M］. 北京：教育科学出版社，2012.

403. 虞永平. 幼儿教育观新论［M］. 北京：人民教育出版社，2006.

404. 袁振国. 教育研究方法［M］. 北京：高等教育出版社，2000.

405. 战红岩. 论特殊教育［M］. 长春：吉林教育出版社，2012.

406. 张斌贤，孙益. 探索外国教育史研究的新领域与新方法［M］. 桂林：广西师范大学出版社，2009.

407. 张斌贤. 教育是历史的存在［M］. 合肥：安徽教育出版社，2007.

408. 张楚廷. 张楚廷教育文集·第12卷·高等教育学卷［M］. 长沙：湖南出版社，2012.

409. 张楚廷. 高等教育学导论［M］. 北京：人民教育出版社，2010.

410. 张福珍，王义智. 应用职业技术教育学［M］. 天津：南开大学出版社，1991.

411. 张复荃. 现代教育管理学［M］. 哈尔滨：黑龙江教育出版社，1989.

412. 张家祥. 职业技术教育学［M］. 上海：华东师范大学出版社，2001.

413. 张静宁. 合并、扩招、质量保障政策与创新：一所重点大学的案例研究［M］. 南京：东南大学出版社，2017.

414. 张君，康丽颖. 教育学原理［M］. 大连：东北财经大学出版社，1995.

415. 张乐天. 教育政策法规的理论与实践［M］. 上海：华东师范大学出版社，2002.

416. 张强，张欢，等. 农村义务教育：税费改革下的政策执行［M］. 北京：中国社会科学出版社，2004.

417. 张全新. 二十世纪西方教育哲学［M］. 济南：泰山出版社，2004.

418. 张蓉. 比较教育学［M］. 南京：南京师范大学出版社，2009.

419. 张瑞璠，王承绪. 中外教育比较史纲（古代卷）［M］. 济南：山东教育出版社，1997.

420. 张瑞璠，黄书光. 中国教育哲学史（第1、2、3、4卷）［M］. 济南：山东教育出版社，2000.

421. 张双鼓，江波. 出国留学工作20年［M］. 北京：高等教育出版社，1999.

422. 张文京. 特殊教育课程理论与实践［M］. 重庆：重庆出版社，2014.

423. 张新平. 教育管理学导论［M］. 上海：上海教育出版社，2006.

424. 张新平，等. 教育管理学的方法体系［M］. 北京：科学出版社，2012.

425. 张学敏，叶忠. 教育经济学（第2版）［M］. 北京：高等教育出版社，2014.

426. 张燕农. 社区教育发展模式的理论与实践研究［M］. 北京：首都师范大学出版社，2011.

427. 张永. 社区教育内涵发展论［M］. 上海：上海教育出版社，2018.

428. 张永. 生活美学："生命·实践"教育学审美之维［M］. 上海：华东师范大学出版社，2015.

429. 张云霞. 教育功能的社会学研究［M］. 武汉：武汉大学出版

社,2011.

430. 张忠华. 承传与超越:当代德育理论发展研究[M]. 北京:光明日报出版社,2015.

431. 张忠华. 德育基本理论研究三十年(1978—2008)[M]. 哈尔滨:黑龙江人民出版社,2010.

432. 章开沅,余子侠. 中国人留学史[M]. 北京:社会科学文献出版社,2013.

433. 章伟民,曹揆申. 教育技术学[M]. 北京:人民教育出版社,2000.

434. 赵亮宏,史习江. 义务教育[M]. 哈尔滨:黑龙江教育出版社,1989.

435. 赵卫平. 跨文化视野中的教育史研究——裴斯泰洛齐教育思想国际研讨会论文集[M]. 杭州:浙江大学出版社,2011.

436. 浙江省教育委员会. 高等教育学[M]. 杭州:浙江大学出版社,2000.

437. 郑大俊,等. 高等教育学[M]. 南京:河海大学出版社,2009.

438. 郑刚. 史学转型视野中的"中国教育史"学科研究(1901—1937年)[M]. 武汉:华中科技大学出版社,2013.

439. 郑健成. 学前教育学[M]. 上海:复旦大学出版社,2017.

440. 郑启明,薛天祥. 高等教育学[M]. 上海:华东师范大学出版社,1985.

441. 中国成人教育协会组编. 中国成人教育改革发展三十年[M]. 北京:高等教育出版社,2008.

442. 中国高教学会高教管理专业委员会. 2001中国高等教育管理:现实与理想[M]. 沈阳:东北大学出版社,2002.

443. 中国教育与人力资源问题报告课题组. 从人口大国迈向人力资源强国——中国教育与人力资源问题报告[M]. 北京:高等教育出版社,2003.

444. 中华人民共和国教育部. 深化教育改革 全面推进素质教育——第三次全国教育工作会议文件汇编[M]. 北京:高等教育出版社,1999.

445. 中华人民共和国教育部高等教育司. 普通高等学校教学工作评价与建设[M]. 北京:高等教育出版社,1998.

446. 钟启泉,黄志成. 西方德育原理[M]. 西安:陕西人民教育出版社,1998.

447. 钟以俊. 美学视野中的学校教育[M]. 广州:广东教育出版

社，2006.

448. 钟玉海. 高等教育学［M］. 合肥：合肥工业大学出版社，2009.

449. 周采. 当代西方教育史学流派研究［M］. 上海：上海交通大学出版社，2018.

450. 周采. 美国教育史学——嬗变与超越［M］. 北京：人民教育出版社，2006.

451. 周成. 教学基本技能阐释［M］. 哈尔滨：黑龙江人民出版社，2002.

452. 周川. 简明高等教育学［M］. 南京：河海大学出版社，2006.

453. 周春华. 中国高等教育行政管理学［M］. 武汉：武汉大学出版社，1987.

454. 周洪宇. 创新与建设——教育史学科的重建［M］. 武汉：华中科技大学出版社，2016.

455. 周洪宇. 文化与教育的双重历史变奏——周洪宇文化教育史论［M］. 武汉：华中科技大学出版社，2011.

456. 周兰. 英国教育人类学期刊的分析与述评［M］. 北京：民族出版社，2017.

457. 周棉. 中国留学生大辞典［M］. 南京：南京大学出版社，1999.

458. 周明星. 职业教育学通论［M］. 天津：天津人民出版社，2002.

459. 周明星. 中国职业教育学科发展30年（1978－2008）［M］. 上海：华东师范大学出版社，2009.

460. 周守军. 县域义务教育均衡发展研究［M］. 北京：光明日报出版社，2013.

461. 周兴国，段兆兵. 课程与教学论［M］. 合肥：中国科学技术大学出版社，2012.

462. 朱坚强. 教育经济学发凡［M］. 北京：社会科学文献出版社，2005.

463. 朱菊芳. 高等教育学教程［M］. 南京：南京师范大学出版社，1995.

464. 朱永坤. 教育政策公平性研究——基于义务教育公平问题的分析［M］. 长春：东北师范大学出版社，2012.

465. 朱永新. 中国教育改革大系·职业教育卷［M］. 武汉：湖北教育出版社，2016.

466. 朱宗顺，陈文华. 学前教育学［M］. 北京：北京师范大学出版社，2012.

467. 庄西真. 社区治理与社区教育［M］. 苏州：苏州大学出版社，2016.

二、中文译著类

1. [奥]赫勃尔特·茨达齐尔. 教育人类学原理[M]. 李其龙,译. 上海:上海教育出版社,2001.

2. [澳]W. F. Connell. 20世纪世界教育史[M]. 孟湘砥,胡若愚,译. 长沙:湖南教育出版社,1991.

3. [澳]康内尔. 二十世纪教育史[M]. 张法琨,等译. 北京:人民教育出版社,1990.

4. [德]O. F. 博尔诺夫. 教育人类学[M]. 李其龙,等译. 上海:华东师范大学出版社,1999.

5. [德]鲍尔生. 德国教育史[M]. 滕大春,滕大生,译. 北京:人民教育出版社,1986.

6. [俄]卡特林娅·萨里莫娃,[美]欧文·V. 约翰宁迈耶. 当代教育史研究与教学的主要趋势[M]. 方晓东,等译. 北京:教育科学出版社,2001.

7. [俄]康·德·乌申斯基. 人是教育的对象[M]. 郑文樾,译. 北京:人民教育出版社,1989.

8. [法]埃德加·莫兰. 方法:天然之天性[M]. 吴泓缈,冯学俊,译. 北京:北京大学出版社,2002.

9. [法]莱昂. 当代教育史[M]. 樊慧英,张斌贤,译. 北京:光明日报出版社,1989.

10. [法]米亚拉雷(Mialaret, G.),维亚尔(Vial, J.). 世界教育史(1945年至今)[M]. 张人杰,等译. 上海:上海译文出版社,1991.

11. [荷]格特·比斯塔. 教育的美丽风险[M]. 赵康,译. 北京:北京师范大学出版社,2018.

12. [加]许美德,等. 中外比较教育史[M]. 朱维铮,等译. 上海:上海人民出版社,1990.

13. [美]L. 迪安·韦布. 美国教育史:一场伟大的美国实验[M]. 陈露茜,李朝阳,译. 合肥:安徽教育出版社,2010.

14. [美]布鲁贝克. 高等教育哲学[M]. 王承绪,等译. 杭州:浙江教育出版社,2001.

15. [美]巴兰坦. 教育社会学[M]. 朱志勇,等译. 南京:江苏教育出版社,2011.

16. [美]布莱恩·阿瑟. 技术的本质:技术是什么,它是如何进化的

[M]．曹东溟，王健，译．杭州：浙江人民出版社，2017.

17．[美]杜普伊斯，高尔顿．历史视野中的西方教育哲学[M]．彭正梅，朱承，译．北京：北京师范大学出版社，2006.

18．[美]华勒斯坦，等．学科·知识·权力[M]．刘健芝，等编译．北京：生活·读书·新知三联书店，1999.

19．[美]克伯莱．美国公共教育：关于美国教育史的研究和阐释[M]．陈露茜，译．合肥：安徽教育出版社，2012.

20．[美]克伯屈．教育学原理[M]．雷国鼎，译．台北：华冈出版有限公司，1977.

21．[美]琼·C. 斯马特．高等教育学[M]．南京：江苏教育出版社，2009.

22．[美]托马斯·库恩．科学革命的结构（第4版）[M]．金吾伦，胡新和，译．北京：北京大学出版社，2003.

23．[美]威廉·W. 布里克曼．教育史学：传统、理论和方法[M]．许建美，译．济南：山东教育出版社，2013.

24．[瑞典]胡森，[德]波斯尔斯维特．教育史[M]．张斌贤，等译．重庆：西南师范大学出版社，2007.

25．[瑞典]胡森，[德]波斯尔斯维特．教育社会学[M]．张斌贤，等译．重庆：西南师范大学出版社，2007.

26．[苏]凯洛夫．教育学（上册）[M]．沈颖，南致善，等译．北京：人民教育出版社，1953.

27．[苏]马里延科．德育过程原理[M]．牟正秋，王明辉，译．北京：人民教育出版社，1985.

28．[英]戴维·布莱克莱吉，巴里·亨特．当代教育社会学流派——对教育的社会学解释[M]．王波，等译．北京：春秋出版社，1980.

29．[英]麦克·F. D. 扬．知识与控制：教育社会学新探[M]．谢维和，朱旭东，译．上海：华东师范大学出版社，2002.

30．[英]威利斯．学做工：工人阶级子弟为何继承父业[M]．秘舒，凌旻华，译．南京：译林出版社，2013.

三、期刊论文类

1．艾兵有，王细娇．高职院校服务社区教育课程建设的新路径[J]．现代教育科学，2016（5）.

2. 安梅. 国家公派出国留学改革工作回顾与展望［J］. 中国高校师资研究，2000（4）.

3. 安涛，韩雪婧. 跨学科视野中的教育技术学发展［J］. 终身教育研究，2019（1）.

4. 安文铸. 从哲学到一般科学方法论——关于教育管理研究中的方法论问题［J］. 现代教育论丛，2017（4）.

5. 安文铸. 关于教育科学研究方法的再认识［J］. 高等师范教育研究，1992（4）.

6. 安文铸. 教育管理方法技术辨析［J］. 中小学管理，1996（4）.

7. 把"支持留学，鼓励回国"落在实处［J］. 瞭望，1996（15）.

8. 卞红梅. "学前教育学"教学实践改革的反思［J］. 扬州教育学院学报，2017（4）.

9. 别敦荣. 论我国高等教育管理体制改革的若干问题［J］. 建材高教理论与实践，1995（3）.

10. 别敦荣. 我国高等教育宏观管理体制改革刍议［J］. 辽宁高等教育研究，1995（2）.

11. 蔡春，卓进. 谱系学视域中的教育史研究［J］. 教育学报，2015（3）.

12. 蔡克勇. 21世纪我国高等教育办学和管理体制改革的走向［J］. 中国高教研究，2002（12）.

13. 蔡克勇. 中国高等教育管理研究五十年［J］. 高等教育研究，1999（3）.

14. 蔡廷伟，钱旭初，施苏苏. 社区教育课程开发现状与对策思考——以常州市为例［J］. 终身教育研究，2017（6）.

15. 蔡振生. 中国教育史研究的历史回顾与反思［J］. 北京师范大学学报，1988（3）.

16. 苍尔青，郑滢轩. 低龄留学导致民族文化归属感的缺失［J］. 吉首大学学报（社会科学版），2016（S2）.

17. 常宝宁. 教师培训的现实困境与对策［J］. 现代教育管理，2011（4）.

18. 常永才. 中国比较教育学不该忽视的一个领域：少数民族教育研究［J］. 比较教育研究，2000（S1）.

19. 陈宝生. 深入学习贯彻党的十九大精神　全力打赢统筹城乡义务教育一体化改革发展攻坚战［J］. 人民教育，2018（5）.

20. 陈昌贵，阎月勤. 我国留学人员回归原因与发挥作用状况的调查报告

(二)[J]. 黑龙江高教研究, 2000 (6).

21. 陈昌贵. 1978－2006：我国出国留学政策的演变与未来走向[J]. 高教探索, 2007 (5).

22. 陈昌贵. 招聘留学人员需要防止几种偏向[J]. 上海高教研究, 1995 (5).

23. 陈丹, 徐冬鸣. 论普通高中教育发展方式的转变[J]. 教育发展研究, 2013 (7).

24. 陈红燕, 张新平. 教育管理学方法体系研究：一个紧迫而现实的课题[J]. 教育理论与实践, 2012 (4).

25. 陈红燕, 张新平. 再论教育管理学的性质：三维审视[J]. 现代教育管理, 2013 (2).

26. 陈华生. 对出国留学人员实行若干特殊政策的可行性研究[J]. 人才研究, 1988 (3).

27. 陈建华. 论教育史视野中的教师教育研究[J]. 南京社会科学, 2018 (1).

28. 陈杰, 金林南. 学科：高等教育学基本理论的逻辑起点[J]. 中国成人教育, 2012 (9).

29. 陈金江, 许晓东. 高等教育多学科研究之反思——从学科性视角到方法论视角的转向[J]. 高等教育研究, 2007 (12).

30. 陈竞蓉. 教育史学的回顾与前瞻[J]. 教育评论, 2008 (4).

31. 陈婧. 改革开放 40 年国家公派出国留学政策逻辑分析[J]. 全球教育展望, 2018 (7).

32. 陈君, 张姝. 21 世纪以来我国教学论研究历程与学科发展趋势[J]. 西南大学学报（社会科学版）, 2018 (3).

33. 陈立鹏, 李娜. 我国少数民族教育 60 年：回顾与思考[J]. 民族教育研究, 2010 (1).

34. 陈立鹏, 刘燕青, 郝晓明, 孔伟. 我国民族教育政策 30 年[J]. 中国民族教育, 2008 (11).

35. 陈立鹏. 改革开放 30 年来我国民族教育政策回顾与评析[J]. 民族研究, 2008 (5).

36. 陈立鹏. 我国少数民族教育 50 年[J]. 民族研究, 1999 (5).

37. 陈立鹏. 我国少数民族教育回顾及前瞻[J]. 贵州民族研究, 1999 (1).

38. 陈立鹏. 新时期我国少数民族教育立法的内容及特点［J］. 贵州民族研究，2005（2）.

39. 陈丽，王志军，郑勤华. "互联网＋时代"教育技术学的学科定位与人才培养方向反思［J］. 理论探讨，2017（10）.

40. 陈良雨. 高等教育治理主体权责结构的历史嬗变及其评价——基于生态位的分析视角［J］. 河南师范大学学报（哲学社会科学版），2017（2）.

41. 陈乃林. 基于社会治理视角的社区教育管理创新路径选择［J］. 北京广播电视大学学报，2013（4）.

42. 陈乃林. 社区教育管理创新简论［J］. 职教论坛，2012（30）.

43. 陈霓. 我国世纪之交自费出国留学政策分析［A］. 中国高等教育学会，黑龙江省人民政府. 改革开放与中国高等教育——2008年高等教育国际论坛论文汇编［C］. 中国高等教育学会，黑龙江省人民政府，2008.

44. 陈霓. 改革开放以来我国自费出国留学政策分析［J］. 大学（学术版），2012（4）.

45. 陈沛照. 论新中国民族教育政策的特点［J］. 前沿，2009（6）.

46. 陈平水，王雪娟. 中国教育经济学教材内容体系现状研究［J］. 教育研究，2006（7）.

47. 陈强. 改革开放30年来华留学研究生教育的回顾与思考［J］. 学位与研究生教育，2008（6）.

48. 陈瑞生. 多元综合：教育管理整合论的价值取向［J］. 现代教育管理，2010（5）.

49. 陈胜. 浅析职业教育公平的现状、原因及对策［J］. 河南科技学院学报，2011（12）.

50. 陈时见，袁利平. 论比较教育学的知识形态与价值取向［J］. 教育研究，2010（2）.

51. 陈时见. 论比较教育的学科体系及其建设［J］. 比较教育研究，2005（3）.

52. 陈仕品，张剑平. 政产学研合作：探索我国教育技术发展的新途径［J］. 电化教育研究，2012（7）.

53. 陈孝彬. 教育管理学"误区"初探［J］. 中小学管理，1992（3）.

54. 陈孝彬. 教育管理学研究中的方法论初探［J］. 中小学管理，1987（2）.

55. 陈醒. 格局与方略：中国成人教育学学科建设［J］. 河北大学成人教育

学院学报，2017（1）.

56. 陈兴德. 从"过渡舟楫"到"基本方略"——新时期我国留学政策的回顾与展望［J］. 科学学与科学技术管理，2009（7）.

57. 陈学飞. 中国大陆公派留学教育政策的演变及其成效［A］. 北京论坛（Beijing Forum）. 文明的和谐与共同繁荣："国际视野中的教育与人类发展"教育分论坛论文或摘要集［C］. 北京大学北京论坛办公室，2004.

58. 陈学飞. 改革开放以来大陆公派留学教育政策的演变及成效［J］. 复旦教育论坛，2004（3）.

59. 陈学飞. 五国高等教育管理体制改革中几个带共性的问题［J］. 高等教育研究，1992（1）.

60. 陈学军. 话语生产与实践生长：我国教育管理学的两种论证思路［J］. 湖南师范大学教育科学学报，2006（6）.

61. 陈学军. 教育管理学研究什么：观点论争与问题转换［J］. 现代教育管理，2009（11）.

62. 陈学军. 论教育管理历史研究方式［J］. 教育理论与实践，2011（19）.

63. 陈勇勤. 教育学的逻辑起点和教育技术学的逻辑起点［J］. 电化教育研究，2006（3）.

64. 陈玉玲. 影响中国百年高等教育史上三次飞跃发展的高等教育政策研究［J］. 河北师范大学学报（教育科学版），2017（2）.

65. 陈玉祥. 略论高等教育学科群研究的意义及其演进［J］. 中国高教研究，2007（2）.

66. 陈振明. 当代西方社会科学发展的整体化趋势：成就、问题与启示［J］. 学术月刊，1999（11）.

67. 陈正，曾青云. 现代成人教育学的本质探究［J］. 成人教育，2017（11）.

68. 陈至立部长重申留学生政策——"支持留学、鼓励回国、来去自由"［J］. 成才与就业，2001（1）.

69. 陈志刚，张紫屏. 课程改革的难题：凯洛夫教学模式的遗留［J］. 全球教育展望，2013（6）.

70. 成有信. 比较教育学的对象及其发展的历史分期［J］. 北京师范大学学报，1985（4）.

71. 程晗. 什么是教育美学［J］. 四川教育，1987（10）.

72. 程斯辉，王娟娟. 改革开放三十年高等教育管理关系大调整［J］. 清华大学教育研究，2008（6）.

73. 程斯辉. 学科自信与教育史学科建设［J］. 河北师范大学学报（教育科学版），2018（1）.

74. 程希. 改革开放 30 年中国留学生派出政策回顾［J］. 徐州师范大学学报（哲学社会科学版），2009（4）.

75. 程希. 改革开放以来中国政府选派留学生的政策沿革［J］. 华侨华人历史研究，1999（1）.

76. 程希. 关于留学人员地位和作用的若干思考［J］. 华侨华人历史研究，2002（1）.

77. 程希. 关于全球化时代留学人员地位和作用的若干思考［J］. 中国发展，2002（1）.

78. 程希. 中国人留学美国的历史回顾［J］. 八桂侨史，1996（2）.

79. 程仙平. 社区教育发展的政策思考与策略选择［J］. 当代教育论坛，2015（1）.

80. 迟景明，吴琳. 近十年我国高等教育学学科研究热点和趋势——基于研究生学位论文的共词聚类分析［J］. 中国高教研究，2011（9）.

81. 褚宏启. 什么样的教育管理知识最有价值？［J］. 中小学管理，2013（10）.

82. 褚远辉，陈时见. 论比较教育研究的非实用性价值取向［J］. 外国教育研究，2011（2）.

83. 崔延虎. 跨文化交际教育：民族教育若干问题探讨——教育人类学的认识［J］. 新疆师范大学学报，2003（2）.

84. 崔玉平. 中国教育经济学学科发展的特点与机遇［J］. 教育与经济，2014（2）.

85. 戴树英. 师范教育工作者与教育美学［J］. 福建师范大学学报（哲学社会科学版），1983（4）.

86. 邓猛，肖非. 特殊教育学科体系探析［J］. 中国特殊教育，2009（6）.

87. 邓猛，颜廷睿. 社会理论视野下的特殊教育学探讨［J］. 教育学报，2016（6）.

88. 邓猛. 重读《努力发展有中国特色的特殊教育学科》——兼论我国特殊教育学科建设［J］. 现代特殊教育，2017（12）.

89. 邓小泉，杜成宪. 二十世纪上半期中国教育史研究方法论探析［J］. 河北师范大学学报（教育科学版），2007（3）.

90. 邓正来. 学术自主性问题：反思和推进——《学术与自主：中国社会科学研究》自序［J］. 社会科学论坛（学术评论卷），2007（11）.

91. 邓志伟. 引领比较教育学科发展新趋势——"社会转型中的比较教育学科建设"高层学术研讨会综述［J］. 外国教育研究，2010（1）.

92. 丁钢，王陆. 教育学视角下的教育技术学学科发展［J］. 电化教育研究，2006（8）.

93. 丁钢. 教育经验的理论方式［J］. 教育研究，2003（2）.

94. 丁钢. 教育史研究的知识图景［J］. 河北师范大学学报（教育科学版），2012（11）.

95. 丁钢. 叙事范式与历史感知：教育史研究的一种方法维度［J］. 教育研究，2009（5）.

96. 丁红玲，王秀荣. 多维视角下的社区教育课程学习方式［J］. 河北大学成人教育学院学报，2015（1）.

97. 丁红玲. 成人教育学科发展评价与建构［J］. 中国成人教育，2011（19）.

98. 丁建立. 我国高等教育投资效益的量标与评价［J］. 江苏高教，1995（6）.

99. 丁念金. 课程论体系结构之探讨［J］. 课程·教材·教法，2005（9）.

100. 丁群，游永彬. 浅析留学低龄化［J］. 南昌航空工业学院学报（社会科学版），2007（1）.

101. 丁伟明. 以综合改革的思路推进义务教育均衡发展［J］. 人民教育，2013（9）.

102. 丁小浩，由由. 中国教育经济学的发展、挑战和愿景［J］. 教育经济评论，2018（1）.

103. 丁延庆，薛海平，王莉红. "农村义务教育经费保障新机制"改革效果初探［J］. 教育与经济，2008（4）.

104. 丁艳丽. 留学低龄化何以来势汹汹［J］. 中国人才，2013（3）.

105. 丁勇. 关于建构高等特殊教育学的初步探讨［J］. 中国特殊教育，2005（3）.

106. 丁增辉. 新时期我国少数民族教育立法研究［J］. 边疆经济与文化，2008（5）.

107. 董秀华. 就"中国比较教育危机之我见"与刘卫东老师商榷［J］. 比较教育研究，1996（2）.

108. 董英华. 当代中国留学潮的思考［J］. 当代青年研究，2003（5）.

109. 都阳，王美艳. 认知能力、教育与劳动力的市场绩效——论农村义务教育体制改革的意义［J］. 中国农村观察，2002（1）.

110. 杜成宪. 20世纪关于中国教育史分期问题的探索［J］. 华东师范大学学报（教育科学版），2000（3）.

111. 杜君英. 社区教育教师的工作特性分析与能力建设研究［J］. 中国成人教育，2012（23）.

112. 杜君英. 社区教育课程开发的基础理论［J］. 职业技术教育研究，2006（6）.

113. 杜君英. 社区教育课程现状分析［J］. 陕西师范大学继续教育学报，2006（3）.

114. 杜以德. 成人教育学科体系的逻辑起点［J］. 教育研究，2006（10）.

115. 杜育红. 中国教育经济学三十年回顾与展望［J］. 清华大学教育研究，2008（6）.

116. 杜智萍. 教育史学科的教育创新功能及其发挥［J］. 太原师范学院学报（社会科学版），2006（5）.

117. 段会冬，李振玉. 全球化与比较教育的时代使命——中国教育学会比较教育分会第十八届年会综述［J］. 比较教育研究，2017（3）.

118. 段青河. 试论高校管理干部队伍的建设［J］. 中国高教研究，1995（3）.

119. 段一，谢芸. 关于社区教育投资的若干思考［J］. 继续教育研究，2009（1）.

120. 樊安群. 我国高等教育运行状态的宏观分析［J］. 高等教育研究，1990（3）.

121. 樊秀娣，王晓茜. 新时代教师教育发展的机遇、特点与作为——访上海师范大学国际与比较教育研究院院长张民选［J］. 大学（研究版），2017（12）.

122. 樊艳艳. 教育活动史与新时期教育史学科体系的重构［J］. 湖北大学学报（哲学社会科学版），2010（4）.

123. 范国睿. 教育制度变革的当下史：1978－2018——基于国家视野的教育政策与法律文本分析［J］. 华东师范大学学报（教育科学版），2018（5）.

124. 范先佐，付卫东. 义务教育教师绩效工资改革：背景、成效、问题与对策——基于对中部4省32县（市）的调查［J］. 华中师范大学学报（人文社会科学版），2011（6）.

125. 范先佐，郭清扬. 中国教育经济学研究：成就、问题及趋势［J］. 中国教育科学，2014（1）.

126. 范先佐，朱苏飞. 21 世纪以来我国农村义务教育财政体制的改革与完善［J］. 河北师范大学学报（教育科学版），2010（5）.

127. 范先佐. 20 世纪中国教育经济学发展的回顾与前瞻［J］. 华中师范大学学报（人文社会科学版），1999（1）.

128. 范先佐. 理论和方法：教育经济学学科建设的关键［J］. 教育经济评论，2018（1）.

129. 范先佐. 义务教育均衡发展改革的若干反思［J］. 教育研究与实验，2016（3）.

130. 范勇，王磊，王寰安. 我国教育经济学研究的现状、热点与趋势——基于《教育与经济》期刊论文关键词共现的计量分析［J］. 教育经济评论，2017（5）.

131. 方健华. 嬗越与创新：中国百年师范教育传统及其现代意蕴——基于江苏百年师范发展史的思考［J］. 教育发展研究，2014（6）.

132. 方铭琳. 深化义务教育管理体制改革的思考与建议［J］. 教育理论与实践，2000（6）.

133. 方炫，徐琪. 高校师范教育专业人才培养机制的研究现状与创新构想［J］. 教育现代化，2018（9）.

134. 方泽强. 高等教育学的研究对象和知识体系［J］. 现代教育管理，2015（12）.

135. 方泽强. 论高等教育学的学科地位和新定位——高等教育学作为一级学科之探讨［J］. 西南交通大学学报（社会科学版），2012（6）.

136. 方泽强. 论高等教育学的学科性质［J］. 现代教育管理，2014（6）.

137. 方展画. 对高等教育学学科建设的若干理论思考［J］. 高等教育研究，1996（3）.

138. 房敏，傅树京. 西方现代教育管理理论演变的本体论差异及启示［J］. 黑龙江高教研究，2014（3）.

139. 房颖. 社区教育课程设计与实施模式研究［J］. 成人教育，2015（7）.

140. 丰向日. 关于"教育史学"学科性质与研究取向的思考［J］. 内蒙古师范大学学报（教育科学版），2007（9）.

141. 丰新娜，刘晶波. 1996－2006 年我国学前教育领域关于"儿童发展"

选题的研究状况与分析——基于三所高校硕士、博士学位论文的研究［J］. 学前教育研究，2007（11）.

142. 冯大鸣，孙孝华. 简析我国教育管理研究中的若干缺陷与误会［J］. 教育理论与实践，2001（11）.

143. 冯加渔. 新课程改革的文化路向［J］. 当代教育科学，2012（3）.

144. 冯建军. 关于"教育原理"学科称谓与内容现状的研究［J］. 教育理论与实践，2007（4）.

145. 冯洁，陈何芳. 改革开放以来我国公派留学回国政策回顾与思考［J］. 世界教育信息，2012（2）.

146. 冯强. "一带一路"与教育史学科建设［J］. 高教发展与评估，2018（3）.

147. 冯晓霞. 幼儿园教师的专业知识［J］. 学前教育研究，2012（10）.

148. 冯永刚，李良方. 论心态史视角下的教育史研究［J］. 山西大学学报（哲学社会科学版），2018（3）.

149. 冯增俊，陈岚. 中国比较教育学的第三次学科转型探析［J］. 比较教育研究，2015（9）.

150. 冯增俊. 建设有中国特色的比较教育学［J］. 华东师范大学学报（教育科学版），1998（2）.

151. 冯增俊. 教育人类学未来发展展望［J］. 华南师范大学学报（社会科学版），2006（2）.

152. 付卫东. 改革开放 40 年我国农村中小学教师队伍建设：举措、成效及经验［J］. 教育与经济，2018（4）.

153. 甘昭良. 学科体系的探新之作——读《特殊教育学基础》［J］. 现代特殊教育，2012（Z1）.

154. 高宝立. 中国高等教育研究：进展、问题与前景［J］. 教育研究，2003（7）.

155. 高洪. 推进教育公平要落实义务教育的两个"重中之重"［J］. 人民教育，2012（18）.

156. 高立泉，马应心. 浅谈自费出国留学［J］. 德州学院学报（哲学社会科学版），2003（5）.

157. 高敏贵. 对中国教育史分期的新思考［J］. 广西教育学院学报，2004（6）.

158. 高明，周建民. 教育管理学研究对象研究述评［J］. 现代教育科学，

2011（5）.

159. 高时良. 时代的呼唤，历史的反思［J］. 教育史研究，1989（2）.

160. 高田钦. 论高等教育学理论体系的逻辑法构建［J］. 高教探索，2007（3）.

161. 高益民，王春华. "九五"期间中国比较教育研究的进展［J］. 清华大学教育研究，2003（7）.

162. 高益民. 改革开放与中国比较教育学三十年［J］. 清华大学教育研究，2008（6）.

163. 高有华，施灵美. 教师资格"新注册制"下的教师教育课程体系探索［J］. 教育评论，2015（12）.

164. 高志宏. 偏远农村社区教育课程开发的困境与对策［J］. 继续教育研究，2012（4）.

165. 高志敏. 成人教育研究的反思与前瞻［J］. 教育研究，2006（9）.

166. 高志敏. 关于成人教育科学的认识论问题［J］. 成人教育，2001（5）.

167. 葛新斌. 关于我国农村教育发展路向的再探讨［J］. 中国农业大学学报（社会科学版），2015（1）.

168. 苟顺明. 试论社区教育课程的开发［J］. 继续教育，2006（7）.

169. 顾明远，阚阅，乔鹤. 改革开放30年中国比较教育的重建和发展［J］. 比较教育研究，2008（12）.

170. 顾明远. 比较教育的身份危机及出路［J］. 比较教育研究，2003（7）.

171. 顾明远. 师范教育的传统与变迁［J］. 高等师范教育研究，2003（3）.

172. 顾明远. 知识经济时代比较教育的使命［J］. 比较教育研究，2002（S1）.

173. 顾明远. 致中国教育学会比较教育分会第13届学术年会的贺辞［J］. 全球教育展望，2007（1）.

174. 顾明远. 中国教育路在何方——教育漫谈［J］. 课程·教材·教法，2015（3）.

175. 关松林. 发达国家教师教育改革的经验与思考［J］. 教育研究，2014（12）.

176. 管培俊. 我国教师教育改革开放三十年的历程、成就与基本经验［J］. 中国高教研究，2009（2）.

177. 郭常英. "留学生与中外文化"国际学术研讨会综述［J］. 史学月刊，2005（4）.

178. 郭法奇. 人是教育史研究的对象和目的吗？[J]. 河北师范大学学报（教育科学版），2015（1）.

179. 郭法奇. 关于教育史研究"国际化"问题的思考[J]. 大学教育科学，2013（4）.

180. 郭法奇. 再论中国传统教育的特点及学习中国教育史的价值[J]. 中国教育科学，2017（2）.

181. 郭飞君，杨清溪. 改革开放以来我国培训政策演变的回顾与反思[J]. 教育与职业，2012（12）.

182. 郭平，谢丹. 我国教师培训机构的演进历程及改革发展趋势[J]. 中国成人教育，2013（15）.

183. 郭欣，宁芳，潘黎. 我国教师教育课程改革：历史演进与价值取向特征[J]. 教师教育论坛，2017（11）.

184. 郭鑫，和欣，彭富强. 中国学生留学低龄化问题的教育反思[J]. 四川文理学院学报，2011（4）.

185. 郭秀荣，高微. 新时期师范生的素质教育与培养途径[J]. 高等建筑教育，2011（4）.

186. 郭忠玲. 浅谈以实践性为导向的"学前教育学"课程改革[J]. 教育探索，2013（1）.

187. 国家公费出国留学选拔有哪些规定[J]. 行政人事管理，1998（4）.

188. 国家一般课题"中国比较教育理论建设的研究"研究成果述评[J]. 当代教育论坛，2007（3）.

189. 哈经雄. 新历史阶段的民族教育[J]. 民族教育研究，2008（2）.

190. 哈平安，刘全礼. 师范教育中的特殊教育与特殊教育学[J]. 中国特殊教育，2004（7）.

191. 哈巍，陈晓宇，刘叶，张子衿. 中国农村义务教育经费体制改革四十年回顾[J]. 教育学术月刊，2017（12）.

192. 海路. 多元视域下的文化多样性与教育——中国人类学民族学研究会教育人类学专业委员会第二届年会综述[J]. 广西民族大学学报（哲学社会科学版），2016（3）.

193. 韩达. 全国教育史研究会会议评述[J]. 中国教育学刊，1980（1）.

194. 韩骅. 对比较教育学方法论若干问题的看法[J]. 外国教育研究，1999（3）.

195. 韩清林. 积极推动师范教育转型，构建开放式教师教育体系[J]. 教育研究，2003（3）.

196. 韩锡斌，程建钢. 教育技术学科的独立性与开放性——斯坦福大学学习科学兴起引发的思考［J］. 北京大学教育评论，2013（3）.

197. 韩延伦. 当前研究生教育管理原则之探讨［J］. 学位与研究生教育，2002（Z1）.

198. 韩钟文，杜以德. 中国成人教育学科发展构想［J］. 中国成人教育，2005（7）.

199. 韩钟文. 成人教育学科体系的发展脉络［J］. 教育研究，2006（10）.

200. 行水. 国际"灰领"国际造——2004北京国际教育博览会关于职业教育中外合作办学的话题［J］. 职业技术教育，2004（24）.

201. 郝克明. 我国继续教育的发展与制度建设［J］. 管理学刊，2010（2）.

202. 郝丽媛. 新中国成立初期的民族教育建设及成就［J］. 重庆科技学院学报，2013（1）.

203. 郝美英. 北欧、美国、日本和新加坡社区教育理念探析［J］. 成人教育，2010（12）.

204. 郝文武. 师范教育向教师教育转变的必然性和科学性［J］. 教育研究，2014（3）.

205. 郝志军，曾天山. 我国义务教育财政体制改革的困境与出路［J］. 现代教育论丛，2003（1）.

206. 何高娃，马尚云，谢高娃. 关于新时期少数民族地区民族观教育的思考［J］. 前沿，1999（12）.

207. 何晋秋. 我国高等教育办学及管理体制探讨［J］. 清华大学学报（哲学社会科学版），2000（6）.

208. 何克抗. 关于教育技术学逻辑起点的论证与思考［J］. 电化教育研究，2005（11）.

209. 何克抗. 中国特色教育技术理论体系的建构［J］. 北京大学教育评论，2013（7）.

210. 何齐宗. 对教育美学几个问题的探讨［J］. 江西师范大学学报（哲学社会科学版），1993（4）.

211. 何志伟，杜光强. 我国教育管理学研究的实践旨向性——基于历届学术年会主题的分析［J］. 当代教育论坛（综合版），2011（6）.

212. 和学新，乌焕焕. 改革开放以来我国课程论研究的内容分析［J］. 当代教育与文化，2010（4）.

213. 和震,崔剑. 我国职业教育三十年发展的数量分析[J]. 江苏技术师范学院学报,2009(4).

214. 贺国庆. 外国教育史学科发展的世纪回顾与断想[J]. 河北师范大学学报(教育科学版),2001(3).

215. 贺沁源. 农村青少年义务教育经费投入体制改革研究[J]. 当代青年研究,2006(11).

216. 洪俊. 农村义务教育课程改革的价值取向——兼论农村教育必须坚持为"三农"服务[J]. 东北师大学报,2006(4).

217. 洪俊. 农村义务教育课程改革的解困之策[J]. 中小学管理,2006(10).

218. 洪明. 课程论与教学论关系的历史嬗变[J]. 教育评论,2007(1).

219. 洪明. 外国教育史学科建设的回顾与反思——基于外国教育史学科著作类出版物的分析[J]. 福建师范大学学报(哲学社会科学版),2005(3).

220. 侯怀银,等. 中国教育史学科建设的百年求索[J]. 陕西师范大学学报(哲学社会科学版),2015(4).

221. 侯怀银,李旭. 20世纪比较教育学学科建设的本土探索[J]. 高等教育研究,2010(2).

222. 侯怀银,刘光艳. 中国教育学学科体系的构建及其特征——以20世纪下半叶为中心[J]. 华中师范大学学报(人文社会科学版),2006(2).

223. 侯怀银,尚瑞茜. 改革开放四十年来社区教育政策的回顾与展望[J]. 终身教育研究,2018(3).

224. 侯怀银,尚瑞茜. 社会治理创新视域下的社区教育新发展[J]. 终身教育研究,2017(6).

225. 侯怀银,王雪娟. 20世纪教育经济学学科建设的本土探索[J]. 山西师大学报(社会科学版),2008(6).

226. 侯怀银,谢晓军. 20世纪我国学者对课程论学科建设的探索[J]. 课程·教材·教法,2008(1).

227. 侯怀银,李艳莉. 21世纪初高等教育学学科建设的探索[J]. 苏州大学学报(教育科学版),2014(4).

228. 侯怀银,王霞. 高等教育学发展面临的主要问题[J]. 教育研究,2006(4).

229. 侯怀银. 高等教育学学科未来发展亟待解决的几个问题[J]. 中国高教研究,2016(10).

230. 侯怀银. 教育学对哲学的接受机制及其内化［J］. 山西大学学报（哲学社会科学版），2001（5）.

231. 侯怀银. 我国新时期高等教育学科体系建设和发展的回顾与反思［J］. 中国高教研究，1998（5）.

232. 侯怀银. 中国教育学领域的"接着讲"［J］. 教育理论与实践，2009（34）.

233. 侯晋川，肖军虎. 山西省农村义务教育投入调查报告——对山西省5个税费改革试点县的调查［J］. 教育与经济，2004（1）.

234. 侯龙龙. 质的研究还是新闻采访——同陈向明博士等商榷［J］. 社会学研究，2001（1）.

235. 胡超磊，刘源泉. 改革开放初期中国共产党民族教育政策述论［J］. 湖北民族学院学报（哲学社会科学版），2015（2）.

236. 胡建华. 高等教育学科发展的昨天、今天与明天［J］. 高等教育研究，2008（4）.

237. 胡建华. 我国高等教育学学科发展的特殊性分析［J］. 教育研究，2003（12）.

238. 胡建华. 中国高等教育管理体制改革分析［J］. 南京师大学报（社会科学版），2005（4）.

239. 胡娇. 义务教育均衡发展关键在于教师发展——基于教育供给侧改革的研究［J］. 中国教育学刊，2016（10）.

240. 胡金平. 论常道直以"问题解决"为取向的教育管理学思想［J］. 苏州大学学报（教育科学版），2016（4）.

241. 胡静. 我国幼儿园课程研究现状与走向［J］. 四川教育学院学报，2012（6）.

242. 胡萍，周兴茂. 中国民族教育及其学科的历史回顾、成就与展望［J］. 湖北民族学院学报（哲学社会科学版），2005（1）.

243. 胡钦晓. 高等教育学研究与高等教育研究关系辨析——兼论高等教育学的学科性质［J］. 南通大学学报（教育科学版），2005（2）.

244. 胡荣堃. 自费留学值不值——对自费留学个人成本与收益的个案研究［J］. 世界教育信息，2006（2）.

245. 胡伟. 均衡视野下义务教育管理问题与改革［J］. 当代教育科学，2010（11）.

246. 胡中锋，许国动. 现代教育管理理论丛林的发端、困境与发展趋势

[J]．高校教育管理，2014（5）．

247．华东师范大学课题组．师范教育发展战略研究：目标、对策与措施[J]．高等师范教育研究，2001（2）．

248．黄甫全．大课程论初探——兼论课程（论）与教学（论）的关系[J]．课程·教材·教法，2000（5）．

249．黄甫全．当代课程与教学论：新内容体系与教材结构[J]．课程·教材·教法，2006（1）．

250．黄复生，李炳金．基于居民视角的上海社区教育课程需求调查研究[J]．继续教育研究，2011（1）．

251．黄济．关于教育科学研究方法论的几点思考[J]．江西教育科研，1988（1）．

252．黄建雄．农村义务教育经费保障新机制改革初探[J]．社会主义研究，2008（4）．

253．黄健．专业化：社区教育专职教师队伍建设的研究[J]．远程教育杂志，2010（4）．

254．黄杰．试论我国高等教育事业的规划管理[J]．华中师范大学学报（哲学社会科学版），1987（3）．

255．黄明喜．试论中国教育史研究的学科性质与基本原则[J]．河北师范大学学报（教育科学版），2005（2）．

256．黄藤，周国平．我国大众化阶段高等教育的质量政策：背景、原则与建议[J]．民办教育研究，2004（5）．

257．黄崴．教育管理学的研究对象：规律、现象、活动还是问题[J]．现代教育论丛，1999（5）．

258．黄崴．教育管理学的研究对象及其分类[J]．教育研究，2005（7）．

259．黄崴．教育管理学科体系：概念、分类与整合[J]．华南师范大学学报（社会科学版），2004（5）．

260．黄万飞，孙瑞玉．普通高中教育目标：政策表述与学校选择[J]．教育科学研究，2011（4）．

261．黄维海，袁连生．农村税费改革与义务教育支出结构倒U型演变[J]．清华大学教育研究，2012（2）．

262．黄新宪．对当前我国留学教育中几个问题的思考[J]．中国高教研究，1996（4）．

263．黄逸．社区教育的实践与思考[J]．教育理论与实践，1991（2）．

264. 黄云龙，史悦秀. 关于建构发展性社区教育评价模式的设想［J］. 教育发展研究，2006（24）.

265. 黄云龙. 社区教育管理若干基本问题的理性思考［J］. 上海师范大学学报（哲学社会科学版），1999（5）.

266. 黄云龙. 我国社区教育的嬗变、发展态势及其实践策略［J］. 国家教育行政学院学报，2006（1）.

267. 黄兆龙. 现代教育管理学的发展趋势［J］. 教育评论，1995（5）.

268. 霍益萍. 高中新课改与教师培训理念更新［J］. 课程·教材·教法，2008（11）.

269. 吉标. 改革开放以来我国课程与教学论学科建制的历程［J］. 西南大学学报（社会科学版），2016（1）.

270. 吉洛. 浅谈加入WTO后民族教育面临的机遇与挑战［J］. 中国校外教育，2008（8）.

271. 纪宝成. 世纪之交中国高等教育管理体制改革的历史回顾［J］. 中国高教研究，2013（8）.

272. 纪宝成. 一场具有深远影响的历史性变革——关于我国高等教育管理体制改革问题［J］. 国家高级教育行政学院学报，2000（4）.

273. 纪宝成. 中国高等教育大众化趋势的政策选择［J］. 中国高等教育，2000（24）.

274. 贾欢，高丽. 比较教育学科身份危机引发的争论［J］. 内蒙古师范大学学报（教育科学版），2009（7）.

275. 贾玲，宫慧娜，陈影，雷江华. 我国特殊教育学教材的实证分析——基于13本教材的内容比较［J］. 中国特殊教育，2017（3）.

276. 贾永生. 创设与拓展教育美学势在必行［J］. 教育艺术，1997（6）.

277. 贾永生. 教育美学新论［J］. 河北师范大学学报（教育科学版），2002（6）.

278. 贾云鹏，范先佐. 教育经济学研究：回顾、反思及建议——文献分析的视角［J］. 教育研究，2014（2）.

279. 姜大源. 基于职业科学的职业教育学科建设辨析［J］. 中国职业技术教育，2007（11）.

280. 姜大源. 职业教育学基本问题的思考（一）［J］. 职业技术教育，2006（1）.

281. 姜海山，张沧海，吕志清，谢仁业，张秋萍. 自费出国留学及低龄化发展趋势研究［J］．教育发展研究，2000（2）．

282．姜琪．新时期师范生养成教育的反思与突破［J］．海峡科学，2017（4）．

283．姜勇．理论困境与学前教育学的实践转向［J］．学前教育研究，2008（1）．

284．蒋菲，黄维．我国教育经济学作者的影响力：变化与"学派"——基于 1980－2010 年 20 种 CSSCI 刊物的知识图谱分析［J］．中国高教研究，2014（6）．

285．蒋国华．迎接 21 世纪出国留学的新高潮［J］．世界科技研究与发展，2001（2）．

286．蒋凯．全球化时代高等教育若干基本问题的省思［J］．清华大学教育研究，2015（6）．

287．蒋平，王正惠．城乡义务教育一体化政策的制度逻辑——基于制度分析理论的视角［J］．教育学术月刊，2014（9）．

288．蒋文昭．从预成到生成：高等教育管理范式的嬗变［J］．国家教育行政学院学报，2010（8）．

289．蒋逸民．面向未来的社区教育课程模块开发［J］．现代远程教育研究，2010（6）．

290．蒋逸民．社区教育课程开发研究［J］．开放教育研究，2010（1）．

291．蒋友梅．我国教育管理学学科范式形成的"格式塔"模型［J］．教育理论与实践，2011（7）．

292．蒋珍莲．中国教师教育政策建设的问题与对策［J］．当代教育论坛，2010（5）．

293．蒋中一，戴洪生．降低农村初中辍学率和义务教育体制的改革［J］．中国人口科学，2005（4）．

294．金炳镐，陈延斌．辉煌 90 年：中国共产党发展民族教育的光辉历程——中国共产党 90 年民族教育政策发展回顾［J］．中国民族教育，2011（Z1）．

295．金家新，黄廷美．当代中国大陆比较教育研究范式：现状、问题与前瞻［J］．现代教育管理，2013（12）．

296．金世柏．中国的比较教育［J］．外国中小学教育，1984（3）．

297．金鑫，张光磊．从方法论视角理解高等教育多学科研究［J］．江苏高教，2010（2）．

298．靳卫东．农村义务教育经费保障机制改革的成效评价［J］．统计研究，

2014（12）.

299. 靳希斌. 国内对教育经济学性质、对象和体系结构的各种见解［J］. 教育与经济，1985（1）.

300. 靳玉乐，罗生全. 课程理论的文化自觉［J］. 教育研究，2008（6）.

301. 景晓梅. 在胡塞尔的"生活世界"视野下对学前教育课程的理性思考［J］. 学前教育研究，2005（4）.

302. 柯亮. 基于应用型人才培养的学前教育专业《学前教育学》课程考核模式改革探究［J］. 陕西学前师范学院学报，2017（8）.

303. 孔炽. 坚持教育史研究中的科学的方法论——全国教育史研究会学术研讨会述要［J］. 华中师范大学学报（哲社版），1987（5）.

304. 孔维宏，高瑞利. 从领域到学科——教育技术学理论体系的发展［J］. 现代教育技术，2003（4）.

305. 孔志洪，郭耀邦，陈丽，朱鸿飞. 高校出国留学政策研究［J］. 中国高等医学教育，2000（6）.

306. 兰霞萍，陈大超. 教育管理研究范式的发展及其应用［J］. 当代教育科学，2017（8）.

307. 兰霞萍，陈大超. 实践本体论视域下的教育管理实践及其特性［J］. 当代教育科学，2018（5）.

308. 蓝颜. 中国留学史［J］. 国学，2011（11）.

309. 雷江华，孙玉梅，余品纹，陈影，贾玲，李静郧，刘礼兰，罗司典，潘娇娇，王艳. 2016年全国特殊教育学科发展三十周年研讨会会议综述［J］. 现代特殊教育，2016（22）.

310. 雷江华. 特殊教育理论基础的多维视角辨析［J］. 中国特殊教育，2012（2）.

311. 雷江华. 中国特殊教育学学科论初探［J］. 华中师范大学学报（人文社会科学版），2005（4）.

312. 雷鸣强，唐纯志. 关于深化义务教育阶段办学体制改革的思考［J］. 中小学管理，2000（Z1）.

313. 雷振香，卢朝佑. 教育管理范式转换：政府、市场、学校间的权力博弈［J］. 教育探索，2016（9）.

314. 黎进萍，姜峰. 也谈比较教育学的学科建设问题——一种教材比较的视角［J］. 外国教育研究，2007（3）.

315. 李爱萍，单中惠. 二十世纪我国外国教育史学科建设回眸［J］. 教育史研究，2004（3）.

316. 李保强，池振国，刘永福. 改革开放后教育管理学发展的阶段性成就梳理与反思［J］. 教育理论与实践，2009（31）.

317. 李保强. 关于教育管理学发展现状的三维审视［J］. 教育理论与实践，2004（19）.

318. 李斌琴，李泽彧. 地方高师院校综合化进程中的若干关系探析［J］. 教育探索，2015（12）.

319. 李兵. 农村义务教育管理体制改革的问题与对策［J］. 人民教育，2003（Z3）.

320. 李春芳. 试探社区教育功能［J］. 教育科学，1991（4）.

321. 李复新，瞿葆奎. 教育人类学：理论与问题［J］. 教育研究，2013（10）.

322. 李复新. "教育人类学"术语辨析［J］. 教育研究与实验，1992（4）.

323. 李复新. 西方教育人类学研究的历史透视［J］. 华东师范大学学报（教育科学版），1990（4）.

324. 李桂荣. 改革开放30年中国教育经济学之回顾与展望［J］. 教育研究，2009（6）.

325. 李桂荣. 中国教育经济学话语演进二十年［J］. 教育研究，2004（12）.

326. 李海龙. 高等教育学的常识、传统与想象［J］. 高等教育研究，2017（10）.

327. 李华兴. 论民国教育史的分期［J］. 上海师范大学学报（哲学社会科学版），1997（1）.

328. 李建军，张国强. 论江泽民民族教育思想［J］. 新疆师范大学学报（哲学社会科学版），2010（1）.

329. 李建民. 刍议心理学对比较教育的借鉴意义［J］. 外国教育研究，2007（8）.

330. 李剑. 我国教育经济学学术活动记事［J］. 教育与经济，1986（1）.

331. 李金. 我国成人教育学科体系建设研究的回望与前瞻［J］. 中国成人教育，2015（13）.

332. 李金. 追问与省思：我国成人教育学科建设的实然与应然［J］. 河北大学成人教育学院学报，2018（1）.

333. 李瑾瑜，史俊龙. 我国中小学教师培训政策演进及创新趋势［J］. 西北师大学报（社会科学版），2012（5）.

334. 李娟，刘立德. 对教育史学科发展几个问题的探析［J］. 河北师范大学学报（教育科学版），2009（3）.

335. 李均，谢丽舟. 作为开放学科的高等教育学——基于七个人文社会学科权威刊物的引文分析［J］. 高等教育研究，2014（10）.

336. 李均. 高等教育学如何走出学科发展危机［J］. 高等教育研究，2017（1）.

337. 李均. 元高等教育学引论［J］. 江苏高教，2002（4）.

338. 李均. 中国教育史上的创举——中国高等教育学会的发起、筹备和成立［J］. 高等教育研究，2003（4）.

339. 李康. 论我国教育技术学科的形成与发展［J］. 电化教育研究，2012（1）.

340. 李拉. 从体系之外到体系之内：我国特殊教育的百年嬗变［J］. 教育学术月刊，2014（7）.

341. 李连宁. 学习、贯彻"十五大"精神，全面开拓中国特殊教育新局面——在中国教育学会特殊教育分会第四次全国代表大会暨内地、香港、澳门、台湾特殊教育学术交流会开幕式上的讲话［J］. 中国特殊教育，1997（4）.

342. 李龙. 教育技术领域·学科·专业［J］. 中国电化教育，2005（12）.

343. 李龙. 教育技术学科的定位——二论教育技术学科的理论与实践［J］. 电化教育研究，2003（13）.

344. 李梅，肖艾琳. 我国吸引海外留学人员的对策研究［J］. 东南大学学报（哲学社会科学版），2008（S1）.

345. 李明霞. 我国高中教师队伍建设研究的回顾与展望［J］. 和田师范专科学校学报，2013（2）.

346. 李品. 社区教育课程深化建设的困境与现实抉择［J］. 成人教育，2013（9）.

347. 李平. 社区教育运行机制的选择和建构［J］. 职业技术教育，2005（1）.

348. 李其龙. 国际普通高中课程改革趋势［J］. 全球教育展望，2003（7）.

349. 李其龙. 我国比较教育科学的发展历程［J］. 外国教育资料，1983（1）.

350. 李群. 课程与教学论学科体系建构的思考［J］. 山东师范大学学报（人文社会科学版），2011（4）.

351. 李儒忠. 中国少数民族双语教育历史进程综述［J］. 新疆教育学院学报，2009（1）.

352. 李润洲. 教育理论如何表达教育实践［J］. 江西教育科研，2007（4）.

353. 李尚群，夏金星. 职业教育问题的分类阐释［J］. 职教论坛，2003（17）.

354. 李树峰. 从"双师型"教师政策的演进看职业教育教师专业发展的定位［J］. 教师教育研究，2014（3）.

355. 李硕豪. 高等教育学学科性质辨析［J］. 高等教育研究，2002（1）.

356. 李硕豪. 一种高等教育学理论体系建构说——逻辑起点论述评［J］. 教育理论与实践，2005（4）.

357. 李涛. 百年中国教育史研究高潮的回顾与反思［J］. 东北师大学报（哲学社会科学版），2003（2）.

358. 李文兵. 高等教育学学科属性新探——兼论我国高等教育研究的转向［J］. 教育与现代化，2008（1）.

359. 李文学，彭华. 公共政策视角下城乡义务教育改革：比较与分析［J］. 兰州学刊，2009（4）.

360. 李文英，田山俊. 和而不同：教育史学与比较教育学辨析［J］. 教育研究，2012（5）.

361. 李喜所. 深化中国留学史研究的三点思考［J］. 徐州师范大学学报，2004（1）.

362. 李喜所. 中国留学生研究的历史考察［J］. 文史哲，2005（4）.

363. 李祥云. 税费改革前后义务教育投入地区差异及其变化的实证分析［J］. 教育研究，2009（10）.

364. 李向东. 职业教育学的产生与发展［J］. 职业教育研究，2005（1）.

365. 李晓伟. 自费留学的经济分析［J］. 科学学与科学技术管理，2002（4）.

366. 李晓阳. 高等教育研究：从多学科到跨学科［J］. 辽宁教育研究，2008（10）.

367. 李雄鹰，金玉熙. 高考评价改革的内容与路径［J］. 教师教育论坛，2018（8）.

368. 李旭，侯怀银. 20世纪我国教育管理学学科建设的本土探索［J］. 山西大学学报（哲学社会科学版），2011（6）.

369. 李旭. 反思与构建：21世纪初教育管理学学科建设的新选择［J］. 现

代教育管理，2012（7）.

370. 李艳莉. 身体：重构教育活动的另一可能——身体史视域下的教育活动史研究［J］. 教育学术月刊，2014（5）.

371. 李印. 高等教育评价体制改革的路径研究［J］. 黑龙江高教研究，2017（9）.

372. 李永生. 深化管理改革：推进首都义务教育均衡发展策略的探讨［J］. 中小学管理，2010（5）.

373. 李玉. 高等教育管理体制改革政策及成果分析［J］. 黑龙江高教研究，2003（1）.

374. 李政涛. 从"问题"到理论——教育管理学研究的反思与展望［J］. 中小学管理，1999（2）.

375. 李政涛. 回到原点：教育人类学的本体性问题初探［J］. 民族教育研究，2014（5）.

376. 李政涛. 为人的生命成长而设计和发展教育技术——兼论教育技术学的逻辑起点［J］. 电化教育研究，2006（12）.

377. 李志峰. 高等教育学学科研究：反思与批判［J］. 黑龙江高教研究，2006（7）.

378. 李志峰. 高等教育学作为制度学科的涵义与特点［J］. 扬州大学学报（高教研究版），2006（1）.

379. 李忠，周洪宇. 中国教育史学科研究取向的三次转换［J］. 陕西师范大学学报（哲学社会科学版），2015（4）.

380. 厉以贤. 论社区教育的视角与体制［J］. 教育研究，1995（8）.

381. 厉以贤. 试谈教育社会学的学科性质和研究对象［J］. 北京师范大学学报（社会科学版），1985（2）.

382. 栗洪武. "教师教育"不能取代"师范教育"［J］. 教育研究，2009（5）.

383. 梁立新. 浅谈新时期高校单位公派留学的几个问题［J］. 华北电力大学学报（社会科学版），2001（1）.

384. 梁祥凤，李玉红. 我国历年的留学状况及其思考［J］. 教育与现代化，2003（1）.

385. 梁运佳. 从多元文化视角审视学前教育课程内容［J］. 重庆职业技术学院学报，2004（3）.

386. 梁志明，当代留学大潮与中外文化交流［A］. 公共外交季刊 2012 夏季号（总第10期）[C].察哈尔学会，2012.

387.梁忠义.比较教育四十年[J].高等师范教育研究，1989（5）.

388.廖其发.改革开放以来我国普及义务教育的回眸[J].西南大学学报（社会科学版），2008（5）.

389.廖湘阳.改革开放以来我国高等教育管理改革政策文本分析[J].现代教育科学，2002（3）.

390.廖哲勋.论当代课程论与教学论的关系[J].教育研究，2007（11）.

391.刘炳林.新时期高师院校加强师范生师德教育的路径[J].广西民族师范学院学报，2016（3）.

392.刘春，王续琨.教育管理学研究前沿的学科互涉[J].教育科学，2009（4）.

393.刘春生，张宇.职业教育的问题研究与学科理论建构——兼论职业教育研究的学术规范[J].职教论坛，2006（15）.

394.刘德亮.我国教育技术学科建设的现状与发展趋势——访北京师范大学黄荣怀教授[J].中国电化教育，2002（10）.

395.刘帆.中国高等教育对外开放30年回眸[J].武汉商业服务学院学报，2009（1）.

396.刘奉越，庞学光.基于社会流动的新生代农民工转化学习[J].现代远距离教育，2013（3）.

397.刘刚.教育学研究中的几个问题[J].教育研究，1979（1）.

398.刘桂芳.新时期师范生免费教育政策复归的原因分析[J].教育探索，2008（7）.

399.刘桂玲.新中国60年学前教育课程改革的历史启示[J].大庆师范学院学报，2011（1）.

400.刘国福.近三十年中国出国留学政策的理性回顾和法律思考[J].浙江大学学报（人文社会科学版），2009（6）.

401.刘国福.中国出国留学政策的法律检讨[J].上海商学院学报，2009（1）.

402.刘海峰，樊本富.论西部地区的"高考移民"问题——兼论科举时代的"冒籍"现象[J].教育研究，2004（10）.

403.刘洪英，王作峰.新时期留学人才的价值观与学生爱国主义教育[J].韶关学院学报，2007（11）.

404.刘慧娟，蒋文立，陈人雄，等.论城市社区教育[J].上海教育科研，

1988（5）.

405. 刘江岳，许庆豫. 新学位体制下德国中小学教师职前培养模式与特点［J］. 外国教育研究，2015（12）.

406. 刘俊仁. 普通高中实施绩效工资改革后的问题研究［J］. 教学与管理，2012（8）.

407. 刘旷. 互联网留学 3.0 时代将至［J］. 商业文化，2017（26）.

408. 刘丽群. 我国高中教育政策 40 年：历史轨迹与发展愿景［J］. 中国教育学刊，2018（9）.

409. 刘庆昌. 教育基本理论研究的性质和方法初探［J］. 太原师范学院学报（社会科学版），2004（1）.

410. 刘庆昌. 教育史研究的教育学内涵［J］. 教育科学，2012（2）.

411. 刘庆昌. 教育哲学究竟是什么［J］. 山西大学师范学院学报，1999（3）.

412. 刘瑞德，黄荣怀. 也谈教育技术学的逻辑起点［J］. 电化教育研究，2006（8）.

413. 刘世清. 论普通高中的发展困境与政策取向［J］. 教育研究，2013（3）.

414. 刘松林，谢利民. 关于课程执行的调查——基于义务教育阶段课程改革［J］. 首都师范大学学报（社会科学版），2009（2）.

415. 刘铁芳，颜桂花. 基于生命立场的儿童教育：理想与实践路径［J］. 学前教育研究，2015（4）.

416. 刘卫东. 中国比较教育危机之我见［J］. 比较教育研究，1995（3）.

417. 刘闻亮. 全国第一份"留学中介机构调查报告"问世［J］. 成才与就业，2003（2）.

418. 刘夏蓓. 税费改革与农村义务教育投入机制［J］. 中国教育学刊，2004（6）.

419. 刘小强，潘懋元. 学科建设：元视角的考察——关于高等教育学学科建设的反思［J］. 高等教育研究，2011（6）.

420. 刘小强，周国平. 高等教育的多学科研究方法：原理、地位和路线［J］. 高教探索，2006（6）.

421. 刘晓东. 从学习取向到成长取向：中国学前教育变革的方向［J］. 学前教育研究，2006（4）.

422. 刘晓琴. 教育原理和教育学原理的思考［J］. 吉林省教育学院学报，

2010（2）.

423. 刘新科. 外国教育史学科在中国的发展历史回溯与新世纪瞻望［J］. 大学教育科学，2005（2）.

424. 刘新玲. 我国高等师范教育体制演变的历史回顾与思考［J］. 高等师范教育研究，2002（1）.

425. 刘旭东. 论师范大学教师教育课程体系的构建［J］. 高教探索，2009（4）.

426. 刘尧. 论高等教育学的中国特色［J］. 云南高教研究，2003（3）.

427. 刘尧. 我国社区教育发展现状、问题及对策［J］. 华中师范大学学报（人文社会科学版），2010（4）.

428. 刘一兵，徐吉. "留学生与中国的社会发展"学术研讨会综述［J］. 教育评论，2003（6）.

429. 刘月霞，马云鹏. 我国普通高中课程改革的特征、条件与实施策略［J］. 课程·教材·教法，2015（1）.

430. 刘泽云. 政府如何为农村义务教育买单？——农村义务教育财政体制改革新论［J］. 华中师范大学学报（人文社会科学版），2005（3）.

431. 刘占兰. 幼儿园教师的专业能力［J］. 学前教育研究，2012（11）.

432. 刘志忠. 高等教育学学科建设路径研究［J］. 黑龙江高教研究，2017（7）.

433. 刘志忠. 现象学：高等教育学学科建设的方法论突破口［J］. 高教探索，2017（5）.

434. 刘宗南. 对"高等教育管理学"体系建构与整合的思考［J］. 高等教育研究学报，2003（3）.

435. 留学发展报告显示：中国成最大的留学生输出国［J］. 教育发展研究，2012（17）.

436. 柳斌. 保障义务教育投入要有大的改革思路［J］. 人民教育，1999（5）.

437. 柳海民，林丹. 困境与突破：论中国教育学的范式［J］. 东北师范大学学报（哲学社会科学版），2007（3）.

438. 柳海民，邹红军. 教育学原理：历史性飞跃及其时代价值——纪念改革开放40周年［J］. 教育研究，2018（7）.

439. 娄岙菲，等. 近年来中国教育史研究学术进展评述［J］. 教育研究，2015（9）.

440. 娄立志. 教育科学学科体系与成人教育学科体系的构建 [J]. 成人教育，2002（5）.

441. 娄眉卿. 社会治理视域下社区教育管理研究 [J]. 教育评论，2015（9）.

442. 卢立涛. 试论我国高中教育的政策变迁（1978—2007）[J]. 内蒙古师范大学学报（教育科学版），2008（4）.

443. 卢伟，褚宏启. 教育扶贫视角下农民工随迁子女教育改革——如何实现入学机会均等与教育起点公平 [J]. 中国教育学刊，2017（7）.

444. 卢晓中. 高等教育学的学科性质及相关问题 [J]. 中国高教研究，2016（11）.

445. 鲁静. 我国教师教育课程体系的历史和逻辑分析——以华东师范大学为例 [J]. 教师教育研究，2010（5）.

446. 陆陆，梁隆新，罗大万. 留学，方兴未艾的热潮 [J]. 重庆与世界，2002（1）.

447. 陆永明，梁鹏举. 基于"大学—社区"合力的社区大学课程建设研究 [J]. 成人教育，2013（2）.

448. 陆有铨，迟艳杰. 中国教育哲学的世纪回顾与展望 [J]. 教育研究，2003（7）.

449. 罗虹. 幼儿园课程变革的历程：与课程专家互动的角度 [J]. 中国教育学刊，2012（11）.

450. 罗建国. 论高等教育管理学科建设中需要处理好的几对关系 [J]. 湖南师范大学教育科学学报，2006（1）.

451. 罗匡，张勋，李彧宏，饶异伦. 论职业教育学学科性质与定位 [J]. 江苏技术师范学院学报，2008（6）.

452. 罗昔明. 义务教育课程改革与地方协作治理模式之形塑探讨 [J]. 教学与管理，2017（24）.

453. 骆风. 新时期师范院校教育学公共课教学改革研究之研究 [J]. 高等师范教育研究，1997（4）.

454. 吕孟仁. 高等教育成本分担及学生收费标准的探讨 [J]. 国家高级教育行政学院学报，2001（6）.

455. 吕玉琪. 留学潮与当前留学面临的形势分析 [J]. 江西教育科研，2003（11）.

456. 马国贤. 我国高等教育发展规模与发展政策研究 [J]. 上海财经大学

学报，2002（3）.

457. 马骥雄. 比较教育学科的重建［J］. 高等师范教育研究，1989（5）.

458. 马雷军. 论多元文化背景下民族教育优惠政策的转型［J］. 民族教育研究，2009（6）.

459. 马强. 高等教育人事管理的内涵演变与哲学思考［J］. 扬州大学学报（高教研究版），2005（3）.

460. 马戎. 中国少数民族教育事业的发展［J］. 西北民族研究，1999（1）.

461. 马树杉. 大众阶段高等教育的质量及其管理［J］. 中国高等教育，2001（22）.

462. 马早明，冯增俊. 改革开放以来中国比较教育学的发展与转型［J］. 教育研究，2009（6）.

463. 毛礼锐，郭齐家. 中国教育史研究十年的回顾与展望［J］. 教育研究，1988（12）.

464. 毛毅静，丁钢. 别样的历史叙事：作为一个研究领域的教育影像［J］. 教育研究，2013（1）.

465. 孟立军. 论我国民族教育发展的主要历史经验［J］. 民族论坛，1997（4）.

466. 孟晰，谢童伟. 农村义务教育投入体制改革效应评价——基于省级面板数据的分析［J］. 中国教育学刊，2015（2）.

467. 苗丹国，程希. 21世纪留学回国政策暨工作大事记［J］. 中国人才，2009（13）.

468. 苗丹国，潘晓景. 对我国自费出国留学收取培养费制度的对策研究［J］. 中国高教研究，2001（5）.

469. 苗丹国，杨晓京. 改革开放初期出国留学政策的形成与调整［J］. 广东社会科学，2008（5）.

470. 苗丹国. 我国自费出国留学政策的持续性发展与趋势研究［J］. 江苏师范大学学报（哲学社会科学版），2013（6）.

471. 苗月霞. 我国留学人员回国工作的新形势和新对策［J］. 第一资源，2014（5）.

472. 闵维方，丁小浩. 对我国高等教育经济学研究的回顾和展望［J］. 高等教育研究，1999（3）.

473. 闵维方. 浅谈教育经济学及其逻辑结构和最新发展［J］. 教育经济评论，2016（1）.

474. 缪榕楠,庄丽. 回归基础高等教育学学科建设的起点[J]. 高教探索,2005(4).

475. 纳日碧力戈. 教育人类学:美美与共的学问[J]. 民族教育研究,2014(4).

476. 佴永锦. 我国现行公派出国留学政策述评[J]. 江苏高教,2001(5).

477. 南国农. 教育技术理论体系的重构:路线图[J]. 现代教育技术,2010(4).

478. 南国农. 教育技术理论研究的新发展[J]. 电化教育研究,2010(1).

479. 南国农. 我国电化教育学科建设的回顾与展望[J]. 华东师范大学学报(教育科学版),1990(1).

480. 南国农. 新世纪信息化教育工作者的使命[J]. 电化教育研究,2003(12).

481. 南国农. 信息化教育理论体系的形成与发展[J]. 中国电化教育,2009(8).

482. 南海. 论职业教育研究的基本"范式"[J]. 山西大学学报(哲学社会科学版),2003(6).

483. 宁本涛. 教育经济学研究方法的反思[J]. 教育与经济,2006(1).

484. 潘晨光,娄伟. 改革开放以来我国留学事业的回顾与展望[J]. 社会科学管理与评论,2004(3).

485. 潘磊,贾俊祥. 纪念改革开放三十年系列报道之七 广阔天地任翱翔——30年改革开放铸就我国留学事业新辉煌[J]. 中国人才,2008(21).

486. 潘懋元,林叶枫. 十年来高等教育科学研究的进展[J]. 高等教育学报,1988(Z1).

487. 潘懋元,吴玫. 从师范教育到教师教育[J]. 中国高教研究,2004(7).

488. 潘懋元,陈兴德. 依附、借鉴、创新?——中国高等教育学科建设之路[J]. 北京大学教育评论,2005(1).

489. 潘懋元. 必须开展高等教育的理论研究——建立高等教育学科刍议[J]. 厦门大学学报(哲学社会科学版),1978(4).

490. 潘懋元. 高等教育理论研究必须更好地为实践服务[J]. 高等教育研究,1997(4).

491. 潘懋元. 高等教育学科建设的回顾与前瞻[J]. 高等教育研究,1995(3).

492. 潘懋元. 关于高等教育学科建设的反思 [J]. 中国教育科学, 2014 (4).

493. 潘懋元. 关于高等教育学科建设的若干问题 [J]. 高等教育研究, 1993 (2).

494. 潘懋元. 在《高等教育学》教材听取意见座谈会上的发言 [J]. 高等教育研究, 1984 (1).

495. 潘毓刚, 蒲慕明, 袁休, 谢定裕, 丁学良. 中国留学生政策讨论会 [J]. 科技导报, 1988 (6).

496. 庞丽娟, 胡娟, 洪秀敏. 当前我国学前教育事业发展的问题与建议 [J]. 学前教育研究, 2002 (1).

497. 庞学光. 教育哲学的本质与特点新论 [J]. 天津市教科院学报, 2001 (4).

498. 裴娣娜. 谈谈教育科学研究的方法论问题 [J]. 北京师范大学学报（社科版）, 1988 (3).

499. 彭虹斌. 对教育管理学研究对象的反思 [J]. 宁波大学学报（教育科学版）, 2008 (5).

500. 彭阳红. 从"体系建构"到"问题研究"——论我国教育管理学学科研究范式的转换 [J]. 黑龙江高教研究, 2008 (6).

501. 彭远明, 杨志红. 陶行知教育思想对新时期师范教育的启示 [J]. 黑龙江高教研究, 2013 (10).

502. 朴永馨. 努力发展有中国特色的特殊教育学科 [J]. 现代特殊教育, 2017 (12).

503. 齐梅, 柳海民. 教育学原理学科的科学性质和基本问题 [J]. 教育研究, 2006 (2).

504. 齐梅. 教育学原理学科的基本概念解析 [J]. 教育科学, 2006 (2).

505. 钱江. 留学大潮起航人——1978 年 52 名首批赴美留学者简析 [J]. 党史博览, 2012 (1).

506. 钱民辉. 当代欧美教育人类学研究的核心主题与趋势 [J]. 北京大学学报（哲学社会科学版）, 2005 (5).

507. 钱敏. 新时期师范生思想政治教育工作探析 [J]. 中国电力教育, 2010 (3).

508. 钱志亮. 谈盲校课程设置的理论基础——兼探索我国特殊教育学科的理论基础 [J]. 中国特殊教育, 1999 (1).

509. 秦克铸. "师范生免费教育"政策回归：新时期教师教育政策的重大调整［J］. 当代教育科学，2007（8）.

510. 秦玉友，邬志辉. 中国农村教育发展状况与未来发展思路［J］. 东北师大学报（哲学社会科学版），2017（3）.

511. 邱超. 中国教师教育的过去、现在和未来——顾明远教授访谈［J］. 教师教育研究，2014（1）.

512. 邱渊. 教育经济学的形成、发展及近况［J］. 教育研究丛刊，1979（1）.

513. 瞿葆奎，钟启泉. 教育政策与教育科学［J］. 华东师范大学学报（哲学社会科学版），1980（5）.

514. 曲恒昌. WTO与我国的留学低龄化［J］. 比较教育研究，2002（12）.

515. 曲木铁西，黄秀华. 试论少数民族教育的分类［J］. 民族教育研究，2009（4）.

516. 曲铁华，崔红洁. 我国教师教育政策价值取向变迁的路径与特点——基于1978－2013年政策文本的分析［J］. 现代大学教育，2014（3）.

517. 全国职业教育科研（教研）机构基本信息（2011）［J］. 中国职业技术教育，2011（S1）.

518. 任友群，顾小清. 教育技术学：学科发展之问与答［J］. 教育研究，2019（1）.

519. 任长松. 新一轮义务教育课程教材改革：18条建议［J］. 教育理论与实践，1999（10）.

520. 桑宁霞，刘丽. 我国成人教育学"自在"走向"自为"的历程——改革开放以来我国成人教育学的"本土化"探索［J］. 中国成人教育，2016（5）.

521. 桑宁霞，张慧萍. 当代成人教育学的视域与价值［J］. 中国成人教育，2017（23）.

522. 桑宁霞，赵苏皖. 成人教育学研究的矛盾与超越［J］. 中国职业技术教育，2014（36）.

523. 桑新民. 现代教育技术学基础理论创新研究［J］. 中国电化教育，2003（9）.

524. 单志艳. 中小学教师培训政策的价值取向变迁［J］. 教师教育研究，2013（3）.

525. 商继宗. 对比较教育的比较——比较教育及其特点［J］. 上海师范大学学报（哲学社会科学版），1985（4）.

526. 邵晓枫. 中国当代社区教育改革发展研究：总结、反思与前瞻 [J]. 职教论坛，2018（1）.

527. 邵燕楠. 教育的人类学视角 [J]. 北京邮电大学学报（社会科学版），2002（2）.

528. 申国昌，等. 教育史学呼唤文学 [J]. 理论月刊，2016（5）.

529. 申家龙. 社会学视野下的职业教育——内涵与特征 [J]. 职业技术教育，2003（16）.

530. 沈頔. 改革开放三十年中国留学事业之回顾与思考 [J]. 四川行政学院学报，2009（1）.

531. 沈剑平，瞿葆奎. 教育研究范式简论 [J]. 华东师范大学学报（教育科学版），1990（1）.

532. 沈晓霞，杨少强. 论新型城镇化视野下社区教育课程体系的建构 [J]. 中国成人教育，2017（12）.

533. 沈亚平. 高等教育的改革与高校学生管理制度的更新 [J]. 中国高教研究，2005（6）.

534. 施贤毅. 我省义务教育课程、教材改革的发展趋势 [J]. 辽宁教育研究，2000（1）.

535. 石兰月. 省级统筹与义务教育教师管理体制改革 [J]. 河南师范大学学报（哲学社会科学版），2017（6）.

536. 石伟平. 新时代我国中等职业教育发展若干重大问题再思考 [J]. 中国职业技术教育，2018（19）.

537. 石一. 教育管理学学科属性再探 [J]. 现代教育管理，2011（12）.

538. 石中英. 20世纪中国教育哲学的回顾与展望 [J]. 教育研究与实验，2000（5）.

539. 石中英. 关于当前我国普通高中教育任务的再认识 [J]. 清华大学教育研究，2015（2）.

540. 史秋衡，陈赣玲. 高等教育学学科建设之我见 [J]. 宁波大学学报（教育科学版），1999（4）.

541. 舒松. 新中国发展少数民族教育的政策回顾 [J]. 民族教育研究，2013（2）.

542. 司晓宏. 深化教育管理理论研究，推动教育管理改革实践——全国教育管理学专业委员会第四届年会综述 [J]. 教学与管理，1999（5）.

543. 宋崇鑫. 社区教育初探 [J]. 华东师范大学学报（教育科学版），1989

(1).

544. 宋建军. 中国近代教育史的分期与发展新论［J］. 合肥师范学院学报，2009（2）.

545. 宋乃庆，罗士琰，王晓杰. 义务教育改革与发展 40 年的中国模式［J］. 南京社会科学，2018（9）.

546. 宋枢楠. 凝聚留学人员力量，共筑民族复兴梦想——欧美同学会学习习近平总书记在百年庆典上的讲话纪实［J］. 中国统一战线，2014（2）.

547. 苏德，刘子云. 双语教育研究回眸与前瞻［J］. 西南民族大学学报（人文社科版），2018（6）.

548. 苏德. 少数民族双语教育研究综述［J］. 内蒙古师范大学学报（教育科学版），2004（11）.

549. 苏娜，魏晓宇. 改革开放 40 年高考招生制度改革述评［J］. 全球教育展望，2018（7）.

550. 苏日娜. 论教育人类学的学科性质与研究方法［J］. 中央民族大学学报，2005（3）.

551. 苏一凡，刘国建. 新时期以来留学归国人员社会影响力研究［J］. 广东工业大学学报（社会科学版），2012（4）.

552. 孙百才，张善鑫. 我国发展少数民族教育的重大举措与主要经验［J］. 西北师大学报（社会科学版），2009（1）.

553. 孙昌立. 我国留学教育值得重视的几个问题［J］. 江苏高教，1987（4）.

554. 孙国华. 社区教育团队管理的策略与思考［J］. 北京宣武红旗业余大学学报，2015（4）.

555. 孙鸿平. 基于管理创业的社区教育政策与运行机制研究［J］. 中国成人教育，2016（23）.

556. 孙宽宁，徐继存. 我国课程论教材建设 90 年：反思与展望［J］. 课程·教材·教法，2012（12）.

557. 孙绵涛，康翠萍. 关于教育管理现象、本质及规律问题的再探讨［J］. 南阳师范学院学报（社会科学版），2005（1）.

558. 孙绵涛，康翠萍. 论教育管理学的研究对象［J］. 华东师范大学学报（教育科学版），1997（3）.

559. 孙绵涛. 论教育管理现象何以可能［J］. 教育研究，2008（9）.

560. 孙绵涛. 论教育管理学的学科体系［J］. 高等教育研究，1999（1）.

561. 孙绵涛. 中国教育管理学 30 年：成就、特点与问题 [J]. 教育研究, 2009（2）.

562. 孙培青. 教育史学科未来的几个问题 [J]. 河北师范大学学报（教育科学版），2005（1）.

563. 孙培青. 中国教育传统研究与教育改革 [J]. 河北师范大学学报（教育科学版），2000（1）.

564. 孙喜亭. 高等教育学是教育科学的一门分支学科 [J]. 上海高教研究，1986（4）.

565. 孙晓轲. 关于学前教育学历史使命的思考 [J]. 幼儿教育，2008（7、8）.

566. 孙益，武雅静. 集体传记法与教育史研究：可能性与可行性的探讨 [J]. 教育科学，2018（1）.

567. 孙玉凡. 学术史视野中的新中国师范教育研究 [J]. 郑州师范教育，2017（2）.

568. 孙章. 提倡研究"教育美学"[J]. 铁道师院学报，1987（1）.

569. 谭细龙. 20 世纪中国教学论学科发展回顾 [J]. 培训与研究（湖北教育学院学报），1997（3）.

570. 唐斌. 我国高等教育研究的简要回顾与评价 [J]. 苏州大学学报，1997（4）.

571. 唐克，陈楠. 社区教育政策执行成效及其影响因素——以成都市温江区社区教育政策执行现状为例 [J]. 现代远距离教育，2012（5）.

572. 唐克，侯嘉茵. 社区教育政策执行多元主体利益博弈及其均衡调整 [J]. 现代远距离教育，2017（1）.

573. 唐荣德. 论教育哲学的研究对象 [J]. 广西师范大学学报（哲学社会科学版），1999（3）.

574. 陶嘉. 新时期留学教育变革刍议 [J]. 江苏高教，1989（3）.

575. 滕大春. 试论外国教育史学科体系和教材建设 [J]. 教育研究，1984（1）.

576. 滕星，巴战龙. 人类学·田野工作·教育研究 [J]. 中南民族大学学报（人文社会科学版），2004（2）.

577. 滕星，马效义. 中国高等教育的少数民族优惠政策与教育平等 [J]. 民族研究，2005（5）.

578. 滕星. 民族教育学若干问题探讨 [J]. 民族教育研究，1987（2）.

579. 田恒平. 税费改革对农村义务教育的影响［J］. 教育与经济，2004（3）.

580. 田宏. 新时期出国留学人员特点及工作思考［J］. 中央社会主义学院学报，1998（3）.

581. 田联进. 高等教育本体论的逻辑与演化［J］. 江苏高教，2009（6）.

582. 田小红. 近三十年来我国比较教育学学科建设发展历程研究——基于知识的角度［J］. 外国教育研究，2009（10）.

583. 田正平，潘文鸢. 改革开放40年的中国教育史研究——基于期刊论文和博士学位论文的考察［J］. 教育研究，2019（1）.

584. 田正平，肖朗. 教育史学科建设的回顾与前瞻［J］. 教育研究，2003（1）.

585. 田正平. 老学科　新气象——改革开放30年教育史学科建设述评［J］. 教育研究，2008（9）.

586. 屠森林. 新时期高教管理体制改革：回顾、探析与展望［J］. 理论前沿，2000（2）.

587. 外媒. 中国赴美留学低龄化［J］. 时代金融，2016（19）.

588. 万明钢，刘海健. 论我国少数民族双语教育——从政策法规体系建构到教育教学模式变革［J］. 教育研究，2012（8）.

589. 万秀兰. 比较教育学科的发展战略与建设目标——浙江师大比较教育学科建设研讨会纪要［J］. 全球教育展望，2008（4）.

590. 汪丁丁. "学术·中心"何处寻？［J］. 读书，1997（7）.

591. 汪基德. 中国教育技术学科几个问题的探讨［J］. 教育研究，2006（7）.

592. 汪澍. 新时期必须坚持和发扬好师范教育的特色［J］. 吉首大学学报（社会科学版），2013（S1）.

593. 王宝安，杨柳. 新形势下留学人员工作的机遇与挑战［J］. 黑龙江省社会主义学院学报，2010（3）.

594. 王宝琴，许建宝. 我国成人教育学科体系建设的有效策略［J］. 中国成人教育，2018（2）.

595. 王保星. 外国教育史学科的困境与超越——基于我国外国教育史学科功用的历史分析［J］. 河北师范大学学报（教育科学版），2009（5）.

596. 王蓓，彭泽平. 新中国基础教育课程改革60年：历程与经验［J］. 教育与教学研究，2015（10）.

597. 王博. 社区教育引入社会评价机制分析 [J]. 中国成人教育, 2017 (10).

598. 王昌善. 高中教师培养: 目标、模式与课程——一种研究视角 [J]. 教育探索, 2008 (1).

599. 王晨. 从艰难恢复到积极革新——外国教育史研究三十年 (1978—2008) [J]. 清华大学教育研究, 2008 (6).

600. 王川. 试论职业教育学的逻辑起点 [J]. 职业技术教育, 2005 (16).

601. 王春燕. 百年中国幼儿园课程改革的回顾与反思 [J]. 幼儿教育, 2004 (5).

602. 王聪. 绩效工资制度下义务教育教师管理现状与改革突破——基于北京市主要城区调研的思考 [J]. 中国教育学刊, 2017 (5).

603. 王定华, 沙培宁. 王定华: 义务教育的六项改革 [J]. 中小学管理, 2014 (8).

604. 王栋生. 十年回顾与忧思 [J]. 基础教育课程, 2011 (12).

605. 王芳. 我国幼儿师范教育改革的基本趋势和问题分析 [J]. 学前教育研究, 2009 (6).

606. 王峰. 成人教育流变与成人教育学科建设 [J]. 中国成人教育, 2014 (10).

607. 王红曼. 论我国的民族教育政策及其成就 [J]. 民族教育研究, 2002 (1).

608. 王红雨. 教育管理学的理论建设与经验研究——以伯恩斯坦的编码理论为起点 [J]. 当代教育科学, 2014 (5).

609. 王洪才. 论高等教育研究的特性与学科归属 [J]. 高校教育管理, 2007 (2).

610. 王洪才. 论高教研究的四种范式 [J]. 北京师范大学学报 (人文社科版), 2002 (3).

611. 王辉耀, 郑巧英, 苗绿, 郑金连. 从留学"赤字"反思中国的国际化人才培养 [J]. 第一资源, 2013 (2).

612. 王冀生. 关于建构有中国特色的宏观高等教育学的思考 [J]. 高等教育研究, 1997 (6).

613. 王建华. 高等教育学的演进——学科制度的视角 [J]. 清华大学教育研究, 2003 (1).

614. 王建华. 高深学问: 高等教育学学科合法性的基础 [J]. 江苏高教,

2004（6）.

615. 王建华. 学科、学科制度、学科建制与学科建设［J］. 江苏高教，2003（3）.

616. 王建华. 走向从实践出发的高等教育学［J］. 江苏高教，2008（2）.

617. 王建军. 中国师范教育百年简论［J］. 河北师范大学学报（教育科学版），2002（4）.

618. 王建梁，姚林. 比较教育学科建设的检视与反思［J］. 重庆高教研究，2017（1）.

619. 王鉴，安富海. 当前我国民族教育研究前沿与热点问题综述［J］. 学术探索，2011（2）.

620. 王鉴，李伟. 中国少数民族教育课程的历史发展及其昭示［J］. 贵州民族研究，2000（1）.

621. 王鉴，田振华. 从演绎到归纳：教学论的知识转型［J］. 教育理论与实践，2013（4）.

622. 王鉴. 论我国民族教育的特殊性及其政策支持［J］. 学术探索，2010（5）.

623. 王鉴. 论中国特色的教学论学派［J］. 华中师范大学学报（人文社会科学版），2011（1）.

624. 王鉴. 试论我国少数民族教育政策重心的转移问题［J］. 民族教育研究，2009（3）.

625. 王鉴. 我国民族教育政策体系探讨［J］. 民族研究，2003（6）.

626. 王鉴. 西部大开发背景下的民族教育政策问题［J］. 西北师大学报（社会科学版），2003（5）.

627. 王珏. 对2000年以来我国教育管理学研究方式的考察——基于805篇博士硕士学位论文的内容分析［J］. 高等教育研究，2008（9）.

628. 王珏. 教育管理学在近代中国的发展历程［J］. 高等教育研究，2012（3）.

629. 王军. 民族教育60年：巨大的成就与面临的挑战［J］. 中国民族教育，2009（7）.

630. 王克勤，马建峰，盖立春，谷海军. 师范教育的转型与教师教育发展［J］. 教育研究，2006（4）.

631. 王克群. 努力推动留学人员统战工作迈上新台阶——学习习近平在中央统战工作会议上的讲话［J］. 陕西社会主义学院学报，2015（4）.

632. 王坤庆. 论现代教育哲学体系的改造与重构［J］. 华中师范大学学报（哲学社会科学版），1990（6）.

633. 王良娟. 面向 21 世纪的中国社区教育——社区教育的理论与实践探索［J］. 教育理论与实践，1997（5）.

634. 王鹏. 社区教育专业化的现实困境与出路［J］. 教育探索，2010（12）.

635. 王润清，李珺. 社区教育课程推广应用研究——以上海市黄浦区为例［J］. 职教论坛，2014（30）.

636. 王善迈. 创建中国特色的教育经济学科体系［J］. 教育与经济，2012（1）.

637. 王善迈. 关于教育经济学对象与方法的思考［J］. 北京师范大学学报（社会科学版），2006（1）.

638. 王善迈. 加强教育经济学学科建设［J］. 教育与经济，2004（3）.

639. 王盛水. 出国留学与高层次人才培养——纪念中国改革开放三十年［A］. 中国老教授协会. 第四届"老教授科教兴国贡献奖""老教授事业贡献奖"颁奖暨老教授纪念改革开放 30 周年大会论文集［C］. 中国老教授协会，2008.

640. 王盛水. 改革开放 30 年的出国留学与高层次人才培养［J］. 中国高等教育，2008（23）.

641. 王铁志. 新中国民族教育政策的形成与发展（上）［J］. 民族教育研究，1998（2）.

642. 王铁志. 新中国民族教育政策的形成与发展（下）［J］. 民族教育研究，1998（3）.

643. 王维. 试析近年来我国民族教育存在的问题及对策［J］. 中南民族大学学报（人文社会科学版），2007（1）.

644. 王伟廉. 全国高等教育学研究会成立大会暨第二届学术研讨会综述［J］. 高等教育研究，1994（1）.

645. 王伟廉. 学科基本问题与高等教育学的发展［J］. 中国高教研究，1995（2）.

646. 王文槿. 关于校企合作的企业调查报告［J］. 中国职业技术教育，2009（2）.

647. 王锡宏. 论少数民族教育双重性［J］. 民族研究，1999（3）.

648. 王向红. 教育管理学研究对象新探［J］. 现代教育管理，2009（11）.

649. 王晓蓓. 中国教育管理学二十年［J］. 现代教育论丛，1999（5）.

650. 王晓秋. 中国留学史研究如何向广度和深度发展［J］. 史学月刊，2005（8）.

651. 王孝斌，夏勇子. 高职院校"双师型"教师队伍建设现状——基于湖北省16所高职院校的调查与分析［J］. 职业技术教育，2015（30）.

652. 王效柳，刘悦. 自费出国留学的家庭期待、社会影响与反思［J］. 郑州轻工业学院学报（社会科学版），2014（3）.

653. 王欣欣，朱静然. 我国成人教育学学科建设的困境与对策［J］. 中国成人教育，2016（6）.

654. 王雪萍，苗丹国. 改革开放以来中国留日回国人才现状研究［J］. 世界教育信息，2008（6）.

655. 王彦力，李丽丽. 教育史研究的人学探索［J］. 教育研究，2013（6）.

656. 王艳梅. 多学科视角下的特殊教育理论与基础——评《特殊教育学》［J］. 教育评论，2016（7）.

657. 王义高. 对未来比较教育学的几点思考［J］. 比较教育研究，1993（1）.

658. 王颖蕙. 关于幼师院校"学前教育学"课程教学改革的思考［J］. 成都大学学报（教育科学版），2008（2）.

659. 王永红. 改革开放40年我国中小学课程改革的历史进程及成就［J］. 北京教育学院学报，2018（6）.

660. 王瑜. 改革开放以来大学生留学意向的变迁研究［J］. 赤峰学院学报（自然科学版），2016（15）.

661. 王玉丰. 我国教育管理研究的困惑及其发展趋势［J］. 西北第二民族学院学报（哲学社会科学版），2006（2）.

662. 王玉玲. 论我国少数民族教育的多样化构建［J］. 民族教育研究，2005（5）.

663. 王长纯. "和而不同"：比较教育研究的哲学与方法（论纲）［J］. 比较教育研究，2009（4）.

664. 王兆璟，王艳艳. 重返经典：教育史研究的进路与学术旨趣［J］. 教育理论与实践，2016（34）.

665. 王柱国. 终身教育视野下的社区教育课程建设——以湖州社区大学为例［J］. 中国成人教育，2013（1）.

666. 王卓. 中国留学低龄化现象透视［J］. 中国国情国力，2011（11）.

667. 韦庆华. 新时期我国师范生师德教育内容探新［J］. 广西师院学报，

2000（3）.

668. 韦颖. 以人为本：构建新型的农村教育目的论［J］. 云南师范大学学报（哲学社会科学版），2006（2）.

669. 魏芬. 中国共产党对出国留学事业的探索及启示［A］. 中共中央文献研究室个人课题成果集 2011 年（下）［C］. 中共中央文献研究室科研管理部，2012.

670. 魏红梅，黄明东. 义务教育学区制改革：制度逻辑、实践困境及优化路径［J］. 教育科学，2017（4）.

671. 魏军. 我国幼儿教师政策变迁的文本分析［J］. 学前教育研究，2009（6）.

672. 魏礼庆，胡燕华. 改革开放 40 年出国留学与来华留学事业回顾与展望［J］. 河北师范大学学报（教育科学版），2018（3）.

673. 文锦，汪鸿雁. 论社区教育的课程设计与开发［J］. 继续教育，2005（1）.

674. 文龙. 留学回国政策五问［J］. 经纪人，2004（4）.

675. 文雯. 高等教育学学科建设研究综述［J］. 高等教育研究，2005（6）.

676. 邬大光. 中国民办高等教育发展状况分析（上）——兼论民办高等教育政策［J］. 教育发展研究，2001（7）.

677. 邬大光. 中国民办高等教育发展状况分析（下）——兼论民办高等教育政策［J］. 教育发展研究，2001（8）.

678. 邬志辉，陈昌盛. 我国义务教育阶段教师编制供求矛盾及改革思路［J］. 教育研究，2018（8）.

679. 邬志辉. 新世纪中国教育管理面临的挑战与教育管理学的使命［J］. 中小学管理，2005（2）.

680. 吴福环，葛丰交，姚文遐，王晓梅. 改革开放以来新疆少数民族教育的发展［J］. 新疆社会科学，2008（2）.

681. 吴钢. 建立评价机制　发展社区教育［J］. 继续教育研究，2003（4）.

682. 吴国盛. 学科制度的内在建设［J］. 中国社会科学，2002（3）.

683. 吴合文. 改革开放以来我国高等教育政策工具的演变分析［J］. 高等教育研究，2011（2）.

684. 吴洪伟，黄健. 社区教育课程开发困境及其对策［J］. 西北成人教育学报，2002（2）.

685. 吴吉东. 课程与教学论学科研究范式综述［J］. 课程教学研究，2015

(12).

686. 吴俊清. 凝心聚力　狠抓落实　扎实推进城乡义务教育一体化改革发展［J］. 教育理论与实践，2017（19）.

687. 吴世明. 留学人员的选派、分配及其它［J］. 科技通报，1988（3）.

688. 吴淑珍. 论教育技术学科的未来发展［J］. 高等函授学报（哲学社会科学版），2008（3）.

689. 吴文侃. 对我国比较教育研究的历史回顾［J］. 教育评论，1988（5）.

690. 吴向文. 从我国教育技术学博士点建设看其学科发展［J］. 江苏开放大学学报，2014（1）.

691. 吴学峰，王亚薇. 近五年来中国大陆地区民族教育政策研究述评［J］. 内蒙古农业大学学报（社会科学版），2014（3）.

692. 吴岩. 高等教育管理体制改革的若干问题［J］. 江苏高教，1996（6）.

693. 吴玉琦. 试论中国教育史学科建设的马克思主义方向［J］. 东北师大学报（哲学社会科学版），1992（2）.

694. 吴志宏. 探讨新世纪教育管理学研究的走向［J］. 华东师范大学学报（教育科学版），2002（2）.

695. 吴自强. 略述我国比较教育学的发展历程及今后研究这门学科几个问题的商榷［J］. 外国教育研究，1986（2）.

696. 吴遵民，傅蕾. 我国30年教师教育政策价值取向的嬗变与反思［J］. 杭州师范大学学报（社会科学版），2011（4）.

697. 吴遵民. 关于对我国社区教育本质特征的若干研究和思考——试从国际比较的视野出发［J］. 华东师范大学学报（教育科学版），2003（3）.

698. 武翠红. 论"家庭策略"方法在教育史研究中的运用［J］. 教育学术月刊，2012（1）.

699. 武志刚. 试论成人教育结构体系［J］. 科技资讯，2009（2）.

700. 习近平：培养更多优秀人才开创留学工作新局面［J］. 中国人才，2015（1）.

701. 夏小华. 大众化高等教育以来高校学生工作的回顾与展望［J］. 中国高教研究，2008（10）.

702. 夏心军. 关于普通高中教育评价的思考［J］. 河北师范大学学报（教育科学版），2015（3）.

703. 向蓓莉. 比较教育学的价值判断与研究范式：多元文化主义视角［J］. 比较教育研究，2001（3）.

704. 向朝霞. 我国少数民族教育的优待政策及其法律问题［J］. 徐州师范大学学报（哲学社会科学版），2006（4）.

705. 向海英. 课程创生：学前教育课程改革的必然选择［J］. 学前教育研究，2007（6）.

706. 项贤明. 比较教育学的立足点和方法论［J］. 比较教育研究，2001（9）.

707. 项贤明. 站在十字路口的中国比较教育学［J］. 比较教育研究，2005（3）.

708. 肖非，冯超. 建设有中国特色特殊教育学科之思考［J］. 现代特殊教育，2017（12）.

709. 肖非，刘全礼，钱志亮. 本土化的特殊教育研究——朴永馨教授学术思想探微［J］. 国家教育行政学院学报，2007（5）.

710. 肖化移. 职业教育学及职业教育的研究取向［J］. 职教通讯，2005（7）.

711. 肖会平，周洪宇. 教育史学的学术功能与社会功能［J］. 教育学报，2006（3）.

712. 肖力维. 总结与开拓——谈世纪之交的成人教育理论研究［J］. 西北成人教育学报，2001（3）.

713. 肖云瑞. 一本帮助我们了解世界教育动向的好书——《比较教育》［J］. 外国中小学教育，1985（1）.

714. 萧宗六. 关于《学校管理学》教材的建设问题［J］. 华中师院学报（哲学社会科学版），1983（3）.

715. 萧宗六. 学校管理学的教材建设问题［J］. 课程·教材·教法，1983（5）.

716. 萧宗六. 中小学管理研究二十年（一）［J］. 中小学管理，1999（3）.

717. 谢安邦. 中国师范教育改革发展的理论问题研究［J］. 高等教育研究，2001（4）.

718. 谢瑞霞. 基于社会参与视角的社区教育课程体系建设研究［J］. 成人教育，2013（12）.

719. 谢颂凯，康宏. 前大众化：中国高等教育现状评价［J］. 高教探索，2001（3）.

720. 解德渤，王洪才. 高等教育多学科研究的认识偏向与实践误区——兼议高等教育学的学科发展方向［J］. 现代大学教育，2015（3）.

721. 辛涛，申继亮，林崇德. 从教师的知识结构看师范教育的改革［J］. 高等师范教育研究，1999（6）.

722. 熊明安. 我国高等教育管理的历史回顾与改革意见［J］. 辽宁高等教育研究，1983（5）.

723. 熊明安. 我国历代高等教育的管理［J］. 上海高教研究，1982（4）.

724. 胥传孝. 从教育国际化看国家留学政策的改革［J］. 同济大学学报（社会科学版），2002（1）.

725. 徐夫真，高伟. 现象学教育哲学引论［J］. 徐州师范大学学报（哲学社会科学版），2000（1）.

726. 徐国庆. 关于职业技术教育学的若干基本问题［J］. 常州技术师范学院学报，2001（3）.

727. 徐国庆. 职业教育的研究范式［J］. 职教论坛，2005（30）.

728. 徐国兴. 我国高等教育学费研究十五年——兼论政策研究者和政策制定者之间的关系［J］. 教育与经济，2003（1）.

729. 徐红. 我国高等教育研究范式的回溯与前瞻［J］. 中国高教研究，2011（9）.

730. 徐辉. 教育人种志与比较教育学研究方法的进展［J］. 全球教育展望，2005（6）.

731. 徐继存. 课程理解的意义之维［J］. 教育研究，2012（12）.

732. 徐胜，郑璇，魏寿洪，蒲云欢.《特殊教育学》双语课程建设及教学实践的探索与创新［J］. 重庆师范大学学报（哲学社会科学版），2016（6）.

733. 徐绪卿. 治理背景下我国民办高等教育管理的转型［J］. 中国高教研究，2014（8）.

734. 徐有威. 留学史研究的文化史意义［J］. 博览群书，2006（4）.

735. 许建领. 我国高教管理研究的历程、问题与前景［J］. 江苏高教，2002（3）.

736. 许杰. 重心下移：义务教育均衡发展政策走势［J］. 中国教育学刊，2012（3）.

737. 许庆豫. 对高等教育学对象的再认识［J］. 教育评论，1994（1）.

738. 薛海平，丁延庆. 我国农村义务教育经费保障机制改革的成效、问题与对策［J］. 教育科学，2009（4）.

739. 薛理银. 当前比较教育研究中存在的问题［J］. 比较教育研究，1993（1）.

740. 薛天祥，谢安邦，唐玉光. 建立高等教育学理论体系的思考［J］. 上海高教研究，1994（1）.

741. 薛天祥，尹丽. 高深专门知识的教与学活动——高等教育学理论体系的逻辑起点［J］. 上海高教研究，1997（3）.

742. 薛天祥. 试析研究生教育管理学的理论体系［J］. 高等教育研究，2001（4）.

743. 闫建璋. 教育管理学学科范式现状及走向［J］. 教育理论与实践，2007（17）.

744. 严督. 教育管理的一种新型模式——社区教育组织管理功能剖视［J］. 中国教育学刊，1993（3）.

745. 严丽纯. 我国现代高等教育管理体制改革的百年借鉴之路［J］. 集美大学学报（教育科学版），2012（3）.

746. 严庆. 解读我国一项特殊的民族教育政策——举办内地西藏班（校）［J］. 民族教育研究，2005（2）.

747. 严书元，翁里. 论中国自费留学中介机构的法律规制［J］. 中国地质大学学报（社会科学版），2013（S1）.

748. 颜桂堤，孔苏颜. 文化研究的理论范式转换及中国经验［J］. 新疆师范大学学报（哲学社会科学版），2016（4）.

749. 晏成步. 二十年来高中阶段教育普及发展的政策文本分析［J］. 现代教育管理，2017（6）.

750. 杨葆焜. 成绩显著的十年——庆祝中国教育学会教育经济学研究会成立十周年［J］. 教育与经济，1991（1）.

751. 杨德广. 60年来中国高等教育办学体制和管理体制的变革［J］. 大学教育科学，2009（5）.

752. 杨德广. 关于建立现代高等教育学的思考［J］. 高等教育研究，1996（2）.

753. 杨冀辉. 中国学生国外留学低龄化之社会学分析［J］. 边疆经济与文化，2007（7）.

754. 杨捷. 我国外国教育史学科的发展与回顾探究［J］. 河北师范大学学报（教育科学版），2015（5）.

755. 杨军. "十一届三中全会"以来党和国家的少数民族教育政策综述［J］. 青海民族研究，2005（3）.

756. 杨开城. 教育技术学——"开发取向"的教育理论探究［J］. 教育研

究，2004（5）．

757. 杨敏，田景正．中国学前教育课程发展历程分析及其启示［J］．学前教育研究，2012（11）．

758. 杨明光．实现由应试教育模式到素质教育轨道的历史性转变——论义务教育改革的方向与任务［J］．求索，1993（2）．

759. 杨明宏．人论：教育管理学理论范畴逻辑起点［J］．教育学术月刊，2009（9）．

760. 杨明权．关于加强宏观学前教育学研究的思考［J］．陕西教育学院学报，2011（4）．

761. 杨平，杨东．上海社区教育管理的演变与完善［J］．教育发展研究，2008（9）．

762. 杨琴，李姗泽．我国学前教育研究的现状与展望——基于学前教育博士学位论文的统计与分析［J］．江汉大学学报（社会科学版），2016（5）．

763. 杨润勇，杨依菲．我国普通高中发展二十年政策回顾与分析［J］．教育理论与实践，2010（7）．

764. 杨天平，黄宝春．教育管理"学"之辨析［J］．教育与现代化，2005（1）．

765. 杨天平，阮为文．论教育管理学与其他相关学科的关联［J］．山西财经大学学报（高等教育版），2005（1）．

766. 杨天平，张宏．后现代思境下教育管理学的学科性质再议［J］．当代教育论坛，2003（2）．

767. 杨天平．当代教育管理科学研究中的"学"之辨［J］．现代教育科学，2004（9）．

768. 杨天平．对我国教育管理学研究的反思性研究［J］．教育理论与实践，2004（5）．

769. 杨天平．关于教育经济与管理学科设置的几点不同看法［J］．教育研究与实验，2002（4）．

770. 杨天平．教育管理学学科概念论［J］．宁波大学学报（教育科学版），2002（1）．

771. 杨天平．论教育管理学的性质［J］．教育研究，2005（1）．

772. 杨天平．论教育管理学的综合性质［J］．教育研究，2002（8）．

773. 杨天平．论教育管理学与教育管理学史［J］．教育研究与实验，2002（1）．

774. 杨天平. 再论教育管理学的研究对象［J］. 东南大学学报（哲学社会科学版），2003（2）.

775. 杨卫安，邬志辉. 改革开放后中国城乡义务教育供给的制度分析（1978－2001年）［J］. 现代教育管理，2013（9）.

776. 杨向群，项复民. 认真开展评价工作 推进社区教育发展［J］. 成人教育，2004（11）.

777. 杨小微. 教学论是一门什么样的学问？——兼论教学论与课程论的关系［J］. 课程·教材·教法，2002（12）.

778. 杨绪利. 现代职业教育学形成的标志［J］. 教育与职业，2000（7）.

779. 杨颖秀，王智超. 免费师范教育政策理想与现实的冲突及建议［J］. 清华大学教育研究，2007（3）.

780. 杨颖秀. 教育管理学的发展轨迹、价值取向及其对研究者素质的挑战［J］. 教学与管理，2005（28）.

781. 杨颖秀. 走出徘徊：确立教育管理学一级学科地位的思考［J］. 中小学管理，2008（12）.

782. 杨跃. 论我国教师教育政策研究［J］. 南京师大学报（社会科学版），2018（1）.

783. 姚继军. 论教育管理研究中的实验方法［J］. 南京师大学报（社会科学版），2008（5）.

784. 姚勤. 八十年代以来出国留学的潮落潮起［J］. 探索与争鸣，1999（11）.

785. 姚蜀平. 留学教育对中国科学发展的影响——兼评留学政策［J］. 自然辩证法通讯，1988（6）.

786. 姚远峰. 成人教育学学科建设：进展、问题和前景［J］. 河北大学成人教育学院学报，2005（2）.

787. 姚云. 改革开放以来中国师范教育的发展及未来挑战［J］. 大学（研究与评价），2008（6）.

788. 叶隽，于述胜，王奇生，谭汝谦，董炳月，刘晓峰，田德文，程巍，李今，陈涛，王涛. 关于"留学生、现代性与资本语境"的对话［J］. 教育学报，2012（5）.

789. 叶隽. 留学生：文明的交流或异化［J］. 博览群书，2013（4）.

790. 叶隽. 中国人留学德国史的研究情况概述［J］. 德国研究，2000（3）.

791. 叶澜. 关于加强教育科学"自我意识"的思考［J］. 华东师范大学学

报（教育科学版），1987（3）.

792. 叶澜. 中国教育学发展世纪问题的审视［J］. 教育研究，2004（7）.

793. 叶立安，张健，杨惠卿，等. 社区教育的一种模式［J］. 中小学管理，1991（2）.

794. 叶张瑜. 论新中国发展少数民族教育的政策与实践［J］. 经济研究导刊，2010（9）.

795. 叶之红，李韧竹，曾天山，汪明. 调整教育政策促进义务教育的改革与发展［J］. 教育研究，1996（12）.

796. 殷晓静. 师范教育实践性课程的思考［J］. 教师教育研究，2004（1）.

797. 殷玉新. 社区教育教师关键教学事件的价值分析［J］. 当代继续教育，2013（3）.

798. 尹力. 致力于更加公平的教育：义务教育政策三十年——基于改革开放30年义务教育政策与法制建设的思考［J］. 清华大学教育研究，2008（6）.

799. 于海峰. 浅析邓小平与改革开放以来的中国留学事业［J］. 经济前沿，2008（12）.

800. 于述胜. 中国教育史研究中的一个方法论问题［J］. 教育史研究，1997（2）.

801. 于素红. 我国本科层次特殊教育专业建设的问题与建议［J］. 中国特殊教育，2012（1）.

802. 余国华. 中国教育史分期初探［J］. 社会科学探索，1991（2）.

803. 余清臣. 教育理论的话语实践——通达教育实践之路［J］. 教育研究，2015（6）.

804. 余小茅，曹玉娜. 试论教育学原理不等于教育原理［J］. 上海教育科研，2017（8）.

805. 余秀兰. 从单数到复数：高等教育学多元发展的思考［J］. 江苏高教，2017（10）.

806. 余祖光，陈光. 增强职业教育吸引力的问题研究［J］. 中国职业技术教育，2009（34）.

807. 俞冰. 我国近30年来高等教育政策的比较研究状况［J］. 江苏教育学院学报（社会科学版），2009（4）.

808. 俞嘉怡，荀渊. 1949年以来我国教师教育变革特征及其政策价值［J］. 全球教育展望，2015（4）.

809. 郁真. 世界比较教育学会第四次会议即将召开［J］. 外国教育动态，

1980（3）.

810. 袁振国. 从"师范教育"向"教师教育"的转变［J］. 中国高等教育，2004（5）.

811. 苑广阔. 留学低龄化：警示与反思［J］. 决策探索（上半月），2011（11）.

812. 岳天明. 试论我国教育人类学的学科定位与学科精神［J］. 民族教育研究，2008（1）.

813. 臧乃青. 我国高等教育管理研究的历史与现状简述［J］. 黑龙江高教研究，2002（1）.

814. 曾颢，张平. 留学潮成因与影响的经济学研究综述［J］. 煤炭高等教育，2008（3）.

815. 曾青云，黄力. 论成人教育学科发展的现实基础［J］. 中国成人教育，2007（2）.

816. 曾青云，卢雯璨. 中国成人教育视域下的文化创新［J］. 中国成人教育，2013（23）.

817. 曾荣光. 教育政策研究：议论批判的视域［J］. 北京大学教育评论，2007（4）.

818. 曾天山. 教育史研究的新思维［J］. 教育史研究，1991（1）.

819. 曾天山. 义务教育体制改革的回顾与思考［J］. 教育研究，1998（2）.

820. 曾天山. 影响中国教育改革发展的重大理论研究［J］. 西北师大学报（社会科学版），2016（1）.

821. 曾小军，苏美权. 自费出国留学中介监管的政策工具选择——基于政策文本的内容分析［J］. 广州公共管理评论，2016（4）.

822. 詹小平，李茂平. 六年制农村小学教师培养：我国免费师范教育的新探索［J］. 高等教育研究，2011（12）.

823. 张斌贤，等. 外国教育史研究进展：2010－2014年［J］. 教育研究，2016（1）.

824. 张斌贤，高玲. 教育史研究的功用［J］. 河北师范大学学报（教育科学版），2013（9）.

825. 张斌贤，王晨. 教育史研究："学科危机"抑或"学术危机"［J］. 教育研究，2012（12）.

826. 张斌贤. 从"体系时代"转向"问题时代"：我国外国教育史学科振兴的路径［J］. 云南师范大学学报（哲学社会科学版），2017（6）.

827. 张斌贤. 全面危机中的外国教育史学科研究［J］. 高等师范教育研究，2000（4）.

828. 张斌贤. 以历史责任感推进教育史学科人才培养［J］. 河北师范大学学报（教育科学版），2017（9）.

829. 张斌贤. 重构教育史观：1929－2009年［J］. 高等教育研究，2011（11）.

830. 张超. 义务教育阶段信息技术课程改革探析［J］. 河北师范大学学报（教育科学版），2011（2）.

831. 张传萍. 从制度经济学的角度谈农村义务教育制度改革——教育券制度试行的必要性［J］. 黑龙江高教研究，2007（5）.

832. 张传燧.《教育史学》的反思与重构［J］. 华东师范大学学报（教育科学版），2001（1）.

833. 张传燧. 本土课程教学论：实践呼唤与理论自觉［J］. 课程·教材·教法，2016（4）.

834. 张传燧. 本土课程与教学论：内涵、体系及其特色［J］. 湖南师范大学教育科学学报，2014（1）.

835. 张传燧. 关于中国教育史研究与教学的几个问题［J］. 湖南师范大学教育科学学报，2010（5）.

836. 张东海. 改革开放前新中国的留学教育［J］. 比较教育研究，2010（10）.

837. 张东娇. 中国教育管理学科发展与学术繁荣［J］. 教育科学，2009（4）.

838. 张东阳. 浅析"留学低龄化"现象［J］. 南方论刊，2013（9）.

839. 张端鸿，刘虹. 中国高等教育改革与发展的政策工具分析［J］. 复旦教育论坛，2013（1）.

840. 张放平. 区域内义务教育均衡发展的制度瓶颈及其破解［J］. 中国教育学刊，2011（6）.

841. 张红，李俏. 改革开放以来农村教育政策分析与绩效评估［J］. 湖北社会科学，2007（1）.

842. 张红，杨颖秀. 农村义务教育课程改革政策省察及期待［J］. 东北师大学报（哲学社会科学版），2008（2）.

843. 张红梅. 新时期我国少数民族教育的基本方针与政策［J］. 中国民族教育，2004（4）.

844. 张济正. 我国教育管理学科的过去、现在和未来［J］. 华东师范大学学报（教育科学版），1989（3）.

845. 张建东，尚连山. 论历史想象与教育史研究［J］. 教育研究与实验，2013（4）.

846. 张建英. 论我国民族教育政策存在的问题及对策［J］. 民族论坛，2012（5）.

847. 张克武，李安智. 浅议国家公派出国留学管理工作及存在问题［J］. 农业科技管理，2001（2）.

848. 张乐天. 论现阶段我国农村教育政策变革与创新［J］. 南京师大学报（社会科学版），2006（3）.

849. 张乐天. 我国农村教育结构演进六十年［J］. 教育学术月刊，2009（8）.

850. 张乐天. 我国农村教育政策30年的演进与变迁［J］. 南京师大学报（社会科学版），2008（6）.

851. 张乐天. 新世纪我国加强农村教育发展的政策回顾与反思［J］. 复旦教育论坛，2010（8）.

852. 张耒. 县域义务教育均衡发展政策指向及战略选择［J］. 中国教育学刊，2013（11）.

853. 张黎，马静萍. 高等教育研究的发展与高等教育研究方法论［J］. 高等农业教育，2002（10）.

854. 张立承. 基层财政运行压力：农村义务教育管理体制改革困境分析——对农业县（市）基层财政的案例研究［J］. 北京大学教育评论，2004（3）.

855. 张丽玲，何丹，常立生. 我国成人教育学科结构优化研究［J］. 中国成人教育，2017（12）.

856. 张利洪，李静. 学前教育学的研究对象［J］. 学前教育研究，2011（9）.

857. 张茂聪. 县域义务教育管理体制的改革与创新［J］. 当代教育科学，2010（11）.

858. 张蓬. 新时期师范院校职业教育课程的建设［J］. 职教论坛，2012（8）.

859. 张品茹. 我国成人教育学科体系构建研究［J］. 中国成人教育，2016（15）.

860. 张倩，李子建. 职前教师专业身份建构之困境与出路——对教师教育内涵式发展的思考［J］．课程·教材·教法，2014（3）．

861．张强．实施双语教学中若干认识和实践问题［J］．民族教育研究，2009（1）．

862．张秋萍．我国新时期留学活动的改革与发展［J］．上海高教研究，1998（10）．

863．张善鑫．民族教育发展：优惠政策、经验与展望——新中国民族教育发展回顾［J］．民族教育研究，2009（5）．

864．张善鑫．民族教育政策：回顾与展望——"民族教育政策研究"学术研讨会综述［A］．西北师范大学西北少数民族教育发展研究中心．"民族教育政策研究"学术研讨会论文集［C］．西北师范大学西北少数民族教育发展研究中心，2010．

865．张善鑫．试论我国民族教育政策的时代转向［J］．民族教育研究，2010（2）．

866．张胜军，张乐天．1978年以来我国民办高等教育政策建设的历史、成就与问题［J］．黑龙江高教研究，2007（12）．

867．张书立．走出自费出国留学误区［J］．佳木斯教育学院学报，2009（3）．

868．张舒予．"改革创新"与"继往开来"——兼论教育技术的逻辑起点问题［J］．电化教育研究，2006（4）．

869．张树振．自费留学回国人员就业及社会心态［J］．当代青年研究，1992（2）．

870．张松祥．我国义务教育教师一体化发展探析［J］．中国教育学刊，2014（2）．

871．张天明．1980年以来我国教学理论本土化研究：回顾、问题与展望［J］．课程·教材·教法，2014（1）．

872．张天雪．也谈教育管理学的"学科体系"问题［J］．比较教育研究，2006（1）．

873．张天雪．以公共性审视教育管理研究［J］．现代大学教育，2007（2）．

874．张伟坤，黄崴．近十年我国教育管理理论研究的进展与反思［J］．中国高教研究，2013（2）．

875．张晓霞．跨世纪我国教育管理学的研究重点［J］．云南师范大学学报（哲学社会科学版），2001（2）．

876．张晓霞．中国需要什么样的教育管理？［J］．中小学管理，2003（1）．

877. 张晓郁. 改革开放以来我国留学教育事业的回顾与思考［J］. 高校理论战线，2013（1）.

878. 张筱茜. 浅谈新时期高等师范生素质教育的对策——以河南师范大学为例［J］. 当代教育论坛（上半月刊），2009（5）.

879. 张欣. 香港、澳门社区教育发展的新趋势［J］. 职教通讯，2016（22）.

880. 张新平，陈红燕. 论教育管理学的"两层面三层次"方法体系［J］. 教育研究，2012（10）.

881. 张新平，陈学军. 试论我国教育管理学的理论类型［J］. 教育学报，2011（1）.

882. 张新平，陈学军. 试论我国教育管理学的理论生成方式［J］. 高等教育研究，2010（3）.

883. 张新平，黄胜. 波浪式推进：我国义务教育改革发展40年［J］. 中小学管理，2018（11）.

884. 张新平，蒋和勇. 教育管理学的困境与方法转型［J］. 湖北大学成人教育学院学报，2004（1）.

885. 张新平，蒋和勇. 新世纪教育管理学的新方向［J］. 教育理论与实践，2004（13）.

886. 张新平. 反思与建构：教育管理现象及相关问题研究［J］. 华东师范大学学报（教育科学版），2002（2）.

887. 张新平. 关于教育管理理论、实践及其关系的思考［J］. 高等教育研究，2002（6）.

888. 张新平. 关于我国教育管理学发展中的五个问题［J］. 教育理论与实践，2001（1）.

889. 张新平. 价值论与整合论：外国教育管理学理论的新进展［J］. 比较教育研究，2003（1）.

890. 张新平. 教育管理学的学科关联探析［J］. 教育理论与实践，2007（3）.

891. 张新平. 论教育管理学的社会科学属性［J］. 南京师大学报（社会科学版），2007（1）.

892. 张新平. 批判反思：教育管理学的当务之急［J］. 高等教育研究，2001（4）.

893. 张新平. 实地研究：教育管理研究的第三条道路［J］. 教育理论与实

践，2005（5）.

894. 张新平. 外国教育管理学理论发展 50 年［J］. 华东师范大学学报（教育科学版），2003（4）.

895. 张新平. 析教育管理问题说及其问题［J］. 教育理论与实践，2006（3）.

896. 张新平. 新世纪国外教育管理学理论的发展趋势［J］. 比较教育研究，2004（3）.

897. 张新平. 桎梏教育管理学研究发展的症结所在［J］. 中小学管理，2001（1）.

898. 张宣. 中国留学中介忧思录［J］. 经纪人，2004（3）.

899. 张雪蓉. 对教育史研究方法论的思考［J］. 南京邮电大学学报（社会科学版），2006（4）.

900. 张艳琼. 我国特殊教育学学科被引半衰期分析——基于文献计量学视角［J］. 现代特殊教育，2016（12）.

901. 张燕农，张琪，李娟. 社区教育课程开发研究［J］. 北京广播电视大学学报，2009（2）.

902. 张影舟. 谈谈几年来的出国留学工作［J］. 中国林业教育，1989（2）.

903. 张应强，彭红玉. 地方高校发展与高等教育政策调整［J］. 高等教育研究，2008（9）.

904. 张应强，郭卉. 论高等教育学的学科定位［J］. 教育研究，2010（1）.

905. 张应强. 超越"学科论"和"研究领域论"之争——对我国高等教育学学科建设方向的思考［J］. 北京大学教育评论，2011（4）.

906. 张应强. 当前我国高等教育学的危机与应对［J］. 高等教育研究，2017（1）.

907. 张应强. 高等教育学的学科范式冲突与超越之路——兼谈高等教育学的再学科化问题［J］. 教育研究，2014（12）.

908. 张永，王一凡. 社区教育课程评价指标体系构建研究［J］. 中国成人教育，2013（1）.

909. 张永. 社区教育教师的能力模型建构：基于中国大陆与欧盟对比的视角［J］. 全球教育展望，2015（6）.

910. 张永昊. 教育美学的理论建构与当代使命［J］. 临沂师范学院学报，2002（2）.

911. 张友福，陈雪芳，杨文海. 改进公派留学工作之我见［J］. 高等工教育研究，2001（3）．

912．张有录，许兴龙．论教育技术学的逻辑起点［J］．甘肃高师学报，2001（3）．

913．张媛，蔡建东．中国学前教育研究二十年——基于《学前教育研究》的文献计量分析［J］．学前教育研究，2014（1）．

914．张振华，袁瑞婕．邓小平对毛泽东民族教育思想的继承和发展［J］．人民论坛，2014（17）．

915．张振元．论职业教育的术科导向［J］．职业技术教育，2005（25）．

916．张征．高等教育学：学科还是领域［J］．江苏高教，2010（5）．

917．张志峰．校长责任制：发展历程与问题剖析［J］．中小学管理，2006（10）．

918．张志华．开放留学政策的受益者——美国［J］．出国与就业，1999（11）．

919．张志新，何爱霞．我国社区教育课程建设的价值取向与发展趋向［J］．现代远程教育研究，2013（2）．

920．张忠华．我国新时期德育原理学科发展探析［J］．教育科学研究，2008（1）．

921．章光洁．中国人类学民族学研究会教育人类学专业委员会（筹）成立［J］．民族教育研究，2012（4）．

922．章红波．浅析邓小平关于留学人员工作的思想［J］．八桂侨刊，2004（5）．

923．赵承福．义务教育管理体制的改革与创新——一项具有前瞻性、针对性、时效性、理论性的研究项目［J］．山东社会科学，2011（8）．

924．赵海利．强县扩权改革对地区义务教育投入差距的影响——基于河南省的改革实践［J］．教育发展研究，2016（4）．

925．赵剑．教育技术学逻辑起点再探［J］．电化教育研究，2006（6）．

926．赵婧．社区教育课程开发的概念、问题及策略选择［J］．成人教育，2013（4）．

927．赵军，许克毅．高等教育学：一个跨学科的规训体系［J］．中国高教研究，2013（8）．

928．赵力涛．中国义务教育经费体制改革：变化与效果［J］．中国社会科学，2009（4）．

929．赵茂林．自费留学——造就现代化人才的一条有效途径［J］．乡镇企业科技，1999（6）.

930. 赵蒙成. 校企合作质量：现状、问题与提升策略——基于苏州市的调查［J］. 职教论坛，2016（28）.

931. 赵明玉. 比较教育中的"历史—因素分析法"——解读汉斯的《比较教育：教育的因素和传统研究》［J］. 外国教育研究，2007（8）.

932. 赵庆年. 师资队伍的可持续发展是高等教育可持续发展的关键［J］. 中国高教研究，2001（4）.

933. 赵爽. 对农村义务教育管理体制改革的思考［J］. 教育探索，2002（6）.

934. 赵爽. 转型期中国教育制度建设中的社会结构障碍研究——以农村义务教育管理体制改革为例［J］. 当代教育科学，2006（20）.

935. 赵卫，等. 关于外国教育史学科建设若干问题的思考［J］. 西北师大学报（社会科学版），1997（3）.

936. 赵卫. 在改革开放的热土上——中国留学人员回国服务纪事［J］. 瞭望周刊，1990（52）.

937. 赵祥麟. 关于外国教育史学科体系的几个问题［J］. 华东师范大学学报（教育科学版），1984（2）.

938. 赵小段，李志雄. 我国社区教育工作者队伍建设影响因素分析［J］. 教育导刊，2011（2）.

939. 赵新亮，张彦通. 义务教育学区制改革：缘起、理念及路径——基于共同体理论的视角［J］. 教育科学，2017（6）.

940. 赵彦斌，陈醒. 成人教育定义的困境与对策概论［J］. 河北大学成人教育学院学报，2014（2）.

941. 赵艳立，徐玲. 改革开放以来我国社区教育政策的演进［J］. 中国成人教育，2011（19）.

942. 赵玉苏. 新时期高等师范教育面临问题及对策研究［J］. 高校教育管理，2007（6）.

943. 郑春. 留学背景：一个概念的诞生和意义［J］. 东岳论丛，2002（3）.

944. 郑刚，余子侠. 高等教育口述史研究的实践与发展路向［J］. 高等教育研究，2015（8）.

945. 郑刚. 教育史学史：中国教育史研究的新兴领域［J］. 教育研究与实验，2013（2）.

946. 郑钢. 关于建立教育美学的构想［J］. 湖南师范大学社会科学学报，

1987（2）.

947. 郑利霞. 我国教育管理学研究范式的反思与展望［J］. 教育理论与实践，2007（7）.

948. 郑庆文. 国际留学生教育不平等现象分析［J］. 世界教育信息，2003（Z2）.

949. 郑确辉. 论成人教育学的规范性［J］. 陕西师范大学继续教育学报，2007（2）.

950. 郑卫，杨银付. 实行教师交流轮换制度　推进义务教育均衡发展——沈阳市城区义务教育师资均衡配置的改革与思考［J］. 中小学管理，2008（2）.

951. 中国青少年研究中心课题组. 我国低龄留学生发展状况研究报告［J］. 中国青年研究，2013（11）.

952. 中华人民共和国国家统计局. 关于1989年国民经济和社会发展的统计公报［J］. 中国统计，1990（3）.

953. 钟柏昌，李艺. 中国教育技术学基础理论问题研究——关于理论体系的评述［J］. 电化教育研究，2014（1）.

954. 钟启泉，王艳玲. 从"师范教育"走向"教师教育"［J］. 全球教育展望，2012（6）.

955. 钟启泉. 走向人性化的课程评价［J］. 全球教育展望，2010（1）.

956. 钟宇平，侯玉娜，陆根书. 教育经济学：回顾、反思与展望［J］. 教育与经济，2014（5）.

957. 仲红俐. 关于社区教育课程开发的思考［J］. 成人教育，2012（10）.

958. 仲玉英. 传承与变革：20世纪我国课程本质观的百年历史影像——基于教育学经典教材的视角［J］. 课程·教材·教法，2013（10）.

959. 周采. 多元文化主义视阈下的美国教育史研究［J］. 教育学报，2015（3）.

960. 周采. 西方教育史学研究综述（2000－2015）［J］. 河北师范大学学报（教育科学版），2015（6）.

961. 周菲. 我国高等教育国际化政策的嬗变及特征——基于国家教育政策文本的分析［J］. 黑龙江高教研究，2014（4）.

962. 周芬芬，卫建国. 高等师范教育改革：理论与实践的对话［J］. 高等教育研究，2011（10）.

963. 周宏. 关于当前我国农村义务教育管理体制改革的新思考［J］. 教育发展研究，2001（1）.

964. 周洪宇，陈竞蓉. 艰难的改革家：中国现代教育改革先驱郭秉文［J］. 高等教育研究，2014（10）.

965. 周洪宇，申国昌. 新世纪中国教育史学的发展趋势［J］. 华东师范大学学报（教育科学版），2007（3）.

966. 周洪宇，周棉，苗丹国，元青，李又宁，张玉法，小岛淑男，大理浩秋，孙安石，余子侠，田涛，李雪涛，麦劲生，徐志民，等. 改革开放40年留学教育的影响和习近平留学思想的意义——2018年江苏徐州"留学生与中国的现代化"国际学术研讨会纪要［J］. 江苏师范大学学报（哲学社会科学版），2018（4）.

967. 周洪宇. 对教育史学若干基本问题的看法［J］. 河北师范大学学报（教育科学版），2009（1）.

968. 周洪宇. 关于教育史学研究和学科建设的思考［J］. 教育史研究，2017（1）.

969. 周洪宇. 回归主体与主流：中国教育史学的当务之急［J］. 华东师范大学学报（教育科学版），2016（4）.

970. 周洪宇. 教育史研究改革管抒［J］. 教育评论，1991（2）.

971. 周洪宇. 论教育史学中国学术话语体系的构建［J］. 河南大学学报（社会科学版），2016（3）.

972. 周洪宇. 重论教育史学的学科体系［J］. 中国教育科学，2013（2）.

973. 周挥辉. 师范生免费教育实践的矛盾分析与政策调适［J］. 教育研究，2010（8）.

974. 周俊，林杰，周鸿. 社区教育评价研究述评［J］. 成人教育，2008（10）.

975. 周明星，刘晓. 中国职业教育学科发展与建设论纲［J］. 教育与职业，2008（2）.

976. 周明星. 职业教育学对象、体系与范式的反思［J］. 职业技术教育，2006（25）.

977. 周倩. 回顾与前瞻：高等教育学理论体系的逻辑起点［J］. 江苏高教，2005（3）.

978. 周全，佟丽娟. 黑龙江省重点学科特殊教育学建设路径探析［J］. 绥化学院学报，2014（10）.

979. 周全. 对黑龙江省特殊教育学学科建设的思考［J］. 教育探索，2014（7）.

980. 周然毅. 中国师范教育的历史、现状和未来[J]. 清华大学教育研究，2000（3）.

981. 周如俊. 关于中职"双师型"教师队伍建设的调查报告——以Y市为例[J]. 职教论坛，2012（24）.

982. 朱成科. 真实的"虚幻"与虚幻的"真实"——论教育改革中中国比较教育学的学科边界、价值定位与实践尺度[J]. 外国教育研究，2005（5）.

983. 朱方正. 义务教育区域性整体改革的探索与思考[J]. 人民教育，1994（10）.

984. 朱丰良. 教育管理学学科建设研究——兼论研究、理论和实践之间的张力[J]. 教育理论与实践，2012（10）.

985. 朱国亮. 习近平留学思想初探[J]. 江苏师范大学学报（哲学社会科学版），2018（4）.

986. 朱国仁. 关于高等教育学的研究对象、体系与方法的思考[J]. 教育研究，1997（2）.

987. 朱华珍，万军. 关于社区教育管理组织体制问题的微观探讨[J]. 成人教育，2007（10）.

988. 朱慧玲. 留学大潮二十年[J]. 国际人才交流，1999（11）.

989. 朱季康. 论马克思唯物史观与中国教育史学科学术研究[J]. 河北师范大学学报（教育科学版），2018（2）.

990. 朱景坤. "学科"范式下我国高等教育学科发展的困境与出路[J]. 现代教育管理，2014（10）.

991. 朱开轩. 认真贯彻《纲要》精神，大力办好普通高中教育[J]. 课程·教材·教法，1995（10）.

992. 朱冉冉. 社区教育自我评价存在的问题及对策[J]. 成人教育，2013（7）.

993. 朱为鸿，曲中林. 地方本科院校教师教育改革的问题与对策[J]. 高等教育研究，2015（7）.

994. 朱文辉. 改革开放40年我国农村义务教育经费保障机制的回溯与前瞻[J]. 中国教育学刊，2018（12）.

995. 朱旭东. 民族国家教育知识和比较教育研究——比较教育学科体系再思考[J]. 比较教育研究，2007（3）.

996. 朱旭东. 试论师范教育体制改革的国际趋势[J]. 比较教育研究，2000（4）.

997. 朱益明. 新形势下我国普通高中教育改革的思考［J］. 教育理论与实践，2009（3）.

998. 朱正贵. 也论外国教育史学科体系的若干问题［J］. 青海师范大学学报（哲学社会科学版），1985（2）.

999. 诸东涛，陈国庆，周龙军. 义务教育学校绩效工资改革的困境与对策［J］. 中国教育学刊，2015（12）.

1000. 祝爱武. 我国高等教育学科发展的特点分析［J］. 中国高教研究，2009（2）.

1001. 卓杰，王续琨. 教学论在中国：称谓演变和学科体系演进［J］. 高等教育研究，2017（5）.

1002. 卓晴君. 从儿童入学率20%到实现九年义务教育目标——建国60年教育发展辉煌的重要标志［J］. 中国教育学刊，2009（11）.

1003. 自费出国留学中介服务管理规定实施细则（试行）［J］. 新法规月刊，2000（7）.

1004. 自在. 关于教育美学［J］. 江西教育科研，1988（3）.

四、硕、博士论文类

1. 蔡首生. 我国改革开放以来教师教育政策的反思［D］. 湖南师范大学硕士学位论文，2012.

2. 陈慧青. 中国高校布局结构变革研究［D］. 厦门大学博士学位论文，2009.

3. 陈岚. 社区教育评价研究［D］. 上海师范大学硕士学位论文，2017.

4. 陈艳华. 我国教育出口现状分析及政策选择研究［D］. 西北工业大学硕士学位论文，2007.

5. 谌晶晶. 高等教育全球化背景下的学生国际流动研究［D］. 安徽大学硕士学位论文，2012.

6. 程琳. 改革开放以来留学英国的发展与趋势研究［D］. 暨南大学硕士学位论文，2015.

7. 程艳峰. 对成人教育学学科建设若干问题的当代反思［D］. 山西大学硕士学位论文，2007.

8. 出头理子. 赴日留学现状研究［D］. 中央民族大学博士学位论文，2013.

9. 崔丹. 我国留学生在加拿大短期学习经历中英语熟练度变化的研究

[D]．上海外国语大学博士学位论文，2013．

10．崔琳琳．我国高等教育政策评估制度建设的研究［D］．华东师范大学硕士学位论文，2015．

11．邓秀华．高等教育国际化背景下的留学生教育研究［D］．湖南大学硕士学位论文，2003．

12．杜光强．西方教育管理研究方法的历史演变［D］．浙江师范大学硕士学位论文，2011．

13．杜君英．社区教育课程开发研究［D］．华东师范大学硕士学位论文，2005．

14．凡勇昆．我国教育管理学硕士论文的回顾性研究［D］．华东师范大学硕士学位论文，2010．

15．樊春光．留学政策与留学人员思想政治教育研究［D］．哈尔滨工程大学硕士学位论文，2006．

16．方守江．中国学生国际流动：驱动力及风险防范［D］．华东师范大学博士学位论文，2010．

17．冯洁．国家公派留学回国政策的改进［D］．南京师范大学硕士学位论文，2012．

18．付冰．多元智力理论视角下的社区教育课程开发研究［D］．华中师范大学硕士学位论文，2016．

19．付全新．学校文化管理的理论与实践探索［D］．华中师范大学博士学位论文，2014．

20．郜鑫．社区教育评价指标体系研究［D］．上海师范大学硕士学位论文，2014．

21．郭可．我国现行的出国留学政策改革研究［D］．东北大学硕士学位论文，2009．

22．郭娜．教育管理本土化问题研究［D］．东北师范大学硕士学位论文，2006．

23．韩笑．高中生"弃考"留学现象探析［D］．华东师范大学硕士学位论文，2013．

24．郝丽霞．2000年以来教育史研究的主要进展：基于学科内研究生学位论文的综合考察［D］．南京师范大学硕士学位论文，2013．

25．何伟强．关于教育管理人性理论的反思与建构［D］．浙江师范大学硕士学位论文，2005．

26. 何志伟. 30余年教育管理学科的研究取向［D］. 浙江师范大学硕士学位论文，2012.

27. 霍东娇. 中国百年师范教育制度变迁研究［D］. 东北师范大学硕士学位论文，2018.

28. 吉艳艳. 近四十年间来华国际学生教育研究（1973—2013）［D］. 华中师范大学博士学位论文，2016.

29. 籍莹. 我国农村教育的价值取向研究［D］. 西南大学硕士学位论文，2011.

30. 贾艳茹. 通识教育视野下的师范院校教育类课程设置研究［D］. 陕西师范大学硕士学位论文，2009.

31. 蒋雅俊. 论中国学前课程的历史演变［D］. 南京师范大学硕士学位论文，2006.

32. 金保华. 论教育管理的伦理基础［D］. 华中师范大学博士学位论文，2008.

33. 李必鹏. 失范与规范：教育留学中介机构行为研究［D］. 湖南师范大学硕士学位论文，2014.

34. 李芳菲. 留学中介机构的监管构想［D］. 对外经济贸易大学硕士学位论文，2006.

35. 李菲. 当代教育管理学术话语分析［D］. 曲阜师范大学硕士学位论文，2007.

36. 李福岭. 社区教育资源整合研究——基于上海市虹口区的调查［D］. 华东师范大学硕士学位论文，2011.

37. 李佳萍. 我国社区教育管理的问题与对策研究［D］. 东北师范大学博士学位论文，2014.

38. 李培凤. 高等教育管理学的逻辑起点［D］. 山西大学硕士学位论文，2005.

39. 李平. 当代中国留学教育的发展与政策分析［D］. 华中师范大学硕士学位论文，2003.

40. 李士萍. 改革开放以来教师教育历史发展的研究［D］. 河北大学硕士学位论文，2006.

41. 李文平. 高等学校空间布局环境因素研究［D］. 兰州大学硕士学位论文，2015.

42. 梁钰. 中国社区教育政策及其价值分析［D］. 山西大学硕士学位论

文，2014.

43. 刘春. 跨学科视角的教育管理学探视［D］. 大连理工大学博士学位论文，2010.

44. 刘建军. 新中国留学政策及其科技影响力分析［D］. 山西大学硕士学位论文，2004.

45. 刘泉. 社区教育管理改革与发展探索［D］. 西南大学硕士学位论文，2006.

46. 刘小强. 学科建设：元视角的考察［D］. 厦门大学博士学位论文，2008.

47. 刘雪莲. 关于社区教育工作者专业化问题的研究［D］. 华东师范大学硕士学位论文，2007.

48. 刘艳. 新中国出国留学政策变迁研究（1949－2014）［D］. 东北师范大学博士学位论文，2016.

49. 鲁慧娟. 政府留学服务机构与目标公众关系研究［D］. 吉林大学硕士学位论文，2013.

50. 罗腊梅. 民办高等教育政策变迁研究［D］. 西南大学博士学位论文，2015.

51. 孟丽美. 改革开放以来我国幼儿园课程改革的历史审视［D］. 西南大学硕士学位论文，2007.

52. 聂庆艳. 我国出国留学生国家认同教育研究［D］. 浙江理工大学硕士学位论文，2015.

53. 聂映玉. 2001年以来中国学生自费赴加拿大留学教育研究［D］. 华东师范大学硕士学位论文，2009.

54. 潘叡. 留学中介市场信息不对称问题及其规制［D］. 黑龙江大学硕士学位论文，2009.

55. 庞丽. 我国高等职业教育政策的演变及其价值取向［D］. 广西师范大学硕士学位论文，2008.

56. 戚建. 教育管理研究理论思维探论［D］. 华中师范大学博士学位论文，2013.

57. 乔媛. 我国中小学生出国留学低龄化现象研究［D］. 黑龙江大学硕士学位论文，2018.

58. 任春霞. 我国教育管理硕士学位论文研究方法应用的缺失研究［D］. 华中师范大学硕士学位论文，2013.

59. 单敏. 关于教育管理学研究方法之研究［D］. 浙江师范大学硕士学位论文，2007.

60. 史小禹. 建国后我国农村义务教育师资发展研究［D］. 东北师范大学硕士学位论文，2009.

61. 唐平. 中国留学工作管理研究及其信息系统开发［D］. 重庆大学硕士学位论文，2003.

62. 田海嵩. 高层次留学人员回国动机及发展影响因素研究［D］. 天津大学博士学位论文，2012.

63. 王建华. 中国出国留学教育与留学人才外流回归现象研究［D］. 浙江工业大学硕士学位论文，2005.

64. 王靖. 中美教育管理研究方法应用差异性的研究［D］. 华中师范大学硕士学位论文，2012.

65. 王蓉蓉. 海外人才回流与社会适应研究［D］. 华东师范大学博士学位论文，2012.

66. 王晓琳. 我国公派留学政策存在的问题及完善对策［D］. 东北大学硕士学位论文，2013.

67. 吴晨阳. 改革开放以来留学潮与留学生相关称谓研究［D］. 山东大学硕士学位论文，2009.

68. 吴剑锋. 中国高中生赴美留学政策及留学取向研究［D］. 河北师范大学硕士学位论文，2011.

69. 徐吉洪. 关于教育管理学内容体系建构的研究［D］. 浙江师范大学硕士学位论文，2007.

70. 薛卫洋. 中国高等教育国际化研究（1978－2012）［D］. 华东师范大学硕士学位论文，2013.

71. 叶凡. 社区教育特色课程开发研究［D］. 上海师范大学硕士学位论文，2014.

72. 叶愿愿. 教育管理研究的当前态势［D］. 上海师范大学硕士学位论文，2015.

73. 易琴. 知识传授与学术探究——中国教育史学科的发展图景［D］. 华东师范大学博士学位论文，2010.

74. 于海峰. 当代中国留学制度研究［D］. 东北师范大学博士学位论文，2008.

75. 岳婷婷. 改革开放以来的中国留美教育研究［D］. 南开大学博士学位

论文，2015.

76. 张波. 自费出国留学中介研究［D］. 华东师范大学硕士学位论文，2009.

77. 张晋. 我国高等教育管理研究范式研究［D］. 西南大学硕士学位论文，2013.

78. 张敬. 乡村城镇化进程中社区教育管理体系构建研究［D］. 电子科技大学硕士学位论文，2013.

79. 张君. 新世纪中国共产党留学回国人员统一战线工作研究［D］. 广西民族大学硕士学位论文，2017.

80. 张利纳. 新型城镇化背景下农村社区教育课程建设研究［D］. 山西大学硕士学位论文，2015.

81. 张曼. 留学中介侵权问题研究［D］. 吉林财经大学硕士学位论文，2016.

82. 张伟. 新时期师范院校专业设置与调整研究［D］. 西南大学硕士学位论文，2012.

83. 张玮. 留学中介与政府涉外教育监管构想［D］. 对外经济贸易大学硕士学位论文，2007.

84. 张艳. 我国社区教育政策及其价值取向探究［D］. 华东师范大学硕士学位论文，2010.

85. 张勇军. 地方高等师范院校综合化发展研究［D］. 华东师范大学博士学位论文，2012.

86. 赵华. 论社区教育课程的性质定位［D］. 华东师范大学硕士学位论文，2014.

87. 甄艳萍. 改革开放以来我国留学政策的演变及对策思考［D］. 大连理工大学硕士学位论文，2007.

88. 郑益. 改革开放以来我国农村基础教育政策的嬗变与评析［D］. 辽宁师范大学硕士学位论文，2010.

89. 周宁之. 近代中国师范教育课程研究［D］. 湖南师范大学硕士学位论文，2013.

90. 朱红. 公费师范教育的历史、现状及制度设计［D］. 东北师范大学硕士学位论文，2009.

91. 朱鸿章. 社区教育政策与公民学习权保障的研究［D］. 华东师范大学博士学位论文，2012.

92. 朱素芬. 社区教育教师多元角色研究［D］. 华东师范大学硕士学位论文，2013.

93. 朱文慧. 改革开放以来我国普通高中教师培训政策研究［D］. 华东师范大学硕士学位论文，2014.

五、报纸类

1. 董洪亮，魏哲哲. 习近平：适应国家发展大势和党和国家工作大局 培养更多优秀人才开创留学工作新局面［N］. 人民日报，2014-12-14（1）.

2. 郭法奇. 教育史学科建设：新时期、新征程［N］. 中国社会科学报，2018-01-04.

3. 黄朴民. 告别边缘化的史学研究［N］. 北京日报，2017-05-22.

4. 贾江涛. 中国留学政策发展与演变［N］. 中国信息报，2012-08-17（7）.

5. 蒋夫尔. 新时期如何提高高等师范教育质量［N］. 中国教育报，2011-09-12（6）.

6. 教育部. 2001年全国教育事业发展统计公报［N］. 中国教育报，2002-06-14.

7. 李雪涛. 全球史视野下的中国留学史［N］. 中华读书报，2016-07-06（18）.

8. 刘九万. 内师大积极推进新时期师范教育工作［N］. 内蒙古日报（汉），2009-07-05（2）.

9. 刘学红. 新中国出国留学政策的演变与发展［N］. 中国青年报，2011-01-04（10）.

10. 堂吉伟德. 低龄留学要做好"文化适应"［N］. 中国教育报，2016-02-24（2）.

11. 习近平给全体在德留学人员回信［N］. 人民日报，2014-01-18（1）.

12. 解艳华. 留学低龄化"热潮"背后的冷思考［N］. 人民政协报，2013-05-08（C2）.

13. 虞永平. 学前教育的价值审视［N］. 中国社会科学报，2009-11-10(8).

14. 张国辉. 留学人员政策的三点思考［N］. 组织人事报，2012-02-21(5).

15. 朱国亮. 新时代留学工作的根本指针［N］. 中国教育报，2018-06-28（6）.

六、中文报告类

1. 国家教委民族教育司编. 民族教育文件选编［R］. 呼和浩特：内蒙古教

育出版社，1991.

2. 国家民委编. 国家民委文件选编［R］. 北京：中国民航出版社，1996.

3. 国家民委编. 中华人民共和国民族政策法规选编［R］. 北京：中国民航出版社，1997.

4. 国家民委教育司编. 新时期民族教育工作手册［R］. 北京：中央民族学院出版社，1991.

5. 少数民族教育史编委会编，韩达主编. 中国少数民族教育史第一卷［R］. 广州：广东教育出版社；昆明：云南教育出版社；南宁：广西教育出版社，1998.

6. 少数民族教育史编委会编，韩达主编. 中国少数民族教育史第二卷［R］. 广州：广东教育出版社；昆明：云南教育出版社；南宁：广西教育出版社，1998.

7. 少数民族教育史编委会编，韩达主编. 中国少数民族教育史第三卷［R］. 广州：广东教育出版社；昆明：云南教育出版社；南宁：广西教育出版社，1998.

8. 徐福荫. 教育技术学专业指导性专业规范讨论稿［R］. 2010 教育技术国际研讨会，2010.

9. 杨丽茹，张德伟. 2009 中国比较教育学科建设研究年度报告［R］. 外国教育研究，2010（6）.

10. 杨丽茹，张德伟. 2010 中国比较教育学科建设研究年度报告［R］. 外国教育研究，2011（2）.

11. 杨丽茹. 2006 中国比较教育学科建设研究年度报告［R］. 外国教育研究，2007（6）.

12. 杨丽茹. 2007 中国比较教育学科建设研究年度报告［R］. 外国教育研究，2008（4）.

七、电子资源类

1. 国务院办公厅关于国务院授权省、自治区、直辖市人民政府审批设立高等职业学校有关问题的通知［EB/OL］.（2000-01-14）［2018-11-26］. http://www.gov.cn/gongbao/content/2000/content_60637.html.

2. 教育部关于下达 2010 年审核增列的博士和硕士学位授权一级学科名单的通知［EB/OL］.［2013-10-25］. http://www.moe.edu.cn/publicfiles/business/htmlfile/moe/moe_820/201104/117375.html.

3. 人民网. 为高职院校支撑一片天［EB/OL］.（2017-09-14）［2018-11-26］. http://edu.people.com.cn/n1/2017/0914/c1053-29535329.html.

4. 谢俐. 奋力推进新时代职业教育 实现高质量发展［EB/OL］.（2018-08-07）［2018-11-26］. http://www.moe.gov.cn/s78/A07/zcs_ztzl/ztzl_zcs1518/zcs1518_zcjd/201809/t20180912_348455.html.

5. 中国社会科学网. 职业教育：从"能就业"到"就好业"［EB/OL］.（2018-03-05）［2018-11-26］. http://www.cssn.cn/jyx/jyx_zdtj/201803/t20180305_3866326.shtml.

6. 中华人民共和国教育部门户网站.《2015 中国高等职业教育质量年度报告》发布［EB/OL］.（2015-07-23）［2018-11-25］. http://www.moe.gov.cn/jyb_xwfb/s5147/201507/t20150723_195187.html.

7. 中华人民共和国教育部门户网站. 高职创新发展扬帆起航 行动计划落实后程可期——《高等职业教育创新发展行动计划（2015－2018 年）》2016 年执行情况综述［EB/OL］.（2017-6-14）［2018-11-26］. http://www.moe.gov.cn/s78/A07/zcs_ztzl/ztzl_zcs1518/zcs1518_zcjd/201706/t20170613_306783.html.

8. 中华人民共和国教育部门户网站. 教育规划纲要中期评估职业教育专题评估报告显示——现代职业教育体系框架基本形成［EB/OL］.（2015-12-03）［2018-11-26］. http://www.moe.gov.cn/s78/A07/zcs_ztzl/ztzl_zcs1518/zcs1518_yw/201512/t20151207_223527.html.

9. 中华人民共和国教育部门户网站. 深入推进教育体制改革试点工作 完善职业教育国家制度体系［EB/OL］.（2013-02-19）［2018-11-26］. http://www.moe.gov.cn/jyb_xwfb/moe_176/201302/t20130219_147661.html.

10. 中华人民共和国教育部门户网站. 完善家庭经济困难学生资助体系［EB/OL］.（2013-03-27）［2018-11-26］. http://www.moe.gov.cn/jyb_xwfb/moe_2082/s7081/s7244/201303/t20130327_149326.html.

11. 中华人民共和国教育部门户网站. 中国教育的时代选择——党的十八大以来教育改革发展成就述评·提高质量篇［EB/OL］.（2017-10-17）［2018-11-26］. http://www.moe.gov.cn/jyb_xwfb/moe_2082/zl_2017n/2017_zl48/201710/t20171017_316492.html.

12. 中华人民共和国教育部门户网站. 中国教育概况——2017 年全国教育事业发展情况［EB/OL］.（2018-10-18）［2018-11-26］. http://www.moe.gov.cn/jyb_sjzl/s5990/201810/t20181018_352057.html.

八、外文文献类

Reiser, R. A. (2001). A History of Instructional Design and Technology: Part//History of Instructional Design. *Educational Research & Technology*, V01.49, No.2.

附录1 教育学学科发展大事记

1978年

2月,教育部颁发《全日制十年制中小学教学计划(试行草案)》。

2月,教育部颁布了语文、数学、外语、历史、地理、生物、物理、化学、体育等学科的教学大纲。

5月27日,潘懋元先生在厦门大学建立了我国第一个以高等教育为研究对象的专门研究机构——厦门大学高等学校教育研究室,这是我国最早成立的以高等教育为研究对象的专门机构。

7月,国务院批准重建中央教育科学研究所,同时设幼儿教育研究室。这是我国(除港澳台外)第一个国家级的学前教育研究机构。

8月28日,教育部颁发《高等师范院校的学校教育专业学时制教学方案(修订草案)》。该方案规定,学校教育专业培养德、智、体全面发展的教育学科师资、教育科学研究人员和教育行政工作者,开设教育学、教育心理学、中国教育史、外国教育史、小学教材教法等必修课,同时该方案还要求开设中国教育论著选读、中国学制史方面的选修课。

8月,教育部发出通知,决定从9月1日起在全国中小学执行《小学生守则》和《中学生守则》。

11月,国务院发布《关于扫除文盲的指示》。

本年,高校正式设立比较教育学课程。

本年,于北京成功举办了第一次外国教育研究年会。

本年,《厦门大学学报(哲学社会科学版)》第4期刊发了厦门大学高等教育科学研究室的文章《必须开展高等教育的理论研究——建立高等教育学科刍议》。这是第一篇关于高等教育学学科建设的文章。

本年,重建后的中央教育科学研究所成立了教育制度研究室(成人教育研究中心的前身)。

本年，《中小学学校管理》（月刊）创刊，它是由中国人民大学主办的中小学管理资料刊物。

1979 年

3 月 23 日至 4 月 13 日，教育部、中国社会科学院在北京联合召开第一次全国教育科学规划会议，正式提出要建立我国的教育经济学；并开始将学前教育纳入国家教育科研规划。从"七五"规划开始，有了独立的学前教育研究课题。

4 月，中国教育学会教育学分会成立。

6 月，上海师范大学（现华东师范大学）成立高等教育研究会。

9 月 24 日至 25 日，全国教育史研究会成立大会暨第一届年会筹备会议在华东师范大学召开。会议的主要内容包括确定全国教育史研究会成立大会暨第一届年会的会议日期、起草研究会章程和讨论确定第一届年会的会议主题等。关于第一届年会的主题方面，与会者认为第一届年会应以实践是检验真理的唯一标准为指导，研讨中外教育史教材编写和研究工作中的若干问题，交流中外教育史研究的具体成果。

10 月 15 日，由厦门大学高等教育科学研究室和华东师范大学高等教育研究会倡议，联合北京师范大学、南京大学、兰州大学、清华大学、上海交通大学和上海高教局等八个单位的高等教育研究组织共同发起筹备全国高等教育研究会（后改为中国高等教育学会）。

11 月 3 日，中国教育学会幼儿教育研究会在南京正式成立并召开第一届年会。陈鹤琴任名誉理事长，左淑东任理事长。1992 年 2 月经民政部批准，更名为中国学前教育研究会，成为全国一级学会。

11 月，上海市高等教育研究会正式召开成立大会，推举上海市高教局副局长余立为会长。这是中国第一个由多所院校参加的地区性高等教育研究组织。

12 月 12 日至 18 日，全国教育史研究会成立大会暨第一届学术年会在浙江杭州召开。本次会议坚持实践是检验真理的唯一标准这个根本原则，讨论了中外教育史研究中的若干理论问题，总结了教学与科研中的经验教训，宣读了学术论文，进行了学术交流。来自中央教育科学研究所、北京师范大学、华东师范大学、吉林师范大学、杭州大学等校的 61 名代表参加了会议。在成立大会上通过了研究会会章，产生了全国教育史研究会第一届理事会。刘佛年任理事长，刘松涛、王越、陈景磐、陈学恂、赵祥麟、滕大春为副理事长，陈元晖为顾问，江铭为秘书长。

本年，教育部召开了九省市中小学音乐、美术教材会议，讨论并修订全日制十年制学校小学音乐、美术教学大纲草案，并于 5 月正式颁布。

本年，孟宪承编纂、孙培青注释的《中国古代教育文选》由人民教育出版社出版发行。该书与孟宪承、陈学恂等编辑的《中国古代教育史资料》（1961）一道，为新时期"教育史文献资料书籍编纂方面提供了优秀的范例"。

本年，全国比较教育研究会正式成立，并创办了会刊《外国教育》。

本年，于上海成功举办了第二次外国教育研究年会。

本年，教育部所属中央教育科学研究所下设成人教育研究中心，标志着成人教育专门研究机构和专职理论工作者的出现。

本年，张宪宏教授出席第一次世界继续工程教育大会，"继续教育"这一概念被引入我国。

本年，教育部批准北京师范大学、华东师范大学成立现代教育技术研究所。

1980 年

1 月，教育部在北京召开全国教育工作会议。

4 月，《电化教育》（双月刊）创刊。

8 月，教育部颁发《关于办好中等师范教育的意见》，指出"幼儿教育是整个学校教育的基础"，要"积极办好幼儿师范教育"，"要做好幼儿师范学校的发展规划"。

8 月，中央教育科学研究所在北京召开全国教育经济学研究工作交流会，于光远、许涤新、董纯才等著名经济学家和教育家倡导建立我国的教育经济学。

9 月，教育部印发《改进和加强中学政治课的意见》。

10 月 14 日，教育部颁布《幼儿师范学校教学计划试行草案》。这是自 1968 年后，教育部颁发的第一个幼儿师范学校教学计划。

10 月，华中工学院设立高等教育研究室。

11 月，《电化教育研究》第一期在西北师范大学创刊发行，由南国农任主编。

12 月 12 日至 17 日，以"中国教育史学科体系"为主旨的专题研讨会在华东师范大学召开。这是中华人民共和国建国后中国教育史学术界首次就中国教育史学科体系问题举行的学术探讨，也是教育史学科建立以来广大教育史从业者在自己的学术团体组织下，首次就学科建设的基本理论问题举行的学术研讨会。会议的举行，是学科逐步入成熟的重要标志。

12 月，中共中央、国务院发布《关于普及小学教育若干问题的决定》。

本年，金锵所作《外国教育史研究中的几个理论问题》发表于《教育研究》

1980 年第 1 期，该文坚持以实事求是和实践是检验真理的唯一标准的精神批判了"四人帮"及陈伯达等所谓"理论权威"对历史唯物主义的歪曲，提出了以实事求是的态度正确对待外国教育史遗产继承的基本观点。这意味着外国教育史研究转折的出现，对于破除思想的禁锢，打开外教史研究新的空间具有重大意义。

本年，教育部邀请美国哥伦比亚大学比较教育学者胡昌度来北京师范大学讲学，比较教育学在我国师范院校恢复。

本年，北京大学高等教育研究室成立，主要发起人为陈德威、郝克明、曲士培、陈学飞。

本年，由华中科技大学与中国高等教育学会共同主办的中国高等教育学会会刊《高等教育研究》创刊，面向国内外公开发行。

本年，《职业技术教育》创刊。

本年，施拉姆教授首次来华，在华南师范大学做传播学学术报告。

本年，华南师范大学现代教育技术研究室与学校电教科合并，成立学校电教中心。

本年，编成新中国第一部供校长培训使用的《学校管理》教程，我国学校管理学重新发展起来。

1981 年

3 月，教育部颁发《全日制五年制小学教学计划（修订草案）》。

3 月，丁酉成等翻译出版苏联学者科斯塔年的《教育经济学的对象和方法》，这是我国大陆学者翻译的第一本外国教育经济学著作。

4 月 1 日，中国成人教育协会成立，臧伯平任会长。中国成人教育协会是全国成人教育群众性、学术性社会团体，开创了我国群众性成人教育学研究的先河。其宗旨是团结全国各类成人教育研究组织和成人教育工作者，以马列主义、毛泽东思想为指导，坚持党的基本路线，坚持理论联系实际的原则，面向基层，开展成人教育理论与实际问题的研究。

4 月 3 日，中国成人教育协会成立大会暨第一届第一次理事会在北京召开。

4 月，教育部发布《全日制五年制中学教学计划（修订草案）的修订意见》，颁布《全日制六年制重点中学教学计划（试行草案）》。

4 月，在福州举办全国教育学研究会第二届年会，与会代表强烈要求成立全国学校管理研究会。

8 月，刚成立的教育经济学研究会筹备组在北京举办讲习班，邱渊教授系统介绍了西方和苏联教育经济学的产生、发展和基本内容。

10月31日，教育部发布《关于试行幼儿园教育纲要（试行草案）的通知》（以下简称《纲要》）。这是改革开放后第一个幼儿园课程标准，使幼儿园教育有章可循，起到了拨乱反正、提高教育质量的作用。颁布《纲要》的同时，教育部组织编写了幼儿园教材，共7类9册。这是中华人民共和国成立以来第一次全国统编的幼儿园教材。

本年，经国务院学位委员会批准，北京师范大学、华东师范大学获批教育学原理二级学科博士学位授予权；北京师范大学、华东师范大学、东北师范大学、山东师范大学获批教育学原理二级学科硕士学位授予权。

本年，开始在全国范围内招收教学论专业方向的硕士学位研究生，培养专业研究人才。

本年，《课程·教材·教法》创刊。

本年，西北师范大学教学论学科被批准获得博士点，这是我国首个具有招收教学论博士研究生资格的大学。

本年，北京师范大学和华东师范大学最先获批比较教育学科的硕士点。

本年，保定成功举办了第三次外国教育研究年会。

本年，厦门大学高教研究室招收了国内第一个高等教育学专业的研究生。

本年，华东师范大学最早设立了我国高校的成人教育研究机构——成人高等教育研究室。

本年，方俊明编著《当代特殊教育导论》出版。

本年，北京教育行政学院学校管理教研室编写的《学校管理》（教育科学出版社）出版，是教育学院系统所编的第一本教材。

本年，张萍芳刊发在1979年《教育研究》第4期上的文章《学会领导教学，加强教学领导》，萧宗六发表在1980年4月2日《人民日报（情况汇编）上》上的《中小学领导体制应当改革》，楼沪光发表在1981年《人民教育》第1期的《要研究教育管理学》，吹响了人们关注教育管理研究的号角。

1982年

3月，教育部决定在高中试点开设计算机选修课。

3月，北京师范大学教育经济学研究组编写《教育经济学讲座》，这是我国大陆学者自主撰写的第一本教育经济学著作。

5月5日至14日，全国教育史研究会第二届学术年会由陕西师范大学教育科学学院承办。这届年会以马克思列宁主义、毛泽东思想为指导，贯彻"古为今用，洋为中用"和"百花齐放，百家争鸣"方针，开展对孔子、陶行知、杜威、赫尔巴特教育思想的评价，并组织对杨贤江、徐特立教育思想以及老解放区教育经验的研究和讨论。会议收到论文近 200 余篇。会议产生了第二届理事会。刘佛年为理事长，陈元晖、刘松涛为顾问，陈景磐、王越、任炎、陈学恂、赵祥麟、滕大春为副理事长，江铭为秘书长，韩达、郑登云为副秘书长。

7月，辽宁教育学院、大连教育学院承办了全国教育学院学校管理学研究会。会后相继成立了全国性及地方性的教育管理学术组织和专业性研究机构。

8月16日，经国务院批准，教育部将此前设置的工农（业余）教育司改为成人教育司。这是我国历史上首次以"成人教育"概念命名的政府职能部门。

9月，以"外国教育史学科体系"为主旨的专题研讨会在安徽黄山召开。讨论会本着坚持四项基本原则，解放思想，实事求是，提出问题，交流看法，不作结论的精神，就建立新的外国教育史学科体系这个总题目，着重讨论了学科名称及其研究对象和范围、外国教育史学科体系中的"中心"和"主线"、关于外国教育史学科体系历史分期等方面的问题。

10月，教育部发布《关于普通中学开设劳动技术教育课的试行意见》。

12月，安徽省成立省教育管理研究会。

本年，教育部批准北京师范大学设立首批中国教育史博士点，陈景磐和毛礼锐教授成为首批博士研究生导师。

本年，由王承绪、朱勃、顾明远主编的新中国第一本比较教育教材——《比较教育》问世。

本年，蔡克勇编著的《高等教育简史》由华中工学院出版社出版。

本年，在江西成立全国特殊教育研究会。

本年至1984年，教育部和联合国儿童基金会开展"学前教育师资培训"项目第一期，由南京师范学院承担。我国开始与联合国儿基会在学前教育领域开展合作。1985－1989年，该项目由北京师范大学等8所高等师范学校的学前教育专业和17所幼儿师范学校分别承担。

1983 年

5月28日，中国高等教育学会正式成立。

6月3日，教育部批准华南师范大学、华东师范大学开设电化教育本科专业，学制四年。

6月12日，经国际成人教育理事会批准，中国成人教育协会作为会员，正式加入国际成人教育理事会。

9月，邓小平为北京景山学校题词："教育要面向现代化，面向世界，面向未来。"全国教育科学规划领导小组成立。

10月，在西安召开了中国教育学会学校管理研究会的成立大会及首届年会。会议收到学术论文109篇，专著10部，资料9种。会后精选了36篇文章，出版了《论学校管理》。

11月，教育部发布了《关于颁发高中数学、物理、化学三科两种要求的教学纲要的通知》。

本年，南京、北京、上海等地先后自发地开始课程改革的实验研究。1983年，南京师范大学和南京市实验幼儿园合作，率先开展了"幼儿园综合教育结构"的试验；1984年，中央教科所与北京市第五幼儿园、崇文区第二幼儿园共同开展了以常识教育为核心的综合教育课程研究；1985年，上海市长宁区教科所和愚园路第一幼儿园合作进行了"幼儿园综合性主题教育"的实验。这三项实验开创了幼儿园课程整体改革之先河。

本年，潘懋元著的《高等教育学讲座》一书由人民教育出版社出版；熊明安编写的《中国高等教育史》一书由重庆出版社出版；李冀主编的《普通高等学校管理》一书由广东科技出版社出版。

本年，国务院学位委员会公布的学科专业目录，将高等教育学正式列为教育学的正式学科。

本年，北京大学设立高等教育学硕士点。

本年，在第二次全国教育科学规划会议上，共有两项成人教育课题被首次纳入"全国教育科学规划"之列，分别是：张腾霄的《干部教育问题研究》，王文林和余博的《成人教育概论》。

本年，国务院学位委员会公布的学科（专业）目录中，职业教育学正式被列为教育学的二级学科。

本年，职业教育首个科研项目在全国教育科学规划办公室立项。

本年，[苏]鲁宾什坦著、朴永馨译的《智力落后学生心理学》出版。

本年，在关于设置普通高等师范院校本科专业目录会议上，以顾明远、瞿葆奎教授等为代表的一批教育技术学专家正式在大会上提出确立"教育技术学"专业的决定，并将其定为教育学中的二级交叉学科。

本年，北京教育行政学院首开教育管理专业，教育管理作为一门独立的学科开始讲授，它的独立地位重新被人们确认。

1984年

3月，建立电化教育课程教材编审组，南国农任组长，李运林任副组长。

5月14日,国际成人教育协会和中国成人教育协会联合在上海举办了国际成人教育讨论会。

7月,潘懋元主编、九位专家合作编写的我国第一部《高等教育学(上)》由人民教育出版社和福建教育出版社联合出版,这是中国高等教育学的第一部系统著作。

8月,教育部提出《关于全日制六年制小学教学计划的安排意见》。

9月9日,中国老年教育协会成立。协会的主要任务是:举办老年大学,研究有关老年教育的方针、政策、经验,组织有关老年教育和社会教育的调查、咨询活动,关怀青少年教育,发展有关的社会教育事业和为老年教育工作者服务的事业等。

10月,全国学校管理研究会在河南安阳市召开了全国各省、直辖市、自治区部分小学校长座谈会,会议收到论文63篇,编辑成《小学校长谈学校管理》。

10月,中国教育经济学研究会在黄山成立。

12月7日至10日,共青团中央、教育部、中国科协联合在北京召开第二次全国青年自学经验交流会,要求全社会关心和支持青年自学,破除"正规教育"束缚,广开学路,广开才路,鼓励自学成才。

本年,经国务院学位委员会批准,南京师范大学获批教育学原理二级学科博士学位授予权。

本年,史国雅开始在山西大学招收课程论专业的研究生。

本年,华东师范大学教育史专业被批准为博士点,北京师范大学首设外国教育史硕士点。

本年,北京师范大学的王天一、夏之莲、朱美玉教授合写的《外国教育史》(上)由北京师范大学出版社出版。

本年,我国比较教育研究会加入世界比较教育学会。

本年,北京师范大学和浙江大学通过了比较教育学专业的博士点审批。

本年,北京师范大学学前教育专业开始招收和培养硕士研究生,标志着我国(除港澳台外)学前教育研究生教育的开始。1993年,北京师范大学学前教育专业开始招收和培养博士研究生。1994年,南京师范大学学前教育专业拥有了我国第一个幼儿教育学博士点。2001年华东师范大学也开始招收学前专业博士生。

本年,经教育部批准设立北京大学高等教育科学研究所,下辖教育经济与管理、教育评估、中国高等教育与国际比较教育三个研究室和高等教育情报室,汪永铨任所长。

本年,《北京成人教育》杂志经过两年的内部试刊,正式在全国公开发行。

该杂志立足北京，面向全国，是以宣传贯彻中央及北京市有关成人教育的方针、政策、决定，反映成人教育理论研究成果，介绍成人教育的管理、教学经验和先进事迹为主的综合性月刊，并兼顾广大自学者的需要。

本年，"七五"工作规划提出要完善继续教育制度，继续教育被列入政府工作范围。

本年，东北师范大学开设电化教育本科专业。

本年，《天津电教》创刊。

本年，南国农著的《电化教育基础》由甘肃人民出版社出版。

本年，创建中国高教学会高教管理专业委员会（2003年改名为中国高等教育学会高等教育管理研究会）。

本年，创办专门的教育管理期刊《教学与管理》。

本年，天津职业技术师范学院在全国率先开设职业教育概论课程。

1985 年

2月，潘懋元主编的《高等教育学（下）》由人民教育出版社出版，郑启明、薛天祥编的《高等教育学》由华东师范大学出版社出版。

5月6日，教育部在修订1980年8月《幼儿师范学校教学计划试行草案》的基础上，颁发了《幼儿师范学校教学计划》。自此，学前教育界常说的"三学六法"结构定型。教育部在颁发该计划的通知中说明，各地可根据本地区实际情况对上述教学计划做适当调整，同时允许有条件有基础的学校自行拟定教学计划并进行改革试验。这是中华人民共和国成立以来教育部首次对中等幼儿师范学校的课程设置放权。

5月，北京师范大学成立了中国第一个儿童心理研究所（后于1987年更名为发展心理研究所），并创办我国第一份公开发行的儿童心理和教育学术杂志《心理发展与教育》。

5月，中共中央颁布《中共中央关于教育体制改革的决定》。主要内容是：改革教育管理体制，在加强宏观管理的同时，坚决实行简政放权，扩大学校的办学自主权；调整教育结构，相应地改革劳动人事制度；改革同社会主义现代化不相适应的教育思想、教育内容、教育方法等。

6月，中国教育学会教育学分会教学论专业委员会成立。

7月，首届全国教育学研究会教育基本理论专业委员会学术会议在北京召开。会议主题为：当前教育基本理论研究中的几个问题。会议主要议题有：（1）关于改革传统教育思想和方法问题；（2）关于教育和经济的关系问题；（3）普通教育与职业教育的关系问题；（4）关于教育研究的方法论问题。

7月，全国学校管理研究会在贵州省贵阳市召开第二次学术年会，主题是：以"三个面向"和《中共中央关于教育体制改革的决定》为指针，探讨和交流学校管理改革的理论和实践问题。会后精选论文33篇编辑成《学校管理的科学与艺术》。

8月，《电化教育学》（南国农主编）、《电化教育基础》由高等教育出版社出版发行。

9月，《教育与经济》（季刊）杂志创刊。

10月15日至22日，全国教育史研究会第三届学术年会由西南师范大学教育学院承办。年会主题：按照邓小平同志提出的"教育要面向现代化，面向世界，面向未来"的指示和《中共中央关于教育体制改革的决定》的精神，结合教育史学科的特点，探讨历史上教育发展和改革的经验与教训，为我国教育事业提供可资借鉴的经验。年会共收到论文80余篇。

11月，第一届全国教学论专业委员会学术年会在黑龙江省哈尔滨市召开。

本年，教育部印发《关于印发调整初中数学、物理、化学、外语四科教学要求意见的通知》。

本年，《中国教育通史》（6卷本）出版第1卷，至1989年出齐6卷，是20世纪80年代最具代表性的中国教育通史。

本年，北京师范大学的王天一、夏之莲、朱美玉教授合写的《外国教育史》（下）由北京师范大学出版社出版。

本年，《外国教育史教学参考资料》由华东师范大学出版社出版。

本年，《职教论坛》以及《职教通讯》相继创刊。

本年，我国投资创办了我国第一所特殊教育师范学校——南京特殊教育师范学校。

本年，南国农教授在他出版的专著《电化教育学》中提出本质论、功能论、发展论、媒体论、过程论、方法论、管理论等"七论"。

本年，教育部批准西北师范大学、陕西师范大学、西南师范大学和华中师范大学开设电化教育本科专业。

本年，"电化教育丛书"编委会聘南国农、李运林、李奈为主编。

本年，李运林、李克东合编的《电化教育导论》由高等教育出版社出版。

本年，华东师范大学设立教育管理学硕士点。

本年，成立了全国高等教育管理研究会，意味着教育管理研究平台开始重建。由此凝聚并形成了专门的研究队伍，出现了教育管理学家，他们开始从学校管理学到教育行政学逐步建构起有中国风格的教育管理学，从而形成了当时的学科体系。

本年，张济正等编著的《学校管理学导论》被国家教委列为高等学校教育类专业教材，是师范院校系统第一本本科使用教材。

1986 年

4月，第六届全国人民代表大会第四次会议通过《中华人民共和国义务教育法》。国家教育委员会成立制定义务教育教学大纲领导小组。

5月，国家教育委员会师范教育司在天津召开普通高等师范院校本科专业目录审订会，会后发布《高师本科专业目录》，正式确定"电化教育"这一名称。

7月，全国学校管理研究会在黑龙江哈尔滨市召开了学校管理学研讨会，就学校管理学的主要概念及体系进行了研究。

9月，全国学校管理研究会在青岛召开了学校管理学的教材教法研讨会，会议着重讨论了学校管理学的发展形势、建设有中国特色的学校管理学等问题。

9月，国家教育委员会进行教材建设的重大改革，实行编、审分离，正式成立全国中小学教材审定委员会及各科教材审查委员会。

9月，北京师范大学开始招收教育经济学方向的博士生。

11月14日至18日，中国教育经济学会一届二次学术年会在江苏南京召开，全国有20个省（自治区、直辖市）的70多名代表参加了会议。这次会议以"教育必须为社会主义建设服务，社会主义建设必须依靠教育"为指导思想，集中讨论了普及九年制义务教育问题、农村教育经济问题及教育投资利用效率问题。

12月1日至5日，国家教委、国家计委、国家经委、劳动人事部、中共中央组织部、全国职工教育管理委员会在山东烟台联合召开全国成人教育会议。会议总结成人教育工作经验，研究成人教育的改革和发展问题，讨论修改《关于改革和发展成人教育的决定（草案）》，以及成人教育的若干条例及工作制度。

本年，经国务院学位委员会批准，东北师范大学获批教育学原理二级学科博士学位授予权。

本年，廖哲勋在国内招收课程论硕士研究生。

本年，浙江大学中国教育史被批准为博士点。

本年，河北大学设立外国教育史专业博士点，滕大春为博士生导师。

本年，华中师范大学教育史硕士点被批准设立。

本年，陈学恂、张瑞璠申请的全国哲学社会科学国家重点研究课题"多卷本中国教育史第一卷"立项。

本年，任宇所著的《高等教育学选讲》由高等教育出版社出版。

本年，经国务院学位委员会批准，厦门大学获批高等教育学二级学科博士学位授予权。华东师范大学和华中工学院获教育学一级学科授权，可招收高等教育学专业研究生。

本年，王茂荣、朱仙顺、李元海合编的《成人教育学基础研究——理论与实践》，由上海市成人教育研究室出版。

本年，我国第一次派代表团参加了联合国教科文组织召开的第四次国际成人教育大会。

本年，刘鉴农主编的《职业技术教育学》出版。

本年，全国教育科学规划领导小组下设职业技术教育学科组。

本年，北京师范大学招收了我国第一批特殊教育专业大学生。

本年，国务院学位委员会批准北京师范大学、河北大学、华南师范大学招收教育技术学硕士研究生。

本年，国家教委批准南京师范大学和云南师范大学开设电化教育本科专业。

本年，北京师范大学成立了全国第一家教育管理学院，在教育系设立教育管理专业，并获得教育管理学硕士学位授予权。

1987 年

1 月，中国教育学会幼儿教育研究会与湖南长沙师范学校联合创办《学前教育研究》（双月刊），为研究会会刊。1994 年，《学前教育研究》被评为全国"中文核心期刊"，1996 年被国务院学位委员会评定为"全国学前教育理论核心期刊"。

2 月，江苏省、市教育学院《教育学原理》编写组联合编写的《教育学原理》一书出版。

6 月 23 日，国务院批转国家教委《关于改革和发展成人教育的决定》。该决定是指导我国成人教育发展带有纲领性质的文件，对我国成人教育及其研究发展具有里程碑意义。

6 月 25 日至 29 日，全国教育史研究会第四届学术年会暨会员代表大会由华中师范大学教育学院承办。会议的主要任务：讨论和修改研究会章程，选举理事会，进行学术讨论。讨论的中心问题：如何以马克思主义的历史唯物主义观点去正确评价中国传统教育与西方文化教育，如何在教育史研究与教学的实际中继续贯彻好"古为今用""洋为中用"的方针，从而使教育史学科更好地为建设社会主义精神文明服务。

7月,江西省教育学会和九江市教育学会举办教育管理讲习会。

9月20日至23日,全国学校管理研究会第三届学术年会在四川成都市举行,会后出版了《学校管理新论》。

10月,在全国教育科学规划领导小组之下成立职业技术教育学科规划组。

10月,《中小学管理》(双月刊)杂志创刊,它是国内创刊最早、较有权威性的以基础教育管理研究者和实践者为读者对象的刊物,在教育管理学科建设中具有较高的学术地位,目前已经成为国内有影响的教育管理类的期刊。

11月7日,学校管理研究会更名为中国教育学会教育管理研究会。

本年,第二届全国教学论学术年会在华中师范大学召开。

本年,我国第一位中国教育史博士生俞启定毕业。

本年,赵祥麟教授主编的《外国现代教育史》出版。

本年,我国成为世界比较教育学会支委会常务成员国。

本年,符娟明主编的《比较高等教育》由北京师范大学出版社出版;陈列等著的《大学教学概论》由浙江大学出版社出版。

本年,中国第一个职业教育学硕士点在华东师范大学设立。

1988年

6月,我国成功举办北京国际特殊教育会议。

8月,国家教育委员会关于颁发《九年制义务教育教材编写规划方案》的通知。

9月9日至14日,在新加坡召开的亚太成人教育总会执委会会议上,一致通过中国成人教育协会加入亚太成人教育总会,成为其正式团体会员。

9月,在世界学前教育组织(OMEP)于布拉格举行的理事会上,我国被接受为正式会员,成立了世界学前教育组织中国委员会。

10月16日至20日,中国教育经济学会二届一次学术年会在辽宁省丹东市召开,全国有20个省(自治区、直辖市)的60多名代表参加了会议。与会代表围绕"教育如何适应社会主义初级阶段商品经济发展的需要"这个中心议题,就教育投资和教育发展战略、教育与商品经济的关系、农村经济发展与教育改革等问题进行了热烈讨论。

10月,国家教育委员会公布《义务教育全日制小学、初级中学教学计划(试行草案)》。

本年,《中国现代教育大事记》由教育科学出版社出版。

本年,由丁兴富等著的《远距离高等教育学导论》一书由中央广播电视大学出版社出版；黄希庭等著的《大学生心理学》一书由上海人民出版社出版；周复昌等著的《高等师范专科教育概论》一书由浙江大学出版社出版。

本年，萧宗六出版《学校管理学》，该书在1992年被评为全国高等学校优秀教材，获国家教委二等奖，也是全国第一本高等师范院校通用的学校管理学教材。

1989 年

5月24日至28日，第二届全国教育学研究会教育基本理论专业委员会学术会议在华中师范大学召开。会议主题为"教育与人"。

6月5日，国家教育委员会第2号令发布《幼儿园工作规程（试行）》，1990年2月1日起施行。"规程"规定了国家对幼儿园的基本要求和管理的基本原则，全面、系统地对幼儿园的保教工作做出了规定。"规程"体现了新的教育观，引发了幼儿园课程和教学改革。

10月，为纪念国际儿童年十周年和联合国儿童基金会与中国合作十周年，国家教育委员会在南京主办"幼儿教育国际研讨会"。这是我国主办的第一次学前教育国际会议，也是海峡两岸学前教育工作者的第一次聚会和交流。

10月，天津大学职业技术教育学院、浙江大学职业技术教育学院分别成立。

10月，国家教委召开全国高等师范院校特殊教育专业课程方案研讨会，对制订高等师范院校特殊教育专业教学计划提出指导性意见。

11月，联合国教科文组织在北京召开面向21世纪教育国际研讨会。

本年，第三届全国教学论委员会年会在广西师范大学召开。

本年，作为教育史界唯一的专业性权威学术期刊《教育史研究》创办，专门发表中外教育史研究论文和普及教育史知识的文章，成为广大教师和教育工作者研究和普及教育史知识的重要学术园地，为教育史学科发展提供了良好的学术平台，对推动我国教育史学科建设的规范化和制度化以及深化教育史学科的学术交流发挥了重要作用。不仅如此，《教育史研究》也成为了中国教育学会教育史研究会的会刊。

本年，6卷本《外国教育通史》出版，至1996年出齐。

本年，秦向阳主编《成人教育学》，由江苏教育出版社出版。

本年，教育部先后颁发《中等特殊教育师范学校教学计划（试行）》和中等特殊师范学校盲教育、聋教育、智力落后教育三个专业专业课教学大纲，组织编写和出版了22门专业课教学用书。

本年，[美]柯克·加拉赫著、汤盛钦等译的《特殊儿童的心理与教育》

出版。

1990年

7月10日，国家教委职业技术教育中心研究所在北京成立。

8月17日至22日，第三届全国教育学研究会教育基本理论专业委员会学术年会在内蒙古呼和浩特市召开。会议主题为"教育·社会·人"。

9月，在芜湖学术会议上酝酿成立教育管理学科专业委员会筹备组，1990年10月25日筹备组报请中国教育学会教育管理研究会审批。

11月13日至16日，中国教育经济学会成立十周年纪念大会暨二届二次学术年会在武汉华中师范大学召开，全国有21个省份的58名代表出席本次会议。本次会议有两项议程：一是庆祝中国教育经济学研究会成立十周年；二是进行学术讨论，与会者围绕着教育投资的使用效率和社会效益这一中心议题进行了热烈讨论。

本年，《中国近代教育史资料汇编（鸦片战争时期教育）》由上海教育出版社出版。

本年，经国务院学位委员会批准，北京大学获批高等教育学二级学科博士学位授予权。

本年，由田建国著的《高等教育学》一书由山东教育出版社出版。

本年，中国职工教育和职工培训协会等学术团体相继成立。

本年，国家级职业技术教育科研机构——国家教委职业教育中心研究所和上海、辽宁职业技术教育研究所建立。

本年，全国性的群众性学术团体——中国职业技术教育学会正式成立。

本年，我国出版了《教育大辞典·第二卷》，其中出现了广义的特殊教育概念。

1991年

1月10日，教育管理研究会正式批复同意成立中国教育学会教育管理研究会的下属组织——教育管理学科专业委员会，且于1991年3月19日至21日在北京召开了预备会议。

10月17日，国务院颁布《关于大力发展职业技术教育的决定》。

10月，在华中师范大学举行了中国教育管理研究会教育管理学科专业委员会成立大会暨首届学术年会，年会围绕"教育管理学科的理论体系"的主题就学科建设的基本理论与现实问题进行了探讨和研究，标志着教育管理学科专业委员会的正式成立。

本年，第四届全国教学论委员会年会在天津师范大学召开。

本年，《中国近代教育史资料汇编（留学教育）》《中国近代教育史资料汇编（学制演变）》由上海教育出版社出版。

本年，华中师范大学等四院校教育系翻译出版美国著名教育史家克伯雷选编的《外国教育史料》。

本年，北京师范大学获得外国教育史博士学位授予权，开始招收博士生，吴式颖为博士生导师。

本年，由杨德广主编的《高等教育学概论》一书由上海交通大学出版社出版；由眭依凡等编著的《高等教育学》一书由江西高校出版社出版；由孟明义主编的《高等教育经济学》一书由教育科学出版社出版。

本年，经国务院学位委员会批准，北京师范大学获批高等教育学二级学科博士学位授予权。

本年，国家教委批准设立全国高等师范院校电化教育（教育技术）教材编审委员会。

1992 年

2月16日，国务院颁发《九十年代中国儿童发展规划纲要》。这是我国政府对1989年11月第44届联合国大会通过的《儿童权利公约》所做出的承诺。

8月，国家教育委员会颁布《九年义务教育全日制小学、初级中学课程计划（试行）》。

11月11日至15日，教育管理研究会在广东珠海市召开了第三届会员代表大会暨学术年会，并改选换届。会后出版了论文集《教育管理理论与实践的新探索》。

11月，"成人教育学"被纳入中华人民共和国国家标准的《学科分类与代码》体系，成为教育学二级学科，其学科代码为880.57。

12月19日至22日，由中国高等教育学会、福建省高等教育学会、厦门大学高等教育科学研究所联合发起的"全国高等教育学学科建设研讨会"在厦门大学召开。会议主要对高等教育学学科建设问题进行了讨论。这次会议筹备成立"中国高等教育学会高等教育学研究会"。

本年，在广泛征求意见的基础上，将《义务教育全日制小学、初级中学教学计划（试行草案）》进行修订，并更名为"课程计划"。

本年，《中国近代教育史资料汇编（洋务运动时期教育）》由上海教育出版社出版。

本年，《外国教育动态》杂志更名为《比较教育研究》。

本年，创刊发行了全国性成人教育报刊，如《中国成人教育》（中国成人教育协会、山东省成人教育协会、山东省教育厅主办）、《中国成人教育信息报》、《中国培训》（中国职工教育和职业培训协会主办）等。

本年，创办《现代特殊教育》杂志。

本年，袁祖望出版专著《中外教育管理比较》，通过运用比较的方法，求同存异，借鉴外国有价值的成果。

1993 年

2月，中共中央、国务院发布《中国教育改革和发展纲要》。它是建设有中国特色社会主义教育体系的纲领性文件。

5月，国家教委中小学教材审定委员会举行会议，审定供1994年秋季使用的九年义务教育教材。

8月，成有信主编的《教育学原理》由河南教育出版社出版。

10月8日至12日，第四届全国教育学研究会教育基本理论专业委员会学术年会在四川大学召开。会议主题有两个，分别为"教育学研究的方法论"和"教育与市场经济"。

10月19日至22日，高等教育学研究会成立大会暨第二届学术研讨会在上海华东师范大学召开。这次会议由中国高等教育学会、上海高等教育学会、华东师范大学高等教育科学研究所和研究会筹备组主持。在这次会议上，正式成立了"中国高等教育学会高等教育学研究会"。本次会议主题是：建设有中国特色的社会主义高等教育理论体系。

11月，《中共中央关于建立社会主义市场经济体制若干问题的决定》明确提出要制定各种职业的资格标准和录用标准，实行学历文凭和职业资格证书制度。

本年，《中国近代教育史资料汇编（高等教育）》《中国近代教育史资料汇编（教育行政机构及教育团体）》《中国近代教育史资料汇编（戊戌时期教育）》由上海教育出版社出版。

本年，薛理银著《当代教育方法论研究》出版，是中国第一本探索比较教育学研究方法的专著。

本年，由潘懋元著的《高等教育学讲座》一书由人民教育出版社出版。

本年，经国务院学位委员会批准，华东师范大学获批高等教育学二级学科博士学位授予权。

本年，华东师范大学成立了成人教育学专业硕士学位授予点，这是我国第一个成人教育学专业硕士学位授予点。

本年，建立了特殊教育硕士学位点。

本年，沈家英、陈云英等主编的《视觉障碍儿童的心理与教育》出版。

本年，银春铭主编的《弱智儿童的心理与教育》出版。

本年，国家教委颁布普通高等学校本科专业目录，电化教育专业改为教育技术学专业。

本年，国务院学位委员会批准在北京师范大学设立教育技术学博士学位点。

本年，在广西南宁召开的全国教育管理学科专业委员会第二届学术年会，围绕"社会主义市场经济体制与学校管理改革"的主题，对市场经济体制与学校管理改革的理论和实际问题进行了热烈的讨论。

1994 年

5 月，第五届全国教学论学术年会在西南师范大学召开。

6 月，中共中央、国务院在北京召开全国教育工作会议。

6 月，《中国教育思想通史》（8 卷本）由湖南教育出版社出版。

7 月，国务院发布《关于〈中国教育改革和发展纲要〉的实施意见》。

7 月，中国学位与研究生教育学会在北京成立。

11 月，《中国近代教育史资料汇编（实业教育、师范教育）》由上海教育出版社出版。

本年，由冯惠敏、刘予嵩主编的《实用高等教育学》一书由武汉测绘科技大学出版社出版。

本年，创办《中国特殊教育》杂志。

本年，朴永馨主编《特殊教育概论》。

本年，经国家教委批准，全国高等师范院校电化教育（教育技术）教材编审委员会更名为全国高等师范院校教育技术学教学指导委员会。

本年，由丁雅娴主编、中国标准出版社出版的《学科分类研究与应用》一书列出教育管理学作为教育学一级学科的次级子学科，进一步明确了教育管理学的学科归属。

1995 年

1 月 27 日，国家教育委员会印发新的三年制幼师教学方案，即《三年制中等幼儿师范学校教学方案（试行）》，对培养规格首次做出了十分详细的规定。

1月,《电化教育研究》杂志发表高利明的文章《教育技术学的 AECT1994 定义及启示》,开启了有关教育技术的大讨论。

3月18日,第八届全国人民代表大会第三次会议通过《中华人民共和国教育法》,9月1日起施行。开始改称"职业技术教育"为"职业教育"。

3月27日至31日,全国高等教育学研究会第三届学术研讨会在广东汕头大学召开。会议由全国高等教育学研究会、广东省高等教育学会和汕头大学高教研究所联合举办。本届学术研讨会的会议主题为:在新形势下需要重新认识的基本理论问题。

4月,《职业教育法》正式提交全国人大常委会审议。

5月,张君、康丽颖主编的《教育学原理》由东北财经大学出版社出版。

5月,国家教委发布《中小学教材编写、审定和选用的规定》。

5月,全国教学论专业委员会在北京师范大学召开题为"跨世纪思考"的学术研讨会。

11月1日至5日,第五届全国教育学研究会教育基本理论专业委员会学术年会在湖南省张家界市召开。年会主题为"教育与文化的关系"。

本年,《中国近代教育史资料汇编(普通教育)》由上海教育出版社出版。

本年,朱菊芳主编的《高等教育学教程》由南京师范大学出版社出版。

本年,陈明欣等主编的《成人教育学》由石油出版社出版。

本年,张维主编、中国教育学会教育学研究会编《成人教育学》,由福建教育出版社出版。

本年,韩宗礼主编的《成人教育学》由河北教育出版社出版。

本年,朴永馨主编的《特殊教育学》出版。

本年,张宁生主编的《听觉障碍儿童的心理与教育》出版。

本年,我国学术界引入了美国教育传播与技术协会(AECT)1994 年对于教育技术的定义(简称"AECT'94 定义"),即教育技术(Instructional Technology)是为了促进学习,对有关过程和资源进行设计、开发、利用、管理和评价的理论与实践。

本年,在西南师范大学召开的全国教育管理学科专业委员会第三届学术年会,围绕"我国教育管理学科的学科建设和教学改革"的主题,从"我国教育管理学的现状与发展"和"教育管理学科建设"两方面进行讨论,认为我国教育管理学科正进入一个深入反思和理论完善的阶段。

本年,北京师范大学设立了我国第一个教育管理学博士学位点。

本年,华东师范大学外国教育研究所的《外国教育资料》等杂志辟有教育管理专栏，系统介绍国外教育管理研究现状及成果，如教育科学出版社出版、曾天山主编的《外国教育管理发展史略》。

1996 年

1月25日，国家教育委员会颁发《关于开展幼儿园园长岗位培训工作的意见》。为确保培训质量，国家教育委员会同时制定并颁布了《全国幼儿园园长岗位培训指导性教学计划（试行草案）》，并由基础教育司组织编写了幼儿园园长岗位培训的教学大纲及教材。1月26日，国家教育委员会颁布《全国幼儿园园长任职资格、职责和岗位要求（试行）》，以作为选拔、任用、考核、培训幼儿园园长的基本依据。

3月9日，国家教育委员会第25号令发布《幼儿园工作规程》，自1996年6月1日起正式施行。

3月，国家教育委员会颁发《全日制普通高级中学课程计划（试行）》。

5月15日，《中华人民共和国职业教育法》颁布。

9月1日，《中华人民共和国职业教育法》开始施行。

9月，北京师范大学开始招收教育经济学方向的博士生。

10月21日至24日，中国教育经济学会四届一次学术年会在湖北省宜昌市召开，全国有21个省（自治区、直辖市）的51名代表参加了会议。与会者围绕社会主义市场经济与教育改革这一主题，重点讨论了以下问题：市场经济条件下教育资源的配置方式问题；市场经济条件下的义务教育机会均等问题；教育投资的总量和管理体制问题；教育资源的利用效率问题。

12月11日至16日，中国教育学会教育史研究会第五届学术年会暨会员代表大会由广西师范大学教育系、广西雷沛鸿教育思想研究会承办。会议议题：（1）中外教育史的回顾与展望；（2）中外教育史研究的原则与问题；（3）中外教育史学科建设问题；（4）中外教育史学科课程和教学改革问题；（5）深入认识和宣传教育史学科在现时期的作用。来自全国有关高校、研究机构、出版社的百余位代表出席了会议。著名教育家雷沛鸿先生的夫人马清和女士到会祝贺并讲话。会议收到论文51篇。召开会员代表大会，进行理事会换届选举，产生了第四届理事会。孙培青任理事长，王炳照、田正平、单中惠任副理事长，杜成宪任秘书长，张斌贤任副秘书长。中国教育学会秘书长郭永福到会。根据中国教育学会规定，中国教育学会教育史研究会更名为中国教育学会教育史专业委员会（二级学会）。

12月，国家教委发布《中小学计算机教育五年发展纲要（1996—2000年）》。

本年，经国务院学位委员会批准，华中师范大学获批教育学原理二级学科博士学位授予权；湖南师范大学获批教育学原理二级学科硕士学位授予权。

本年，潘懋元主编、国家教育委员会人事司组织编写的《新编高等教育学》由北京师范大学出版社出版。

本年，［日］山口薰、金子健著，张宁生审校的《特殊教育的展望——面向二十一世纪》出版。

本年，北京师范大学获得教育管理学博士学位授予权，这是全国第一批获批的教育管理学博士点。

1997 年

4月27日至29日，全国高等教育学研究会第四届学术研讨会在天津举行，由天津市教育科学研究院承办。本届学术研讨会的主题是：高等教育理论研究如何更好地为高等教育发展与改革实践服务。

5月，第六届全国教学论学术年会在陕西师范大学召开。

6月，在国务院学位委员会、国家教育委员会重新下发的《授予博士、硕士学位和培养研究生的学科、专业目录》中，将教育管理和教育经济两个学科合并为"教育经济与管理"，并从教育学一级学科划归到公共管理一级学科之下，属于管理学门类。

9月，华东师范大学学前教育专业、心理系特殊教育专业和上海幼儿师范高等专科学校合并成立华东师范大学学前教育与特殊教育学院，成为全国学前教育领域率先成立的一个二级学院。随后，中专层次的幼儿师范学校也纷纷通过并入高校、独立升格、未升格但举办"三二分段"或"五年一贯制"专科教育等方式来适应提升层次的需要。同时，原有的高师本科学前教育专业也开始加入培养幼儿教师的行列。幼师的转型、原有高师的加入，再加上综合性大学和非师范高等学校的参与，使幼儿教师培养层次快速提高。

10月，国家教育委员会颁布《关于当前积极推进中小学实施素质教育的若干意见》。

本年，第六届全国教育基本理论专业委员会学术年会在华中师范大学召开。年会主题为：邓小平教育思想及"中国社会主义现代化与教育改革的深化"。

本年，国务院学位委员会公布新的学科调整规划，将课程论、教学论、学科教学论融合起来，设立新的二级学科"课程与教学论"。

本年，中国教育学会批准成立全国课程论专业委员会（后称为"全国课程学术委员会"），并于广州召开了首届全国课程学术研讨会。

本年，《中国近代教育史资料汇编（教育思想）》由上海教育出版社出版。

本年，张瑞璠、王承绪主编的《中外教育比较史纲》，第一次将中国教育史、外国教育史和比较教育学的研究队伍集结在一起，开展跨学科的综合、交叉研究。这是20世纪90年代教育史学科建设中一次非常有意义的尝试，是一项在研究领域和研究方法上均富有创新意义的研究成果。

本年，潘懋元著、黄宇智编的《潘懋元高等教育学文集》由汕头大学出版社出版。

本年，在国务院学位委员会与国家教育委员会联合颁布的《授予博士、硕士学位和培养研究生的学科、专业目录》中，成人教育学位列其中，专业代码为040107。

本年，叶忠海等著《成人教育学通论》，由上海科技教育出版社出版。

本年，华南师范大学教育经济与管理专业由国务院学位委员会批准获得硕士学位授予权（2003年获得博士学位授权）。

1998年

2月，国家教委发布《关于推进素质教育调整中小学教育教学内容、加强教学管理的意见》。

2月，第七届雷沛鸿教育思想研讨会在北京召开，由中国教育学会教育史专业委员会、广西雷沛鸿教育思想研究会共同举办。与会代表就雷沛鸿在教育现代化的理论和实践上做出的创造性贡献、在构建民族教育体系的理论和实践、在中国现代教育史上具有的重要地位三方面获得了较大共识。

4月11日至15日，中国教育学会教育史专业委员会1997年学术研讨会由江西师范大学教育科学学院承办。会议主题：外国中等教育的历史与现状。来自全国有关高校和科研机构从事外国教育史教学和研究的学者、教师和研究生60余人出席了会议。

4月，王道俊、扈中平主编的《教育学原理》由福建教育出版社出版。

6月，杜成宪、崔运武、王伦信所著的《中国教育史学九十年》由华东师范大学出版社出版。

8月24日至27日，中国教育经济学四届二次学术年会在郑州召开，全国21个省（自治区、直辖市）的53位代表出席了会议。与会者围绕"优化教育资源配置，提高教育资源利用效率"这一主题展开了广泛而热烈的讨论，议题包括教育发展目标与效率、教育成本与效率、学校规模与效率、教育体制与效率、教育公平与效率。

9月15日至17日，纪念孙诒让先生诞辰150周年学术研讨会由浙江省瑞安市人民政府、中国教育学会教育史专业委员会主办，浙江大学教育系协办。会议主题：研讨孙诒让先生的学术思想和社会活动，继承孙诒让先生的爱国主义精神，振兴教育，发展经济，科教兴市。来自部分高校的教育史专业学者、浙江省温州市的教师和学者30余人出席了会议。

10月13日至18日，中国教育学会教育史专业委员会第六届学术年会由山东师范大学教育系和教科所、曲阜师范大学教育系联合承办。会议主题：（1）世纪之交：教育史研究的回顾与展望；（2）社会转型与教育变革；（3）中外教育历史传统与中国教育和社会的现代化。来自全国有关高校、科研机构和出版社的60多位代表出席了会议。大会开幕式及会议在山东师范大学举行，大会闭幕式在曲阜师范大学举行。

11月，丁瑜、何东亮主编的《教育学原理》由上海交通大学出版社出版。

12月，胡德海著的《教育学原理》（第一版）由甘肃教育出版社出版。

本年，经国务院学位委员会批准，西南大学获批教育学原理二级学科博士学位授予权；江苏师范大学获批教育学原理二级学科硕士学位授予权。

本年，经国务院学位委员会批准，华中科技大学获批高等教育学二级学科博士学位授予权。

本年，曲阜师范大学成立了成人教育学专业硕士学位授予点。

本年，汤盛钦主编《特殊教育概论》。

本年，国务院学位委员会批准在华南师范大学、华东师范大学设立教育技术学专业博士学位点。

本年，北京大学获得教育管理学博士点，我国已经建立了教育管理学的本科—硕士—博士培养体系。

本年，在呼和浩特市召开的全国教育管理学科专业委员会第四届学术年会围绕"面向新世纪：教育管理的理论与实践"的主题，从"教育管理体制改革""教育管理学的学科建设"和"教育管理的展望"等方面展开讨论。

1999年

1月，国务院批转教育部《面向21世纪教育振兴行动计划》。

5月5日至7日，全国高等教育学研究会第五届学术研讨会在山东烟台召开，由全国高等教育学研究会主办，烟台师范学院协办，并获得联合国教科文组织亚太地区办事处和中国教科文组织的支持。会议主题是：知识经济与大学教育改革和发展的关系。

6月，全国教育工作会议在北京召开，中共中央、国务院发布《关于深化教育改革全面推进素质教育的决定》。

7月,中国教育学会教育管理分会第四次代表大会在天津召开,会议进行了学术交流、工作总结和换届选举工作。贺乐凡当选为中国教育学会教育管理分会第四届理事长。

8月17日至19日,中国教育学会教育史专业委员会1999年学术研讨会由沈阳师范学院教育系承办。会议主题:(1)中国教育传统与当代中国教育的变革;(2)20世纪的中国教育与教育史学。来自全国有关高校和科研机构的60多位教师和研究生参加了会议,提交了40余篇论文。

8月,第七届全国教学论委员会年会在西北师范大学召开。

9月,乌美娜、刘雍潜等人翻译的《教学技术:领域的定义和范畴》由中央广播电视大学出版社出版。

11月22日至24日,第七届中国教育学会教育基本理论专业委员会学术年会在华东师范大学召开。会议主题为:教育理论的世纪回顾与展望。

12月,第二届全国课程学术研讨会在广西师范大学召开。

本年,成有信主编的《教育学原理》一书由广东高等教育出版社出版。

本年,北京师范大学教育系教育史教研室外国教育史组选编的《外国教育发展史料选粹》(上、下册)出版。

本年,北京师范大学吴式颖教授联合全国多所院校外国教育史中青年学者编写的《外国教育史教程》由人民教育出版社出版,并成为普通高等教育"九五"国家级重点教材,累计发行近10万册,在北京师范大学、华东师范大学、浙江大学等著名高校广泛使用。

本年,谢安邦主编的《高等教育学》由高等教育出版社出版。

本年,冀鼎全编著的《成人教育心理学》由陕西人民出版社出版。

本年,程凯、李如密主编《成人教育教学论》,由河南大学出版社出版。

2000年

4月,教育部修改高中课程计划,印发语文等7门学科教学大纲,必修课增设"综合实践活动"和"信息技术"。

7月,《中国教育制度通史》由山东教育出版社出版。

9月,在陕西师范大学召开的全国教育管理学专业委员会第五届学术年会,围绕"世纪之交:中国教育管理学的回顾与展望"的主题进行讨论。

10月14日至15日,中国教育学会教育政策与法律研究专业委员会成立暨学术研讨会在北京大兴国家高级教育行政学院召开。

11月5日至8日，中国教育学会教育史专业委员会第七届学术年会暨会员代表大会由华南师范大学教育科学学院承办。会议主题：（1）挑战与应对：教育史学科在新世纪的发展；（2）血脉相连：台港澳教育发展与祖国教育传统。来自全国有关高校、研究机构的110余位学者、教师和研究生参加会议，共收到论文60余篇。加拿大著名学者许美德教授应邀到会做专题报告。召开会员代表大会，进行理事会换届选举，产生了第五届理事会。孙培青任理事长，王炳照、田正平、单中惠任副理事长，杜成宪任秘书长，张斌贤任副秘书长。

本年，经国务院学位委员会批准，华南师范大学获批教育学原理二级学科博士学位授予权。

本年，经国务院学位委员会批准，山东师范大学获批教育学原理二级学科博士学位授予权；天津师范大学、山西师范大学获批教育学原理二级学科硕士学位授予权。

本年，经国务院学位委员会批准，南京师范大学获批高等教育学二级学科博士学位授予权。

本年，由方展画主编的《高等教育学》一书由浙江大学出版社出版；由姚启和著的《高等教育管理学》一书由华中科技大学出版社出版。

本年，西南大学设立了成人教育学专业硕士学位授予点。

本年，北京师范大学设立了成人教育学专业硕士学位授予点。

本年，同济大学设立了成人教育学专业硕士学位授予点。

本年，四川师范大学设立了成人教育学专业硕士学位授予点。

本年，华东师范大学教育管理学学科获批教育经济与管理专业的博士授予权。

2001年

5月22日，国务院颁布《中国儿童发展纲要（2001—2010年）》，按照"十五"规划的总体要求，从儿童与健康、儿童与教育、儿童与法律保护、儿童与环境四个领域提出了2001—2010年儿童发展的目标和策略措施。

5月26日至28日，全国高等教育学研究会第六届学术年会在武汉华中科技大学召开。会议主题为：21世纪中国高等教育质量及其保障。

6月，教育部发布《基础教育课程改革纲要（试行）》。

7月2日，教育部印发《幼儿园教育指导纲要（试行）》，内容分为总则、教育内容与要求、组织与实施、教育评价等方面，将教育内容相对划分为健康、语言、社会、科学、艺术五大领域，强调要有机结合、相互渗透。

9月，第三届全国课程学术研讨会在吉林长春召开。

10月27日至30日，第八届全国教育基本理论专业委员会学术年会在广西师范大学召开。年会主题为：教育与交往。

10月，第八届全国教学论委员会年会在湖南师范大学召开。

11月，《义务教育课程设置实验方案》和18个学科的课程标准（实验稿）正式发布。

本年，东北师范大学教育科学学院柳海民教授申请了全国教育科学规划一般课题，项目名称为"现代教育基本原理的世纪性反思与发展构建研究"（项目编号：BAA010041）。

本年，李勇、许红梅主编的《教育学原理》由哈尔滨工业大学出版社出版。

本年，熊明安、周洪宇主编的《中国近现代教育实验史》由山东教育出版社出版，本书是全国教育科学"九五"规划教育部重点课题研究成果。

本年，由教育部主管、华东师范大学主办、教育部普通高等学校人文社会科学重点研究基地华东师范大学课程与教学研究所承办的学术期刊《外国教育资料》正式更名为《全球教育展望》。

本年，由薛天祥主编的《高等教育学》一书由广西师范大学出版社出版；由王伟廉主编的《高等教育学》一书由福建教育出版社出版。

本年，中国高等教育学会周远清教授申请了全国教育科学"十五"规划重点课题，项目名称为"20世纪的中国高等教育"（项目编号：DAA010142）。

本年，我国第一个职业教育学博士点在华东师范大学设立。

本年，华东师范大学设立了特殊教育学博士学位点。

本年，顾定倩著《特殊教育导论》。

本年，教育部成立新一届（2001—2005年）高等学校教育技术学专业教学指导委员会，由何克抗任主任。

本年，在北京师范大学举办了关于新世纪中国教育管理学走向的专题研讨会。

2002年

1月，教育部发布《关于成立教育部学科发展与专业设置专家委员会的通知》。

3月，中国电化教育协会申报的"信息化进程中的教育技术发展研究"被批准为全国教育科学"十五"规划国家重点课题（课题批准号：AYA010034）。

3月，中央电化教育馆组织申报的"基于现代信息技术环境下学与教的理论与实践研究"被批准为全国教育科学"十五"规划教育部重点课题（课题批准号：DYB010825）。

6月14日至16日，全国高等教育学研究会2002年学术年会在广西师范大学召开，26位与会专家就当前我国高等教育发展过程中的若干热点问题和女性高等教育发展问题展开了深入的讨论。

6月22日至25日，由北京师范大学、华东师范大学、华南师范大学、南京师范大学等大学发起，华南师范大学主办的全国教育管理协作研究首届学术会议在广州举行。

9月27日至29日，中国教育学会教育史专业委员会第八届学术年会由云南师范大学教育科学与管理学院承办。会议主题：（1）经验与反思：中国现代学制100年（1902—2002年）。（2）借鉴和创新：杜威与现代教育。来自全国各大专院校和教育科研单位的研究教育史的百余位专家、学者和研究生参加了会议，共收到论文60余篇。

10月，中国电化教育协会正式更名为中国教育技术协会（简称CAET）。

本年，杨德广主编的《高等教育学概论》一书由华东师范大学出版社出版。

本年，娄宏毅、宋尚桂主编《成人教育学》，由齐鲁书社出版。

本年，中国职业教育学会通过了新的《中国职业技术教育学会章程》。

2003年

1月1日，《中国教育管理评论》由教育科学出版社出版。该图书对教育管理的研究范式、研究方法、管理思想、中小学和大学的内部管理、管理者的职业发展，以及教育政策和法律等方面进行了分析与论述。

3月20日，中国职教学会培训交流部成立，主要负责组织跨地区职业院校的校际交流，开展国际职业教育交流与合作活动。

3月，教育部印发《普通高中课程方案（实验）》。

4月1日至4日，全国高等教育学研究会在云南大学召开当代高等教育前沿问题学术研讨会，与会代表围绕高等教育前沿问题进行了探讨和交流。

9月，第九届全国教育基本理论专业委员会年会在东北师范大学召开。年会主题为：教育理论的新视域。

10月15日至18日，中国幼儿教育百年纪念暨学术研讨会在北京召开。15日上午，由教育部、民进中央、全国妇联、团中央、少工委等主办，中国学前教育研究会、北京师范大学承办的中国幼教百年纪念大会在人民大会堂举行。

11月15日至17日，全国高等教育学研究会2003年学术年会在中山大学珠海分校召开，由全国高等教育学研究会与中山大学共同举办。本次年会是全国高等教育学研究会的第七届年会，适逢全国高等教育学研究会成立10周年，中国高等教育学会成立20周年。会议的主题是：现代大学精神、大学文化与大学制度创新。

12月9日至12日，在南京召开第六届全国教育管理学科学术委员会学术年会暨第二届全国教育管理协作研究学术年会，围绕"教育管理学：历史·现状·未来"的主题进行探讨。

本年，经国务院学位委员会批准，北京大学、陕西师范大学、西北师范大学、辽宁师范大学获批教育学原理二级学科博士学位授予权；山西大学、华中科技大学获批教育学原理二级学科硕士学位授予权。

本年，经国务院学位委员会批准，西南大学、华南师范大学、华中师范大学获批教育学一级学科博士学位授予权；清华大学、苏州大学、湖南师范大学获批高等教育学二级学科博士学位授予权。

本年，刘全礼著《特殊教育导论》。

本年，武汉大学、中国人民大学、华南师范大学、厦门大学、东北师范大学教育经济与管理专业获得博士学位授予权。

2004年

2月，教育部决定从2004年秋季起，在广东、山东、宁夏、海南四省（区）开始普通高中新课程实验。

3月，国务院批转教育部《2003—2007年教育振兴行动计划》。

4月22日，经教育部部长周济审批，教育部办公厅印发了《教育部办公厅关于进一步加强高等教育研究机构建设的意见》。

4月，第九届全国教学论委员会年会在北京师范大学召开。

6月，第四次全国课程学术研讨会以"基础教育课程改革的反思和评价"为主题，在云南师范大学召开。

8月2日至4日，中国高等教育学研究会在贵州师范大学召开2004年度学术年会。与会代表围绕"科学发展观和高等教育改革"这一会议主题进行了热烈的讨论。

10月9日至10日，2004年中国教育经济学学术年会在北京召开，大会主题为"中国教育经济学20年的回顾与展望"。参加会议的来自24个省（自治区、直辖市）的140名代表，围绕教育经济学学科建设与人才培养、教育成本与教育效率、基础教育财政、高等教育财政、教育制度变革与创新、教育与劳动力市场、教育与经济增长及收入分配、教育服务贸易及学校经营等专题展开了热烈深入的研讨，回顾了中国教育经济学研究在过去 20 年取得的成就，展望了中国教育经济学未来的发展。

10 月 31 日至 11 月 2 日，中国教育学会教育史分会第九届学术年会暨会员代表大会由福建师范大学教育科学与技术学院承办。会议主题：我国教育史学科建设百年回顾与反思。全国教育史专业的学者、教师和研究生 200 余人出席会议。举行会员代表大会，进行理事会换届选举，产生了第六届理事会。田正平任理事长，单中惠、俞启定、杜成宪、张斌贤任副理事长，杜成宪兼任秘书长，周谷平任副秘书长。根据中国教育学会规定，中国教育学会教育史专业委员会更名为中国教育学会教育史分会（二级学会）。

10 月，杜成宪、邓明言所著的《教育史学》由人民教育出版社出版。

本年，郭瑞英主编的《教育学原理》一书由长征出版社出版。

本年，中国教育学会比较教育分会第十二届年会在广东珠海北京师范大学珠海分校举行，以"全球视野下的中国教育改革"为主题。

本年，由戚万学主编的《高等教育学》一书由山东人民出版社出版；由侯定凯著的《高等教育社会学》一书由广西师范大学出版社出版。

本年，华东师范大学职业教育与成人教育研究所设立了成人教育学专业博士学位授予点。这是我国第一个成人教育学专业博士学位授予点。

本年，在东北师范大学举行的全国教育管理学科学术委员会第七届学术年会以"变革社会中的教育管理"为主题。

本年，华中师范大学与悉尼大学合作，启动了国内第一个教育管理硕士类中外合作办学项目。

2005 年

8 月，第十届中国教育学会教育学分会教育基本理论专业委员会年会在内蒙古师范大学召开。年会主题为：教育学的学科立场。

8 月，杨兆山主编的《教育学原理》由东北师范大学出版社出版。

8 月，教育部发布《关于落实保证中小学生每天体育活动时间的意见》。

10 月 29 日至 30 日，2005 年中国教育经济学学术年会在广西师范大学召开，全国有 24 个省（自治区、直辖市）的 170 余名代表参加了会议。与会代表围绕"教育财政体制改革""教育成本、效率与教育收益""教育与劳动力市场"等主题展开广泛而热烈的讨论。

10 月 31 日至 11 月 2 日，中国教育学会教育史分会 2005 年学术研讨会由浙江省高校师资培训中心、浙江师范大学教育学院承办。会议主题为"争鸣与交锋：中国教育史上的思想论争"。与会者围绕科学与人文之争、当今"读经"问题之争、现代教育学的"走向"之争、诸子教育思想之争进行了"争鸣和交锋"。全国教育史专业的百余位教师和研究生参加了会议，共提交论文65篇。

11月3日至5日，中国高等教育学会高等教育学专业委员会2005年学术年会在上海交通大学举行。会议主题是：全球化背景下的高校改革与发展。

11月5日至7日，在广西师范大学举行的全国教育管理学科学术委员会第八届学术年会围绕"交流、协作、责任"的主题，进行了广泛而深入的探讨。

11月28日至30日，联合国教科文组织第五届全民教育高层会议在北京举行。

12月，在北京召开中国教育学会教育管理分会学术年会，会议以"科学发展观推进学校发展"为主题。

本年，经国务院学位委员会批准，河南大学获批教育学原理二级学科博士学位授予权。

本年，由胡弼成主编的《高等教育学》一书由湖南大学出版社出版；由钟玉海主编的《高等教育学》一书由合肥工业大学出版社出版。

本年，王娅等编著《成人教育教学论》，由云南大学出版社出版。

本年，方俊明主编《特殊教育学》。

本年，中国高等教育学会特殊教育研究会成立。学会宗旨是在高等教育学会的直接领导下，团结和组织承担特殊高等教育的院校师生，开展有关残疾人高等教育、职业教育、教师教育与特教专业人才培养等方面的研究，建立信息交流、学术合作和人才培养的平台，充分利用特教资源，推动中国高等特殊教育和职业教育的发展。

2006年

4月，2006—2010年教育部高等学校教育技术学专业教学指导委员会成立大会在华南师范大学举行。

6月23日至24日，中国高等教育学研究会在浙江师范大学召开全国高等教育学硕士点学科建设专题研讨会。

6月，十届全国人大常委会第二十二次会议通过修订后的《中华人民共和国义务教育法》。

8月，第五届全国课程学术研讨会以"课程理论发展与实践进展"为主题，在新疆师范大学召开。

9月22日至25日，中国教育学会教育管理分会第五届第三次全体理事会在沈阳召开，会议以"教育公平与办学效益"为主题。大会上宣布正式建立教育行政学术委员会和教育效益学术委员会。

9月，胡德海著的《教育学原理》（第二版）由甘肃教育出版社出版。

9月，邹群、王琦主编的《教育学原理》由辽宁师范大学出版社出版。

10月13日至15日，中国教育学会教育史分会第十届学术年会由陕西师范大学教育科学学院和网络教育学院承办。会议主题：（1）教育交流与中国教育变革；（2）中国教育在海外的影响；（3）世界近代教育交流与变革中的赫尔巴特（赫尔巴特教育思想在各国的传播与影响）；（4）教育交流与美国近代教育发展。全国中外教育史专业学者、教师和硕士、博士研究生200余人参加了会议，共提交论文140余篇。

10月，2006年中国教育经济学学术年会在山东青岛召开。

12月23日至24日，中国高等教育学研究会在北京师范大学珠海分校召开全国高等教育学博士点学科建设专题研讨会。

12月，国务院审议通过《国家教育事业发展"十一五"规划纲要》。

本年，经国务院学位委员会批准，首都师范大学获批教育学原理二级学科博士学位授予权；武汉大学、哈尔滨师范大学、吉林师范大学、河南师范大学、湖北大学、江南大学获批教育学原理二级学科硕士学位授予权。

本年，第十届全国教学论委员会年会在西南大学召开。

本年，中国教育学会比较教育分会第十三届年会在上海师范大学召开，以"教师教育·课程改革·国际合作"为主题。

本年，周川主编的《简明高等教育学》一书由河海大学出版社出版；胡建华等著的《高等教育学新论》（新世纪版）一书由江苏教育出版社出版；田建国著的《高等教育学》一书由山东教育出版社出版。

本年，深圳大学李均教授申请了全国教育科学"十一五"规划重点课题，项目名称为"中国高等教育学科的发展与反思"（项目编号：DIA060156）。

本年，经国务院学位委员会批准，东北师范大学、西北师范大学、浙江大学获批教育学一级学科博士学位授予权；南京大学获批高等教育学二级学科博士学位授予权。

本年，冀鼎全编著的《成人教育心理学》，由陕西人民出版社出版。

本年，教育部向联合国教科文组织国际职教中心申请了"中国高等职业教育联合革新计划——高职教师教育与培训项目"（JIP-TVET in China）。

本年，中山大学教育科学研究所主办了全国教育经济与管理学科建设与发展首次研讨会，与会代表围绕教育经济与管理专业的定位、建设、发展进行了深入探讨，为我国教育管理学未来的发展提出了许多建设性意见。

2007 年

3 月，〔俄〕弗·弗·克拉耶夫斯基著，张男星、曲程等译的《教育学原理》一书由教育科学出版社出版。

5 月，国务院批转教育部《国家教育事业发展"十一五"规划纲要》。

7 月 12 日至 13 日，中国高等教育学研究会召开高等教育机会公平与高考制度改革学术研讨会。

7 月，叶澜主编的《教育学原理》一书由人民教育出版社出版。

8 月 17 日，以"信息技术环境下中美两国教育技术的发展"为主题的中美教育技术研讨会在北京召开。

9 月，成有信主编的《教育学原理》一书由辽宁大学出版社出版。

9 月，汪刘生编的《教育学原理》一书由浙江大学出版社出版。

9 月，王道俊、扈中平编的《教育学原理》一书由福建教育出版社出版。

10 月 12 日至 14 日，第十一届中国教育学会教育学分会教育基本理论专业委员会年会在陕西师范大学召开。年会主题为：教育与幸福。

10 月，2007 年中国教育经济学学术年会在北京召开。

11 月 3 日至 5 日，全国教育管理学科学术委员会第九届学术年会在浙江金华召开。会议以"面向实践的教育管理研究"为主题，旨在以实践研究为取向，交流近年来教育管理的最新研究成果。

11 月 4 日至 5 日，中国教育学会教育史分会 2007 年学术研讨会由安徽师范大学教育科学学院承办。年会主题：探索外国教育史研究的新领域和新方法。来自北京师范大学、华东师范大学、浙江大学、华中师范大学、河北大学、南京师范大学等几十所高校的百余位外国教育史专业的学者、教师和研究生参加了会议。

本年，浙江大学开始招收教育学原理二级学科博士研究生。

本年，齐梅著的《教育学原理学科科学化问题研究》一书由中国社会科学出版社出版。

本年，《中华人民共和国教育史》（何东昌主编）出版。

本年，由潘懋元、王伟廉主编的《高等教育学》一书由福建教育出版社出版；由傅树京主编的《高等教育学》一书由首都师范大学出版社出版；由侯怀银主编的《高等教育学》一书由山西人民出版社出版。

本年，何爱霞著《成人教育社会学研究》，由中国海洋大学出版社出版。

本年，我国第一个职业教育学博士后流动站落户华东师范大学。

本年，全国教育科学规划领导小组办公室和教育部职业教育与成人教育司开始合作实施第一期全国教育科学规划职业教育研究专项课题。

本年，〔美〕威廉·L.休厄德著，孟晓等译《特殊儿童：特殊教育导论》（第七版）出版。

本年，〔美〕威廉·L.休厄德著，肖非等译《特殊需要儿童教育导论》（第八版）出版。

本年，浙江师范大学的杨天平教授提出将全国教育管理学科学术年会的名称改为：中国教育学会教育管理分会教育管理学科学术委员会第九届学术年会，此后2009年和2011年的两届学术年会一直沿用此名称，标志着教育管理学科的研究步入正轨。

本年，《高校教育管理》创刊，由江苏大学主办，中国高等教育管理研究会协办。

2008 年

1月3日至6日，中国高等教育学会高等教育学专业委员会2007年学术年会在齐齐哈尔职业学院召开。本次会议由中国高等教育学会主办、齐齐哈尔职业学院承办。会议的主题是：回顾与展望中国高等教育改革。

5月，扈中平主编、人民教育出版社组编的《教育学原理》一书由人民教育出版社出版。

5月，为落实中国共产党第十七次全国代表大会报告中"重视学前教育"的精神和贯彻国务院领导有关学前教育工作的批示，教育部成立调研组，在全国范围进行学前教育专项调研。

7月，中国教育学会教育学分会教学论专业委员会第十一届年会暨第二届课程与教学论专业博士生论坛在福建师范大学召开。本次会议的主题是"教学改革与学校创新"。

8月，第三届中日教育技术学研究与发展论坛暨中国教育技术协会信息技术教育专业委员会第五届学术年会在东北师范大学召开。

10月9日至12日，中国教育学会教育史分会第十一届学术年会暨会员代表大会由河北大学教育学院承办。年会主题：（1）教育史研究与当代教育改革：视野、观念和方法。（2）国外教育史学科新进展。全国中外教育史专业的学者、教师和研究生270余人参加了会议。教育史国际常设会议前任会长、英国伦敦大学教育学院荣誉教授 Richard Aldrich 和日本、韩国部分大学的学者作为特邀代表出席了本次年会。会议收到论文170余篇，举行会员代表大会，进行理事会换届选举，产生了第七届理事会。田正平任理事长，刘海峰、杜成宪、张斌贤、周洪宇、贺国庆任副理事长，杜成宪兼任秘书长，周谷平、王保星任副秘书长。

10月17日至19日，2008年中国教育经济学学术年会在上海华东师范大学召开，近300名专家学者及研究生参会。年会的主题是"改革开放三十年来中国教育经济学的回顾与展望：理论、方法及其在国家与地区发展中的作用"及"教育经济学与优先发展教育，建设人力资源强国"。会议议题包括教育事业发展、教育政策与教育公平；教育财政投资、成本负担与学生资助；教育与人力资本、教育供求与招生就业；学校财务管理、教师管理及学生管理；教育经济学学科建设问题。

10月24日至26日，中国高等教育学会高等教育学专业委员会2008年学术年会在三峡大学召开。年会的主题是：改革开放30年与中国高等教育改革和发展。

10月，第六届全国课程学术研讨会以"课程理论与实践创新"为主题，在聊城大学召开。

12月，教育部正式公布新制定的《中小学健康教育指导纲要》，指出今后中小学每学期都将安排6－7课时的健康教育课。

本年，中国教育学会比较教育分会第十四届年会在浙江温州召开，以"中国教育改革与比较教育研究"为主题。

本年，冯增俊、陈时见、项贤明主编的《当代比较教育学》问世，体现了中国比较教育学科整体框架的重大时代转型和传统教材体系的突破，标志着中国比较教育学科开始走向新的发展阶段。

本年，顾建民主编的《高等教育学》一书由浙江大学出版社出版。

本年，刘春玲、江琴娣著的《特殊教育概论》出版。

2009年

1月，教育部颁发《关于印发〈教育部2009年工作要点〉和周济部长在教育部2009年度工作会议上的讲话的通知》。

2月，教育部就《国家中长期教育改革和发展规划纲要（2010－2020年）》中社会关注度高、影响教育改革发展全局的20个大问题公开征求意见。

9月27日至29日，中国高等教育学会高等教育学专业委员会2009年学术年会在昆明召开。本次会议由中国高等教育学会高等教育学专业委员会主办、云南大学高等教育研究院协办。会议主题是：中国高等教育改革开放 30 年发展基础上进一步创新的理论与实践探讨。

10 月 24 日至 25 日，裴斯泰洛奇教育思想国际学术研讨会由中国教育学会教育史分会和瑞士裴斯泰洛奇协会联合主办，浙江大学中外教育现代化研究所承办。来自德国、瑞士、日本等多个国家和中国的教育史学者 50 多人参加了会议。

11 月 7 日至 8 日，中国教育学会教育管理分会第十次学术年会在安徽芜湖召开，围绕"中小学学校改进研究"的主题进行讨论和交流。会议选举产生了新一届教育管理分会理事会。

11 月 28 日至 30 日，第十二届中国教育学会教育学分会教育基本理论专业委员会学术年会在华南师范大学召开。会议主题为：教育与人性。

12 月 5 日至 6 日，2009 年中国教育经济学学术年会在广州大学召开，共 240 多名专家学者和研究生参会。会议主题为"教育财政与相关政策"。会议议题包括教育与经济的关系、教育公平与教育均衡发展、人力资本与劳动力市场、教育财政与教育经费、教育资源使用效率与效益、教育政策与教育规划等。

本年，黄欣祥主编的《教育学原理》一书由海南出版社出版。

本年，由潘懋元主编的《新编高等教育学》一书由北京师范大学出版社出版；由王建华著的《高等教育学的建构》一书由广东高等教育出版社出版；由杜希民、梁克荫主编的《高等教育学新探》一书由西安电子科技大学出版社出版；〔美〕琼·C. 斯马特主编的《高等教育学》一书由江苏教育出版社出版。

本年，全国共有 35 所左右的大学设置了教育经济与管理专业，16 所学校设置了公共事业管理专业。

2010 年

1 月 13 日至 15 日，"改革开放以来教育管理发展的回顾与展望国际学术研讨会"在广州华南师范大学举行。

1 月 29 日，教育部印发《教育部 2010 年工作要点》。

6 月，杨兆山著的《教育学原理》一书由东北师范大学出版社出版。

7 月 13 日至 14 日，21 世纪第一次全国教育工作会议在北京召开。

7 月 29 日，中共中央、国务院印发《国家中长期教育改革和发展规划纲要（2010—2020 年）》。

10 月 12 日至 14 日，中国教育学会教育史分会第十二届学术年会由西南大学教育学院、教育科学研究所承办。年会主题：社会大变革下的教育史研究。大会还围绕教育史的范式问题、孔子的学而优则仕、教育史研究怎样为现实服务、中国教育近代化问题、教育史的学术性与社会现实的关系、外国教育史的应用价值以及中国教育活动史、杜威教育民主主义思想等问题进行了深入的研讨。全国中外教育史专业的学者、教师和研究生200余人参加了会议，提交论文170余篇。

10月，罗玉莲著的《教育学原理》一书由教育科学出版社出版。

10月，蒲蕊编著的《教育学原理》一书由武汉大学出版社出版。

10月，国务院办公厅下发《关于开展国家教育体制改革试点的通知》。

11月，全国教学论专业委员会第十二届学术年会在南京师范大学召开。

11月，第七届全国课程学术研讨会在华中师范大学召开。大会以"新世纪课程改革十年：趋向与愿景"为主题，对十年课改进行了总结和反思。

12月3日至5日，2010年中国教育经济学学术会议在华中科技大学召开。

12月12日至14日，中国高等教育学会高等教育学专业委员会2010年学术年会在上海师范大学召开。会议主题是：现代大学制度建设。

本年，陕西师范大学郝文武教授申请了国家哲学社会科学基金教育学一般课题，项目名称为"教育学的专业改造与学科建设研究"（项目编号：BAA100013）。

本年，中国教育学会比较教育分会第十五届年会在浙江杭州召开，以"国际视野下的教育均衡发展"为主题。

本年，张楚廷著的《高等教育学导论》一书由人民教育出版社出版；张楚廷著的《高等教育哲学通论》一书由高等教育出版社出版。

本年，经国务院学位委员会批准，首都师范大学、天津师范大学、哈尔滨师范大学、山东师范大学、上海师范大学、陕西师范大学、辽宁师范大学、河南大学、四川师范大学、北京理工大学获批教育学一级学科博士学位授予权，即理论上已具有招收高等教育学博士研究生资格。

本年，〔美〕丹尼尔·P. 哈拉汉等著，肖非等译《特殊教育导论》（第十一版）出版。

本年，教育部审核增列86所高校具有教育学一级学科硕士学位授予权。

本年，国务院学位委员会在第11批学位授权学科审核中，新增清华大学、北京理工大学、首都师范大学等14所高校获得教育学一级学科博士学位授予权。

2011年

2月，朴泰洙、金哲华主编的《教育学原理》一书由科学出版社出版。

4月23日至25日，中国教育学会教育管理分会第六届代表大会在北京举行，会议还听取了第五届理事长贺乐凡作的第五届理事会工作报告。

5月，柳海民主编的《教育学原理》一书由高等教育出版社出版。

8月，国务院公布《中国儿童发展纲要（2010—2020年）》。

8月，教育部组织开展了"整体规划大中小学德育课程"这一重大教育改革工作。

9月17日至18日，由石河子大学师范学院承办的中国高等教育学会高等教育学专业委员会2011年小型学术年会在珠新疆石河子市召开。基于探索我国高等教育研究范式的需要和高等教育学学科建设面临的新形势，本次年会以"高等教育研究的使命与挑战"为主题。

9月25日至26日，第十三届中国教育学会教育学分会教育基本理论专业委员会学术年会在北京师范大学召开。年会主题为：教育与生活。

11月11日至13日，2011年中国教育经济学学术年会在南京农业大学召开，330多名学者和研究生参加了此次会议。会议就"保障教育优先发展的公共财政体制与投入机制""教育经济学硕士与博士研究生培养方式""教育与劳动力市场"等主题进行了热烈讨论。

12月，教育部组织修订并颁发了义务教育19个学科的课程标准。

12月，南国农先生在"中国教育技术协会成立20周年庆祝会暨全国教育信息化展望论坛"的座谈会上提出："当前我们国家的教育信息化可以说是红红火火，教育技术作为一个事业来说，它是红红火火，如日中天，但是作为一门学科来说，它正在逐渐地衰弱，独立生存发展的空间越来越小。"

本年，经国务院学位委员会批准，天津师范大学、华中科技大学获批教育学原理二级学科博士学位授予权。

本年，易连云著的《教育学原理》一书由西南师范大学出版社出版。

本年，周洪宇所著的《学术新域与范式转换——教育活动史研究引论》由华中科技大学出版社出版。

本年，刘小强著的《学科建设：元视角的考察——关于高等教育学学科建设的反思》由广东高等教育出版社出版。

本年，叶忠海著的《现代成人教育学研究》由同济大学出版社出版。

本年，叶忠海著的《成人高等教育学》由同济大学出版社出版。

本年，盛永进著的《特殊教育学基础》。

本年，马红英、谭和平主编《特殊教育需要学生的教育》。

本年，方俊明、雷江华主编《特殊儿童心理学》。

本年，在江西师范大学召开的全国教育管理学科学术委员会第十一届学术年会，以"新目标、新使命、新问题"为主题。

2012 年

2月10日，教育部印发《幼儿园教师专业标准（试行）》，对教师培养、准入、培训、考核等，以及教师的职业道德、专业要求等做出了具体规定，是"国培计划"和"省培计划"等各级培训的重要内容。

4月9日，教育部发出《关于同意撤销大连艺术职业学院等3所高等职业学校的通知》。

4月17日，教育部办公厅下发了《关于开展0—3岁婴幼儿早期教育试点工作有关事项的通知》，通过对申报省市的选择，决定在上海市、北京市海淀区等14个市、区开展0—3岁婴幼儿早期教育试点，并对试点任务、内容和有关工作提出了明确要求，以探索发展0—3岁婴幼儿早期教育的模式和经验。

6月，齐梅、马林主编的《教育学原理》一书由清华大学出版社出版。

7月，郝文武、龙宝新主编的《教育学原理》一书由北京师范大学出版社出版。

7月，由全国教学论专业委员会主办、东北师范大学教育学部承办的中国教育学会教育学分会教学论专业委员会第十三届学术年会在东北师范大学召开。

8月11日至12日，由吉林大学高等教育研究所承办的中国高等教育学会高等教育学专业委员会2012年学术年会在吉林大学召开。立足我国高等教育改革实践与探索高等教育制度建设的需要，本届年会以"大学治理的理论与实践"为主题。

9月20日，教育部、中央编办、财政部、人力资源和社会保障部四部门发布了《关于加强幼儿园教师队伍建设的意见》，进一步明确了幼儿园教师队伍建设的目标，要求建立健全幼儿园教师资格认定、职称评定、待遇保障等制度。

9月22日至23日，中国教育学会教育管理分会在北京师范大学举行全国教育管理学术研讨会暨第六届常务理事会扩大会议。

9月，张忠华著的《教育学原理》一书由世界图书北京出版公司出版。

10月9日，教育部印发《3—6岁儿童学习与发展指南》，帮助幼儿园教师和家长了解3—6岁幼儿学习与发展的基本规律和特点，建立对幼儿发展的合理期望，实施科学的保育和教育。

10月1日至18日，中国教育学会教育史分会第十三届学术年会暨会员代表大会由湖南师范大学教育科学学院承办。年会主题：（1）转型期教育史研究的国际化与本土化；（2）教育史研究的新成果与新问题。到会教育史专业研究者、教师和学生300余人，提交论文200余篇。举行会员代表大会，进行理事会换届选举,产生了第八届理事会。张斌贤任理事长,刘海峰、杜成宪、周洪宇、贺国庆、肖朗任副理事长,徐勇任秘书长,王保星、王晨任副秘书长。

10月,第八届全国课程学术研讨会在福建师范大学隆重召开。会议以"课程改革再出发:下一个十年"为主题,探讨未来十年课程改革的路如何走。

11月2日至4日,教育经济学高层国际论坛暨2012年中国教育经济学学术年会在北京会议中心开幕。本届教育分论坛以"世界经济变化中的教育发展:质量、公平与效率"为主题,近600名国内外专家学者参加此次学术盛会。年会探讨的主要议题有"教育、劳动力市场与经济增长""高等教育财政:成本分担和学生资助""教育质量""教育发展和责任""教育管理与政策""高等教育财政:国家或地区经验""教育资源配置的公平与效率"。

11月14日,为进一步加强对学前教育的宏观指导,教育部设立学前教育办公室。

12月,中国教育技术协会2012年年会暨全国教育信息化"三通两平台"研讨会在广东省东莞市召开。

本年,由韩延明主编的《高等教育学新论》一书由山东人民出版社出版;由孙华著的《高等教育学概论》一书由高等教育出版社出版。

2013年

1月8日,为了加强幼儿园教师队伍建设,教育部印发了《幼儿园教职工配备标准(暂行)》,各地加快核定公办园教师编制,通过特岗计划、小学教师培训后转岗、接收免费师范生、公开招聘等多种途径,充实幼儿园教师队伍。

5月23日,首届国际教育信息化大会在我国召开。

5月,教育部印发《关于深化中小学教师培训模式改革全面提升培训质量的指导意见》。

6月28日,应用技术大学(学院)联盟在天津职业技术师范大学成立。

7月9日至13日,世界学前教育组织(OMEP)第65届国际学术会议在中国上海举办。主题是"促进学前教育发展:机会与质量"。这是中国首次主办OMEP年会。

8月,丁西省、魏文君主编的《教育学原理》一书由西北工业大学出版社出版。

9月21日至22日,第十四届中国教育学会教育学分会教育基本理论专业委员会学术年会在西南大学召开。年会的主题为:教育与国民性。

9月,在宁波大学召开的全国教育管理学科学术委员会第十二届学术年会,以"学校发展：公平、效益与创新"为主题。

10月8日，由北京教育学会特殊教育研究会与中国聋人网主办的2013特殊教育学术研讨会在中国残疾人体育运动管理中心召开。

10月16日至27日，中国高等教育学会高等教育学专业委员会成立20周年庆典暨2013年学术年会在华中科技大学举行。本次学术年会以"变革中的高等教育：理论、动向与趋势"为主题，与会人员基于高等教育学专业委员会成立20周年的背景，围绕"变革中的高等教育及其对高等教育研究的挑战"等议题各抒己见，展开了较为深入的探讨。

10月，由北京出版社出版，马宪平主编的《中国教育管理研究三十年》一书，立足于改革开放30多年的教育管理的发展历程，对我国教育发展与改革创新之路做了综合性论述与探究。

11月13日，教育部印发《关于"十二五"职业教育教材建设的若干意见》。

12月14日至16日，中国教育学会教育史分会第十四届学术年会由深圳大学师范学院承办。年会主题：学校与教育组织机构的历史变革。来自全国88所高校及科研和出版单位的197位专家学者、90多位研究生代表参加了此次年会。教育史国际常设会议主席 Eckhardt Fuchs 教授应邀参加了本次年会，并为大会开幕作了主旨发言。

12月，教育部发布了《关于印发〈民族中小学汉语课程标准（义务教育）〉的通知》。

本年，经国务院学位委员会批准，湖南师范大学获批教育学原理二级学科博士学位授予权。

本年，潘懋元、王伟廉主编的《高等教育学》一书由福建教育出版社出版。

本年，经国务院学位委员会批准，浙江师范大学获批教育学一级学科博士学位授予权。

本年，曾荣青主编的《成人教育学理论与实践研究》由暨南大学出版社出版。

2014年

1月10日至12日，2013年中国教育经济学学术年会在西南大学召开，来自全国25个省（自治区、直辖市）的170多名代表参加了会议。会议围绕着"十八届三中全会经济与社会发展及其教育改革""城乡统筹背景下教育资源配置问题与改革探索""教育与劳动力市场相关专题"等主题进行广泛交流和研讨。

1月，教育部印发了《教育部2014年工作要点》。

3月，由世界著名教育管理学者托马斯·J.瑟吉奥万尼等人撰写，我国知名教育学者黄崴主译的《教育管理学》（第五版）由中国人民大学出版社出版，引入外国教育管理思想。

4月1日，教育部办公厅、财政部办公厅颁布《关于做好2014年中小学幼儿园教师国家级培训计划实施工作的通知》，提出重点关注未参训农村教师，特别是针对边远、贫困和民族地区，切实扩大培训受益面，实现对中西部农村义务教育学校和幼儿园的全覆盖。

4月，教育部研制印发《关于全面深化课程改革落实立德树人根本任务的意见》，提出"教育部将组织研究提出各学段学生发展核心素养体系，明确学生应具备的适应终身发展和社会发展需要的必备品格和关键能力"。

7月17日至18日，由中国高等教育学会高等教育学专业委员会主办、兰州大学教育学院承办的中国高等教育学会高等教育学专业委员会2014年学术年会如期举行。本次年会以"全面深化高等教育改革的理论与实践"为主题进行探讨，以期深化高等教育改革的相关研究，进而推动我国高等教育改革。

7月，纪国和、李朝辉主编的《教育学原理》一书由东北师范大学出版社出版。

11月，第九届全国课程学术研讨会在上海师范大学召开。

11月，在湖南师范大学举办全国教育管理学科学术委员会第十三届学术年会，年会以"教育治理体系与治理能力的现代化"为主题。

12月19日至21日，中国教育学会教育史分会第十五届学术年会在浙江金华召开，由浙江师范大学教师教育学院承办。年会主题：课程与教学内容的历史变革。来自全国80多所高校、科研单位、出版社的教育史专家、学者及研究生近350人参加了此次年会，提交论文200多篇。教育史国际常设会议主席Eckhardt Fuchs应邀出席年会，并为大会开幕作了主旨发言。

12月，中国教育学会教育管理分会在华东师范大学举办第三届教育领导者论坛，会议主题为：迈向"教育治理"时代——教育管理现代化的新征程。

本年，中国教育学会比较教育分会第十七届年会在华南师范大学召开，以"全球视野下的教育治理"为主题。

本年，方泽强著的《高等教育学的学科建设研究》一书由广东高等教育出版社出版。

本年，盛永进著《特殊教育学基础》。

2015年

1月10日，教育部颁布《幼儿园园长专业标准》，对园长的办园理念、专业要求等做了具体的规定，以促进幼儿园园长专业发展，建设高素质幼儿园园长队伍。

4月23日，教育部公布关于2015年高等职业学校专业设置备案结果。

5月，中国教育学会教育学分会教学论专业委员会第十四届学术年会在河南大学召开。

6月12日至14日，2015年中国教育经济学学术年会在北京召开，来自全国27个省（自治区、直辖市）的专家学者和研究生共计370人参会。会议主题为"新常态下的教育资源配置"，与会者围绕着"政府的教育供给""高等教育改革与发展""教育资源的投入与产出"以及"教育经费的投入与保障"等议题展开热烈讨论。本次大会也是教育经济学理事会换届大会，王善迈教授任新一届理事会名誉理事长，北京师范大学杜育红教授当选为新理事长。

7月18日，教育部下发《关于公布第二批"十二五"职业教育国家规划教材书目的通知》。

7月29日，教育部发布《关于深化职业教育教学改革 全面提高人才培养质量的若干意见》。

8月，王作亮、张典兵著的《教育学原理》一书由中国矿业大学出版社出版。

9月19日至20日，第十五届中国教育学会教育学分会教育基本理论专业委员会学术年会在山西大学举行。会议的主题是"教育学的传统与变革"。

10月10日至11日，中国教育学会教育史分会第十六届学术年会由河南大学教育科学学院承办。年会主题：教师与学生史。此外，2015年是我国科举制度终结110周年，年会专门设立了"科举制度终结110周年论坛"，与会者进行了热烈研讨。到会教育史专家学者、教师和研究生共300余人，提交论文260余篇。同时，年会颁发了教育史首届优秀博士学位论文奖。

10月23日至25日，中国高等教育学会高等教育学专业委员会第六届会员代表大会暨2015年学术年会在安徽工业大学隆重召开。围绕"高等教育改革发展的新思维、新常态与新趋势"的大会主题，与会学者深入探讨了大学内部治理、大学治理的外部环境、依法治校等议题。

10月，在辽宁师范大学举办全国教育管理学科学术委员会第十四届学术年会，以"教育管理的民主化与法制化"为主题。

本年，叶忠海主编的《现代成人教育学原理》由中国人民大学出版社出版。

2016年

1月21日，教育部印发《关于办好开放大学的意见》。

1月28日，教育部印发《关于做好普通高职（专科）招生计划管理工作的通知》。

3月1日，教育部颁布了新修订的《幼儿园工作规程》。新"规程"主要对坚持立德树人、规范办园行为、强化安全管理、注重与法律法规和有关政策的衔接、完善幼儿园内部管理机制等方面作出了修订。

3月22日，教育部发布《关于公布2016年普通高等学校高等职业教育专业设置备案和审批结果的通知》。

6月17日至19日，2016年中国教育经济学学术年会在山东师范大学召开，来自全国25个省（自治区、直辖市）的300余人参加了此次年会，与会者围绕"经济转型与教育改革"的主题分别就教育领域的供给侧结构改革、后4％投入时代的挑战与应对、完善促进大学生就业创业的教育体系、教育经济学的发展与期待等问题进行了深入研讨。

7月14日，教育部办公厅、民政部办公厅、国家卫生计生委办公厅发布《关于公布首批全国职业院校养老服务类示范专业点名单的通知》。

7月，姜德君、孔锴、贾春明著的《教育学原理》一书由清华大学出版社出版。

7月，21世纪教育研究院举办"基础教育学制改革研讨会"。

8月28日至29日，中国高等教育学会"高等教育学学科建设座谈会"在厦门大学召开。

9月18日，教育部办公厅下发《关于印发〈职业教育专业教学资源库建设资金管理办法〉的通知》。

9月23日至24日，全国教育基本理论学术委员会第十六届学术年会在南京师范大学召开，年会主题为：儿童成长与教育变革。

9月24日至25日，中国教育学会教育史分会第十七届学术年会由山西大学教育科学学院承办。年会主题：教育政策与管理史。

9月，中国学生发展核心素养研究成果发布会在北京师范大学举行，会上正式发布了"中国学生发展核心素养"的总体框架，确立了六大学生核心素养：人文底蕴、科学精神、学会学习、健康生活、责任担当、实践创新。六大素养可进一步细化为18个基本要点。

10月，全国特殊教育学科发展三十周年研讨会在湖北十堰成功举行。

11月12日，中国教育学会教育管理分会2016年年会暨学术委员会年会在广东岭南师范学院开幕。本次会议以"五大发展理念"和国家"十三五"规划纲要为引领，围绕"创新人才培养与学校管理变革"的主题开展研讨交流，以展示我国教育管理研究者对我国"十三五"期间教育改革问题提出的新思维和新办法。

11月22日，教育部印发关于《高等学历继续教育专业设置管理办法》的通知。

11月，"教育大数据应用技术国家工程实验室"在华中师范大学启动，并在启动会上首次提出我国教育信息化即将进入2.0新时期。

11月，由世界教育创新峰会和21世纪教育研究院联合主办的WISE－LIFE中国教育论坛在北京举行。

12月16日至18日，中国高等教育学会高等教育学专业委员会2016年学术年会在汕头大学召开。本届年会主题是"'双一流'建设背景下高等教育学学科发展"。

12月，教育部等十一部门出台《关于推进中小学研学旅行的意见》。

本年，中国教育学会比较教育分会第十八届年会在海南海口召开，以"扩大教育对外开放与比较教育的时代使命"为主题。

本年，吴洪富著的《高等教育学》一书由河南大学出版社出版。

2017年

1月11日，教育部、人力资源和社会保障部、工业和信息化部印发关于《制造业人才发展规划指南》的通知。

1月，国务院印发《国家教育事业发展"十三五"规划》，这是"十三五"时期指导全国教育改革发展的纲领性文件。

3月，教育部等五部门联合印发《关于深化高等教育领域简政放权放管结合优化服务改革的若干意见》。

4月，第十五届全国教学论学术年会在陕西师范大学召开。

6月29日至30日，第四届全国职业院校国际交流与合作办学研讨会在重庆召开，共建中外职业教育国际交流的桥梁和合作对接的平台。

8月，教育部统一组织新编的义务教育道德与法治、语文和历史三科教材，于同年9月1日秋季学期开始，在全国所有地区初始年级投入使用。

10月19日至20日，中国高等教育学会高等教育学专业委员会2017年学术年会在信阳师范学院隆重召开。本次学术年会以"面向2030的高等教育现代化：国家行动和高校发展"为主题。

10月，《中国教育活动通史》（8卷本）由山东教育出版社出版。

10月，党的十九大强调优先发展教育事业、办好人民满意的教育，首次提出实现"幼有所育"。"幼有所育"，即让所有0—6岁的适龄儿童得到更好的养育、教育，其包含0—3岁婴幼儿的教育。

11月24日至25日，中国教育学会教育史分会第十八届学术年会在北京师范大学召开，会议主题是"教育史：学科建设与人才培养"。

11月，在西南大学举办全国教育管理学科学术委员会第十六届学术年会，年会以"教育现代化背景下的教育管理变革"为主题。

12月9日至10日，2017年中国教育经济学学术年会在广州大学顺利举行，全国有25个省（自治区、直辖市）的350余人参加了本次年会。本次年会以"全面建成小康社会与教育改革发展"为主题，议题范围涉及"提高教育经费保障水平研究""教育公平和均衡发展""教育、人才培养与劳动力市场关系"以及"家庭、学校与社会教育"等。

本年，姜国钧著的《大学课程与教学论》一书由电子工业出版社出版。

本年，经国务院学位委员会批准，天津大学、河北大学、福建师范大学获批教育学一级学科博士学位授予权。

2018年

4月，教育部印发了《教育信息化2.0行动计划》。该行动计划是顺应智能环境下教育发展的必然选择，它提出到2022年基本实现"三全两高一大"的发展目标，即教学应用覆盖全体教师、学习应用覆盖全体适龄学生、数字校园建设覆盖全体学校，信息化应用水平、师生信息素养普遍提高，建成"互联网＋教育"大平台。

10月，在北京师范大学召开第十七届全国教育管理学科专业委员会，会议以"教育管理研究方法的新探索"为主题。

11月2日至4日，中国教育学会教育史分会第十九届学术年会在南京师范大学召开，会议主题是"跨学科视野下的教育史研究"。

11月2日至4日，2018年中国教育经济学学术年会在北京举行，来自全国25个省（自治区、直辖市），96所高校及科研机构从事教育经济理论和教育经济实践改革的专家学者与研究生340余人参加了本次年会，共收到学术论文200余篇。本次年会的主题为"教育发展与经济发展：改革开放40年回顾与展望"，会议的议题有"基础教育财政与政策""教育与经济社会发展""高等教育财政及劳动力市场""教育公平和效率""教师发展""家庭教育投资"等。

本年，《教育史学通论》由人民教育出版社出版。

本年，中国教育学会比较教育分会第十九届年会在陕西师范大学召开，以"人类命运共同体构建与比较教育新使命"为主题。

本年，经各类高校依规自主设置、省级教育行政部门统筹提交、教育部汇总公布，高等学历继续教育拟招生专业共873个（其中，本科专业358个，专科专业515个），招生专业点共39252个（其中，本科专业点20559个，专科专业点18693个）。

附录 2 教育改革大事记

1978 年

1 月 7 日，国务院批转教育部《关于加强中小学教师队伍管理工作的意见》。这个文件根据近几年来多数地区的教育行政部门不能管理教师，不能管理师范毕业生的分配，教师自然减员得不到如数补充等一系列问题，明确规定：中小学公办教师的管理、调配工作由县以上各级教育行政部门负责，高师、中师毕业学生应全部分配到教育战线，民办教师的任用、辞退、调换均须由县教育行政部门批准。

2 月 6 日，中共中央批准教育部、中央广播事业局《关于筹办电视大学的报告》。

2 月 26 日，在五届人大一次会议上华国锋作《政府工作报告》，提出要大力发展业余教育，建立适当的考核制度，业余学习者通过考核，达到高校毕业生同等水平的，就应以同等对待。

2 月，教育部颁发《全日制十年制中小学教学计划（试行草案）》。

3 月 4 日，国务院决定恢复评定和提升高等院校教师职称的工作。

3 月 18 日，邓小平在全国科学大会开幕式上讲话，指出"科学技术是生产力"，要大力发展科学教育事业，要向科学技术现代化进军，建立一支浩浩荡荡的工人阶级的又红又专的科学技术大军。方毅在大会上作工作报告时指出，人才问题是实现科学技术现代化的一个十分突出的问题；要办好高等教育，快出人才，多出人才；重点高校要不拘一格选拔人才；同时要办好共大、七二一大学、五七大学，积极举办电视大学、函授大学和夜大学；在高校试行走读生、旁听生、学分制等，多种形式，多种途径，努力扩大招生数量。

3 月 20 日，国务院批转教育部《关于办好七二一大学的几点意见》，规定对七二一大学进行全面整顿提高教学质量，有办学条件的应积极发展。七二一大学主要是本单位本系统培养相当于大专水平的人才，招生对象是相当于高中毕业水平和有实践经验的职工，全脱产学习 2—3 年，学生学完全部规定课程并考试达到同类普通高校专业水平者，使用上予以同等对待。此后，全国七二一大学进行调整整顿，被批准保留的进一步充实提高，不具备条件的改为业余大学、企业中等专业学校和文化技术业余学校。经整顿保留下来的七二一大学有 3477 所，在校生 10.3 万人，比 1977 年学校数减少 8600 所，在校生减少 5800 人。

3 月，国务院批转教育部《关于办好七二一大学的几点意见》。

3 月，中国政府选拔了 23 名"尖子"，于同年五六月间将他们派往加拿大、英国、法国、日本、澳大利亚和新西兰等国学习。

4 月 17 日，经国务院批准，教育部发出《关于恢复或建立教育学院或教师进修学院报批手续的通知》，规定恢复或建立教育学院或教师进修学院，由省、直辖市、自治区审批，报国务院备案，抄送教育部。

4 月 22 日，邓小平在全国教育工作会议上发表重要讲话，指出要制订加速发展电视、广播等现代化教育手段的措施，教育规划应与劳动就业发展的需要相结合。要采取有效措施，举办各种训练班、进修班，大力培训师资。

4 月，全国教育工作会议提出调整中等教育结构。

7 月 11 日，教育部向中央提交了《关于加大选派留学生的数量的报告》。

7 月，国务院批准重建中央教育科学研究所，同时设幼儿教育研究室。这是我国（除港澳台外）第一个国家级的学前教育研究机构。

8 月 4 日，教育部下发《关于增选出国留学生的通知》。

8 月 8 日至 18 日，教育部在河北涿县召开直属高校座谈会。会议提出在 1985 年前，新建一批短期大学，大力发展电视、广播、函授、夜大学等业余教育，使高校在校生人数翻番，到 1985 年达到 300 万－400 万人。

8 月 21 日至 9 月 7 日，教育部、国家科委、外交部联合呈报了《驻外使馆文化参赞会议讨论派遣出国留学生的情况报告》。

8 月 25 日，《华盛顿邮报》刊登报道了诸多大学代表关于接受中国留学生事宜的讨论。

8 月 26 日，教育部发出通知，决定从 9 月 1 日起在全国中小学执行《小学生守则》和《中学生守则》，以后又相继发布了《高等学校学生守则（试行草案）》《中等专业学校学生守则（试行草案）》和《中等师范学校学生守则（试行草案）》，成为新时期各级各类学校学生行为准则。

9 月 27 日，教育部发出《关于出国留学研究生录取工作的通知》。

10 月 12 日，倪志福在中国工会第九次代表大会上作报告指出："工会应当把组织群众学习科学技术摆在突出的位置。要大力办好职工业余中学、业余大学以及各种专业的业余学习班,要积极协助企业行政办好七二一大学、技工学校、各种专业训练班,进行技术考核。"

10月12日,教育部出台《关于加强和发展教师教育的意见》,明确指出:大力发展师范教育,建设一支又红又专的师资队伍,是发展教育事业、提高教育质量的百年大计;加强师范教育、积极地有计划地发展高等师范教育,是十分重要、十分紧迫的任务。提出在"调整、改革、整顿、提高"方针的指引下,统筹规划,建立包括中等师范学校、高等师范专科学校、高等师范学校在内的多层次的师范教育体系。

10月31日至12月10日,全国知识青年上山下乡工作会议在京举行。会议提出要举办大学分校、中等专业学校、技工学校等,为更多的城镇中学毕业生创造学习和就业条件。

10月,教育部《关于加强和发展师范教育的意见》指出:"原有的学前教育专业的师范院校应积极办好这个专业,扩大招生名额,为各地培养幼师师资。"幼儿师范学校和高师学前教育专业陆续恢复招生,幼儿园教师的职前培训逐渐走上正轨。

11月6日,国务院发出《关于扫除文盲的指示》,要求各地采取措施,分别在1980年、1982年或稍长一段时间,基本上扫除少年、青年、壮年文盲。方法是"一堵、二扫、三提高"。城市工矿地区的扫盲步伐应快于农村,脱文盲标准为认识2000个字,即会读、会写、会用、会讲。

11月26日至12月3日,教育部、中央广播事业局在京联合召开全国电视大学工作会议。国务院副总理方毅到会讲话。会议讨论电视大学筹办工作的指导思想,制订《中央广播电视大学试行方案》,对开办电视大学需要解决的编制、经费、物质条件等问题作了安排。会议提出中央广播电视大学是面向全国的、以电视和广播为主的高等学校,并准备增加函授教学的手段。目前开设理工科通用性大的基础课程和专业基础课程,三年学完。成绩考核采用学分制。本次会议纪要于次年1月11日由国务院批转。

12月7日,教育部、国家计划委员会发布《关于评选特级教师的暂行规定的通知》,将"幼儿园的教养员"和"长期从事幼儿教育工作、领导教学工作有特长的幼儿园主任"列为评选对象。(1993年1月10日,国家教育委员会又在该文件基础上修订颁布了《特级教师评选规定》,指出该规定适用于幼儿园,进一步确定了幼儿园特级教师的评选规定。)

12月26日,新中国第一批52名访问学者赴美留学进修。

本年,李石涵筹备重建中国聋人协会。他曾是外交官和北京师范大学图书馆副馆长。

本年，教育部恢复幼儿教育处，一些省（自治区、直辖市）的教育厅也陆续恢复或新建了学前教育行政领导机构和教研机构，配备了专职或兼职的学前教育行政干部和教研人员，形成了自上而下的统一领导、分级管理的领导体制。

本年，高校招生规定，对报考专业相关科目的考试成绩特别优秀的考生和边疆地区的少数民族考生，最低录取分数线及录取分数段，可适当放宽。

本年，招生考试允许民族自治区、州、县和少数民族聚居地的少数民族考生用本民族文字答卷。

本年，十一届三中全会确立了我国的发展转向以经济建设为中心的现代化建设。

1979年

1月15日，教育部发出通知，补发"文化大革命"前高等学校举办的函授、夜大学员学历证书，并对因"文化大革命"而中断学习的学生的证书发放办法作出规定。

2月1日，民政部发出《关于恢复和建立盲人聋哑人协会的通知》。各省（自治区、直辖市）的协会逐步恢复工作。

2月6日，教育部、中央广播事业局共同举办的中央广播电视大学在北京举办开学典礼。开学后全国收听广播电视大学课程的学生达60多万人。

2月，吉林、天津、山东、河南设立四所技工师范学院，为技工学校培养师资。

3月23日至4月13日，教育部、中国社会科学院在北京联合召开第一次全国教育科学规划会议。由此，开始将学前教育纳入国家教育科研规划。从"七五"规划开始，有了独立的学前教育研究课题。

4月5日至18日，教育部在成都召开业余初等、中等学校教材座谈会。会议对业余初等、中等学校的基本任务、课程设置、教材编写的指导思想和方法进行了讨论。业余学校的基本任务是对工农群众和干部普及文化基础知识教育，分初、中、高（中专）三个阶段。会议商定由教育部统一领导，有关省（自治区、直辖市）派人参加，编写业余学校通用的23种文化基础课教材。

5月14日，教育部发出《关于盲聋哑中、小学教职工工资待遇问题的复函》，经与国家劳动总局研究，同意对盲聋哑中、小学校的教员、校长、教导主任按评定的等级工资，另外加发15%，以表示鼓励。

5月，中国盲人聋哑人协会编辑出版了《中国盲人聋哑人》画册，宣传建国

30年来盲人聋哑人工作的成就,共印一万册,主要作为赠送国外盲人聋哑人组织、华侨、国际友人和知名人士,以及来我国访问的外国代表团或个人的礼品,或作为交换的宣传资料。(1985年再版。)

6月18日,五届人大二次全会召开,华国锋作《政府工作报告》,指出"为了提高全民族的科学文化水平",必须对在业的人员进行业余的和离职的科学技术、经济管理和文化知识教育。

6月18日,五届人大二次全会通过的《政府工作报告》指出,"要十分重视发展托儿所、幼儿园,加强学前教育"。

6月,教育部印发《全日制中等专业学校工作条例(征求意见稿)》。

6月,教育部颁发《中等专业学校学生学籍管理的暂行规定》。

6月,教育部发出通知,要求各地讨论学制改革问题。

7月24日至8月7日,经国务院批准,由教育部、卫生部、劳动总局、全国总工会、全国妇联五部门联合召开了全国托幼工作会议,并通过了《全国托幼工作会议纪要》。同年10月11日,中共中央、国务院转发了《全国托幼工作会议纪要》。会议决定由国务院设立"托幼工作领导小组"(后于1982年精简机构时撤销),由国务院副总理陈慕华任组长。这次会议把学前教育纳入政府的重要议事日程,确定了学前教育事业的发展方针,首次确立了由政府牵头、各部门共同管理的学前教育管理体制。

7月25日至8月6日,全国总工会在北京召开职工业余教育工作座谈会。会议提出要在国民经济的三年调整期内,加快发展职工业余教育。要以普及初中文化教育和在1966年后入厂的青年工人中普及初级技术教育为主,并对具有中等以上文化技术水平的工人实施业余的中等专业教育和高等教育,组织好管理干部和技术工人的业余进修。

8月3日至13日,在北京召开第一次全国手语工作会议,来自全国各地的手语翻译、聋校教师约20人参加。会议讨论制定了430个通用手语新词手势动作。

8月18日,民政部、财政部联合发出《关于盲人聋哑人协会经费应该从地方行政经费开支的通知》。

8月20日,沈阳农学院农业干部培训班开学。这是农业部为提高各级主管农业生产的干部思想、政策水平和农业科技知识水平,委托北京农大等七所学校举办的农业干部培训班。此后,国内一些高校也先后接受工厂、财贸、农村等部门委托,举办各种干部培训班。

8月28日至9月3日,教育部、中央广播事业局在北京召开第二次全国广播电视大学工作会议。会议交流半年来的工作经验并就1980年招生工作等问题进行了研究。

9月8日，国务院批准教育部《关于举办职工、农民高等院校审批程序的暂行规定》。

9月14日至24日，教育部在郑州召开全国职工教育会议。会议指出，今后一个时期的职工教育工作的主要任务，是对领导干部、管理人员和技术人员普遍进行轮训，提高他们的科学管理和业务技术水平；在最近几年内，应把提高"文化大革命"以来参加工作的青年工人的政治、文化、技术水平作为职工教育的重点。会后对原七二一工人大学进行了改造，统称为职工大学。

9月17日，民政部、教育部、中国文字改革委员会发出《关于进一步试行和推广聋人通用手语的通知》。

11月3日，中国教育学会幼儿教育研究会在南京正式成立并召开第一届年会。陈鹤琴任名誉理事长，左淑东任理事长。1992年2月经民政部批准，更名为中国学前教育研究会，成为全国一级学会。

11月8日，教育部颁布《城市幼儿园工作条例（试行草案）》，对学前教育发展方针、教育目标、内容和管理制度做了详尽的规定，以指导幼儿园工作人员把握方向、分辨是非，较为迅速地恢复幼儿园的正常工作秩序。

11月28日至12月11日，教育部、农业部、团中央、中国科协在天津联合召开第二次全国农民教育工作会议。会议提出会后一个时期内，农民教育的主要任务是继续抓紧扫盲，大力发展业余初等教育，积极举办业余初中，广泛开展农业技术教育，加强政治教育。

11月，国家民委、教育部印发的《关于民族学院工作的基本总结和今后方针任务的报告》提出，学习无产阶级民族观和党的民族政策，反对大汉族主义，也要防止和克服地方民族主义，加强各民族在四化中的团结互助。

本年，修订《聋哑人通用手语图》，原定4辑改为2辑，出版新编的第3辑。

本年，教育部下发适用于城市的《全日制八年制聋哑学校教学计划（征求意见稿）》，课程包括：思想品德（3－8年级每周1节）、语文（含语文初步、语言技能、叙述、作文、阅读、写字）、数学、常识（4－8年级每周2节）、律动（1－3年级）、体育（4－8年级）、图画（1－6年级每周2节）、手工劳动（1－4年级）和职业技术（5－8年级）。课外活动包括：体育活动（每周2节）、课外小组活动（每周1节）以及校班团队活动（每周2节）。聋校有全国统一教材。

本年，《中国聋人》创刊。11月15日，民政部批复中国盲人聋哑人协会《关于编辑出版〈中国聋人〉杂志的报告》，同意成立《中国聋人》杂志社，该刊暂不定期，发行对象为全国聋哑人和从事聋哑人工作的单位。[1980年2月出版

《中国聋人》创刊号（季刊），闻大敏（聋）担任编委。1982年改为双月刊，1986年1月改为月刊，更名为《盲聋之音》。]

本年，第五次民族学院院长会议上提出"培养四化所需要的具有共产主义觉悟的政治干部和专业技术人才，为少数民族地区的社会主义现代化建设服务"。

本年，我国进行了全国范围的工资调整，按劳分配原则被重新确立起来。

1980 年

2月12日，五届人大常委会第十三次会议审议通过《中华人民共和国学位条例》，于1981年1月1日起施行，标志着我国学位制度正式建立。

4月6日，教育部发出通知，要求按国务院1979年9月8日批转教育部《关于举办职工、农民高等院校审批程序的暂行规定》批准举办的职工高等院校，在年底前办理备案手续。至1982年各地区、各部门对职工大学、职工业余大学进行审批、复查。

4月10日至16日，教育部在北京召开高等学校举办函授、夜大学工作会议。会议提出两种教育制度的思想是完全正确的，要发展我国的教育事业，必须两条腿走路。普通高校举办函授教育、夜大学是业余教育中的一种重要形式，是培养专门人才的有效途径，在新的历史时期，更要发展它，并把这类学校纳入教育事业计划，使之真正成为高教的一个有机组成部分，积极稳步地发展。

4月20日至25日，教育部在北京召开五七大学座谈会，提出本着实事求是精神，整顿县办五七大学，确定将教育部门办的五七大学改为农民技术学校。农民技术学校的任务是为农村培养具有一定文化科学技术水平的人才。招生对象是初中毕业以上文化程度的农村青年、社队管理干部和农民技术员，学制为1—2年，规模以100—200人为宜。

4月28日，全国职工教育管理委员会成立。主任袁宝华，副主任宋侃夫、臧伯平，委员会由国家经委、全国总工会、教育部、劳动总局等14个单位的15人组成。主要任务是讨论职工教育的重大方针政策，统一规划，检查执行情况，协调各方面的工作。

4月，中国盲人聋哑人协会重新成立，召开第三届盲人聋哑人代表大会。

5月8日至12日，中共中央书记处听取并讨论教育部党组提交的《关于教育工作汇报提纲》。胡耀邦提出教育体制中要考虑对工人、农民的教育问题，要多种途径办教育，凡是自学有成绩的人，就发给证书。

5月20日，国务院批准了《中华人民共和国学位条例暂行实施办法》。教育部据此制定了研究生培养和学位授予系列规章制度。

5月，卫生部、国家民委、教育部印发《关于加强少数民族地区医学教育工作的意见》和《关于内地省市对口支援少数民族地区发展医学教育试行方案》，提出少数民族医药学是我国少数民族劳动人民数千年来与疾病作斗争的经验总结，是中国医药学宝库的组成部分。

5月，厦门大学海外函授部恢复。10月，经教育部批准改称厦门大学海外函授学院。开设有中国语文专科、中医内科专科、中国语文高中班，并准备开设中医针灸进修班。

6月13日至28日，教育部在北京召开全国师范教育工作会议，这是新中国成立以来召开的第四次全国范围的师范教育工作会议，也是"文革"后召开的第一次全国范围的师范教育工作会议。会议在认真总结师范教育发展的历史经验的基础上分析了当前所面临的形势，明确师范教育在整个教育事业中的"工作母机"地位，提出要把发展师范教育作为发展整个教育的基本建设。

6月，教育部颁布《关于1980年在部分全国重点高等学校试办少数民族班的通知》，决定从1980年开始，有计划、有重点地在部分全国重点高等学校举办民族班，对少数民族学生采取特殊形式进行培养。

6月，教育部转发的《少数民族文字教材工作座谈会纪要》提出：各个民族都有自己独特的发展历史，语言文字差异很大，教材编译工作不能停留于翻译统编教材。

7月10日，教育部通知试行《全国重点高等学校接受进修教师工作暂行办法》。

7月，教育部、国家民委发出《关于从民族地区补助费中适当安排少数民族教育经费的建议》，建议除正常教育经费照拨外，能够从国家对少数民族地区的各项补助费中安排一定比例的款额，用于解决少数民族教育的特殊需要。

8月22日，教育部下发《关于办好中等师范学校的意见》，充分肯定中等师范学校"为我国普及小学教育，提高教师质量，发挥了重要作用"。同时指出，由于"文化大革命"的破坏，"造成中等师范教育质量严重下降"。为了办好中等师范教育，"必须从中等师范教育的实际情况出发，继续贯彻'调整、改革、整顿、提高'的方针，明确办学方向，解决学制、教学计划、教材、办学条件和领导管理等基本问题，建立和恢复正常的教学秩序"。同时，指出"幼儿教育是整个学校教育的基础"，要"积极办好幼儿师范教育"，"要做好幼儿师范学校的发展规划"。提出在人口较多的少数民族州、盟和地区要办好一两所民族师范学校，逐步做到少数民族小学由合格的民族教师任教。

9月，北京第四聋校在8年小学基础上增设3年制中学班。（1984年该校中学班正式改为职业中学班，1992年正式改为职业高中，1997年增设普高班。）

9月5日，国务院批转教育部《关于大力发展高等学校函授教育和夜大学的意见》。提出函授和夜大学要采取积极恢复、大力发展的方针，并纳入高等教育事业计划今后的招生对象，应包括具有高中毕业程度的在职人员和知识青年。国家承认学历，并可按规定择优授予学位。

10月9日，教育部、国家民委《关于加强民族教育工作的意见》提出，少数民族教育要认真贯彻"调整、改革、整顿、提高"的方针，并在尽快恢复和进行必要调整的基础上，积极稳步地加以发展。提出：高考招生，应对少数民族学生实行择优录取和规定比例适当照顾相结合的办法，在各民族自治地方，少数民族学生的录取比例应力争不低于少数民族人口比例。同时还提出，设在民族自治地方和少数民族较多省的重点中学，要为少数民族举办高考补习班，还应尽可能地办一些民族班。在三至五年内，逐步安排劳动指标，把经过考核合格的民办教师转为公办教师，使少数民族地区的公办教师达到70%以上。"必须遵照党中央真正实行民族区域自治，在中央统一领导下充分行使民族区域自治权利的精神，保证民族自治地方在教育事业上的自主权。凡有本民族语言文字的民族，应使用本民族的语文教学，学好本民族语文，同时兼学汉语汉文。"

10月14日，教育部颁布《幼儿师范学校教学计划试行草案》。这是自1968年后，教育部颁发的第一个幼儿师范学校教学计划。

10月22日至28日，教育部在济南召开全国农民教育工作会议，指出农村建立生产责任制后，农业生产迅速发展，农民十分需要学习文化和科学技术知识，农民教育要适应这一形势。要继续搞好扫盲，积极稳步地发展业余小学，广泛开展农业技术教育。

10月27日，教育部发出《关于大力办好高等师范专科学校的意见》。"意见"明确指出：高等师范专科学校是我国高等师范教育体系中的重要组成部分，它担负着为初级中学培养合格师资的任务。

10月29日，北京市人民政府颁布《关于建立高等教育自学考核制度的决定》。规定凡北京市市民，不论通过哪种形式学习，不受学历、年龄限制均可自愿申请应考。凡考核达到高等学校毕业生同等水平者，均可承认其学历。

10月，国务院批转教育部、国家劳动总局《关于中等教育结构改革的报告》。

11月20日，教育部颁布《广播电视大学学生学籍暂行管理规定》。

11月24日，北京市高等教育自学考试委员会成立。其任务是：颁布考试专业和各专业的考试科目；指定各科目的主考高等学校，组织考试；颁发单科合格证书和大学毕业证书。

11月，教育部发布《关于全日制中等专业学校领导管理体制的暂行规定》，对中等专业学校实行分工分级，按照系统归口管理。

11月，卫生部颁发《城市托儿所工作条例（试行草案）》，确定了我国托儿所制度，明确了托儿所的性质。

12月1日至13日，教育部在天津召开全国成人教育工作会议，指出要恢复和发展成人教育、广播电视教育、函授和夜大学教育。

12月3日，中共中央、国务院发出《关于普及小学教育若干问题的决定》，提出在80年代全国应基本实现普及小学教育的历史任务，有条件的地区还可以进而普及初中教育。

12月，中共中央、国务院颁布了《关于普及小学教育若干问题的决定》。

本年，教育部批准建立了13所职业大学，例如金陵职业大学、合肥联合大学、无锡职业大学、江汉大学等。

本年，教育部重新设立特殊教育处，属初等教育司（后更名为基础教育司）领导。

本年，教育部组织聋校进行三项实验："发音教学、因材施教、个别指导、分类推进"，"通过思维形式的飞跃发展聋儿语言，提高写作水平能力"，"突出重点、突破难点、加强练习、提高课时利用率"。

1981年

1月12日，国务院批转吉林省人民政府《关于我省部分高等院校举办所谓"自费"大学的情况和处理意见的报告》，"报告"对该省部分高校举办的"自费"大学班提出的处理办法是：改为夜大学、夜中专，面向社会招生；把经过电视大学考试合格的学生转为电视大学学员；改为补习高中课程的补习班；动员从集体企业退职入学的工人返回原单位；正在筹办的，一律不得再办。

1月13日，国务院批转教育部《关于高等教育自学考试试行办法的报告》，决定建立高等教育自学考试制度，高等教育自学考试在北京、天津、上海、辽宁三市一省先行试点。

1月14日，国务院批转教育部等七单位《关于自费出国留学的请示》和《关于自费出国留学的暂行规定》，明确提出，自费出国留学是培养人才的一条渠道，并对自费出国留学人员的条件、审批费用、待遇、政治思想工作和管理教育工作等作出了具体规定。

2月16日至25日，教育部和国家民委在北京召开第三次全国民族教育工作会议，会议总结了30年民族教育的历史经验，研究了民族教育面临的形势和任务，提出了恢复发展民族教育需要解决的若干问题，并提出当前和今后一个时期，民族教育的中心任务是继续清除"左"的影响，在调整中稳步发展。

2月19日，教育部发布《关于加强普通教育行政干部培训工作的意见》。

2月20日，中共中央、国务院发出《关于加强职工教育工作的决定》，提出要在第六个五年计划期间，有计划有步骤地把职工普遍训练一次。重点是对"文化大革命"以来进厂的青壮年职工进行政治思想教育和文化补课。

2月，教育部颁发的《1981年高等学校招生工作的规定》规定，民族自治区用本民族语文授课的高等学校或系，由自治区命题、考试和录取，不参加全国统一考试。高等学校招生时，对边疆、山区、牧区少数民族聚居地区的少数民族考生可根据当地的实际情况适当降低录取分数。对散居在汉族地区的少数民族考生，在与汉族考生同等条件下优先录取。

3月17日，教育部颁行《关于中等专业学校、盲聋哑学校班主任津贴试行办法》。

3月20日至26日，国务院在北京召开全国职工教育工作会议，会议的主要议题是如何贯彻落实《关于加强职工教育工作的决定》。

4月18日至25日，中央广播电视大学在南京召开第三次全国广播电视大学工作会议。文科和理科定于1982年3月同时招生，9月开学。

6月6日，卫生部颁布《三岁前小儿教养大纲（草案）》。这是中华人民共和国成立后首次就0－3岁儿童的集体教育工作做出明确规范。该文件沿用至今，在提高托儿所的保教质量方面发挥了重要的指导作用。

7月，教育部、国家民委发出《关于高等学校招生是否按少数民族人口比例录取少数民族学生问题的复函》，说明这一政策是正确的。

9月16日至23日，教育部在京召开职工教育工作会议，研究落实中共中央、国务院交给各级教育行政部门的职工教育任务，制定具体措施。

10月，国务院发布了《关于一九八一年调整部分职工工资的通知》。

10月7日，国务院发布《关于调整中、小学教职工工资的办法》。

10月31日，教育部发布《关于试行〈幼儿园教育纲要（试行草案）〉的通知》。这是改革开放后第一个幼儿园课程标准，使幼儿园教育有章可循，起到了拨乱反正、提高教育质量的作用。颁布"纲要"的同时，教育部组织编写了幼儿园教材，共7类9册。这是中华人民共和国成立以来第一次全国"统编"幼儿园教材。

11月，国务院批准《关于1982年选拔出国留学人员计划的请示报告》。

11月30日至12月1日，第五届全国人民代表大会第四次会议通过的《政府工作报告》指出："要培训大批合格的幼儿教师，使更多的学龄前儿童能够进入幼儿园，并且能够得到适应他们身心特点的教育。"

12月，美国开始在中国举办TOEFL考试。

12月，文化部、国家民委、教育部印发了《关于加强民族艺术教育工作的意见》，提出发展少数民族艺术教育，在教育体制、教学内容和教学方法等方面要适合少数民族特点，尤其要保持并发展民族文艺特点、风格和独特的艺术品种，非民族地区艺术院校与民族地区建立对口协作关系。

本年，国务院批准了教育部等六部门《关于出国留学人员管理工作会议情况的报告》。

本年，教育部发出《做好留学回国工作的通知》。

本年，黑龙江肇东师范学校办四年制特教师资班。

本年，教育部颁布《全日制六年制重点中学教学计划（试行草案）》。

本年，第二次全国民族教育工作会议提出加强民族文字教材建设的问题。会议对民族文字教材的编译出版、编译人员的专业队伍建设及教材的数量、质量、内容等方面都作了具体规定。

1982年

1月1日，教育部制定了《留学人员勤工俭学所得报酬的处理办法》。

1月，根据聋哑人群众的要求，《中国聋人》从本年第一期起改为双月刊。

1月，北京师范大学根据教育部的意见，在教育系成立了"特殊教育研究室"，成为我国第一个特教理论研究基地。

3月9日，国务院批转教育部、外交部、公安部《关于安排外国进修生和研究学者有关问题的指示》。

3月10日至16日，教育部在京召开高等教育自学考试试点工作座谈会，决定上海、天津从本年下半年起开始举行高等教育自学考试。

4月，教育部颁发《关于1982年中等专业学校招生工作的意见》。

5月17日，《人民日报》发表《大力加强农村教育事业》的社论，指出要努力办好农民教育，在成年农民中扫盲和进行文化技术教育；有计划地发展农业职业教育和中等农业技术教育。

6月8日，教育部印发《职工大学、职工业余大学考试试行办法》，规定入学考试要由省、直辖市、自治区教育厅（局）统一命题，并确定统一的评分标准和最低录取线。学生学完规定课程、考试及格、毕业答辩和毕业设计成绩合格者，发给毕业证书。

6月9日，教育部印发《县办农民技术学校暂行办法》，规定农民技术学校是属于农业（包括林、副、牧、渔、工等）中等专业教育性质的学校，其任务是为农村培养具有相当于中等农业科学技术水平的人才。

7月8日，中央电视大学举行首届毕业生毕业典礼。本年度有7.8万多人毕业。

8月，经国务院同意，教育部中等专业教育司改为职业技术教育司。

10月6日，教育部决定将"全国高等教育自学考试委员会"改为"全国高等教育自学考试指导委员会"，由教育部领导管理。

10月16日至22日，全国职工教育管理委员会在北京召开青壮年职工文化技术补课座谈会。

10月18日至26日，在北京召开第二次全国手语工作会议，来自全国各地的30多位手语专家和研究人员、聋校教师、手语翻译等参加，讨论和制定了640个聋哑人手语新词手势动作。中国盲人聋哑人协会副主席李石涵主持会议，并发表《当前手语改革的主要任务》的讲话。出版第4辑《聋哑人通用手语图》。

10月21日，国务院批转下发了教育部关于《加强教育学院建设若干问题的暂行规定》的通知。"暂行规定"首先明确了教育学院的地位："教育学院是承担培训中学在职教师、教育行政干部的具有师范性质的高等学校，是我国社会主义师范教育体系的重要组成部分。"并就教育学院的任务、学员、师资队伍建设、办学条件、领导体制以及组织机构等一系列问题作了规定。

11月11日，中国教育学会特殊教育研究会在江西南昌成立。它是我国特殊教育的群众性专业学术团体。其宗旨是：团结全国特教工作者，研究盲、聋、智力残疾人教育，促进特教科学的发展，提高特教质量，为社会主义现代化建设贡献力量。第一届理事会推举李掬为理事长，李枚子、朴永馨、银青络为副理事长，李宏泰为秘书长。

11月15日，民政部、教育部、中国文字改革委员会联合发出《关于试行和推广聋哑人通用手语的通知》。

11月30日，第五届全国人民代表大会第五次会议上国务院在《关于第六个五年计划的报告》中明确提出："要注意发展学龄前教育，加强师范教育。"

12月2日，教育部正式启用"南京特殊教育师范学校"印章，中国第一所中等特殊教育师范学校宣告成立。（2002年6月，南京特殊教育师范学校升格为南京特殊教育职业技术学院。）

12月4日，第五届全国人民代表大会第五次会议正式通过并颁布的《中华人民共和国宪法》规定："国家举办各种学校，普及初等义务教育，发展中等教育、职业教育和高等教育，并且发展学前教育。"以宪法的形式确定了国家发展学前教育。首次用法律形式确定，在我国要普及初等义务教育。

12月，《中华人民共和国宪法》第四十五条规定："国家和社会帮助安排盲、聋、哑和其他有残疾的公民的劳动、生活和教育"，使特殊教育事业有法可依。

12月，国务院发布了《关于调整国家机关、科学文教卫生等部门部分工作人员工资的决定》。

本年，中共十二大确定教育是社会主义现代化建设的战略重点之一。

本年，教育部发布《关于1982年试行选拔出国攻读博士学位研究生的通知》。

本年，国务院批转教育部等四部门《关于自费出国留学的规定》。

本年，教育部发布《关于出国留学人员国外经费开支若干问题的意见》和《出国留学人员管理教育工作条例》。

1983年

1月24日，教育部公布普通高等学校举办的353所函授和夜大学名单，其中教育部直属高校办的43所，部委所属高校办的141所，地方高校办的169所。

2月1日，国务院办公厅批转教育部《关于职工大学、职工业余大学、高等学校举办的函授和夜大学毕业生若干问题的请示》。

2月17日，中共中央办公厅、国务院办公厅转发了教育部《关于正确处理少数民族地区宗教干扰学校教育问题的意见》，指出：为了正确地、全面地贯彻党的宗教政策，处理好宗教干预教育、冲击学校的问题，必须坚持宗教与教育分离的原则和宗教不得干预教育的原则。

3月5日，国务院召集教育部、财政部和国家计委等部门负责人会议，传达邓小平关于要大力发展高等教育的重要谈话精神，提出要办好电视大学，要大力发展在职职工教育。

3月10日，教育部发出《关于授予高等学校举办的函授、夜大学本科毕业生学士学位试点工作的几点意见》。

4月，劳动人事部发出《关于改革技工学校毕业生分配制度等问题的意见》。

4月，中国盲人聋哑人协会就手语翻译人员津贴问题复函云南省盲聋哑协会，原则同意从事手语翻译的协会专职干部享受15％的特教津贴。

5月，中共中央、国务院发出《关于加强和改革农村学校教育若干问题的通知》，提出改革农村中等教育结构，发展职业技术教育，力争1990年农村各类职业技术学校在校学生数达到或略超过普通高中。

5月,教育部、劳动人事部、财政部、国家计委联合发出《关于改革城市中等教育结构发展职业技术教育的意见》,要求力争到1990年,使各类职业技术学校在校生与普通高中在校生的比例大体相当。首次就职普比例提出发展要求。

5月18日,国务院批转教育部、国家计委、国家经委、劳动人事部《关于成立管理干部学院问题的请示》。

5月23日至26日,全国高等教育自学考试指导委员会在京举行第一次全体会议。会议决定设立中文、英语、哲学、数学、土建类、机械类、电类、经济管理、法律、农科十个专业委员会。其任务是拟定本专业全国统一的自学考试标准;了解各地执行考试的情况与问题,指导考试和自学工作;组织编写和审定自学教材和自学辅导书。

6月,教育部与财政部联合发出通知,决定1983年由中央财政对教育部门办的职业技术教育追加一次性开办补助经费5000万元。

6月6日,第六届全国人民代表大会第一次会议通过的《政府工作报告》指出:"幼儿教育十分重要,要有计划地发展,并且从办好幼儿师范抓起,逐步加以整顿和提高。"

8月,教育部在学习贯彻《关于加强爱国主义宣传教育的意见》的通知中提出,在少数民族地区的学校进行爱国主义教育,要特别注意进行增强各民族团结和维护祖国统一的教育,要使各民族学生从小树立汉族和少数民族谁也离不开谁的观念。

9月,国务院批转教育部《关于举办职工中等专业学校的试行办法》。

9月,中华聋儿语言听力康复中心在北京成立。它是对聋儿进行康复、听力语言训练的研究与指导机构。

9月21日,教育部发布《关于发展农村幼儿教育的几点意见》,提出必须坚持"两条腿走路"的方针,创造条件有计划地发展农村教育,并指出要积极恢复和发展教育部门在农村办的幼儿园,采取多种形式开办幼儿园,短期内要在基础好的地方基本满足学前一年幼儿入园的要求。同时,文件对幼儿教师队伍建设提出了一些具体要求,有力推动了农村学前教育事业的发展。

本年起,南京、北京、上海等地先后自发地开始课程改革的实验研究。1983年,南京师范大学和南京市实验幼儿园合作,率先开展了"幼儿园综合教育结构"的实验;1984年,中央教科所与北京市第五幼儿园、崇文区第二幼儿园共同开展了以常识教育为核心的综合教育课程研究;1985年,上海市长宁区教科所和愚园路第一幼儿园合作进行了"幼儿园综合性主题教育"的实验。这三项实验开创了幼儿园课程整体改革之先河。

本年,《普通高等学校本科、专科学生人民助学金暂行办法》将助学金使用范围由原来的仅用于助学和改善伙食,拓宽到还可以给学生颁发奖学金和资助学生出国等。之后,我国继续加大师范教育发展力度。

本年,国家民委、教育部颁发的《关于民族学院干部轮训转向正规培训的意见》提出,随着我国实行干部四化要求,民族学院要"按照社会主义现代化事业的需要和各自的分工,修订教学计划,担负起对于干部进行正规化培训的任务"。

本年,教育部提出实行高中会考的设想。

1984 年

3月9日,教育部、国家计委发出《关于加强成人高等、中等专业教育事业计划管理的暂行规定》,指出成人教育事业计划是国民经济和社会发展计划的重要组成部分,要切实纳入国民经济和教育计划的轨道。

3月13日,教育部、财政部联合发出通知,成人高等学校由省、直辖市、自治区统一招生考试。成人高等教育招生计划纳入省、直辖市、自治区的招生计划。

4月,劳动人事部下发《关于不得随意改变技工学校性质的通知》。

4月27日,国务院办公厅转发全国职工教育管理委员会、国家经委《关于加强职工培训提高职工素质的意见》。提出要在1990年争取初步形成一支数量上能够基本满足需要,质量上能够掌握现代科学技术和经营管理知识、专业配套、年龄结构比较合理的干部队伍和专业技术人员队伍;形成一支以中级技术工人为主体,技术等级结构比较合理,具有较高政治、文化、技术素质的工人队伍。

5月15日,教育部颁发《高等学校举办干部专修科、中等专业学校举办干部职工中专班的试行办法》。

5月22日,中共民政部党组就关于在电视台试办为聋哑人服务的手语和字幕节目一事向中宣部写报告。6月4日,中宣部批复同意此报告。

8月8日,教育部发出通知,在22所全国重点高等院校试办研究生院,并发出《关于在部分全国重点高等院校试办研究生院的几点意见》。

9月,联合国教科文组织向四川巴中县颁发1984年成人教育"野间扫盲奖"。

11月,教育部、财政部下发《关于在全日制普通中等专业学校建立学校基金制度几项原则意见的通知》,提出凡是有条件的全日制普通中等专业学校可以建立学校基金制度。

12月，教育部和国家计委发出通知，确定在北京、兰州、成都筹建三所西藏学校，每年招生300人；在上海、湖北等16个省（自治区、直辖市）的中等以上城市各选条件较好的一两所中学举办西藏班。每年招生1300名。西藏学校和西藏班实行双语教学。由西藏选派藏语文教师和管理人员，教职工的编制适当放宽。开办费和每年的经常费（含装备、服装、公杂、医药、教学、学生寒暑假活动费以及每月的助学金等）由中央和西藏自治区政府负担，差额部分由有关省份解决。

12月7日至10日，共青团中央、教育部、中国科协联合在北京召开第二次全国青年自学经验交流会。要求全社会都要关心和支持青年自学，破除"正规教育"束缚，广开学路，广开才路，鼓励自学成才。

本年，国务院发布《关于自费出国留学的暂行规定》。

本年，教育部制定《全日制8年制聋哑学校教学计划》。

本年，《中华人民共和国民族区域自治法》颁布，该法第六十五条规定："在高等学校举办民族班、民族预科，专门招收少数民族学生，并且可以采取定向招生、定向分配的办法。高等学校和中等专业学校招收新生的时候，对少数民族考生适当放宽录取标准条件。"同时，对民族地区的教育自主权作了明确规定，如民族自治地区的自治机关根据国家的教育方针，依照法律规定，制定本地区的教育规划，各级各类学校的设置、学制、办学形式、教学内容、教学用语和招生办法。

本年，教育部和国家民委颁发《关于加强领导和进一步办好高等院校少数民族班的意见》，对民族班的招生、毕业生分配、教学和管理都作了明确规定，使这种办学形式逐步正规化和制度化。

1985年

1月，教育部发布《关于政企分开后，妥善处理好中专校从属关系等问题的通知》。

1月12日至29日，全国政协教育调查组和教育部联合进行社会力量办学情况调查。调查组建议：（1）国家尽快制定社会力量办学管理条例；（2）加强对社会力量办大专班的管理，明确社会力量办学应以助学和短期培训为主；（3）社会力量办学由学校发结业证书，不必由国家承认学历；（4）社会力量办学单位要配备与办学规模相应的管理队伍。

2月6日，教育部发出通知，决定成立全国高等教育自学考试委员会电类、农科、数学专业委员会。至此，全国高等教育自学考试委员会已成立11个专业委员会。

2月13日，全国总工会发出《职工自学成才奖励暂行条例》。

2月24日，教育部转发全国高等教育自学考试指导委员会《关于编写课程自学考试大纲的几点意见》。至1986年，共编出256种自学考试大纲，其中126种由教育部批准公布。

2月25日，教育部、国家计委、劳动人事部、民政部发出《关于做好高等学校招收残疾青年和毕业分配工作的通知》，要求各地教育行政机关、高招办在招生工作中对生活能够自理、不影响所报专业的学习及毕业后所从事的工作的肢体残疾（不继续恶化）考生，在德、智条件相同的情况下，不应仅因残疾而不予录取。

3月28日，教育部发出关于印发长春五市初中招生制度材料的通知，从此逐步推开取消初中招生入学考试、凡准予毕业的小学生就近直接升入初中学习的办法。

4月5日，教育部发布《关于职工高中文化教育若干问题的暂行规定》。

4月6日，中国盲人聋哑人协会向中共中央办公厅报送"对《中共中央关于教育体制改革的决定（草案）》的几点修改意见"，提出将特殊教育纳入九年制义务教育的轨道。

5月6日，教育部在修订1980年8月《幼儿师范学校教学计划试行草案》的基础上，颁发了《幼儿师范学校教学计划》。自此，学前教育界常说的"三学六法"结构定型。教育部在颁发该计划的通知中说明，各地可根据本地区实际情况对上述教学计划做适当调整，同时允许有条件有基础的学校自行拟定教学计划、进行改革试验。这是中华人民共和国成立以来教育部首次对中等幼儿师范学校的课程设置放权。

5月19日，邓小平在全国教育工作会议上作题为《各级党委和政府要把教育工作认真抓起来》的重要讲话。指出"我们国家国力的强弱，经济发展后劲的大小，越来越取决于劳动者的素质，取决于知识分子的数量和质量"。

5月27日，《中共中央关于教育体制改革的决定》颁布。"决定"指出：实行九年制义务教育，实行基础教育由地方负责、分级管理的原则，是发展我国教育事业、改革我国教育体制的基础一环。义务教育，即依法律规定适龄儿童和青少年都必须接受，国家、社会、家庭必须予以保证的国民教育，为现代生产发展和现代社会生活所必需，是现代文明的一个标志。我国基础教育还很落后，这同我国人民建设富强、民主、文明的现代化社会主义国家的迫切要求之间，存在着尖锐矛盾，决不能任其继续。现在，我们完全有必要也有可能把实行九年制义务教育当作关系民族素质提高和国家兴旺发达的一件大事，突出地提出来，动员全党、全社会和全国各族人民，用最大的努力，积极地、有步骤地予以实施。为此，需要制订义务教育法，经全国人民代表大会审议通过后颁行。"决定"提出"实行基础教育由地方负责、分级管理的原则"，这一原则在少数民族地区的实行是从少数民族地区的实际出发，充分考虑到少数民族教育的特殊性，要有利于少数民族基础教育事业的发展。要改革有关劳动人事制度，实行"先培训、后就业"的原则，实行从业人员考核合格证书制度。

5月，全国教育工作会议讨论了《中共中央关于教育体制改革的决定（草案）》，研究了实行教育体制改革的步骤和措施。首次提出，"积极发展高等职业技术院校，……逐步建立起一个从初级到高级行业配套结构合理又能与普通教育相互沟通的职业技术教育体系"。

5月，改革开放后第一次全国教育工作会议在北京召开，会议主要围绕教育体制改革进行讨论。会后，国务院颁布《中共中央关于教育体制改革的决定》，其中提出实行九年义务教育的目标，明确了"地方负责，分级管理"的基础教育管理体制。这是一份纲领性文件，在中国教育改革史上具有里程碑意义，对中国教育改革具有深远的影响。

5月，北京师范大学成立了中国第一个儿童心理研究所（后于1987年更名为发展心理研究所），并创办我国第一份公开发行的儿童心理和教育学术杂志《心理发展与教育》。

6月10日，教育部颁布《关于进一步办好幼儿学前班的意见》，对学前班的办班指导思想、教育活动的内容与组织、教师培训、办班条件、领导和管理等方面作出了明确、细致的规定。该文件倡导因地制宜、利用现有教育资源发展学前教育的新思路，推动了农村学前教育事业健康、稳步发展。

6月25日，李鹏主持召开国家教委第一次全体会议。提出要做好起草关于成人教育改革文件的准备工作。

6月，国务院颁布《关于国家机关和事业单位工作人员工资制度改革问题的通知》。

7月5日，国务院批转国家科委、国家教委、中国科学院《关于试办博士后科研流动站的报告》。

7月，成立了全国中小学教材审定委员会朝鲜文教材审查委员会。

7月，国家教委同意上海电机制造学校等三所中专试办五年制技术专科教育。

8月19日，国家教委发出通知，制止乱用自学考试名义滥发学历证书。

8月，劳动人事部发出《关于技工学校改革的意见》。

9月10日，成立中国中小学幼儿教师奖励基金会。

10月14日，国家教育委员会颁布的《关于幼儿园教师考核的补充意见》指出，不具备国家规定合格学历的幼儿园教师，参加"教材教法考试合格证书"和"专业合格证书"的考试，原则上按照《中小学教师考核合格证书试行办法》的规定执行。这些规定为幼儿园教师评定职称打下基础，极大地调动了幼儿园教师专业发展的积极性。

11月26日，中国残疾人福利基金会设立"优秀特殊教育先进工作者奖励基金"。民政部、国家教委联合发出《关于表彰特殊教育先进工作者的通知》。

11月，国家教委、国家计委、财政部印发的《关于高等学校招收委托培养硕士生的暂行规定》规定：对边疆、山区、牧区等少数民族考生，可适当降低录取分数；"对报考边远地区、少数民族聚居地区委托培养的考生，在择优录取，保证质量的前提下，可按有关规定适当予以照顾"。从而开启了研究生招生中对少数民族学生实行照顾的政策。

12月17日，国家教委发出《关于不得自行决定组织国家承认学历的统一考试的通知》。

12月17日至21日，国家教委在京召开全国成人高等学校招生工作会议，部署1986年各类成人高等学校招生工作。

本年，中美两国政府签订了《中华人民共和国和美利坚合众国政府教育交流合作协定书》。

本年，上海盲人聋哑人协会组成编辑小组，修订4辑《聋哑人通用手语图》。

本年，朴永馨著的《聋童教育概论》由安徽教育出版社出版。

本年，南京特殊教育师范学校正式向全国招生，是中国第一所中等特殊教育师范学校。

本年，国家教委自学考试指导委员会和中国残疾人福利基金会共同设立了"残疾人自学成才奖金"。

本年，《中共中央关于教育体制改革的决定》的颁布实施，使我国民族教育加快了改革开放的步伐，进入了新的发展阶段。

本年，全国第二届高考科研讨论会进行了专题研究，并提出建立会考制度，在会考的基础上进而改革高考。

本年，上海市率先进行高中会考。

1986年

1月，国家教委下发了《关于1986年继续在部分高等院校举办少数民族班的通知》。指出："民族班招生，从参加当年高考的少数民族学生中择优录取。""民族班录取新生的标准不得低于各有关高等院校在该省、自治区招生最低录取分数线以下 80 分。"

2月1日，成人教育指导协调工作委员会成立。其主要任务是：（1）贯彻执行中共中央、国务院、国家教委制定的有关成人教育的方针、政策、法令，并检查贯彻落实情况；（2）在国家教委领导下，对各部委，有关部门，各省、直辖市、自治区的成人教育工作起指导和协调作用；（3）调查研究成人教育工作中的重大问题，提出改进意见；（4）组织成人教育质量的检查和评估；（5）互通情况，交流经验。

2月，国家教委发布《关于加强在职中小学教师培训工作的意见》。

3月7日，民政部就工资制度改革后，继续执行聋哑人手语教师和翻译干部15%特殊津贴一事给国务院工资制度改革办公室写报告。6月4日，民政部将国务院工资制度改革办公室同意该报告的复函转发全国各地盲人聋哑人协会。

3月12日至16日，全国职工教育委员会在京召开全国职工教育会议。会议讨论了按照岗位职务的需要实行定向培训制度问题。

3月，国家教委制定和颁发了《关于加强和发展师范教育的意见》，提出：大力加强和发展师范教育，从人力、物力、财力等方面保证师范教育的优先发展，各级师范学校应以坚持为基础教育服务作为办学的指导思想，突出精神文明建设，加强师德教育，积极推进教育和教学改革，强化教师基本功演练，不断提高教师教育质量。为了加强教师教育，师范院校可采取提前单独招生或参加统一考试提前录取的办法，以吸引更多的考生。要求高等师范学校在专业设置、课程内容、教学时数、教学方法等各方面突破传统教育的限制，不断改革，提高高等教育为基础教育服务的质量和水平。

4月2日至7日，中央广播电视大学在杭州召开全国电视大学校长联席会议。据统计，全国已有 372 个市（地）、70%的县办起了电视大学的分校和站，共有 3 万多教学班，在校正式生 67 万人，开设有 148 门课程，22 个专业门类。至本年共有 1 届毕业生，人数达 61.3 万人。

4月10日，中国盲人聋哑人协会发出《关于举办聋儿家长函授班的通知》。

4月12日，第六届全国人民代表大会第四次会议通过《中华人民共和国义务教育法》。7月1日起施行。其中规定，国家实行九年制义务教育。义务教育事业，在国务院领导下，实行地方负责、分级管理。政府鼓励社会力量参与义务教育办学。规定国家对经济困难地区实施义务教育的经费予以补助。

《中华人民共和国义务教育法》明确指出要加强师范教育工作，采取一系列措施来使师范教育更好地发展。第九条规定：地方各级人民政府为盲、聋哑和弱智的儿童、少年举办特殊教育学校（班）。包含四个主要内容：（1）残疾儿童的教育与普通儿童一样是义务教育；（2）教育对象除了传统的盲、聋残疾外，增加了弱智（智力落后）儿童；（3）受教育的地方除了特殊学校外，还有普通学校的特殊班；（4）再次明确了由地方人民政府负责，是政府行为。（这里首次明确了特殊教育中应当包括弱智儿童的教育。）

《中华人民共和国义务教育法》提出实施九年义务教育的目标，并对义务教育的培养目标、管理体制、经费投入与筹措、入学要求、实施条件等方面作了规定。这是新中国历史上颁发的第一部专项教育法，标志着我国义务教育法制化的开端，为我国有步骤地实行九年制义务教育提供了法律支持与保障。

4月12日，六届人大四次会议批准《中华人民共和国国民经济和社会发展第七个五年计划》，规定五年内，各类成人高等学校共为国家培养具有专科以上水平的专门人才210万人，要比"六五"期间增长1.5倍。成人中等职业技术教育也要有一个比较大的发展。

5月，国家教委颁发《中学教师职务试行条例》《小学教师职务试行条例》和《关于中小学教师职务试行条例的实施意见》三个文件，将中学教师职务设置为中学高级教师、中学一级教师、中学二级教师和中学三级教师；小学教师职务设置为小学高级教师、小学一级教师、小学二级教师和小学三级教师。同时提出，目前中小学教师职务一般宜实行任命制，有条件的地区或学校可以实行聘任制。

6月2日，国家教委转发全国高等教育自学考试指导委员会《关于开考本科阶段自学考试问题的几点意见》。

6月16日至20日，国家教委在京召开全国高等函授教育工作会议。研究拟订新时期高等函授教育的任务、工作方针和政策措施，讨论修改《普通高校函授教育工作条例》等文件的讨论稿。据统计，至1985年底，普通高等学校举办函授教育共311所，在校函授生达36万人。

6月，国家教育委员会、财政部《关于中等专业学校经费问题几项原则规定的通知》发布，对不同学校的经费来源作了明确规定。

6月，国家教委颁发《关于加强职业技术学校师资队伍建设的几点意见》。

7月，国家教委、国家计委、国家经委、劳动人事部共同召开了改革开放后的第一次全国职业技术教育工作会议。第一次从官方的角度提出"高等职业教育"一词，规定高等职业学校、部分广播电视大学高等专科学校等都应该属于职业性的高等教育。会议提出"七五"期间全国职业技术教育的发展目标。

8月，国家教委在辽宁省沈阳市召开全国成人中等专业教育工作会议。

9月1日至6日，民政部、文化部、广播电影电视部、中国残疾人福利基金会和中国盲人聋哑人协会联合举办了全国首届聋哑人表演艺术录像比赛。全国有27个省、自治区、直辖市的490名聋哑人参加演出，先后送录像节目121个。

9月17日，中国残疾人福利基金会领导的综合性出版机构——华夏出版社，经国家出版局批准成立，并举行成立大会。

9月，上海市真如中学与附近的工厂联合成立了"真如中学社会教育发展委员会"。

9月，北京第四聋校中学毕业生杨军辉被保送到北京西城区师范学校，学习4年普师。这是师范学校首次招收聋人学生并为聋校定向培养聋人教师。

9月，首届全国中小学教材审定委员会和各学科教材审查委员会正式成立。

10月24日，国家教委发出《关于出国留学人员毕业回国后工作分配问题的通知》。

10月，国家教委颁发《普通中等专业学校设置暂行办法》，对中等专业学校的设置作出了专门规定。

11月，劳动人事部、国家教委联合颁发《技工学校工作条例》，下发《关于技工学校毕业生学历问题的通知》。

12月1日至5日，国家教委、国家计委、国家经委、劳动人事部、中共中央组织部、全国职工教育管理委员会在山东烟台联合召开全国成人教育会议。会议总结成人教育工作经验，研究成人教育的改革和发展问题，讨论修改《关于改革和发展成人教育的决定（草案）》，以及成人教育的若干条例及工作制度。

12月10日，经民政部、国家体委批准，中国聋人体育协会在北京成立。它是中华全国体育总会领导下的聋人群众性体育组织。聋人体协主席为富志伟（中国盲人聋哑人协会副主席），副主席为郭燕生（国家体委处长）。协会成立后，加入了国际聋人体育联合会（CISS）。

12月15日，中共中央组织部、宣传部、国家教委联合发出《关于加强干部中等专业教育的意见》。提出干部中专实行毕业证书、专业证书和单科证书3种证书制度，并分别举办全科班、专修班和单科班3种班次。

本年，全国有近130万人报考成人高校，109万人参加考试，录取本、专科新生60.3万人，为考试人数的55%。

本年，国家教育委员会发布《关于出国留学人员工作的若干暂行规定》。

本年，北京师范大学教育系开办特教班，招收了我国第一批特殊教育专业大学生。

本年，傅逸亭和梅次开合著的《聋人手语概论》由学林出版社出版。

本年，季佩玉著的《聋哑学校语文教材教法》由中国盲文出版社出版。

本年，先后成立了藏文、朝鲜文、蒙古文教材审查委员会，并先后制定了民族文字教材审查工作章程和评奖办法。

1987 年

1月23日，国家教委发出《关于成人中等专业学校招生工作有关问题的通知》。要求各类成人中等专业学校都应参加所在省、直辖市、自治区组织的统一命题招生考试，少数部委所属面向本系统招生的学校，经国家教委同意，可由部委组织统一招生考试。

1月，中国教育学会幼儿教育研究会与湖南长沙师范学校联合创办《学前教育研究》（双月刊），为研究会会刊。（1994年，《学前教育研究》被评为全国"中文核心期刊"，1996年被国务院学位委员会评定为"全国学前教育理论核心期刊"。）

1月，根据中共中央、国务院《关于改进和加强出国留学人员工作若干问题的通知》的精神，确定由国家教委管理全国出国留学人员的工作。

2月7日，国家教委颁发《普通高等学校函授教育暂行工作条例》。

2月，国家教委与河北省政府在涿州市召开河北农村教改实验区第一次会议。

2月，国家教委与河北省政府决定在阳原、完县、青龙三县建立农村教育综合改革实验区，探索贫困农村教育和经济协调发展、经济开发和智力开发密切结合的路径，标志着我国农村教育综合改革的开始。5月，国家教委发布《关于在全国建立"百县农村综合改革实验区"的通知》，农村综合改革实验区不断扩展，形成了普通教育、职业教育、成人教育相结合的"三教统筹"局面。

3月30日至4月3日，国家教委在北京召开有关驻外领使馆留学人员经费管理工作会议。会后，国家教委与财政部、外交部联合印发了《关于国家公派出国留学人员经费管理的暂行规定》和《驻外使领馆教育处（组）会计制度》。

4月1日，零时开始全国残疾人抽样调查。在各级政府直接领导下，民政部门、卫生部门、统计部门、残疾人组织通力合作，组织420个调查队，10815名队员和3万余名干部、陪调员共4万多人，逐户认真调查登记，至5月中旬全部完成入户调查、复查和调查质量的抽查任务。通过各省、自治区、直辖市手工和机器汇总数据，对调查质量进行综合审核。这次调查采取概率比例抽样方法，在29个省、自治区、直辖市抽取424个县（市、市辖区），再逐级抽取乡（镇、街道）和村民（居民）委员会，共 3169 个调查单位，平均每个调查单位调查 500 人左右。全国共调查了 369816 户、1579314 人，调查总人数占全国当年总人口数的 1.50‰。住户调查员入户见面 1537455 人，占调查总人数的 97.35%；按照"残疾人筛查表"筛出可疑残疾人 176888 人，占调查总人数的 11.20%。眼科、耳鼻喉科、儿科、骨外科和精神科医生分别对筛出的可疑残疾人逐个进行检查、诊断，并按分类的"残疾标准"确定残疾人和划分残疾等级。这次调查结果：有残疾人的家庭 66888 户，占调查总户数的 18.10%；确定视力、听力（言语）、智力、肢体、精神病五类残疾和多重残疾共 77345 人，占调查总人数的 4.90%。各类残疾人的人数及各占调查总人数的比例分别是：听力言语残疾 26516 人，占 16.79‰；智力残疾 15233 人，占 9.65‰；肢体残疾 11304 人，占 7.16‰；视力残疾 11303 人，占 7.16‰；精神残疾 2907 人，占 1.84‰；多重残疾 10080 人，占 6.38‰。根据调查结果类推中国有近 6000 万残疾人，其中听力（言语）残疾 2057 万人，智力残疾 1182 万人，肢体残疾 877 万人，视力残疾 877 万人，精神残疾 225 万人，多重及其他残疾 782 万人。

4 月 17 日，北京市高等学校继续教育协作组成立。继续教育观念开始树立并逐步形成制度。

4 月，国家教委印发《成人中等专业学校暂行条例》。

5 月 22 日至 26 日，在山东泰安召开第三次全国手语工作会议。国家教委基教司周德茂、国家语工委史定国等 40 多位代表出席。大会讨论《中国手语》书稿，将《聋哑人通用手语图》更名为《中国手语》，编辑组组长是富志伟。

5 月 29 日，中共中央发出《关于改进和加强高等学校思想政治工作的决定》，提出了在改革开放条件下改进和加强高等学校思想政治工作的指导方针与措施。

6 月 6 日，国家教委、国家计委、财政部联合发出《高等学校培养第二学士学位生的试行办法》。本年，国家教委批准 26 所高校举办第二学士学位班。

6 月 15 日，国家教委、财政部发出《关于农村基础教育管理体制改革若干问题的意见》。

6 月 23 日，国务院批转国家教委《关于改革和发展成人教育的决定》。

6 月，国家教委在北戴河召开全国中专教改座谈会。

7 月 8 日，国家教委颁布《关于社会力量办学的若干暂行规定》。指出社会力量办学是我国教育事业的组成部分，是国家办学的补充，应予以鼓励和支持。

7 月 31 日，国家教委、财政部发布《普通高等学校本、专科学生实行奖学金制度的办法》和《普通高等学校本、专科学生实行贷款制度的办法》。规定在

1987年入学的本科普通高等院校的新生中全面实行奖学金制度和学生贷款制度。

8月21日,国家教委公布《关于国内外组织和个人不得擅自在我国招收自费出国留学人员的通知》。

9月,吉林省长春大学成立特教部,这是我国第一所专门招收盲、聋、肢残学生的特殊教育学院,开设美术、按摩和会计专业。后改为面向全国招收盲、聋和肢体残疾学生。现有艺术设计（本科）、针灸推拿学（本科）、会计学（本科）、美术学（专科）、音乐表演（专科）专业。

10月12日,经国务院批准,国家教育委员会召开了全国幼儿教育工作会议。会议讨论了学前教育事业的发展方针、指导思想、师资队伍建设及加强领导和管理等问题,对理顺关系,明确分工,加强领导,积极发展学前教育具有极为重要的意义。

10月15日,国务院办公厅发出《转发国家教育委员会等部门关于明确幼儿教育事业领导管理职责分工的请示的通知》,规定幼儿教育事业"必须在政府统一领导下",实行"地方负责、分级管理"和"各有关部门分工负责"的原则,并明确了各部门的职责分工。还规定幼儿园的行政领导由主办单位负责。

10月,中国教育学会特教研究会在烟台聋校举行中国聋哑教育100周年纪念活动。该校创始人Mills夫妇家族后代出席。

10月,在全国教育科学规划领导小组之下,职业技术教育学科规划组建立,标志着国家正式将职业技术教育研究纳入国家教育科学研究规划体系内,职业教育科研事业开始走向系统化和规范化的道路。

11月3日,国家教委发出《关于广播电视大学专业设置审批权限的暂行规定》。

11月24日,国家教委发出《关于在成人中等学校实行专业证书举办专修试点班工作的几点意见》。

12月14日至18日,国家教委、农牧渔业部联合在山东平度县召开农村教育为当地经济建设服务经验交流会。

12月15日,国家教委等部门联合发出《关于开展大学后继续教育的暂行规定》。

12月30日,国家教委、农牧渔业部、财政部联合发出《乡（镇）农民文化技术学校暂行规定》。

本年,《关于改革和发展成人教育的决定》要求,职工大学、职工业余大学、管理干部学院要结合需要举办高等职业教育。

本年,劳动部引进MES。

本年，朴永馨著的《缺陷儿童心理学》由科学出版社出版。

本年，我国公布的《全国残疾人抽样调查五类〈残疾标准〉》中对听力残疾分为聋和重听。聋有两级：一级聋听力损失程度大于 91 分贝，二级聋听力损失程度介于 71 和 90 分贝之间。重听也分两级：一级重听听力损失程度介于 56—70 分贝之间，二级重听听力损失程度介于 41—55 分贝之间。听力损失程度是指 500 赫兹、1000 赫兹和 2000 赫兹三个频率的听力损失平均值。若双耳听力损失不同，以听力损失较轻一耳为准。

本年，《中国手语》初稿发至各地盲人聋哑人协会征求意见。

本年，国家教委召开的高师工作座谈会上，教委副主任柳斌指出：师范教育必须优先发展，否则"势必贻误义务教育的大局，影响基础教育质量的提高"。

1988 年

1 月 13 日，国家教委召开第四次成人教育指导协调委员会会议。会议指出 1988 年成人教育的任务是：（1）大规模开展岗位培训；（2）下放权限，推动各种形式联合办学，进一步提高办学质量和效益；（3）抓好农村扫盲和实用技术教育的有机结合；（4）搞好成人高等学校招生改革的试点工作；（5）把社会力量办学的积极性引导到开展职业技术教育和岗位培训的轨道上来。

1 月 16 日，国家教委同意北京大学、中国人民大学、南开大学、天津大学、吉林大学、上海交通大学等 21 所高等学校试办函授、夜大学专科起点本科班，并规定招生对象为年龄在 40 岁以下，具有专科毕业后两年以上工作实践、专业对口的优秀在职人员，学制一般为 3 年。

1 月 29 日，国家教委发出《关于做好 1988 年各类成人高等学校招生改革试点工作的几点意见》。"意见"指出，本年成人高等学校在部分省、直辖市、自治区，进行招收"预科生""资格生"与"往届生"等招收三生改革试点工作。

1 月，辽宁教委创办《特殊教育》（季刊），这是中国首家特教期刊。

1 月，上海向明中学成立了社会教育委员会。

2 月 3 日至 5 日，国家教委在北京召开 1988 年工作会议。会议指出国家教委 1988 年及其后一个时期的工作重点之一是：以开展岗位培训为重点，狠抓国家教委关于改革和发展成人教育决定的落实。

2 月 5 日，国务院颁发《扫除文盲工作条例》。"条例"共 17 条，其中规定，凡 15 周岁至 40 周岁的文盲、半文盲公民，除不具备接受扫盲教育能力的以外，不分性别、民族、种族，均有接受扫盲教育的权利和义务。已实现基本普及初等义务教育，尚未完成扫除文盲任务的地方，应在五年以内实现基本扫除文盲的目标。"条例"对扫盲的方式、教材、脱盲标准、领导体制、经费、教师、检查验收等方面作出规定。

2月，国务院办公厅转发国家科委等部门《关于从工人农民及其他劳动者中选拔和培养各种技术人才的意见》。

3月3日，国务院颁发《高等教育自学考试暂行条例》。"暂行条例"分10章，共42条，其中规定高等教育自学考试是对自学者进行以学历考试为主的高等教育国家考试，是个人自学、社会助学和国家考试相结合的高等教育形式。中华人民共和国公民，不受性别、年龄、民族、种族和已受教育程度的限制，均可依照本条例的规定参加高等教育自学考试。本年，全国已有30个省、直辖市、自治区开展自学考试，开考77个专业，报考人数达350万人。

3月5日，中国残疾人联合会成立，邓朴方担任主席，总部设在北京。

3月25日，国务院代总理李鹏在七届人大一次会议上作政府工作报告，指出过去五年来，成人教育初步形成体系，在职职工的岗位培训得到加强；各级政府和教育部门要采取切实措施，进一步开展职业技术教育和成人教育，扩展专业培训内容，提倡继续教育，鼓励自学成才；在企业里坚持职工岗位培训制度；在农村中，必须继续抓紧扫除青壮年文盲的工作，把农村教育与普及科学知识和推广农业生产先进技术结合起来。

3月28日，国家教委发出《关于加强电化教育教材建设的意见》。

3月，上海闸北区新疆、彭浦两个街道成立了街道一级社区教育委员会。同年，天津河西区的20个街道全部成立了社区教育委员会。

4月9日，国家教委发出《成人高等学校设置的暂行规定》。"规定"分6章，共32条，规定了成人高等学校的任务、设置要求、审批权等。

4月11日，农牧渔业部、国家教委、国家计委、财政部、商业部、劳动人事部、公安部、林业部联合发出《关于农业中等专业学校招收农村青年不包分配班的若干规定》，打通人才通向农村的渠道。

4月26日，国家教委批准江苏省无锡市为中等城市综合改革试点城市。批复指出，中等城市要努力办好和改革职业技术教育和成人教育，培养当地建设所需要的中级人才。

4月28日，国家教委、人事部联合发出《关于成人高等教育试行〈专业证书〉制度的若干规定》。

4月，由上海长宁区政府牵头，成立了长宁区社区教育委员会。

5月13日至17日，国家教委中学教育司在安徽省祁门县召开农村普通中学教育改革座谈会。会议认为：农村中学教育要完成为当地经济建设和社会发展服务的任务，必须做到基础教育、职业技术教育、成人教育三教统筹，协调发展；调整改革中等教育结构。

5月14日，国家教委发出《关于促进成人高等教育联合办学的意见》。

5月16日，国家教委发出《广播电视大学暂行规定》。"规定"指出广播电视大学是我国高等教育事业的组成部分，其主要任务是举办以高等专科教育为主的学历教育，同时，为高等教育自学考试及社会各界的职业技术教育、岗位培训、专业培训、继续教育提供教学服务。

5月，经国务院批准，国家教委发布《关于组织实施"燎原计划"的意见》，开始在全国实施"燎原计划"。"燎原计划"是农村教育综合改革的重要行动计划，主要目标是培养新型农村建设者和促进农业发展，主要任务是开展农业实用技术等方面的培训。1995年12月，国家教委组织实施"燎原计划百、千、万工程"，在全国上千个乡、上万个村、推广上百项农村实用技术，"燎原计划"逐步呈现燎原之势。

6月27日至30日，北京国际特殊教育会议召开，这是中国首次举办国际性特教会议。

6月1日至4日，国家教委在北京召开全国中小学德育工作会议，推进了中小学德育工作的整体改革。

8月20日，国家教委发出《关于对试办的成人高等学校教学质量进行考核验收工作的意见》。

9月23日，国家教委发出《关于招收和培养外国来华留学研究生的暂行规定》。

9月，劳动部发出《关于试行〈职业技术培训教师专业证书〉制度的实施意见》。

9月，中华聋儿语言听力康复中心更名为中国聋儿康复研究中心。设有医疗门诊部、语言训练部、咨询函授部、科技研究室，它集医疗、教育、科研于一体，是综合性康复研究机构。

9月，在世界学前教育组织（OMEP）于布拉格举行的理事会上，我国被接受为正式会员，成立了世界学前教育组织中国委员会。

10月13日，经国家教委批准，北京师范大学特殊教育研究中心正式成立，属于国家级特殊教育科研机构。

10月17日，国家教委发出《关于社会力量办学几个问题的通知》。

10月21日，国家教委发出《社会力量办学教学管理暂行规定》。

11月2日，国家教委在北京召开全国扫除文盲工作会议。

11月7日,国务院学位委员会发出《关于授予成人高等教育本科毕业生学士学位的暂行规定》,并为此发出通知,规定1987年以前毕业的学生则一律不补授学位。

11月18日至23日,国家教委、民政部、中国残联在北京召开建国以来首次全国特殊教育工作会议,着重研究在残疾少年儿童中实施义务教育的指导方针、发展规划、需要采取的各项政策措施,会议形成文件《关于发展特殊教育的若干意见》。

11月29日至12月2日,国家教委、河北省人民政府联合在石家庄召开河北省农村教育改革实验区第三次工作会议。

12月25日,中共中央发出《关于改革和加强中小学德育工作的通知》,要求中小学必须把德育工作放在首位。

本年,国家教委贯彻"人才流动、合理竞争、双向选择"的原则,允许留学人员应聘各种所有制形式的单位或到国际组织任职。

本年,王效贤和王明泽著的《聋校教育学》由吉林教育出版社出版。

本年,在北京第三聋校创办残疾人职业高中,招收聋、肢残青年,设有美工、服装、电脑打字等专业,学制3年。

本年,中央教育科学研究所特殊教育研究室成立,陈云英博士担任研究室主任。

本年,《中国残疾人事业五年工作纲要(1988—1992年)》出台。

本年,浙江省首先取得在一个省的范围内进行会考的经验。

1989年

1月,劳动部印发《关于加强职业技术培训师资队伍的意见》。

1月,《中国残疾人》杂志社宣布成立,《盲聋之音》杂志更名为《中国残疾人》(月刊),设有残联工作、康复园地、特教园和残疾名人传等栏目。

2月12日至17日,国家教委在北京召开1989年工作会议。会议指出成人教育要抓好岗位培训,做好几个行业和一批企业的试点工作。各省、自治区、直辖市制订的年度扫盲计划要认真落实,实现本年脱盲410万人的目标。

3月2日,国家教委、国家计委、民政部、财政部、人事部、劳动部、中国残疾人联合会印发了《关于发展特殊教育的若干意见》。其中,首次明确提出了发展特殊教育要贯彻普及与提高相结合、以普及为重点的原则,把残疾少年儿童教育切实纳入普及义务教育的工作轨道。

5月5日,国家教委发出《1989年普通高等学校试行招收自费生意见》。

6月5日，国家教育委员会第2号令发布《幼儿园工作规程（试行）》，1990年2月1日起施行。"规程"规定了国家对幼儿园的基本要求和管理的基本原则，全面、系统地对幼儿园的保教工作做出了规定。"规程"体现了新的教育观，引发了幼儿园课程和教学改革。经过6年试行，1996年3月9日，国家教育委员会第25号令发布《幼儿园工作规程》，自1996年6月1日起正式施行。

6月13日，全国高等教育自学考试指导委员会颁发《全国自学考试考籍管理试行办法》。同日，还颁发《关于高等教育自学考试免考课程的试行规定》。

7月18日，全国高等教育自学考试指导委员会、机械电子工业部发出通知，开放机电一体化工程本科段自学考试。本年，高等教育自学考试开考专业已有：教育管理专业、农学专业、果树专业、蔬菜专业、数学专业、机械制造工艺与设备专业、电器工程专业、电子技术专业、计算机及其应用专业。

7月，劳动部、人事部颁布《关于培养生产实习指导教师的实施办法》。

8月20日，国务院批准了《幼儿园管理条例》，这是中华人民共和国成立以来第一个学前教育行政法规。它明确了地方人民政府发展和管理学前教育的职责，并首次以教育法规形式提出"国家实行幼儿园登记注册制度"，"各级教育行政部门应当负责监督、评估和指导幼儿园的保育教育工作"。从此，学前教育的评估工作在全国展开。各省（自治区、直辖市）依照中央颁布的各项法规、制度，制定了适合本地的评估标准。

8月21日，国家教委发出《关于国家教委直属高校深化改革，扩大办学自主权的若干意见》，提出加大高校改革力度，激活办学机制。

8月26日，农业部、国家科委、国家教委、林业部、中国农业银行联合发出通知，试行《关于农科教结合共同促进农村、林区人才开发与技术进步的意见》。"意见"指出，当前农科教结合的主要任务是：积极推进农村以及林区各类教育的协调发展，做到基础教育、职业技术教育和成人教育"三教统筹"，互相促进；加快建立和完善农村、林区成人教育体系；广泛开展对乡小学、初中、高中毕业生的实用技术培训和岗位培训；统筹安排好共同的培训任务和技术推广项目。

8月，国家教委职教司下发《关于试行〈职业技术教育专业教师任职资格与培训〉的通知》。

9月6日至8日，全国扫除文盲工作会议暨国际扫除文盲纪念活动在兰州举行。

10月，为纪念国际儿童年设立10周年和联合国儿童基金会与中国合作10周年，国家教育委员会在南京主办幼儿教育国际研讨会。这是我国主办的第一次学前教育国际会议，也是海峡两岸学前教育工作者的第一次聚会和交流。

10月，《特殊教育经验、文件选编》由人民教育出版社出版。

10月，赵锡安编著的《手语——聋哑人的语言》由中国矿业大学出版社出版。

11月13日至17日，全国残疾人三项康复工作办公室教材组组织来自全国教育、卫生系统多年从事聋儿检测、聋儿语训、聋儿教育的专家、教授，召开了聋儿语训教材研讨会，研讨了编写我国聋儿语训教学计划的指导思想，起草了聋儿语训机构教学计划（征求意见稿）。会议还组织代表参加了天津第一聋校的聋儿学前语训现场会。

11月16日，国家教委颁发《中等特殊教育师范学校教学计划（试行）》，内容包括培养目标、适用范围、时间安排、课程设置、教育实践、课外活动等。

11月22日，中国残联与国家教委联合召开了第二次聋儿康复教育工作协调会。

12月6日，国家教委颁发《高等师范院校特殊教育专业教学计划（草案）》，内容包括：培养目标、学制和招生、时间安排、学分、课程设置五部分。

12月27日，国家教委、劳动部、人事部、国家经济体制改革委员会、全国总工会联合发出《关于开展岗位培训若干问题的意见》，对岗位培训提出四项政策措施。

12月，国家教委、劳动部等五部门联合印发《关于开展岗位培训若干问题的意见》。

本年，汤盛钦和银春铭翻译的《特殊儿童心理与教育》由天津教育出版社出版。

本年，上海闸北区教委成立了社区教育管理科。

本年，中国留学服务中心成立。

本年，国家教委委托北京、江苏、山东、河北、甘肃等八省（自治区、直辖市）开展盲、聋、弱智儿童随班就读实验，并先后在无锡、昌平、石家庄、昌乐、佳木斯召开现场会或研讨会。《关于残疾儿童少年随班就读工作试行办法》中对"随班就读"的定义是："随班就读就是让具有一定能力的视障、听障、弱智等残疾儿童少年就近进入普通学校同普通学生一起学习、一起活动，共同进步。"

本年，国家教委"工作要点"指出，要"进一步明确普通高中的性质、任务、培养目标，修订教学计划方案。研究普通高中的布局和事业规划，提出进一步办好一批具有较高水平的普通高中的意见"。

1990 年

1月4日，国家教委在北京召开全国自费出国留学工作会议。

1月8日，国家教委、中共中央宣传部、文化部、广播电影电视部、农业部、林业部、解放军总政治部、共青团中央、全国妇联、中国科协等十单位联合召开迎接国际扫盲年全国电话会议。会议宣布由召集会议的10个单位联合成立全国扫盲工作协调小组，加强对扫盲工作的组织领导。3月14日，上述10个单位联合发出《关于成立扫盲领导机构联合开展扫盲工作的通知》。

1月13日，国家教委发出通知，决定在中央广播电视大学内设立中国燎原广播电视学校，利用卫星电视，面向农村，为乡（镇）农民文化技术学校、职业技术教育中心、农村职业中学等提供教学服务，以配合"燎原计划"的实施。通知对该校的服务对象、目的、任务、职责、教学组织管理等问题作出规定。

2月23日，国家教委发出《关于调整高级访问学者费用标准的通知》，以及《关于调整国家公费留学人员费用标准的通知》。

3月10日，国家教委发出通知，决定将成人教育指导协调工作委员会和职业技术教育委员会合并为成人教育和职业技术教育协调工作委员会。其主要任务是：协调各部委、有关部门的成人教育和职业技术教育工作；对涉及部门之间的有关成人教育和职业技术教育的重大问题进行磋商或提供建议、意见、方案，供国家教委参考；互通情况，交流经验。

3月19日，国家教委办公厅转发国家教委清理整顿公司领导小组《关于试行〈关于高等学校兴办公司、企业的若干规定（试行）〉的通知》。

3月，国家教委下发《关于中等专业学校（含中师）领导体制问题的通知》。

4月12日，国家教委、国家物价局、财政部联合发出通知，原教育部、财政部1985年所定函授和夜大学收费标准和收费办法已不适合当前的实际需要，决定从1990年起提高经常费和实验实习费的收费标准。并规定，凡经单位批准报考入学的学生，所在工作单位在职工教育经费中最多负担2/3，学生个人至少负担1/3，学生个人使用的教材、参考资料、用具等费用，由学生自理；函授站所需经费由设站单位解决。

4月14日，人事部印发《关于非教育系统留学回国人员科技活动择优资助经费管理暂行办法》。（该文件于2001年4月6日废止）

4月21日，国家教委印发《关于制订成人中等专业学校教学计划的原则意见》。"意见"指出，制订成人中等专业学校的教学计划，要贯彻"一要改革，二要发展"的方针，坚持按需施教、学用结合的原则。教学计划可采用学年制、学分制或单科累计制。

4月，北京市技工教育10年成果展开幕，李鹏题词"发展技工教育，提高职工素质"。

5月11日，国家教委办公厅发出通知，公布1989年度普通高等学校举办函授、夜大学专科教育备案名单，南京化工学院等221校准予备案。另有天津外贸学院等31校只准1989年招收一届学生，以后要取得函授、夜大学专科教育资格，需重新办理申报手续。

5月，考虑到少数民族地区教育的实际困难，在中央财政十分困难的情况下，决定由中央财政每年安排2000万元，用作支持少数民族地区发展教育的补助专款。

5月，中国聋人协会编辑的《中国手语》由华夏出版社出版发行，共分15大类，收词3330条。此书出版标志着中国手语被正式承认为一种语言（邓朴方1997年10月接见世界聋盟会主席时提到）。

6月4日，国家教委发出通知，要求各级教育部门积极动员农村中小学教师和小学高年级以上的学生利用暑假、寒假和课余时间积极参加当地的扫盲工作，把"堵"盲和扫盲作为农村中小学工作内容。

6月5日，国家教委发出《关于普通高等学校成人教育治理整顿工作的若干意见》，指出了存在的问题，整顿的目标、内容、方法和步骤。

6月7日，国家教委发出《关于农林中专和农村职业中学做好科技兴农工作的几点意见》及《关于表彰科技兴农先进学校和回乡务农优秀毕业生的办法》。指出要搞好农科教结合和"三教"（基础教育、职业技术教育和成人教育）统筹，在实施"星火""丰收"和"燎原"计划中，充分发挥这两种学校的作用。

7月9日，国家教委发出《全国农村教育综合改革实验区工作指导纲要（试行）》。

7月25日，首届全国聋童夏令营开营式在北京圆明园举行。

7月，国家教委职业技术教育中心研究所在北京成立。

8月17日至20日，国家教委在北京市怀柔县召开1990年全国扫除文盲工作会议，总结交流经验，部署1991年度的扫盲工作。

8月28日，中国人民银行正式批复国家教委成立"中国留学基金会"。

8月29日，中国常驻联合国大使代表中华人民共和国政府签署了《儿童权利公约》，中国成为第105个签约国。1991年12月29日，第七届全国人民代表大会常务委员会决定批准中国加入《儿童权利公约》。1992年3月2日，中国常驻联合国大使向联合国递交了中国的批准书，从而使中国成为该公约的第110个批准国。该公约于 1992 年 4 月 2 日对中国正式生效,为保护儿童提供了明确、系统的法律依据,同时也成为我国未成年人权益保护法律体系的核心。

8 月,国家教委职业技术教育司在山东省烟台市召开职业技术教育师资队伍建设研讨会。

9 月,国家教委印发《关于落实世界银行贷款职业技术教育项目效益指标的意见》。

10 月 31 日,国家教委发出《关于开展成人中等专业学校评估工作的通知》。"通知"规定,凡经省(直辖市、自治区)、计划单列市人民政府或国务院部委批准的职工中等专业学校、干部中等专业学校、农民中等专业学校和广播电视函授中等专业学校,都应分期分批参加批准建校的省或部委组织的评估。"通知"并对评估的内容、结论、程序及结果的处理办法等作出规定。

12 月 24 日,国家教委发出《普通高等学校举办非学历教育管理暂行规定》。

12 月 28 日,第七届全国人民代表大会常务委员会第十七次会议通过并颁布了《中华人民共和国残疾人保障法》,1991 年 5 月 15 日起施行。这是中国保障残疾人权利的第一部专门法律,规定国家、社会、学校和家庭对残疾儿童少年实施义务教育。第三章 18—26 条针对特殊教育,规定了国家职责、发展方针、办学渠道、特殊和普通教育方式、成人教育、师资等,从执法层面扩大了残疾人特殊教育对象的范围,给残疾人下的定义是:"指在心理、生理、人体结构上,某种组织、功能丧失或者不正常,全部或者部分丧失以正常方式从事某种活动能力的人。"包括视力残疾、听力残疾、言语残疾、肢体残疾、智力残疾、精神残疾、多重残疾和其他残疾的人。

本年,国家教委实施《关于具有大学和大学以上学历人员自费出国的补充规定》。

本年,《人民日报》海外版和《神州学人》杂志社合办的"中国留学生之页"出刊。

本年,国家教委颁布《全日制聋校课程计划(试行)》,规定聋校学制为 9 年,每个班 10—14 人。国家规定课程包括两类:学科类课程包括思想品德(1—6 年级每周 1 节)、思想政治(7—9 年级每周 2 节)、语文(含语言训练、阅读、叙述、作文、写字)、数学、自然常识(3—6 年级每周 1 节)、社会常识(4—9 年级)、理科(7—9 年级每周 2 节)、律动(1—3 年级)、体育(4—9 年级)、美工(1—6 年级)、劳动(1—4 年级)和劳动技术(5—9 年级);活动类课程包括晨会(每天 10 分钟)、班团队活动、体育锻炼、兴趣活动或个别矫正(二者择一)。地方安排课程:1—6 年级每周 1 节,7—9 年级每周 3 节。这个文件中,改

"教学计划"为"课程计划","聋哑学校"为"聋校"。

本年,在聋校、幼儿园、福利院、普通小学、社区和家庭设立语言训练点630个,使用聋儿康复机构教学计划和大纲,统编试用教材《学说话》(1-4册)。《学说话》每册40课,包括训练说话内容和练习,图文并茂彩色印刷,由朴永馨主编,适用于3-7岁聋童早期教育,由华夏出版社出版。

本年,周弘和周婷婷的《从哑女到神童》由哈尔滨出版社出版。

本年,叶立言著的《聋校语言教学》由光明日报出版社出版。

本年,李宏泰和许海赢的《聋哑学校职业技术教育初探》由国际文化出版公司出版。

本年,国家教委"工作要点"提出,各地要高度重视,克服无能为力的消极思想,切实抓好各项改革试点,逐步推广会考制度等。

本年,国家教委颁发了《关于在普通高中实行会考制度的意见》,而后会考在全国逐步推开。

1991年

1月24日,国家教委、人事部联合发出《关于表彰在工作中做出突出贡献的回国留学人员的决定》。

1月24日至26日,国家教委在北京召开1991年教育工作会议。会议指出:"八五"计划期间,尤其是"八五"计划前期,成人教育要把重点放在进一步调整教育结构、深化教育改革、充实改善办学条件和大力提高教育质量上来,同时在数量上有选择地发展。会议确定本年度成人教育的工作要点是:拟订乡镇农民文化技术学校发展规划;整顿成人高等教育,健全完善教学和管理制度,提高教育质量;加强岗位培训工作。制定广播、电视、函授教育和社会力量办学的有关政策、法规,研究自学考试办法。

1月,第二次全国职业技术教育工作会议在北京召开,对《国务院关于大力发展职业技术教育的决定(讨论稿)》进行了讨论。

2月6日,人事部副部长蒋冠庄在新闻发布会上宣布:我国确定1991年为继续教育宣传年。

2月26日,国家教委发出《关于成人高等教育治理整顿工作的意见》。

3月9日,江泽民致信国家教委负责人李铁映、何东昌,就对青少年儿童进行中国近代史、现代史和国情教育问题作出指示。为落实江泽民的指示,国家教委颁发了《中小学加强中国近代、现代史及国情教育的总体纲要》。

3月,国家教委办公厅印发《普通中等专业学校办学水平评估指标体系(试行）》。

4月9日，七届全国人大四次会议批准《国民经济和社会发展十年规划和第八个五年计划纲要》。"纲要"提出，今后10年，成人教育要积极发展。要十分重视扫盲工作，争取到2000年基本扫除青壮年文盲。"八五"期间，成人教育发展的任务和政策是：继续采用多种途径、多种力量、多种形式办学，大力开展岗位培训。加强专业技术人员的继续教育工作。努力办好农民文化技术学校。进一步整顿和调整现有成人高等学历教育，切实提高教育水平和质量。鼓励自学成才，积极抓好扫除青壮年文盲工作。

4月15日，国务院发布《禁止使用童工规定》。

4月，劳动部下发《关于开展技工学校评估工作的通知》。

5月6日，国家教委在北京召开庆祝高等教育自学考试制度创建10周年大会。

5月19日，是第一个法定的全国助残日。

5月21日，国家教委发出《普通中小学校督导评估工作指导纲要》和《实施〈普通中小学校督导评估工作指导纲要〉试点的意见》。我国普通中小学校的督导评估工作逐步走上规范化轨道。

6月6日，国家教委发出《关于在普通高中实行毕业会考制度的意见》，以"抑制高中教学片面追求升学率的现象"。

6月6日，国家教委发出《关于大力发展乡（镇）、村农民文化技术学校的意见》。"意见"提出了全国总的计划目标，对农民文化技术学校的办学指导思想、主要任务、领导管理机构、教学改革、学校基本建设、建立检查评估奖励制度等作了规定。

6月12日，国家教委以第16号令发布施行《中等专业教育自学考试暂行规定》。"暂行规定"分10章，共41条。

6月14日，国家教委发出《关于加强岗位培训管理工作的意见》。提出：开展岗位培训应以行业为主导；企事业单位是开展岗位培训的主体；国家教委、人事、劳动等管理部门，对岗位培训工作负有制定方针、政策，进行宏观指导和协调的责任；省、自治区、直辖市教育、劳动、人事、行业主管部门和工会等在同级人民政府领导和指导下，从各地实际情况出发，分工管理，协调配合，抓好岗位培训工作。

6月17日，国家教委发出通知，决定对近几年政府和教育部门对扫盲工作一直重视，措施得力，成绩显著和比较显著的省（自治区、直辖市），给予奖励。对经济困难，文盲占总人口比例超过或接近30%的省（自治区、直辖市）给予补助。要求奖励、补助的扫盲经费应主要用于改善扫盲的办学条件等，不得挪作他用。

6月17日，国家教委发出《县电化教育中心设置暂行规定》。

6月21日，国家教育委员会办公厅颁布《关于幼儿园安全工作的通知》，强调要本着对国家、民族、家长高度负责的精神重视幼儿园的安全工作。

6月24日至7月3日，全国三康办（全国残疾人三项康复工作办公室）在合肥举办聋儿听力语言训练师资班。

7月20日，国家教委发出通知，选定北京市昌平县等34个县为全国电化教育综合实验县。通知指出电化教育综合实验的目的、八项任务和要求，以及实施意见。

7月23日，中国残联主席邓朴方会见世界聋人联合会主席安德森夫妇。

7月，《中等职业技术学校收取学费的暂行规定》出台，指出中等职业技术教育属非义务教育，自1991年起，对中等专业学校、技工学校和职业高中新入学的学生适当收取学费。

8月21日，国家教委、公安部联合发出第17号令，施行《社会力量办学印章管理暂行规定》，共22条。

8月31日，国家教委发出《关于加强自学考试工作的意见》。

9月4日，第七届全国人大常委会第二十一次会议通过《中华人民共和国未成年人保护法》，自1992年1月1日起施行。这是我国第一部全面保护未成年人权益的国家法律，是我国未成年人保护工作步入法制化轨道的标志。

9月16日，国家教委、财政部、人事部、劳动部发出《关于在普通高等学校招收先进模范青年试点工作的通知》。

9月，大连盲哑学校毕业生李颖和营口聋校毕业生孙翰林被保送到辽宁营口特殊教育师范学校，学习4年特殊教育。该校1990年成立，是首次在特殊教育师范专业或院校招收和培养聋人做教师。

10月4日，民政部、国家教委、国家语文工委、中国残联联合发出《关于在全国推广应用〈中国手语〉的通知》（残联宣字第138号），要求各地残联在集会和电视节目等公开场合，必须使用中国手语；各地聋校在教育、教学中应使用中国手语；高等师范院校特教专业、中等特教师范学校应将中国手语列入教学内容之一。

10月10日，北京电视台举行残疾人"手语一周新闻综述"座谈会。该手语新闻节目1989年5月7日在北京电视台开播，每周一次，请聋校教师担任手语翻译。

10月17日，国务院发出《关于大力发展职业技术教育的决定》。"决定"指出了大力发展职业技术教育的方针，其中包括：重视并积极发展对在职人员进行职业技术培训的成人教育，积极推进农村教育综合改革，实施"燎原计划"，实行农科教结合，统筹规划基础教育、职业技术教育和成人教育。

10月28日，国家教委发出《关于进一步加强扫除文盲工作的意见》。

11月28日，全国继续教育成果展览在北京开幕。

11月29日，中共中央发出《关于进一步加强农业和农村工作的决定》，提出加快农村教育改革步伐，努力普及义务教育，继续抓好扫盲工作，大力发展职业技术教育，办好农业广播电视及函授教育。

11月，国家教委办公厅下发《关于学习贯彻〈国务院关于大力发展职业技术教育的决定〉的通知》。

12月15日，由中国残联和国家教委委托西南师范大学教育系主办的全国特殊教育行政管理干部培训班在重庆结业。这是中国残联与美国卡特2000年基金会的合作项目之一。

12月，《国务院关于进一步贯彻实施〈中华人民共和国民族区域自治法〉若干问题的通知》指出："使用少数民族语言文字授课的地区，必须搞好双语教学，推广全国通用的普通话。"

本年，与加拿大高中后职业教育合作项目（CCCLP项目）启动。

本年，北京第三聋校职高美术教师梅芙生（聋）被评为北京市特级教师。

本年，民政部、中国残联主编的《中国残疾名人辞典》出版发行。

本年，民政部、国家教委、国家语言文字工作委员会和中国残联发出通知，要求在全国推广应用《中国手语》。

本年，国家教委、中残联等8个部门下发了《关于残疾人教育事业进展情况和"八五"期间的任务》的文件，要求各地在"八五"期间认真做好特殊教育工作。随即国家各有关部门制定了配套的16个实施方案。

本年，天津大学机电分校办聋人大专班。

本年，国家教委"工作要点"进一步提出要积极完善并推行高中毕业会考制度，"继续指导各地对初中布局和高中阶段教育结构进行调整，总结高中二年后实行分流和在普通初中与高中引入职教因素的改革经验"。

1992年

1月17日，国家教委发出《1992年在部分高等学校试验招收先进模范青年的实施意见》。

1月28日，国家教委发出《1992年全国各类成人高等学校招生规定》，分8章，共46条。

1月28日，国家教委发出《1992年各类成人高等学校举（试）办大学专科起点本科班招生规定》。

1月30日，国家教委发出关于印发《李铁映同志在北京市特殊教育学校教职工座谈会上的讲话》的通知。

1月，《关于加强民族教育工作若干问题的意见》提出：要抓紧普及初等义务教育，杜绝新文盲的产生；在少数办学确有困难的地方，可以先普及初等义务教育，至少先做到一户有一个合格的小学毕业生。民族教育发展的主要任务有三项：民族教育的发展一要打好基础，在数量和质量上有一个新的发展和提高；二要坚持改革开放，进一步明确办学的路子，使民族教育更好地为当地经济建设和人民群众的富裕文明服务；三要努力缩小目前困难较大的民族地区同全国教育发展平均水平的差距，使民族教育的发展与全国教育发展相适应，与少数民族和民族地区的经济、社会发展相适应。提出大力培养少数民族的教育行政管理干部。

2月12日，国务院发出《关于积极实行农科教结合推动农村经济发展的通知》，要求在全国积极实行农科教结合，推动农业生产和农村经济的发展。指出，当前县（市）首先要集中力量办好一两所起示范和骨干作用的职业技术学校，并继续办好农村广播函授学校；乡（镇）要办好农民文化技术学校；村要逐步建立农民业余文化技术学校。

2月16日，国务院颁发《九十年代中国儿童发展规划纲要》。这是我国政府对1989年11月第44届联合国大会通过的《儿童权利公约》所作出的承诺。

2月，劳动部颁发《关于加强工人培训工作的决定》。

3月20日，国务院总理李鹏在七届全国人大五次会议上作的《政府工作报告》中指出：继续采取有效措施，进一步完善成人教育体系。

3月，劳动部下发《关于贯彻〈国务院关于大力发展职业技术教育的决定〉的通知》。

3月，国家教委和国家民委在北京召开了第四次全国民族教育工作会议，会后国家教委和国家民委印发了《关于加强民族教育工作若干问题的意见》，明确规定了民族教育的方针任务、指导原则。第四次民族教育工作会议后，民族教育进一步加快了改革开放的步伐，展现出蓬勃发展的新局面。

4月，《中华人民共和国义务教育法实施细则》发布。规定：中央和地方财政视具体情况，对经济困难地区和少数民族聚居地区实施义务教育给予适当补助。

4月,国家教委印发《关于加强少数民族与民族地区职业技术教育工作的意见》的通知。

5月13日,国家教委发出《加强成人高中教育的意见》。"意见"提出,成人高中教育的任务是使已经具有初中毕业文化程度的从业人员和社会青年,经系统学习达到高中毕业水平。其课程由文化课和专业课或职业技术课两部分组成,从业人员分文、理科设置课程,社会青年则不分学习方式,可采用业余、半脱产、脱产等。毕业证书由地、市以上教育行政部门统一印制并验收,学校颁发。

5月,中国职业技术教育学会学术委员会成立。

5月,由国家教委和德国赛德尔基金会合作建立的平度双元制农职培训中心举行落成典礼。

6月,全国聋校分类教学研讨会在天津召开。国家教委发布的《在聋校开展分类教学》的通知中说明"分类教学"是"根据聋生的听力、语言状况和其他方面的差异,采取相应的教学形式、方法和手段,有效地补偿缺陷,充分地利用和发挥其潜能,使其受到适合自身发展所需要的教育"。北京第一聋人学校提出分类教学的四大原则:评估为先、注意实际、兼顾性和动态性,以及三级分类的方法。第一级分类指对同期入学新生和同年级聋生,根据他们的听力、智力、语言、听能等差异分快慢班,或听力班、全聋班、重听全聋混合班、聋和弱智综合班。第二级分类是对同一班级学生进行分组或分层。第三级分类是在班级分组教学的前提下进行个别教学。

7月,国家民委印发《关于加强民族院校教材建设工作的意见》,决定成立"民族院校教材工作委员会",工作的基本方针是:以民族学院为基础,联合有关民族地区的兄弟院校,重点加强民族学科专业的教材建设。

8月11日至14日,国家教委在北京召开全国成人高等教育工作会议。指出要继续把岗位培训作为重点,积极发展大学后继续教育,进一步完善包括本科、专科、第二专业教育直至在职硕士、博士学位的成人高等学历教育体系。鼓励社会力量以兴办职业技术教育、社会文化生活教育、基础教育、继续教育和助学性质的高等教育为主,面向学校所在地区招生,为地方经济、社会发展服务。会议强调不允许普通高等学校和成人高等学校在国家授权或认可的计划内,不经批准随意颁发学历证书。会议还提出了改革管理体制、成立国家成人高等教育考试委员会、改革考试办法等政策、措施。9月24日,国家教委办公厅印发朱开轩关于本次会议的总结。

8月12日,国务院办公厅发布《关于在外留学人员有关问题的通知》和《非教育系统留学回国人员择优资助经费有偿使用暂行办法》(2001年4月6日废止）。

8月，江苏省教委主办的《现代特殊教育》（双月刊）创刊。

10月8日，国家教委发出《举办成人高等教育非师范类专科起点本科班招生计划管理的暂行办法》。

10月12日，江泽民同志在党的十四大报告中指出，大力加强义务教育……鼓励多渠道、多形式社会集资办学和民间办学，改变国家包办教育的做法。

10月21日，国家教委颁布农村成人初等文化技术教育实用语文、实用数学、实用科技试行教学大纲及教材编写的指导思想和基本原则。这三种大纲适用于扫除文盲后的农村成人文化技术教育。提出教材编写应贯彻"速成的、联系实际的"教学原则，遵循成人学习的特点。

10月22日，国家教委颁布《扫除青壮年文盲单位考核验收办法（试行）》及《个人脱盲考试内容》。"办法"规定，扫除文盲单位分为基本扫除和高标准扫除两类，并提出了标准和要求。《个人脱盲考试内容》是根据国务院《扫除文盲工作条例》第七条关于个人脱盲的标准制定的，供各省（自治区、直辖市）参考。10月29日，国家教委颁发《扫除文盲教学大纲（试行）》。

10月22日，国家教委发出《关于制订中等专业教育自学考试课程自学考试大纲的意见》。

10月26日，国家教委主任李铁映签署中华人民共和国国家教育委员会第22号令，发布施行《高等教育自学考试命题工作规定》。分6章，共34条。

11月23日至27日，首届全国聋儿康复社区家庭模式研讨会在吉林长春举行。会议重点对建立和推行聋儿康复社区家庭模式问题进行总结交流研讨。

11月，国家教委在湖北宜昌召开全国扫盲及农村成人教育工作会议。会议贯彻中共十四大精神，要求各地加快扫盲与农村成人教育改革和发展步伐，到2000年使全国总人口中的文盲率下降到10％，青壮年文盲率下降到5％，实现基本扫除青壮年文盲的目标。农村成人教育要完善培训网络，使乡、村农民文化技术学校有更大的发展。

12月3日，亚太区残疾人十年会议举行特别会议，庆祝第一个国际残疾人日。

12月9日，国家教育委员会发布《幼儿园玩教具配备目录》，提供了幼儿园玩教具种类、数量、规格等方面配备的目录，为幼儿园配备玩教具提供了指导。

12月，劳动部正式颁布第一部《中华人民共和国工种分类目录》。

本年，国务委员、国家教委主任李铁映提出"支持留学，鼓励回国，来去自由"的出国留学工作方针。该方针于1993年被写入中共十四届三中全会报告。

本年，国家教委颁发《关于进一步改善和加强民办教师工作若干问题的意见》，提出"减少数量，提高质量，改善待遇，加强管理，统筹解决"的民办教师问题解决原则，开始解决农村学校民办教师问题。（1997年，国家教委颁发《关于解决民办教师问题的通知》，其中提出"到20世纪末基本解决民办教师问题"的目标。之后，通过多方努力，到2000年，全国大部分地区民办教师问题得到了基本解决。）

本年，朴永馨主编的《特殊教育概论》（中等特殊教育师范学校教学用书）由华夏出版社出版。

本年，朴永馨主编的《中国手语教学辅导》，与《中国手语》相配套，是重点分析、讲解《中国手语》一书中手势语词目的教学参考书，由华夏出版社出版。

本年，上海徐汇区业余大学办聋人美术大专班。

本年，国家教委颁行《关于加快中学教师学历培训步伐的意见》，要求建立函授、卫星电视教育、自学考试三结合的学分制培训方式，以提高教师的学历档次。

本年，国家教委"工作要点"明确提出"深化基础教育改革，大力提高教育质量"的目标，要求"加强重点高中的工作，研究重点高中端正办学指导思想"。

1993年

1月7日，国务院办公厅转发国家教委《关于进一步改革和发展成人高等教育的意见》，提出了成人高等教育发展的方针及任务。提出了今后一个时期，成人高等教育改革和发展的总体目标是：（1）动员社会各方面的力量，兴办多种形式、规格、层次的成人高等教育。（2）把高等层次岗位培训、大学后继续教育作为成人高等教育的重点，完善学历教育和高层次岗位培训两个体系。增加投入，建立起能够适应不断变化的经济、社会需要的新的办学机制。（3）建立分级管理、分级负责的管理体制，形成科学的管理、调控制度。

1月12日，国务院批转国家教委《关于加快改革和积极发展普通高等教育的意见》，要求高等教育必须面向经济建设主战场，改革办学体制，积极发展以高新技术产业为主的校办产业。

1月29日，国家教委发出《1993年工作要点》。"工作要点"对成人教育作出了具体部署。

2月9日，国家教委、国务院贫困地区经济开发领导小组、财政部发出《关于大力改革与发展贫困地区教育，促进经济开发，加快脱贫致富步伐的意见》。

"意见"提出到20世纪末,力争基本扫除青壮年文盲;使所有技术性较强的岗位的从业者都能受到必要的职业技术教育和培训;大多数贫困县逐步形成电教网络等目标。

2月13日,中共中央、国务院印发《中国教育改革和发展纲要》。

2月13日,中共中央、国务院印发的《中国教育改革和发展纲要》中指出,义务教育应以地方办学为主。

2月13日,中共中央、国务院印发《中国教育改革和发展纲要》。提出到20世纪末,使城乡劳动者的职前、职后教育有较大发展是我国教育发展的总目标之一,提出应以终身教育的观念,积极发展各级各类成人教育。

2月20日,国家教委推广福建省教委扫盲工作"八到村"的经验。

2月22日,国家教委召开电话会议,部署1993年实施义务教育和扫盲工作。

2月,中共中央、国务院在《关于印发〈中国教育改革和发展纲要〉的通知》中提出,认真组织和落实内地省、市对民族地区教育的对口支援。

3月1日至4日,中国全民教育国家级大会在北京和郑州举行。总结回顾中国基础教育和扫盲教育的理论与实践为会议主要议题之一,会议通过了《中国全民教育行动纲领》。

3月8日,国家教委发出《普及九年义务教育评估验收办法》和《县级扫除青壮年文盲单位检查评估办法》,建立对普及九年义务教育县(市、区)和扫除青壮年文盲县(市、区)评估验收制度。

3月9日至11日,国家教委受国务院委托,在北京召开教育支援西藏工作会议。会议提出,从现在到20世纪末,发展职业技术教育和成人教育是西藏教育的重点工作之一。

3月12日,国家教委发出通知,加强对成人高等教育毕业证书的管理。决定从1993年起,国家承认学历的成人高等教育毕业证书由国家教委统一印制,实行国家教委、省(自治区、直辖市)或计划单列市或国务院有关部委教育行政(主管)部门和学校三级管理。

3月,国家教委、国家民委印发了《少数民族和民族地区电化教育发展纲要(1992—2000)》,对少数民族和民族地区电化教育的地位作用、目标要求、政策措施等进行了规定和部署。

3月,国家教委印发《关于普通中等专业学校专业设置管理的原则意见》。

4月5日,国家教委发出通知,要求各级教育管理部门严格执行国家有关成人高等教育的政策规定。

5月25日,中国聋儿康复研究中心举行开业典礼。

6月5日至9日，国家教委在山西运城召开全国农村成人学校人口教育经验交流会。

6月8日，国际成人教育协会在沈阳召开1993年国际成人教育研讨会，来自13个国家和地区的155名外籍代表和我国160余名成人教育工作者参加大会。会议以成人教育与经济发展为主题，讨论终身教育思想理论、扫盲教育、环境保护教育及卫生保健教育等问题，交流各国成人教育经验。

6月，《中国职业技术教育》杂志创刊。

6月，全国职业技术教育"产教结合"经验交流会在广东珠海举行。

7月10日，国家教委发布《关于自费出国留学有关问题的通知》。

7月16日，国家教委印发《普通高等学校函授教育辅导站暂行规程》。分8章，共34条。

7月27日，国家教委印发《关于加强高师函授、卫星电视教育、自学考试相沟通培训中学教师教学和管理工作的意见》。指出，建立这种"三沟通"培训新模式，是教师培训工作的一项带有突破性的改革措施。

7月，国家教委、财政部《关于对高等学校生活特别困难学生进行资助的通知》规定，为了解决民族院校来自边远少数民族地区学生的生活困难问题，从1993年9月1日起，将现行专业奖学金中的民族专业奖学金标准提高为：一等每人每年600元，二等每人每年550元，三等在原助学金标准的基础上，每人每年增加200元。其他专业的专业奖学金标准不变。

8月1日，国务院第122号令发布《关于修改〈扫除文盲工作条例〉的决定》。

8月4日，《人民日报》发表国家教委主任朱开轩的文章《积极支持　正确引导——关于民办学校的几个问题》。文章指出，根据我国国情和大多数民办学校实际办学条件，开办民办学校应以基础教育、职业技术教育、继续教育，以及助学性质的高等教育为主。

8月，国家教委颁发《中等特殊教育师范学校专业课教学大纲（试行）》，科目有特殊教育概论，聋童心理学，聋童教育学，手语基础，耳聋预防及康复，聋校小学语文、数学、常识教学法等。

8月，在哈尔滨召开中国手语新增词手势动作审定会议，通过将2266个新增词及手势动作，作为《中国手语》续集出版。续集沿袭《中国手语》正集的体例，除有分类目录、音序索引外，另加英语索引。《中国手语》续集是《中国手语》正集的补充，它侧重经济和文化教育方面。编纂过程中参考了国际手语，美国、日本等国家和地区的手语，其中所有国家名称均采用国际手语的打法。

9月，由国家教委主办的国际职业技术教育研讨会在北京开幕。

9月，劳动部颁布《关于深化技工学校教育改革的决定》。

10月，国家教委颁布新的《全日制聋校课程计划（试行）》，重新编写聋校教材并于1996年秋季起使用。

10月9日，李瑞环同志发出致中国残联第二次全国代表大会贺信。

10月18日至30日，国家教委赴北京市"两基"（即"基本实现九年义务教育和基本扫除青壮年文盲"）评估验收工作抽查组，在北京市进行抽查验收。抽查组认定北京市在全国率先实现"两基"。

10月28日，国家教委主任朱开轩受国务院委托，向八届人大常委会第四次会议作《关于教育工作的报告》。报告指出，目前成人高校本专科在校生近150万人，1980年以来已有490万本专科生毕业。改革开放15年来每年扫除文盲约500万人。

10月31日，第八届全国人大常委会第四次会议通过了《中华人民共和国教师法》，规定"国家实行教师资格制度。中国公民凡遵守宪法和法律，热爱教育事业，具有良好的思想品德，具备本法规定的学历或者经过教师资格考试合格，具有教育教学能力，经认定合格的，可以取得教师资格"。这是我国首次从法律角度明确教师的专业地位，首次以法律形式确定以教师资格证为我国教师的基本从业许可证。

10月，江泽民在中央农村工作会议上发表讲话，提出大力发展农村职业技术教育和成人教育。

11月4日，国务院发出《九十年代中国农业发展纲要》。"纲要"指出要积极推进农村成人教育。

11月14日，中共十四届三中全会通过《关于建立社会主义市场经济体制若干问题的决定》。"决定"指出职业教育和成人教育以及各种社会教育要更多地面向市场需求，发挥社会各方面的作用；明确提出要制定各种职业的资格标准和录用标准，实行学历文凭和职业资格证书制度。

12月13日至17日，国家教委在广东江门市召开全国城市教育综合改革研讨会。会议强调，成人教育要加强高等学历教育管理，大力开展岗位培训。

本年，《全国民族教育发展与改革指导纲要（试行）》对新时期少数民族师资队伍建设提出了新的要求：办好各级民族师范学校和少数民族师资培训中心。

本年，中共中央、国务院印发《中国教育改革与发展纲要》，提出要支持和鼓励中小学同附近的企事业单位、街道或村民委员会建立社区教育组织，吸引社会各界支持学校建设，参与学校管理，优化育人环境，探索出符合中小学特点的教育与社会结合的形式。

本年，全国首届社区教育工作研讨会在北京召开，并成立了中国社区教育学会。在会上，社区教育工作者们对社区教育的概念、性质、对象、目的、行为主体、如何推行社区教育以及学校与社区的关系进行了深入探讨，并在社区教育"全员、全程、全方位"的发展取向上取得了共识。通过这次会议，社区教育理论和实践两方面的工作者转换了视角，实现了思想认识和工作实践等方面的重大转变。

本年，中共十四届三中全会《关于建立社会主义市场经济体制若干问题的决定》确立了至今仍指导出国留学工作的"支持留学，鼓励回国，来去自由"方针。

本年，中共中央、国务院颁布《中国教育改革和发展纲要》，对师范教育的重要性、发展与改革方向进行了进一步的规划与筹谋。

本年，《中国教育改革和发展纲要》明确提出"进一步扩大教育对外开放"。

本年，李慧聆主编的《听力残疾儿童随班就读工作手册》由华夏出版社出版。

本年，中残联与国家教委在南京试办聋人普通高中。

本年，国家教委颁行《关于加强小学骨干教师培训工作的意见》，次年印发《关于开展小学新教师试用期培训的意见》。

本年，国家教委"工作要点"提出要"改革高中阶段教育，完善高中毕业会考制度，召开高中工作会议"。

1994 年

1月，《劳动部职能配置、内设机构和人员编制方案》印发，确定劳动部设立职业技能开发司，归口管理全国各级各类技工学校及其他各类职业技能培训实体。

2月，劳动部、人事部《关于颁布〈职业资格证书规定〉的通知》对推行国家职业资格证书制度作出了整体部署。

3月，国家教委印发《关于普通中等专业学校招生与毕业生就业制度改革的意见》。

4月20日，国家教委下发了《关于改革和发展成人中等专业教育的意见》，确定了我国成人中等专业教育20世纪90年代到20世纪末的发展目标，并提出八项改革措施。

4月，中央教科所特教室主办的《特殊儿童与师资研究》（季刊）创刊，

1996年4月更名为《中国特殊教育》。

4月,劳动部制定《国家职业技能鉴定规范》。

4月,全国农科教结合协调领导小组正式成立。这是统一领导全国农科教结合工作的机构。

5月,国家教委在江苏盐城召开"全国残疾儿童少年随班就读工作会议",讨论《关于开展残疾儿童少年随班就读工作的试行办法》。

6月,唐英(聋)在南昌大学获得学士学位(图书情报)并继续读硕士研究生(计算机科学),杨军辉(聋)在首都师范大学获得学士学位(中文教育)。

6月14日,1994年全国各类成人高校招生录取工作集体办公会在北京举行。国家教委副主任王明达到会讲话。

6月14日至17日,中共中央、国务院在北京召开全国教育工作会议,会议提出了今后一个时期成人教育改革与发展的任务和目标,指出"到2000年全国普通高等学校和成人高等学校本专科在校生达630万人左右"。

6月18日至20日,国家教委在北京召开"九十年代基本普及九年义务教育和基本扫除青壮年文盲督导工作会议"。

6月,劳动部职业技能鉴定中心正式成立。

7月21日,国家教委颁布《关于开展残疾儿童少年随班就读工作的试行办法》。

7月,国务院印发《关于〈中国教育改革和发展纲要〉的实施意见》。

7月,中德两国政府在德国发表《关于加强职业教育领域合作的联合声明》,这是我国第一个国家级职业教育对外交流合作的协定。

7月,国家教委颁布《特殊教育学校建设标准》。主要内容包括盲、聋、弱智三类学校的选址与规划、校园用地面积指标、校舍建筑面积指标和校舍建筑标准。

8月17日至21日,全国高教自学考试社会助学工作会议暨理论研讨会在辽宁省兴城市举行。

8月23日,国务院颁布《中华人民共和国残疾人教育条例》。

8月,《中国手语》(续集)由华夏出版社出版。

9月1日,国家教委发出《关于在九十年代基本普及九年义务教育和基本扫除青壮年文盲的实施意见》。

9月5日,国家教委发出《关于试行高等教育自学考试国际贸易专业考试计划的通知》。

9月9日至16日和12月14日至23日,应黑龙江、辽宁省政府的申请,国家教委分别组织扫盲检查团，赴两省抽查验收扫盲工作，认定两省扫盲工作达到了国家规定的扫盲标准。

9月22日至26日，国家教委在河北省唐山市召开了全国农村教育综合改革工作会议。

9月24日，经国务院批准，成立了全国扫盲工作部际协调小组，主要负责扫盲工作的宏观指导和检查，动员全社会关心、支持和参与扫盲工作。国家教委主任朱开轩任组长。

10月8日，国家教委制定颁发了《关于加强成人教育管理干部岗位培训工作的意见》，提出到20世纪末，在全国基本建立起成人教育管理干部岗位培训制度，提出了现阶段成人教育管理干部岗位培训的主要任务。

10月12日，国家教委发布新闻公报宣布：北京、天津、上海3个直辖市全面实现普及九年义务教育和基本扫除青壮年文盲。

10月17日，国家教委办公厅印发了《普通高等学校函授教育评估基本内容和准则》《普通高等学校夜大学评估基本内容和准则》《普通高等学校函授教育评估指标体系（试行）》《普通高等学校夜大学评估指标体系（试行）》等4个文件。

10月18日，国家教委发出《关于重新颁发全国各类成人高等学校招生复习考试大纲的通知》。

10月22日，国家教委发出《关于实行新工时制对全日制盲、聋和弱智学校课程（教学）计划进行调整的通知》。

10月27日至31日，国家教委在云南省昆明市召开1995年普通及成人高等学校招生计划管理工作会议。

10月28日至30日，由民革、民盟、民建、民进、农工民主党、致公党、九三学社、台盟八个民主党派和全国工商联、中华职业教育社联合在北京召开了"全国民办教育研讨会"。

10月，教育部决定在成都航空工业学校等10所中等专业学校试办五年制高职班。

10月，劳动部发布职业指导办法。

11月1日，国家教委办公厅发出《关于民办学校向社会筹集资金问题的通知》。

11月2日，全国扫盲工作部际协调小组在北京人民大会堂举行了第一次会议。

11月11日，经上海市人民政府批准，全国第一所社区学院——"上海市金山社区学院"正式挂牌成立。该学院成立的宗旨是"立足社区，服务社区，促进社区发展",学院是集学历教育、职业培训、继续教育、社区服务四种功能于一体的综合性的、具有社区特色的新型的高等教育机构。

11月11日,人事部发布《资助留学人员短期回国到非教育系统工作暂行办法》,该文件于2001年4月6日废止。

11月20日,国家教委作出《关于表彰全国扫除文盲先进工作者和农村成人教育先进学校的决定》。

11月20日至24日,国家教委在江苏无锡召开全国扫盲与农村成人教育工作会议。

12月1日,为进一步提高托儿所、幼儿园卫生保健工作质量,卫生部、国家教育委员会颁发了关于《托儿所、幼儿园卫生保健管理办法》的通知。

12月19日,全国扫盲工作部际协调小组印发第一次会议"纪要"。

12月22日,国家教委办公厅发出《关于公布1995年度普通高等学校举办函授、夜大学专科教育备案名单的通知》。

12月28日,国家教委、民政部、中国残疾人联合会发出关于贯彻《残疾人教育条例》的通知。

12月30日,国家教委办公厅发出《关于全国高等教育自学考试指导委员会办公室与国家教委考试中心合并及有关问题的通知》。

本年,全国已有33所中等特教师范学校,普遍开展了对特教在职教师的长短期培训,部分普通中等师范学校也增设了特教课程。5所重点师范大学设有特殊教育专业。

本年,国家教委"工作要点"提出要"进一步研究高中的发展方针和办学模式",首次提出了"建设示范性普通高中"的构想。

本年,发布关于高等学校、中小学、中等专业学校贯彻《事业单位工作人员工资制度改革方案》三个实施意见的通知。

1995年

1月12日,国家教委发出《关于公布首批普及九年义务教育和扫除青壮年文盲县(市、区)名单的决定》。

1月16日,国家教委在北京召开1995年全国教育工作电话会议。国家教委主任朱开轩在讲话中指出,"以开展岗位培训和继续教育为重点,发展成人教育"是1995年工作任务之一。1月18日,国家教委印发《1995年工作要点》,2月6日,《中国教育报》全文刊登了"要点",指出要继续加强对成人高校的宏观控制和管理,加强扫盲、地方社会办学、自学考试等方面的工作力度。

1月24日，国家教委办公厅发出《关于转发黑龙江省〈强化政府行为，加大工作力度，坚持不懈地扫除剩余文盲〉经验材料的通知》。

1月27日，国家教育委员会印发新的三年制幼师教学方案，即《三年制中等幼儿师范学校教学方案（试行）》，对培养规格首次作出了十分详细的规定。

1月28日，全国高等教育自学考试指导委员会召开在京委员座谈会。国家教委副主任王明达到会。会议就调整自学考试专业设置、修改考试计划和大纲、统一编写自考教材、建立助学指导服务中心、加强教学规律科研等进行了研讨，并希望在年内出台自学考试改革方案。

2月5日，国务院学位委员会发出《关于进一步做好在职人员以研究生毕业同等学力申请硕士学位工作若干问题的通知》。

2月6日，国家教委印发《对河北等八省、自治区实施义务教育和扫除青壮年文盲工作的督导报告》。

2月9日，国家教委发出《关于1994年全国成人高等教育招生计划执行情况》的通报。

2月22日至24日，国家教委在合肥召开了安徽、江苏、山东、河南、四川等9个文盲大省工作座谈会，分析研究九省扫盲情况，制定对策。国家教委主任朱开轩、副主任王明达、全国妇联副主席刘海荣和共青团中央的领导到会讲话。

2月23日，国家教委发出《关于进一步加强普通、成人高等学校招生全国统一考试管理工作的意见》。

3月7日，国家教委印发《关于加强广播电视、函授中等专业教育管理的意见》。

3月18日，《中华人民共和国教育法》颁布。其中规定：国家实行九年制义务教育制度。各级人民政府采取各种措施保障适龄儿童、少年就学。适龄儿童、少年的父母或者其他监护人以及有关社会组织和个人有义务使适龄儿童、少年接受并完成规定年限的义务教育。国务院及县级以上地方各级人民政府应当设立教育专项资金，重点扶持边远贫困地区、少数民族地区实施义务教育。经县级人民政府批准，乡、民族乡、镇的人民政府根据自愿、量力的原则，可以在本行政区域内集资办学，用于实施义务教育学校的危房改造和修缮、新建校舍，不得挪作他用。

3月18日，第八届全国人民代表大会第三次会议通过了《中华人民共和国教育法》，提出"国家实行学前教育、初等教育、中等教育、高等教育的学校教育制度"，由此明确确定了学前教育在学制中的地位。

3月18日，第八届全国人民代表大会第三次会议通过的《中华人民共和国教育法》，开始改称"职业技术教育"为"职业教育"。

3月24日，全国扫盲工作部际协调小组办公室会议在国家教委召开。4月12日，国家教委办公厅印发了会议纪要。

3月29日，全国扫盲工作部际协调小组办公室召开会议，部署1995年的扫盲工作任务，国家教委副主任王明达到会讲话。会议要求各部门齐抓共管、分工协作，加大力度，推动扫盲工作任务的落实和完成。

4月12日，国家教委发出《关于进一步健全和完善扫盲工作报告制度的通知》。

4月17日，国家教委印发《成人中等专业学校校长岗位规范（试行）》。

4月21日，国家教委办公厅发出《关于1996年成人高等教育非师范专科起点本科班新增招生专业的通知》。

4月，《职业教育法》正式提交全国人大常委会审议。

4月，国家教委设立"国家教委留学基金会管理委员会"。决定改革现行的国家公派留学人员的选派和管理办法，实行面向社会、公开报名、平等竞争、择优录取、公布录取结果、签约派出、违法赔偿的新选派办法。

5月17日，国家教委举行新闻发布会指出，1995年春季高等教育自学考试报考人数达365万人，为实行自学考试制度以来报考人数最多的一年。同时指出中国取得高等学历的道路很宽。

5月22日，国家教委发出《关于试行高等教育自学考试财政和会计专业考试计划的通知》。

6月2日，国家教委发出《关于加强1995年普通高等学校和成人高等教育招生计划管理工作的通知》。

6月8日，全国妇联、国家教委发出《关于举行第三届"巾帼扫盲奖"评比表彰活动的通知》。

6月8日，全国自学考试办公室召开"自学考试教育规律研讨会"，国家教委副主任王明达出席会议并讲话。

6月8日，国家教委副主任王明达出席了团中央召开的"中国大学生志愿者扫盲与科技文化服务行动"电话会议并讲话。

6月14日，国家教委发出《关于做好普通高等学校函授、夜大学教育评估工作的通知》。规定凡经国家教委审批、备案举办函授、夜大学本、专科教育的普通高等学校均应参加评估工作。评估工作的组织实行国家、地方（或部门）、学校三级评估体制，从1995年开始至1997年5月底结束，分启动试点、全面展开、检查总结三阶段。评估的内容主要是对普通高等学校举办成人教育的投入、教育管理过程、教育质量作出全面的评价。

6月，职业技术教育师资培训基地会议在京举行。

7月11日，"首都大学、中学学生志愿者出征仪式"在清华大学举行，志愿者开展"百校百乡结对奔小康行动"。与此同时，全国各地参加由国家教委和团中央组织的"扫盲与科技文化服务行动"的近百万名大中学生志愿者也陆续起程。李岚清副总理及有关部门领导出席仪式并向志愿者授旗。

7月15日至18日，国家教委在山西省大同市召开普通及成人高等教育计划管理工作研讨会，就招生计划的执行情况进行了研究和分析。

7月19日，国务院办公厅转发国家教委《关于深化高等教育体制改革的若干意见》。"意见"提出要着重抓好高等教育管理体制的改革。其目标是，争取到2000年或稍长一点时间，基本形成举办者、管理者和办学者职责分明，以财政拨款为主多渠道经费投入，中央和省、自治区、直辖市人民政府两级管理、分工负责，以省、自治区、直辖市人民政府统筹为主，条块有机结合的体制框架。

7月24日，国家教委办公厅发出关于支持"中国大中学生志愿者扫盲与科技文化服务行动"的通知。

8月1日，国家教委印发《示范性乡（镇）成人文化技术学校规程》。

8月10日，国家教委办公厅发出《关于开展国际扫盲日宣传纪念活动的通知》。

8月14日，国家教委发出《关于广播电视大学招收高等专科"注册视听生"试点的通知》。"通知"对招生、学籍管理和教学管理、试点专业、试点学校等方面作出了规定。

8月19日，《中国教育报》报道：全国高等教育自学考试指导委员会进行了换届调整，新一届全国考委主任（副主任）委员名单和全国考委委员名单已经国务院批准。国家教委主任朱开轩任新一届主任。

8月24日至30日，全国燎原广播电视学校工作研讨会在黑龙江大庆市举行。

8月29日至31日，全国普通高校函授、夜大学教育评估会议在京举行。国家教委副主任王明达到会讲话。

8月31日，国家教委办公厅发出《关于全国高等教育自学考试指导委员会组成人员的通知》。

9月1日，《中华人民共和国教育法》正式施行。

9月6日，《中国教育报》报道：为了扩大广播电视大学的开放办学，主动适应经济建设对人才的需求，国家教委决定，从1995年秋季开始在10个省、自治区和计划单列市试点招收高等专科"注册视听生"。

9月8日，联合国教科文组织总干事费德里克·马约尔、中国国务院副总理李岚清、国家教委主任朱开轩在由联合国教科文组织总部举办的"国际扫盲日"纪念仪式上讲话，号召进一步开展扫盲工作。为表彰中国全国妇联配合政府和职能部门在扫除妇女文盲中所做出的突出贡献，联合国教科文组织将1995年的国际扫盲奖——"世宗王扫盲奖"授予中国全国妇联。这是我国自1984年以来所获得的第9个国际扫盲奖。

9月14日，国家教委办公厅发出《关于广播电视大学招收高等专科"注册视听生"试点工作的实施意见》。

9月14日，国家教委、财政部发出《关于进行〈国家贫困地区义务教育工程〉项目规划和可行性研究的通知》，启动了"国家贫困地区义务教育工程"。从1995年至2000年，中央财政拨出39亿元支持贫困地区义务教育的发展，加上地方各级政府的配套资金等，工程资金投入总量超过100亿元。这是建国以来中央财政教育专项资金投入规模最大的全国性教育工程。

9月19日，国家教育委员会等八部门联合下发《关于企业办幼儿园的若干意见》，以适应我国经济体制改革的日益深入和社会主义市场经济体制的建立，解决在企业转换经营机制过程中，学前教育工作面临的一些新情况和新问题，保证学前教育事业的健康发展。

9月27日，人事部等部门发布《关于重点资助优秀留学回国人员开展科技活动的通知》，该文件于2001年4月6日废止。

10月9日，国家教委发出《关于表彰、奖励黑龙江省、辽宁省扫盲工作的决定》。

10月12日，国家教委和全国扫盲工作部际协调小组联合召开全国扫盲工作电话会议，通报扫盲情况，部署今冬明春的扫盲工作。

10月，全国农科教结合工作交流会议在京举行。

11月3日，国家教委印发《关于高等教育自学考试社会助学工作的意见》。

11月9日，国家教委印发《关于成人高等学校试办高等职业教育的意见》。"意见"对培养目标、招生对象、专业设置、毕业文凭、试点学校等方面作出了规定。

11月23日，北京市高等教育自学考试创建15周年暨国家学历文凭考试首批毕业生颁证大会在北京召开。国务院副总理李岚清到会为首批通过国家学历文凭考试的323名民办高校学生颁发毕业证书。1996年1月3日，国家教委印发李岚清的讲话。

11月，国家计委、国家教委、财政部联合发布《"211工程"总体建设规划》，标志该工程正式列入国民经济和社会发展中长期规划和第九个五年计划，并由规划设计阶段转入全面实施阶段。

12月8日，全国妇联、国家教委在北京举行第三届"巾帼扫盲奖"颁奖会。

12月11日至15日，全国高等教育自学考试指导委员会第四次会议在北京举行。会议通过新一届全国自考委章程，部署了1996年的工作。

12月19日，国家教委印发《关于开展建设示范性职业大学工作的原则意见》。

本年，《中华人民共和国教育法》以基本法的形式明确规定了我国少数民族双语教学的政策。《教育法》第12条规定："汉语言文字为学校及其他教育机构的基本教学语言文字。少数民族学生为主的学校及其他教育机构，可以使用本民族或者当地民族通用的语言文字进行教学。学校及其他教育机构进行教学，应当推广使用全国通用的普通话和规范字。"

本年，国家教委发布《改革国家公费出国留学选派管理办法的方案》，规定国家公派出国人员选派工作的方针是"个人申请，专家评审，平等竞争，择优录取，签约派出，违约赔偿"。

本年，张宁生主编的《听觉障碍儿童的心理与教育》由华夏出版社出版。

本年，朴永馨主编的《特殊教育学》由福建教育出版社出版。

本年，全国特殊教育学校发展到了1379所，在校学生295590人。

本年，《残疾人就业保障金管理暂行规定》出台。

本年，《教师资格条例》出台。

本年，国家教委"工作要点"提出"研究高中教育改革与发展方针和办学模式"和"进一步深化办学和管理体制改革，加大教育结构调整力度"的目标。

本年，国家教委召开改革开放以来全国第一次普通高中教育会议，并颁布了《关于大力办好普通高级中学的若干意见》。

本年，国家教委发出《关于评价验收1000所左右示范性普通高级中学的通知》。

本年，我国发布了《事业单位工作人员考核暂行规定》。

1996年

1月22日至24日，国家教委1996年教育工作会议在北京举行。2月6日，国家教委印发《1996年工作要点》。2月12日，《中国教育报》全文刊登了"要点"。"要点"指出按照"分类指导、分步实施"的原则，加强9个文盲大省扫盲工作的力度，下发《扫除青壮年文盲单位考核验收办法》，确保年内扫除400万青壮年文盲；加强成人高、中等学历教育的管理工作；加强对社会力量办学工作的规划与指导；会同有关部门，通过试点，推动现代企业教育培训制度和行业、企业岗位资格证书制度的建立；研究部署"九五"期间自考工作进一步深化改革的若干措施。

1月22日至24日，国家公费出国留学选派工作会议在北京举行。国家教委在会上正式公布了关于国家公费出国留学人员选派管理工作的改革方案。

1月25日，国家教育委员会颁发《关于开展幼儿园园长岗位培训工作的意见》。为确保培训质量，国家教育委员会同时制定并颁布了《全国幼儿园园长岗位培训指导性教学计划（试行草案）》，并由基础教育司组织编写幼儿园园长岗位培训的教学大纲及教材。1月26日，国家教育委员会颁布《全国幼儿园园长任职资格、职责和岗位要求（试行）》，以作为选拔、任用、考核、培训幼儿园园长的基本依据。

2月16日，国家教委发出《关于农村成人学校和中小学参加扫盲工作的通知》。

2月26日，国家教委召开新闻发布会，公布第二批471个基本普及九年义务教育和扫除青壮年文盲县、市、区名单。2月27日，《中国教育报》刊登了国家教委主任朱开轩的讲话《坚持把"两基"放在重中之重的地位》和全国第二批实现"两基"县（市、区）名单。

2月27日，司法部和中国残疾人联合会发出《关于加强残疾人合法权益保障 做好残疾人法律服务工作的通知》。

2月28日至3月1日，全国扫盲工作会议在浙江省温州市举行。

2月29日，国家教委印发《普及九年义务教育和扫除青壮年文盲工作表彰奖励办法》。

2月，国家教委公布首批296所国家级重点职业高级中学（中心）名单。

3月17日，第八届全国人民代表大会第四次会议批准了《中华人民共和国国民经济和社会发展"九五"计划和2010年远景目标纲要》。"纲要"指出要积极发展电视教育、函授教育、业余进修和自学辅导等多种办学形式；成人教育重点放在岗位培训和继续教育上，发展多种形式的职前、职后和转岗培训教育。

3月20日，国家教委和全国扫盲工作部际协调小组在北京举行仪式，宣布设立"中华扫盲奖"及"中华扫盲奖锡山奖"，旨在表彰奖励在扫盲工作中做出突出成绩的先进单位和个人。

3月25日，是第一个"全国中小学生安全教育日"。李岚清同志在此之前发表电视讲话，要求全社会都要关心中小学安全工作。

3月27日，国家教委发出《关于加强社会力量办学管理工作的通知》。

3月27日，国家教委印发《高等教育自学考试实践性环节考核管理试行办法》。

4月2日至6日，1996年全国广播电视大学教育工作会议在安徽屯溪举行。会议讨论了广播电视大学"注册视听生""专升一本"教育试点及法规建设等工作。

4月22日，国家教委发出《关于社会力量办学管理经费问题的意见》。

5月9日，《残疾儿童少年义务教育"九五"实施方案》公布，对于在"九五"期间进一步推进残疾人教育的任务指标和主要措施做出了具体部署，力求使特殊教育事业以崭新的面貌进入21世纪。

5月10日，国家教委发布《高等教育自学考试开考专业管理办法》。

5月24日，国家教委办公厅发出《关于扩大广播电视大学高等专科"注册视听生"试点学校的通知》。

5月28日，全国社会力量办学管理座谈会在北京举行。

5月，《中华人民共和国职业教育法》公布。

6月11日至13日，广播电视大学"注册视听生"试点工作会议在北京举行。

6月14日，共青团中央、国家教委联合召开"96中国大学生志愿者扫盲与科技文化服务行动"全国电话会议。国家教委副主任王明达出席会议并讲话。

7月11日，国家教委办公厅发出《关于对广播电视大学"注册视听生"必修课程考试实施监督检查的意见》。

7月，国家教委与世界银行签署《关于实施世界银行贷款职业教育项目的协议》，世界银行贷款第二个职业教育项目启动。

7月，劳动部印发《职业技能开发事业发展"九五"计划和2010年长远规划》。

8月28日，国家教委、财政部联合印发《扫盲工作先进地区奖励办法》。国家教委印发《"中华扫盲奖"评选办法》。

9月9日，国家教委、财政部联合作出决定，表彰全国扫除文盲工作先进的江苏、广东、山东、安徽等四省人民政府及100个先进地区和县（市）。

9月10日，首届"中华扫盲奖"颁奖仪式在人民大会堂举行。

9月12日，国家教委印发《中等专业教育自学考试改革与发展的意见》。

9月，《中华人民共和国职业教育法》开始施行，以国家立法的形式确立了职业教育的地位，明确了建立健全职业学校教育与培训并举，并与其他教育相互沟通协调发展的职业教育体系。

10月8日至10日,全国高等教育自学考试工作会议在北京举行。会议就在新形势下,进一步改革和加强自学考试工作,促进更多的人自学成才,进行了研究和部署。

10月18日,国家教委发出《关于成人中等专业学校招收应届初中毕业生有关问题的通知》。

12月31日,国家教委办公厅发出《关于调整函授、卫星电视教育、自学考试相结合的中学师资培训工作的通知》。

本年,国家留学基金管理委员会成立,国家留学基金管理委员会第一次全体委员会议在北京举行。

本年,朴永馨主编的《特殊教育辞典》由华夏出版社出版。

本年,戴目(聋)编的《多国手语拾掇》由上海教育出版社出版。

本年,爱德基金会和南京聋校创办聋儿双语班,聘请聋人教师张慈道和杨晓华,与健听教师共同执教。

本年,国务院批转《中国残疾人事业"九五"计划纲要(1996—2000年)》。

本年,《残疾人就业"九五"实施方案》出台。

本年,《关于师范教育改革和发展的若干意见》颁布,规定师范生免缴学费并享受奖助学金,但毕业后要任教五年。

本年,国家教委"工作要点"提出了"拟定建设示范性普通高中的实施意见和推进办学模式多样化改革"的工作目标。

本年,国家教委正式颁发了《全日制高级中学课程计划(试行)》。

1997年

1月7日,国家教委办公厅印发《自学考试改革与发展规划》。

1月14日至15日,国家教委1997年教育工作会议在北京举行。1月17日,国家教委印发朱开轩同志在国家教委1997年教育工作会议上的讲话和《国家教委1997年工作要点》。"要点"对成人教育事业的扫盲、成人高校、社会力量办学等方面的工作进行了部署。

1月15日,国家教委在1997年教育工作会议上公布全国第三批实现"两基"的县(市、区)名单。同日,国家教委发布《江苏、广东两省各县、市、区全面实现"两基"目标的新闻公报》。连同前两批公布的数字,全国累计实现"两基"的省级单位总数5个;县、市、区总数1482个(含其他行政区划单位43个),人口覆盖率达50%,实现了"两基"规划第一阶段预定目标。

1月22日,国家教委发出文件,公布第三批基本普及九年义务教育和基本扫除青壮年文盲的457个县、市、区名单。

1月22日，国家教委作出《关于表彰奖励"两基"工作先进县、市、区的决定》，对1996年实施九年义务教育和扫除青壮年文盲工作中做出突出成绩的150个先进县、市、区予以表彰奖励。

1月22日，国家教委印发《高等教育自学考试英语专业考试计划（试行）》。

2月3日，国家教委印发《1997年全国各类成人高等学校招生规定》和《1997年全国各类成人高等学校举办大学专科起点本科班招生规定》。

4月5日，国家教委发出《关于1997年"两基"督导评估工作的意见》。

5月30日，全国扫盲工作部际协调小组办公室会议在北京举行。

5月，经4年筹备的"上海长宁区社区学院"正式成立。

6月17日至20日，全国各类成人高校招生录取工作会议在湖南长沙市举行。1997年全国各类成人高校招生报名人数为218.3万人，比1996年增加8万多人，是历史上报名人数最多的一年。

6月25日，《中国教育报》报道：历时近两年的全国普通高校函授、夜大学教育评估工作告一段落。参加评估的是经国家教委审批、备案，具有举办函授、夜大学本专科教育办学资格的841所普通高校。有关省市、部门对评估为不合格的学校采取了相应措施。

7月3日，《"九五"期间特殊教育补助费使用的几点意见》出台。

7月10日，国家教委办公厅印发《全国各类成人高等学校招生复习考试大纲》。

7月17日，国家教育委员会印发了《全国幼儿教育事业"九五"发展目标实施意见》，就"九五"期间幼儿教育事业发展的指导思想、具体目标、措施保障等提出了基本要求，为实现《全国教育事业"九五"计划和2010年发展规划》对幼儿教育事业提出的目标奠定了基础。

7月31日，李鹏总理签署国务院第226号令，发布《社会力量办学条例》，自1997年10月1日起施行。

8月13日，国家教委召开新闻通气会，就《社会力量办学条例》颁布实施的重要意义、对社会力量办学发展以及对社会力量办学管理的规定等问题，回答中央及在京30余家新闻单位记者的提问。

8月27日，国家教委办公厅印发关于对河北省、黑龙江省、河南省、四川省、陕西省《"两基"工作的督导检查报告》。

9月5日，国家教委发出《关于重新公布具有举办函授、夜大学资格的普通高等学校名单和恢复办学资格审批工作的通知》。

9月8日，第二届"中华扫盲奖"颁奖仪式在北京举行。同日，国家教委发出《关于表彰第二届"中华扫盲奖"获奖个人和单位的决定》。

9月12日，中国共产党第十五次全国代表大会在北京开幕。江泽民同志在开幕式上作题为《高举邓小平理论伟大旗帜，把建设有中国特色社会主义事业全面推向二十一世纪》的报告，指出：要切实把教育摆在优先发展的战略地位，尊师重教，加强师资队伍建设。发挥各方面的积极性，大力普及九年义务教育，扫除青壮年文盲，积极发展各种形式的职业教育和成人教育，稳步发展高等教育。优化教育结构，加快高等教育管理体制改革步伐，合理配置教育资源，提高教学质量和办学效益。关于成人教育，江泽民指出要扫除青壮年文盲，积极发展各种形式的成人教育。

9月16日，劳动部等部门出台《关于做好盲人保健按摩职业技能培训、鉴定及就业工作的通知》。

9月25日，国家教委办公厅发出《关于组织中等职业学校在职教师参加高等教育自学考试有关问题的通知》。

9月，华东师范大学学前教育专业、心理系特殊教育专业和上海幼儿师范高等专科学校合并成立华东师范大学学前教育与特殊教育学院，成为全国学前教育领域率先成立的一个二级学院。随后，中专层次的幼儿师范学校也纷纷通过并入高校、独立升格、未升格但举办"三二分段"或"五年一贯制"专科教育等方式来适应提升层次的需要。同时，原有的高师本科学前专业也开始加入培养幼儿教师的行列。幼师的转型、原有高师的加入，再加上综合性大学和非师范高等学校的参与，使幼儿教师培养层次快速提高。

10月14日，国家教委印发《关于实施〈社会力量办学条例〉若干问题的意见》。

10月，世界聋人联合会主席 Liisa Kauppinen 率团访问中国，参观北京、天津和上海的聋校及天津聋人工学院。世界聋人联合会会刊1998年6月报道此访华活动，题为"Eastern Red"。

10月，中国教育学会特殊教育分会第四次全国代表大会召开。

11月11日，全国扫盲工作部际协调小组在北京召开会议。国家教委副主任张天保向协调小组各成员单位通报1997年度全国扫盲工作进展情况、主要做法和经验以及存在的问题，并提出1997年冬和1998年度扫盲工作的意见。26日，国家教委办公厅印发《全国扫盲工作部际协调小组会议纪要》和张天保同志在会议上的讲话。

11月21日，国家教委发出《关于表彰全国成人高等教育评估优秀学校的通知》。

11月26日至27日，全国高等教育自学考试指导委员会工作会议在北京举行。国家教委主任、全国考委主任朱开轩主持会议，全国考委副主任王明达在会上作报告。委员们就高教自考在改革与发展的过程中所面临的保证考试质量、调整开考专业、落实"教考职责分离"原则、推进自考面向农村等问题提出建议。

11月，全国特殊教育劳动职业教育经验交流大会在辽宁省鞍山市召开。

11月，职业教育教学改革座谈会在京召开。

11月，全国职业教育师资队伍建设工作座谈会在山东青岛召开。

12月4日，国家教委办公厅、劳动部办公厅联合发出《关于实行社会力量办学许可证制度有关问题的通知》。

12月17日，国家教委办公厅公布《1998年度高等学校举办函授专科和夜大学本、专科教育备案名单》。

本年，国家教委提出《关于加强中等职业学校教师队伍建设的意见》。

本年，"鼓励留学人员回国工作或以适当方式为祖国服务"被写入中共十五大报告。

本年，陈华铭、何留和李梦江在天津理工大学本科毕业（机械）。三位都是聋人，曾于1992—1995年在天津理工大学特教部学习，后升到本科班与健听大学生同班上课。

本年，天津理工大学特教部更名为天津聋人工学院，面向全国招生，招生对象为具有高中毕业或同等学历的聋生或聋哑青年。设机械制造工艺与设备、计算机应用、服装设计与工程专业，学制三年。

本年，唐英（聋）在南昌大学获得硕士学位，1998年到上海交通大学攻读博士学位。

本年，《自强之歌》由华夏出版社出版，收入全国自强模范事迹，其中聋人有唐英、洪泽、杨洋等。

本年，国家教委颁行《关于开展小学教师继续教育的意见》，对新教师和骨干教师的职后培训提出要求。

本年，中共十五大明确提出要认真落实"科教兴国"战略。

1998年

1月16日，国家教委1998年教育工作会议在南京举行。指出扫除青壮年文盲、做好"普九"和扫盲工作是本年度工作要点之一。

1月21日，国家教委印发《1998年全国各类成人高等学校招生规定》《1998

年全国各类成人高等学校举办大学专科起点本科班招生规定》。

2月5日,国家教委公布《第四批基本普及九年义务教育和基本扫除青壮年文盲县(市、区)名单》。

2月,劳动部下发《关于印发〈"三年千万"再就业培训计划〉的通知》。

2月,国家教委印发《关于加快中西部地区职业教育改革与发展的意见》。

2月,国家教委印发《面向二十一世纪深化职业教育教学改革的原则意见》。

3月,国家教委等三部门印发《关于实施〈职业教育法〉加快发展职业教育的若干意见》。

5月4日,江泽民在庆祝北京大学建校100周年大会上发表重要讲话,强调大学是科教兴国的强大生力军,提出要建设若干所世界一流大学的历史任务。

5月21日,中国残联、国家工商行政管理局发出《关于建立和完善残疾人服务社并进行企业法人登记注册的通知》。

6月1日,教育部印发《高等教育自学考试汉语言文学专业(本科)考试计划》。

6月7日,全国总工会、教育部、科技部、人事部、劳动和社会保障部印发《全国职工自学成才奖励条例》。

6月13日,中共中央、国务院发布《关于深化教育改革,全面推进素质教育的决定》。其中规定:在普及九年义务教育的地区,实行小学毕业生免试就近升学的办法。鼓励各地中小学自行组织毕业考试。采取多种形式改革高中阶段学校的招生办法,改革高中会考制度。建立符合素质教育要求的对学校、教师和学生的评价机制。地方各级政府不得下达升学指标,不得以升学率作为评价学校工作的标准。鼓励社会各界、家长和学生以适当方式参与对学校工作的评价。

6月25日,教育部发出《关于加强普通高等学校高等教育自学考试社会助学管理工作的通知》。

6月26日,教育部印发《高等教育自学考试小学教育专业(专科)考试计划》。

6月,全国职教改革与发展现场经验交流会在青岛召开。

7月,国务院办公厅印发《教育部职能配置、内设机构和人员编制规定》,教育部设立职业教育与成人教育司,统筹管理普通与成人中等职业学历教育、成人文化技术教育;教育部在高等教育司设立高职高专处,负责高等专科学校和高等职业学校的管理工作。

8月3日,教育部印发《关于认真做好"两基"验收后巩固提高工作的若干意见》。

8月3日，教育部印发《高等教育自学考试法律专业（本科）考试计划》。

8月17日，全国高等教育自学考试指导委员会在北京宣布：目前高等教育自学考试专业已经调整为224个，新的专业目录和专业规范已经公布，从2002年开始，开考专业和有关要求必须按照新专业的计划、大纲、教材执行。

8月22日，为纪念国务院《高等教育自学考试暂行条例》颁布10周年，高等教育自学考试研讨会在北京召开。教育部部长陈至立出席会议并讲话。

8月29日，九届全国人大常委会第四次会议通过《中华人民共和国高等教育法》，于1999年1月1日起开始施行。该法的颁布标志着中国教育法律法规体系的基本框架已经形成。

9月8日，教育部举行国际扫盲日庆祝活动暨第三届"中华扫盲奖"颁奖大会。

11月26日，教育部发出《关于实施高等教育自学考试专业调整有关问题的通知》。

12月15日，新华社报道：国务院机构改革中撤并部门所属学校的管理体制调整工作基本完成。撤并部门所属的72所成人高校大部分转为地方管理。

12月17日至24日，教育部派出检查组，对安徽省扫盲工作进行抽查评估，认定安徽省已达到现阶段国家规定的基本扫除青壮年文盲的目标。

12月24日，教育部制定《面向21世纪教育振兴行动计划》，提出"实施素质教育，要从幼儿阶段抓起，要用科学的方法启迪和开发幼儿的智力，培养幼儿健康的体质、良好的生活习惯与求知的欲望"。

12月31日，教育部印发《关于1998年表彰奖励"两基""普初"工作先进县（市、区）的决定》。

12月，教育部令第1号颁布《特殊教育学校暂行规程》。

本年，北京联合大学商务学院试办聋人装潢广告设计专业大专班，27名聋生入学。2000年与北京一师特师部合办为特教学院。

本年，张茂聪等编著的《中国聋人手语与语言基础》由山东教育出版社出版。

本年，大连聋校接待美国加劳德特大学教育系2位聋人硕士生（L. Hussey & D. Sicoli）实习，大连电视台采访拍摄电视纪录片《来自无声世界的报告》。她们的实习报告论文发表在美国聋教育期刊，题为"Removing Barriers and Building Bridges"（移开障碍和搭起桥梁）。

本年，辽宁师大教育系残疾学生周婷婷（重听）和王铮（盲）主演电影《不能没有你》。

本年，我国大陆仅有的一个有关特殊教育的主页——北京师范大学特殊教育研究中心（http：//www.specialneeds.org.cn）开通。

本年，第十二次全国残联工作会议召开。

本年，在国家机关机构改革，部、委合并，机构大量精简人员的情况下，教育部保留了民族教育司，国家民委保留了教育司，有11个省在省一级教育机构中设立了民族教育处。地（州）、县以及教育行政部门也设有民族教育机构，或指定专人负责民族教育工作。

1999 年

1月7日，教育部印发《1999年全国各类成人高等学校招生规定》。

1月8日，教育部印发《关于公布第五批基本普及九年义务教育和基本扫除青壮年文盲县（市、区）名单的决定》和《关于公布第二批基本普及初等义务教育县（市）名单的决定》。

1月11日至12日，教育部1999年年度工作会议在北京举行。教育部部长陈至立在会上作了工作报告。1月28日，教育部印发《教育部部长陈至立在教育部1999年年度工作会议上的讲话》和《教育部1999年工作要点》。"要点"指出成人教育以岗位培训和继续教育为重点，继续加强再就业培训工作。在经济较发达的地区，推进建立学习化社区的试点。扎实做好"两基"及验收后的巩固提高工作，加大对贫困地区"两基"工作的支持力度。

1月13日，国务院批转教育部《面向21世纪教育振兴行动计划》，"计划"启动。其中提出"开展社区教育实验工作，逐步建立和完善终身教育体系，努力提高全民素质"。

2月10日，教育部发出《关于高等教育自学考试公共政治课课程设置改革及其实施工作的通知》。

2月，教育部办公厅、国家民委办公厅下发了《关于在全国中小学开展民族团结教育活动的通知》。规定：各级教育部门要"把民族团结教育列入爱国主义教育的重要内容，加强领导，统筹规划，认真组织实施"；要"针对学生年龄和认知特点，在小学阶段开设民族常识活动课，重点是学习和了解我国各民族的基本状况；在初中阶段开设民族政策常识课，重点是通过对马克思主义民族、宗教理论和党的民族宗教政策的学习，在思想和行为上具备正确贯彻党的民族、宗教政策的基本素质"。

3月3日，教育部印发《高等教育自学考试土建类专业考试计划》。

3月4日，教育部印发《高等教育自学考试机械制造及自动化专业考试计划》。

3月,教育部在江苏省无锡市召开1999年全国职业教育协作会议。

4月5日,教育部发出《关于暂停和限制部分成人高等学校1999年招生的通知》。

4月21日至24日,全国民办大学校长研讨会在厦门举行。

5月6日,教育部印发《关于高等学校以函授、夜大学方式举办本专科教育的意见》。

5月14日,教育部发出《关于严格控制社会力量办学评比活动的通知》。

5月,全国高职高专教育人才培养工作委员会成立大会在北京举行。会议讨论修改了《关于加强高职高专教育人才培养工作的若干意见》等文件。

5月,《中华人民共和国职业分类大典》正式版本出版发行。

6月,中共中央、国务院召开了改革开放以来的第三次全国教育工作会议,发布了《关于深化教育改革,全面推进素质教育的决定》。其中提出要调整师范学校的层次和布局,鼓励综合性高等学校和非师范类高等学校参与培养、培训中小学教师的工作,提出"建设全面推进素质教育的高质量的教师队伍"的要求,强调"积极发展以社区为依托的、公办与民办相结合的幼儿教育"。

6月,国务院办公厅转发劳动保障部、教育部、人事部等部门《关于积极推进劳动预备制度加快提高劳动者素质的意见》。

6月,上海市市长徐匡迪在上海市教育工作会议上率先提出建设学习型城市。

7月19日,国务院学位委员会、教育部发出《关于成立全国教育硕士专业学位教育指导委员会的通知》。

7月,《关于组织推荐全国重点建设职业教育师资培训基地的通知》发布,启动了全国重点建设职教师资培训基地的工作。

9月5日,教育部印发《关于表彰第四届"中华扫盲奖"先进个人和单位的决定》。

9月30日,国务院办公厅转发劳动保障部等部门《关于进一步做好残疾人劳动就业工作的若干意见》。

9月,教育部印发《关于调整中等职业学校布局结构的意见》。

9月,教育部在山东省烟台市召开全国中等职业学校布局结构调整工作会议。

10月13日,教育部印发《关于积极推进农村乡镇自学考试服务体系建设的意见》。

10月18日至22日，由中国联合国教科文组织全国委员会、联合国教科文组织和国际扫盲教育研究所联合主办的"第三次亚洲扫盲论坛"在北京举行。

10月25日至27日，民族地区"两基"工作研讨会在湖北恩施举行。

11月3日，教育部办公厅印发《关于普通高等学校函授、夜大学本专科专业设置的补充意见》。

11月11日，教育部发出《关于成立第五届全国高等教育自学考试指导委员会的通知》。

11月18日，教育部副部长周远清向全国人大教科文卫委员会汇报了《社会力量办学条例》实施进展情况和民办教育发展情况。

11月18日，教育部、财政部印发《关于奖励全国扫除文盲工作先进地区和单位的决定》。

11月19日，教育部发出《关于成立教育部考试中心（自考办）督考与监察小组的通知》。

11月，第一次全国高职高专教学工作会议在京召开，会议确定了今后高职高专教学改革和建设工作的基本思路和任务，启动教学改革与建设项目。

12月1日，教育部办公厅发出《关于扫盲达标地区抓紧做好扫盲后巩固提高工作的通知》。

12月10日，教育部和中国联合国教科文组织全委会在北京联合召开"全民教育2000年监测评估"国家评估组第三次会议。

本年，教育部等三部门联合发布《自费出国留学中介服务管理规定》及其"实施细则"。

本年，天津聋人工学院与美国纽约州罗切斯特国立聋人理工大学建立姐妹大学友好关系。

本年，赵锡安著的《中国手语研究》由华夏出版社出版。

本年，戴目和宋鹏程（聋）编著《梦圆忆当年》由上海教育出版社出版。

本年，仰国维（聋）在美国爱荷华州立大学获得学士学位（美术），2000年进罗切斯特理工大学攻读硕士学位。

本年，李颖（聋）在辽宁师范大学获得学士学位（特殊教育），同年到美国加劳德特大学攻读硕士学位。

本年，孙翰林（聋）在辽宁师范大学教育系本科毕业，在广东顺德启智学校担任教师教聋学生。

本年，中国残联等十部门发出《关于确定"爱耳日"的通知》，确定每年3月3日为全国"爱耳日"。

2000 年

1月3日，教育部印发《关于妥善解决优秀留学回国人员子女入学问题的意见》。

1月17日，国务院学位委员会和教育部印发《关于同意"教育部留学服务中心"和"全国学位与研究生教育发展中心"开展外国学位证书认证咨询工作的通知》。

1月24日，教育部现代远程教育工程项目——"明天女教师培训计划"首期培训班结业典礼在北京举行。教育部部长陈至立出席结业典礼并讲话，副部长韦钰为参加首期培训的60名广西壮族自治区贫困县乡镇中小学女教师颁发了学业证书。

1月，国务院办公厅下发《关于国务院授权省、自治区、直辖市人民政府审批设立高等职业技术学校有关问题的通知》。

1月，教育部印发了《关于内地有关城市开办新疆高中班的实施意见》，提出自2000年秋季始在北京、上海、天津、南京、杭州、广州、深圳、大连、青岛、宁波、苏州、无锡等12个城市开办新疆高中班，并对内地新疆高中班的办学规模、办学方式、招生计划、招生对象、招生条件、招生办法、教学方式、升学工作、教师配备和待遇、管理职责、学生管理、办学经费等作出了明确规定。

2月1日，江泽民发表《关于教育问题的谈话》，从国运兴衰、民族复兴的高度，对事关我国教育发展方向、教育方针和教育思想的一系列重大问题作了论述。

2月17日，教育部印发《2000年全国各类成人高等学校招生规定》，指出：经教育部审定核准的广播电视大学、职工高等学校、农民高等学校、管理干部学院、教育（教师进修）学院、独立设置的函授学院和以函授部、夜大学、教师班、成人脱产班形式举办成人本、专科学历教育的普通高等学校仍实行全国统一招生，并继续由教育部颁布复习考试大纲，统一组织命题。

2月28日至3月1日，全国高等教育自学考试指导委员会在北京召开会议。会议主题是：全面贯彻第三次全教会和中共中央、国务院《关于深化教育改革，全面推进素质教育的决定》的精神，总结近年来的工作，确定今后一个时期自学考试的工作任务，深化自学考试改革，完善自学考试教育制度，为适应社会多层次、多形式的教育需求开辟更为广阔的途径。教育部部长陈至立在会议开幕式上作了题为《提高认识，深化改革，积极发展高等教育自学考试事业》的讲话，要求各级政府和教育行政部门必须充分认识高等教育自学考试在发展我国高等教育事业中的地位和作用,切实加强对自学考试工作的领导,要将自学考试的发展列入当地教育事业的发展规划,要定期研究自考工作,解决自考发展中的问题和困难,采取切实有效的措施,为高等教育自学考试事业的发展创造一个良好的外部环境和条件。全国高等教育自学考试委员会副主任王明达在会上作了《全国自学考试工作情况报告》,回顾了自学考试近5年来开展的主要工作。

3月6日,教育部印发《中小学教师继续教育工程方案(1999—2002年)》和《关于实施"中小学教师继续教育工程"的意见》。"中小学教师继续教育工程"主要面向全体中小学教师,突出骨干教师培养,以提高教师实施素质教育的能力和水平为重点,以提高中小学教师的整体素质为目的。"工程"包括新任教师培训、教师岗位培训、骨干教师培训、提高学历培训、计算机全员培训、培训者培训等6项行动计划。为了有效地解决"工程"实施中的重要问题,设立基础建设项目。《关于实施"中小学教师继续教育工程"的意见》要求各级各类师范院校、综合大学、中小学校、教学研究、电化教育、教育科研等部门,要在各级教育行政部门领导下,团结一致,齐心协力,锐意改革,不断创新,共同开创中小学教师继续教育的新局面,为建设高质量的教师队伍和实施科教兴国战略做出更大贡献。

3月14日,教育部发布《关于公布〈第六批基本普及九年义务教育和基本扫除青壮年文盲县(市、区)名单〉的决定》。如期实现基本普及九年义务教育、基本扫除青壮年文盲的目标,是全国教育工作的"重中之重"。"两基"已进入攻坚阶段,要确保全国目标的实现。普及义务教育工作的重点和难点在中西部地区,在"十五"计划期间继续实施"国家贫困地区义务教育工程",重点放在山区、牧区和边境地区。

3月21日,《人民日报》报道,截至1999年底,全国实现"两基"的县(市、区)累计达2430个,人口覆盖率达到80%,距离2000年基本实现"两基"目标只差5%。

3月21日至23日,基础教育工作会议在天津举行。会议以江泽民同志《关于教育问题的谈话》为指导思想,贯彻落实中共中央、国务院《关于深化教育改革,全面推进素质教育的决定》和《面向21世纪教育振兴行动计划》,部署2000年基础教育工作。重点研讨了加强与改进青少年思想教育、减轻中小学生过重负担、基础教育课程改革、农村初中义务教育、在农村初中试行"绿色证书"教育、大力加强中小学信息技术教育等问题。

3月26日至30日,全国人大财经委员会、国务院发展研究中心、中华职业教育社、中国成人教育协会等18个单位联合举办的"中国加入WTO与加快实施科教兴国战略"高级研讨班在人民大会堂举行了开学典礼。

3月,教育部印发《关于全面推进素质教育深化中等职业教育教学改革的意见》和《关于制定中等职业学校教学计划的原则意见》。

4月7日,国家民委印发《国家民委所属院校成人高等学历教育管理试行办法》,对管理机构与职能、专业申报与招生、教学管理、学生管理等方面作了具体的规定。

4月27日,教育部发出《关于在部分地区开展社区教育实验工作的通知》,明确了开展社区教育实验工作的目的意义、工作目标和工作具体要求。确定在北京市朝阳区、上海市闸北区、天津市河西区、江苏省苏州市、山东省济南市历下区、山西省太原市杏花岭区、四川省成都市青羊区、福建省厦门市鼓浪屿区启动社区教育实验工作。"通知"指出,进行社区教育实验工作的目的,是通过在部分有条件的地区开展社区教育实验,积累有关开展社区教育的经验,总结社区教育的管理体制、运行机制等方面的规律和特点,探索通过社区教育构建终身教育体系、建设学习化社会的办法和途径。

4月,铁道部下发《关于铁路运输企业开展全员培训工作的意见》,规定"每个职工每两年都有一次不少于10个工作日的培训机会",为职工培训时间提供了制度保证。从2000年到2006年,铁路职工培训率始终保持在50%以上,适应了铁路加强管理和技术创新、全面提高职工队伍素质的需要。

4月,《关于批准成立全国高职高专教师师资培训基地(天津)的通知》发布,标志着全国高职高专教师师资培训基地建设的启动。

4月,首次建立了社区教育工作联席会议制度。

4月,由著名电影演员巩俐和聋哑儿童高炘主演的反映一位普通女工含辛茹苦地抚养和教育聋哑儿子的影片《漂亮妈妈》上映。

5月12日,教育部在北京召开第二次现代远程教育国际合作研讨会。韦钰副部长在会上就如何加强中外合作、推动我国远程教育的发展作了讲话。与会代表就如何进一步加强国际合作,推动西部教育发展进行了探讨。

5月12日,教育部、财政部发布《关于奖励全国扫除文盲工作先进地区的决定》,对云南等7个省(区)人民政府进行奖励。希望这些地区再接再厉,继续扫除剩余文盲,加强扫盲后巩固提高工作,为提高广大农村劳动者素质做出更大的成绩。

5月24日至28日,中国成人教育杂志理事会第二次会议暨全国终身学习理论与实践研讨会第二次会议在宁波召开。来自全国各地近百人参加了会议。

5月26日至29日,全国广播电视大学教学工作会议在北京举行。会议明确了广播电视大学今后一段时期教学工作的指导思想和基本思路。

5月,中国特殊需要在线网站 http://www.specialneeds.org.cn 开通。

5月,劳动和社会保障部下发《关于加快技工学校改革工作的通知》,启动技工学校等职业培训机构调整与改革工作。

6月5日,党中央作出《中共中央关于面向21世纪加强和改进党校工作的决定》,提出:进一步加强和改进党校工作是党的事业全局和党的自身建设的迫切需要;党校要加大各级领导干部特别是跨世纪中青年领导干部的培训轮训力度,适度扩大办学规模;以全面培养领导干部政治家素质为目标,建立和完善教学新布局,深化教学改革,提高教学质量;加强重大现实和战略问题的调查研究,充分发挥党校的马克思主义理论阵地作用;从造就马克思主义理论家教育家的高度,努力建设一支政治强、业务精、作风正的高素质党校教师和干部队伍;努力改善办学条件,积极推进教学手段和基础设施的现代化建设;明确党校教育的重要地位,进一步发展和完善党校教育体系;切实加强和改进各级党委对党校工作的领导。

6月9日,江泽民在全国党校工作会议的讲话中指出:"我们正处在一个重要的历史时期,改革和建设的任务千头万绪,不学习就会落后于时代进步的潮流,也会落后于人民群众。为了做好党的工作,每一个领导干部都必须学习、学习、再学习。各级党委都要从党的事业的大局来考虑干部的学习问题,合理安排好工作与学习的时间,保证中青年领导干部到党校进行脱产培训轮训。干部在党校学习的状况,应作为干部使用和选拔的重要依据,把对干部的培训轮训与对干部的使用结合起来。这一工作,坚持下去,必有好处。"

6月14日,教育部印发《关于贯彻全国教育工作会议精神,进一步改革和完善高等教育自学考试制度的意见》,指出:要发挥自学考试制度的优势,促进终身学习体系的形成。高等教育自学考试是我国高等教育的重要组成部分,今后五年的工作目标是以全面提高教育质量、推进素质教育为宗旨,适应终身学习的需要,充分发挥自学考试的特点,深化改革,完善自学考试制度,提高教育质量,积极探索并扩大服务领域,为适应多层次、多形式的教育需求开辟更为广阔的途径。"意见"还对建设适应自学考试改革发展需要的工作机构和队伍作出了具体的部署。

6月14日至17日,中美教育结伴研讨会在西安召开。

6月28日至29日,中央思想政治工作会议在北京召开。江泽民在讲话中,提出并阐述了如何认识社会主义发展的历史进程、如何认识资本主义发展的历史进程、如何认识我国社会主义改革实践过程对人们思想的影响、如何认识当今的国际环境和国际政治斗争带来的影响等当前直接影响干部群众思想活动的重大问题。并指出，面对新形势新情况，思想政治工作在继承和发扬优良传统的基础上，必须在内容、形式、方法、手段、机制等方面努力进行创新和改进，特别要在增强时代感，加强针对性、实效性、主动性上下功夫，这要成为今后加强思想政治工作的重点。

6月，《关于2000年高等学校招生收费工作若干意见的通知》指出：对享受国家专业奖学金的高等学校学生可收费，具体标准则由省、自治区、直辖市人民政府确定。之后，师范生和非师范生"并轨"招生扩大到全国范围。

7月27日，济南市第十二届人民代表大会常务委员会第十五次会议通过《济南市农村成人教育若干规定》。

7月，教育部颁发《关于普通高中毕业会考制度改革的意见》。

8月14日至18日，第五届国际残疾人职业技能比赛在捷克首都布拉格举行。南京聋校教师张晓华、聋人大学生胡可获得金牌。

8月，教育部、国家民委下发了《关于在各级各类学校设置清真食堂、清真灶有关问题的通知》。指出："凡是上述10个少数民族寄宿制中小学和幼儿园，必须建立清真食堂。"

8月，教育部印发《关于进一步加强中等职业教育师资培养培训基地建设的意见》。

9月，江西省聋人何盛华创办（私立）九江博爱聋校，聘请聋人做教师。

9月，改革开放以来第一次全国中等职业教育师资工作会议在云南召开。

10月10日至12日，教育部职业教育与成人教育司在济南召开全国社区教育实验工作研讨会，以此推动社区教育实验工作的进一步深入。

10月11日，中国共产党第十五届中央委员会第五次全体会议通过《中共中央关于制定国民经济和社会发展第十个五年计划的建议》，在其中第九部分"大力开发人才资源，加快发展教育事业"中指出：教育是培养人才的基础，对经济和社会发展具有先导性、全局性的作用，要适度超前发展。发展教育，要面向现代化、面向世界、面向未来，走改革和创新之路。更新教材内容，改进教学方法，改革考试制度，着力推进素质教育，重视培养创新精神和实践能力，促进学生德智体美全面发展，提高人才培养质量。提高教育现代化、信息化水平，大力发展现代远程教育。合理调整和配置现有教育资源，加强学科建设，根据人才需求结构调整专业设置。优化教师结构，建设高素质的教师队伍。继续深化教育管理体制和办学体制改革，积极鼓励多种形式的社会办学。增加国家对教育的投入。继续普及九年义务教育和扫除青壮年文盲，扩大高中阶段教育和高等教育规模。积极发展各类职业教育和培训。完善继续教育制度，逐步建立终身教育体系。

10月26日，科学技术部、人事部和教育部印发《关于确定北京、上海等留学人员创业园为国家留学人员创业园示范建设试点的通知》。

10月30日，教育部发布《关于表彰第五届"中华扫盲奖"先进个人和单位的决定》。

11月4日至8日，由全国社区教育委员会、国家"九五"重点课题"社区教育理论与实验研究"课题组、武汉市教育委员会联合主办的"2000年海峡两岸三地社区教育研讨会"在武汉召开。会议代表约140人。其中，台湾、香港代表15人。会议期间，大陆和台湾、香港地区的学者、同行在一起共同交流社区教育的实践经验和理论成果，研讨实践和理论上遇到的问题，对我国社区教育的发展起到了积极的推动作用。

11月6日，中央广播电视大学与TCL集团在北京举行现代远程教育合作项目签约仪式暨新闻发布会，宣布双方合资组建"中央广播电视大学远程教育技术有限公司"。

11月11日，中共中央政治局常委胡锦涛在上海视察了卢湾区五里桥街道社区文化中心、长宁区程桥二村居民区和桑城花园小区。对街道社区加强党建、文化建设，创设市民学习基地，满足社区成员的学习需求，创建学习型社区，构建终身教育体系，提高市民素质和社区文明程度给予充分肯定。

11月28日，教育部发出《关于在高等教育自学考试社会助学中加强德育工作的意见》，提出：加强德育工作是新形势下社会助学活动中的一项重要任务；要充分认识和切实保证德育在素质教育中的作用和地位；加强思想品德教育课程建设；充分发挥党团组织、学生会作用，开展形式多样的德育活动；加强德育工作的领导，保障德育工作实践。

12月22日，北京市教育委员会印发《关于深化企业教育综合改革，建立现代企业教育制度，创建学习型企业的若干意见》，提出"推进学习型企业的建设"，并将《北京市创建学习型企业评估指标》作为附件正式下发。

12月26日至27日，国务院学位委员会第十八次会议在北京召开。

本年，中等职业教育教材编写研讨会在京召开，启动了中等职业教育国家规划教材建设项目。

本年，教育部组织实施"东部地区学校对口支援西部贫困地区学校工程""西部大中城市学校对口支援本省（自治区、直辖市）贫困地区学校工程"。由东部地区13个省（计划单列市）100所学校（计划单列市25所）对口支援西部地区有关省（自治区、直辖市）相应数量的贫困地区学校，结成"一帮一"的对子。

本年，为更好地发挥教育为经济和社会发展服务的作用，提高广大市民的素质，经武汉市人民政府研究同意，成立武汉市终身教育推进委员会。

本年，成人高等学校772所，成人高等教育在校生353.64万人，成人高等教育毕业生88.04万人。全国高等教育自学考试报考1369.13万人次，取得毕业证书人数48.89万人。全国高等学校中举办的各类成人非学历教育结业生达252.12万人次。全国成人高中1967所。全国成人中等专业学校4634所，招生74.94万人，在校生240.28万人，毕业生111.40万人。全国中等教育自学考试报考1.84万人次，取得中专毕业证书0.56万人。全国成人技术培训学校48.55万所，其中职工技术培训学校1.06万所，农民技术学校47.49万所。成人技术培训学校共培训结业9396.22万人次，其中培训结业职工588.89万人次，培训结业农民8807.33万人次。成人技术培训学校教职工49.40万人，其中职工技术培训学校教职工8.89万人，农民技术培训学校教职工40.51万人。成人技术培训学校专任教师19.33万人，其中职工技术培训学校4.74万人，农民技术培训学校14.59万人。成人初等学校5.3万所，在校生232.25万人；教职工5.2万人，其中专任教师1.78万人。全国共扫除文盲258.04万人，仍有252.99万人正在参加扫盲学习。扫盲教育教职工10.87万人，其中专任教师2.84万人。

本年，关于"211"工程建设，国家计委在1998年以前批复61所学校立项、1999年批复31所学校立项的基础上，又批复6所学校的"211工程"建设项目可行性研究报告。截至2000年底，国家计委共批复98所学校立项。

本年，国家留学基金管理委员会设立国家公派出国留学专项，即"重点高校系主任，研究所、实验室骨干出国研修项目"。

本年，人事部发布《关于鼓励海外高层次留学人才回国的意见》。

本年，昆明聋儿康复中心和英国救助儿童会合作办聋儿双语班，聘请聋人做教师。

本年，北京联合大学特殊教育学院成立，其中的高等职业教育系和公共管理系面向全国招收残疾学生。高等职业教育系内设艺术设计专业（本科）、装潢广告设计专业（专科）、按摩专业（专科）、办公自动化专业（专科）和园林专业（专科）。考生报名后参加由学院命题的招生考试。

本年，杨军辉（聋）在美国纽约州罗切斯特国立聋人理工大学获得教育硕士学位，同年到美国加劳德特大学攻读博士学位。

本年，周婷婷（重听）在辽宁师范大学获得学士学位（特殊教育）。2001年到美国加劳德特大学攻读硕士学位。

本年，在普通高等院校中开办了招收残疾人的系或班，如：上海美术学院、江苏金陵职业大学、湖北荆门大学、郑州中州大学、浙江广播电视大学等。

本年，宋鹏程（聋）著《聋人世界寻旧踪》，内部发行。

本年，张宁生主编的《残疾人高等教育研究》由辽宁人民出版社出版。

本年，季佩玉等主编的《聋教育教师培训教材》由中国盲文出版社出版。

本年，朱操的《特殊教育研究》由中国林业出版社出版。

本年，Alison Callway 的《中国聋童》由美国加劳德特大学出版社出版。

至本年底，全国有特殊教育学校 1648 所，在普通学校附设特教班 4567 个，在普通班随班就读的残疾儿童少年有 45.9 万人，在校学生总人数为 58.9 万人。

本年，国务院的《关于深化改革加快发展民族教育的决定》，对民族教育工作的指导思想、目标任务、基本方针和原则、政策措施、领导管理等作了新的规定，鲜明地提出了"民族教育跨越式发展"的目标。

2001 年

1月1日，江泽民在全国政协举行的新年茶话会上讲话，宣布我国如期实现了基本普及九年义务教育和基本扫除青壮年文盲的战略目标。

1月21日，中共中央印发《2001－2005 年全国干部教育培训规划》指出，要以马列主义、毛泽东思想和邓小平理论为指导，认真落实江泽民同志"三个代表"重要思想，坚持为全面贯彻党的基本路线服务，面向现代化、面向世界、面向未来，以提高思想政治素质为重点，用科学的理论武装干部，用现代科学文化知识和人类创造的优秀文明成果充实干部，用党的优良传统和作风教育干部。并提出了要进一步推进和完善有中国特色的干部教育培训体系的目标；在工作中要贯彻理论联系实际、注重培训质量的工作原则。继续把推进马列主义、毛泽东思想特别是邓小平理论的学习，提高干部的思想政治素质作为干部教育培训的首要任务，并坚持开展党性党风党纪教育和思想道德教育，继续抓好干部专业知识与能力的培训，继续改善干部的文化和专业结构。同时要求坚持分级分类培训，并以改革创新为动力，进一步提高教育培训的质量，落实干部教育培训的保障措施。最后要求各级党委、政府要切实加强对干部教育培训工作的领导。

1月，教育部发出《关于实施"新世纪高等教育教学改革工程"的通知》。

2月5日，教育部印发《高等教育学历证书电子注册管理暂行规定》。北京师范大学、中国协和医科大学、上海交通大学等 8 所院校和科研机构联合亿利资源集团公司在北京签署协议，成立国内首家高等学校蛋白质组学研究院并合作组建中国高校亿利蛋白质组学研究中心，进军被誉为生命科学"登月计划"的蛋白质组学研究领域。

2月13日，教育部作出《关于表彰奖励2000年"两基""普初"工作先进县（市、区）的决定》，河北武安市等51个"两基"工作先进县（市、区）和贵州纳雍县等16个"普初"先进县（市、区）榜上有名。

2月13日，教育部作出《关于表彰全国高等教育自学考试工作先进集体、先进个人的决定》。

2月22日，中共教育部党组印发《全国教育干部培训"十五"规划》，提出的主要目标是：按照不同工作岗位对干部在思想政治、职业道德、领导素质、业务能力等方面的要求，采取灵活多样的方式，分类分层培训，提高各级各类教育干部的政治、业务素质，道德修养和组织实施素质教育的能力，建设布局合理、分工协作、开放高效的教育干部培训网络，逐步建立和完善灵活有效的干部培训制度。

3月5日，教育部印发《现代远程中等职业教育与成人教育资源建设项目开发指南》，指出现代远程中等职业教育与成人教育资源建设是教育部现代远程教育工程的重要组成部分，对于促进职业教育的发展，加快职业教育信息化建设具有重要意义。要求各地认真组织落实现代远程教育工程，加快现代远程教育工程资源建设步伐，开展现代远程职业教育试点；进一步深化职业教育教学模式改革，促进优秀教学资源共享，提高职业教育为当地培养适用、实用人才的竞争力和创造力，并为项目承担单位开发工作创造条件。同时还下发了《现代远程职业教育资源建设项目申报表》《网络课程开发基本要求》《现代远程教育资源建设技术规范（试行）》等文件。共计31个项目通过了评审，被确定为工程的首批开发项目。

3月15日，第九届全国人大第四次会议批准《中华人民共和国国民经济和社会发展第十个五年计划》。其中第十一章第一节"发展各级各类教育"明确提出，大力发展职业教育和职业培训，发展成人教育和其他继续教育，逐步形成大众化、社会化的终身教育体系；大力发展现代远程教育，提高教育现代化、信息化水平。

3月20日至21日，2001年全国职业教育与成人教育工作会议在上海举行。会议提出了"十五"期间我国职业教育与成人教育改革的总体目标，部署了职业教育和成人教育战线必须全力推进的重点工作，强调大力发展成人教育和多种形式的继续教育，逐步形成终身教育体系。

4月6日，人事部印发《留学人员科技活动项目择优资助经费申请与管理办法》。

4月10日，国务院批转《中国残疾人事业"十五"计划纲要》。"纲要"对中国残疾人事业"九五"计划纲要执行情况进行了总结，并提出了"十五"计划期间残疾人事业的主要目标和指导原则。"十五"期间我国残疾人状况要进一步改善：经济发达地区残疾人生活基本达到小康，欠发达地区稳定解决温饱；残疾人普遍得到康复服务，510万残疾人不同程度地康复；努力满足残疾人的教育需求，义务教育入学率在"九五"基础上有较大的提高；登记失业的残疾人都能得到职业指导和培训，就业率达到85%左右；文化生活更加丰富，社会生活参与面扩大；社会福利有所提高，保障措施进一步完善。

4月14日，教育部、民政部和中国残联在京联合召开第三次全国特殊教育工作会议，总结"九五"期间特殊教育改革和发展的成绩和经验，部署"十五"期间及今后一个时期特殊教育工作。

4月25日至28日，中央教育科学研究所、中国成人教育协会、全国教育科学规划领导小组办公室、北京教育科学研究院等单位在北京联合举办"21世纪中国成人教育发展论坛"。论坛以"构建终身教育体系和成人教育创新"为主题。教育部副部长王湛出席开幕式并讲话。会议发表《新世纪·新视野·新战略——21世纪中国成人教育发展论坛宣言》。

5月14日，人事部等五部门联合发布《关于鼓励海外留学人员以多种形式为国服务的若干意见》。

5月14日，教育部发出《关于中等职业学校面向农村进城务工人员开展职业教育与培训的通知》，指出：中等职业学校面向农村进城务工人员开展职业教育与培训，是落实江泽民总书记"三个代表"重要思想、贯彻教育为社会主义现代化建设服务方针、扩大职业教育服务面和拓宽办学渠道、推进终身教育体系建立与完善的重要举措，对于提高我国劳动者的整体素质和促进城市经济社会发展具有重要意义。面向农村进城务工人员开展职业教育与培训，要贯彻学历教育与非学历教育并举、学历证书和职业资格证书并重的原则，推动国家劳动预备制度和职业资格证书制度的实施。学校要根据务工人员的需要开设专业和课程，在招生上要取消年龄限制，简化招生入学手续，有条件的学校可实行注册入学制度，允许他们分阶段完成学业；要充分利用现有教育资源，努力提高教学设施和设备的使用率；农村进城务工人员学习期满、学分修满或培训课程结束并通过考核者，学校应当发给其毕业证书或其他相关的培训结业证书，并积极组织他们参加有关技术等级鉴定，以取得相应的资格证书。在收费上，要考虑务工人员的实际承受能力，按照国家和地方有关文件规定收取学费。对于经济困难的务工人员，可通过设立助学金或酌情减免收费等形式予以资助。该项工作要在各级政府的统筹下，充分发挥教育、劳动与社会保障、计划、财政、公安等有关部门的作用，调动有关行业、企业及务工者个人等多方面的积极性。

5月15日，APEC人力资源能力建设高峰会议上，江泽民提出"构建终身教育体系，创建学习型社会"。这是我国在国际场合第一次明确提出创建学习型社会的主张。江泽民说："构筑终身教育体系，创建学习型社会。教育是人力资源能力建设的基础，学习是提高人的能力的基本途径。要通过政策指导和舆论引导，营造尊师重教、求知好学的社会氛围。加快社会化终身教育体系建设。大力发展职业教育，建立广覆盖、多层次的教育培训网络。鼓励人们通过多种形式参与终身学习，拓展与更新知识，提高素质，增长才干。"

5月18日，北京市第十一届人民代表大会常务委员会第二十六次会议通过《北京市专业技术人员继续教育规定修正案》，明确规定：继续教育的主要任务是对专业技术人员进行新理论、新技术、新知识、新方法的教育；进行专业技术职务任职和晋职的培训；进行培养专业技术骨干和学科带头人的培训。专业技术人员每年参加继续教育的学习时间不少于72学时，可以在专业技术职务聘任期内累计计算。

5月22日，国务院印发《中国儿童发展纲要（2001—2010年）》，按照"十五"计划的总体要求，从儿童与健康、儿童与教育、儿童与法律保护、儿童与环境四个领域提出了2001—2010年儿童发展的目标和策略措施。

5月22日，国务院印发《中国妇女发展纲要（2001—2010年）》。其中关于"妇女与教育"提出了主要目标：成人妇女识字率提高到85％以上，其中青壮年妇女识字率提高到95％左右；提高妇女的终身教育水平；妇女平均受教育年限达到发展中国家的先进水平。

5月28日，教育部、劳动和社会保障部、民政部、中国残联联合印发《残疾人职业教育与培训"十五"实施方案》，提出了任务目标：初步建立职前、职后教育与培训相互衔接，并与普通教育、成人教育相互沟通、协调发展，以能力培养为本的残疾人职业教育和培训体系；为城乡有就业要求的残疾人提供各种形式和层次的职业教育与培训；积极发展残疾人中高等职业教育。

5月29日，国务院颁布《关于基础教育改革与发展的决定》，第四部分第28条规定："完善以现有师范院校为主体，其他高等学校共同参与、培养培训相衔接的开放的教师教育体系。加强师范院校的学科建设，鼓励综合性大学和其他非师范类高等学校举办教育院系或开设获得教师资格所需的课程。"这一决策为我国教师教育体系的改革和发展进行了明确的定位，也意味着我国教师教育体系将重新进行建构。"决定"指出,"十五"期间,地方各级人民政府要坚持将普及九年义务教育和扫除青壮年文盲作为教育工作的"重中之重",进一步扩大九年义务教育人口覆盖范围,初中阶段入学率达到90%以上,青壮年非文盲率保持在95%以上;高中阶段入学率达到60%左右,学前教育进一步发展。

5月,教育部在南京召开全国中等职业学校试行学分制研讨会。

6月3日,中共大连市委九届一次全会通过了《中共大连市委关于建设学习型城市的决定》,阐述了学习型城市的内涵和建设学习型城市的必要性,提出了创建工作的目标、保障措施和基本工作思路。

6月5日,教育部、财政部、国家计委作出《关于表彰全国"两基"工作先进地区(单位)和先进个人的决定》。

6月11日至12日,国务院在北京召开全国基础教育工作会议。教育部、财政部、国家计委对"两基"工作先进地区(单位)和个人进行了表彰。中共中央政治局常委、国务院副总理李岚清在开幕式上发表讲话。

6月13日,教育部发出《关于实施"对口支援西部地区高等学校计划"的通知》。

6月14日,西藏兴办助盲项目。

6月19日,中共中央办公厅、国务院办公厅印发《关于加强专业技术人才队伍建设的若干意见》,主要内容包括:加强专业技术人才队伍建设的指导思想和工作目标;适应深化体制改革的要求,制定并完善各类专业技术人才政策;发挥用人单位的主体作用,加强中介服务组织建设;开展前瞻性研究,加强人才预测、规划和信息化工作;实行分类管理,加速培养专业技术骨干和青年人才;重视专业技术人才的思想政治工作,加强对专业技术人才队伍建设的组织领导。

6月22日,中共中央组织部、文化部、教育部、民政部、全国老龄工作委员会办公室联合发出《关于做好老年教育工作的通知》,指出:各级党委组织部门、老干部工作部门和政府文化、教育、民政部门及老龄工作部门,要从全局性、战略性的高度,充分认识老年教育工作的重要性和做好老年教育工作的紧迫性,遵循老年教育事业发展的规律,以"老有所教""老有所学""老有所乐""老有所为"为目标,推动老年教育事业的健康发展。

6月22日,教育部、中国人民银行、财政部在北京召开全国国家助学贷款工作会议,研究进一步落实国家助学贷款政策,全面推进国家助学贷款工作。

6月,《中国手语》首集、续集开始修订。(修订工作于2002年12月结束。)

7月2日,教育部印发《幼儿园教育指导纲要(试行)》,内容分为总则、教育内容与要求、组织与实施、教育评价等方面,将教育内容相对划分为健康、语言、社会、科学、艺术五大领域，强调要有机结合、相互渗透。

7月16日，教育部印发《全国教育事业第十个五年计划》，提出：调整人才培养的层次、科类和形式结构。基础教育和成人教育要进一步贯彻分类指导、分区规划的原则。调整各类教育之间的比例结构，适应地区产业结构和就业结构变化的需要。切实落实学业证书和职业资格证书并重的制度，建立职前和在职人员职业培训体系。大力发展成人继续教育，努力做到各类教育之间比较协调的发展。继续推进城市教育综合改革，扩大社区教育试点，大力推动农村教育综合改革，继续促进农村地区的农科教结合和基础教育、职业教育与成人教育"三教统筹"。

7月18日，国家"211工程"建设两大公共服务体系，"中国教育和科研计算机网（CERNET）地区主干网和重点学科信息服务体系"建设项目和国内最大的高校图书馆联盟——中国高等教育文献保障系统（CALIS）分别通过国家验收，我国高等教育信息基础设施建设取得重大突破。

7月，教育部组织制定《中等职业学校设置标准（试行）》。

8月5日，教育部、中央文明办、民政部在北京召开全国社区教育工作经验交流会议，把全国社区教育实验区由8个扩大到28个。会议要求加强学习，更新观念，开拓创新，提高社区教育水平，扩大社区教育规模。

8月9日，大连市精神文明建设活动办公室发出《关于深入开展学习型社区、家庭活动的通知》。8月27日，大连市妇女联合会下发《关于深入开展建设学习型家庭的实施方案》。

8月14日，国务院印发《中国老龄事业发展"十五"计划纲要》，提出"十五"期间我国老龄事业的总体目标是：加快老龄事业发展步伐，重点解决老龄事业发展中的突出问题，落实"老有所养、老有所医、老有所教、老有所学、老有所为、老有所乐"，把老龄事业推向全面发展的新阶段。要初步建立适应社会主义市场经济要求、体现城乡不同特点的城市和农村养老保障体系；要建立以城市社区为基础的老年人管理与服务体系；要进一步丰富老年人的精神文化生活，加强思想政治工作；要切实维护老年人的合法权益；要建立老龄事业的正常投入机制；健全老龄工作体系。

8月22日至23日，联合国教科文组织第四届九个人口大国全民教育部长级会议在北京举行。来自孟加拉、巴西、埃及、印度、印度尼西亚、墨西哥、尼日利亚、巴基斯坦和中国九个人口大国的教育部长、政府官员以及教育专家出席会议。会议通过了旨在推动九个人口大国全民教育进一步发展的《北京宣言》。

8月28日，教育部印发《关于加强高等学校本科教学工作提高教学质量的若干意见》。

8月，教育部印发《关于在职业学校进行学分制试点工作的意见》。

9月21日，北京联合大学听力语言康复技术学院揭牌仪式暨2001级新生开学典礼在京举行。首批招收的100名新生，将通过两年的学习取得大专文凭，成为全国第一批经过正规专业培训的聋儿语训专业人才。

9月，教育部、劳动和社会保障部在上海联合召开高职院校推进"双证书"教育试点工作座谈会。

9月，上海市农委、上海市教委决定在郊区试行成人中等学历教育与农业技术培训相衔接的教学模式。首先选择都市农业、农村经济管理、机电3个专业进行试点。成人中等学历教育与农业技术培训相衔接这一种新的教学模式的尝试，目的在于提高农业劳动者学习科学、技术和文化的积极性，推动郊区各类技术培训工作，提高农业劳动者的整体素质，以此适应农业现代化建设的需要。

10月25日，清华大学宣布成立医学院，标志着清华大学综合性学科布局和调整已基本完成。

11月7日至9日，教育部在北京召开全国社区教育实验工作经验交流会议，王湛副部长作了题为《积极开展社区教育实验工作，努力推动社区教育工作的新发展》的工作报告，总结了全国社区教育实验工作，分析了社区教育实验工作面临的形势和开展社区教育实验工作的重要意义，提出了今后一个时期推进社区教育实验工作的指导思想、目标、任务和政策措施。会议确定了第一批28个全国社区教育实验区并授牌。会议确定今后一个时期推进社区教育实验工作的主要任务是：广泛开展不同类型人群教育培训，广泛创建学习型组织，充分利用、拓展和开发社区教育资源，构建社区教育管理体制和运行机制。会议还要求，各级教育行政部门要进一步加强对社区教育实验工作的领导，大力发展社区教育规模，力争"十五"期间，在构建终身教育体系、建立学习型社会方面取得重大突破，为到2010年在我国基本建立起终身教育体系和学习型社区，实现"21世纪的中国应该是人人皆学之邦"的目标而努力奋斗。

11月9日，教育部、国务院学位委员会在北京召开首次全国专业学位教育工作会议。

11月12日，教育部考试中心在北京召开新闻发布会，宣布全国计算机等级考试科目设置和考试内容调整，2002年上半年首先在福建省福州市区试点，下半年在全国推开。

11月16日，教育部发出《关于从2003年起调整全国普通高等学校招生统一考试时间的通知》。

11月，教育部印发《关于"十五"期间加强中等职业学校教师队伍建设的意见》。

11月，美国纽约州罗切斯特国立聋人理工大学师生参观天津聋人工学院。

11月，教育部在青岛召开全国学前教育工作座谈会。会议总结和分析了学前教育的成绩和前景，就当前事业发展存在的问题及如何推动"十五"期间学前教育事业的发展提出了改革思路，尤其是对许多重大问题提出了具有突破性的改革意见。

12月18日，中国高校首个联合研究院——南开大学天津大学联合研究院揭牌。

12月19日，全国高等教育学历证书网上查询系统正式开通。

12月22日，全国特殊教育先进县（市、区）和特殊教育先进工作者表彰会在北京举行。101个特殊教育先进县（市、区）和203名特殊教育先进工作者受到教育部、民政部、中国残联的表彰。

12月22日至24日，《学习时报》主办的中国"首届创建学习型社会论坛"在北京举行，中央党校副校长郑必坚出席开幕式并讲话。与会者围绕创建学习型社会进行了学习、讨论和交流。

本年，高等教育国际网（PEN-International）成立，天津聋人工学院参与 http：//www. pen. ntid. rit. edu/chineseindex. php。

本年，大连电视台赴美拍摄的中国聋人留学生周方、房晓红、李颖和杨军辉在美国加劳德特大学学习工作的纪录片《于无声处》公映。

本年，李颖（聋）在美国加劳德特大学获得硕士学位（教育），2002年在美国得克萨斯州拉马尔大学读博士学位。

本年，我国特殊教育学生10年增4倍。

本年，成人高等学校686所，成人高等教育招生195.93万人。成人高等教育在校生455.98万人，成人高等教育毕业生93.06万人。全国高等教育自学考试报考1339.43万人次，取得毕业证书人数64.10万人。全国成人高中1723所，招生30.07万人，在校生31.02万人，毕业生22万人。全国成人中等专业学校4113所，招生62.11万人，在校生189.16万人，毕业生90.63万人。全国中等教育自学考试报名1.18万人次，取得中专毕业证书0.16万人。全国高等学校举办的各类成人非学历教育结业生达257.69万人次。全国成人技术培训学校50.79万所，其中职工技术培训学校1.15万所，农民技术培训学校49.64万所。成人技术培训学校共培训结业9270.44万人次，其中培训结业职工538.13万人次，培训结业农民8732.31万人次。成人技术培训学校教职工48.50万人，其中职工技术培训学校教职工 7.15 万人，农民技术培训学校教职工 41.35 万人。成人技术培训学校专任教师 17.47 万人，其中职工技术培训学校 4.05 万人，农民技术培训学校 13.42 万人。成人初等学校 4.96 万所，在校生 221.21 万人，教职工 5.12 万人，其中专任教师 1.81 万人。全国共扫除文盲 220.51 万人，扫盲教育教职工 8.98 万人，其中专任教师 2.32 万人。

本年，教育部留学服务中心引进英国 BTEC 教育项目。同年，《埃塞俄比亚联邦民主共和国教育部与中华人民共和国教育部关于职业技术教育合作的协议》签署。

本年，人事部发布《留学人员创业园管理办法》。

本年，教育部印发《关于做好普通高等学校本科学科专业结构调整工作的若干原则意见》。

本年，《普通高等学校本科专业目录》（1998 年颁布）中专业代码加有 * 和 △ 者（不含运动训练、运动人体科学、民族传统体育 3 个专业），不再由教育部审批，改由各省、自治区、直辖市教育行政部门和国务院有关部委教育主管部门负责审批。

本年，国务院颁布《关于基础教育改革与发展的决定》。其中提出"实行在国务院领导下，由地方政府负责、分级管理、以县为主的体制"，简称"以县为主"的体制。这是 1985 年以来农村义务教育管理体制改革的又一次新改革，是从"以乡为主"到"以县为主"的转变，也是我国农村义务教育由"农民办"向"政府办"的一个重要转变，是农村义务教育管理体制的历史性跨越。

本年，教育部发布了《基础教育课程改革纲要（试行）》。

2002 年

1 月 7 日，教育部发出《关于成立教育部学科发展与专业设置专家委员会的通知》。

1 月 22 日，全国扫盲工作座谈会在福建泉州召开。教育部全面部署了"十五"期间扫盲工作。会议强调，扫盲工作重在抓落实、抓改革、抓质量、抓效益，要坚持扫盲工作验收到县，复查到乡，工作到村，落实到人，扎扎实实推进扫盲工作。

1 月 25 日，江泽民在《领导干部要牢固树立正确的权力观》一文中指出，干部队伍建设的基础是教育。无论是提高干部队伍素质，还是防止和纠正用人上的不正之风、防范腐败问题，都要坚持教育在先，标本兼治。干部教育，应该包括理想信念教育、思想政治教育、纪律作风教育、道德法制教育、科学文化教育等各方面。只有通过全面的经常的教育，真正打牢思想政治基础、筑严思想政治防线，干部队伍建设才能越搞越好。

1月，分别受各自政府主管部门委托，信息产业部电子教育中心与日本信息处理技术人员考试中心，就中国计算机技术与软件专业技术资格（水平）考试和日本信息处理技术人员考试的考试标准，签署了《关于中日信息技术考试标准互认的协议》。根据协议，中、日互认的岗位资格包括系统分析师等5个。

2月7日，中国人民银行、教育部、财政部发出《关于切实推进国家助学贷款工作有关问题的通知》。

2月10日，中共中央办公厅、国务院办公厅发出《关于印发〈西部地区人才开发十年规划〉的通知》，明确提出西部地区人才开发的指导思想、原则、目标、主要任务，对人才队伍建设的组织措施、人才开发的新机制及加强领导等问题作了规定。

3月15日，山东省经贸委成立"山东省学习型组织研究推广中心"，并提出力争在"十五"期间有三分之一的省重点企业集团开展创建学习型企业的活动。

3月，聋人作家郑利群的《我拥抱了文学女神》由中国文联出版社出版。郑利群于1987年5月加入中国作家协会。

3月，重庆开启中澳职业教育与培训项目。

3月，教育部印发《关于进一步办好五年制高等职业技术教育的几点意见》。

3月，教育部下发的《关于"十五"期间教师教育改革与发展的意见》明确指出："教师教育是我国教育的重要组成部分，是基础教育师资来源和质量提高的重要保证。加快教师教育的发展，提高教师教育的水平，对建设一支高素质的教师队伍、扎实推进素质教育具有重大的战略意义。""基本完成教师教育的结构调整，进一步完善教师教育制度。按照基础教育事业发展目标，依据国家有关规定，确定合理的师范院校培养规模、结构，初步形成以现有师范院校为主体，其他高等学校共同参与，培养培训相衔接，体现终身教育思想的开放的教师教育体系。""国家鼓励其他高等学校特别是高水平的综合大学参与教师培养、培训，或与师范院校联合、合作办学，为中小学教师特别是高中教师来源的多元化做出积极贡献。"在这一系列政策的推动下，我国的教师教育一体化、综合化、大学化、专业化的程度有了较大的发展，中小学教师队伍整体素质也有了很大提高。

4月4日，共青团中央、教育部印发《关于加强农村青年职业教育和成人教育的意见》，提出各级教育部门和共青团组织要从战略的高度，充分认识加强农村青年职业教育和成人教育工作的重要意义，千方百计把工作抓紧、抓实、抓出成效。提出要把培养科技创新意识和能力作为农村中学教育的重点；要创造条件,积极开展多种形式的培训;要组织引导,具体帮助,努力为广大农村青年提供切实有效的服务。

4月6日,常州市数千名机关干部以不同的学习形式度过了建设学习型城市、建设学习型机关的第一个"学习日"。

4月15日,文化部、教育部印发《关于做好基层文化教育资源共享工作的通知》,指出:各级文化、教育部门要在当地党委、政府的领导下,提高对基层文化、教育工作重要性的认识。按照"三个代表"重要思想的要求,结合本地实际情况,认真研究,采取措施,充分发挥设施和人才方面的优势,努力实现资源共享、优势互补,切实做好基层文化教育工作。

4月24日,国家计生委印发《出国留学人员生育问题规定》。

4月27日,浙江省绍兴市手语研究会成立。该研究会是由绍兴市残联主管的具有法人资格的群众性非营利性的学术团体,创办会刊《手语研究与推广》,并于12月23日至24日在绍兴召开中国地方手语研讨会。

4月,教育部颁发了《全日制民族中小学汉语教学大纲(试行)》,明确了民族中小学汉语教学的教学目的、教学内容和要求、教材编写、教学中要重视的问题、教学评估、教学设备等问题。

4月,《中国手语》修订版出版,全书共计有词目5587个。修订版中加注了英文解释,并且重新编排了分类目录,新增了手语《国歌》。该书由中国聋人协会修编,华夏出版社出版。

5月7日,中共中央办公厅、国务院办公厅印发《2002—2005年全国人才队伍建设规划纲要》,提出构建终身教育体系。在加强普通教育发展的同时,大力发展成人教育、社区教育,推进教育培训的社会化,开辟教育培训新途径,加快发展远程教育,建立覆盖全国的教育培训信息网,形成终身化、网络化、开放化、自主化的终身教育体系。

5月23日,人事部、教育部等七部门印发《新世纪百千万人才工程实施方案》。

5月24日至27日,中华全国总工会宣传教育部和工人日报社在武汉钢铁(集团)公司联合召开工会系统创建学习型组织研讨会。全国17个省级总工会、13个城市工会、12个特大型国有企业工会和1个市级产业工会的50多位代表参加了研讨会。

5月24日至25日,全国高等教育自学考试指导委员会五届二次会议在北京举行。会议通报了全国高等教育自学考试指导委员会五届一次会议以来自学考试工作的情况,并部署了今后的工作。教育部部长、全国高等教育自学考试指导委员会主任陈至立到会并讲话。

5月，天津聋人工学院师生参观美国纽约州罗切斯特国立聋人理工大学。

6月2日，教育部高教司批准启动"数字化学习港与终身学习社会的建设与示范"教改项目，由中央广播电视大学牵头组织，浙江大学、清华大学等高校参与项目实施。

6月4日，中共大连市委宣传部申报的国家社科基金项目"21世纪城市发展新模式——创建学习型城市综合研究"，经学科规划评审组评审，全国哲学社会科学规划领导小组审批，获准立项。

6月21日，国家民委、教育部和北京市人民政府签署协议，重点共建中央民族大学。

6月23日至24日，由《学习时报》主办、中共大连市委宣传部承办的"首届创建学习型城市论坛"在大连举行。论坛主题是：创建学习型城市的潮流及背景。

7月18日，天津市第十三届人民代表大会常务委员会第三十四次会议通过了《天津市老年人教育条例》，明确规定：老年人教育是终身教育和老龄事业的重要组成部分，是社会公益性事业；老年人教育工作应当纳入本行政区社会和教育发展计划；老年人教育要因地制宜，形式多样，按需施教，突出特色。

7月22日，中共中央办公厅、国务院办公厅转发教育部等十二部门《关于"十五"期间扫除文盲工作的意见》。提出把普及九年义务教育和扫除青壮年文盲作为教育工作的"重中之重"，坚决杜绝新生文盲、扫除现有文盲与使脱盲人员接受继续教育相结合的方针，巩固和扩大扫盲工作成果，重点推进贫困地区、少数民族和妇女的扫盲教育。大力开展扫盲课程和教学改革，建立以满足扫盲对象基本学习需求为导向的扫盲教育机制，提高扫盲工作的质量和效益。"十五"期间扫盲工作的目标是在西部地区尚未实现基本扫除青壮年文盲目标的县（市、区），特别是已经普及初等义务教育的县（市、区），在普及初等义务教育后的5年内，基本扫除青壮年文盲，将青壮年非文盲率提高到95%以上。内蒙古、贵州、云南、甘肃、宁夏、青海等省（自治区）要将青壮年非文盲率提高到90%以上。西藏自治区要大力推进普及义务教育工作，减少新生文盲，积极扫除青壮年文盲。已经实现基本扫除青壮年文盲的县（市、区），要以乡（镇）为单位，全面扫除有学习能力的青年（15—24周岁）文盲，使青壮年脱盲人员普遍接受继续教育。控制复盲现象，在巩固扫除文盲成果的基础上将青壮年非文盲率保持或提高到95%以上。城市和经济发达地区要巩固提高扫盲工作成果，全面扫除有学习能力的青年文盲，积极探索功能性扫盲教育和多种形式的继续教育的途径和方法，使青壮年脱盲人员普遍接受继续教育，把扫盲教育与建立学习型社区工作结合起来。

7月26日，"中国职业教育与成人教育网"在长春举行了开通仪式。

7月，第五次全国民族教育工作会议召开。会议总结了新中国50多年来民族教育工作的经验，提出了加快发展民族教育的政策措施，进一步统一了大家的思想和认识。会后下发了《国务院关于深化改革加快发展民族教育的决定》，对新世纪新时期我国民族教育的大政方针、目标任务、政策措施作出了明确规定，鲜明地提出了"民族教育跨越式发展"的思想。国家加大投入解决"普九"问题，特别出台"两免一补"政策。

7月，听力国际理事会正式接纳中国聋儿康复研究中心为听力国际组织的成员单位，成为听力国际（中国）国家中心。

7月，国务院在北京召开第四次全国职业教育工作会议。会后，《国务院关于大力推进职业教育改革与发展的决定》《关于进一步发挥行业、企业在职业教育和培训中作用的意见》《关于进一步推进职业学校实施职业资格证书制度的意见》颁布。

8月4日，第四次全国建设教育会议在北京召开。建设部副部长傅雯娟在会议上作了题为《全面提高建设职工队伍素质，为建设事业改革和发展服务》的工作报告。会议认真总结了第三次全国建设教育工作会议以来建设教育工作的成绩，分析了建设教育工作面临的新形势，全面部署了下一阶段建设教育工作。

8月11日至12日，全国社区教育专家组会议暨"推进我国社区教育发展的实验研究"课题开题会议在山东省青岛市召开。教育部、民政部、中央精神文明办、中央教科所、全国教育科学规划领导小组办公室、北京师范大学、华东师范大学等有关部门的领导、专家和20多个省、直辖市、自治区的代表参加了会议。

8月24日，国务院发布《关于大力推进职业教育改革与发展的决定》，指出：为进一步贯彻落实职业教育法和劳动法，实施科教兴国战略，要大力推进职业教育的改革与发展。明确提出了严格实施就业准入制度，加强职业教育与劳动就业的联系。并强调要大力宣传职业教育和高素质劳动者在社会主义现代化建设中的重要作用，弘扬"三百六十行，行行出状元"的风尚，在全社会形成重视、支持职业教育的浓厚氛围。

8月，江泽民在北戴河会见部分科学家时发表重要讲话，指出："学校要进一步向社会开放，发挥学历教育、非学历教育、继续教育和职业技术培训教育等多种功能。普通教育、职业教育、成人教育和高等教育要加强相互间的衔接与沟通，为学习者提供多种多次受教育的机会。"

9月7日，庆祝新中国成人高等教育创办50周年暨中国人民大学成人高等教育50周年大会在中国人民大学举行。全国人大常委会副委员长成思危、教育部部长陈至立、全国政协委员王光美、北京市常务副市长孟学农以及教育部、国家档案局等单位和个人致信祝贺。

9月8日，江泽民在庆祝北京师范大学建校一百周年大会上的讲话中指出："推动教育体系的创新，逐步形成适应终身学习需要的学习型社会。"

9月12日，江泽民在《就业是民生之本》一文中指出，要充分重视职业培训在促进再就业中的重要作用。搞好职业培训，是实现再就业的重要条件。要提高再就业培训的针对性、实用性、有效性。适应就业市场的需求和变化，帮助下岗职工通过培训掌握再就业的技能和本领。要培训下岗职工学会创业，这样不仅自己可以实现就业，还能带动其他下岗失业人员就业。只要形成了一种以培训促进创业、以创业促进就业的良性机制，再辅之以鼓励自谋职业的优惠政策，路子就会越走越宽。

9月，教育部颁布《中小学心理健康教育指导纲要》。

10月17日，教育部办公厅印发《关于吸引海外留学人员为西部服务，支持西部建设有关工作的函》。

10月20日至21日，中国成人教育协会第三届理事会在北京举行。教育部部长陈至立，副部长王湛，原国家教委副主任何东昌、王明达等领导同志出席了会议。陈至立部长在会上发表了讲话。朱新均当选为会长。

10月24日，教育部发出《关于动员各类学校积极开展下岗失业人员再就业培训工作的通知》，指出：做好下岗失业人员再就业工作，直接关系着我国改革开放的大局和国家的长治久安。各级教育行政部门和学校要认真学习贯彻全国再就业工作会议和全国职业教育工作会议精神，从实践"三个代表"重要思想的要求出发，把下岗失业人员再就业培训作为重要职责，主动承担起再就业培训的任务。

10月30日，中国高校在海外成立的第一个研究生院——上海交通大学新加坡研究生院成立仪式暨首期新生开学典礼在新加坡南洋理工大学举行。

10月，教育部下发《关于在有关省区试行中国少数民族汉语水平等级考试的通知》，指出中国少数民族汉语水平等级考试，是在第二语言教学理论的指导下，结合我国少数民族学习汉语的特点，专门测试母语非汉语的少数民族汉语学习者汉语水平的国家级标准化考试。

10月，中国高等教育研究会特殊高等教育研究会在上海成立。

11月8日，中国共产党第十六次全国代表大会召开。江泽民总书记在十六大报告中指出：继续普及九年义务教育。

11月8日，江泽民在中国共产党第十六次全国代表大会的报告《全面建设小康社会，开创中国特色社会主义事业新局面》中明确指出，教育是发展科学技术和培养人才的基础，在现代化建设中具有先导性全局性作用，必须摆在优先发展的战略地位。要形成全民学习、终身学习的学习型社会，促进人的全面发展。江泽民在报告中强调，要加强职业教育和培训，发展继续教育，构建终身教育体系。

11月13日，教育部发出《关于成立全国高等教育自学考试指导委员会第三届专业委员会的通知》，公布了经全国考委同意、教育部聘任的全国考委第三届专业委员会委员名单。

11月21日，教育部印发《关于进一步加强农村成人教育的若干意见》，提出要认真贯彻落实全国职业教育工作会议精神，坚持大力发展农村成人教育，加快农村成人教育改革、创新和发展的步伐，深化管理体制、办学体制和教育教学改革，努力提高农村成人教育的质量和效益。"十五"期间，力争培训农村劳动力达到1.5亿人次，使全国农村劳动力的年培训率提高到35％以上，每年为进入非农产业就业的800万农村劳动力提供转移前培训，对农村新增劳动力普遍进行就业前培训。

12月2日，教育部、国家经济贸易委员会、劳动和社会保障部发出《关于进一步发挥行业、企业在职业教育和培训中作用的意见》，指出：要充分依靠行业、企业发展职业教育和培训；要充分发挥行业主管部门的作用；大力发挥行业组织的作用；充分依靠企业开展职业教育和培训；实施技术工种就业准入制度；行业组织和企业要加强师资队伍建设；各类企业要按《中华人民共和国职业教育法》的规定承担实施职业教育和职工培训的费用；要进一步落实行业、企业的办学自主权；各级政府要加强对行业、企业举办职业教育和培训的领导和统筹。

12月4日，胡锦涛总书记在首都各界纪念八二版《中华人民共和国宪法》公布施行20周年大会上说，各级各类学校尤其是各级党校和干校都要开展宪法教育。要把宪法教育作为党员干部教育的重要内容，使各级领导干部和国家机关工作人员掌握宪法的基本知识，树立忠于宪法、遵守宪法和维护宪法的自觉意识。

12月12日，第六届中华技能大奖、全国技术能手表彰大会在北京召开。10名"中华技能大奖"获得者、190名"全国技术能手"和10家"国家技能人才培育突出贡献奖"获奖企业受到了表彰。

12月25日，教育部职业教育与成人教育司在南京召开社区教育实验工作经验交流会,会上正式成立"全国社区教育实验区协作会"。

12月28日,第九届全国人大第三十一次常务委员会会议通过《中华人民共和国民办教育促进法》,共10章68条。第一章第三条规定:民办教育事业属于公益性事业,是社会主义教育事业的组成部分。国家对民办教育实行"积极鼓励、大力支持、正确引导、依法管理"的方针。各级人民政府应当将民办教育事业纳入国民经济和社会发展规划。该法对于民办学校的设立、学校的组织与活动、学校资产与财务管理、管理与监督、扶持与奖励、变更与终止、法律责任等方面作了规定。该法自2003年9月1日起施行,1997年7月31日国务院颁布的《社会力量办学条例》同时废止。

12月28日,第九届全国人大常委会第三十一次会议表决通过了《中华人民共和国民办教育促进法》,其中规定:人民政府委托民办学校承担义务教育任务,应当按照委托协议拨付相应的教育经费。

12月28日,全国第一所特殊教育高等学校——南京特殊教育职业技术学院在南京举行揭牌典礼。

12月,海峡两岸特殊教育研讨会在北京师范大学举行。

12月,教育部等三部委印发《关于进一步发挥行业、企业在职业教育和培训中作用的意见》。

本年,黄尧等主编的《面向21世纪中国成人教育发展研究》出版。该书是国家哲学社会科学"九五"规划重点课题"面向21世纪中国成人教育发展研究"总课题的结题报告。全书在全面总结我国成人教育发展的历史、现状、基本经验和进行国际比较研究的基础上,概括和揭示了成人教育发展的规律,阐明了新时期我国成人教育发展的指导思想、原则、方针、目标、重点、布局和步骤等战略构思。

本年,成人高等学校607所,成人高等教育招生222.32万人,在校生559.16万人,毕业生117.50万人。网络本、专科毕业生4292人,招生434210人,在校生1082226人。全国高等教育自学考试报考1267.7万人次,取得毕业证书人数129.5万人。全国成人高中1463所,招生30.49万人,在校生33.52万人,毕业生23.81万人。全国成人中等专业学校3473所,招生57.55万人,在校生153.34万人,毕业生68.86万人。全国中等教育自学考试报考0.3万人次,取得中专毕业证书0.1万人。全国高等学校举办的各类成人非学历教育结业(证书教育、岗位培训和进修培训)达427.39万人次。全国成人技术培训学校38.95万所,其中职工技术培训学校1.04万所,农民技术培训学校37.91万所。成人技术培训学校共培训结业8118.81万人次,其中培训结业职工437万人次,培训结业农民 7681.81 万人次；在校学生 6041.44 万人，其中职工 288.87 万人，农民 5752.57 万人；教职工 39.74 万人，其中职工技术培训学校教职工 5.47 万人，农民技术培训学校教职工 34.27 万人；专任教师 14.01 万人，其中职工技术培训学校 3.12 万人，农民技术培训学校 10.89 万人。成人初等学校 3.61 万所，在校生 290.44 万人；教职工 3.61 万人，其中专任教师 1.36 万人。全国共扫除文盲 174.45 万人，扫盲教育教职工 8.07 万人，其中专任教师 2.28 万人。

本年，成人教育课程研究专著《成人教育课程开发的理论与技术》出版。

本年，教育部、公安部、国家工商行政管理总局颁布《关于进一步规范自费出国留学中介活动秩序的通知》。

本年，教育部发出《关于调整全国硕士研究生入学考试科目的通知》和《关于从 2003 年起调整成人高校招生考试科目设置的通知》。

本年，联合国儿童基金会和天津聋校合作办起聋儿双语班，聘请聋人教师王秀玲和王健，与健听教师共同执教。

本年，合肥特殊教育中心和英国救助儿童会合作创办聋儿双语班，聘请聋人做教师。

本年，中国聋校校长、聋人教师、聋协主席、聋人画家和中国残疾人艺术团聋人演员出席第二届"世界聋人行"大会。

本年，张宁生主编的《听力残疾儿童的心理与教育》由辽宁师范大学出版社出版。

2003 年

1 月 7 日至 8 日，中央农村工作会议强调，党中央、国务院决定今后每年新增教育、卫生、文化等事业经费，主要用于农村，逐步缩小城乡社会事业发展的差距。各级政府要继续增加投入，不断改善农村办学条件。要从国民经济和社会发展的全局出发，按照"公平对待，合理引导，完善管理，搞好服务"的方针，为农民进城务工创造有利条件，做好进城农民的服务和管理工作，为农民提供职业技能培训和就业指导服务。

1 月 20 日至 21 日，全国职业教育与成人教育工作会议在广西南宁召开。会议要求全面落实全国职业教育工作会议和《国务院关于大力推进职业教育改革与发展的决定》精神，促进职业教育与成人教育持续健康发展。强调 2003 年要坚定不移地把发展农村和西部地区职业教育与成人教育作为工作重点，积极推进职业教育与成人教育的各项改革。

2 月 9 日，教育部基础教育司和中国残联教育就业部印发《全国随班就读工作经验交流会议纪要》。

2月10日，全国教育科学"十五"规划国家级重点课题"西部人力资源开发战略研究——西部人力资源开发与职成教发展"课题组在云南昆明召开了会议，进一步明确了课题研究思路及组织分工，部署了下一阶段研究任务。

2月11日至14日，首次"中日两国重点大学校长论坛"在日本东京大学举行。

2月12日，曾庆红在中央党校发表讲话指出："我们要全面建设的小康社会，是全民学习、终身学习的学习型社会。建设学习型社会，很大程度上要靠建设学习型政党来导向、来推动。我们党在当今时代的先进性，很重要的一个方面就应当体现在善于学习和与时俱进、开拓创新上。"

2月19日，教育部发出《关于开展建立随班就读工作支持保障体系实验县（区）工作的通知》。

2月23日至26日，"亚太成人教育国际合作研讨会"在北京举行，来自亚洲及太平洋地区各国的成人教育专家、学者出席了会议。教育部副部长王湛出席会议并讲话。王湛指出，在新的时期，我们仍将坚持大力发展成人教育的方针，采取有效措施，促进成人教育与其他各类教育协调发展。我们将经过今后几年的努力，使农村劳动力培训提高到每年1.5亿人次，为进入非农产业就业的800万农村劳动力提供转移前培训，同时对农村新增劳动力普遍进行就业前培训。我们将充分发挥行业、企业在职工教育培训中的作用，为失业人员提供再就业培训。我们还要积极推动全国城乡社区教育的发展，使其成为成人教育新的增长点，成为构建我国终身教育体系的重要组成部分，成为形成学习型社会的重要基础。

3月4日，国务院办公厅转发了教育部等十部门《关于幼儿教育改革与发展的指导意见》，提出今后五年幼儿教育改革的总目标是形成以公办幼儿园为骨干和示范，以社会力量兴办幼儿园为主体，公办和民办、正规与非正规教育相结合的发展格局。

3月5日至6日，全国高职高专教育工作会议在上海举行。会议指出，高职高专准确定位，既要包括新生劳动力培养，更要包括在岗劳动力的提高，高等职业教育应包括全日制学历教育、非全日制学历教育和培训三大职能。在准确定位基础上，高职高专教育应坚持自己的特色，注重管理体制改革，促进产学结合，以适应市场需要。

3月8日，教育部印发《关于进一步加强高等教育自学考试工作若干问题的意见》，指出：高等教育自学考试是我国高等教育的重要组成部分，在建立终身教育体系的进程中处于重要的地位。各级教育行政部门、高等教育自学考试委员会和自学考试机构要站在建立与完善现代国民教育体系，建设全民学习、终身学习的学习型社会的战略高度，根据当前高等教育改革和发展的新要求，全面分析、正确估计自学考试面临的新形势、新情况、新问题，继续坚持发展高等教育自学考试事业的方针不动摇。

3月21日，国家计划生育委员会办公厅印发《对〈关于出国留学人员、华侨身份界定及相关问题的请示〉的批复》。

3月29日至4月1日，中国成人教育协会2003年秘书长会议在浙江省宁波市召开，来自全国各省（自治区、直辖市）和行业的63位代表出席了会议。

3月31日，教育部决定北京大学等34所高校试行自主确定研究生复试分数线，这是全国硕士研究生招生改革的一项重要举措。

4月9日，教育部启动"高等学校教学质量和教学改革工程"。

4月11日，教育部发出《关于进一步推进学习型企业创建工作暨推荐创建学习型企业成绩突出单位的通知》。按照"通知"要求，全国有28个省（自治区、直辖市）教育行政部门和30个国务院有关部门、全国性行业组织，在广泛调查研究的基础上，推荐了108个创建学习型企业成绩突出单位。

4月16日，教育部办公厅发出《关于做好特殊教育自查工作的通知》。

5月23日，中共中央政治局召开会议，研究进一步加强人才工作等问题。会议提出，我们党在新世纪新阶段人才工作的紧迫任务是：适应全面建设小康社会的需要，抓住培养、吸引、使用人才三个环节，着力建设党政人才、企业经营管理人才和专业技术人才三支队伍，重点培养一批适应社会主义现代化建设和改革开放要求的高层次人才，创新人才工作机制，努力创造人才辈出、人尽其才的良好局面，把各类优秀人才聚集到党和国家的各项事业中来。

5月28日，中国聋儿康复研究中心向国家申报的《中国听力语言康复科学杂志》，被科学技术部批准为国家正式刊物（刊号：CN11-5138/R），该刊为我国第一本听力语言康复方面的国家级刊物。

6月10日，广州市人民政府办公厅发布《关于大力推进特殊教育事业发展的实施意见》。

6月13日，劳动和社会保障部发出《关于进一步推动再就业培训和创业培训工作的通知》，提出要建立再就业培训机构资质认定制度，形成动员全社会力量参与再就业培训的工作格局。各级劳动保障部门要按照"条件公开、申请自愿、公平竞争、合理布局、择优认定"的原则，结合本地区再就业培训工作的实际，认定一批培训质量较高、社会信誉较好的再就业培训定点机构，帮助下岗失业人员就地就近参加培训。要建立和完善培训经费补贴与再就业效果直接挂钩的工作机制，提高再就业培训的有效性和经费的使用效果。要全面推广创业培训与小额贷款等优惠政策整体推动的工作模式，提高下岗失业人员创业成功率。同时要强化监督检查，加大宣传力度。

6月13日，"中国高校毕业生就业服务信息网"正式开通。

6月，十届人大常委会将修订《义务教育法》列入立法计划，《义务教育法》修订工作随即启动。

6月，首届全国特殊教育教育教学论文大赛在全国范围展开。

7月1日，"中国高校人文社科信息网"正式开通。

8月4日至8月23日，由辽宁师范大学特殊教育系和南京爱德基金会联合举办的首届"全国聋人教师培训班"在辽宁师范大学内开班。这是中国聋人教师第一次集中进行的教育学科类培训，也是我国聋人社会高层次聋人间的一次面对面交流。来自我国各地的39位聋人教师会聚一堂。大家学习了《教育学》《教育心理学》《聋人社会学》《聋校双语双文化教育专题》《国际特殊教育发展趋势和聋教育的课程改革》《美国聋教育介绍》《挪威聋教育介绍》，并列席了联合国儿童基金会的"第三届双语双文化经验交流会"，还到大连盲聋学校交流见习。辽宁师范大学的张宁生教授、爱德基金会的吴安安主任、上海复旦大学的龚群虎教授、《现代特殊教育》副主编沈玉林老师、南昌大学的聋人博士唐英老师等先后为培训班学员作了精彩的讲演和授课。

8月中旬，全国成人高等医学教育协作组工作会议在江西九江召开。来自全国各地的代表，研讨了新形势下成人高等医学教育面临的机遇与挑战。

8月15日，胡锦涛总书记在全国再就业工作座谈会上讲话强调，要充分发挥各种教育资源的作用，共同加强人力资源能力建设，着力推进素质教育，重视培养实践能力，努力提高教育质量，为社会主义现代化建设造就数以亿计的高素质劳动者，数以千万计的专门人才和一大批拔尖创新人才。要加强基础教育，积极发展高等教育，大力发展职业教育、成人教育及其他继续教育，逐步形成社会化的终身教育体系。要进一步调整职业教育结构，适当增加职业教育的投入，建设适应社会主义市场经济发展要求的现代职业教育体系，大力加强技术工人尤其是高级技术工人和技师的培养。

8月20日，教育部部长周济在2003年教育部高等学校本科教学工作水平评估研讨班上宣布，从2003年开始将用5年左右的时间，对我国所有普通高等学校教学工作进行一次全面的评估，并形成5年一轮的教学评估制度。

9月1日，《中华人民共和国民办教育促进法》正式实施，中国民办教育事业从此走上法制化的道路。

9月9日,农业部、劳动和社会保障部、教育部、科技部、建设部、财政部印发《2003—2010年全国农民工培训规划》,确定农民工培训的目标为:2003—2005年,对拟向非农产业和城镇转移的1000万农村劳动力开展转移就业前的引导性培训,对其中的500万人开展职业技能培训,对已进入非农产业的5000万农民进行岗位培训。2006—2010年,对拟向非农产业和城镇转移的5000万农村劳动力开展引导性培训,并对其中3000万人开展职业技能培训,同时,对已进入非农产业就业的2亿多农民开展岗位培训。

9月9日,"首届高等学校教学名师奖"颁奖活动在人民大会堂举行。

9月13日至14日,中国成人教育协会换届后学术委员会第一次会议在北京东方饭店举行。

9月17日,国务院召开全国农村教育工作会议,并印发《国务院关于进一步加强农村教育工作的决定》。"决定"分为八个部分,其中涉及大力发展职业教育和成人教育、深化农村教育改革、完善经费保障机制、建立健全资助家庭经济困难学生就学制度等内容。这是建国以来第一个关于农村教育改革与发展的纲领性文件,是中国农村教育改革史上具有里程碑意义的文件。文件肯定了农村教育在全面建设小康社会中的重要地位,使农村教育重中之重的地位得到确立。"决定"要求以农民培训为重点,开展农村成人教育,促进农业增效、农民增收。普遍开展农村实用技术培训,积极实施农村劳动力转移培训,继续发挥乡镇成人文化技术学校、农业广播电视学校和各种农业技术推广、培训机构的重要作用。农村中小学可一校挂两牌,日校办夜校,积极开展农民文化技术教育和培训,成为乡村基层开展文化、科技和教育活动的重要基地。

9月19日,新华社报道,中央精神文明建设指导委员会决定将中央印发《公民道德建设实施纲要》的9月20日定为"公民道德宣传日"。

9月21日,教育部发出《关于深入学习贯彻〈国务院关于进一步加强农村教育工作的决定〉和全国农村教育工作会议精神的通知》。要求各级教育行政部门要深入调查研究,抓紧制订本地区、本单位贯彻"决定"和会议精神,发展改革农村教育的工作规划和工作方案。各地教育行政部门和农村学校要围绕加强农村教育的奋斗目标和重大举措,从本地本校实际出发,切实做好规划工作,谋划发展,规划未来。规划制定要突出重点,抓住关键问题,提出切实措施。各省级教育行政部门要根据"决定"和会议精神,对本地区"两基"攻坚、"两基"巩固提高和高水平高质量"普九",大力发展职业教育和成人教育,中小学人事制度改革,农村中小学现代远程教育建设,资助家庭经济困难学生,城市农村对口帮扶等工作进行认真系统深入的研究;要广泛发动群众,依靠专家力量,充分听取各方面意见，及时向省级人民政府提出有关政策性建议和具体工作方案，科学决策，周密部署，统筹规划，分类指导。同时要加强教育督导工作，确保"决定"和会议精神的贯彻落实。各级教育督导部门要坚持把农村教育工作作为教育督导工作的重点，加大督查力度，坚持督政和督学相结合，对贯彻落实"决定"和会议精神情况开展专项督导，督促基层将"决定"和会议的各项要求落到实处。

9月22日，中央机构编制委员会办公室批准欧美同学会增冠"中国留学人员联谊会"的称谓。

9月26日，农业部农村富余劳动力转移培训经验交流会在重庆市召开。农业部决定开始实施"农村富余劳动力转移培训工程"，同时全面启动《2003—2010年全国新型农民科技培训计划》，通过"绿色证书工程""跨世纪青年农民科技培训工程""新型农民创业培植工程"，培养一大批觉悟高、懂技术、善经营、会管理，能从事专业化和产业化经营的新型农民。

9月，全国农村教育工作会议召开。温家宝指出，扩大城市各类职业学校面向农村招生。

10月14日，中国共产党十六届三中全会通过的《关于完善社会主义市场经济体制若干问题的决定》提出，要营造实施人才强国战略的体制环境，多层次、多渠道、大规模地开展人才培训。构建现代国民教育体系和终身教育体系，建设学习型社会，全面推进素质教育，增强国民的就业能力、创新能力、创业能力，努力把人口压力转变为人力资源优势。

10月15日至18日，中国幼儿教育百年纪念暨学术研讨会在北京召开。15日上午，由教育部、民进中央、全国妇联、团中央、少工委等主办，中国学前教育研究会、北京师范大学承办的中国幼教百年纪念大会在人民大会堂举行。

10月17日至20日，第四届中国国际教育论坛在北京召开。此次论坛的主题是"构建终身教育体系，建设学习型社会"。来自全球20多个国家和地区的500余名教育界人士出席了开幕式。

10月21日，第五届听力国际科学大会在京召开。

10月21日，全国注册建筑师管理委员会与香港建筑师学会在武汉草签关于建筑师资格互认协议书。注册建筑师执业资格互认后，香港注册建筑师可到内地执业，内地注册建筑师也能到香港发展。内地与香港注册建筑师实现"两地通用"，这意味着内地建筑市场可借用经验丰富的香港注册建筑师，内地建筑市场对香港更加开放。

11月6日，由联合国教科文组织、中央广播电视大学、上海远程教育集团联合主办,以"创新与合作——远程教育的明天共同行动"为主题的"2003世界开放大学校长会议"在上海开幕。来自亚洲、非洲、欧洲、美洲 12 个国家的 17 所开放大学校长参加。

11 月 19 日至 21 日,华东地区高校继续教育分会 2003 年年会在山东科技大学召开,来自清华大学、浙江大学、南京大学、中国科技大学等 40 余所高校的 60 多名代表聚集一堂,共同研讨我国继续教育的现状,探索发展继续教育的途径与方法,并讨论规划分会明年的工作任务。

11 月 24 日,中共中央政治局召开会议,讨论加强人才工作问题。会议强调,实施人才强国战略,要坚持党管人才原则,把促进经济社会发展作为人才工作的根本出发点,树立科学的人才观,加强人力资源能力建设,推进人才结构调整,创新人才工作机制,优化人才成长环境,为全面建设小康社会提供坚强的人才保证。

11 月,人事部下发《关于开展高层次留学人才回国资助试点工作的意见》。

11 月,全国职业技术学校职业指导工作经验交流会议在河南省郑州市召开。

11 月,《关于开展东部对西部、城市对农村中等职业学校联合招生合作办学工作的意见》发布。

12 月 12 日,2003 年中国成人教育协会年会暨学习型社会论坛在北京举行。会议的主题是:学习型社会与成人教育创新。旨在通过对我国成人教育发展历程的总结和反思,充分认识成人教育在全面建设小康社会、形成学习型社会过程中的重要使命,进一步明确在新的历史时期我国成人教育改革、创新的方向和思路。

12 月 15 日,教育部发出《关于确定第二批全国社区教育实验区的通知》。教育部在第一批 28 个全国社区教育实验区的基础上,为推动全国的社区教育工作的广泛开展,在各省(自治区、直辖市)教育行政部门推荐的基础上,经审核,又确定北京海淀区等 33 个城区(市)为第二批全国社区教育实验区。"通知"要求各地充分认识开展社区教育对构建终身教育体系、推进学习型社会建设和促进社区全面发展的重要意义,认真做好本地区和本实验区的社区教育工作,加强对本地区全国社区教育实验区的指导。

12 月 18 日至 20 日,由北京市精神文明办主办、北京市朝阳区承办的中国学习论坛首届年会在北京国际会议中心举行。年会的主题是"学习型城市与家庭"。

12 月 19 日,中共中央、国务院在北京召开全国人才工作会议。胡锦涛在讲话中说:实施"人才强国"战略,就是要努力造就数以亿计的高素质劳动者、数以千万计的专门人才和一大批拔尖创新人才,建设规模宏大、结构合理、素质较高的人才队伍，充分发挥各类人才的积极性、主动性和创造性，开创人才辈出、人尽其才的新局面，大力提升国家核心竞争力和综合国力，为全面建设小康社会和实现中华民族的伟大复兴提供重要保证。全党同志必须从全局和战略的高度，充分认识实施人才强国战略的重要性和紧迫性，自觉增强大局意识和忧患意识，以高度的政治责任感和历史使命感，把实施人才强国战略作为党和国家一项重大而紧迫的任务抓紧抓好。要着眼于人才总量的增长和人才素质的提高，树立大教育、大培训观念，在提高全体人民的思想道德素质、科学文化素质和健康素质的基础上，重点培养人的学习能力、实践能力，着力提高人的创新能力，加大对人才资源能力建设的投入，优先发展科学教育事业，加大教育培训力度，为各类人才不断涌现和充分发挥作用奠定坚实基础。

12月21日，教育部学位与研究生教育发展中心在北京揭牌。

12月26日，中共中央、国务院颁布《关于进一步加强人才工作的决定》。提出："加快构建终身教育体系，促进学习型社会的形成。在全社会进一步树立全民学习、终身学习理念，鼓励人们通过多种形式和渠道参与终身学习，积极推动学习型组织建设和学习型社区建设。加强终身教育的规划和协调，优化整合各种教育培训资源，综合运用社会的学习资源、文化资源和教育资源，完善广覆盖、多层次的教育培训网络，构建中国特色的终身教育体系。"

12月29日，全国高等教育学历证书电子注册审核备案工作基本结束，全国共注册高等教育学历证书344万份，发布我国高等教育学历信息的唯一官方网站——中国高等教育学生信息网（http://www.chsi.com.cn）可查询高等教育学生学历信息。

12月30日，国家科技教育领导小组召开第二次全体会议。会议听取了教育部关于制定《2003—2007年教育振兴行动计划》和《国家西部地区"两基"攻坚计划》的汇报。会议认为，《2003—2007年教育振兴行动计划》明确了近5年我国教育工作的方向、任务和目标，对教育改革和发展提出了具体要求。《国家西部地区"两基"攻坚计划》，对实现西部地区基本普及九年义务教育、基本扫除青壮年文盲作出了具体部署。

12月，中共中央、国务院在北京召开全国人才工作会议。

本年，成人高等学校558所，成人高等教育毕业生159.34万人。网络本、专科毕业生11633人，招生223855人，在校生500727人。全国高等教育自学考试报考1156.2万人次，取得毕业证书人数70.5万人。全国成人高中1317所，在校生21.85万人，毕业生16.48万人。全国成人中等专业学校2823所，招生42.98万人，在校生105.45万人，毕业生40.03万人。全国高等学校举办的各类成人非学历教育结业达 353.25 万人次，注册学生 239.52 万人。全国职业技术培训学校（机构）23.06 万所，共培训结业学员 7242.08 万人次，注册学生 5677.22 万人，教职工 45.72 万人，专任教师 20.6 万人。成人初等学校 2.68 万所，在校生 186.26 万人，教职工 3.77 万人，其中专任教师 1.89 万人。全国共扫除文盲 203.14 万人，扫盲教育教职工 8.63 万人，其中专任教师 2.87 万人。

本年，人事部提出了"拓宽留学渠道，吸引人才回国，支持创新创业，鼓励为国服务"的留学工作新要求。

本年，教育部制定了"扩大规模、提高层次、保证重点、增强效益"的国家公派留学工作思路。

本年，教育部发出了《关于简化大专以上学历人员自费出国留学审批手续的通知》。

本年，国务院办公厅转发人事部等 12 个部委联合发布的《留学人员回国服务工作部际联席会议制度》。

本年，教育部首次公布了美国、英国、丹麦、南非、挪威、马来西亚、爱尔兰、荷兰、希腊、塞浦路斯 10 个国家的部分正规学校名单。

本年，教育部颁布《普通高中课程改革方案（实验）》。

2004 年

1 月 3 日，教育部印发《普通高等学校基本办学条件指标（试行）》。

1 月 30 日，中华全国总工会、中央文明办、国家发展和改革委员会、教育部、科技部、人事部、劳动和社会保障部、国务院国有资产监督管理委员会、全国工商联联合颁布了《关于开展全国"创建学习型组织，争做知识型职工"活动的实施意见》。开展"创争"活动的总体目标是：倡导终身学习理念，提高职工的学习能力和实践能力，着力提高职工的创新能力；营造尊重劳动、尊重知识、尊重人才、尊重创造的社会环境，形成全员学习、全程学习、团队学习和工作学习化、学习工作化的氛围和机制；努力建设各类学习型组织，为职工创造更多的学习机会和成才机会；促进人才队伍建设，为各类人才不断涌现和充分发挥作用奠定坚实基础，努力造就一支有理想、有道德、有文化、有纪律的职工队伍。要求通过开展形式多样的主题教育活动，创新群众性学习活动载体，构筑职工学习平台等方式和途径来开展"创争"活动。"意见"还对"学习型组织"和"知识型职工"的基本条件提出了明确的要求。

2 月 5 日，教育部公布了 270 家自费出国留学中介机构核心资质情况。

2 月 9 日，中国科学技术协会启动"海外智力为国服务行动计划"。

2月10日，教育部发布《2003—2007年教育振兴行动计划》。

2月12日，教育部决定，从2004年开始对全国成人高校招生时间进行调整，调整后的招生统一考试时间为每年10月的第三个星期六和星期日，录取的新生于第二年春季入学。

2月12日，教育部、财政部印发《关于进一步加强农村地区"两基"巩固提高工作的意见》，要求各级政府要增强做好"两基"巩固提高工作的紧迫感和责任感，并提出加强农村初中建设、巩固完善农村义务教育管理体制、增加义务教育经费投入、进一步巩固扫盲成果、加快推进课程改革等具体要求。

2月15日，全国第一张"终身教育券"在杭州市上城区发放并投入运作。它以"培训部门设计菜单，政府及各行业部门买单"的形式，让所有市民均可凭借免费发放的"终身教育券"参加自己喜爱的学习培训活动，较好地满足了不同群体的终身学习需求。发放的范围是，杭州市上城区区域内企事业单位在职职工、青少年学生、居家市民、残疾人士、就业困难人员、下岗职工、老年人、街道社区文教干部、婴幼儿及家长等，发放的总金额为66万元。

2月16日，国务院办公厅转发教育部、国家发改委、财政部和国务院西部开发办联合发布的《国家西部地区"两基"攻坚计划（2004—2007年）》。文件提出到2007年的目标是，西部地区整体上实现"两基"目标，"两基"人口覆盖率达到85％以上，初中毛入学率达到90％以上，扫除600万文盲，青壮年文盲率下降到5％以下。

2月20日，教育部副部长吴启迪在教育部举行的新闻发布会上宣布，"一村一名大学生计划"试点工作正式启动。

2月21日，教育部基础教育司印发《全国特殊教育学校信息技术教育工作现场经验交流会议纪要》。

2月21日，教育部基础教育司印发《全国特殊教育学校职业教育工作现场经验交流会纪要》。

2月24日至25日，教育部在成都召开全国农村劳动力转移培训经验交流会。会议强调，教育战线要抓住机遇，勇挑重担，急政府之所急，想农民之所想，做好农村劳动力转移培训工作，千方百计为解决好"三农"问题和走新型工业化道路做贡献。

2月25日，国务院第四十一次常务会议通过《中华人民共和国民办教育促进法实施条例》，并于3月5日以国务院令公布，自本年4月1日起施行。"实施条例"共8章54条，对民办学校的举办者、民办学校的设立、民办学校的组织与活动、民办学校的资产与财务管理、扶持与奖励、法律责任等方面作了明确的法律规定。

2月26日,经国务院批准,国家西部地区"两基"攻坚工作会议在北京召开。会议强调要从践行"三个代表"重要思想的高度,明确责任,狠抓落实,确保西部地区基本普及九年义务教育、基本扫除青壮年文盲的攻坚目标如期完成。

2月29日至3月2日,中宣部、人事部、教育部、科技部联合举办"中国留学人员回国创业成就展"。

2月,教育部在江苏省无锡市召开全国中等职业学校产教结合经验交流会。

3月11日,国家教育督导团印发《对吉林等六省特殊教育工作督导检查的意见》。

3月22日,人事部、教育部、科技部和财政部会同全国留学人员回国服务工作部际联席会议成员单位共同制定并印发《关于在留学人才引进工作中界定海外高层次留学人才的指导意见》。

3月,国务院批转了教育部《2003—2007年教育振兴行动计划》,在教师教育方面,明确地提出了"全面推动教师教育创新,构建灵活开放的教师教育体系"的总体目标。其中也相应地制定了具体的目标,指出要"改革教师教育模式,将教师教育逐步纳入高等教育体系,构建以师范大学和其他高水平大学为先导,专科、本科、研究生三个层次协调发展,职前职后教育相互沟通,学历与非学历教育并举,促进教师专业发展和终身学习的现代教师教育体系"。比较完整地描述了我国未来的教师教育体系,反映了我国教师教育政策发展的基本走向。

3月,教育部印发《教育部办公厅公布新调整认定的首批国家级重点中等职业学校名单的通知》。2005年开始,国家重点中等职业学校调整认定工作将逐步常规化。

3月,教育部下发《关于农村劳动力转移培训计划的通知》。

4月7日,农业部、财政部、劳动和社会保障部、教育部、科技部、建设部在北京人民大会堂举行农村劳动力转移培训阳光工程启动仪式,六部委有关领导出席了启动仪式。农业部副部长张宝文代表全国阳光工程指导小组讲话指出,开展农村劳动力转移培训,是加快农村劳动力转移、促进农民增收的重要环节,也是提高农民就业能力、增强我国产业竞争力的一项重要的基础性工作。为抓好阳光工程各项工作的落实,张宝文要求:一要加强组织领导。要求各地在党委、政府领导下,成立相应的办公室,抓好培训工作的落实。二要创新培训机制。要动员社会各类教育培训机构积极参与,整合利用现有的各类教育培训资源,形成工作合力。三要确保农民受益。要确保财政支持的扶持资金足额补贴到农民身上。四要强化项目监管,确保农村劳动转移培训成为名副其实的"民心工程"。劳动和社会保障部副部长张小建、教育部副部长吴启迪也在启动仪式上讲了话。启动仪式上还正式开通了由农业部主办、农业部农民科技教育培训中心承办的"中国农村劳动力转移培训网"。通过该网及时发布农村劳动力转移培训政策，介绍各地培训工作开展情况，交流经验，沟通信息；同时，在网上公布各地项目执行情况，加强项目监管，保证培训工作的落实。

4月23日，教育部办公厅发出《关于成立农村劳动力转移培训工作领导小组的通知》。

4月，全国教育科研"十五"规划重点研究项目"建设终身学习体系及学习型社会的研究"正式启动。本课题从建设终身学习体系和学习型社会所面临的主要问题和主要矛盾入手，在调查分析和综合研究的基础上，重点进行了以下几个方面的专题研究，包括：社会背景的研究，理论与指导思想的研究，终身学习体系与学校教育的改革和发展的研究，继续教育的供求研究，教育信息化研究，学习型城市、社区、组织的政策与个案研究，保障制度与比较研究。

4月，教育部印发《关于以就业为导向深化高等职业教育改革的若干意见》。

4月，教育部、财政部联合印发《关于推进职业教育若干工作的意见》。

5月14日至16日，由中国成人教育协会成人高等教育理论研究专业委员会和河南大学成人教育学院联合举办的"全国首届成人教育学专业研究生培养工作交流研讨会"在河南开封举行。来自华东师范大学、同济大学、南京师范大学、北京师范大学、曲阜师范大学、山西大学、四川师范大学、西南师范大学、华南师范大学、福建师范大学、河南大学等15所高校的成人教育学专业学科带头人或专职研究人员参加了会议。

5月17日，教育部举行全国高校思想教育示范网站"中国大学生在线"开通仪式。

5月18日，联合国教科文组织宣布，将2004年度国际扫盲奖中的"世宗王扫盲奖"授予中国青海省扫盲工作领导小组，以表彰其为国际扫盲工作做出的贡献。青海省将妇女和少数民族群体作为扫盲工作的重点，并把扫盲工作与符合农牧民日常生活的技能培训相结合，取得了突出成绩。此外，青海省积极落实扫盲后的教育，建立相互合作机制，并将图书馆和阅览室以及学校资源向农牧民开放。

5月22日，国务院总理温家宝在对第六届全国创业之星经验交流表彰会的批示中指出：深入开展农村劳动力资源开发研究，对于促进农村劳动力有序转移，逐步解决农村就业问题，努力提高农民收入水平，实现农村小康目标，有着现实而深远的意义。当前，特别要重视对农民工开展多种形式的培训，提高他们的素质，为他们进城务工提供便利和服务，保障他们的合法权益等关系农民切身利益的实际问题。

6月2日，教育部部长周济签署中华人民共和国教育部令第20号，发布《中华人民共和国中外合作办学条例实施办法》，自2004年7月1日起施行。

6月15日，国家督导团印发《关于加强西部地区"两基"攻坚督导评估工作的意见》，提出增强督导评估工作对西部地区"两基"攻坚的责任感和使命感，加大督导评估力度，完善各项工作环节，严禁"两基"评估验收弄虚作假。

6月21日，教育部社会科学委员会成立大会暨第一次工作会议在北京召开。

6月25日，劳动和社会保障部、国务院国有资产监督管理委员会联合下发《关于开展高技能人才队伍建设试点工作的通知》。为加强高技能人才队伍建设，选择34家中央企业作为高技能人才队伍建设试点企业。要求各试点中央企业高度重视试点意义，明确试点任务目标，加快高技能人才培养，开展高技能人才评价，加大高技能人才开发交流，建立高技能人才激励机制并完善高技能人才选拔方式。

6月28日，教育部发出《关于取消高等教育学历文凭考试的通知》。

6月28日，全国煤炭行业现代远程教育培训网开通仪式在北京中华世纪坛举行。该远程教育网集卫星传输技术、网络技术、计算机技术、多媒体技术于一体，集中全行业的优质教育资源，开设8个栏目，覆盖了行业大部分大中型企业，是煤矿职工喜爱的"坑口大学""随身大学"。

6月，教育部将《义务教育法》修订送审稿报请国务院审议。国务院法制办随即征求全国人大教科文卫委员会、财政部、人事部等37个中央单位，以及上海、黑龙江、深圳等47个地方政府的意见，并多次进行调研。

6月，国务院正式批准建立职业教育工作部际联席会议制度。

6月，教育部、国家发展和改革委员会等七部门联合在江苏召开全国职业教育工作会议。

7月，教育部制定并出台《中等职业学校学生心理健康教育指导纲要》。

7月，劳动和社会保障部下发《关于在百所职业院校推进实施职业资格证书制度国家级试点工作的通知》，确定北京联合大学师范学院等137所职业院校为试点院校。

7月，教育部印发《关于贯彻落实全国职业教育工作会议精神进一步扩大中等职业学校招生规模的意见》。

8月8日至11日，由中国成人教育协会、中央农业广播电视学校主办，江苏省教育厅协办的"2004年东西部农村劳动力转移培训交流会"在江苏召开。

8月12日，教育部办公厅印发《普通高等学校本科教学工作水平评估方案（试行）》。

8月，教育部印发《关于在职业学校逐步推行学分制的若干意见》。

9月19日，中国共产党十六届四中全会通过的《中共中央关于加强党的执政能力建设的决定》指出：优先发展教育和科学事业，提高全民族的科学文化素质，营造全民学习、终身学习的浓厚氛围，推动建立学习型社会。

9月，教育部等七部门印发《关于进一步加强职业教育工作的若干意见》。

9月，在北京、河南、武汉、苏州等地一个月内连续发生多起凶杀、车祸、房屋倒塌等严重危害儿童生命的恶性事件之后，中国学前教育研究会的60位专家学者立即自发地组织起来，联名给温家宝总理写信。信中呼吁：国家应该为幼儿教育独立立法，保证幼儿教育能够按照它自身的规律和特点健康地发展。温家宝总理10月2日的批示直接促成了国家教育督导团对六省市幼儿教育工作的专项督导。

10月17日，教育部等九部委在青岛召开"创建学习型组织，争做知识型职工"活动现场推进会。中共中央政治局委员、全国人大常委会副委员长、中华全国总工会主席王兆国出席会议并讲话，强调要认真贯彻党的十六届四中全会精神，采取切实措施，深入开展"创争"活动，鼓励和引导广大职工为全面建设小康社会多做贡献。

10月17日，国务院办公厅转发了民政部等部门的《关于进一步加强扶助贫困残疾人工作意见》。

10月，国家督导团一行26人，分六组对北京、河南、山东、江苏、吉林、湖南六省市的学前教育工作进行了督导检查。本次督导除了检查贯彻落实《关于幼儿教育改革与发展的指导意见》及《教育部关于进一步加强幼儿园安全工作的紧急通知》的情况，同时还深入调研了各地幼教改革与发展中出现的热点、难点问题，为制定幼儿教育政策提供依据。

10月，教育部制定并颁布《中等职业学校德育大纲》。

11月21日，中国第一所海外"孔子学院"在汉城汉语水平考试韩国办事处举行了挂牌仪式。

12月1日，教育部印发《关于推进社区教育工作的若干意见》，就推进社区教育工作的指导思想、原则和目标以及主要任务等提出明确要求。推进我国社区教育工作的目标是：进一步扩大社区教育实验范围。到2007年，全国社区教育实验区要扩展到各省（自治区、直辖市），各省级、市级实验区的范围进一步扩大，并形成一批具有较高发展水平的省市级的社区教育实验区和普遍开展社区教育的城市；创建一批全国社区教育示范区，为学习型城市建设奠定扎实的基础；在经济教育较发达的东部地区，社区教育延伸到农村地区并取得初步经验。中部和西部地区在条件较好的农村地区开展社区教育实验。

12月5日至7日，2004年中国成人教育协会年会暨科学发展观与成人教育创新论坛在北京举行，教育部副部长吴启迪到会并讲话。大会表彰了中国成人教育协会先进集体和先进工作者。有59个成人教育先进社团、51个成人教育先进单位（学校）、112名成人教育先进工作者受到表彰。

12月15日至16日，建设终身学习体系和学习型社会国际论坛在上海举行。参加论坛的有上海和全国各地教育工作者代表500余人。教育部副部长吴启迪、上海市委副书记殷一璀出席论坛开幕式并致辞。来自中国和美国、英国、韩国、墨西哥等国家以及世界银行等国际组织的20余位专家学者在论坛上就建设终身学习体系和学习型社会的问题作了专题演讲。

本年，成人高等学校505所，成人高等教育共招生221.16万人，在校生419.80万人，毕业生189.62万人。网络本、专科毕业生393715人，招生839325人，在校生2365908人。全国成人高中955所，在校生19.37万人，毕业生13.86万人。全国成人中等专业学校2742所，招生40万人，在校生103.35万人，毕业生39.55万人。全国高等学校举办的各类成人非学历教育结业达318.84万人次，注册学生242.74万人。各种非学历中等教育结业达6957.34万人次，注册学生6198.35万人；其中中等职业学校举办的各类成人非学历教育结业达780.35万人次，注册学生450.21万人。全国职业技术培训学校（机构）27.71万所，共培训结业学员6176.99万人次，注册学生5748.14万人；教职工51.45万人，专任教师23.43万人。成人初等学校2.22万所，在校生141.65万人；教职工3.19万人，其中专任教师1.44万人。全国共扫除文盲204.58万人，扫盲教育教职工10.84万人，其中专任教师2.89万人。

本年，中国教育部与德国国际继续教育协会启动了"中德职教师资进修项目"和"中德骨干学校校长高级研修班"。

本年，教育部办公厅、中国残联办公厅发出《关于公布首届全国特殊教育学校（院）学生美术大赛评选结果的通知》。

本年，民政部、教育部发出《关于进一步做好城乡特殊困难未成年人教育救助工作的通知》。

2005年

1月14日，胡锦涛在新时期保持共产党员先进性专题报告会上强调，勤奋学习是共产党员增强党性、提高本领、做好工作的前提。我们正处在知识创新的时代、终身学习的时代，不懂得和不熟悉的东西很多，即便是过去懂得和熟悉的知识也有一个不断更新的问题。面对这种新形势，全党同志一定要有学习的紧迫感，抓紧学习、刻苦学习，善于学习、善于重新学习。

2月19日，胡锦涛在省部级主要领导干部提高构建社会主义和谐社会能力专题研讨班上讲话强调："要坚持把教育摆在优先地位，保障教育公平，构建健全的教育体系，建设学习型社会，促进全民素质不断提高。"

2月28日，北京市西城区区委、区政府举行展览路社区教育学校揭牌仪式。

2月，教育部印发《关于加快中等职业教育的意见》。

3月1日，教育部颁发《关于做好2005年中小学幼儿园安全工作的意见》，3月18日教育部办公厅下发《关于加强中小学幼儿园校车安全管理的紧急通知》，6月15日，教育部印发《关于进一步做好中小学幼儿园安全工作六条措施》的通知，以进一步做好中小学幼儿园安全工作，保障广大中小学生和少年儿童的生命安全和健康成长。

3月4日，教育部发出《关于调整全国成人高等学校招生统一考试部分专业基础课考试科目的通知》，作出取消高中起点升专科（高职）考试科目中的医学综合、中医综合、监狱（劳教）基础、公安专业基础等4门专业基础课考试等三项决定。

3月16日，胡锦涛为中国浦东干部学院、中国井冈山干部学院、中国延安干部学院建成并正式开学发出贺信。贺信强调要大规模培训干部，大幅度提高干部素质，提高领导社会主义现代化建设的本领。中共中央政治局委员、中央书记处书记、中央组织部部长贺国强出席三所学院的开学典礼。

3月17日，教育部印发《关于实施农村实用技术培训计划的意见》，提出的目标任务是：2005年至2007年，要在现有基础上，努力扩大培训规模。全国农村实用技术培训人数逐年增长1500万人以上，农民培训率逐年增长5个百分点以上，争取到2007年农村劳动力实用技术培训人数达到1亿人次，农村劳动力年培训率达到35%以上，每个农户有一个劳动力通过培训掌握1—2项实用技术，农民家庭人均收入有明显提高，促进贫困农户摆脱贫困。

3月25日，教育部部长周济签署中华人民共和国教育部令第21号，颁发新的《普通高等学校学生管理规定》，自2005年9月1日起施行。

3月，教育部发布《关于进一步加强普通高中新课程实验工作的指导意见》。

3月，贯彻落实全国职教会精神经验交流会和2005年全国职业教育与成人教育工作会议在四川泸州召开。

4月4日，中宣部、中央文明办、教育部发出《关于做好2005年度"西部开发助学工程"组织实施工作的通知》。

4月19日，教育部办公厅发出《关于建设中央广播电视大学现代远程教育公共服务体系的通知》，批准中央广播电视大学依托全国广播电视大学系统建设中央广播电视大学现代远程教育公共服务体系，为高等学校现代远程教育提供校外教学支持服务，同时也可为教育行政部门、办学机构提供专项的现代远程教育教学支持服务。

4月27日，第十届全国人大常委会第十五次会议通过《中华人民共和国公务员法》，其中第十章第六十、六十一、六十二条为公务员培训条款。明确规定机关根据公务员工作职责的要求和提高公务员素质的需要，对公务员进行分级分类培训。国家建立专门的公务员培训机构，也可以委托其他培训机构承担公务员培训任务。公务员培训情况、学习成绩作为公务员考核的内容和任职、晋升的依据之一。

4月，教育部在江西省新余市召开全国民办中等职业教育工作经验交流会。

5月15日，由中共青岛市四方区委宣传部、四方区教体局主办的"四方区第二届社区教育职业技能培训成果展示会"在青岛市海云广场举行。

5月27日，教育部办公厅发出《关于建立高等学校招生全国统一考试考生诚信档案的通知》。

6月25日至26日，全国贫困地区劳动力转移培训现场经验交流会议在湖北宜昌举行。会议的主要议题是分析目前贫困地区劳动力转移培训工作的形势和任务，交流各地的成功经验和做法，研究解决存在的困难和问题。

6月26日，吉林省教育厅召开了全省社区教育工作现场会，会议交流了近年吉林省社区教育工作经验，研究了新形势下社区教育的发展思路和政策措施。

6月，国务院法制办在对送审稿进行三次修改的基础上，形成《义务教育法》修订征求意见稿，还就征求意见稿向曾提出过议案、提案的740名全国人大代表、44名全国政协委员以及有关中央单位、地方政府、义务教育学校和专家学者征求意见。

7月24日，大连市民学外语考试工作启动。参加首批市民学外语考试的数百名考生，在市青联培训学校和东北特钢集团职工培训中心两个考点、六个考场进行通用英语初级考试。这些考生主要来自大连周水子国际机场、东北特钢集团和金州区等试点单位，社会各界英语爱好者也有近百人参加了考试。考试及格者，可以获得盖有市委组织部、市委宣传部、市人事局、市教育局印章的通用英语初级证书，在大连地区具有通用性。

7月,职业教育实训基地建设工作会议在京召开。

8月10日至12日,沈阳市和平区民政局、教育局、妇联等六家单位联合举办社区干部培训班,旨在提高社区工作者的综合素质。

8月23日,教育部、国家发改委、财政部、国务院台湾事务办公室发出《关于调整祖国大陆普通高校和科研院所招收台湾地区学生收费标准及有关政策问题的通知》,对在大陆高校和科研院所就读的台湾学生与大陆学生收取相同费用。

8月,教育部在天津召开职业教育工学结合座谈会。

8月,第二届中澳职教论坛及合作洽谈会在重庆举行。

9月5日,由中国成人教育协会、陈香梅教科文奖办公室主办的"中国民办教育创新与发展论坛"在北京举行。全国人大常委会副委员长许嘉璐、顾秀莲,全国人大教科文卫委员会主任委员朱丽兰,教育部副部长吴启迪等领导出席会议。陈香梅女士亲自到会为被表彰单位代表颁发奖牌和证书。

9月21日,北京市教委印发了《关于加强企业教育推动学习型企业创建工作的意见》、《关于评选创建学习型企业先进单位的通知》(联合市总工会)、《关于评选创建学习型社区先进街道的通知》(联合市文明办和民政局)、《关于评选创建学习型农村社区先进乡镇的通知》、《关于评选创建学习型新村先进村的通知》(联合市文明办和市农委)、《关于评选创建学习型学校先进单位意见》(联合市教工委和市教育工会)、《关于开展创建学习型机关工作的通知》等7个相关文件,并附有相应的评估指标体系。

9月28日,我国内地首部终身教育法规——《福建省终身教育促进条例》正式实施。"条例"共22条,规定县级以上地方人民政府应当制定本行政区域终身教育发展规划,并将其纳入国民经济和社会发展规划,统筹整合各种教育文化资源,促进终身教育事业的发展。县级以上地方人民政府应当设立终身教育促进委员会,成员由承担终身教育相关职责的部门负责人和有关专家组成,主要职能为协调、指导、推动和评估终身教育工作,为本级人民政府有关终身教育的决策提供意见和建议。终身教育促进委员会具体事务由本级人民政府教育行政主管部门负责。有关部门和社会团体在各自职责范围内开展终身教育工作。地方各级财政应当根据本行政区域终身教育发展情况及财力,安排相应的终身教育经费。鼓励社会力量捐助或者兴办终身教育事业。并且规定了每年9月28日为终身教育活动日。条例还对城镇失业人员、农村进城务工人员、失地农民、残疾人职业技能培训工作,老年教育工作,创建学习型组织,社会公益性场馆的开放作出了明确的规定。

9月，国务院召开常务会议研究部署加强职业教育工作，讨论并原则通过了《国务院关于大力发展职业教育的决定》。

10月11日，中国共产党十六届五中全会通过的《中共中央关于制定国民经济和社会发展第十一个五年规划的建议》中提出："坚持教育优先发展，加快教育发展，是把我国巨大人口压力转化为人力资源优势的根本途径。""加大教育投入，建立有效的教育资助体系，发展现代远程教育，促进各级各类教育协调发展，建设学习型社会。"

10月15日，由中国成人教育协会、中国联合国教科文全委会发起，北京、上海、天津等10个城市共同举办的"全民终身学习活动周"在北京西城区德胜社区教育学校拉开序幕。本次活动的主题为"全民学习、终身学习、造就人生、振兴中华"，旨在通过学习活动周这样的形式，大力宣传终身教育思想，提倡树立全民终身教育、终身学习的观念，促进更多的人和社会机构积极参与到全民终身学习中来。

10月，温家宝在全国职业教育工作会议上发表重要讲话，提出："每年培训城乡劳动者上亿人次，使我国劳动者的素质得到明显提高。""重视提高广大农民的职业技能和转移就业能力。今后，我国新增劳动力的主要来源在农村。农村初高中毕业生不仅是农业现代化建设的骨干力量，也是我国产业工人的后备军，搞好农村职业教育具有特殊重要的意义。面向农村、面向农民的职业教育和技能培训，要注重多样化、灵活性和实用性。充分利用广播电大、自学考试、远程教育等方式，发展面向农村青年的职业教育。加强农民工转移就业培训，继续实施好农村劳动力转移培训阳光工程，提高进城务工农民的职业技能和就业能力。同时，做好在乡务农青年的农业实用技术培训工作。""国民经济的各行各业不但需要一大批科学家、工程师和经营管理人才，而且需要数以千万计的高技能人才和数以亿计的高素质劳动者。没有这样一支高技能、专业化的劳动大军，再先进的科学技术和机器设备也很难转化为现实生产力。我国目前在生产一线的劳动者素质偏低和技能型人才紧缺问题十分突出。现在经济全球化深入发展，国际产业结构加快调整与重组，我们要抓住机遇，努力提高我国制造业水平，使'中国制造'在国际市场上真正有竞争力。这就必须从源头抓起，更加重视和加快发展职业教育，全面提升人力资源的整体素质。"

10月，国务院印发《关于大力发展职业教育的决定》。

11月8日，国务院发布《关于进一步加强就业再就业工作的通知》，强调要广泛发动全社会教育培训资源，为城乡劳动者开展多层次、多形式的职业培训，并积极推行创业培训，提高劳动者就业能力和创业能力。对持"再就业优惠证"

人员、城镇其他登记失业人员,以及进城务工的农村劳动者,提供一次性职业培训补贴。为参加职业培训的下岗失业人员提供职业技能鉴定服务,对持"再就业优惠证"人员通过初次技能鉴定、生活确有困难的,可申领一次性职业技能鉴定补贴,所需资金由地方财政解决。

11月12日,在教育部的组织和推动下,中国电力企业联合会、中国钢铁工业协会、中国煤炭教育协会等近20家全国性行业组织联合主办的"首届中国培训发展论坛"在北京召开。此次论坛的主题是"行业企业培训的发展与创新",包括"企业培训创新""职业资格证书制度""学习型企业"三个专题论坛。论坛借鉴国际企业培训新理念、新方法和新技术,深入探讨新形势下具有中国特色的行业企业培训模式,并以此为契机搭建起国内外培训资源的交流、展示和共享平台。

11月,全国职业教育工作会议在京召开。

12月9日至11日,首届全国农民职业教育校长论坛在北京召开。会议围绕"新形势下农民职业教育的快速发展"的主题进行了热烈的讨论,讨论的问题涉及县域农业产业化对核心骨干农民培训的需求、大型农业企业对中高级技术人才的需求、农业职业院校的人才培养如何与市场更紧密对接等。

12月20日,教育部发出《关于成立2006—2010年教育部高等学校有关科类教学指导委员会的通知》。

12月24日,国务院发布《关于深化农村义务教育经费保障机制改革的通知》。这是农村教育改革历史上具有里程碑意义的文件,要求农村义务教育全面纳入公共财政保障的范围,建立中央和地方分项目按比例分担的农村义务教育经费保障机制,并提出"两免一补"(全部免除农村义务教育阶段学生学杂费,对贫困家庭学生免费提供教科书并补助寄宿生生活费)的农村义务教育经费政策。之后,2006年新修订的《义务教育法》将"两免一补"纳入法制化轨道;2006年免除西部地区农村义务教育阶段中小学生学杂费,2007年在全国农村全部免除义务教育阶段的学杂费。中国由此进入义务教育彻底免费的新时期,对中国具有划时代意义。

12月31日,中共中央、国务院发布《关于推进社会主义新农村建设若干意见》,指出:提高农民整体素质,培养造就有文化、懂技术、会经营的新型农民,是建设社会主义新农村的迫切需要。要继续支持新型农民科技培训,提高农民务农技能,促进科学种田;扩大农村劳动力转移培训阳光工程实施规模,提高补助标准,增强农民转产转岗就业的能力;加快建立政府扶助、面向市场、多元办学的培训机制;各级财政要将农村劳动力培训经费纳入预算,不断增加投入;整合农村各种教育资源，发展农村职业教育和成人教育。

本年，成人高等学校 481 所，成人高等教育共招生 193.03 万人，在校生 436.07 万人，毕业生 166.79 万人。网络本、专科毕业生 759627 人，招生 891046 人，在校生 2652679 人。全国成人高中 974 所，在校生 21.81 万人，毕业生 12.41 万人。全国成人中等专业学校 2582 所，招生 47.95 万人，在校生 112.55 万人，毕业生 39.39 万人。全国高等学校举办的各类成人非学历教育结业达 373.39 万人次，注册学生 239.94 万人。各种非学历中等教育结业达 6743.87 万人次，注册学生 5283.76 万人；其中中等职业学校举办的各类成人非学历教育结业达 809.68 万人次，注册学生 401.04 万人。全国职业技术培训学校（机构）19.86 万所，共培训结业学员 5934.19 万人次，注册学生 4882.72 万人；教职工 52.62 万人，专任教师 25.6 万人。成人初等学校 1.79 万所，在校生 115.32 万人，教职工 2.67 万人，其中专任教师 1.3 万人。全国共扫除文盲 169.05 万人，扫盲教育教职工 8.94 万人，其中专任教师 3.17 万人。

2006 年

1 月 20 日，国家留学基金管理委员会与 53 所高校校长签署了合作开展"共同接收和培养外国优秀青年来华留学项目协议"。

1 月 21 日，国务院常务会议讨论通过《义务教育法》修订草案，提请全国人大常委会审议。

1 月 21 日，中共中央颁布《干部教育培训工作条例（试行）》，共 9 章 57 条。涉及干部教育的管理体制、教育培训对象、内容与方式、教育培训机构、师资教材经费、考核与评估、监督与纪律等方面。在"总则"中规定，干部教育培训工作必须坚持以马克思列宁主义、毛泽东思想、邓小平理论和"三个代表"重要思想为指导，全面贯彻落实科学发展观，围绕党和国家工作大局，按照实事求是、与时俱进、艰苦奋斗、执政为民的要求，以增强执政意识、提高执政能力为重点，推动学习型政党、学习型社会建设，为全面建设小康社会、加快推进社会主义现代化提供思想政治保证、人才保证和智力支持。

1 月 26 日，中共中央、国务院作出《关于实施科技规划纲要增强自主创新能力的决定》，提出：健全人才激励机制，大胆起用青年人才，培养高水平创新人才；深化教育改革，加快教育发展，推进素质教育和创新教育，为建设创新型国家培养结构合理、素质优良的各级各类人才。

1 月 27 日，中共上海市委、上海市人民政府发布《关于推进学习型社会建设的指导意见》，提出：完善终身教育体系，奠定学习型社会的基础；发展学习型组织，培育学习型社会的载体；深化精神文明创建活动，丰富学习型社会建设内容；切实加强领导，为建设学习型社会提供保障。

1月，《国务院关于解决农民工问题的若干意见》发布，要求各地要适应工业化、城镇化和农村劳动力转移就业的需要，大力开展农民工职业技能培训和引导性培训，提高农民转移就业能力和外出适应能力。扩大农村劳动力转移培训规模，提高培训质量。继续实施好农村劳动力转移培训阳光工程，完善农民工培训补贴办法，对参加培训的农民工给予适当培训费补贴。推广"培训券"等直接补贴的做法。要落实农民工培训责任，完善并认真落实全国农民工培训规划。"意见"还强调劳动保障、农业、教育、科技、建设、财政、扶贫等部门要按照各自职能，切实做好农民工培训工作。强化用人单位对农民工的岗位培训责任。

2月7日，加拿大首家孔子学院成立，国务委员陈至立揭牌并致词。

2月25日，中组部、人事部、教育部、财政部、农业部、卫生部、国务院扶贫办、共青团中央发出《关于组织开展高校毕业生到农村基层从事支教、支农、支医和扶贫工作的通知》。

2月25日，十届全国人大常委会第二十次会议首次审议《义务教育法》修订草案。

2月，中国水利教育协会将《水利职工教育》《水利高等教育》和《水利职业技术教育》合并，创办了会刊《中国水利教育与人才》。

3月4日，胡锦涛在参加全国政协十届四次会议分组讨论时指出，要在全社会大力弘扬爱国主义、集体主义、社会主义思想，倡导社会主义基本道德规范，促进良好社会风气的形成和发展。要引导广大干部群众特别是青少年树立社会主义荣辱观，坚持以热爱祖国为荣、以危害祖国为耻，以服务人民为荣、以背离人民为耻，以崇尚科学为荣、以愚昧无知为耻，以辛勤劳动为荣、以好逸恶劳为耻，以团结互助为荣、以损人利己为耻，以诚实守信为荣、以见利忘义为耻，以遵纪守法为荣、以违法乱纪为耻，以艰苦奋斗为荣、以骄奢淫逸为耻。

3月，《国务院2006年工作要点》印发，强调要大力发展职业教育。

3月，教育部印发《关于职业院校试行工学结合半工半读的意见》。

3月，上海市教委为进一步推进上海市的社区教育实验工作，下发了《上海市教育委员会关于组织申报上海市社区教育实验街道（乡镇）及社区教育实验项目的通知》，经各区县教育部门组织申报、市教育评估院组织专家评审，上海市教委研究决定设立上海市社区教育实验街道（乡镇）56个、上海市社区教育实验项目129个。

4月9日，中国留学人才发展基金会成立大会在北京举行。

4月9日,《国务院关于加强和改进社区服务工作的意见》正式出台,在推进文化、教育、体育服务部分提出,要统筹各类教育资源,充分发挥社区学院、市民学校的作用,积极创建各种各类的学习型组织,面向社区居民开展多种形式的教育培训和科普活动,建立覆盖各种人群的多渠道、全方位的社区学习服务体系。

4月15日,教育部决定认可台湾高校学历。

4月18日,全国普通高等学校本科教学评估工作经验交流暨评估专家组组长工作研讨会在北京举行。

4月19日,教育部印发《普通高等学校招生全国统一考试分省命题工作暂行管理办法》。

4月,教育部印发《关于大力发展民办中等职业教育的意见》。

4月,《新技师培养带动计划》印发。

5月17日,教育部颁发《关于进一步规范普通高中建设,兴办节约型学校的通知》。

5月19日,中央精神文明建设指导委员会下发《关于深入学习实践社会主义荣辱观大力加强思想道德建设的意见》,提出:(1)充分认识树立社会主义荣辱观的重大意义;(2)准确把握社会主义荣辱观学习实践活动的基本要求;(3)深化社会主义荣辱观的学习宣传教育;(4)广泛开展社会主义荣辱观实践活动;(5)努力创造弘扬社会主义荣辱观的文化环境;(6)扎实推进以社会主义荣辱观为导向的"文明办网、文明上网"活动;(7)切实加强对社会主义荣辱观学习实践活动的领导。

5月29日,教育部印发《教育部人文社会科学研究项目管理办法》《普通高等学校人文社会科学重点研究基地管理办法(2006年修订)》和《教育部哲学社会科学研究后期资助项目实施办法(试行)》。

5月,教育部、国家安全生产监督管理总局、国家发展和改革委员会、财政部联合发出《关于加强煤矿专业人才培养工作的意见》,提出了"扩大与煤矿安全相关专业人才培养规模""建立国家煤矿专业人才培养基地""加快实施煤炭行业技能型紧缺人才培养培训工程""完善'对口单招'和'订单式'培养方式""加大经费投入""吸引和稳定煤矿专业人才"等政策措施。

6月11日,中共中央办公厅、国务院办公厅印发《关于进一步加强高技能人才工作的意见》。明确提出了高技能人才工作的指导思想和目标任务,强调完善高技能人才培养体系,大力加强高技能人才培养工作,动员社会各方面力量开展高技能人才培养工作,以企业行业为主体,开辟高技能人才培养的多种途径,建立高技能人才校企合作培养制度，支持和鼓励职工参加技能培训，加强高技能人才培训基地建设等。

6月20日，全国青工技能振兴计划现场推进会在上海举行。共青团中央第一书记周强给会议发来贺信。

6月29日，十届全国人大常委会第二十二次会议通过新修订的《中华人民共和国义务教育法》。指明了义务教育均衡发展这个根本的方向；明确了义务教育承担实施素质教育的重大使命；新的《义务教育法》回归了义务教育免费的本质；进一步完善了义务教育的管理体制，强化了省级的统筹实施；确立了义务教育经费保障机制；保障接受义务教育的平等权利；规范了义务教育的办学行为；建立了义务教育新的教师职务制度；增强了《义务教育法》执法的可操作性。修订后的《义务教育法》多处涉及民族教育，内容涵盖了少数民族的平等权利，教育资源的合理配置，民族教育的优惠政策、经费保障及教师的工资保障等多个方面。

6月30日，教育部联合公安部等共十部门制定发布《中小学幼儿园安全管理办法》，规定了各有关部门对中小学、幼儿园安全管理的职责，校内安全管理制度、安全教育、安全事故处理办法，以及各有关部门、学校及其他单位应承担的法律责任等。

6月，《关于编制中等职业教育基础能力建设规划的通知》发布。

7月9日至11日，2006年中国成人教育中青年学者高峰论坛暨河北省成人高等教育研究会年会在河北省保定市召开。这次会议由中国成人教育协会成人教育科学研究机构工作委员会、河北省成人高等教育研究会及河北大学三方联合举办，会议的主题为"社会转型期成人教育、终身教育的前景探讨"，来自北京、上海、天津、山东、河南、山西、云南、江西、安徽、广西、河北等地的百余名专家、学者、教育工作者参加了会议。

7月11日，教育部、国家发改委、财政部、国务院侨办发出《关于调整国内普通高校招收海外华侨学生收费标准及有关政策问题的通知》。

7月16日，教育部下发《关于确定第三批全国社区教育实验区的通知》。

7月17日，教育部举办首届"春晖杯"中国留学人员创业大赛。

7月，财政部、教育部联合印发《关于完善中等职业教育贫困家庭学生资助体系的若干意见》和《中等职业教育国家助学金管理暂行办法》。

7月，劳动和社会保障部发布《中外合作职业技能培训办学管理办法》。

8月28日，教育部、国家外国专家局印发《高等学校学科创新引智基地管理办法》。

9月2日，农业部、财政部宣布，中央财政2006年安排1亿元专项资金，在全国选择1万个村实施"新型农民科技培训工程"，按每村1万元的标准给予培训补助，对农民开展农业生产技能及相关知识培训，提高农民的务农技能，促进农业生产发展，增加农民收入。

9月，教育部印发《关于建立中等职业学校教师到企业实践制度的意见》。

10月10日，北京市教委批准北京市总工会职工大学提出的"成人高等职业教育学分银行"教改立项申请报告。北京市总工会职工大学在广泛调研和考察的基础上，选择北京燕山石化公司作为首家试点企业合作开展"学分银行计划"教改试点工作。"学分银行"是一种模拟或借鉴银行的功能、特点，使学生能够自由选择学习内容、学习时间、学习地点的一种管理模式。"学分银行"的构建能够实现各高校、各种教育形式之间的教学资源共享和学分通兑，建立学历教育与非学历教育的沟通平台，能为具有学习能力并渴望实现自己理想的任何社会成员提供终身修业与获取文凭的机会。

10月11日，中国共产党十六届六中全会通过的《中共中央关于构建社会主义和谐社会若干重大问题的决定》指出："坚持教育优先发展，促进教育公平。全面贯彻党的教育方针，大力实施科教兴国战略和人才强国战略，全面实施素质教育，深化教育改革，提高教育质量，建设现代国民教育体系和终身教育体系，保障人民享有接受良好教育的机会。""引导民办教育健康发展。积极发展继续教育，努力建设学习型社会。"

10月13日，第七届海峡两岸继续教育论坛在北京大学隆重召开。来自香港大学、香港中文大学、澳门大学、台湾大学、台湾东吴大学和内地清华大学、浙江大学、复旦大学、南京大学、四川大学等23所大学的近百位继续教育专家参加了会议。

10月22日，2006年全民终身学习活动周在北京拉开帷幕。此项活动由中国成人教育协会会同中国联合国教科文全委会、北京市成人教育协会、北京市朝阳区人民政府以及全国20个城市成人教育协会共同举办，旨在通过活动向全社会宣传终身教育思想，建立全民终身学习理念，促进社会主义和谐社会的构建。

10月28日至31日，2006年国际成人教育研讨会在北京举行，主题是"学习化社会中的成人教育——全球化中亚洲的不同视角"。教育部副部长章新胜在开幕式上讲话时指出："对变化中的中国来说，对成人教育的需求、对终身教育的需求比我们现在所能提供的要大得多。目前的政策以及法律保障、投资体制，以及教育提供的方式、培养的模式、教材、教师等，还有不少的差距，所以说中国的发展，成人教育和终身教育确实发挥了非常大的作用。"同时，会议发表了

《北京宣言》，强调加强亚洲、欧洲成人教育工作者之间的交流与合作，共享更完善的资讯、更丰富的经验。大会就当前成人教育面临的问题，如环境与可持续发展的能力、健康教育与艾滋病、消除贫困、社会共融、移民与融合、扫盲与基础教育等进行了对话交流，并研讨了成人教育在以上所有领域所起的重要作用。

10月31日，为方便企业在职职工、外来务工人员、农村劳动者参加中等职业学校举办的成人学历教育，北京市教委决定从2006年起，在北京市部分中等职业学校部分专业开展"职业资格证书"与文化基础课为核心课程的成人学历教育教学模式改革试点工作。这种模式主要指学员参加劳动部（局）职业资格考试，取得相应的职业资格证书，同时参加成人中等学历教育必需的文化基础课的学习和考试，成绩合格者，即可取得同等职业学校成人学历教育证书。

10月，中国煤炭教育协会组织编写的《中国煤炭职工教育史》由中国矿业大学出版社出版。这部70多万字的史书，记录了新中国成立以来煤炭行业在干部培训、职工教育、继续教育、安全技术培训、成人中等和高等学历教育等方面所取得的成绩与经验。该书与《中国煤炭高等教育史》《中国煤炭职业技术教育史》一道，构成了煤炭教育史书系列。

10月，教育部下发《关于在部分职业院校开展半工半读试点工作的通知》。

11月3日，联合国教科文组织向中国云南省扫盲工作协调办公室颁发"国际阅读协会扫盲荣誉奖"，颁奖仪式在教科文组织巴黎总部举行。云南省扫盲协调办公室在6年时间里，通过协调政府部门、多边组织、青年组织、社会团体、学校、公民的力量，大力推进扫盲工作，将该省的青壮年文盲率由10％降到5％以下。

11月5日，"2006全国创建学习型社会论坛"在上海开幕。论坛主题为："建设学习型政党，提高构建社会主义和谐社会能力"。此次论坛由中共中央党校学习时报社、中共上海市委党校和中共上海市闸北区委主办。

11月15日，人事部印发《留学人员回国工作"十一五"规划》。

11月，国家安全生产监督管理总局、国家煤矿安全监察局、教育部、劳动和社会保障部、建设部、农业部、中华全国总工会联合下发《关于农民工安全生产培训工作的意见》。

11月，教育部、财政部提出《关于实施国家示范高等职业院校建设计划加快高等职业教育改革与发展的意见》。

11月，教育部印发《关于全面提高高等职业教育教学质量的若干意见》，要求适当控制高等职业教育招生增长幅度，相对稳定招生规模，切实把工作重点放在提高质量上来。

12月31日，中共中央、国务院发出《关于积极发展现代农业，扎实推进社会主义新农村建设的若干意见》，指出：普遍开展农业生产技能培训，扩大新型农民科技培训工程和科普惠农兴村计划规模，组织实施新农村实用人才培训工程，加大"阳光工程"等农村劳动力转移就业培训支持力度，进一步提高补贴标准，充实培训内容，创新培训方式，完善培训机制。

12月8日至9日，在南京师范大学召开了由中央教育科学研究所、南京师范大学和江苏省高等教育学会教师教育研究委员会主办的"全国教师教育学科建设研讨会"，对教师教育学科的构建基础、目标指向、方法路径、研究领域做了详细探讨。

12月，教育部、财政部印发《关于实施中等职业学校教师素质提高计划的意见》。

本年，教育部向联合国教科文组织国际职教中心申请了"中国高等职业教育联合革新计划——高职教师教育与培训项目"（JIP-TVET in China）。

本年，成人高等学校444所，成人高等教育本、专科共招生184.44万人，在校生524.88万人，毕业生81.52万人。网络本、专科学生毕业885117人，招生1132516人，在校生2792945人。全国成人高中在校生17.47万人，毕业生12.41万人。全国成人中等专业学校2350所，招生46.16万人，在校生107.59万人，毕业生39.94万人。全国接受各种非学历高等教育的学生249.56万人次，当年已结业365.99万人次；接受各种非学历中等教育的学生达5567.25万人次，当年已结业6508.43万人次。全国职业技术培训机构17.77万所，教职工50.70万人，专任教师25.85万人。成人初等学校1.45万所，在校生97.71万人；教职工2.52万人，其中专任教师1.24万人。全国共扫除文盲164.61万人，扫盲教育教职工8.24万人，其中专任教师2.89万人。

本年，教育部、财政部联合发布《国家公派出国留学研究生管理规定（试行）》。

本年，人事部等16个部委发布《关于建立海外高层次留学人才回国工作绿色通道的意见》。

本年，教育部发布《关于进一步加强引进海外优秀留学人才工作的若干意见》。

本年，国家留学基金委设立了"国家建设高水平大学公派研究生项目"。

本年，国务院转发《中国残疾人事业"十一五"计划纲要（2006—2010年）》。

本年，修订《义务教育法》，立足于促进义务教育均衡发展和保障残疾儿童、少年接受义务教育，从政府责任、教育形式、教师待遇、经费投入和法律责任五个方面做出相关规定，大大充实了有关特殊教育的规定。

本年，国务院、人事部发布了《关于印发事业单位工作人员收入分配制度改革方案的通知》《关于印发事业单位工作人员收入分配制度改革实施办法的通知》和《关于印发关于公务员工资制度改革和事业单位工作人员收入分配制度改革实施中有关问题的意见的通知》。

2007 年

1月8日，国家建设高水平大学公派研究生项目签约仪式在京举行。

1月9日，胡锦涛在中央纪律检查委员会第七次会议上强调，各级领导干部必须牢固树立终身学习的思想，坚持理论联系实际的马克思主义学风，以谦逊的态度、顽强的毅力抓好学习，既从书本知识中学习，又从人民群众的生动实践中学习，努力在建设学习型政党和学习型社会中走在前列。

1月14日，中共中央颁布《2006－2010年全国干部教育培训规划》，提出：根据"十一五"时期经济社会发展需要和干部队伍的实际，大规模培训干部，大幅度提高干部素质。以党政干部为重点，按照分级分类和全员培训的原则，抓好党政干部、企业经营管理人员和专业技术人员的教育培训。

1月16日至20日，国际成人教育协会第七届世界大会在肯尼亚首都内罗毕举行，来自世界各地40多个国家和地区的200多名代表参加。中国成人教育协会秘书长谢国东等三人受邀代表中国参加了此次会议，积极参与了大会的主要活动，与各国代表进行了广泛交流，并与非洲、美洲、亚洲和欧洲等不同国家和地区的成人教育组织初步探讨了交流与合作意向。

1月19日，中华职业教育社温暖工程——李兆基基金"百县百万农民培训计划"成都项目签约仪式举行。

2月2日，教育部印发《盲校义务教育课程设置实验方案》《聋校义务教育课程设置实验方案》和《培智学校义务教育课程设置实验方案》。

3月5日，温家宝总理向全国人大作《政府工作报告》庄严宣布："今年将在教育部直属师范大学实行师范生免费教育"，要"让教育成为全社会最受尊重的事业"，要"鼓励更多优秀青年终身做教育工作者"。随之，"师范生免费教育"成为全国上下热议的话题。

3月29日，上海市机构编制委员会批复同意上海市教委增设终身教育处，终身教育处同时挂有上海市推进学习型社会建设指导委员会办公室牌子。终身教育处对外成为代表市政府的职能机构，负责学习型城市建设的规划和有关政策的制定及宏观管理工作，指导和宏观管理企业教育、农村成人教育、老年教育、社区教育等工作。

3月，《中等职业教育基础能力建设规划（2005—2010年)》发布，具体部署了县级职教中心和示范性中等职业学校规划。

4月4日，教育部办公厅下发《关于进一步加强现代远程教育试点高校网络高等学历教育学历证书和学位证书规范管理的通知》，指出：加强试点高校网络高等学历教育学历证书和学位证书的规范管理，对于维护广大受教育者的合法权益，维护网络教育的声誉以及社会秩序都具有十分重要的意义。各地教育行政部门和各试点高校要坚持"依法规范、客观写实、学校负责、政府监督"的原则，严格执行国家有关学历和学位管理的规定，建立和健全有关网络高等学历教育毕业生的学历证书和学位证书授予的规章制度，高度重视并切实做好网络高等学历教育毕业生的学历证书和学位证书的授予与管理工作。并对网络高等学历教育学生的毕业资格审查、毕（结）业证书发放和电子注册工作以及网络高等学历教育本科毕业生申请学位的管理等方面的工作作了具体的要求。

4月11日，北京市召开建设学习型城市工作会议，下发了中共北京市委、北京市人民政府《关于大力推进首都学习型城市建设的决定》。提出把推进学习型城市建设作为首都建设创新型城市、构建社会主义和谐社会首善之区的重要基础；加快建立首都终身教育体系和终身学习服务体系；大力推进学习型组织的创建活动；建设学习型城市，为成功举办2008年北京奥运会提供坚实保障；加强领导，完善建设学习型城市的保障机制。

4月24日，上海市召开"推进学习型社会建设大会"，提出六方面工作：努力发展学习型组织；打造学习活动品牌；提供丰富的终身学习服务；整合学习教育资源；搭建市民公共学习平台；突破"学分互认"等瓶颈，创新终身教育的制度建设。会议印发了《2007年上海市推进学习型社会建设工作要点》。

4月28日，西安广播电视大学北院门街道及学习巷社区教育培训中心成立，这是西安市首个少数民族社区教育培训基地。

5月9日，国务院常务会议讨论并通过了《教育部直属师范大学师范生免费教育实施办法（试行)》。此文件明确规定：从2007级新生起，在北京师范大学等六所部属师范大学恢复实行师范生免费教育，并就免费师范生的权利和义务，中央政府、地方政府和六所部属师范大学的责任等作出了具体规定。根据文件规定，免费师范生享有"在校学习期间免除学费，免缴住宿费，并补助生活费"等权利，同时须履行"毕业后回生源所在省份中小学任教十年以上，并有两年农村学校任教经历，服务期内不得报考脱产研究生"等义务。中央政府负责筹措师范生免费教育所需的经费。生源所在地省级政府负责在本区域范围内做好免费师范生的招生工作（实行提前批次录取），并在免费师范生毕业后，负责其工作安排和人事管理。部属师范大学要大力推进教师教育改革，具体承担对免费师范生的培养和部分管理等任务。

5月10日，全国农民工培训工作座谈会在广东省东莞市召开。会议总结了全国农民工培训进展情况，讨论交流了各地在农民工培训方面的经验和做法，部署了本年度全国农民工培训工作。会议指出，农村劳动力技能就业计划将进入强力推进阶段，中央制定了"两个400万人、三个90%"的目标，即实现转移就业前培训400万人，培训合格率达到90%，转移就业率达到80%；在岗农民工培训400万人，培训合格率和稳定就业率分别达到90%。

5月15日，教育部在京召开师范生免费教育实施工作会议。

5月15日，教育部基础教育司发出《关于"'十五'特殊教育科研课题"评审结果的函》。

5月18日，国务院批转教育部《国家教育事业发展"十一五"规划纲要》，"纲要"提出：在"十一五"期间，要加快发展职业教育，提高劳动者素质，努力使城乡劳动力人人有知识，个个有技能。

5月，国务院《关于建立健全普通本科高校、高等职业学校和中等职业学校家庭经济困难学生资助政策体系的意见》发布。

5月，教育部办公厅、财政部办公厅印发《关于组织实施中等职业学校专业骨干教师培训工作的指导意见》。

5月，《教育部关于确立首批中等职业教育德育工作实验基地学校的通知》发布，确立了北京商业学校等107所学校为首批中等职业教育德育工作实验基地。

6月20日，中国成人教育协会在北京召开纪念《关于改革和发展成人教育的决定》颁布20周年座谈会。座谈会上，与会者畅谈了"决定"颁布20年来中国成人教育事业的发展历程和巨大成绩，认真分析了当前成人教育面临的机遇和挑战，充分讨论了"决定"的现实意义和指导意义。通过回顾成绩，总结经验，分析形势，理清思路，转变观念，推动中国成人教育新的发展。

6月20日，教育部网站发布《关于进一步做好高等学校各类招生管理工作的通知》，规定：成人高等学历教育禁止以各种形式招收未通过成人高考的超前生、进修生，搞所谓"先上车后买票"。"通知"说，除经教育部批准具有2007年成人高等学历教育招生资格的学校外，任何学校和单位均不得招收成人高等学历教育学生，也不得挂靠具有招生资格的学校和单位招生。

6月22日,《中国教育报》刊登国务委员陈至立为纪念《关于改革和发展成人教育的决定》颁布20周年撰写的文章《充分发挥成人教育在全面建设小康社会中的重要作用》。文章指出:"科学技术日新月异的发展,人类知识更新步伐的加快,使成人教育在经济与社会发展中的地位和作用日益重要。蓬勃发展的成人教育是构建终身教育体系和建设学习型社会的重要支撑,是社会文明进步的重要标志。成人教育着力动员和组织广大社会成员参与到学习中来,是建设学习型社会的客观要求,也是提高广大劳动者素质和技能水平、提高人力资源开发的深度和广度的重要手段。发展成人教育,还使那些失去某些受教育机会的人得到新的受教育机会,是实现教育公平的重要措施。"

6月,教育部、财政部制定《中等职业学校学生实习管理办法》。

6月,财政部、教育部印发《普通本科高校、高等职业学校国家奖学金管理暂行办法》。

7月1日,财政部、国家税务总局关于促进残疾人就业统一实行的新税收优惠政策开始施行。

7月10日,教育部印发《关于加快研究型大学建设增强高等学校自主创新能力的若干意见》。

7月13日,中国人民大学残疾人事业发展研究院成立。研究院围绕残疾人事业发展、残疾人福利保障、残疾人就业与教育培训、残疾人权益维护、职业伤害与工伤保障等五方面开展理论与政策研究,旨在为残疾人事业发展提供理论支撑。

7月16日,中华全国总工会副主席、书记处第一书记孙春兰,在中国职工学习论坛开幕式的讲话中指出:我们要站在事关党和国家工作全局的高度,充分认识创新学习的重要性和紧迫性,把它提到重要的议事日程来抓;要创新学习理念,坚持以素质教育为主题,把立德树人作为教育的根本任务,引导职工积极投入到创新学习的活动中来,牢固树立终身学习、终身教育的理念,树立工作学习化、学习工作化的思想,树立科学探索精神,不断提高创新能力、竞争能力和创业能力,努力推动工人阶级知识化进程,为实现"十一五"规划,建设创新型国家和构建和谐社会提供坚强的智力支持和人才保证。

7月16日,教育部、财政部印发《国家公派出国留学研究生管理规定(试行)》。

7月16日,北京学习型城市网站开通暨北京市民终身学习远程服务中心揭牌仪式举行。服务中心整合现有的远程教育资源,可为各类社会成员提供各种学习服务。北京市民终身学习远程服务中心是面向各类社会成员建立的远程教育资源、教学与服务中心,它依托北京广播电视大学,利用北京电大系统的远程教育资源,为首都社会经济、文化发展和学习型城市建设提供各种学习服务。

7月16日,联合国教科文组织将2007年度"国际阅读协会奖"授予中国广西壮族自治区龙胜各族自治县社区教育管理中心,以表彰这一中心在少数民族地区妇女扫盲工作中取得的突出成绩。龙胜各族自治县地处少数民族聚居的山区,该县社区教育管理中心克服重重困难,开创了一整套适合不同年龄和不同民族乡村妇女脱盲的教育体系,使全县妇女识字率明显提高。与此同时,该中心还向广大妇女普及卫生常识,向她们传授实用的专业技能,鼓励她们发挥聪明才智和创造性,在扫盲工作中成绩显著。

7月16日至17日,"中国职工学习论坛"在北京人民大会堂召开。此次论坛的主题是"创新我们的学习,开创职工素质教育新局面"。会议代表就新形势下职工素质教育的原则和方向、共同推进职工素质教育建设工程的新机制等问题进行了广泛探讨。教育部副部长吴启迪在开幕式讲话中指出,要进一步加强对成人继续教育工作的领导,做到方向明确、任务具体、措施得力。各级教育部门要在政府的领导下,发挥各自优势,形成合力,共同推进学习型企业创建活动和职工教育培训工作;要充分发挥行业在推进全国职工教育培训中的重要作用,同时加强法制建设,为全民学习、终身学习提供法律保障,在起草《终身学习法》初稿的基础上,广泛征求意见,进一步修改,争取列入国务院和全国人大立法计划。

7月31日至8月1日,由联合国教科文组织和中国联合国教科文组织全委会联合组织的亚太地区扫盲会议在北京召开。会议通过圆桌会议形式讨论扫盲政策、战略以及项目执行等领域所面临的挑战和所取得的成绩,探讨地区扫盲的创新方法,重点深化了全球扫盲大会第一次会议提出的三个主题领域:母子/女扫盲,代际学习,为了健康的识字和经济自足扫盲。同时,会议动员东亚、东南亚和太平洋地区掀起联合国扫盲十年新的高潮,并为2008年联合国扫盲十年评估做准备。

8月24日,教育部、公安部、国家安全监管总局印发《关于加强农村中小学生幼儿上下学乘车安全工作的通知》,对学生乘车安全提出了六条要求,以进一步加大对农村地区各类"黑校车"的查处和打击力度,正确引导学生和家长乘坐安全的校车,切实保障学生上下学交通安全。

8月,十届全国人大常务委员会第二十九次会议通过《中华人民共和国就业促进法》。

8月,北京市西城区第二届市民学习周活动正式启动,并在全市率先推出市民终身学习积分卡制度。

9月4日,北京大学第二届平民学校志愿者招募活动启动,校内务工人员将接受北大提供的免费培训。北京大学平民学校的概念由蔡元培先生提出。2006年重新开办平民学校,采取"高校教育资源+志愿者"模式,为校内的进城务工人员提供免费培训服务。第二届平民学校的53名学生都是在校内工作的外来务工者,他们在4个月内接受了文化、技能等方面的免费培训。

9月20日,教育部颁发《关于加强民办学前教育机构管理工作的通知》,对民办学前教育的审批程序、监管责任、从业人员、校车安全等作出了相应规定。

9月24日,教育部、国家发改委印发《"十一五"期间中西部地区特殊教育学校建设规划(2008—2010年)》。

9月25日至27日,中国成人教育协会与中国联合国教科文组织全国委员会、济宁市人民政府、国际农村教育研究与培训中心在山东曲阜联合举办"促进全民教育国际研讨会"。研讨会的主题是"以提高能力为核心的成人教育与培训"。各国专家学者就儿童教育、妇女教育、扫盲教育及农村成人教育的现状、问题、对策、措施等方面进行了广泛而务实的阐述和讨论。

9月27日,教育部办公厅印发关于《普通高等学校本科教学工作水平评估学校工作规范(试行)》和《普通高等学校本科教学工作水平评估专家组工作规范(试行)》的通知。

9月27日,温家宝在接见全国煤炭工业先进集体、劳动模范和先进工作者表彰大会全体代表时发表讲话。他强调:"要加强对工人的培训,关心工人的技术。煤炭行业是高危行业,因此更有必要经常不断地加强对工人的培训,使工人们懂得操作程序,学会自我保护,树立安全意识。"

9月,以"经济全球化与市场化背景下的职业技术教育政策框架,联合创新与国际合作"为主题的国际职业技术教育论坛在天津召开。

10月15日,中国共产党第十七次代表大会召开,胡锦涛作《高举中国特色社会主义伟大旗帜 为夺取全面建设小康社会新胜利而奋斗》的报告。报告的第八部分"加快推进以改善民生为重点的社会建设"中指出:"教育是民族振兴的基石,教育是社会公平的重要基础。要全面贯彻党的教育方针,坚持育人为本、德育优先,实施素质教育,提高教育现代化水平,培养德智体美劳全面发展的社会主义建设者和接班人,办好人民满意的教育。发展远程教育和继续教育,建设全民学习、终身学习的学习型社会。"并强调:"要按照建设学习型政党的要求"加强党的学习;要培育有文化、懂技术、会经营的新型农民,发挥亿万农民建设新农村的主体作用。报告指出:各级各类教育迅速发展,农村免费义务教育全面实现。就业规模日益扩大。优化教育结构,促进义务教育均衡发展,加快普及高中阶段教育,大力发展职业教育,提高高等教育质量。坚持教育公益性质,加大财政对教育投入,规范教育收费,扶持贫困地区、民族地区教育,健全学生资助制度,保障经济困难家庭、进城务工人员子女平等接受义务教育。

10月17日,教育部印发《关于确定第四批全国社区教育实验区的通知》,确定了北京东城区等33个全国社区教育实验区,使全国社区教育实验区达到了114个,基本覆盖了除西藏以外的各省、自治区、直辖市。

10月25日,2007年国际远程教育论坛在北京举行。这是迄今中国举办的规模最大、参会专家层次最高的国际远程教育学术活动。

10月,中国成人教育协会从2007年3月至10月进行第六届全国成人教育优秀调研报告和论文评选工作。本次评选活动由中国成人教育协会学术委员会和秘书处学术部组织有关专家学者组成评选委员会负责进行,共评出优秀专著一等奖2部,二等奖3部,优秀论文和调研报告一等奖8篇,二等奖20篇,优秀成果奖43篇。

11月4日,由中国成人教育协会举办,上海市教委、上海市文明办等单位承办的"2007年全民终身学习活动周"在上海科技馆开幕。活动周的主题为"全民共同学习,推进教育公平,关爱困难群体,提高生活质量"。"全民终身学习活动周"自2005年发起举办以来,全国已由10个城市扩展到25个城市参与此项活动。

11月6日,据《人民日报》报道,上海的终身教育服务网已在全市初步建立,一个终身教育体系的框架也基本形成,并率先在成人教育领域试行"学分互认",设立"学分银行"。上海已有成人学校100多所,社区学校和老年学校400多所,社会力量兴办的各类培训机构共有1500多所,每年约有500万人次在各级各类成人教育与培训机构学习。

11月12日至13日,由中央智力支边协调领导小组办公室、科技部农村司、农业部科教司、国务院扶贫办政策法规司、教育部职成司主办,各民主党派中央和全国工商联黔西南州"星火计划、科技扶贫"试验区联合推动组、贵州省黔西南州试验区工作组、黔西南州人民政府承办的"农民培训与扶贫开发论坛"在贵州省黔西南州"星火计划、科技扶贫"试验区举行。论坛以党的十七大精神为指导,交流总结农民培训开发的成效和经验,共同探讨农民培训和扶贫开发的新方法、新途径。

11月12日至13日,清华大学"2007领导力论坛"在香山饭店开幕。此次论坛以"对话培训前沿,共筑领导阶梯"为主题,首次针对各地党政干部的培养,邀请中直机构和各地方、单位负责干部培训工作的负责同志参会,是清华大学结合中央干部教育培训精神，创新培训内容和形式的一次尝试。

11月15日，建设部等四部门发出《关于开展创建全国无障碍建设城市工作的通知》。

11月29日，以"和谐、合作、进步、发展"为主题的"2007社区教育国际论坛"在台州市举行。

11月21日至23日，第八届海峡两岸继续教育论坛在四川大学召开。本届论坛围绕继续教育国际化的问题展开了深入的研讨，为内地及港、澳、台地区高校进一步交流与合作办学搭建了平台，为进一步推进高校继续教育深入改革与发展奠定了良好的基础。

11月24日至25日，中国成人教育协会成人教育培训机构工作委员会第一届会员代表大会暨全国首届成人教育培训机构高层论坛在北京召开。有关部门、企业、协会负责人、教育专家及全国成人教育培训机构代表和成人教育培训工作者近300人出席。会议审议通过了《中国成人教育协会成人教育培训机构工作委员会管理办法》；审议通过了中国成人教育协会成人教育培训机构工作委员会工作计划，选举产生了领导机构。

11月30日至12月1日，由教育部和22个全国性行业协会共同举办的第三届中国培训发展论坛在北京开幕，本次论坛的主题是"终身学习、行业合作、企业推动"。近2000名来自全国各地行业企业及教育培训机构的代表参加会议，共同研讨我国教育培训事业的改革发展。

12月6日，中国首家广播孔子学院在中国国际广播电台正式成立。

12月10日，全国军队转业干部高校教育培训基地在清华大学揭牌。这是国务院军转安置工作小组、人事部、解放军总政治部授牌成立的首个高校教育培训基地。中组部、财政部、解放军总政治部、解放军驻京各大单位政治部、武警总部政治部有关部门领导同志参加了揭牌仪式。

12月22日至24日，2007年中国成人教育协会年会暨第四届会员代表大会在北京开幕，第四届会员代表大会审议并通过了第三届理事会工作报告、《中国成人教育协会章程》和《关于中国成人教育协会会费收缴的决定》，选举产生了第四届理事会理事，朱新均连任中国成人教育协会会长。

12月27日，教育部等十二部门联合发出《关于进一步加强扫盲工作的指导意见》，要求进一步提高对扫盲工作重要性的认识。把扫盲工作作为教育工作的一项重要任务，纳入经济和社会发展的总体规划，采取切实可行的措施，巩固扫盲成果，提高扫盲效益，扫除剩余文盲，努力使劳动者人人有知识，个个有技能，全面提高中华民族整体素质，为促进社会主义现代化建设提供更加广泛的人力资源支持。

12月，教育部办公厅发出通知，决定对普通高等学校和中央广播电视大学开展现代远程教育试点工作进行专项检查。专项检查的对象为67所试点普通高校网络教育学院开展的网络高等教育和中央广播电视大学"人才培养模式改革和开放教育试点"项目以及现代远程教育校外学习中心（点）。

本年，成人高等学校413所，成人高等教育本、专科共招生191.11万人，在校生524.16万人，毕业生176.44万人。网络本、专科毕业生827875人，招生1233355人，在校生3102253人。全国高等教育自学考试报考956.27万人次，取得毕业证书人数54.23万人。全国成人高中742所，在校生18.08万人，毕业生16.47万人；成人高中教职工0.71万人，其中专任教师0.48万人。全国成人中等专业学校2120所，招生52万人，在校生112.98万人，毕业生38.09万人；教职工10.62万人，其中专任教师6.76万人。全国接受各种非学历高等教育的学生252.89万人次，当年已结业412.61万人次；接受各种非学历中等教育的学生达5554.84万人次，当年已结业6810.82万人次。全国职业技术培训机构17.89万所，教职工52.80万人，其中专任教师26.38万人。成人初等学校1.60万所，在校生122.11万人；教职工2.29万人，其中专任教师1.17万人。全国共扫除文盲95.78万人，扫盲教育教职工7.23万人，其中专任教师2.79万人。

本年，中共十七大报告明确提出关心特殊教育。

本年，教育部等八部门联合印发《全国听力障碍预防与康复规划（2007—2015年）》。

本年，中国残联发出关于印发《〈智力残疾康复"十一五"实施方案〉实施办法》的通知。

2008年

1月19日至20日，中国首届成人教育学科推进与导师队伍职业能力建设高级研讨会在湖北省武汉市召开。本次会议由中国成人教育协会成人教育科学研究机构工作委员会主办、华中师范大学承办。来自全国成人教育学专业硕士学位授予点与成人教育科研机构的70余位成人教育学专业博士生和硕士生导师、成人教育专家学者参加了会议。

1月31日，陈至立在纪念邓小平批示创办广播电视大学30周年暨推进国家终身教育体系建设座谈会上发表讲话指出，创办广播电视大学是邓小平教育思想的伟大实践，是中国高等教育发展史上的伟大创举。30年来，各级广播电视大学为扩大人民群众接受高等教育的机会，加快我国高等教育大众化进程，推进终身学习体系的建设，做出了巨大贡献。

1月，为全面落实科学发展观，加快学习型社会和终身教育体系的建设步伐，福建省决定开展构建具有福建特色的终身教育理论体系与终身教育实践项目研究，全省将设立30个课题并给予经费推动。课题的立项范围包括：学习型社会与终身教育理论的探索与实践，关于终身教育与创建学习型组织的研究，关于构建终身教育网络平台的探索与研究，关于面向人生各阶段的终身教育研究，关于终身教育与面向职业人的继续教育，关于终身教育与社区教育，学习型社会与终身教育体系实践案例研究等7个方面。

2月13日，教育部下发《关于确定全国社区教育示范区的通知》。

2月18日，胡锦涛在全国组织工作会议上的讲话中强调指出："各级党组织都应该成为学习型组织，各级领导班子都应该成为学习型团队，各级领导干部都应该成为学习的表率。"

2月29日，《中国教育报》刊登全国人大常委会副委员长许嘉璐在中国成人教育协会培训机构工作委员会第一届会员代表大会上的讲话，题目为《成人教育只能加强不能削弱》。讲话内容包括：（1）成人教育的意义需要重新认识；（2）成人教育需要改革；（3）成人教育需要资源；（4）成人教育需要行业管理。

3月28日，中共中央、国务院提出《关于促进残疾人事业发展的意见》。

3月31日，《中央广播电视大学"十一五"发展规划纲要》在京发布，提出以建设国内一流、世界前列的远程教育开放大学体系和国家远程教育中心为目标，在"十一五"期间，中央电大要在远程教育基础设施、远程教学资源、远程学习支持服务、远程教育研究水平以及现代远程教育教学系统等方面寻求新的突破。

3月，《关于高技能人才享受国务院颁发政府特殊津贴的意见》出台。

4月19日，全国教育科学规划"十一五"教育部重点课题"学习型社会建设研究"在杭州市萧山区举行开题会，课题负责人、中国成人教育协会会长朱新均作关于"学习型社会建设课题"实施意见的主题发言。

4月24日，第十一届全国人民代表大会常务委员会第二次会议修订了《中华人民共和国残疾人保障法》。

5月15日至17日，北京、上海、天津、武汉、哈尔滨、长春、兰州、西安、济南、青岛、杭州、宁波等15个城市联合发起，共同建立全国部分中心城市农村成人教育协作会议机制，首次联席会议在武汉市召开，签订了《全国部分中心城市农村成人教育协作会议机制意向书》，搭建了各城市农村成人教育互动交流、信息沟通、资源共享的协作平台。

5月,为落实中国共产党第十七次全国代表大会报告中"重视学前教育"的精神和贯彻国务院领导有关学前教育工作的批示,教育部成立调研组,在全国范围进行学前教育专项调研。

5月,汶川大地震后,国家救灾委员会、教育部、民政部救灾研究所、北京师范大学等发起成立了"汶川地震应对政策专家行动组"。6月18日至9月4日,在学前教育专家冯晓霞、虞永平教授的带领下,100多位来自京、宁、苏、沪、渝、鲁的志愿者,先后到达北川、安县、绵竹、什邡、青川等9个极重灾区,建立了不同类型的流动幼儿园或幼儿活动点,捐献了一批幼儿园开园必需的物质,保证汉旺等4所幼儿园顺利开园。

6月30日,教育部发布《关于做好2008年全国成人高校招生工作的通知》,要求加强部门协调配合,确保考试安全顺利,防范和打击利用无线电设备作弊行为,采取多种措施防范替考;建立和完善省级成人高考考生诚信档案;坚持以业余形式学习为主的成人高等教育办学方向。从2008年起,普通高校举办的成人高等学历教育一律停止招收脱产学生,省级招生考试机构不得为普通高校办理成人高等学历教育脱产招生的录取手续;同时要进一步规范函授教育招生工作,努力提高成人高校入学新生质量。

6月,中国职业技术教育学会教材工作委员会成立大会在京召开,旨在加强职业教育教材建设,提高职业教育教材质量,促进职业教育教学改革。

6月,2008年全国职业院校技能大赛在天津举行,标志着我国职业技能竞赛制度的正式建立。

7月1日,开始施行修订的《中华人民共和国残疾人保障法》。

7月1日,国务委员刘延东出席《科技进步法》座谈会并发表讲话,指出:"要努力造就世界一流科学家和科技领导人才,注重培养一线创新人才,使全社会创新智慧竞相迸发,各方面创新人才大量涌现。要大力培育创新文化,鼓励创新精神,营造有利于创新创业的良好环境。要广泛普及科学知识,传播科学思想,推广科学方法,不断提高全民族的科学素养。"

8月12日,国务院发布《关于做好免除城市义务教育阶段学生学杂费工作的通知》。其中规定:从2008年秋季开始,城市义务教育阶段学生学杂费全部免除。这项政策惠及全国2.59万所城市中小学的2821万名学生。在接受政府委托、承担义务教育任务的民办学校就读的学生,按照当地公办学校免除学杂费标准,享受补助。免除学杂费的标准,按照各省级人民政府制定的城市义务教育阶段学校"一费制"中杂费标准执行。免除城市义务教育阶段学生学杂费所需资金由省级人民政府统筹落实,省和省以下各级财政予以安排。为支持和引导各地做好免除学杂费的工作，中央财政对已经整体免除城市义务教育阶段学生学杂费的省份，从免除之日起，按照免除学杂费资金的一定比例，安排奖励资金。对享受城市居民最低生活保障政策家庭的义务教育阶段学生，继续免费提供教科书，并对家庭经济困难的寄宿学生补助生活费。

9月23日至25日，中国联合国教科文全委会、中国成人教育协会、济南市教育局在山东省济南市共同举办了"满足乡村居民学习需求促进乡村发展国际研讨会暨中国CLC项目协作会"。研讨会在了解村民多样化学习需求的基础上，探讨了农村成人教育在满足学习需求方面的多种途径和促进农村可持续性发展等方面的作用。

9月27日至29日，"2008年海峡两岸推进终身教育研讨会暨'9·28终身教育活动日'开幕式"在厦门市思明区举行。来自台湾、香港、内地的众多领导和专家学者参加，开展了终身教育理论与实践探讨。

10月8日，福建省全民终身教育促进会成立。促进会是由福建省社会各界、各机关单位、各人民团体、各企事业单位、各地区及个人自愿组成的全省性、群众性、学术性、公益性的社会团体组织，其主要任务是从事终身教育的理论研究和实践推广工作。

10月12日，中国共产党十七届三中全会通过的《中共中央关于推进农村改革发展若干重大问题的决定》指出："大力办好农村教育事业。发展农村教育，促进教育公平，提高农民科学文化素质，培育有文化、懂技术、会经营的新型农民。""发展农村学前教育、特殊教育、继续教育。加强远程教育，及时把优质教育资源送到农村。"提出重点加快发展农村中等职业教育并逐步实行免费，健全县域职业教育培训网络，加强农民技能培训，广泛培养农村实用人才。

10月15日，中国成人教育协会成人教育培训机构工作委员会在中国人民大学召开座谈会，纪念成人教育改革发展30周年，并发布了《中国成人教育培训机构社会责任宣言》。教育部有关部门负责人、中国成人教育协会领导以及成人教育培训机构代表近30人参加了此次座谈会。

10月19日，以"学习、奉献、快乐"为主题的"2008全民终身学习活动周"在浙江省杭州市举行。此次活动由中国成人教育协会、中国联合国教科文组织全国委员会、浙江省教育厅和杭州市人民政府主办，杭州市教育局等六部门承办。教育部副部长陈小娅出席了开幕式。

10月28日，由共青团中央、人力资源和社会保障部主办的第四届"振兴杯"全国青年职业技能大赛决赛在沈阳拉开帷幕，来自全国的32支代表队、136家企业的238名青年技工将在4天内进行笔试和实际操作两部分比赛。

11月17日，教育部办公厅、民政部办公厅、中国残联办公厅发出《关于开展全国特殊教育先进单位评选表彰活动的通知》。

11月24日，教育部办公厅下发《关于中等职业学校面向返乡农民工开展职业教育培训工作的紧急通知》，指出：面向返乡农民工开展职业教育培训是当前职业教育工作面临的一项紧迫任务。各地教育行政部门要高度重视，加强领导，统筹规划，加强与农业、劳动、财政等有关部门的协调与合作，为返乡农民工接受职业教育培训提供支持和帮助，推动这项工作广泛深入开展。要求各地要以县级职教中心为主要基地，充分发挥农村成人文化技术学校、普通中学及其他培训机构的作用。在返乡农民工集中的地区，根据需要确定一批中职学校组织返乡农民工就近接受职业教育培训。中等职业学校面向返乡农民工实施学历教育，招收具有初中学历的，学制原则上三年（含顶岗实习一年）；招收具有高中学历的，学制为一年（含顶岗实习半年）。要根据劳动力市场需要和返乡农民工的学习特点，开设专业和课程，突出培养的针对性、实用性和有效性。实行学分制和学分银行制度，允许学员工学交替，分阶段完成学业。学员取得规定学分的，毕业时颁发中等职业教育学历证书。

11月25日，亚欧会议终身学习论坛在北京举行。本次论坛的主题是"探索支持终身学习的框架"，会议由北京大学教育经济研究所主办、亚欧会议终身学习教育与研究中心协办。来自世界20多个国家的260余名学者、大学代表、政府机构代表和研究生围绕本次论坛的四个主题即"终身学习的概念框架""终身学习的制度或组织创新""终身学习的法律环境和立法支持"以及"终身学习的财政支持"进行了深入的探讨和研究。

11月29日至30日，纪念中国成人教育改革发展30周年暨2008年中国成人教育协会年会在北京召开。这次会议全面总结了我国成人教育改革开放30年来所取得的历史性成就，进一步明确了在新的历史起点我国成人教育的责任、使命与改革创新的发展方向。会议表彰了一批全国农村成人教育先进单位和社区教育先进个人。教育部副部长陈希出席会议并讲话。

11月，为纪念中国改革开放30年，由中国成人教育协会组织全国成人教育专家学者和成人教育工作者共同编纂的《中国成人教育改革发展三十年》正式出版。该书由中国成人教育协会会长朱新均担任主编，高等教育出版社出版。全书包括"事业发展篇""理论研究篇""政策法规篇""信息资料篇"等4部分，共184万字。

11月，中国职业技术教育网开通。

12月5日，全国首个社区教育指导中心——浙江省社区教育指导中心在浙江广播电视大学正式挂牌成立。该中心以省、市、县、乡镇四级数字化教育资源和平台建设为重点,开展全省社区教育理论研究、业务指导、资源开发、政策咨询、信息服务和人员培训等工作。

12月21日,中国农民教育高层论坛在京举行。论坛回顾总结了近年来我国农民教育培训、农村实用人才建设等工作取得的经验,分析了当前农民教育培训工作面临的新形势、新问题,探讨了今后进一步做好农民培训工作的新思路。

12月23日,中共中央办公厅转发中央人才工作协调小组《关于实施海外高层次人才引进计划的意见》(即"千人计划")。在此前后,中组部等部门联合印发《引进海外高层次人才暂行办法》(中组发〔2008〕28号)、《关于为海外高层次人才提供相应工作条件的若干规定》(组通字〔2008〕56号)、《关于海外高层次引进人才享受特定生活待遇的若干规定》(组通字〔2008〕58号)。

12月,由《中国教育报》、浙江师范大学共同主办的"中国教师教育改革开放30年:回顾与展望"高端论坛在浙江师范大学举行。

12月,由中国教育战略学会终身教育委员会主办,北京市教育委员会承办,北京市西城区协办的全国学习型城市建设经验交流会在北京举行。

本年,成人高等学校400所,成人高等教育本、专科共招生202.56万人,在校生548.29万人,毕业生169.09万人。全国高等教育自学考试报考988.82万人次,取得毕业证书人数55.19万人。全国成人高中753所,在校生12.7万人,毕业生9.34万人;成人高中教职工0.65万人,其中专任教师0.45万人。全国成人中等专业学校1983所,招生55.83万人,在校生120.65万人,毕业生38.9万人;教职工10.33万人,其中专任教师6.66万人。全国接受各种非学历高等教育的学生271.85万人次,当年已结业437.94万人次;接受各种非学历中等教育的学生达5448万人次,当年已结业6501.57万人次。全国职业技术培训机构16.20万所,教职工49.58万人,其中专任教师25.29万人。成人初等学校1.41万所,在校生110.12万人;教职工2.02万人,其中专任教师0.97万人。全国共扫除文盲115.02万人,扫盲教育教职工8.62万人,其中专任教师3.70万人。

本年,中德职教师资进修项目交流研讨会在重庆召开。

本年,教育部等部门修订《职业教育法》的工作拉开帷幕。

本年,首次审批独立学院转设为民办普通本科学校的设置。

本年,高等教育学籍学历实现系统化电子注册。

2009年

1月7日至2月底,《国家中长期教育改革和发展规划纲要(2010-2020

年)》第一轮公开征求意见。2010年2月28日至3月28日，第二轮向全社会公开征求意见。综合教育部门户网站、各大主流媒体和社会网站发表意见的情况，学前教育是社会各界关注的重点之一，各界对学前教育的发展目标和政府责任等提出了许多意见建议。

1月10日至11日，全国社区教育专业委员会2008年年会在黑龙江省哈尔滨市召开。年会由中国成人教育协会社区教育专业委员会主办、黑龙江省教育厅承办、黑龙江省成人教育学会协办。年会的主要任务是：以科学发展观为指导，认真总结2008年社区教育专业委员会工作，交流推广全国社区教育示范街道（乡镇）和示范项目的经验，共商2009年社区教育工作大计。

1月，浙江省自本年起，由政府出资在全省范围内组织开展成人"双证制"教育培训，计划今后每年都将有10万名左右城乡成年居民通过这个途径提高自身学历层次。此项培训针对成年居民的特点设计教育载体，在达到一定的学习时间和学习质量后，颁发给相应的文凭证书。培训采用面授与自学相结合的方式进行，通过建立培训档案，设立"学分银行"，经文化考核合格、累计学分达到规定要求的，由教育部门颁发成人初中或成人职业高中毕业证书，国家承认其成人教育学历。

2月26日，2009年度职业教育与成人教育工作会议暨全国职业教育集团化办学经验交流会在海南召开。教育部部长周济出席会议并讲话。他强调，要以科学发展观为指导，把职业教育的战略重点放到提高质量上，同时进一步扩大规模，实现又好又快发展。

3月2日至3日，由中国联合国教科文组织全委会、联合国教科文组织北京办事处和联合国儿基会中国代表联合举办的"第四届全民教育国家论坛暨全球监测报告研讨会"在北京举行，教育部副部长陈小娅出席。每年一次的全民教育全球监测报告较为全面地反映了世界全民教育的进展现况，为各国教育决策部门提供了全球视野下的政策制定参考依据。

3月5日，由天津市劳动和社会保障局所属的中天人力资源开发服务中心发起成立的"天津市百家职业培训机构联盟"举行了启动仪式。培训联盟即日起面向各类企业开展"送职业技能，稳定就业岗位"专项职业培训活动，免费培训在岗、转岗、下岗失业人员万余名，免费培训本市农业富余劳动力和外来务工人员万余名。

3月6日，教育部公布了第十五批实现"两基"县的名单和第十四批"两基"县复查结果。截至2008年年底，全国累计实现"两基"县（市、区）达到2832个，全国"两基"人口覆盖率达到99.3%，西部地区"两基"人口覆盖率达到 98.5%。

3月27日，教育部就做好2009年中等职业学校招生工作下发通知：今年，我国中等职业教育进一步扩大规模，在去年招生810万人的基础上，再扩大招生50万人，达860万人。"通知"要求，面向应往届初高中毕业生、返乡农民工、进城农民工、退役士兵、生产服务一线职工、下岗失业人员等城乡劳动者开展中等职业教育，既是完成本年招生任务的重要举措，也是办好面向人人的职业教育的重要内容。

3月下旬，杭州市教育局会同市财政、劳动部门下发了《关于杭州市教育培训消费券发放和使用的实施意见》，明确杭州城区劳动年龄段常住居民每人可以领取500元消费券，凭消费券到定点机构参加职业资格证书培训。学历未达到高中层次的，可再领取1200元消费券，到定点机构参加成人"双证制"学历教育文化课培训。参加杭州市区社会保险的外省市进城务工人员、在杭州市区就业的本市农村户籍劳动者与本市居民一视同仁，凭暂住证，或杭州市区社会保险相关证明领取消费券。

4月8日至9日，中国成人教育协会2009年秘书长会议在河南登封召开。这次会议的目的，是全面回顾总结上次秘书长会议以来协会的工作，贯彻去年年会确定的工作计划，充分调动、发挥各地成人教育协会和各专业委员会（研究会）在构建终身教育体系和学习型社会中的作用，积极开展群众性理论研究和实践活动，努力开创协会工作的新局面。

4月14日，上海终身学习网正式开通。该网站首批整合完成了300小时的在线课件供市民免费学习，内容覆盖终身教育、高等教育、职业教育和基础教育等四大类别。该网站为市民提供了一个集课件搜索、课件学习、课件交流、课件测试、课件评价、学习记录查看等功能于一体的学习平台。

4月17日，教育部发出通知，要求进一步加强对现代远程教育试点高校网络高等学历教育招生工作的规范管理，切实做好2009年的招生录取工作。通知要求开展网络高等学历教育招生，但不得以网络教育名义招收或变相招收各层次、各类型的全日制形式学习的高等学历教育学生，不得组织招收各级各类全日制脱产学习的在校学生（含全日制脱产学习的自考学生）。

4月22日，教育部、民政部、中国残联印发《关于表彰全国特殊教育先进单位的决定》。

4月，十一届全国人大常委会八次会议听取《国务院关于职业教育改革与发展情况的报告》。

4月，中国成人教育协会社区教育专业委员会在上海市徐汇区召开了全国数字化学习社区建设研讨会。5月，在研讨会基础上制定并下发了《推进全国数字化学习社区建设的意见》。9月，又下发了《关于申报全国建设数字化学习社区的补充通知》。30多个单位参与了数字化学习社区的申报。

5月6日，据《北京晚报》报道，北京铁路电气化学校、北京市商业学校等47所中职学校本年继续招收成人学生。具有初中及以上文化程度的来京务工人员子女、初高中在京借读生、在京工作且具有初中及以上文化程度的成人均可报考，报考不限户籍、年龄。

5月6日，人力资源和社会保障部、教育部、财政部、中国残联发出《关于进一步做好高等学校残疾人毕业生就业工作的通知》。

5月7日，国务院办公厅转发教育部等部门《关于进一步加快特殊教育事业发展的意见》。

5月19日，"中国保护和促进弱势外出务工青年权益项目"启动会在北京举行。这是为实现联合国确立的"千年发展目标"，由联合国与西班牙政府共同设立的"千年发展基金"所设项目，联合国九个在华机构和中国政府共同申请并得到批准。人力资源和社会保障部副部长王晓初、商务部副部长易小准出席会议并讲话，西班牙驻华大使，联合国开发计划署、国际劳工组织的驻华代表出席会议并致辞。

6月2日，全国广播电视大学2009年开放教育招生工作会议在西安召开，44所省级电大有关领导和负责同志参加了会议。会议总结了电大开放教育10年来招生工作的经验，安排部署了新一轮招生工作，表彰了招生工作优秀集体和优秀个人，共有88个单位（部门）被评为"全国电大开放教育招生工作优秀集体"，119位教师被评为"全国电大开放教育招生工作优秀个人"。

6月3日，中国成人教育协会在北京北邮科技大厦召开"青年农民工教育就业服务专题"开题会。开题会就专题实施方案、第一年的工作计划、工作分工、项目调查问卷相关问题等进行交流。中国成人教育协会朱新均会长、联合国教科文驻京办事处教育处毕斯塔主任以及国际劳工组织、联合国儿童基金会、人力资源和社会保障部、中国妇联等单位的代表参加了开题会。

6月10日至16日，应台湾成人及终身教育学会理事长黄富顺邀请，大陆成人教育协会会长朱新均和副会长、秘书长谢国东赴台参加由台湾成人及终身教育学会、玄奘大学成人教育与人力资源发展学系举办的"海峡两岸四地高龄教育学术研讨会"。香港、澳门及台湾地区的专家、学者和从事老年教育的社区工作人员约500人参加了会议。研讨会上，谢国东作了题为《大陆老年教育的现状与发展》的专题报告，台湾学者特别介绍和阐述了大学开展老年教育的经验和体会。

研讨会后,根据会议主办方的安排,与会人员参观考察了花莲、台东的社区教育和高雄师范大学成人教育研究所。

6月14日至21日,应贵州省人民政府申请,国家教育督导团检查组对贵州省进行了"两基"检查。贵州省政府在贵阳市召开接受国家"两基"检查总结大会,听取国家教育督导团检查组对贵州省"两基"督导检查和评估验收的意见。教育部部长周济,副部长、国家总督学陈小娅出席会议并讲话。贵州省省长林树森代表省政府对督导评估意见表态并讲话。

6月22日,安徽省教育厅下发《关于大力推进社区教育工作的意见》。

6月,新中国成立以来第一次全国中等职业学校德育工作会议在天津举行。

7月11日至12日,全国教育科学"十一五"规划2009年度专项课题评审会议在京举行。通过专家评审,在特色高中、职业教育、成人教育、德育校外教育、教育考试等领域,有350项课题得到立项。其中成人教育有11项课题得到批准立项。

8月2日,教育部下发《关于重新公布全国社区教育实验区名单的通知》。

8月15日至17日,东北地区成人教育协作组成立,教育部职业教育与成人教育司、中国成人教育协会的领导出席成立大会,来自辽宁、吉林、黑龙江和内蒙古的职业教育、成人教育、社区教育工作者100多名代表出席了会议。东北地区成人教育协作组的成立,是为了集中辽宁、吉林、黑龙江和内蒙古四省区优势研究力量,提升东北地区成人教育科研和工作水平,形成东北地区在全国成人教育领域的强势地位,通过开展丰富多彩的终身教育理论和实践活动,促进成人教育健康发展,为建设学习型社会做出贡献。会议由东北地区成人教育协作组、辽宁省成人教育学会社区教育工作委员会主办,鞍山市铁东区人民政府、铁东区社区教育委员会承办。会上同时举行了鞍山市铁东区2009年全民学习月闭幕式。

8月29日至30日,由中国成人教育协会社区教育专业委员会主办、上海市推进学习型社会建设指导委员会办公室和上海市学习型社会建设服务指导中心办公室承办的全国社区教育特色课程研习班在上海举行。

9月15日,中央电大与英国开放大学合作开发的网络教育从业人员首期培训开班仪式举行。这标志着该项目正式启动。网络教育从业人员培训共包含学生支持服务、在线学习辅导、在线课程设计三门课程。三门课程推出后,引起了全国电大系统的高度关注,各地电大纷纷报名,派遣教师参加学习。第一期培训班共有来自中央电大、北京电大、辽宁电大、安徽电大、云南电大以及华南师范大学网络教育学院、中国建设银行哈尔滨培训中心的31名教师参加。山东、福建、天津、内蒙古等电大的教师也已报名,他们将参加第二期培训。

9月18日，中国共产党十七届四中全会通过《中共中央关于加强和改进新形势下党的建设若干重大问题的决定》，指出：要建设学习型党组织，在全党营造崇尚学习的浓厚氛围，积极向书本学习、向实践学习、向群众学习，优化知识结构，提高综合素质，增强创新能力，使各级党组织成为学习型党组织，各级领导班子成为学习型领导班子。组织党员、干部重点学习马克思主义理论，学习党的路线方针政策和国家法律法规，学习党的历史，同时广泛学习现代化建设所需要的经济、政治、文化、科技、社会和国际等各方面知识。加强对全党学习的指导和服务，加强理论宣讲队伍建设，完善和落实党委（党组）中心组学习制度。把理论素养、学习能力作为选拔任用领导干部的重要依据。充分发挥党校、行政学院、干部学院和国民教育体系在建设马克思主义学习型政党中的重要作用。

9月28日，国庆新闻中心举行新闻发布会，教育部副部长郝平介绍了建国60年来特别是改革开放30年来我国教育事业发展的成就。他说：中国青壮年文盲率已由1949年的80%以上降低到现在的3.58%，我国15岁以上人口和新增劳动力平均受教育年限分别超过8.5年和11年，有高等教育学历的从业人员超过8200万，处于发展中国家前列。中国已成为人力资源大国，正向人力资源强国转变。

9月29日，浙江省深化"双元制"成人高等职业教育改革试点工作会议在杭州召开。会议总结了2008年"双元制"成人高等职业教育改革试点工作的经验和做法，并就2009年深化此项工作进行具体部署。

10月17日，教育部职业教育与成人教育司发布了关于印发《教育部职业教育与成人教育司2009年工作要点》的通知。通知中提出："重点加快发展农村职业教育，进一步提高职业教育和成人教育服务社会主义新农村建设的能力"；"加快推进体制机制的改革创新，增强职业教育与成人教育的发展活力"；"积极发展成人继续教育，推进终身教育体系建设"；"做好规划和制度建设工作，进一步优化职业教育与成人教育发展环境"。提出要加快建立健全面向全体城乡劳动者的职业教育与培训制度，积极发展多种形式的成人继续教育，重点开展面向青年农民、退役士兵、农民工特别是返乡农民工、下岗失业人员和企业职工的职业教育培训。充分利用现代信息技术，整合各级各类学校教育和社会教育资源，促进灵活开放的全民学习、终身学习平台建设。印发《教育部关于进一步发展社区教育的若干意见》，大力推进社区教育，确定一批新的全国社区教育实验区和示范区，开展社区教育工作者培训，积极创建学习型企业、学习型街道（乡镇）等各类学习型组织，加强社区教育的检查评估，强化对成人继续教育培训机构的规范管理。做好《终身学习法》的起草论证工作。

10月18日,由教育部职业教育与成人教育司、中国成人教育协会、中国联合国教科文组织全委会秘书处以及北京、上海、太原等25个城市共同举办的"2009年全民终身学习活动周"总开幕式在山西省太原市举行。2009年是全国开展全民终身学习活动周的第五年,主题是"人人学习,促进发展",旨在推动更多的城市开展此项活动,动员更多的民众投入到学习中来。教育部副部长鲁昕出席开幕式并讲话。鲁昕指出,积极倡导和践行全民学习、终身学习活动,是建设社会主义和谐社会,促进我国经济与社会发展的客观要求。在新的历史时期,我们要大力倡导和实践全民学习和终身学习,把大力发展以继续教育为重点和主体的成人教育摆到重要的议事日程上来,把推进终身教育体系建设作为教育改革与发展的重要任务。

11月10日,召开全国农村教育工作会议。这次会议的主要任务是:以"三个代表"重要思想和党的十七大精神为指导,加快农村教育发展,深化农村教育改革,推进农村小康建设和城乡协调发展。温家宝在全国农村教育工作会议上发表讲话,提出我国农村教育发展的总体目标是:在巩固"两基"成果的基础上,努力实现全面普及九年义务教育,全面提高义务教育质量,同时大力发展职业教育和成人教育,促进农村各类教育协调发展。

11月27日至28日,2009年中国成人教育协会年会在北京召开,主题为"成人教育发展60周年:回顾与展望"。中国成人教育培训品牌博览会同期举行。教育部副部长鲁昕出席年会开幕式并讲话。60年来,成人教育的发展与中国经济社会发展紧密相联,特别是改革开放以来,我国成人教育进入了蓬勃发展阶段,在扫盲和农村成人文化技术教育、企业的职工教育和专业技术人员的继续教育、成人高等教育等方面都取得了令人瞩目的成绩,为我国社会主义现代化建设做出了积极贡献。进入21世纪以来,成人教育成为终身教育、全民终身学习的主体,在扫盲、农村实用技术培训、农村劳动力转移培训、企业职工培训、专业人员继续教育、高等教育大众化、社区教育以及学习型组织建设、实现教育公平公正中发挥了重要作用,日益显示出勃勃生机和强大的生命力。本届年会对新时期成人教育发展战略、成人教育培训国家标准与品牌建设以及"建设学习型社会,学分银行与终身学习证书制度"等进行了深入探讨。

12月17日至18日,2009年中国国际远程教育大会在北京召开。会议的主题是"发挥远教优势、服务社会发展"。本次大会是在全国高校现代远程教育协作组、中央广播电视大学指导下,由《中国远程教育》杂志社主办、奥鹏远程教育中心协办的远程教育年度盛会。12月17日上午,全国人大常委、教育部原副部长吴启迪,全国人大常委、民进中央副主席、中国教育协会副会长朱永新出席大会开幕式，并作了有关教育改革与教育发展的主题报告。

12月，国务院常务会议决定从2009年秋季学期开始，对公办中等职业学校全日制在校学生中农村家庭经济困难学生和涉农专业学生逐步免除学费。

本年，中央电大授予佛山广播电视大学、佛山社区大学"中央电大社区教育实验中心"称号，使其继续承担全国电大系统开展社区教育的先行实践任务。

本年，中央广播电视大学空军学院成立。这标志着远程开放教育延伸到了空军军营，空军士官可以通过远程方式接受高等学历教育。

本年，研究生教育创新计划实施。

本年，"教育信息化建设"正式列入《国家中长期教育改革和发展规划纲要》。

本年，国务院将《残疾人教育条例（修订草案）》列入修订议程。

本年，人力资源和社会保障部、财政部、教育部共同发布了《关于义务教育学校实施绩效工资的指导意见》。

2010 年

2月23日，教育部、全国妇联颁布了《关于做好农村妇女职业教育和技能培训工作的意见》，提出了"提高认识，把农村妇女教育培训工作摆上重要位置"；"因地制宜，培养一大批新型女农民"；"密切配合，切实做好农村妇女教育培训工作"。

2月25日，教育部发布《义务教育阶段盲校教学与医疗康复仪器设备配备标准》等三个教育行业标准的通知。

2月，《关于进一步实施特别职业培训计划的通知》下发。

3月10日，国务院办公厅转发中国残联等部门和单位《关于加快推进残疾人社会保障体系和服务体系建设的指导意见》。

4月8日，教育部办公厅发布了《关于教育系统农村实用技术培训2009年工作总结及2010年工作计划的通报》。2009年，教育系统贯彻落实党的十七届三中全会提出的"使广大农民学有所教""健全县域职业教育培训网络，加强农民技能培训，广泛培养农村实用人才""提高农民科学文化素质，培育有文化、懂技术、会经营的新型农民"要求，认真组织实施教育部"农村实用技术培训计划"，加大新型农民培养培训力度，提高农民职业技能和综合素质，转化农村人口压力为人力资源优势，为促进农民持续增收和农村经济社会又好又快发展做出了积极贡献。

4月19日，福建电大梅山实验学院被中央广播电视大学确定为中央电大社区教育实验中心。

4月29日,教育部下发《关于增补湖北省武汉市武昌区等五个区为全国社区教育实验区的通知》。

5月5日,国务院总理温家宝主持召开国务院常务会议,审议并通过《国家中长期教育改革和发展规划纲要(2010—2020年)》。"纲要"指出:"加快发展继续教育。继续教育是面向学校教育之后所有社会成员的教育活动,特别是成人教育活动,是终身学习体系的重要组成部分。更新继续教育观念,加大投入力度,以加强人力资源能力建设为核心,大力发展非学历继续教育,稳步发展学历继续教育。重视老年教育。倡导全民阅读。广泛开展城乡社区教育,加快各类学习型组织建设,基本形成全民学习、终身学习的学习型社会。""建立健全继续教育体制机制。政府成立跨部门继续教育协调机构,统筹指导继续教育发展。将继续教育纳入区域、行业总体发展规划。行业主管部门或协会负责制定行业继续教育规划和组织实施办法。加快继续教育法制建设。健全继续教育激励机制,推进继续教育与工作考核、岗位聘任(聘用)、职务(职称)评聘、职业注册等人事管理制度的衔接。鼓励个人多种形式接受继续教育,支持用人单位为从业人员接受继续教育提供条件。加强继续教育监管和评估。""构建灵活开放的终身教育体系。发展和规范教育培训服务,统筹扩大继续教育资源。鼓励学校、科研院所、企业等相关组织开展继续教育。加强城乡社区教育机构和网络建设,开发社区教育资源。大力发展现代远程教育,建设以卫星、电视和互联网等为载体的远程开放继续教育及公共服务平台,为学习者提供方便、灵活、个性化的学习条件。"

6月,《天津市农民教育培训条例》在天津市第十五届人民代表大会常务委员会第十七次会议上获表决通过,于2010年8月1日起施行。这是中国第一部地方性农民教育培训法规,标志着中国农民教育培训工作逐步步入法制化轨道。

6月,中央电大社区教育研究中心探索了新模式,即引入项目经理人制。

7月13日至14日,党中央、国务院召开21世纪以来第一次全国教育工作会议,即第四次全国教育工作会议。会上,胡锦涛总书记提出"要基本普及学前教育,重点发展农村学前教育,遵循幼儿身心发展规律,坚持科学保教方法,加强学前教育管理,保障幼儿快乐健康成长"。中共中央、国务院印发《国家中长期教育改革和发展规划纲要(2010—2020年)》,从我国现代化建设的总体战略出发,规划了我国未来10年教育改革发展的宏伟蓝图。这是进入21世纪以来我国第一个教育改革发展规划纲要,其中明确提出要"广泛开展城乡社区教育,加快各类学习型组织建设,基本形成全民学习、终身学习的学习型社会",同时要"构建灵活开放的终身教育体系。发展和规范教育培训服务,统筹扩大继续教育资源。鼓励学校、科研院所、企业等相关组织开展继续教育。加强城乡社区教育机构和网络建设，开发社区教育资源"。

7月16日，中国残联发出通知，要求各地认真学习贯彻第四次全国教育工作会议和《国家中长期教育改革和发展规划纲要（2010－2020年）》精神，采取措施，努力缩小特殊教育与普通教育间的差距，促进教育公平。各地残联紧密结合本地实际，以主人翁精神，积极沟通、配合有关部门，认真开展调研，推动出台新的政策措施。

8月10日，教育部下发《关于印发〈社区教育示范区评估标准（试行）〉的通知》。

9月6日，民政部培训中心、中国高等教育培训中心发布《关于举办"首届中国老年服务教育与产业合作发展研讨会"的通知》。"通知"说，为贯彻落实《国家中长期人才发展规划纲要（2010－2020年）》和《国家中长期教育改革和发展规划纲要（2010－2020年）》，应对中国老年事业飞速发展所带来的人才紧缺现状，培养中国特色老年服务急需的各种高质量、高素质人才，在国务院全国老龄工作委员会办公室、民政部社会福利和慈善事业促进司支持下，民政部培训中心、中国高等教育培训中心拟定于2010年9月25日至27日在北京举办"首届中国老年服务教育与产业合作发展研讨会"。

9月16日，教育部下发《关于推荐全国社区教育示范区的通知》。

9月28日，全国来华留学工作会议在京举行，教育部公布面向未来10年的《留学中国计划》。

9月，《关于扩大中等职业学校免学费政策覆盖范围的通知》发布。

9月，《中华人民共和国教育部和大不列颠及北爱尔兰联合王国政府及其托管政府商业创新与技能部和教育部关于职业教育合作的谅解备忘录》签署。

9月，教育部、人力资源和社会保障部发出《关于加强中等职业学校班主任工作的意见》。

9月，温家宝主持召开国务院常务会议，研究部署加强职业培训促进就业工作。

10月18日，中国共产党第十七届中央委员会第五次全体会议通过的《中共中央关于制定国民经济和社会发展第十二个五年规划的建议》提出加快教育改革，"积极发展学前教育"。

10月，2010年世界技能组织大会表决通过中国正式加入世界技能组织。

10月，国务院出台《关于加强职业培训促进就业的意见》。

10月，《国务院办公厅关于开展国家教育体制改革试点的通知》发布，标志着国家教育体制改革试点工作全面启动。

11月2日，温家宝总理来到北京两所幼儿园，就发展学前教育问题进行调研，并与教师和家长座谈。次日，温家宝主持召开国务院常务会议，研究部署当前发展学前教育的政策措施。会议确定了当前发展学前教育的五条政策措施（又称"国五条"）：扩大学前教育资源；加强幼儿教师队伍建设；加大学前教育投入；强化对幼儿园保育教育工作的指导；完善法律法规，规范学前教育管理。会议还要求，以县为单位编制学前教育三年行动计划。

11月21日，国务院颁布《国务院关于当前发展学前教育的若干意见》，提出了十条意见（又称"国十条"），积极发展学前教育，提供"广覆盖、保基本"的学前教育公共服务，着力解决当前存在的入园难问题，以满足适龄儿童入园需求，促进学前教育事业科学发展，进一步贯彻落实党的十七届五中全会、全国教育工作会议和《国家中长期教育改革和发展规划纲要（2010—2020年）》精神。

11月29日，教育部下发《关于确定第二批全国社区教育示范区的通知》。

11月，《中等职业教育改革创新行动计划（2010—2012年）》发布。

12月1日，全国学前教育工作电视电话会议召开。国务委员刘延东就学前教育工作提出了三点意见：一是深刻认识发展学前教育的重要意义，进一步增强责任感和紧迫感；二是抓住关键，突出重点，加快提高学前教育发展水平；三是加强领导，精心组织，把各项任务落到实处。

12月4日，全国社区教育工作座谈会在杭州召开。教育部副部长鲁昕在座谈会上说，当前和今后一个时期要大力加强城乡社区教育的机构和网络建设，开发社区教育资源，打造国民终身学习的有效平台，形成覆盖城乡的完善的终身学习网络体系。教育部将在华东师范大学和中央电大建立相关研究机构，为社区教育提供决策参考。

12月6日，教育部在浙江省杭州市召开全国社区教育工作座谈会，全面贯彻落实全国教育工作会议和教育规划纲要精神，广泛开展城乡社区教育，推进全民学习、终身学习的学习型社会建设，认真总结分析了近年来各地发展社区教育的做法与经验，深入分析了社区教育工作面临的新形势和新机遇，研究部署当前和今后一个时期社区教育的工作任务。教育部副部长鲁昕出席会议并发表讲话。会上还举行了教育部确定的68个全国社区教育示范区授牌仪式。会后鲁昕参观了全国社区教育示范区成果展。

12月，全国中等职业教育教学改革创新工作会议在上海召开。

12月，教育部、财政部、人力资源和社会保障部、审计署下发《关于严禁虚报学生人数骗取中等职业学校国家助学金免学费补助资金的通知》。

本年，以"扩大交流拓展合作促进发展"为主题的2010年中德职业教育交流大会在青岛召开。

本年，"中国海外学子创业周"活动在辽宁大连开幕。

本年，农村订单定向医学生免费培养工作实施。国家发改委等部门印发《关于开展农村订单定向医学生免费培养工作的实施意见》。

本年，"蓝火计划"正式实施，产学研用结合助推地方经济。

本年，教育部、财政部开始全面实施"中小学教师国家级培训计划"（简称"国培计划"）。

本年，为了支持各地实施好三年行动计划，教育部会同财政部、国家发展改革委实施了8个国家学前教育重大项目，重点扶持中西部农村地区和城市薄弱环节。这些项目可分为四大类：一是幼儿园建设类，支持中西部农村扩大学前教育资源；二是综合奖补类，鼓励社会参与、多渠道多形式举办幼儿园；三是实施幼儿教师国家级培训计划；四是建立学前教育资助制度，对家庭经济困难儿童、孤儿和残疾儿童入园给予资助。

2011 年

1月3日，国务院办公厅发出《关于印发〈农村残疾人扶贫开发纲要（2011—2020年）〉的通知》。

1月7日，教育部下发《关于开展社区教育发展成果展示活动的通知》。

1月，住房和城乡建设部、国家发展改革委批准发布教育部组织编制的《特殊教育学校建设标准》，标准制定了特殊教育学校建设规划与建设项目构成、布局选址、校园规划与建设用地、校舍建筑面积等内容，为特殊教育学校建设提供了依据。

1月，教育部办公厅、人力资源和社会保障部办公厅、财政部办公厅发出《关于公布"国家中等职业教育改革发展示范学校建设计划"第一批立项建设学校名单的通知》。

2月16日，教育部下发《关于报送各地贯彻落实全国社区教育工作座谈会情况的通知》。

2月，财政部、国家发展改革委、教育部、人力资源和社会保障部发出《关于扩大中等职业学校免学费政策覆盖范围的通知》。

2月，教育部人事司印发《关于职业教育与成人教育司处室调整的通知》，将高等教育司的高职与高专教育处、远程与继续教育处划归职成司。

4月，中共中央宣传部办公厅、教育部办公厅发布《关于加强中等职业学校形势与政策教育的意见》。

5月，教育部办公厅发出《关于公布2010年认定的国家级重点中等职业学校名单的通知》。

6月，教育部发布《关于充分发挥行业指导作用推进职业教育改革发展的意见》。

6月，《中华人民共和国教育部与德意志联邦共和国教育与研究部关于共同设立"中德职教合作联盟"的联合声明》签署。

7月，中共中央组织部、人力资源和社会保障部联合发布《高技能人才队伍建设中长期规划（2010—2020年）》。

8月，教育部发布《关于推进中等和高等职业教育协调发展的指导意见》。

9月5日，财政部会同教育部印发了《关于加大财政投入支持学前教育发展的通知》，决定从2011年起，中央财政通过设立学前教育发展专项资金，以中西部农村地区为重点，引导支持各地加大对学前教育的投入，努力调动地方政府、企事业单位和社会力量等各方面积极性，统筹城乡学前教育发展，多渠道扩大学前教育资源，加强幼儿师资队伍建设，逐步建立幼儿资助制度，推动学前教育加快发展。

9月20日，教育部、中央编办、国家发展改革委、财政部、人力资源和社会保障部发布《关于加强特殊教育教师队伍建设的意见》。

9月，教育部发布《关于推进高等职业教育改革创新引领职业教育科学发展的若干意见》。

9月，教育部、财政部发出《关于支持高等职业学校提升专业服务产业发展能力的通知》。

10月19日，教育部下发《社区教育工作者岗位规范（征求意见稿）》。

10月26日，国务院总理温家宝主持召开国务院常务会议，决定启动实施农村义务教育学生营养改善计划。

10月，教育部等九部门联合下发《关于加快发展面向农村的职业教育的意见》。

10月，教育部召开了全国教师教育课程改革工作会议，印发了《关于大力推进教师教育课程改革的意见》。与此同时，经过7年的研究与论证，通过了《教师教育课程标准（试行）》。这是我国教育史上第一部关于教师教育课程的国家标准，它体现了国家对教师教育课程的基本要求，是制订教师教育课程方案、编写教材及开展教学评估评价活动的重要依据。

10月，北京师范大学举办了第一届全球教师教育峰会，会议对"如何在21

世纪培养教师"作了探讨。

11月8日,中央组织部、中央政法委、民政部等18个部门和组织联合发布了《关于加强社会工作专业人才队伍建设的意见》。

11月23日,国务院办公厅印发《关于实施农村义务教育学生营养改善计划的意见》。

11月,教育部、财政部印发《关于实施职业院校教师素质提高计划的意见》,全面启动"职业院校教师素质提升计划"。

12月24日至25日,全国继续教育工作会议暨高等教育自学考试制度建立30周年纪念大会期间,教育部确认了继续教育的三大项目,其中一项为"终身学习公共服务平台建设示范基地项目",其目标是研究并实践终身学习公共服务平台的建设与应用,探索模式和机制,充分发挥广播电视大学在学习型城市和学习型行业建设中的支撑作用,提高广播电视大学办学能力与服务水平,为全民终身学习提供优质教育教学服务。经教育部评审确认,有15所广播电视大学取得阶段性成果,被授予"终身学习公共服务平台建设示范基地"。

12月28日,教育部发出《关于规范幼儿园保育教育工作防止和纠正"小学化"现象的通知》,以规范幼儿园办园行为,科学保教,防止幼儿园"小学化"。

12月31日,全国人大常委会表决通过了全国人大教育科学文化卫生委员会关于第十一届全国人民代表大会第四次会议主席团交付审议的代表提出的议案审议结果的报告。报告提出,将与有关部门加强联系,继续推动学前教育立法进程。

12月31日,国家发展改革委、教育部、财政部联合印发《幼儿园收费管理暂行办法》,规范幼儿园收费行为,保障受教育者和幼儿园的合法权益,促进学前教育事业科学发展。

12月,教育部《关于"十二五"期间加强中等职业学校教师队伍建设的意见》发布。

12月,教育部发布《关于进一步完善职业教育教师培养培训制度的意见》。

12月,教育部发布《关于推进中等和高等职业教育协调发展的指导意见》。

本年,对1998年颁布的《普通高等学校本科专业目录》进行全面修订。

本年,印发《教育部、财政部关于"十二五"期间实施"高等学校本科教学质量与教学改革工程"的意见》,启动了"本科教学工程"。

本年,各地配合教育部师范司做好首届"免费师范生"就业工作和推进实施"农村特岗教师计划"。

本年,《教育信息化十年发展规划(2011—2020年)》启动编制并形成送审稿。

本年，启动实施"211工程三期高等教育公共服务体系——CERNET主干网和重点学科信息服务体系升级扩容工程"。

本年，教育部颁布《关于大力加强中小学教师培训工作的意见》。

2012年

2月10日，教育部印发《幼儿园教师专业标准（试行）》，对教师培养、准入、培训、考核等，以及教师的职业道德、专业要求等作出了具体规定，是"国培计划"和"省培计划"等各级培训的重要内容。

2月12日，教育部印发《学前教育督导评估暂行办法》，要求各地结合本地实际情况，制定本省（区、市）学前教育督导评估实施方案，做好督导评估工作。

2月28日，教育部副部长鲁昕在2012年全国教育工作会议上的讲话中提出，发展规划、职业教育、继续教育、民族教育的总体工作思路是：服务全局、回应社会、推进改革、体现创新。要紧紧围绕服务科学发展这一主题，全面实施"十二五"规划和教育规划纲要。

3月20日，教育部在京召开2012年度全国职业教育与成人教育工作视频会议。会议总结交流了2011年的工作成果，进一步明确了"十二五"时期推进职业教育和继续教育改革创新的思路和举措，研究部署了2012年的工作。

4月5日，温家宝总理签署国务院令第617号，公布《校车安全管理条例》，规定了校车使用许可、驾驶人资质、通行安全以及法律责任等。

4月17日，教育部办公厅下发了《关于开展0－3岁婴幼儿早期教育试点工作有关事项的通知》。通过对申报省市的选择，决定在上海市、北京市海淀区等14个地区开展0－3岁婴幼儿早期教育试点，并对试点任务、内容和有关工作提出了明确要求，以探索发展0－3岁婴幼儿早期教育的模式和经验。

4月，《教育部关于同意更名合并的高等职业学校备案的通知》，教育部同意将有关省、自治区、直辖市人民政府提出的同层次更名的14所高等职业学校和合并的1所高等职业学校予以备案，同时撤销原有学校的建制。

4月，全国首次中国职业教育史展览开幕。

4月，2012年全国职业教育教师培养工作座谈会在天津召开。

4月，依托覆盖四川省的广播电视大学办学系统，服务全民终身学习，推进四川省继续教育发展而建构的社区教育公共服务平台——四川社区教育网正式面向社会上网运行。

5月9日，卫生部印发《托儿所幼儿园卫生保健工作规范》，以加强托儿所、幼儿园卫生保健工作，切实提高托幼机构卫生保健工作质量。

5月19日，教育部在京举行学前教育宣传月启动仪式。教育部决定从本年起，在全国范围内开展学前教育宣传月活动，引导全社会树立正确教育理念，营造共同关心、支持学前教育的良好氛围。

5月，教育部印发《关于加快推进职业教育信息化发展的意见》。

5月，第三届国际职业教育大会在上海开幕。

6月18日，教育部下发《关于做好社区教育三级网络建设情况调查工作的通知》。

6月，教育部发布《国家教育事业发展第十二个五年规划》。"规划"指出，加强职业教育与普通教育、继续教育的相互沟通。

6月，教育部正式下发文件，批准在中央广播电视大学的基础上建立国家开放大学，同时在北京广播电视大学、上海广播电视大学基础上建立北京开放大学、上海开放大学。

6月，教育部办公厅发出《关于做好2012年现代远程教育试点高校网络高等学历教育招生工作的通知》。

7月14日，教育部下发《关于开展社区教育督查工作的通知》。

7月26日，教育部、科技部签署"关于加强协同创新提升高校科技创新能力合作协议"。

8月14日，黑龙江省第一家社区教育协会——伊春市社区教育协会正式成立。

8月，国务院《关于加强教师队伍建设的意见》（国发〔2012〕41号）颁行，这是新中国成立以来第一个全面部署教师队伍建设工作的文件。"意见"根据教育规划纲要的要求，明确了教师队伍建设的总体要求、重点任务和政策措施，提出了破解重点、难点问题的方向和路径。

9月4日，教育部下发《关于推荐全国社区教育实验区的通知》。

9月5日，国务院印发《关于深入推进义务教育均衡发展的意见》。从1986年《义务教育法》颁布算起，我国用25年时间全面普及了城乡免费义务教育，从根本上解决了适龄儿童少年"有学上"问题。义务教育全面普及后，区域之间、城乡之间、学校之间办学水平和教育质量差距问题凸显出来，成为择校、学生学业负担过重、乱收费等热点难点问题出现的深层次原因。推进义务教育均衡发展，保障所有适龄儿童少年接受公平而有质量的义务教育成为新时期义务教育的战略性任务。

9月20日，教育部、中央编办、财政部、人力资源和社会保障部四部门发布了《关于加强幼儿园教师队伍建设的意见》，进一步明确了幼儿园教师队伍建设的目标，要求建立健全幼儿园教师资格认定、职称评定、待遇保障等制度。

9月，中国职业教育展在德国柏林举行，这是教育部在海外举办的首次中国职业教育展。

10月9日，教育部印发《3－6岁儿童学习与发展指南》，帮助幼儿园教师和家长了解3－6岁幼儿学习与发展的基本规律和特点，建立对幼儿发展的合理期望，实施科学的保育和教育。

10月11日，教育部职业教育与成人教育司、中国成人教育协会、中国联合国教科文组织全国委员会和成都市人民政府，联合主办了以"加快发展继续教育，促进学习型社会建设"为主题的2012年全民终身学习活动周全国总开幕式。教育部副部长鲁昕、四川省副省长黄彦蓉出席并讲话。来自全国各地方政府、高校、企业的300余名代表会聚成都，研讨交流高校继续教育的改革与发展。

10月11日，由教育部职业教育与成人教育司主办的"高校继续教育改革发展研讨会暨高校继续教育服务学习型城市、学习型企业发展论坛"在成都召开。教育部副部长鲁昕出席研讨会并作重要讲话。

10月，温家宝主持召开国务院常务会议，决定扩大中等职业教育免学费范围。

10月，财政部等四部门联合印发《关于扩大中等职业教育免学费政策范围进一步完善国家助学金制度的意见》。

10月，教育部调整机构设置，调整职业教育与成人教育司职能，将职业教育功能合并，把原高等教育司的高等职业教育和继续教育管理的相关职责划转到职业教育与成人教育司。

11月8日，中共中央总书记胡锦涛代表十七届中央委员会向中共第十八次代表大会作了题为《坚定不移沿着中国特色社会主义道路前进　为全面建成小康社会而奋斗》的报告，胡锦涛在会上宣读了报告的要点。提出"完善终身教育体系，建设学习型社会"。

11月8日，中国共产党第十八次代表大会召开。胡锦涛总书记在《中国共产党第十八次全国代表大会报告》中指出：基本公共服务水平和均等化程度明显提高。教育事业迅速发展，城乡免费义务教育全面实现。办好学前教育，均衡发展九年义务教育，基本普及高中阶段教育，加快发展现代职业教育，推动高等教育内涵式发展，积极发展继续教育，完善终身教育体系，建设学习型社会。

11月14日，为进一步加强对学前教育的宏观指导，设立教育部学前教育办公室。

12月，全国职业教育信息化建设工作会议在南京召开。

12月，教育部办公厅印发《关于制订中等职业学校专业教学标准的意见》。

12月，国家职业教育体制改革试点工作暨职业教育集团化办学现场交流会在郑州召开。

本年，启动实施中西部高校基础能力建设工程，启动支持中西部高校提升综合实力工程。

本年，《教育信息化十年发展规划（2011—2020年）》发布。

本年，"教学点数字教育资源全覆盖"项目启动，全国教育信息化试点工作启动。

本年，首次设立职业教育发展专项基金。

本年，首次启动开展"高校毕业生就业创业课题研究"。

本年，教育部对《中小学心理健康教育指导纲要》进行了修订。

本年，广西壮族自治区进入新课程实验，至此，高中新课程以实验的方式在全国已全面铺开。

2013 年

1月8日，为了加强幼儿园教师队伍建设，教育部印发了《幼儿园教职工配备标准（暂行）》，各地加快核定公办园教师编制，通过特岗计划、小学教师培训后转岗、接收免费师范生、公开招聘等多种途径，充实幼儿园教师队伍。

1月24日，教育部部长袁贵仁在2013年全国教育工作会议上的讲话中提到，继续教育主要任务是深入学习贯彻党的十八大精神，总结工作，分析形势，安排部署2013年教育工作。积极发展继续教育。

1月24日，《教育部2013年工作要点》提出要积极发展继续教育。

1月，教育部在天津召开中等职业教育部分专业教学标准开发试点工作汇报会暨论证会。

3月14日，教育部下发关于印发《社区教育工作者岗位基本要求》的通知。

3月20日，教育部在京召开2013年度职业教育与成人教育工作视频会议，总结2012年的工作成果，进一步明确职成教战线参与"中国梦"建设、学习贯彻党的十八大精神、落实新一届政府工作要求的思路和举措，部署2013年的重点工作。教育部副部长鲁昕出席并讲话，提出扎实推进继续教育改革创新等。

4月13日，中国成人教育协会第五次会员代表大会在京召开。教育部部长袁贵仁出席会议并讲话。袁贵仁指出，继续教育特别是成人教育，是终身学习体系的重要组成部分。实现有教无类、因材施教、终身学习、人人成才的中国教育梦,继续教育不可或缺。

4月,《教育部关于积极推进高等职业教育考试招生制度改革的指导意见》发布,逐步探索与普通高校本科考试招生分离,重点探索"知识+技能"的考试评价办法。

4月,教育部副部长鲁昕在"中国发展高层论坛"上表示,我国将出台高考改革方案,实现两类人才两种模式高考。

5月9日,教育部下发《关于开展社区教育实验项目工作的通知》。

5月,农业部办公厅印发《关于新型职业农民培育试点工作的指导意见》。

7月9日至13日,世界学前教育组织(OMEP)第六十五届国际学术会议在中国上海举办。主题是:"促进学前教育发展:机会与质量"。这是中国首次主办OMEP年会。

7月,教育部办公厅发出《关于做好2013年现代远程教育试点高校网络高等学历教育招生工作的通知》。

9月,教育部印发《中等职业学校教师专业标准(试行)》。

10月9日,教育部社区教育研究培训中心在国家开放大学召开"社区教育体验学习基地(中心)建设研讨会",探讨社区教育体验学习基地(中心)的建设管理模式、运行机制、课程设置及教学方式等内容。

10月,习近平总书记在欧美同学会成立100周年庆祝大会上,明确提出"支持留学、鼓励回国、来去自由、发挥作用"的新时期留学工作方针。

10月,首届国际学习型城市大会在京召开。

11月,《中共中央关于全面深化改革若干重大问题的决定》提出加快现代职业教育体系建设,深化产教融合校企合作。

11月,中国教育国际交流协会职教国际交流分会成立。

12月19日,河南省社区教育服务指导中心成立。

12月31日,一项被称为"义务教育学校建设史上中央财政投资最大的单项工程"——《关于全面改善贫困地区义务教育薄弱学校基本办学条件的意见》正式出台,这是党中央、国务院为贫困地区义务教育发展"补短板"所实施的一个重大民生工程。

本年,教育部政策法规司将《残疾人教育条例(修订草案)》送审稿交国务院法制办。

本年,教育部发出《关于执行2013年度"国际职业教育学"赴德长期研修(奖学金)项目的通知》。

本年，启动实施中西部高等教育振兴计划，印发《中西部高等教育振兴计划（2012－2020年）》。

本年，公办高校全面实行本科教学质量年度报告制度。

本年，启动开展普通高等学校本科教学工作审核评估。

本年，建立中国工程教育专业认证体系，加入《华盛顿协议》。

本年，教育部颁布了《关于深化中小学教师培训模式改革　全面提升培训质量的指导意见》。

2014 年

1月8日，教育部联合七部委发布《特殊教育提升计划（2014－2016年）》，特殊教育提升计划启动实施。"计划"提出全面推进全纳教育，使每一个残疾孩子都能接受合适的教育，明确了今后三年我国特殊教育改革发展的总体目标、重点任务和主要措施，要求进一步提升特殊教育普及水平、经费保障能力和教育教学质量。

1月10日，教育部下发《关于确定第三批全国社区教育示范区的通知》。

1月15日，教育部袁贵仁部长在2014年全国教育工作会议上提出"要支持发展农村学前教育。启动实施第二期学前教育行动计划，提高公办幼儿园和普惠性民办幼儿园的覆盖率"。袁贵仁在讲话时强调，要深入学习贯彻习近平总书记系列重要讲话和十八届三中全会精神，切实把思想和行动统一到中央决策部署上来，建立科学规范的治理体系，形成高水平的治理能力。要围绕教育治理体系改革、教育治理能力提高，深化教育综合改革；通过深化教育综合改革，实现教育事业科学发展；通过教育事业科学发展，更好地促进教育公平、调整教育结构、提高教育质量，为打造中国经济升级版、全面建成小康社会提供坚强有力的人才支撑和智力支持。

1月21日，教育部下发《关于推荐全国社区教育专家的通知》。

1月27日，全国特殊教育工作电视电话会议在京召开。李克强作出重要批示，指出办好特殊教育，对于保障残疾人平等参与社会的权利、增加残疾人家庭福祉和促进社会公平正义具有十分重要的意义，也是教育现代化的重要内容。各级政府要高度重视，带着深厚的感情，履职尽责，特教特办，认真实施好特殊教育提升计划，让残疾孩子与其他所有人一样，同在蓝天下，共同接受良好的教育。刘延东出席会议并讲话，强调以改革创新推动特殊教育发展，提升特殊教育水平，进一步保障残疾人受教育权利。王勇主持会议。

1月，教育部在黄淮学院召开地方本科院校转型发展座谈会。

2月，李克强主持召开国务院常务会议，专题研究加快发展现代职业教育工作。

3月26日，教育部在京召开2014年度职业教育与继续教育工作会议。会议以加快构建就业为导向的现代职业教育体系为主题，就职成教战线深入学习宣传贯彻党的十八大和十八届三中全会精神、落实政府工作报告和国务院常务会议要求、深化职业教育和继续教育领域改革创新做出部署。教育部副部长鲁昕出席会议并讲话。

3月26日，教育部办公厅、中国残联办公厅联合印发《关于编制特殊教育提升计划实施方案的通知》，对省级教育行政部门编制特殊教育提升计划实施方案提出了明确要求。

3月，教育部办公厅、农业部办公厅发出关于印发《中等职业学校新型职业农民培养方案（试行）》的通知。

3月，《教育部关于做好全国中等职业学校学生管理信息系统建设工作的通知》发布。

4月1日，教育部办公厅、财政部办公厅颁布《关于做好2014年中小学幼儿园教师国家级培训计划实施工作的通知》，提出重点关注未参训农村教师，特别是针对边远、贫困和民族地区，切实扩大培训受益面，实现对中西部农村义务教育学校和幼儿园的全覆盖。

4月9日至11日，针对社区教育工作者举办的"2014年宁波市社区教育工作者研修班"在宁波社区大学举行。

4月10日，教育部印发《关于学习贯彻李克强总理等国务院领导同志有关特殊教育重要批示和讲话精神的通知》，要求教育战线认真学习贯彻。

4月17日，教育部和中国残联在石家庄联合召开特殊教育提升计划省级实施方案编制工作推进会，就进一步做好特殊教育实施方案编制工作进行研究部署。

4月28日，教育部下发《关于协助做好社区教育满意度调查工作的通知》。

4月，宁波社区教育工作者的继续教育被纳入学分考核，打破了"培训无学分、职称难评定"的尴尬局面。

5月22日，教育部下发《关于征集社区教育服务社会民生创新工作案例的通知》。

5月，国家开放大学下发《关于批准首批国家开放大学社区教育实验中心（基地）的通知》，批准甘肃广播电视大学成为首批国家开放大学社区教育实验中心。

5月，国务院颁布《关于加快发展现代职业教育的决定》。

5月，教育部办公厅印发关于公布首批《中等职业学校专业教学标准（试行）》目录的通知。

5月，习近平就加快发展职业教育作出重要批示。

6月10日，教育部、民政部、国家发改委、财政部、人力资源和社会保障部、国家卫生计生委、中央文明办、共青团、中央全国老龄办发布《教育部等九部门关于加快推进养老服务业人才培养的意见》。

6月，全国政协在北京召开"深化产教融合校企合作，加快现代职业教育体系建设"专题协商会。

6月，教育部、国家发改委等六部门联合发布《关于印发〈现代职业教育体系建设规划（2014－2020年）〉的通知》。

7月26日，在北京举办了首届全国大学生新党员培训示范班。

8月11日，《教育部等七部门关于推进学习型城市建设的意见》提出构建终身教育体系，促进各类教育融合开放；广泛开展城乡社区教育，推动社会治理创新；营造终身学习文化氛围等。

8月，国务院学位委员会首次批准有关高校设置面向视障人员的中医硕士专业学位授权点。

8月，教育部下发《关于开展现代学徒制试点工作的意见》。

9月17日，教育部办公厅印发《关于组织申报国家特殊教育改革实验区的通知》。

9月，教育部办公厅印发《关于进一步完善招生工作机制规范中等职业学校招生秩序的通知》。

9月，2014年国家级教学成果奖获奖项目正式公布，共有基础教育、职业教育和高等教育领域的1320个项目获奖。这是首次在基础教育和职业教育领域开展评选工作。

10月27日，教育部下发《关于做好全国社区教育实验项目总结工作的通知》。

10月，在北京师范大学召开了第二届全球教师教育峰会，此次的主题是"教师教育质量与学习：实践、政策与创新"。

11月3日，教育部、国家发展改革委、财政部颁布《关于实施第二期学前教育三年行动计划的意见》，决定2014－2016年实施第二期学前教育三年行动计划（以下简称"二期行动计划"）。提出"二期行动计划"的四项重点任务是扩大总量、调整结构、健全机制、提升质量。

11月17日，教育部下发《关于开展社区教育实验区、示范区建设情况调研的通知》。

11月19日至20日，全国社区教育实验中心（基地）研讨会在成都举行。

11月，职业教育发展与学位制度座谈会召开。

12月，全国职业教育现代学徒制试点工作推进会在唐山召开。

12月，教育部办公厅印发关于公布第二批《中等职业学校专业教学标准（试行）》目录的通知。

本年，启动实施卓越农林教育培养计划。

本年，实施国家重点基础研究发展计划（"973计划"）和重大科学研究计划。

本年，教育部等五部门印发《构建利用信息化手段扩大优质教育资源覆盖面有效机制的实施方案》。

本年，启动"一师一优课、一课一名师"活动。

本年，开展首次教育信息化专向督导。

本年，实现高校学生学籍就业管理服务一体化。

本年，开发运行全国硕士研究生信息公开平台；开发运行硕士研究生推免服务系统。

本年，首次开通全国征兵网，第一时间宣传应征入伍政策。

本年，首次全面建立高校毕业生就业质量年度报告发布制度。

本年，特殊教育提升计划确定的各项政策举措加快落实。特教学校预算内生均公用经费从平均2000元提高到4000元以上；中央财政投入资金12.1亿元，实施特殊教育改善办学条件项目和特殊教育学校建设二期项目；加强特殊教育内涵发展，推进三类特殊教育学校课程标准和教材建设。

本年，上海、黑龙江、福建等27个省（自治区、直辖市）先后出台了特殊教育提升计划省级实施方案。广东省推动实施残疾学生15年免费教育，山西省将特教教师岗位津贴提高到基本工资的50%，陕西省建立200所特殊儿童随班就读康复资源中心，积极探索学前特殊教育模式。

本年，全国共有特殊教育学校2000所，比上年增加67所；特殊教育学校共有专任教师4.81万人。全国共招收特殊教育学生7.07万人，比上年增加0.47万人；在校生39.49万人，比上年增加2.68万人。其中，视力残疾学生3.41万人，听力残疾学生8.85万人，智力残疾学生20.57万人，其他残疾学生6.67万人。特殊教育毕业生4.90万人，比上年减少0.17万人。普通小学、初中随班就读和附设特教班招收的学生3.80万人，在校生20.91万人，分别占特殊教育招生总数和在校生总数的 53.75% 和 52.94%。

本年，国务院颁布了《关于深化考试招生制度改革的实施意见》。

2015 年

1月8日，教育部办公厅印发《关于公布国家特殊教育改革实验区名单的通知》。

1月10日，教育部颁布《幼儿园园长专业标准》，对园长的办园理念、专业要求等作了具体的规定，以促进幼儿园园长专业发展，建设高素质幼儿园园长队伍。

1月，教育部印发《中等职业学校德育大纲》（2014年修订）。

1月，教育部发布《职业院校数字校园建设规范》。

2月5日，国务院印发《关于加快推进残疾人小康进程的意见》。

2月，财政部、教育部印发《关于建立完善以改革和绩效为导向的生均拨款制度加快发展现代高等职业教育的意见》。

3月1日，教育部颁布了新修订的《幼儿园工作规程》。新"规程"主要对坚持立德树人、规范办园行为、强化安全管理、注重与法律法规和有关政策的衔接、完善幼儿园内部管理机制等方面作出了修订。

3月，国务院教育督导委员会办公室下发《关于开展职业教育专项督导检查工作的通知》。

3月，中共中央、国务院印发《关于深化体制机制改革加快实施创新驱动发展战略的若干意见》。

4月1日，中央全面深化改革领导小组第十一次会议审议通过了《乡村教师支持计划（2015－2020年）》。该计划中，既有提高思想政治素质和师德水平、提升能力素质这样的软件建设，也有拓展补充渠道、提高生活待遇、职称评聘倾斜、推动城镇优秀教师向乡村学校流动等含金量十足的"干货"。

4月7日，国家开放大学下发《关于批准第二批国家开放大学社区教育实验中心（基地）的通知》，共批准全国6家单位（北海市广播电视大学、贵州广播电视大学贵阳市分校、黔南州广播电视大学、福建广播电视大学蕉城学院、福建广播电视大学宁德分校、福建广播电视大学永安分校）为第二批国家开放大学社区教育实验基地。

4月13日，教育部印发《关于加强高等学校在线开放课程建设应用与管理的意见》。"意见"指出："近年来，大规模在线开放课程（'慕课'）等新型在线开放课程和学习平台在世界范围迅速兴起，拓展了教学时空，增强了教学吸引力，激发了学习者的学习积极性和自主性，扩大了优质教育资源受益面，正在促进教学内容、方法、模式和教学管理体制机制发生变革，给高等教育教育教学改革发展带来新的机遇和挑战。"

4月21日，教育部、中国残联颁布了《残疾人参加普通高等学校招生全国统一考试管理规定（暂行）》，这是第一次从国家层面对残疾人参加普通高考而专门制定的管理规定。

4月24日，全国人大常务委员会作出关于修改《中华人民共和国义务教育法》等五部法律的决定。修改后的《中华人民共和国义务教育法》将第四十条修改为："教科书价格由省、自治区、直辖市人民政府价格行政部门会同同级出版行政部门按照微利原则确定。"

5月，首届"职业教育活动周"全国启动仪式在北京举行。

5月，国务院正式印发《中国制造2025》。

6月10日至11日，教育部社区教育研究培训中心2015年度全国社区教育工作研讨会在吉林省长春市召开。

6月15日，国务院办公厅发布《加快中西部教育发展的指导意见》，提出要积极发展农村学前教育，尤其是中西部革命老区、民族地区、边疆地区、贫困地区农村的学前教育。"意见"指出，中西部要构建农村学前教育体系，逐步提高农村入园率，实现每个乡镇至少有一所公办中心幼儿园，到2020年，中西部地区学前毛入园率达到70%。

6月24日，国家开放大学社区教育研究培训中心发布了《方兴未艾的全民终身学习——2014年社区教育满意度调查报告》。

6月，刘延东在中南海主持召开深化职业教育改革创新座谈会。

6月，教育部办公厅印发《关于建立职业院校教学工作诊断与改进制度的通知》。

6月，十二届全国人民代表大会常务委员会第十五次会议举行第三次全体会议，张德江作全国人大常委会执法检查组关于检查《中华人民共和国职业教育法》实施情况的报告。

6月，教育部与重庆市人民政府签署共建现代职业教育体系国家制度建设试验区协议。

7月，教育部、人力资源和社会保障部印发《关于推进职业院校服务经济转型升级面向行业企业开展职工继续教育的意见》。

7月，教育部发布《关于深入推进职业教育集团化办学的意见》。

8月18日，中央深改小组第十五次会议审议通过了《全面改善贫困地区义务教育薄弱学校基本办学条件工作专项督导办法》，为"全面改薄"保驾护航。

8月，教育部办公厅发布《关于公布首批现代学徒制试点单位的通知》。

9月，中央财政下达2016年相关教育专项转移支付资金927亿元，支持学前教育发展资金149亿元，支持各地通过多种渠道扩大普惠性学前教育资源，并将幼儿资助类奖补资金由10亿元扩大到15亿元，支持各地进一步健全学前教育资助制度，优先确保家庭经济困难幼儿获得资助。中小学及幼儿园教师国家级培训计划补助资金20亿元。

9月，教育部印发《职业院校管理水平提升行动计划（2015—2018年）》。

10月21日，教育部、国家发展改革委、财政部印发《关于引导部分地方普通本科高校向应用型转变的指导意见》。

10月24日，国务院印发《关于印发〈统筹推进世界一流大学和一流学科建设总体方案〉的通知》。

10月，教育部印发《高等职业教育创新发展行动计划（2015—2018年）》。

11月1日，国家住房和城乡建设部公布的编号为JGJ39—2016的行业标准《托儿所、幼儿园建筑设计规范》开始实施。该规范的主要目的在于保证托儿所、幼儿园建筑设计质量，使建筑设计满足适用、安全、卫生、经济、美观等方面的基本要求。

11月7日，十二届全国人大常委会第二十四次会议通过了修改《民办教育促进法》的决定。《民办教育促进法》修法之后，中国民办学校营利性、非营利性的分类改革正式启动。非义务教育阶段的民办学校可自主选择类别，营利性民办学校将注册为企业；非营利性民办学校，则将获得与公办校等同的税收优惠、土地划拨政策等。

11月14日，财政部、教育部印发《特殊教育补助资金管理办法》。

11月30日，《国家中长期教育改革和发展规划纲要（2010—2020年）》中期评估特殊教育专题评估报告公布。

11月30日，我国特教学校总投入5年翻番。

11月，教育部办公厅、人力资源和社会保障部办公厅、财政部办公厅印发《关于公布"国家中等职业教育改革发展示范学校建设计划"第二批项目学校验收结果的通知》。

12月27日，《中华人民共和国教育法》第二次修订。其中新增规定：税务机关依法足额征收教育费附加，由教育行政部门统筹管理，主要用于实施义务教育。

本年，教育部联合有关部门企业组建了59个行业职业教育指导委员会，统筹推动举办了几十次职业教育与行业对话活动,指导组建了职业教育校企一体化办学联盟等协作组织,产教融合发展的工作格局基本形成。

本年,由教育部社区教育研究培训中心、国家开放大学社区教育研究中心联合组成的调查组,依托开放大学和电大系统,从社区教育期望、教育机会、教育过程、对学习成果的评价和认证等方面,对接受社区教育服务的相关人群展开问卷调查。这也是首次全国范围内针对社区教育满意度的调查。

本年,国务院学位委员会、教育部印发《学位证书和学位授予信息管理办法》。自2016年1月1日起,学位证书由各学位授予单位自行印制,国务院学位委员会办公室印制的学位证书不再使用。

本年,国务院办公厅印发《国务院2015年立法工作计划》,进一步明确,为了进一步完善残疾人教育法律制度,推动残疾人教育事业发展,修订《残疾人教育条例》。

本年,教育部印发了《中小学心理辅导室建设指南》。

2016年

1月20日,教育部印发《普通学校资源教室建设指南》,要求"资源教室所附基础设施要符合《无障碍环境建设条例》《无障碍设计规范》《特殊教育学校建筑设计规范》中有关规定"。"指南"附有《普通学校特殊教育资源教室配备参考目录》。

2月,中共中央办公厅、国务院办公厅正式印发《关于做好新时期教育对外开放工作的若干意见》。

4月,教育部职成司发出《关于做好中等职业学校教学诊断与改进工作的通知》。

4月,教育部等五部门印发《职业学校学生实习管理规定》。

4月,有色金属行业职业教育"走出去"试点工作启动会议在中国有色集团举行。

5月10日,教育部下发《关于公布第六批全国社区教育实验区、第四批全国社区教育示范区名单的通知》。

5月23日,湖北省教育厅印发了《省教育厅关于设立湖北省社区教育指导中心的批复》,其中指出要在湖北电大设立"湖北省社区教育指导中心"。

5月27日,社区教育专业委员会下发《关于征集与展示社区教育特色项目的通知》。

6月1日,教育部社区教育研究培训中心下发了《关于开展2016年社区教育

i-实验相关大赛活动的通知》。

6月7日，教育部发布《教育信息化"十三五"规划》。其中规定：将学校网络教学环境和备课环境建设纳入义务教育学校建设标准，鼓励具备条件的学校配备师生用教学终端。

6月13日，国务院发布《关于加强困境儿童保障工作的意见》。

6月28日，教育部等九部门下发《关于进一步推进社区教育发展的意见》。

7月7日，《成都市社区教育促进条例》（草案第二次审议稿）征求意见座谈会在成都市成华区召开。

7月11日，国务院发布并实施《国务院关于统筹推进县域内城乡义务教育一体化改革发展的若干意见》。

7月18日，黑龙江省教育厅下发了《黑龙江省社区教育省级实验（示范）区建设指标体系（试行）》的文件。

7月，上海市教委发布《聚焦重点多元并举开创上海市社区教育发展的新局面》，其中提到"未来将进一步完善《上海社区教育课程指导大纲》，使之成为全市社区教育资源建设的重要标准"。

8月3日，国务院发出《关于印发〈"十三五"加快残疾人小康进程规划纲要〉的通知》。

9月1日，《高等学校预防与处理学术不端行为办法》正式在全国各高校施行。"办法"将六类行为认定为学术不端：剽窃、抄袭、侵占他人学术成果；篡改他人研究成果；伪造科研数据、资料、文献、注释或捏造事实、编造虚假研究成果；未参加研究或创作而在研究成果、学术论文上署名等；在申报课题、成果、奖励和职务评审评定、申请学位等过程中提供虚假学术信息；买卖论文、由他人代写或者为他人代写论文等。违反其他根据高校或学术组织、科研管理机构制定的规则，也属学术不端。

9月5日，教育部社区教育研究培训中心下发了《关于建立全国社区教育信息员制度的通知》。

9月7日至9日，2016年社区教育年度会议在江苏省南通市召开。

9月，教育部公布了《2017年教育部关于统筹全日制和非全日制研究生管理工作的通知》，提出统筹全日制与非全日制研究生教育协调发展，坚持同一标准，保证同等质量。全日制和非全日制研究生学历学位证书效力相同。

10月5日，国务院办公厅下发《关于印发老年教育发展规划（2016－2020年）的通知》。

10月9日，中国残联等六部门印发《辅助器具推广和服务"十三五"实施方案》。

10月12日，中国残联等五部门联合制定《残疾人康复服务"十三五"实施方案》。

10月23日，《国务院关于加快发展康复辅助器具产业的若干意见》出台。

10月25日，苏州市教育局等十四部门联合下发《关于加强社区教育工作推进学习型苏州建设的意见》。

10月28日，上海市教育委员会办公室下发《上海市老年教育发展"十三五"规划》。

11月8日至12日，国家开放大学新闻中心组织了"国开之旅——走进社区教育"记者团，对四川省社区教育进行了全方位了解，采访对象既有政府官员、社区大学、学院负责人，也有市民、新市民，更有家庭农场主、农业合作社负责人。在威远县，记者们还参加了正在召开的"大力发展社区教育、推动社区治理创新研讨会"。

11月10日，贵州省教育厅办公室下发《关于开展社区教育试点工作的通知》。

11月11日至12日，由教育部社区教育研究培训中心主办的"大力发展社区教育推进社会治理创新研讨会"在四川省威远县举行。

11月23日，郑州社区大学下发《关于开展2016年度第二届社区教育优秀志愿者评选的通知》。

11月25日，教育部发布实施《盲校义务教育课程标准（2016年版）》《聋校义务教育课程标准（2016年版）》《培智学校义务教育课程标准（2016年版）》。

12月5日，财政部、教育部印发《特殊教育补助资金管理办法》。

12月15日，河北省教育厅办公室下发《河北省社区教育三年行动计划（2016—2018年）》。

12月，教育部与中华职业教育社在京召开推进职业教育现代化座谈会。

12月，教育部等三部门联合发布《制造业人才发展规划指南》。

本年，党的十八届五中全会提出，要全面普及高中教育，将现在的普及初中教育的九年制义务教育提高到十二年。

2017年

1月10日，国务院印发《国家教育事业发展"十三五"规划》，其中提出办好特殊教育。

1月，国务院印发《"十三五"促进就业规划》。

2月1日,《成都市社区教育促进条例》正式施行。

2月7日,李克强总理颁布中华人民共和国国务院令第675号《残疾预防和残疾人康复条例》,自2017年7月1日起施行。

2月22日,新华社播发《百川奔流终归海 同心筑梦正当时——党的十八大以来我国形成最大规模留学人才"归国潮"》的长篇通讯。

3月2日,安徽省人民政府办公厅下发了《关于加快"十三五"期间老年教育发展的实施意见》的文件。

3月5日,李克强在十二届全国人大五次会议政府工作报告中说,2017年,办好公平优质教育。加强民族教育,办好特殊教育、继续教育、学前教育和老年教育。加强教师队伍建设。制定实施《中国教育现代化2030》,以教育现代化支撑国家现代化,使更多孩子成就梦想、更多家庭实现希望。

3月13日,陕西省教育厅下发了《陕西省教育厅等九部门关于进一步推进社区教育发展的若干意见》。

3月15日,吉林省教育厅办公室下发了《关于进一步推进社区教育发展的实施意见》的文件。

3月22日,成都市人民政府办公厅发布了《关于建立成都市学习型城市建设与社区教育联席会议制度的通知》。

3月28日,贵阳市下发了《关于开展社区教育的实施方案》。

4月20日,教育部办公厅、中国残联办公厅印发《关于做好残疾儿童少年义务教育招生入学工作的通知》。

4月24日,合肥市教育局等九部门下发了《关于进一步推进社区教育发展的实施意见》。

4月,教育部发布《关于实施第三期学前教育行动计划的意见》,提出要重点扩大普惠性资源,着力破解公办园少、民办园贵问题。到2020年,基本建成广覆盖、保基本、有质量的学前教育公共服务体系。全国学前三年毛入园率达到85%,普惠性幼儿园覆盖率(公办幼儿园和普惠性民办幼儿园在园幼儿数占在园幼儿总数的比例)达到80%。

4月,教育部颁布《幼儿园办园行为督导评估办法》。"办法"规定的督导评估内容包括办园条件、安全卫生、保育教育、教职工队伍和内部管理等五个方面。"办法"突出的是底线标准,是一所幼儿园是否具备资质的最基本要求。

4月,国务院办公厅颁布了《关于加强中小学幼儿园安全风险防控体系建设的意见》,从学校安全风险防控的总体要求、风险预防体系、风险管控机制、事故和风险化解机制、领导责任和风险化解机制等5个方面进行了系统设计和全面规定。

5月，中华职业教育社成立100周年庆祝大会在京举行。

5月，李克强主持召开国务院常务会议，决定设立国家职业资格目录，降低就业创业门槛，提高职业水平。

6月9日，广东省人民政府办公厅下发了《关于大力推动老年教育发展的实施意见》。

6月12日，江苏省教育厅等十一部门下发了《江苏省加快发展社区教育的实施意见》。

6月15日，天津市教委等九部门下发了《关于进一步推进天津市社区教育发展的意见》。

6月22日，河北省教育厅下发了《关于印发社区教育系列标准及评估指标体系的通知》，四川省教育厅等九部门下发了《关于进一步推进社区教育发展的实施意见》。

6月29日，教育部社区教育研究培训中心下发了《关于遴选首批城乡社区教育特色学校的通知》。

6月，教育部办公厅、国务院扶贫办综合司印发《贯彻落实〈职业教育东西协作行动计划（2016—2020年）〉实施方案》的通知。

6月，2017年中国国际技能大赛在上海举行。

6月，第四届全国职业院校国际交流与合作办学研讨会在重庆召开。

7月17日，教育部等七部门印发了《第二期特殊教育提升计划（2017—2020年）》。

7月21日，四川省人民政府办公厅下发了《关于印发四川省老年教育发展规划（2017—2020年）的通知》。

7月，教育部印发《教育部等四部门关于加快发展残疾人职业教育的若干意见》。

8月11日，陕西省人民政府办公厅下发了《关于印发省贯彻落实老年教育发展规划（2016—2020年）实施方案的通知》。

8月22日，上海市教育委员会印发了《关于印发〈上海市特殊教育学校图书馆建设指南（试行）〉的通知》。

8月，教育部印发《关于进一步推进职业教育信息化发展的指导意见》。

9月4日，甘肃广播电视大学社区教育学院举办首届社区教育中老年培训班。

9月6日，河南省教育厅等十部门下发了《关于进一步推进社区教育发展加快学习型社会建设的实施意见》。

9月7日,教育部社区教育研究培训中心下发了《关于召开社区教育指导服务工作研讨会的通知》。

9月24日,中共中央办公厅、国务院办公厅印发《关于深化教育体制机制改革的意见》。"意见"指出,要完善义务教育均衡优质发展的体制机制。要着力解决义务教育城乡发展不协调问题。统一城乡学校建设标准、城乡教师编制标准、城乡义务教育学校生均公用经费基准定额,加快建立义务教育学校国家基本装备标准。实施消除大班额计划。切实改变农村和贫困地区教育薄弱面貌,着力提升乡村教育质量。要多措并举化解择校难题。加快义务教育学校标准化建设,加强教师资源的统筹安排,实现县域优质资源共享。改进管理模式,试行学区化管理,探索集团化办学,采取委托管理、强校带弱校、学校联盟、九年一贯制等灵活多样的办学形式。完善入学制度,统筹设计小学入学、小升初、高中招生办法。

9月,教育部正式公布"双一流"入围名单。

9月,教育部印发《关于进一步推进职业教育信息化发展的指导意见》。

10月18日,中国共产党第十九次代表大会召开。习近平总书记在《中国共产党第十九次全国代表大会报告》中指出:推动城乡义务教育一体化发展,高度重视农村义务教育,办好学前教育、特殊教育和网络教育,普及高中阶段教育,努力让每个孩子都能享有公平而有质量的教育。完善职业教育和培训体系,深化产教融合校企合作。强调优先发展教育事业、办好人民满意的教育。首次提出实现"幼有所育"。"幼有所育",即让所有0—6岁的适龄儿童得到更好的养育、教育。

10月,全国职业院校对外合作调研活动走进江苏。

11月16日,福建省人民政府办公厅下发了《关于印发福建省老年教育发展规划（2017—2020年）的通知》。

12月5日,山西省教育厅等九部门下发了《关于推进社区教育发展的实施意见的通知》。

12月9日,广西壮族自治区人民政府办公厅下发了《关于印发广西老年教育发展规划（2017—2020年）的通知》。

12月19日,海南省人民政府办公厅下发了《关于加快发展老年教育的实施意见》。

12月29日,福建省教育厅等十部门下发了《关于进一步加快发展社区教育的实施意见》。

12月，国务院办公厅《关于深化产教融合的若干意见》发布。

12月，在十二届全国人大常委会第三十一次会议第四次全体会议上表决通过的《全国人民代表大会教育科学文化卫生委员会关于第十二届全国人民代表大会第五次会议主席团交付审议的代表提出的议案审议结果的报告》显示，学前教育立法已列入十二届全国人大常委会立法规划或年度立法计划，进入全国人大立法视野。

本年，全国共有幼儿园25.50万所，比2010年增加10.46万所，增长69.5%。民办园16.04万所，占比62.9%；公办园9.46万所，占比37.1%。学前教育毛入园率达到79.6%，比2010年提高23个百分点。

本年，教育部国际合作与交流司发布《聚焦国家战略 提供人才支撑 留学工作取得显著成绩——十八大以来留学工作情况介绍》。

本年，我国开始整体实施新的高考方案，这标志着新一轮的高考改革正在落地。

2018年

1月15日，教育部社区教育研究培训中心下发了《关于遴选第二批城乡社区教育特色学校的通知》。

1月20日，中共中央、国务院《关于全面深化新时代教师队伍建设改革的意见》颁行，提出到2035年，教师综合素质、专业化水平和创新能力大幅提升，培养造就数以百万计的骨干教师、数以十万计的卓越教师、数以万计的教育家型教师。全面提高中小学教师质量，建设一支高素质专业化的教师队伍。提高教师培养层次，提升教师培养质量。推进教师培养供给侧结构性改革，为义务教育学校侧重培养素质全面、业务见长的本科层次教师。全面提高职业院校教师质量。

2月7日，作为全国首家教师教育学部，华南师范大学教师教育学部成立。这是华南师大在积极响应党中央、国务院《关于全面深化新时代教师队伍建设改革的意见》，全面落实广东省建设"新师范"战略的背景下成立的。顾明远先生称赞"师范大学成立教师教育学部是我国教师教育体系建立的创举"。

2月，教育部等六部门联合发布《职业学校校企合作促进办法》。

3月5日，教育部社区教育研究培训中心下发了《关于遴选全国城乡社区教育骨干教师的通知》。

3月，教育部等三十七部门印发《全国职业院校技能大赛章程》。

3月，九三学社提出预计到2021年学前教育阶段的适龄幼儿将增加1500万人左右。幼儿园预计缺口近11万所，幼儿教师和保育员预计缺口超过300万人。

不仅如此，中国 2016 届"幼儿与学前教育"职业类本科毕业生，毕业半年后月收入为 3504 元，比全国平均水平低 872 元；而高职高专毕业生毕业半年后月收入为 2706 元，比全国平均水平低 893 元。幼儿教师和保育员这份职业存在的高强度工作性质和低保障、低报酬之间的矛盾，刚性需求的市场和失衡师资供给之间的矛盾等亟待解决。

3 月，修改后的两会《政府工作报告》提出："要多渠道增加学前教育资源供给，重视对幼儿教师的关心和培养，运用互联网等信息化手段对儿童托育中育儿过程加强监管，一定要让家长放心安心。"

4 月 25 日，国务院办公厅颁行《关于全面加强乡村小规模学校和乡镇寄宿制学校建设的指导意见》，其中提到要强化地方政府责任，优化财政支出结构，优先发展义务教育。教育经费投入向两类学校倾斜，统筹兼顾解决义务教育发展不平衡问题，大力促进教育公平。建立和完善两类学校质量监测和督导评估机制，将两类学校一并纳入县域义务教育发展基本均衡和优质均衡督导评估认定，已通过基本均衡评估认定的县区接受督导复查时应包括两类学校。

4 月，教育部印发《中等职业学校职业指导工作规定》。

5 月 18 日，教育部下发《关于举办社区教育与老年教育工作专题培训班的通知》。

6 月 6 日至 9 日，由教育部社区教育研究培训中心与江苏省社会教育服务指导中心、中国成人教育协会社区教育专委会、中国成人教育协会农村教育专委会联合举办的，以"出彩新时代 承担新使命"为主题的第二届全国社区教育青年论坛在无锡市江苏开放大学社区教育管理学院举行。

6 月 21 日，国务院发布《关于建立残疾儿童康复救助制度的意见》。

6 月，"产教融合"背景下工匠精神培育研讨会在长春召开。

7 月，教育部办公厅印发《关于开展幼儿园"小学化"专项治理工作的通知》，严禁幼儿园教授小学课程内容。"通知"规定，对于提前教授汉语拼音、识字、计算、英语等小学课程内容的，要坚决予以禁止；对于幼儿园布置幼儿完成小学内容家庭作业、组织小学内容有关考试测验的，要坚决予以纠正；社会培训机构也不得以学前班、幼小衔接等名义提前教授小学内容，各地要结合校外培训机构治理予以规范。

8 月 27 日，国务院办公厅印发《关于进一步调整优化结构 提高教育经费使用效益的意见》，对教育经费投入、使用、管理提出明确要求。在教育经费使用方面，"意见"强调要重点保障义务教育均衡发展。落实对农村不足 100 人的小规模学校按 100 人拨付公用经费和对寄宿制学校按寄宿生年生均 200 元标准增加公用经费补助政策，单独核定并落实义务教育阶段特殊教育学校和随班就读残疾学生公用经费，确保经费落实到学校（教学点），确保学校正常运转。

9月10日，全国教育大会在北京召开。习近平总书记强调要把立德树人融入思想道德教育、文化知识教育、社会实践教育各环节，贯穿基础教育等各领域，学科体系、教学体系、教材体系、管理体系要围绕这个目标来设计，教师要围绕这个目标来教，学生要围绕这个目标来学。李克强总理指出要大力办好职业院校，坚持面向市场、服务发展、促进就业的办学方向，推进产教融合、校企合作，培养更多高技能人才。提高技术技能人才的社会地位和待遇。

9月，中德职业教育合作论坛召开。

11月7日，中共中央、国务院《关于学前教育深化改革规范发展的若干意见》发布，这是我国第一部由中共中央、国务院印发的关于学前教育发展的文件。文件提出学前教育是终身学习的开端，是国民教育体系的重要组成部分，是重要的社会公益事业。为进一步完善学前教育公共服务体系，切实办好新时代学前教育，更好实现幼有所育，对学前教育深化改革规范发展提出意见。

索　引

A

AECT'94 定义　221

安文铸　264，266，272，274

B

保教　287，290，295，301

保育　288，297

北京第三聋校　424，707，716

北京国际特殊教育会议　644，706

北京教育行政学院　263，636，638

北京师范大学特殊教育研究中心　424，706，741

C

《残疾人参加普通高等学校招生全国统一考试管理规定（暂行）》　430，434，831

《残疾人教育条例》　386，426，430，725，825

《成人教育培训服务三项国家标准》　396，398

《城市托儿所工作条例（试行草案）》　687

《城市幼儿园工作条例（试行草案）》　288，683

陈桂生　6，14，16，212

陈景磐　57，633，637

陈明欣　168，650

陈孝彬　263，264，272，274

陈学恂　57，60，633，637，642

陈元晖　9，57，633，637

陈云英　206，649，707

成人高等教育　134，145，149，156，170，369，371

成人教育对象　165，168

成人教育法制　168，385

成人教育改革　369—401

成人教育工作者队伍　389，397

成人教育管理体制　369，372，389，398

成人教育结构体系　382，384

成人教育文化　393

成人教育学　155—180

成人教育学派　173

成人教育质量　388，396，698

成有信　12，17，266，648，655，663

城乡教育一体化　458，459

城乡免费义务教育　313，460，822

城乡义务教育一体化发展　311—313，459，838

程晋宽　266

褚宏启　268

春晖计划　526，528

D

《当代特殊教育导论》　206，636

《第二期特殊教育提升计划（2017—2020年）》　430，432，435，837

大国工匠　412，418

大数据教学　225

德育原理　7，11，13，23—24

电化教育学　218—220

丁小浩　244，246

定量研究　172，247，258

董明传　158，159，161

杜成宪　67，70，72

杜以德　160

杜育红　244

对口支援工作　507

多学科研究方法　144

E

儿童教育　104，205

儿童观　110，112，290，299，304

F

范先佐　240，244，246，250

方俊明　206，209，636，661，668

分科课程　35，40，290

冯建军　14，20，21

傅树京　268，663

G

《关于办好中等师范教育的意见》　634

《关于编制特殊教育提升计划实施方案的通知》　429，827

《关于残疾人教育事业进展情况和"八五"期间的任务》　426，716

《关于当前发展学前教育的若干意见》　110，294，298，817

《关于发展特殊教育的若干意见》　425，707

《关于加强和发展师范教育的意见》　481，680，698

《关于加强特殊教育教师队伍建设的意见》　428，819

《关于进一步办好幼儿学前班的意见》　696

《关于进一步加强高等教育研究机构建设的意见》　134，659

《关于进一步调整优化结构　提高教育经费使用效益的意见》　430，840

《关于开展残疾儿童少年随班就读工作的试行办法》　426，725

《关于企业办幼儿园的若干意见》　291，731

《关于学前教育深化改革规范发展的若干意见》　298，841

《关于印发〈"十一五"期间中西部地区特殊教育学校建设规划（2008—2010年）〉的通知》 428，799

《关于幼儿教育改革与发展的指导意见》 293，298，768，780

《国家中长期教育改革和发展规划纲要（2010—2020年）》 110，294，298，330，432，665，666，807，815

《国务院关于大力发展职业技术教育的决定》 186，416，713，716

岗位培训 169，370，373，383，476，651，726

岗位培训制度 373，375

高等教育管理体制 347，358，363，730，737

高等教育实践 127，130，133，147

高等教育学 127—154

高等教育学大纲 128

高等教育学讲座 638，648

高等教育学学派 152—154

高等教育研究 127—154

高等职业教育 132，190，352，404，406，417

高洪源 268

高校毕业生就业制度 346，348，350，352，361

高学铺 157

高志敏 160，171，176

个性化学习 225

公派留学 519，523，526，529

瞽叟通文馆 423

顾定倩 207，657

顾明远 84，86，87，93，96，218，637，638，839

关世雄 158

国际成人教育大会 157，400，643

国家留学基金委 793

H

"活教育"理论 114

海峡两岸教育史论坛 65

韩达 58，67，637

韩宗礼 168，240，243，250，254，650

何爱霞 664

何克抗 221，231，657

贺国庆 74，665，670

侯怀银 9，73，133，663

胡德海 5，8，15，18，654，662

互联网＋教育 676

扈中平 12，17，653，663，664

黄济 22

黄人颂 105，115，118

黄崴 266，268，272，273，276，283，672

黄兆龙 266，272

黄志成 266，272

混合式学习校际协作学习 223

活动整合课程 300

J

"教育康复"专业 435

《教师教育课程标准（试行）》

298，492，819

《教学与管理》 263，640

《教育史研究》 63，645

姬忠林 168

基于概念图的学习 223

技术技能型人才 409，412，421

继续教育 110，158，336，378，387，474

继续教育制度 158，374

江琴娣 207，665

交叉学科 25，26，29

教师观 118，290，299

教师教育 13，31，117，307，336，481，485

教师专业发展 10，111，257，307，697，777

教师资格制度 319，349，454，486－488

教育部特设盲哑学校 423

教育财政 243，245，252

教育产业化 244，245

教育概论 4，5

教育管理学 261－284

教育管理学学科建设 268，272－277

教育管理学学科体系 274－276

教育管理学学科性质 273－274

教育管理学研究对象 272－273

教育行政学 262，264，277

教育活动史 70，75

教育基本理论 4，5，18－21

教育技术学 218－239

教育经济学 240－260

教育均衡发展 246，293，314，427，448，459

教育美学 27－29

教育人类学 26－27

教育社会学 24－26

教育史分期 72－73

教育史学 56－80

教育史学科功能 69

教育史学科体系 70－71

教育史学科性质 68－69

教育史研究方法 71－72

教育思想史 66，70，75

教育通论 4，30

教育投入 244，246，252

教育现代化 21，85，260

教育信息化 218，222

教育学概论 8，15，31

教育学概述 13，17，31

教育学基本原理 12

教育学理论 8，11，14

教育学体系 9，16，34

教育学性质 243

教育学元研究 10，13

教育学原理 3－32

教育与经济 240，243，249

教育原理 4，30

教育哲学 21－23

教育知识 30，31

教育制度史 66，70，75

金子健 206，652

靳希斌 240，245，250，254

K

康永久 11

课程观 40，41，290

课程游戏化 300，305

课程与教学论 33—55

L

"两基" 309，310，378，445，450，723

"燎原计划" 374，445，706，710

《聋校义务教育课程标准（2016年版）》 430，835

来华留学 539

赖德胜 244

老年教育 170，175，380—381

雷江华 207，209

李铁映 506，713，717，719

李元海 158，643

李运林 219，638，641

李政涛 26

厉以宁 240，243，248，251

刘宝超 245，246

刘春玲 207，665

刘佛年 57，58，633，637

刘冠三 423

刘海峰 665，670

刘鉴农 184，193，196，643

刘庆昌 22

刘全礼 207，659

刘志民 249，253

留学机构 529

柳海民 12，13，15，17，657，668

娄宏毅 168，658

M

《盲校义务教育课程标准（2016年版）》 430，835

马红英 207，668

盲哑学堂 423

毛礼锐 58，637

孟明义 131，241，243，245，647

面向人人 368，392，409，809

民办高等教育 133，148，345，348，350，352

民办教师 454，455，503，678，686，720

民生工程 379，396，825

民族班 502，503—504

民族教育对口支援 507

民族教育政策评估 514—515

闵维方 240，244，246，254

慕课 321，830

N

南国农 219，226，230，232，238，634，641，668

南京市立盲哑学校 423

南京市盲童学校 423

南京特殊教育师范学校 424，641，690，697

南京特殊教育职业技术学院 207，426，690，766

内涵式发展 297，323，338，411，823

农村成人教育 169，370，374，

376，378，442

农村教育综合改革　371，374，445－446，453

农村义务教育　310，313，314，447－449，450－460

农科教结合　371，443，446，453，708

O

欧美同学会　535，772，825

P

"普九"　311，331，339，448，449－451，460，738，763，771

《培智学校义务教育课程标准（2016年版）》　430，835

潘懋元　128－130，138，142，144，165，632

朴永馨　206，209，213，216，638，649

普惠　260，297，826，832，836

普及九年义务教育　309，313，383，443，450，721，733，739，751

Q

《全国幼儿园园长岗位培训指导性教学计划（试行草案）》　651，733

《全日制八年制聋哑学校教学计划（征求意见稿）》　424，683

齐高岱　161

启明盲目院　432

千人计划　535，807

瞿葆奎　9，10，19，248，638

曲绍卫　250

全国成人教育学专业研究生培养工作交流研讨会　778

全国第一次农村教育工作会议　446

全国第一次特殊教育工作会议　424，425

全国高等教育学科建设研讨会　133，138，165

全国高等教育学研究会　133，135，650

全国教育史研究会（中国教育学分会教育史研究会）　57，61－63，64，633

全国聋人教师培训班　428，720

全国特殊教育研究会　206，637

全国托幼工作会议纪要　288，301，682

R

人工智能　224，232，238，420，439

S

"双补"教育　371，387

《3－6岁儿童学习与发展指南》　296，300，669，823

《授予博士、硕士学位和培养研究生的学科、专业目录（1990）》　7，184，265

三教统筹　371，379，407，445，453，701，708

三学六法　106，289，640，695

三种证书制度　375

扫盲教育　158，169，176，374，376，378，721，762

山口薰　206，652

上海市高等教育研究会　128，633

社会力量办学　315，350，372，386，694，702，736

社会治理　379，468，828，835

社区教育　379，462—480

社区教育实验　163，465

社区教育委员会　321，462，463，705

社区学院　400，465，473，726，736

深度学习　225

沈家英　206，649

生态融合课程　300

师范教育　481—499

师范教育结构　485

师范教育课程　491—493

师范教育体制　490—491

师范教育政策　488—490

时克荫　423

示范性高等职业院校建设工程　407

双师型教师　408，414，419

双语教育　511

双元制　416，718，812

司晓宏　268，274，276

宋尚桂　168，658

宋文举　168

随班就读　215，425，431，440，709，725，767

孙绵涛　131，268，273，274

孙培青　63，67，77，634，651，656

孙世路　156，159

T

《特殊教育提升计划（2014—2016年）》　429

《特殊教育学校建设标准》　428

《特殊教育学校暂行规程》　426，740

谭和平　207，668

探究式学习　223

汤盛钦　206，645，654，709

唐亚豪　168

特殊儿童随班就读康复资源中心　430，829

特殊教育师范学校　205，206，641

特殊教育学　205—217

特殊教育学术研讨会　208，671

特殊教育研究室　205，424，689，707

滕大春　57，633，637，642

滕星　26

田正平　67，73，651，656，660，665

W

王保星　665，670

王北生　168

王炳照　57，63，651，656

王道俊　12，17，653

王逢贤　13

王坤庆　9，20，22，193

王茂荣　158，168，643

王善迈　240，241，243，246，247，252，673

王文林　156，158，168，638

王枬　20

乌美娜　221，655

吴康宁　6，25

吴式颖　63，67，647，655

吴志宏　268，272，275

吴遵民　159

五大领域（健康领域、语言领域、社会领域、科学领域、艺术领域）　112，117，292，656，756

五大领域课程　300

X

厦门大学高等教育科学研究室　128，632，633

县域内城乡义务教育一体化改革发展　311，448，459，834

现代教育技术研究所　219，634

现代特殊教育　437—439

现代学徒制　409，414，418，828，829

现代职业教育体系　260，409，412，770，825，831

肖非　207，664，667

肖昊　249，252

肖朗　670

萧宗六　262，263，266，273，332，636，645

校企合作工学结合　413—414

信息化教育　223

信息技术与课程的整合　223—225，232

虚拟学习　224

徐学椠　159

薛天祥　131，268，274，640，657

学前教育　104—126，287—307

学前教育史　60，121

学前教育事业　104，109，111，124，287—307

学前教育学　104—126

学前教育研究　107，110，112，118

学前教育政策　109，111，291，297

学习型社会　161，163，175，177，322，379，382，397

学校管理学　262，264，272，277，635，642，645

Y

《义务教育阶段盲校教学和医疗康复仪器设备标准》　428

《幼儿园工作规程》　108，290，291，292，297，298，301，645，651，674，708，830

《幼儿园教师专业标准（试行）》　295，302，669，821

《幼儿园教育指导纲要（试行）》　108，293，302，656，755

《幼儿园教职工配备标准（暂行）》 295，298，670，824

《幼儿园园长专业标准》 295，298，672，830

杨葆焜 240，243，245，249，254

杨克瑞 245，246，248

杨天平 274，664

杨颖秀 268

杨兆山 13，17，660，666

叶澜 10，15，312，324，663

叶忠海 168，653，668，673

义务教育 308—326

义务教育均衡发展 246，311，314，427，448，459—460

银春铭 206，649，709

游戏化课程 300

幼儿园"小学化"现象 304

幼小衔接 111，119，324，840

余博 156，157，168，638

元高等教育学 143

元教育理论 14

元教育学 8，11，13，20

元学科 118，123

袁连生 240，244，254

远程教育 164，177，223，321，379，509

云计算 224

Z

《职业技术教育》 182，635

《中共中央关于教育体制改革的决定》 58，83，182，243，263，346，443，483，501，640，695，697

《中国儿童发展纲要（2001—2010年)》 293，656，668，754

《中国高等教育学会章程（讨论稿）》 128

《中国教育改革和发展纲要》 251，309，314，320，328，332，345，376，444，648，721

《中国留学发展报告》 532，534，539

《中国特殊教育》 206，649，725

《中华人民共和国残疾人保障法》 426，428，712，803，804

《中华人民共和国义务教育法》 39，309，314，331，425，444，450，642，661，698，717，790，831

《中华人民共和国职业教育法》 405，651，734，765，831

《中小学管理》 265，644

《中小学学校管理》 263，633

张斌贤 67，69，651，656，660，665，670

张复荃 262，264

张济正 261，263，272，273，642

张宁生 206，429，650，652，732，751，767，770

张维 168，650

张新平 268，273，276，282

张学敏 249，252

赵祥麟 57，58，633，637，644

郑登云 58，637

郑金洲 19，20

政府主导　172，399，472，477

职工教育　157，169，370，381，646，683，688

职业教育"立交桥"　412

职业教育督导制度　411

职业教育公平感　411

职业教育教学标准体系　411

职业教育满意度　411

职业教育年度质量报告制度　411

职业教育吸引力　410，411，413，421

职业教育质量　408，411，421

职业院校教学工作诊断与改进制度　411，831

智慧教育　226，438

中国成人教育协会　156，157，159，161，163，164，387，473，635

中国高等教育学会　128，134，633，637，659

中国高等教育学会高等教育学研究会　133，135，647，648

中国高等教育学会高等教育学专业委员会　135，661，664，671

中国高等教育学会特殊教育研究会　208，661

中国教育经济学　240，243

中国教育经济学研究会　639，646

中国教育学会学校管理研究会　262，638

中国教育学会幼儿教育研究会　107，633，643

中国盲人聋哑人协会　681，683，684，695，700

中国学前教育研究会　107，110，303，633，658

终身教育　161，168，169，322，375，383，393，462，474

周采　74

周洪宇　67，69，71，73，657，665，668，670

朱坚强　245，246

朱仙顺　158，168，643

祝捷　168

自费留学　518－521，525，527，530，533

自适应学习　232

自学考试制度　357，371，387，687，714，729，747，820

综合教育课程　300，638，692